DUDEN-Abiturhilfen

Eine hervorragende Hilfe für die Vo
die Abiturprüfung und Training für
Der Stoff wird klar gegliedert und e
methodische Vorbereitung auf die P
besonderem Nutzen sind dabei die vi
aufgaben aus der schulischen Praxis
zahlreichen Abbildungen.

MW00720540

Analysis I:
Folgen und Funktionen
11. Schuljahr. 96 Seiten.

Analysis II:
Ableitung und Kurvendiskussion
11./12. Schuljahr. 96 Seiten.

Analysis III:
Integralrechnung
Ab 12. Schuljahr. 96 Seiten.

Lineare Algebra und analytische Geometrie I
Leistungskurs 12./13. Schuljahr. 96 Seiten.

Lineare Algebra und analytische Geometrie II
12./13. Schuljahr. 96 Seiten.

Stochastik I
Leistungskurs 12./13. Schuljahr. 96 Seiten.

Stochastik II
Leistungskurs 12./13. Schuljahr. 96 Seiten.

Basiswissen Mathematik zur Physik
11.–13. Schuljahr. 96 Seiten.

Mechanik I: Bewegungslehre
11. Schuljahr. 96 Seiten.

Mechanik II: Erhaltungssätze
11. Schuljahr. 96 Seiten.

Grundlagen der allgemeinen Chemie
12./13. Schuljahr. 96 Seiten.

Grundlagen der organischen Chemie
12./13. Schuljahr. 95 Seiten.

Kunststoffe, Farbstoffe, Waschmittel
12./13. Schuljahr. 96 Seiten.

Stoffwechsel und Energieumsatz
12./13. Schuljahr. 80 Seiten.

Nervensystem und Sinnesorgane
12./13. Schuljahr. 96 Seiten.

Genetik
12./13. Schuljahr. 96 Seiten.

Der deutsche Aufsatz
12./13. Schuljahr. 96 Seiten.

Entwicklungsländer
12./13. Schuljahr. 96 Seiten.

USA-UdSSR
12./13. Schuljahr. 79 Seiten.

Die Landwirtschaft
12./13. Schuljahr. 96 Seiten.

Geschichte I
12./13. Schuljahr. 86 Seiten.

Der kleine DUDEN

Deutsches Wörterbuch
Über 30 000 Wörter des täglichen Gebrauchs mit
mehr als 100 000 Angaben zur Rechtschreibung,
Silbentrennung, Aussprache und Grammatik.
445 Seiten.

Fremdwörterbuch
Über 15 000 Fremdwörter mit mehr als 90 000
Angaben zu Bedeutung, Aussprache und Gram-
matik. 448 Seiten.

Deutsche Grammatik
Eine Sprachlehre für Beruf, Fortbildung und
Alltag
Dieser Band behandelt die Grundlagen von
Aussprache und Schreibung, die Wortarten,
Formenlehre, Wortbildung und den Satzbau.
Er stellt Unsicherheiten im Sprachgebrauch dar
und macht auf häufige sprachliche Fehler auf-
merksam. 399 Seiten.

Sprachtips
Hilfe für den sprachlichen Alltag
Dieser Band enthält eine Sammlung nützlicher
Hinweise für die Klärung immer wiederkehren-
der rechtschreiblicher, grammatischer und
stilistischer Zweifelsfragen. 412 Seiten.

Der passende Ausdruck
Ein Synonymwörterbuch für die Wortwahl
Dieses Buch bietet etwa 7 500 Gruppen mit sinn-
verwandten Wörtern für die Wortwahl. Es hilft,
in jeder Situation den treffenden Ausdruck zu
finden. 416 Seiten.

Mathematik
Ein Lexikon mathematischer Begriffe und Formeln
Behandelt werden Begriffe aus Arithmetik und
Algebra, aus dem kaufmännischen Rechnen, aus
Analysis, Wahrscheinlichkeitsrechnung und
Statistik. Über 3 000 Begriffe, Formeln, Beispiele,
über 500 meist zweifarbige Abbildungen.
480 Seiten.

DUDENVERLAG
Mannheim · Leipzig · Wien · Zürich

SCHÜLER
DUDEN

Politik
und Gesellschaft

Buchpreis

des Generalkonsulats der

Bundesrepublik Deutschland

für

Jessica Fuchs

als Anerkennung für die guten Leistungen

und als weiterer Anreiz zum Erlernen und

zur Pflege der deutschen Sprache

Vancouver, den ___25. Okt. 1999___

Der Generalkonsul

DUDEN für Schüler

SCHÜLER DUDEN

Politik
und Gesellschaft

3., überarbeitete Auflage
Herausgegeben
von den Fachredaktionen des
Bibliographischen Instituts
Bearbeitet von Professor Dr. Hans Boldt,
Universität Düsseldorf
Professor Dr. Hede Prehl, Mannheim
Professor Dr. Dieter C. Umbach,
Karlsruhe

DUDENVERLAG
Mannheim · Leipzig · Wien · Zürich

Redaktionelle Leitung:
Heike Pfersdorff M. A.
Redaktionelle Bearbeitung:
Klaus M. Lange
Grafiken:
Uschi Kostelnik, Gabriele Kuhnke

Die Deutsche Bibliothek – CIP-Einheitsaufnahme
Schülerduden Politik und Gesellschaft/
hrsg. von den Fachred. des Bibliographisches Instituts.
Bearb. von Hans Boldt...–3., überarb. Aufl.–
Mannheim; Leipzig; Wien; Zürich: Dudenverl., 1992
ISBN 3-411-04723-2
NE: Boldt, Hans [Bearb.]; Politik und Gesellschaft

Satz: SCS Schwarz Satz & Bild digital, L.-Echterdingen
Druck: Klambt-Druck GmbH, Speyer
Einband: Graphische Betriebe Langenscheidt, Berchtesgaden
Printed in Germany
ISBN 3-411-04723-2

Vorwort zur 3. Auflage

Der Schülerduden »Politik und Gesellschaft« wendet sich an die Schüler aller Schularten, insbesondere an Schüler der Sekundarstufen I und II sowie der berufsbildenden Schulen. Er ersetzt nicht das Lehr- oder Arbeitsbuch, das anders als kurze Lexikonartikel Themen problematisieren und unterschiedliche Meinungen wiedergeben kann. Der Band will das notwendige Grundwissen über politische und gesellschaftliche Fakten, Strukturen, Ideen und Prozesse vermitteln und damit zur Vorbereitung auf den Unterricht sowie zur Vertiefung des Gelernten beitragen. Außerdem soll das Lexikon helfen, die täglich von den Medien verbreiteten Informationen zu verstehen und einzuordnen.

Die Auswahl der Stichwörter beruht vor allem auf einer Auswertung von Lehrplänen und Richtlinien der Bundesländer für die zum gesellschaftswissenschaftlichen Fachbereich gehörenden Fächer Politik, Gemeinschafts- und Sozialkunde. Zusätzlich wurden Begriffe aufgenommen, die zum Verständnis des politischen und gesellschaftlichen Alltags notwendig sind. Auf die Darstellung historischer Entwicklungen oder Persönlichkeiten wurde verzichtet.

Die Bearbeitung dieses Schülerdudens war insofern schwierig, als der »Gemeinschaftskunde« nicht nur e i n e Wissenschaft zugrunde liegt, wie z.b. der »Physik«, sondern mehrere, so z.B. Soziologie, Volkswirtschaftslehre, Geschichte, Politik und Rechtswissenschaft. Dabei handelt es sich um Wissenschaften mit eigenen Traditionen, recht verschiedenen Begriffssprachen und unterschiedlichem Abstraktionsniveau. Mehr als bei anderen Schülerduden sahen sich daher die Bearbeiter vor das Problem gestellt, die Stichwörter in einer einheitlichen und verständlichen Begriffssprache zu erklären, ohne auf die jeweils spezifische begriffliche Präzision zu verzichten. Auch war zu berücksichtigen, daß in diesem Bereich unterschiedliche politische Einstellungen und Auffassungen den Inhalt von Artikeln, ja sogar die Definition von Stichwörtern beeinflussen und verändern können. Ungeachtet dieses für politische Sachverhalte typischen Umstandes blieb es für die Bearbeiter oberstes Prinzip, den Benutzern des Lexikons eine sachliche Information zu bieten. An der Ausarbeitung der Texte und Schaubilder der 1. Auflage waren zahlreiche Mitarbeiter, vor allem Lehrer und Fachleute aus den Gebieten Politik, Soziologie, Wirtschaft und Recht, beteiligt. Die endgültige Abstimmung der Beiträge wurde von uns vorgenommen.

Der schnelle Wandel in Politik und Gesellschaft, insbesondere die Wiedervereinigung und die europäische Entwicklung, machte eine Neuauflage mit zahlreichen neuen Stichwörtern und Aktualisierungen der alten notwendig. Die den Bereich der Wirtschaft betreffenden Stichwörter wurden weitgehend ausgeschieden. Hierfür wird auf den Schülerduden »Wirtschaft« verwiesen. Die Konzeption des Buches wurde im übrigen beibehalten. Seine Neuauflage wurde im wesentlichen vom Lehrstuhl Politikwissenschaft II an der Heinrich-Heine-Universität Düsseldorf besorgt. Verlag und Bearbeiter haben sich bemüht, die Informationen auf den neuesten Stand zu bringen, auch wenn dies aufgrund der sich rapide ändernden politischen Verhältnisse oft schwierig war. An den nunmehr drei Auflagen haben zahlreiche Autoren mitgewirkt, sie sind im Mitarbeiterverzeichnis am Schluß des Bandes aufgeführt. Besitzt ein Stichwort mehrere Bedeutungen, so ist das durch ◇ gekennzeichnet. Verweise sind durch einen Pfeil ↑ kenntlich gemacht. Das Literaturverzeichnis soll zum Weiterstudium anregen.

Düsseldorf, Mannheim, Karlsruhe, im April 1992

Hans Boldt, Hede Prehl, Dieter C. Umbach

ABC-Waffen: Sammelbezeichnung für atomare, biologische und chemische Waffen. *Atom-* oder *Kernwaffen* besitzen nukleare oder thermonukleare (auf Kernspaltung oder Kernverschmelzung beruhende) Sprengkörper und haben verheerende Wirkung durch Druckwellen, Hitzestrahlen und radioaktive Strahlung. *Biologische* oder *bakteriologische Waffen* verbreiten krankheitserregende Bakterien (z. B. Pest, Blattern, Milzbrand), die gegen Menschen, Tiere und/oder Pflanzen wirken. *Chemische Waffen* enthalten v. a. flüssige oder gasförmige Stoffe, die Lähmungen oder Erstickung bei Lebewesen hervorrufen. Die Herstellung und Anwendung von ABC-Waffen ist völkerrechtlich umstritten. Die BR Deutschland hat in den ↑ Pariser Verträgen (1954) einseitig darauf verzichtet. In einer Konvention von 1972 verzichteten 113 Staaten auf die Entwicklung, Produktion und Lagerung von bakteriologischen und toxisch wirkenden Waffen. Trotz weiterer Erklärungen gegen Herstellung, Lagerung, Weiterverbreitung und Einsatz dieser Waffen – z. B. anläßlich der Pariser Konferenz für das Verbot chemischer Waffen 1989/90 – konnte bisher ein Verbot noch nicht weltweit durchgesetzt werden, wie der wiederholte Einsatz von Giftgas z. B. durch den Irak 1984 und 1988 zeigt.

Abfallbeseitigung ↑ Abfallentsorgung.

Abfallentsorgung: Die A. wurde wegen der zunehmenden Abfallmengen, aber auch deren potentieller Gefährlichkeit im häuslichen und gewerblichen Bereich zu einem der zentralen Probleme der ↑ Umweltpolitik. Während im *Abfallbeseitigungsgesetz* aus dem Jahre 1972 noch der Gedanke dominierte, sich der Abfälle zu entledigen (Wegwerfgesellschaft), rücken im *Gesetz über die Vermeidung und Entsorgung von Abfällen* vom 27. August 1986 auch Gesichtspunkte der Abfallvermeidung und Abfallverwertung in den Vordergrund. Allerdings legt das Gesetz keinen Vorrang der präventiv wirkenden Abfallvermeidung fest. Auch der geforderte Vorrang der Verwertung vor der Beseitigung (Müllverbrennung, Deponierung) wird durch den Vorbehalt wirtschaftlicher Zumutbarkeit wieder wesentlich eingeschränkt. Zudem geht das Abfallrecht von einer Gleichrangigkeit der aus Gründen der Ressourcenschonung vorzuziehenden »stofflichen Verwertung« (↑ Recycling), mit der sog. »energetischen Verwertung« oder »thermischen Behandlung« (Müllverbrennung) aus. Die Abfallpolitik der Bundesländer, Kreise und Kommunen ist dementsprechend in recht unterschiedlicher Weise auf der drei Prinzipien der Vermeidung, Verwertung und Beseitigung ausgerichtet. Es überwiegt der Versuch, durch den Bau von Müllverbrennungsanlagen die Entsorgungskapazität zu steigern, was jedoch auf erheblichen Widerstand in der Bevölkerung stößt. Gegen die Müllverbrennung wird eingewandt, daß sie – abgesehen von den mit ihr einhergehenden Schadgasemissionen – Ansätze zur Abfallvermeidung und -verwertung behindert.

In einigen Bundesländern, v. a. in Kreisen und Gemeinden, werden Anreize zur Müllvermeidung durch eine Staffelung der Müllgebühren gegeben sowie durch getrennte Sammlung und Behandlung von Papier, Altglas, Metall, organischem Abfall und Problemmüll. Selten werden auch Kunststoffabfälle erfaßt. Klare gesetzliche Vorschriften zur Behandlung des gewerblichen Mülls, v. a. der Sonderabfälle, existieren in der BR Deutschland – im Gegensatz zum ↑ SeRo-System in der früheren DDR – bisher kaum. – ↑ auch Verpackungsverordnung. – Abb. S. 8.

Abgaben (öffentliche A.) sind alle Leistungen (meist Geldzahlungen), die der

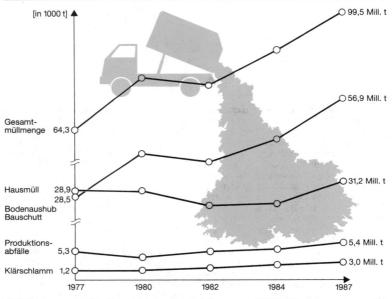

[in 1000 t]

99,5 Mill. t

56,9 Mill. t

Gesamt-
müllmenge 64,3

31,2 Mill. t

Hausmüll 28,9
28,5
Bodenaushub
Bauschutt

Produktions-
abfälle 5,3

5,4 Mill. t

3,0 Mill. t

Klärschlamm 1,2

1977   1980   1982   1984   1987

Abfallentsorgung. Die Entwicklung der Abfallmengen 1977–87 einiger ausgewählter Abfallarten

Bürger an den Staat oder andere ↑ juristische Personen des öffentlichen Rechts
(Gemeinde, Stadt) zu erbringen hat und
die zur Deckung des allgemeinen öffentlichen Bedarfs dienen. Zu den A. gehören
insbesondere die ↑ Steuern, die grundsätzlich nach dem Maß der Leistungsfähigkeit
des Abgabenpflichtigen erhoben werden,
sowie die *Gebühren*, die für eine dem
Pflichtigen gegenüber erbrachte Leistung
der Verwaltung zu entrichten sind (z. B.
Post- und Fernmeldegebühren). *Beiträge*
müssen als Entgelt für einen mittelbaren
Vorteil, den eine Verwaltungsmaßnahme
dem Beitragspflichtigen bringt, gezahlt
werden (z. B. Erschließungsbeiträge).
Abgeordnetenhaus: Allgemein die Bezeichnung für eine parlamentarische Körperschaft (Volksvertretung). Von 1855 bis
1918 in Preußen die 2. Kammer neben
dem Herrenhaus. Seit 1950 Bezeichnung
des Parlaments von Berlin.
Abgeordneter heißt das gewählte Mitglied eines Parlaments. Der A. genießt ei-

ne besondere Rechtsstellung (↑ freies Mandat, ↑ Immunität, ↑ Indemnität). Je nach
Teilnahme am parlamentarischen Geschehen und politischer Bedeutung unterscheidet man die politische Führung, die gegebenenfalls Regierungspositionen übernimmt, Sachverständige für spezielle Fragen (Experten) und »Hinterbänkler«.
Wählbar als A. ist jeder Staatsbürger, der
das 18. Lebensjahr vollendet hat.
Abhängigkeit bezeichnet ein Verhältnis,
in dem etwas sich nach anderem richtet
oder richten muß, ihm seine Entwicklung
oder gar seine Existenz verdankt. In der
Medizin spricht man von einer A. von
Drogen (↑ Sucht), aber auch im sozialen
Bereich gibt es zahlreiche Abhängigkeits-
verhältnisse (z. B. Kinder – Eltern). Ebenso können Staaten voneinander abhängig
sein oder das Parteiensystem eines Landes
von dem dort herrschenden Wahlsystem
oder Wählerverhalten. Extreme Formen
der A. nennt man *Hörigkeit*. Die Ausnutzung bestimmter Abhängigkeitsverhältnis-

se (z. B. Vormund – Mündel, Arzt – Patient) ist unter Strafe gestellt.

Abitur, auch *Reifeprüfung* genannt, wird nach 13 (in den fünf neuen Bundesländern 12) Schuljahren abgelegt. Es berechtigt zum Fach- oder Hochschulstudium, das heute z. T. durch ↑ Numerus clausus eingeschränkt ist. – ↑ auch Schule.

ABM:
◊ Kurzform für Anti-ballistic Missiles (↑ Nuklearstrategie).
◊ Abkürzung für ↑ Arbeitsbeschaffungsmaßnahmen.

Abrüstung: Beschränkung oder Beseitigung der militärischen Rüstung mit dem Ziel, die Chancen einer international vereinbarten Friedensordnung zu vergrößern. In einem weiteren Sinne werden auch Absprachen über die Beschränkung zukünftiger Rüstungen als Maßnahmen der A. bezeichnet. Unter diesen Begriff fallen auch Absprachen über Standorte und technische Ausführungen oder Möglichkeiten der Modernisierung von Waffensystemen. Problematisch ist es, Absprachen über den Ausbau des Waffenpotentials als A. zu bezeichnen. Ansätze zu einer allgemeinen A. gab es bereits 1899 auf den Haager Friedenskonferenzen. Nach dem 1. Weltkrieg wurden dem Deutschen Reich und seinen Verbündeten im Versailler Friedensvertrag weitgehende Rüstungsbeschränkungen auferlegt, die zugleich der Beginn einer allgemeinen A. sein sollten. Die Abrüstungskonferenz im Rahmen des Völkerbundes scheiterte jedoch an den gegensätzlichen Interessen der Staaten. Eine partielle Rüstungskontrolle wurde lediglich auf dem Gebiet des Flottenbaus durch die Flottenabkommen von Washington (1921/22) und London (1930) sowie den deutsch-britischen Flottenvertrag (1935) erreicht. Nach dem 2. Weltkrieg hat sich die BR Deutschland nach Wiedererlangung ihrer Souveränität zu gewissen Rüstungsbeschränkungen gegenüber den

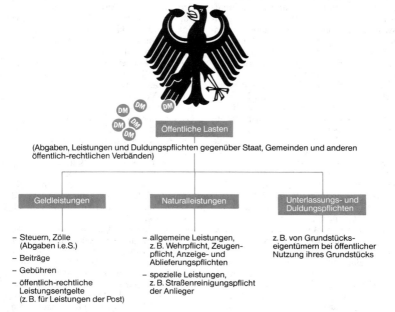

Öffentliche Lasten

(Abgaben, Leistungen und Duldungspflichten gegenüber Staat, Gemeinden und anderen öffentlich-rechtlichen Verbänden)

Geldleistungen

– Steuern, Zölle (Abgaben i. e. S.)
– Beiträge
– Gebühren
– öffentlich-rechtliche Leistungsentgelte (z. B. für Leistungen der Post)

Naturalleistungen

– allgemeine Leistungen, z. B. Wehrpflicht, Zeugenpflicht, Anzeige- und Ablieferungspflichten
– spezielle Leistungen, z. B. Straßenreinigungspflicht der Anlieger

Unterlassungs- und Duldungspflichten

z. B. von Grundstückseigentümern bei öffentlicher Nutzung ihres Grundstücks

Abgaben. Bei öffentlichen Abgaben und Lasten handelt es sich um eine Sammelbezeichnung für Leistungen aller Art an die öffentliche Hand

Staaten der ↑ Westeuropäischen Union verpflichtet und auf die Herstellung und den Besitz von Kernwaffen verzichtet. Nach dem Einsatz der Atombombe durch die USA im 2. Weltkrieg konzentrierten sich die Abrüstungsbemühungen auf die Kontrolle der Herstellung und Weitergabe von ↑ ABC-Waffen und die Durchführung von experimentellen Atomexplosionen. In der Phase des ↑ kalten Krieges standen sich zunächst das Bemühen der UdSSR um ein totales Verbot von Nuklearwaffen und die Forderung der USA nach einem umfassenden Abrüstungskonzept unter Einbeziehung der konventionellen Streitkräfte unvereinbar gegenüber. Die USA verlangten – angesichts des sowjetischen Übergewichts an konventionellen Waffen – insbesondere deren Reduzierung und die Errichtung eines internationalen Kontrollsystems, während die UdSSR lediglich einer gleichmäßigen Verringerung der Waffen zustimmte und jegliche Inspektion ablehnte. Unter dem Eindruck des ↑ atomaren Patts und der ständigen Weiterentwicklung immer komplizierterer Waffensysteme entschärften sich diese Positionen. 1961 einigten sich die USA und die UdSSR über Prinzipien einer allgemeinen A. und die Errichtung einer Abrüstungskommission von 18 Staaten.

Nach der Kubakrise (1962) konzentrierten sich die beiden Supermächte auf konkrete Abrüstungsschritte und gaben das Ziel einer umfassenden A. auf. Erfolge wurden erzielt mit dem ↑ Atomteststoppabkommen, dem aber Frankreich und China fernblieben. Das Abkommen über die friedliche Erforschung und Nutzung des Weltraums verbot die Nutzung des Weltraums für nichtfriedliche Zwecke. Im ↑ Atomwaffensperrvertrag von 1968, dem sich auch die BR Deutschland anschloß, wurden Grundsätze vereinbart, die die Weitergabe von Material und Ausrüstung zur Herstellung von Atomwaffen verhindern sollen.

Seit Beginn der 1970er Jahre hat sich das Schwergewicht der Bemühungen um A. auf Verhandlungen zwischen den Supermächten über Rüstungskontrolle (↑ SALT = Strategic Arms Limitation Talks) verlagert. Es ging im wesentlichen darum, das quantitative und qualitative Verhältnis der Rüstung der USA und der UdSSR festzulegen. Im SALT-I-Abkommen von 1972 wurde eine Einigung über die Begrenzung von Systemen zur Abwehr ballistischer Raketen (= Raketen, die sich auf einer gekrümmten Flugbahn bewegen) und über bestimmte Maßnahmen hinsichtlich der Begrenzung von strategischen Angriffswaffen erzielt. In den Jahren 1973 und 1974 folgten Abkommen über die Verhinderung von Atomkriegen und über die Begrenzung unterirdischer Kernwaffenversuche. Das SALT-II-Abkommen von 1979 brachte weitere quantitative und qualitative Reduzierungen der strategischen Waffen der beiden Supermächte. Obwohl der amerikanische Kongreß diesen Vertrag nicht in Kraft setzte, hielten sich beide Seiten im wesentlichen an seine Bestimmungen. In den Jahren 1982 und 1983 verhandelten die USA und die UdSSR im Rahmen der START (= Strategic Arms Reduction Talks) ebenfalls über diese Art von Waffen. Ab 1985 fanden zwischen den USA und der UdSSR umfassende Abrüstungsverhandlungen über strategische Nuklearwaffen, Nuklearwaffen in Europa (↑ INF) und Weltraumwaffen (↑ Weltraumrüstung) statt. Über eine Verringerung der ↑ konventionellen Waffen in Europa wird im Rahmen der MBFR-Verhandlungen (↑ MBFR) seit 1973 in Wien beraten. Vertrauensbildende Maßnahmen zwischen den Militärbündnissen der ↑ NATO und des Warschauer Paktes wurden 1975 auf der ↑ KSZE-Konferenz beschlossen. Seit 1984 wurde über weitere Maßnahmen auf der ↑ KVAE-Konferenz in Stockholm verhandelt. 1986 wurden sie mit der Annahme eines Bündels von vertrauens- und sicherheitsbildenden Maßnahmen (VSBM), die die Transparenz und Berechenbarkeit im militärischen Bereich fördern sollen, beendet.

1987 wurden mit dem ↑ INF-Vertrag die Verhandlungen über die Reduzierung der nuklearen Mittelstreckenraketen einer Reichweite von 500 bis 5 500 km abgeschlossen mit dem Ergebnis, daß alle Flugkörper mittlerer Reichweite der USA und der UdSSR bis 31. Mai 1991 beseitigt wurden. Die Vertragseinhaltung ist durch strenge Verifikationsmaßnahmen über 13 Jahre gesichert.

Wesentliche und rasche Fortschritte brachte die auf der Madrider KSZE-Konferenz von 1989 getroffene Vereinbarung über konventionelle Streitkräfte in Europa, ↑ VKSE. Im VKSE-Vertrag zwischen den Mitgliedstaaten der NATO und des Warschauer Paktes vom November 1990 wurden erhebliche Abrüstungen des Kriegsgeräts vom Atlantik bis zum Ural innerhalb von 40 Monaten vereinbart. Höchstgrenzen wurden für jede Seite hinsichtlich der Kampfpanzer (20 000), der gepanzerten Fahrzeuge (30 000), der Artilleriegeschütze (20 000), der Kampfflugzeuge (6 800) und der Kampfhubschrauber (2 000) festgelegt.

Die 1985 wiederaufgenommenen START-Verhandlungen über strategische nukleare Offensivwaffen zwischen den USA und der Sowjetunion führten 1991 zu einem Vertrag, der etwa eine Halbierung der atomaren Trägersysteme und Gefechtsköpfe vorsieht (↑ START).

Die durch die A., durch Truppenreduzierung und Auflösung von Standorten entstehenden Kosten werden in der BR Deutschland allein für den Bund etwa 1 Mrd. DM betragen.

Abschiebung: Behördlich angeordnete zwangsweise Entfernung eines Ausländers aus einem ↑ Staatsgebiet. Die A. dient dem Vollzug einer förmlichen ↑ Ausweisung oder der Abweisung einer illegal eingereisten Person. Sie ist nach dem *Ausländergesetz* vom 9. Juli 1990 anzuordnen, wenn die freiwillige Ausreise nicht gesichert ist oder aus Gründen der ↑ öffentlichen Sicherheit und Ordnung eine Überwachung der Ausreise erforderlich erscheint. Die A. in einen Staat, in dem Verfolgung aus rassischen, religiösen oder politischen Gründen droht, ist unzulässig. Zur Vorbereitung der Ausweisung kann ein Ausländer in bestimmten Fällen in Abschiebehaft genommen werden.

Abschöpfungen: Erhebung einer Einfuhrabgabe in Höhe der Differenz zwischen Inlandspreis und einem niedrigeren Auslandspreis eines Gutes. Das System der A. ist ein Grundelement der Agrarmarktordnungen der EG (↑ Europäische Gemeinschaft). Es dient der Angleichung der Weltmarktpreise an die Garantiepreise des ↑ Agrarmarkts und schützt so die

	Abrüstung	
1963	Atomteststopp-Abkommen	112 Unterzeichner
1967	Abkommen über die friedliche Nutzung des Weltraums	85 Unterzeichner
1967	Verbot von Atomwaffen in Südamerika	23 Unterzeichner
1968	Atomwaffensperrvertrag	121 Unterzeichner
1971	Vertrag gegen Atomwaffen auf dem Meeresboden	74 Unterzeichner
1972	ABM-Vertrag zur Begrenzung von Raketenabwehrsystemen	Unterzeichner USA/UdSSR
1972	SALT I zur Begrenzung der strategischen Rüstung	Unterzeichner USA/UdSSR
1974	Vertrag zur Begrenzung unterirdischer Atomwaffentests	(nicht ratifiziert) USA/UdSSR
1979	SALT II zur Begrenzung der strategischen Rüstung	(nicht ratifiziert) USA/UdSSR
1986	KVA – Schlußdokument über vertrauens- und sicherheitsbildende Maßnahmen	Unterzeichner 35 KSZE-Staaten
1987	INF-Vertrag	Unterzeichner USA/UdSSR
1990	KSE-Vertrag	NATO/Warschauer Pakt
1991	START-Vertrag	USA/UdSSR

Landwirtschaft innerhalb der EG vor Weltmarktkonkurrenz.

Abschreckungsstrategie ↑ Nuklearstrategie.

Abschreibung dient der Verteilung der Anschaffungs- und Herstellungskosten des abnutzbaren Anlagevermögens (z. B. Gebäude, Geräte) eines Betriebes auf mehrere Jahre.

Abschwung ↑ Rezession, ↑ Konjunktur.

Absolutismus: Unbeschränkte (absolute) Herrschaft (z. B. absolute ↑ Monarchie,

Parlamentsabsolutismus) im Gegensatz zum ↑ Konstitutionalismus und zu sonstigen Staatsformen mit ↑ Gewaltenteilung. **Abstimmung** beendet das Entscheidungsverfahren in einem mehrköpfigen Gremium. Für das Zustandekommen eines verbindlichen Beschlusses können unterschiedliche Kriterien bestehen: einfache, absolute, qualifizierte ↑ Mehrheit oder Einstimmigkeit (entweder der an der A. Beteiligten oder aller Mitglieder des Gremiums). Bei Stimmengleichheit hat der Vorsitzende häufig den Stichentscheid. Abstimmungen können offen (Handzeichen, namentlich, ↑ Hammelsprung) oder geheim (Stimmzettel) erfolgen. In manchen ↑ Geschäftsordnungen wird als Voraussetzung der A. die Beschlußfähigkeit des Gremiums, d. h. die Anwesenheit einer bestimmten Anzahl seiner Mitglieder verlangt (↑ Quorum).

abweichendes Verhalten: In der Soziologie Bezeichnung für ein Verhalten von einzelnen oder Gruppen, das von den gültigen Regeln und Verhaltensvorschriften der Gesellschaft (↑ auch Norm) abweicht.

Abwertung ist eine währungspolitische Maßnahme, durch die der Außenwert einer Währung herabgesetzt wird. Die A. kann ein Mittel zur Erhöhung der internationalen Wettbewerbsfähigkeit sein (z. B. wird der Export dadurch erleichtert).

Abzahlungsgeschäft ist der Kauf einer beweglichen Sache, bei dem der Käufer den Kaufpreis nicht in einer Summe, sondern in Teilzahlungen entrichtet (Kauf »in Raten«) und der Verkäufer sich in der Regel das Eigentum bis zur vollen Begleichung des Kaufpreises vorbehält. Wirtschaftlich handelt es sich beim Abzahlungs- und Teilzahlungsgeschäft um eine Verbindung von Güteraustausch und Kreditgewährung. Wegen der großen wirtschaftlichen und sozialen Bedeutung des A., insbesondere für die weniger bemittelten Bevölkerungsschichten, sind im *Abzahlungsgesetz* vom 16. Mai 1974 wichtige Bestimmungen zum Schutze des Verbrauchers und der wirtschaftlich und sozial Schwächeren enthalten.

Adel: Durch Geburt, Besitz oder Leistung (durch Ernennung = Briefadel) ausgezeichneter ↑ Stand mit besonderen sozia-

len und politischen Verpflichtungen und ↑ Privilegien, häufig exklusiv gegen andere Stände abgeschlossen mit eigener Lebensform.

Administration ↑ Verwaltung.

Adoption: Annahme einer Person als Kind; Herstellung eines künstlichen Eltern-Kind-Verhältnisses durch Ausspruch des Vormundschaftsgerichts. Die A. ist nur zulässig, wenn ein echtes Eltern-Kind-Verhältnis hergestellt werden soll und die Annahme dem Wohl des Kindes dient. Sie soll nicht mehr den Fortbestand des Namens und des Vermögens sichern, sondern einem Kind, das ein gesundes Zuhause entbehren muß, eine Familie geben. Nach der Reform des Adoptionsrechts im Jahre 1977 wird das Kind nunmehr mit allen Rechtswirkungen in die neue Familie aufgenommen; die alten Verwandtschaftsverhältnisse erlöschen. Die Annahme eines Kindes durch ein Ehepaar als gemeinschaftliches Kind ist die Regel; das Kind kann jedoch auch durch eine Einzelperson angenommen werden. Adoptionsvermittlungsstellen sind: Landesjugendämter, Diakonisches Werk, Deutscher Caritasverband, Arbeiterwohlfahrt. In der Praxis hat sich weitgehend die *Inkognito-Adoption* durchgesetzt, bei der Name und Anschrift der Adoptiveltern den natürlichen Eltern nicht genannt werden.

Agglomeration [von lateinisch agglomerare »zusammenballen«]: Anhäufung; z. B. *städtische A.* (↑ Ballungsräume): Gebiet mit einer v. a. durch die Industrie ausgelösten Verdichtung der Ansiedlung von Menschen, Wohngebäuden, Arbeitsstätten mit hohen Wirtschaftsleistungen auf engem Raum.

Aggression [von lateinisch aggressio »Angriff«]:
◊ Im ↑ Völkerrecht der kriegerische Angriff eines oder mehrerer Staaten auf einen anderen. Gegen eine A. besteht das Recht auf Notwehr. Die A. ist als völkerrechtswidrig (↑ UN).
◊ In der Psychologie v. a. das affektbedingte Angriffsverhalten von Menschen, das sich in vielfältiger Weise gegenüber Mitmenschen oder Institutionen äußert und der Selbstbehauptung bei einer tatsächlichen oder vermeintlichen Bedrohung oder auch der Erweiterung der eige-

Flächenstillegung in der Bundesrepublik Deutschland 1988–1991[1])		
Bundesland	stillgelegte Flächen in ha	Anteil an der gesamten Ackerfläche
Schleswig-Holstein	29 178	5,0%
Hamburg	370	4,9%
Niedersachsen	88 220	5,2%
Bremen	16	0,8%
Nordrhein-Westfalen	32 142	3,0%
Hessen	30 388	6,0%
Rheinland-Pfalz	22 704	5,3%
Baden-Württemberg	36 334	4,3%
Bayern	71 813	3,4%
Saarland	1 167	3,0%
Berlin (West)	1	0,1%
Bundesgebiet (alt)	312 333	4,3%
Mecklenburg-Vorpommern	144 041	12,7%
Sachsen-Anhalt	123 944	11,8%
Brandenburg	207 311	19,3%
Sachsen	66 044	8,7%
Thüringen	57 145	8,8%
Berlin (Ost)	758	13,8%
Beitrittsgebiet	599 243	12,8%
Bundesgebiet (neu)	911 576	7,5%

[1]) Die Zahlen für die neuen Bundesländer beziehen sich auf 1990/91

Agrarpolitik. Flächenstillegung landwirtschaftlich genutzter Flächen

nen Machtstellung (z. B. Positionskämpfe) dient. A. kann die Reaktion auf eine ↑ Frustration sein. Sie kann sich auch gegen die eigene Person wenden (Autoaggression, Selbsthaß).

Agitation [von lateinisch agitare »antreiben«] ist eine aggressive, propagandistische Tätigkeit, die das Denken und Handeln der Menschen beeinflussen soll mit dem Ziel, politische und soziale Zustände zu ändern.

Agrargesellschaft: Bezeichnung für eine Gesellschaft, in der der überwiegende Teil der Bevölkerung in der Landwirtschaft beschäftigt ist, mit geringer ↑ Mobilität und mit starker Traditionsverbundenheit (im Gegensatz dazu: ↑ Industriegesellschaft). Die Entwicklung einer Agrargesellschaft und das Seßhaftwerden der Menschen hängen zusammen. Voragrarische Gesellschaften sind die der Sammler und Jäger sowie die viehzüchtenden Nomaden.

Agrarmarkt:
◇ Alle Tauschbeziehungen der Anbieter und Nachfrager von Agrarerzeugnissen.
◇ Gemeinsamer Markt der ↑ Europäischen Gemeinschaft (↑ Europäischer Agrarmarkt).

Agrarpolitik: Alle Maßnahmen und Bestrebungen, die auf die Gestaltung und Steuerung der wirtschaftlichen, sozialen und rechtlichen Verhältnisse in der Land- und Forstwirtschaft ausgerichtet sind. Ziele der A. sind: die Erhaltung und Förderung der Leistungsfähigkeit der Landwirtschaft (ökonomisch) unter gleichzeitiger Beachtung einer gerechten Einkommensverteilung (sozial) sowie einer ausreichenden Versorgung der Volkswirtschaft mit den notwendigen Nahrungsmitteln (politisch). Heute müssen alle agrarpolitischen Ziele auch ökologische Gesichtspunkte berücksichtigen. Land- und Forstwirtschaft können auf die Dauer nur mit, nicht gegen die Natur arbeiten. Um der landwirtschaft-

13

lichen Überproduktion und zugleich der mit dem Einsatz von Schädlingsbekämpfungs- und Düngemitteln verbundenen ökologischen Probleme Herr zu werden, hat die EG in jüngster Zeit den Bauern mit Hilfe von Flächenstillegungsprogrammen einen materiellen Anreiz gegeben, Teile der Anbaufläche zumindest zeitweise nicht mehr zu bewirtschaften. Die Wirksamkeit dieser Maßnahme ist jedoch als gering zu veranschlagen, da meist ertragsschwache Flächen aus der Produktion genommen werden. Kritisch ist an der gegenwärtigen Agrarpolitik ferner anzumerken, daß durch ↑ Subventionen vorwiegend die großen, relativ einkommensstarken Betriebe begünstigt und die Kleinbetriebe (Nebenerwerbs- und Familienbetriebe) vermehrt aus der Produktion gedrängt werden. Für die Umstellung auf eine umweltverträgliche Landwirtschaft werden nur sehr geringe Subventionsmittel eingesetzt. In den fünf neuen Bundesländern begann 1990 die Umformung der kollektivierten Landwirtschaft (↑ landwirtschaftliche Produktionsgenossenschaften) mit großen Schwierigkeiten: Nach 40 Jahren staatlicher Planwirtschaft gemäß sowjetischem Muster konnte bei der Landbevölkerung die Orientierung auf Privatinitiative, persönliches Eigentum an Hof und Acker und marktwirtschaftliches Konkurrenzverhalten nur schrittweise gelingen. Die A. der Bundesregierung und der EG zeigten zunächst nur bei Förderungsmaßnahmen in bestimmten Bereichen Wirkung (Zuschüsse zur Frühjahrsbestellung, teilweise Entschuldung für Genossenschaften u. a.). – ↑ auch Landwirtschaft.

Agreement [englisch »Vereinbarung, Übereinstimmung«]: Übereinkunft zwischen zwei oder mehreren Staaten; das A. muß nicht schriftlich fixiert werden und bedarf nicht der Billigung der Parlamente der betreffenden Staaten. Es beruht allein auf der Zuverlässigkeit und Glaubwürdigkeit der Partner.

Agrément [französisch »Genehmigung, Bewilligung«]: Eine aus diplomatischer Höflichkeit eingeholte vertrauliche Erklärung eines Staates, daß die von einem anderen Staat geplante Entsendung eines Diplomaten willkommen ist, d. h. daß dieser »persona grata« sei. Infolge seiner ↑ Souve-

ränität ist der Empfangsstaat nicht verpflichtet, den ihm vorgeschlagenen Diplomaten zu akzeptieren und kann ihn deshalb ohne Angabe von Gründen ablehnen.

Aide-mémoire [französisch »Gedächtnishilfe«]. Im diplomatischen Verkehr Bezeichnung für eine zusammenfassende Gesprächsnotiz, die als Gedächtnisstütze dient und dem Gesprächspartner formlos überreicht wird.

Aids (engl. Abk. für acquired immune deficiency syndrome = erworbenes Immunschwächesyndrom): 1980 entdeckte, durch Viren ausgelöste Infektionskrankheit, die zu schweren und bislang nicht heilbaren Störungen der Immunabwehr mit Todesfolge führt. Die Ansteckung erfolgt v. a. durch Geschlechtsverkehr und Kontakt mit infiziertem Blut. Weitgehenden Schutz vor einer Ansteckung gewährleistet die Verwendung von Präservativen (Kondomen) beim Geschlechtsverkehr.

Akademie:
◊Gelehrtenvereinigung.
◊Hochschulähnliche Einrichtung für ein besonderes Ausbildungsumfeld; auch Institut für Fortbildung in Erörterung. In der ehemaligen DDR war vor allem die A. der Wissenschaften bedeutsam.

Akklamation [von lateinisch acclamare »zurufen«]: Zustimmung durch Beifallsäußerungen (z. B. Zuruf) bei Wahlen und Beschlußfassungen. Die A. kann die ↑ Abstimmung ersetzen, wenn sich kein Widerspruch ergibt. Häufig in ↑ Diktaturen als Mittel demokratischer Scheinlegitimierung. –

Akkord ist eine Lohnbasis in der Wirtschaft. Der *Akkordlohn* bemißt sich – im Gegensatz zum *Zeitlohn* – nicht nach der Arbeitsdauer, sondern nach der in einem Zeitabschnitt erbrachten Arbeitsleistung (ausgedrückt in Stückzahlen).

Akkreditierung [von französisch accréditer »beglaubigen«] ist ein hoheitlicher Akt, bei dem ein Diplomat sein Beglaubigungsschreiben *(= Akkreditiv)* als Vertreter seines Staates dem Staatsoberhaupt des Empfangsstaates übergibt.

Akkulturation: Übernahme von Bestandteilen einer fremden ↑ Kultur, deren Wertvorstellungen, ↑ Normen und Verhaltensmuster durch eine Einzelperson, Gruppe oder Gesellschaft.

AKP-Staaten: Kurzbezeichnung für die (1990: 69) von der EG bevorzugt behandelten Staaten Afrikas, der Karibik und des pazifischen Raums, die 1975 in Lomé ein Kooperationsabkommen schlossen. Die EG stellt den AKP-Staaten Entwicklungshilfe und zinsbegünstigte Darlehen der Europäischen Investitionsbank zur Verfügung für den Ausbau der Infrastruktur und Zusammenarbeit im Landwirtschafts-, Industrie- und Dienstleistungssektor. Die Entwicklungsländer erhalten zollfreien Zugang zu den EG-Märkten und öffnen sich ihrerseits für deren Exporte. Durch das *Stabex-System* (Stabilisierung der Exporterlöse) soll den Ländern ein Mindesteinkommen für Exportprodukte gesichert werden, von deren Einnahmen sie stark abhängig sind. Begünstigt werden v. a. die ärmsten Länder der Erde. In den Lomé-Abkommen II (1979), III (1984) und IV (1989) wurde die Entwicklungshilfe erheblich erhöht und die Zusammenarbeit intensiviert. Nach dem Lomé-IV-Abkommen (Laufzeit zehn Jahre; Finanzbeschlüsse fünf Jahre) werden die Gesichtspunkte der Achtung der Menschenrechte und des Umweltschutzes wesentlich verstärkt. So verpflichten sich die AKP-Staaten z. B. auf eine Politik zur Erhaltung der tropischen Regenwälder und der biologischen Artenvielfalt. Die Umweltverträglichkeit wird bei der Beurteilung von Entwicklungsprojekten einbezogen.

Aktie ist ein ↑ Wertpapier, das von einer ↑ Aktiengesellschaft (AG) auf einen bestimmten ↑ Nennwert (mindestens 50 DM) ausgestellt und verkauft wird. Sie dient der Beschaffung langfristigen Kapitals. Die A. gibt ihrem Besitzer *(= Aktionär)* bestimmte Vermögensrechte: den Anspruch auf Gewinnbeteiligung (↑ Dividende), das Bezugsrecht auf neue (junge) Aktien bei einer Kapitalerhöhung sowie den Anspruch auf Beteiligung am Liquidationserlös bei Auflösung der AG. Der Aktionär hat das Recht, Auskunft über die Geschäftstätigkeit der AG zu fordern, und Stimmrecht in der Hauptversammlung (z. B. bei der Entlastung des Vorstandes oder bei der Wahl des ↑ Aufsichtsrats). Aktien sind übertragbar und werden an der ↑ Börse gehandelt. – ↑ auch Belegschaftsaktie.

Aktiengesellschaft (AG) ist eine ↑ Kapitalgesellschaft mit eigener Rechtspersönlichkeit (↑ juristische Person), deren Mitglieder *(= Aktionäre)* mit ihren Einlagen *(= ↑ Aktien)* am Grundkapital der AG beteiligt sind. Die Aktionäre haften nicht persönlich, sondern nur mit ihren Einlagen für die Verbindlichkeiten der AG. Bei der Gründung einer AG muß das Grundkapital mindestens 100 000 DM betragen. Eine AG wird dann gegründet, wenn große Kapitalmengen notwendig sind; so ist die AG die vorherrschende Finanzierungs- und Rechtsform der Großunternehmen. Eine AG ist zur Veröffentlichung ihres Geschäftsberichts gesetzlich verpflichtet. Das Aktienrecht und die Satzung regeln die rechtlichen Grundlagen der AG. Ihre Organe sind der leitende Vorstand, der kontrollierende ↑ Aufsichtsrat und die Hauptversammlung der Aktionäre, deren Kontrollrechte wegen der Zersplitterung des Aktienbesitzes, der zum Teil fehlenden Sachkenntnis und aus Entschlußträgheit oft kaum genutzt werden. Häufig wird das Stimmrecht von Bevollmächtigten ausgeübt *(Depotstimmrecht der Banken).*

aktives Wahlrecht heißt das Recht, als Wähler an politischen ↑ Wahlen teilzunehmen. – ↑ auch Bundestagswahl.

aktuelle Stunde: Auf Antrag von mindestens fünf Prozent der Bundestagsabgeordneten anberaumte, höchstens einstündige Diskussion über ein Thema »allgemeinem, aktuellem Interesse«. Die Sprechzeit ist auf fünf Minuten pro Redner begrenzt. Im 11. Deutschen Bundestag wurden 126 solcher »Aktuellen Stunden« abgehalten. In den Parlamenten der Bundesländer sind A. S. ebenso üblich, aber unterschiedlich geregelt.

Akzeleration [von lateinisch acceleratio »Beschleunigung«]: Schnelleres Wachstum und früherer Beginn der körperlichen Reife bei Jugendlichen im Vergleich zu früheren Generationen. Die A. führt häufig zu individuellen und sozialen Konflikten.

Al Fatah ↑ PLO.

Alleinvertretungsanspruch war der Anspruch der Bundesregierung, als einzige demokratisch gewählte deutsche Regierung allein für Deutschland zu sprechen. Während der Gültigkeit der sog. ↑ Hallsteindoktrin nahm die BR Deutschland keine diplomatischen Beziehungen zu Staaten (außer der UdSSR) auf, die die DDR anerkannten.

allgemeine Geschäftsbedingungen (AGB): Die AGB, auch das »Kleingedruckte« genannt, sind ein fester Bestandteil des Wirtschaftslebens. Die neuzeitliche Entwicklung beim Umsatz von Waren und Leistungen hat zu einer starken Typisierung der dabei verwendeten vertraglichen Bedingungen geführt. An die Stelle des im ↑ Bürgerlichen Gesetzbuch geregelten Vertragsrechts, das die Interessen beider Vertragsparteien berücksichtigt, sind daher weitgehend AGB getreten, die vielfach überwiegend den Interessen der Hersteller und Lieferanten dienen. Die AGB gelten aber nur bei ausdrücklichem Hinweis auf sie, wenn den Vertragspartnern ihre Kenntnisnahme möglich ist und sie mit ihnen einverstanden sind. Unwirksam sind AGB-Klauseln, die den Vertragsgegner unangemessen benachteiligen oder dem anderen Teil einseitige Vorteile im Hinblick auf die Geltendmachung seiner Rechte einräumen.

Allgemeine Ortskrankenkasse ↑ Krankenkassen.

Allianz: Völkerrechtliche Bezeichnung für ein Bündnis zwischen Staaten. Allianzen spielten zur Zeit hegemonialer Bestrebungen einer Großmacht (Frankreich, Spanien) eine wichtige Rolle in Europa und waren auch für die Weltkriege im 20. Jahrhundert entscheidend. − ↑ auch Hegemonie.

Alliierte: Durch eine formelle ↑ Allianz verbündete Mächte. Bezeichnung v. a. für die Kriegsgegner Deutschlands im 1. und 2. Weltkrieg (z. B. die sog. »Großen Vier«: USA, UdSSR, England und Frankreich). Nach 1950 waren damit im allgemeinen die westlichen Hauptbündnispartner der ↑ NATO gemeint.

Allparteienregierung heißt eine Regierung, an der alle im Parlament vertretenen Parteien teilnehmen. A. gibt es besonders in Krisenzeiten zur Erhöhung der ↑ Legitimation der Regierungsanordnungen.

Alpenkonvention: Bezeichnung für das 1989 von den EG, der BR Deutsachland, Frankreich, Italien, Jugoslawien, Liechtenstein, Österreich und der Schweiz abge-schlossene »Übereinkommen zum Schutz der Alpen«. Ziel der A. ist es, die Verkehrsbelastung zu verringern (↑ Alpentransit), die Berglandwirtschaft zu erhalten und die weitere Zersiedelung der Alpen zu stoppen.

Alpentransit: Die hohe Verkehrsbelastung der Alpenländer durch den Güterverkehr auf den Straßen führte zu einem Alpenverkehrsplan, dessen Ziel es ist, die Belastungen für Mensch und Umwelt auf ein erträgliches Maß zu senken. Geplant sind u. a. Ausbau und Modernisierung der Eisenbahnverbindungen, verstärkter »Huckepackverkehr«, erhöhte Transitgebühren für Lkw, Fahrverbote an Sonn- und Feiertagen sowie Nachtfahrverbote.

Altenhilfe ist eine Form der ↑ Alterssicherung. Zu ihr gehören die geschlossene A., bei der alte hilfsbedürftige Menschen in Heimen untergebracht werden, und die offene A., bei der sie von Altenpfleger(innen) an ihrem Wohnsitz betreut werden. Die A. ist im *Bundessozialhilfegesetz* geregelt und wird als Hilfe in besonderen Lebenslagen ohne Rücksicht auf Einkommen und Vermögen erbracht. Auf die öffentlich finanzierten Leistungen der A., wie Hilfe zur Haushaltsführung, zur Befriedigung sozialer Bedürfnisse im Krankheits- und Pflegefall u. a., besteht ein allgemeiner Rechtsanspruch. Träger der A. sind Behörden und ↑ Wohlfahrtsverbände (z. B. Sozialstationen). Die Bedeutung der A. nimmt ständig zu. Ein großer Teil der älteren Bürger ist auf sie angewiesen. − ↑ auch Pflegeversicherung.

Alter bezeichnet allgemein eine bestimmte Lebensstufe (Kind, Jugendlicher, Erwachsener, Greis) wie auch den zeitlich späten Lebensabschnitt. Mit unterschiedlichem Alter sind unterschiedliche Lebensumstände (Schul- und Berufswahl, Eheschließung, Ausscheiden aus dem Berufs- und Erwerbsleben) verbunden. Die damit verknüpften sozialen ↑ Rollen und Erwartungen sind in den Kulturen verschieden und variieren nach technologisch-wirtschaftlichen Gegebenheiten. Die Spezialdisziplin der *Alterssoziologie* untersucht die soziale Situation und die Lebensformen der biologisch »alten Menschen« u. a. in Abhängigkeit von geltenden gesellschaftlichen Bewertungen dieses »Altersstatus«.

Der Anteil der alten Menschen an der Gesamtbevölkerung hat in den letzten Jahrzehnten stark zugenommen. Der Altersaufbau eines Volkes wird in der Regel durch eine Alterspyramide (↑ Bevölkerung) wiedergegeben. – ↑ auch Jugend.

alternative Bewegungen: Bezeichnung für Gruppierungen zumeist jüngerer Menschen, die das immer stärker durch materiellen Wohlstand geprägte Leben der modernen Industriegesellschaft ablehnen und unterschiedliche eigene Formen wirtschaftlicher, gesellschaftlicher und politischer Organisation entwickelt haben. Die Kritik an den bestehenden Verhältnissen bezieht sich v. a. auf undurchschaubar gewordene Lebensverhältnisse und Großorganisationen wie die staatliche Bürokratie, Parteien, Gewerkschaften und andere Verbände, die die Gesellschaft beherrschen. Die Wirtschaft ist nach Ansicht der a. B. von Großkonzernen, die Produktion von Großtechnologien geprägt, wodurch die

natürlichen Lebensgrundlagen allmählich zerstört würden. Der einzelne Mensch wird als Sklave der Produktion und des Konsums gesehen. Das führte zu dem Versuch der a. B., die eigenen Lebensverhältnisse wenigstens z. T. selbst in alternativen Organisationsformen zu bestimmen sowie ein alternatives Angebot an Waren und Dienstleistungen zu machen. Neben Projekten im kulturellen Bereich sind Wirtschaftsprojekte entstanden, die zumeist in genossenschaftlicher Form organisiert sind (alternative Handwerksbetriebe, Druckereien, Buch- und Zeitungsverlage, Dienstleistungs- und Einzelhandelsbetriebe, landwirtschaftliche Betriebe). Es gibt auch Forschungsprojekte, die eine »sanfte« Technologie, neue Arten der Energie- und Rohstoffgewinnung und Recyclingverfahren erarbeiten sollen. Kritiker wenden ein, die Anhänger der a. B. hätten sich lediglich in den Nischen der Industriegesellschaft niedergelassen. Sie seien in ihrer

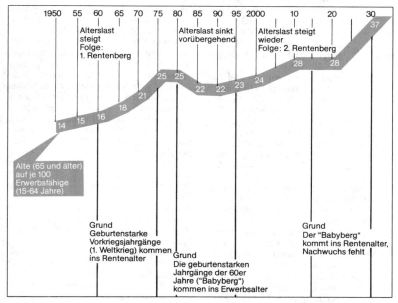

Alterssicherung. Die finanzielle Sicherung der Altersversorgung wird nach heutigen Prognosen als ein Langzeitproblem betrachtet, das sich v. a. auch aus dem Geburtenrückgang der letzten Jahre ergibt

Lebensweise letztlich abhängig von der Existenz gerade der Gesellschaft, die sie verändern wollen und deren Institutionen wie etwa das Gesundheits- oder Sozialversicherungswesen sie bedenkenlos in Anspruch nähmen.

Altersruhegeld ↑ Rentenversicherung.

Alterssicherung dient dazu, den Bürgerinnen und Bürgern auch im Alter nach Beendigung des Erwerbslebens (60./63./65. Lebensjahr, gegebenenfalls früher) ↑ Einkommen zu gewährleisten. Sie ist Teil der ↑ sozialen Sicherheit. Einrichtungen der A. sind ↑ Rentenversicherung, ↑ Altenhilfe, ↑ Vorruhestand.

Altersteilzeitarbeit ↑ Vorruhestand.

Ältestenrat: Allgemein ein Gremium des Parlaments zur Vorplanung und Koordination. Der Ä. des ↑ Bundestags ist ein Parlamentsausschuß zur Unterstützung des Bundestagspräsidenten bei der Führung seiner Geschäfte. Er besteht aus dem Bundestagspräsidenten, seinen Stellvertretern sowie 23 Mitgliedern des Bundestags, die von den einzelnen Fraktionen entsprechend ihrer Stärke benannt werden. Die Aufgaben des Ä. sind in der ↑ Geschäftsordnung des Bundestages festgelegt. Ähnliche Regelungen gelten für den Ä. in den Landtagen.

Altlasten sind Altablagerungen und Altstandorte, sofern von ihnen Gefährdungen durch Schad- und Giftstoffe für die Umwelt, insbesondere die menschliche Gesundheit, ausgehen oder zu erwarten sind. Altablagerungen sind verlassene oder stillgelegte Deponien, Aufhaldungen und Verfüllungen mit Produktionsrückständen, Bergematerial oder Bauschutt. Altstandorte sind v. a. Grundstücke mit stillgelegten Anlagen, Einrichtungen oder Betrieben. Erhebliche Probleme werden auch durch die Rüstungsaltlasten und deren Beseitigung verursacht.

In den alten Ländern der BR Deutschland schätzt man die Zahl der Altlastenverdachtsflächen auf mindestens 48000. In den fünf neuen Bundesländer sind 12250 A. bekannt, Altlastenverdachtsflächen auf dem Territorium der ehemaligen DDR sind es weitaus mehr, doch liegen noch keine endgültigen Zahlen vor. Nach dem Gemeinlastprinzip übernimmt in der Regel der Staat die Sanierungskosten.

Altlasten. Anzahl der erfaßten Flächen mit Altlasten in den Ländern der alten Bundesrepublik (1988)

Schleswig-Holstein	2 358
Hamburg	1 840
Niedersachsen	6 200
Bremen	243
Nordrhein-Westfalen	12 448
Hessen	5 184
Rheinland-Pfalz	7 528
Saarland	3 596
Baden-Württemberg	6 500
Bayern	555
Berlin (West)	1 925

Amendment [englisch »Berichtigung«]: Gesetzesänderung oder -ergänzung, die in den USA nicht in den ursprünglichen Gesetzestext eingearbeitet, sondern gesondert angefügt wird.

Amnestie bedeutet die allgemeine ↑ Begnadigung einer Gruppe von verurteilten Straftätern durch einen staatsrechtlichen Akt. Mit einer A. verbunden ist meist auch eine Niederschlagung noch nicht abgeschlossener Strafverfahren *(Abolition)*.

Amnesty International ist eine 1961 gegründete Organisation zum Schutz der Menschenrechte. Die allein aus Spenden finanzierte Vereinigung versucht, Menschen in allen Staaten der Welt zu helfen, die wegen ihrer politischen und religiösen Überzeugung gefangen gehalten werden (↑ politische Gefangene). Die Organisation erhielt − trotz kritischer Würdigung einiger ihrer Aktivitäten − 1977 den Friedensnobelpreis. Heute gibt es 4 200 A. I.-Gruppen in 70 Ländern; rund 1,1 Mill. Menschen in 150 Ländern betätigen sich als Mitglieder, Unterstützer oder finanzielle Förderer.

Ampelkoalition: Auf die »Farben« der Parteien abzielende Bezeichnung für eine Koalition von SPD (rot), FDP (gelb) und Grünen (grün).

Ämterhäufung ist die Vereinigung mehrerer (v. a. öffentlicher) Ämter in einer Person. Die Verbindung bestimmter Ämter ist häufig politisch unerwünscht (Interessenkollision) und daher unzulässig (↑ Inkompatibilität).

Ämterpatronage ist die Bevorzugung bestimmter Personen bei der Besetzung

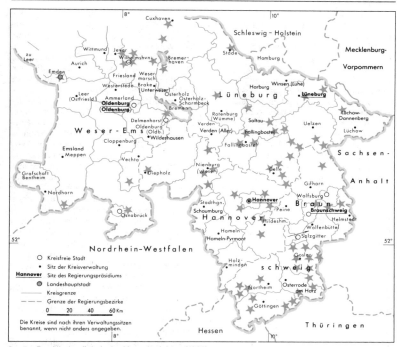

Quelle: Der Niedersächsische Umweltminister (1989)

Altlasten. Flächen in Niedersachsen, auf denen Rüstungsaltlasten vermutet werden

von Ämtern aus sach- und fachfremden Motiven (Günstlings- oder Vetternwirtschaft; Einwirkung politischer Parteien zugunsten ihrer Mitglieder).

Amtsgericht ist das unterste Gericht in der † ordentlichen Gerichtsbarkeit.

Amtshilfe ist jede Hilfe, die eine Behörde einer anderen auf deren Ersuchen leistet, um dieser die Durchführung ihrer Aufgaben zu ermöglichen oder zu erleichtern. Von Gerichten geleistete A. heißt † Rechtshilfe.

Analphabetismus: Nichtbeherrschen des Lesens und Schreibens. Der Anteil der Schreib- und Leseunkundigen (Analphabeten) wird von der † UNESCO derzeit auf ca. 1 Mrd. Menschen geschätzt, wovon Asien 833 Mill., Afrika 124 Mill. und Südamerika 24 Mill. aufweisen. Trotz raschen

Anwachsens der Erdbevölkerung nimmt mit fortschreitender Industrialisierung und Ausbreitung des Schulwesens der Umfang des A. prozentual ständig ab. Die UNESCO hat die Bekämpfung des A. 1951 in ihr Grunderziehungsprogramm aufgenommen. In modernen Industriestaaten wächst die Zahl derer, die nicht ausreichend lesen und schreiben können.

Anarchie [von griechisch anarchia »Gesetzlosigkeit«]: Herrschaftsloser oder gesetzloser Zustand. − † auch Anarchismus.

Anarchismus: Bezeichnung für soziale und politische Denkmodelle und Bewegungen, die jede Art von Autorität (z. B. von Staat, Kirche) als Form der Herrschaft von Menschen über Menschen ablehnen und menschliches Zusammenleben nach den Grundsätzen von Gerechtigkeit,

Gleichheit und Brüderlichkeit ohne alle Zwangsmittel verwirklichen wollen. A. als politische Zielsetzung entstammt dem 19. Jahrhundert. Er läßt sich als eine Reaktion auf die wirtschaftlich-sozialen Veränderungen und die gleichzeitigen politischen Zentralisierungstendenzen jener Zeit erklären. Die Anhänger des A. arbeiteten z. T. mit terroristischen Mitteln. Im Hinblick auf die kommunistische Theorie von der Endphase enthält der ↑ Marxismus ein utopisch-anarchistisches Element. Im Unterschied zu den Anarchisten, die den Staat durch Revolution abschaffen wollen, gehen die Marxisten jedoch von einem allmählichen »Absterben« des Staates nach der Revolution und der Machtübernahme des Proletariats aus. – ↑ auch Autonome.

Anarchosyndikalismus: Sozialrevolutionäre ↑ Arbeiterbewegung, die ihren Höhepunkt in den romanischen Ländern von der Jahrhundertwende bis zum 1. Weltkrieg (in Spanien bis zur Endphase des Bürgerkrieges 1938) erlebte. Der A. beruht auf einem ideologischen und organisatorischen Kompromiß zwischen Anarchisten und Syndikalisten, wobei die Anarchisten gewerkschaftliche Organisation und Disziplin als Kampfmittel akzeptierten, die Syndikalisten dagegen die Errichtung anarchistischer Kommunen als Ziel für die nachrevolutionäre Zeit anerkannten. – ↑ auch Anarchismus, ↑ Syndikalismus.

ANC [Abk. für englisch African National Congress »Afrikanischer Nationalkongreß«]: 1912 gegründete südafrikanische Partei der Bantu, deren Ziel eine demokratische Gesellschaft ist, in der sozial und politisch gleichberechtigte Rassen integriert zusammenleben. Nach dem Verbot des ANC im Jahre 1960 formierte sich aus seinen Reihen die militante Organisation »Speer der Nation« unter der Führung von N. Mandela, der 1964 zu lebenslanger Haft verurteilt wurde. Auf immer stärkeren internationalen Druck hin wurde Mandela im Februar 1990 aus der Haft entlassen und im März 1990 zum Vizepräsidenten und im Juli 1991 zum Präsidenten des ANC gewählt, dessen Verbot im Februar 1990 aufgehoben worden war. Der ANC ist in den letzten Jahren in blutige Auseinandersetzungen mit der anderen großen Schwarzenorganisation Südafrikas, der *Inkatha* unter Führung von Chief G. Buthelezi, verstrickt, die die Interessen der Zulu vertritt. ANC und Inkatha rivalisieren um die Führerschaft bei den Verhandlungen um die Abschaffung der Apartheid mit der südafrikanischen Regierung.

Andenpakt: Subregionale Zollunion der Andenstaaten Chile, Kolumbien, Peru, Ecuador, Bolivien und Venezuela im Rahmen der »Lateinamerikanischen Freihandelszone«. Die Vereinbarung wurde 1969 in Cartagena erzielt, Venezuela trat ihr 1973 bei. Hauptziel des Abkommens war die Schaffung eines gemeinsamen Marktes durch Zollreduktionen. Da über die geplante Behandlung des Auslandskapitals keine Einigung erzielt werden konnte, schied Chile 1976 aus dem Andenpakt aus. 1985 wurde der »Anden-Peso« für den Zahlungsverkehr zwischen den Notenbanken der Staaten des A. geschaffen.

Anerkennung: Erklärung, bestimmte Tatsachen oder Rechtsverhältnisse gelten zu lassen. Man spricht z. B. im Zivilrecht von der A. der nichtehelichen Vaterschaft, im internationalen Bereich von der A. von Staaten und Regierungen.

Anfechtungsklage ↑ Klage.

Angestellte sind ↑ Arbeitnehmer, die sich von ↑ Arbeitern und ↑ Beamten ihrer Stellung wie ihren Tätigkeitsmerkmalen nach nur schwer abgrenzen lassen. Das Aufkommen dieses Berufsstandes und seine starke zahlenmäßige Zunahme (in den letzten 80 Jahren von einer auf zwölf Millionen) hängt zusammen mit der Entwicklung von Unternehmen zu Großbetrieben und der Ausweitung des ↑ öffentlichen Dienstes. Die A., die größtenteils dem Dienstleistungssektor angehören, unterschieden sich von den Arbeitern durch eine bessere Schulbildung, mehrjährige Berufsausbildung, Kündigungsschutz und eine eigene Altersversicherung. Der Großteil der A. fühlte sich dem »Mittelstand« zugehörig und zeigte typisch »bürgerliche« Verhaltensweisen. Inzwischen kann man von einer einheitlichen Berufsgruppe oder sozialen ↑ Schicht kaum mehr sprechen, da sich die A. heute vom Büroboten bis zum ↑ leitenden Angestellten eines Unternehmens auffächern. Privilegien gegenüber den Arbeitern bestehen zum Teil noch in ↑ Tarifverträgen und ↑ Betriebsvereinbarungen.

Angestelltenversicherung ↑ Rentenversicherung.

Angriffskrieg ist ein gewaltsamer, mit militärischen Mitteln offensiv geführter Krieg. Er galt noch im 19. Jahrhundert als legitimes Mittel der Politik souveräner Staaten. Nach der Charta der ↑ UN ist ein A. völkerrechtswidrig.

Anklage wird von der ↑ Staatsanwaltschaft bei hinreichendem Verdacht einer ↑ Straftat erhoben, andernfalls erfolgt (ebenso bei Geringfügigkeit des Vergehens) eine Einstellung des ↑ Ermittlungsverfahrens.

Anleihe: Sammelbegriff für festverzinsliche Schuldverschreibungen, die sowohl von der öffentlichen Hand (Bund, Länder und Gemeinden) als auch von privaten Unternehmen v. a. zur Finanzierung von Investitionsvorhaben ausgegeben werden, z. B. Schatzbriefe, Pfandbriefe, Kommunal- und Industrieobligationen.

Annahme an Kindes Statt ↑ Adoption.

Annexion ist die gewaltsame Aneignung fremden Staatsgebiets. Die A. kann nachträglich von dem betroffenen Staat durch ↑ Anerkennung legalisiert werden. Völkerrechtlich ist die A. unzulässig.

Anomie: Krisenhafter gesellschaftlicher Zustand, der durch ↑ abweichendes Verhalten und Nichtbeachtung bisher gültiger Verhaltensregeln gekennzeichnet ist.

Anonymität ist die Namenlosigkeit, das Nichtbekanntsein. Man spricht heute z. B. oft von die A. der Großstadt, d. h., daß der einzelne in der Stadt vielfach ohne Kontakte mit anderen Menschen, v. a. in seiner Nachbarschaft, lebt.

Anpassung bezeichnet in der Soziologie die Vorgänge, durch die sich ein Individuum in eine Gesellschaft einordnet und deren ↑ Normen übernimmt. Als Teil der ↑ Sozialisation ist A. mitentscheidend dafür, ob und wie ein Mensch in seiner Umwelt zurechtfindet. Erziehung darf sich jedoch nicht auf bloße Einübung in die bestehenden Verhaltensweisen einer Gesellschaft beschränken oder gar die Übernahme vorgeschriebener Denkschemata und Verhaltensmuster erzwingen, sondern soll auch die Kritikfähigkeit und die Ausbildung einer eigenständigen Persönlichkeit fördern. Paßt sich ein Mensch nur noch den Forderungen seiner Umwelt an, spricht man von *Überanpassung* (Persönlichkeitsverlust).

Anstalten des öffentlichen Rechts sind Einrichtungen zur Erfüllung öffentlicher Aufgaben, die aus der allgemeinen Staats- und Kommunalverwaltung ausgegliedert sind. Im Gegensatz zu den ↑ Körperschaften des öffentlichen Rechts sind sie nicht mitgliedschaftlich organisiert, sondern stehen Nichtmitgliedern zur Benutzung offen. Die Rechtsbeziehungen zwischen den A. d. ö. R. und ihren Benutzern werden durch die Anstaltsordnung geregelt. A. d. ö. R. sind z. B. die Bundesanstalt für Arbeit, die Deutsche Bundesbahn, Schulen, Bibliotheken, öffentlich-rechtliche Rundfunkanstalten oder Krankenanstalten. Sie können selbständig als Träger von Rechten auftreten oder aber in eine größere Einheit (wie z. B. die Bibliothek in einer Stadt) eingegliedert sein.

Antagonismus [griechisch »Gegensatz«] bezeichnet einen u. U. unversöhnlichen Gegensatz. Nach der marxistischen Lehre besteht ein solcher Gegensatz zwischen den Interessen der verschiedenen ↑ Klassen in einer nicht sozialistischen Gesellschaft.

Antarktisvertrag: 1958 von Argentinien, Australien, Belgien, Chile, Frankreich, Großbritannien, Japan, Neuseeland, Norwegen, Südafrika, Sowjetunion und USA abgeschlossener Vertrag über die friedliche Nutzung der Antarktis zu Forschungszwecken. Voraussetzungen für die Mitgliedschaft im A. sind der Bau einer Forschungsstation und der Betrieb eines Polarforschungsschiffes.

Anthropologie [von griechisch ánthrōpos »Mensch«]: Lehre vom Menschen in der Biologie (z. B. vom Körperbau, von Menschenrassen) und in der Philosophie. Die philosophische A. versucht Aussagen über den Menschen im allgemeinen, ungeachtet seiner unterschiedlichen historischen und soziokulturellen Lebensumstände und Verhaltensweisen zu treffen. Sie bedient sich dabei des Mensch-Tier-Vergleichs. Schon von der traditionellen Philosophie wurden Aussagen über den Menschen formuliert (z. B. im ↑ Naturrecht).

Hier gilt der Mensch als »animal rationale et sociale«, d. h. als Lebewesen, das sich durch Vernunft und eine bestimmte Form der Gesellung auszeichnet. Andere betonen dagegen den Gesichtspunkt des »homo faber«, d. h. die Fähigkeit des Menschen, seine Umwelt mit Hilfe bestimmter Techniken zu gestalten. Vielfach wird die menschliche Sonderentwicklung mit dem aufrechten Gang und dem dadurch eingetretenen Freiwerden der Hände zur praktischen und damit auch geistigen Tätigkeit (»begreifen von etwas«) in Zusammenhang gebracht sowie mit der Tatsache, daß der Mensch biologisch gesehen nur mit einer mangelhaften Ausstattung und v. a. mit nicht hinreichendem Instinkt zur Welt kommt (der Mensch als »Mängelwesen«); daraus folgt, daß er in bedeutendem Umfang nicht biologisch, sondern kulturell (als Kleinkind durch Erfahrung und Erziehung) geprägt wird und zwar umsomehr, als seine ererbten Anlagen (»Triebe«) einer bedeutenden Bildsamkeit (Plastizität) unterliegen. Der Mensch ist für die moderne A. nie ein Natur-, sondern immer schon ein Kulturwesen, abhängig von der Formung durch seine kulturelle Umwelt (Enkulturation: ↑ Sozialisation), die ihm die mangelhafte Instinktprägung ersetzt. Dies wird auch durch den Hinweis darauf unterstrichen, daß er dauerhafte zwischenmenschliche Beziehungen nicht »natürlich-selbstverständlich«, sondern nur mit Hilfe besonderer gestifteter Regeln aufrechtzuerhalten vermag. Weitgehend lebt somit der Mensch in einer »sekundären« Welt, d. h. in von ihm geschaffenen Institutionen wie Staat, Verbände, die ihm Weltorientierung vermitteln und ihn vom Umweltdruck entlasten. Mangelhafte Ausstattung, Befreiung von biologischen Vorprägungen und ein über das Streben nach kurzfristiger Befriedigung einfacher Bedürfnisse hinausgehender Antriebsüberschuß gelten als Voraussetzung für eine dauernde aktive Auseinandersetzung mit der Umwelt, für ihre Umgestaltung und die Gestaltung der zwischenmenschlichen Beziehungen. Als Kulturwesen ist der Mensch daher auch v. a. ein geschichtliches Wesen, das nicht von vornherein auf einen bestimmten Zustand fixiert bleibt, sondern sich in der Zeit mit dem von ihm

hervorgebrachten kulturellen Wandel selbst verändert. Ob er dabei bestimmte Stufen einer Entwicklung zu einem bestimmten Ende durchläuft, wie vielfach seit der Entstehung der modernen Geschichtswissenschaft in der ↑ Aufklärung angenommen wird (Fortschrittsglaube), ist zweifelhaft. − ↑ auch Fortschritt.

Anthroposophie [von griechisch ánthrōpos »Mensch« und sophía »Weisheit«]: Weltanschauungslehre, von R. Steiner 1913 begründet, nach der sich die Welt gemäß einer Stufenlehre entwickelt. Der Mensch soll diese Entwicklung einfühlend und erkennend nachvollziehen, um selbst höhere seelische Fähigkeiten zu entwickeln. Die A. ist sowohl von christlichem als auch z. B. indischem Gedankengut beeinflußt. Die Lehre wurde von der »Anthroposophischen Gesellschaft«, v. a. durch die »Freie Hochschule für Geisteswissenschaften« in Dornach bei Basel verbreitet. Besonders wirksam ist die A. auf dem Gebiet der Pädagogik mit ihren »Freien Waldorfschulen«.

antiautoritäre Bewegung: Die ↑ Studentenbewegung Ende der 1960er Jahre führte überall zu einem Aufbegehren der Jugend gegen das ↑ Establishment: Schüler, Lehrlinge, Studenten und die Jugendorganisationen politischer Parteien versuchten, sich von »autoritärer« Bevormundung zu befreien. Abgelehnt wurde v. a. die nur von einem Amt, einer Institution abgeleitete ↑ Autorität. Die a. B. wandte sich u. a. gegen die hierarchischen Strukturen der »Ordinarienuniversität« und forderte Mitbestimmung, »freie, wissenschaftliche Entfaltung« und die Verbindung von Theorie und Praxis.

Antifaschismus: Ursprünglich Bezeichnung der Opposition und des Widerstandes gegen den italienischen ↑ Faschismus, später auch gegen den ↑ Nationalsozialismus und andere faschistische Regime. Der Ausdruck wurde v. a. von Kommunisten zur Rechtfertigung sowohl ihres Bündnisses mit bürgerlichen Parteien in der ↑ Volksfront als auch von bestimmten Formen des Übergangs zum ↑ Sozialismus benutzt. Insbesondere bei der Gründung der DDR wurde die Sammelbezeichnung A. von der SED als grundlegender ideologischer Kampf- und Motivationsbegriff eingesetzt. Die »antifaschistisch-demokratische Ordnung« galt in der DDR als verwirklicht; die Trennmauer in Berlin seit 1961 wurde als »antifaschistischer Schutzwall« bezeichnet.

Antiimperialismus ist ein wesentlicher Bestandteil des revolutionären Nationalismus in Lateinamerika, Afrika und Asien. Oft vom † Marxismus-Leninismus angeregt, kennzeichnet er eine Bewegung gegen fortdauernde Kolonialherrschaft oder den bestimmenden politischen und wirtschaftlichen Einfluß der USA und einzelner europäischer Staaten in der † dritten Welt.

Antikolonialismus: Bewegung zur Beseitigung und Verhinderung jeder Form von † Kolonialismus. Der A. steht im Mittelpunkt des Selbstverständnisses der Völker der † dritten Welt.

Antikommunismus bezeichnet die ablehnende Haltung gegenüber dem † Kommunismus allgemein und gegenüber allen sich auf den † Marxismus-Leninismus berufenden Parteien und Staaten. Nach 1945 bildete sich in der BR Deutschland ein stark emotional gefärbter A. aus, bedingt durch die Teilung Deutschlands und die Etablierung der kommunistischen Herrschaft in der DDR sowie durch die sowjetische † Hegemonie in Osteuropa.

Antisemitismus richtet sich nicht gegen alle semitischen Völker, sondern allein gegen die Juden und wird im Unterschied zur traditionellen Judenfeindschaft v. a. »rassisch« begründet († Rassismus). Die Diskriminierung und Verfolgung der Juden durch die Jahrhunderte erklärt sich aus ihrer Sonderstellung als religiöse und ethnische Minderheit. Kulturelle Eigenheiten sowie das starke Zusammengehörigkeitsgefühl der Juden selbst und ihre Abdrängung in Ghettos und Zunftverbot kennzeichnen die soziale Abgeschlossenheit der jüdischen Bevölkerung bereits im Mittelalter. Antijüdische Legenden (z. B. über Hostienschändung, Brunnenvergiftung) und summarische Anschuldigungen führten zu gewaltsamen Verfolgungen († Pogrom). Unter dem Einfluß rassischer † Vorurteile (gefördert v. a. durch die Schriften des Grafen von Gobineau und H. St. Chamberlain) fand im 19. Jahrhundert die Judenfeindschaft als A. neuen

Auftrieb und starke Verbreitung. Zugleich wurden die Juden für viele gesellschaftliche Mißstände verantwortlich gemacht. Seinen Höhepunkt erreichte der A. schließlich in den Vernichtungsaktionen des † Nationalsozialismus. – † auch Judenverfolgung.

antizyklische Finanzpolitik versucht, Konjunkturschwankungen zu dämpfen. Während der Hochkonjunktur werden die Staatsausgaben gesenkt bzw. die Staatseinnahmen erhöht, um eine Überhitzung der Konjunktur zu vermeiden. In der † Rezession wird umgekehrt verfahren. – † auch Globalsteuerung.

Anwaltszwang ist die gesetzliche Verpflichtung, sich in einem Prozeß durch einen Rechtsanwalt als Bevollmächtigten vertreten zu lassen. In Zivilsachen besteht A. vor Landgerichten und Gerichten der höheren Instanzen.

AOK † Krankenkassen.

Apartheid [afrikaans »Gesondertheit, Trennung«]: Bezeichnung für die von der Republik Südafrika bislang praktizierte Politik der Rassentrennung zwischen weißer und farbiger Bevölkerung, die seit 1948 offizieller Bestandteil der Politik aller südafrikanischen Regierungen gewesen ist und zu einem auf Rassenkriterien beruhenden Herrschaftssystem der privilegierten weißen Minderheit geführt hat. Die Farbigen wurden systematisch von aller politischen, sozialen und kulturellen Teilhabe augeschlossen. Mischehen waren bis 1985 verboten. Das Wahlrecht beschränkt sich auf die weiße Bevölkerung sowie die Mischlinge und Inder. Durch den »Group Areas Act« und den »Bantustan Authorities Act«, beide 1950 erlassen, wurde jeder Südafrikaner einer Rasse und einem bestimmten Wohngebiet zugeordnet. 1954 wurde ein zusätzliches Gesetz erlassen, das die Zwangsumsiedlung der Nichtweißen legitimierte. Um die räumliche Trennung (Segregation) durchführen zu können, wurden speziell für die Bantubevölkerung Südafrikas sog. »Homelands« geschaffen. Widerstandsaktionen der schwarzen Bevölkerung beantwortete die Regierung mit scharfen Polizeigesetzen sowie massivem Gewalteinsatz, der bis heute unzählige Tote gefordert hat. Die Republik Südafrika wurde wiederholt von den † UN wegen der praktizierten Rassenpolitik verurteilt. Durch verstärkten internationalen Druck auf Südafrika, so etwa durch Sanktionen wie Kredit- und Investitionssperren, ist es in den letzten Jahren zu einer teilweisen Lockerung der A. gekommen. Am 1. Februar 1991 kündigte Staatspräsident de Klerk vor dem südafrikanischen Parlament seine Absicht an, die A. abzuschaffen. Die Trennung der Wohngebiete nach Rassen, das Verbot des Landbesitzes für Schwarze und v. a. das Erfassungsgesetz zur Rassenkategorisierung sollen aufgehoben werden. Nach Gesprächen mit repräsentativen schwarzen Gruppen ist eine anschließende Allparteienkonferenz beabsichtigt, in der eine neue Verfassung entworfen werden soll, über die wiederum ein Referendum entscheiden soll. – ↑ auch ANC.

APO ↑ außerparlamentarische Opposition.

Arabische Liga ist der Zusammenschluß der arabischen Staaten 1945 im Pakt von Kairo zur Zusammenarbeit in politischen, wirtschaftlichen, sozialen und kulturellen Fragen sowie zur friedlichen Beilegung innerarabischer Konflikte auf der Grundlage gegenseitiger Respektierung der Souveränität der Mitgliedsländer. Seit 1975/76 wird mit der EG ein sogenannter arabisch-europäischer Dialog geführt. Die Absicht der Gründer der A. L., über eine Kooperation zu einer einigen »arabischen Nation« zu gelangen, konnte wegen vieler politischer Differenzen nicht verwirklicht werden.

Arbeit
◊ ist zweckgerichtete, planmäßige Tätigkeit des Menschen zur Befriedigung seiner materiellen und geistigen Bedürfnisse. Um diesem Ziel so nahe wie möglich zu kommen, ist der Mensch vor die Notwendigkeit der ↑ Arbeitsteilung gestellt, die eine ↑ Kommunikation und ↑ Kooperation der Menschen miteinander verlangt. So wird A. zur Grundlage sozialer Prozesse in einer Gesellschaft. Die zunehmende Untergliederung der Arbeitsprozesse und die Spezialisierung in den technisch weit fortgeschrittenen Industriestaaten werfen das Problem auf, die A. so zu verteilen und zu organisieren, daß jeder die Möglichkeit hat, entsprechend seinen Fähigkeiten und

Bedürfnissen zu arbeiten. Dabei soll nicht der Mensch mit seiner Arbeitsleistung den Erfordernissen eines hochtechnisierten Arbeitsprozesses (z. B. Fließbandarbeit), sondern umgekehrt der Arbeitsprozeß nach Möglichkeit menschlichen Bedürfnissen angepaßt werden (sog. Humanisierung der Arbeit). – ↑ auch Recht auf Arbeit.
◊ ist in der Volkswirtschaftslehre neben ↑ Boden und ↑ Kapital der dritte zur Erzeugung oder Verteilung von Gütern oder Dienstleistungen erforderliche ↑ Produktionsfaktor. Der Faktor A. wird bestimmt durch die Anzahl der Arbeitskräfte, ihre Leistungsfähigkeit und zeitliche Inanspruchnahme.

Arbeiter sind ↑ Arbeitnehmer, die für Lohn überwiegend körperliche Arbeit leisten. Die ↑ Industrialisierung hat die Zahl der A. schnell zunehmen lassen und sie in eine stark abhängige Position als Fabrikarbeiter (z. B. am Fließband), verbunden mit nur geringen Aufstiegschancen, gebracht. Das führte dazu, daß die Arbeiterschaft eine besondere ↑ Subkultur entwickelte und sich in der ↑ Arbeiterbewegung zusammenschloß. Historische Typen des A. sind Tagelöhner, Landarbeiter u. a.; heute meint der Begriff A. in erster Linie den Industriearbeiter, wobei wiederum zu unterscheiden ist zwischen dem gelernten (= Facharbeiter), dem ungelernten und dem Hilfsarbeiter. War im 19. Jahrhundert die Arbeiterschaft eine relativ geschlossene Gruppe (↑ Arbeiterklasse), so hat sie sich durch zunehmende soziale Verbesserungen sehr differenziert. Insbesondere haben sich die Unterschiede (z. B. in der Höhe des Lohns, Urlaubszeit, Kündigungsfristen) gegenüber den ↑ Angestellten verringert; heute bestehen sie vor allem noch in einigen versicherungs- und arbeitsrechtlichen Bestimmungen.

Arbeiterbewegung: Alle organisierten Bestrebungen der Arbeiterschaft zur Verbesserung ihrer wirtschaftlichen und sozialen Situation im Kampf um gesellschaftliche, wirtschaftliche und politische Macht. Die europäische A. entstand als Folge der ↑ Industrialisierung und der Herausbildung des ↑ Kapitalismus: Die daraus hervorgehende neue Gesellschaftsschicht der Lohnarbeiter war zunächst politisch weitgehend recht- und einflußlos und ohne soziale und wirtschaftliche Absicherung, nur von den Unternehmern abhängig, der Verelendung preisgegeben.

Äußerte sich die A. zunächst als spontane Abwehrreaktion gegen Maschinen und Fabriken, so stellte sie seit der Mitte des 19. Jahrhunderts zunehmend politische Forderungen auf. In der zweiten Jahrhunderthälfte schlossen sich die Arbeiter in ↑ Gewerkschaften, ↑ Genossenschaften und politischen Parteien zusammen. Ihre geistigen Grundlagen bezog die A. v. a. aus sozialistischen Theorien (↑ Sozialismus) und aus den Lehren von K. Marx und F. Engels (↑ Marxismus), die im Kommunistischen Manifest (1848) ihre erste programmatische Grundlage fanden. In Deutschland ging die A. aus den Jahren der polizeistaatlichen Unterdrückung (Sozialistengesetze) zunächst gestärkt hervor und konnte besonders während und nach der Revolution von 1918/19 politische und soziale Reformen durchsetzen. Die organisatorische und programmatische Aufspaltung der A. in eine reformistische (↑ Reformismus, ↑ Revisionismus) und eine revolutionäre (↑ Bolschewismus, ↑ Kommunismus) Richtung, wie sie sich bereits Ende des 19. Jahrhunderts abzeichnete, schwächte die A. und führte zur Unterdrückung ihrer Organisationen im ↑ Nationalsozialismus. Nach 1945 wurden in Deutschland die Bedingungen für eine legale Betätigung von Organisationen der A. wiederhergestellt. − ↑ auch Deutsche Demokratische Republik, ↑ Kommunistische Partei Deutschlands, ↑ Sozialdemokratische Partei Deutschlands, ↑ Sozialistische Einheitspartei Deutschlands.

Arbeiterklasse (↑ auch Proletariat): Nach der Lehre des ↑ Marxismus die Gesamtheit der Lohnabhängigen, die wegen ihres Nichtbesitzes an Produktionsmitteln ihre ↑ Arbeitskraft zum Zwecke ihrer materiellen Existenzsicherung verkaufen müssen und die im kapitalistischen Gesellschaft im unversöhnlichen Gegensatz zur besitzenden Klasse der ↑ Bourgeoisie stehen. Als sozial einheitliche Gruppe mit revolutionärem Bewußtsein ist die A., nach K. Marx, Subjekt der Revolution und Träger der Macht im ↑ Sozialismus. Als »Partei der A.« definierte sich die 1946 gegründete marxistisch-leninistische ↑ Sozialisti-

sche Einheitspartei Deutschlands, die in der DDR nach der Theorie von der Diktatur des Proletariats herrschte. Die Entwicklung der Industriegesellschaft seit dem Ende des 19. Jahrhunderts hat indessen gezeigt, daß es eine A. in diesem Sinne nicht gibt.

Arbeiterwohlfahrt ↑ Wohlfahrtsverbände.

Arbeitgeber ist derjenige ↑ Unternehmer, die ↑ Personengesellschaft oder ↑ juristische Person ↑ Behörde u. a., die ↑ Arbeitnehmer beschäftigt. Der A. kann bestimmte Arbeitsleistungen verlangen und ist seinerseits zur Zahlung des vereinbarten Lohns und zur Fürsorge verpflichtet.

Arbeitgeberverbände sind freiwillige Zusammenschlüsse von ↑ Arbeitgebern zur Wahrung ihrer Interessen; sie bilden den Gegenpol zu den ↑ Gewerkschaften. Die A. sind Fachverbände (z. B. Unternehmensverband Ruhrbergbau), die sich vielfach zu Landes- und Bundesvereinigungen zusammengeschlossen haben. Nahezu alle Fachspitzenverbände und Landesarbeitgeberverbände sind Mitglied der *Bundesvereinigung der Deutschen Arbeitgeberverbände* (BDA).

Arbeitnehmer sind ↑ Angestellte und ↑ Arbeiter in der Privatwirtschaft und im öffentlichen Dienst. Als nicht selbständig Arbeitende sind sie den Weisungen des ↑ Arbeitgebers unterworfen und erhalten ein regelmäßiges Entgelt.

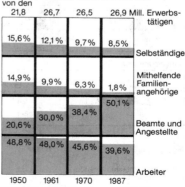

Arbeitnehmer.
Nach ihrer Stellung im Berufsleben sind von den

21,8	26,7	26,5	26,9 Mill. Erwerbstätigen
15,6 %	12,1 %	9,7 %	8,5 % Selbständige
14,9 %	9,9 %	6,3 %	1,8 % Mithelfende Familienangehörige
20,6 %	30,0 %	38,4 %	50,1 % Beamte und Angestellte
48,8 %	48,0 %	45,6 %	39,6 % Arbeiter
1950	1961	1970	1987

Ergebnisse der Volkszählungen 1950-87

Arbeitsamt: Unterste Verwaltungsstelle der ↑ Bundesanstalt für Arbeit. Der Bezirk eines A. schließt meist mehrere Stadt- und Landkreise ein, da er nach arbeitsmarktpolitischen Gesichtspunkten unter Berücksichtigung wirtschaftlicher Zusammenhänge abgegrenzt ist. Die Arbeitsämter haben nach dem ↑ Arbeitsförderungsgesetz insbesondere folgende Aufgaben: ↑ Arbeitsvermittlung, ↑ Berufsberatung, Förderung der ↑ beruflichen Bildung und ↑ Umschulung, Arbeitsmarktbeobachtung sowie die Gewährung von ↑ Arbeitslosengeld, ↑ Arbeitslosenhilfe und Kindergeld. Die Tätigkeit der einzelnen Arbeitsämter wird durch elf Landesarbeitsämter und eine Hauptstelle in Nürnberg aufeinander abgestimmt.

Arbeitsbeschaffungsmaßnahmen (ABM) bezwecken die Eingliederung von Arbeitslosen in den Arbeitsprozeß durch Bereitstellung von Arbeitsplätzen. Den ABM im weitesten Sinne dienen alle Maßnahmen und Einrichtungen wirtschafts-, sozial- und arbeitsmarktpolitischer Natur, die geeignet sind, den Arbeitsmarkt zu beleben. Heutzutage geht es dabei v. a. um Verbesserung der beruflichen Qualifizierung und Umschulung, aber auch um Hergabe öffentlicher Mittel für die zeitweise Beschäftigung von Arbeitsuchenden (sog. *ABM-Stellen*). A. werden durch die ↑ Bundesanstalt für Arbeit gefördert. 1989 gab sie ca. 4 Mrd. DM für diese Zwecke aus.

Arbeitserlaubnis ist eine besondere Erlaubnis für ↑ ausländische Arbeitnehmer (Ausnahme: Angehörige der EG-Staaten) zur Arbeitsaufnahme in der BR Deutschland. Die Erteilung der A. kann je nach Arbeitsmarktlage auf bestimmte Betriebe, Berufsgruppen, Wirtschaftszweige, Bezirke oder in der Dauer beschränkt werden. Sie verfällt mit dem Erlöschen der ↑ Aufenthaltserlaubnis.

Arbeitsförderungsgesetz vom 25. Juni 1969 ersetzt das ältere Gesetz über Arbeitsvermittlung und Arbeitslosenversicherung vom 16. Juli 1927 und sieht außer Maßnahmen der ↑ Arbeitslosenversicherung auch die Förderung der beruflichen Bildung, gegebenenfalls auch eine Umschulung u. ä. vor.

Arbeitsfriede bezeichnet einen konfliktfreien Zustand zwischen den ↑ Tarifpartnern im Gegensatz zum ↑ Arbeitskampf.

Arbeitsgericht

| 1. Kammer | 2. Kammer | 3. Kammer | weitere Kammern |

Landesarbeitsgericht

| 1. Kammer | 2. Kammer | 3. Kammer | weitere Kammern |

Bundesarbeitsgericht

| 1.-5. Senat | Großer Senat*) |

 Berufsrichter

 ehrenamtlicher Richter (Laienrichter)

*) wird bei Abweichung eines Senats von der Rechtsprechung eines anderen Senats und bei besonders wichtigen Rechtsfragen angerufen

Arbeitsgerichtsbarkeit. Aufbau der Arbeitsgerichtsbarkeit

Arbeitsfriedenspflicht besteht für die Tarifvertragsparteien während der Laufzeit von Tarifverträgen.

Arbeitsgemeinschaft der öffentlich-rechtlichen Rundfunkanstalten der BR Deutschland ↑ ARD.

Arbeitsgerichtsbarkeit: Eine den besonderen Bedürfnissen des ↑ Arbeitsrechts angepaßte Zivilgerichtsbarkeit, die im Arbeitsgerichtsgesetz (ArbGG) geregelt ist. Der A. unterliegen Streitsachen, die sich aus dem Arbeitsverhältnis zwischen ↑ Arbeitgebern und ↑ Arbeitnehmern oder zwischen Arbeitnehmern ergeben können, sowie tarifrechtliche und betriebsverfassungsrechtliche Streitigkeiten. Für die erste Instanz ist zwingend ein Güteverfahren vorgeschrieben, außerdem müssen in der ersten Instanz die Parteien grundsätzlich ihre eigenen Gerichts- und Anwaltskosten selbst tragen.
Der Aufbau der A. ist dreistufig: Arbeitsgerichte als erste Instanz, Landesarbeitsgerichte zur ↑ Berufung und das Bundesarbeitsgericht in Kassel für die ↑ Revision. Die Gerichte für Arbeitssachen sind mit Berufs- und Laienrichtern besetzt, dabei entstammen die Laienrichter je zur Hälfte Arbeitgeber- und Arbeitnehmerkreisen. − ↑ auch Gerichtsbarkeit.

Arbeitskampf: Kollektive (Kampf-) Maßnahmen von ↑ Arbeitnehmern gegen ↑ Arbeitgeber und umgekehrt, durch die die andere Seite zur Annahme gestellter Forderungen gezwungen werden soll (↑ Streik, ↑ Aussperrung). In der BR Deutschland ist der organisierte A. aufgrund der ↑ Koalitionsfreiheit legal. − ↑ auch Gewerkschaften.

Arbeitslosengeld ist die finanzielle Unterstützung für Arbeitslose aus den Mitteln der ↑ Arbeitslosenversicherung. Die Zahlung von A. ist auf den Kreis von Personen beschränkt, die gegen das Risiko der ↑ Arbeitslosigkeit versichert sind. Anspruch auf A. hat, wer im Sinne des ↑ Arbeitsförderungsgesetzes arbeitslos ist, wer der ↑ Arbeitsvermittlung zur Verfügung steht, wer die Anwartschaftszeit erfüllt, wer sich beim ↑ Arbeitsamt arbeitslos gemeldet und die Zahlung von A. beantragt hat. Der Anspruch auf A. erlischt nach unterschiedlicher Dauer (↑ Arbeitslosenhilfe). Das A. kann bis 68 % des ausfallenden durchschnittlichen Nettoarbeitsentgelts betragen.

Arbeitslosenhilfe tritt an die Stelle des ↑ Arbeitslosengeldes, wenn auf dieses kein Anspruch besteht, weil die Bezugsdauer ausgeschöpft ist oder Anspruchsvoraussetzungen für den Bezug nicht erfüllt sind. Die A. beträgt im Höchstfall 58 % des ausfallenden durchschnittlichen Nettoarbeitsentgelts. Sie wird für ein Jahr mit Verlängerungsmöglichkeit gewährt. − ↑ auch Sozialhilfe.

Arbeitslosenversicherung: Die A. wurde in Deutschland im Jahre 1927 eingeführt. Vorausgegangen waren verschiedene Formen der kommunalen und gewerkschaftlichen Arbeitslosenunterstützung. Träger der A. ist nicht der Staat, sondern eine mit Rechten der ↑ Selbstverwaltung ausgestattete öffentliche ↑ Körperschaft, früher die Reichsanstalt für Arbeitsvermittlung und Arbeitslosenversicherung, heute die ↑ Bundesanstalt für Arbeit.
↑ Arbeitslosigkeit gilt neben anderen (z. B. Krankheit, Alter) als eines der Risiken, gegen der einzelne durch ein System der sozialen Sicherung kollektiv geschützt werden soll. Dies geschieht nach dem Versicherungsprinzip. Mit der Zahlung von Beiträgen in die A. erwirbt sich der Versicherte einen Anspruch auf Leistungen, wie z. B. ↑ Arbeitslosengeld, wenn der Risikofall, die Arbeitslosigkeit, eintritt. Heute werden aus der A. jedoch nicht mehr nur finanzielle Unterstützungen für arbeitslose Versicherte gezahlt, sondern auch Maßnahmen zur Erhaltung (Kurzarbeitergeld, Winterbauförderung) und Schaffung von Arbeitsplätzen sowie Maßnahmen der beruflichen Ausbildung, Fortbildung oder Umschulung finanziert.
Inzwischen ist der weitaus größte Teil aller Arbeitnehmer in der A. pflichtversichert (eine Ausnahme bilden die ↑ Beamten, die nicht dem üblichen Beschäftigungsrisiko unterliegen). Nichtversicherte Erwerbstätigengruppen sind die ↑ Selbständigen und die ihnen mithelfenden Familienangehörigen. Die Beiträge zur A. werden von Arbeitgebern und Arbeitnehmern zu gleichen Teilen aufgebracht. Vom 1. April 1991 an betragen sie je 6,8 % der Beitragsbemessungsgrundlage. Die Einnahmen der A.

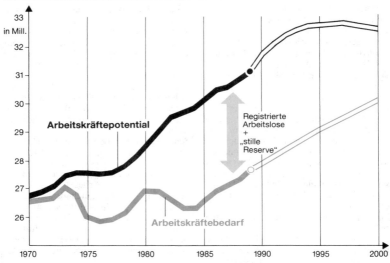

Arbeitslosigkeit. Entwicklung des Arbeitsmarkts 1970–1990 und die Prognose bis 2000

1989 betrugen in der BR Deutschland 37,8 Mrd. DM, die Beiträge der Arbeitgeber und Arbeitnehmer 35,5 Mrd. DM, die Gesamtausgaben 39,8 Mrd. DM. Das seit Jahren hohe Niveau der Arbeitslosigkeit stellte die A. vor ernsthafte Finanzierungsprobleme. Das Problem verlagert sich bei langfristiger ↑ Arbeitslosigkeit, da die Finanzierung der ↑ Arbeitslosenhilfe (wenn nach einem Jahr die Zahlung von Arbeitslosengeld endet) aus Steuermitteln – auch von den Kommunen – bestritten wird.

Arbeitslosigkeit bezeichnet den Zustand der Beschäftigungslosigkeit von Personen, die berufsmäßig in erster Linie als ↑ Arbeitnehmer tätig sind. A. ist ein in der freien ↑ Marktwirtschaft immer wiederkehrendes Problem, das sich auf folgende Ursachen zurückführen läßt: saisonale Beschäftigungsschwankungen, die klimatisch bedingt sind (und v. a. die sog. Außenberufe, wie z. B. Maurer, im Winter treffen); konjunkturelle Abwärtsbewegungen, in denen mit dem Absatz von Waren auch die Zahl der Beschäftigten sinkt; strukturell bedingte A., die daraus resultiert, daß die Nachfrage nach den Produkten eines

bestimmten Wirtschaftszweiges einer Volkswirtschaft zurückgeht; technologische Entwicklung und Rationalisierungsmaßnahmen, durch die Arbeitskräfte durch Maschinen ersetzt werden (importierte Arbeitslosigkeit). Eine abgeschwächte Form der A. ist die ↑ Kurzarbeit.

A. gilt heute als ein Phänomen, das aus sozialen Gründen vermieden werden sollte. So ist die Bundesregierung durch das ↑ Stabilitätsgesetz verpflichtet, die A. so niedrig wie möglich zu halten. Sie trifft ihre Maßnahmen im Rahmen der ↑ Konjunktur-, ↑ Struktur- und ↑ Beschäftigungspolitik. Außerdem hat der Gesetzgeber den Arbeitslosen mit einem Netz staatlicher Fürsorgemaßnahmen umgeben (z. B. die ↑ Arbeitslosenversicherung). Die ↑ Bundesanstalt für Arbeit vermittelt Arbeitslose in freie Stellen und versucht, A. vorbeugend durch ↑ Umschulung zu verhindern. Ihre Monatsberichte geben Auskunft über Schwerpunkte sowie über das Ausmaß der Arbeitslosigkeit. Trotz aller dieser Maßnahmen kann A., insbesondere aus strukturellen Gründen, für längere Zeit und in erheblichem Umfang eintreten.

A. großen Ausmaßes brachte in den fünf neuen Bundesländern der Umbau der allumfassenden staatlichen Planwirtschaft zur Marktwirtschaft. Bis zum Zusammenbruch hatte es in der ehemaligen DDR eine große Zahl unrentabler Arbeitsplätze gegeben (verdeckte A.). Die Privatisierung der Wirtschaft und der Abbau der großen Bürokratien, der »Organe der Staatsmacht« v. a., ließen die A. wachsen.

Arbeitsplatzsicherheit ist die zentrale Arbeitnehmerforderung angesichts der Gefährdung von Arbeitsplätzen durch technologische ↑ Innovationen, weltwirtschaftliche Arbeitsteilung und konjunkturell bedingte ↑ Arbeitslosigkeit.

Arbeitsrecht: Sonderrecht der von einem Arbeitgeber abhängigen und dessen Weisungen unterstehenden Arbeitnehmer. Das A. dient seit seiner Entstehung im 19. und 20. Jahrhundert dem Schutz des Arbeitnehmers, soll ihm aber auch eine Teilhabe an den ihn wesentlich berührenden Entscheidungen im Arbeitsleben gewähren. Eine Kodifikation der in zahlreichen Rechtsvorschriften verstreuten arbeitsrechtlichen Regelungen wird angestrebt. Das A. geht vom Arbeitnehmer einerseits als Individuum, andererseits als Mitglied von Kollektiven aus. Das *Individualarbeitsrecht* ordnet die rechtlichen Beziehungen des einzelnen Arbeitnehmers zum Arbeitgeber, die grundsätzlich auf einem ↑ Arbeitsvertrag beruhen. Das *kollektive A.* ordnet die Rechtsbeziehungen, die sich aus der Verbindung mehrerer Personen auf seiten der Arbeitnehmer oder Arbeitgeber ergeben, sowie deren Rechtsbeziehungen zueinander. Das *Koalitionsrecht* (Bildung von ↑ Gewerkschaften und ↑ Arbeitgeberverbänden) geht historisch auf Selbsthilfebestrebungen der Arbeitnehmer zurück; die ↑ Koalitionsfreiheit ist verfassungsrechtlich durch Art. 9 Abs. 3 GG garantiert.

Arbeitsschutz: Im weitesten Sinne alle Maßnahmen gegen eine physische, seelische, geistige und sittliche Gefährdung des Menschen in seiner beruflichen Beschäftigung. Zum A. gehören die Verhütung von Arbeitsunfällen und Berufskrankheiten, der Arbeitszeit-, Kinder-, Jugendlichen-, Frauen- und Mutterschutz. Mit der Durchführung des A. sind in der BR Deutsch-

land betraut: die staatliche Gewerbeaufsicht; die Berufsgenossenschaften (überwiegend für den technischen A.); teilweise die Technischen Überwachungsvereine sowie die Bundesarbeitsgemeinschaft für Arbeitssicherheit und das Bundesinstitut für Arbeitsschutz. In Deutschland entwickelte sich der A. (Verbot der Kinderarbeit, Fabrikinspektionen usw.) mit der ↑ Industrialisierung im Rahmen staatlicher Sozialpolitik. Der A. wurde v. a. nach 1918 unter dem wachsenden politischen Einfluß der Arbeiterparteien umfassend erweitert.

Arbeitsteilung ist die Aufspaltung von Aufgabenbündeln in Teilaufgaben, die verschiedenen Menschen, Betrieben oder Ländern (↑ internationale A.) zur spezialisierten Erledigung übertragen werden können. Vorteile der A. sind die Steigerung der ↑ Produktivität und des Versorgungsniveaus durch Nutzung relativer Standortvorteile und Steigerung menschlicher Leistungsfähigkeit. Voraussetzung wirksamer A. ist eine sinnvolle Koordination der arbeitsteiligen Aufgabenerledigung. Wichtig ist ihre Beschränkung auf ein Maß, das die Anfälligkeit gegenüber ↑ Krisen, die Verminderung beruflicher ↑ Mobilität der Arbeitenden und die ↑ Entfremdung des Menschen von seiner Arbeit durch Eintönigkeit nicht über Gebühr wachsen läßt.

Arbeitsvermittlung: Durch das ↑ Arbeitsförderungsgesetz wurde der ↑ Bundesanstalt für Arbeit die A. übertragen. Durch die A. werden Arbeitsuchende mit Arbeitgebern zur Begründung neuer Arbeitsverhältnisse zusammengeführt. Sie erfolgt durch Nachweis freier oder freiwerdender Arbeitsplätze für Arbeitnehmer mit der erforderlichen Eignung und Neigung. Der eigentliche Abschluß von ↑ Arbeitsverträgen bleibt den Vertragspartnern selbst überlassen. Außerhalb der Bundesanstalt für Arbeit darf zur Vermeidung von Mißbrauch A. nur in deren Auftrag erfolgen. Eine gelegentliche und unentgeltliche Empfehlung von Arbeitskräften gilt nicht als Arbeitsvermittlung. – ↑ auch Arbeitsamt.

Arbeitsvertrag: Privatrechtlicher Vertrag zwischen Arbeitgeber und Arbeitnehmer, der zur Begründung eines Arbeitsverhältnisses führt. Er verpflichtet den Arbeit-

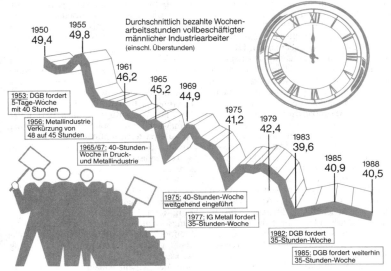

Arbeitszeitverkürzung. Die Verkürzung der Arbeitszeit seit 1950

nehmer zur Übernahme einer bestimmten Funktion, den Arbeitgeber zur Leistung einer Vergütung. Der A. hat sich aus dem Dienstvertrag des † Bürgerlichen Gesetzbuches entwickelt, ist jedoch ein Vertrag eigener Art mit besonderen schuldrechtlichen und personenrechtlichen Wirkungen. Prinzipiell gilt der Grundsatz der † Vertragsfreiheit auch für den A., die Freiheit zur inhaltlichen Gestaltung des A. und zur Kündigung des Arbeitsverhältnisses ist allerdings zugunsten des Arbeitnehmers durch zwingende gesetzliche Vorschriften erheblich eingeschränkt. – † auch Tarifvertrag.

Arbeitszeit: Dauer der vom Arbeitnehmer zu erbringenden Arbeit, berechnet vom Beginn bis zum Ende der Arbeit, ohne Einbeziehung der Ruhepausen und der Wegzeit. In der BR Deutschland wird die A. gesetzlich durch die *Arbeitszeitordnung,* daneben durch einzelne † Tarifverträge und durch † Betriebsvereinbarungen geregelt. Neben der täglichen und wöchentlichen A. ist auch die jährliche und die Lebensarbeitszeit von Bedeutung. Die *gleitende A.* erlaubt es, in bestimmtem Umfang Anfang und Ende der Tagesarbeitszeit selbst zu bestimmen.

Das Problem der Festsetzung der A. hat seit jeher im Mittelpunkt gesellschafts- und sozialpolitischer Auseinandersetzungen gestanden und spielt eine ebenso wichtige Rolle wie der Kampf um den Lohn.

Arbeitszeitverkürzung: Die hohe Arbeitslosigkeit in der BR Deutschland hat seit Ende der 1970er Jahre zu einer verstärkten Diskussion um eine Verkürzung der Arbeitszeit geführt. Angesichts der Erfahrung, daß selbst bei anhaltendem Produktionszuwachs wegen fortschreitender Rationalisierung keine zusätzlichen Arbeitsplätze geschaffen werden, fordern v. a. die Gewerkschaften eine Umverteilung der vorhandenen Arbeit auf mehr Beschäftigte durch Arbeitszeitverkürzung. Dabei kann es sich um eine Verkürzung der Wochenarbeitszeit, der Jahresarbeitszeit (Urlaubsverlängerung) sowie der Lebensarbeitszeit (verlängerte Ausbildung, Senkung des Rentenalters) handeln. Im Mittelpunkt der Diskussion steht zumeist eine Verkürzung der Wochen- und der Lebensarbeitszeit. So soll es dem Arbeitnehmer ermöglicht werden, vorzeitig in den Ruhestand zu gehen und seinen Platz für einen jungen Arbeitnehmer freizumachen (↑ Vorruhestand). Das wirksamste Mittel zur Bekämpfung der Arbeitslosigkeit sehen viele Einzelgewerkschaften in der Verkürzung der Wochenarbeitszeit auf weniger als 40 Stunden. Die Arbeitgeberverbände versuchen im Gegenzug, durch »Flexibilisierung der Arbeitszeit« die Teilzeitarbeit zu vermehren (u. a. durch Heimarbeit mit Hilfe neuer Kommunikationstechniken), erstreben aber auch andere arbeitsvertragliche Formen wie das ↑ Jobsharing. Die Gewerkschaften stehen diesen Lösungen kritisch gegenüber.

ARD [Abk. für: »Arbeitsgemeinschaft der öffentlich-rechtlichen Rundfunkanstalten der BR Deutschland«]: 1950 gegründete Dachorganisation der deutschen Rundfunkanstalten, deren Aufgabe die Wahrnehmung gemeinsamer Interessen und Programmaufgaben der Landesrundfunkanstalten ist. Der ARD gehören der Bayerische Rundfunk, der Hessische Rundfunk, der Mitteldeutsche Rundfunk, der Norddeutsche Rundfunk (als gemeinsame Sendeanstalt der Länder Niedersachsen, Hamburg, Schleswig-Holstein und Mecklenburg-Vorpommern), der Ostdeutsche Rundfunk Brandenburg, Radio Bremen, der Saarländische Rundfunk, der Sender Freies Berlin, der Süddeutsche Rundfunk, der Südwestfunk und der Westdeutsche Rundfunk an, ferner als Rundfunkanstalten nach Bundesrecht die Deutsche Welle (für deutschsprachige Sendungen im Ausland) und der Deutschlandfunk. Während die regionalen Rundfunkanstalten eigene Hörfunkprogramme und regionale Fernsehprogramme (die 3. Programme) ausstrahlen, regelt der Fernsehvertrag von 1953 die Ausstrahlung eines gemeinsamen Fernsehprogramms, des Ersten Deutschen Fernsehens. Seit 1986 wird das Satelliten-fernsehprogramm »Eins Plus« ausgestrahlt. Seit November 1990 nutzt die ARD zur flächendeckenden Ausstrahlung ihrer Programme in den neuen Bundesländern die Frequenzen der ↑ DFF-Länderkette.

Arge Alp, Abk. für **Arbeitsgemeinschaft Alpenländer,** die 1972 von Bayern, Bozen-Südtirol, Graubünden, Lombardei, Salzburg, Tirol und Vorarlberg ins Leben gerufen wurde. 1973 traten Trient, 1977 St. Gallen und 1992 Baden-Württemberg der Arge Alp bei. Sie hat sich zum Ziel gesetzt, den mittleren Alpenraum durch gemeinsame Anstrengungen als eigenständigen Lebensraum und Heimat für seine Bevölkerung sowie als Wirtschaftsraum (Trinkwasserspeicher, Energiequelle) zu erhalten und weiterzuentwickeln.

Aristokratie [griechisch »Herrschaft der Besten«]: In der A. liegt die Staatsgewalt in der Hand einer bevorzugten Minderheit (↑ Adel). Ihr Herrschaftsanspruch wird begründet durch vornehme Geburt, Reichtum und besondere kriegerische und politische Tüchtigkeit.

Armenrecht ↑ Prozeßkostenhilfe.

Armut bedeutet, daß der einzelne oder Gruppen ihr Existenzminimum nicht sichern können. In diesem Sinne ist A. ein Problem v. a. in ↑ Entwicklungsländern. Aber auch in den industrialisierten Ländern gibt es neben der sog. psychischen Verelendung und der subjektiven A. (= Gefühl des Mangels an Mitteln zur Bedürfnisbefriedigung) Formen von A. bei solchen Gruppen und Individuen, die weit unter dem allgemeinen durchschnittlichen Niveau leben. Dazu zählen in der BR Deutschland nicht nur die Obdachlosen und Nichtseßhaften, über deren Gesamtzahl sehr differierende Schätzungen vorliegen (etwa 1 % der Gesamtbevölkerung), sondern auch viele Rentner und zum Teil auch Empfänger der ↑ Arbeitslosen- und

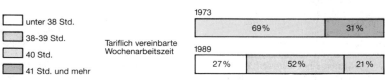

unter 38 Std.
38-39 Std.
40 Std.
41 Std. und mehr

Tariflich vereinbarte Wochenarbeitszeit

1973

| 69 % | 31 % |

1989

| 27 % | 52 % | 21 % |

Arbeitszeitverkürzung. Arbeitszeiten 1973 und 1989

↑ Sozialhilfe (sog. »neue Armut«). – In der ehemaligen DDR lebten Rentner, die nur eine Mindestrente erhielten, im Vergleich zur BR Deutschland praktisch in der Nähe der Armutsgrenze. – ↑ auch Zweidrittelgesellschaft.

Artenschutz ist der Lebensschutz von Pflanzen und Tieren in der freien Natur. Rechtliche Grundlage ist das Washingtoner Artenschutzübereinkommen von 1973, in der BR Deutschland die Bundesartenschutzverordnung. Sie verbieten den gewerbsmäßigen Handel mit Exemplaren von in ihrem Überleben gefährdeten, in der sog. »Roten Liste« aufgeführten Tier- und Pflanzenarten. Aufgrund der Erkenntnis, daß einzelne Arten am besten durch den Schutz ihres Lebensraums gesichert werden können, entwickelte sich aus dem A. das umfassendere Konzept des Lebensraum- oder Biotopschutzes. – ↑ auch Naturschutz.

ASEAN [Abk. für englisch Association of South-East Asian Nations »Vereinigung südostasiatischer Staaten«]: 1967 auf der Grundlage der Erklärung von Bangkok gegründet mit dem Ziel der Förderung des Friedens und des sozialen und wirtschaftlichen Wohlstands ihrer Mitglieder sowie in der Region. Mitgliedsländer sind Indonesien, Malaysia, die Philippinen, Singapur, Thailand und (seit 1984) Brunei. Seit Mitte der 1970er Jahre strebt die ASEAN bevorzugte Kontakte zur OECD und zur EG, aber auch zu den kommunistischen Staaten Südostasiens an. Die ASEAN-Staaten sind mit Ausnahme Singapurs sog. ↑ Schwellenländer und zeichnen sich durch Rohstoffreichtum sowie durch eine wichtige strategische Lage aus.

asozial: Bezeichnung für Personen, die sich aufgrund einer mißglückten ↑ Sozialisation in die gesellschaftlichen ↑ Normen und die soziale Umwelt nicht einfügen wollen oder können.

Assoziierung [von lateinisch associare »sich zugesellen, vereinigen«]: Anschluß eines Staates an ein bestehendes Bündnis, eine Zoll- oder Wirtschaftsunion ohne formelle Mitgliedschaft.

ASTA [Abk. für Allgemeiner Studentenausschuß] ist die von allen immatrikulierten Studenten einer Universität gewählte Selbstverwaltung. Er gliedert sich in mehrere Referate (Sozialfragen, Hochschulpolitik, Sport, Kultur usw.). Der ASTA besitzt kein allgemeinpolitisches Mandat. In den Ländern Berlin, Bayern und Baden-Württemberg ist er durch Landeshochschulgesetze abgeschafft.

Asylrecht: Gewährung von Schutz vor Auslieferung oder Ausweisung für politisch verfolgte Ausländer durch den Zufluchtstaat. Die dafür maßgebenden Grundsätze ergeben sich zum Teil aus dem ↑ Völkerrecht, vornehmlich jedoch aus dem innerstaatlichen Recht. Eine effektive Hilfe wird im Völkerrecht aufgrund einzelner Abkommen erreicht (z. B. Genfer Konvention zur Rechtsstellung der Flüchtlinge vom 28. Juli 1951; ↑ auch Genfer Konventionen). Daneben besteht die Tendenz, einzelne politisch motivierte Straftaten von einer Asylgewährung auszunehmen (z. B. Verbrechen gegen die Menschlichkeit, Geiselnahme, terroristische Gewalttaten). Die BR Deutschland gewährt jedem politisch Verfolgten ein verfassungsrechtlich verbürgtes A. (Art. 16 Abs. 2 GG). Zuständige Behörde ist das Bundesamt für die Anerkennung ausländischer Flüchtlinge.

Mit dem Asylverfahrensgesetz von 1982 hat der Gesetzgeber versucht, das Verwaltungs- und Gerichtsverfahren zur Feststellung der Asylberechtigung politisch Verfolgter und zur Regelung des Aufenthalts der Asylbewerber zu beschleunigen und zu ordnen. In den letzten Jahren gab es eine deutliche Zunahme von Asyl beantragenden sog. Armutsflüchtlingen aus Ländern der dritten Welt und der Türkei. 1990 wurden in der BR Deutschland 148 842 Anträge auf Asyl gestellt, davon 6 518 (4,4%) anerkannt.

Atheismus [von griechisch átheos »ohne Gott«]: Weltanschauung, die beim Erklären und Verstehen von Natur- und Kulturvorgängen die Existenz eines Gottes oder mehrerer Götter leugnet bzw. auf deren Annahme verzichtet.

Atlantikpakt ↑ NATO.

atomares Patt bezeichnete das nukleare Gleichgewicht durch die gegenseitige gesicherte Vernichtungsfähigkeit (»Gleichgewicht des Schreckens«) zwischen den USA und der UdSSR seit der Mitte der 1960er Jahre.

Atomenergie ↑ Kernenergie.

Atommüll sind radioaktive Abfallstoffe, die bei ↑ Kernreaktoren entstehen. Da die schädliche radioaktive Strahlung anhält, wirft der A. besondere Probleme bei seiner Beseitigung (Ablagerung) auf. – ↑ auch Entsorgung.

Atomrecht: Zusammenfassende Bezeichnung für alle rechtlichen Bestimmungen über die friedliche Nutzung der ↑ Kernenergie. Nachdem im ↑ Grundgesetz (Art. 74) die entsprechenden Voraussetzungen geschaffen worden waren, konnte Ende 1959 das Atomgesetz erlassen werden, das die Länder unter Aufsicht des Bundes ausführen. Zur Wahrnehmung dieser Aufsichtsbefugnisse kann z. B. der Bundesminister für Umwelt, Naturschutz und Reaktorsicherheit im Bereich der kerntechnischen Sicherheit und des Strahlenschutzes Weisungen erteilen. Über die im Atomgesetz geregelten wesentlichen Grundlagen hinaus sind bisher zahlreiche weitere ergänzende Verordnungen ergangen. Es besteht weitgehend Einigkeit darüber, daß der im Atomgesetz an zweiter Stelle genannte Gesetzeszweck, nämlich Leben, Gesundheit und Sachgüter zu schützen, Vorrang vor dem an erster Stelle genannten Zweck hat, die Nutzung zu fördern. Dem Schutzzweck entsprechend ist die Nutzung nur mit staatlicher Genehmigung zulässig. Genehmigungspflichtig sind u. a. das Errichten und Betreiben von ↑ Kernreaktoren sowie die Wiederaufarbeitung oder Endlagerung (↑ Entsorgung) von Kernbrennstoffen. Die Genehmigung darf u. a. nur erteilt werden, wenn die nach dem Stand von Wissenschaft und Technik erforderliche Vorsorge gegen Schäden getroffen ist. Betroffene Bürger können gegen eine erteilte Genehmigung beim Verwaltungsgericht klagen, das den Bescheid dann wieder aufheben kann, wenn es die Vorsorge gegen Schäden nicht für ausreichend hält. Nach dem Reaktorunfall in Tschernobyl im Frühjahr 1986 wurde am

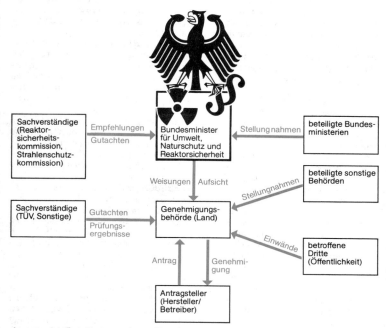

Atomrecht. Beteiligte an einem Genehmigungsverfahren

19. Dezember 1986 ein Strahlenschutzvorsorgegesetz erlassen, das Maßnahmen vorsieht, die die Strahlenexposition nach kerntechnischen Unfällen mindern helfen sollen. 1989 wurde ein *Bundesamt für Strahlenschutz* in Salzgitter eingerichtet.

Atomteststoppabkommen: In Moskau am 5. August 1963 von den USA, Großbritannien und der UdSSR abgeschlossener Vertrag über das Verbot von Kernwaffenversuchen in der Atmosphäre, im Weltraum und unter Wasser. Unterirdische Versuche blieben unberücksichtigt, da die UdSSR Kontrollen ablehnte, aber einen freiwilligen Verzicht ankündigte.

Atomwaffensperrvertrag (Kernwaffensperrvertrag): Kurzbezeichnung für den 1968 zwischen den USA, Großbritannien und der UdSSR abgeschlossenen »Vertrag über die Nichtverbreitung *(Nonproliferation)* von Atomwaffen«. Der A. wurde neben zahlreichen anderen Staaten 1969 auch von der BR Deutschland unterzeichnet und trat 1970 in Kraft. Frankreich und China traten dem Vertrag nicht bei. Die Einhaltung des A. wird von der *Internationalen Atomenergie-Organisation* in Wien kontrolliert.

Aufenthaltserlaubnis ist die nach dem Ausländergesetz notwendige Erlaubnis für Ausländer, in die BR Deutschland einreisen und sich hier aufhalten zu dürfen. Die A. darf erteilt werden, wenn die Anwesenheit des Ausländers die Belange der BR Deutschland nicht beeinträchtigt. – ↑ auch Ausländer

Aufklärung:

◊ Allgemein der Erkenntnisvorgang, der die Wahrheit über natürliche und gesellschaftliche Zustände durch selbständiges und nach Vernunftprinzipien argumentierendes Denken zu ermitteln sucht.

◊ Epochenbezeichnung für den elementaren Prozeß der Säkularisierung des europäischen Denkens im 17./18. Jahrhundert, den I. Kant (1724–1804) als »Ausgang des Menschen aus seiner selbstverschuldeten Unmündigkeit« bezeichnete. Die A. wandte sich gegen kirchlichen ↑ Dogmatismus und traditionelle (feudale, absolutistische) Staats- und Gesellschaftslehren und wurde in erster Linie von einem zu politischem Selbstbewußtsein erwachenden ↑ Bürgertum getragen.

Aufsichtspflicht: Allgemein die gesetzliche Pflicht, Personen oder Sachen zu beaufsichtigen und damit Gefahr abzuwenden. Im besonderen bedeutet A. die Beaufsichtigung Minderjähriger oder von Personen, die aufgrund ihres geistigen oder körperlichen Zustandes Aufsicht benötigen. A. haben v. a. Eltern, Lehrer und Pflegepersonal. Verletzt der Aufsichtspflichtige seine A. und wird dadurch Dritten Schaden zugefügt, so ist jener zum Ersatz des Schadens verpflichtet und kann, falls er ein Verbrechen oder Vergehen der genügender A. hätte verhindern können, zu einer Freiheits- oder Geldstrafe verurteilt werden.

Aufsichtsrat ist das vom Gesetz vorgeschriebene Kontrollorgan einer ↑ Aktiengesellschaft. Der A. wird von den Eigentümern (= Aktionären) gewählt; in mitbestimmten Betrieben entsenden auch die Arbeitnehmer Vertreter in den A. (↑ Mitbestimmung). Wichtigste Aufgaben des A. sind die Überwachung der Geschäftsführung, Prüfung des Jahresabschlusses und des Geschäftsberichts sowie die Bestellung des Vorstands.

Aufwertung: Erhöhung des Außenwerts einer Währung, um diese den tatsächlichen Kaufkraftverhältnissen anzugleichen. Eine A. wirkt sich negativ auf die Handelsbilanz aus (durch verbilligte Importe) und wird deshalb seltener durchgeführt als eine ↑ Abwertung.

Ausbildungsbeihilfen sind freiwillige oder gesetzliche, private oder staatliche Leistungen in Form von Zuschüssen oder Darlehen zur Berufsausbildung, zur Fortbildung und beruflichen Weiterbildung sowie zur Umschulung.

Ausbildungsförderung: Bei der A. handelt es sich um staatliche finanzielle Mittel, die gemäß *Bundesausbildungsförderungsgesetz (BAFöG)* von 1971 auf Antrag für den Besuch von allgemeinbildenden und weiterführenden Schulen (ab 16. Lebensjahr), Fach- und Hochschulen gewährt werden. In der Regel handelt es sich bei der A. nur um die Erstausbildung. Die A. wird als Zuschuß, für Studenten zur Hälfte als Darlehen gewährt. Auf die Rückzahlung des Darlehens kann z. T. verzichtet werden. Die Höhe der A. hängt von der Vermögens- und Einkommenssituation des einzelnen und seiner Familie ab. Daneben gibt es noch besondere Formen der Begabtenförderung (z. B. Stipendien).

Ausbildungsvertrag regelt das Berufsausbildungsverhältnis zwischen einem Ausbildenden und dem Auszubildenden und dessen gesetzlichem Vertreter (Ausbildungsziel, -dauer, -vergütung u. a.).

Ausbürgerung: Nach dem ↑ Grundgesetz in der BR Deutschland unzulässige Entziehung der ↑ Staatsangehörigkeit gegen den Willen des Betroffenen. Man unterscheidet die kollektive A. ganzer Bevölkerungsgruppen (z. B. Juden im nationalsozialistischen Deutschland) von der individuellen A. unerwünschter Staatsbürger. – ↑ auch Staatsangehörigkeit.

Ausfuhr ↑ Export.

Ausländer: Als A. gelten solche Personen, die nicht ↑ Deutsche im Sinne des Art.

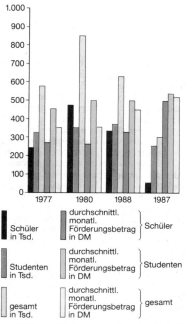

Ausbildungsförderung. Durchschnittliche Zahl der nach BAföG geförderten Schüler und Studenten

116 GG sind. Ihr Aufenthalts- und Niederlassungsrecht ist im Ausländergesetz, im Gesetz über Einreise und Aufenthalt von Staatsangehörigen der Mitgliedsstaaten der EG sowie in mehreren zwischenstaatlichen Abkommen geregelt. A., die in den Geltungsbereich des Grundgesetzes der BR Deutschland einreisen und sich darin aufhalten wollen, bedürfen einer ↑ Aufenthaltserlaubnis. Einen Rechtsanspruch auf Einreise und Aufenthalt im Bundesgebiet haben A. nicht; die Erteilung der Aufenthaltserlaubnis liegt vielmehr im pflichtgemäßen Ermessen der Ausländerbehörden. Sie kann räumlich beschränkt und zeitlich befristet werden. Die Aufenthaltserlaubnis muß versagt werden, wenn die Anwesenheit eines Ausländers Belange der BR Deutschland beeinträchtigt, insbesondere wenn Gründe vorliegen, die die ↑ Ausweisung rechtfertigen würden. Für eine Erwerbstätigkeit benötigen A. in der Regel eine besondere ↑ Arbeitserlaubnis. A., die sich seit mindestens fünf Jahren rechtmäßig in der BR Deutschland aufhalten und sich in das wirtschaftliche und soziale Leben eingefügt haben, kann eine zeitlich und räumlich unbeschränkte Aufenthaltsberechtigung erteilt werden. In der BR Deutschland leben zur Zeit rund fünf Mill. Ausländer, davon ca. 1,5 Mill. Türken. Über die Hälfte aller Ausländer lebt schon zehn Jahre und länger hier, 60 % der ausländischen Kinder und Jugendlichen sind bereits hier geboren. – Ein Recht für A. zur Teilnahme an allgemeinen Wahlen gewährt das ↑ Grundgesetz nicht. Bei Kommunalwahlen in den fünf neuen Bundesländern 1990 waren Ausländer wahlberechtigt, wenn sie 18 Jahre alt und mindestens zwei Jahre lang ansässig waren (Kommunalverfassungsgesetz der DDR vom 17. Mai 1990). Integrations- und Beschäftigungsprobleme sowie Beschneidung des Zuzugs und Förderung des Rückkehrwillens sind vorrangige Themen der Ausländerpolitik. Zur Untersuchung und Verbesserung der Lage der A. ist von der Bundesregierung das Amt des sog. *Ausländerbeauftragten* geschaffen worden. – ↑ auch Asylrecht.

ausländische Arbeitnehmer: Erwerbspersonen, die in der BR Deutschland einer bezahlten Beschäftigung nach-

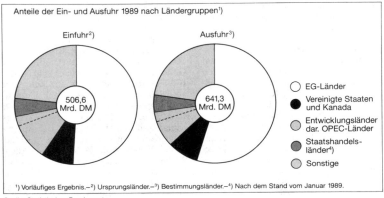

Anteile der Ein- und Ausfuhr 1989 nach Ländergruppen[1]

Einfuhr[2]

506,6
Mrd. DM

Ausfuhr[3]

641,3
Mrd. DM

○ EG-Länder
● Vereinigte Staaten und Kanada
◐ Entwicklungsländer dar. OPEC-Länder
◓ Staatshandels-länder[4]
◔ Sonstige

[1] Vorläufiges Ergebnis.–[2] Ursprungsländer.–[3] Bestimmungsländer.–[4] Nach dem Stand vom Januar 1989.

Quelle: Statistisches Bundesamt

gehen, ohne die deutsche ↑ Staatsangehörigkeit zu besitzen. A. A. brauchen zur Arbeitsaufnahme in der Regel eine ↑ Aufenthalts- und ↑ Arbeitserlaubnis, sofern sie nicht aus Ländern der EG stammen (EG-Freizügigkeitsverordnung). Mit dem wirtschaftlichen Aufschwung der BR Deutschland stieg der Bedarf an a. A. stark an, da das inländische Arbeitnehmerangebot nicht mehr ausreichte. Erst der Einsatz a. A. ermöglichte die hohen Wachstumsraten der 1960er Jahre. Ein Problem ist die soziale Integration der ausländischen Arbeitnehmer. Seit der wachsenden Arbeitslosigkeit in der BR Deutschland geht es aber auch darum, welche Anreize für die Heimkehr der a. A. geschaffen werden können.

Auslese ↑ soziale Auslese.

Auslieferung: Form der zwischenstaatlichen ↑ Rechtshilfe; im ↑ Völkerrecht die amtliche Überstellung einer Person an eine ausländische Staatsgewalt zum Zwecke der Strafverfolgung oder Strafvollstreckung. Zur A. ist ein Staat nur verpflichtet, wenn ein entsprechender Auslieferungsvertrag besteht, im übrigen sind die deutschen Behörden zur Auslieferung nach Maßgabe des Auslieferungsgesetzes der BR Deutschland befugt. Den im allgemeinen auf diplomatischem Wege gestellten Auslieferungsgesuchen kann beschränkt entsprochen werden, z. B. nur zur Verfolgung einer Tat, wenn die A. wegen mehrerer Taten verlangt worden war, oder nur

unter der Bedingung, daß keine Todesstrafe vollstreckt werden darf. Die BR Deutschland darf Deutsche an das Ausland nicht ausliefern, Ausländer dann nicht, wenn ihnen das ↑ Asylrecht zusteht (Art. 16 GG).

Ausnahmezustand (auch: Belagerungszustand, Kriegsrecht, Kriegszustand): In Ausnahmesituationen (z. B. Krieg, Aufruhr, Naturkatastrophen) geltender Rechtszustand, in dem bestimmte Staatsorgane (z. B. Regierung, Polizei, Militär) besondere Vollmachten erhalten, um normale Verhältnisse wiederherzustellen. Während des A. kann die Verfassung zum Teil außer Kraft gesetzt werden (z. B. durch ↑ Suspendierung von Grundrechten oder der Gesetzgebungszuständigkeit des Parlamentes). Inwieweit dies geschehen darf, regelt meist die Verfassung selbst (↑ Notstandsgesetzgebung). Soweit sie keine Ermächtigung vorsieht, können gegen Gesetze verstoßende Notmaßnahmen unter Berufung auf den ↑ Staatsnotstand gerechtfertigt sein.

Ausschuß: Eine aus einem größeren Organ gewählte Arbeitsgruppe zur Beratung oder zur Erledigung bestimmter Aufgaben, die das größere Organ in seiner Gesamtheit nicht wahrnehmen kann. – ↑ auch Parlamentsausschüsse.

Außenhandel: Im weiteren Sinn der gesamte Handel von Waren, Dienstleistungen und Kapital zwischen einer ↑ Volkswirtschaft und der Außenwelt, im engeren Sinn nur der grenzüberschreitende Warenverkehr. Starke Außenhandelsverflechtung der Volkswirtschaften fördert die ↑ internationale Arbeitsteilung und kann somit zur Erhöhung des Wohlstands in den einzelnen Ländern beitragen. Die weltweit unterschiedliche Verteilung der ↑ Produktionsfaktoren (Boden, Arbeit, Kapital) hat zu einer Spezialisierung einzelner Volkswirtschaften auf die Herstellung bestimmter Güter geführt; somit ist es vorteilhaft, diese im Inland relativ günstiger herstellbaren Güter zu exportieren und dafür Waren zu importieren, deren Produktion im Inland relativ unrentabel ist. – ↑ auch Export, ↑ Import, ↑ Zahlungsbilanz.

Außenhandelsmonopol ist die Abwicklung des ↑ Außenhandels durch eine staatliche Stelle; ein solches A. findet sich überwiegend bei ↑ Zentralverwaltungswirtschaften.

Außenpolitik umschreibt den die Grenzen eines Staates überschreitenden Bereich der Politik. Sie wird von vielen Faktoren (z. B. Lage und Größe eines Staates, Einflußmöglichkeiten anderer Staaten) bestimmt, hängt aber in starkem Maße von gesellschaftlichen Kräften und Interessen im Staatsinnern ab. Zu den Mitteln der A. gehören Diplomatie, Verträge und Bündnisse mit anderen Staaten, auch Außenwirtschaftspolitik u. a. Herkömmlicherweise ist die A. der ↑ Exekutive zugeordnet. In der BR Deutschland ist sie im allgemeinen Bundesangelegenheit (Art. 32 GG). Träger der auswärtigen Gewalt ist die ↑ Bundesregierung. Dem Bundesminister des Auswärtigen stehen als Apparat für die A. das ↑ Auswärtige Amt und dessen Auslandsvertretungen zur Verfügung.

Außenseiter: Bezeichnung für Personen, die in Gruppen, Organisationen oder in der Gesamtgesellschaft nicht voll akzeptierte und beteiligte Mitglieder sind. Sie werden in der Regel abgelehnt, weil sie in ihrem Verhalten den Erwartungen der übrigen nicht entsprechen und den als normal und verbindlich geltenden ↑ Normen nicht nachkommen. Personen und Personengruppen können sich selbst in eine Rand-(Marginal-)situation begeben, sie können jedoch auch durch sozialen Druck in eine Außenseiterposition gebracht werden, wenn normgerechtes Verhalten und Abweichungen davon so definiert sind, daß speziell sie zu A. gestempelt werden (z. B. durch rassische Vorurteile, Suche nach Sündenböcken). – ↑ auch Randgruppen.

außenwirtschaftliches Gleichgewicht (Zahlungsbilanzgleichgewicht): Nach dem ↑ Stabilitätsgesetz sind Bund und Länder verpflichtet, für ein a. G. zu sorgen, d. h. die ↑ Zahlungs- und Leistungsbilanz gegenüber dem Ausland auszugleichen.

Außenwirtschaftsgesetz: Im A. des Jahres 1961 und der Außenwirtschaftsverordnung wurde die prinzipielle Außenwirtschaftsfreiheit festgelegt, die nur zur Erfüllung von Verpflichtungen aus zwischenstaatlichen Vereinbarungen und zur Abwehr von schädlichen wirtschaftlichen Folgen eingeschränkt werden kann. Im Februar 1992 wurden die gesetzlichen Grundlagen verschärft, um unerlaubte ↑ Waffenexporte schon im Vorfeld verhindern zu können. Dazu wurden das Wirtschaftsministerium und das Zollkriminalinstitut in Köln mit neuen Kompetenzen ausgestattet, außerdem die Strafen für illegalen Waffenexport erhöht. – ↑ auch Kriegswaffenkontrollgesetz, ↑ Rüstungsexporte.

außerparlamentarische Opposition (APO): V. a. aus Studenten und Jugendlichen zusammengesetzte Protestbewegung in der BR Deutschland (1966–1968), die sich u. a. gegen die ↑ Notstandsgesetzgebung und die Pressekonzentration richtete. Die APO war von der amerikanischen Bewegung gegen den Vietnamkrieg beeinflußt und verstand sich als Ausgleich für das Fehlen einer wirksamen parlamentarischen ↑ Opposition in der Zeit der ↑ großen Koalition.

Aussiedler sind Vertriebene, die nach Abschluß der allgemeinen Vertreibungsmaßnahmen die ehemaligen deutschen Ostgebiete, Danzig, Estland, Lettland, Litauen, die ehemalige Sowjetunion, Polen, die Tschechoslowakei, Ungarn, Rumänien, Bulgarien, Jugoslawien, Albanien oder China verlassen haben oder verlassen, es sei denn, daß sie vertrieben worden und bis 31. 3. 1952 dorthin zurückgekehrt zu sein, einen Wohnsitz in diesen Gebieten nach dem 8. 5. 1945 begründet hatten. Zu unterscheiden von A. sind die *Umsiedler*, die aufgrund von während des 2. Weltkrieges geschlossenen zwischenstaatlichen Verträgen aus außerdeutschen Gebieten oder aufgrund von Maßnahmen deutscher Dienststellen aus den von der deutschen Wehrmacht besetzten Gebieten umgesiedelt worden waren. Als *Übersiedler* bezeichnet man v. a. die Menschen, die aus der ehemaligen DDR in die BR Deutschland kamen. Die Anzahl der Aus- und Übersiedler stieg nach dem Zusammenbruch der kommunistischen Herrschaftssysteme in Mittel- und Osteuropa sprunghaft an und bereitet erhebliche Probleme bei der Integration der A. in die Gesellschaft. 1990 kamen 397075 A. und 238384 Übersiedler in die BR Deutschland.

Aussperrung ist ein Instrument der Arbeitgeber im ↑ Arbeitskampf und wird als Abwehr gegen den ↑ Streik angewandt. A. besteht in der gleichzeitigen Entlassung mehrerer Arbeitnehmer für die Dauer des Arbeitskampfs. Während der A. sind die Arbeitgeber gegenüber den Ausgesperrten von der Lohnzahlungspflicht befreit. Bestehen bleibt hingegen die Pflicht zur Wiedereinstellung der Arbeitnehmer nach dem Ende des Arbeitskampfs, mit Ausnahme von Fällen der Kündigung aus wichtigem Grund während der Dauer des Arbeitskampfs. In der BR Deutschland ist nur die Abwehraussperrung als Gegenmaßnahme gegen einen Streik zulässig.

Auswärtiges Amt: Ältere, noch heute gebräuchliche Bezeichnung für das zur Wahrnehmung der auswärtigen Angelegenheiten zuständige Ministerium (Bundesaußenministerium).

Ausweispflicht: Pflicht für alle in der BR Deutschland lebenden Personen über 16 Jahre, einen Personalausweis oder Paß zu besitzen und ihn auf Verlangen einer Behörde vorzulegen. Ein Verstoß gegen die A. ist eine ↑ Ordnungswidrigkeit.

Ausweisung ist die Aufforderung an den Ausländer, unverzüglich das Staatsge-

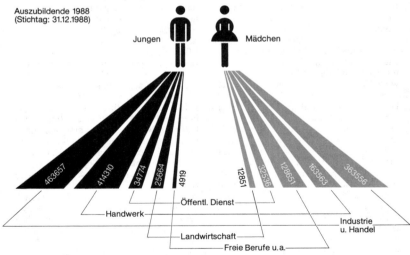

Auszubildende 1988
(Stichtag: 31.12.1988)

Jungen — Mädchen

463657   414310   34474   25664   4919   12851   32536   128651   163563   363556

Öffentl. Dienst — Handwerk — Landwirtschaft — Freie Berufe u. a. — Industrie u. Handel

Auszubildender. Der wichtigste Ausbildungszweig war 1988 in der Industrie und im Handel. Noch 1983 wurden die Jungen hauptsächlich im Handwerk ausgebildet, während die Mädchen 1983 vor allem in der Industrie und im Handel in die Lehre gingen. Von den 610294 neu abgeschlossenen Ausbildungsverträgen 1988 sind 201000 im Handwerk und rund 318000 in Industrie und Handel abgeschlossen worden

biet der BR Deutschland zu verlassen. Die Ausweisungsgründe sind in § 49 des Ausländergesetzes geregelt. – ↑ auch Abschiebung.

Auszubildender: Nach dem Berufsbildungsgesetz zusammenfassende Bezeichnung für alle, die sich in Berufsausbildung, beruflicher Fortbildung oder beruflicher Umschulung befinden. Der Ausdruck A. ist in der Regel gebräuchlich für jemanden, der eine berufliche Erstausbildung durchläuft, deren praktischer Teil in einem Betrieb und deren begleitender theoretischer Teil in öffentlichen Berufsschulen stattfindet (= duales System). Der A. hat Anspruch auf eine mit fortschreitender Berufsausbildung steigende Vergütung und nach Beendigung des Berufsausbildungsverhältnisses auf ein Zeugnis, das Auskunft über Art, Dauer und Ziele der Berufsausbildung sowie über die erworbenen Fähigkeiten und Kenntnisse des A. geben muß.

Autarkie [griechisch »Selbstgenügsamkeit«]: Unabhängigkeit eines Staates von Rohstoff- und Nahrungsmittelimporten. In der Praxis nie A. nicht anzutreffen; Bestrebungen nach A. richten sich heute v. a. auf die Unabhängigkeit von der Einfuhr lebensnotwendiger Güter (partielle A.).

Autokratie [griechisch »Selbstherrschaft«]: Unbeschränkte, keiner Machtkontrolle unterworfene Herrschaft eines einzelnen. »Autokraten« waren z. B. der Kaiser von Byzanz und der russische Zar.

Automation: Bezeichnung für moderne Produktionsmethoden, die darauf abzielen, den Produktionsprozeß ganzer Fabriken durch Einsatz von Automaten weitgehend bedienungsfrei zu gestalten. Gegenüber der Mechanisierung ist die A. gekennzeichnet durch den Zusammenschluß der Maschinen eines ganzen Produktionsprozesses. Die Arbeitsgänge laufen selbständig elektronisch gesteuert nach einem festgelegten Plan ab. Der Mensch greift nicht mehr unmittelbar in die Abläufe ein, sondern setzt sie nur in Gang und überwacht sie. Zweck der A. ist es, möglichst viele Produkte von hoher Qualität bei niedrigen Kosten zu erzeugen, um dem steigenden Massenbedarf gerecht zu werden. Schwerwiegende Probleme ergeben sich dabei jedoch v. a. aus der Freisetzung von Arbeitskräften *(technologische Arbeitslosigkeit).* – Auch die Automatisierung von Büro- und Verwaltungsarbeiten sowie von Informations- und Kommunikationsvorgängen mittels elektronischer Geräte, z. B. Datenverarbeitung, gehört zur A. im weitesten Sinne. – ↑ auch Rationalisierung.

Autonome sind militante Extremisten (↑ Extremismus) innerhalb der anarchistischen Gruppierungen (↑ Anarchismus). A. bilden keine Organisationsformen und vertreten eine Politik, die auf Beseitigung des demokratischen Rechtsstaates sowie jeglicher staatlichen Ordnung ausgerichtet ist. Die militante autonome Szene billigt Gewalt gegen Personen und Sachen und versucht, bestimmte politische Ereignisse und Gegebenheiten auszunutzen, wie z. B. Hausbesetzungen und den Widerstand gegen die zivile Nutzung der Kernenergie, die atomare Bewaffung oder gegen einzelne Großprojekte.

Autonomie [von griechisch autónomos »nach eigenen Gesetzen lebend«]
◊ bezeichnet allgemein die Möglichkeit von Individuen oder Gruppen, ihr Verhalten in weitgehender ↑ Selbstbestimmung zu regeln.
◊ bezeichnet das vom Staat öffentlichrechtlichen Körperschaften eingeräumte Recht zur ↑ Selbstverwaltung (z. B. Universitäten, Kirchen u. a.) sowie die einzelnen Interessenverbänden eingeräumte Möglichkeit, bestimmte Angelegenheiten durch eigenständige Setzung und Kontrolle von Rechtsnormen zu regeln; sozialpolitisch wichtig ist dabei v. a. das Recht der ↑ Gewerkschaften und ↑ Arbeitgeberverbände, selbständig ↑ Tarifverträge abzuschließen (↑ Tarifautonomie).
◊ bezeichnet die teilweise (Teilautonomie) oder vollständige Sonderstellung, die in manchen Staaten den in ihrem Hoheitsgebiet lebenden völkischen, religiösen oder rassischen ↑ Minderheiten gewährt wird. – Im Gegensatz dazu: ↑ Heteronomie.

Autorität begründet ein Verhältnis der Über- und Unterordnung zwischen Menschen sowie zwischen Menschen und ↑ Institutionen. Kennzeichnend für A. als ein Befehls- oder Einflußrechts im Gegensatz zur reinen ↑ Macht ist ihre Bejahung durch die Beteiligten. Man unterscheidet »persönliche«, d. h. in Kleingruppen erworbene A., die auf die Vorbildhaftigkeit oder das besondere Leistungsvermögen einer Person zurückgeht, von »unpersönlicher« oder »formaler«, d. h. in größeren Sozialzusammenhängen bzw. Organisationen auftretender A., die in ↑ Tradition, ↑ Recht, ↑ Eigentum oder religiösen und magischen Vorstellungen oder Ämtern (Amtsautorität) begründet ist. – ↑ auch antiautoritäre Bewegung.

Avantgarde: Allgemein die Vorkämpfer einer Idee. Im kommunistischen Sprachgebrauch ist damit »der fortgeschrittenste Teil der Arbeiterklasse«, die kommunistische Partei, gemeint.

Azubi ↑ Auszubildender.

B

Babyjahr ist der umgangssprachliche Ausdruck für den in der BR Deutschland 1986 eingeführten, zunächst für zwölf Monate geltenden ↑ Erziehungsurlaub (ab 1992: 3 Jahre) nach der Geburt eines Kindes, der von einem Elternteil gegenüber seinem Arbeitgeber in Anspruch genommen werden kann.

Baden-Württemberg: Nach der Südweststaatabstimmung vom 9. Dezember 1951 aufgrund des zweiten Neugliederungsgesetzes gebildetes Bundesland aus Württemberg-Baden, Württemberg-Hohenzollern und Südbaden, das 35 750 km² umfaßt und 9,4 Mill. Einwohner hat. Von der am 9. März 1952 gewählten verfassunggebenden Landesversammlung wurde am 11. November 1953 eine Verfassung beschlossen, die am 19. November 1953 in Kraft trat.

1945–47 hatten die Besatzungsmächte auf dem Gebiet von Baden, Württemberg und Hohenzollern die kleinen, wirtschaftlich schwachen Länder Württemberg-Baden in der amerikanischen sowie Württemberg-Hohenzollern und Südbaden in der französischen Zone errichtet. Die Volksabstimmung vom 9. Dezember 1951 brachte 69,7 % der Stimmen für den neuen Südweststaat; in Südbaden 62,2 % für das alte Land Baden. In der Volksabstimmung im

Landesteil Baden vom 7. Juni 1970 wurde der Bestand des Landes B.-W. endgültig bestätigt.

Die staatliche Existenz B.-W. begann mit der Verkündung des Überleitungsgesetzes am 25. April 1952. Nach der Verfassung vom 11. November 1953 ist B.-W. als republikanischer, demokratischer und sozialer Rechtsstaat ein Glied der BR Deutschland. Der aus allgemeinen, freien, gleichen, geheimen und direkten Wahlen hervorgehende Landtag, der alle vier Jahre neu zu wählen ist, übt die gesetzgebende Gewalt aus und wählt den Ministerpräsidenten, der die Regierung ernennt. Eine Besonderheit stellt die Möglichkeit der Auflösung des Landtags durch Entscheid der Mehrheit der Abstimmungsberechtigten bei einer Volksabstimmung dar, die auf Verlangen von 200 000 Wahlberechtigten abgehalten werden muß.

Der Anteil von ausländischen Arbeitskräften an der Gesamtzahl aller Arbeitnehmer des Landes betrug 1989 9,3 %. Die Gesamtbevölkerung nahm von 1961 bis 1989 um rund 24 % zu. Die konfessionelle Struktur der Bevölkerung ist mit 41 % Angehörigen der evangelischen Kirche und 45 % römisch-katholischer Christen bei 4,0 % sonstiger Kirchen- und Religionsgemeinschaften ausgeglichen. Ein Umschichtungsprozeß der Erwerbspersonen von der Land- und Forstwirtschaft zum produzierenden Gewerbe begann mit der zunehmenden ↑ Industrialisierung zur Jahrhundertwende und setzte sich nach dem 2. Weltkrieg fort. Die starke Tradition des Handwerks ergibt sich schon aus dem Zahlenverhältnis von 0,63 Mill. im Handwerk Tätigen zu 1,45 Mill. Industriearbeitern. Besonders dem vorindustriell hochentwickelten Handwerk des Landes ist es zuzuschreiben, daß trotz des Fehlens bedeutender Bodenschätze die Industrie zum bedeutendsten Wirtschaftsfaktor werden konnte. Die räumlichen Schwerpunkte der Industrie liegen in den Ballungsräumen Stuttgart, Mannheim/Heidelberg, Karlsruhe, Ulm, Heilbronn und Pforzheim. Baden-Württemberg bringt einen Anteil von rund 16 % am Gesamtbruttoinlandsprodukt der BR Deutschland auf.

BAFöG ↑ Ausbildungsförderung.

Ballungsräume sind durch eine starke Konzentration von Menschen, Gebäuden und Arbeitsstätten gekennzeichnet (z. B. Ruhrgebiet). Häufig sind in ihnen Überlastungserscheinungen im Verkehr u. a. zu beobachten.

Banken: Private oder öffentlich-rechtliche Unternehmungen, die gewerbsmäßig Geldgeschäfte betreiben. Die Aufgabe des Bankensystems besteht in der Beschaffung der für den Wirtschaftsprozeß benötigten Zahlungsmittel und Kredite und in der Abwicklung der Zahlungsströme zwischen den ↑ Wirtschaftssubjekten. Hierzu gehören hauptsächlich das Führen von Girokonten für die Kundschaft, das Hereinnehmen von Einlagen gegen Verzinsung *(Einlagengeschäft)*, das Ausleihen von Geld *(Kreditgeschäft)*, das Ankaufen von Schecks und Wechseln *(Diskontgeschäft)*, der An- und Verkauf von Wertpapieren *(Effektengeschäft)*, das Verwahren und Verwalten von Wertpapieren *(Depotgeschäft)*. Neben Universalbanken, die alle Arten von Geldgeschäften betreiben, gibt es Spezialbanken für Teilbereiche, z. B. Teilzahlungsbanken, Realkreditinstitute zur Finanzierung von Bauprojekten. Das Bankensystem ist einer strengen Kontrolle unterworfen (Bankenaufsicht). – ↑ auch Notenbank.

Bank für Internationalen Zahlungsausgleich (BIZ): Die 1930 zur Abwicklung der Reparationen des Deutschen Reiches gegründete BIZ koordiniert die Arbeit der ↑ Zentralbanken und ermöglicht internationale Finanzgeschäfte. Sitz der BIZ ist Basel.

Bank für Wiederaufbau und Entwicklung ↑ Weltbank.

Bannmeile: Das Gebiet um den Sitz des Bundestags, des Bundesrats und der Landtage sowie des Bundesverfassungsgerichts, innerhalb dessen öffentliche Versammlungen und Demonstrationen verboten sind. (Ausnahmen: religiöse Veranstaltungen und Volksfeste.)

Basisdemokratie: Bezeichnung für ein politisches Strukturprinzip; politische Fragen sollen nach ausgiebiger Diskussion von allen Mitgliedern einer Gruppierung (Partei, Bürgerinitiative, Haus- oder Betriebsgemeinschaft), d. h. an der Basis entschieden werden. Mandats- und Funktionsträger sind weitgehend an diese Entscheidung gebunden und haben sich in den zentralen Vertretungsgremien für ihre Verwirklichung einzusetzen (↑ imperatives Mandat).

Basisgruppen: Im Zusammenhang mit der ↑ Studentenbewegung Ende der 1960er Jahre entstandene, v. a. studentische, politisch linksorientierte Arbeitskreise zur gemeinsamen (hochschul-)politischen Arbeit in den Instituten bzw. zur allgemeinen politischen Überzeugungsarbeit im Rahmen praktischer Hilfe für sozial schwache Bevölkerungsgruppen. In dem Maße, in dem die linken Gruppierungen an den Universitäten an Geschlossenheit verloren und die Studienbedingungen durch die neuen Hochschulgesetze der Bundesländer verschärft wurden, hat die Aktivität der B. nachgelassen.

Bauern: Eigentümer oder Pächter von landwirtschaftlichen Betrieben, die sie allein oder mit Hilfskräften bewirtschaften. B. gibt es, seitdem vor etwa 8 000 Jahren die Menschen seßhaft wurden. Sie bildeten den Hauptteil der Bevölkerung in den vorindustriellen ↑ Agrargesellschaften. Viele B. wurden in den letzten zwei Jahrhunderten allmählich vom »Städter« verdrängt oder fielen einem raschen Prozeß des wirtschaftlichen Wandels und der Konzentration zum Opfer. Die Betriebsgrößen stiegen stark an. Die Zahl der Betriebe in der Landwirtschaft ging in den alten Bundesländern von 1,65 Mill. im Jahre 1949 auf 629 740 im Jahre 1990, also auf rund ein Drittel zurück. In der damaligen DDR bestanden (1989) 8 668 landwirtschaftliche Betriebe (meist in der Form der ↑ landwirtschaftlichen Produktionsgenossenschaft). 780 200 Menschen waren in der Landwirtschaft beschäftigt, darunter 522 500 zum Vollerwerb. Es ist dort ein tiefgreifender Umstrukturierungsprozeß im Gange, an dessen Ende die kollektivierte Landwirtschaft entflochten und privatisiert sein soll.

Bauernverband ↑ Deutscher Bauernverband.

Baugesetzbuch (BauGB): Das am 8. Dezember 1986 erlassene B. führt die Regelungen des Bundesbaugesetzes von 1960 und des Städtebauförderungsgesetzes von 1971 in einer einheitlichen bundesrechtlichen Kodifikation des Städtebaurechts zusammen. Das Bauordnungsrecht bleibt dagegen weiter der Regelung durch die Bundesländer vorbehalten. Die Erneuerung des ↑ Baurechts wurde notwendig, um den in den 1980er Jahren grundlegend gewandelten Zielen des Städtebaus, der Abkehr von Flächensanierungen zugunsten einer objektbezogenen und »erhaltenden Stadterneuerung« sowie der stärkeren Hinwendung zu Stadtökologie, zu Umweltschutz und Flächenrecycling gerecht zu werden. Das B. umfaßt v. a. die Bauleitplanung, Regelungen zur Entschädigung, Bodenordnung, Enteignung und Erschließung sowie Sanierungsvorschriften. Auf bundesrechtliche Regelungen zur ↑ Mischfinanzierung der Städtebauförderung, wie sie im Städtebauförderungsgesetz enthalten waren, wurde im B. verzichtet. Die gemeinsame Finanzierung städtebaulicher Sanierungsmaßnahmen wird jedoch aufgrund einer Verwaltungsvereinbarung zwischen Bund und Ländern vom 18. März 1988 fortgesetzt.

Bauleitplanung: Die B. der Gemeinden dient der planvollen städtebaulichen Entwicklung durch *Flächennutzungspläne,* die vorbereitend und großflächig die Nutzung des Gemeindegebietes beschreiben (u. a. Industriebereiche, Wohnviertel), und durch *Bebauungspläne,* die die Art der Bebauung verbindlich regeln. Die Grundsätze der B. sind im ↑ Baugesetzbuch geregelt. Sie hat öffentlich zu erfolgen (Beteiligungs- und Anhörungsverfahren) und unterliegt der Genehmigung durch die jeweils zuständige höhere Verwaltungsbehörde. Sie hat die übergeordneten Grundsätze der ↑ Raumordnung und Landesplanung zu berücksichtigen.

Baurecht ist die Summe der Vorschriften, die die bauliche Nutzung von Grundstücken betreffen. Dazu gehören die ↑ Bauleitplanung, die im ↑ Baugesetzbuch des Bundes geregelt ist und das *Bauordnungsrecht* in den Landesbauordnungen der Länder. Dieses regelt die Eigenschaften und Nachbarbeziehungen eines Baugrundstücks, das Baugenehmigungsverfahren sowie die Anforderungen baukonstruktiver, baugestalterischer und bauwirtschaftlicher Art an die Bauwerke und Baustoffe.

Bayern: Nach der Verfassung vom 2. Dezember 1946 ist B. ein Freistaat, nach

Art. 23 GG ein Gliedstaat der BR Deutschland. Der Freistaat Bayern ist mit 11,05 Mill. Einwohnern und einer Fläche von 70 547 km² der Ausdehnung nach das größte Land der BR Deutschland.

Wichtigstes Organ der Gesetzgebung ist der in allgemeiner, gleicher, unmittelbarer und geheimer Wahl (modifiziertes Verhältniswahlrecht mit Wahl- und Stimmkreis) auf jeweils vier Jahre gewählte Landtag, der seinerseits den Ministerpräsidenten zum Leiter der Staatsregierung wählt. Dieser ernennt und erläßt mit Zustimmung des Landtags die übrigen Regierungsmitglieder. Der Senat nimmt als beratendes Organ an der Gesetzgebung teil; er setzt sich aus 60 Mitgliedern zusammen, die von den sozialen, wirtschaftlichen, kulturellen und kommunalen Körperschaften berufen werden. Eine Möglichkeit direkter Teilnahme der Bevölkerung an der Gesetzgebung besteht durch Volksbegehren und Volksentscheid. Der Verfassungsgerichtshof entscheidet als oberstes bayerisches Gericht über staatsrechtlich strittige Fragen.

B. ist aus dem Siedlungsgebiet dreier Volksstämme entstanden, der Baiern, Franken und Schwaben. Während und nach dem 2. Weltkrieg hat B. über 2 Mill. Flüchtlinge und Heimatvertriebene aufgenommen (1961: 20,5 % der Bevölkerung). Der Konfessionszugehörigkeit nach sind 67,2 % der Bevölkerung katholisch und 23,2 % evangelisch. Während die Regierungsbezirke Oberbayern, Niederbayern, Oberpfalz und Schwaben einen Anteil von über 80 % katholischer Bevölkerung haben, überwiegt in Oberfranken und Mittelfranken die evangelische Bevölkerung mit rund 60 %.

B. hat in den letzten Jahren eine bedeutende industrielle Entwicklung aufzuweisen. Der Anteil der in der Land- und Forstwirtschaft Berufstätigen ist zwischen 1950 und 1987 von 20,7 % auf 5,7 % zurückgegangen. Wegen der Mechanisierung der Landwirtschaft bedeutet dies jedoch keinen Rückgang der Agrarerzeugnisse; vielmehr wird mit vermindertem Arbeitskräfteeinsatz eine steigende Leistung erzielt, so daß der Grad der Ernährungsselbstversorgung nicht abnimmt. Ein Großteil der verbleibenden Landwirte sind Zuerwerbs- oder

Nebenerwerbslandwirte, so daß es schon seit 1970 in B. keine Gemeinde mit rein landwirtschaftlicher Bevölkerung mehr gibt.

BDA ↑ Arbeitgeberverbände.

BDI ↑ Bundesverband der Deutschen Industrie.

Beamter ist derjenige Angehörige des ↑ öffentlichen Dienstes, der in einem öffentlich-rechtlichen Dienst- und Treueverhältnis steht. Das Beamtentum kam mit dem modernen Staat im 17. und 18. Jahrhundert auf. Beamte haben die Staatsentwicklung als »Staatsdiener« wesentlich mitbewirkt. Heute gibt es Bundes- und Landesbeamte, Beamte auf Lebenszeit, auf Zeit, auf Probe und auf Widerruf sowie Ehrenbeamte. In ein Beamtenverhältnis kann nur berufen werden, wer Deutscher ist, die Gewähr dafür bietet, daß er jederzeit für die ↑ freiheitliche demokratische Grundordnung im Sinne des Grundgesetzes eintritt und eine entsprechende, je nach Laufbahn unterschiedliche Vorbildung und Befähigung besitzt. Die Begründung des Beamtenverhältnisses erfolgt unter Beachtung bestimmter Formvorschriften durch Aushändigung einer Ernennungsurkunde. Die Rechte und Pflichten der Beamten werden wesentlich durch die »hergebrachten Grundsätze des Berufsbeamtentums« (Art. 33 Abs. 5 GG) bestimmt. Soweit die Wahrnehmung öffentlicher Aufgaben es unbedingt erfordert, ist die Geltung der ↑ Grundrechte im Beamtenverhältnis gewissen Beschränkungen unterworfen (z. B. kein Streikrecht). Den besonderen Pflichten des Beamten stehen besondere Rechte gegenüber (z. B. Unkündbarkeit bei Lebenszeitbeamten, Anspruch auf Schutz und Fürsorge, Pensionsanspruch). Das Beamtenverhältnis endet durch Tod, Entlassung, Verlust der Beamtenrechte und Entfernung aus dem Dienst in einem Disziplinarverfahren sowie – in gewissem Umfang – durch Eintritt in den Ruhestand. Ob die Beschäftigung im öffentlichen Dienst auch dann im Beamtenverhältnis erfolgen sollte, wenn – z. B. von Postbeamten oder Lehrern – keine hoheitlichen Handlungen vorgenommen werden, ist umstritten; eine Reduzierung des Umfangs der Beamtenschaft wird diskutiert. – ↑ auch Bürokratie.

Bebauungsplan ↑ Bauleitplanung.

Bedürfnisse gehen von Mangelzuständen aus, die ein Mensch empfindet und beheben möchte *(Bedürfnisbefriedigung)*. Entsprechend der Dringlichkeit der Bedürfnisbefriedigung werden unterschieden: existentielle B. (lebensnotwendige B. wie Nahrung und Unterkunft), kulturelle B. (deren Befriedigung zu einem bestimmten Kulturniveau gehört) und Luxusbedürfnisse (deren Befriedigung als entbehrlich gilt). Existentielle B. werden auch als Primärbedürfnisse bezeichnet, d. h. es handelt sich um ursprünglich vorhandene B. (Triebe, Instinkte). Dagegen sind Sekundärbedürfnisse (wie kulturelle und Luxusbedürfnisse) durch die gesellschaftliche Umwelt hervorgerufen und angelernt. Eine andere Unterteilung der B. unterscheidet materielle (auf Sachwerte bezogene) und soziale (auf Personen bezogene) Bedürfnisse. Im Hinblick auf die B. eines einzelnen, einer Gruppe oder einer Gemeinschaft werden Individual-, Gruppen- und Kollektivbedürfnisse unterschieden.

In den Wirtschaftswissenschaften werden die B., die auf dem Markt wirksam werden, als Bedarf bezeichnet. Da die B. groß, die Mittel zur Befriedigung dagegen knapp sind, wird davon ausgegangen, daß sich wirtschaftliches Handeln nach dem ↑ ökonomischen Prinzip vollziehen muß, damit größtmögliche Bedürfnisbefriedigung erreicht werden kann. Hierbei sind folgende Fragen von Interesse: Wie ist ein bestimmter Zweck mit geringstem Mitteleinsatz zu erreichen und wie kann mit den vorhandenen Mitteln ein größtmöglicher Nutzen erwirtschaftet werden?

Soziologisch bedeutsam erscheint der Umstand, daß Bedürfnisbefriedigung gesellschaftlich geregelt ist: Zeigt sich die Gesellschaft zur Befriedigung wichtiger B. nicht in der Lage oder werden Teile der Bevölkerung zur Unterdrückung ihrer B. gezwungen, kommt es zu Spannungen. Da aber nicht alle B. befriedigt werden können, werden die Formen der Bedürfnisbefriedigung durch soziale ↑ Normen so geregelt, daß sie als nicht akzeptabel geltenden B. unterdrückt werden. In allen Gesellschaften geht die Bedürfnisbefriedigung nach festen Verhaltensschemata vor sich; diese werden im Prozeß der ↑ Sozialisation erworben und schließlich vom einzelnen als Selbstverständlichkeit empfunden (verinnerlicht). Gesellschaftlicher Fortschritt wird u. a. auf den Aufschub augenblicklicher B. zugunsten späterer Bedürfnisbefriedigung zurückgeführt.

Beeinflussung ↑ Manipulation.

Befreiungsbewegungen: Sammelbegriff für den organisierten Widerstand, der auf Ablösung einer Kolonialherrschaft zielt, sich gegen nationale diktatorische Regime richtet oder die Loslösung eines Teilgebietes aus einem Gesamtstaat anstrebt. Die B. entstanden in der Zeit der ↑ Entkolonisation der Länder der ↑ dritten Welt nach dem 2. Weltkrieg. Sie genießen, obwohl sie keine effektive territoriale Herrschaft ausüben, eine gewisse internationale Anerkennung als ↑ Völkerrechtssubjekte. Während nach allgemeinem ↑ Völkerrecht jede Gewaltanwendung gegen fremde Staaten, die nicht in Ausübung des Selbstverteidigungsrechts geschieht, verboten ist, haben nach einer Aggressionsdefinition der ↑ UN von 1974 die Völker zur Durchsetzung ihrer Selbstbestimmung, Freiheit und Unabhängigkeit das Recht zum Kampf und zur Unterstützung Dritter in diesem Kampf. Die Kritiker dieser Doktrin sehen darin eine Wiederbelebung des Gedankens des »gerechten Krieges« und eine Auflösung des Gewaltverbots. Der besondere völkerrechtliche Status der B. wirkt sich v. a. in der Anwendbarkeit der Regeln des internationalen ↑ Kriegsrechts für die Angehörigen der B. aus.

Begabung ist die Fähigkeit eines Menschen, eine – im Vergleich zu anderen – besondere Leistung zu erbringen, sei es im allgemeinen (Allgemeinbegabung) oder auf einem speziellen Gebiet, z. B. im mathematischen oder künstlerischen Bereich (Sonderbegabung). Die ältere Begabungsforschung ging davon aus, daß B. nur durch Vererbung und andere natürliche Faktoren (z. B. Rasse, Nationalität) festgelegt ist. So sah man u. a. auch die gesellschaftliche ↑ Schichtung als das Resultat einer natürlichen und anlagebedingten Begabungsverteilung und somit als unveränderbar an. Im Gegensatz dazu steht eine andere Theorie, die B. ausschließlich als das Resultat von Umwelteinflüssen betrachtet. Danach wird der Mensch als unbeschriebenes Blatt geboren und völlig durch die Umwelt geprägt. Die neuere, von der Sozialisationsforschung stark beeinflußte Begabungstheorie geht dagegen vom »dynamischen Begabungsbegriff« aus: B. wird als Resultat von Anlage *und* Umwelt gesehen und ist so zwar in ihren natürlichen Bedingungen angelegt, aber innerhalb bestimmter Grenzen durch die Umwelt veränderbar. B. kann durch besonders günstige Anreizbedingungen (z. B. systematische Schulung und Förderung von Interessen) bis zu einer obersten Leistungsgrenze gesteigert werden, die von Mensch zu Mensch unterschiedlich ist. Dagegen kann fehlende Unterstützung durch die soziale Umwelt zu einer Verkümmerung der Begabungsreserven führen. Als begabungsfördernde bzw. begabungshemmende Umweltfaktoren werden in der Begabungsforschung u. a. untersucht: Einkommen und Schichtzugehörigkeit der Eltern *(sozioökonomischer Status),* die Leistungs- und Erfolgsnormen der Eltern und Erzieher *(Aspirations- bzw. Erwartungsniveau),* die sprachliche Ausdrucksfähigkeit, die notwendig ist, um Informationen aufnehmen und wiedergeben zu können, das Erziehungsverhalten der Eltern und Erzieher im Hinblick darauf, ob es der Entwicklung einer selbstbewußten Persönlichkeit dient und die Begabungsanlagen zu wecken versteht. Untersucht werden auch die Bildungseinrichtungen der Gesellschaft (z. B. Kindergarten, Schule, Universität) danach, ob sie der Forderung nach Chancengleichheit durch die Förderung einzelner gerecht werden oder ob sie die Entfaltung der durch ihre soziale Herkunft Benachteiligten hemmen. Was unter dem Begriff B. verstanden wird, ist von sich wandelnden Anschauungen abhängig, da jede Zeit und Gesellschaft ihren eigenen Leistungsbegriff hat.

Begnadigung: Gänzlicher oder teilweiser Verzicht des Staates auf Vollstreckung eines rechtskräftigen Strafurteils im Einzelfall (im Gegensatz zur ↑ Amnestie, die eine Mehrzahl von Fällen betrifft). In der BR Deutschland übt der ↑ Bundespräsident das Begnadigungsrecht des Bundes aus, in den Ländern steht es den jeweiligen gesetzlich berufenen Organen, meist den

Ministerpräsidenten, zu. Die sog. Gnadenpraxis im Hinblick auf lebenslänglich Verurteilte wird in den einzelnen Bundesländern sehr unterschiedlich gehandhabt; es bestehen Überlegungen, die gerichtlich nicht überprüfbaren Gnadenentscheidungen zukünftig rechtlichen Regelungen zu unterwerfen.

Behinderte sind Menschen, die durch einen angeborenen oder erworbenen gesundheitlichen Schaden in der Ausübung normaler Tätigkeiten beeinträchtigt sind und auch in der Wahrnehmung ihrer sozialen Rolle Einschränkungen unterliegen. Man unterscheidet Körperbehinderungen, Sprachbehinderungen, psychische Behinderungen (einschließlich Geistes- und Suchtkrankheiten) sowie soziale Behinderungen, die in Lernbehinderungen oder Verhaltensstörungen zum Ausdruck kommen. Die Zahl der B. wird in den alten Bundesländern mit 5 bis 8 Mill. Menschen angegeben, von denen etwa 60% über 60 Jahre alt sind. Nach dem 2. Weltkrieg bildeten die über 2 Mill. Kriegsbeschädigten die Hauptgruppe der Behinderten.
Die Schwere einer Behinderung wird im Sozialrecht nach ihrem »Grad« in Prozentsätzen gemessen. Gemäß dem Schwerbehindertengesetz vom 26. August 1986 gelten als Schwerbehinderte solche Personen, bei denen der Grad der Behinderung mindestens 50% beträgt. Der Grad wird auf Antrag des B. durch die Versorgungsämter festgelegt. Nach dem Gesetz müssen öffentliche und private Arbeitgeber, die wenigstens über 16 Arbeitsplätze verfügen, mindestens 6% ihrer Arbeitsplätze mit einem B. besetzen. Solange sie dies nicht tun, ist eine Ausgleichsabgabe in Höhe von 150 DM pro Monat zu entrichten. Tatsächlich sind von den sich daraus rechnerisch ergebenden 1 Mill. Pflichtarbeitsplätzen nur rund 700 000 besetzt. Deshalb wird seit längerem eine drastische Erhöhung der Ausgleichsabgabe verlangt. In Betrieben mit mehr als fünf B. muß eine Schwerbehindertenvertretung gebildet werden.
Gefördert werden auch die sog. Behindertenwerkstätten, von denen es (1987) 469 mit 61 000 Beschäftigten gab. Außerdem gibt es Eingliederungshilfen, die von der medizinischen Versorgung bis zur Um-

schulung und Arbeitsplatzbeschaffung reichen. Trotz dieser Hilfen stellt die Integration der B. in die Gesellschaft eine schwere Aufgabe dar. Wichtig ist es, unbefangene Begegnungen zwischen B. und Nicht-B. zu ermöglichen, z. B. durch den gemeinsamen Schulunterricht von Körperbehinderten und Nicht-B., wie er gegenwärtig in etwa 200 Integrationsprojekten versucht wird.

Behörden sind Organe, die staatliche oder kommunale Aufgaben erfüllen. Man unterscheidet gemäß der Zuständigkeit Verwaltungs- und Gerichtsbehörden. Die staatlichen Verwaltungsbehörden, als B. im engeren Sinne, sind nach dem Prinzip der Über- und Unterordnung in Unter-, Mittel- und Zentralbehörden gegliedert; daraus folgt das Aufsichts- und Weisungsrecht der jeweils übergeordneten Instanz. B. sind auch intern hierarchisch geordnet. An ihrer Spitze steht der B.-chef. Unter ihm gliedern sich die B. in Abteilungen und Referate auf, deren Leiter den Weisungen und der Aufsicht ihrer Vorgesetzten unterstellt sind. − ↑ auch Verwaltungsaufbau.

Beigeordneter ist ein von einer Gemeindevertretung (z. B. Stadtrat, Stadtverordnetenversammlung) gewählter oder bestellter (Kommunal-)Beamter, der auch ehrenamtlich tätig sein kann.

Beiräte sind aus Fachleuten und Interessenvertretern zusammengesetzte Gremien zur Beratung der ↑ Exekutive (z. B. ↑ Sachverständigenbeirat zur Begutachtung der gesamtwirtschaftlichen Entwicklung).

Bekenntnisfreiheit: Das Grundrecht des Art. 4 GG garantiert die Freiheit des Glaubens, des Gewissens und des religiösen und weltanschaulichen Bekenntnisses. ↑ auch Glaubens- und Gewissensfreiheit, ↑ Religionsfreiheit.

Bekenntnisschulen ↑ Schule.

Belegschaftsaktien sind ↑ Aktien, die den Arbeitnehmern einer ↑ Aktiengesellschaft zu besonders günstigen Bedingungen angeboten werden. B. führen zu Vermögensbildung in Arbeitnehmerhand und zu Miteigentum am Produktionsvermögen. Gleichzeitig werden die Arbeitnehmer enger an das Unternehmen gebunden.

Benelux: Kurzwort für die 1948 in Kraft getretene Zoll-, seit 1960 auch Wirtschaftsunion zwischen Belgien, den Niederlanden und Luxemburg. Seit 1958 gehören die drei Länder der EG an.

Berlin: Die aus den beiden mittelalterlichen Städten B. und Kölln zusammengewachsene Hauptstadt Preußens und des Deutschen Reichs wurde nach dem 1. Weltkrieg durch Eingemeindungen auf ihren gegenwärtigen Umfang von rund 883 km² erweitert (Gesamt-B. 1990: 3,42 Mill. E., 3 870 E/km²).

Am Ende des 2. Weltkrieges wurde B. von sowjetischen Truppen besetzt, jedoch aufgrund einer schon 1944 getroffenen und 1945 ergänzten Vereinbarung in vier Sektoren aufgeteilt, die von je einer der vier Hauptsiegermächte besetzt wurden. Zugleich wurde aber das gesamte Gebiet von Groß-B. der gemeinsamen Verwaltung der von Vertretern der amerikanischen, britischen, französischen und sowjetischen Truppen gebildeten Alliierten Kommandantur unterstellt. Infolge zunehmender politischer Gegensätze zwischen den Westmächten und der UdSSR stellte diese im Juni 1948 ihre Mitarbeit in der Alliierten Kommandantur ein. Deren Tätigkeit war seitdem faktisch auf West-B. beschränkt. Auch die aufgrund einer von der Alliierten Kommandantur im Jahre 1946 erlassenen vorläufigen Verfassung für Groß-B. gebildeten deutschen Organe konnten seit September 1948 ihre Tätigkeit nur noch in den Westsektoren ausüben. Die sowjetische Blockade West-Berlins 1948/49 blieb erfolglos, weil die Bevölkerung durch eine Luftbrücke der westlichen Alliierten versorgt wurde. Der Bau der Mauer durch B. seitens der DDR 1961 brachte West-Berlin langfristig in eine Sondersituation. Ost-B. wurde de facto als Hauptstadt in die DDR integriert, während die Bindungen West-B. an die BR Deutschland verstärkt wurden. Im Jahre 1971 bestätigten die vier Besatzungsmächte in einem Abkommen (↑ Viermächteabkommen) ihre gemeinsame Verantwortung für das gesamte Gebiet von B.; im wesentlichen wurde der durch die Spaltung geschaffene Status quo anerkannt. Im ↑ Grundgesetz und in der 1950 mit Billigung der Westmächte geschaffenen Verfassung von B. wurde die Stadt zwar zu einem Land der BR Deutschland erklärt,

aber die Westalliierten setzten durch, daß B. »nicht durch den Bund regiert werden« und nicht als Bundesland in die Verfassungsorganisation der BR Deutschland einbezogen werden durfte. Den deutschen Staatsorganen wurde jedoch erlaubt, so zu handeln, als ob B. ein Bundesland sei. Daher wurden Bundesgesetze durch den Landesgesetzgeber nach B. übernommen. Auch durften Bundesverwaltungsbehörden ihren Sitz in B. nehmen und Bundesgerichte über Fälle aus B. entscheiden. Jedoch hatten die Bundestagsabgeordneten aus B. nur ein beschränktes Stimmrecht im ↑ Bundestag. Heute ist Gesamtberlin ein Bundesland mit den vollen Rechten eines solchen. Seine Zusammenlegung mit dem Bundesland Brandenburg wird angestrebt. B. ist die Hauptstadt der BR Deutschland und wird wieder Regierungssitz.

Nach der Verfassung von 1950 wählt das – mindestens 200 Mitglieder zählende – Abgeordnetenhaus (= Landesparlament) den Regierenden Bürgermeister und den Senat (= Landesregierung). Die wirtschaftliche Lage in B., das größte Industriestadt Deutschlands ist, wird nach dem Zusammenbruch der DDR und ihrer totalen Planwirtschaft von ähnlichen, aber unmittelbar schärferen Problemen geprägt wie das vereinigte Deutschland. Vom Abbau der Berlinförderung des Bundes sind u. a. die vielfältigen kulturellen Einrichtungen der Metropole betroffen.

Beruf: Im engeren, ursprünglichen Sinn die Tätigkeit, zu der sich ein Mensch durch Neigung und Begabung »berufen« fühlt. Heute bezeichnet B. die hauptsächliche, regelmäßige Tätigkeit eines Menschen, mit der er sich seinen Lebensunterhalt verdient. Die Zahl der Berufe hat mit der ↑ Industrialisierung stark zugenommen. Neue Berufe sind entstanden, alte verschwunden oder haben sich in ihren Anforderungen wesentlich gewandelt. Durch die schnellen Entwicklungen in den Produktions- und Dienstleistungsbereichen der industriellen Gesellschaft erlernt man einen Beruf nicht mehr für die Lebenszeit, sondern es wird vom Berufstätigen eine dauernde Umstellung auf neue Aufgaben und dauernde Anpassung an neue Verfahren verlangt, eine ↑ Mobilität also, die vom einmal erlernten B. wegführt. Die Wahl des B. ist in der BR

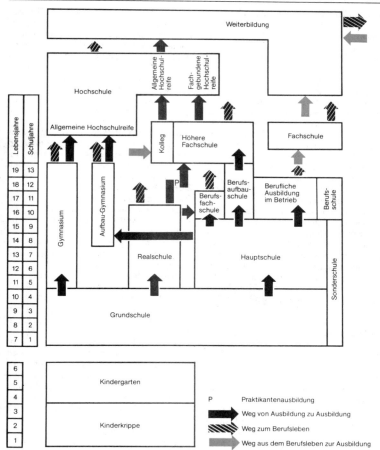

Berufliche Bildung. Die Bildungswege im Bildungssystem der BR Deutschland

Deutschland nach Art. 6 GG frei. – ↑ auch Berufsfreiheit.

berufliche Bildung: Im Berufsbildungsgesetz (1969) zusammenfassende Bezeichnung für Maßnahmen der *Berufsausbildung,* der *beruflichen Fortbildung* und der *beruflichen Umschulung.*
Im Mittelpunkt der b. B. steht die berufliche Erstausbildung Jugendlicher, in der Fertigkeiten und Kenntnisse vermittelt werden, die für die darauf folgende Erwerbstätigkeit benötigt werden. Die Erstausbildung teilt sich in die praktische Berufsausbildung in einem Betrieb und in die begleitende theoretische Unterweisung in öffentlichen Berufsschulen (duales System), deren Besuch für Jugendliche während ihrer Ausbildungszeit ohne Rücksicht auf Alter oder Schulvorbildung verpflichtend ist. Das Berufsbildungsgesetz regelt die betriebliche Ausbildung, die schulische untersteht den Kultusministerien der ein-

zelnen Bundesländer. Die finanzielle Förderung der Berufsbildung wird durch das ↑ Arbeitsförderungsgesetz (1969), die der schulischen Berufsbildung durch das Bundesausbildungsförderungsgesetz (1971) geregelt.

Die *berufliche Fortbildung* baut auf eine Berufsausbildung oder beruflichen Erfahrungen auf; sie soll es ermöglichen, die beruflichen Kenntnisse und Fertigkeiten zu erhalten und zu erweitern, der technischen Entwicklung anzupassen oder beruflich aufzusteigen. Die *berufliche Umschulung* ist eine Sonderform der Ausbildung und umfaßt alle Maßnahmen, die zu einer anderen beruflichen Tätigkeit befähigen sollen. Sie soll nach Inhalt, Art, Dauer und Ziel den besonderen Erfordernissen der beruflichen ↑ Erwachsenenbildung entsprechen und – abweichend von der beruflichen Erstausbildung Jugendlicher – möglichst in verkürzter Ausbildungszeit durchgeführt werden. Von beruflicher Umschulung kann nur gesprochen werden, wenn bereits eine Berufsausbildung abgeschlossen wurde oder wenn eine berufliche Tätigkeit von längerer Dauer ausgeübt worden ist.

Berufsbeamtentum ↑ Beamter.

Berufsberatung: Beratung von Jugendlichen und Erwachsenen durch die Berufsberatungsstellen der ↑ Arbeitsämter in Fragen der Berufswahl und des beruflichen Fortkommens sowie Information über Anforderungen und die Arbeitsmarktsituation bei den verschiedenen Berufen.

Berufsfreiheit: Aus dem liberalen, gegen das Zunftwesen gerichteten Prinzip der ↑ Gewerbefreiheit entwickeltes, durch Art. 12 Abs. 1 GG garantiertes Grundrecht, dessen Ziel der Schutz der wirtschaftlich sinnvollen Arbeit als Beruf ist. Die B. verwirklicht sich vorwiegend im Bereich der Berufs- und Arbeitsordnung und ist hier v. a. darauf gerichtet, Freiheit von Zwängen oder Verboten im Zusammenhang mit der Wahl und Ausübung des Berufs zu gewährleisten. In erster Linie wird die Freiheit der Berufswahl garantiert, d. h. der freie Zugang zum Beruf und die faktisch sinnvolle Ausübung dieses Berufes. Der Schutzgehalt des Grundrechts umfaßt aber auch den Bereich der Berufsausübung, d. h. die Art und Weise der beruflichen Tätigkeit. Häufig ist die Feststellung schwierig, ob ein staatlicher Eingriff noch auf der Stufe der Berufsausübung vorliegt oder schon in die Zone der Berufswahl vordringt. Die Freiheit der Berufswahl darf nur eingeschränkt werden, soweit der Schutz besonders wichtiger Gemeinschaftsgüter es zwingend erfordert; die Berufsausübung kann von bestimmten Qualifikationen (z. B. beim Arzt oder Apotheker) abhängig gemacht werden.

Berufsgenossenschaften sind Träger der gesetzlichen ↑ Unfallversicherung, in die die ↑ Unternehmer Pflichtbeiträge zahlen. Sie erlassen Vorschriften zur Unfallverhütung und zum Gesundheitsschutz.

Berufsheer ↑ Militär.

Berufsschule ↑ berufliche Bildung.

Berufsunfähigkeit bedeutet im Gegensatz zur ↑ Erwerbsunfähigkeit die Unfähigkeit eines Berufstätigen, im bisherigen oder einem vergleichbaren Beruf tätig zu sein. Bei B. kann eine Berufsunfähigkeitsrente gewährt werden.

Berufsverbot ist die zeitweilige oder dauernde Untersagung der Ausübung eines bestimmten Berufs wegen eines schwerwiegenden Verstoßes gegen die Berufspflichten. Es kann im berufsgerichtlichen Verfahren durch Berufs- oder Ehrengerichte (z. B. bei freien Berufen) oder im strafgerichtlichen Verfahren nach den §§ 61 und 70 des Strafgesetzbuches als ↑ Maßregel der Sicherung und Besserung verhängt werden. Einem B. gleich kommt die Rücknahme der für die Berufsausübung erforderlichen Erlaubnis durch eine Verwaltungsbehörde (z. B. Gewerbeuntersagung, Betriebsuntersagung).

Berufswahl ↑ Berufsfreiheit.

Berufung: Das gegen die (meisten) erstinstanzlichen Urteile mögliche ↑ Rechtsmittel. Das Berufungsgericht prüft das angefochtene Urteil in vollem Umfang, d. h. hinsichtlich der Tatsachen bzw. des Sachverhalts und der Rechtsfragen, im Gegensatz zum Revisionsgericht (↑ Revision), das von dem vom Untergericht festgestellten Sachverhalt ausgeht und nur Rechtsfragen behandelt.

Besatzungsherrschaft nennt man die Übernahme der obersten Regierungsgewalt in Deutschland durch das Militär der Alliierten am Ende des 2. Weltkriegs (»Militärregierung«). Sie wurde von den Amerikanern, Engländern, Franzosen und Russen in besonderen Besatzungszonen (in Berlin: Sektoren) und gemeinsam im Alliierten Kontrollrat ausgeübt. Die deutschen Verwaltungsbehörden hatten den Anordnungen der Besatzungsmächte Folge zu leisten. In Westdeutschland wurde die B. 1949 einer schriftlichen Regelung unterworfen (Besatzungsstatut). Die B. wurde 1955 durch eine vertragliche Regelung zwischen den USA, Großbritannien, Frankreich und der BR Deutschland ersetzt (↑ Deutschlandvertrag).

Beschäftigungspolitik ist ein Teilbereich der staatlichen ↑ Wirtschaftspolitik und umfaßt alle Maßnahmen eines Staates, die die ↑ Arbeitslosigkeit verringern oder vermeiden sollen. Zu diesem Zweck kann der Staat selbst mehr Menschen beschäftigen (im ↑ öffentlichen Dienst), bestimmte Arbeiten durchführen (z. B. öffentliche Bauarbeiten) oder Aufträge vergeben (z. B. an die Rüstungsindustrie). Ferner gehören zur B. die *Berufsberatung* und *Stellenvermittlung* sowie die Umschulung von Arbeitslosen als Aufgaben der ↑ Bundesanstalt für Arbeit. Ein weiteres Mittel der B. sind staatliche ↑ Subventionen an Industriebetriebe mit der Auflage, Arbeitnehmer einzustellen oder nicht zu entlassen.

Die B. gewann in den fünf neuen Bundesländern beim Übergang von der desolat gewordenen staatlichen Planwirtschaft zur Marktwirtschaft und zu privaten Eigentumsformen große Bedeutung. Für ↑ Kurzarbeit, Kündigungsschutz, berufliche Umschulung, vorgezogenen Ruhestand und ↑ Arbeitsbeschaffungsmaßnahmen wurden Übergangs- und Sonderregelungen getroffen und öffentliche Mittel großen Umfangs bereitgestellt.

Beschwerde: Eingabe an eine (übergeordnete) Dienststelle oder an ein Gericht, durch die die Änderung der von einer unteren ↑ Instanz getroffenen Maßnahme erstrebt wird.

Besitz knüpft im Gegensatz zum ↑ Eigentum, das eine reine Rechtsbeziehung zu einer Sache darstellt, an die tatsächliche Sachherrschaft an. Auch ein Nichteigentümer (z. B. der Mieter einer Sache) kann Besitzer sein mit einem unter Umständen

auch gegenüber dem Eigentümer gerichtlich durchsetzbaren Recht auf Besitz.
Betreuungsgesetz ↑ Vormundschaft.
Betrieb ist eine selbständige und planvoll organisierte örtliche und technische Wirtschaftseinheit, die durch Kombination verschiedener ↑ Produktionsfaktoren Sachgüter produziert oder ↑ Dienstleistungen bereitstellt. Im ↑ Arbeitsrecht wird der B. als eine Einrichtung beschrieben, in der ein ↑ Unternehmer allein oder mit Hilfe von Arbeitskräften und unter Einsatz materieller oder immaterieller Mittel fortgesetzt einen arbeitstechnischen Zweck verfolgt, der sich nicht in der Befriedigung von Eigenbedarf erschöpft. Die sozialrechtliche Seite des B. wird durch das ↑ Betriebsverfassungsgesetz geregelt, das die Rechtslage der Beschäftigten festlegt. Der Begriff B. ist gegenüber dem ↑ Unternehmen nicht scharf abgegrenzt.

betriebliche Altersversorgung: Alle Maßnahmen, die ein Unternehmen über seine Pflichtbeiträge zur gesetzlichen ↑ Rentenversicherung hinaus ergreift, um alte oder invalide Arbeitnehmer und Witwen oder Waisen ehemaliger Arbeitnehmer zu versorgen. Die b. A. kann in verschiedenen Formen erfolgen: betriebliche Ruhegeldverpflichtung (Pensionsverpflichtung), d. h. das Unternehmen übernimmt die Ruhegeldverpflichtung unmittelbar, ist also selbst Träger der Versorgung. Weiterhin durch Direktversicherung, Pensions- und Unterstützungskassen sowie freiwillige Höher- oder Selbstversicherung durch das arbeitgebende Unternehmen. Durch das Gesetz zur Verbesserung der b. A. von 1974 wurden nur ein Teil der Probleme der b. A. geklärt; schwierige Fragen ergeben sich nach wie vor bei der Höhe der Anpassung der Versorgungsleistungen an die gestiegenen Lebenshaltungskosten und der Anrechnung anderer Bezüge.

Betriebsrat ist die gewählte betriebliche Interessenvertretung der Arbeitnehmer. Der B. hat gesetzlich abgestufte Informations-, Beratungs- und Mitbestimmungsrechte in wirtschaftlichen, personellen und sozialen Fragen des Betriebs. Der B. ist kein Organ der ↑ Gewerkschaft, unterliegt der ↑ Friedenspflicht und ist in seiner Vertretungsfunktion zur »vertrauensvollen

Zusammenarbeit« mit dem Arbeitgeber verpflichtet. Seine ihm gesetzlich zugewiesene Stellung im Spannungsfeld zwischen Arbeitnehmern, Betriebsleitung und Gewerkschaften stellt den B. vor die schwierige Aufgabe, die oft gegensätzlichen Erwartungen aller drei Gruppen zu vermitteln. – ↑ auch Betriebsverfassung, ↑ Betriebsverfassungsgesetz.

Betriebsvereinbarung zwischen ↑ Arbeitgeber und ↑ Betriebsrat regelt für alle ↑ Arbeitnehmer des Betriebes dessen Ordnung oder einzelne betriebliche Angelegenheiten nach Vorschrift des ↑ Betriebsverfassungsgesetzes. – ↑ auch Betriebsverfassung.

Betriebsverfassung: Unter B. versteht man die Form, die ein Industriebetrieb zur Regelung der aus seiner Herrschaftsstruktur erwachsenden Spannungen und Konflikte annimmt: Es geht somit bei der B. um die soziale Regelung, nicht um die Aufhebung der mit jedem Arbeitsverhältnis verbundenen vielfältigen Abhängigkeiten der ↑ Arbeitnehmer von Entscheidungen der ↑ Arbeitgeber bzw. des ↑ Managements. Durch die Bildung repräsentativer Organe der Arbeitnehmer (↑ Betriebsrat, gewerkschaftliche Vertrauensleute) und die ihnen eröffneten Beteiligungschancen an betrieblichen Entscheidungen verändert sich die Legitimität betrieblicher Herrschaftsausübung.

Grundsätzlich unterscheidet man vier Beteiligungsformen der Arbeitnehmer, die in der Realität vermischt und in spezifischer Ausprägung auftreten: 1. die *gemeinsame Beratung* von Management und Arbeitnehmern, die die formale Entscheidungsbefugnis des Managements nicht aufhebt, aber dem Entscheidungsprozeß ein Stadium der Beratung vorordnet; 2. die *Kollektivverhandlung,* bei der ebenfalls die normale Entscheidungsbefugnis des Managements erhalten bleibt, faktisch aber durch die organisierte Gegenmacht der Arbeitnehmer (↑ Gewerkschaft, ↑ Streik) eingeschränkt und an Verhandlungskompromisse gebunden wird; 3. die ↑ *Mitbestimmung,* bei der die Arbeitnehmer mit einem bestimmten, im Grenzfall bis zur Parität gehenden Anteil in den zentralen Entscheidungsgremien des Unternehmens repräsentiert sind und am Entscheidungsprozeß

in verantwortlicher Form mitwirken; 4. die *Selbstbestimmung* oder *-verwaltung,* bei der die zentralen Entscheidungsbefugnisse den Arbeitnehmern selbst bzw. ihren gewählten Vertretern übertragen werden.

Betriebsverfassungsgesetz: Das B. von 1972 findet Anwendung in Betrieben mit in der Regel mindestens fünf ständigen wahlberechtigten ↑ Arbeitnehmern, von denen drei wählbar sind. Das B. betrifft die Mitwirkung und ↑ Mitbestimmung der Arbeitnehmer in sozialen, personellen und wirtschaftlichen Angelegenheiten in Betrieben der Privatwirtschaft. Es versucht, zwei verfassungsrechtlich geschützte Positionen miteinander zu vereinbaren: Die durch Art. 2 Abs. 1 GG garantierte unternehmerische Freiheit und die in den Art. 20 und 28 GG verankerte Sozialstaatsklausel, die eine Beachtung der Arbeitnehmerinteressen erfordert. Die Mitbestimmung der Arbeitnehmer vollzieht sich durch den ↑ Betriebsrat. Neben diesem gibt es die ↑ Betriebsversammlung. Arbeitgeber und Betriebsrat sind jeweils auch zum Zusammenwirken mit den im Betrieb vertretenen ↑ Gewerkschaften und Arbeitgebervereinigungen verpflichtet; bei Meinungsverschiedenheiten zwischen Arbeitgeber und Betriebsrat ist im Bedarfsfall eine *Einigungsstelle* zu bilden, deren Entscheidung außer in gesetzlich bestimmten Fällen allerdings nur dann verbindlich ist, wenn sich die Parteien dem Spruch unterwerfen. Die weiteste Form der Mitbestimmung im Betrieb besteht in sozialen Angelegenheiten; von erheblicher Bedeutung sind die Mitwirkungsrechte in personellen Angelegenheiten; am schwächsten ist die Beteiligung der Arbeitnehmer in wirtschaftlichen Angelegenheiten des Unternehmens. Hier wird zwar in Unternehmen mit regelmäßig mehr als hundert ständigen Arbeitnehmern ein paritätisch besetzter *Wirtschaftsausschuß* gebildet; dieser ist aber ein reines Beratungsgremium. Bei einem aus mehreren Betrieben bestehenden Unternehmen kann auf Beschluß der einzelnen Betriebsräte ein *Gesamtbetriebsrat* gebildet werden, der für die Angelegenheiten zuständig ist, die das Unternehmen oder mehrere Betriebe betreffen und durch die einzelnen Betriebsräte nicht geregelt werden können. *Leitende Angestellte* gelten nicht als Arbeitnehmer im Sinne des B.; für sie besteht häufig eine Vertretung in Form eines *Sprecherausschusses* auf der Grundlage des Sprecherausschußgesetzes vom 20. Dezember 1988 mit ähnlichen Rechten wie ein Betriebsrat.

Betriebsversammlungen finden mindestens vierteljährlich während der Arbeitszeit bei Lohnfortzahlung statt. An der B., die das wichtigste Kontaktorgan zwischen Unternehmensleitung, ↑ Betriebsrat und Belegschaft ist, können alle Arbeitnehmer teilnehmen. – ↑ auch Betriebsverfassungsgesetz.

Betrug ist die Vermögensschädigung eines anderen zum eigenen Vorteil oder zum Vorteil eines Dritten durch Täuschung (im Gegensatz zur ↑ Erpressung), z. B. Zechprellerei.

Bevölkerung: Gesamtheit der Menschen, die durch ihren Wohnsitz, Arbeitsplatz oder sonstige Merkmale einem bestimmten Gebiet (z. B. einem Staat oder der Erde insgesamt) angehören. Der Altersaufbau einer B. ähnelt normalerweise einer Pyramide. Einschnitte entstehen u. a. durch Kriege, Seuchen oder Hungersnöte. Der Rückgang oder die Zunahme der Geburtenhäufigkeit und eine veränderte Zu- oder Abwanderung können den Altersaufbau grundsätzlich ändern.

Bevölkerungsentwicklung: Eine genaue Zahl der Erdbevölkerung, die sehr ungleich über den Raum verteilt ist, kennt man nicht. Nach Erhebungen der ↑ UN schätzt man die Gesamtzahl auf mehr als 5 Mrd. Menschen, den täglichen Zuwachs auf über 200 000. Die höchsten Geburtenzahlen werden auf der ganzen Erde noch für das laufende Jahrhundert erwartet. In allen westlichen Industriestaaten, einschließlich Australien und der UdSSR, ist allerdings die Zahl der Geburten rückläufig. Die Abnahme hängt allgemein vom Wohlstandsniveau und der Entwicklung empfängnisverhütender Mittel ab, die Zunahme von der Verbesserung der medizinischen und hygienischen, aber auch der sozialen und wirtschaftlichen Verhältnisse. – ↑ auch Bevölkerungsexplosion, ↑ Bevölkerungspolitik.

Bevölkerungsexplosion: Bezeichnung für die rapide Zunahme der (Erd-)bevölkerung in den letzten Jahrzehnten, v. a. in den Ländern der ↑ dritten Welt. In Europa riefen im 18./19. Jahrhundert die durch

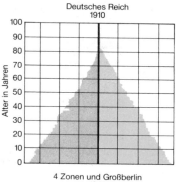

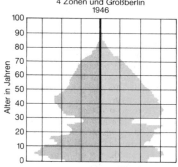

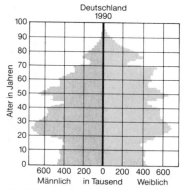

Bevölkerung. Der Bevölkerungsaufbau in Deutschland 1910, 1946 und 1990

Bevölkerungspolitik

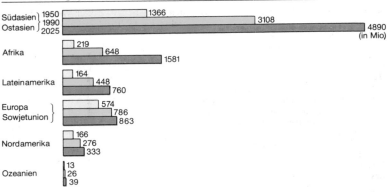

Bevölkerungsexplosion. Prognosen für das Bevölkerungswachstum in den Erdteilen bis 2050. Die Verbesserung im Gesundheitswesen hat die Sterbeziffern sinken lassen und das Überleben vieler Kleinkinder gesichert. Diese Entwicklung in den Ländern der dritten Welt fand in Europa bereits im 19. Jh. statt

die fortschreitende Industrialisierung veränderten wirtschaftlichen und sozialen Verhältnisse, die Herabsetzung der Säuglingssterblichkeit sowie generell die modernen medizinischen Einrichtungen und Maßnahmen ein starkes Bevölkerungswachstum hervor.

Bevölkerungspolitik: Staatliche Maßnahmen zur Förderung oder Hemmung der ↑ Bevölkerungsentwicklung. Man unterscheidet qualitative B. (Verbesserung der Volksgesundheit) und quantitative, geburtenfördernde oder -hemmende Maßnahmen. Geburtenhemmende B. in der Hochindustrialisierungsphase durch Geburtenkontrolle (Empfängnisverhütung, Sterilisation, Schwangerschaftsabbruch), durch Steuer- und Sozialgesetze zeigte Erfolge z. B. in der UdSSR, Ungarn, China, Japan, Indien. Geburtenfördernde B. wird in hochindustrialisierten Staaten wie der BR Deutschland betrieben.

Bewährung: Eine Freiheitsstrafe (↑ Strafe) wird zur B. ausgesetzt, um dem Straftäter Gelegenheit zu geben, sich durch Wohlverhalten nach der Tat Straffreiheit zu verdienen. Mit der Aussetzung der Strafe zur B. sollen die ↑ Resozialisierung gefördert und Schäden durch den Vollzug kurzer Freiheitsstrafen vermieden werden. In der Regel dürfen nur Freiheitsstrafen von nicht mehr als einem Jahr zur B. aus-

gesetzt werden. Außerdem muß wahrscheinlich sein, daß sich der Verurteilte in Zukunft straffrei verhalten werde. Der vom Gericht festzusetzende Bewährungszeitraum liegt zwischen zwei und fünf Jahren. Dem Verurteilten können Weisungen und Auflagen erteilt sowie ein ↑ Bewährungshelfer zur Seite gestellt werden. Wird dagegen schwerwiegend verstoßen oder wird der Verurteilte erneut straffällig, widerruft das Gericht in der Regel die Strafaussetzung.

Bewährungshelfer sind vom Gericht bestellte, haupt- oder nebenamtlich tätige Personen, die einen Verurteilten, dessen Strafe zur ↑ Bewährung ausgesetzt wurde, beraten und betreuen und seine Lebensführung überwachen sollen, v. a. im Hinblick auf die Erfüllung gerichtlicher Auflagen. Von großer Bedeutung sind die B. v. a. für straffällig gewordene Jugendliche; der Mangel an B. führt häufig dazu, daß der einzelne B. zu viele Personen betreuen muß und sich daher dem einzelnen nicht in dem erforderlichen Maße widmen kann.

Bezugsgruppe ist eine soziale ↑ Gruppe, an deren ↑ Normen, Wertvorstellungen und ↑ Verhaltensweisen sich ein einzelner orientiert und durch die er in seinem eigenen Verhalten maßgeblich beeinflußt wird. Die Orientierung kann auch auf eine einzelne *Bezugsperson* hin erfolgen.

BGB ↑ Bürgerliches Gesetzbuch.

bilateral [lateinisch »zweiseitig«]: An bilateralen Verträgen oder Verhandlungen sind nur zwei Parteien beteiligt (im Gegensatz zu ↑ multilateralen Verträgen).

Bildschirmtext ist eine Telekommunikationsform, bei der insbesondere Texte über das Fernsprechwählnetz übertragen und auf dem Bildschirm des Fernsehempfängers sichtbar gemacht werden. B. erlaubt den Abruf von Informationen aus Datenbanken (private und Postrechner) im Wege des Dialogs sowie das Abspeichern von Informationen durch zum Dienst zugelassene sog. Informationsanbieter. – ↑ auch neue Medien.

Bildungschancen: Der Begriff, der eng mit der ↑ Chancengleichheit zusammenhängt, spielt in der bildungspolitischen Diskussion eine große Rolle. Da von der Höhe des Bildungsniveaus die Berufs- und damit die sozialen Aufstiegsmöglichkeiten abhängen, sollte jeder so gefördert werden, daß er alle B. nutzen kann. Da keineswegs alle Schichten der Bevölkerung entsprechend ihrem Anteil an der Bevölkerung zur Wahrnehmung ihrer B. an den Gymnasien oder Universitäten vertreten sind, versucht man, durch möglichst frühzeitigen Ausgleich von Chancenunterschieden (z. B. durch ↑ kompensatorische Erziehung oder Erhöhung der Durchlässigkeit der einzelnen Schularten) den benachteiligten Schülern zu helfen.

Bildungsplanung entwirft aufgrund der Forderungen und Bedürfnisse der Gesellschaft, der Ergebnisse der Bildungsforschung und der bildungspolitischen Vorstellungen der Länder und des Bundes (Art. 91 b GG) ein langfristiges Konzept gegenwärtiger und zukünftiger Bildungsaufgaben. Die B. hat die Aufgabe, die quantitative Entwicklung sowie die innere und äußere Struktur (Schulsystem) des Bildungswesens den sich ständig verändernden Verhältnissen und Bedürfnissen der Gesellschaft kontinuierlich und vorausschauend anzupassen. 1970 erstellte der ↑ Deutsche Bildungsrat einen Strukturplan für das Bildungswesen, der alle Stufen des Bildungswesens vom Elementarbereich bis zur Weiterbildung betrifft. 1973 wurde von der ↑ Bund-Länder-Kommission für Bildungsplanung und Forschungsförde-

rung ein Bildungsgesamtplan verabschiedet, der einen Rahmenplan bis 1985 darstellte. Die B. soll Entscheidungshilfen für die Bildungsfinanzierung geben. Seit 1985 hat die Bund-Länder-Kommission für Bildungsplanung mittelfristige Pläne v. a. für die berufliche Bildung und die Weiterbildung ausgearbeitet. Die B. wurde seit Mitte der 1980er Jahre unter dem Diktat der leeren öffentlichen Kassen kaum mehr mit Hilfe konzeptioneller Überlegungen betrieben. Auch die Länderregierungen versuchten weniger, inhaltliche Akzente zu setzen, als akute Engpässe im Bildungssystem zu beseitigen oder auf Probleme des Arbeitsmarktes zu reagieren. Mit der Wiedervereinigung ist der Bedarf an gesamtstaatlichen Bildungskonzeptionen, die über die Frage der Anerkennung von Schulabschlüssen hinausgehen, gestiegen.

Bildungswesen umfaßt alle Einrichtungen, Personenkreise, Institutionen und Veranstaltungen, die zum Bildungserwerb beitragen. Die Art des B. hängt vom jeweiligen Gesellschaftssystem ab. Am B. kann man Kulturhöhe und wirtschaftliche Bedeutung eines Staates ablesen. – ↑ auch berufliche Bildung, ↑ Schule, ↑ Weiterbildung.

Black Power [englisch »schwarze Macht«]: Seit 1966 afroamerikanische Bewegung, die im Gegensatz zur Bürgerrechtsbewegung durch bewaffneten Aufstand eine Verbesserung der sozialen Lage der schwarzen Amerikaner erreichen will.

Blockade bezeichnet die Absperrung einer Stadt (z. B. West-Berlins 1948/49 seitens der UdSSR), eines Gebietes oder Staates von jeglicher Zufuhr. Die B. wird gewöhnlich durch militärische Maßnahmen aufrechterhalten und daher im Krieg oft als Zwangsmaßnahme angewendet; in Friedenszeiten ist die B. völkerrechtlich unzulässig.

Blockbildung
◊ bezeichnet die Zusammenarbeit politischer ↑ Parteien zur Unterstützung der ↑ Regierung, als Wahlbündnis zur Übernahme der Regierung oder zur Organisation der ↑ Opposition. – ↑ auch Koalition.
◊ bezeichnet die nach 1945/48 entstandene Verbindung der kommunistischen Staaten (Ostblock) auf der einen und der westlichen Demokratien auf der anderen Seite.

blockfreie Staaten: Nach der Herausbildung der »Supermächte« USA und UdSSR nach dem 2. Weltkrieg und der ↑ Blockbildung im ↑ Ost-West-Konflikt traten die b. S. 1961 auf der Belgrader Konferenz erstmalig als sog. dritte politische Kraft hervor. Die Idee der Blockfreiheit wurde zunächst in der ↑ dritten Welt entwickelt: die b. S. nennen daher neben dem ↑ Neutralitätsprinzip ↑ Antiimperialismus, ↑ Antikolonialismus, Entspannung und weltweite Abrüstung als Motive und Ziele ihrer Politik. In den ↑ UN spielten die b. S. eine bedeutende Rolle. Nationale und regionale Sonderinteressen verhinderten jedoch bislang meist ein dauerhaftes gemeinsames Handeln der blockfreien Staaten. Seit den 1980er Jahren treten die b. S. insbes. für eine neue Weltwirtschaftsordnung und für Maßnahmen zur Beseitigung der internationalen ↑ Schuldenkrise ein.

Blockparteien: Bezeichnung für die Zusammenfassung aller zugelassenen und im Parlament vertretenen Parteien v. a. in den ehemals kommunistisch regierten Staaten des Ostblocks. Das Blocksystem verpflichtete alle Parteien zur Unterstützung der Regierung unter straffer Führung der kommunistischen Partei, verhinderte die Bildung einer legalen ↑ Opposition und institutionalisierte die tatsächliche Einparteienherrschaft der Kommunisten.

BND ↑ Nachrichtendienste.

Boden: Unter B. versteht *man* alle der Produktion dienenden Naturstoffe und außermenschlichen Naturkräfte über, auf und in der Erde. Der B. ist neben ↑ Arbeit und ↑ Kapital der dritte ↑ Produktionsfaktor. Der Produktionsbeitrag des B. besteht zum einen in seiner Anbaufähigkeit durch die Land- und Forstwirtschaft *(Anbauboden);* er liefert Stoffe, die den Anbau von Pflanzen ermöglichen, die wiederum gleichzeitig Rohstoffe für die Herstellung von Nahrungsmitteln und Werkstoffe für andere Sachgüter abgeben. Darüber hinaus enthält der B. Stoffe wie Erze, Kohle, Steine, Erdöl u. a., die im Produktionsprozeß zu Gütern umgeformt werden und für den Gebrauch und Verbrauch bestimmt sind, d. h. der B. ist abbaufähig *(Abbauboden).* Weiter liefert der B. Energien, die die Arbeitskraft des Menschen ergänzen und Hilfsfunktionen für die Erzeugung

und den Transport von Gütern darstellen (Wasserkraft, Wärme).

Innerhalb einer ↑ Volkswirtschaft ist der B. im allgemeinen nicht vermehrbar; nur in sehr beschränktem Ausmaß ist eine neue Gewinnung von nutzbarem B. durch Trokkenlegung oder Verbesserung von bislang unproduktivem B. möglich. Die Qualität und damit die Bedeutung des B. ändert sich durch die Verwendung im Zeitablauf. Ungeschützter Boden kann durch natürliche Einflüsse (Wind, Wasser) abgetragen werden (Erosion), landwirtschaftlich genutzter B. durch falsche Maßnahmen wie Überdüngung an Qualität verlieren. Bodenschätze können durch Raubbau vorzeitig erschöpft werden.

Um den vorhandenen B. konkurrieren in der BR Deutschland die verschiedenen Sektoren wie Landwirtschaft, Industrie,

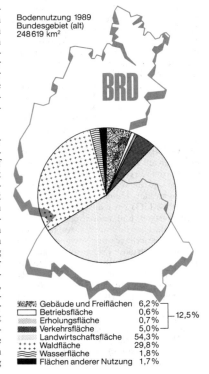

Bodennutzung 1989
Bundesgebiet (alt)
248 619 km²

Gebäude und Freiflächen	6,2 %	
Betriebsfläche	0,6 %	⎤ 12,5 %
Erholungsfläche	0,7 %	
Verkehrsfläche	5,0 %	⎦
Landwirtschaftsfläche	54,3 %	
Waldfläche	29,8 %	
Wasserfläche	1,8 %	
Flächen anderer Nutzung	1,7 %	

Gemeinde, Staat oder Wohnungsbau für unterschiedliche Nutzungsarten. 1989 wurden in der BR Deutschland 84,1 % des B. land- und forstwirtschaftlich, 6,2 % für Gebäude und Freiflächen, 5 % für Verkehrsfläche genutzt. – ↑ Bodenreform.

Bodenordnung: Allgemeines Ziel der B. ist es, dafür zu sorgen, daß Grund und Boden in sinnvoller Weise für die Gesellschaft zur Nutzung zur Verfügung stehen. Zur B. gehören alle Rechtsvorschriften, die die rechtlichen Beziehungen des Menschen zum Grund und Boden regeln. Instrumente der B. sind die *Umlegung* (Einbringung der zum Umlegungsgebiet gehörenden Grundflächen zwecks Neuverteilung zur besseren Ausnutzung), die Grenzregelung (Austausch von Teilen benachbarter Grundstücke), Bodenverkehrsgenehmigung, gemeindliches Vorkaufsrecht und die ↑ Enteignung. Damit sollen auf dem Wege des staatlichen Eingriffs zur Förderung der städtebaulichen Entwicklung entsprechend den Planungszielen die Grundstücke in wirtschaftlicher und baurechtlicher Hinsicht umgestaltet oder die Eigentumsverhältnisse geändert und den Eigentümern geeignete Grundstücke zur Bebauung zur Verfügung gestellt werden. – ↑ auch Baugesetzbuch.

Bodenreform: Veränderung der Rechtsverhältnisse an Grund und Boden durch Überführung in Gemeineigentum oder durch Umverteilung. Maßnahmen der B. gehen zumeist aus von der Knappheit des Grund und Bodens im Verhältnis zur Bevölkerungszahl. Heute ist eines der wichtigsten Ziele der B. die Wiederherstellung eines funktionsfähigen Bodenmarktes (↑ Bodenspekulation). Die B., die 1945 in der sowjetisch besetzten Zone Deutschlands (Enteignung und Aufteilung des Grundbesitzes von mehr als 100 ha) durchgeführt wurde, mündete während der 1950er Jahre in die von der SED gewollte Kollektivierung der Landwirtschaft.

Bodenspekulation nennt man den Erwerb eines Grundstücks zu dem Zweck, bei einem späteren Verkauf aus einer zwischenzeitlichen Preissteigerung Gewinn zu erzielen. Man hat erwogen, durch städtebauliche Maßnahmen und Leistungen der öffentlichen Hand (Planungs- und In-frastrukturaufwendungen) eintretende Wertsteigerungen *(Bodenwertzuwachs)* durch einen vom Eigentümer zu zahlenden Ausgleichsbetrag (den sog. ↑ Planungswertausgleich) teilweise abzuschöpfen bzw. den Wertzuwachs bei der Bemessung der Enteignungsentschädigung nicht zu berücksichtigen. Ein entsprechender Gesetzentwurf scheiterte jedoch in den 1970er Jahren. Im Gespräch war auch die Besteuerung des Wertzuwachses von Grundstücken *(Bodenwertzuwachssteuer)*.

Bolschewismus: Sammelbegriff für Theorie und Praxis der Kommunistischen Partei der Sowjetunion, der sich aus der Spaltung der russischen Sozialdemokratischen Arbeiterpartei auf dem II. Parteikongress 1903 in London ableitet. Dort entschied sich eine zufällige Mehrheit (russisch: *Bolschewiki*) gegen die Politik der Minderheit (russisch: *Menschewiki*) der anwesenden Mitglieder und damit für Lenins revolutionäre Taktik: Eine kleine Partei von Berufsrevolutionären sollte als kommunistische ↑ Avantgarde den Massenaufstand herbeiführen und die ↑ Diktatur des Proletariats bis zur Verwirklichung der ↑ klassenlosen Gesellschaft nach der Weltrevolution leiten. Vollständige Vergesellschaftung der Produktionsmittel, Abschaffung des Privateigentums an Produktionsmitteln und Planwirtschaft waren Grundelemente des Wirtschaftsprogramms des Bolschewismus.

Boom [englisch »Aufschwung«]: Bezeichnung für einen plötzlichen, starken Konjunkturaufschwung und die darauf folgende Hochkonjunktur in der Wirtschaft. Auch allgemein für eine plötzliche starke Zunahme (z. B. Babyboom).

Börse ist ein Markt, an dem Kaufleute regelmäßig während der Börsenstunden (montags bis freitags) zusammenkommen, um Handelsgeschäfte bzw. Verträge über Waren und v. a. Wertpapiere abzuschließen. Von anderen Märkten unterscheidet sich die B. in erster Linie dadurch, daß die Werte und Waren, die dort ge- oder verkauft werden, nicht selbst vorhanden sein müssen. Sie können durch Muster, Proben, Beschreibungen vertreten werden, da sie aufgrund ihrer einheitlichen Beschaffenheit untereinander austauschbar sind. Am Börsenhandel beteiligen dürfen sich nur die bevollmächtigten Vertreter der zum Börsenhandel zugelassenen Banken und Handelsfirmen (Börsenvertreter) sowie freie Makler und deren Angestellte (die sog. Kulisse). Das führt dazu, daß an der B. zum überwiegenden Teil Geschäfte für Rechnung anderer († Kommissionsgeschäfte) vorgenommen werden. Über die Zulassung zum Börsenbesuch beschließt der Börsenvorstand. Die Preise, zu denen die an der B. repräsentierten Anbieter und Nachfrager Geschäfte abschließen, werden entweder zwischen den jeweiligen Kontrahenten selbst ausgehandelt oder von den vom Staat bestellten Kursmaklern festgesetzt (amtliche Kursnotierung). Die Höhe der Kursfestsetzung ist v. a. abhängig von Angebot und Nachfrage, kann aber auch, z. B. bei Wertpapieren, von der politischen Lage und von psychologischen Faktoren beeinflußt werden.

Die Einteilung der Börsen erfolgt nach der Art der dort gehandelten Gegenstände: Die *Warenbörse (= Produktenbörse)* dient dem Handel und der schnellen Preisbildung für große Mengen von Waren und ist für den Güteraustausch in der arbeitsteiligen Weltwirtschaft unentbehrlich. Die *Wertpapierbörse* (auch *Effektenbörse* genannt) dient der Kapitalbeschaffung von Wirtschaft und Staat sowie zur Geldanlage in verzinslichen † Wertpapieren. Die *Devisenbörse* führt den An- und Verkauf von ausländischen Zahlungsmitteln durch. Auf der *Frachtenbörse (Schifferbörse)* werden Verträge über grenzüberschreitende Wassertransporte geschlossen. Die *Versicherungsbörse* dient v. a. dem Abschluß von Versicherungsverträgen für Überseetransporte. Börsen, an denen die Marktteilnehmer mit Hilfe von Computern Börsengeschäfte tätigen, heißen *Computerbörse*. An dieser Form des Börsenhandels sind v. a. Banken interessiert, da der Handel praktisch rund um die Uhr stattfinden kann, wenn die Teilnehmer nur noch über Computernetze miteinander in Kontakt treten.

Botschafter † Gesandtschaftsrecht.

Bourgeoisie [von französisch bourgeois »Bürger«]: Nach der marxistischen Lehre die ökonomisch und politisch über das Proletariat herrschende Klasse der Kapitaleigentümer in der kapitalistischen Gesellschaft. – † auch Klassengesellschaft.

Boykott: Zwangsmaßnahme im politischen oder wirtschaftlichen Kampf, bei der die Beziehungen oder der Handel teilweise oder ganz abgebrochen werden, um ein bestimmtes Verhalten zu erzwingen. So kann z. B. die Abnahme von Waren oder anderen Leistungen boykottiert werden.

Brainstorming: Amerikanischer Begriff aus Wirtschaft und Politik. Bezeichnet das Verfahren, auf einer Zusammenkunft ein Problem durch Austausch spontaner Ideen zu lösen.

Brandenburg ist seit dem 3. Oktober 1990 Land der BR Deutschland mit 29 059 km² und (1989) 2,64 Millionen Einwohnern (91 E/km²). Hauptstadt ist Potsdam. Die Mark Brandenburg, die ursprünglich aus dem Gebiet der Alt-, Mittel- und Uckermark bestand, bildete unter den Hohenzollern die Keimzelle des späteren preußischen Staates. 1816 wurde (unter Gewinn der ehemals sächsischen Niederlausitz) die preußische Provinz B. gebildet. Nach der Reichsgründung wurde 1881 Berlin aus der Provinz herausgelöst; danach besaß B. einen vorwiegend ländlichen Charakter.

Auf der † Potsdamer Konferenz 1945 wurden die östlich der Oder gelegenen Gebietsteile von B. abgetrennt und kamen zu Polen. B. wurde ein Land der DDR, an dessen Stelle 1952 die Bezirke Cottbus, Frankfurt und Potsdam traten. Mit dem Ländereinführungsgesetz vom 22. Juli 1990 entstand das Land durch Wiederzusammenlegung der drei Bezirke neu.

44,5 % der Erwerbstätigen waren Ende 1989 in der Industrie und im verarbeitenden Gewerbe, 21,9 % in der Landwirtschaft und 15,2 % im Dienstleistungssektor tätig. Auf rund einem Fünftel der Landesfläche ist die Hälfte der Bevölkerung konzentriert. Am dichtesten besiedelt sind der Nahbereich von Berlin und das Industriegebiet der Niederlausitz (Braunkohleabbau). Die Landtagswahlen vom 14. Oktober 1990 gewann die SPD mit 38,3 % der Stimmen. Sie bildete mit der FDP und dem † Bündnis 90 eine sog. † Ampelkoalition unter Ministerpräsident M. Stolpe (SPD). Eine Regelung für die Organe des neuen Landes und ihre Arbeit bot eine vorläufige Landessatzung. Die neue Verfassung für das Land B. wurde 1991 vorbereitet und zur Diskussion gestellt.

Brauch: Traditionell geübtes Verhalten bei regelmäßig auftretenden Anlässen oder gleichen Lebenssituationen im Alltag, in Familie und Beruf, z. B. bei zwischenmenschlichen Begegnungen (Begrüßung) oder bei Festen im Jahres- und Lebenslauf (Weihnachten, Geburtstag).

Bremen ist Freie Hansestadt, zugleich auch (kleinstes) Bundesland der BR Deutschland, das sich aus B. und dem an der Wesermündung gelegenen Bremerhaven zusammensetzt. Die Gesamteinwohnerzahl beträgt 674 000 (1989), die Gesamtfläche 404 km² (1 667 E/km²). Die bremische Verfassung vom 21. Oktober 1947 trat am 22. Oktober 1947 in Kraft. Die Landesregierung, der Senat, besteht aus den vom Parlament (der ↑ Bürgerschaft) gewählten zehn Senatoren und zwei Bürgermeistern, von denen einer Senatspräsident ist. Die Senatoren leiten − Ministern vergleichbar − die einzelnen Verwaltungszweige. Der Senat ist zugleich oberstes Verwaltungsorgan der Stadtgemeinde Bremen. Die Bürgerschaft besteht aus 80 Bremer und 20 Bremerhavener Abgeordneten; sie bildet die staatlichen Ausschüsse (Deputationen) u. a. für Finanzen, Arbeit, Fischereihafen, Rechtspflege und Strafvollzug sowie für öffentliche Dienste. Die Deputationen erstellen für ihr Ressort den Entwurf zum Haushaltsplan, der sodann an die Finanzdeputation geht. Daneben bestehen städtische Ausschüsse (Deputationen) u. a. für Häfen, Schiffahrt, Verkehr, Inneres, Bildung, Wissenschaft und Kunst. Seit 1947 stellte stets die SPD, häufig in Koalition mit der FDP, den Senat. Bremerhaven besitzt eine eigene kommunale Verwaltung.

B. ist nach Hamburg die bedeutendste Hafenstadt in der BR Deutschland mit einem jährlichen Güterumschlag von über 20 Mill. t (mit Bremerhaven). Die bremische Handelsflotte umfaßt über 400 Schiffe mit 2,2 Mill. BRT. Im 19. Jahrhundert war B. der größte europäische Auswandererhafen, heute werden noch etwa 100 000 ein- und ausreisende Passagiere abgefertigt. B. ist einer der bedeutendsten Umschlagplätze für Baumwolle, Tabak und Kaffee. In jüngster Zeit nimmt der Containerverkehr an Bedeutung zu. Die Industrie von B. wird weitgehend durch seine Situation als Hafenstadt bestimmt (Tabakfabriken, Kaffeeröstereien, Getreide- und Reismühlen, Schiffswerften, Jutespinnereien). In den 1950er Jahren bestand eine große Automobilproduktion (Borgward, Lloyd). Heute ist B. führend im Bereich der Luft- und Raumfahrtindustrie. Der überwiegende Teil der Erwerbstätigen arbeitet in Handel, Verkehr, Kreditwesen und im privaten Dienstleistungsgewerbe (68,5 %); es folgt die Investitionsgüterindustrie vor der Nahrungs- und Genußmittelindustrie, in der der größte Umsatz erzielt wird.

Breschnew-Doktrin: Zur nachträglichen Rechtfertigung der militärischen Intervention der UdSSR in der ČSSR 1968 von L. I. Breschnew vertretene ↑ Doktrin, daß alle sozialistischen Staaten im Einflußbereich der UdSSR nur beschränkte ↑ Souveränität und beschränktes ↑ Selbstbestimmungsrecht besäßen. Die B.-D. ist heute aufgegeben.

Briefgeheimnis: Das Grundrecht des B. (Art. 10 Abs. 1 GG) schützt den brieflichen Verkehr von Person zu Person gegen eine Kenntnisnahme des Inhalts des Briefes durch die ↑ öffentliche Gewalt. Es bezieht sich auf verschlossene Briefe, das Post- und Fernmeldegeheimnis darüber hinaus auf alle der Post anvertrauten Sendungen. Das B. schützt den Absender und den Empfänger zugleich und dauert über den Zeitpunkt der ordnungsgemäßen Auslieferung hinaus fort, mindestens bis zur Kenntnisnahme des Briefinhalts durch den Empfänger. Eltern sind nach § 1631 BGB befugt, Briefe von oder an ihre minderjährigen Kinder zu öffnen und zu lesen; Ehegatten dürfen Briefe des anderen Ehegatten nur mit dessen Einwilligung öffnen. Gesetzliche Einschränkungen bestehen u. a. für nachrichtendienstliche Zwecke, Strafverfolgung und Untersuchungshaft (↑ auch G-Zehn-Gesetz).

Bruttosozialprodukt: Geldwert aller in einem bestimmten Zeitraum (meist ein Jahr) von den Inländern einer ↑ Volkswirtschaft erbrachten Leistungen (B. zu Marktpreisen). Das um die durchschnittlichen Preissteigerungen dieses Zeitraums bereinigte B. wird als reales B. bezeichnet.

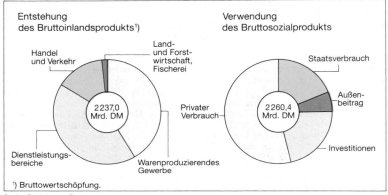

Quelle: Statistisches Bundesamt

Bruttosozialprodukt. Struktur des Bruttosozialprodukts 1989

Das B. kann unterschiedlich, z. B. nach seiner Verwendung berechnet werden und setzt sich dann zusammen aus dem ↑ Konsum, den ↑ Investitionen sowie den ↑ Exporten, vermindert um die ↑ Importe (da diese von Ausländern produziert wurden). Die Verwendung des B. als Maßstab für die Leistungsfähigkeit einer Volkswirtschaft ist wegen der schwierigen Vergleichbarkeit unterschiedlicher Volkswirtschaften umstritten. – ↑ auch Volkseinkommen, ↑ volkswirtschaftliche Gesamtrechnung.

Budget ↑ Haushaltsplan.

Bulletin [französisch »Siegelkapsel«]: Amtliche Bekanntmachung, Tagesbericht; auch regelmäßiger Bericht über die Sitzungen wissenschaftlicher Gesellschaften. Heute v. a. Bezeichnung für eine periodische Druckschrift des Presse- und Informationsamtes der Bundesregierung.

Bund:

◊ Zusammenschluß von Personen oder Personenmehrheiten, z. B. von Staaten.

◊ Bezeichnung für den Gesamtstaat (Zentralstaat) in einem ↑ Bundesstaat, im Unterschied zu den Gliedstaaten (Bundesländer).

◊ umgangssprachlich für ↑ Bundeswehr.

BUND: Abk. für »Bund für Umwelt und Naturschutz Deutschland e. V.«. Einer der beiden bundesweiten, nach Art. 29 Bundesnaturschutzgesetz anerkannten Naturschutzverbände der BR Deutschland mit 200 000 Mitgliedern. Sein Ziel ist die Förderung ökologischer Belange bei öffentlichen Planungen auf Bundes-, Landes- und kommunaler Ebene sowie im Hinblick auf das Umweltbewußtsein der Menschen.

Bundesamt für Verfassungsschutz ↑ Nachrichtendienste.

Bundesanstalt für Arbeit (BA) ist eine bundesunmittelbare ↑ Körperschaft des öffentlichen Rechts mit ↑ Selbstverwaltung, deren Organe sich aus Vertretern von ↑ Arbeitnehmern, ↑ Arbeitgebern und öffentlichen Körperschaften zusammensetzen; die BA hat ihren Sitz in Nürnberg. Nach dem ↑ Arbeitsförderungsgesetz gehören zu ihren Aufgaben v. a. die ↑ Berufsberatung, die ↑ Arbeitsvermittlung, die Verwaltung der ↑ Arbeitslosenversicherung, die Gewährung von ↑ Arbeitslosengeld und ↑ Arbeitslosenhilfe. Außerdem betreibt die BA Arbeitsmarkt- und Berufsforschung. Der BA unterstehen elf Landesarbeitsämter mit insgesamt 184 Arbeitsämtern und 646 Nebenstellen (Arbeitsamtsdienststellen), die die genannten Aufgaben auf der lokalen Ebene wahrnehmen.

Bundesanzeiger (BAnz.): Das vom Bundesminister der Justiz auf kommerzieller Basis herausgegebene Publikationsorgan mit etwa 25 000 Exemplaren je Nummer bringt in seinem amtlichen Teil Verkündungen, Bekanntmachungen von Behörden, staatliche Ausschreibungen und sonstiges. Der nichtamtliche Teil enthält v. a. Parlamentsberichte über ↑ Bundestag und ↑ Bundesrat. Eine Veröffentlichung im B. ist in vielen Gesetzen für bestimmte Mitteilungen, Satzungsänderungen u. a. vorgeschrieben.

Bundesaufsicht nennt man die Befugnis der Bundesregierung im ↑ Bundesstaat, die Gliedstaaten zu kontrollieren. In der BR Deutschland dient sie v. a. der Prüfung, ob die Länder die Bundesgesetze dem geltenden Recht gemäß ausführen. Im Fall der ↑ Bundesauftragsverwaltung erstreckt sie sich auch auf eine Kontrolle der Zweckmäßigkeit des Vorgehens der Länder (Art. 83 Abs. 3–5, Art. 85 Abs. 4 GG). – ↑ auch Staatsaufsicht, ↑ Bundesrepublik Deutschland.

Bundesaufsichtsämter sind selbständige ↑ Bundesbehörden. Das Bundesaufsichtsamt für das Kreditwesen (BAK) im Geschäftsbereich des Bundesministers für Wirtschaft und Finanzen mit Sitz in Berlin übt die Aufsicht über die Kreditinstitute aus; das Bundesaufsichtsamt für das Versicherungs- und Bausparwesen (BAV) im Geschäftsbereich des gleichen Ministeriums, ebenfalls mit Sitz in Berlin, beaufsichtigt die privaten Versicherungsunternehmungen und Bausparkassen. Weiterhin gehört zum Tätigkeitsbereich des Amtes die gutachterliche Äußerung über Fragen des Versicherungswesens und die Prüfung der Tarife in der Kfz-Versicherung.

Bundesauftragsverwaltung (Art. 85 GG) ist die von den Ländern im Auftrage des Bundes durchgeführte Verwaltung (z. B. Verwaltung der Bundesautobahnen). Es besteht ein Weisungsrecht der Bundesregierung.

Bundesausbildungsförderungsgesetz ↑ Ausbildungsförderung.

Bundesbank ↑ Deutsche Bundesbank.

Bundesbehörden: Die Ausführung der Gesetze des Bundes ist in der BR Deutschland grundsätzlich Aufgabe der Länder. In Ausnahmefällen werden Sachbereiche durch eigene Behörden des Bundes (bundeseigene Verwaltung) oder durch Körperschaften und Anstalten des öffentlichen Rechts verwaltet, die der Aufsicht des Bundes unterstehen.

Es gibt B., die einen selbständigen Verwaltungszweig mit eigenem Verwaltungsaufbau darstellen (↑ Bundeswehr, ↑ Auswärtiges Amt, ↑ Bundespost, ↑ Bundesbahn, Bundesfinanzverwaltung). Andere B. ohne Verwaltungsunterbau (z. B. ↑ Bundeskriminalamt) sind als Zentralbehörden für das gesamte Bundesgebiet zuständig und

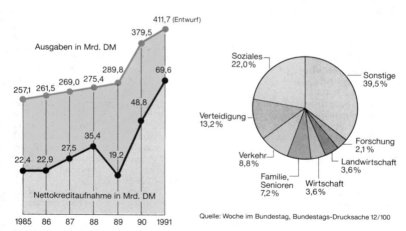

Quelle: Woche im Bundestag, Bundestags-Drucksache 12/100

Bundeshaushalt. Die Entwicklung der Ausgaben und der Nettokreditaufnahme des Bundes seit 1985 sowie die Anteile wichtiger Ressorts am Bundeshaushalt für das Jahr 1991

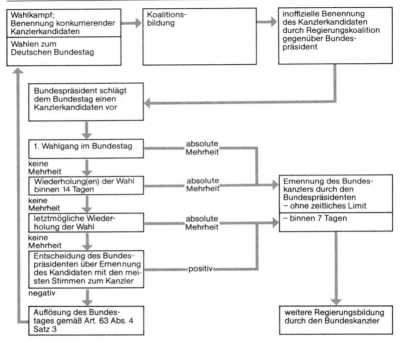

Bundeskanzler. Die Wahl des Bundeskanzlers nach Art. 63 GG

unterstehen in der Regel der Aufsicht einer obersten Bundesbehörde. – ↑ auch Bundesverwaltung.

Bundesgerichtshof: Oberstes Gericht in Zivil- und Strafsachen. – ↑ auch Gerichtsbarkeit.

Bundesgesetzblatt: Das amtliche Verkündungsorgan für Rechtsvorschriften des Bundes; im B. werden alle Bundesgesetze verkündet (= Voraussetzung für deren Inkrafttreten).

Bundesgrenzschutz: Der B. wurde 1951 geschaffen. Das am 1. April 1973 in Kraft getretene Bundesgrenzschutzgesetz hat die Organisation und Aufgaben des B. auf eine neue Rechtsgrundlage gestellt. Danach ist der B. eine Polizei des Bundes, die dem Bundesinnenminister untersteht. Der B. ist eingeordnet in die gemeinsame Sicherheitskonzeption von Bund und Ländern. Ihm obliegen u. a. die grenzpolizeili-

che Schutz des Bundesgebietes sowie polizeilicher Schutz und Sicherungsaufgaben nach Art. 91 und 115 f. GG. Besondere Bedeutung kommt ihm beim Schutz von Bundesorganen, ihren Repräsentanten und bei der Sicherung der Verkehrsflughäfen zu. Der B. gliedert sich in die Grenzschutzkommandos: Süd, Mitte, Nord, Küste, Ost und West (für Bonn); in Berlin gibt es eine Nebenstelle. Zum 1. Januar 1992 ist eine grundlegende Reform des B. geplant. Eine Spezialeinheit ist die 1972 zur Bekämpfung des Terrorismus gebildete *Grenzschutzgruppe 9 (GSG 9).*

Bundeshaushalt: Als B. bezeichnet man die für eine (ein- oder zweijährige) Haushaltsperiode im Haushaltsplan zusammengefaßten Einnahmen und Ausgaben sowie Verpflichtungsermächtigungen des Bundes (↑ auch Haushaltsplan). Die Ausgabenschwerpunkte des Bundes liegen in den Bereichen Arbeit und Soziales, Verteidigung, Verkehr sowie Jugend, Familie und Gesundheit ferner beim Schuldendienst. Haupteinnahmequellen im B. (rund 85 %) sind ↑ Steuern und steuerähnliche ↑ Abgaben. – Abb. S. 59.

Bundeskanzler: In der BR Deutschland der Chef der ↑ Bundesregierung. Der B. wird auf Vorschlag des ↑ Bundespräsidenten vom ↑ Bundestag gewählt und vom Bundespräsidenten ernannt (Art. 63 GG). Er leitet die Bundesregierung nach Maßgabe einer von ihr beschlossenen und vom Bundespräsidenten genehmigten ↑ Geschäftsordnung und trägt für die von ihm der Regierung gegebenen Richtlinien (↑ Richtlinienkompetenz) die Verantwortung (Art. 65 GG). Zur Vorbereitung und Durchführung seiner Aufgaben steht ihm das Bundeskanzleramt zur Verfügung. Die Amtszeit des B. endet mit dem Rücktritt, dem Zusammentritt eines neuen Bundestags oder mit seiner Entlassung durch den Bundespräsidenten aufgrund eines ↑ konstruktiven Mißtrauensvotums des Bundestags.

Bundeskartellamt: Das B. in Berlin ist eine Bundesoberbehörde und wurde zur Sicherung der Wettbewerbsordnung errichtet (↑ Kartellbehörden, ↑ Kartellrecht); es nimmt neben Kontrollfunktionen (u. a. bei Firmenzusammenschlüssen) auch richterliche Aufgaben wahr.

Bundeskompetenz: Die staatlichen Aufgaben sind im ↑ Grundgesetz zwischen Bund und Ländern geteilt. Nach Art. 30 GG liegt die Erfüllung der staatlichen Aufgaben grundsätzlich bei den Ländern, die Zuständigkeiten des Bundes sind dagegen im Grundgesetz speziell aufgeführt. Eine ungeschriebene B. besteht nur, wenn sie sich aus der Natur der Sache oder aus dem Sachzusammenhang ergibt. Diese Regelung täuscht aber über die tatsächlichen Verhältnisse hinweg. Bei der Verteilung der Gesetzgebungszuständigkeit besitzt der Bund nur eine eng umgrenzte ausschließliche Gesetzgebungskompetenz; in vielen Fällen konkurriert seine Zuständigkeit mit der der Länder, wobei Bundesrecht dem Landesrecht vorgeht. Da der Bund von seiner ↑ konkurrierenden Gesetzgebungsbefugnis umfassenden Gebrauch macht, um einheitliche Verhältnisse im ganzen Bundesgebiet zu gewährleisten, sind den Ländern tatsächlich nur wenige Bereiche zur selbständigen Regelung verblieben. Im Gegensatz dazu liegt die

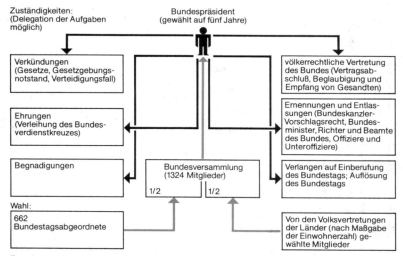

Bundespräsident. Wahl und Zuständigkeiten des Bundespräsidenten

Verwaltung auch heute noch im wesentlichen in der Zuständigkeit der Länder.

Bundeskriminalamt: Bundesbehörde, die der Zusammenarbeit von Bund und Ländern bei der Bekämpfung der über die Grenzen der Bundesländer hinausgehenden und der internationalen ↑ Kriminalität dient.

Bundesländer: die Gliedstaaten eines Bundesstaates. Das Grundgesetz bezeichnet die Gliedstaaten der BR Deutschland als Länder.

Bundesminister ↑ Bundesregierung.

Bundesnachrichtendienst ↑ Nachrichtendienste.

Bundespräsident: Bezeichnung des ↑ Staatsoberhauptes in der BR Deutschland. Der B. wird von der ↑ Bundesversammlung auf fünf Jahre gewählt (Art. 54 GG). Seine unmittelbare Wiederwahl ist nur einmal zulässig. Die Aufgaben des B. sind in erster Linie repräsentativer Art. Er vertritt z. B. die BR Deutschland gegenüber dem Ausland, ernennt und verpflichtet u. a. den Bundeskanzler und die Bundesminister und verkündet die Bundesgesetze. In bestimmten Fällen kann er den ↑ Bundestag auflösen oder den ↑ Gesetzgebungsnotstand erklären (Art. 63 Abs. 4, Art. 68, 81 GG). Im Gegensatz zum Reichspräsidenten in der Weimarer Republik wird der B. nicht vom Volk gewählt und gilt nicht wie damals als Gegenspieler des Parlaments. Bei vorsätzlicher Verletzung des Grundgesetzes oder eines anderen Bundesgesetzes kann der B. vom Bundestag oder Bundesrat vor dem Bundesverfassungsgericht angeklagt werden (Art. 61 GG). – Abb. S. 61.

Bundesrat: In der BR Deutschland der Name für die Vertretung der Gliedstaaten (Länder) im Bund (↑ Bundesstaat). Der B. besteht aus Regierungsmitgliedern der Länder. Sie werden von den Landesregierungen bestellt und abberufen und sind an die Weisungen ihrer Regierungen gebunden (Art. 51 GG). Jedes Bundesland verfügt im B. über mindestens drei Stimmen, Länder mit mehr als zwei Millionen Einwohnern über vier, mit mehr als sechs Millionen Einwohnern über fünf, mit mehr als sieben Millionen Einwohnern über sechs Stimmen. Die Stimmen eines Landes müssen einheitlich abgegeben werden.

Der B. nimmt nicht nur an der ↑ Gesetzgebung des Bundes teil (durch ↑ Einspruchgesetze und ↑ Zustimmungsgesetze), sondern wirkt auch bei einer Reihe anderer wichtiger Entscheidungen mit. So ist insbesondere die ↑ Bundesregierung an seine Zustimmung gebunden, wenn sie allgemeine Verwaltungsvorschriften für die Länder zur Ausführung von Bundesgesetzen durch diese erlassen will (Art. 84 Abs. 2, Art. 85 Abs. 2 GG); entsprechendes gilt für den Erlaß bestimmter ↑ Rechtsverordnungen durch die Bundesregierung (Art. 80 Abs. 2 GG). Wie bei der Gesetzgebung kann auch hier der B. die Interessen der Länder, die mit der Ausführung der Bundesgesetze belastet werden, geltend machen. Weitere wichtige Befugnisse des B. betreffen den ↑ Gesetzgebungsnotstand, den inneren Notstand (↑ Notstands-

Land	Stimmen
Hamburg	3
Saarland	3
Bremen	3
Mecklenburg-Vorpommern	3
Berlin	4
Brandenburg	4
Sachsen	4
Sachsen-Anhalt	4
Thüringen	4
Schleswig-Holstein	4
Hessen	5
Rheinland-Pfalz	5
Niedersachsen	6
Nordrhein-Westfalen	6
Baden-Württemberg	6
Bayern	6

Bundesrat. Zusammensetzung (Stimmenzahl)

gesetzgebung) und die Durchführung des ↑ Bundeszwangs. Wenn die Bundesregierung bei der Ausübung ihrer ↑ Bundesaufsicht über die Ausführung der Bundesgesetze durch die Länder Mängel feststellt, so hat der B. zu entscheiden, ob diese Mängel einen Rechtsverstoß darstellen (Art. 84 Abs. 4 GG).
Der B. berät und entscheidet in öffentlicher Sitzung. Er wird einberufen vom Präsidenten des B., dessen Amt jährlich unter den ↑ Ministerpräsidenten der Länder wechselt. Zur Vorbereitung der Beschlüsse des B. können Ausschüsse eingerichtet und die Regierungen der Länder konsultiert werden. Die Mitglieder der Bundesregierung müssen auf Verlangen im B. Rede und Antwort stehen. Auch die Haushaltsführung der Bundesregierung wird vom B. mitkontrolliert. Welch große Bedeutung das Grundgesetz dem B. zumißt, geht daraus hervor, daß nicht der Bundestagspräsident, sondern der Präsident des B. das Staatsoberhaupt der BR Deutschland, den Bundespräsidenten, bei dessen Verhinderung vertritt. − ↑ auch Bundesrepublik Deutschland, ↑ Gesetzgebung, ↑ Vermittlungsausschuß.
Bundesrechnungshof: Der B. ist die Rechnungsprüfungsbehörde des Bundes. Er ist eine der ↑ Bundesregierung gegenüber selbständige, nur dem Gesetz unterworfene oberste Bundesbehörde mit Sitz in Frankfurt am Main; seine Mitglieder genießen richterliche Unabhängigkeit. Seine Aufgabe besteht in der Prüfung der vom Bundesfinanzminister über alle Einnahmen und Ausgaben, über das Vermögen und die Schulden des Bundes zu erstellenden jährlichen Haushaltsrechnung sowie in der Überwachung der Wirtschaftlichkeit und Ordnungsmäßigkeit der Haushalts- und Wirtschaftsführung des Bundes einschließlich der Sondervermögen (z. B. Bundespost) und Betriebe (z. B. Bundesdruckerei). Über das Ergebnis seiner Prüfung hat der B. dem ↑ Bundestag (der auch den Präsidenten des B. wählt), dem ↑ Bundesrat und der Bundesregierung zu berichten.
Bundesregierung: Im ↑ Bundesstaat besitzen die Gliedstaaten (Länder) und der Gesamtstaat (Bund) gesonderte Regierungen. Die B. in der BR Deutschland besteht

aus dem Bundeskanzler und den Bundesministern (Art. 62 GG). Der ↑ Bundeskanzler wird auf Vorschlag des ↑ Bundespräsidenten vom ↑ Bundestag gewählt und vom Bundespräsidenten ernannt. Auch die Bundesminister sind − auf Vorschlag des Bundeskanzlers − vom Bundespräsidenten zu ernennen. Anzahl und Geschäftsbereich der Bundesminister werden vom Bundeskanzler festgelegt. Den Gepflogenheiten des ↑ parlamentarischen Regierungssystems entsprechend wird der Bundeskanzler in der Regel von der größten Partei im Bundestag gestellt. Anzahl, Geschäftsbereich und Personen der Bundesminister werden, wie das Regierungsprogramm, meist schon im voraus von den an der Regierung teilnehmenden Parteien ausgehandelt *(Koalitionsregierung)*.
Die B. leitet nach Maßgabe einer von ihr gegebenen ↑ Geschäftsordnung die gesamte Staatstätigkeit im Bund und ist für die ordnungsgemäße Erledigung der Staatsaufgaben verantwortlich. Ihr obliegen auch Planungsmaßnahmen. Sie bereitet die Gesetze vor (↑ Gesetzgebung) und sorgt für deren Ausführung durch Erlaß von ↑ Rechtsverordnungen und Verwaltungsvorschriften. Sie richtet die mit der Ausführung der Gesetze betrauten Verwaltungsbehörden ein, bestellt das Personal, soweit sie diese Befugnisse nicht delegiert hat, und übt über sie die ↑ Staatsaufsicht aus. Soweit die Bundesgesetze durch Bundesbehörden ausgeführt werden, unterliegen diese den Weisungen der B., soweit sie von den Ländern ausgeführt werden, besteht nur eine beschränkte ↑ Bundesaufsicht. Die B. kann jedoch gegen Länder, die ihren Pflichten gegenüber dem Bund nicht nachkommen, im Wege des ↑ Bundeszwanges einschreiten. Weitere wichtige Befugnisse der B. sind z. B. die Ausübung der auswärtigen Gewalt (u. a. Vertragsabschlüsse mit fremden Staaten) und die Feststellung des ↑ Verteidigungsfalles.
Intern arbeitet die B. nach folgendem Schema (Art. 65 GG): Die Aufstellung der Richtlinien der Politik obliegt dem Bundeskanzler (↑ Kanzlerprinzip), der hierbei allerdings faktisch an das Regierungsprogramm der Koalition und die Mehrheitsentscheidungen des Parlamen-

63

tes gebunden ist. Im Rahmen der allgemeinen Richtlinien führt jeder Minister seinen Geschäftsbereich selbständig († Ressortprinzip). Kommt es zwischen den Ministern zu Meinungsverschiedenheiten, entscheidet die B. insgesamt († Kabinettsprinzip); in der Regel werden wichtige Regierungsentscheidungen ebenfalls von der gesamten B. (Kabinett) getroffen. Die wesentliche Vorarbeit dazu wird von der Ministerialbürokratie in den einzelnen Bundesministerien geleistet. Hier sitzen die Experten, an deren Spitze ein fachlich erfahrener † Staatssekretär steht, dem sog. † parlamentarische Staatssekretäre zur Entlastung des Ministers und zur Verbindung mit dem Bundestag beigesellt sind. Die Aufgabe der Minister ist es, für die Arbeit in ihren Ministerien politische Akzente zu setzen.

Für ihre Politik und Haushaltsführung ist die B. dem Bundestag und † Bundesrat verantwortlich. Ihnen hat der Bundesfinanzminister über alle Einnahmen und Ausgaben sowie über das Vermögen und die Schulden des Bundes zur Entlastung der B. regelmäßig Rechnung zu legen (Art. 114 Abs. 1 GG). Allerdings sind die Möglichkeiten, gegen die B. vorzugehen, beschränkt. Zwar ist jedes Mitglied der B. verpflichtet (und berechtigt), vor dem Bundestag und Bundesrat zu erscheinen und Auskunft zu geben, doch kann nur der Bundestag, und zwar nur dem Bundeskanzler, sein Mißtrauen aussprechen und damit dessen Entlassung erzwingen, die dann zum Rücktritt der gesamten B. führt († konstruktives Mißtrauensvotum). Der Bundeskanzler seinerseits kann auch die Entlassung eines einzelnen Ministers durch den Bundespräsidenten herbeiführen.

Bundesrepublik Deutschland: 1949 entstandener Staat auf dem Gebiet des ehemaligen Deutschen Reichs, umfaßt nach der † Wiedervereinigung 356 954 km^2 mit 79,07 Mill. Einwohnern. Hauptstadt ist Berlin, Regierungssitz z. Z. noch Bonn.
I. Geschichte: Die BR Deutschland verdankt ihre Entstehung der Nichteinigung der alliierten Siegermächte über das künftige Schicksal des † Deutschen Reichs. Eine von gemeinsamen Absprachen nicht gedeckte Politik der UdSSR in ihrer Besat-

zungszone und die Einbeziehung der westlichen Besatzungszonen in den Wiederaufbau Westeuropas nach dem 2. Weltkrieg führten unter den Bedingungen des † kalten Krieges zu einer Trennung West- und Ostdeutschlands. 1948 wurde die Gründung eines westdeutschen Staates auf der Londoner Sechsmächtekonferenz beschlossen, eine Währungsreform in den drei westlichen Besatzungszonen durchgeführt und durch L. Erhard noch vor der Gründung der Bundesrepublik die soziale Marktwirtschaft eingeführt.

Von den Militärgouverneuren erhielten die Ministerpräsidenten der deutschen Länder in den westlichen Besatzungszonen am 1. Juli 1948 die Aufforderung, einen westdeutsche Staatsgründung herbeizuführen *(Frankfurter Dokumente).* Ein von den Parlamenten der Länder gewählter † Parlamentarischer Rat beriet und beschloß die als provisorisches Statut bis zur Wiedervereinigung Gesamtdeutschlands gedachte Verfassung des neuen Staates, das † Grundgesetz, das am 23. Mai 1949 verkündet wurde. Damit war die BR Deutschland entstanden. Allerdings galt sie zunächst auch weiterhin als ein besetztes Land und war nach dem Besatzungsstatut der Oberhoheit der Besatzungsmächte unterworfen. Erst die wirtschaftliche und militärische Einbindung in den Westen (1952 Montanunion, 1955 NATO, 1957 EWG) führte allmählich zu einer politischen Gleichberechtigung der BR Deutschland durch Ablösung des Besatzungsstatuts und durch vertragliche Regelung der Beziehungen zu den Besatzungsmächten († Deutschlandvertrag vom 5. Mai 1955; Ablösung weiterer alliierter Vorbehalte durch die † Notstandsgesetzgebung 1968). Gleichzeitig gelang es, den neuen Staat wirtschaftlich und politisch zu festigen. Der wirtschaftliche Wiederaufbau unter Einbeziehung von über 10 Mill. Flüchtlingen und Vertriebenen (Bevölkerungszuwachs von 1947 rund 47 Mill. auf 1970 rund 61,5 Mill.) ließ die BR Deutschland zu einem der führenden Industriestaaten der Welt werden (»Wirtschaftswunder«). Die wirtschaftliche und soziale Festigung († soziale Marktwirtschaft, † Gewerkschaften, Abbau der Arbeitslosigkeit, Sozialmaßnahmen wie Wohnungsbau,

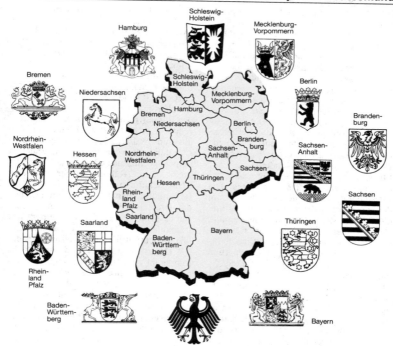

Bundesrepublik Deutschland. Die 16 Bundesländer und ihre Wappen

Rentengesetzgebung u. a.) hatte auch Rückwirkungen auf das politische System und auf die Stabilität der Regierungen, die eine längerfristige Außen- und Gesellschaftspolitik betreiben konnten (1949 bis 1966 CDU-geführte Regierungen, 1966–1969 ↑ große Koalition, 1969–1982 sozialliberale Koalition, seit 1982 wieder eine CDU/CSU-FDP-Koalition). Das Parteienspektrum schrumpfte aufgrund des Wählerverhaltens, der Nichtberücksichtigung von ↑ Splitterparteien (↑ Fünfprozentklausel) und des Verbotes radikaler Parteien (1952 SRP, 1956 KPD) zusammen. In den 1960er und 1970er Jahren waren im Bundestag nur noch vier Parteien vertreten, seit 1983 waren es mit den Grünen fünf, nach der Wiedervereinigung sind es mit der PDS und Bündnis '90/Grüne (Ost) sechs.

Eine gewisse Wende trat nach der »Ära Adenauer« in den 1960er Jahren ein. Erneut machten sich konjunkturelle und strukturelle Probleme in der Wirtschaft bemerkbar (Rezession 1967, Inflation, Arbeitslosigkeit, Schrumpfen des Bergbaus und der Landwirtschaft, Probleme des Umweltschutzes und der Energieversorgung u. a.). Dazu kamen der Fehlschlag des Versuches, die Wiedervereinigung Deutschlands über seine Westintegration zu erreichen (Mauerbau der DDR in Berlin und entlang der Demarkationslinie zur B. D. 1961), und ein Stillstand in der Entwicklung der EG. Nach der mehr integrativen Phase der 1950er Jahre (↑ Godesberger Grundsatzprogramm der SPD 1959) polarisierte sich das politische Leben erneut (Studentenunruhen 1968, neue ↑ Linke). Neue radikale Parteien traten auf

(↑ NPD, kommunistische Splittergruppen; ↑ auch alternative Bewegungen). Die Politik der BR Deutschland zielte in dieser Zeit v. a. auf eine Festigung der Konjunktur durch ↑ Haushaltspolitik und auf eine Integrierung der Entscheidungsträger in Bund, Ländern und Gemeinden sowie Staat und Wirtschaft zu einem gemeinsamen Handeln (↑ kooperativer Föderalismus, ↑ konzertierte Aktion, ↑ Stabilitätsgesetz 1967, Finanzreform 1969). In der Außenpolitik wurde versucht, das Verhältnis zu den Ostblockstaaten auf eine neue Grundlage zu stellen (↑ Grundlagenvertrag 1972 u. a.) und insbesondere die Lage ↑ Berlins, das nach wie vor unter alliierter Oberhoheit stand, zu normalisieren. Die sozialliberale Koalition hat sich v. a. um die Erweiterung der Mitbestimmung und die Reform des Bildungswesens bemüht. Verschlechterte wirtschaftliche Rahmenbedingungen (verringertes Wirtschaftswachstum, Rohstofflage, Umwelt- und Umverteilungsprobleme) mit starker Zunahme der Arbeitslosigkeit führten zur Etablierung neuer Bewegungen im politischen Raum (↑ Friedensbewegung, ↑ Grüne) und 1982 zur Ablösung der sozialliberalen Regierung durch eine Koalition von CDU/CSU und FDP. Der grundlegende Wandel der Verhältnisse in Osteuropa in der »Ära Gorbatschow« brachte den Zusammenbruch des kommunistischen Systems auch in der DDR und im Anschluß daran die Wiedervereinigung beider Teile Deutschlands am 3. Oktober 1990.

II. Politisches System: Die BR Deutschland ist ein demokratischer und sozialer ↑ Bundesstaat (Art. 20 Abs. 1 GG). Sie ist aus 16, zum Teil erst nach 1945 entstandenen Bundesländern gebildet, unter denen Berlin eine besondere Stellung einnahm. Charakteristisch für den ↑ Föderalismus der BR Deutschland ist: 1. die Vertretung der Länder im Bund durch Mitglieder der Länderregierungen, nicht durch gewählte Abgeordnete, mit erheblichen Mitsprachebefugnissen bei der Gesetzgebung des Bundes und der Ausführung der Bundesgesetze (↑ Bundesrat); 2. keine völlige Trennung der Aufgaben von Bund und Ländern, sondern eine Verschränkung dergestalt, daß die meisten und wichtigsten Gesetze vom Bund erlassen, aber von den Ländern ausgeführt werden (Art. 70 ff., 83 ff. GG; ↑ auch Bundesauftragsverwaltung); 3. grundsätzliche Vorrangstellung des Bundes (Art. 31 GG: »Bundesrecht bricht Landesrecht«) bei gleichzeitig grundsätzlicher Überantwortung der Staatsaufgaben an die Länder (Art. 30 GG). Die Entwicklung seit 1949 hat allerdings auch hier zu einer Stärkung des Bundes geführt. Die sog. ↑ konkurrierende Gesetzgebung wird ganz von ihm ausgeübt, weitere Gesetzgebungsmaterien sind ihm zugeordnet worden, und auch in ursprüngliche Zuständigkeiten der Länder greift er mit Rahmenvorschriften (z. B. ↑ Hochschulrahmengesetz), Mitspracherechten und finanziellen Beteiligungen ein, um eine einheitliche Politik im ganzen Bundesgebiet zu erreichen (kooperativer Föderalismus, ↑ Gemeinschaftsaufgaben). Die Bedeutung des Föderalismus in der BR Deutschland liegt v. a. darin, daß die Länder in einer mehr und mehr unitarischen Politik regionale Besonderheiten zur Geltung bringen können und die politische Opposition die Chance erhält, als Regierung in einem Lande eine eigene Machtbasis aufzubauen und ihre Politik zu demonstrieren – was allerdings zu Schwierigkeiten im Verhältnis von ↑ Bundestag zu Bundesrat führen kann, wenn die Mehrheitsverhältnisse in beiden Institutionen unterschiedlich sind. Bedeutsam ist in dem Zusammenhang auch die zunehmende Entäußerung von Hoheitsbefugnissen der B. D. an die ↑ EG.

Bund und Länder sind gleichstrukturierte demokratische Staaten, in denen gegenüber der Möglichkeit des ↑ Volksscheides das repräsentative Prinzip überwiegt (↑ Demokratie). Die Politik wird von den Parteien gestaltet, die auch die Regierungen bilden (↑ parlamentarisches Regierungssystem). Im wesentlichen handelte es sich dabei um zwei Alternativen: CDU/CSU oder SPD mit der FDP. In letzter Zeit hat sich das Spektrum der Möglichkeiten bei der Regierungsbildung erweitert. Eine bedeutende Rolle spielen die ↑ Interessenverbände, die unterschiedliche Gruppeninteressen in die Politik einbringen. Neben ihnen haben sich zahlreiche neue Interessen und Bestrebungen in

↑ Bürgerinitiativen artikuliert. Bisher ist es gelungen, diese unterschiedlichen Interessen zu integrieren und auf die gemeinsame ↑ freiheitliche demokratische Grundordnung zu verpflichten. Dies liegt nicht zuletzt daran, daß alle Parteien den sozialen Auftrag des Grundgesetzes ernst nehmen und ihrer Politik zugrundelegen (↑ Sozialstaat), daß die rechtsstaatlichen Elemente der Verfassung stark entwickelt wurden (↑ Rechtsstaat, Schutz der ↑ Grundrechte, umfassender ↑ Rechtsschutz durch unabhängige Gerichte: Art. 19 Abs. 4 GG, ↑ Bundesverfassungsgericht) und daß eine klare Absage an alle Gegner der Demokratie erfolgte (die B. D. als eine »streitbare« Demokratie aufgrund der Erfahrungen mit der Weimarer Republik, Art. 18 und 21 Abs. 2 GG). Besondere Probleme wirft z. Z. die Integration der fünf neuen Bundesländer auf, deren Verfassungs- und Verwaltungsstrukturen neu aufgebaut werden müssen.

Bundesstaat: Im B. sind die staatlichen Kompetenzen zwischen dem Zentralstaat (Bund) und seinen Gliedstaaten (Länder) geteilt. Der Bund besitzt meist Regelungsbefugnisse im Bereich der auswärtigen Politik, der Verteidigung und der Wirtschaftseinheit, heute vielfach auch im Bereich der ↑ sozialen Sicherheit. Er hat die sog. Kompetenzkompetenz, d. h. er entscheidet über die Verteilung der staatlichen Aufgaben zwischen ihm und den Gliedstaaten. Im B. besitzen die Gliedstaaten in der Regel Mitspracherechte durch eine zweite Kammer (↑ Bundesrat, ↑ Senat). – ↑ auch Föderalismus, ↑ Staatenverbindung, ↑ Staatenbund, ↑ Bundesaufsicht, ↑ Bundeszwang.

Bundestag: Name der Volksvertretung in der BR Deutschland. Der Deutsche B. besteht z. Z. aus 662 Abgeordneten, die für vier Jahre nach den Grundsätzen des allgemeinen und gleichen Wahlrechts gewählt werden (↑ Bundestagswahl). Die Abgeordneten einer Partei bilden in der Regel eine gemeinsame ↑ Fraktion zur Beratung und Interessenvertretung im Parlament.

Der Deutsche B. ist das zentrale, demokratisch legitimierte Staatsorgan in der BR Deutschland. Ihm obliegen v. a. die ↑ Gesetzgebung, die Verabschiedung des ↑ Haushaltsplans und die Regierungskontrolle. Nach den Regeln des ↑ parlamentarischen Regierungssystems ist von ihm auch die ↑ Bundesregierung abhängig; er wählt den ↑ Bundeskanzler (Art. 63 GG). Außerdem wirkt der B. bei der Wahl der Richter zum ↑ Bundesverfassungsgericht und der obersten Gerichte des Bundes (Art. 94 Abs. 1; 95 Abs. 2 GG) sowie bei der Wahl des ↑ Bundespräsidenten mit (↑ Bundesversammlung). Der B. kann jederzeit die Anwesenheit der Mitglieder der Bundesregierung verlangen und Auskünfte von ihnen fordern (↑ Interpellation, ↑ parlamentarische Anfragen, ↑ Fragestunde, ↑ Aktuelle Stunde). Zur Kontrolle von Regierung und Verwaltung kann der B. auch ↑ Untersuchungsausschüsse einsetzen; zur Kontrolle der ↑ Bundeswehr bestellt er den ↑ Wehrbeauftragten. Die Bundesregierung hat dem B. regelmäßig über ihre Einnahmen und Ausgaben, den Stand des Vermögens und der Schulden des Bundes Rechnung zu legen. Bei der ↑ Rechnungsprüfung bedient sich der B. des ↑ Bundesrechnungshofes. Entspricht die Amtsführung der Bundesregierung nicht der Auffassung des B., so kann er dem Bundeskanzler durch Wahl eines Nachfolgers sein Mißtrauen aussprechen und dadurch dessen Entlassung und den Rücktritt der Bundesregierung bewirken (↑ konstruktives Mißtrauensvotum). Allerdings hat dieses Mittel nur einen begrenzten Wert, da im parlamentarischen Regierungssystem die Regierung in der Regel von der Mehrheit des Parlaments getragen wird, ein Mißtrauensscheid also nur bei einer bedeutsamen Veränderung der Mehrheitsverhältnisse im B. (z. B. beim Auseinanderfall einer ↑ Koalition) zustandekommen wird.

Der B. arbeitet nach einer von ihm selbst gegebenen ↑ Geschäftsordnung. Er verhandelt grundsätzlich öffentlich im ↑ Plenum und faßt seine Beschlüsse in der Regel mit einfacher Mehrheit (Ausnahmen sind z. B. die Änderung des Grundgesetzes oder Ausschluß der Öffentlichkeit, die mit einer ⅔-Mehrheit beschlossen werden müssen). Leitungs- und Schlichtungsorgane sind der Präsident, das Präsidium und der ↑ Ältestenrat. Zur Vorbereitung der Beschlüsse werden ↑ Ausschüsse gebildet, deren Mitglieder aus den Fraktionen ent-

3 ·

sandt werden. In den Ausschüssen wird die wesentliche Facharbeit, z. B. bei der Beratung der Gesetze, geleistet (↑ auch Parlamentsausschüsse). Auch die Ausschüsse können Regierungsmitglieder zur Beratung und Befragung heranziehen. Darüber hinaus werden von ihnen öffentliche Befragungen von Sachverständigen zur Meinungsbildung veranstaltet (↑ auch Hearing).

Der B. kann vom Bundespräsidenten aufgelöst werden, wenn bei der Wahl zum Bundeskanzler kein Kandidat die absolute Mehrheit der Stimmen erhält, oder auf Wunsch des Bundeskanzlers, wenn diesem auf seinen Antrag hin vom B. nicht das erbetene Vertrauen ausgesprochen wurde (Art. 63 Abs. 4, 68 GG). In beiden Fällen soll verhindert werden, daß eine Bundesregierung sich nur auf eine Minderheit im B. stützen kann und auf diese Weise bei der Erfüllung ihrer Aufgaben gehemmt wird.

Bundestagswahl: Die ↑ Wahlen zum Deutschen ↑ Bundestag werden nach den Prinzipien der allgemeinen, gleichen, unmittelbaren, freien und geheimen Wahl vorgenommen. Wahlberechtigt sind grundsätzlich alle Deutschen, die das 18. Lebensjahr vollendet haben, wählbar sind alle Volljährigen (Art. 38 Abs. 1 GG). Einzelheiten über die Wahlberechtigung und das Wahlverfahren enthält das *Bundeswahlgesetz* vom 7. Mai 1956. Danach hat jeder Wähler zwei Stimmen. Mit der Erststimme wird er einen in seinem Wahlkreis kandidierenden Bewerber (Mehrheitswahl), mit der Zweitstimme die Landesliste einer Partei (Verhältniswahl). Ausschlaggebend dafür, wieviele Kandidaten einer Partei in den Bundestag einziehen, ist die Anzahl der Stimmen, die sie auf den Listen erhalten hat. Der Anteil der Bundestagssitze jeder Partei wurde dabei früher nach dem ↑ d'Hondtschen Höchstzahlverfahren und wird jetzt nach der Methode ↑ Hare-Niemeyer ermittelt. Auf diesen Anteil werden auch die Kandidaten einer Partei verrechnet, die vom Wähler mit seiner Erststimme in einem Wahlkreis gewählt wurden (Direktmandate). Im Ergebnis handelt es sich also bei der B. um eine nur durch die Erststimmenabgabe modifizierte (»personifizierte«) Verhältniswahl. Übersteigt die Zahl der Direktmandate ei-

ner Partei die ihrer Zweitstimmen, erhält sie zusätzliche Sitze im Bundestag *(Überhangmandate)*. Bei der Verteilung der Sitze nach Landeslisten werden nur die Parteien berücksichtigt, die mindestens 5 % der insgesamt abgegebenen Zweitstimmen erhalten oder mindestens drei Direktmandate erobert haben (↑ Fünfprozentklausel). Bei der Bundestagswahl vom 2. Dezember 1990 gab es davon Abweichungen, die der besonderen Lage in den neuen Bundesländern Rechnung trugen.

Bundesverband der Deutschen Industrie (BDI) wurde 1949/50 als Zentralorgan der westdeutschen Industrie gegründet mit dem Ziel der Zusammenarbeit der ↑ Unternehmer auf wirtschaftspolitischem Gebiet. Der BDI ist ein Interessenverband und von erheblicher politischer Bedeutung in der BR Deutschland.

Bundesvereinigung der deutschen Arbeitgeberverbände ↑ Arbeitgeberverbände.

Bundesverfassungsgericht (BVG): Das B., das höchste Gericht in der BR Deutschland, ist ein mit den Garantien richterlicher Unabhängigkeit ausgestatteter Gerichtshof und zugleich ein oberstes Verfassungsorgan (wie der ↑ Bundestag oder der ↑ Bundesrat). Seine außerordentlich weitreichenden Befugnisse erklären sich aus den Erfahrungen mit dem nationalsozialistischen Unrechtsstaat, die zur Schaffung eines lückenlosen verfassungsgerichtlichen Rechtsschutzsystems auch gegenüber dem Gesetzgeber geführt haben, dessen Gesetzesbeschlüsse der Kontrolle durch das B. auf ihre Verfassungsmäßigkeit hin unterliegen. Das B. entscheidet letztverbindlich alle Streitigkeiten zwischen den obersten Staatsorganen (z. B. Bundestag und Bundesrat) sowie zwischen Bund und Ländern über deren verfassungsmäßige Kompetenzen. Es schützt den Bürger gegen alle Eingriffe der ↑ öffentlichen Gewalt in seine ↑ Grundrechte (↑ Verfassungsbeschwerde) und kontrolliert die Übereinstimmung der Bundes- und Landesgesetze mit dem ↑ Grundgesetz (↑ Normenkontrollverfahren). Ferner sind dem B. eine Reihe weiterer Aufgaben übertragen, die der Bewahrung und dem Schutz der demokratischen Ordnung dienen, z. B. das ↑ Parteiverbot und das Wahlprüfungsverfahren. Die Entscheidungen des Gerichts, die regelmäßig über den Einzelfall hinaus erhebliche Bedeutung erlangen, binden die übrigen Verfassungsorgane des Bundes und der Länder sowie alle Behörden und Gerichte. Erklärt das B. ein Gesetz für nichtig, so hat dieser Spruch selbst Gesetzeskraft.

Das B. mit Sitz in Karlsruhe verfügt über eine eigenständige Verwaltung und einen eigenen Haushalt. Organisatorisch gliedert es sich in zwei Senate, die verschiedene Zuständigkeiten haben und selbständig nebeneinander stehen. Jedem Senat gehören acht Richter an, die für eine Amtszeit von zwölf Jahren (ohne Wiederwahlmöglichkeit) gewählt sind. Die Richter werden je zur Hälfte vom Bundestag (durch einen Wahlmännerausschuß) und vom Bundesrat mit Zweidrittelmehrheit gewählt. Die geforderte Zweidrittelmehrheit bei der Wahl der Richter zum B. gibt dem hohen Rang des Verfassungsrichteramtes Ausdruck und unterstreicht die Gesamtverantwortung der Wahlorgane. Die Besetzung der Richterbank mit jeweils acht Richtern kann dazu führen, daß sich bei der Entscheidung keine Mehrheit bildet. Bei Stimmengleichheit kann kein Verstoß gegen das Grundgesetz festgestellt werden. In bestimmten Verfahren, z. B. Parteiverbotsverfahren, bedarf es zu einer für den Antragsgegner nachteiligen Entscheidung einer Zweidrittelmehrheit. Jeder Richter kann seine in der Beratung vertretene abweichende Meinung *(dissenting opinion)* zu einer Senatsentscheidung in einem Sondervotum der Entscheidung anfügen. Die gestaltende Kraft der Entscheidungen des B. übt auf die Verfassungsordnung und das politische Geschehen im Staat große Wirkung aus. Das Gericht entscheidet aber stets nur über Rechtsfragen, indem es darüber wacht, daß die geschriebene Verfassung und die † Verfassungswirklichkeit möglichst übereinstimmen.

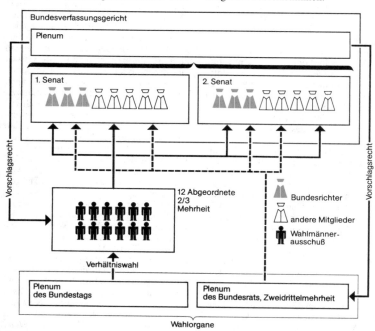

Bundesverfassungsgericht. Die Wahl der Bundesverfassungsrichter

Bundesversammlung: Die B. dient der Wahl des ↑ Bundespräsidenten. Sie besteht aus den Abgeordneten des Bundestags und einer gleichen Anzahl von Mitgliedern, die von den Volksvertretungen der Länder entsandt werden.

Bundesversicherungsanstalt für Angestellte (BfA): ↑ Körperschaft des öffentlichen Rechts mit dem Recht der ↑ Selbstverwaltung und Sitz in Berlin. Sie ist Träger der gesetzlichen ↑ Rentenversicherung der ↑ Angestellten in der BR Deutschland. Ihre Organe sind der Vorstand und die Vertreterversammlung; sie untersteht der Aufsicht des Bundesversicherungsamtes.

Bundesverwaltung: Die B. in der BR Deutschland ist dreistufig aufgebaut: Zur Zentralstufe gehören die Obersten Bundesbehörden (z. B. Bundeskanzleramt und Bundesministerien), die ihnen nachgeordneten Bundesoberbehörden (z. B. Bundesgesundheitsamt, Bundeskartellamt, Statistisches Bundesamt) und einige nicht rechtsfähige Anstalten (z. B. Bundesarchiv); zur Mittelstufe gehören z. B. die Oberfinanzdirektionen (↑ Finanzverwaltung), die Wehrbereichsverwaltungen und die Oberpostdirektionen; zur Unterstufe gehören z. B. die Kreiswehrersatzämter und die Postämter. Da die Bundesgesetze grundsätzlich von den Ländern ausgeführt werden, verfügt der Bund nur über relativ wenige Behörden der Mittel- und Unterstufe. – ↑ auch Bundesbehörden, ↑ Verwaltungsaufbau.

Bundeswehr: Bezeichnung für die militärischen Streitkräfte der BR Deutschland. Der Aufbau der B. begann, nachdem sich die BR Deutschland in den ↑ Pariser Verträge (1954) zum Eintritt in die ↑ Westeuropäische Union und die ↑ NATO sowie zum Aufbau einer Armee verpflichtet und durch eine Grundgesetzänderung 1954 und 1956 die verfassungsrechtlichen Voraussetzungen geschaffen hatte. Zunächst bestand die B. nur aus Freiwilligen; 1956 wurde dann durch das Wehrpflichtgesetz die allgemeine Wehrpflicht eingeführt. Die Angehörigen der B. sind entweder Wehrpflichtige, Soldaten auf Lebenszeit (Berufssoldaten) oder Soldaten auf Zeit. Die Verweigerung des Militärdienstes ist möglich (↑ Kriegsdienstverweige-

rung). Die B. gliedert sich in die Teilstreitkräfte Heer, Luftwaffe und Marine.

Die B. unterliegt im vollen Umfang der Gesetzgebung des ↑ Bundestages. Die Befehls- und Kommandogewalt über die B. hat im Frieden der Bundesminister der Verteidigung (Art. 65 a GG), im ↑ Verteidigungsfall hat sie der ↑ Bundeskanzler (Art. 115 b GG). Die parlamentarische Kontrolle wird im einzelnen ausgeübt durch das Budgetrecht des Bundestages (Art. 87 a GG), durch den Verteidigungsausschuß des Bundestages (Art. 45 a GG) und durch den ↑ Wehrbeauftragten zum Schutz der ↑ Grundrechte und als Hilfsorgan des Parlaments (Art. 45 b GG). Weiteres Kontrollorgan ist der ↑ Bundesrat, der Gesetzen über die Verteidigung zustimmen muß (Art. 87 b GG).

Hauptaufgabe der B. ist die Landesverteidigung im Rahmen des NATO-Bündnisses, in dessen militärische Struktur sie eingegliedert ist. Die B. darf einen Angriffskrieg weder führen noch vorbereiten (Art. 26, 1 GG). Gemäß ihrem Verteidigungsauftrag soll die B. im Frieden jeden potentiellen Gegner davon abhalten, gegenüber der BR Deutschland oder einem ihrer Bündnispartner militärische Gewalt anzudrohen oder anzuwenden (Abschreckung); in Zeiten politischer Spannungen oder in einer Krise hat sie die Handlungsfreiheit der Bundesregierung zu sichern; im Krieg hat die B. den Auftrag, zusammen mit den verbündeten Truppen den Angreifer so grenznah wie möglich abzuwehren und die territoriale Integrität der BR Deutschland zu wahren bzw. wiederherzustellen. Inwieweit ein Einsatz von Teilen der B. im Ausland, z. B. als Teil von »Friedenstruppen« der ↑ UN zu sog. »peace-keeping-operations« verfassungsrechtlich zulässig ist, ist umstritten. Im Rahmen der deutschen Wiedervereinigung wird der Personalstand der B. von 495 000 auf 370 000 Soldaten verringert. Die Bundesregierung kann unter bestimmten Voraussetzungen die B. auch zur Bekämpfung von Naturkatastrophen und schweren Unglücksfällen (Art. 35 Abs. 3 GG) und bei einem inneren Notstand (Art. 87 a Abs. 4 in Verbindung mit Art. 91 Abs. 2 GG) in begrenzter Weise einsetzen.

Bundeszentrale für politische Bildung: 1952 unter dem Namen Bundeszentrale für Heimatdienst mit dem Ziel gegründet, die überparteiliche politische Bildung zu fördern; sie untersteht heute dem Bundesinnenministerium. Von ihr werden die Wochenzeitung »Das Parlament« und Informationen zur politischen Bildung herausgegeben. Die Bundesländer unterhalten mit den Landeszentralen für politische Bildung entsprechende Einrichtungen.

Bundeszwang nennt man die Maßnahmen, die die ↑ Bundesregierung mit Zustimmung des ↑ Bundesrats treffen darf, um ein Bundesland, das seinen Pflichten gegenüber dem Bund nicht nachkommt (z. B. die Bundesgesetze nicht ordnungsgemäß ausführt), zur Erfüllung seiner Aufgaben anzuhalten (↑ Bundesaufsicht). In Frage kommt dabei u. a. die Einsetzung eines Bundeskommissars anstelle der Landesregierung. Die Landesbehörden unterstehen im Falle des B. direkt den Weisungen der Bundesregierung.

Bund-Länder-Kommission für Bildungsplanung und Forschungsförderung (BLK): Auf der Grundlage einer Grundgesetzänderung (Art. 91 b GG) im Jahre 1970 durch ein Verwaltungsabkommen zwischen Bund und Ländern ins Leben gerufene Kommission, die dem Bund, abweichend vom Prinzip der ↑ Kulturhoheit der Länder, ein Mitspracherecht in Fragen der Bildungsplanung und der Forschungsförderung eingeräumt hat. Zu den Aufgaben gehören die langfristige Rahmenplanung, mittelfristige Stufenpläne und Programme für die ↑ Bildungsplanung, deren ständige Überprüfung und Finanzierung sowie die Durchführung von Modellversuchen. Angehörige der BLK sind 16 Vertreter des Bundes und je ein Vertreter der 16 Länder. Für eine Entscheidung ist eine Mehrheit von 25 Stimmen notwendig.

Bündnis '90 entstand im Januar 1990 in der damaligen DDR als ein Wahlbündnis verschiedener friedens- und umweltpolitischer Bürgerinitiativen wie dem ↑ Neuen Forum, »Demokratie Jetzt« und der »Initiative Frieden und Menschenrechte«, die mit einer gemeinsamen Wahlplattform zu den Volkskammerwahlen vom 18. März 1990 antraten. Das B. '90 versteht sich als eine basisdemokratische Bürgerbewegung, in der sich die geistigen Urheber der Revolution in der DDR 1989 eine politische Vertretung schufen. Bei der Volkskammerwahl erreichte das B. '90 mit nur 2,9 % der Stimmen ein unerwartet schlechtes Ergebnis. Bei der gesamtdeutschen Wahl am 2. Dezember 1990 ging man mit den Grünen in den neuen Bundesländern eine Listenverbindung ein, trat selbst nur dort zur Wahl an, erzielte 6 % der Stimmen und stellt nun acht Abgeordnete im 12. Deutschen Bundestag. Im September 1991 konstituierte sich das B. '90 als gesamtdeutsche Partei.

Bündnisfall ist für die Mitgliedstaaten der ↑ NATO gegeben, wenn gegen einen oder mehrere von ihnen ein bewaffneter Angriff erfolgt (Art. 5 NATO-Vertrag). In einem solchen Fall tritt Art. 51 der UN-Satzung in Anwendung, der eine individuelle oder kollektive Selbstverteidigung erlaubt. Jeder Mitgliedstaat kann dabei über die Maßnahmen, mit denen er zur Wiederherstellung der Sicherheit des NATO-Gebietes beitragen will, selbst entscheiden.

bündnisfreie Staaten ↑ blockfreie Staaten.

Bürger: Seit dem Mittelalter Bezeichnung für den Einwohner einer Stadt mit vollem Bürgerrecht. Das Bürgerrecht stand ursprünglich nur städtischen Grundbesitzern zu und berechtigte zur Ausübung eines städtischen Gewerbes, des Handels und politischer Funktionen in der Gemeinde. Aus dieser ursprünglichen Bedeutung entwickelten sich die Bezeichnung für eine (ökonomisch definierte) ↑ Klasse (bourgeois) und der moderne Begriff des Staatsbürgers (citoyen).

Bürgerbeauftragter: In Rheinland-Pfalz seit 1974 und seit 1988 auch in Schleswig-Holstein als Hilfsorgan des Landtags zur Untersuchung von Mißständen in der Verwaltung tätig. Jeder Bürger kann sich mit Beschwerden an ihn wenden (↑ auch Ombudsman).

Bürgerbegehren: In Baden-Württemberg eine Volksabstimmung, durch die entweder eine Gemeindevertretung (Gemeinde- oder Stadtrat) zur Behandlung einer Frage gezwungen oder diese einem ↑ Bürgerentscheid zugeführt wird. In Hessen ist

B. die Bezeichnung für Anträge an eine Gemeindevertretung, über eine bestimmte kommunalpolitische Frage zu beraten und zu entscheiden. In den fünf neuen Bundesländern machte das Kommunalverfassungsgesetz vom 17. Mai 1990 B. ebenso möglich wie Bürgeranträge und Bürgerentscheide.

Bürgerentscheid: Eine verbindliche Entscheidung durch Volksabstimmung auf Gemeindeebene, z. B. in Baden-Württemberg. Der B. hat die Wirkung eines endgültigen Beschlusses des Gemeinderats. − ↑ auch Bürgerbegehren.

Bürgerinitiativen sind die seit Anfang der 1970er Jahre verstärkt auftretenden, relativ locker gefügten Organisationen, in denen sich Bürger spontan zusammenschließen, um aufgrund von konkreten Anlässen in ihrer politischen und sozialen Umwelt Selbsthilfe zu organisieren und/oder auf kommunaler oder überörtlicher Ebene Einfluß auf die öffentliche Meinung, kommunale und staatliche Einrichtungen, Parteien und andere gesellschaftliche Gruppierungen auszuüben. Die meisten B. setzen sich für bessere Umweltbedingungen ein, gefolgt von B. für Kindergärten und Spielplätze, Aktionen gegen Verkehrsplanungen und für ein besseres Bildungswesen. Da sich die meisten der auf 3 000–5 000 geschätzten B. auf sachlich und sozial eng begrenzte Probleme konzentrieren, werden sie auch als sog. »Ein-Punkt-Organisationen« bezeichnet. Dadurch unterscheiden sie sich von Parteien, die mit einem breiten politischen Programm über Wahlen direkt politische Macht erobern wollen, und von Interessenverbänden, die mit Hilfe eines organisatorischen Unterbaus kontinuierlich die Interessen einer relativ klar abgegrenzten sozialen Gruppe vertreten. Verschiedenen B. ist es gelungen, sich eine stabilere Organisationsform zu geben, z. B. der 1972 gegründete »Bundesverband der Bürgerinitiativen Umweltschutz − BBU«, so daß sie in dieser Hinsicht interessenverbandsähnlich geworden sind. Im BBU sind 350 B. offiziell Mitglieder. Etwa 1000 B. werden durch ihn betreut.

Die Gründe für das Entstehen dieses »dritten Systems der Bedürfnis- und Interessenäußerung« neben den Verbänden und Parteien sind vielfältig. Einerseits sind es die Probleme des wirtschaftlichen Wachstums mit seinen Umweltbelastungen, die bisher von den Interessenverbänden kaum aufgegriffen wurden, andererseits sind sie auch auf ein Versagen von politischen Planern in Parteien und Verwaltungen zurückzuführen. In den Augen vieler Bürger lassen diese Planer sich zu stark von scheinbar technologischen Sachzwängen leiten und vernachlässigen dabei bestimmte Bedürfnisse der Bevölkerung. Darüber hinaus spiegelt sich in vielen B. das Gefühl der Ohnmacht wider, das die Betroffenen aufgrund der in der Stille der Amtsstuben vorbereiteten Planungen empfinden. Sicher hat auch die ↑ außerparlamentarische Opposition (APO) eine stärkere Bereitschaft erzeugt, als Bürger aktiv zu sein. Die B. bieten in der repräsentativen Demokratie eine breite Möglichkeit für Bürger, an den sie betreffenden Entscheidungen z. B. der Stadt- und Verkehrsplanung teilzunehmen (»Betroffenenpartizipation«).

Bürgerkrieg: Bewaffnete Auseinandersetzung verschiedener Gruppen innerhalb eines Staates mit dem Ziel, die Regierungsgewalt in diesem Staat zu erringen.

bürgerliche Gesellschaft: Ursprünglich Bezeichnung für die in einem politischen Gemeinwesen zusammengefaßte Gesellschaft (»societas civilis« von lateinisch civis, »der Bürger«). Seit dem ausgehenden 18. Jahrhundert meint b. G. die staatsfreie (wirtschaftliche und kulturelle) Sphäre (»Gesellschaft« im Gegensatz zum »Staat«) und wird damit zum Ausdruck für das Streben des ↑ Bürgertums nach Befreiung von staatlicher Bevormundung. Die neue b. G. beruht auf Rechtsgleichheit und persönlicher Freiheit aller Staatsbürger (citoyens).

In der Theorie des ↑ Marxismus ist die b. G. eine historische Gesellschaftsform der Herrschaft des Bürgertums (der ↑ Bourgeoisie), die die feudale Gesellschaft (Herrschaft des Adels) ablöste und die selbst durch eine sozialistische Gesellschaft überwunden wird.

Bürgerliches Gesetzbuch (BGB): Das seit dem 1. Januar 1900 in Deutschland geltende Gesetzeswerk, in dem der größte Teil des allgemeinen Privatrechts geregelt ist. Das BGB gliedert sich in 5 Bücher: 1.

Der allgemeine Teil enthält die grundsätzlichen, für alle privatrechtlichen Rechtsverhältnisse geltenden Regeln (z. B. Rechts- und Geschäftsfähigkeit, Verträge, Vertretung, Verjährung). 2. Das Recht der Schuldverhältnisse regelt die Rechtsbeziehungen zwischen Gläubigern und Schuldnern, und zwar in allgemeinen und besonderen Vorschriften, die sich mit einzelnen Arten von Schuldverhältnissen wie Kauf, Miete, Gesellschaft befassen. 3. Das Sachenrecht behandelt Besitz, Eigentum und andere Rechte an Sachen. 4. Das Familienrecht ordnet die persönlichen und vermögensrechtlichen Beziehungen zwischen Ehegatten, Eltern und Kindern und Verwandten sowie das Vormundschaftsrecht. 5. Das Erbrecht schließlich regelt den Vermögensübergang im Todesfall. In seiner ursprünglichen Version spiegelt das BGB die geistigen, sozialen und politischen Verhältnisse des 19. Jahrhunderts wider; es war geprägt vom Leitbild eines liberalen Unternehmertums, bewahrte daneben aber auch konservative, patriarchalische und autoritäre Züge, so im früheren Familienrecht. Elemente eines sozialen Ausgleichs waren ursprünglich nur vereinzelt anzutreffen, konnten aber über die Generalklauseln (z. B. von Treu und Glauben und den guten Sitten) in die spätere Rechtspraxis eingehen. Wichtige Teile z. B. des † Mietrechts sind heute außerhalb des BGB geregelt.

Bürgermeister: Vorsitzender des Gemeinde-(Stadt-)rats oder Magistrats. In Baden-Württemberg und Bayern ist er zugleich Leiter der Gemeindeverwaltung. In den Stadtstaaten Berlin *(Regierender B.),* Hamburg *(Erster B.)* und Bremen entspricht seine Stellung der eines † Ministerpräsidenten in den anderen Bundesländern.

Bürgerrechte sind im Unterschied zu den † Menschenrechten die Rechte, die dem einzelnen als Angehörigen einer Gemeinde oder eines Staates zustehen und die meist verfassungsmäßig festgelegt sind (z. B. † Versammlungs-, † Berufsfreiheit, † Freizügigkeit, Nichtausbürgerung und -auslieferung, staatlicher Schutz im In- und Ausland, † aktives und † passives Wahlrecht). Die B. sind an die † Staatsangehörigkeit gebunden.

Bürgerschaft:
◊ Gesamtheit aller Bürger eines politischen Gemeinwesens.
◊ Bezeichnung für die Parlamente der Stadtstaaten Bremen und Hamburg.
Bürgschaft: Durch einen Bürgschaftsvertrag verpflichtet sich der Bürge gegenüber dem Gläubiger eines Dritten (Hauptschuldner), für die Erfüllung der Verbindlichkeit des Dritten einzustehen.
Bürokratie [von französisch bureau »Schreibtisch, Amtszimmer«]: In wörtlicher Bedeutung »Schreibstubenherrschaft«; ein Verwaltungstyp, der sich in Europa seit Beginn der Neuzeit entwickelt hat. Die staatliche † Verwaltung wird seitdem einem besonderen (zum Teil an Universitäten und Akademien vorgebildeten) Personal anvertraut, das eine zunächst befristete, später in der Regel lebenslängliche Anstellung erhält und ein bestimmtes öffentliches Amt mit fest umrissener † Kompetenz (Zuständigkeit) versieht (sog. † Beamte). Die Ausübung dieses Amtes erfolgt mit Hilfe einer modernen (Büro-)Technik, d. h. im wesentlichen schriftlich unter Anlegung von Akten und Registraturen im »Büro« aus und unter klarer Trennung der (öffentlichen) Amtssphäre von der Privatsphäre des Beamten. Die Amtsausübung unterliegt bestimmten Regeln (Verordnungen, Gesetzen, Richtlinien), die dem »Bürokraten« vorgegeben sind und nach denen er sich zu richten und zu entscheiden hat. In dieser Regelhaftigkeit des Verfahrens ist die moderne Rationalität der B. begründet; staatliche Handlungen werden auf diese Weise gleichförmig und berechenbar sowie – die Einsichtigkeit und sachliche Angemessenheit der Regeln und Richtlinien vorausgesetzt – »vernünftig«. Typisch für die B. ist ihr durchgängiger, streng hierarchischer Aufbau in einzelnen Verwaltungszweigen, Behörden und Abteilungen. Dabei wird ein Gesamtbereich nach geographischen oder sachlichen Gesichtspunkten aufgegliedert und in kleinere Einheiten so unterteilt, daß der Leiter der jeweils größeren Einheit Vorgesetzter der Sachbearbeiter der kleineren Einheiten ist und diese seinen Weisungen unterworfen sind († Hierarchie). Auf diese Weise entsteht eine Befehlspyramide, die ein einheitliches Vorgehen auch innerhalb um-

fangreicher Bürokratien gewährleistet, zumal dem Befehlsverhältnis auch ein Aufsichtsverhältnis entspricht, das sich der von den Maßnahmen der B. betroffene Bürger zunutze machen kann, indem er beim Vorgesetzten ↑ Beschwerde einlegt. Innerhalb dieses vertikal und horizontal gegliederten Gefüges gibt es ↑ Laufbahnen, in denen sich der einzelne »Bürokrat« nach Dienstalter oder Leistung eine höhere (und besser bezahlte) Position erdienen kann. Während früher viele Positionen in der B. kollegial besetzt waren, wie es heute noch viele Spruchkörper bei den Gerichten sind *(Kollegialprinzip),* setzte sich im 19. Jahrhundert das *monokratische Prinzip* durch, wonach jede Position nur von einer Person besetzt wird und jeder Untergebene nur einen Vorgesetzten hat. – ↑ auch Verwaltungsaufbau.

Eingeführt wurde dieses System straff geregelter Staatstätigkeit v. a. von den absolutistischen Herrschern der frühen Neuzeit, die zur Durchsetzung ihres Willens und der von ihren Räten verfaßten Ordnungen (Polizeiverordnungen, Steuerverordnungen u. a.) gegenüber den Untertanen einen zuverlässig arbeitenden und ihnen ergebenen Apparat benötigten. Die ersten bürokratischen Apparate entstanden im Bereich der Finanzverwaltung, die für den Unterhalt der neuen stehenden Heere zu sorgen hatte. Das Ende des Absolutismus beeinträchtigte die Entwicklung der B. nicht. Zwar wurde nun die Rechtsprechung aus der übrigen Staatsverwaltung herausgenommen und der Richter von Weisungen befreit (Unabhängigkeit der Richter), auch wurden – insbesondere auf der kommunalen Ebene – Ansätze einer Bürgerselbstverwaltung geschaffen, doch im Ganzen gesehen nahm infolge der ständig anwachsenden Staatsaufgaben in der Industriegesellschaft die B. in beträchtlichem Umfang zu. Neue Fachbürokratien entstanden (z. B. Gesundheits- und Sozialverwaltung). Neben der staatlichen B. bauten auch andere Großorganisationen (Unternehmen, Verbände, Parteien) eigene bürokratische Apparate auf. Der Staatsbürokratie mit ihren Beamten (seit Ende des 19. Jahrhunderts in vermehrtem Maße auch Angestellte des ↑ öffentlichen Dienstes) traten vielfältige Privatbürokra-

tien mit ihren Funktionären zur Seite. Diese allgemeine Bürokratisierung des öffentlichen Lebens wurde von den verschiedensten politischen Richtungen als eine die Freiheit des einzelnen gefährdende Entwicklung bekämpft. Es wurden der B. mangelnde Flexibilität und Wirtschaftlichkeit, Formalismus und Förderung des Untertanengeistes vorgeworfen, ohne daß es jedoch gelang, den bürokratischen Apparat durch eine neue Form der Verwaltung zu ersetzen. Die Auswechslung des Gesetzgebers (demokratisch gewählte Parlamente statt des absoluten Monarchen) hatte zwar zur Folge, daß die B. einen neuen »Herrn« erhielt und neue Regeln, nach denen sie zu arbeiten hat. Auf ihren Sachverstand sowohl bei der Ausführung der Gesetze als auch bei deren Formulierung und inhaltlichen Gestaltung konnte jedoch bisher nicht verzichtet werden. Auch politische Richtungen, die in entschiedener Weise gegen »Staat« und »Bürokratie« als Herrschaftsinstrumente auftraten, wie z. B. der ↑ Kommunismus, haben dort, wo sie selbst zur Macht gekommen sind, die B. nicht beseitigt, sondern sie aufgrund der Erfordernisse der staatlichen Planwirtschaft (↑ Zentralverwaltungswirtschaft) im ↑ Sozialismus in einem ungeahnten Umfang neu aufgebaut und erweitert.

Bürokratisierung: Der historische Vorgang der Durchsetzung der ↑ Bürokratie als Organisationsform im politischen und privaten Bereich (Unternehmen, Verbände); auch die konkrete Einführung der Bürokratie zur Regelung von Arbeitsabläufen in Organisationen.

Bußgeld ist das Mittel zur Ahndung einer ↑ Ordnungswidrigkeit, wenn ↑ Verwarnung nicht genügt. Den Bußgeldbescheid erläßt die Verwaltungsbehörde. Ein ↑ Einspruch dagegen führt zum Gerichtsverfahren. Das bei Verkehrsverstößen in der Regel fällig werdende B. ist in der Bußgeldkatalog-Verordnung vom 4. Juli 1989 (Fassung vom 20. Okt. 1991) aufgelistet.

C

Camp-David-Abkommen: Nach dem 4. arabisch-israelischen Krieg von 1973 (Yom-Kippur-Krieg) war der Besuch des ägyptischen Staatschefs Anwar As Sadat in Israel Auftakt zu israelisch-ägyptischen Verhandlungen, die, unter Einschaltung der USA, am 26. März 1979 mit einem Friedensvertrag abgeschlossen wurden. Israel zog sich danach aus der seit 1967 besetzten Sinaihalbinsel zurück. Der entscheidende Durchbruch bei den Verhandlungen wurde auf dem Landsitz des amerikanischen Präsidenten in Camp David (Maryland) erzielt.

CDU ↑ Christlich-Demokratische Union.

CENTO [Abk. für englisch **Cen**tral **T**reaty **O**rganization »Zentrale Vertragsorganisation«]: Bezeichnung für das 1955 zwischen dem Irak, Iran, Pakistan, der Türkei und Großbritannien unter dem Namen Bagdadpakt geschlossene Militär- und Wirtschaftsbündnis, das nach dem Austritt des Irak 1959 in CENTO umbenannt wurde. Das Bündnis diente als Bindeglied zwischen ↑ NATO und ↑ SEATO. Nach dem Umsturz im Iran löste sich das Bündnis im September 1979 auf.

Chancengleichheit: Weitgehend gleiche Ausgangsbedingungen und Möglichkeiten für alle Menschen beim Zugang zu den vorhandenen Bildungseinrichtungen und bei Bewerbungen um Berufspositionen. Bei allgemeinen Wahlen in Bund, Ländern und Gemeinden gehört die Ch. der Parteien und Einzelbewerber zu den wichtigen Voraussetzungen im ↑ Wahlkampf. – ↑ auch Gleichheit.

Charta: Im ↑ Völkerrecht urkundlich festgehaltene Vereinbarung zwischen mehreren Staaten, durch die die Grundlage einer künftigen Ordnung gelegt wird (z. B. Atlantikcharta von 1941).

Chauvinismus [französisch]: Bezeichnung für extremen und blinden Nationalismus. Benannt nach dem prahlerischen Rekruten Chauvin in dem Lustspiel »La cocarde tricolore« der Brüder Cogniard.

Charta 77: Am 1. Januar 1977 in der ČSSR gegründete Bürgerrechtsgruppe, die sich für die Respektierung der Menschenrechte in ihrem Land und in aller Welt einsetzte. Eine wichtige Rolle innerhalb der Ch. 77 spielte der ehemalige Dissident, Schriftsteller und jetzige Präsident der ČSFR, Vaclav Havel.

Charta von Paris: Mit der durch die 34 Teilnehmerstaaten der KSZE in Paris am 21. November 1990 unterzeichneten Charta soll eine neue europäische Friedensordnung geschaffen werden; die europäische Teilung wurde für beendet erklärt. Alle Unterzeichnerstaaten – die europäischen Länder sowie die USA und Kanada – bekennen sich zu den Menschenrechten und den Grundfreiheiten, zu einer auf regelmäßigen, freien und gerechten Wahlen basierenden demokratischen Regierung, zu Rechtsstaatlichkeit, politischem Pluralismus und zur Marktwirtschaft. Die Herstellung der staatlichen Einheit Deutschlands wird als ein »bedeutsamer Beitrag zu einer dauerhaften und gerechten Friedensordnung für ein geeintes demokratisches Europa« gewürdigt. Mit der Ch. v. P. wurde zugleich der KSZE-Prozeß durch die Einrichtung eines Rates der Außenminister, eines Ausschusses Hoher Beamter und eines Sekretariats in Prag institutionalisiert.

Christlich-Demokratische Union (CDU): Nach dem 2. Weltkrieg als Sammlungsbewegung ehemaliger Politiker des Zentrums, nationalkonservativer Parteien und christlicher Gewerkschafter entstandene Partei. Das Ahlener Programm der CDU vom Februar 1947 stellte soziale Fragen in den Vordergrund und forderte die Vergesellschaftung von Schlüsselindustrien. Nachdem die CDU 1947 die Führung im Wirtschaftsrat der Bizone gewonnen hatte, setzte sich unter K. Adenauer und unter dem Einfluß L. Erhards eine Politik der Wiederbelebung der privaten Wirtschaft in einem mit den westlichen Siegermächten verbundenen unabhängigen deutschen Staat durch. Nachdem die ersten Bundestagswahlen 1949 die CDU zusammen mit der CSU zur stärksten politischen Kraft hatten werden lassen (31 %; in der Bundestagswahl 1957 sogar absolute Mehrheit mit 50,2 % der abgegebenen Stimmen), regierte die CDU/CSU als gemeinsame Fraktion ununterbrochen von 1949 bis 1969 in der Koalition mit kleineren Parteien (FDP, DP bzw. seit 1966 mit der SPD) unter den Kanzlern K. Adenauer, L. Erhard und K. G. Kiesinger. In der Regierungszeit Adenauers vollzog sich auf außenpolitischem Gebiet die Aussöhnung mit Frankreich, die Wiedererlangung der Souveränität (↑ Deutschlandvertrag) und der Eintritt in das westliche Verteidigungsbündnis der ↑ NATO. Wirtschaftspolitisch machte die ↑ soziale Marktwirtschaft die BR Deutschland zu einem der mächtigsten Wirtschaftsstaaten der Welt mit einem hohen Lebensstandard der Bevölkerung. Nach der Ablösung der CDU von der Regierungsverantwortung begann innenpolitisch eine stärkere Auseinandersetzung um die zukünftige soziale und wirtschaftliche Gestaltung der BR Deutschland. Im Zeichen der Kritik am »Wirtschaftswunderstaat« und den etablierten Machtstrukturen wurde die CDU von einem Teil der Bevölkerung als konservative Partei abgelehnt, die den Forderungen nach stärkerer sozialer Gleichheit, nach Demokratisierung und Mitbestimmung in allen Bereichen der Gesellschaft entgegenstehe. Demgegenüber befürchtete die CDU eine Entwicklung zu einem sozialen Wohlfahrtsstaat, bei dem ein staatliches Verteilungssystem an Stelle einer individuellen, auf freie Entfaltung angelegten Bewährung des einzelnen tritt. Sie trat daher weiterhin ein für den Wettbewerb als entscheidendes Lenkungsinstrument, für den Mittelstand und die Vermögensbildung der Arbeitnehmer, die jedem gleiche Zugangschancen zum Privateigentum eröffnen soll. Festgehalten wird auch an Ehe und Familie als unantastbaren Prinzipien jeder innerstaatlichen Ordnung. In der Deutschlandpolitik wandte sich die CDU gegen eine Aufwertung der DDR durch Abschluß des ↑ Grundlagenvertrags, weil nicht zugleich eine Garantie für menschliche Erleichterungen innerhalb der DDR zu erhalten war. Die CDU war der Auffassung, daß die seit Mitte der 1970er Jahre zu beobachtende Arbeitslosigkeit und Inflation vorwiegend durch die Wirtschaftspolitik der seit 1969 regierenden sozialliberalen Koalition verursacht wurde. Seit 1982 teilt sie unter Bundeskanzler H. Kohl wieder

die Regierungsverantwortung mit CSU und FDP (sog. »Wende«). Nach dem Zusammenschluß mit der CDU-Ost der ehemaligen DDR (1990), besitzt die CDU zur Zeit über 800 000 Mitglieder.

christliche Soziallehre: Durch Aufklärung, Säkularisierung und Industrialisierung (↑ soziale Frage) herausgefordert, bemühten sich die christlichen Kirchen verstärkt, mit einer eigenen Lehre von der Gesellschaft und ihren »Institutionen« wie Familie, Staat und Wirtschaft hervorzutreten. In Auseinandersetzung mit den Vorstellungen des ↑ Liberalismus, ↑ Konservativismus und ↑ Sozialismus paßten die christlichen Kirchen ihre Theorie und Praxis des sozialen Handelns der veränderten Situation an.
Die *katholische S.* erhielt in der Enzyklika Leos XIII. »Rerum novarum« (1891) eine erste verbindliche Grundlage und wurde durch die katholische Sozialethik, die Enzyklika Pius' XI. »Quadragesimo anno« (1931) und die lehramtlichen Darlegungen Pius' XII. fortentwickelt. Wurde bis dahin unter Betonung der sozialen Verantwortung des Christen die Grundfrage des Eigentums und der Güterverteilung mit »Gerechtigkeit« und »Privateigentum« beantwortet, so bereitete sich unter Johannes XXIII. und seinen Enzykliken »Mater et Magistra« (1961) und »Pacem in terris« (1963) eine Veränderung vor, die im Zweiten Vatikanischen Konzil offen zutage trat. Heute versteht man unter sozialer Gerechtigkeit eine soziale Gleichheit und nimmt unter Berufung auf Thomas von Aquin naturrechtliche Begründungen in die katholische S. auf. Vorstellungen von Sozialpflichtigkeit des Privateigentums, Umverteilung von Einkommen und Vermögen, Mitbestimmung und anderen sozialen Veränderungen am kapitalistischen Gesellschaftssystem sind damit in die katholische S. eingegangen wie die einer Korrektur an der ungerechten Verteilung des Reichtums zwischen Industrie- und Entwicklungsländern.
Weil den evangelischen Kirchen eine vergleichbare allgemeinverbindliche Organisation, Ethik und Dogmatik fehlen, bestehen in der *evangelischen S.* seit dem 19. Jahrhundert unterschiedliche Tendenzen. Die Überwindung geschichtlich be-

dingter Anschauungen, die im lutherischen Patriarchalismus und im Landeskirchentum begründet waren, und die Anpassung der evangelischen S. an die Verhältnisse des industriellen Zeitalters zeigen sich in einer modernen Interpretation der im Evangelium (v. a. der Bergpredigt) enthaltenen sozialen Aussagen. In Fragen der sozialen Praxis bestehen weitgehende Übereinstimmungen mit der katholischen Soziallehre. Allerdings ist man aufgrund der unterschiedlichen Erlösungslehre und der evangelischen These, daß Christus nur Erlöser und nicht Gesetzgeber sei, mit der Aufnahme naturrechtlichen Gedankenguts und damit einer verbindlichen Theorie der diesseitigen Gesellschaft vorsichtiger.

Christlich-Soziale Union (CSU): Als christliche Partei 1945/46 in Bayern gegründet, bildet die CSU seit dem Zusammentritt des ersten Deutschen Bundestags eine Fraktion mit der CDU. Innen- und außenpolitisch besteht eine weitgehende Übereinstimmung mit den Grundsätzen der CDU. Das Grundsatzprogramm der CSU betont jedoch stärker als das der CDU christliche und konservative Züge. Das politische Handeln der CSU geht von der Grundlage der christlichen Bestimmung und Deutung des Menschen aus. Hervorgehoben wird die Notwendigkeit menschenwürdiger Lebensbedingungen und die Bindung an sittliche und religiöse Werte in einem immer programmierbarer werdenden Leben. Eine totale Technisierung des Lebens, die auf den einzelnen und seine Freiheit keine Rücksicht nimmt, wird abgelehnt. Die CSU versteht sich als Partei, die die Rechte und Interessen des einzelnen und der sozialen Gruppen in einem Prozeß der Veränderung wirksam zur Geltung bringen will. Wirtschaftspolitisch fördert die CSU den gewerblichen Mittelstand und die Landwirtschaft auf der Basis der † sozialen Marktwirtschaft. Trotz ihres weitgespannten politischen Auftrags, der in »Bayern, Deutschland und Europa« zu erfüllen ist, hat sich die CSU bisher auf Bayern beschränkt. Mit einer Ausnahme hat die CSU, teilweise mit einem Stimmenanteil von über 60 %, die bayerische Regierung gestellt. Die besondere Verbindung mit Bayern schlägt sich auch in der Be-

rücksichtigung bayerischer Belange unter Betonung des föderativen Aufbaus der BR Deutschland und der Eigenständigkeit Bayerns nieder, die einer Tendenz zum Zentralismus entgegengestellt werden. Im Anschluß an die Bundestagswahl 1976, bei der es der CDU/CSU nicht gelang, die Mehrheit der sozialliberalen Koalition zu brechen, wuchs in der CSU die Neigung, sich als bundesweite vierte Partei zu organisieren (Beschlüsse von Kreuth) und politisch eine stärkere Abgrenzung zur CDU vorzunehmen. Bei der Bundestagswahl 1980 stellte sie mit Franz Josef Strauß einen eigenen Kanzlerkandidaten; seit 1982 nimmt sie wieder an der Regierung in Bonn teil. 1990 hatte die CSU über 180 000 Mitglieder.

CIA (Abk. für Central Intelligence Agency): Zentralamt des amerikanischen Geheim- und Nachrichtendienstes; 1947 gegründet.

COMECON † Rat für gegenseitige Wirtschaftshilfe.

Common Law [englisch »gemeines Recht«]: Das in England entwickelte und später in vielen Ländern aufgenommene gemeine Recht im Unterschied zum Civil Law, d. h. den aus dem römischen Recht abgeleiteten Rechtsordnungen auf dem europäischen Kontinent. Außerdem Bezeichnung für das von den Gerichten geschaffene Fallrecht (Case Law) im Gegensatz zum Gesetzesrecht. Im weiteren Sinne versteht man darunter das gesamte englische Recht.

Commonwealth [englisch »öffentliches Wohl, Gemeinwesen«]: Englische Bezeichnung für eine Staatengemeinschaft. Die Reichskonferenz von 1926 schuf das »British Commonwealth of Nations«, wobei Lord Balfour die klassische Formel für den neuen Zustand fand, demzufolge die † Dominions Irland, Kanada, Neufundland, Australien, Südafrikanische Union und Neuseeland »autonome Gemeinschaften innerhalb des britischen Empire, gleich im Status, in keiner Weise einander in inneren und äußeren Angelegenheiten untergeordnet, obwohl durch eine gemeinsame Bindung an die Krone vereinigt und als Mitglieder des British Commonwealth of Nations frei assoziiert« seien. Das eigentliche C. umfaßt heute noch neben Großbritannien und Nordirland über 40 selbständige Mitglieder, die zum Teil die britische Königin als Oberhaupt anerkennen. Eigenständige Hoheitsorgane besitzt das C. nicht mehr; die nach Bedarf zusammentretenden Commonwealth-Konferenzen der Regierungschefs der Mitgliedsstaaten oder ihrer Vertreter unter Vorsitz des britischen Premierministers dienen der Beratung, dem Meinungsaustausch und gemeinsamen Beschlüssen. Innerhalb der Weltgegensätze von heute stellt das C. keinen maßgebenden Machtfaktor mehr dar; die verhältnismäßig lose Gemeinschaft versteht sich mehr als moralische Größe, deren ausgleichende Funktion allerdings noch beachtlich ist.

Computer ↑ elektronische Datenverarbeitung.

CSU ↑ Christlich-Soziale Union.

D

DAG: Abk. für Deutsche Angestelltengewerkschaft, ↑ Gewerkschaften.

Daseinsvorsorge: Von dem Staatsrechtler E. Forsthoff geprägter Begriff, mit dem bestimmte öffentliche Verwaltungsaufgaben erfaßt werden, ausgehend von der Überlegung, daß die Existenz des einzelnen in immer stärkerem Maße von staatlichen Leistungen abhängig wird. Der D. werden alle Leistungen der Verwaltung an die Bürger zugerechnet, wobei es keinen Unterschied macht, ob diese Leistungen lebensnotwendig sind oder nicht. So ist der Bürger einerseits auf bestimmte Leistungen wie Wasser, Gas, Strom und Verkehrsmittel angewiesen, wobei ihm zumeist keine Wahl bleibt, ob er sie annehmen will oder nicht. Andererseits steht es in seinem Belieben, ob er das Stadttheater, Volksbildungsinstitute u. a. benutzen will. Die Aufgaben kommunaler D. werden in öffentlich-rechtlicher oder privat-rechtlicher Form durch rechtlich unselbständige (↑ Regiebetriebe) oder selbständige Anstalten (AG oder GmbH) durchgeführt.

Datenbank: Einrichtung zur zentralen Speicherung großer Datenbestände auf Computerbasis (↑ elektronische Datenverarbeitung = EDV).

Datenschutz: Das aus dem Schutz der Persönlichkeit folgende Verbot, gespeicherte personenbezogene Daten − d. h. Einzelangaben über persönliche und sachliche Verhältnisse − zu mißbrauchen. Die Möglichkeiten der Erfassung, Auswertung und Weitergabe von ↑ Informationen durch moderne ↑ Datenbanken erfordern technische, organisatorische und rechtliche Datenschutzmethoden zum Schutz der ↑ Privatsphäre (Art. 1 und 2 GG). Der Grundsatz der Zweckbindung der ermittelten Angaben sowie die Möglichkeit, Informationsansprüche abzuwehren, muß gewährleistet sein. Dementgegen steht die Notwendigkeit für Verwaltungen, Daten zu sammeln (z. B. im medizinischen Bereich, bei der Verbrechensbekämpfung). Seit 1. Januar 1978 gibt das Bundesgesetz für D. dem Bürger das Recht, seine Daten bei Behörden und Privaten einzusehen, bei Fehlerhaftigkeit korrigieren, bei Zweifeln an ihrer Richtigkeit sperren und bei unzulässiger oder nicht notwendiger Speicherung löschen zu lassen. Grundlegend ist hierfür das Urteil des Bundesverfassungsgerichts vom 15. Dezember 1983 zur ↑ Volkszählung: Freie Entfaltung der Persönlichkeit setzt unter modernen Bedingungen der Datenverarbeitung den Schutz des einzelnen gegen unbegrenzte Erhebung, Speicherung, Verwendung und Weitergabe seiner persönlichen Daten voraus. Durch die Grundrechte ist die Befugnis des einzelnen gewährleistet, selbst über die Preisgabe und Verwendung seiner persönlichen Daten zu bestimmen. Dieses »*informelle Selbstbestimmungsrecht*« ist allerdings nicht schrankenlos; im Rahmen der sozialen Gemeinschaft sind bestimmte Daten nicht ausschließlich dem Betroffenen allein zugeordnet, auch wenn sie personenbezogen sind.

Datenschutzbeauftragter: Die Durchführung und Beachtung des ↑ Datenschutzes nach dem Bundesdatenschutzgesetz vom 2. Januar 1977 überwacht bei den Bundesbehörden der D., der − wie der ↑ Wehrbeauftragte − dem Bundestag jährlich Bericht zu erstatten hat. Jeder Bürger kann den D. anrufen, wenn er befürchtet, daß persönliche Daten unzulässigerweise über ihn gesammelt oder weitergegeben werden. Im nichtöffentlichen Bereich, d. h. in allen Betrieben, die z. B. persönliche Daten ihrer Mitarbeiter automatisch verwerten und dafür fünf bzw. 20 Fachkräfte beschäftigen, muß jeweils ein eigener D. eingestellt werden, der darüber wachen soll, daß mit den Daten kein Mißbrauch getrieben wird. Die Bundesländer haben eigene D. nach den entsprechenden Landesgesetzen.

DDR ↑ Deutsche Demokratische Republik.

de facto [lateinisch]: den gegebenen Tatsachen entsprechend; meist als Gegensatz zum rechtlich (↑ de jure) Geforderten verstanden.

Defensive [von lateinisch defendere »abwehren, verteidigen«]: Abwartendes Verhalten einer Seite, das sich an den Angriffen der Gegenseite orientiert und darauf reagiert (im Gegensatz zur *Offensive*). Im militärischen Bereich bezeichnet die D. die Abwehr eines gegnerischen Angriffs.

Defensivstrategie ist eine Form der politischen und militärischen Auseinandersetzung, deren Prinzip die Abwehr von Aktionen des politischen oder militärischen Gegners ist. – ↑ auch Defensive.

Defizit [von lateinisch deficit »es fehlt«] bezeichnet allgemein einen Fehlbetrag in der Kassenführung und im staatlichen Haushaltsplan die Tatsache, daß den Ausgaben keine entsprechenden Einnahmen gegenüberstehen.

Deflation [von lateinisch deflare »ab-, wegblasen«]: Sinken des Preisniveaus aufgrund eines Anwachsens der Gütermenge über die Nachfrage hinaus (Gegensatz ↑ Inflation). Folgen der D. sind Geldwertsteigerung, Produktionsrückgang und Unterbeschäftigung.

de jure [lateinisch]: dem Rechte nach, der Rechtslage entsprechend; möglicher Gegensatz ↑ de facto.

Dekolonisation ↑ Entkolonisation.

Delegation [von lateinisch delegare »übertragen«]:
◇ Im zwischenstaatlichen Verkehr Bezeichnung für eine Gruppe von diplomatischen, wirtschaftlichen u. a. Unterhändlern oder Bevollmächtigten (= Delegierte); allgemein Bezeichnung für die Vertreter eines Gremiums, z. B. einer Partei.

◇ Übertragung von Zuständigkeiten eines Staatsorgans auf ein anderes (oft nachgeordnetes) Organ.

Dekontamination ist die Beseitigung oder Verringerung radioaktiver Verunreinigungen; auch Entseuchungsmaßnahmen für durch ↑ ABC-Waffen verseuchtes Gelände oder Objekte.

Delikt ist eine unerlaubte, gesetzlich verbotene Handlung, an das die Rechtsordnung verschiedene Rechtsfolgen knüpft. Im ↑ Privatrecht führt die Begehung eines D. zur Entstehung eines Schadensersatzanspruchs des Verletzten gegen den Verletzer. Im ↑ Strafrecht zieht die Begehung eines D. (↑ Straftat) die Bestrafung nach sich. Die Verletzung von ↑ Völkerrecht durch ein ↑ Völkerrechtssubjekt (in der Regel einen Staat) wird als völkerrechtliches D. bezeichnet. Rechtsfolge dafür ist die Wiedergutmachungsverpflichtung.

Deliktsfähigkeit ist die zivilrechtliche bzw. strafrechtliche Verantwortlichkeit (↑ Strafmündigkeit) für ein rechtswidriges, schuldhaftes Verhalten (vom 7. Lebensjahr an beschränkte, vom 18. an volle Deliktsfähigkeit). – ↑ auch Rechtsfähigkeit.

Demagogie [griechisch »Volksführung«]: In Griechenland wird noch bei Aristoteles der Demagoge ohne Abwertung als Volksführer charakterisiert, der durch Worte, Taten, Geschenke u. a. den Willen des Volkes zu lenken versteht. Heute hat der Begriff D. negative Bedeutung und wird als Volksverführung verstanden, die Unkenntnis, Gefühle und Vorurteile verantwortungslos zur Herrschaftserringung bzw. -behauptung ausnützt. Der Demagoge verwendet dabei sowohl rhetorische (z. B. Abwertung des Feindes, Aufwertung des eigenen Standpunkts) wie auch eindeutig manipulierende Mittel (z. B. Lügen, Phrasen oder Hetze). In den Dienst der D. gestellte Medien verstärken die Wirkung.

Démarche [französisch »Schritt«] bezeichnet einen diplomatischen Protest, den ein Staat bei einem anderen in mündlicher oder schriftlicher Form gegen ein bestimmtes Tun erhebt.

Dementi [französisch démentir »verleugnen, in Abrede stellen«]: Im politischen und diplomatischen Bereich eine amtliche Erklärung, durch die eine von anderer Seite abgegebene oder jemandem zugeschriebene Erklärung als unrichtig bezeichnet wird.

Demission bezeichnet den freiwilligen oder erzwungenen Rücktritt einer Regierung, eines Ministers oder anderer hoher Staatsbeamten. Die D. ist bei dem Staatsorgan, das die Ernennung ausgesprochen hat, einzureichen und bedarf zu ihrer Wirksamkeit der Annahme durch dieses Organ.

Demographie (auch: Bevölkerungswissenschaft) erfaßt empirisch, meist mittels amtlicher Statistik, die Bevölkerungsgröße, Alters- und Geschlechtsverteilung, ↑ Migration, Geburten und Sterbefälle einer Gesellschaft und versucht mit ihrer Analyse, Bevölkerungsstruktur und -entwicklung zu erklären.

Demokratie [griechisch »Volksherrschaft«] bedeutete im Altertum die direkte Teilnahme an politischen Beratungen und Beschlußfassungen im Stadtstaat (polis) durch das »Volk«, im Gegensatz zur Oligarchie (= Herrschaft weniger) und Monarchie (= Herrschaft eines einzelnen). Da hierzu nur selbständige Bürger, nicht Frauen, Sklaven und bloße Mitbewohner des ↑ Staatsgebietes zugelassen waren, schätzt man die Zahl der an den Staatsgeschäften Teilnehmenden auf etwa 10 % der Gesamtbevölkerung.

Die *direkte D.* galt wegen der Voraussetzung der unmittelbaren Teilhabe an den Staatsgeschäften lange Zeit als eine nur in kleinen politischen Einheiten (z. B. Schweizer Landsgemeinden) mögliche Regierungsform. Erst im 19. Jahrhundert wurde D. auch in Großstaaten mit einer Millionenbevölkerung durch ihre Verbindung mit dem ↑ Repräsentativsystem möglich. In der *repräsentativen* oder *mittelbaren D.* beratschlagt und entscheidet das »Volk« nicht mehr selbst, sondern es wählt lediglich seine »Repräsentanten«, die anstelle der Wähler Beschlüsse fassen (↑ auch Repräsentation). Den Abgeordneten wird dabei ein freier Verhandlungs- und Entscheidungsspielraum zugestanden, der sie in die Lage setzen soll, unter Berücksichtigung des Wählerwillens, aber ohne Bindung an bestimmte Aufträge und wechselnde Wählerstimmungen, selbstverantwortlich Entscheidungen zu fällen, Kompromisse auszuhandeln und eine auf längere Dauer (Wahlperiode) stetige Politik zu verfolgen (↑ freies Mandat).

Die moderne D. beruht auf dem allgemeinen und gleichen Wahlrecht aller stimmfähigen Bürger (»one man, one vote«). Entweder wird nur das ↑ Parlament gewählt (↑ parlamentarisches Regierungssystem) oder auch der Regierungschef oder Staatspräsident (↑ Präsidialsystem). Die Verbindung mehrerer Millionen Wähler mit einigen hundert Abgeordneten im Parlament und mit der Regierung wird in der Regel über ↑ Parteien hergestellt *(Parteiendemokratie).* Die D. ist daher mit dem Wettbewerb mehrerer Parteien um die Wählerstimmen verknüpft (Parteienkonkurrenz, ↑ Pluralismus). In den Staaten des Ostblocks galt das Prinzip der Führerschaft einer Partei (↑ Volksdemokratie), soweit dort nicht das Einparteiensystem herrschte.

Repräsentativprinzip und Parteiendemokratie können zur Entfremdung zwischen den Wählern und ihren Abgeordneten sowie der Regierung führen. Aus diesem Grunde wird die repräsentative D. vielfach durch plebiszitäre Elemente ergänzt, d. h. bestimmte Fragen werden zur ↑ Volksabstimmung (Plebiszit) gestellt (↑ Volksbegehren, ↑ Volksentscheid; auch Volkswahl der Bürgermeister in einzelnen Ländern der BR Deutschland, ↑ Gemeindeverfassung). Das Problem des Plebiszites liegt darin, daß auf diese Weise nur einfache Entscheidungen (Zustimmung oder Ablehnung) gefällt werden können. Die notwendige Vereinfachung komplizierter Entscheidungslagen kann leicht zur ↑ Manipulation und Emotionalisierung der Abstimmenden mißbraucht werden. Andere Überlegungen, den Abstand zwischen Wählern und Repräsentanten zu überwinden, zielen auf eine stärkere Bindung der Abgeordneten an Aufträge (imperatives Mandat) und ihre (jederzeitige) Abberufbarkeit (↑ Recall) oder ihren Austausch (↑ Rotation). Hier werden die Abgeordneten entweder den Schwankungen des Wählerwillens ausgesetzt oder der Herrschaft ihrer Partei unterworfen, ohne daß dabei der Abstand zwischen Partei und Wählerschaft überwunden ist. In ihrer Konsequenz führen derartige Überlegungen zu einer Abschaffung der repräsentativ-parlamentarischen Parteiendemokratie (↑ Rätedemokratie).

Die D. beruht auf dem Prinzip freier ↑ Meinungsbildung (↑ Freiheitsrechte, ↑ Pressefreiheit) und der Verbindlichkeit der Mehrheitsentscheidung. Beides macht den Schutz der individuellen Freiheitssphäre und der (überstimmten) Minderheit notwendig. D. ist daher mit den Grundsätzen des ↑ Rechtstaats und der ↑ Toleranz gegenüber Andersdenkenden verbunden *(rechtsstaatliche D.).* Überstimmte Minderheiten sollen die Möglichkeit behalten, selbst zur Mehrheit zu werden. Diese Vorstellungen sind im ↑ Grundgesetz der BR Deutschland v. a. im Begriff der ↑ freiheitlichen demokratischen Grundordnung zusammengefaßt worden. Freiheit im Sinne des Grundgesetzes bedeutet aber nicht die Ermächtigung zur Abschaffung der D. auf »demokratische« Weise, sondern auch Schutz gegen Gegner der D., wie z. B. gegen Parteien oder Einzelpersonen, die gegen die Grundsätze der freiheitlichen demokratischen Grundordnung verstoßen (»streitbare D.«, Art. 18, 21 Abs. 2 GG). – ↑ auch Basisdemokratie.

Demokratischer Aufbruch (DA): Im Juni 1989 in Ost-Berlin gebildete Gruppe, vornehmlich aus oppositionellen kirchlichen Kreisen, die eine grundlegende Reform der DDR anstrebte. Nach der Abspaltung eines linken Flügels wurde der DA Mitstreiter in der »Allianz für Deutschland«. Durch Beschuldigungen gegen den Vorsitzenden W. Schnur, für die ↑ Stasi gearbeitet zu haben, in Mißkredit geraten, erreichte der DA bei den Volkskammerwahlen im März 1990 lediglich 0,9 % der Stimmen und vier Mandate. Im Sommer 1990 löste er sich wieder auf. Die meisten Mitglieder traten der CDU bei.

demokratischer Sozialismus: Der Begriff entstand 1919 nach Gründung der kommunistischen »Dritten Internationalen« (Komintern) und betont – im Unterschied zum revolutionären kommunistischen ↑ Sozialismus – den demokratischen Weg zum Sozialismus und dessen freiheitliche Ausgestaltung. Der d. S. wurde Leitbegriff des ↑ Godesberger Grundsatzprogramms (1959) der SPD. Er verbindet die

Vorstellung vom Sozialismus mit dem Bekenntnis zur parlamentarischen ↑ Demokratie, mit der Ablehnung des ↑ Kommunismus und des ↑ Totalitarismus sowie mit der Verpflichtung zu ↑ Freiheit, ↑ Gerechtigkeit und ↑ Solidarität. Gegenüber dem ↑ Marxismus wird auf die Wurzeln des d. S. in christlicher Ethik und Humanismus verwiesen.

demokratischer Zentralismus war das verbindliche Organisationsprinzip für alle kommunistischen Parteien seit seiner Aufnahme in das Parteistatut der KPdSU 1917 und der Annahme durch den 2. Kongreß der Kommunistischen Internationale (Komintern) 1920. Das demokratische Element des Prinzips beinhaltete die Wählbarkeit aller leitenden Organe von unten nach oben und deren periodische Rechenschaftspflicht vor ihren Organisationen. Das zentralistische Element zeigte sich in der Verpflichtung aller Parteimitglieder zu strengster Parteidisziplin, in der unbedingten Unterordnung der Minderheit unter die Mehrheit und der absoluten Verbindlichkeit der Beschlüsse der höheren für die unteren Parteiorgane. – In der ehemaligen DDR war der d. Z. das Prinzip, nach dem jegliche öffentliche Verwaltung von der herrschenden Partei zentral gesteuert wurde.

Demokratisierung: Erstreckung der Grundsätze der ↑ Selbstbestimmung und Mehrheitsentscheidung auch auf Teile der Verwaltung (↑ Selbstverwaltung) und gesellschaftliche Bereiche (z. B. ↑ innerparteiliche Demokratie). Häufig wird unter D. auch nur ↑ Partizipation (= Mitbestimmung nach einem bestimmten Stimmverteilungsschlüssel) verstanden (↑ Mitbestimmung in der Wirtschaft).

Demonstrationsrecht: Die Befugnis, seine Meinung durch eine Veranstaltung (Versammlung, Kundgebung, Umzug) unter freiem Himmel kundzutun; es betrifft v. a. die Kundgabe politischer Ansichten. Als liberales ↑ Grundrecht ist das D. seit den ersten Kodifikationen der ↑ Menschen- und ↑ Bürgerrechte in den Verfassungen zahlreicher Staaten enthalten; es ist auch Bestandteil der Menschenrechtsdeklaration der ↑ UN. In der BR Deutschland gibt Art. 8 Abs. 1 GG allen Deutschen das Grundrecht, sich ohne Anmel dung oder Erlaubnis friedlich und ohne Waffen zu versammeln. Das GG stellt damit die öffentlichen und privaten Zusammenkünfte von mindestens drei Staatsbürgern zum Zwecke der Information, Diskussion und Propaganda, d. h. der Meinungs- und Willensbildung, unter den besonderen Schutz vor Verboten, Behinderungen oder Auflösungen durch Träger ↑ öffentlicher Gewalt. Das D. wird verwirkt, wenn es zum Kampf gegen die ↑ freiheitliche demokratische Grundordnung mißbraucht wird (Art. 18 GG).

Demoskopie ↑ Meinungsforschung.

Denkmalschutz: Die Abwehr von Beschädigungen und Gefahren für ein Kulturdenkmal; im weiteren Sinne der *Denkmalpflege* alle der Erhaltung bzw. Wiederherstellung eines Denkmals dienenden Maßnahmen. Gesetzliche Regelungen zum Schutz und zur Pflege von Kulturdenkmälern werden in der BR Deutschland von den Bundesländern getroffen. Der D. hat an Bedeutung gewonnen, da viele Kunstwerke in den letzten Jahrzehnten einer zunehmenden Gefährdung durch städtebauliche Sanierungen, Industrialisierung und Umweltverschmutzung ausgesetzt sind. Der Schutzanspruch kann sich sowohl gegen den Staat richten als auch gegen den einzelnen, z. B. als Erhaltungs- und Veränderungsgebot gegenüber einem privaten Eigentümer. Auch durch Umorientierung der ↑ Stadtentwicklungspolitik hat der D. eine beträchtliche Aufwertung erfahren. Erhaltung und Umnutzung von Baudenkmälern für öffentliche Zwecke sind Teile einer erhaltenden Stadterneuerung, Wohnumfeldverbesserung sowie umfassenden Standortaufwertung in den einzelnen Gemeinden geworden.

Dependencia: In Auseinandersetzung mit der ↑ Modernisierungstheorie entstandene Theorierichtung in der Entwicklungsländerforschung, die in den 1960er Jahren – teilweise vom ↑ Marxismus inspiriert – v. a. von lateinamerikanischen Autoren entwickelt wurde. Die weltweite Expansion des ↑ Kapitalismus hat nach Auffassung der D.-Theorie zu einer Unterentwicklung der Länder geführt, die sich in einer strukturellen Abhängigkeit (↑ Dependenz) von den Industrieländern befinden; diese läßt sich v. a. auf direkte und indirek-

te Ausbeutung der Entwicklungsländer sowie strukturelle Verflechtungen der Volkswirtschaften der Industrie- und Entwicklungsländer zurückführen. Unterentwicklung ist nach der Ansicht der D.-Theorie daher auch als ein Ergebnis der internationalen Verflechtung der Entwicklungsländer mit den Industrieländern zu verstehen.

Dependenz bezeichnet die politische, wirtschaftliche, militärische oder kulturelle Abhängigkeit eines Landes von anderen Ländern.

Deponie: Ablagerungsstätte für Abfälle. – ↑ auch Entsorgung.

Deportation [von lateinisch deportare »wegbringen«]: Strafweise Verbannung von politischen Gegnern oder von Verbrechern durch ihren eigenen Staat oder eine Besatzungsmacht in entfernt gelegene Gebiete im Machtbereich des deportierenden Staates. Als ordnungsmäßige Kriminalstrafe ist die D. völkerrechtlich zulässig. Willkürliche D. sind durch die Menschenrechtskonvention der UN verboten.

Depression: In der Wirtschaft bezeichnet D. eine Phase der ↑ Konjunktur, in der Produktion, Umsatz, Investitionen, Beschäftigungszahl und Einkommen stark zurückgehen.

Deregulierung ist der Abbau staatlicher Einflußnahme auf bestimmte Wirtschaftssektoren z. B. durch Liberalisierung oder Privatisierung. Gefahren der D. liegen im Abbau sozialer Leistungen (z. B. niedrige Mieten) oder dem Zurückführen von Sicherheitsstandards (z. B. bei der Flugsicherung).

designieren [von lateinisch designare »bezeichnen«] heißt eine Person für ein Amt schon dann bestimmen, wenn die Amtsdauer des Vorgängers noch nicht abgelaufen ist (z. B. designierter Bundespräsident).

Despotie [griechisch »Gewalt-, Willkürherrschaft«]: Regierungsform, in der allein der persönliche, unumschränkte Willen des Machthabers entscheidet.

Deutsche(r) nach dem Wortlaut des Art. 116 Abs. 1 GG sind alle diejenigen, die (1949) die deutsche Staatsangehörigkeit besaßen oder als Flüchtling oder Vertriebener deutscher Volkszugehörigkeit (auch Ehegatten und Abkömmlinge) im ↑ Deutschen Reich nach den Grenzen von

1937 Aufnahme gefunden haben. Diese Formulierung wurde 1949 gewählt, weil man bei Gründung der BR Deutschland deutschen Staatsangehörigen auch z. B. in der DDR und deutschen Volkszugehörigen, die infolge der Ereignisse des 2. Weltkriegs aus Osteuropa nach Deutschland verschlagen wurden, den staatlichen Schutz durch die BR Deutschland nicht entziehen wollte. Das ↑ Grundgesetz geht insbesondere bei der Gewährung von ↑ Grundrechten, aber auch z. B. beim Wahlrecht (§ 12 Bundeswahlgesetz) davon aus, daß diese Rechte, soweit es sich nicht überhaupt um ↑ Menschenrechte handelt, allen Deutschen im Sinne des Art. 116 Abs. 1 GG zustehen. – ↑ auch Staatsangehörigkeit.

Deutsche Angestelltengewerkschaft ↑ Gewerkschaften.

Deutsche Bundesbank: Die D. B. wurde 1957 als Nachfolgerin der Bank Deutscher Länder in Frankfurt errichtet. Die Organe der D. B. sind: der ↑ Zentralbankrat, das Direktorium und die Vorstände der Landeszentralbanken. Sie ist von der Bundesregierung unabhängig, aber verpflichtet, deren Wirtschaftspolitik zu unterstützen. Ihre Aufgabe ist, durch Regelung des Geldumlaufs (alleiniges Recht, Banknoten auszugeben) und Kreditversorgung die Stabilität der Währung zu sichern und für den Zahlungsverkehr in In- und Ausland zu sorgen. Diese Ziele werden mit verschiedenen kreditpolitischen Maßnahmen angestrebt (↑ auch Diskontsatz, ↑ Lombardsatz, ↑ Mindestreserven, ↑ Offenmarktpolitik). Die Wirksamkeit der stabilitätspolitischen Instrumente wird v. a. durch die außenwirtschaftliche Verflechtung erschwert.

Deutsche Demokratische Republik (DDR): Die DDR war ein auf dem Gebiet der Sowjetischen Besatzungszone am 7. Oktober 1949 gegründeter Teilstaat. Die Gründung erfolgte als Antwort auf die Entstehung der ↑ Bundesrepublik Deutschland. Sie war das Ergebnis der Auseinandersetzungen zwischen den Alliierten der Anti-Hitler-Koalition, die bis dahin alle Hoheitsrechte auf dem Gebiet des ehemaligen ↑ Deutschen Reiches ausübten.

Die DDR umfaßte eine Fläche von 108 333 km² mit (1989) 16,4 Mill. Einwohnern (152 E/km²). Verwaltungsmäßig war sie in 15 Bezirke aufgeteilt, die 38 Stadt- und 189 Landkreise mit insgesamt 7 565 Gemeinden umfaßten. Hauptstadt war Berlin (Ost).

Nach Art. 1 der am 8. April 1968 in Kraft getretenen zweiten Verfassung war die DDR ein »Sozialistischer Staat deutscher Nation« und als solcher »die politische Organisation der Werktätigen in Stadt und Land, die gemeinsam unter Führung der

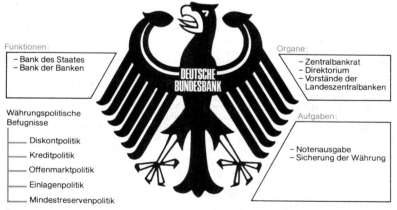

Funktionen:
- Bank des Staates
- Bank der Banken

Organe:
- Zentralbankrat
- Direktorium
- Vorstände der Landeszentralbanken

Währungspolitische Befugnisse

├── Diskontpolitik
├── Kreditpolitik
├── Offenmarktpolitik
├── Einlagenpolitik
└── Mindestreservenpolitik

Aufgaben:
- Notenausgabe
- Sicherung der Währung

Deutsche Bundesbank. Ihre Organe, Aufgaben und Funktionen

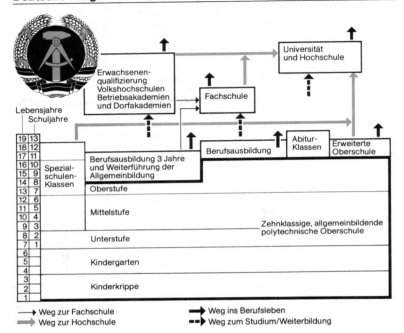

Deutsche Demokratische Republik. Bildungswege in der Deutschen Demokratischen Republik

Arbeiterklasse und ihrer marxistisch-leninistischen Partei den Sozialismus verwirklichen«. Die verfassungs- und gesetzgebende Kompetenz lag bei der Volkskammer. Die Wahlen zur Volkskammer erfolgten aufgrund einer ↑ Einheitsliste der Nationalen Front, in der alle Parteien und Massenorganisationen (wie z. B. die Gewerkschaften) zusammengeschlossen waren, die sich dem Führungsanspruch der SED untergeordnet hatten und die Ziele einer sozialistischen Gesellschaft vertraten. Die Wahlen besaßen nur eine deklamatorische, keine Auswahlfunktion. Die tatsächliche Regierungsgewalt lag bei der ↑ SED, deren Übergewicht in den Staatsorganen durch deren Zusammensetzung gesichert war. Innenpolitisch erreichte es die SED, in der DDR einen bürokratischen Überwachungsstaat (↑ Stasi) mit sozialistischer Planwirtschaft durchzusetzen. Außenpoli-

tisch kämpfte sie jahrzehntelang um ihre Anerkennung. In den 1970er Jahren gelang es der DDR, diplomatische Beziehungen zu fast allen Ländern der Welt aufzunehmen und Mitglied in den ↑ UN und anderen internationalen Organisationen zu werden. Die politischen Umwälzungen in Mittel- und Osteuropa lösten 1989 eine Flucht- und Demonstrationswelle aus, die zum Zusammenbruch des kommunistischen Regimes, zu freien demokratischen Wahlen (18. März 1990), schließlich zur Auflösung der DDR am 2. Oktober und zur ↑ Wiedervereinigung der Deutschen am 3. Oktober 1990 führten.

Deutsche Jungdemokraten (DJD): Selbständiger liberaler Jugendverband, der punktuell mit der FDP zusammenarbeitet.

Deutsche Kommunistische Partei (DKP): 1968 gegründet, um die politische

Tradition der 1956 verbotenen ↑ KPD fortzuführen. Sie blieb stets eine Splitterpartei, die bei den Bundestagswahlen 1980 und 1983 nur jeweils 0,2 % der Stimmen erhielt. Der Zusammenbruch des kommunistischen Systems in der DDR, von dem sie finanziell und ideologisch abhängig war, beraubte sie der für ihre Existenz notwendigen Unterstützung. 1987 und 1990 trat sie zu den Bundestagswahlen nicht mehr an.

Deutscher Bauernverband e. V.: 1947 durch freiwilligen Zusammenschluß gegründeter, regional und fachlich gegliederter Spitzenverband der Bauern.

Deutscher Bildungsrat: 1965 bis 1975 von Bund und Ländern eingesetztes Beratungsgremium für Bildungsfragen, das aus einer Regierungskommission (vier Vertreter der Bundesregierung, elf der Landesregierungen und drei der kommunalen Spitzenverbände) und einer Bildungskommission mit 18 Sachverständigen bestand. Der D. B. verabschiedete 1970 den »Strukturplan für das Bildungswesen«, auf dem seitdem die ↑ Bildungsplanung aufbaut.

Deutscher Entwicklungsdienst (DED): Am 24. Juni 1963 in Bonn gegründete gemeinnützige GmbH mit Sitz in Berlin, deren Gesellschafter die BR Deutschland und der Arbeitskreis »Lernen und Helfen in Übersee« sind. Der DED entsendet im Auftrag und mit Mitteln der Bundesregierung freiwillige Entwicklungshelfer in die ↑ Entwicklungsländer; Ende 1989 waren 1 585 Entwicklungshelfer in der dritten Welt tätig; der Dienst als Entwicklungshelfer kann an die Stelle des Wehr- und Zivildienstes treten. Rechte und Pflichten der vom DED entsendeten Entwicklungshelfer sind im Entwicklungshilfegesetz von 1969 geregelt.

Deutscher Gewerkschaftsbund (DGB) ↑ Gewerkschaften.

Deutscher Industrie- und Handelstag: Dachorganisation der ↑ Industrie- und Handelskammern. Aufgaben: Förderung der Zusammenarbeit der Kammern und Interessenvertretung der gewerblichen Wirtschaft.

Deutsche Soziale Union (DSU): Am 20. Januar 1990 in Leipzig durch Zusammenschluß verschiedener liberal-konservativer und christlicher Gruppierungen ge-

gründete Partei. Die DSU sieht sich als Schwesterpartei der CSU. Sie hat ihre Hochburgen vornehmlich im Süden der ehemaligen DDR. Für die Volkskammerwahlen vom 18. März 1990 ging sie ein Wahlbündnis mit der CDU und dem ↑ Demokratischen Aufbruch ein und erzielte 6,3 % der Stimmen. Bei der Bundestagswahl vom 2. Dezember 1990 wählten jedoch nur noch 0,2 % der Wahlberechtigten die Partei. 1990 zählte die DSU ungefähr 12 000 Mitglieder.

Deutsches Gemeinschaftswerk »Aufschwung Ost«: 1991 von der deutschen Bundesregierung beschlossenes wirtschaftliches Aufbauprogramm für die neuen Bundesländer, mit dem Investitionen und Schaffung von Arbeitsplätzen gefördert werden sollen. Auf zwei Jahre befristet, sieht das Gemeinschaftswerk Geldmittel in Höhe von 24 Mrd. DM vor, die je zur Hälfte vom Bund und den 11 alten Bundesländern und Gemeinden getragen werden. Gezielt gefördert werden sollen v. a. der Ausbau des ostdeutschen Verkehrswesens, kommunale Investitionen, der Wohnungs- und Städtebau sowie Arbeitsbeschaffungsmaßnahmen.

Deutsches Reich: Bezeichnung des 1871 aus den selbständigen deutschen Staaten mit Ausnahme Österreichs gegründeten Staatswesens, das am Ende des 2. Weltkriegs unter ↑ Besatzungsherrschaft geriet. Nach der von der DDR vertretenen Auffassung war das D. R. untergegangen, und es hatten sich auf seinem Boden zwei neue Staaten gebildet (Zwei-Staaten-Theorie). Nach der in der BR Deutschland herrschenden Auffassung ist die BR Deutschland juristisch mit dem D. R. identisch, wenngleich ihr Hoheitsgebiet auf das Bundesgebiet beschränkt ist. Heute nach der ↑ Wiedervereinigung dürfte es unstrittig sein, daß die BR Deutschland das D. R. fortsetzt. − Abb. S. 86.

Deutschland: Bezeichnung für eine mitteleuropäische Region und politisch-historische Einheit, die v. a. von einer deutsch sprechenden Bevölkerung gebildet wurde. Politisch entstand D. aus einer Auflösung des fränkischen Reichs und dem Zusammenschluß deutschsprachiger Stämme zu einem »regnum teutonicum« im 9. und 10. Jahrhundert. Dieses Reich bedeckte

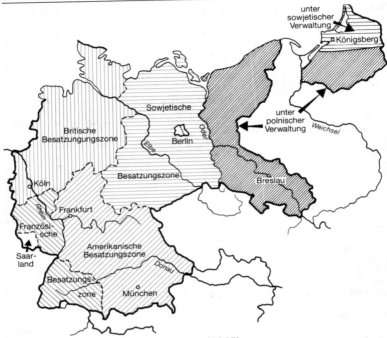

Deutsches Reich. Die vier Besatzungszonen (1945)

aber erst im Laufe seiner Geschichte das später D. genannte Gebiet. Zunächst stark nach Westen ausgedehnt unter Einschluß der Niederlande, Belgiens, Oberlothringens und des Elsaß, verlor es diese Gebiete allmählich an Frankreich bzw. durch Sezession (Niederlande, Schweiz); dagegen erstreckte es seinen Hoheitsbereich im Zuge der Ostkolonisation im Mittelalter weit über die ursprünglichen Grenzen an Elbe, Saale und Enns unter weitgehender Eindeutschung der dortigen Bevölkerung nach Osten hinaus. Seit dem 10. und 11. Jahrhundert mit Burgund und Italien unter einem deutschen König und Römischen Kaiser zu einer politischen Einheit verbunden (Imperium Romanum), macht sich schon seit Beginn der Neuzeit eine Konzentration dieses Reiches auf das deutsche Kerngebiet bemerkbar (»Heiliges Römisches Reich Deutscher Nation«). Im Gegensatz zu Frankreich führte hier al-

lerdings die politische Entwicklung nicht zu einer Zentralisierung der politischen Macht und zu einem nationalen Einheitsstaat, sondern zu einer Aufsplitterung in viele kleine und größere Territorien (Fürstentümer), deren zunächst noch weiterbestehende Verbindung unter einem Kaiser mit der Niederlegung der Kaiserkrone durch Franz II. 1806 aufgehoben wurde. An seiner Stelle bildete sich in der Folge der Befreiungskriege 1815 der »Deutsche Bund«, ein ↑ Staatenbund der deutschen souveränen Fürsten. Weitere Bestrebungen der Wiederbegründung einer staatlichen und zugleich nationalen Einheit (Revolution von 1848) scheiterten zunächst an der Frage »kleindeutsch« (unter Führung Preußens) oder »großdeutsch« (unter Einbeziehung Österreichs). Die Reichsgründung von 1871 prägte den noch heute gebräuchlichen Begriff von D. als politischer und geographischer Einheit.

Deutschlandvertrag: Durch den Vertrag über die Beziehungen zwischen der BR Deutschland und den drei Besatzungsmächten USA, Großbritannien und Frankreich vom 26. Mai 1952 wurde die rechtliche Grundlage für die Beendigung der ↑ Besatzungsherrschaft und die Wiedererlangung der ↑ Souveränität der BR Deutschland über ihre inneren und äußeren Angelegenheiten am 5. Mai 1955 gelegt. Die drei Mächte behielten sich jedoch im Vertrag ihre bisherigen »Rechte und Verantwortlichkeiten in bezug auf ↑ Berlin und auf Deutschland als Ganzes, einschließlich der Wiedervereinigung Deutschlands und einer friedensvertraglichen Regelung« vor. Diese Rechte sind erst durch den ↑ Zwei-plus-vier-Vertrag aufgehoben worden.

Devisen sind ↑ Zahlungsmittel in ausländischer Währung einschließlich der von Inländern bei ausländischen Banken unterhaltenen, auf ausländische Währung lautenden Guthaben. Ausländische Münzen und Banknoten in Händen von Inländern sind Teil der D. und werden als *Sorten* bezeichnet.

Dezentralisation: Verteilung von Aufgaben auf von einer Zentrale unabhängig arbeitende und selbständig entscheidende Einheiten, in der Staatsverwaltung z. B. auf Träger der ↑ Selbstverwaltung (z. B. ↑ Gemeinden). Die D. dient der größeren Flexibilität bei der Aufgabenerledigung. Der Zentrale bleiben meist beschränkte Aufsichtsrechte vorbehalten (↑ Staatsaufsicht).

DFF-Länderkette (Deutscher Fernseh Funk): Aus den ehemaligen Fernsehsendern DDR 1 und DDR 2 im Dezember 1990 entstandene ostdeutsche Rundfunkkette. Stellte am 31. 12. 1991 den Sendebetrieb ein, nachdem Rundfunkanstalten in Brandenburg (Ostdeutscher Rundfunk, ODR), Sachsen, Sachsen-Anhalt und Thüringen (Mitteldeutscher Rundfunk, MDR) gegründet worden waren und sich Mecklenburg-Vorpommern dem Norddeutschen Rundfunk (NDR) angeschlossen hatte.

DGB ↑ Gewerkschaften.

d'Hondtsches Höchstzahlverfahren: Die Stimmauszählung bei der Verhältniswahl kann auf verschiedene Weise

vorgenommen werden. Vielfach wird die Auszählmethode des belgischen Mathematikers Victor d'Hondt (1841–1901) angewandt. Danach werden die auf eine Partei (Liste) im Wahlgebiet entfallenden Stimmen zur Ermittlung der ihr zukommenden Sitze im Parlament fortlaufend durch 1, 2, 3 usw. geteilt. Jede Partei erhält soviel Sitze, wie sie höhere Höchstzahlen (Quotienten) als ihre Konkurrenten aufweist. Das Verfahren begünstigt Parteien mit größeren Stimmgewinnen. − ↑ auch Wahlen, ↑ Hare-Niemeyer.

Dialektik [von griechisch »Kunst der Gesprächsführung«]:

◇ In der Rhetorik bezeichnet D. die bis ins 16. Jahrhundert geübte Kunst eines knapp und scharf geführten Streitgesprächs, das u. a. durch formale Logik über Wahrheit und Falschheit einer Meinung entscheiden sollte.

◇ In der Erkenntnisphilosophie bezeichnet D. die Möglichkeit, scheinbar Widersprüchliches als dennoch wahr zu behaupten. G. W. F. Hegel sieht dabei in jedem Begriff (»Thesis«) einen entgegengesetzten, die »Antithesis«, enthalten. Die »Synthesis« (↑ Synthese) als höhere Form des Erkennens nimmt die Widersprüche in sich auf und erweist sie so als »wahr«. K. Marx und F. Engels übernehmen Hegels D., indem sie die Wechselwirkung von gesellschaftlichem »Sein« (= den Produktionsverhältnissen) und »Bewußtsein« (= dem Verständnis der Gesellschaft von sich selbst) als dialektisch bezeichnen. Engels erweitert die »subjektive D.« des Begreifens zu einer »objektiven D.« der Dinge selbst (↑ dialektischer Materialismus).

dialektischer Materialismus (Diamat): In seiner materialistischen Grundthese geht der d. M. davon aus, daß sich die vom Menschen unabhängige materielle Wirklichkeit im Bewußtsein der Menschen widerspiegele. Sie lasse sich in ihrer Totalität mittels dialektischer Methode erkennen, die man sich als ständige Bewegung von quantitativer zu qualitativer Veränderung vorstellen müsse. Jeder neue Zustand sei im Kampf der Gegensätze entstanden und vereinige diese in einer neuen Totalität. Als verbindliche Grundlehre des ↑ Marxismus-Leninismus stützt sich der d. M. auf eine Verallgemeinerung des von

F. Engels und K. Marx entwickelten ↑ historischen Materialismus und der erkenntnistheoretischen ↑ Dialektik.

Diäten: Finanzielle Entschädigung der ↑ Abgeordneten, die ursprünglich in Form von Tagegeldern ausgezahlt wurde. D. dienen als Ersatz für entgangene andere Verdienstmöglichkeiten und sollen die politische Unabhängigkeit der Abgeordneten sichern. Sie werden heute als eine Art Einkommen der Abgeordneten betrachtet und sind steuerpflichtig. In der BR Deutschland ist der Anspruch der Abgeordneten auf D. gesetzlich geregelt.

Didaktik [von griechisch didaskein »lehren«] ist die Wissenschaft vom Unterricht, seinen Voraussetzungen, Zielen, Inhalten, Verfahrensweisen und Ergebnissen. Man unterscheidet zwischen allgemeiner D. und der Fachdidaktik, die den Fachbereichen zugeordnet wird.

Diebstahl begeht derjenige, der eine fremde bewegliche Sache wegnimmt, um sie sich rechtswidrig anzueignen. Eine für die ↑ Industriegesellschaft typische Form des D. ist der Kaufhaus- und Ladendiebstahl. Als schwerer D. gilt z. B. Einbruchdiebstahl.

Diensteid: Die Treuepflicht des ↑ Beamten wird bekräftigt durch den D. mit folgendem Wortlaut: »Ich schwöre, das Grundgesetz für die Bundesrepublik Deutschland und alle in der Bundesrepublik geltenden Gesetze zu wahren und meine Amtspflichten gewissenhaft zu erfüllen, so wahr mir Gott helfe.« Die religiöse Beteuerung kann weggelassen werden. Der Eid kann von Angehörigen einer Religionsgemeinschaft, die eine Eidesleistung verbietet, auch durch eine andere Beteuerungsformel ersetzt werden. Bei Eidesverweigerung ist der Beamte zu entlassen.

Dienstleistungen sind Tätigkeiten, die die Nutzung bereits erstellter ↑ Produkte gewährleisten (materielle D.) oder unmittelbar zur Befriedigung menschlicher Bedürfnisse dienen (persönliche D.). Materielle D. sind z. B. Transportleistungen, Instandhaltungen, das Kreditwesen; persönliche D. sind z. B. die Tätigkeit des Arztes, des Friseurs, der Hausfrau. D. werden im Rahmen der ↑ volkswirtschaftlichen Gesamtrechnung dem tertiären Sektor (↑ Wirtschaftsstruktur) zugerechnet.

Dienstleistungsgesellschaft (auch: nachindustrielle Gesellschaft) bezeichnet eine gesellschaftliche Entwicklungsstufe, in der der tertiäre Sektor (↑ Wirtschaftsstruktur) innerhalb der Wirtschaft vorherrscht. Die Arbeitskräfte sind nicht mehr überwiegend in der Landwirtschaft oder in der industriellen Produktion tätig, sondern im Handel, im Bereich der Finanzen, des Transports, Gesundheitswesens, der Erholung, Forschung, Bildung und Verwaltung. Von allen bestehenden Gesellschaften entsprechen die USA am ehesten dem Idealtypus einer Dienstleistungsgesellschaft. Dort sind heute mehr als 60 % der Beschäftigten im tertiären Sektor tätig. In der BR Deutschland betrug dieser Anteil im Jahre 1989 55%.

Dienstvertrag ist ein Vertrag, in dem sich der eine Teil zur Leistung der versprochenen Dienste, der andere Teil zur Zahlung der vereinbarten Vergütung verpflichtet (§ 611 BGB). Wichtigster Fall ist der ↑ Arbeitsvertrag, der weitgehend Sonderregeln folgt (↑ Arbeitsrecht).

Diktatur: Im republikanischen Rom unbeschränkte, aber befristete Herrschaft einer Einzelperson (Diktator) zur Überwindung außerordentlicher Notsituationen. Diese Vorstellung von D. schwingt auch heute noch mit, wenn in Verfassungsstaaten einer Regierung diktatorische Vollmachten (die nicht notwendig völlig unbeschränkt sind) zur Beseitigung einer Notlage (z. B. im Krieg) übertragen werden (↑ Ausnahmezustand). Anders die moderne D.: Bei ihr handelt es sich um die grundsätzlich unbeschränkte Herrschaft eines einzelnen oder einer Partei auf Dauer. Sie ist oft mit dem Ziel einer völligen Umgestaltung der gesellschaftlichen Verhältnisse und der Anschauungen der Bürger verbunden (↑ Erziehungsdiktatur) und kennt keine Vorkehrungen gegen den Mißbrauch staatlicher Gewalt wie ↑ Gewaltenteilung oder Parteienkonkurrenz.

Diktatur des Proletariats ist nach der Lehre des ↑ Marxismus-Leninismus die Herrschaft der organisierten ↑ Arbeiterklasse in der Übergangsphase zur ↑ klassenlosen Gesellschaft.

Diplomatie: Allgemein die Bezeichnung für ↑ internationale Beziehungen oder die Außenpolitik; im engeren Sinn alle Tätigkeiten, die der Vorbereitung außenpolitischer Entscheidungen und ihrer Durchführung auf friedlichem Wege v. a. durch Vertretung in und Verhandlung mit anderen Staaten oder internationalen Organisationen dienen. Bereits in der griechischen und römischen Antike entwickelte sich ein ausgedehntes Gesandtschaftswesen, im byzantinischen Reich ein spezieller diplomatischer Dienst mit ausgefeiltem ↑ Protokoll. Italienische Stadtstaaten (z. B. Venedig) schufen im 15. Jahrhundert ständige diplomatische Vertretungen als eine der wesentlichen Voraussetzungen der modernen Diplomatie. Die D. hat im Zuge der Entwicklung der modernen Verkehrs- und Kommunikationsmittel sowie in Verbindung mit der Ausbreitung demokratischer und revolutionärer Ideen (USA, UdSSR) im 20. Jahrhundert gegenüber dem Zeitalter der klassischen D. des 17. bis 19. Jahrhunderts an Gewicht verloren. Verhandlungen werden heute zumeist unmittelbar zwischen den beteiligten Regierungen geführt, so daß den Botschaftern häufig nur noch eine »Briefträgerfunktion« zufällt.

direkte Demokratie ↑ Demokratie.

Direktmandat: Ein D. erhält z. B. bei der ↑ Bundestagswahl ein Kandidat, der die meisten (Erst-)Stimmen in einem Wahlkreis auf sich vereinigt. – ↑ auch Wahlen.

Dirigismus: Systematischer Eingriff des Staates in die Wirtschaft v. a. mit nichtmarktkonformen Lenkungsmitteln, z. B. Lohn- und Preisstopp oder Devisenbewirtschaftung.

Diskontsatz: Zinssatz, den die ↑ Deutsche Bundesbank beim Ankauf von Wechseln von der Wechselsumme abzieht. Der D. ist auch Richtschnur für den Zinssatz, den die Kreditinstitute ihren Kunden in Rechnung stellen.

Diskriminierung [von lateinisch discriminare »trennen, absondern«]: Unterscheidung, meist im negativen Sinne von Verächtlichmachung, Herabwürdigung gebraucht. D. ist eine feindselige Einstellung und Verhaltensweise gegenüber einzelnen oder Gruppen (häufig gesellschaftliche Minderheiten). Wird ein Mensch wegen seiner Rasse diskriminiert, spricht man von rassischer Diskriminierung. Für die D. eines Menschen in seiner Umwelt können unterschiedliche Besonderheiten entscheidend sein, z. B. Religion, politische Einstellung, wirtschaftliche Lage, Abstammung. Häufig werden den diskriminierten Personen Eigenschaften und Verhaltensweisen zugeschrieben, die sie in Wirklichkeit nicht besitzen. D. hängt eng zusammen mit ↑ Vorurteilen.

Dissens ist die mangelnde Einigung bei Verhandlungspartnern, entweder »offen« (den Partnern bekannt) oder »versteckt«, d. h., die Partner glauben irrtümlich, eine Einigung erzielt zu haben.

Dissident [von lateinisch dissidere »getrennt sein«]: Ursprünglich Bezeichnung für Personen, die zu keiner staatlich anerkannten Kirchengemeinschaft gehören; heute bezeichnet man mit dem Begriff D. auch jemanden, der von der offiziellen politischen Doktrin abweicht.

Distribution [von lateinisch distributio »Verteilung«]: Verteilung von ↑ Gütern, ↑ Einkommen und ↑ Vermögen unter den Mitgliedern einer Gesellschaft.

Disziplin [von lateinisch disciplina »Schule, schulische Zucht«]:
◊ Äußere Ordnung, Einordnung und Unterordnung. Zur Einhaltung der D. dienen oft sog. Disziplinierungstechniken, z. B. ↑ Strafen, ↑ Sanktionen.
◊ Wissenschaftszweig.

Disziplinarverfahren dienen der Ahndung von Dienstvergehen (z. B. Geheimnisverrat) von Beamten, Richtern und Soldaten durch Dienstvorgesetzte und besondere Disziplinargerichte. Das D. soll Integrität, Ansehen und Funktionsfähigkeit des ↑ öffentlichen Dienstes wahren. Disziplinarmaßnahmen sind u. a.: Verweis, Gehaltskürzung, Entfernung aus dem öffentlichen Dienst. Stellt ein Dienstvergehen zugleich eine strafbare Handlung dar, so kann gegen den Täter auch ein ↑ Strafprozeß mit anschließender Verhängung einer öffentlichen ↑ Strafe stattfinden. Eine verbotene Doppelbestrafung (Art. 103 Abs. 3 GG) liegt in diesem Fall nicht vor, da Disziplinarmaßnahmen keine Strafen im Sinne des ↑ Strafrechts sind.

Diversifikation: Aufnahme neuer Produkte für neue Märkte in das bestehende Sortiment. Die Produktstreuung dient der Sicherung des Wachstums und dem Risikoausgleich eines Unternehmens.

Dividende: Anteil am ausgeschütteten Reingewinn einer ↑ Aktiengesellschaft, der auf die einzelne ↑ Aktie entfällt. Die D. wird aufgrund des Jahresabschlusses von der Hauptversammlung beschlossen.

DKP ↑ Deutsche Kommunistische Partei.

Dogma [griech. »Meinung«, »Lehrsatz«]: allgemein gesprochen jeder ungeprüft hingenommene, geglaubte und evtl. hartnäckig verteidigte Grundsatz. In der Lehre der katholischen Kirche die als verbindlich erachtete Glaubensaussage, insbesondere der von der Kirche ausdrücklich als von Gott geoffenbart bekundete Glaubenssatz.

Dogmatismus: Im Bereich philosophisch-religiöser Einstellungen ein System von nicht weiter begründeten Behauptungen, im ideologischen Bereich eine an Dogmen orientierte Haltung, die ihre Aussagen nicht an der Realität überprüft. Im kommunistischen Sprachgebrauch diente der D. als ein ideologischer Kampfbegriff, mit dem die KPdSU Abweichungen vom sowjetischen ↑ Marxismus-Leninismus sowie die Beibehaltung überholter Lehren ohne Berücksichtigung der Dynamik der kommunistischen Welt aburteilte.

Doktrin [von lateinisch doctrina »Lehre«]: Lehrsatz, Lehrmeinung; im engeren Sinn politische Grundsatzerklärung (z. B. Monroe-Doktrin, ↑ Breschnew-Doktrin).

Dominion [von lateinisch dominium »Herrschaft«]: Bezeichnung für die britischen Kolonien mit autonomer Selbstregierung. Seit 1947 sind die Dominions Mitglieder des British Commonwealth of Nations.

Doppelbeschluß: Beschluß der NATO von 1979, angesichts der Aufstellung neuer Mittelstreckenraketen (SS 20) durch die Sowjetunion in Mittel- und Osteuropa ihrerseits amerikanische Raketen (Pershing 2) in Westeuropa zu stationieren und gleichzeitig, gestützt auf die Stationierungsdrohung, über einen Abbau der Mittelstreckenraketen zu verhandeln.

Doppelstrategie:

◇ Bezeichnung des politischen Vorgehens der ↑ Jungsozialisten, das auf eine Durchsetzung gesellschaftlicher Reformen einerseits über die Partei (SPD), andererseits durch eine Mobilisierung der Bevölkerung zielt.

◇ Charakteristikum der sowjetischen Außenpolitik, die ihre Ziele sowohl auf traditionelle Weise durch die Pflege bilateraler und multilateraler Beziehungen als auch mit Hilfe und durch Einflußnahme der jeweiligen nationalen kommunistischen Parteien auf die Innenpolitik des Fremdstaates zu erreichen versuchte (↑ auch fünfte Kolonne).

Dorf: Eine dauerhafte, meist ländliche Gruppensiedlung, deren Menschen vorwiegend von Ackerbau, Viehzucht oder Fischerei leben und die sich von einer Streusiedlung durch ihre Geschlossenheit abhebt. Gegenüber der Stadt unterscheidet sich das D. durch Größe, Struktur und Funktion. Die Abgrenzung ist schwer zu ziehen und von Region zu Region verschieden. Besonders häufig kommen unter Dörfern Siedlungen mit weniger als 150 Wohnstätten vor. Nicht alle Bewohner sind dort in der Urproduktion tätig, sondern auch in Gewerbe, Schule oder Kirche. In den Industriegesellschaften nimmt die Dorfbevölkerung ab bzw. ihre Erwerbsstruktur wandelt sich; viele Dorfbewohner pendeln in Industriebetriebe aus. Besonders in der BR Deutschland verloren die Dörfer mehr und mehr ihren alten Charakter, das Land von der Stadt unterschied. Vor der Gemeindereform Ende der 1960er Jahre lebte ein knappes Viertel der westdeutschen Bevölkerung in Gemeinden unter 2 000 Einwohnern. Seither bilden sich »Stadtdörfer« (z. B. im Südwesten Deutschlands mit kleinbäuerlichem Kern oder in Industriegebieten als ausgesprochene Industriearbeitersiedlung). Die Soziologie beschäftigte sich früh mit dem D., in dem man ursprünglich den Idealtyp einer Gemeinschaft sah, in der enge soziale Kontakte, Überschaubarkeit, Nachbarschaftshilfe und geringe Schichtung im Gegensatz zur Stadt vorherrschen. Heutzutage hebt man besonders die stärkere soziale ↑ Kontrolle hervor, die im D. gegenüber der Stadt herrscht.

Downing Street: Straße in London, in der sich der Amtssitz des britischen Premierministers (Nr. 10), das Schatzamt und das Foreign Office (Auswärtige Amt) befinden.

Doyen: Derjenige diplomatische Vertreter, der als Dienstältester bei offiziellen

Gelegenheiten das diplomatische Korps gegenüber dem Empfangsstaat vertritt (traditionell ist der Vertreter des Heiligen Stuhls der Doyen).

dritte Welt: Sammelbezeichnung für die wirtschaftlich unterentwickelten Staaten Afrikas, Asiens und Lateinamerikas. Neben der ersten Welt, d. h. den Industrieländern mit kapitalistischem Wirtschaftssystem, und der zweiten Welt, den bisher nach dem Prinzip der Planwirtschaft organisierten östlichen Ländern, signalisiert der Begriff d. W. das Eintreten einer dritten politischen Kraft und die Überlagerung des Ost-West-Gegensatzes durch das sog. Nord-Süd-Gefälle, nämlich die ständig größer werdende Kluft zwischen Industrie- und ↑ Entwicklungsländern (↑ auch Nord-Süd-Konflikt). Gemeinsam sind den Ländern der d. W. ein hoher Grad an wirtschaftlicher und sozialer Unterentwicklung und ein hoher Anteil von Analphabeten an der Gesamtbevölkerung. Die Länder der d. W. gehören zum großen Teil den ↑ blockfreien Staaten an.

Drittwirkung der Grundrechte: Nach Art. 1 Abs. 3 GG binden die ↑ Grundrechte als unmittelbar geltendes Recht die Gesetzgebung, die vollziehende Gewalt und die Rechtsprechung. Das ↑ Grundgesetz schweigt jedoch zu der Frage, ob die Grundrechte darüber hinaus auch für Rechtsbeziehungen zwischen Privaten gelten und ihnen daher eine »Drittwirkung« zukommt (nur bei der ↑ Koalitionsfreiheit ist die Drittwirkung ausdrücklich vorgesehen, d. h. sie wird auch gegen Beeinträchtigungen durch private Dritte geschützt). Im Privatrechtsverkehr wird die unmittelbare Anwendbarkeit der Grundrechte überwiegend verneint, weil sie die Privatautonomie beseitigen würde. Nach Ansicht des Bundesverfassungsgerichts kommt aber den Grundrechten der Charakter einer objektiven Wertordnung zu, die als verfassungsrechtliche Grundentscheidung bei der Auslegung und Anwendung der Privatrechtsnormen durch den Richter zu beachten sind (sog. mittelbare D. d. G.). Bedeutsame Konsequenzen ergeben sich aus der D. d. G. für das ↑ Arbeitsrecht, z. B. das Gebot der gleichen Entlohnung von Männern und Frauen (Art. 3 Abs. 2 GG) oder das Verbot der Kündigung bei einer

Eheschließung (Art. 6 GG), wie sie früher die »Zölibatsklausel« z. B. bei Stewardessen vorsah.

Drogenabhängigkeit ↑ Sucht.

Drop-outs [von englisch]: Aus der Gesellschaft »Herausgefallene«; angewandt v. a. auf Lernende, die ihre Ausbildung abbrechen.

DSU ↑ Deutsche Soziale Union.

duales System:
◇↑ berufliche Bildung.
◇ Die »Verordnung über die Vermeidung von Verpackungsabfällen« vom 12. Juni 1991 (Verpackungsverordnung) verpflichtet Hersteller oder Vertreiber von Produkten zur Rücknahme von Transport-, Verbrauchs- und sog. Um-)Verpackungen. Von der Rücknahme können sich Hersteller und Handel im d. S. durch die flächendeckende Aufstellung von Wertstofftonnen – neben der herkömmlichen Abfalltonne – freistellen. Die Wertstofftonne dient der Rücknahme der Verpackungsabfälle beim Verbraucher. Die in Frage kommenden Verpackungen werden mit einem »grünen Punkt« ausgezeichnet, was bedeutet, daß der Hersteller eine entsprechende Abgabe an die eigens dafür gegründete Gesellschaft »Duales System Deutschland« gezahlt hat. Kritiker bezweifeln, daß durch die stufenweise Einführung des d. S. ab dem 1. 12. 1991 die in der Verpackungsverordnung formulierten Ziele der Abfallvermeidung oder -reduzierung, des Schutzes von Mehrweg- gegenüber Einwegsystemen und der Herstellung von Verpackungen aus umweltverträglichen, die stoffliche Verwertung nicht belastenden Materialien erreicht werden. Für einige Verpackungsstoffe wie Kunststoff oder Verbundstoffe ist bisher noch kein mehrfacher Verwertungskreislauf (↑ Recycling) gesichert.

Dunkelziffer: Als D. wird die Differenz zwischen der Zahl der wirklich begangenen und der Zahl der statistisch erfaßten ↑ Straftaten bezeichnet. Beispiele für Straftaten mit hoher D. sind Abtreibung und Rauschgiftdelikte.

Durchsuchungen von Sachen oder Personen (Leibesvisitation) ist nur in besonderen Fällen erlaubt, da sie die Grundrechte der Freiheit der Person und des Eigentums einschränkt. Gesetzliche Erlaubnisse gibt es z. B. bei Verdacht einer Straftat, insbesondere eines Zollvergehens (D. eines Kraftfahrzeugs), aber auch für den Gerichtsvollzieher bei der Pfändung von Sachen des Schuldners. Die Durchsuchung kann zur *Beschlagnahme* (Sicherstellung) der gesuchten Sachen führen. – ↑ auch Hausdurchsuchung.

E

ECU ist die Kurzform für »European Currency Unit« (Europäische Währungseinheit), die auf den Währungen der EG-Mitgliedstaaten aufbaut und einen Umtauschkurs von etwas über 2 DM hat. Obwohl der ECU die maßgebliche europäische Rechnungseinheit ist und auch als Zahlungsmittel eingesetzt werden kann, stellt er keine eigenständige europäische Währung dar. – ↑ Europäisches Währungssystem.

EDV ↑ elektronische Datenverarbeitung.

EFTA [Abk. für englisch European Free Trade Association »Europäische Freihandelsassoziation«]: Europäische Freihandelszone, die 1960 in Stockholm von sieben westeuropäischen Ländern zur Wahrung ihrer wirtschaftlichen Interessen gegenüber der ↑ Europäischen Gemeinschaft gegründet wurde. Unterzeichner des »Stockholmer Abkommens« waren Großbritannien, Schweden, Norwegen, Dänemark, Österreich, die Schweiz und Portugal. 1961 schlossen sich Finnland als assoziiertes Mitglied (seit 1986 Vollmitglied) und Island als Vollmitglied an; 1991 kam Liechtenstein hinzu. Das Ziel des EFTA-Vertrags, die Zölle auf Industrieerzeugnisse völlig abzuschaffen, wurde bis Ende 1969 erreicht, 1977 wurde der Freihandel mit Industrieprodukten auf die Mitgliedstaaten der EG ausgeweitet. Seitdem die EFTA-Mitglieder Dänemark und Großbritannien 1973 Mitglied der Europäischen Gemeinschaft wurden, gibt es Bestrebungen zur Zusammenarbeit mit ihr. Sie sind der »Erklärung von Luxemburg« im Jahre 1984 nochmals intensiviert worden. Wesentlich enger wird die handelspolitische Verflech-tung zwischen EFTA und EG durch die Gründung des ↑ Europäischen Wirtschaftsraums (EWR) im Februar 1992. Wichtigstes Entscheidungsorgan der EFTA ist der EFTA-Rat, der aus den Regierungsvertretern mit gleichem Stimmrecht besteht und Beschlüsse nur auf der Grundlage von Einstimmigkeit fassen kann. Diese Beschlüsse sind für die Mitgliedstaaten rechtlich jedoch nicht verbindlich. Das EFTA-Sekretariat in Genf berät und koordiniert die vom Rat gebildeten Spezialausschüsse.

EG ↑ Europäische Gemeinschaft.

Ehe: Eine durch rechtliche, religiöse und soziale ↑ Normen geregelte Lebensgemeinschaft zwischen Mann und Frau. Die rechtlichen Normen regeln Fragen u. a. der Ehemündigkeit (in der Regel ab 18 Jahren), der Ehescheidung und des Erbrechts; die religiösen Normen nehmen Einfluß auf das sexuelle Verhalten, auf die Einstellung zur Ehescheidung oder auf die Kinderzahl (z. B. das Verbot empfängnisverhütender Mittel durch die katholische Kirche); die sozialen Normen spiegeln sich wider in der Wahl des Partners, der häufig derselben sozialen Schicht angehört.

In Europa steht die E. in Form der Einehe (↑ Monogamie) bis heute wesentlich unter dem Prinzip der Unauflösbarkeit. In der BR Deutschland ist jedoch im Rahmen einer Reform des Eherechts 1977 die Scheidung der E. erleichtert worden. Eine zerrüttete E. kann geschieden werden, ohne daß die Frage nach der Schuld gestellt wird (*Zerrüttungsprinzip* statt *Schuldprinzip*). Trotz der Veränderung der Ehesitten (Doppelverdienen, Hausmann) und vieler Angriffe auf diese Institution zeigen neuere Statistiken, daß die meisten jungen Menschen immer noch eine stabile Zweierbeziehung wünschen, die in eine E. mündet; von einer Ehemüdigkeit kann also nicht gesprochen werden. – ↑ auch Ehe- und Familienrecht.

Ehe- und Familienrecht regelt 1. die persönlichen und vermögensrechtlichen Beziehungen der Ehegatten untereinander, 2. das Verhältnis Eltern-Kinder, 3. die Rechte und Pflichten sonstiger Verwandter zueinander und darüber hinaus auch die ↑ Vormundschaft.

Die (von Art. 6 GG geschützte) ↑ Ehe wird

persönlich bei gleichzeitiger Anwesenheit der in der Regel volljährigen Heiratswilligen vor dem Standesbeamten am Wohn- oder gewöhnlichen Aufenthaltsort des Mannes oder der Frau geschlossen. Ein vorher bestelltes Aufgebot dient der Klärung möglicher Ehehindernisse. Die Wirkungen der Heirat sind mit Durchsetzung der von Art. 3 Abs. 2 GG geforderten Gleichberechtigung 1957 und 1976 neu geregelt worden. Die Wahl des Namens der Ehepartner ist seit 1991 der freien Entscheidung von Mann und Frau überlassen. Das Gesetz weist keinem Ehegatten mehr eine bestimmte Funktion in der Ehe – Erwerbstätigkeit, Haushaltsführung, Kinderbetreuung – zu, sondern überläßt auch diese Regelung ihrer Entscheidung. Beide müssen – z. B. durch Erwerbstätigkeit oder Haushaltsführung – die Familie angemessen unterhalten. Sein Vermögen verwaltet jeder selbst (anders z. B. bei vereinbarter *Gütergemeinschaft); ein* in der Ehe erwirtschafteter Zuwachs wird bei Auflösung der Ehe ausgeglichen (*Gütertrennung* mit Zugewinnausgleich).
Eine Ehe kann bei ihrem Scheitern geschieden, in besonderen Fällen auch für nichtig erklärt oder aufgehoben werden. Für die *Scheidung* genügt es, daß die Ehe zerrüttet war, die Frage nach der Schuld eines Ehepartners muß nicht mehr gestellt werden (Zerrüttungs- statt Schuldprinzip). Das Scheitern der Ehe wird bei längerem Getrenntleben (nach einem, in der Regel drei, in Härtefällen nach fünf Jahren) vermutet. Neben dem Zugewinn werden bei Scheidung auch die in der Ehe erworbenen Rentenansprüche geteilt *(Versorgungsausgleich).* – ↑ auch Unterhaltspflicht.
Das eheliche Kind steht bis zur ↑ Volljährigkeit unter der elterlichen Gewalt. Die Eltern haben aufgrund ihres ↑ Elternrechts (Art. 6 Abs. 2 GG) die Verpflichtung, für Person und Vermögen des Kindes zu sorgen (Unterhaltspflicht). Bei Verletzung dieser Pflichten oder bei Meinungsverschiedenheiten der Eltern kann das Vormundschaftsgericht tätig werden. Bei Scheidung oder längerem Getrenntleben regelt das Familiengericht die Ausübung der elterlichen Gewalt.
Ehrenamt: Unbezahltes und nebenberufliches Amt, meist in einer Gemeinde, öffentlichen Einrichtung oder einem Verein. Die Übernahme eines E. kann freiwillig (z. B. Stadtrat) oder Pflicht (z. B. Schöffe) sein. Bei öffentlichen Ehrenämtern werden den Auslagen und Verdienstausfall ersetzt.
Ehrengerichte sind Sondergerichte für die Angehörigen bestimmter Berufe. Sie haben ihren Ursprung in der Standesgerichtsbarkeit des Mittelalters. E. bestehen v. a. für Rechts- und Patentanwälte, Wirtschaftsprüfer, Steuerberater, Ärzte, Apotheker und – in einigen Bundesländern – für Architekten. Aufgabe der E. ist es, Verstöße gegen die Berufspflichten zu ahnden. E. ersetzen aber nicht die Strafgerichtsbarkeit, wenn z. B. ein Verstoß gegen eine Berufspflicht zugleich eine ↑ Straftat darstellt.
Eid ist die Versicherung der Wahrheit in feierlicher, meist religiöser Form. Aussagen von Zeugen u. a. Personen unter Eid haben in der Regel erhöhten Beweiswert. – ↑ auch Meineid.
Eigentum ist das umfassendste Herrschaftsrecht über eine Sache. Es ist durch Art. 14 GG geschützt. E. im Sinne des Art. 14 GG sind alle vermögenswerten privaten Rechte, also nicht nur Sacheigentum wie Grundstücke, Fahrzeuge und Waren, sondern auch Ansprüche aus Arbeits-, Miet-, Bauspar-, Lebensversicherungsverträgen und Renten sowie Mitgliedschaftsrechte und Beteiligungen an Gesellschaften. Öffentlich-rechtliche vermögenswerte Rechtspositionen werden durch Art. 14 GG ebenfalls geschützt, wenn sie dem Inhaber eine der Eigentumsposition entsprechende Rechtsstellung verschaffen. Eigentumsähnlich ist eine Position, die durch Einsatz eigenen Kapitals und eigener Leistung erworben wurde (z. B. Zulassung als Kassenarzt, Besoldungsansprüche). Nicht geschützt ist dagegen das Vermögen als solches.
Die Garantie des E. gewährleistet das Privateigentum als Rechtseinrichtung und gibt dem Eigentümer einen Abwehr- und Schutzanspruch gegen den Staat. E. verpflichtet aber auch. Sein Gebrauch soll zugleich dem Wohle der Allgemeinheit dienen (Sozialbindung). Der Gesetzgeber darf Inhalt und Schranken des E. durch Gesetze bestimmen. Darüber hinaus läßt Art. 14 Abs. 3 GG zum Wohle der Allgemeinheit gegen Entschädigung auch eine

↑ Enteignung zu. Die Abgrenzung zwischen einer hinzunehmenden Sozialbindung des E. und der entschädigungspflichtigen Enteignung kann im Einzelfall schwierig sein. Eine Enteignung ist anzunehmen, wenn ein hoheitlicher Eingriff in Eigentum erfolgt, der den Betroffenen im Vergleich zu anderen ungleich trifft und ihm ein besonderes, den übrigen nicht zugemutetes Opfer für die Allgemeinheit auferlegt.

Es gibt verschiedene Arten des E. neben dem Alleineigentum: das Miteigentum nach Bruchteilen, das Gesamthandseigentum, das Sicherungseigentum, das vorbehaltene Eigentum und Wohnungseigentum. Auch das sog. öffentliche E., d. h. das E. einer dem Staat, einer Gemeinde oder einer sonstigen öffentlichen Körperschaft gehörenden Sache, ist grundsätzlich wie das privatrechtliche E. zu behandeln. Es unterliegt jedoch, soweit es Verwaltungszwecken dient, Beschränkungen, die sich aus der jeweiligen Zweckbestimmung ergeben. Welche Rechte dem privatrechtlichen Eigentümer aufgrund seines E. zustehen und wie er sein E. übertragen, belasten oder aufgeben kann, ist im ↑ Bürgerlichen Gesetzbuch im Sachenrecht geregelt.

Eigentumspolitik ↑ Vermögenspolitik.

Eigentumsvorbehalt: Bei einem Kauf kann vereinbart werden, daß das Eigentum an der Kaufsache erst nach der vollständigen Zahlung des Kaufpreises übergehen soll. Häufig wird ein solcher E. beim Abzahlungskauf vereinbart, da der Verkäufer so lange sein Eigentum behalten will, wie der Käufer den Kaufpreis noch nicht voll bezahlt hat, auch wenn der Käufer schon vorher den Besitz an der Kaufsache erlangt hat.

Einfuhr ↑ Import.

Eingriffsverwaltung ist neben der ↑ Leistungsverwaltung eine der Grundformen der öffentlichen ↑ Verwaltung. Die E. nimmt mit Mitteln hoheitlichen Zwanges Eingriffe in ↑ Freiheit und ↑ Eigentum der Bürger vor. Sie ist die typische Verwaltungsform des bürgerlich-liberalen ↑ Rechtsstaates, der die Befugnisse der Verwaltung auf die zur Aufrechterhaltung der öffentlichen Ordnung erforderlichen Maßnahmen zu beschränken sucht. Dementsprechend sind Polizei-, Gewerbe- und Steuerverwaltung die klassischen Bereiche der Eingriffsverwaltung. Ihr Handeln unterliegt dem Grundsatz der ↑ Gesetzmäßigkeit der Verwaltung. Ihre typische Handlungsform ist der Verwaltungsakt, durch den gesetzliche Anordnungen im Einzelfall angewandt werden (z. B. Steuergesetze durch den Steuerbescheid).

Einheitsliste: Die bei allgemeinen Wahlen in ↑ Volksdemokratien übliche einzige Kandidatenliste, auf der nach festgesetztem Schlüssel die Kandidaten aller zugelassenen Parteien zu einer Wahl ohne Auswahlmöglichkeit aufgestellt werden.

Einheitsstaat: Im Gegensatz zum ↑ Bundesstaat oder ↑ Staatenbund, in denen es mehrere Staaten mit selbständiger Staatsgewalt gibt (↑ Föderalismus), verfügt der E. nur über eine staatliche Organisation (ein Parlament, eine Regierung). Der E. ist entweder zentral organisiert (↑ Zentralisation), oder es sind die Staatsaufgaben zum Teil auf Organe der ↑ Selbstverwaltung (z. B. Bezirke, Gemeinden) übertragen, die sie selbständig unter einer beschränkten Staatsaufsicht erledigen (*dezentralisierter E.*, ↑ Dezentralisation).

Einigungsstelle ↑ Betriebsverfassungsgesetz.

Einigungsvertrag: Kurzbezeichnung für den Vertrag zwischen der BR Deutschland und der DDR über die Herstellung der Einheit Deutschlands, unterzeichnet am 31. August 1990, dem zufolge die damalige DDR gemäß Art. 23 GG der BR Deutschland beitritt. In Kapitel I werden Brandenburg, Mecklenburg-Vorpommern, Sachsen, Sachsen-Anhalt und Thüringen als neue Bundesländer aufgeführt und die Neubildung des Landes Berlin bestimmt. Art. 2 benennt Berlin als Hauptstadt Deutschlands, läßt aber die Frage des Parlaments- und Regierungssitzes offen. Kapitel II legt die Änderungen des GG fest und regelt die Finanzverfassung für das neue Bundesgebiet. Art. 7 Abs. 5 bestimmt die Verwendung des Fonds »Deutsche Einheit«. Kapitel III und IV beschäftigen sich mit der Rechtsangleichung und den völkerrechtlichen Verträgen. Kapitel V regelt den Übergang der öffentlichen Verwaltung und Rechtspflege und legt u. a. fest, daß für die Rehabilitierung der Opfer der SED-Herrschaft eine gesetzliche

Grundlage zu schaffen ist. Kapitel VI widmet sich dem öffentlichen Vermögen und den Schulden und legt fest, daß die ↑ Treuhandanstalt die ehemaligen volkseigenen Betriebe privatisiert. Kapitel VII bestimmt, daß die Sozialgesetzgebung angeglichen wird und bis 31. Dezember 1992 eine Regelung über den Schutz des vorgeburtlichen Lebens getroffen sein muß (Art. 31 Abs. 4). Kapitel VIII regelt die Verhältnisse bei Rundfunk und Fernsehen, die Anerkennung von Berufsabschlüssen, die begrenzte Weiterführung von Forschungseinrichtungen und das Sportwesen. Kapitel IX enthält die Übergangs- und Schlußbestimmungen. In drei Anlagen (zwei Protokolle, eine Erklärung) werden noch nähere Bestimmungen zu einzelnen Artikeln des E. getroffen. Anlage III ist eine Erklärung der beiden deutschen Regierungen zur Regelung noch offener Vermögensfragen und legt u. a. fest, daß Enteignungen auf dem Gebiet der DDR zwischen 1945 und 1949 nicht mehr rückgängig zu machen sind. Ein besonderes Problem, v. a. im Hinblick auf neue Investitionen, stellt die Bestimmung des E. dar, daß bei den seit 1949 erfolgten Enteignungen in der ehemaligen DDR grundsätzlich eine Rückgabe anstelle einer Entschädigung erfolgen soll.
Eine Denkschrift zum E. gibt weitere Erläuterungen und geht auf den KSZE-Prozeß sowie die Zweiplus-vier-Verhandlungen ein.

Einkommen sind Einzelpersonen oder Gruppen der Gesellschaft zufließende Geldbeträge. Prinzipiell lassen sich nach ihrer Entstehung vier Einkommensarten unterscheiden: E. aus unselbständiger Arbeit (Löhne, Gehälter); E. aus Unternehmertätigkeit (Gewinne); E. aus Vermögen (Zinsen, Dividenden); E. ohne gleichzeitig stattfindende Gegenleistung (sog. ↑ Transfereinkommen wie z. B. Renten, Pensionen). Die Analyse der Einkommensverteilung in einer ↑ Volkswirtschaft basiert häufig auf der Angabe der *Lohnquote,* d. h. des Anteils der Summe aller E. aus unselbständiger Arbeit am ↑ Volkseinkommen bzw. der Entwicklung dieser Größe im Zeitablauf.
Will man das einer einzelnen Person zufließende E. ermitteln, so ist es sinnvoll,

zwischen dem *Bruttoeinkommen* und dem nach Abzug der Steuern und Sozialabgaben verbleibenden *Nettoeinkommen* zu unterscheiden. Darüber hinaus sind Preissteigerungen (die Inflationsrate) während eines Betrachtungszeitraums zu berücksichtigen, wenn man anstatt des *Nominaleinkommens* das *Realeinkommen* ermitteln will.
Die Bedeutung des Faktors E. für eine Volkswirtschaft ist von deren ↑ Wirtschaftsordnung abhängig. In einer marktwirtschaftlichen Ordnung bestimmt die Erzielung eines möglichst hohen individuellen E. (Einkommensmaximierung) die meisten in der Wirtschaft getroffenen Entscheidungen (↑ ökonomisches Prinzip) und stellt somit in weitaus stärkerem Maße als in anderen Wirtschaftsordnungen die Triebfeder des Wirtschaftssystems dar. Gerade deswegen kommt der Einkommensverteilung in der Marktwirtschaft eine hohe Bedeutung zu. Um eine gerechte Einkommensverteilung wird ständig gerungen. − ↑ auch Arbeitskampf.

Einkommensteuer wird auf regelmäßige Einkünfte nach einem progressiven Tarif (↑ Progression) erhoben. − ↑ auch Steuern.

Einnahmen ↑ öffentliche Einnahmen.

Einspruch ist, wie der Widerspruch, ein Rechtsbehelf gegen die Verfügung oder den Bescheid einer Behörde oder eines Gerichts (z. B. gegen einen Strafbefehl oder Steuerbescheid).

Einspruchsgesetze nennt man die Gesetze des ↑ Bundestages, gegen die der ↑ Bundesrat ein suspensives (= aufschiebendes) ↑ Veto einlegen kann. Dieser Einspruch kann aber vom Bundestag zurückgewiesen werden (Art. 77 Abs. 3 und 4 GG). − ↑ auch Gesetzgebung.

Einstellungen (Attitüden): In der Sozialpsychologie Bezeichnung für länger anhaltende stabile Meinungen und Beurteilungen. Aufgrund seiner E. ist ein Mensch geneigt, z. B. gegenüber einer Person, einem Gegenstand, einem Ereignis oder einer Idee mit positiven oder negativen Gefühlen, Vorstellungen und Verhaltensweisen zu reagieren. E. werden erlernt (↑ Sozialisation) und sind abhängig von der sozialen Umwelt. Die *Einstellungsforschung* untersucht E. in der Regel mit Hilfe von

Fragebogenaktionen. Ihr geht es u. a. um den Einfluß der Massenmedien und der Werbung auf die Entstehung von Einstellungen. – ↑ auch Vorurteile.

Einstimmigkeitsprinzip: Im Gegensatz zum Mehrheitsprinzip (↑ Mehrheit) Grundsatz der Zustimmung aller Beteiligten bei einer Abstimmung. Das E. gilt insbesondere im ↑ Völkerrecht als Ausdruck der ↑ Souveränität der Staaten, ist aber in verschiedenen ↑ internationalen Organisationen durch das Mehrheitsprinzip ersetzt worden.

einstweilige Verfügung ist eine vorläufige Anordnung des Gerichts, die der Sicherung eines Anspruchs oder des Rechtsfriedens dient. Durch die e. V. sollen drohende Rechtsnachteile verhindert werden, die dadurch eintreten könnten, daß der normale Rechtsschutz durch ein sehr lange dauerndes Gerichtsverfahren zu spät käme.

Einwanderung bezeichnet den Zuzug aus einem ↑ Staatsgebiet in ein anderes zum Zwecke der ständigen Niederlassung, gewöhnlich mit der Absicht der Einbürgerung. – ↑ auch Migration.

Einwohner: Bewohner eines Gebietes (Gemeinde, Kreis, Land), der dort seinen ständigen Wohnsitz hat.

Einzelhandel ↑ Handel.

EKD ↑ evangelische Kirchen.

elektronische Datenverarbeitung (EDV): Mit Hilfe der EDV werden große Massen von Daten und Informationen schnell und wirtschaftlich erfaßt, gespeichert, aufbereitet und ausgewertet. Sie dient auch der Rationalisierung betrieblicher Arbeitsabläufe. Die EDV ist ein Instrument, das heute in nahezu allen Bereichen die für Entscheidungen notwendigen Informationen liefert. In zunehmendem Maße wird die EDV zur Steuerung komplizierter Prozesse in Energiewirtschaft und Industrie eingesetzt. Auch im wissenschaftlichen Bereich, z. B. in der Weltraumforschung, der medizinischen Diagnose und der Wetteranalyse, wird EDV verwendet. Darüber hinaus findet sie für die Nachbildung komplexer technischer, ökonomischer, politischer und sozialer Systeme und Prozesse Anwendung. Durch mathematische Modelle und Simulation werden Prognosen aufgestellt und alterna-

tive Entwicklungsmöglichkeiten durchgespielt (z. B. Weltmodelle des Club of Rome). – ↑ auch Datenbank, ↑ Datenschutz.

Elite [von lateinisch eligere »auslesen, auswählen«] bezeichnet v. a. die Personen in einer Gesellschaft oder in einem Staat, die Spitzenpositionen einnehmen, d. h. die politische und kulturelle Führungsschicht. Zur E. kann jemand gehören z. B. wegen seiner Herkunft, seines Geldes, seiner Machtstellung oder wegen besonderer Leistung. Man unterscheidet *Geburtseliten* (z. B. Erbadel), *Machteliten* (Inhaber von Machtpositionen), *Werteliten* (Menschen mit besonderen Eignungsmerkmalen und persönlichen Qualitäten) und *Funktionseliten* (Personen in bestimmten gesellschaftlichen Spitzenpositionen). Die Kennzeichen, die für die Zugehörigkeit zur E. notwendig sind, unterliegen dem Wandel der gesellschaftlichen Anschauungen.
Ältere *Elitetheorien* gehen von sog. qualitativen Elitebegriff aus: Danach entscheiden »natürliche« Merkmale wie ↑ Begabung oder Geburt über die Zugehörigkeit zu einer Elite. Gefordert wird die Herrschaft der Besten (↑ Aristokratie). Ein solcher Elitebegriff ist äußerst fragwürdig: Die Herrschaft von Menschen über andere wird hier als naturgegeben betrachtet wie auch die Tatsache, daß es Bevorzugte (Privilegierte) und Benachteiligte (Unterprivilegierte) in einer Gesellschaft gibt. Gesellschaftliche Unterschiede werden nicht als historisch entstandene, sondern als von Natur aus bestehende Unterschiede begriffen und somit als unveränderbar hingestellt. Neuere Elitetheorien stellen diesem wertbestimmten Elitebegriff einen wertneutralen gegenüber; besondere Beachtung wird dabei den Funktionseliten geschenkt. Solche Eliten sind auch in einer Demokratie notwendig, da in jeder Gesellschaft bestimmte herausragende Funktionen wahrgenommen werden müssen. Diese E. muß jedoch kontrolliert werden und auch personell austauschbar sein (Elitezirkulation).

elterliche Gewalt ↑ Eltern.

Eltern [eigentlich: die Älteren]: Vater und Mutter, denen die Fürsorge ihrer leiblichen oder angenommenen (adoptierten) Kinder obliegt. Nach Art. 6 Abs. 2 GG sind Pflege und Erziehung das natürliche Recht der Eltern. Damit schützt das ↑ Grundgesetz den privaten Raum der ↑ Familie vor Eingriffen des Staates (↑ Elternrecht). Es wird allerdings der staatlichen Gemeinschaft das Recht eingeräumt, die elterliche Tätigkeit zu überwachen. Staatliche Eingriffe sind aber nur dann erlaubt, wenn die E. ihren Pflichten nicht nachkommen bzw. nicht nachkommen können (↑ Jugendhilfe). Das Recht der E. auf die Erziehung ihrer Kinder umfaßt hauptsächlich den außerschulischen Bereich. Aber auch in der Schule ist den E. ein Mitspracherecht eingeräumt (↑ Elternvertretungen). Ferner haben die E. das Recht, bis zur Religionsmündigkeit des Kindes über dessen Teilnahme am Religionsunterricht zu bestimmen (↑ Kindesalter). Ebenso bleibt die Wahl der Schule bzw. des Schultyps unter Mitsprache des Kindes den E. überlassen.

Der Begriff der *elterlichen Gewalt* umfaßte lange Zeit einerseits die Fürsorgepflicht für die Kinder, andererseits auch das Recht, sie zu strafen. In neuerer Zeit wurde besonders der ↑ antiautoritären Bewegung Kritik an den herkömmlichen Erziehungsmethoden geübt und ein Kinderrecht gefordert, das dem Kind auch gegen den Willen der E. größtmögliche Entwicklungschancen, z. B. die Wahl einer besseren Ausbildung, garantiert. Der Begriff der elterlichen Gewalt wurde 1978 gesetzlich durch den der *elterlichen Fürsorge* ersetzt.

Elternrecht: Art. 6 Abs. 2 GG garantiert das Recht (und die Pflicht) der Eltern zur Pflege und Erziehung der Kinder, bestellt aber zugleich die staatliche Gemeinschaft zum Wächter darüber. Das so umgrenzte E. ist ein ↑ Grundrecht; es gewährt den Eltern ein Abwehrrecht gegen staatliche Eingriffe. Das E. kann nur gemeinsam und einvernehmlich von den Eltern ausgeübt werden, sofern vom Vormundschaftsgericht nicht anders entschieden worden ist. Schwierigkeiten kann es im Verhältnis der E. zum staatlichen Erziehungsauftrag der ↑ Schule geben, von dem Art. 7 Abs. 1 GG ausgeht. Beide Verfassungsregelungen sind gleichrangig; Konflikte zwischen E. und staatlich-schulischem Erziehungsrecht sind so zu lösen, daß der Staat in der Schu-

le die Verantwortung der Eltern für den Gesamtplan der Erziehung ihrer Kinder achten und für die Vielfalt der Anschauungen in Erziehungsfragen soweit offen sein muß, wie es sich mit einem geordneten staatlichen Schulsystem verträgt. – ↑ auch Eltern.

Elternvertretungen: Die gemeinsame Verantwortung gegenüber den Jugendlichen erfordert eine vertrauensvolle Zusammenarbeit von ↑ Eltern und ↑ Schule. Die Befugnisse der E. sind in den Schulgesetzen der Länder unterschiedlich geregelt. Es gibt verschiedene Gremien, z. B. Klassenpflegschaft, Elternbeirat, Schulkonferenz, Landeselternbeirat, die zum Teil beratende oder mitbestimmende Funktion haben. E. gibt es auch auf Kreis-, Landes- und Bundesebene.

Die E. beraten u. a. die Lehrer in Erziehungs- und das Kultusministerium in Bildungsfragen und haben ein Mitspracherecht bei der Gestaltung von Lehrplänen und bei der Genehmigung von Schulbüchern.

Emanzipation [von lateinisch emancipare »in die Selbständigkeit entlassen«]: Befreiung aus einem rechtlichen, sozialen oder politischen Abhängigkeitsverhältnis bei gleichzeitiger Erlangung von Mündigkeit und Selbstbestimmung.

Ursprünglich verstand man unter E. die Entlassung aus einem rechtlichen Gewaltverhältnis, so z. B. im römischen Recht, wo die Ehefrau und die Kinder unter der Gewalt des Hausherrn standen, der sie, da sie selbst als vermögensunfähig galten, rechtlich vertrat und für sie haftete. Zu Lebzeiten des Vaters konnten die Söhne in der Regel nur durch eine Erklärung des Vaters vor einer Behörde Selbständigkeit erlangen (formelle E.). Ähnlich konnten im mittelalterlichen deutschen Recht die Söhne nur durch den Tod des Vaters oder durch Erlangung wirtschaftlicher Selbständigkeit aus der väterlichen Gewalt entlassen werden. In der Neuzeit erlangt der Begriff v. a. durch die Entstehung eines gegen die überkommene Ordnung der Stände (↑ Feudalismus, ↑ Stand) und den Absolutismus aufbegehrenden Bürgertums und der diese Bewegung ideologisch absichernden ↑ Aufklärung eine erweiterte politisch-soziale Bedeutung. Die Forderung der

Französischen Revolution nach E. aus ständischen Bindungen und nach Gleichheit aller Bürger vor dem Gesetz wurde bald ausgedehnt auf die politische und soziale Gleichstellung und Aufhebung der wirtschaftlichen Abhängigkeit der Arbeiterklasse sowie anderer benachteiligter Gruppen (z. B. Judenemanzipation, Frauenemanzipation). − ↑ auch Frauenbewegung.

Heute wird unter E. verstanden: 1. der individuelle Prozeß des Heranwachsens und Selbständigwerdens von Kindern und Jugendlichen, 2. das Selbständigkeitsstreben von (benachteiligten) Gruppen (z. B. rassische Minderheiten), Schichten oder Klassen sowie 3. die Gesamtheit dieser Prozesse mit dem Ziel, Macht und Herrschaft in einer Gesellschaft weitmöglichst zu beschränken, um die ↑ Selbstbestimmung aller Individuen zu ermöglichen.

Embargo [von spanisch embargar »in Beschlag nehmen«]: Völkerrechtliche ↑ Sanktion (z. B. die Unterbindung des Handels) gegen einen anderen Staat, um diesen zu einem bestimmten Verhalten zu zwingen.

Emigration [von lateinisch emigrare »ausziehen, auswandern«]: Freiwillige oder zwangsweise Auswanderung aus dem Heimatland aus wirtschaftlichen Gründen oder aufgrund von politischer, rassischer oder religiöser ↑ Diskriminierung. Im Gegensatz zur sog. äußeren E. spricht man auch von *innerer E.,* wenn Menschen, z. B. weil sie mit dem politischen System nicht einverstanden sind oder die herrschende Gesinnung nicht teilen, zwar im Land verbleiben, aber nicht mehr am gesellschaftlichen Leben teilnehmen. Die größte Emigrationswelle im 20. Jahrhundert wurde in Deutschland zur Zeit des ↑ Nationalsozialismus erreicht. Bis 1941 mußten über 500 000 Juden das Land verlassen, weil sie verfolgt wurden und ihnen die nationalsozialistische Gesetzgebung das Verbleiben im Heimatland unmöglich machte. − ↑ auch Judenverfolgung.

Emission [von lateinisch emittere »herausgehen lassen«]:
◇ Ausgabe von neuen ↑ Aktien oder anderen Wertpapieren zur Kapitalbeschaffung. Die E. wird in der Regel von Großbanken durchgeführt.
◇ Ausströmen luftverunreinigender Stoffe in die Außenluft. − ↑ auch Immissionsschutz.

Empirie: Erfahrung im Gegensatz zur ↑ Theorie. Empirische Wissenschaft ist die Beschäftigung nur mit beobachtbaren und meßbaren Ereignissen. − ↑ auch empirische Sozialforschung.

empirische Sozialforschung: Im Gegensatz zur Theoriebildung in den ↑ Sozialwissenschaften beschäftigt sich die e. S. mit der systematischen Untersuchung der sozialen Realität und der experimentellen Überprüfung von Theorien. Dabei bedient sich die e. S. verschiedener Methoden wie der systematischen Beobachtung, der Befragung, Inhaltsanalyse, des Experiments oder Tests. Die Auswertung der gewonnenen Daten geschieht mit Hilfe statistisch-mathematischer Verfahren.

Endlagerung ↑ Entsorgung.

Energiepolitik: Gesamtheit der Maßnahmen, mit denen ein Staat Einfluß sowohl auf den Umfang des inländischen Energiebedarfs als auch auf die Form der Energieversorgung durch die in- und ausländische Energiewirtschaft nimmt, um angesichts der natürlichen Begrenztheit des Angebots an Energieträgern (v. a. Kohle, Erdöl, Erdgas, Uran, Wasser) den Energiebedarf zu sichern. Entgegen den Prognosen der 1960er und 1970er Jahre stieg der Energieverbrauch trotz erheblichen Wirtschaftswachstums kaum an.

E. ist ein Teil der allgemeinen ↑ Wirtschaftspolitik und v. a. seit der Energiekrise 1973 auch stark mit der Außenpolitik verzahnt; gleichzeitig bestehen engere Beziehungen zur Umwelt-, Forschungs- und Sozialpolitik. Wegen der Besonderheit der Produktion (hohe Kapitalintensität, Langfristigkeit in der Erstellung der Produktionsanlagen) sowie der besonderen Bedeutung der ↑ Energiewirtschaft für einen reibungslosen Wirtschaftsablauf ist eine unbeschränkte Konkurrenzwirtschaft in diesem Bereich nicht möglich; der Staat muß deshalb auch in marktwirtschaftlich orientierten Ländern in den Energiemarkt eingreifen, wo zum Teil auch weite Bereiche der Energiewirtschaft verstaatlicht sind. Widerstreitende Ziele können v. a. ↑ Wirtschaftlichkeit, saubere Umwelt einerseits und ein möglichst hoher Selbstversorgungsgrad andererseits sein.

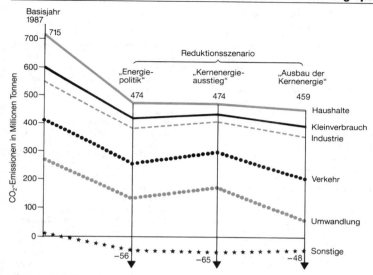

Basisjahr 1987

Reduktionsszenario

„Energie-politik" 474   „Kernenergie-ausstieg" 474   „Ausbau der Kernenergie" 459

715

CO_2-Emissionen in Millionen Tonnen

Haushalte
Kleinverbrauch
Industrie
Verkehr
Umwandlung
Sonstige

−56   −65   −48

Energiepolitik. Entwicklung der CO_2-Emissionen in der BR Deutschland (ohne die fünf neuen Bundesländer) für 1987 und das Jahr 2005 in drei Reduktionsszenarien

In der BR Deutschland mußten aufgrund der wachsenden Konkurrenz des billigeren Erdöls und der Importkohle die Kohleförderung eingeschränkt und unwirtschaftlich gewordene Zechen geschlossen werden. Trotz hoher Subventionierung der Kohleförderung ist der Kohleabbau aus der Krise nicht herausgekommen. Der Versuch arabischer Erdölförderländer (↑ OPEC), 1973 mit Embargos und preispolitischen Maßnahmen Einfluß auf den israelisch-arabischen Krieg zu nehmen, schwächte die Konjunktur in den auf Erdölimporte angewiesenen Ländern erheblich und stürzte sie in Wirtschaftskrisen. Die betroffenen Abnahmeländer versuchen seither, sich mit Sparmaßnahmen und mit alternativen Energien (v. a. ↑ Kernenergie) aus ihrer Abhängigkeit von den OPEC-Ländern zu lösen und mit Hilfe staatlich geförderter Energieforschung andere, wirtschaftlichere und gegenüber der Kernenergie unproblematischere Energiequellen (z. B. Sonnen- und Windenergie) nutzbar zu machen.
Eine weitere, über einzelstaatliche Maß-

nahmen hinausgehende Folge war der Versuch einer gemeinsamen Energiepolitik der Abnahmeländer gegenüber den Erdölländern. So kam es zur Bildung eines Stützungsfonds der ↑ OECD für besonders betroffene Länder, zur Gründung einer Internationalen Energie-Agentur, zu Erdölsparprogrammen und der Anlage von Erdölreserven. In der BR Deutschland trat 1975 das Energiesicherungsgesetz in Kraft, das die Deckung des notwendigen Energiebedarfs gewährleisten soll und dem Staat Eingriffsmöglichkeiten eröffnet.
Aber auch wegen des ↑ Treibhauseffektes, der v. a. durch fossile Energieträger wie Kohle hervorgerufen wird, erscheint eine Neuorientierung der E. notwendig. Heute ist Energieeinsparung zu einer der wichtigsten »Energiequellen« geworden: Energie kann durch eine rationale bzw. effiziente Energieerzeugung eingespart werden. Verwendet man die bei der Stromerzeugung oder der industriellen Produktion anfallende Abwärme zur Heizung von Gebäuden im Nahbereich von Kraftwerken, läßt sich

durch diese Form der *»Kraft-Wärme-Kopplung«* der energetische Wirkungsgrad der Kraftwerke von 35% auf rund 85% steigern. Darüber hinaus gibt es ein erhebliches Einsparpotential durch verbesserte *Wärmedämmung* der Gebäude. Schließlich wird auch ein verstärkter Ausbau der nicht erschöpflichen, *regenerativen Energieträger* angestrebt. Die *Solarenergie* eignet sich v. a. zur Erzeugung von Warmwasser, Heizwärme und Strom direkt beim Nutzer. Für den künftigen Energieverbrauch werden auch im Bereich der regenerativen Energien die Wasserkraft und die Windenergie eine erhebliche Rolle spielen. Wie weit auf die Kernenergie zurückgegriffen werden kann, ist v. a. auch wegen des Problems der Entsorgung umstritten.

Energiewirtschaft: Im weiteren Sinne alle Bereiche, die der Deckung des Energiebedarfs dienen, im engeren Sinn die Produktion, Verarbeitung und Verteilung von Energie (Elektrizität, Gas, Erdöl). Die E. gehört zu den ↑ Grundstoffindustrien, die für eine industrielle Gesellschaft unabdingbar sind. Das Hauptproblem der E. liegt im beschränkten Vorhandensein von Primärenergie und dem weltweit rasch ansteigenden Energieverbrauch. Daneben bereiten v. a. die Standortgebundenheit, die hohen Kosten für Produktionsanlagen, die Verteilung und die Belastung der Umwelt Schwierigkeiten, so daß in vielen Ländern die E. verstaatlicht wurde. In der BR Deutschland besteht die E. aus privaten, gemischtwirtschaftlichen und öffentlichen Energieversorgungsunternehmen, die gemäß dem Energiewirtschaftsgesetz von 1935 unabhängig von ihrer Rechtsform staatlicher Aufsicht unterstehen. Gegenüber dem Verbraucher haben diese Unternehmen eine Anschluß- und Versorgungspflicht. Problematisch ist die Monopolstellung vieler Versorgungsbetriebe, die sich hemmend auf die Bemühungen um eine dezentralisierte E. auswirken.

Enklave bzw. *Exklave* ist das Gebiet innerhalb eines Staates, das zu einem anderen Staat gehört, ohne mit ihm territorial verbunden zu sein, z. B. das vom Schweizer Kanton Schaffhausen umgebene deutsche Dorf Büsingen: Es ist aus Schweizer Sicht eine Enklave, da es innerhalb des Schweizer Staatsgebietes, von der BR Deutschland aus gesehen eine Exklave, da es außerhalb des Bundesgebietes liegt.

Enquete-Kommission [von französisch enquête »Untersuchung«]: Im Unterschied zu den v. a. Mißstände oder politisch umstrittene Sachverhalte aufklärenden ↑ Untersuchungsausschüssen ist die E.-K. ein von politischer Seite, z. B. vom ↑ Bundestag berufenes Gremium, das nicht nur aus Abgeordneten bestehen muß und das schwierige und umfassende Themen (z. B. auswärtige Kulturpolitik, Fragen der Verfassungsreform, Frau und Gesellschaft) untersucht, um Vorschläge und Material für künftige Entscheidungen und Lösungen zu erarbeiten. Das Recht, Enquete-Kommissionen einzuberufen, wurde durch die kleine Parlamentsreform 1969 in die ↑ Geschäftsordnung des Deutschen Bundestages eingeführt. Eine E.-K. muß einberufen werden, wenn ein Viertel der Mitglieder des Bundestages es beantragt.

Enteignung: Der Gebrauch des privaten ↑ Eigentums durch den einzelnen soll zugleich auch dem Wohle der Allgemeinheit dienen (Sozialbindung). Der Gesetzgeber darf daher Inhalt und Schranken des Eigentums durch Gesetz bestimmen. Dazu gehört auch die Möglichkeit, wenn das Wohl der Allgemeinheit dies erfordert, das Eigentum gegen Entschädigung zu entziehen (Art. 14 Abs. 3 GG). Wird das Eigentum z. B. an einem Grundstück ganz entzogen, handelt es sich um eine Vollenteignung. Eine Beschränkung des Eigentumsgebrauchs kann dagegen eine entschädigungslos hinzunehmende Sozialbindung oder aber eine Teilenteignung darstellen; die Abgrenzung ist im Einzelfall oft schwierig. Der Verlust des Zuganges zu einem Grundstück z. B. stellt eine E. dar, eine Erschwerung des Zuganges jedoch nicht. Ein besonderer Fall ist der rechtswidrige Eingriff der ↑ öffentlichen Gewalt in Vermögensrechte, der im Falle seiner Rechtmäßigkeit die Merkmale der E. erfüllen würde. Dieser sogenannte *enteignungsgleiche Eingriff* verpflichtet ebenfalls zur Entschädigung.

Besondere Probleme bieten die in der DDR vorgenommenen Enteignungen. Sie sind nach bundesrepublikanischer Auffassung häufig rechtswidrig gewesen und sollen daher wieder rückgängig bzw. in bestimmten Fällen durch eine Entschädigung wiedergutgemacht werden.

Entflechtung ist die Auflösung von Unternehmenszusammenschlüssen; damit soll eine übermäßige ↑ Konzentration wirtschaftlicher Macht, bei der stets die Gefahr des Mißbrauchs besteht, verhindert werden. – ↑ auch Verflechtung.

Entfremdung: Zentraler, allerdings vieldeutiger philosophisch-anthropologischer Begriff bei verschiedenen Theoretikern der modernen Gesellschaft, der sich auf gesellschaftliche Prozesse wie psychische Zustände bezieht. In der wohl einflußreichsten Fassung des Begriffs, den Frühschriften (1844) von K. Marx, wird E. als notwendige Folge des ↑ Kapitalismus gesehen. Die Arbeit verliert hier ihren Charakter, eine wesentliche Ausdrucksform des Menschen zu sein; sie ist keine unmittelbare Lebensäußerung und Befriedigung eines menschlichen Bedürfnisses mehr; die durch Arbeit geschaffenen Güter treten den Produzenten als eine fremde Warenwelt gegenüber, die nicht mehr als selbstgeschaffen begriffen wird. – ↑ auch Arbeit, ↑ Arbeitsteilung.

Entkolonisation: Die einvernehmliche oder durch Revolution erfolgende Aufhebung der Kolonialherrschaft zur Erlangung der Freiheit für die Einwohner der Kolonialgebiete. E. ist auch die Übergabe der Macht an die vom Kolonialregime gebildeten einheimischen Kader. Grundlage der E. ist die Frage nach der Rechtmäßigkeit der ↑ Annexion überseeischer Gebiete sowie die Überlegung, daß es Aufgabe der Mutterländer sei, die Kolonien zur Selbständigkeit zu führen. Der zwischen den

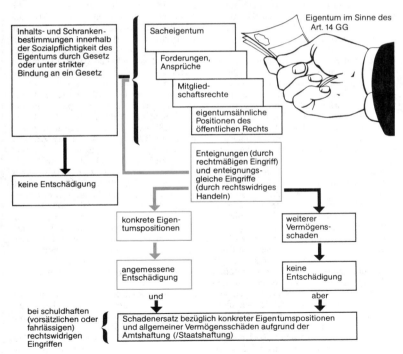

Enteignung. Öffentlich-rechtliche Entschädigung und Ersatzleistung bei Eingriffen in das Eigentum

beiden Weltkriegen nur langsam einsetzende Prozeß der E. mündete in den 1950er Jahren in eine Welle von Unabhängigkeitserklärungen. Grund und Veranlassung zur E. waren die Schwäche und der Prestigeverlust vieler europäischer Mächte durch Krieg und Besetzung sowie der wachsende Druck der öffentlichen Meinung und das steigende Selbstbewußtsein der Kolonialvölker selbst. − ↑ auch Imperialismus, ↑ Kolonialismus.

Entmilitarisierung ist im ↑ Völkerrecht die vertragliche Verpflichtung, in einem bestimmten Gebiet keine militärischen Kräfte, Anlagen und Waffen zu unterhalten. Sie wird aufgrund gegenseitiger Abmachungen vorgenommen oder dem Verlierer eines Krieges vom Sieger aufgezwungen (z. B. die E. des Rheinlandes im Versailler Vertrag). Eine entmilitarisierte Zone liegt meist in einem Grenzgebiet und dient als *Pufferzone*. Auch die Bildung einer *kernwaffenfreien Zone* ist eine Form der Entmilitarisierung.

Entschädigung ↑ Enteignung.

Entsorgung bezeichnet allgemein die ↑ Abfallentsorgung. Im engeren Sinne meint E. die schadlose Verwertung bzw. geordnete Beseitigung radioaktiver Reststoffe, die beim Betrieb von ↑ Kernreaktoren anfallen. Nach dem Entsorgungskonzept des Bundes sollten die abgebrannten Brennelemente der Reaktoren zunächst in einem mit Wasser gefüllten Becken zwischengelagert, in einer Wiederaufbereitungsanlage das noch enthaltene Uran und das neu entstandene Plutonium von den radioaktiven Abfallprodukten getrennt und daraus neue Brennelemente gefertigt werden. Die radioaktiven Abfälle sollen einer Behandlung (Konditionierung) mit dem Ziel unterzogen werden, sie zu konzentrieren und in ein stabiles, endlagerungsfähiges Produkt zu überführen, das in tiefen geologischen Salzformationen endgelagert werden soll. Nachdem sich der Bau der Wiederaufbereitungsanlage im bayrischen Wackersdorf jedoch nicht hat durchsetzen lassen und auch bisher nicht absehbar ist, daß die geplante Endlagerung im niedersächsischen Gorleben politisch realisiert werden kann, fehlt der in der BR Deutschland vom Atomgesetz geforderte Nachweis einer Entsorgungsmög-

lichkeit, was die Nutzung der Kernenergie problematisch macht.

Entspannungspolitik zielt allgemein auf einen Abbau von politischen und militärischen Spannungen zwischen Staaten oder Machtblöcken, seit den 1960er Jahren insbesondere auf eine Verminderung der Spannungen zwischen Ost und West (↑ kalter Krieg) und die Errichtung einer stabileren Friedensordnung. Der Höhepunkt der E. wurde 1975 durch die Unterzeichnung der Schlußakte der Konferenz über Sicherheit und Zusammenarbeit in Europa (↑ KSZE) in Helsinki erreicht. Die Entspannung darf nicht mit dem Ende der Gegensätze zwischen Ost und West verwechselt werden. Sie zielte in erster Linie auf die Vermeidung von Konfrontationen und auf Rüstungskontrolle zwischen den Supermächten, um den Frieden sicherer zu machen, nicht auf innenpolitische Wandlungen. Doch sollte auf der Grundlage eines umfassenden Gewaltverzichts die politische und wirtschaftliche Zusammenarbeit zwischen den Staaten der ↑ NATO und des ↑ Warschauer Pakts ausgeweitet werden und so über den ↑ Status quo in Europa hinausweisen.

Seit dem Ende der 1970er Jahre verstärkte sich die Kritik an der Entspannungspolitik. Gegen sie wurde eingewandt, daß sich die UdSSR, besonders durch ihre unverminderte Rüstung während der Zeit der E., einseitige Vorteile gegenüber dem Westen verschafft habe. Dennoch kam die E., jedenfalls in Europa, weiter voran. Dies lag v. a. an dem Wandel, den die mittel- und osteuropäischen Staaten in der zweiten Hälfte der 1980er Jahre durchmachten. Nach dem Zusammenbruch der kommunistischen Systeme und, damit verbunden, dem Wegfall des Ost-West-Gegensatzes, erklärten die europäischen Staaten in der ↑ Charta von Paris vom 21. November 1990 die Teilung Europas für überwunden. Mittel der E. sind:

1. *Rüstungskontrolle* (arms control): Sie zielt auf eine Stabilisierung des Rüstungsgleichgewichts und damit auf eine Beschränkung des Rüstungswettlaufs und sieht in der Existenz eines stabilen militärischen Gleichgewichts die Voraussetzung für den Frieden. Ergebnisse der verschiedenen Verhandlungen sind das ↑ Atomtest-

stoppabkommen, der † Atomwaffensperr-vertrag, der »Weltraumvertrag« von 1967 (der den Weltraum kernwaffenfrei hält), dem 1971 der »Meeresbodenvertrag« folgte. Ab 1969 fanden zwischen den USA und der UdSSR die † SALT (Strategic Arms Limitation Talks)-Gespräche statt, die 1972 zum Abschluß des SALT-I-Ver-trages führten, der eine Begrenzung der Anti-Raketen-Flugkörper-Systeme sowie der strategischen offensiven Nuklearwaf-fen enthielt. 1979 wurden im Rahmen der Verhandlungen über (den später nicht rati-fizierten) SALT-II-Vertrag die sog. † START-Verhandlungen geführt und ab 1985 bei den Genfer Abrüstungsverhand-lungen über die Begrenzung der gleichen Waffentypen gesprochen. Über die Redu-zierung der konventionellen Rüstung in Europa wird seit 1973 in Wien bei den † MBFR-Gesprächen verhandelt. Zu we-sentlichen Abrüstungserfolgen führten die Verhandlungen über die Mittelstreckenra-keten († INF) und über die konventionel-len Streitkräfte in Europa († VKSE) seit den Veränderungen in der Sowjetunion und den Ostblockstaaten in den Jahren 1989/90. – † auch Abrüstung.

2. *Krisenmanagement:* Es soll Konflikte noch vor dem Ausbruch der militärischen Feindseligkeiten verhindern oder steuern, z. B. durch »heiße Drähte«, Krisenstäbe, internationale Organisationen.

3. *Wirtschaftliche und technische Zusam-menarbeit:* Sie dient dazu, die wirtschaftli-chen Interessen beider Seiten zu fördern, den Handelsaustausch zu vergrößern und ein Netz wirtschaftlicher und technischer Abhängigkeiten zu knüpfen, um die Ge-biete der Zusammenarbeit möglichst aus-zuweiten.

4. *Kultureller Austausch und menschliche Erleichterungen:* Hierbei sollen das gegen-seitige Verständnis für die jeweiligen kultu-rellen Besonderheiten gefördert, Mißtrau-en abgebaut und die menschlichen Kon-takte verbessert werden.

Entwicklung bezeichnet einen Prozeß der Veränderung über einen bestimmten Zeitraum hinweg.

◊ Mit den psychischen (seelischen) E. eines Menschen im Laufe seines Lebens befaßt sich die Entwicklungspsychologie, wobei auf der einen Seite biologische Reifungs-

prozesse (körperliche und seelische Verän-derungen) Gegenstand der Forschung sind, andererseits Veränderungen, die auf Umwelteinflüsse zurückgehen, z. B. auf Lernvorgänge († auch Anpassung, † Sozia-lisation). Angelernte Verhaltensweisen, z. B. Reinlichkeit des Kleinkindes oder Spracherwerb, setzen voraus, daß be-stimmte körperliche Entwicklungen zuvor erfolgreich abgeschlossen sind (Funktions-reifung). Zumeist geht man in der Ent-wicklungspsychologie davon aus, daß sich die menschliche E. in der Aufeinanderfol-ge verschiedener Entwicklungsphasen vollzieht. Die einzelnen Phasen werden je-doch von verschiedenen Theoretikern un-terschiedlich festgesetzt und bezeichnet. Von besonderer Bedeutung sind u. a. frü-he Kindheit, † Pubertät und das Jugendal-ter. Lebensalter und Entwicklungsphasen müssen sich nicht unbedingt entsprechen, da sich die E. von Mensch zu Mensch un-terschiedlich vollzieht. Auch dürfen die Entwicklungsphasen nicht als starre, zeit-lich fixierbare Schemata aufgefaßt werden. ◊ In den Sozialwissenschaften spielt das Begriffspaar Entwicklung/Unterent-wicklung eine bedeutsame Rolle. Hierbei handelt es sich um die historische E. von Gesellschaften, wobei vielfach von der An-nahme ausgegangen wird, daß die gesell-schaftlichen Verhältnisse westlicher De-mokratien als allgemeiner Maßstab für E. dienen können. Aus dieser Sicht befinden sich die sog. † Entwicklungsländer in ei-nem Zustand der Unterentwicklung, und es erhebt sich die Frage, wie diese Unter-entwicklung in der † dritten Welt überwun-den werden kann († Entwicklungshilfe). Davon abgesehen bleibt es eine grundsätz-liche Frage, ob die E. der westlichen Staa-ten und Gesellschaften eine allgemeingülti-ge ist, die auch die Entwicklungsländer durchmachen sollten und nach der sich demzufolge auch die Entwicklungshilfe auszurichten hat, oder ob es so etwas wie eine eigenständige E. dieser Länder geben kann.

Entwicklungshilfe: Bezeichnung für al-le Maßnahmen privater und öffentlicher, nationaler und internationaler Organisa-tionen zur Unterstützung und Förderung der † Entwicklungsländer. 1989 flossen ca. 51,3 Mrd. Dollar öffentlicher Entwick-

Entwicklungshilfe

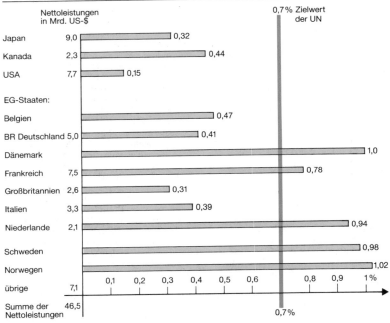

Entwicklungshilfe. Öffentliche Entwicklungshilfe westlicher Industrieländer in % des Bruttosozialprodukts (1989)

lungshilfeleistungen wie z. B. zinsverbilligte Kredite, nichtrückzahlbare Zuschüsse und technische Hilfsmaßnahmen an die Entwicklungsländer. Der Anteil der E. der westlichen Industrieländer ist jedoch immer noch verhältnismäßig gering: Für den gesamten Zeitraum der 1980er Jahre gaben sie durchschnittlich 0,35% ihres ↑ Bruttosozialprodukts für die E. aus; in der BR Deutschland betrug dieser Anteil 1989 0,41%.

Die Aufgaben auf dem Gebiet der E. werden in der BR Deutschland vom Bundesministerium für wirtschaftliche Zusammenarbeit (BMZ) wahrgenommen; das BMZ führt allerdings selbst keine Projekte und Programme der E. – heute ist auch der Begriff Entwicklungszusammenarbeit gebräuchlich – durch, sondern ist v. a. für Planung, Abstimmung und Verhandlungen mit den Entwicklungsländern, die Finanzierung, Steuerung und Koordinie-

rung mit nichtstaatlichen Organisationen sowie die Kontrolle der Verwendung der Mittel zuständig. Neben der bilateralen E. existiert auch eine multilaterale E., wie sie u. a. von der ↑ EG, regionalen Entwicklungsbanken und den ↑ UN betrieben wird. Wesentliche Bereiche der E. sind Landwirtschaft (Ernährungssicherung aus eigener Kraft), Nahrungsmittelhilfe, Wasserversorgung und Sanitärwesen, Energie, Bildung, Gesundheitswesen, Bevölkerungspolitik und Familienplanung. Eine besondere Bedeutung hat in den letzten Jahren der Umwelt- und Ressourcenschutz gewonnen, so etwa die Eindämmung des Raubbaus in den Tropenwäldern.

Trotzdem sind Sinn und Effektivität der E. nicht nur positiv einzuschätzen. Bereits in den 1970er Jahren wurde Kritik an der Praxis der E. laut, die sich angesichts der ↑ Schuldenkrise und der ↑ Hungerkatastrophe in den Entwicklungsländern sowie der Vergrößerung des ↑ Nord-Süd-Gefälles noch verschärft hat und heute vielfach in die Forderung nach einer neuen Weltwirtschaftsordnung mündet. In der kritischen Auseinandersetzung mit westlichen Entwicklungsstrategien wurde das Konzept der sog. *Self-reliance* entworfen, das auf das eigene Potential der Entwicklungsländer und auf einen für jedes Land individuellen, den jeweiligen Traditionen angepaßten Entwicklungsweg setzt. Eine Erweiterung dieses Konzepts ist die sog. *Collective Self-reliance,* die eine stärkere Zusammenarbeit der Entwicklungsländer untereinander, den Aufbau einer stärkeren (Verhandlungs-)Macht gegenüber den Industrieländern und eine teilweise Abkoppelung vom Weltmarkt fordert.

E. wurde auch als Instrument des ↑ kalten Krieges eingesetzt und diente der Sicherung von Einflußsphären, der Rohstoffversorgung und Exportförderung bzw. Markterschließung der Industrieländer. Daher wurde auch mit Rüstungslieferungen E. betrieben, was das Konfliktpotential in den Entwicklungsländern und den entsprechenden Weltregionen zum Schaden für die ganze Welt in erschreckendem Maße erhöht hat. – auch ↑ Deutscher Entwicklungsdienst, ↑ Entwicklungspolitik.

Entwicklungsländer: Eine einheitliche Definition des Begriffs E. gibt es nicht. Dies liegt an der Vielzahl der Faktoren, die zur Unterentwicklung eines Landes beitragen. Die Bezeichnung E. umfaßt große und kleine, rohstoffarme und rohstoffreiche, in ihrer Innen- und Außenpolitik unterschiedlich orientierte Staaten, die in ihrem Entwicklungsgrad stark differieren und – oft unzureichend – mit dem Begriff ↑ dritte Welt umschrieben werden. Aufgrund der geographischen Lage dieser dritten Welt (Afrika, Lateinamerika, Vorder- und Südostasien, Ferner Osten und Pazifikregion) hat man ihr spannungsreiches Verhältnis zu den reichen und hochentwickelten Industrieländern, die abgesehen von Australien, Neuseeland und Südafrika auf der nördlichen Hemisphäre liegen, als ↑ Nord-Süd-Konflikt bezeichnet. Meistens vereinen die E. eine Mehrzahl der folgenden Charakteristika für Unterentwicklung in mehr oder weniger stark

ausgeprägter Form: 1. ungenügende Versorgung mit Nahrungsmitteln; 2. niedriger Lebensstandard bei oft extrem ungleicher Verteilung der vorhandenen Güter und Dienstleistungen; 3. hohe offene und versteckte Arbeitslosigkeit; 4. wenig Bildungsmöglichkeiten und großer Mangel an qualifizierten Arbeits- und Führungskräften; 5. unzureichende Faktorausstattung (Mangel an Rohstoffen und wirtschaftlich nutzbarem Land, ungünstige ökologische Voraussetzungen wie nachteilige Klimabedingungen, Wassermangel u. a.); 6. niedriges Pro-Kopf-Einkommen; 7. geringe Sparfähigkeit und niedrige Investitionsquoten; 8. niedrige Kapitalausstattung und Arbeitsproduktivität; 9. geringe ↑ Diversifikation der Produktionsstruktur, oftmals Monokulturbildung im Exportsektor und deshalb außenwirtschaftliche Labilität bei Nachfrage- und Preisschwankungen; 10. starke Abhängigkeit der gesamten Wirtschaft (Exporterlöse, Staatseinnahmen und Löhne) von der Weltwirtschaft; 11. hohe Agrarquote (Beschäftigung des größten Teils der Bevölkerung in der Landwirtschaft); 12. hohe Konsumquote (d. h. hoher Verbrauchanteil von Nahrungsmitteln und einfachen Konsumgütern); 13. ungenügende Infrastruktur; 14. unzureichende medizinische Versorgung.

Die ↑ UN unterscheiden zwischen den sog. *LDC* (*L*ess *D*eveloped *C*ountries) und den *LLDC* (*L*east *D*eveloped *C*ountries), die inzwischen auch als ↑ vierte Welt bezeichnet werden. Die mit Abstand größte Gruppe der vom Wirtschafts- und Sozialrat der UN als LLDC eingestuften Länder liegt in Afrika. Die Weltbank, der wichtigste Kreditgeber für die E., differenziert zwischen sog. *LIC* (*L*ow-*I*ncome *C*ountries) und *MIC* (*M*iddle-*I*ncome *C*ountries), unterscheidet damit nach dem Pro-Kopf-Einkommen eines Landes. Dieses Kriterium hat jedoch große Schwächen, denn Länder mit ähnlich hohem Pro-Kopf-Einkommen haben recht oft ohne weiteres das gleiche Entwicklungsniveau. Dies zeigt sich besonders bei den ↑ OPEC-Staaten, die aufgrund ihres Erdölreichtums teilweise das höchste Pro-Kopf-Einkommen der Welt aufweisen, trotzdem aber nur mangelhaft in der Lage sind, sich durch eigenständige Entfaltung der Produktivkräfte mit lebenswichtigen materiellen Gütern und Dienstleistungen zu versorgen. Ähnliches gilt z. T. für die sog. ↑ Schwellenländer oder *NIC* (*N*ewly *I*ndustrializing *C*ountries), deren Einstufung ebenfalls problematisch ist. Die Situation der E. hat sich in den letzten

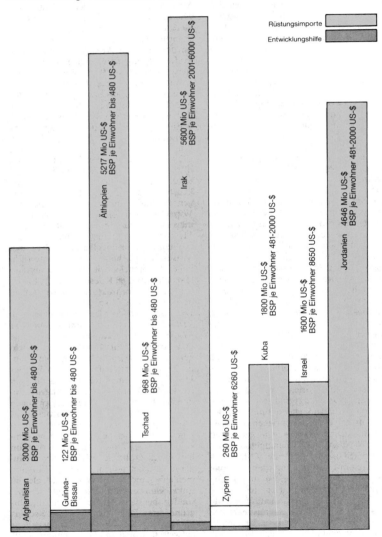

Rüstungsimporte

Entwicklungshilfe

Afghanistan 3000 Mio US-$ BSP je Einwohner bis 480 US-$

Guinea-Bissau 122 Mio US-$ BSP je Einwohner bis 480 US-$

Äthiopien 5217 Mio US-$ BSP je Einwohner bis 480 US-$

Tschad 968 Mio US-$ BSP je Einwohner bis 480 US-$

Irak 5600 Mio US-$ BSP je Einwohner 2001-6000 US-$

Zypern 260 Mio US-$ BSP je Einwohner 6260 US-$

Kuba 1800 Mio US-$ BSP je Einwohner 481-2000 US-$

Israel 1600 Mio US-$ BSP je Einwohner 8650 US-$

Jordanien 4646 Mio US-$ BSP je Einwohner 481-2000 US-$

Entwicklungsländer. Die Rüstungsimporte einiger Entwicklungsländer im Verhältnis zur öffentlichen Entwicklungshilfe 1987

Jahren insbesondere aufgrund der ↑ Bevölkerungsexplosion, der ↑ Hungerkatastrophen und der ↑ Schuldenkrise dramatisch verschlechtert. Die ↑ Entwicklungshilfe hat oftmals nicht die gewünschten oder erwarteten Folgen gezeitigt. Die E. haben sich, um ihre Interessen gemeinsam zu vertreten, in der »Gruppe der 77« zusammengeschlossen; die ↑ AKP-Staaten haben im Rahmen der sog. Lomé-Abkommen I bis IV besondere Handels- und Kooperationsbeziehungen mit der EWG vereinbart.

Entwicklungspolitik: Alle Maßnahmen, die zu sozialem Fortschritt und zu einer anhaltenden Erhöhung des Pro-Kopf-Einkommens in den ↑ Entwicklungsländern führen. Ziel der E. ist es, auf der Grundlage von Solidarität und Partnerschaft den Völkern einen Weg zu weisen, wie sie sich selbst helfen können, damit sie sozial und wirtschaftlich aufholen, ihre Gesellschaft nach eigenen Zielen modernisieren und in der weltweiten ↑ Interdependenz über die gemeinsame Zukunft mitbestimmen. Die E. soll auch als Mittel dafür eingesetzt werden, daß in den Entwicklungsländern die Menschenrechte stärker als bisher gewährt werden. − ↑ auch Entwicklungshilfe.

Enzyklika [griechisch »Rundschreiben«]: Bezeichnung für belehrende Schreiben des Papstes an die gesamte Kirche. Enzykliken werden mit ihren lateinischen Anfangsworten zitiert (z. B. *Mater et magistra*).

EPZ ↑ Europäische Politische Zusammenarbeit.

Erbrecht: Summe der Rechtsnormen, welche die privatrechtlichen und vermögensrechtlichen Folgen des Todes eines Menschen regeln. Das E. ist ein Teil des bürgerlichen Rechts, im wesentlichen im 5. Buch des BGB geregelt und gekennzeichnet durch die Prinzipien der Familienerbfolge, der Testierfreiheit und der Gesamtrechtsnachfolge.

Das bei der gesetzlichen Erbfolge geltende Prinzip der Familienerbfolge besagt, daß die Verwandten und der überlebende Ehegatte Erben sind. Den Kreis aller Verwandten teilt das Gesetz − nach der Nähe des Erblassers − in abgestufte Ordnungen ein *(Parentelsystem, d. h. Elternsystem):* Zur ersten Ordnung gehören alle Abkömmlinge des Erblassers (Kinder, Enkel), zur zweiten Ordnung seine Eltern und deren Abkömmlinge (also die Geschwister des Erblassers und deren Kinder), zur dritten die Großeltern bzw. deren Abkömmlinge. Kein Verwandter einer entfernteren Ordnung wird Erbe, solange ein Verwandter einer vorhergehenden Ordnung vorhanden ist. Innerhalb einer Ordnung erben Geschwister zu gleichen Teilen.

Aufgrund der Testierfreiheit kann der Erblasser durch Verfügung von Todes wegen (↑ Testament) von der gesetzlichen Erbfolge abweichen und den Erben selbst frei bestimmen (gewillkürte Erbfolge) bzw. Vermächtnisse bestimmen, die der Erbe zu erfüllen hat. Die nächsten gesetzlichen Erben sind durch ein Pflichtteilsrecht (die rechnerische Hälfte des Wertes des gesetzlichen Erbteils) vor völliger Enterbung geschützt.

Nach dem Grundsatz der Gesamtrechtsnachfolge (Universalsukzession) gehen die gesamten vermögensrechtlichen Beziehungen eines Verstorbenen mit seinem Tode kraft Gesetz ohne Einzelübertragung auf die Erben über, die die Erbschaft jedoch ausschlagen können. − Abb. S. 108.

Erbschaftsteuer ↑ Steuern.

Erlaß: Innerbehördliche Anweisung an die untergeordneten Dienststellen über die Handhabung bestimmter Rechtsvorschriften.

Ermächtigung ist die Befugnis, ein fremdes Recht in eigenem Namen auszuüben oder geltend zu machen. − ↑ auch Vollmacht.

Ermächtigungsgesetze sind Gesetze, die einem nicht zuständigen Staatsorgan die Befugnis einräumen, Rechtssätze außerhalb des ordentlichen Verfahrens der ↑ Gesetzgebung zu erlassen. E. wurden seit dem 1. Weltkrieg zur Überwindung akuter politischer und wirtschaftlich-sozialer Notstände gebräuchlich. Das Ermächtigungsgesetz des Reichstags vom 24. März 1933 (»Gesetz zur Behebung der Not von Volk und Reich«) für die Reichsregierung bildete die rechtliche Grundlage der nationalsozialistischen Diktatur. In der BR Deutschland sind E. verfassungsrechtlich verboten (Art. 80 Abs. 1 GG). Die Bundesregierung, einzelne Bundesminister oder Landesregierungen können im engen

Rahmen ermächtigt werden, ↑ Rechtsverordnungen zu erlassen. – ↑ auch Notverordnung, ↑ Gesetzgebungsnotstand.

Ermessen: Als E. bezeichnet man die den Verwaltungsbehörden vom Gesetzgeber eingeräumte Befugnis, unter mehreren zulässigen Entscheidungen eine auszuwählen. Im Gegensatz zu den gesetzlichen Regelungen, die der Behörde eine bestimmte Entscheidung vorschreiben, wenn die in der Vorschrift umschriebenen Voraussetzungen erfüllt sind (»Mußvorschriften«), geben Ermessensvorschriften ihr die Möglichkeit, z. B. nach Zweckmäßigkeitsgesichtspunkten zu entscheiden, ob und wie sie tätig werden will. E. wird meist durch Formulierungen wie »kann« oder »darf« eingeräumt. Die Ausübung des E. ist niemals völlig frei, sondern muß sich immer im Rahmen der Gesetze halten; die Gerichte können Ermessensentscheidungen aber nur auf Rechtsverletzungen überprüfen.

Ermittlungsverfahren führt bei Verdacht einer ↑ Straftat die ↑ Staatsanwaltschaft (mit der ↑ Polizei) bis zur ↑ Anklage.

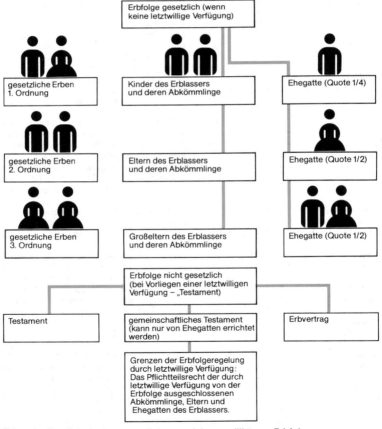

Erbfolge gesetzlich (wenn keine letztwillige Verfügung)

gesetzliche Erben 1. Ordnung

Kinder des Erblassers und deren Abkömmlinge

Ehegatte (Quote 1/4)

gesetzliche Erben 2. Ordnung

Eltern des Erblassers und deren Abkömmlinge

Ehegatte (Quote 1/2)

gesetzliche Erben 3. Ordnung

Großeltern des Erblassers und deren Abkömmlinge

Ehegatte (Quote 1/2)

Erbfolge nicht gesetzlich (bei Vorliegen einer letztwilligen Verfügung – „Testament)

Testament

gemeinschaftliches Testament (kann nur von Ehegatten errichtet werden)

Erbvertrag

Grenzen der Erbfolgeregelung durch letztwillige Verfügung: Das Pflichtteilsrecht der durch letztwillige Verfügung von der Erbfolge ausgeschlossenen Abkömmlinge, Eltern und Ehegatten des Erblassers.

Erbrecht. Das Prinzip der gesetzlichen und der gewillkürten Erbfolge

Es besteht Verfolgungszwang; das E. umfaßt be- und entlastende Umstände.

Ernährung: Im weiteren Sinn die Zufuhr der zur Lebenserhaltung, zum Wachstum und zur Fortpflanzung von Lebewesen notwendigen Stoffe in fester und flüssiger Form; im wirtschaftlichen Sprachgebrauch bezogen auf die zur Erhaltung der menschlichen Arbeitskraft benötigten Nahrungsmittel (in Kalorien oder Joule gemessen). Während früher eine ausreichende E. der arbeitenden Bevölkerung entweder durch Agrarkrisen oder aber durch ein unter dem ↑ Existenzminimum liegendes Lohnniveau häufig nicht möglich war, ist heute die E. in den meisten Industriestaaten kein Problem des Mangels mehr, sondern eher des Überschusses. Die Versorgung mit Nahrungsmitteln ist durch weitgehende Mechanisierung, Spezialisierung und Konzentration in der Landwirtschaft sowie durch den Außenhandel (Nahrungsmittelimporte) gesichert, und die Zusammensetzung der E. hängt, insbesondere was Genußmittel anbelangt, in zunehmendem Maße von der Werbung ab. Die Nahrungsmittel haben, da inzwischen in den hochentwickelten Ländern reichlich vorhanden, den Charakter eines besonderen, wertvollen Gutes abgelegt, der ihnen in früheren Zeiten des Mangels anhaftete. Sie sind zur gewöhnlichen Ware geworden, wie die häufig zur Aufrechterhaltung der Preise im Rahmen der ↑ Europäischen Gemeinschaft unternommenen Nahrungsmittelvernichtungen zeigen. Bei Betrachtung der Welternährungssituation ergeben sich dagegen dringendere Probleme. In den Ländern der ↑ dritten Welt (z. B. in Indien, vielen Staaten Afrikas und Lateinamerikas) wächst die Nahrungsmittelproduktion langsamer als die ohnehin bereits zu einem Großteil am Existenzminimum stehende Bevölkerung. Wenn es nicht innerhalb der nächsten Jahre gelingt, die Hindernisse für eine Steigerung der Nahrungsmittelproduktion zu beseitigen (rückständige Agrartechnik, überkommene Agrarstruktur, fehlende Bewässerung, mangelnde Schädlingsbekämpfung) oder aber durch Geburtenkontrolle die ↑ Bevölkerungsexplosion einzudämmen, droht in der dritten Welt eine ↑ Hungerkatastrophe bisher unbekannten Ausmaßes, die auch durch zusätzliche Nahrungsmittellieferungen der agrarischen Überschußländer im Rahmen der ↑ Entwicklungshilfe nicht verhindert werden kann.

ERP [Abk. für englisch European Recovery Program »Europäisches Wiederaufbauprogramm«]: Vom amerikanischen Außenminister George C. Marshall (daher auch: *Marshallplan*) 1947 angeregte Wirtschaftshilfe für (West-)Europa, bestehend aus Sachlieferungen und Krediten. Die Hilfe kurbelte den wirtschaftlichen Wiederaufbau an, insbesondere auch in der BR Deutschland, die bis 1957 1,7 Mrd. Dollar erhielt und daraus Investitionsfonds (ERP-Fonds) anlegen konnte, die v. a. der Grundstoffindustrie, der Landwirtschaft, dem Verkehrswesen und dem Wohnungsbau, der Forschung und der Exportförderung zugute kamen. − ↑ auch OECD.

Erpressung ist die Vermögensschädigung eines anderen zum eigenen Vorteil mit den Zwangsmitteln der Nötigung.

Ersatzdienst ↑ Zivildienst.

Ersatzkassen ↑ Krankenkassen.

Erschließung bezeichnet alle Maßnahmen, die dem Anschluß von Grundstücken an Verkehrs- und Versorgungsanlagen dienen, z. B. der Bau von Straßen und Wegen, die Herstellung von Anlagen zur Be- und Entwässerung. Hierfür erheben die Gemeinden einen Erschließungsbeitrag. Die Zulassung von Bauvorhaben hängt u. a. davon ab, daß die E. gesichert ist.

Erststimme ↑ Bundestagswahl.

Erwachsenenbildung ↑ Weiterbildung.

Erwerbstätigkeit ist jede Tätigkeit, die auf ein Geldeinkommen ausgerichtet ist. Den Anteil der Erwerbstätigen plus der Erwerbslosen (↑ Arbeitslosigkeit) an der Wohnbevölkerung nennt man *Erwerbsquote.* Von 1960 bis 1978 ist diese in der BR Deutschland ständig gefallen, da sich durch verlängerte Ausbildungszeiten der Eintritt der Jugendlichen in das Erwerbsleben verschiebt und der Anteil der aus dem Erwerbsleben ausscheidenden Älteren wächst. Seit 1979 steigt sie durch die verstärkte Berufstätigkeit der Frauen. Die Erwerbsstruktur hat sich stark geändert, so hat z. B. die Zahl der Selbständigen ab- und die Zahl der Angestellten zugenommen.

Erwerbsunfähigkeit (früher: *Invalidität)* liegt vor, wenn aufgrund geistiger oder körperlicher Gebrechen eine regelmäßige ↑ Erwerbstätigkeit unmöglich ist. Seit der Rentenreform 1957 wird zwischen E. und *Berufsunfähigkeit* differenziert. Damit soll berücksichtigt werden, daß es Rentenversicherte gibt, die trotz einer Minderung ihrer Erwerbsfähigkeit noch in der Lage sind, erwerbstätig zu sein und Einkommen für ihren Unterhalt zu erzielen. Rente wegen Berufsunfähigkeit wird gewährt bei einer Einbuße der Erwerbsfähigkeit im bisherigen oder einem zumutbaren Beruf um mehr als die Hälfte; Rente wegen E. erhält der Versicherte dagegen erst, wenn er auf nicht absehbare Zeit eine Erwerbstätigkeit in gewisser Regelmäßigkeit nicht mehr ausüben oder nur geringfügige Einkünfte erzielen kann.

Erziehung bezeichnet das bewußte Einwirken von einem oder mehreren Erziehern auf einen anderen Menschen mit der Absicht, dessen Können, Verhalten, Einstellungen und Fertigkeiten unter Berücksichtigung seiner menschlichen Eigenart dauerhaft zu lenken und zu fördern. Das Ziel ist die Persönlichkeitsbildung des zu Erziehenden und sein Hineinwachsen in die Gesellschaft (Sozialerziehung). Insofern ist E. ein Teilprozeß der ↑ Sozialisation; dem zu Erziehenden werden die in seiner Umwelt als notwendig und normal erachteten ↑ Verhaltensweisen als Werte vorgestellt; er soll die Verhaltenserwartungen (= Normen) seiner sozialen Umwelt als begründet anerkennen und in bewußter Entscheidung erfüllen. Die geplanten und gesteuerten Erziehungsprozesse sind einbezogen in die Gesamtheit weiterer Einflüsse der Umwelt auf den zu Erziehenden. Denn nicht nur der bewußte, sondern auch der unbewußte Einfluß, den Menschen, die Gesellschaft oder die Umwelt insgesamt auf den Heranwachsenden ausüben, gewinnen für seine E. Bedeutung (funktionale E.). Die ökonomischen Bedingungen und die Zugehörigkeit zu einer bestimmten Schicht gelten in manchen Erziehungstheorien als die entscheidenden Erziehungsfaktoren. Indem der Heranwachsende in zunehmendem Maße befähigt wird, seine Erfahrungen zu verarbeiten und Folgerungen für sein Verhalten

daraus zu ziehen, kann neben die Fremderziehung die Selbsterziehung treten. Was man sich für eine Vorstellung von E. macht, hängt eng zusammen mit den angestrebten Erziehungszielen und wird auch durch das jeweilige Gesellschaftssystem mitgeprägt. Autoritäre E. z. B., die unbedingten Gehorsam erzwingen will, kann nicht zu einem freien Menschen heranbilden. Der so Erzogene wird sich später entweder fraglos und unkritisch überall anpassen oder gegen jegliche Autorität auflehnen. Jede einseitige E., sei sie autoritär oder antiautoritär, wirkt sich negativ aus. Ist das Erziehungsziel der freie, selbstbewußte Mensch, so muß der Erzieher die Grenzen seines Eingreifens klar sehen und deshalb Führen und Wachsenlassen sinnvoll verbinden, damit die persönliche Eigenart des zu Erziehenden sich ungestört entwickeln kann. Auch dürfen die Erziehungsmittel nie zum Selbstzweck werden. Träger der E. sind beim Kind vorrangig die ↑ Familie, die ↑ Peer-group, die Schule und die Kirche; später treten verschiedene Bildungseinrichtungen, auch Parteien, die Berufswelt und die Massenmedien als Beeinflussungsfaktoren hinzu.

Erziehungsberatung wird von ↑ Jugendämtern, Kirchen oder ↑ Wohlfahrtsverbänden durchgeführt. Die Erziehungsberater versuchen bei Lern- und Verhaltensschwierigkeiten von Kindern helfend einzugreifen.

Erziehungsdiktatur: Moderne ↑ Diktaturen rechtfertigen ihre Unterdrückungsmaßnahmen vielfach mit dem Hinweis auf die Notwendigkeit, gerechtere gesellschaftliche Verhältnisse und – als eine Voraussetzung dafür – »bessere« (z. B. kommunistische) Menschen zu schaffen. Die diktatorische Gewaltausübung dient hier einer umfassenden Umerziehung des Menschen.

Erziehungsgeld wird nach dem Bundeserziehungsgeldgesetz vom 6. Dezember 1985 in der Neufassung vom 25. Juli 1989 an den selbst erziehenden Elternteil gezahlt. Das E. beträgt für die ersten sechs Lebensmonate des Kindes, unabhängig vom Einkommen, 600 DM monatlich; vom 7. bis zum 18. Monat wird das eine Mindestgrenze überschreitende Einkommen in Anrechnung gebracht. Voraussetzung ist, daß die erziehende Person (Mutter/Vater oder Sorgeberechtigter) keine volle Erwerbstätigkeit ausübt. – ↑ auch Erziehungsurlaub.

Erziehungsurlaub wird einem Arbeitnehmer für die ersten 3 Lebensjahre eines Kindes gewährt und zwar auch dann, wenn er verheiratet ist und sein Ehegatte mit im Haushalt lebt, aber arbeitslos ist oder sich noch in Ausbildung befindet. Etwas anderes gilt nur, wenn der Ehegatte aus anderen Gründen nicht erwerbstätig ist. Während des E. genießt der Arbeitnehmer Kündigungsschutz. Der Anspruch auf E. richtet sich grundsätzlich nach der Berechtigung, ↑ Erziehungsgeld zu empfangen.

Eskalation [von lateinisch scala »Leiter, Treppe«]: Zuspitzung eines politischen Konflikts; militärisch die Steigerung einer bewaffneten Auseinandersetzung, möglicherweise bis zum Atomkrieg.

Establishment [englisch »Einrichtung, Festsetzung«] bezeichnete ursprünglich das Verhältnis der Kirche zum Staat in England und wird heute als polemisches Schlagwort für die Inhaber politischer, wirtschaftlicher und kultureller Schlüsselpositionen verwendet.

Etat ↑ Haushaltsplan.

Etatrecht: Recht des Parlaments, der Regierung die notwendigen Gelder für ihre Politik zu bewilligen oder zu verweigern. Das E. gehört zu den klassischen parlamentarischen Kontrollmitteln und ist eines der wichtigsten Rechte des Parlaments. – ↑ auch Haushaltsplan.

Ethik [griechisch »Sitte, Gesinnung«]: Lehre vom richtigen und verantwortlichen Handeln unter Berücksichtigung der dahinter stehenden Gesinnung *(Gesinnungsethik)* bzw. der damit erzielten Wirkung *(Erfolgsethik).* E. beschreibt die Spannung zwischen allgemeinen Normen (bestimmten Werthaltungen und -gesetzlichkeiten) und besonderen Handlungen der Menschen. – ↑ auch Verantwortungsethik.

Die *religiöse Ethik* leitet die Handlungsnormen von der Anerkennung einer außermenschlichen absoluten (von Gott gegebenen) Wertewelt ab, die Berücksichtigung bei den menschlichen Handlungen fordert. In der christlichen Ethik gilt der alttestamentliche Gebots- u. Verbotskata-

log (u. a. im Dekalog) als überwunden durch das Gebot Jesu zur Gottes- und Nächstenliebe (Matth. 22, 37–40).

Die *philosophische Ethik* versuchte einerseits, das Gemeinsame aller sittlichen Handlungen auf einen einheitlichen Wert zurückzuführen (z. B. die Lust im Hedonismus, die Glückseligkeit im Eudämonismus oder den allgemeinen Nutzen im Utilitarismus). Andererseits wurde im naturrechtlichen Denken von der Stoa bis zur Aufklärung versucht, aus der individuellen und sozialen Natur des Menschen und der ihn umgebenden Welt allgemeine Werte und Normen abzuleiten, die schließlich in der Formulierung der ↑ Menschen- und ↑ Bürgerrechte zur Grundlage des modernen Staatsdenkens geworden sind. Diesen Versuchen gegenüber steht die Bemühung I. Kants (1724–1804), eine aus der Vernunft begründete Achtung vor dem allgemeinen Gesetz zu finden, aus der sich die Normen menschlichen Handelns ergeben; so formulierte er im *kategorischen Imperativ:* »Handle nur nach derjenigen Maxime, von der du zugleich wollen kannst, daß sie allgemeines Gesetz werde.«

Die philosophischen und religiösen Bemühungen waren immer auch Grundlage einer *politischen Ethik,* bei der verstärkt der Zusammenhang zwischen dem angestrebten Ziel und den angewandten Mitteln in den Mittelpunkt der Betrachtung rückt. So leugnet z. B. der florentinische Staatstheoretiker N. Machiavelli (1469–1527), daß die Handlungen des Fürsten sich nach den üblichen sittlichen Vorstellungen zu richten hätten. Demnach kann in der machtpolitischen Auseinandersetzung nach einer Erfolgsethik verfahren werden (↑ Staatsräson), die den Einsatz von Mitteln nicht nach einer ethischen Norm, sondern nach dem zu erreichenden Ziel bestimmt (»Der Zweck heiligt die Mittel«). In der Gegenwart wird v. a. auf den sozialen Hintergrund und den interessengebundenen Charakter ethischer Normen hingewiesen.

Ethnologie [von griechisch éthnos »Volk«]: (Vergleichende) Völkerkunde, die v. a. durch Untersuchungen primitiver Völker wichtige Erkenntnisse für das Verständnis der Entwicklung der modernen Gesellschaft gewinnt.

Gesamtbevölkerung, Fläche, Bevölkerungsdichte (1987)			
Land	Bevölkerung (in 1000)	Fläche (in 1000 km²)	Einwohner (pro km²)
Belgien	9870	31	324
Dänemark	5127	43	119
Deutschland (alt)	61199	249	246
Griechenland	9990	132	76
Spanien	38832	505	77
Frankreich	55630	544	102
Irland	3543	69	50
Italien	57345	301	191
Luxemburg	372	2,6	143
Niederlande	14665	42	349
Portugal	10250	92	111
Großbritannien	56930	244	233
Die 12 EG-Staaten	323700	2250	144
USA	243800	9400	26
UdSSR	283100	22400	13
Japan	122100	372	328
Welt	5024000	135800	37

Europäische Gemeinschaft. Die Staaten der EG im Vergleich

Ethos [griechisch »Gewohnheit, Sitte«]: Moralische Haltung, sittliche Lebensgrundsätze (↑ Ethik) eines Menschen oder einer Gesellschaft, die die Grundlage des Wollens und Handelns bilden.

EURATOM ↑ Europäische Gemeinschaft.

Eurokommunismus: Regionale Sonderentwicklung des ↑ Kommunismus, die sich vom »real existierenden Sozialismus« in Osteuropa in den 1970er Jahren deutlich abzugrenzen begann. Die kommunistischen Parteien Italiens, Spaniens und Frankreichs bekannten sich im Gegensatz zum sowjetischen Kommunismus zu den Prinzipien eines pluralistischen Sozialismus und zu den Grundrechten und Freiheiten der bürgerlichen Demokratie.

Europäische Atomgemeinschaft ↑ Europäische Gemeinschaft.

Europäische Bewegung: Aus internationalen Verbänden und nationalen Räten zusammengesetzte Organisation mit Sitz in Brüssel. Anknüpfend an die *Paneuropa-Bewegung* und die übernationalen Reformimpulse der Widerstandsbewegungen im 2. Weltkrieg, verabschiedeten auf einem Kongreß in Den Haag 1948 sechs europäische Vereinigungen, die die wirtschaftlichen und gewerkschaftlichen Kräfte sowie die sozialistischen und christlich-demokratischen Parteien der Partnerländer vertraten, ein Kompromißprogramm, das die Basis der E. B. wurde. Ziel der Bewegung ist die Schaffung der Vereinigten Staaten von Europa. Politisch hat die E. B. in den Anfangsjahren der ↑ europäischen Einigung nach dem 2. Weltkrieg v. a. zur Gründung des ↑ Europarats und der ↑ Europäischen Gemeinschaft beigetragen.

europäische Einigung: Ein vom Europagedanken, der Vorstellung von Europa als einer kulturellen und politischen Einheit ausgehender Zusammenschluß europäischer Staaten, zuerst von der *Paneuropa-Bewegung* propagiert, nach 1945 v. a. von Frankreich betrieben, aber infolge des Ost-West-Gegensatzes zunächst auf Westeuropa beschränkt. Eine Einigung im Sinne eines Zusammenschlusses auf politischem und wirtschaftlichem Gebiet streben die westeuropäischen Staaten nicht zuletzt deswegen an, weil sie angesichts des erheblichen Einflusses der USA und der UdSSR auf das Weltgeschehen nur dann eine selbständige Rolle spielen können, wenn sie mit *einer* Stimme sprechen.

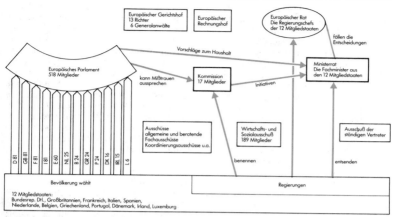

Europäische Gemeinschaft. Aufbau ihrer Organe

Heute, nach dem Zusammenbruch der kommunistischen Systeme in Osteuropa, stellt sich die Frage der e. E. in einem über Westeuropa hinausgehenden Rahmen neu.
Europäische Freihandelszone ↑ EFTA.
Europäische Gemeinschaft (EG): Zusammenschluß von zunächst sechs europäischen Staaten, die dem Plan des französischen Außenministers R. Schuman vom 9. Mai 1950 zur Schaffung eines gemeinsamen Marktes für Kohle und Stahl zustimmten. Unter der Leitung des französischen Wirtschaftspolitikers J. Monnet erarbeiteten die Bevollmächtigten Frankreichs, Italiens, der BR Deutschland, Belgiens, der Niederlande und Luxemburgs den Vertrag zur Gründung der *Europäischen Gemeinschaft für Kohle und Stahl (EGKS)*, der Mitte 1952 für diese Montanunion in Kraft trat. Die Mitgliedstaaten verpflichteten sich im Bereich von Kohle, Stahl, Eisenerz und Schrott zum schrittweisen Abbau der Zölle, der mengenmäßigen Beschränkungen der Preis- und Frachtdiskriminierungen, der Grenzabfertigungsgebühren und Währungsbeschränkungen. Die EGKS entwickelte eine gemeinsame Industriepolitik für Kohle und Stahl und schuf erstmals Kartellrechtsvorschriften auf europäischer Ebene. Zusammen mit einem gemeinsamen Außenzolltarif ermöglichte dies die rationale Entwicklung der Produktion in den Mitgliedstaaten und entzerrte den Wettbewerb, der in diesem Wirtschaftszweig teilweise ruinös geworden war. Die Einführung der ↑ Freizügigkeit für die Montanarbeiter sowie die Unterstützung von Forschungen auf dem Gebiete des Gesundheitswesens und der Arbeitssicherheit führten zu einer wesentlichen Verbesserung im sozialen Bereich. Die Finanzierung der Gemeinschaftsaufgaben wurde durch Erhebung einer Umlage auf den Umsatz der Kohle- und Stahlerzeuger sichergestellt, die man als die erste »europäische Steuer« bezeichnet hat.
Die guten Erfahrungen bei der Zusammenarbeit in der EGKS bewogen die Regierungen der Mitgliedstaaten, angesichts des wirtschaftlichen Drucks anderer großer Industrienationen auch für die übrigen Wirtschaftszweige eine gemeinsame Lösung anzustreben. Unter Leitung des Belgiers P. H. Spaak wurden zur Fortsetzung der europäischen Integration zwei neue Verträge ausgearbeitet, welche am 25. März 1957 in Rom (↑ Römische Verträge) von den Regierungen der sechs Mitgliedstaaten unterzeichnet worden sind. Dies war die Gründung der *Europäischen Wirtschaftsgemeinschaft (EWG)* und der *Europäischen Atomgemeinschaft (EU-*

113

RATOM). Die Vertragsstaaten verpflichteten sich, untereinander alle Zoll- und sonstigen Handelsschranken schrittweise abzubauen, und schufen gegenüber Drittländern einen gemeinsamen Außenzolltarif. Diese Zollunion war der Beginn der wirtschaftlichen Integration, der eine Wirtschafts- und Währungsunion folgen soll. Die nunmehr zwölf Mitgliedstaaten (außer den Gründungsstaaten: Dänemark, Griechenland, Großbritannien, Irland, Portugal, Spanien) haben sich verpflichtet, für ihre Wirtschaft gemeinsame Regeln und Normen zu entwickeln. Dies bedingt die Verfolgung einer gemeinsamen Politik in Wirtschaft und Währung, Landwirtschaft, Handel, Wissenschaft und Technologie, Verkehr, Regional- und Sozialpolitik, Umwelt und Energie sowie ein gemeinsames Vorgehen bei der Außenpolitik.

1965 fusionierten die Organe der drei europäischen Gemeinschaften zu einer einheitlichen EG. Beschlüsse der EG werden seitdem vom Rat der EG (Ministerrat) gefaßt. Sie können Empfehlungen an die Mitgliedstaaten oder verbindliche Richtlinien für sie enthalten, oder aber Verordnungen sein, die z. B. auf dem Gebiet der Landwirtschaft oder der Freizügigkeit der Arbeitnehmer für alle Bürger der EG angehörenden Staaten unmittelbar gelten. Die Beschlüsse werden vorbereitet von der ↑ Europäischen Kommission, der auch die Ausführung obliegt. Die Kommission wird von einem Wirtschafts- und Sozialausschuß beraten. Die Organe der EG werden vom ↑ Europäischen Parlament und vom ↑ Europäischen Gerichtshof kontrolliert.

Die EG unterhält mit rund 90 Ländern diplomatische Beziehungen. Sie ist durch Assoziationsabkommen u. a. mit der Türkei und Malta, durch Handelsabkommen mit Drittländern verbunden. Mit den Ländern der Europäischen Freihandelszone (↑ EFTA) und anderen bestehen Freihandelsabkommen.

Eine neue Dynamik gewann die EG mit dem von der Europäischen Kommission 1985 vorgelegten Programm, das die Verwirklichung des Binnenmarktes bis zum 31. Dezember 1992 vorsieht. Durch die in diesem Zusammenhang verabschiedete *Einheitliche Europäische Akte* (EEA) er-

hielt die EG neue bzw. ausdrücklich fixierte Kompetenzen in den Bereichen Regionalpolitik, Forschungs- und Technologiepolitik und der Umweltpolitik; ferner sollen nunmehr auch auf dem Gebiet der Außenpolitik durch die sog. ↑ Europäische Politische Zusammenarbeit (EPZ) der Außenminister gemeinsame Standpunkte festgelegt werden, um den europäischen Einfluß in der Welt zu stärken. Die EG befindet sich auf dem Weg von einer bloßen Wirtschaftsgemeinschaft zur politischen Union. Nach dem Zusammenbruch der kommunistischen Systeme im Ostblock zeichnet sich eine neue Entwicklung für sie ab, da nun weitere, auch osteuropäische Staaten um Aufnahme in die EG nachsuchen werden. Die Mitgliedschaft der BR Deutschland schließt seit der ↑ Wiedervereinigung das Gebiet der ehemaligen DDR ein.

Mit dem Beschluß zur Bildung einer Wirtschafts- und Währungsunion (↑ Europäische Wirtschafts- und Währungsunion) sowie einer politischen Union am 7. 2. 1992 in Maastricht erhielt die EG eine Vielzahl neuer Zuständigkeiten, z. B. auf den Gebieten der Außen- und Sicherheitspolitik sowie der Industrie-, Verbraucherschutz-, Verkehrs-, der Innen-, Justiz-, Bildungs- und Sozialpolitik. Die Kontrollrechte des ↑ Europäischen Parlaments wurden ausgeweitet. Es erhielt in einigen Bereichen ein Vetorecht gegen Beschlüsse des Ministerrats (Mitentscheidungsverfahren) jedoch keine vollen parlamentarischen Mitwirkungs- oder Gestaltungsmöglichkeiten.

Absehbar ist eine Erweiterung der EG; z. Z. laufen Beitrittsverhandlungen mit Schweden und Österreich. Auch Finnland, Polen, Ungarn und die Tschechoslowakei bemühen sich um Assoziierung und Aufnahme in die EG.

Europäische Gemeinschaft für Kohle und Stahl ↑ Europäische Gemeinschaft.

Europäische Kommission: Neben dem ↑ Rat der Europäischen Gemeinschaft, dem ↑ Europäischen Parlament und dem ↑ Europäischen Gerichtshof eines der wichtigsten Organe der ↑ Europäischen Gemeinschaft. Die E. K. in Brüssel besteht aus 17 Mitgliedern, die von den Regierungen der Mitgliedstaaten für jeweils vier

Jahre ernannt werden. Die Kommissionsmitglieder sind von ihren Regierungen vollkommen unabhängig und nicht weisungsgebunden. Die E. K. hat das Initiativrecht für Vorschläge an den Rat der EG und ist zugleich ausführendes Organ für seine Beschlüsse. Ihm und den Mitgliedstaaten gegenüber vertritt sie das Gemeinschaftsinteresse.

Europäische Konvention zum Schutze der Menschenrechte und Grundfreiheiten: Völkerrechtliche Garantie der ↑ Menschenrechte in einer von den Regierungen der Mitgliedstaaten des ↑ Europarates am 4. November 1950 in Rom unterzeichneten Urkunde (in Kraft seit 3. September 1953). In der Europäischen Menschenrechtskonvention werden folgende Rechte verbrieft: Recht auf Leben, Verbot von Folter, Sklaverei und Zwangsarbeit, Recht auf Freiheit und Sicherheit, Rechte des Angeklagten, Anspruch auf Achtung der Privatsphäre, Gewissens- und Religionsfreiheit, freie Meinungsäußerung, Versammlungs- und Vereinigungsfreiheit, Recht auf Ehe und Familie, auf Eigentum, auf Bildung, Abhaltung freier und geheimer Wahlen, Verbot der Schuldhaft, Freizügigkeit (einschließlich des Rechts, das eigene Land zu verlassen), Verbot der Ausweisung eigener Staatsangehöriger (Recht auf Heimat), Verbot der Kollektivausweisung von Ausländern. Die Konvention ist unmittelbar anwendbar, d. h. es bedarf keiner besonderen einzelstaatlichen Rechtsetzungsakte, um sie zum verbindlichen Recht in den Mitgliedstaaten werden zu lassen. – ↑ auch Europäischer Gerichtshof für Menschenrechte.

Europäische Politische Zusammenarbeit (EPZ): Außenpolitische Zusammenarbeit der Regierungen in der ↑ Europäischen Gemeinschaft mit dem Ziel, einen gemeinsamen Standpunkt zu erarbeiten und damit ihr weltpolitisches Gewicht zu stärken. 1986 wurde die EPZ durch die ↑ Einheitliche Europäische Akte in die Gemeinschaftsverträge aufgenommen. Es finden mindestens zweimal jährlich Konferenzen der Außenminister der Mitgliedstaaten statt.

Europäischer Agrarmarkt: Vor der Schaffung des gemeinsamen Marktes der ↑ Europäischen Gemeinschaft verfolgte jeder Mitgliedstaat seine eigene Agrarpolitik, bei der v. a. die jeweilige Landwirtschaft durch eine Fülle von Subventionen und Zollschranken gegen Einflüsse des Weltmarkts abgesichert werden sollte. Die Einbeziehung der Erzeugung von und des Handels mit landwirtschaftlichen Produkten (↑ Agrarmarkt) in den Integrationsprozeß des gemeinsamen Marktes hat wegen der unterschiedlichen Strukturen und Organisation der einzelstaatlichen Märkte größere Probleme verursacht. Der gemeinsame E. A. umfaßt die Erzeugnisse des Bodens, der Viehzucht und der Fischerei und betrifft heute über 90 % aller landwirtschaftlichen Erzeugnisse in den EG-Staaten. Ziel der gemeinsamen Agrarpolitik ist nach Art. 39 des EWG-Vertrages, die Produktivität der Landwirtschaft durch technischen Fortschritt, Rationalisierung der landwirtschaftlichen Erzeugung und bestmöglichen Einsatz der Produktionsfaktoren – insbesondere der Arbeitskraft – zu steigern. Den Landwirten soll durch Schaffung eines einheitlichen Preisniveaus für ihre Erzeugnisse ein Schutz ihrer Einkommen gewährt werden, um zu verhindern, daß sie ihre Betriebe aufgeben, wenn ihr Einkommen hinter dem von Industriearbeitern zurückbleibt. 1962 beschloß der ↑ Rat der Europäischen Gemeinschaft Grundsätze für die Aufstellung von Mindestpreissystemen; jährlich setzen die Organe der EG Richt- und Interventionspreise für Gemeinschaftserzeugnisse fest. Der Kern der Marktordnung besteht darin, die Preise durch Interventionskäufe und Beihilfen zu stützen. Das führt zur Überproduktion (z. B. Milchschwemme, Butterberg). Das bestehende System der Agrarpreisfestsetzung wird daher allgemein als unzulänglich angesehen, und es wird die Frage diskutiert, ob das Marktordnungs- und Preissystem der Agrarpolitik nicht von Grund auf geändert werden sollte.

Europäischer Gerichtshof (EuGH): Der EuGH mit Sitz in Luxemburg ist der Hüter und Interpret der Gemeinschaftsverträge der EG. Er überwacht die Rechtmäßigkeit des Handelns der Organe der EG sowie die zulässige Auslegung der Verträge durch sie. Außerdem sind dem EuGH alle Streitigkeiten zwischen zwei

Mitgliedstaaten vorzulegen, soweit es dabei um die Auslegung und Anwendung der Gemeinschaftsverträge geht. Der EuGH entscheidet in diesem Zusammenhang auch über Verstöße von Mitgliedstaaten gegen ihre Verpflichtungen aufgrund der Verträge. So wurden vom EuGH Pflichtverletzungen u. a. der BR Deutschland (Nichtbeachtung von EG-Entscheidungen), Belgiens (Verstoß gegen den EWG-Vertrag durch Einführung einer Einfuhrsonderabgabe), Italiens und Luxemburgs geahndet.

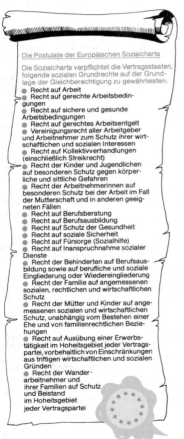

Die Postulate der Europäischen Sozialcharta

Die Sozialcharta verpflichtet die Vertragsstaaten, folgende sozialen Grundrechte auf der Grundlage der Gleichberechtigung zu gewährleisten:
- Recht auf Arbeit
- Recht auf gerechte Arbeitsbedingungen
- Recht auf sichere und gesunde Arbeitsbedingungen
- Recht auf gerechtes Arbeitsentgelt
- Vereinigungsrecht aller Arbeitgeber und Arbeitnehmer zum Schutz ihrer wirtschaftlichen und sozialen Interessen
- Recht auf Kollektivverhandlungen (einschließlich Streikrecht)
- Recht der Kinder und Jugendlichen auf besonderen Schutz gegen körperliche und sittliche Gefahren
- Recht der Arbeitnehmerinnen auf besonderen Schutz bei der Arbeit im Fall der Mutterschaft und in anderen geeigneten Fällen
- Recht auf Berufsberatung
- Recht auf Berufsausbildung
- Recht auf Schutz der Gesundheit
- Recht auf soziale Sicherheit
- Recht auf Fürsorge (Sozialhilfe)
- Recht auf Inanspruchnahme sozialer Dienste
- Recht der Behinderten auf Berufsausbildung sowie auf berufliche und soziale Eingliederung oder Wiedereingliederung
- Recht der Familie auf angemessenen sozialen, rechtlichen und wirtschaftlichen Schutz
- Recht der Mütter und Kinder auf angemessenen sozialen und wirtschaftlichen Schutz, unabhängig vom Bestehen einer Ehe und von familienrechtlichen Beziehungen
- Recht auf Ausübung einer Erwerbstätigkeit im Hoheitsgebiet jeder Vertragspartei, vorbehaltlich von Einschränkungen aus triftigen wirtschaftlichen und sozialen Gründen
- Recht der Wanderarbeitnehmer und ihrer Familien auf Schutz und Beistand im Hoheitsgebiet jeder Vertragspartei

Der EuGH besteht aus 13 Richtern, die von den Regierungen der Mitgliedstaaten im gegenseitigen Einvernehmen für sechs Jahre ernannt werden. Der Gerichtshof wählt seinen Präsidenten auf drei Jahre und ernennt einen Kanzler. Bei seinen Sitzungen wird er durch sechs Generalanwälte unterstützt, die unparteilich die Schlußanträge begründen. Das Verfahren findet in einer der Amtssprachen der EG statt und ist kostenfrei.

Europäischer Gerichtshof für Menschenrechte: Internationales Gericht mit Sitz in Straßburg; zuständig für die Wahrung der am 28. September 1953 wirksam gewordenen ↑ Europäischen Konvention zum Schutze der Menschenrechte und Grundfreiheiten. Nach Wahrnehmung aller innerstaatlichen Rechtsmittel kann jeder Betroffene über den Generalsekretär zuerst die Menschenrechtskommission anrufen, die dann selbst ihre Beschwerde gegen die Verletzung der Konvention durch einen Unterzeichnerstaat richtet. Der Bericht der Kommission ist die Grundlage für die Behandlung der Beschwerde vor dem E. G. f. M., dessen Urteil auch für die beklagten Staaten verbindlich ist.

Europäischer Rat: Gipfelkonferenz der zwölf Regierungschefs der EG-Länder zur Koordinierung der Mitgliedstaaten im Rahmen der ↑ Europäischen Politischen Zusammenarbeit (EPZ).

Europäischer Wirtschaftsraum ↑ EWR.

Europäisches Gemeinschaftsrecht ist das Recht der ↑ Europäischen Gemeinschaft. Das primäre Gemeinschaftsrecht besteht aus den drei Verträgen zur Gründung der Europäischen Gemeinschaft für Kohle und Stahl (EGKS), der Europäischen Wirtschaftsgemeinschaft (EWG) und der Europäischen Atomgemeinschaft (EURATOM) und aus den zusätzlichen Protokollen und Abkommen, auf die in den Verträgen Bezug genommen wird. Sekundäres Gemeinschaftsrecht ist das aufgrund dieser Verträge von den Organen der EG gesetzte Recht. Das Gemeinschaftsrecht ist weder Völkerrecht noch nationales Recht. Seine Eigenart beruht auf der Übertragung nationaler Hoheitsrechte durch die Mitgliedstaaten auf die übernationalen Organe der EG, denen dadurch eine eigene Hoheitsgewalt eingeräumt wurde (Supranationalität). Regelungen des Gemeinschaftsrechts haben infolgedessen gleichermaßen Geltung in allen Mitgliedstaaten. Widerspricht eine Norm des E. G. einem nationalen Recht, so hat – nach vorherrschender Auffassung – das Gemeinschaftsrecht Vorrang vor der nationalen Norm, denn um die Funktionsfähigkeit der EG zu erhalten, muß das Gemeinschaftsrecht in allen Mitgliedstaaten einheitlich gelten und darf keinen späteren Eingriffen durch nationale Rechtsetzungsakte ausgesetzt sein. Über die Einhaltung des Gemeinschaftsrechts wie über die Rechtmäßigkeit des Handelns der Organe der EG wacht der ↑ Europäische Gerichtshof in Luxemburg.

Europäische Sozialcharta:
◊ 1961 vom ↑ Europarat beschlossener völkerrechtlicher Vertrag, der für die BR Deutschland am 26. Februar 1965 in Kraft trat. In der E.S. werden 19 soziale Rechte genannt, von denen sieben bindende »Kernrechte« sind: das Recht auf Arbeit, die Vereinigungsfreiheit, das Recht auf Kollektivverhandlungen, das Recht auf soziale Sicherheit, das Recht auf Fürsorge, das Recht der Familie auf sozialen, gesetzlichen und wirtschaftlichen Schutz sowie das Recht der Wanderarbeitnehmer und ihrer Familien auf Schutz und Beistand.
◊ Die am 9.12.1989 von den Regierungschefs der EG-Mitgliedstaaten in Straßburg verabschiedete, relativ vage Aussagen enthaltende *Gemeinschaftscharta der sozialen Grundrechte der Arbeitnehmer in der EG* wird ebenfalls ungenau als E.S. bezeichnet. Sie sichert den Arbeitnehmern der EG-Länder eine Reihe von sozialen Grundrechten wie gerechtes Entgelt, einen »Anspruch auf die wöchentliche Ruhezeit und auf einen bezahlten Jahresurlaub«, einen »angemessenen sozialen Schutz« sowie, im Falle der Arbeitslosigkeit, »ausreichende Leistungen und Zuwendungen . . ., die ihrer persönlichen Lage angemessen sind.«

Europäisches Parlament: Parlamentarisches Organ der ↑ Europäischen Gemeinschaft. Es tagt abwechselnd in Luxemburg und in Straßburg. Es besteht aus 518 Abgeordneten und wurde im Juni 1979 zum ersten Mal von den Bürgern der Mitgliedstaaten direkt gewählt. Seine Mitglieder dürfen weder der Regierung eines Mitgliedstaates noch einem leitenden Verwaltungs- oder Gerichtsorgan noch einer Institution der Gemeinschaften angehören. Das E. P. besitzt nur kontrollierende und beratende, keine legislativen Befugnisse; es hat das Recht, an die ↑ Europäische Kommission und an den ↑ Rat der Europäischen Gemeinschaft Fragen zu stellen, die diese schriftlich oder mündlich zu beantworten haben, sowie den EG-Haushalt zu beschließen; darüber hinaus kann das E. P. mit Zweidrittelmehrheit der Kommission das Mißtrauen aussprechen und sie zum Rücktritt zwingen. – Abb. S. 118.

Europäisches Währungssystem (EWS): Nach einem vergeblichen Versuch der Mitgliedstaaten der ↑ Europäischen Gemeinschaft, eine Währungsunion zu schaffen, wurde 1979 das EWS gegründet. Ähnlich dem Wechselkursverbund von 1972 (der »Währungsschlange«) werden die Währungen von mittlerweile zehn der zwölf Mitgliedstaaten auf eine bestimmte Bandbreite von Kursschwankungen (höchstens 2,25 %, für Spanien und Großbritannien: bis zu 6 %) gegenüber ihren Partnerländern festgelegt. Dadurch entsteht ein Zwang zur Abstimmung der Finanz- und Wirtschaftspolitik. Bezugsgröße des EWS die Europäische Währungseinheit, der ↑ ECU. Verschieben sich die Paritäten einzelner Währungen des EWS, muß eine Anpassung der Leitkurse vorgenommen werden (sog. »realignment«). – ↑ auch Europäische Wirtschafts- und Währungsunion.

Europäische Wirtschaftsgemeinschaft ↑ Europäische Gemeinschaft.

Europäische Wirtschafts- und Währungsunion: In Fortführung des ↑ Europäischen Währungssystems beschloß der Ministerrat der ↑ Europäischen Gemeinschaft die Bildung einer Europäischen Wirtschafts- und Währungsunion (WWU); sie wurde am 7.2.1992 vertraglich fixiert. In der WWU wird die Wirtschafts- und Finanzpolitik der Mitgliedstaaten einer Kontrolle durch Gemeinschaftsorgane unterworfen. Vorrangiges Ziel ist es, durch Vermeiden übermäßiger öffentlicher Verschuldung die Geld-

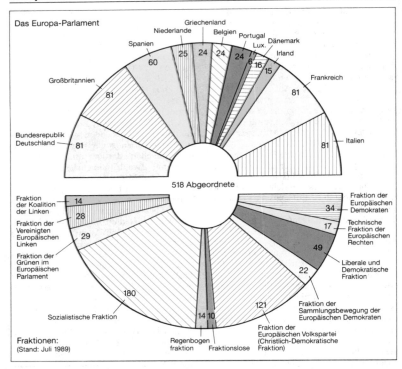

Europäisches Parlament. Fraktionen und Sitzordnung der Abgeordneten

wertstabilität zu erreichen und zu sichern. Dazu sind verschiedene Maßnahmen wie die Pflicht, unverzinsliche Rücklagen zu bilden sowie Darlehensrestriktionen und Geldstrafen vorgesehen.

Kern der Währungsunion ist die Errichtung einer von politischen Weisungen unabhängigen, dem Vorbild der deutschen Bundesbank nachgebildeten *Europäischen Zentralbank* (EZB), deren Direktorium für 8 Jahre gewählt wird (keine Wiederwahlmöglichkeit). In der ersten Stufe der WWU sollen die Mitgliedstaaten in gegenseitiger Abstimmung den freien Kapitalverkehr, stabile Preise und gesunde öffentliche Finanzen einführen. Ab 1994 sollen die Unabhängigkeit der Zentralbanken hergestellt und ein Europäisches Währungsinstitut eingerichtet werden, das die

einzelstaatliche Politik koordinieren, das Funktionieren des Europäischen Währungssystems überwachen sowie Empfehlungen zur Geld- und Wechselkurspolitik geben soll.

Zu Beginn der dritten Stufe, die spätestens am 1. 1. 1999 beginnen soll, wird der Wert der gemeinsamen Währung endgültig festgelegt und die EZB errichtet.

Europarat (ER): Am 5. Mai 1949 als einer der ersten europäischen Zusammenschlüsse gegründete internationale Vereinigung europäischer Staaten. Bereits vor dem 2. Weltkrieg hatten Politiker wie A. Briand (1862–1932), G. Stresemann (1878–1929) und R. N. Coudenhove-Kalergi (1894–1972) eine europäische Einigung angestrebt. Auf dem Kongreß der ↑ Europäischen Bewegung 1948 in Den

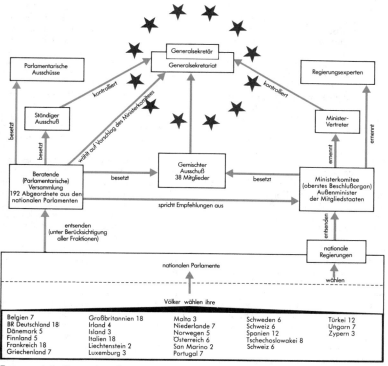

Europarat. Aufbau seiner Organe

Haag wurde in dem abschließenden Memorandum an die europäischen Regierungen die Bildung eines E. gefordert. Der französische Außenminister G. Bidault ergriff 1948 auf der Tagung der fünf Mitgliedstaaten des Brüsseler Pakts die Initiative zu ersten zwischenstaatlichen Verhandlungen. Dabei zeigten sich bereits die bis heute bestehenden Meinungsverschiedenheiten zwischen den einzelnen europäischen Staaten über den Weg zur europäischen Einheit: Den Föderalisten, die einen europäischen Bundesstaat anstrebten, standen jene gegenüber, die eine Organisation mit supranationalem Charakter ablehnten (v. a. Großbritannien und Frankreich). Nach schwierigen Verhandlungen wurde 1949 in London das Statut des E. von zehn europäischen Staaten unterzeichnet (Groß-

britannien, Frankreich, Belgien, Niederlande, Luxemburg, Italien, Irland, Dänemark, Norwegen und Schweden). Als Sitz wurde Straßburg bestimmt. Dazu kamen in der Folgezeit: die BR Deutschland (1951), Finnland, Griechenland, Island, Liechtenstein, Malta, Österreich, Portugal, San Marino, die Schweiz, Spanien, die Türkei, Zypern. Nach den politischen Umwälzungen in Mittel- und Osteuropa traten Ungarn (1990), die Tschechoslowakei und Polen (1991) dem E. bei. Bulgarien, Jugoslawien, Rumänien und Rußland haben Beobachterstatus.

Nach Art. 1 der Satzung hat der E. die Aufgabe, eine engere Verbindung zwischen seinen Mitgliedern zum Schutz und zur Förderung ihrer gemeinsamen Ideale und Grundsätze herzustellen und ihren wirtschaftlichen und sozialen Fortschritt zu fördern. Dies soll erfolgen durch gemeinsame Beratungen, durch Abkommen (bisher wichtigstes: ↑ Europäische Konvention zum Schutz der Menschenrechte und Grundfreiheiten) und durch gemeinsames Vorgehen auf wirtschaftlichem, sozialem, kulturellem und wissenschaftlichem Gebiet sowie auf den Gebieten des Rechts und der Verwaltung. Organe des E. sind das Ministerkomitee, das über Fragen der inneren Organisation des E. entscheidet und ausschließlich für den Abschluß von Verträgen zuständig ist, die Beratende Versammlung (= die entsprechend der Größe der einzelnen Staaten von den nationalen Parlamenten entsandten Abgeordneten) und der auf Empfehlung des Ministerkomitees von der Beratenden Versammlung ernannte Generalsekretär.

Euthanasie [griechisch »leichter Tod«]:
◊ Sterbehilfe für unheilbar Kranke, um ihnen einen qualvollen Tod zu ersparen; sie ist nach geltendem Recht unzulässig und strafbar, auch wenn sie auf ausdrückliches und ernstliches Verlangen des Kranken gewährt wird.
◊ Tötung sog. »unwerten« Lebens (z. B. Geisteskranker), vom ↑ Nationalsozialismus zum Programm erhoben, dem Tausende von Menschen, auch rassisch und politisch unerwünschte, zum Opfer fielen.

evangelische Kirchen: Die *Evangelische Kirche in Deutschland (EKD)* entstand als rechtliche Organisation nach dem 2. Weltkrieg, reicht in ihren Wurzeln jedoch bis ins 19. Jahrhundert zurück. Der erste Versuch eines Zusammenschlusses der seit der Reformation entstandenen Landeskirchen führte 1848 zum Deutschen Evangelischen Kirchentag. 1852 wurde die beratende Eisenacher Konferenz deutscher evangelischer Kirchenregierungen gegründet, aus der 1903 der Deutsche Evangelische Kirchenausschuß erwuchs, wiederum nur ein Organ für die Kirchenleitungen. Nach dem 1. Weltkrieg endete das landesherrliche Kirchenregiment; 1919 erfolgte der Zusammenschluß im Deutschen Evangelischen Kirchentag, 1921 entstand die Verfassung des Deutschen Evangelischen Kirchenbundes, der die volle Selbständigkeit der beteiligten Landeskirchen garantierte. Auch die 1933

entstandene Deutsche Evangelische Kirche war nur scheinbar eine Einheitskirche und wahrte weiterhin den Bundescharakter. Aus der Bekennenden Kirche, der kirchlichen Opposition im Nationalsozialismus, bildete sich die Grundform der EKD, deren Grundordnung am 13. Juli 1948 in Eisenach beschlossen wurde. Ursprünglich gehörten zur EKD auch die acht Landeskirchen auf dem Gebiet der DDR, die sich jedoch 1969 zum *Bund der Evangelischen Kirchen der Deutschen Demokratischen Republik (BEK)* zusammenschlossen.

Die EKD in der BR Deutschland bestand 1989 aus 18 selbständigen Gliedkirchen und ist ein Bund lutherischer, reformierter und unierter Kirchen, deren individuelles Bekenntnis nicht angetastet wird. Diese Gliedkirchen bilden drei größere Zusammenschlüsse innerhalb der EKD, die *Vereinigte Evangelisch-Lutherische Kirche Deutschlands (VELKD),* die *Nordelbische evangelisch-lutherische Kirche* und die *Evangelische Kirche der Union (EKU),* die auf die Union von 1817 zurückgeht. Der EKD gehörten etwa 25,7 Mill. (1988) Mitglieder an. Gesetzgebendes Organ ist die Synode mit 120 für sechs Jahre gewählten oder berufenen Mitgliedern; die Kirchenkonferenz setzt sich aus Mitgliedern der Gliedkirchen zusammen und betont den Bundescharakter der EKD, an deren Spitze ein Rat mit seinem Präses steht. Der Rat vertritt die EKD nach außen und ist zentrales Leitungsorgan. Er hält in der Regel einmal monatlich eine zweitägige Sitzung; seine 15 Mitglieder werden von der Synode und der Kirchenkonferenz auf sechs Jahre gewählt. Die Verwaltungsgeschäfte werden von zwei dem Rat unterstellten Amtsstellen besorgt, dem Kirchlichen Außenamt in Frankfurt am Main, das die Auslandsgemeinden und die ökumenischen Verbindungen betreut, und der Kirchenkanzlei in Hannover, der die innere Verwaltung der EKD obliegt.

Im Februar 1991 beschlossen die EKD und die BEK gemeinsam das *Kirchengesetz zur Einheit,* das die Grundlage für die Vereinigung und das Zusammenwachsen der beiden e. K. bildet.

Evolution [von lateinisch evolutio, »das Aufwickeln, Entwickeln«]:

**Evangelische Kirchen.
Aufbau und Organe**

Anhalt Berlin-Brandenburg Görlitzer Kirchengebiet Pommern Rheinland Kirchenprovinz Sachsen Westfalen	bilden die Evangelische Kirche der Union (EKU)
Baden Bremen Hessen und Nassau Kurhessen-Waldeck Pfalz	sind die übrigen unierten Kirchen
Bayern Braunschweig Hannover Nordelbien Land Sachsen Schaumburg-Lippe Thüringen	bilden die vereinigte Evangelisch- Lutherische Kirche Deutschlands (VELKD)
Mecklenburg Oldenburg Württemberg	sind die übrigen Lutherischen Kirchen
Lippe Ev.-ref. Kirche	sind die reformierten Kirchen

Die 24 Landeskirchen

**und die EKU
bilden die
Kirchenkonferenz
der EKD**

**entsenden 134 Mitglieder in die
Synode
der EKD (26 Mitglieder beruft der Rat)**

**wählen den
Rat der EKD
(218 Mitglieder werden
gewählt, der Präses der
Synode ist Mitglied
Kraft seines Amtes)**

**ernennt für bestimmte
Aufgabenbereiche
Beauftragte
(z. B. Umweltschutz,
Sport, Arbeitslosigkeit,
Fernsehen) und bedient
sich bei seiner Arbeit der
Tätigkeiten von
Kammern
und
Kommissionen
(z. B. öffentliche Verant-
wortung, Theologie,
Bildung, Jugend und
Familie, Publizistik)**

**Die Verwaltungsarbeit der
EKD geschieht im
Kirchenamt in Hannover
mit den drei Haupt-
abteilungen „Recht und
Verwaltung", „Theologie
und öffentliche Verant-
wortung", „Ökumene und
Auslandsarbeit", dem
Oberrechnungsamt und
der Außenstelle des
Kirchenamtes in Berlin**

**Wird am Sitz der Bundes-
republik Deutschland
durch den
Bevollmächtigten
des Rates der EKD
vertreten**

Quelle: EKD

121

◇ In der Biologie bezeichnet E. Veränderung, Wachstum und Differenzierung der Lebewesen von einfacheren zu komplexen Formen. Die klassische E.-Lehre wurde von Ch. Darwin 1859 begründet.

◇ Angewandt auf die Menschheitsgeschichte bedeutet E. die Annahme einer Entwicklung der Menschheit bzw. der menschlichen Gesellschaften zu komplexeren (»höheren«) Formen. Sie wird oft in Form des Darwinismus gelehrt, nach dem auch gesellschaftliche Veränderungen durch Selektion (Auslese) erfolgen. − ↑ auch Sozialdarwinismus.

◇ Im historisch-politischen Bereich bezeichnet E. die allmähliche und friedliche Entwicklung der wirtschaftlichen, gesellschaftlichen und politischen Verhältnisse im Gegensatz zur ↑ Revolution.

EWG ↑ Europäische Gemeinschaft.

EWR: Abk. für Europäischer Wirtschaftsraum, der sich vom Nordkap bis Sizilien erstrecken soll. Auf einem Gipfeltreffen der Ministerpräsidenten der ↑ Europäischen Gemeinschaft und der ↑ EFTA wurde im Oktober 1991 beschlossen, daß ab 1993 der Binnenmarkt mit Übergangsfristen und Ausnahmeregelungen auf die EFTA-Länder ausgeweitet werden soll. Die Hauptprobleme bei den langwierigen Verhandlungen waren der Alpentransit, die Fischerei und der Unterstützungsfonds für die südeuropäischen Länder. Nationale Interessen drohten immer wieder zum Scheitern des künftigen größten Binnenmarktes der Welt zu führen. Mitglieder werden vorerst 19 Staaten mit etwa 375 Mill. Einwohnern sein. Die EFTA-Staaten werden das Gemeinschaftsrecht der EG-Staaten weitgehend übernehmen, Personen-, Verkehrs- und Kapitalkontrollen fallen weg.

Exekutive [von lateinisch executio »Ausführung«]: vollziehende Gewalt; der Teil der ↑ Staatsgewalt, dem die Ausführung staatlicher Anordnungen, insbesondere der von der ↑ Legislative erlassenen Gesetze obliegt. Der E. sind in erster Linie die Behörden der ↑ Verwaltung zuzurechnen, nur zum Teil die ↑ Regierung, da sie nicht nur Gesetze vollzieht, sondern selbst staatsleitende Beschlüsse faßt und an der

EWR. Mit den EFTA-Staaten bildet die EG ab 1993 den Europäischen Wirtschaftsraum

Gesetzgebung beteiligt ist. Im ↑ Rechtsstaat ist die E. der Legislative untergeordnet und darf grundsätzlich nur im Rahmen der Gesetze tätig werden. − ↑ auch Gewaltenteilung, ↑ Gesetzmäßigkeit der Verwaltung.

Exil [von lateinisch exilium »Verbannung«]: Der ständige Aufenthalt einzelner Personen oder Personengruppen im Ausland aus politischen oder religiösen Gründen. Das E. wird meist durch Verbannung oder Ausbürgerung erzwungen, kann aber auch freiwillig sein. Der Begriff E. überschneidet sich mit dem der ↑ Emigration.

Exilregierung: Regierung, die z. B. in Kriegszeiten ihren Sitz außerhalb des eigenen Staatsgebiets genommen hat und mit Zustimmung des Aufenthaltsstaats den Anspruch erhebt, die rechtmäßige Regierungsgewalt für den eigenen Staat auszuüben.

Existenzminimum ist der Einkommensbetrag, der zur Erhaltung des Lebens eines einzelnen oder einer Familie unbedingt notwendig ist (absolutes E., auch physisches E.). Die Ansichten über das, was zum E. gehört, variieren in den Kulturen (kulturelles E.).

Exklave ↑ Enklave.

Expansion [von lateinisch expandere »sich ausdehnen«]:
◊ Ausdehnung des Macht- und/oder Einflußbereichs eines Staates unter Einsatz ökonomischer, politischer oder militärischer Mittel; als *Expansionspolitik* bezeichnet man eine auf E. ausgerichtete staatliche Politik.
◊ Im wirtschaftlichen Bereich die Steigerung von Produktion und Beschäftigung in einer Volkswirtschaft als Folge aufwärtsgerichteter Konjunkturentwicklung; bezogen auf die betriebliche Ebene die Erweiterung von Unternehmen aufgrund eigenen Wachstums oder durch Erwerb anderer Unternehmen.

Experte [lateinisch expertus »erprobt, bewährt«]: Fachmann auf einem bestimmten Gebiet. Zunehmende Komplexität und Verwissenschaftlichung des öffentlichen Lebens machen moderne Gesellschaften immer abhängiger von Experten.

Export: Im weiteren Sinne entgeltliche oder unentgeltliche Ausfuhr von Waren, Dienstleistungen oder Kapital (↑ Kapitalexport) von Inländern zu Ausländern, im engeren Sinn der Warenabsatz an Ausländer. Der E. ist Teil des ↑ Außenhandels und wird statistisch erfaßt in der ↑ Zahlungsbilanz einer ↑ Volkswirtschaft. Der Anteil des E. am ↑ Volkseinkommen *(Exportquote)* ist ein Anzeichen für starke außenwirtschaftliche Beziehungen einer Volkswirtschaft (Exportquote der BR Deutschland im Durchschnitt der Jahre 1961 bis 1970: 21,3 %; 1989: 30,82 %). Folge einer hohen Exportquote ist die Abhängigkeit vom Konjunkturverlauf der wichtigsten Handelspartner, der zwar durch eigene wirtschaftspolitische Maßnahmen kaum zu beeinflussen ist, indessen Expansionsmöglichkeiten für Produktion und Beschäftigung bietet. − ↑ auch Import.

Expropriation [von französisch »Enteignung«] bezeichnet im ↑ Marxismus die Enteignung von Produktionsmittelbesitzern im Zusammenhang mit der ↑ Konzentration des Kapitals. − *E. der Expropriateure* = Enteignung der Enteigner.

Exterritorialität: Nach dem völkerrechtlichen Grundsatz der E. sind Vertreter fremder Staaten sowie internationale Organisationen von den Vorschriften der innerstaatlichen Rechtsordnung in bestimmtem Umfang befreit. − ↑ auch Immunität.

Extremismus [von lateinisch extremus »am äußersten Rand«] bezeichnet eine politische Haltung oder Richtung, die am äußersten Rand der politischen Auffassungen angesiedelt ist und deren Vertreter in ihrem Handeln zum Äußersten bereit sind (↑ auch Radikalismus). − Abb. S. 124.

Extremisten: Personen oder Gruppen, die politisch ganz »rechts« oder ganz »links« stehen. Als E. werden in der BR Deutschland diejenigen bezeichnet, die nicht mit den in der Verfassung festgelegten Grundsätzen übereinstimmen, sondern sie beseitigen wollen. Extremistische Bestrebungen richten sich gegen jenen Kernbestand der Staatsverfassung, der als ↑ freiheitliche demokratische Grundordnung bezeichnet wird.

Extremistenbeschluß: Beschluß des Bundeskanzlers und der Regierungschefs der Länder vom 28. Januar 1972: Aufgrund der Verpflichtung von Beamten, Angestellten und Arbeitern des öffentlichen Dienstes nach dem Beamtenrecht (bzw. entsprechenden Bestimmungen für Angestellte und Arbeiter), sich positiv zur ↑ freiheitlichen demokratischen Grundordnung im Sinne des ↑ Grundgesetzes zu bekennen und für deren Einhaltung einzutreten, entscheidet der Dienstherr bei einem Pflichtverstoß über Maßnahmen, die gegen den betreffenden Angehörigen des öffentlichen Dienstes zu treffen sind. Angehörige des öffentlichen Dienstes, die dieser Verpflichtung nicht nachkamen, sollten daher aus dem öffentlichen Dienst ent-

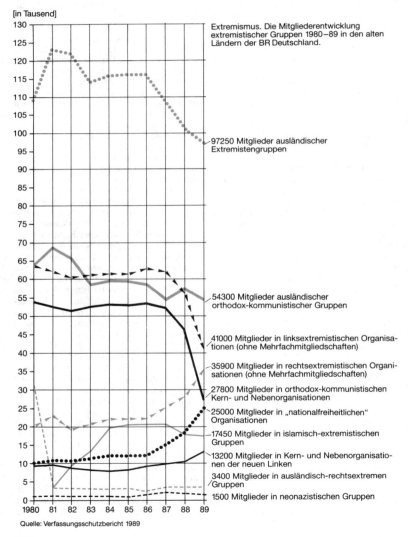

[in Tausend]

Extremismus. Die Mitgliederentwicklung extremistischer Gruppen 1980–89 in den alten Ländern der BR Deutschland.

97250 Mitglieder ausländischer Extremistengruppen

54300 Mitglieder ausländischer orthodox-kommunistischer Gruppen

41000 Mitglieder in linksextremistischen Organisationen (ohne Mehrfachmitgliedschaften)

35900 Mitglieder in rechtsextremistischen Organisationen (ohne Mehrfachmitgliedschaften)

27800 Mitglieder in orthodox-kommunistischen Kern- und Nebenorganisationen

25000 Mitglieder in „nationalfreiheitlichen" Organisationen

17450 Mitglieder in islamisch-extremistischen Gruppen

13200 Mitglieder in Kern- und Nebenorganisationen der neuen Linken

3400 Mitglieder in ausländisch-rechtsextremen Gruppen

1500 Mitglieder in neonazistischen Gruppen

Quelle: Verfassungsschutzbericht 1989

fernt werden. Bewerber für den öffentlichen Dienst sollten nur dann eingestellt werden, wenn sie keine verfassungsfeindlichen Aktivitäten entwickelt hatten und keiner Organisation angehörten, die verfassungsfeindliche Ziele verfolgt. Schon die Zugehörigkeit zu einer als verfassungsfeindlich erachteten, wenn auch vom Bundesverfassungsgericht nicht ausdrücklich als verfassungswidrig erklärten und daraufhin verbotenen Partei sollte für die Ablehnung eines Bewerbers genügen. Das Grundrecht der Berufsfreiheit (Art. 12 GG) wurde entgegen manchen kritischen Einwänden durch den E. nicht verletzt. Aufgrund des E. wurde in der Praxis meist so verfahren, daß über Bewerber, die für eine Einstellung in Betracht kamen, bei den Verfassungsschutzämtern Auskünfte eingeholt wurden (sog. *Regelanfrage*). Ergaben sich begründete Zweifel an der Verfassungstreue eines Bewerbers, so führte dies in der Regel zu seiner Ablehnung. Die Anwendung des E. und die damit verbundene Praxis waren sehr umstritten. Mit der Zeit sind die Bundesländer wieder davon abgegangen.

F

Facharbeiter: Arbeiter, der nach einer 4–6jährigen Ausbildung in einem staatlich anerkannten Ausbildungsberuf und nach einer bestandenen Prüfung ein Zeugnis *(Facharbeiterbrief)* erhalten hat. Die Facharbeiterprüfung findet vor einem Prüfungsausschuß der ↑ Industrie- und Handelskammer statt.

Fachhochschulen: Hochschuleinrichtungen mit spezialisiertem Studienangebot, zum Teil aus den höheren Fachschulen, Akademien und Ingenieurfachschulen hervorgegangen. F. haben die Aufgabe, eine anwendungsbezogene, auf wissenschaftlicher oder künstlerischer Grundlage beruhende fachliche Ausbildung zu vermitteln. Die Zulassung setzt eine mindestens 12jährige Schulbildung voraus; das Studium dauert im allgemeinen sechs Semester (= drei Jahre), zum Teil ergänzt

durch zwei Praxissemester (= ein Jahr). Mit der staatlichen Abschlußprüfung (Graduierung) wird zugleich die allgemeine Hochschulreife erworben. Die F. wurden zum Teil in die ↑ Gesamthochschulen eingegliedert.

Fachschulen: Freiwillig besuchte berufsbildende Schulen, die grundsätzlich den Abschluß einer Berufsausbildung (z. B. eine Gesellenprüfung) voraussetzen und einer vertieften beruflichen Fachbildung dienen. Die Ausbildungszeit beträgt mindestens zwei Semester (= ein Jahr). In F. werden zum Teil auch die Vorbereitungskurse auf eine Meisterprüfung in Industrie oder Handwerk durchgeführt.

Fahrlässigkeit liegt bei einem Verhalten vor, durch das zwar ungewollt, aber vorhersehbar und vermeidbar jemandem Schaden zugefügt wird.

Fallstudie: Sozialwissenschaftliche Verfahrensweise, die sich auf die Untersuchung eines Einzelfalls (Person oder Ereignis) konzentriert, meist zur Überprüfung oder Formulierung allgemeiner Thesen.

Familie: Gemeinschaft, die in der modernen Gesellschaft in der Regel aus den Eltern und ihren unmündigen Kindern besteht *(Kern-* oder *Kleinfamilie);* im weiteren Sinne wird auch die Verwandtschaft in den Begriff F. miteingeschlossen.

Der Begriff F. wurde von dem lateinischen »familia« entlehnt, die neben dem Familienvater, der Frau und den Kindern auch alle zur Hausgemeinschaft gehörenden Freien und Sklaven umfaßte. Bis zum Zeitalter der Industrialisierung herrschten in Deutschland die Formen der erweiterten F. vor: die *generationale F.,* in der die Söhne mit ihren Frauen und Kindern unter der Herrschaft des Vaters verblieben, und die *Großfamilie;* die F. war zugleich Lebens- und Produktionsgemeinschaft. Mit dem Aufkommen der arbeitsteiligen Produktionsweise in der Industriegesellschaft und der damit verbundenen Trennung von Arbeits- und Privatsphäre änderte sich auch der Charakter der F.; die Kleinfamilie setzte sich durch, in der meist nur zwei Generationen als Lebens- und Verbrauchergemeinschaft zusammenwohnen. Die mit der Auflösung der generationalen und der Großfamilie nicht mehr gewährleistete

Fürsorge für Kranke, Alte und sozial Schwache wurde zunehmend vom Staat und anderen Organisationen (Kirchen, Wohlfahrtsverbänden) übernommen. Die vorrangige Stellung des Mannes blieb jedoch auch in der Kleinfamilie vorerst erhalten, da er die für den Lebensunterhalt der F. notwendigen finanziellen Mittel erarbeitete, während die Frau den Haushalt und die Kinder betreute. Heute ist diese strikte Arbeits- und Rollenteilung zwischen Mann und Frau durch ein eher partnerschaftliches Verhältnis abgelöst, u. a. aufgrund der zunehmenden Berufstätigkeit und wirtschaftlichen Unabhängigkeit der Frau sowie ihrer verbesserten Rechtsstellung.

Trotz dieser qualitativen Veränderungen hat auch die moderne Kleinfamilie wesentliche Funktionen behalten: Sie stellt als soziale Gruppe die Grundlage des Lebens in der Gemeinschaft dar und erfüllt die wichtige Aufgabe der Erziehung der Kinder, die v. a. in den ersten Lebensjahren deren spätere Entwicklung entscheidend bestimmt. Durch die Identifikation des Kindes mit den Eltern vollzieht sich die Aneignung gesellschaftlichen Rollenverhaltens; gleichzeitig werden dem Kind auch die Werte und Normen der sozialen Schicht vermittelt, der die Eltern angehören (↑ auch Sozialisation).

Darüber hinaus stellt die von der wirtschaftlichen Produktion frei gewordene Kleinfamilie heute ein Gegengewicht zu der nüchternen, oft von ↑ Entfremdung geprägten Berufswelt dar und bildet vielfach den einzigen Raum, der Entspannung, Geborgenheit und gefühlsmäßige Wertschätzung verspricht. Die Versuche, die Isolation der modernen Kleinfamilie durch die Bildung von Wohngemeinschaften zu überwinden, haben nicht zu einer durchgreifenden Änderung der Familienstruktur geführt.

Rechtlich steht die F. unter dem besonderen Schutz des Staates (Art. 6 Abs. 1 GG); staatliche Eingriffe in das Familienleben sind nur zugelassen, um Störungen (z. B. den Mißbrauch der elterlichen Fürsorge) zu beseitigen, ↑ auch Ehe- und Familienrecht, ↑ Elternrecht.

Familienname ist der von den Ehegatten mit der Eheschließung gemeinsam ge-

führte Name, den auch die in der Ehe geborenen Kinder erhalten. Seit 1976 können die Ehegatten bei der Eheschließung den Geburtsnamen des Mannes oder der Frau als F. wählen und durch ihren eigenen ergänzen (z. B.: Die Verlobten Frau Haas und Herr Huber können – durch Erklärung gegenüber dem Standesbeamten bei der Eheschließung – den Namen »Haas« oder »Huber« zum F. machen. Wählen sie »Haas«, so kann sich Herr Huber nach Eheschließung »Haas« [geb. Huber] oder »Huber-Haas« nennen, während Frau und Kinder allein »Haas« heißen. Umgekehrt kann Frau Haas bei Wahl des Namens »Huber« zum F. »Huber« [geb. Haas] oder »Haas-Huber« heißen). Bei Wiederverheiratung bleibt die Auswahl auf die Geburtsnamen beschränkt. Bei Auflösung der Ehe kann jeder Ehegatte den Ehenamen weiterführen oder einen früher tatsächlich geführten Namen wieder annehmen. Nach einem Urteil des Bundesverfassungsgerichts von 1991 zur Gleichberechtigung von Mann und Frau kann jeder von ihnen bei einer Nichteinigung über den F. seinen eigenen Namen weiterführen. Kinder können in dem Fall den einen oder anderen Namen oder aber einen Doppelnamen erhalten. Das neue Namensrecht ist vom Bundestag noch gesetzlich zu regeln.

Familienplanung ↑ Geburtenregelung.

Familienpolitik: Bezeichnung für alle Maßnahmen, mit denen der Staat in dem ihm (gemäß Art. 6 GG) verbleibenden Rahmen die Familie zu fördern sucht. Mittel der F. in der BR Deutschland sind u. a. der Familienlastenausgleich, der durch Kindergeld und Steuererleichterungen die wirtschaftliche Lage der Familie verbessern soll, sowie familiengerechter Wohnungsbau und Ausbildungsbeihilfen für Kinder einkommensschwacher Familien. Für die F. zuständig ist in der BR Deutschland das Ministerium für Familie und Senioren. – In den Entwicklungsländern ist F. oft gleichbedeutend mit ↑ Bevölkerungspolitik.

Familienrecht ↑ Ehe- und Familienrecht.

Fanatismus: Krankhaftes Verhalten von Menschen, die blindwütig und aggressiv ein Ziel verfolgen und dabei häufig auch unmenschliche Konsequenzen in Kauf nehmen (Hexenverfolgungen, Rassenwahn).

FAO [Abk. für englisch Food and Agriculture Organization of the United Nations]: 1945 gegründete zwischenstaatliche Fachorganisation der ↑ UN für Ernährung, Landwirtschaft, Forsten und Fischerei mit Sitz in Rom. Die FAO bemüht sich v. a. um eine Steigerung der landwirtschaftlichen Produktivität in den Entwicklungsländern.

Faschismus [von italienisch fascio »Bündel, Rutenbündel«] bezeichnet die von B. Mussolini 1922 an die Macht geführte politische Bewegung und das von dieser in Italien bis 1945 ausgeübte Herrschaftssystem. Im weiteren Sinne werden als F. auch andere extrem nationalistische Bewegungen mit autoritärem Aufbau, antiliberaler, antidemokratischer und antimarxistischer Ideologie zwischen den beiden Weltkriegen bezeichnet, wie z. B. der ↑ Nationalsozialismus. In diesem Sinn war die Geschichte Europas der Zwischenkriegszeit stark vom F. geprägt. Politische Strömungen, die nach 1945 an die Tradition des F. anknüpfen, bezeichnet man als *neofaschistisch*.

Für Herrschaftssysteme des F. lassen sich folgende Charakteristika anführen: 1. Sie sind nationale Gründungen, obwohl Mussolini und später auch Hitler Vorbild für ausländische Faschisten wurden; 2. sie sind nach dem ↑ Führerprinzip organisiert; 3. sie streben den totalitären Staat an, eine Einparteiendiktatur mit totaler Kontrolle des Staatsapparats und der Gesellschaft; 4. sie propagieren eine organische Gesellschaftsordnung, die ↑ Kapitalismus und ↑ Klassenkampf überwinden soll und streben faktisch ein Wirtschaftssystem mit staatskapitalistischen Zügen an; dabei dienen Volksgemeinschaftsparolen dazu, Klassengegensätze zu verschleiern und die sozialen Spannungen – unter Verfolgung politischer, religiöser und rassischer Minderheiten (z. B. die ↑ Judenverfolgung im Nationalsozialismus) – auf Randgruppen abzulenken; 5. sie versuchen ihre Gegner nicht auf demokratischem Wege zu überzeugen, sondern bekämpfen sie mit dem Mittel der Propaganda und des Terrors, der durch paramilitärische Verbände und Geheimpolizei ausgeübt wird; 6. sie betreiben eine expansive (imperialistische) Außenpolitik. – Während die westlichen Faschismustheorien die Gemeinsamkeiten von F. und ↑ Kommunismus betonen (↑ Totalitarismus), ist der F. nach marxistischer Auffassung eine in bürgerlichen Demokratien in einer ökonomischen oder politischen Krisenlage angewandte neuartige Form politischer Herrschaft.

FCKW ↑ Fluorchlorkohlenwasserstoffe.

FDGB ↑ Freier Deutscher Gewerkschaftsbund.

FDJ ↑ Freie Deutsche Jugend.

FDP ↑ Freie Demokratische Partei.

Feind: Einzelne oder eine Gruppe von Menschen (Gegnern), deren Verhältnis zu anderen durch starke Abneigung oder Haß gekennzeichnet ist. Im Unterschied zur Gegnerschaft ist Feindschaft vielfach nicht mehr rational erfaßbar, sondern führt zu irrationalen Aggressionshandlungen. Das *Feindbild* (= eine bestimmte Vorstellung über Eigenschaften und Ziele des Gegners) beruht auf Fremdbildern (↑ Stereotyp), die den Bildern von sich selbst oder der eigenen Gruppe radikal entgegengesetzt sind. Als politisches Mittel haben Feindbilder integrierenden Charakter, indem die Eigenschaften und Zielvorstellungen der eigenen Gruppe positiv abgegrenzt werden und man sich zu solidarischem Handeln gegenüber den gemeinsamen innen- oder außenpolitischen Gegnern gezwungen sieht.

Feindstaatenklausel: Vorbehalt in der Charta der ↑ UN (Art. 53 und 107), demzufolge Maßnahmen gegen UN-Mitgliedern gegen ihre ehemaligen Feindstaaten im 2. Weltkrieg durch die Bindungen der Charta nicht berührt werden. Die Klausel ist heute überholt.

Feldforschung: Erhebungsverfahren der ↑ empirischen Sozialforschung. Im Unterschied zur experimentellen Laboratoriumsforschung werden in der F. natürliche Lebenssituationen der sozialen Wirklichkeit (Betriebe, Schulen, Gemeinden) untersucht, wobei die Schwierigkeit darin besteht, durch die Forschungstätigkeit selbst nicht das zu erforschende Objekt zu beeinflussen.

Feminismus:
◊ Auftreten weiblicher Eigenschaften bei einem männlichen Tier oder beim Mann.

◇ Richtung der ↑ Frauenbewegung, die die Befreiung der Frau von gesellschaftlicher Diskriminierung und Unterdrückung durch die Veränderung gesellschaftlicher Verhältnisse und damit der geschlechtsspezifischen Rollen anstrebt. Der F. erstrebt nicht nur die ökonomische Unabhängigkeit der Frau vom Mann, sondern auch ihre soziale, politische und psychische Unabhängigkeit sowie die Abschaffung der Arbeitsteilung nach Geschlecht, v. a. in der Familie. In der BR Deutschland wird F. meist mit der radikalen Frauenbewegung identifiziert und befürchtet, daß diese nicht nur die Vorrangstellung des Mannes abschaffen, sondern auch eine weibliche Vorherrschaft (↑ Matriarchat) errichten will. Neuerdings wird von Antifeministen die »Lesbenbewegung«, die die gleichgeschlechtliche (lesbische) Liebe unter Frauen propagiert, gern zum Feindbild stilisiert.

Fernmeldegeheimnis: Grundrecht aus Art. 10 GG, das nicht nur die Staatsbürger gegenüber der Post, sondern auch Bürger und Post gemeinsam gegenüber anderen staatlichen Stellen schützt. Während sich das ↑ Briefgeheimnis auf alle durch die Post beförderten Mitteilungen bezieht, die schriftlich von einer Person zu einer anderen gehen, betrifft das F. Telefongespräche, Telegramme und Fernschreiben. Von praktischer Bedeutung ist das F. v. a. als Fernsprechgeheimnis. Dieses Recht umfaßt nicht nur den Inhalt geführter Telefongespräche, sondern auch die näheren Umstände, insbesondere die Tatsache, ob, wann und zwischen welchen Personen und Fernsprechanschlüssen ein Fernmeldeverkehr stattgefunden hat oder versucht worden ist. Verboten ist nicht nur die Mitteilung des bekanntgewordenen Inhalts von Gesprächen an andere, sondern bereits die Kenntnisnahme des Inhalts eines Telefongesprächs durch einen Postbediensteten in größerem Umfang, als für die Vermittlung und Durchführung der Telefonverbindung notwendig war. Das F. wird geschützt durch Abhörverbote (§§ 298, 253d StGB) und durch § 10 des Gesetzes über Fernmeldeanlagen, das die im Dienst der Post stehenden Personen zur Wahrung des Telegrafen- und Telefongeheimnisses verpflichtet. Die Einschränkung des F. ist z. B. bei Verdacht einer Straftat und für nachrichtendienstliche Zwecke (↑ G-Zehn-Gesetz) zulässig.

Fernsehen ↑ Rundfunk und Fernsehen.

Fernunterricht: Unterrichtsart, bei der die räumliche Distanz zwischen Lernendem und Lehrendem (meist ein Fernlehrinstitut) durch einen Signalträger (Studienbrief, Schallplatte, Tonband, Hörfunk und Fernsehen) überbrückt wird. Der F. dient überwiegend der beruflichen Weiterbildung oder der Vorbereitung auf ein Examen. In Hagen besteht eine *Fernuniversität*, die ein Hochschul-Fernstudium anbietet.

Festnahme (vorläufige F.) der auf frischer Tat ertappten Person durch die ↑ Polizei erfolgt bei Fluchtverdacht oder zur Feststellung der Person; sie endet mit Freilassung oder führt zum ↑ Haftbefehl.

Feststellungsklage dient der Feststellung des Bestehens oder Nichtbestehens eines Rechts oder eines Rechtsverhältnisses. Durch die F. kann z. B. die Feststellung der Echtheit oder Unechtheit einer Urkunde begehrt werden. Die F. setzt ein besonderes »Feststellungsinteresse« voraus. Sie ist nur zulässig, wenn keine *Leistungsklage* (= Klage auf ein bestimmtes Verhalten, auch Unterlassen) oder *Gestaltungsklage* (= Klage auf Gestaltung eines Rechtsverhältnisses, z. B. Auflösung einer Ehe) erhoben wird. – ↑ auch Klage.

Feudalismus [von mittellateinisch feudum, feodum »Lehnsgut«] bezeichnet v. a. das mittelalterliche Lehnswesen. Alle politischen, kirchlichen, wirtschaftlichen und sozialen Verhältnisse beruhen im F. auf einem gegenseitigen persönlichen Treue- und Schutzversprechen zwischen Lehnsherr und Lehnsträger (= Vasall). Der Lehnsherren, z. B. der König, hohe Adlige und Kirchenfürsten, übertrugen dem Vasallen ein Lehen (= Güter oder Rechte) gegen entsprechende Leistungen (z. B. Kriegsdienst). Die Vasallen konnten ihrerseits ihr Lehen weiterverleihen. Die dadurch entstandene Lehnspyramide stellte bis in die Neuzeit hinein eine Art öffentliche Verwaltung dar, die auf persönlichen Verpflichtungen beruhte. Sie ist durch den modernen Beamtenstaat abgelöst worden (↑ Beamte).

Neben dieser ritterlichen Leihe gab es

auch bäuerliche Lehnsverhältnisse zwischen einem Grundherrn und von ihm abhängigen Bauern, die zum großen Teil unfrei (Leibeigene) waren. Die Grundherrschaft stellte eine Herrschaft über Land und Leute dar mit öffentlichen Herrschaftsrechten des Grundherrn gegenüber den Bauern (z. B. Gerichtshoheit, Polizeihoheit). Insbesondere gegen diese Art von F. richteten sich die Angriffe der ↑ bürgerlichen Gesellschaft seit der Französischen Revolution. Die Feudalherrschaft wurde im Laufe des 19. Jahrhunderts abgeschafft.

Filibuster svw. parlamentarische ↑ Obstruktion, v. a. durch Dauerreden.

Finanzamt ↑ Finanzverwaltung.

Finanzausgleich: Verteilung der gesamten ↑ öffentlichen Einnahmen auf die beteiligten ↑ Gebietskörperschaften, so daß diese die ihnen zukommenden ↑ öffentlichen Aufgaben erfüllen können. Der F. wird hauptsächlich durchgeführt: 1. zur Finanzierung der Aufgaben, die auf den verschiedenen Ebenen zu erfüllen sind (vertikaler F., z. B. zwischen Bund und Land); 2. zum Ausgleich örtlich unterschiedlicher Finanzkraft (horizontaler F.); dabei werden entweder Ausgleichszahlungen geleistet (z. B. von Land zu Land), oder es werden Umlagen erhoben und nach einem Verteilungsschlüssel Zuweisungen gewährt (vertikaler F. mit horizontalem Effekt, z. B. von Gemeinde zu Land zu Gemeinde).
Im Rahmen des F. zwischen Bund und Ländern in der BR Deutschland wird z. B. das Aufkommen aus der Umsatzsteuer verteilt, u. a. um die Einheitlichkeit der Lebensverhältnisse im Bundesgebiet herzustellen. Der auf die Länder entfallende Anteil an der Umsatzsteuer betrug 1991 etwa 150 Mrd. DM.

Finanzgerichtsbarkeit: Die F. als besondere Form der ↑ Verwaltungsgerichtsbarkeit wird durch die Finanzgerichte und den Bundesfinanzhof ausgeübt; Zuständigkeit und Verfahren sind in der Finanzgerichtsordnung (FGO) geregelt. Die Gerichte der F. entscheiden in Streitigkeiten über ↑ Abgaben und in anderen, ihnen durch Gesetz zugewiesenen Fällen sowie über Streitigkeiten aus dem Berufsrecht der Steuerberater. Einer Klage gegen Bescheide der Finanzbehörden muß grundsätzlich ein Einspruchs- oder Beschwerdeverfahren vorausgehen. Gegen die Urteile der Finanzgerichte ist die ↑ Revision an den Bundesfinanzhof möglich.

Finanzhoheit ↑ Finanzverfassung.

Finanzplanungsrat: Der F. soll seit 1968 die ↑ Finanzpolitik von Bund und Ländern in der BR Deutschland durch Empfehlungen an die Regierungen abstimmen. Mitglieder sind die Finanzminister des Bundes und der Länder, vier Vertreter der Gemeinden und Gemeindeverbände und mit beratender Funktion die ↑ Deutsche Bundesbank.

Finanzpolitik nennt man die staatlichen Maßnahmen im Bereich der Finanzen (d. h. des Geld- und Vermögenswesens des Staates) und die Wissenschaft, die sich damit befaßt. Von der F. wird die Art der Mittelaufbringung (z. B. durch Steuern) sowie deren Zweck bestimmt. Zur F. können klassische fiskalische Ziele (z. B. die Finanzierung von Polizei oder Schulen) gehören, aber auch soziale Ausgleichsmaßnahmen (z. B. die Subventionierung wirtschaftlich Schwächerer oder wirtschaftsstabilisierende Eingriffe über den Staatshaushalt).

Finanzverfassung: Gesamtheit der rechtlichen Bestimmungen, die das öffentliche Finanzwesen in einem Staat regeln, insbesondere das Recht, ↑ Abgaben (v. a. Steuern) zu erheben *(= Finanzhoheit)*, sowie die Gesetzgebung, Verwaltung und Rechtsprechung auf dem Gebiet der ↑ öffentlichen Einnahmen und Ausgaben und ihre Verteilung auf die Träger der ↑ öffentlichen Aufgaben. Die F. in der BR Deutschland ist in ihren Grundzügen in den Artikeln 104 a ff. GG geregelt. Danach tragen Bund und Länder grundsätzlich jeweils die Ausgaben für die Wahrnehmung ihrer Aufgaben selbst; handeln die Länder im Auftrag des Bundes, trägt dieser die Ausgaben. Das Grundgesetz regelt auch die grundsätzliche Verteilung des Steueraufkommens auf Bund, Länder und Gemeinden (↑ Finanzausgleich) und enthält Bestimmungen über die Befugnis zur Steuergesetzgebung und über die ↑ Finanzverwaltung; die ↑ Finanzgerichtsbarkeit ist dagegen im wesentlichen außerhalb des Grundgesetzes geregelt. – Abb. S. 130.

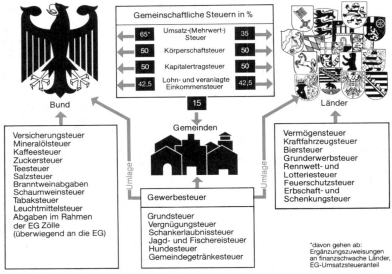

Gemeinschaftliche Steuern in %

Bund		Länder
65*	Umsatz-(Mehrwert-)Steuer	35
50	Körperschaftsteuer	50
50	Kapitalertragsteuer	50
42,5	Lohn- und veranlagte Einkommensteuer	42,5

Gemeinden 15

Bund

Versicherungsteuer
Mineralölsteuer
Kaffeesteuer
Zuckersteuer
Teesteuer
Salzsteuer
Branntweinabgaben
Schaumweinsteuer
Tabaksteuer
Leuchtmittelsteuer
Abgaben im Rahmen
der EG Zölle
(überwiegend an die EG)

Umlage

Gewerbesteuer

Grundsteuer
Vergnügungsteuer
Schankerlaubnissteuer
Jagd- und Fischereisteuer
Hundesteuer
Gemeindegetränkesteuer

Umlage

Länder

Vermögensteuer
Kraftfahrzeugsteuer
Biersteuer
Grunderwerbsteuer
Rennwett- und
Lotteriesteuer
Feuerschutzsteuer
Erbschaft- und
Schenkungsteuer

*davon gehen ab:
Ergänzungszuweisungen
an finanzschwache Länder,
EG-Umsatzsteueranteil

Finanzverfassung. Die Aufteilung des Steueraufkommens in der BR Deutschland auf die verschiedenen Gebietskörperschaften

Finanzverwaltung: Die F. ist zwischen dem Bund und den Ländern aufgeteilt. Der Bund verwaltet die Zölle, Finanzmonopole, bundesrechtlichen Verbrauchsteuern und die ihm im Rahmen der ↑ Europäischen Gemeinschaft zustehenden Abgaben. Die restlichen Steuern werden von den Ländern verwaltet. Oberste Finanzbehörde des Bundes ist das Bundesministerium der Finanzen, ihm sind als Oberbehörden z. B. die Bundesschuldenverwaltung und das Bundesamt für Finanzen nachgeordnet; Mittelbehörden sind die Oberfinanzdirektionen; örtliche Behörden sind z. B. die Hauptzollämter. Oberste Landesfinanzbehörde ist jeweils das Landesfinanzministerium, Mittelbehörden sind die Oberfinanzdirektionen (die damit zugleich Bundes- und Landesbehörden sind), örtliche Behörden sind die Finanzämter.

Fiskalpolitik ↑ Globalsteuerung.

Fiskus [von lateinisch fiscus »Korb, Geldkorb«]: Staatskasse, -vermögen; im übertragenen Sinne auch der Bereich der staatlichen Finanzverwaltung bzw. deren Teilbereiche (z. B. Post-, Steuerfiskus).

Flächennutzungsplan ↑ Bauleitplanung.

flexible response (deutsch: »flexible Reaktion«): Bis 1991 die offiziell gültige Militärstrategie der ↑ NATO. Danach soll jeder Art militärischer Aggression mit angemessenen Mitteln begegnet werden. Die f. r. schließt ausdrücklich den Einsatz atomarer Waffen durch die NATO ein, um so dem Gegner die Entschlossenheit zu demonstrieren, die Verteidigung auf einer höheren Ebene der ↑ Eskalation fortzusetzen. Nach den Umwälzungen der Staaten in Mittel- und Osteuropa mit der Folge der Auflösung des ↑ Warschauer Pakts sowie aufgrund der vereinbarten Reduzierungen bei den Nuklearwaffen (↑ INF, ↑ START) und bei den konventionellen Waffen (↑ KSE-Vertrag) stellt sich die bisher noch nicht beantwortete Frage nach einer Veränderung der Nuklearstrategie der NATO. Ansätze dafür zeigen sich bei der Vorstellung, die amerikanische ↑ strategische Verteidigungsinitiative mit dem Ziel des Aufbaus eines nicht-nuklearen Abwehrschirms auf Europa oder sogar die Staaten der GUS auszudehnen, oder bei dem Vorschlag, die neuen Demokratien in Mittel- und Osteuropa in die NATO aufzunehmen um sie zu stabilisieren und die Gefahr der Weiterverbreitung von Atomwaffen oder des entsprechenden know-hows durch »Technologiesöldner« besser kontrollieren zu können.

Floating [von englisch to float »schwimmen (lassen)«]: Die zeitlich begrenzte Freigabe des ↑ Wechselkurses eines Landes oder einer Gruppe von Ländern *(Blockfloating)*. Durch F. ergeben sich sog. flexible Wechselkurse, da die Verpflichtung der ↑ Zentralbank zur Aufrechterhaltung eines bestimmten festen Wechselkurses, etwa durch ↑ Stützungskäufe, entfällt. F. wird vorgenommen, wenn Länder aufgrund von Währungsproblemen (Ungleichgewichte in der ↑ Zahlungsbilanz) nicht mehr zur Kurssicherung in der Lage sind, aber auch zur Eindämmung von Währungsspekulationen. Am Ende einer Floatingperiode steht meist eine Neufeststellung des Wechselkurses. Vorteil des F.: Die nationale ↑ Wirtschaftspolitik ist von währungspolitischen Rücksichtnahmen befreit und kann sich auf gefährdete binnenwirtschaftliche Ziele konzentrieren; Nachteil: Jederzeit mögliche Wechselkursänderungen können den ↑ Außenhandel beeinträchtigen.

Flüchtlinge: Personen, die aus begründeter Furcht vor Verfolgung aus rassischen, politischen oder religiösen Gründen sich außerhalb ihres Heimatstaates aufhalten und nicht dessen Schutz genießen oder in Anspruch nehmen wollen. Die Rechtsstellung der F. ist international durch die ↑ Genfer Konventionen von 1951 geregelt. Danach genießen F. bezüglich des Erwerbs von Vermögen und der Ausübung einer beruflichen Tätigkeit in einem Land dieselben Rechte wie die dort am günstigsten behandelten ↑ Ausländer. Gewährleistet ist auch der Zugang zu den Gerichten. F. haben einen Anspruch auf Ausstellung eines Reise- oder Personalausweises durch den Aufenthaltsstaat. Eine ↑ Ausweisung in einen Staat, in dem ihre Verfolgung aus den erwähnten Gründen droht, ist unzulässig.

Fluktuation [von lateinisch fluctuare »fließen, schwanken«]:

◊ allgemein: Schwankung einer Größe um einen Mittelwert.
◊ Bezeichnung für die Gesamtheit aller Arbeitsplatzwechsel in einer ↑ Volkswirtschaft.

Fluorchlorkohlenwasserstoffe (FCKW) sind Kohlenwasserstoffe, die in der Kunststoffproduktion und als Treibmittel eingesetzt wurden. F. sind mitverantwortlich für Klimaveränderungen und Zerstörung der Ozonschicht. Die Umweltminister der EG einigten sich 1990 auf ein F.-Verbot bis 1997. Mitte 1991 trat in der BR Deutschland eine Verordnung zum stufenweisen Verbot von F. bis 1995 in Kraft (seit 1991 z. B. Verbot von F. in Spraydosen). – ↑ auch Ozonloch.

Flurbereinigung ist die Neuordnung und zweckmäßige Gestaltung zersplitterten oder unwirtschaftlich geformten ländlichen Grundbesitzes nach modernen betriebswirtschaftlichen Gesichtspunkten zur Förderung der landwirtschaftlichen Produktion. Sie kann allerdings auch ökologisch unerwünschte Folgen haben.

Föderalismus [von lateinisch foedus »Bündnis«]: Politisches Gestaltungsprinzip, das auf dem Gedanken des bündnishaften Zusammenschlusses mehrerer Staaten beruht. Beim F. handelt es sich nicht nur um ein (befristetes) Vertragsverhältnis zwischen Staaten (↑ Allianz), sondern um eine dauerhafte ↑ Staatenverbindung. Die Mitgliedstaaten bewahren entweder ihre Unabhängigkeit im Innern und treten auch nach außen selbständig auf (↑ Staatenbund), oder sie übertragen den Staatsaufgaben zum Teil auf eine Zentrale und erfüllen selbst nur noch den verbleibenden Rest in eigener Zuständigkeit (↑ Bundesstaat). Die föderative Staatenverbindung ist also ein Mittleres zwischen einem bloßen Staatenbündnis und einem ↑ Einheitsstaat. Ihre Ausgestaltung kann sehr unterschiedlich sein. Das zentrale Organ, das für alle verbindliche Beschlüsse zu fassen hat, kann eine Versammlung der Regierungen der Mitgliedstaaten sein oder ein demokratisch gewähltes Parlament (wie z. B. der ↑ Bundestag), dem eine Interessenvertretung der Mitgliedstaaten zur Seite gestellt ist. Diese kann wiederum aus Mitgliedern der Regierungen der Einzelstaaten bestehen (↑ Bundesrat) oder aus

Abgeordneten, die vom Volk in den Ländern gewählt (z. B. der ↑ Senat in den USA) oder von den Landesparlamenten entsandt werden. Es kann eine einheitliche Staatsbürgerschaft für die Angehörigen der beteiligten Staaten bestehen oder (daneben) die Einzelstaatsbürgerschaft aufrechterhalten bleiben. Die Beschlüsse der zentralen Organe können alle Bürger unmittelbar binden oder sich an die Regierungen der Einzelstaaten richten, die sie dann in ihrem Lande durchzusetzen haben. Auch die Beziehungen der Einzelstaaten zueinander können sehr unterschiedlich sein. Dominiert ein Mitgliedstaat, so spricht man von ↑ Hegemonie.

Über den staatlichen F. hinaus verficht der gesellschaftliche F. den Gedanken einer Gliederung der Gesellschaft in kleine selbstverantwortliche Einheiten (z. B. Familie, Betrieb), die stufenförmig zu immer größeren Einheiten bis hin zu einer Weltföderation zusammengefaßt werden (↑ Subsidiaritätsprinzip). Der hier zugrundeliegenden Idee einer Weltfriedensordnung mit verhältnismäßig selbständigen Untereinheiten steht im staatlichen Bereich die Vorstellung der ↑ Selbstverwaltung (z. B. von Gemeinden oder Hochschulen) und der (kulturellen, wirtschaftlichen oder politischen) ↑ Autonomie räumlicher Regionen (↑ Regionalismus) nahe.

In der Geschichte des F. haben immer wieder Bestrebungen zu einer größeren Vereinheitlichung mit gegenläufigen zur größeren Verselbständigung abgewechselt (↑ Unitarismus, ↑ Partikularismus, ↑ Separatismus). Ansätze zu einer neuen föderativen Ordnung bietet derzeit die ↑ Europäische Gemeinschaft. – ↑ auch kooperativer Föderalismus.

Föderation ↑ Staatenbund.

Folter: Die Zufügung körperlicher Schmerzen zur Erzwingung einer Aussage. In der frühen Neuzeit war die F. von großer Bedeutung im Strafprozeß, da zur Verurteilung das Geständnis des Verdächtigen erforderlich war. Als erster deutscher Staat schaffte Preußen 1740/1754 die F. ab, andere folgten erst im 19. Jahrhundert. Nach dem Recht aller modernen Kulturstaaten darf die Freiheit der Willensentschließung und Willensbetätigung durch Mißhandlungen nicht beeinträchtigt werden. Dennoch wird die F. als Vernehmungspraktik (auch in Form psychischer F.) in vielen Staaten angewandt.

Fonds: Angesammelter Geldbestand für bestimmte Zwecke, z. B. Investmentfonds zur Kapitalanlage in Unternehmen, Immobilienfonds zur Kapitalanlage in Gebäuden und Grundstücken u. a.

Fonds Deutsche Einheit: Aus Mitteln des Bundes und der alten Bundesländer gebildeter Sonderfonds von ursprünglich 115 Mrd. DM, die den neuen Bundesländern in Ostdeutschland von 1990 bis 1994 als Finanzhilfe zum Aufbau zur Verfügung gestellt werden. Der größte Teil des Sonderfonds wird als Kredit auf dem Kapitalmarkt aufgenommen.

Forschungsfreiheit ↑ Wissenschaftsfreiheit.

Fortbildung ↑ Weiterbildung.

Fortschritt: Bezeichnung für die Zunahme des theoretischen (v. a. naturwissenschaftlichen) Wissens und seiner (technischen) Anwendung. Der seit der Aufklärung herrschende Fortschrittsglaube, daß eine Entwicklung des menschlichen Intellekts und eine Steigerung der naturwissenschaftlichen Kenntnisse nicht nur zu materiellem Wohlstand, sondern auch unmittelbar zu einer Humanisierung der Gesellschaft führen werden, wird durch die Erfahrung mit modernen Technologien, durch die wachsende Umweltproblematik und die abnehmende ↑ Lebensqualität zunehmend in Frage gestellt.

Fragestunde: Teil jeder Sitzungswoche des ↑ Bundestages, bei dem sich die Bundesregierung bis zu dreimal 60 Minuten lang den Fragen der Abgeordneten stellen muß. Nach den Richtlinien für die F. im Rahmen der ↑ Geschäftsordnung des Deutschen Bundestages kann jedes Bundestagsmitglied pro Sitzungswoche zwei mündliche Anfragen einreichen, die kurz gefaßt sein müssen und keine Feststellungen oder Wertungen enthalten dürfen. Der zuständige Minister oder ↑ parlamentarische Staatssekretär beantwortet die Fragen mündlich im ↑ Plenum. Dabei kann der Fragesteller bis zu zwei Zusatzfragen stellen.

Mündliche Anfragen werden vom Bundestagspräsidenten für die F. nur zugelassen, wenn sie den formalen Anforderungen ge-

Finanzierung	Laufzeit 1.7.1990-31.12.1994
Bund	20 Mrd. DM durch Einsparungen
Bund	47,5 Mrd. DM durch Anleihen am Kapitalmarkt
11 alte Bundesländer	47,5 Mrd. DM durch Anleihen am Kapitalmarkt
	115 Mrd. DM

Verwendung

Finanzielle Unterstützung der fünf neuen Bundesländer

Anteile der Länder:

Berlin (Ost)	7,8 %
Brandenburg	16,1 %
Mecklenburg-Vorpommern	12,0 %
Sachsen	29,8 %
Sachsen-Anhalt	18,0 %
Thüringen	16,3 %
	100 %

Grundsatz: 60 % der Mittel sind für die Länderhaushalte, 40 % für die Kommunalen Haushalte bestimmt.

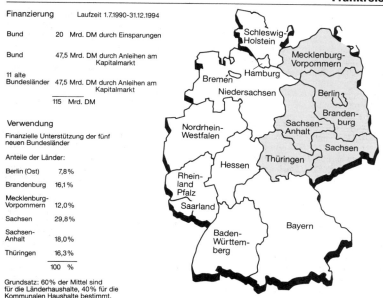

Fonds Deutsche Einheit. Finanzierung und Verwendung der Mittel

nügen und einen Bereich betreffen, für den »die Bundesregierung unmittelbar oder mittelbar verantwortlich ist«. Sie müssen der Bundesregierung rechtzeitig (drei Tage vor der Beantwortung) zugestellt werden können. Jeder Abgeordnete kann außerdem pro Sitzungswoche zwei schriftliche Anfragen an die Regierung richten, die auch schriftlich beantwortet werden. Dies gilt v. a. für Probleme, die nicht von allgemeinem Interesse, sondern von mehr lokaler oder regionaler Bedeutung sind. – ↑ auch parlamentarische Anfragen.

Fraktion: Vereinigung von gesinnungsmäßig ähnlich orientierten Abgeordneten in einem Parlament zur besseren Durchsetzung ihrer Interessen. Meist bilden die Abgeordneten einer ↑ Partei eine F.; möglich ist auch die Fraktionsgemeinschaft mehrerer einander nahestehender Parteien (z. B. von CDU und CSU im Bundestag). Da die F. zugleich der technischen Bewältigung der Arbeit eines Parlaments dient (z. B. Benennung von Abgeordneten für die ↑ Parlamentsausschüsse), ist in der Regel eine bestimmte Mindestgröße für sie vorausgesetzt (im Bundestag 5 % der Abgeordneten). Das bedeutet, daß kleine Parteien im Parlament keine eigene F. bilden können.

Fraktionsdisziplin: Unterordnung des einzelnen Abgeordneten unter die Beschlüsse einer ↑ Fraktion.

Fraktionszwang: Verpflichtung eines Abgeordneten zur Einhaltung von Fraktionsbeschlüssen, verbunden mit dem Verzicht auf das ↑ Mandat bei Zuwiderhandlungen. Nach dem Grundgesetz verstößt der F. gegen das ↑ freie Mandat (Art. 38 GG) und ist daher verfassungswidrig. Dagegen ist der Ausschluß eines Abgeordneten aus einer ↑ Fraktion unter Umständen erlaubt.

Frankreich [amtliche Vollform: La République Française]: Westlicher Nachbarstaat der BR Deutschland, besteht aus dem festländischen F. und der Mittelmeerinsel Korsika und umfaßt eine *Fläche* von 543 965 km²; *Bevölkerung:* 56,5 Mill. Einwohner (1990), 104 E/km²; *Hauptstadt:*

133

Paris (2,14 Mill. Einwohner). *Amtssprache* ist Französisch (daneben wird katalanisch, baskisch, bretonisch und deutsch gesprochen). *Religion:* 75 % der französischen Bevölkerung gehören der römisch-katholischen Kirche an (daneben Protestanten, Juden, armenische Christen, Muslime u. a.). F. ist in 22 Verwaltungsregionen mit 96 Departements, 324 Arrondissements, 3 530 Kantonen und fast 38 000 Gemeinden gegliedert. An der Spitze jeder Departementsverwaltung stehen ein vom Präsidenten ernannter »Kommissar der Republik« sowie auf Departementsebene gewählte Generalräte. Darüber hinaus gehören zu F. die Überseedepartements (Départements d'Outre-mer) Guadelupe, Französisch-Guayana, Martinique, Réunion und Saint-Pierre-et-Miquelon sowie die Überseeterritorien (u. a. Neukaledonien, Französisch-Polynesien).
Seit 1791 haben in F. 16 verschiedene Verfassungen bestanden. Dies hat dazu geführt, daß F. die Republiken numeriert: 1792–1804 Erste Republik, 1848–1852 Zweite Republik, 1870–1940 Dritte Republik. Durch die Verfassung von 1946 wurde die Vierte Republik geschaffen, die zwölf Jahre später an innerer Schwäche scheiterte. Das Staatsgrundgesetz der heutigen Fünften Republik ist die Verfassung vom 4. Oktober 1958 (durch Volksabstimmung gebilligt). Kennzeichen dieser Verfassung ist die Vereinigung von repräsentativen (Parlament) mit plebiszitären (Referendum) Merkmalen und die Verknüpfung des parlamentarischen mit dem präsidialen Prinzip; gemessen an den reinen Verfassungstypen des parlamentarischen (z. B. Großbritannien, BR Deutschland) und des präsidialen Systems (z. B. USA) ist die Verfassung der Fünften Republik als Mischtyp zu charakterisieren. Nach der Verfassung ist F. eine »unteilbare, säkulare, demokratische und soziale Republik« (Art. 2). Die Souveränität liegt beim Volk, das sie durch seine Repräsentanten und über das Referendum ausübt. Seit der Verfassungsänderung von 1962 wird der Staatspräsident, der weitreichende Kompetenzen hat, nicht mehr indirekt, sondern direkt vom Volk gewählt. Er ernennt und entläßt den Ministerpräsidenten und auf dessen Vorschlag die übrigen Regierungsmitglieder; er führt den Vorsitz im Ministerrat, kann eine Gesetzesvorlage über die Organisation der öffentlichen Institutionen oder die Ratifizierung eines Vertrages einem Referendum unterziehen, und er kann die Nationalversammlung auflösen. Die umstrittenste und am weitesten reichende Kompetenz gibt dem Präsidenten die Möglichkeit, ohne Befragung des Parlaments, nach Rücksprache nur mit dem Ministerpräsidenten und den Präsidenten von Nationalversammlung, Senat und Verfassungsrat, Notmaßnahmen anzuordnen, wenn die Institutionen der Republik und die Unabhängigkeit der Nation in einer ernsten und unmittelbaren Weise bedroht werden.
Die legislative Gewalt liegt nach der Verfassung beim Parlament, das aus der Nationalversammlung und dem Senat besteht. Die Abgeordneten der Nationalversammlung werden für fünf Jahre in allgemeiner, geheimer und direkter Wahl gewählt. Die früher übliche absolute Mehrheitswahl wurde 1986 durch das Verhältniswahlrecht ersetzt. Die zweite Kammer des Parlaments, der Senat, soll die territorialen Einheiten des Landes vertreten. Die 319 Senatoren werden für neun Jahre (alle drei Jahre Neuwahlen von einem Drittel der Senatoren) indirekt in den Departements von Wahlmännerkollegien gewählt. Seit den Wahlen vom Juni 1988 sind in der Nationalversammlung u. a. vertreten: der gaullistische Rassemblement pour la République (RPR), die rechtsliberale Union pour la Démocratie Française (UDF) der Giscardisten, das Wahlbündnis des Centre des Démocrates Sociaux (CDS), Parti Socialiste (PS), Parti Communiste Française (PCF), Parti Radical-Socialiste (PRS), Parti Republicain (PR) und die rechtsradikale Partei Front Nationale (FN). Den politischen Parteien häufig gleichwertig oder sogar überlegen in der Durchsetzung gesellschaftlicher Interessen sind die Verbände. Die Verlagerung der Machtkonzentration vom Parlament auf die Exekutive gab den größten Interessengruppen erhebliches Gewicht: dies sind die Landwirtschaftsverbände, Gewerkschaften und Arbeitgeberverbände.

Frauenbeauftrage: Frauen, die die Aufgabe haben, die Benachteiligung von

Frauen im öffentlichen Leben aufzudekken und für deren Beseitigung zu sorgen. Die F. sind meist in sog. Gleichstellungsstellen bei den Kommunen, auf den staatlichen Ebenen oder bei öffentlichen Arbeitgebern (z. B. Universitäten), z. T. auch in Betrieben eingesetzt. Zu ihren Aufgaben gehören u. a. die Prüfung von Gesetzen und anderen Vorhaben auf mögliche Benachteiligungen von Frauen, die Erstellung von Frauenförderplänen und die Beratung ratsuchender Frauen. In der BR Deutschland gab es im März 1990 900 Gleichstellungsstellen.

Frauenbewegung: Organisierte Form des Kampfes um die politische, soziale und kulturelle Gleichstellung der Frau, der von den sog. Frauenrechtlerinnen seit Mitte des 19. Jahrhunderts getragen wurde und oft in engem Zusammenhang mit anderen sozialen Reformbestrebungen stand.

Zum ersten Mal wurde in der Französischen Revolution die unterprivilegierte Stellung der Frau problematisiert; in einer Erklärung über Frauenrechte (»Les droits de la femme«) wurden bereits 1789 das aktive und passive Wahlrecht und die Zulassung zu öffentlichen Ämtern für Frauen gefordert; gleichzeitig wurden revolutionäre Frauenklubs gegründet. Eine ähnliche Entwicklung zeichnete sich in Deutschland um 1848 ab. Die mit der industriellen Revolution verbundenen sozialen Umwälzungen gaben der F. neue Anstöße. 1865 organisierte sich die F. in Deutschland im Allgemeinen Deutschen Frauenverein, der sich v. a. mit Fragen der Frauenarbeit und der Frauenbildung beschäftigte; seine Hauptforderungen waren: Mutterschutz für Arbeiterinnen, bessere Bildung, Chancengleichheit im Beruf, gleicher Lohn für gleiche Arbeit und das Wahlrecht. In der Folgezeit entstanden noch weitere Frauenvereine, auch auf konfessioneller Basis, die sich dann alle 1894 im Bund Deutscher Frauenvereine zusammenschlossen.

Das Hauptanliegen der frühen F., das Frauenwahlrecht, wurde in Deutschland 1918 erreicht. Durch die wirtschaftlichen Notwendigkeiten und sozialen Umwälzungen des 1. Weltkrieges nahmen die Frauenarbeit und damit die Integration der

Frau in Politik und Gesellschaft zu. Einen Rückschritt in dieser Entwicklung brachten in Deutschland der Nationalsozialismus durch die starke Betonung der Rolle der Frau als Gattin und Mutter sowie durch die Auflösung nahezu aller Frauenverbände bzw. durch ihre Abtrennung von internationalen Organisationen. Trotz Frauenwahlrecht und verfassungsrechtlicher Gleichstellung ist bis heute die volle Integration der Frauen in das politische, soziale und kulturelle Leben nicht verwirklicht (z. B. Benachteiligung bei der Entlohnung, geringe Vertretung in den Parlamenten). In der BR Deutschland entwickelten sich Ende der 1960er Jahre neue, linke Frauengruppen, die gegen das gesellschaftliche System und zum Teil auch gegen individuelle und gesellschaftliche Männerherrschaft kämpfen (↑ Feminismus). Verstärkt greifen die Frauengruppen derzeit das Thema »Gewalt gegen Frauen« auf und setzen sich für die Errichtung von ↑ Frauenhäusern ein. − ↑ auch Frauenbeauftragte, ↑ Frauenpolitik.

Frauenhäuser: Bezeichnung für Häuser, in denen von ihren Männern mißhandelte Frauen (mit ihren Kindern) Aufnahme finden. 1976 wurde vom Bundesministerium für Jugend, Familie und Gesundheit in Berlin ein F. als Modell errichtet. Mittlerweile gibt es F. in allen großen und mittleren Städten der BR Deutschland, die Frauen aus allen Schichten Schutz vor Mißhandlungen, Beratung und Hilfe bieten soll. Die F. sind selbstverwaltet, haben weder Heimcharakter noch männliche Mitarbeiter. Die Frauen sollen in den F. durch solidarisches Zusammenleben nach den erlittenen Mißhandlungen ihr Selbstwertgefühl wieder entwickeln können.

Frauenpolitik: Trotz der verfassungsrechtlich verbürgten ↑ Gleichberechtigung (Art. 3 Abs. 2 GG: Männer und Frauen sind gleichberechtigt) sind Frauen in der BR Deutschland in vielen Bereichen von Beruf, Politik und Bildungseinrichtungen benachteiligt oder unterrepräsentiert. Die Doppelbelastung bei Frauen mit ↑ Familie durch Berufstätigkeit einerseits und Haushaltsführung und Kindererziehung andererseits erlaubt oft nicht das notwendige Engagement für ein berufliches Fortkommen und erschwert − zusätzlich zu Vorur-

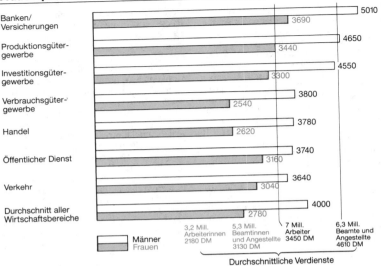

Banken/Versicherungen	3690		5010
Produktionsgüter-gewerbe	3440		4650
Investitionsgüter-gewerbe	3300		4550
Verbrauchsgüter-gewerbe	2540		3800
Handel	2620		3780
Öffentlicher Dienst	3160		3740
Verkehr	3040		3640
Durchschnitt aller Wirtschaftsbereiche	2780		4000

☐ Männer
▨ Frauen

3,2 Mill. Arbeiterinnen 2180 DM   5,3 Mill. Beamtinnen und Angestellte 3130 DM   7 Mill. Arbeiter 3450 DM   6,3 Mill. Beamte und Angestellte 4610 DM

Durchschnittliche Verdienste

Frauenpolitik. Durchschnittliche Bruttomonatsverdienste von Frauen und Männern 1989. Trotz der im GG verbürgten Gleichberechtigung bestehen große Unterschiede in der Entlohnung

teilen – das Eindringen in Spitzenpositionen. Seit der zweiten Hälfte der 1980er Jahre gibt es eine gezielte Frauenförderpolitik, die mit der Einsetzung von *Gleichstellungsbeauftragten* (↑ Frauenbeauftragte) zunächst auf Länderebene und in den Kommunen begann und sich in der Einrichtung von Frauenministerien fortsetzte. In Nordrhein-Westfalen wurde erstmals in der BR Deutschland mit dem das Landesbeamtengesetz ändernden *Frauenfördergesetz* vom 31. Oktober 1988 die Frauenförderung gesetzlich festgelegt. Danach sind »Frauen bei gleicher Eignung, Befähigung und fachlicher Leistung bevorzugt einzustellen«. Weiter gehen noch in dem Zusammenhang angestrebte ↑ Quotenregelungen.

Frauenquote: Richtwert für den Anteil von Frauen bei der Vergabe von Positionen in Wirtschaft, Politik und Verwaltung. – ↑ auch Quotenregelung.

freie Berufe sind ohne ein Abhängigkeitsverhältnis selbständig ausgeübte, nichtgewerbliche Berufe, d. h. sie werden nicht weisungsgebunden und nicht unter rein wirtschaftlichen Prinzipien (Anpassung von Leistung und Gegenleistung) ausgeübt (z. B. Anwälte, Ärzte, Künstler).

Freie Demokratische Partei (FDP): 1948 aus dem Zusammenschluß nationalliberaler und liberaldemokratischer Gruppen entstandene politische Partei (1990: 204000 Mitglieder), die sich als politische Organisation des ↑ Liberalismus in der BR Deutschland versteht.

Mit ihrem 1948 gewählten Vorsitzenden Th. Heuss stellte die FDP von 1949–59 den ersten Bundespräsidenten. Im ↑ Parlamentarischen Rat hatten die liberalen Vertreter wesentlichen Anteil an der Entscheidung für eine Gestaltung des ↑ Grundgesetzes im Sinne einer ↑ freiheitlichen demokratischen Grundordnung. Im Gegensatz zu anderen Parteien propagierte die FDP von Anfang an die liberale ↑ Marktwirtschaft. Auf Betreiben der FDP wurde der Wirtschaftswissenschaftler L. Erhard als Direktor der Verwaltung für Wirtschaft in der Bizone berufen, wodurch entscheidend die Weichen für eine freie, soziale Marktwirtschaft gestellt wurden.

Nach den ersten Bundestagswahlen von 1949, die der FDP 11,9 % brachten, bildete sie bis 1956 und von 1961−66 gemeinsam mit der CDU/CSU die Bundesregierung. Wichtigste Klammer dieser Koalition war neben der Ablehnung der Planwirtschaft die Politik der Eingliederung der BR Deutschland in die westliche Staatengemeinschaft. Konfliktstoff ergab sich 1954 nach der Ablösung F. Blüchers durch den neuen Vorsitzenden Th. Dehler, der den Zielkonflikt zwischen Westintegration und Wiedervereinigung durch eine aktive Deutschland- und Ostpolitik mildern wollte; 1956 kam es zu einem Bruch des Bündnisses mit der CDU und zu der Abspaltung der FDP-Minister sowie einiger Abgeordneter von ihrer Partei. Nach fünfjähriger Opposition strebte die FDP unter E. Mende die Rückkehr in eine Koalition mit der CDU/CSU an. Trotz ihres bislang besten Wahlergebnisses (12,8 %) geriet sie nach der Wahl von 1961 in eine Vertrauenskrise, da es ihr entgegen ihrem Wahlversprechen nicht gelang, die Ablösung K. Adenauers durchzusetzen. 1966 führte die zunehmende Erstarrung der Innen- und Außenpolitik im Zusammenhang mit einer wirtschaftlichen Krise zum Bruch der Koalition.

In der Opposition gegen die ↑ große Koalition erneuerte sich die FDP personell und programmatisch. Die Partei öffnete sich kritischen Gedanken der Jugend und der ↑ außerparlamentarischen Opposition, lehnte die ↑ Notstandsgesetzgebung ab und entwarf eine neue Deutschland- und Ostpolitik. Die unter dem Vorsitz von W. Scheel eingeleitete Umorientierung führte 1969 zur Koalition mit der SPD, wodurch die CDU nach 20 Jahren Regierungsverantwortung abgelöst wurde. Dieses Bündnis hatte zahlreiche Austritte auch führender Politiker aus der Partei zur Folge und brachte bei den Bundestagswahlen 1969 der FDP mit 5,8 % ihr bis dahin schlechtestes Ergebnis. Mit den *Freiburger Thesen* von 1971 verabschiedete die FDP ein Grundsatzprogramm im Sinne eines demokratischen und sozialen Liberalismus, wonach sich die Freiheit des einzelnen erst bei einem Mindestmaß an sozialer Siche-

rung verwirklichen läßt (»Demokratisierung der Gesellschaft«; »Reform des Kapitalismus«). Die *Freiburger Thesen* wurden 1977 durch die *Kieler Thesen* auf dem Gebiet der Wirtschafts- und Energiepolitik, der Sicherung und Erweiterung des Rechtsstaates sowie der Sozialpolitik ergänzt. Das allmählich wieder stärkere Hervortreten des rechten (Wirtschafts-)Flügels und Differenzen mit der SPD in der Sicherheits- und Wirtschaftspolitik führten 1982 zu einem erneuten Bündnis mit der CDU/CSU. Den Parteivorsitz von H.-D. Genscher übernahm nach einem Zwischenspiel von M. Bangemann (1985−88) O. Graf Lambsdorff. Gemessen an ihrem Stimmenanteil (1990: 11 %) verfügt die FDP über einen großen politischen Einfluß, da die anderen Parteien bei der Regierungsbildung auf sie angewiesen sind (»Zünglein an der Waage«). Im Unterschied zu den beiden großen Parteien fehlt ihr jedoch das politische Vorfeld (z. B. Gewerkschaften, Verbände, Kirchen).

Freie Deutsche Jugend: 1946 gegründete »sozialistische Massenorganisation«. Sie war die einzige zugelassene Organisation für Jugendliche (ab 14 Jahren) in der DDR. Ihre Aufgabe bestand darin, die Jugend im Sinne des Kommunismus und der ↑ SED zu indoktrinieren.

Freier Deutscher Gewerkschaftsbund (FDGB) war die kommunistische Einheitsorganisation der Gewerkschaften in der ehemaligen DDR; löste sich 1991 auf.

freies Mandat: Freistellung der Abgeordneten eines Parlaments von bestimmten Aufträgen. In westlichen Demokratien gelten die Abgeordneten als Vertreter des ganzen Volkes (↑ Repräsentation) und sind daher an Aufträge und Weisungen ihrer Wähler und ihrer Partei nicht gebunden, sondern lediglich ihrem Gewissen unterworfen (Art. 38 Abs. 1 GG, Gegensatz: ↑ imperatives Mandat). Der Sinn des f. M. besteht darin, dem Abgeordneten einen Verhandlungsspielraum bei der Beschlußfassung im Parlament zu verschaffen und ihn nach seiner eigenen Überzeugung ohne Druck von irgendeiner Seite abstimmen zu lassen. Er besteht nicht darin, daß der Abgeordnete nach wechselndem Belieben ohne Rücksicht auf seine Wähler, Partei und ↑ Fraktion Entscheidungen trifft. – ↑ auch Fraktionsdisziplin, ↑ Mandat.

Freihandel: Prinzip des Wirtschaftsliberalismus; bedeutet völlige Freiheit des Güteraustausches ohne Zollschranken und ohne Aus- und Einfuhrverbote.

Freiheit läßt sich definieren als Zustand der Unabhängigkeit, des Nicht-Bestimmtwerdens durch etwas anderes (z. B. andere Menschen, herrschende Konventionen, eigene Triebe). In der Philosophie wird der Begriff der F. absolut gefaßt als Vermögen des Willens, sich spontan zu äußern oder der reinen Vernunft zu folgen, jedenfalls nicht anderweitigen äußeren oder inneren (psychischen) Einflüssen ausgeliefert zu sein (↑ Willensfreiheit, ↑ Selbstbestimmung). Konkret erscheint F. nur in jeweils bestimmten Beziehungen (F. »wovon«), die Handlungsspielräume eröffnen (F. »wozu«), aber Abhängigkeiten in anderer Hinsicht nicht aufheben, möglicherweise sogar neue Bindungen begründen (so das klassische Beispiel des Reichen, der frei von physischer Not, aber den Bedrückungen seines Geizes und seiner Habgier ausgeliefert ist oder des Arbeitnehmers, der sich wirtschaftlich selbständig macht, damit aber den Gesetzen des Marktgeschehens ausgeliefert wird).

F. von gesellschaftlichen Mächten, kirchlicher Autorität und staatlicher Bevormundung wurde insbesondere zur Zeit der ↑ Aufklärung gefordert. Dieses Freiheitsverlangen ging in die modernen Verfassungen ein (↑ Freiheitsrechte, z. B. Religionsfreiheit, Meinungsfreiheit, Pressefreiheit, Vereinsfreiheit) und führte zu einer Reihe allgemeiner »Befreiungen« wie Bauernbefreiung, Judenemanzipation und Gewerbefreiheit, d. h. Befreiung vom Zunftzwang. Zum Teil trat dabei der Staat als Befreier auf, zum Teil wurde F. gerade gegen von ihm ausgehende Bevormundung durchgesetzt (Sicherung der privaten Freiheitssphäre, ↑ Rechtsstaat). Bis heute ist der Staat Garant der F. des einzelnen geblieben, indem er ihn durch seine Gesetzgebung vor Übergriffen schützt (z. B. gegen den Mißbrauch wirtschaftlicher Machtstellung) und durch seine ↑ Sozialpolitik überhaupt erst in die Lage setzt, F. zu erwerben und zu gebrauchen (↑ Sozialstaat, ↑ Freizeit). Auf der anderen Seite beeinträchtigt die staatliche Gewalt selbst die individuelle F. (so führte die ↑ Sozialisierung von ↑ Produktionsmitteln bisher in der Regel dazu, daß die Abhängigkeit des Arbeitnehmers vom Privatunternehmer durch die von staatlichen ↑ Funktionären ersetzt wurde).

Um dieser Schwierigkeit zu entgehen, wurde die private F. durch die politische F., d. h. durch die demokratische Selbstbestimmung ergänzt. Sie soll eine freiheitliche Gesetzgebung im politischen Bereich sichern (↑ auch Mitbestimmung im wirtschaftlichen Bereich). Auch nach demokratischen Verfahrensweisen erzielte Entscheidungen gewährleisten jedoch keine absolute F., da jede Regelung nur bestimmte Verhaltensweisen erlaubt, andere ausschließt und sie möglicherweise sogar mit einer Strafandrohung um der F. anderer willen versehen muß. Als Mehrheitsentscheidung richten sich demokratische Entscheidungen zudem gegen eine überstimmte Minderheit. Um die daraus entstehenden Folgen abzumildern, genießen in westlichen Demokratien Minderheiten einen besonderen Schutz (↑ Demokratie). Völlig lassen sich diese Folgen nicht vermeiden, da F. zu ihrer Realisierung stets gesetzlicher Regelungen bedarf, die notwendigerweise auch F. beschneiden (↑ Grundrechte, ↑ Gesetzesvorbehalt). F. bleibt somit immer ein Mittleres zwischen völliger ↑ Anarchie und totaler ↑ Diktatur. – Zur F. im internationalen Bereich: ↑ Selbstbestimmungsrecht der Völker.

freiheitliche demokratische Grundordnung: Kernbestand der staatlichen Ordnung in der BR Deutschland. Nach der Rechtsprechung des Bundesverfassungsgerichts eine Ordnung, die unter Ausschluß jeglicher Gewalt und Willkürherrschaft eine rechtsstaatliche Herrschaftsordnung auf der Grundlage der Selbstbestimmung des Volkes nach dem Willen der jeweiligen Mehrheit und der Freiheit und der Gleichheit darstellt. Zu den grundlegenden Prinzipien dieser Ordnung sind insbesondere zu rechnen: die Achtung vor den Grundgesetz konkretisierten ↑ Menschenrechten, v. a. vor dem Recht der Persönlichkeit, auf Leben und freie Entfaltung, die ↑ Volkssouveränität, die ↑ Gewaltenteilung, die Verantwortlichkeit der Regierung, die ↑ Gesetzmäßigkeit der Verwaltung, die Unabhängigkeit der Gerichte, das Mehrparteiensystem, die Chancengleichheit für alle politischen Parteien und das Recht auf verfassungsmäßige Bildung und Ausübung einer Opposition. Verstöße gegen die f. d. G. können geahndet werden. So kann der Mißbrauch von Grundrechten zum Kampf gegen die f. d. G. zum Verlust des Grundrechtsschutzes führen (Art. 18 GG). Gegen die f. d. G. eingestellte Parteien können verboten werden (Art. 21 Abs. 2 GG). – ↑ auch Extremistenbeschluß.

Freiheitsentziehung: Rechtmäßige, befristete oder unbefristete Unterbringung eines Menschen gegen seinen Willen. Da zur freien Entfaltung der Persönlichkeit auch das Recht gehört, den Aufenthaltsort nach Belieben zu wählen und aufzugeben, beschränkt die F. die Freiheit der Person umfassend. Besondere Beschränkungen des Grundrechts der Freiheit sind nach Art. 104 Abs. 1 GG nur aufgrund eines förmlichen Gesetzes und nur unter Beachtung der darin vorgeschriebenen Formen und Verfahren zulässig. Rechtsgrundlagen für Freiheitsbeschränkungen finden sich v. a. in den Strafgesetzen, den Unterbringungsgesetzen (Einweisung von geisteskranken und suchtkranken Personen in Heil- oder Pflegeanstalten), den Polizeigesetzen und in der Strafprozeßordnung. Über den Entzug der Freiheit darf nur ein Richter entscheiden. Die Polizei darf eine Person nur in Gewahrsam nehmen, wenn Gefahr im Verzuge ist, d. h. wenn eine richterliche Entscheidung ohne Gefährdung anderer Rechtsgüter, z. B. des öffentlichen Interesses an der Festnahme eines Verbrechers, nicht abgewartet werden kann. Die Polizei darf aber niemanden länger als bis zum Ablauf des der Festnahme folgenden Tages im eigenen Gewahrsam behalten. Spätestens am Tage nach der Festnahme ist der vorläufig Festgenommene dem Richter vorzuführen. Dieser muß ihm die Gründe der Festnahme mitteilen und Gelegenheit zu Einwänden geben. Aufgrund der Vorführung muß der Richter entweder die Freilassung anzuordnen oder einen mit Gründen versehener, schriftlicher ↑ Haftbefehl zu erlassen. Wird

jemand bei Verübung einer Straftat auf frischer Tat angetroffen oder verfolgt, so ist, wenn Fluchtverdacht besteht oder seine Identität nicht sofort festgestellt werden kann, auch eine Privatperson befugt, ihn festzunehmen und der Polizei zu übergeben.

Freiheitsrechte: Ein großer Teil der ↑ Grundrechte wird herkömmlich als F. bezeichnet, weil er dem einzelnen einen gegenüber staatlichen Eingriffen geschützten Freiheitsraum garantiert. Zu den F. gehören das Recht auf Leben und körperliche Unversehrtheit (Art. 2 Abs. 2 GG), die ↑ Glaubens- und Gewissensfreiheit (Art. 4 GG), die ↑ Meinungs- und ↑ Informationsfreiheit (Art. 5 GG), die ↑ Versammlungsfreiheit (Art. 8 GG), die ↑ Vereinigungsfreiheit (Art. 9 GG), das Recht auf ↑ Freizügigkeit (Art. 11 GG) und die ↑ Berufsfreiheit (Art. 12 GG). Diese Rechte sind spezielle Ausprägungen des in Art. 2 Abs. 1 GG gewährten Rechts auf freie Entfaltung der Persönlichkeit.

Freiheitsstrafe ↑ Strafe.

freiwillige Gerichtsbarkeit ist ein besonderes Verfahren vor einem Richter, bei dem v. a. über Vormundschafts- und Pflegschaftssachen, Nachlaßangelegenheiten, Wohnungseigentumssachen und Registersachen (Grundbuch, Handels-, Vereinsregister) entschieden wird. Zwar kann es bei diesem Verfahren durchaus auch um (Rechts-)Streitigkeiten zwischen den Beteiligten gehen, doch ist dies im Unterschied zur sog. streitigen Gerichtsbarkeit eher die Ausnahme. Ein weiterer Unterschied besteht darin, daß Entscheidungen nicht durch Urteil, sondern durch Beschluß oder Verfügung ergehen. – ↑ auch Gerichtsbarkeit, ↑ Rechtsprechung.

freiwilliges soziales Jahr: Ein zwölfmonatiger freiwilliger sozialer Dienst von Jugendlichen zwischen 17 und 25 Jahren in Krankenhäusern, Alters- und Kinderheimen und anderen Einrichtungen der freien Wohlfahrtspflege. Die Helfer erhalten ein Taschengeld, Unterkunft und Verpflegung. Außerdem genießen sie Sozialversicherungsschutz (Kranken-, Renten- und Arbeitslosenversicherung). Das f. s. J. kann für sozialpflegerische und hauswirtschaftliche Berufe als Praktikum angerechnet werden, jedoch nicht als Ersatzdienst für Kriegsdienstverweigerer. Trägerverbände für das f. s. J. sind u. a. das Diakonische Werk der EKD, der Caritasverband, die Arbeiterwohlfahrt e. V. und das Deutsche Rote Kreuz.

Freizeit: Die dem ↑ Arbeitnehmer außerhalb der ↑ Arbeitszeit zur Verfügung stehende Zeit. F. wird untergliedert in sog. *reproduktive Zeit* (Schlafen, Essen, Ausruhen) und *verhaltensbeliebige Zeit,* wobei jedoch fraglich ist, ob und in welchem Ausmaß z. B. Aufgaben für die Familie (Hausoder Gartenarbeit) zur F. gerechnet werden können. Bei zunehmender Reduzierung der Arbeitszeit entsteht das Problem sinnvoller Freizeitgestaltung in der sog. *Freizeitgesellschaft.* Der hier auftauchenden Nachfrage nach Beschäftigung hat sich bereits ein neuer Industriezweig, die sog. Freizeitindustrie, angenommen. Gelegentlich wird F. auch durch ↑ Schwarzarbeit (↑ Schattenwirtschaft) überbrückt.

Freizügigkeit ist das ↑ Grundrecht eines jeden Deutschen, im ganzen Bundesgebiet frei seinen Wohnsitz zu bestimmen (Art. 11 GG). Die F. ist ein wichtiges Element der freien Entfaltung der Persönlichkeit und, zusammen mit dem Recht der freien Berufswahl, dem Recht auf freie Wahl der Arbeitsstätte und dem Recht auf freien Erwerb von Eigentum, von grundlegender Bedeutung für die Wirtschafts- und Sozialordnung der BR Deutschland. Das Recht der F. darf nur durch Gesetz und nur für die Fälle eingeschränkt werden, in denen eine ausreichende Lebensgrundlage nicht vorhanden ist und der Allgemeinheit daraus besondere Lasten entstehen würden und in denen es zum Schutze der Jugend vor Verwahrlosung, zur Bekämpfung von Seuchengefahr oder um strafbaren Handlungen vorzubeugen erforderlich ist. Innerhalb der EG-Staaten soll für Arbeitnehmer die F. gelten.

Fremdbestimmung bezeichnet die Abhängigkeit eines Menschen in seiner Entscheidung von einer anderen Person oder von äußeren (z. B. politischen oder wirtschaftlichen) Umständen. Gegensatz: ↑ Selbstbestimmung. − ↑ auch Emanzipation.

Frieden: Allgemein ein Zustand ungebrochener Rechtsordnung und der Gewaltlosigkeit; der innerhalb einer Gemeinschaft von Rechtssubjekten (= innerer Friede) wie auch zwischen solchen Gemeinschaften (= äußerer Friede, z. B. zwischen Staaten) bestehende Zustand eines geordneten Miteinanders, in dem beim Ausgleich bestehender Interessengegensätze auf Gewaltanwendung verzichtet wird.

Im ↑ Völkerrecht ist der Begriff F. negativ definiert als die Abwesenheit von Krieg. Während in der Völkerrechtstheorie des 19. und beginnenden 20. Jahrhunderts Krieg und Frieden als »Naturzustände« in den Beziehungen der Völker gleichgewichtig einander gegenüber standen, setzte sich hauptsächlich seit der Gründung des Völkerbundes 1919 die Auffassung durch, daß jede Verletzung des F. untersagt werden soll. Diese Auffassung hat heute Eingang in das allgemeine Völkerrecht gefunden, zumindest gilt sie seit der Gründung der ↑ UN für deren Mitglieder. Schon die Gefahr eines kriegerischen Angriffs oder einer sonstigen Gewalthandlung löst regelmäßig als Friedensbedrohung die in der Charta vorgesehenen Maßnahmen (insbesondere des Sicherheitsrats) gegenüber dem Störer aus. Erlaubt bleiben an die Gewaltmaßnahmen in beschränktem Umfang daher nur solche, die der Abwehr einer fremden Gewaltmaßnahme dienen, sowie die von den UN beschlossenen ↑ Sanktionen.

Die Einsicht in die Notwendigkeit eines dauerhaften F. in der Welt und das Bemühen darum steht im atomaren Zeitalter unter der Drohung einer möglichen globalen Zerstörung. Sie hat mit der Gefährdung des F. durch Welthungerkatastrophen und durch die ↑ Bevölkerungsexplosion in den unterentwickelten Ländern, durch den sich verschärfenden ↑ Nord-Süd-Konflikt sowie durch die lebensbedrohende Zerstörung der Umweltbedingungen zu rechnen. Politische Entspannung, Beschränkung der Rüstung (↑ Abrüstung), ↑ Gewaltverzicht, ↑ Entwicklungshilfe, der Abbau ideologischer, nationaler und rassischer Vorurteile und Kooperation in internationalen Organisationen sollen heute der ↑ Friedenssicherung dienen.

Friedensbewegung: Anfang der 1980er Jahre in den westlichen Staaten entstandene politische Bewegung, die in der Reaktion auf die weltweite nukleare

Aufrüstung die Regierungen zu ↑ Friedenssicherung durch Rüstungsstopp, Rüstungskontrolle und Abrüstung drängt. In der BR Deutschland umfaßt die F. ein breites Spektrum sozialer und politischer Gruppierungen: u. a. kirchliche und gewerkschaftliche Gruppen, Wissenschaftler- und Ärzteinitiativen, Parteien (z. B. die Grünen, Teile der SPD, auch einzelne Gruppen der CDU). Starke Verflechtungen der F. bestehen mit der Umweltschutz-, der Frauen- und der ↑ alternativen Bewegung. Eine feste Organisationsstruktur hat die F. nicht, sie besteht eher in lokalen Aktivitäten. Neue Aktionsformen wie Fahrraddemonstrationen zu militärischen Einrichtungen, deren »Umzingelung«, öffentliche Kriegsdienstverweigerung, Fastenaktionen, Bildung von Menschenketten und Schweigestunden auf öffentlichen Plätzen sollen die Aufmerksamkeit auf ihre Ziele lenken.
Die Entstehung der F. in der BR Deutschland war eine Reaktion auf den Ende 1979 verabschiedeten NATO-Doppelbeschluß. An zwei großen Friedensdemonstrationen (1981 und 1982) in Bonn nahmen Hunderttausende teil. Kurz vor der Schlußentscheidung über die Raketenstationierung veranstaltete die F. im Oktober 1983 im ganzen Bundesgebiet eine Aktionswoche, an der sich nach ihren Angaben rund drei Millionen Menschen beteiligten und deren Abschluß eine Menschenkette von Stuttgart nach Neu-Ulm bildete. Danach ist die F. nicht weiter in Erscheinung getreten. Der zur Organisation ihrer Aktivitäten gebildete Koordinierungsausschuß löste sich auf. Erst Ende 1990/Anfang 1991 kam es anläßlich des Golfkrieges zwischen dem Irak und den alliierten Streitkräften unter Führung der USA erneut zu Demonstrationen. Gegner der F. kritisieren nicht ihre grundsätzliche Zielsetzung, sondern die in ihr beobachtbaren Tendenzen, Maßnahmen westlicher Regierungen (v. a. der USA), die der Friedenssicherung dienen sollen, als friedensgefährdend zu erklären und gegen sie als Front zu machen.
Friedensforschung ist die wissenschaftliche Erforschung dessen, was ↑ Krieg und ↑ Frieden verhindert oder fördert. Sie versucht, eine allgemeine Konflikttheorie zu erstellen und praktisch verwertbare Vor-

schläge zu machen, wie in den internationalen Beziehungen der Staaten der Frieden gesichert und Konflikte bereinigt werden sollen. Neben Fragen der ↑ Rüstungskontrolle und ↑ Abrüstung untersucht die F. v. a. die sozialpsychologischen Faktoren bei Spannungen und Aggressionen.
Friedenspflicht bezeichnet die Pflicht der ↑ Tarifpartner, für die Dauer des ↑ Tarifvertrags den ↑ Arbeitsfrieden zu wahren und Maßnahmen des ↑ Arbeitskampfes gegeneinander zu unterlassen. Eine schuldhafte Verletzung der F. führt zur Schadenersatzpflicht.
Friedenssicherung: Alle Maßnahmen, die der Aufrechterhaltung und Sicherung des ↑ Friedens zwischen Staaten der Welt dienen, wie ↑ Entspannungspolitik, das Bemühen um ↑ Abrüstung, Gründung internationaler Organisationen (z. B. ↑ UN), bilaterale oder multilaterale Friedensverträge und andere völkerrechtlich verbindliche Vereinbarungen (z. B. Nichtangriffsverträge, Neutralitätsabkommen) sowie die friedliche Schlichtung von Streitfällen durch Verfahren vor dem ↑ Internationalen Gerichtshof. Auch Militärbündnisse der kollektiven Selbstverteidigung wie z. B. die ↑ NATO können durch die Aufrechterhaltung eines stabilen Gleichgewichts zwischen sich feindlich gegenüberstehenden Staatengruppen zur F. beitragen. Das Ziel der F. verfolgen auch internationale Verträge wie die Charta der UN vom 26. Juni 1945 und internationale Konferenzen und Erklärungen wie die Schlußakte der KSZE vom 1. August 1975.
Friedensvertrag: Völkerrechtlicher Vertrag, durch den der Kriegszustand zwischen zwei oder mehreren Staaten beendet wird. Sein wesentlicher Zweck ist die Wiederherstellung friedlicher Beziehungen zwischen den kriegführenden Parteien. Ein besonderes Problem der F. liegt darin, daß sich bei seinem Abschluß häufig ungleiche Partner (Sieger und Besiegte) gegenüberstehen. Eine Sonderform des F. ist der *Separatfriedensvertrag*, mit dem ein Bündnispartner allein mit dem Gegner Frieden schließt.
friedliche Koexistenz: Von der UdSSR aufgestellter und nach dem Scheitern der Hoffnung auf eine ↑ Weltrevolu-

tion seit 1956 verfochtener Grundsatz des friedlichen Nebeneinanders von Staaten mit unterschiedlicher Gesellschafts- und Herrschaftsordnung, getragen von der Hoffnung auf einen nichtkriegerischen Übergang zum Kommunismus.

Frustration [von lateinisch frustratio »Täuschung einer Erwartung«] ist das Erlebnis der Enttäuschung, das sich einstellt, wenn der fest erwartete Erfolg oder die Belohnung für eine Handlung ausbleibt. Die frustrierte Person fühlt sich unbefriedigt, verletzt oder benachteiligt, auch ohne tatsächlich Anlaß dazu zu haben. F. tritt z. B. ein bei verhinderter Triebbefriedigung oder bei verletztem Ehr- und Rechtsgefühl. Folgen der F. können Aggressionen, Depressionen und Verdrängungen sein und zu triebartigen Fehlentwicklungen führen.

Führerprinzip: Grundsatz der bedingungslosen Unterordnung der Mitglieder einer Gemeinschaft unter ihren Leiter (Führer), dem besondere Fähigkeiten zugeschrieben werden und der selbstherrlich entscheidet (v. a. im ↑ Nationalsozialismus: »Führer befiehl, wir folgen dir«).

Fünfprozentklausel: Sperrklausel im Wahlrecht, nach der ↑ Parteien, die weniger als 5 % der Stimmen auf sich vereinigen, bei der Verteilung der Sitze im Parlament nicht berücksichtigt werden. – ↑ auch Bundestagswahl.

fünfte Kolonne: Im spanischen Bürgerkrieg (als die Gegner der spanischen Republik 1936 in vier Kolonnen auf Madrid vorstießen) entstandene Bezeichnung für Kollaborateure. Heute wird der Begriff allgemein auf politische Gruppen innerhalb eines Staates angewandt, deren Angehörige die politischen Ziele einer auswärtigen Macht verfolgen.

Funktionär: Der Funktionär sorgt für das »Funktionieren« eines Verbandes durch Übernahme bestimmter Aufgaben in ihm. Seine Tätigkeit verschafft ihm oft eine beherrschende Rolle in seiner Organisation. Die wachsende Bedeutung von Verbänden im modernen Staat und die fortschreitende Bürokratisierung der großen Organisationen führen zu einem großen Einfluß der F. im öffentlichen Leben.

Fürsorge ↑ Sozialhilfe.

Fürsorgeerziehung ↑ Jugendhilfe.

Fusion [von lateinisch fusio »das Gießen, Schmelzen«]: Wirtschaftlicher und rechtlicher Zusammenschluß zweier oder mehrerer Unternehmen mit dem Ziel, ihre Wettbewerbsfähigkeit zu verbessern. Eine F. hat immer den Untergang eines der Unternehmen zur Folge.

Fusionskontrolle ↑ Kartellrecht.

Futurologie: Zukunftsforschung. Die F. will auf interdisziplinärer wissenschaftlicher Grundlage Entwicklungsmöglichkeiten der modernen Gesellschaft entdecken und damit der Politik rechtzeitige Warnungen und kurz- oder langfristige Entscheidungsgrundlagen liefern. Sie bedient sich verschiedener Prognosetechniken (Trendextrapolationen, Expertenschätzungen, Spieltheorie).

G

GATT [Abk. für englisch General Agreement on Tariffs and Trade »Allgemeines Zoll- und Handelsabkommen«] wurde am 30. Oktober 1947 in Genf von 23 Staaten zur Förderung ihres ↑ Außenhandels und zur Neuordnung der internationalen Wirtschaftsbeziehungen abgeschlossen. Die BR Deutschland trat dem Abkommen 1951 bei. Zur Zeit (1991) gehören ihm 96 Staaten an. Wesentliches Ziel des Abkommens ist es, die Zölle zu senken und Handelsdiskriminierungen zu beseitigen. Wichtiges Instrument ist dabei die sog. *Meistbegünstigungsklausel,* die besagt, daß die einem Mitglied gemachten Zollzugeständnisse auch allen anderen Mitgliedern zustehen.

GAU: Abk. für »größter anzunehmender Unfall« in einem Kernkraftwerk.

Gaullismus: Bezeichnung für die Gesamtheit der politischen, sozialen, kulturellen und wirtschaftlichen Ideen, die Ch. de Gaulle, der erste Präsident der Fünften Republik in Frankreich, seit 1940 vertrat. Als politische Bewegung beinhaltet der G. die Wiederherstellung und Wahrung der nationalen Größe und Unabhängigkeit Frankreichs. Er wurde nach der Rückkehr de Gaulles zur Macht (1958) bis 1981 zur führenden Bewegung in der Fünften Republik. Innenpolitisch stützte sich der G. auf ein ↑ Präsidialsystem mit plebiszitärem Charakter und bis 1969 auf das persönliche Regiment de Gaulles. Die Fortsetzung des G. unter G. Pompidou und J. Chirac vollzog sich ohne entscheidende Abkehr von den Grundprinzipien.

Gebietskörperschaften nennt man die ↑ Körperschaften des öffentlichen Rechts, deren Hoheitsgewalt sich nicht nur auf bestimmte Personen, sondern auch einen bestimmten Teil des Staatsgebietes erstreckt (z. B. Gemeinden, Landkreise).

Gebietsreform ↑ kommunale Gebietsreform.

Gebühren sind Geldleistungen, die für die Inanspruchnahme öffentlicher und privater Dienstleistungen zu zahlen sind; sie werden in der Regel auf der Grundlage einer vom Staat oder von Selbstverwaltungsorganen festgelegten Gebührenordnung erhoben. – ↑ auch Abgaben.

Geburtenrate (auch: Geburtenhäufigkeit): Begriff der Bevölkerungsstatistik, der Aufschluß über die natürliche ↑ Bevölkerungsentwicklung gibt. Die G. gibt die Zahl der Lebendgeborenen je 1 000 Einwohner in einem bestimmten Zeitraum an. Sie wird beeinflußt durch Faktoren wie Heiratsalter und -häufigkeit, Zahl der Ehe-scheidungen, durchschnittliches Gebäralter, Verbreitung der ↑ Geburtenregelung. Das für die modernen Staaten typische Sinken der G. hat seine Gründe u. a. in den gesteigerten Erziehungskosten durch Verbot der Kinderarbeit und durch verlängerte Ausbildungszeiten, in den finanziellen Nachteilen für kinderreiche Familien, in der zunehmenden Berufstätigkeit der Frauen sowie überhaupt in Maßnahmen der Geburtenregelung.

Geburtenregelung (Geburtenkontrolle): Zusammenfassende Bezeichnung für alle Maßnahmen zur gezielten Einflußnahme auf die Geburtenhäufigkeit. Zur G. gehören im weiteren Sinne bevölkerungspolitische Maßnahmen, sittliche Normen und sonstige Einflüsse, die sich mehr oder weniger indirekt auf die Geburtenzahl auswirken (z. B. Heiratsalter, die Stellung unehelicher Mütter und Kinder, Ausbildungszeit und Berufstätigkeit der Frau). Im engeren Sinne umfaßt die G. v. a. Maßnahmen zur Verhütung unerwünschter Schwangerschaften *(Empfängnisverhütung)*. Das Bestreben, die Kinderzahl den gestiegenen Ansprüchen nach Wohlstand anzupassen, ist ein Grund für das Absinken der ↑ Geburtenrate in den Industriestaaten, die diese Entwicklung mit familienpolitischen Maßnahmen zu verhindern

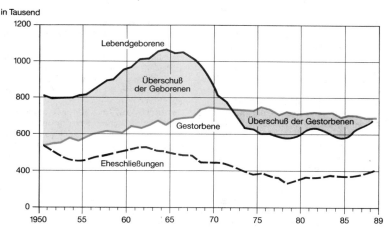

in Tausend

Geburtenrate. Eheschließungen, Lebendgeborene und Gestorbene in den elf alten Bundesländern 1950–89

suchen (↑ Familienpolitik). Dagegen hat in übervölkerten Staaten (z. B. Indien) die ↑ Bevölkerungspolitik die Einschränkung der Geburtenrate zum Ziel.

Gefährdungshaftung ↑ Haftung.

Gegendarstellung: Gegenäußerung einer Person (oder Stelle), deren Persönlichkeitsrechte durch eine in einem Presseorgan oder in den Medien (Rundfunk, Fernsehen) aufgestellte Tatsachenbehauptung betroffen sind. Die G. muß in der gleichen Art abgedruckt werden wie die beanstandete Behauptung.

Gegenzeichnung: Mitunterzeichnung einer Urkunde durch eine weitere Person, durch die jene die Verantwortung für den Inhalt (mit-)übernimmt. Anordnungen und Verfügungen des Bundespräsidenten z. B. bedürfen zu ihrer Gültigkeit der G. durch den Bundeskanzler oder den zuständigen Bundesminister.

Geheimdienste dienen der Beschaffung vorwiegend geheimer Informationen militärischer, politischer, wirtschaftlicher und wissenschaftlicher Natur, auch zur Sabotage sowie zur Spionage- und Sabotageabwehr. Die Unterhaltung von G. ist allgemein gebräuchlich. Großbritannien besitzt den G. mit der ältesten Tradition, den *Secret Service* (seit dem 14. Jahrhundert). Der bekannteste G. der USA ist die *Central Intelligence Agency (CIA)*. In der ehemaligen Sowjetunion war das *Komitee für Staatssicherheit (KGB)* ein bedeutender Machtfaktor. – ↑ auch Nachrichtendienste.

Geheimpolizei ↑ politische Polizei.

Gehirnwäsche bezeichnet die Zerstörung der politischen und moralischen Einstellungen und die gesteuerte geistige Neuorientierung eines Menschen durch psychische und physische Gewalteinwirkung.

Gehorsam liegt vor, wenn Menschen Weisungen befolgen, die sie als Befehl empfinden. G. kann erzwungen werden oder verinnerlicht sein.

Geisel: Die G. ist eine Person, die zur Sicherung einer Forderung in Haft genommen wird. Völkerrechtlich waren bei kriegerischen Auseinandersetzungen früher Geiselnahmen aus der Zivilbevölkerung üblich, um als ↑ Repressalie im besetzten Gebiet zu dienen. In den ↑ Genfer Konventionen von 1949 wurde jedoch jede Geiselnahme verboten. Durch die Ent-

wicklung der ↑ Kriminalität und des ↑ Terrorismus hat sich eine neue Form der Geiselnahme herausgebildet: Die gewaltsame Entführung einer Person, deren Leben bedroht wird, um damit die Herausgabe von Geld oder bestimmte Handlungen (z. B. Freilassung von Häftlingen) zu erpressen.

Geld ist Zahlungsmittel, Wertmaßstab und Wertaufbewahrungsmittel. Als Zahlungsmittel ermöglicht es die Aufspaltung des Tauschgeschäftes in zwei getrennte Geschäfte und damit Güterbewegungen in nur einer Richtung. Das G. wird somit auch zu einem allgemeinen Wertmaßstab, der u. a. den Vergleich von Preisen wesentlich erleichtert und als Recheneinheit die Sammelbewertung verschiedenartiger Güter ermöglicht. Als Wertaufbewahrungsmittel wird G. bevorzugt, wenn ↑ Liquidität angestrebt wird.

Als G. dient das *Bargeld:* Das durch Gesetz bestimmte, von der ↑ Notenbank herausgegebene Zahlungsmittel (↑ Währung). Unbeschränkte Zahlungsmittel sind nur die Banknoten. Nur sie hat der Gläubiger einer Geldforderung als Erfüllung anzunehmen. Daneben gibt es das Buch- oder Giralgeld, d. h. Forderungen gegenüber Banken, die den bargeldlosen Zahlungsverkehr durch Überweisungen (von einem Girokonto) ermöglichen. Wenn das »offizielle« G. die Geldfunktionen nicht zu erfüllen vermag, so weicht der Geschäftsverkehr auf Ersatzgeld aus. Im Falle hoher ↑ Inflation kann das G. als Wertaufbewahrungsmittel und zum Teil auch als Wertmaßstab durch andere Gegenstände verdrängt werden (»Flucht in Sachgüter«). Die gesamte Geldmenge eines Staates wird durch die ↑ Geld- und Kreditpolitik gesteuert.

Geldkreislauf (monetärer Kreislauf) besteht im einfachen Kreislaufmodell aus dem Einkommensstrom, der von den Unternehmen zu den privaten Haushalten fließt, und aus dem Konsumausgaben (Ausgabenstrom), die zu den Erlösen der Unternehmen werden. Im erweiterten G. fließen die Ströme zwischen Staat, Ausland und Unternehmen. Generell läuft der G. dem *Güterkreislauf* entgegen.

Geldstrafe ↑ Strafe.

Geld- und Kreditpolitik wird von der ↑ Zentralbank zum Zweck der Stabilisie-

Gemeinden in den Bundesländern				
Land	Zahl der Gemeinden		Abnahme*	
	1968	1990	Zahl	%
Baden-Württemberg	1378	1111	− 267	19,4
Bayern	7077	2050	− 5027	71,0
Brandenburg	−	1763	−	−
Hessen	2684	426	− 2258	84,1
Mecklenburg-Vorpommern	−	1124	−	−
Niedersachsen	4231	1030	− 3201	75,7
Nordrhein-Westfalen	2277	396	− 1881	82,6
Rheinland-Pfalz	2905	2303	− 602	20,7
Saarland	347	52	− 295	85,0
Sachsen	−	1626	−	−
Sachsen-Anhalt	−	1367	−	−
Schleswig-Holstein	1378	1131	− 247	17,9
Thüringen	−	1710	−	−
Stadtstaaten[1]	4	4	−	−
Bundesgebiet	22281	16093	−13778	61,8

[1] Berlin, Hamburg, Bremen mit Bremerhaven

*bezogen auf die 11 alten Bundesländer

Gemeinde. Die Anzahl der Gemeinden in den Ländern der Bundesrepublik Deutschland 1968 und 1990

rung der ↑Konjunktur betrieben. Alle Maßnahmen der G.- u. K., insbesondere die Diskontpolitik (↑Diskontsatz), die ↑Zinspolitik sowie die Festlegung der ↑Mindestreserven, zielen darauf ab, die Buchgeldschöpfung der Geschäftsbanken (↑Geld) und damit die im Umlauf befindliche Gesamtgeldmenge zu beeinflussen. So kann die Zentralbank z. B. durch An- und Verkauf von festverzinslichen Wertpapieren auf dem Markt *(Offenmarktpolitik)* die Geldmenge erhöhen bzw. verringern. In Verbindung mit anderen Maßnahmen der ↑Finanzpolitik kann z. B. durch eine Politik des knappen Geldes einem Überhang an Güternachfrage entgegengewirkt werden, um insbesondere die Geldentwertung in Grenzen zu halten. In der Rezession dagegen wird durch Lockerung der Kreditrestriktionen versucht, die Nachfrage und die Investitionstätigkeit zu beleben.

Gemeinde (auch: Kommune) ist eine lokal begrenzte ↑Gebietskörperschaft, die sich in eigener Verantwortung selbst verwaltet und auf ihrem Gebiet im Rahmen der Verfassung und der Gesetze Auftragsangelegenheiten des Bundes und der Län-

der durchführt sowie Selbstverwaltungsaufgaben (Pflichtaufgaben und freiwillige Aufgaben) wahrnimmt. In der BR Deutschland gibt es 16 076 G. (8 506 in den alten, 7 570 in den neuen Bundesländern).

Der Bestand der kommunalen ↑Selbstverwaltung ist in Art. 28 Abs. 2 GG garantiert. In der G. müssen die Bürger eine Vertretung haben, die aus allgemeinen, unmittelbaren, freien, gleichen und geheimen Wahlen hervorgegangen ist (Art. 28 Abs. 1 GG). Die ↑Gemeindeverfassung ist in den Ländern der BR Deutschland jedoch unterschiedlich geregelt. Die G. unterliegt im Bereich der staatlichen Auftragsangelegenheiten einer Aufsicht durch die höheren Verwaltungsbehörden, die auch die Zweckmäßigkeit der von der G. getroffenen Maßnahmen umfaßt. Auf dem Gebiet der Selbstverwaltungsaufgaben wird nur die Gesetzmäßigkeit der Maßnahmen überprüft (↑Rechtsaufsicht). Ihre Aufgaben finanziert die G. v. a. durch einen ihr von Bund und Ländern zugestandenen Anteil an der Lohn- und Einkommensteuer, durch Gemeindesteuern (Ge-

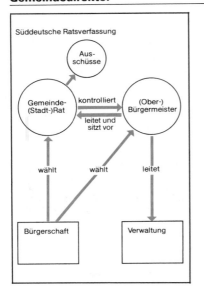

Süddeutsche Ratsverfassung

Ausschüsse

Gemeinde-(Stadt-)Rat — kontrolliert — (Ober-)Bürgermeister

leitet und sitzt vor

wählt   wählt   leitet

Bürgerschaft   Verwaltung

werbe-, Grundsteuer und öffentliche Verbrauch- und Aufwandsteuern) und andere ↑ Abgaben (z. B. Müllabfuhr- und Abwassergebühren) sowie durch staatliche Zuweisungen, die zum Teil an bestimmte Zwecke gebunden sind (Zweckzuweisungen).

Die Aufgaben der G. sind in den Ländern der BR Deutschland verschieden geregelt und finden sich in einer Vielzahl von Gesetzen und Gemeindeordnungen verstreut. Im Bereich der Auftragsangelegenheiten tritt die G. vorwiegend als Melde- und Sicherheitsbehörde (Einwohnermeldeamt, Polizei) und Aufsichtsbehörde (Gewerbe-, Bauaufsicht) auf. Darüber hinaus hat die G. Bundes- und Landesgesetze (z. B. im Sozialbereich) durchzuführen. Als Pflichtaufgaben sind der G. der Feuerschutz, der öffentliche Verkehr, die Gesundheitspflege, die Trinkwasserversorgung, die Abwasserbeseitigung sowie v. a. die Bauleitplanung zugewiesen. Freiwillige Aufgaben erfüllt sie im Bereich der Versorgungseinrichtungen (Gas, Elektrizität), der Kultur- und Bildungseinrichtungen sowie der Jugend- und Wohlfahrtspflege. Die ↑ Autonomie der G. wird heute durch mehrere

Faktoren eingeengt: Zunahme der Aufgaben bei gleichzeitiger Schwächung der eigenen Finanzkraft; Zunahme der staatlichen Auftragsangelegenheiten; Eingliederung in die staatliche Konjunktur-, Wachstums- und Raumordnungspolitik.

Gemeindedirektor (bzw. *[Ober-]Stadtdirektor*) ist der Leiter der Gemeindeverwaltung in Nordrhein-Westfalen und Niedersachsen.

Gemeindehaushalt: Die von der Gemeindevertretung verabschiedete Aufstellung der Einnahmen und Ausgaben einer ↑ Gemeinde, der die Grundlage für die kommunale Verwaltung darstellt (↑ auch Haushaltsplan). Der G. muß in Einnahmen und Ausgaben ausgeglichen sein. Er gliedert sich in Verwaltungs- und Vermögenshaushalt: Im *Verwaltungshaushalt* findet man die laufenden Einnahmen (z. B. Steuern) und Ausgaben (z. B. Personalausgaben), während der *Vermögenshaushalt* neben dem im Verwaltungshaushalt erwirtschafteten Überschuß (bzw. Verlust) die vermögenswirksamen Einnahmen (z. B. Entnahmen aus Rücklagen) und Ausgaben (z. B. für Baumaßnahmen) enthält.

Gemeinderat ↑ Gemeindeverfassung.

Gemeindeverbände sind kommunale ↑ Gebietskörperschaften mit überörtlichen Aufgaben und dem Recht der ↑ Selbstverwaltung für den Bereich mehrerer ↑ Gemeinden (z. B. Landkreise als Träger der Verwaltung zwischen Land und Gemeinde).

Gemeindereform ↑ kommunale Gebietsreform.

Gemeindeverfassung (auch: *Kommunalverfassung*) regelt die Stellung der ↑ Gemeinden im politischen System und die Grundlagen ihrer inneren Ordnung. Rechtsgrundlagen sind in der BR Deutschland v. a. der Art. 28 Abs. 2 GG, der den Gemeinden das Recht gewährleistet, »alle Angelegenheiten der örtlichen Gemeinschaft im Rahmen der Gesetze in eigener Verantwortung zu regeln«, daneben die *Gemeindeordnungen* der Bundesländer und die von den Kommunen erlassenen *Hauptsatzungen*. Hinsichtlich der inneren Ordnung gibt es in der BR Deutschland vier Gemeindeverfassungstypen, deren Unterschiede v. a. durch die verschie-

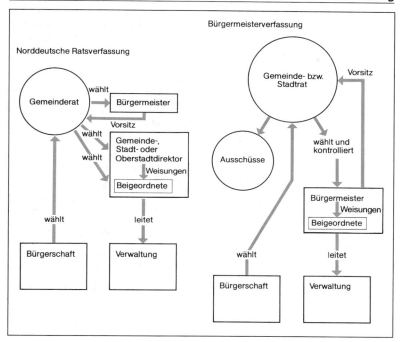

Bürgermeisterverfassung

Norddeutsche Ratsverfassung

nen Besatzungsmächte und durch unterschiedliche Tradition hervorgerufen wurden:

1. In der »Süddeutschen Ratsverfassung« (gilt in Baden-Württemberg und Bayern) stellt der *Gemeinderat* als gewählte Vertretung der Gemeinde das beschließende und vollziehende Organ dar. Der ↑ Bürgermeister (in Stadtkreisen und großen Kreisstädten: Oberbürgermeister) wird von den Gemeindebürgern direkt gewählt. Er ist Leiter der Verwaltung, Vorsitzender des Gemeinderats und erfüllt Aufgaben, die ihm durch Gesetz zugewiesen oder vom Gemeinderat übertragen worden sind. Die Amtszeit von Bürgermeister und Gemeinderäten (in Städten: *Stadträten*) beträgt in Bayern sechs Jahre: in Baden-Württemberg werden die Gemeinderäte auf fünf, der Bürgermeister auf acht Jahre gewählt.

2. Nach der »*Norddeutschen Ratsverfassung*« (gilt in Niedersachsen und Nordrhein-Westfalen) wird der Bürgermeister vom *Gemeinderat* gewählt. Seine Stellung ist jedoch weit schwächer als in der »Süddeutschen Ratsverfassung«, da die Leitung der Verwaltung von dem ebenfalls vom Gemeinderat gewählten Gemeinde-(Stadt- oder Oberstadt-)Direktor übernommen wird. Die Gemeinderäte werden in beiden Ländern auf fünf, der Leiter der Verwaltung auf zwölf Jahre gewählt. In Nordrhein-Westfalen wird die Beseitigung der »Doppelköpfigkeit« der Gemeindeverwaltung erwogen.

3. Die »*Magistratsverfassung*« verteilt die kommunalen Funktionen v. a. auf Gemeinderat und *Magistrat*. Dem von den Gemeinderäten (in Städten: *Stadtverordneten*) als beschließendem Organ gewählten Magistrat ist die verwaltungsmäßige Ausführung der Beschlüsse zugewiesen. Mitglieder des Magistrats sind der Bürgermeister als Vorsitzender sowie eine Anzahl von ehrenamtlichen und hauptamtlichen Beigeordneten. Diese G. gilt in Hessen in

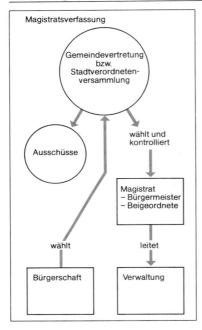

Magistratsverfassung

Gemeindevertretung
bzw.
Stadtverordneten-
versammlung

Ausschüsse

wählt und
kontrolliert

Magistrat
– Bürgermeister
– Beigeordnete

wählt

leitet

Bürgerschaft

Verwaltung

den Gemeinden über 1 500 Einwohner und in Schleswig-Holstein mit Ausnahme der Landgemeinden. Die Wahlperiode des Gemeinderats beträgt vier Jahre, die ehrenamtlichen Magistratsmitglieder werden auf vier, die hauptamtlichen auf sechs oder zwölf Jahre gewählt.

4. Die »*Bürgermeisterverfassung*« ähnelt der »Süddeutschen Ratsverfassung«. Jedoch wird der Bürgermeister hier nicht von den Gemeindebürgern, sondern vom *Gemeinderat* gewählt. Sie gilt für Rheinland-Pfalz, Saarland und die Landgemeinden Schleswig-Holsteins. In Rheinland-Pfalz und im Saarland werden die Gemeinderäte auf fünf, der Bürgermeister auf zehn Jahre gewählt. In den neuen Bundesländern gilt zur Zeit noch das am 17. Mai 1990 von der Volkskammer verabschiedete »Gesetz über die Selbstverwaltung der Gemeinden und Landkreise«.

Gemeineigentum: Im weiteren Sinn das einer Gruppe von Menschen zur gemeinsamen Nutzung zustehende Eigen-

tum: im engeren Sinn das auf den Staat, Körperschaften, Anstalten, Stiftungen oder ↑ Genossenschaften übertragene und von diesen verwaltete Eigentum. Das G. ist in marktwirtschaftlich orientierten Systemen auf wenige Wirtschaftsbereiche beschränkt, z. B. auf das Verkehrswesen (Bundesbahn, Bundespost). In ↑ Zentralverwaltungswirtschaften dagegen ist G., insbesondere an den Produktionsmitteln, Voraussetzung für die Steuerung der Wirtschaft durch eine zentrale Planungsbehörde. – ↑ auch Gemeinwirtschaft.

Gemeingebrauch ist die jedermann zustehende Befugnis, im Rahmen der Zweckbestimmung *(Widmung)* und der die Benutzung regelnden Vorschriften ↑ öffentliche Sachen (z. B. öffentliche Straßen und Wege, Wasserstraßen, Grünanlagen) zu benutzen.

Gemeinnützigkeit: Eine Institution verfolgt gemeinnützige Zwecke, wenn ihre Tätigkeit darauf gerichtet ist, die Allgemeinheit auf materiellem, geistigem oder sittlichem Gebiet selbstlos zu fördern. Körperschaften, die der G. dienen, genießen zum Teil Steuerbefreiung. Gesetzlich ausdrücklich anerkannte Fälle der G. sind z. B. Jugendhilfe, Altenhilfe, das öffentliche Gesundheits- und Wohlfahrtswesen, Wissenschaft und Forschung.

Gemeinsamer Ausschuß: Parlamentsausschuß, der im ↑ Verteidigungsfall die Funktion eines Notparlaments hat. Er besteht aus 22 Abgeordneten des ↑ Bundestages (entsprechend dem Stärkeverhältnis seiner ↑ Fraktionen) und elf Mitgliedern des ↑ Bundesrates (Art. 53a GG).

gemeinsamer Markt ↑ Europäische Gemeinschaft, ↑ Europäischer Agrarmarkt.

Gemeinschaft bezeichnet eine dem Menschen angeblich wesensverbundene, »natürliche« Gesellungsform in Abgrenzung zur ↑ Gesellschaft. G. beruht danach auf einer gefühlshaften, ethnisch und blutsmäßig bedingten Zusammengehörigkeit von Menschen, auf einer »organisch« gewachsenen Verbundenheit, die von den rein »mechanisch«, d. h. durch arbeitsteilige Interessenlagen hergestellten ↑ sozialen Beziehungen der Gesellschaft unterschieden wird. Als Formen der G. werden Familie, Stamm, Dorf, Nachbarschaft, Glaubensgemeinschaft und Volksgemeinschaft angesehen.

Der Begriff G. wird auch zur Bezeichnung für eine historisch vergangene oder in Auflösung begriffene Form sozialen Zusammenlebens gebraucht. Die Entwicklung von einer ländlich-agrarisch zu einer städtisch-industriell geprägten Lebensweise verläuft demnach unaufhaltsam von der »organischen« G. zur »mechanischen« Gesellschaft. In diesem Sinne dient der Begriff zugleich als Bestandteil zur Kritik an der bürgerlich-kapitalistischen oder industriellen Gesellschaft und ihren Gesellungsformen. Wegen seiner ideologischen Färbung insbesondere in der Zeit des ↑ Nationalsozialismus, als durch die Propagierung einer vermeintlich rassisch begründeten »Volksgemeinschaft« sowohl die Juden ausgegrenzt als auch alle Interessenkonflikte zwischen den Klassen der Gesellschaft negiert wurden, ist der Begriff G. in der gegenwärtigen Gesellschaftsanalyse zugunsten stärker unterscheidender und neutraler Begriffe (wie »Kleingruppe« als Bezeichnung für den Bereich sozialer Beziehungen, in dem emotional-affektives Verhalten vorherrscht) aufgegeben worden.

Gemeinschaftsaufgaben sind nach Art. 91 a und 91 b GG Aufgaben der Bundesländer, an deren Erfüllung der Bund mitwirkt. G. bestehen nach Art. 91 a GG auf den Gebieten 1. Ausbau und Neubau von Hochschulen einschließlich der Hochschulkliniken, 2. Verbesserung der regionalen ↑ Wirtschaftsstruktur, 3. Verbesserung der Agrarstruktur und des Küstenschutzes. Der Bund wirkt in gemeinsamen Planungsausschüssen an der Erfüllung dieser Aufgaben mit, wenn sie bedeutsam für die Gesamtheit sind und seine Mitwirkung zur Verbesserung der Lebensverhältnisse notwendig ist; er trägt grundsätzlich die Hälfte der Kosten. Nach Art. 91 b GG können Bund und Länder bei der Bildungsplanung und der Förderung von Einrichtungen und Vorhaben der wissenschaftlichen Forschung mit überregionaler Bedeutung zusammenarbeiten. Die Durchführung dieser G. wird durch Vereinbarungen geregelt, die auch Bestimmungen über die Kosten enthalten müssen.

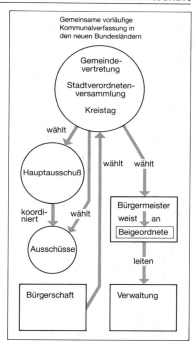

Gemeinschaftsgüter ↑ öffentliche Güter.

Gemeinschaftskunde (auch: Sozialkunde, Politischer Unterricht oder Politik genannt) wurde nach 1949 in den einzelnen Bundesländern der BR Deutschland eingeführt. In der Oberstufe der Gymnasien gehört G. zum gesellschaftswissenschaftlichen Aufgabenfeld, das auch die Fächer Geschichte und Geographie umfassen kann. Während der Gemeinschaftskundeunterricht in den ersten Jahren oft – unter Ausklammerung des politischen Bereichs – nur Sozialerziehung oder Institutionenkunde war, wird heute zunehmend Wert auf die Entwicklung eines politischen Bewußtseins, Erziehung zur Mitverantwortung und zu politischem Handeln gelegt. Inhalt, Stundenanteil und Form des Gemeinschaftskundeunterrichts unterscheiden sich in den Bundesländern stark.

Gemeinwirtschaft: Auf die Deckung des Bedarfs der Allgemeinheit ausgerichtete Wirtschaftsform, beruhend auf ↑ Gemeineigentum. Im Gegensatz zur Privatwirtschaft orientieren sich die gemeinwirtschaftlichen Unternehmen (z. B. Bundesbahn, Bundespost, kommunale Versorgungsbetriebe) nicht am Prinzip der Gewinnerzielung, sondern am Grundsatz der Kostendeckung: die Preise für angebotene Leistungen werden im Hinblick auf bestimmte, meist sozialpolitische Zielsetzungen festgelegt (z. B. die Sondertarife der Bundesbahn für Schüler und Rentner). Da es schwierig ist, solche einmal gewährten sozialen Vergünstigungen wieder zurückzunehmen und zudem die Tendenz besteht, sie auf immer mehr soziale Gruppen auszuweiten, ist in der Praxis das Kostendeckungsprinzip häufig nicht mehr einhaltbar. Die Defizite der gemeinwirtschaftlichen Unternehmen werden dann aus dem Staatshaushalt finanziert.

Gemeinwohl bezeichnet (im Gegensatz zum Privatinteresse) das, was im Interesse aller, z. B. aller Angehörigen eines Staates, liegt. Staatliche Tätigkeit ist zur Förderung des G. verpflichtet. Was das G. ist, wird in der Philosophie seit Aristoteles diskutiert. Die Schwierigkeit einer eindeutigen Bestimmung liegt darin, daß sich sehr unterschiedliche und historisch wandelnde Anschauungen damit verbinden können, häufig auch spezielle Gruppeninteressen als G. ausgegeben werden. In modernen Demokratien wird häufig der ↑ Kompromiß zwischen Gruppeninteressen dem G. gleichgesetzt.

Generalbundesanwalt ↑ Staatsanwaltschaft.

Generalinspekteur: Ranghöchster Soldat der ↑ Bundeswehr. Faktisch ist der G. nicht der oberste Chef des militärischen Bereichs, sondern dessen Repräsentant gegenüber der politischen Führung, v. a. gegenüber dem Verteidigungsminister.

Generalklausel ist − im Gegensatz zur *Enumeration* (= der Aufzeichnung von Einzeltatbeständen) − eine allgemeine, viele unbestimmte Fälle umfassende Rechtsnorm, deren Umfang erst durch Interpretation in einer bestimmten Situation geklärt werden kann. So gibt es z. B. in Polizeigesetzen eine G., welche die Polizei − abgesehen von besonders normierten Fällen − immer dann zum Eingreifen ermäch-

tigt, wenn es zur Abwendung von drohenden Gefahren für die Allgemeinheit erforderlich ist.

Generalprävention ↑ Prävention.

Generation:

◊ Gesamtheit aller annähernd Gleichaltrigen mit ähnlicher geschichtlicher Erfahrung.

◊ Jedes Glied eines Familiengeschlechts (Generationsfolge: Großeltern, Eltern, Kinder, Enkel).

◊ Bevölkerungsstatistisch der durchschnittliche Abstand zwischen den Geburtsjahren der Eltern und ihrer Kinder (etwa 30 Jahre).

Generationenvertrag nennt man die Tatsache, daß die aus Altersgründen aus dem Erwerbsleben ausgeschiedenen Arbeitnehmer eine Rente erhalten, die durch Beitragsleistung zur ↑ Rentenversicherung von der im Arbeitsprozeß stehenden jüngeren Generation aufgebracht wird. Das Problem dieser Verfahrensweise liegt darin, daß die Bezüge der ausgeschiedenen Arbeitnehmer von der Zahl, der Arbeitsleistung und den Arbeitsmöglichkeiten der jüngeren Generation abhängig sind, was sich für die Rentenempfänger insbesondere bei einer Alterspyramide ohne breite Basis von jüngeren Jahrgängen ungünstig auswirkt.

Generationskonflikt: Spannung zwischen den ↑ Generationen aufgrund unterschiedlicher historischer und gesellschaftlicher Erfahrungen, insbesondere bei raschem ↑ sozialen Wandel, aber auch aufgrund des Abhängigkeitsverhältnisses der Jüngeren von den Älteren.

Genfer Konventionen (auch: Genfer Abkommen): Zahlreiche multilaterale, in Genf geschlossene völkerrechtliche Verträge. Die erste Genfer Konvention von 1864 zur Verbesserung des Loses der verwundeten Soldaten der Armeen im Felde, 1899 auch für den Seekrieg zur Geltung gebracht und 1906 und 1929 wesentlich erweitert, war im Vorläufer der am 12. August 1949 geschlossenen vier Genfer Konventionen zum Schutz der Kriegsopfer (auch *Rotkreuzabkommen* genannt), die grundsätzliche Fragen des internationalen humanitären ↑ Kriegsrechts regeln. Die Einzelabkommen umfassen 1. das Los der Verwundeten und Kranken der Landstreitkräfte, 2. das Schicksal der Verwundeten, Kranken und Schiffbrüchigen der Seestreitkräfte, 3. die Behandlung der Kriegsgefangenen und 4. den Schutz der Zivilpersonen in Kriegszeiten. 1951 kam noch das Abkommen über die Rechtsstellung der Flüchtlinge hinzu. Die Abkommen enthalten grundlegende humanitäre Pflichten wie das Verbot unmenschlicher Behandlung, das Verbot von Folterung, das Gebot der Schonung der Zivilbevölkerung. 1977 hat die Genfer Konferenz über die Neuregelung des humanitären Kriegsrechts Zusatzprotokolle verabschiedet, die die Vorschriften der G. K. den gewandelten Verhältnissen anpassen. Die G. K. sind heute von nahezu allen Staaten ratifiziert.

Genossenschaften: Personenvereinigungen mit nicht beschränkter Mitgliederzahl, die den Zweck verfolgen, den Erwerb oder die Wirtschaft ihrer Mitglieder mittels gemeinschaftlichen Geschäftsbetriebes zu fördern. Nach dem Genossenschaftsgesetz von 1898 (inzwischen mehrfach geändert) können mindestens sieben Personen eine G. gründen: diese entsteht durch Eintragung in das beim Amtsgericht geführte Genossenschaftsregister und ist ↑ juristische Person und ↑ Kaufmann im Sinne des Handelsrechts. G. waren früher oft Einrichtungen zur Bekämpfung wirtschaftlicher Not für bestimmte Berufsgruppen, so z. B. die Produktionsgenossenschaften von Handwerkern oder Landwirten und die Konsumgenossenschaften, die durch Großeinkauf den Zwischenhandel zu umgehen versuchten, um ihre Mitglieder mit billigeren Waren versorgen zu können. Heute betreiben G. zunehmend Geschäfte auch mit Nichtmitgliedern (z. B. Kreditgenossenschaften wie die Volksbanken).

Gentechnologie (Gentechnik, Genmanipulation): Kenntnisse und Verfahrenstechniken, mit deren Hilfe das Erbgut (Träger des Erbguts: Gene) von Organismen isoliert, gezielt verändert und in einen anderen Organismus oder in eine neue Umgebung gebracht werden kann (Neukombination von Genen). Damit geht sie über die Anwendung biologischer Methoden, die keine Manipulation direkt am Erbgut vornehmen, hinaus.
Die Einsatzbereiche der G. sind v. a. die

medizinische Grundlagenforschung (Diagnoseverfahren), die Produktion von körpereigenen Wirkstoffen und Arzneimitteln, die Ertragserhöhung und Qualitätssteigerung der Nahrungs- und Futtermittelerzeugung, die Erzeugung sog. nachwachsender Rohstoffe und die Abfallentsorgung. Befürchtet wird, daß die G. zu gezielten Veränderungen des menschlichen Erbguts verwendet wird. Ferner könnten Arbeitnehmer mit Hilfe der humangenetischen Verfahren (Genomanalyse) einer verstärkten Kontrolle über Krankheits- oder Schadstoffanfälligkeit unterzogen werden, was zu Interessenkonflikten zwischen Arbeitnehmern und Arbeitgebern führen könnte, wenn solche Ergebnisse als Auswahlkriterium z. B. bei der Einstellung herangezogen werden.
Einen ausführlichen Bericht mit Handlungsempfehlungen zur G. legte die ↑ Enquetekommission des Deutschen Bundestages »Chancen und Risiken der G.« 1987 vor. Im Gentechnikgesetz vom 20. Juni 1990 sollen einerseits Lebewesen und Umwelt vor den Gefahren der G. geschützt, andererseits der rechtliche Rahmen für die Nutzung der G. geschaffen werden. Nicht geregelt wird dort die Anwendung gentechnischer Verfahren am Menschen (Humangenetik). Gentechnische Anlagen, das Freisetzen gentechnisch veränderter Organismen und das Inverkehrbringen von Produkten aus der G. bedürfen der Genehmigung des Bundesgesundheitsamtes bzw. bei gewerblichen Anlagen der einzelnen Bundesländer. Gentechnische Arbeiten werden in vier Sicherheitsstufen eingeteilt und von einer Sachverständigenkommission beim Bundesgesundheitsamt, der »Zentralen Kommission für die biologische Sicherheit« (ZKBS) geprüft. Für Schäden infolge unsachgemäßen Umgangs besteht eine vom Nachweis des Verschuldens unabhängige ↑ Gefährdungshaftung bis zu einem Höchstbetrag von 160 Mill. DM. Gegner der G. machen v. a. die bisher nicht abschätzbaren Risiken durch freigesetzte gentechnisch manipulierte Organismen und drohende ökologische Schäden bei einer durch die G. veränderten landwirtschaftlichen Produktion geltend.
Der Bereich der sich mit der G. stark überschneidenden Fortpflanzungsmedizin

wurde durch das *Embryonenschutzgesetz* vom 13. Dezember 1990 geregelt. Darin werden die gezielte Erzeugung und Verwendung menschlicher Embryonen zu Forschungszwecken, ein Gentransfer in menschliche Keimbahnen, das Erzeugen identischer Menschen (Klonen), die gezielte Kreuzung von menschlichen und tierischen Zellen (Erzeugung von Chimären und Hybridwesen) und die gezielte Festlegung des Geschlechts des künftigen Kindes unter Strafe gestellt. – auch ↑ Leihmutter, ↑ In-vitro-Fertilisation.

Gerechtigkeit ist eine Idee, die den Maßstab für das Handeln des einzelnen nach Maßgabe der Gesetze, aber auch für die »Richtigkeit« der Gesetze selbst bildet. Seit Aristoteles unterscheidet man zwischen »ausgleichender« G., deren Kriterium die Gleichwertigkeit ist (z. B. im Privatverkehr beim Kauf, bei der Miete, im Verhältnis von Schädigung und Schadensersatz, aber auch von Straftat und Strafe), und »austeilender« G., die in der Zuteilung von Gütern und Befugnissen, z. B. entsprechend der Tüchtigkeit einer Person, besteht (»suum cuique tribuere«). Derartige Gerechtigkeitsvorstellungen liegen auch dem Prinzip der Entlohnung nach Leistung (»Lohngerechtigkeit«) zugrunde.

Was als gleichwertig gilt und wie hoch eine Leistung im Verhältnis zu anderen zu bewerten ist, unterliegt dem Wandel der gesellschaftlichen Anschauungen. Doch ist es für menschliche Gesellschaften typisch, daß sie ihre Ordnung auf bestimmten Gerechtigkeitsidealen aufbauen. Auch innerhalb einer Gesellschaft können die Anschauungen über das, was gerecht ist, unterschiedlich sein und zu Verteilungskämpfen, z. B. im Hinblick auf Löhne, Güter oder politische und wirtschaftliche Mitbestimmungsbefugnisse, führen (Frage der »sozialen Gerechtigkeit«). In modernen Demokratien sind diese Verteilungskämpfe institutionell geregelt durch Parteienkonkurrenz, parlamentarische Gesetzgebung oder auch durch das Tarifvertragswesen. Im internationalen Bereich spielt der Gedanke der Verteilungsgerechtigkeit insbesondere im Verhältnis von Industrieländern zu Staaten der ↑ dritten Welt eine Rolle (↑ auch Nord-Süd-Konflikt).

Gericht: Institution, die in einem bestimmten, konkreten Rechtsstreit die Entscheidung darüber trifft, was rechtens ist, die also Recht spricht. Neben den staatlichen G. gibt es auch eine private ↑ Schiedsgerichtsbarkeit. – ↑ auch Gerichtsbarkeit, ↑ gerichtliches Verfahren.

gerichtliches Verfahren: Das der Streitentscheidung durch ein ↑ Gericht dienende Verfahren (der Gerichtsprozeß). Es wird in der Regel in Gang gesetzt durch die Erhebung einer ↑ Klage. In ihr werden die im Streit befindlichen Parteien und der Gegenstand des Streites bezeichnet. Meist wird die Klage von einer Privatperson (gegen eine andere Privatperson, gegen ein Unternehmen, möglicherweise auch gegen eine Gemeinde oder den Staat, z. B. im Verwaltungsgerichtsverfahren) erhoben. Im Strafprozeß, dem in der Regel ein Vorverfahren, das Ermittlungsverfahren, vorangeht, wird durch den Vertreter des Staates, die ↑ Staatsanwaltschaft, Anklage erhoben. Auch in anderen Verfahren können Vorverfahren, z. B. Widerspruchsverfahren gegen Behördenbescheide, dem Gerichtsverfahren vorgeschaltet sein. Zum Beginn jedes g. V. sind die prozessualen Voraussetzungen zu prüfen. Dabei geht es z. B. um die Frage, ob die Klage im zuständigen Gerichtszweig (↑ Gerichtsbarkeit) erhoben worden ist. Nur so kann der Spezialisierung des Gerichtswesens Rechnung getragen werden, nach der die Arbeitsgerichte andere Fragen behandeln sollen als Zivil- oder Strafgerichte. Festgestellt werden müssen z. B. auch die örtliche und sachliche Zuständigkeit des Gerichtes, damit das Recht auf den *gesetzlichen Richter* gewahrt bleibt. Vor welchen Spruchkörper ein Fall gehört, wird von der Gerichtsordnung in den Gerichtsverteilungsplänen festgelegt. Durch die Beachtung solcher formeller Regelungen kann auch der »Einlassungszwang« für den Beklagten, d. h. seine Pflicht, zur Vermeidung von Nachteilen an einem von ihm möglicherweise gar nicht gewünschten Prozeß teilzunehmen, angemessen begrenzt werden. So gilt es z. B. als ein die Durchführung des Verfahrens ausschließendes Prozeßhindernis, wenn in der gleichen Sache schon einmal entschieden wurde. Des weiteren ist z. B. das Vorliegen der Prozeßführungsbefugnis

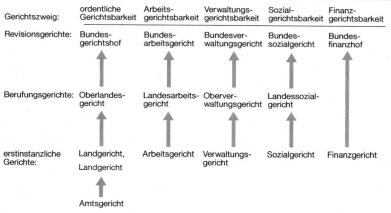

Gerichtszweig:	ordentliche Gerichtsbarkeit	Arbeits- gerichtsbarkeit	Verwaltungs- gerichtsbarkeit	Sozial- gerichtsbarkeit	Finanz- gerichtsbarkeit
Revisionsgerichte:	Bundes- gerichtshof	Bundes- arbeitsgericht	Bundesver- waltungsgericht	Bundes- sozialgericht	Bundes- finanzhof
Berufungsgerichte:	Oberlandes- gericht	Landesarbeits- gericht	Oberver- waltungsgericht	Landessozial- gericht	
erstinstanzliche Gerichte:	Landgericht, Landgericht	Arbeitsgericht	Verwaltungs- gericht	Sozialgericht	Finanzgericht
	Amtsgericht				

Gerichtsbarkeit. Aufbau der Gerichtsbarkeit in der BR Deutschland. Die wichtigsten Gerichtszweige

zu prüfen. Sie besitzt in Konkursfällen z. B. der Konkursverwalter und nicht der Gemeinschuldner, um dessen Vermögen es geht.

Nach der Feststellung der formellen Voraussetzungen, deren Vorliegen in der Regel in jedem Stadium des Verfahrens zu berücksichtigen ist, kommt es zum Verfahren über die Hauptsache. Dabei geht es darum, ob und inwieweit der geltend gemachte Anspruch besteht. Einwände des Beklagten sind zu berücksichtigen. Die rechtliche Relevanz des Vorgetragenen ist zu prüfen – dies alles in einem Verfahren, das trotz schriftlicher Vorbereitung grundsätzlich öffentlich und mündlich zu sein hat. Anschließend ist in die Beweisaufnahme über die Behauptungen einzutreten, von deren Zutreffen der Ausgang des Prozesses abhängt. In der Regel erfolgt dies aber nur, wenn es sich um Einlassungen handelt, die unter den Parteien strittig sind.

Das in den einzelnen Gerichtszweigen unterschiedlich ausgebildete, hier besonders unter Rücksicht auf die ↑ ordentliche Gerichtsbarkeit geschilderte Verfahren endet unter Umständen mit einer Klagerücknahme, normalerweise aber mit einer Entscheidung in der Sache, dem Urteil. Auch ein Prozeßurteil, d. h. die Abweisung einer Klage aus formellen Gründen, ist möglich.

Dem Urteil schließt sich das Vollstreckungsverfahren (z. B. ↑ Zwangsvollstreckung oder ↑ Strafvollzug) an. Urteile sind in der Regel mit ↑ Rechtsmitteln anfechtbar; ihre Vollstreckung findet erst statt, wenn sie ↑ Rechtskraft erlangt haben. – ↑ auch Schiedsgerichtsbarkeit.

Gerichtsbarkeit bedeutet svw. ↑ Gerichtshoheit, ist aber auch Bezeichnung für die verschiedenen Gerichtszweige, in die das staatliche Gerichtswesen aufgegliedert ist. Nach Art. 20 Abs. 2 GG wird in der BR Deutschland die ↑ Rechtsprechung durch besondere Organe des Staates ausgeübt, d. h. durch eine gegenüber Gesetzgebung und vollziehender Gewalt (↑ Verwaltung) dritte Gewalt (↑ Gewaltenteilung). Die Rechtsprechung ist Berufs- und ↑ Laienrichtern anvertraut, die in ihren Entscheidungen unabhängig und nur dem Gesetz und Recht verpflichtet sind (Art. 20 Abs. 3 und Art. 97 Abs. 1 GG). Institutionell sind die Richter in ↑ Gerichten zusammengefaßt, die zur Wahrung der richterlichen Neutralität selbständig und von den Verwaltungsbehörden getrennt sein müssen.

Die Gerichte bestehen in aller Regel aus mehreren Spruchkörpern, die Einzelrichter oder Richterkollegien (Kammern, Senate) sein können. Die Besetzung dieser Spruchkörper und die Geschäftsverteilung unter ihnen nimmt das Präsidium des jeweiligen Gerichts vor. Es legt in einem Geschäftsverteilungsplan, dem niemand entzogen werden darf, jeweils für ein Jahr den *gesetzlichen Richter* fest (Art. 101 Abs. 1 GG). Damit steht schon im voraus fest, wer Richter in einem künftigen Verfahren (z. B. aufgrund einer Geschäftsverteilung nach Anfangsbuchstaben) sein wird. Die Möglichkeit, bestimmte Richter für einen Prozeß abzuordnen, ist auf diese Weise ausgeschlossen.

Nach den Bestimmungen der deutschen ↑ Gerichtsverfassung ist die staatliche G. arbeitsteilig auf verschiedene Gerichtszweige aufgeteilt. Sie gliedert sich in die ↑ ordentliche Gerichtsbarkeit für Zivil- und Strafsachen, die ↑ Arbeits-, ↑ Verwaltungs-, ↑ Sozial- und ↑ Finanzgerichtsbarkeit. Neben diesen hauptsächlichsten Gerichtszweigen gibt es die Patent-, Disziplinar-, Wehrdienst- und Berufsgerichtsbarkeit und die Sonderregelungen unterliegende sog. ↑ freiwillige Gerichtsbarkeit. Eine Sonderstellung nimmt in diesem Aufbau der Gerichte die ↑ Verfassungsgerichtsbarkeit ein.

Diejenigen Gerichte, die demselben Gerichtszweig angehören, bilden einen Instanzenzug (z. B. Arbeits-, Landesarbeits-, Bundesarbeitsgericht oder: Amtsgericht, Landgericht, Oberlandesgericht, Bundesgerichtshof). Der Aufbau des Instanzenzuges innerhalb der einzelnen Gerichtszweige ist verschieden. Die ordentliche G. ist vierstufig, die Verwaltungs-, Arbeits- und Sozialgerichtsbarkeit dreistufig und die Finanzgerichtsbarkeit zweistufig. Durch den Instanzenzug wird es möglich, die Entscheidungen (Urteile) der unteren Gerichte mit einem ↑ Rechtsmittel anzufechten und überprüfen zu lassen. Der Rechtsmittelzug sieht entsprechend dem dreistufigen Aufbau der meisten Gerichtsbarkeiten zwei weitere Instanzen, nämlich eine Berufungsinstanz (zur tatsächlichen und rechtlichen Nachprüfung) und eine Revisionsinstanz (nur zur rechtlichen Nachprüfung) vor.

Durch Einlegung der Revision bei den bundesweit tätigen obersten Gerichten der einzelnen Gerichtszweige kann die Einheitlichkeit der Rechtsprechung, der Auslegung der Gesetze und des Rechts, in der

BR Deutschland gewahrt werden. Die von den obersten Gerichten in ständiger Rechtsprechung entwickelten Grundsätze sind zwar für die unteren Gerichte formal nicht verbindlich, da jeder Richter unabhängig urteilt und an Weisungen nicht gebunden ist, praktisch haben sie aber doch einen großen Einfluß auf die Rechtsprechung der unteren Gerichte. Bei ihrer Nichtbeachtung würden deren Urteile immer wieder aufgehoben werden.

Zur Wahrung der Einheitlichkeit der Rechtsprechung insgesamt gibt es einen gemeinsamen Senat der obersten Gerichtshöfe des Bundes (des Bundesgerichtshofs in Karlsruhe, des Bundesarbeitsgerichts und des Bundessozialgerichts in Kassel, des Bundesverwaltungsgerichts in Berlin und des Bundesfinanzhofes in München). Er tritt bei Bedarf in Karlsruhe zusammen.

Gerichtshoheit: Befugnis einer Person oder eines Personenverbandes (in der Regel des Staates), ↑ Gerichtsbarkeit auszuüben. Der G. der deutschen Gerichte unterliegen grundsätzlich auch Ausländer, soweit sie sich in der BR Deutschland aufhalten. Davon ausgenommen sind jedoch die Angehörigen der diplomatischen Vertretungen sowie alle Personen, die nach den allgemein anerkannten Regeln des ↑ Völkerrechts oder nach einem besonderen Staatsvertrag von der deutschen G. befreit sind.

Gerichtsverfassung ist die staatliche Ordnung des Gerichtswesens. Zu ihr gehören alle Normen, die den Aufbau der Gerichte und der mit ihnen zusammenhängenden Einrichtungen betreffen. Man unterscheidet zwischen den Gerichten des Bundes und der Länder und sachlich zwischen der ↑ Verfassungsgerichtsbarkeit, der ↑ ordentlichen Gerichtsbarkeit, der ↑ Verwaltungsgerichtsbarkeit, der ↑ Finanzgerichtsbarkeit, der ↑ Arbeitsgerichtsbarkeit, der ↑ Sozialgerichtsbarkeit, der Wehrgerichtsbarkeit sowie der Disziplinar-, Dienst-, Straf- und Ehrengerichtsbarkeit. Innerhalb der jeweiligen Gerichtszweige sind die Funktionen und Zuständigkeiten auf verschiedene Instanzgerichte verteilt. − ↑ auch Gerichtsbarkeit.

Gerichtsvollzieher ist ein Beamter, der mit Zustellungen, Ladungen und Vollstreckungen betraut wird. Die wichtigste Aufgabe des G. ist die ↑ Zwangsvollstreckung, soweit dafür nicht das Vollstreckungsgericht zuständig ist.

Gesamthochschule: Inhaltliche und organisatorische Vereinigung mehrerer Hochschulformen, z. B. einer Universität, einer pädagogischen Hochschule sowie von Kunst-, Musik- und/oder anderen ↑ Fachhochschulen. In einer G. werden innerhalb der gleichen Fachrichtung je nach Studienziel unterschiedliche Studiengänge angeboten, die sich in Inhalt, Dauer und Abschluß unterscheiden.

Gesamtschule ↑ Schule.

gesamtwirtschaftliches Gleichgewicht: Zustand, der in der BR Deutschland aufgrund des ↑ Stabilitätsgesetzes mit Hilfe der ↑ Konjunkturpolitik anzustreben ist und in dem Vollbeschäftigung, Geldwertstabilität, außenwirtschaftliches Gleichgewicht und ein stetiges Wirtschaftswachstum, das »magische Viereck«, erreicht werden sollen.

Gesandter ↑ Gesandtschaftsrecht.

Gesandtschaftsrecht: Zum einen die durch das ↑ Völkerrecht gewährte Befugnis, Gesandte zu entsenden und zu empfangen: dieses Recht steht allen ↑ Völkerrechtssubjekten zu. Zum andern die Summe der völkerrechtlichen Regeln, die den diplomatischen Verkehr und die Rechte und Pflichten des Diplomaten zum Gegenstand haben. Das G. zählt zu den ältesten völkerrechtlichen Normen: heute ist das G. in der Wiener Konvention über diplomatische Beziehungen von 1961 festgelegt. Die diplomatischen Beziehungen werden durch ausgebildete Personen *(Diplomaten)* wahrgenommen, wobei die Missionschefs in drei Rangstufen eingeteilt werden: *1. Botschafter, 2. Gesandte* und *3. Geschäftsträger.* Die Aufnahme diplomatischer Beziehungen setzt das gegenseitige Einvernehmen der beiden Staaten voraus. Der Entsendestaat hat vor der Entsendung eines Diplomaten das ↑ Agrément des Empfangsstaats einzuholen. Durch eine spätere Erklärung zur ↑ persona non grata kann diese Zustimmung ohne Angabe von Gründen zurückgenommen werden. Aufgabe des Diplomaten ist es, die Interessen des Entsendestaates und seiner Angehörigen im Empfangsstaat zu schützen und mit der Regierung des Gastlandes zu verhandeln. Im Empfangsstaat stehen den Diplomaten gewisse Vorrechte zu: Die Räumlichkeiten der Mission und ihre Einrichtungen, ebenso ihre Archive und Schriftstücke, dürfen nur mit Zustimmung des Missionschefs betreten und durchsucht werden (↑ auch Exterritorialität). Der freie Verkehr der Mission mit ihrer Regierung und anderen Missionen ist, einschließlich der Unverletzlichkeit ihrer Korrespondenz und des Kuriergepäcks, gewährleistet *(Depeschenrecht).* Der Missionschef und die Mitglieder des diplomatischen Personals haben Anspruch auf besonderen Schutz im Gastland. Diplomaten unterstehen nicht der Gerichtsbarkeit des Gastlandes und können daher als Angeklagte, Parteien oder Zeugen – auch wegen ihrer privaten Tätigkeit – nicht vor Gericht gezogen werden. Sie sind in gewissem Umfang von Steuern, Gebühren, Zöllen und sonstigen Abgaben befreit. Ihre persönliche Unverletzlichkeit verhindert jede Verhaftung, Durchsuchung oder Beschlagnahme von Gegenständen privater oder amtlicher Art (↑ auch Immunität). Die diplomatischen Vorrechte entbinden allerdings nicht von der Pflicht, die Gesetze und Rechtsvorschriften des Gastlandes zu beachten. Ebenso ist eine Einmischung in die inneren Angelegenheiten des Gastlandes untersagt. Umstritten ist, ob politisch Verfolgten im Missionsgebäude diplomatisches Asyl gewährt werden darf.

Geschäftsfähigkeit: Die Fähigkeit eines Menschen, durch die wirksame Vornahme von Rechtsgeschäften Rechtswirkungen hervorzurufen (z. B. einen Kaufvertrag abzuschließen, eine Wohnung zu mieten). Das ↑ Bürgerliche Gesetzbuch unterscheidet verschiedene Stufen der G.: 1. *Unbeschränkt geschäftsfähig* ist der volljährige Mensch, der weder geistesgestört noch entmündigt ist. Diesen Fall sieht die Rechtsordnung als den Regelfall an, deshalb muß der Mangel der G. vor Gericht bewiesen werden, falls sein Vorliegen bestritten wird. 2. *Geschäftsunfähig* ist der Minderjährige, der das 7. Lebensjahr noch nicht vollendet hat, und derjenige, der sich infolge krankhafter Geistesstörung in einem Zustand befindet, in dem seine freie Willensbestimmung nicht nur vorübergehend ausgeschlossen ist.

Rechtswirksam handeln kann der Geschäftsunfähige nur durch seinen gesetzlichen Vertreter (Eltern, Vormund, Pfleger). 3. *Beschränkt geschäftsfähig* ist der Minderjährige ab vollendetem 7. Lebensjahr, außerdem wegen Geistesschwäche, Trunksucht oder Verschwendung entmündigte Personen und wer unter vorläufige Vormundschaft gestellt ist. Beschränkt Geschäftsfähige können wirksam alle Rechtsgeschäfte vornehmen, die ihnen ausschließlich rechtliche Vorteile bringen (z. B. die Annahme einfacher Geschenke). Alle übrigen Rechtsgeschäfte bedürfen grundsätzlich der im voraus erteilten Einwilligung des gesetzlichen Vertreters.

Geschäftsordnung: Als G. bezeichnet man allgemein die Verfahrensregeln in einem Gremium, z. B. in einem Verein, Ausschuß oder in einer kommunalen Körperschaft (Stadtrat, Gemeinderat). Die *Geschäftsordnung des Bundestages* beruht auf seiner *Geschäftsordnungsautonomie,* d. h. dem Recht des Parlaments, seine G. selbst zu bestimmen und das eigene Verfahren selbst zu regeln, ohne daß Staatsoberhaupt und Regierung Einfluß nehmen dürfen (Art. 40 Abs. 1 GG). Die G. des Bundestages geht zurück auf die des Reichstages. Sie enthält Bestimmungen v. a. für folgende Fragen: Organisation und Verwaltung des Parlaments, Regeln für die Arbeit des Plenums und der Ausschüsse, Vorschriften über das Gesetzgebungsverfahren, Kontrolle der Regierung, Schutz der Minderheit vor der Willkür der Mehrheit und Schutz der Mehrheit vor ↑ Obstruktion durch die Minderheit, Rechte und Pflichten der Abgeordneten, die Aufstellung der Tagesordnung, die Reihenfolge der Redner, die Ordnungsmaßnahmen und das Abstimmungsverfahren (z. B. ↑ Hammelsprung), ↑ parlamentarische Anfragen. In der G. des Bundestages herrschen – im Gegensatz zur G. des Reichstags zur Zeit der Weimarer Republik – die Mehrheits- bzw. Fraktionsrechte vor.

Geschworene hießen früher die ↑ Laienrichter im ↑ Schwurgericht.

Geselle: Arbeitnehmer, der in einem staatlich anerkannten Ausbildungsberuf des Handwerks eine Ausbildung durchlaufen und nach bestandener Prüfung ein Zeugnis *(Gesellenbrief)* erhalten hat.

Gesellschaft:
◇ Vieldeutig gebrauchter Begriff zur allgemeinen Charakterisierung eines relativ dauerhaften Gefüges von Menschen und ihren Handlungen. G. kann als der Rahmen verstanden werden, in dem das Individuum Orientierung und Bedeutungsgehalte für sein Handeln findet (↑ Ordnung). Der Mensch als soziales Wesen braucht die G. zu seiner Entfaltung. Er ist auf die erzieherischen und damit Kultur übermittelnden Einflüsse gesellschaftlich bereits geprägter Menschen angewiesen. Eine G. wird von zwei allgemeinen Prozessen geprägt, deren besondere Ausgestaltung und wechselseitiger Zusammenhang ihre konkrete Form oder Struktur bestimmen: einmal vom dem sich in der Auseinandersetzung mit der Natur vollziehenden Prozeß der materiellen Existenzsicherung (↑ Arbeit, ↑ Produktion), zum andern von dem Prozeß der Durchsetzung kultureller Werte als allgemein akzeptierte und verbindlich gemachte ↑ Leitbilder menschlichen Handelns sowie deren Präzisierung zu bestimmten Verhaltensregeln und Handlungsnormen. – ↑ auch Agrargesellschaft, ↑ bürgerliche Gesellschaft, ↑ Gemeinschaft, ↑ Industriegesellschaft, ↑ Klassengesellschaft.
◇ Die vertragliche Verbindung zweier oder mehrerer Personen zur Verfolgung eines gemeinsamen Zwecks. Der Grundtyp der privaten G. (Zusammenschluß, Geschäftsführung, Vertretung nach außen, Behandlung des Gesellschaftsvermögens, Auflösung der G.) ist im ↑ Bürgerlichen Gesetzbuch geregelt. Auf ihm bauen alle anderen Gesellschaften wie die ↑ offene Handelsgesellschaft, die ↑ Aktiengesellschaft, die ↑ GmbH und die ↑ Kommanditgesellschaft auf.

Gesellschaftsvertrag:
◇ Im geltenden Recht Bezeichnung für den private Gesellschaften (z. B. eine ↑ offene Handelsgesellschaft) konstituierenden Vertrag.
◇ Versuch, das Bestehen der Staatsgewalt aus dem Interesse der ihr unterworfenen Individuen zu rechtfertigen, besonders im neuzeitlichen Naturrecht und in der Aufklärung (H. Grotius, Th. Hobbes, J. Locke, J.-J. Rousseau). Nach der Lehre vom G. gelten die Anordnungen der staat-

lichen Gewalt dann als legitim, wenn man sich vorstellen kann, daß sie auch aus einer vertraglichen Abmachung der Gewaltunterworfenen herrühren könnten, andernfalls wird ein Widerstandsrecht gefordert. Nach einer anderen Lehre entsteht die Gesellschaft und die über sie errichtete Herrschaft aus Verträgen aller miteinander und mit den Herrschenden. Im Zusammenhang mit der Lehre vom G. spielte auch die Idee des Bundes (ursprünglich: Bund Gottes mit dem Volk Israel), besonders bei der Gründung nordamerikanischer Staaten, eine Rolle. Vertragliche Abmachungen über die Ausübung von Herrschaft zwischen Monarch und Ständen (sog. Herrschaftsverträge) kannte die Ständemonarchie. Heute lebt die Vorstellung eines freiwilligen Zusammenschlusses und einer freiwilligen Unterwerfung unter die Staatsgewalt in der Idee des ↑ Konsenses weiter, der die Legitimationsgrundlage für die Ausübung staatlicher Gewalt in der Demokratie darstellt.

Gesetz:

◊ Allgemeinverbindliche Regel (z. B. Naturgesetz).

◊ Im Rechtswesen hat der Begriff G. zweifache Bedeutung: G. im *materiellen* Sinn ist jede Rechtsnorm, die für eine Vielzahl von Personen eine allgemeine, verbindliche Regelung enthält, d. h. keinen individuellen Fall im Auge hat. G. im *formellen* Sinn ist der im verfassungsmäßig vorgeschriebenen parlamentarischen Verfahren der ↑ Gesetzgebung ergangene, ordnungsgemäß ausgefertigte und verkündete Beschluß der zur Gesetzgebung befugten Organe. Gesetze im formellen Sinn sind meist auch Gesetze im materiellen Sinn, es sei denn, sie enthalten keine allgemeinverbindlichen Regelungen (sog. *Einzelfallgesetze*). Gesetze im materiellen Sinn sind neben formellen Gesetzen ↑ Rechtsverordnungen und ↑ Satzungen, die nicht im förmlichen Gesetzgebungsverfahren ergehen.

Gesetzesinitiative ↑ Gesetzgebung.

Gesetzesvorbehalt ist die von der Verfassung vorgesehene Möglichkeit, in ↑ Grundrechte durch Gesetz oder aufgrund eines Gesetzes einzugreifen. Diese Möglichkeit besteht bei zahlreichen Grundrechten des Grundgesetzes und der Landesverfassungen. Das grundrechtsbeschränkende Gesetz muß jedoch allgemein sein und darf nicht nur für einen Einzelfall gelten. − ↑ auch Gesetzmäßigkeit der Verwaltung.

Gesetzesvorrang (Vorrang des Gesetzes): Das Prinzip des G. ist einer der Grundsätze des Rechtsstaats und besagt, daß die nicht im förmlichen Verfahren der ↑ Gesetzgebung erlassenen Rechtsnormen (↑ Rechtsverordnungen, ↑ Satzungen) bei Verstoß gegen ein formelles ↑ Gesetz nichtig sind und daß formelle Gesetze nur durch formelle Gesetze aufgehoben oder geändert werden können. Die Verfassung geht als formelles Gesetz mit besonderer Bestandskraft den sog. »einfachen« formellen Gesetzen vor (Vorrang der Verfassung), so daß diese die Verfassung nicht ändern oder durchbrechen können und im Falle der Verfassungswidrigkeit grundsätzlich nichtig sind.

gesetzgebende Gewalt ↑ Legislative.

Gesetzgebung nennt man die der gesetzgebenden Gewalt (Legislative) im Rahmen der Gewaltenteilung obliegende Aufgabe der Setzung von Rechtsnormen (Gesetz). In der BR Deutschland ist das Verfahren der G. für den Bund in den Art. 76 ff. GG geregelt; die Landesverfassungen enthalten entsprechende Vorschriften. Der Entwurf eines Bundesgesetzes (Gesetzesvorlage) kann durch die ↑ Bundesregierung, den ↑ Bundesrat oder aus der Mitte des ↑ Bundestages von mindestens 34 Abgeordneten (= Fraktionsstärke) eingebracht werden (Recht der *Gesetzesinitiative*). Vorlagen der Bundesregierung sind zuerst dem Bundesrat zuzuleiten, der innerhalb von sechs Wochen dazu Stellung nehmen kann; bei Eilbedürftigkeit kann die Bundesregierung schon nach drei Wochen den Entwurf an den Bundestag weiterleiten und die Stellungnahme des Bundesrats nachreichen. Vorlagen des Bundesrats gehen über die Bundesregierung, die innerhalb von drei Monaten hierzu ihre Auffassung darlegen muß, an den Bundestag. Der Bundestag berät den Entwurf grundsätzlich in drei Lesungen. Nach der ersten Aussprache wird die Vorlage meist zur intensiven Beratung an einen Ausschuß des Parlaments überwiesen. Im Anschluß daran findet in der zweiten Lesung eine Einzelberatung und -abstimmung statt; in der dritten Lesung wird über die Vorlage insgesamt abgestimmt. Die vom Bundestag beschlossenen Gesetze sind unverzüglich dem Bundesrat zuzuleiten, der ihnen zustimmen oder binnen drei Wochen den ↑ Vermittlungsausschuß anrufen kann. Im weiteren Verlauf des Verfahrens ist es von Bedeutung, ob es sich um sog. ↑ Einspruchgesetze oder ↑ Zustimmungsgesetze handelt. Bei den ersteren kann der Bundesrat Einspruch einlegen, wenn der Vermittlungsausschuß zu keinem ihm genehmen Ergebnis kommt. Diesen Einspruch kann der Bundestag mit der Mehrheit seiner Mitglieder zurückweisen; hat der Bundesrat mit Zweidrittelmehrheit Einspruch eingelegt, kann dieser sogar nur mit Zweidrittelmehrheit der Abstimmenden zurückgewiesen werden. Die Zweidrittelmehrheit muß mindestens die Mehrheit der Mitglieder des Bundestages betragen. Dagegen ist bei den sog. Zustimmungsgesetzen, die das Grundgesetz als solche ausdrücklich nennt (vgl. z. B. Art. 105 Abs. 2 GG), keine Zurückweisung möglich. Bei ihnen können auch die Bundesregierung und der Bundestag den Vermittlungsausschuß anrufen, um ein für alle Beteiligten akzeptables Resultat zu erreichen. Ist das Gesetz zustandegekommen, wird es vom ↑ Bundespräsidenten nach Gegenzeichnung durch den ↑ Bundeskanzler und/oder den zuständigen Bundesminister ausgefertigt und im ↑ Bundesgesetzblatt verkündet.

Gesetzgebungsnotstand: Befugnis einer Regierung, in besonderen Situationen selbst dann gesetzliche Anordnungen zu treffen, wenn sie dafür keine Mehrheit im Parlament findet (vgl. z. B. Art. 81 GG). – ↑ auch Notverordnung.

Gesetzmäßigkeit der Verwaltung: Der in Art. 20 Abs. 3 GG niedergelegte Grundsatz, daß das Handeln der Verwaltung an die Gesetzgebung der das Staatsvolk repräsentierenden Parlamente gebunden ist (↑ Gesetzesvorrang). Nach diesem rechtsstaatlichen Prinzip darf die Verwaltung in die Rechte des einzelnen nur aufgrund eines für alle geltenden Gesetzes eingreifen (↑ Gesetzesvorbehalt). Darüber hinaus ist die vollziehende Gewalt nach Art. 1 Abs. 3 GG »an Gesetz und Recht

und an die Grundrechte als unmittelbar geltendes Recht gebunden«. Aus der unmittelbaren Bindung der Verwaltung an das Grundgesetz ergeben sich weitreichende Folgen für das Verwaltungshandeln, insbesondere die Beachtung des ↑ Gleichheitssatzes mit dem ↑ Willkürverbot.

Gesetz- und Verordnungsblatt: In unregelmäßigen Abständen erscheinende amtliche Veröffentlichung der Länder, die der öffentlichen Bekanntmachung von Gesetzen und Rechtsverordnungen dient sowie über den Inhalt von Vorschriften, Plänen und Verwaltungsmaßnahmen und den Zeitpunkt ihres Wirksamwerdens oder ihrer Aufhebung Kenntnis gibt.

Gesundheitspolitik: Alle Maßnahmen des Staates, seiner Körperschaften und anderer Institutionen, die der Erhaltung der Gesundheit der Bevölkerung, der Gesundheitsvorsorge und der Aufklärung über die der Gesundheit drohenden Einflüsse dienen. Aufgaben der G. sind die Errichtung und Unterhaltung von öffentlichen Einrichtungen (Heil- und Pflegeanstalten, Krankenhäuser) zur medizinischen und sonstigen Pflege von Kranken und Behinderten, zur Wiederherstellung ihrer Gesundheit und Wiedereingliederung in Gesellschaft und Beruf (↑ Rehabilitation) und die zwangsweise Versicherung insbesondere von Arbeitnehmern gegen die Folgen von Krankheit, Unfall und Invalidität in der ↑ Sozialversicherung.

Neben individuellen Maßnahmen zur *Gesundheitsvorsorge* dienen allgemeine Rechtsvorschriften (z. B. über Lebensmittelhygiene, Reinhaltung von Gewässern und Luft, Trinkwasserversorgung, Straßenreinigung, Müll- und Abwasserbeseitigung u. a.) sowie Rechtsvorschriften über den gesundheitlichen Schutz in Schulen, Ausbildungsstätten und am Arbeitsplatz der kollektiven Gesundheitsvorsorge. Sie sollen allgemeine gesundheitsgefährdende Verhältnisse und Umwelteinflüsse verhindern und gesunde Umwelt-, Lebens- und Arbeitsverhältnisse erhalten.

Das Gesundheitsrecht ist in der BR Deutschland zum großen Teil Landesrecht. Der Bund hat das Recht der konkurrierenden Gesetzgebung nur bei Maßnahmen gegen gemeingefährliche und übertragbare Krankheiten bei Menschen und

Tieren, bei der Zulassung zum Arzt- und anderen Heilberufen und bei der Regelung des Apothekenwesens und des Verkehrs mit Arzneimitteln. Ein Hauptproblem der G. in der BR Deutschland ist die Kostenexplosion im Bereich der medizinischen Versorgung, u. a. aufgrund gestiegener Personalkosten, steigender Kosten für moderne technische Einrichtungen, zunehmender Verteuerung von Medikamenten und ständiger Erhöhungen der Arzthonorare (↑ Gesundheitswesen).

Für die G. ist in der BR Deutschland das Bundesministerium für Gesundheit zuständig, zu dessen Geschäftsbereich als selbständige Bundesoberbehörde das Bundesgesundheitsamt gehört, ebenso die Bundeszentrale für gesundheitliche Aufklärung und das Deutsche Institut für medizinische Dokumentation und Information. Die *Gesundheitsverwaltung* gliedert sich in die Sozial-, Gesundheits- oder Arbeitsministerien der jeweiligen Bundesländer bzw. die entsprechenden Senatsbehörden und die als Sonderbehörden in den einzelnen Kreisen gebildeten staatlichen *Gesundheitsämter.* − Wichtigste internationale Organisation für gesundheitspolitische Fragen ist die 1946 gegründete Weltgesundheitsorganisation (↑ WHO).

Gesundheitswesen: Die Gesamtheit aller Einrichtungen und Personen, die der Erhaltung, Förderung oder Wiederherstellung der Gesundheit dienen sollen. Probleme v. a. der Kostenexplosion führten in den 1980er Jahren zur Ausarbeitung einer Reform des Gesundheitswesens. Mit dem *Gesundheitsreformgesetz* vom 20. Dezember 1988 versuchte man durch Erhöhung der Selbstbeteiligung der Patienten, Einschränkung einzelner Leistungen und der Arzthonorare sowie Vorschriften zur Verwendung preiswerter Arzneimittel eine Kostendämpfung zu erreichen. Nach einem kurzfristigen Rückgang der Kosten stiegen diese 1990 wieder an. Zur Kostenbegrenzung empfiehlt der »Sachverständigenrat für die Konzertierte Aktion im Gesundheitswesen« im Krankenhaussektor v. a. einen Abbau des in den alten Bundesländern vorhandenen Überangebots an Betten, verstärkte Wirtschaftlichkeitsüberprüfungen, ein verbessertes Management und den Ausbau der ambulanten gegen-

über der stationären Versorgung. Zugleich bestehen aber auch erhebliche Engpässe beim Pflegepersonal (↑ Pflegenotstand). Im ambulanten Bereich stellen v. a. die in den alten Bundesländern vorhandenen Überkapazitäten und die übermäßige Nutzung medizinischer (Groß-)Geräte ein Problem dar.

In den neuen Bundesländern soll das G. möglichst rasch dem westdeutschen Niveau angeglichen werden. Daher sollen v. a. die Niederlassung von Ärzten in Einzel- oder Gruppenpraxen für die ambulante Versorgung und die Modernisierung der Krankenhäuser in öffentlicher, gemeinnütziger oder privater Trägerschaft zur stationären Versorgung gefördert werden.

Gewährleistung ist die Verpflichtung, für die Mangelhaftigkeit einer veräußerten oder übertragenen Sache einzustehen. Man unterscheidet zwischen Rechtsmängeln, wenn der Vertragsgegenstand mit Rechten eines Dritten belastet ist, und Sachmängeln, wenn er einen Fehler aufweist, der den Wert oder die Tauglichkeit nicht nur unerheblich mindert. Die G. spielt (außer beim Miet- und Pachtvertrag) v. a. beim Kaufvertrag eine Rolle. Weist ein Kaufgegenstand Rechts- oder Sachmängel auf oder hat er nicht die vom Käufer zugesicherten Eigenschaften, so kann der Käufer − je nach Umständen des Einzelfalls − wahlweise den Kauf rückgängig machen *(Wandlung),* den Kaufpreis herabsetzen *(Minderung)* oder ↑ Schadensersatz wegen Nichterfüllung verlangen.

Gewalt: Anwendung physischen oder psychischen Zwangs, um den eigenen Willen gegenüber anderen durchzusetzen, insbesondere um andere der eigenen Herrschaft zu unterwerfen oder um sich einem solchen Anspruch zu entziehen *(Gegengewalt).* Heute liegt das Recht der Gewaltausübung prinzipiell in der Hand des Staates (z. B. Polizei, Strafrecht). In Rechtsstaaten ist die ↑ Staatsgewalt jedoch an Gesetze gebunden und nicht unbeschränkt (↑ auch Gewaltenteilung). Die Gewaltanwendung gegen andere oder auch nur gegen Sachen ist keine zulässige Form der Demonstration gegen Zustände, die man als ungerecht empfindet. Nur in Notfällen, wenn eine staatliche Instanz vorher nicht angerufen werden kann, ist dem einzelnen

Selbsthilfe erlaubt (↑ auch Notstand, ↑ Notwehr). Widerstand gegen die Staatsgewalt ist nur in Ausnahmefällen zulässig. – ↑ auch Widerstandsrecht.

Im internationalen Bereich ist die Gewaltausübung durch völkerrechtliche Vereinbarungen geregelt und beschränkt worden (↑ Kriegsrecht).

Gewaltenteilung: Die Vorstellung der Teilung staatlicher Gewalt läßt sich bis in die Antike zurückverfolgen. G. wurde insbesondere von Montesquieu (1689–1755) und dem ↑ Liberalismus als Maßnahme gegen den Mißbrauch staatlicher Gewalt im ↑ Absolutismus gefordert. Sie ist neben der Gewährleistung von ↑ Menschenrechten das tragende Prinzip moderner Verfassungsstaaten. Geläufig ist die Unterscheidung nach Funktionen in ↑ Legislative, ↑ Exekutive und Judikative (↑ Rechtsprechung), denen besondere Träger (Parlament, Regierung und Verwaltung, Gerichte) zugeordnet werden, die sich gegenseitig kontrollieren und so eine »balance of powers« herstellen (↑ auch Inkompatibilität).

Bedeutsamer als die strikte Gewaltentrennung ist die Gewaltenteilhabe geworden, nach der eine staatliche Funktion nicht nur in einer Hand liegen darf (z. B. Teilhabe der Regierung an der Gesetzgebung durch Initiativ- und Vetorechte, ↑ Zweikammersystem, Verwaltungskontrolle durch das Parlament). In ↑ parlamentarischen Regierungssystemen spielt die Unterscheidung von Mehrheit und Opposition eine der ursprünglichen Gewaltenteilungskonzeption vergleichbare Rolle, da hier unterschiedliche Gruppen der Gesellschaft an der Gesetzgebung beteiligt werden und sich gegenseitig kontrollieren. Auch der ↑ Bundesstaat stellt eine Art »vertikaler« G. (zwischen Bund und Ländern) dar.

Für die BR Deutschland ist die G. in Art. 20 Abs. 2 GG festgelegt. Moderne Diktaturen kennen keine G.; hier liegt die Fülle der Gewalt u. U. bei einer Einheitspartei oder einer Familie, die die staatlichen Institutionen beherrschen.

gewaltloser Widerstand: Austragung gesellschaftlicher ↑ Konflikte unter Verzicht auf gewaltsame Methoden, z. B. durch Demonstrationen, ↑ passiven Widerstand oder *zivilen Ungehorsam* (= die be-wußte Übertretung als ungerecht empfundener Verordnungen und Gesetze). Gegen die Herrschaftsausübung durch fremde Besatzungsmächte wurde die Theorie der ↑ sozialen Verteidigung als g. W. entwickelt.

Gewaltverzicht: Verbindliche Erklärung eines Staates, politische Streitfragen ausschließlich mit friedlichen Mitteln (Verhandlungen) zu lösen und sich der Drohung der Anwendung von Gewalt zu enthalten. Der G. ist Grundlage aller diplomatischen Beziehungen und eines jeden Waffenstillstands. Förmliche Gewaltverzichtserklärungen sind zwischen der BR Deutschland und der UdSSR (Moskauer Vertrag 1970), Polen (Warschauer Vertrag 1970), der DDR (↑ Grundlagenvertrag) und der ČSSR (1973) ausgetauscht worden. Diese Erklärungen bildeten eine entscheidende Grundlage für die Entspannungspolitik zwischen Ost und West.

Gewässerschutz: Die Belastung der Gewässer in der BR Deutschland durch Einleitungen aus Industrie, Haushalten und Landwirtschaft führte erstmals im Jahre 1957 dazu, daß der Bund seine Kompetenz zur ↑ Rahmengesetzgebung im Bereich des Wasserhaushaltsrechts gemäß Art. 75 Nr. 4 GG ausschöpfte. Ziel des von ihm am 27. Juli 1957 erlassenen Wasserhaushaltsgesetzes (WHG) ist es, die Gewässer »so zu bewirtschaften, daß sie dem Wohl der Allgemeinheit... dienen und jede vermeidbare Beeinträchtigung unterbleibt« (WHG i. d. F. vom 23. September 1986). Eingriffe in den Wasserhaushalt, seien es Einleitungen, Wasserentnahmen oder Veränderungen des Flußlaufs bedürfen der Genehmigung. Die Einleitung von Schadstoffen muß, dem Stand der Technik entsprechend, möglichst gering gehalten werden. Das Grundwasser soll durch die Ausweisung von Wasserschutzgebieten vor Verunreinigung geschützt werden. Für die Beseitigung der Abwässer und den Bau von Kläranlagen sind die Länder zuständig. Die Rahmenvorschriften des WHG werden durch die Wassergesetze der Länder ausgefüllt. Ein weiteres wichtiges Instrument der G. ist das *Abwasserabgabengesetz* des Bundes vom 13. September 1976 (Neufassung vom 6. November 1990). Danach muß der

Einleiter von Abwässern eine Abwasserabgabe entrichten, deren Höhe nach ihrer Schädlichkeit gestaffelt ist. Diese seit 1981 erhobene Abgabe hat wesentlich zum Bau von Kläranlagen für Haushalte und Industrie beigetragen und die Belastung der Gewässer reduziert. Das Wasser von über 86% der Einwohner wird biologisch gereinigt. Verbesserungen wurden ebenfalls durch das *Wasch- und Reinigungsmittelgesetz* vom 20. August 1975 (i. d. F. vom 5. März 1987) und die *Phosphathöchstmengenverordnung* erreicht, die zu einer Verringerung der Phosphatbelastung der Gewässer beitrugen.

Auch die ↑ Europäische Gemeinschaft ist im Bereich des G. tätig geworden. Mit einer am 1. Oktober 1989 in Kraft getretenen Richtlinie setzte sie eine strikte Obergrenze für die Belastung des Wassers durch Pflanzenbehandlungsmittel fest. Rund ein Drittel der Wasserwerke in den alten Bundesländern der BR Deutschland können diese Werte bislang nicht einhalten, in den neuen Bundesländern dürften es erheblich mehr sein. Gesicherte Zahlen dazu liegen jedoch noch nicht vor.

Nach einem massenhaften Fischsterben in der Nordsee im Frühsommer 1988 erließ der Bundesminister für Umwelt, Naturschutz und Reaktorsicherheit in der »Ersten Allgemeinen Abwasservorschrift« vom 9. November 1988 Grenzwerte für Nitrate und Phosphate, die zu einer durchgreifenden Sanierung der Kläranlagen bis 1992 führen sollen. Trotz mancher Erfolge in der Gewässerschutzpolitik klafft zwischen den Gesetzeszielen und deren Umsetzung jedoch immer noch eine erhebliche Lücke.

Gewerbe ist jede selbständige, auf Dauer angelegte wirtschaftliche Tätigkeit mit dem Ziel, Gewinn zu erzielen; ausgenommen sind von dem Begriff G. die *Urproduktion* (= Land- und Forstwirtschaft sowie Bergbau) und die Tätigkeit ↑ freier Berufe.

Gewerbeaufsicht: Überwachung der gesetzlichen Arbeitsschutzvorschriften in Gewerbebetrieben, um die Sicherheit am Arbeitsplatz zu gewährleisten. Die G. wird ausgeübt durch die Gewerbeaufsichtsämter und ist in der ↑ Gewerbeordnung und zahlreichen weiteren Rechtsvorschriften

geregelt. Zur G. im weiteren Sinne rechnet man auch das gesamte Recht der Gewerbezulassung und der Gewerbeuntersagung. – ↑ auch Arbeitsschutz.

Gewerbefreiheit: Grundsatz der ↑ Gewerbeordnung, nach der jedermann eine gewerbliche Tätigkeit ausüben darf, ohne bei Beginn oder Fortsetzung seines Gewerbebetriebes anderen als vom Gesetz ausdrücklich festgelegten Beschränkungen zu unterliegen. Die G. wurde in Deutschland allgemein erst mit der Gewerbeordnung von 1869 eingeführt, während bis ins 19. Jahrhundert hinein der Betrieb eines Gewerbes von einer behördlichen Genehmigung (Konzession) oder von der Mitgliedschaft in einer Zunft abhängig war. In engem Zusammenhang mit der G. steht die ↑ Berufsfreiheit.

Gewerbeordnung: Gesetzliche Regelung des Gewerbes in der BR Deutschland, die vom Grundsatz der ↑ Gewerbefreiheit ausgeht. Sie enthält die Einteilung der Gewerbe sowie Regelungen über die Genehmigungspflichtigkeit in Sonderfällen.

Gewerbesteuer ↑ Steuern.

Gewerkschaften sind Interessenorganisationen der ↑ Arbeitnehmer. Die Bezeichnung rührt her von den »Gewerken«, den mittelalterlichen Produktions- und Eigentumsgenossenschaften im Bergwerk. G. entstanden hauptsächlich im 19. Jahrhundert als Selbsthilfeorganisationen der sich in der industriellen Revolution herausbildenden neuen Arbeiterklasse. Sie versuchten, die Arbeitsbedingungen der abhängigen Lohnarbeiter durch Verhandlungen und Selbsthilfemaßnahmen wie Streiks gegenüber den Arbeitgebern zu verbessern. Dabei wurde sie durch das damals geltende Koalitionsverbot und durch antigewerkschaftliche Maßnahmen der Staatsgewalt oftmals behindert. Nicht zuletzt deswegen wandten sich zum Teil auch grundsätzlich gegen die herrschenden wirtschaftlichen und politischen Verhältnisse und versuchten sie durch politische Kampfmaßnahmen (Massenstreiks u. a.) prinzipiell zu verändern (↑ Syndikalismus). Auf diese Weise politisiert, fächerten sich die G. bald in sog. *Richtungsgewerkschaften* auf (z. B. christliche, liberale, sozialdemokratische, kommunistische G.); Rich-

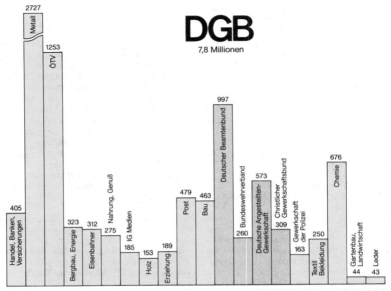

Gewerkschaften. Die organisierten Gewerkschaftsmitglieder (in Tausend) 1989 in Deutschland

tungsgewerkschaften bestehen heute noch u. a. in Frankreich und Italien. In Deutschland gelang die Integration der G. besser, insbesondere seit ihrer Anerkennung als gleichberechtigter Partner der Arbeitgeber im Jahre 1918. Seitdem gilt es als Recht der G. und der ↑ Arbeitgeberverbände, ihre Belange in ↑ Tarifverträgen grundsätzlich selbst zu gestalten (↑ auch Tarifautonomie).

Die G. haben sich ursprünglich nach dem Prinzip des Fachverbandes gebildet: Bestimmte Facharbeiter (z. B. Drucker) schlossen sich nach ihren Berufen zu einem Verband zusammen. Die industrielle Entwicklung führte jedoch dazu, daß dieses Organisationsprinzip mehr und mehr durch das des Industrieverbands ersetzt wurde: Ausgehend von Betriebseinheiten bilden demnach die Arbeiter eines Wirtschaftszweiges eine Gewerkschaft, ohne Rücksicht auf ihre berufliche Herkunft und Funktion innerhalb eines Betriebes, ob gelernt oder ungelernt (↑ Industriegewerkschaft). Abgesehen von dem zahlen-

mäßig nicht starken *Christlichen Gewerkschaftsbund Deutschlands,* der *Deutschen Angestellten Gewerkschaft (DAG),* dem *Deutschen Beamtenbund* und dem *Bundeswehrverband* hat sich in der BR Deutschland das Prinzip der *Einheitsgewerkschaft* gegenüber den Richtungsgewerkschaften und das *Industrieverbandsprinzip* gegenüber dem *Berufsverbandsprinzip* im wesentlichen durchgesetzt.

Derzeit ist in der BR Deutschland mehr als ein Drittel der berufstätigen Bevölkerung gewerkschaftlich organisiert, v. a. in den 16 Einzelgewerkschaften, die sich unter der Dachorganisation des *Deutschen Gewerkschaftsbundes (DGB)* zusammengeschlossen haben. Dabei wirkt jede Einzelgewerkschaft selbständig, insbesondere gegenüber den Arbeitgebern; der DGB vertritt nur ihre allgemeinen Belange gegenüber der Öffentlichkeit. Die einzelnen G. sind demokratisch von den Mitgliederversammlungen in den Betrieben her organisiert. Das Problem der Führung von Großorganisationen hat jedoch auch bei ihnen zur Herausbildung einer relativ selbständigen Bürokratie in Gestalt von hauptamtlich beschäftigten Gewerkschaftsfunktionären geführt. Die G. stehen in der BR Deutschland unter dem Schutz der ↑ Koalitionsfreiheit (Art. 9 Abs. 3 GG). Die Koalitionsfreiheit gewährt allerdings nicht nur die Befugnis, »Vereinigungen zur Wahrung und Förderung der Arbeits- und Wirtschaftsbedingungen« zu bilden, sondern auch das Recht, ihnen fernzubleiben (sog. *negative Koalitionsfreiheit*, d. h., es besteht keine Zwangsmitgliedschaft). Das führt zum Problem der sog. *Trittbrettfahrer*, nicht gewerkschaftlich organisierter Arbeitnehmer, denen die sozialen Verbesserungen, die die G. erkämpfen, ebenfalls zugute kommen. Gegen sie wurde früher die Forderung nach *closed shops*, d. h. nach einer Beschränkung der Anstellung in Betrieben auf gewerkschaftlich organisierte Arbeitnehmer erhoben.

Während in den kommunistischen Staaten die G. als »Transmissionsriemen« des Parteiwillens auf die Arbeiterschaft in Erscheinung getreten sind, stellen sie in westlichen Demokratien eine Gegenmacht gegenüber den Arbeitgebern und deren Verbänden dar. Durch die Vertretung der Arbeitnehmerbelange sorgen sie für einen allgemeinen Interessenausgleich. Über ihre Vertreter in den Parteien üben sie auch einen erheblichen politischen Einfluß u. a. auf die Gesetzgebung aus (↑ auch Lobby). Wie weit ihr politischer Einfluß gehen sollte, ist umstritten. Kritiker fürchten die Entstehung eines »Gewerkschaftsstaats«; andere dagegen betonen die Funktion der G. als Gegenmacht gegenüber den Arbeitgebern. Sie heben damit auf ein in der freiheitlichen Demokratie wesentliches Moment ab: Die Förderung des Wohlstandes und des Interessenausgleichs durch Verhandlungen und Kompromisse, auch durch begrenzte Interessenkämpfe, anstatt durch einseitiges Diktat.

Gewinnbeteiligung: Beteiligung der Arbeitnehmer am Gewinn der Unternehmen. Ziel der G. ist die Umverteilung der Einkommen und über die damit verbundenen besseren Möglichkeiten zur Vermögensbildung.

Gewissensfreiheit ↑ Glaubens- und Gewissensfreiheit.

Gewohnheitsrecht beruht im Gegensatz zum gesetzlich geschaffenen Recht auf einer allgemeinen Rechtsüberzeugung, die sich in langdauernder Übung durchgesetzt hat. In früheren Zeiten war das Recht überwiegend – zum Teil aufgeschriebenes – Gewohnheitsrecht. Auch heute gibt es neben dem Gesetzesrecht noch G. (z. B. im Handel übliche Bräuche). Das G. bildet sich auch durch richterliche Rechtsprechung aus (Richterrecht). – ↑ auch Recht.

Ghetto: Erstmals im 16. Jahrhundert für Venedig belegte Bezeichnung für abgeschlossene jüdische Wohnviertel. Etwa seit dem 11. Jahrhundert gab es obrigkeitliche Bestimmungen, die das Zusammenleben von Christen und Juden verboten. Es entstanden mit Mauern umgebene Judenviertel, die nachts durch Tore geschlossen wurden. Mit der Erlangung der Bürgerrechte seit dem Ende des 18. Jahrhunderts entfiel in Europa der Zwang für die Juden, im G. zu leben; gleichzeitig strebten sie zunehmend eine Integrierung in das allgemeine politische, soziale und kulturelle Leben an (↑ Emanzipation). – In der Zeit des ↑ Nationalsozialismus wurden in den besetzten Ostgebieten die Juden in verschiedenen Großstädten erneut in G. gezwungen, wo man sie zur Arbeit zwangsverpflichtete und in die Vernichtungslager abtransportierte.

Der Begriff G. bezeichnet heute generell einen Ort, in dem rassische oder religiöse Minderheiten, auch Ausländer, in aufgezwungener Abgeschiedenheit leben müssen, wobei nicht nur an konkrete Örtlichkeiten zu denken ist, sondern der Begriff G. auch eine geistige, politische und soziale Isolation kennzeichnet.

Glasnost [von russisch »Öffentlichkeit«]: 1987 vom Generalsekretär der ↑ KPdSU M. Gorbatschow geprägtes Schlagwort. Es bezeichnet die Bestrebungen der sowjetischen Reformpolitik, mit Hilfe der Medien den Entscheidungsprozeß in Partei und Staat durchsichtiger zu machen und dadurch der Bevölkerung die Möglichkeit zu bieten, Entscheidungen besser zu durchschauen, und ihr ein gewisses Mitspracherecht zu verleihen. G. wurde eingeführt, um der zunehmenden Bürokratisierung und Korruption in der Sowjetunion entgegenzutreten. Sie ist innenpolitisch nicht unumstritten. – ↑ auch Perestroika.

Glaubens- und Gewissensfreiheit:
Das Grundrecht des Art. 4 GG garantiert die Freiheit des Glaubens, des Gewissens und des religiösen und weltanschaulichen Bekenntnisses (↑ auch Religionsfreiheit). Die *Glaubensfreiheit* oder *Bekenntnisfreiheit* gewährt jedermann das Recht, einen Glauben oder eine Weltanschauung einzeln oder in Gemeinschaft zu bekennen oder abzulehnen oder über beides zu schweigen *(negative Bekenntnisfreiheit).* Niemand darf zum Eintritt in eine bestimmte Glaubensgemeinschaft oder zum Austritt aus einer solchen oder zur Offenlegung seines Bekenntnisses gezwungen werden; deshalb sind entsprechende Fragen z. B. des Arbeitgebers oder des Krankenhauses grundsätzlich unzulässig. Die Offenlegung kann nur verlangt werden, wenn dies zur Feststellung eines öffentlich-rechtlich bedeutsamen Tatbestandes (z. B. zur Kirchensteuererhebung) erforderlich ist. Die G.- u. G. schließt auch das Recht zur Werbung für den eigenen Glauben und zur Abwerbung von einem anderen Glauben ein, soweit nicht unlautere Methoden angewendet werden.

Die *Gewissensfreiheit* ist das Recht, nach eigenem Gewissen handeln zu dürfen. Eine Gewissensentscheidung muß sich an ernsten, sittlichen Gesichtspunkten, d. h. in erster Linie an den Kategorien von Gut und Böse orientieren, die der einzelne in einer bestimmten Lage als für sich bindend und unbedingt verpflichtend innerlich erfährt, so daß er gegen sie nicht ohne ernste Gewissensnot handeln kann. In Konsequenz der Anerkennung der Gewissensfreiheit garantiert Art. 4 Abs. 3 GG das Recht, den Kriegsdienst mit der Waffe aus Gewissensgründen zu verweigern. – ↑ auch Zivildienst.

Gläubiger: Derjenige, der von einem anderen (Schuldner) eine Leistung verlangen kann (z. B. ist bei allen Kaufverträgen der Lieferant bis zur Bezahlung G. des Käufers).

Gleichberechtigung: Das in Art. 3 Abs. 2 GG garantierte Grundrecht der rechtlichen Gleichheit von Mann und Frau. Es enthält ein Gebot der Gleich- und ein Verbot der Ungleichbehandlung der Geschlechter. Nur tatsächliche Verschiedenheiten der beiden Geschlechter rechtfertigen eine Ungleichbehandlung in bestimmten Lebensbereichen, soweit dies durch die biologischen Unterschiede von Mann und Frau gerechtfertigt wird, so z. B. bei geschlechtsbezogenen Sachverhalten wie Schwangerschaft und Mutterschaft. Das Problem der sog. ↑ Leichtlohngruppen zeigt jedoch, daß die Gleichberechtigung sich noch nicht in allen Lebensbereichen durchgesetzt hat.

Gleichheit: Allgemeines Gerechtigkeitsprinzip; die Grundüberzeugung, wonach alle Menschen nach ihrer leiblich-seelischen Natur und der unantastbaren Würde ihrer Person gleich sind, reicht in ihrer Entwicklung mehr als zwei Jahrtausende zurück. Bereits die christliche Botschaft verkündete die G. aller Menschen und Völker vor Gott. Die ständisch gegliederte mittelalterliche Gesellschaft kannte nur gestufte G. bzw. Sonderrechte (Privilegien). Erst in den politischen Theorien der ↑ Aufklärung im 18. Jahrhundert wurde die aus dem ↑ Naturrecht folgende Überzeugung der natürlichen G. aller Menschen zu einer politischen Forderung. Verfassungspolitisch wurde der Grundsatz der G., daß die Menschen »gleich geboren sind und gleich bleiben«, zuerst in einigen Verfassungen nordamerikanischer Kolonien und in die gemeinsame Unabhängigkeitserklärung aufgenommen und rechtliche G. als Menschen- und Grundrecht formuliert. Neben Freiheit und Brüderlichkeit wurde die G. in der Französischen Revolution Grundlage der 1789 proklamierten »Déclaration des droits de l'homme et du citoyen« (Erklärung der Menschen- und Bürgerrechte) und Basis der europäischen Verfassungsbewegung und des Rechtsstaates. Der Grundsatz der G. fand bereits Eingang in die Verfassungen deutscher Staaten zu Beginn des 19. Jahrhunderts sowie in die Frankfurter (1849) und in die Weimarer (1919) Reichsverfassung. Er ist auch im Grundgesetz der BR Deutschland (Art. 3 Abs. 1 GG) verankert (↑ Gleichheitssatz). Die G. als tragendes Sozialprinzip steht in notwendiger Spannung zum Prinzip der ↑ Freiheit, da die Verwirklichung sozialer G. zu Einschränkungen der individuellen Freiheit führen kann.

Gleichheitssatz (Grundsatz der Gleichbehandlung): Der Grundsatz der ↑ Gleichheit aller Menschen ist ein wesentliches Element moderner Verfassungen; auch im Grundgesetz der BR Deutschland stellt der allgemeine G. (Art. 3 Abs. 1: »Alle Menschen sind vor dem Gesetz gleich«) ein grundlegendes Prinzip dar. Er bedeutet, daß vom Tatbestand her gesehen gleiches gleich, ungleiches dagegen ungleich geregelt und behandelt werden muß. Der G. bindet Gesetzgebung, Rechtsprechung und Verwaltung gleichermaßen und beinhaltet das Gebot, Differenzierungen nach sachlichen Gesichtspunkten vorzunehmen (↑ auch Willkürverbot). Im Bereich der Gesetzesanwendung durch die Verwaltung liegt die Bedeutung des G. v. a. dort, wo bei der Gesetzesanwendung und beim Gesetzesvollzug ein Ermessensspielraum besteht. Eine Behörde darf von einer mehrmals in gleicher Weise geübten Ermessenshandhabung nur abweichen, wenn sie für die unterschiedliche Behandlung einen sachlichen Grund vorweisen kann (= sog. *Selbstbindung der Verwaltung*).

Gliedstaaten ↑ Bundesstaat.

Globalsteuerung bezeichnet den Versuch, gesamtwirtschaftliche Größen wie Geldmenge, Volkseinkommen, Konsum und Investitionsvolumen durch wirtschafts- und finanzpolitische Maßnahmen zu beeinflussen. Gemäß dem ↑ Stabilitätsgesetz sind durch G. v. a. ein ↑ gesamtwirtschaftliches Gleichgewicht, d. h., angemessenes wirtschaftliches Wachstum, Preisstabilität, Vollbeschäftigung und außenwirtschaftliches Gleichgewicht anzustreben.

Glück (oder: Glückseligkeit) des Menschen gilt seit alters her auch als Ziel staatlicher Politik und wurde vielfach als Erfüllung menschlicher Erwartungen und Bestrebungen durch angemessene Wohlstandsförderung verstanden. Da ein vom Staat verfügtes G. der Untertanen leicht den Charakter staatlicher Bevormundung annehmen kann, wurde diese Zielvorstellung vom ↑ Liberalismus zugunsten freier individueller Betätigung und Glücksgestaltung verworfen (»Jeder ist seines Glückes Schmied«). Dagegen wurde vom ↑ Utilitarismus als Ziel staatlicher und wirtschaftlicher Entscheidungen das »größtmögliche G. der größtmöglichen Zahl« propagiert.

Heute ist an die Stelle des G. die Rede vom »Wohlstand« getreten (z. B. »Wohlstand für alle«). Umgangssprachlich erscheint G. oft als Produkt eines zufälligen Ereignisses (»Glück haben«).

GmbH (Abk. für: Gesellschaft mit beschränkter Haftung) ist eine ↑ Kapitalgesellschaft, bei der das Kapital von *Gesellschaftern* aufgebracht wird. Alle Gesellschafter haften nur in Höhe ihrer Einlagen, nicht jedoch mit ihrem persönlichen Vermögen. Das Stammkapital muß bei der Gründung mindestens 50 000 DM betragen, die Beteiligung eines Gesellschafters mindestens 500 DM. Das Kapital kann als Bareinlage (= Geld) oder als Sacheinlage erbracht werden.

GmbH & Co. KG ist eine ↑ Kommanditgesellschaft, deren persönlich haftender Gesellschafter *(= Komplementär)* eine ↑ GmbH ist. Für Verbindlichkeiten haftet das Gesellschaftsvermögen der GmbH & Co. KG, d. h. das Gesellschaftsvermögen der GmbH und außerdem jeder Kommanditist in Höhe seiner Einlage. Die GmbH & Co. KG ist eine Vermischung von ↑ Kapital- und ↑ Personengesellschaft.

Godesberger Grundsatzprogramm: 1959 beschlossenes Programm der ↑ SPD, in dem sie sich unter Abwendung von marxistischen Ideen als entideologisierte Volkspartei darstellt, deren Ziele durch die Grundwerte des ↑ demokratischen Sozialismus: Freiheit, Gerechtigkeit und Solidarität definiert sind. Statt der Überwindung der kapitalistischen Produktionsverhältnisse durch ↑ Sozialisierung und Planwirtschaft wird die Kontrolle wirtschaftlicher Macht insbesondere durch ↑ Mitbestimmung gefordert. Mit dem G. G. wurde der Widerspruch zwischen revolutionär-marxistischem Programm und sozialreformerischer Praxis der SPD aufgehoben. Damit wurde die SPD auch für bürgerliche Schichten wählbar. 1975 wurden die allgemeinen Ziele des G. G. im *Orientierungsrahmen '85* fortgeschrieben und im *Berliner Programm* vom Dezember 1989 grundlegend überarbeitet.

Gold- und Devisenstandard: Währungssystem, bei dem die Deckung der ↑ Währung durch Gold sowie durch in Gold umtauschbare Devisen erfolgt. Der G.- u. D. ermöglicht im Gegensatz zu nur auf Gold beruhenden Währungssystemen eine rasche Erhöhung der internationalen ↑ Liquidität und damit eine Ausweitung des Welthandels. Seine Einführung wurde bereits auf der Währungskonferenz von Genua 1922 empfohlen, um den weltweiten Bedarf an Währungsreserven zu befriedigen. Der 1944 in Bretton Woods gegründete ↑ Internationale Währungsfonds übernahm dieses System, wobei der Dollar durch die Verpflichtung der USA, diesen jederzeit in Gold einzulösen, zur Leitwährung wurde (↑ Leitwährungssystem). Mit der Aufhebung der Goldeinlösungspflicht 1971 wurde der G.- u. D. praktisch außer Kraft gesetzt.

Greenpeace [von englisch »grüner Friede«], eine 1971 in Kanada gegründete, heute internationale Umweltschutzorganisation, die mit gewaltlosen, oft unkonventionellen Aktionen auf die Zerstörung der Umwelt (Verseuchung der Meere durch giftige Abfälle, Ausrottung bedrohter Tierarten, Waldsterben) aufmerksam machen will, um eine konsequente Politik des ↑ Umweltschutzes und umweltfreundliche Produktionsweisen durchzusetzen.

Grenzen des Wachstums, d. h. des Wirtschaftswachstums, ergeben sich einerseits aus der zunehmenden Verknappung von Rohstoffen, andererseits aus steigender Umweltverschmutzung aufgrund bestimmter Produktionstechniken. Wo die G. d. W. liegen und wann sie erreicht sind, wird unterschiedlich beurteilt. Auf die G. d. W. machte zuerst 1972 im *Club of Rome* versammelte Wissenschaftler aufmerksam gemacht. − ↑ auch Wachstum, ↑ Umweltschutz.

Grenzvertrag: Der deutsch-polnische Grenzvertrag vom 14. November 1990 bestätigt die zwischen Deutschland und Polen bestehende Grenze, deren Verlauf sich nach dem Görlitzer Abkommen zwischen der DDR und Polen vom 6. Juli 1950 (Oder-Neiße-Grenze) richtet. Außerdem versichern beide Partner, im Sinne der Aussöhnung in Zukunft gutnachbarliche Beziehungen miteinander zu pflegen. In Zusammenhang mit dem G. wurde der Visumzwang für die Bürger beider Staaten abgeschafft. Der G. wurde vorbereitet durch gleichlautende Erklärungen des Deutschen Bundestages und der Volks-

kammer der DDR im Juni 1990, in denen die bestehende deutsch-polnische Grenze als endgültig anerkannt wurde. Ein weiterer Vertrag, in dem auch die Rechte der deutschen Minderheit in Polen fixiert wurden, ist im Juni 1991 abgeschlossen worden. − auch ↑ Zwei-plus-vier-Vertrag, ↑ Ostverträge.

Großbritannien [amtliche Vollform: United Kingdom of Great Britain and Northern Ireland]: Parlamentarische Monarchie, die in Personalunion die Staaten Großbritannien (England mit Wales und Schottland) und Nordirland vereinigt und die eine *Fläche* von 244 100 km² umfaßt; *Bevölkerung:* 57,06 Mill. Einwohner (1988), 234 E/km². *Hauptstadt:* London (1988: 6,73 Mill. Einwohner). *Amtssprache* ist Englisch (daneben wird in Teilen Schottlands gälisch und in Wales walisisch gesprochen). *Religion:* Der überwiegende Teil der Bevölkerung gehört der protestantischen Staatskirche (Anglikanische Kirche = Church of England) an. Daneben gibt es Freikirchen u. a.

Verwaltungsmäßig ist G. in 92 Grafschaften (einschließlich Greater London, das eine Sonderstellung besitzt) und 85 grafschaftsfreie Städte unterteilt. Die Kanalinseln und die Insel Man unterstehen direkt der Krone.

Die Verfassung G. besteht weder aus einer einzigen geschriebenen Urkunde, noch läßt sie sich historisch auf ein bestimmtes Jahr zurückführen. Das britische Verfassungsrecht setzt sich vielmehr aus drei Teilen zusammen: dem richterlichen Gewohnheitsrecht (Common Law), den ungeschriebenen Konventionalregeln (Constitutional Conventions), die zu einem großen Teil das Verhältnis der höchsten staatlichen Institutionen untereinander bestimmen, und dem geschriebenen Gesetzesrecht (Statutory Law), das unbedingten Vorrang hat.

Das britische Regierungssystem, wie es sich bis heute entwickelt hat, ist eine Erbmonarchie mit einer parlamentarisch-demokratischen Regierungsform. Seit der Mitte des 19. Jahrhunderts wurden zunehmend die Kompetenzen des Monarchen im wesentlichen auf repräsentative Funktionen beschränkt. Die politischen Handlungen des Monarchen (z. B. die jährliche

Thronrede bei der Parlamentseröffnung) müssen die Politik der Regierung widerspiegeln und formulieren.

Die Regierung zählt mehr als 100 Mitglieder, von denen die meisten dem Unterhaus und einige dem Oberhaus angehören. Etwa 20 der wichtigsten Regierungsmitglieder bilden das Kabinett, an dessen Spitze der Premierminister steht. Einige Schlüsselministerien wie das Schatzamt, das Außen-, das Innen- und das Verteidigungsministerium haben stets Kabinettsrang, ebenso das Amt des Lordkanzlers. Im übrigen bestimmt jedoch der Premierminister nach freiem Ermessen, welche Inhaber der anderen Ministerien er in das Kabinett berufen will. Das Kabinett fällt die politischen Entscheidungen, deren Durchführung den Ministerien obliegt. Die Krone ernennt den Führer der Mehrheitsfraktion im Unterhaus zum Premierminister und beruft auf dessen Vorschlag die übrigen Mitglieder der Regierung. Der Premierminister wählt die Mitglieder der Regierung aus und bestimmt die Richtlinien der Politik. Er allein kann jederzeit durch den Monarchen das Unterhaus auflösen lassen und damit über Neuwahlen entscheiden; er ist der alleinverantwortliche und offizielle Repräsentant der Regierung gegenüber dem Parlament, der Krone und der Öffentlichkeit (Premierministersystem).

Die verfassungsmäßig beim Monarchen und dem Parlament (= Oberhaus und Unterhaus) liegende Legislativgewalt wird tatsächlich vom Unterhaus und von der aus ihm kommenden Regierung ausgeübt. Die Gesetzesvorlagen werden mit wenigen Ausnahmen von der Regierung in das Unterhaus eingebracht. Nach der Verabschiedung im Unterhaus werden die Vorlagen an das Oberhaus weitergereicht, dessen Ablehnung auf Finanzgesetzentwürfe keinen Einfluß, für andere Gesetzentwürfe nur aufschiebende Wirkung hat. Das Oberhaus (insgesamt rund 1 150 Mitglieder) ist eine Standesvertretung des hohen Adels, der Kirche und hoher Richter. Wichtigste Funktion des Unterhauses ist – aufgrund der Machtstellung der Regierung beim Gesetzgebungsverfahren – nicht die legislative Gewalt, sondern die Konfrontation zwischen Regierung und Regierungsmehrheit einerseits und parla-

mentarischer Minderheit andererseits, v. a. in den von der Opposition ständig ausgelösten Debatten über entscheidende politische Fragen und die Regierungspolitik.

Von zentraler Bedeutung für den politischen Prozeß in G. ist das Wahlrecht und das Parteiensystem. Nach dem System der relativen Mehrheitswahl entsendet jeder der 650 Wahlkreise einen Abgeordneten in das Unterhaus. Gewählt ist, wer die meisten Stimmen erhält. Wird ein Mandat frei, findet in dem vakanten Wahlkreis eine Nachwahl statt. Wahlberechtigt sind alle über 18 Jahre alten britischen Staatsbürger. Angehörige des Oberhauses sind nicht wahlberechtigt. Das Wahlrecht hat zur Folge, daß in der Regel nur zwei Parteien eine größere Anzahl von Unterhausmandaten erringen. Seit 1931 besaß eine der beiden großen Parteien (Conservative and Unionist Party und Labour Party) immer die absolute Mehrheit der Unterhaussitze und stellte allein die Regierung. Regierung und Opposition treten sich daher scharf gegenüber.

Der 1968 in Nordirland in den nördlichen Ulsterprovinzen ausgebrochene Bürgerkrieg zwischen Protestanten und Katholiken hat konfessionelle und wirtschaftliche Ursachen. Nordirland ist das einzige Gebiet des Vereinigten Königreichs mit unklaren konfessionellen Mehrheitsverhältnissen (35 % der Bevölkerung sind Katholiken, 29 % Presbyterianer und 24,2 % Mitglieder der Staatskirche). Der Grund für das starke protestantische Element in Irland wurde durch Ansiedlungen in Ulster ab 1608 gelegt, an denen Bauernkolonisten und Handwerker hauptsächlich aus den schottischen Gebieten teilnahmen. Die Katholiken in Nordirland streben den Anschluß an die Irische Republik zum Teil mit terroristischen Mitteln († IRA) an. Mit der Verlegung von regulären Truppen im Jahre 1969 nach Nordirland und der Übernahme der direkten Herrschaft 1974 versuchte die britische Regierung bislang vergeblich, den Konflikt zu neutralisieren und unter Kontrolle zu bringen. Ein Abkommen zwischen G. und Irland (1985), das der irischen Regierung eine konsultative Rolle in der Verwaltung Nordirlands gibt, erbrachte keine Verbesserung.

große Koalition: Regierungsbündnis zwischen Parteien im Parlament, bei dem nur eine Minderheit kleiner Parteien in der ↑ Opposition bleibt. Große Koalitionen werden insbesondere dann eingegangen, wenn die parlamentarische Gesetzgebung auf eine möglichst breite Grundlage gestellt werden soll, z. B. bei Verfassungsänderungen, die eine qualifizierte ↑ Mehrheit erfordern. Problematisch ist, daß die Opposition mangels Stimmzahl und politischem Gewicht ihre Aufgaben nur schlecht wahrnehmen kann. Damit wird die Parteienkonkurrenz, auf der die westlichen Demokratien beruhen, empfindlich eingeschränkt. Wie die ↑ Allparteienregierung kommt die g. K. v. a. in Krisenzeiten in Betracht. In der BR Deutschland gab es 1966–1969 eine g. K. zwischen CDU/CSU und SPD, auf die über 90 % der Parlamentsmandate entfielen.

Großmacht: Staat mit bestimmendem Einfluß auf andere Staaten. Ausschlaggebend ist nicht seine flächenmäßige Ausdehnung oder seine Bevölkerungszahl, sondern seine wirtschaftliche, politische und militärische Macht.

Großstadt ↑ Stadt.

Grundgesetz (Abk. GG): Bezeichnung für Gesetze, die die Grundzüge der Organisation eines Staates regeln. In der BR Deutschland seit 1949 der Name für die Verfassung, die zunächst als Provisorium gedacht war. Das GG sollte als Übergangslösung bis zur endgültigen Wiedervereinigung der beiden deutschen Staaten dienen (Präambel und Art. 146 GG). Bewußt wurde das GG daher nicht als ↑ Verfassung bezeichnet und nicht von einer vom Volk gewählten verfassunggebenden ↑ Nationalversammlung ausgearbeitet, sondern vom ↑ Parlamentarischen Rat, der am 1. September 1948 in Bonn zusammentrat. Als Grundlage für seine Beratungen hatte ein Sachverständigenausschuß im Auftrage der Ministerpräsidenten der westdeutschen Länder einen Entwurf (Herrenchiemseer Verfassungsentwurf) vorgelegt. Am 8. Mai 1949 wurde das GG im Parlamentarischen Rat mit 53 gegen 12 Stimmen verabschiedet. Am 12. Mai 1949 billigten die westalliierten Militärgouverneure das GG mit einer Reihe von Vorbehalten in einem Besatzungsstatut, das

die fortdauernde ↑ Besatzungsherrschaft schriftlich fixierte. Mit der in Art. 144 GG vorgeschriebenen Zweidrittelmehrheit nahmen die westdeutschen Landesparlamente (mit Ausnahme des Bayerischen Landtages) das GG an. Am 23. Mai 1949 wurde es ausgefertigt und verkündet und trat am 24. Mai 1949 in Kraft. Seine generelle Gültigkeit sollte das Grundgesetz gemäß Art. 146 an dem Tage verlieren, »an dem eine Verfassung in Kraft tritt, die von dem deutschen Volk in freier Entscheidung beschlossen worden ist« (↑ auch Wiedervereinigung).

Der Sinn der Regelungen des GG ergibt sich aus einer bewußten Abkehr von der nationalsozialistischen Diktatur und dem Bestreben, die Fehler der Weimarer Verfassung zu vermeiden. Das GG garantiert den Bürgern der BR Deutschland eine Reihe von ↑ Grundrechten (Art. 1–19 GG), die die Gesetzgebung, die vollziehende Gewalt und die Rechtsprechung als »unmittelbar geltendes Recht« binden. Die Errichtung des ↑ Bundesverfassungsgerichts, das über Verfassungsbeschwerden, in ↑ Normenkontrollverfahren und bei Streitigkeiten zwischen Bundesorganen oder zwischen Bund und Ländern sowie über die Aberkennung von Grundrechten und das Verbot verfassungswidriger Parteien entscheidet, soll dem Schutz der Grundrechte und der verfassungsmäßigen Ordnung dienen und die Verfassungs- und Rechtmäßigkeit der staatlichen Gewaltausübung gewährleisten. Gegenüber der Weimarer Verfassung wurden die Befugnisse des Staatsoberhaupts (↑ Bundespräsident) stark eingeschränkt, um eine politische Konkurrenz zwischen ihm und dem Parlament (↑ Bundestag) zu vermeiden; auch wird der Bundespräsident nicht mehr vom Volk, sondern von der ↑ Bundesversammlung gewählt. Gleichzeitig wurde gegenüber Bundespräsident und Bundestag die Stellung des Bundeskanzlers gestärkt, der nur durch ein ↑ konstruktives Mißtrauensvotum gestürzt werden kann. Im GG verankert ist sowohl die Institution der Parteien als Organe der politischen Willensbildung wie auch der repräsentative Charakter der Demokratie in der BR Deutschland. Auch durch das Verbot, die Verantwortung durch eine weite

Gesetzgebungsermächtigung auf die Bundesregierung abzuwälzen (↑ Ermächtigungsgesetze), soll die Funktion des Bundestages als zentrales politisches Entscheidungsorgan erhalten bleiben. Plebiszitäre Rechte des Volkes bestehen nicht mehr (Ausnahmefall gemäß Art. 29 GG: ↑ Neugliederung des Bundesgebiets). Diese Bestimmungen des GG wie auch die im Bundeswahlgesetz verankerte ↑ Fünfprozentklausel und die Möglichkeit, Verfassungsgegnern den Schutz von Grundrechten zu entziehen, trugen bislang zur Stabilität der innenpolitischen Verhältnisse der BR Deutschland bei. Andererseits verzichtet das GG trotz seines Bekenntnisses zum ↑ Sozialstaat (Art. 20 Abs. 1 GG) darauf, eine bestimmte Sozial- und Wirtschaftsordnung vorzuschreiben. Die Art. 1–19 enthalten im Gegensatz etwa zur Weimarer Verfassung im wesentlichen nur die klassischen Freiheitsrechte. Der größte Teil des GG ist der Regelung des Verhältnisses von Bund und Ländern gewidmet. Auf diesem Gebiet hat es auch seit 1949 die meisten der zahlreichen Verfassungsänderungen gegeben. Seit der Wiedervereinigung gilt das GG auch in den ostdeutschen Bundesländern.

Grundlagenvertrag: Vertrag über die Grundlagen der Beziehung zwischen der BR Deutschland und der DDR vom 21. Dezember 1972. Der G. stand im Zusammenhang mit der ↑ Entspannungspolitik zwischen den USA und der UdSSR und bildete den Höhepunkt der Deutschland- und Ostpolitik der sozialliberalen Koalition (↑ Bundesrepublik Deutschland). Im G. verpflichteten sich die BR Deutschland und die DDR, »normale gutnachbarliche Beziehungen zueinander auf der Grundlage der Gleichberechtigung« zu entwickeln und zu uneingeschränkter Achtung ihrer territorialen Integrität. Beide Staaten erklärten ihre Bereitschaft, im Zuge der Normalisierung ihrer Beziehungen praktische und humanitäre Fragen zu regeln und richteten am Sitz der jeweiligen Regierungen *ständige Vertretungen* ein. In seinem Urteil vom 31. Juli 1973 bestätigte das Bundesverfassungsgericht die Verfassungsmäßigkeit des G. und erklärte, daß er nicht gegen das Wiedervereinigungsgebot des Grundgesetzes verstieß.

Grundpflichten: In der Verfassung niedergelegte Pflichten des Staatsbürgers gegenüber dem Staat (z. B. Treuepflicht). Das ↑ Grundgesetz enthält im Gegensatz zur Weimarer Verfassung keine ausdrückliche Regelung der Grundpflichten.

Grundrechte bestimmen das Verhältnis des einzelnen Bürgers zu den staatlichen Gewalten und richten sich – mit Ausnahme des Rechts der ↑ Koalitionsfreiheit – in erster Linie gegen den Staat. Die Durchsetzung grundrechtlich gewährter Freiheit und Gleichheit erfordert oft auch Eingriffe in dem entgegenstehende gesellschaftliche Verhältnisse (daher auch: ↑ Drittwirkung der Grundrechte). G. sind in der Regel verfassungsmäßig gewährleistet. In der BR Deutschland sind die G. als wesentliche Grundlage der demokratischen und rechtsstaatlichen Ordnung im ↑ Grundgesetz enthalten. Als unmittelbar geltendes Recht binden sie Gesetzgebung, vollziehende Gewalt und Rechtsprechung (Art. 1 Abs. 3 GG). Alle Träger öffentlicher Gewalt haben sie bei ihren Entscheidungen zu beachten und ihre Verwirklichung zu fördern. Da sich die G. in einem langen historischen Prozeß herausgebildet haben, fehlt es an einer einheitlichen Systematik. In Abschnitt I führt das Grundgesetz insbesondere auf: die ↑ Menschenwürde, die freie Entfaltung der Persönlichkeit; das Recht auf Leben und körperliche Unversehrtheit sowie die Freiheit der Person; den ↑ Gleichheitssatz; die ↑ Religionsfreiheit einschließlich der ↑ Glaubens- und Gewissensfreiheit und der ↑ Bekenntnisfreiheit; die ↑ Meinungsfreiheit, ↑ Informationsfreiheit und ↑ Pressefreiheit; die ↑ Wissenschaftsfreiheit; den Schutz von Ehe und Familie; die Privatschulfreiheit; die ↑ Versammlungsfreiheit; die Vereinigungs- und die ↑ Koalitionsfreiheit; das ↑ Brief- und ↑ Fernmeldegeheimnis; die ↑ Freizügigkeit; die ↑ Berufsfreiheit; die ↑ Unverletzlichkeit der Wohnung; das Recht auf Eigentum und das Erbrecht; das Verbot der Auslieferung und das ↑ Asylrecht; das Beschwerde- und ↑ Petitionsrecht.

Die G. lassen sich nach dem Schutzgut unterscheiden in Freiheits-, Gleichheits- und Unverletzlichkeitsrechte. Die besondere Bedeutung der G. für den einzelnen Bürger liegt darin, daß sie ihm Rechte geben, auf die er sich dem Staat gegenüber berufen, d. h. aufgrund derer er vom Staat ein Tun oder Unterlassen verlangen und vor Gericht durchsetzen kann. Die G. schaffen dem einzelnen damit einen gegenüber staatlichen Eingriffen geschützten Freiheitsraum. Sie sind jedoch nicht allein Abwehrrechte, sondern – zumindest zum Teil – auch Leistungsrechte (sog. soziale G.), die den Staat verpflichten, dazu beizutragen, dem Bürger die Verwirklichung seiner G. zu ermöglichen (z. B. im Fall der Ausbildungsfreiheit).

Ein Teil der im Grundgesetz aufgeführten G. sind ↑ Menschenrechte, stehen also jedermann zu, ein Teil sind ↑ Bürgerrechte, auf die sich nur deutsche Staatsbürger (im Sinne von Art. 116 GG; ↑ Staatsangehörigkeit) berufen können. Auch für inländische ↑ juristische Personen, nichtrechtsfähige Handelsgesellschaften und Vereine gelten die G., soweit sie ihrem Wesen nach auf diese anwendbar sind. Die G. gelten jedoch nicht schrankenlos. Einschränkungen ergeben sich aus einer den Begriff und Inhalt bestimmenden Auslegung des Geltungsbereichs des einzelnen Grundrechts, seiner Abgrenzung zu anderen G. und einer Einordnung in den allgemeinen Sinngehalt der Verfassung. Einschränkungen der G. sind auch aufgrund ↑ Gesetzesvorbehalten möglich, durch die der Gesetzgeber ermächtigt wird, die Grenzen der Gewährleistung zu bestimmen. Bei Eingriffen in die G. ist der Grundsatz der ↑ Verhältnismäßigkeit der Mittel zu beachten. In keinem Fall darf ein Grundrecht durch einen Eingriff oder eine Einschränkung in seinem Wesensgehalt angetastet werden. Grundsätzlich können die Grundrechtsbestimmungen – wie auch die anderen Artikel des Grundgesetzes – unter den besonderen Voraussetzungen der Verfassungsrevision geändert oder gestrichen werden. Unabänderlich sind nur die in Art. 1 und 20 GG niedergelegten Grundsätze. Aus der Anerkennung der Menschenwürde (Art. 1 GG) sowie dem Charakter einzelner G. als Menschenrechte ergibt sich jedoch, daß eine völlige Beseitigung der G. ausgeschlossen ist. Wer jedoch bestimmte G. zum Kampf gegen die ↑ freiheitliche demokratische Grundord-

nung mißbraucht, verwirkt sie (Art. 18 GG).

Neben dem Grundgesetz sind G. auch in einzelnen Landesverfassungen sowie in der ↑ Europäischen Konvention zum Schutze der Menschenrechte und Grundfreiheiten aufgenommen. Die Europäische Konvention ist durch Bundesgesetz zu innerstaatlichem Recht geworden. Ihrem Inhalt nach decken sich die Menschenrechte der Konvention weitgehend mit den G. des Grundgesetzes.

Geschichte der Grundrechte: Die Vorstellung von G., die dem Menschen von Natur aus zu eigen sind (↑ Naturrecht), findet sich bereits in der Antike, ohne jedoch weiterreichende politische oder soziale Bedeutung zu erlangen. Die berühmteste mittelalterliche Grundrechtsverbriefung ist die ↑ Magna Charta libertatum von 1215, die ursprünglich zwar nur Rechtsverbürgungen für den Adel enthielt, aufgrund der freiheitlichen Tradition der britischen Geschichte allmählich aber zu einem fundamentalen Dokument in der Entwicklung der modernen G. wurde. Die beginnende Neuzeit brachte mit der reformatorischen Lehre von der Freiheit des christlichen Gewissens weitere Anstöße zur Entwicklung der Grundrechtsidee. Entscheidende Schritte zur Deklaration von G. wurden im 17. Jahrhundert in England im Kampf gegen den ↑ Absolutismus der Stuartkönige getan. Über die Petition of Right von 1628 und den aus den Kreisen der Independenten hervorgegangenen demokratisch orientierten Verfassungsentwurf des »Agreement of the people« 1647 führte der Weg zur verfassungsrechtlichen Anerkennung individueller Grundrechte in der ↑ Habeas-Corpus-Akte von 1679 und in der Bill of Rights 1689. Als Erbe der englischen Entwicklung des 17. Jahrhunderts auf der Grundlage des religiösen Nonkonformismus und in der kolonialen Pioniersituation erlangten die G. in Nordamerika eine besondere Bedeutung; bei der Trennung von Großbritannien faßten die Einzelstaaten die G. verfassungsgesetzlich zusammen, so z. B. in der Virginia Bill of Rights 1776. Unter dem maßgeblichen Einfluß des nordamerikanischen Vorbilds und der rationalistischen Ideen der Aufklärung (Voltaire, Montesquieu, Rous-

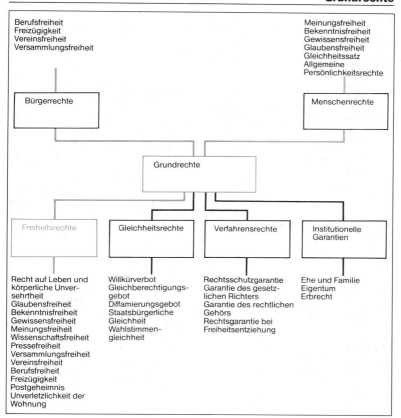

Berufsfreiheit
Freizügigkeit
Vereinsfreiheit
Versammlungsfreiheit

Meinungsfreiheit
Bekenntnisfreiheit
Gewissensfreiheit
Glaubensfreiheit
Gleichheitssatz
Allgemeine
Persönlichkeitsrechte

Bürgerrechte

Menschenrechte

Grundrechte

Freiheitsrechte

Gleichheitsrechte

Verfahrensrechte

Institutionelle
Garantien

Recht auf Leben und
körperliche Unver-
sehrtheit
Glaubensfreiheit
Bekenntnisfreiheit
Gewissensfreiheit
Meinungsfreiheit
Wissenschaftsfreiheit
Pressefreiheit
Versammlungsfreiheit
Vereinsfreiheit
Berufsfreiheit
Freizügigkeit
Postgeheimnis
Unverletzlichkeit der
Wohnung

Willkürverbot
Gleichberechtigungs-
gebot
Diffamierungsgebot
Staatsbürgerliche
Gleichheit
Wahlstimmen-
gleichheit

Rechtsschutzgarantie
Garantie des gesetz-
lichen Richters
Garantie des rechtlichen
Gehörs
Rechtsgarantie bei
Freiheitsentziehung

Ehe und Familie
Eigentum
Erbrecht

Grundrechte. Die verfassungsmäßig gewährleisteten Grundrechte sind in erster Linie
für das Verhältnis des Bürgers zu den staatlichen Gewalten bestimmend

seau) wurde in der Französischen Revolution 1789 die klassische Erklärung der
Menschen- und Bürgerrechte proklamiert
(Déclaration des droits de l'homme et du
citoyen). Sie ging in die französische Verfassung von 1791 ein und beeinflußte erheblich die folgenden Rechts- und Staats-
theorien sowie die Grundrechtskodifika-
tionen des 19. Jahrhunderts, die G. zumeist in der Form von Bürgerrechten garantierten. Zu beachten ist dabei, daß die
Forderungen nach Freiheit und Gleichheit
in der Französischen Revolution auch

Freiheit und Gleichheit in gesellschaftlicher Hinsicht meinten und damit auch auf
eine Gesellschaftsreform zielten. Das führte im 19. und 20. Jh. dazu, daß Grund-
rechtskataloge nicht nur Rechte gegenüber
dem Staat, sondern zugleich auch die Gesellschaft umgestaltende Programme enthielten. Während die deutschen Verfassungen zu Beginn des 19. Jh. in beschränktem Umfang kodifizierten (am
ausführlichsten Bayern und Baden 1818,
Württemberg 1819), sah die Frankfurter
Nationalversammlung – in der sich der Be-

171

griff G. für Deutschland durchsetzte – in Abschnitt VI ihres Reichsverfassungsentwurfs einen ausführlichen Katalog von »G. des deutschen Volkes« vor (u. a. Rechtsgleichheit, Niederlassungsfreiheit, Freiheit und Unverletzlichkeit der Person, Unverletzlichkeit der Wohnung, Briefgeheimnis, Pressefreiheit, Freiheit der Wissenschaft und Lehre). Auch die Weimarer Verfassung von 1919 enthielt in bis dahin unbekanntem Umfang – aber in Anknüpfung an die 1848er Tradition – einen Katalog von G. und Grundpflichten, die bestimmte Lebensbereiche (z. B. Familie, Wirtschaft, Kultur) programmatisch ordnete. Der Nationalsozialismus lehnte G. dagegen als Überbleibsel des liberalen Staates ab und beseitigte sie 1933.

In der Auseinandersetzung mit den totalitären Systemen haben die G. nach 1945 neue Bedeutung erlangt. Die ↑ UN proklamierten am 10. Dezember 1948 eine Erklärung der Menschenrechte, die allerdings rechtlich unverbindlich und in ihrer Tragweite durch die Stimmenenthaltung der UdSSR und anderer kommunistischer Staaten erheblich eingeschränkt blieb. Die Mitgliedstaaten des Europarats schlossen am 4. November 1950 in Rom die ↑ Europäische Konvention zum Schutze der Menschenrechte und Grundfreiheiten ab, die die Unterzeichnerstaaten völkerrechtlich bindet, wenngleich die direkte innerstaatliche Geltung begrenzt ist. Das ↑ Grundgesetz der BR Deutschland beschränkt sich im wesentlichen auf den Schutz der klassischen ↑ Freiheitsrechte, der sich anders als bloße Programmsätze auch der staatlichen Gewalt gegenüber unmittelbar durchsetzen läßt (vgl. Art. 1 und 19 GG).

Grundschule ↑ Schule.

Grundsteuer ↑ Steuern.

Grundstoffindustrie: Ursprünglich Bezeichnung für Betriebe der eisenschaffenden Industrie und des Kohlebergbaus. Heute zählen zur G. auch Betriebe der Energiewirtschaft. Durch ihre Tätigkeit schafft die G. die Grundlage für die Produktion von Investitions- und Konsumgütern.

Grüne: Politische Partei in der BR Deutschland (Mitgliederstand 1990 ca. 41 000), gebildet Anfang 1980 durch Zusammenschluß verschiedener regionaler Vereinigungen (»grüne Listen«) und der »Grünen Aktion Zukunft« des ehemaligen CDU-Bundestagsabgeordneten H. Gruhl. Die G. haben sich v. a. aus den Bürgerinitiativen der Umweltschutzbewegung, aber auch aus der ↑ alternativen Bewegung und Teilen der ↑ Frauenbewegung entwickelt. Ausgehend vom Kampf gegen den Bau von Kernkraftwerken, die zunehmende Zerstörung der Umwelt durch Großtechnologien und ein ungehemmtes Wirtschaftswachstum, gegen die Ausbeutung natürlicher Ressourcen, die Zersiedelung der Landschaft und ihre Zerstörung durch den Straßenbau, umfaßt ihr Programm heute in starkem Maße auch Forderungen nach mehr Selbstbestimmung in allen Bereichen des Lebens; Abbau von Konkurrenzdenken, Verminderung von Leistungsdruck und Streß im Beruf, Vermehrung von Möglichkeiten zur Selbstverwaltung in den Betrieben. Alternative Wohnformen sollen die Isolation des einzelnen in der Massengesellschaft aufheben. Die Forderung nach Abrüstung (v. a. in Westeuropa) und nach einer neutralistischen und pazifistischen Orientierung in der Außenpolitik hat zu einer intensiven Mitarbeit der G. in der ↑ Friedensbewegung geführt.

1983 wurden die G. mit 5,6 % der Stimmen erstmals in den Deutschen Bundestag gewählt. Außerdem sind sie z. Z. in einer Reihe von Landesparlamenten sowie seit 1984 im Europäischen Parlament vertreten. Regierungsverantwortung übernahmen die G. in Koalitionen mit der SPD in Hessen (1985–87 und wieder seit 1991), in Niedersachsen (seit 1990) und West-Berlin (1989 bis Anfang 1991). Bei der Bundestagswahl von 1990 gelang es ihnen nicht, die Fünfprozentklausel zu überwinden. Die innerparteiliche Diskussion ist geprägt durch die Auseinandersetzung zwischen den – Kompromissen abgeneigten – grünen Fundamentaloppositionellen (»Fundis«) und den – pragmatischeren – Realisten (»Realos«). Während die Fundamentalisten, die sich 1991 von der Partei abspalteten, in den Parlamenten nur Plattformen für eine öffentlichkeitswirksame Darstellung von Problemen sehen und die Zusammenarbeit mit den etablierten Parteien ablehnen, wollen sich die Pragmatiker auf die parlamentarischen Strukturen einlassen, um in Kompromissen und mit Abstrichen Teile des grünen Programms durchsetzen zu können. Die unterschiedliche Herkunft der Mitglieder äußert sich bisweilen in heftigen Richtungs- und Abstimmungskämpfen. Umstritten war u. a. das ↑ Rotationsprinzip, das Ende der 1980er Jahre weitgehend abgeschafft wurde. Die Zukunft der G. wird davon abhängen, inwieweit die anderen Parteien die von den G. aufgeworfenen Probleme aufnehmen und meistern, und inwieweit sie selbst eine klare und dauerhafte politische Zielsetzung finden, die von größeren Teilen der Bevölkerung akzeptiert wird. – Anfang Mai 1992 beschlossen die Mitglieder des Bündnis '90 die Vereinigung mit den Grünen.

Gruppe: In den Sozialwissenschaften gebrauchter unscharfer und mehrdeutiger Begriff für eine bestimmte Anzahl von Personen, die besondere soziale Beziehungen untereinander und gegenüber Außenstehenden unterhalten. Gelegentlich wird der Begriff G. auch gleichbedeutend gebraucht für Schicht, Klasse, Bevölkerungsteil oder eine Gesamtheit von Personen mit gleichen Merkmalen. Die G. hat eine bestimmte soziale Struktur in dem Sinne, daß die Beziehungen zwischen den ihr angehörenden Personen relativ regelmäßig und zeitlich überdauernd ablaufen, die Gruppenmitglieder ein gewisses Bewußtsein der Zusammengehörigkeit und Abgrenzung gegenüber Dritten haben und ihr gemeinsames Handeln an gemeinsamen Zielen und Interessen ausgerichtet ist. Der Mensch ist von der Geburt bis zum Tod Mitglied unterschiedlicher Gruppen. Den Einflüssen seiner Gruppenzugehörigkeit kann er sich nie völlig entziehen. Die G. vermittelt als Zwischeninstanz zwischen dem einzelnen und der Gesellschaft. So werden z. B. Forderungen der Gesellschaft durch Kleingruppen wie Familie oder Schulklasse an den einzelnen herangetragen (↑ Sozialisation, ↑ Anpassung). Man unterscheidet zwischen Primärgruppen und Sekundärgruppen: Als *Primärgruppen* gelten die auf engen persönlichen emotionalen Beziehungen beruhenden und die beteiligten Personen untereinan-

der verhältnismäßig eng zusammenführenden sozialen Gebilde (z. B. Familie, Freundschaften, Nachbarschaft); in *Sekundärgruppen* dagegen spielen persönliche Beziehungen eine geringere Rolle, vielmehr sind sie rational organisiert und lediglich auf spezielle Zielsetzungen ausgerichtet (z. B. Sprachkurse, Arbeitsgruppen). Unterschieden wird weiterhin die *formal organisierte* G. mit einem fest umrissenen Rahmen des Gruppenlebens (z. B. Turnverein mit einer Satzung) von der *informell spontanen* G. ohne genaue Festlegung des Gruppenlebens (z. B. Spielgruppen bei Kindern).

Gruppendynamik: Sozialpsychologischer Forschungsbereich, der sich v. a. mit den Fragen beschäftigt, welche Prozesse sowohl innerhalb einer ↑ Gruppe als auch zwischen einzelnen Gruppen ablaufen und wie sich diese Prozesse wechselseitig beeinflussen. Untersucht werden u. a. auch die Entstehung sozialer Gruppen und die Übernahme von ↑ Rollen durch Gruppenmitglieder.

G-Sieben (G-7): Bezeichnung für die sieben wichtigsten westlichen Industrienationen USA, Kanada, Großbritannien, Frankreich, Italien, Japan und BR Deutschland, deren Staats- und Regierungschefs sich seit 1975 jährlich zu einem *Weltwirtschaftsgipfel* treffen.

Guerilla [von spanisch guerra »kleiner Krieg«]: Bezeichnung für den durch bewaffnete, irreguläre Gruppen entweder gegen die Regierung des eigenen Landes oder gegen fremde Besatzungstruppen geführten Kleinkrieg; auch Bezeichnung für die Mitglieder solcher Gruppen. – ↑ auch Partisanen.

GUS: Abk. für Gemeinschaft Unabhängiger Staaten. Die GUS als Nachfolgeorganisation der Sowjetunion wurde am 8. Dezember 1991 in Minsk zunächst von den Republiken Rußland, Ukraine und Weißrußland gegründet, denen wenig später bei einem Treffen in Alma-Ata acht weitere ehemalige Sowjetrepubliken (Aserbaidschan, Armenien, Kasachstan, Kirgisien, Moldawien, Tadschikistan, Turkmenistan und Usbekistan) beitraten. Die GUS ist ein lockerer Staatenbund. Höchstes Organ ist der Rat der Staatsoberhäupter mit rotierender Präsidentschaft, weitere gemeinsame Institutionen sollen gebildet werden.

Güter sind Mittel zur Befriedigung menschlicher Bedürfnisse. Die übliche Unterscheidung in *freie* G., die im Überfluß vorhanden sind (z. B. Luft, Wasser), und *knappe* (wirtschaftliche) G. ist heute nicht mehr befriedigend, da auch freie G. knapp werden können. *Wirtschaftliche* G. sind im Verhältnis zu den Bedürfnissen knapp, verursachen bei ihrer Herstellung Kosten und erzielen bei ihrem Verkauf einen Preis; sie sind nützlich, knapp und übertragbar, d. h. sie können veräußert und erworben werden. Ob Aktien, Geld oder Patente (= *individuelle* oder *Nominalgüter*) zu den G. gezählt werden, hängt vom Standpunkt des Betrachters ab; für die Unternehmer haben sie die Eigenschaften von G.; das Statistische Bundesamt jedoch bezieht sie nicht in seine Berechnung des ↑ Bruttosozialprodukts ein. Im allgemeinen unterscheidet man zwei Arten von G.: *Sachgüter* und *immaterielle* G. oder Dienstleistungen (z. B. die schulische Wissensvermittlung oder ärztliche Behandlung). Bei den Sachgütern unterscheidet man nach der Verwendung Konsum- und Investitionsgüter. *Konsumgüter* werden von den Endverbrauchern (Haushalten) genutzt; sie sind entweder zum kurzfristigen oder einmaligen Verbrauch (= *Verbrauchsgüter*, z. B. Nahrungsmittel) oder zur langfristigen Nutzung (z. B. elektrische Haushaltsgeräte) bestimmt. Eine besondere Art von Konsumgütern sind die *Luxusgüter*. Mit Ausnahme weniger reiner Luxusgüter (z. B. teure Automobile, Pelze, Schmuck) ist der Unterschied zu normalen Konsumgütern relativ und hängt von der Entwicklungsstufe einer Volkswirtschaft, von den Einkommensverhältnissen und dem gesellschaftspolitischen Standpunkt ab. *Investitions-* oder *Produktionsgüter* (z. B. Maschinen, Gebäude, Rohstoffe) dienen indirekt der Bedürfnisbefriedigung, da sie zur Produktion von Konsumgütern (oder wiederum von Investitionsgütern) eingesetzt werden können. Auch die Unterscheidung zwischen Konsum- und Investitionsgütern ist nicht immer eindeutig: Ein Privatauto ist ein Konsumgut, ein Geschäftsauto ein Investitionsgut.

Nach ihrer Beziehung zueinander unterscheidet man komplementäre G. und Substitutionsgüter: *Komplementäre* G. müssen zu einer Bedürfnisbefriedigung gemeinsam eingesetzt werden (z. B. Benzin und Öl zum Mopedfahren); *Substitutionsgüter* befriedigen das gleiche Bedürfnis, ersetzen sich gegenseitig und stehen miteinander im Wettbewerb (z. B. Butter und Margarine). Nach dem Seltenheitswert werden *reproduzierbare* G., die in großen Mengen hergestellt werden (z. B. Zigaretten), und *nichtreproduzierbare* G., die einmalig sind (z. B. Gemälde), unterschieden. – ↑ auch öffentliche Güter.

Gymnasium ↑ Schule.

G-Zehn-Gesetz (G-10-Gesetz): Abk. für das Gesetz zur Einschränkung des Post-, ↑ Brief- und ↑ Fernmeldegeheimnisses, das durch Art. 10 GG garantiert wird. Das G-10-Gesetz sieht verschiedene Kontrollinstanzen vor, von denen der jeweils zuständige Innenminister alle Überwachungsmaßnahmen im Brief- und Fernmeldeverkehr rechtfertigen muß (G-Zehn-Gremium und G-Zehn-Kommission). Das Gremium besteht aus fünf Bundestagsabgeordneten. Der Kommission gehören drei Abgeordnete an; sie wird auf Vorschlag des Gremiums nach Anhörung der Bundesregierung für vier Jahre berufen und muß einmal im Monat prüfen, ob die in diesem Zeitraum angeordneten Überwachungsaktionen des Innenministers zulässig und notwendig waren. Verneint die Kommission dies, so muß die beanstandete Maßnahme unverzüglich eingestellt werden.

H

Haager Landkriegsordnung (HLKO): Auf den Haager Friedenskonferenzen von 1899 und 1907 erarbeitete Gesetze und Gebräuche des Landkriegs. Die Regeln der HLKO bedeuten eine teilweise schriftliche Niederlegung des damaligen Völkergewohnheitsrechts. Der erste Abschnitt (Kriegführende) definiert den Begriff des Kriegführenden und regelt ausführlich die Rechtsstellung der Kriegsgefangenen; im zweiten Abschnitt (Feindseligkeiten) werden bestimmte Mittel zur Schädigung des

Feindes verboten (z. B. Verwendung von Gift) und die Rechtsstellung der Spione und Parlamentäre sowie der Waffenstillstand behandelt. Der dritte Abschnitt (militärische Gewalt auf besetztem feindlichen Gebiet) garantiert der Bevölkerung eines besetzten Gebietes eine Reihe von Rechten (u. a. Schutz des Privateigentums). Ergänzende und weiterführende Vorschriften enthalten die ↑ Genfer Konventionen.

Habeas-Corpus-Akte [von lateinisch habeas corpus ... »nimm seinen Körper und bring ihn vor mich« (Anfangsworte alter Haftbefehle)]: In der Tradition der ↑ Magna Charta libertatum (1215) und der Petition of Right (1628) stehendes Staatsgrundrecht in Großbritannien aus dem Jahre 1679, das willkürliche Verhaftungen einschränken und die Freiheit der Person garantieren sollte. Niemand darf ohne richterlichen Befehl in Haft genommen oder gehalten werden.

Haftbefehl: Die Anordnung der ↑ Verhaftung einer Person durch einen ↑ Richter; setzt dringenden Tatverdacht und Flucht- oder Verdunklungsgefahr als Haftgrund voraus. Bei schweren Straftaten kommt auch Wiederholungsgefahr in Betracht.

Haftpflicht: Pflicht zum Ersatz von Schaden, den eine Person selbst, ihrer Aufsicht unterstellte Minderjährige, in ihrem Dienst befindliche Gehilfen oder ihr gehörende Tiere oder Dinge einem anderen zugefügt haben. Um der H. zu genügen, müssen in manchen Fällen aufgrund gesetzlicher Vorschrift Pflichtversicherungen abgeschlossen werden.

Haftung bedeutet rechtlich, daß jemand für ein bestimmtes Ereignis verantwortlich ist und für einen durch dieses Ereignis hervorgerufenen Schaden einzustehen hat *(Schadenersatzpflicht).* Wann eine solche H. besteht, ist für einzelne Sachgebiete unterschiedlich geregelt. Grundsätzlich haftet jeder für die durch sein Verschulden (durch vorsätzliches Handeln oder durch ↑ Fahrlässigkeit) verursachten Schäden. Eine H. setzt jedoch nicht immer ein Verschulden voraus: In einer Reihe von Fällen ist an die von der bloßen Inbetriebnahme einer Einrichtung ausgehenden Gefährdung eine H. *(= Gefährdungshaf-*

tung) des Halters auch ohne dessen Verschulden geknüpft, wenn durch den Betrieb dieser Einrichtung Dritte zu Schaden kommen (z. B. die H. der Bundesbahn für Personen- und Sachschäden oder neuerdings die H. des Herstellers für fehlerhafte Produkte nach dem *Produkthaftungsgesetz* vom 15. Dezember 1989).

Im allgemeinen haftet der für einen Schaden Verantwortliche mit seinem gesamten Vermögen. Von einer beschränkten H. spricht man, wenn der Schuldner nur mit Teilen seines Vermögens (Sondervermögen) für die Schuld einzustehen hat (z. B. H. einer ↑ GmbH).

Hallsteindoktrin: Nach dem früheren Staatssekretär im Auswärtigen Amt, W. Hallstein, benannter, 1955 formulierter Grundsatz der Außenpolitik der BR Deutschland, demzufolge die BR Deutschland zu keinem Staat − mit Ausnahme der UdSSR −, der zur DDR diplomatische Beziehungen unterhielt, solche aufnahm. Schon aufgenommene Beziehungen wurden wieder abgebrochen (z. B. Jugoslawien). Die H. sollte den ↑ Alleinvertretungsanspruch absichern und wurde Anfang der 1970er Jahre aufgegeben.

Hamburg (amtlich: Freie und Hansestadt H.): Stadt und zugleich Bundesland der BR Deutschland mit 753 km², 1,6 Mill. Einwohner (1990), 2152 E/km². Durch die Lage der Stadt an der Elbe, nur 110 km von der Mündung in die Nordsee entfernt, konnte sich H. zu dem bedeutendsten Seehafen der BR Deutschland entwickeln, der die Wirtschaftsstruktur der Stadt nachhaltig prägte. Seit dem 2. Weltkrieg erfuhr die Wirtschaft H. jedoch eine Ausweitung auf seeunabhängige Industrien. Neben einfuhrorientierten Grundstoff- und Produktionsgüterindustrien entwickelte sich eine ausfuhrorientierte Investitionsgüterindustrie. Der Schiffsbau nimmt nach dem Maschinenbau und der Elektroindustrie die dritte Stelle ein. Nach 1945 wuchsen die großen Dienstleistungsbetriebe (Banken, Versicherungen) an Zahl und Umfang stark. Am Bruttoinlandsprodukt der Stadt hatten das produzierende Gewerbe 1988 einen Anteil von 26,9 %, Handel und Verkehr 35,2 %, der Dienstleistungssektor 41,5 % und die Land-, Forst- und Fischereiwirtschaft 0,4 %.

H. ist neben ↑ Bremen der einzige deutsche ↑ Stadtstaat, der einen Teil seiner historischen Unabhängigkeit bis zur Gegenwart hat wahren können. Die jahrhundertealte Tradition bürgerlicher Eigenstaatlichkeit und ↑ Selbstverwaltung kommt darin zum Ausdruck, daß H. Bundesland und Gemeinde zugleich ist. Das 1937/38 aus zahlreichen Umlandgemeinden als Einheitsgemeinde geschaffene (Groß-)Hamburg wurde 1946 als Land innerhalb der britischen Besatzungszone neu gebildet. Politisch führende Partei war und ist die SPD, die seit 1946 den Ersten Bürgermeister stellt (mit Ausnahme der Jahre 1953–57, der Regierungszeit des sog. Hamburg-Blocks, einer Koalition aus CDU, FDP und DP). Nach der Verfassung vom 6. Juni 1952 besteht die ↑ Bürgerschaft (Landesparlament und Gemeindevertretung gleichzeitig) aus mindestens 120 gewählten Abgeordneten. Sie bilden zur Wahrnehmung besonderer Aufgaben einen aus dem Präsidenten der Bürgerschaft und 20 gewählten Mitgliedern bestehenden Bürgerausschuß. Die Bürgerschaft hat das Recht der Gesetzgebung und der Wahl der Mitglieder des Senats (= der Landesregierung) und kann sich selbst auflösen. Der ↑ Senat wählt aus seiner Mitte den Ersten Bürgermeister, bestimmt die Richtlinien der Politik und hat die Aufsicht über die Verwaltung. Gegen die von der Bürgerschaft beschlossenen Gesetze kann der Senat ein aufschiebendes ↑ Veto einlegen. In verfassungsrechtlichen Streitfragen entscheidet das Hamburger Verfassungsgericht.

Hammelsprung: Abstimmungsverfahren im Parlament, bei dem die Abgeordneten, die für »ja« oder »nein« stimmen bzw. Stimmenthaltung üben, durch verschiedene Türen den Plenarsaal betreten und dabei gezählt werden. – ↑ auch Abstimmung.

Handel: Bezeichnung sowohl für die Vermittlung von ↑ Waren zwischen Erzeuger und Verbraucher als auch für die Träger dieses Austausches, d. h. für alle Handelsbetriebe. Während in primitiven Gesellschaften Beschaffung der Rohstoffe, Erzeugung und Verbrauch oftmals zusammenfallen, macht eine zunehmende ↑ Arbeitsteilung den H. nötig. Man unterscheidet zwischen *Großhandel* (= den Absatz

von Produkten an Wiederverkäufer), *Zwischenhandel* (= den Ankauf und Verkauf von Halbfabrikaten) und *Einzelhandel* (= den Absatz von Produkten an den Endverbraucher), zwischen *Binnenhandel* (= im Inland mit inländischen Erzeugnissen), ↑ *Außenhandel* (= grenzüberschreitender Warenverkehr) und *Welthandel*.

Handelsabkommen ist – im Gegensatz zum Handelsvertrag – eine kurzfristige Vereinbarung zwischen zwei oder mehreren Staaten über ihre gegenseitigen außenwirtschaftlichen Beziehungen.

Handelsbilanz:
◇ Gegenüberstellung der gesamten Vermögens- und Schuldwerte eines Kaufmanns am Ende eines Geschäftsjahres; Grundlage der Steuerbilanz.
◇ Als wichtigster Teil der ↑ Zahlungsbilanz eine Gegenüberstellung der Warenausfuhr und -einfuhr eines Landes, meist für den Zeitraum eines Jahres. Die H. ist aktiv, wenn die Ausfuhr größer ist als die Einfuhr, sie ist passiv, wenn die Einfuhr die Ausfuhr übertrifft. Um ein Ungleichgewicht in der H. zu beseitigen, kann eine Regierung folgende Maßnahmen ergreifen: ↑ Auf- oder ↑ Abwertung der Währung, Erhöhung oder Herabsetzung der Zölle, Beschränkung der Einfuhr oder Förderung der Ausfuhr.

Handelsregister ist ein beim Amtsgericht geführtes öffentliches Verzeichnis über die Rechtsverhältnisse von Kaufleuten und Handelsgesellschaften. Es gibt z. B. Auskunft über die Erteilung oder den Entzug der *Prokura* = Handlungsvollmacht.

Handelsspanne: Differenz zwischen Einkaufs- und Verkaufspreis einer Ware im Handel. Die H. umfaßt Kosten und Reingewinn des Handelsbetriebs.

Handlungsfähigkeit ist die Möglichkeit, durch eigenes verantwortliches Handeln Rechtswirkungen hervorzurufen (z. B. Eigentum zu erwerben oder Zahlungsverpflichtungen einzugehen). Die H. gliedert sich in die ↑ Geschäftsfähigkeit und die ↑ Deliktsfähigkeit und beginnt mit dem 7. Lebensjahr. – ↑ auch Rechtsfähigkeit.

Handwerk: ↑ Gewerbe, das handwerksmäßig betrieben wird. Der Handwerksbetrieb unterscheidet sich vom Industriebetrieb v. a. dadurch, daß die Einzelanfertigung gegenüber der Serienproduktion überwiegt und daß der Betriebsinhaber persönlich mitarbeitet und es auf seine Handfertigkeit entscheidend ankommt. Das Recht des H. ist in der *Handwerksordnung* geregelt, die eine umfassende Aufzählung der Gewerbe, die als Handwerk betrieben werden können, enthält. Die selbständige Ausübung eines H. setzt grundsätzlich die Eintragung in die *Handwerksrolle* voraus.

Zahl der Unternehmen in Handwerks- und handwerksähnlichen Betrieben (z.B. Kosmetiksalons):	677 000
Zahl der Beschäftigten:	4 626 000
Lehrlinge:	518 955
davon haben 1990 begonnen:	190 997
Meisterprüfungen	50 799*
davon haben 1990 bestanden:	38 110*
Umsatz im Handwerk:	569,1 Mrd. DM
Investitionen:	19 Mrd. DM
Anteil des Handwerks an der gesamten Bruttowertschöpfung:	9%

*Stand 1989; bezieht sich nur auf die elf alten Bundesländer

Handwerkskammern: ↑ Körperschaften des öffentlichen Rechts zur Vertretung der Interessen des ↑ Handwerks, die gemäß der Handwerksordnung von der obersten Landesbehörde jeweils für einen bestimmten Bezirk (meist Regierungsbezirk) errichtet werden. Zu den H. gehören die selbständigen Handwerker in den Bezirk sowie ihre Gesellen und Auszubildenden. Zu den Aufgaben der H. gehören u. a. die Förderung der wirtschaftlichen Interessen des Handwerks, Führung der *Handwerksrolle* (Verzeichnis der selbständigen Handwerker eines Bezirks), Regelung der Berufsausbildung, Förderung der Fortbildung der Meister und Gesellen, Bestellung und Vereidigung von Sachverständigen. In der BR Deutschland gab es vor der Wiedervereinigung 42 H., die auf Landesebene in Handwerkskammertagen, auf Bundesebene im Deutschen Handwerkskammertag zusammengeschlossen sind.

Hare-Niemeyer, abkürzende Benennung für ein Verfahren, das anstelle der Methode des Belgiers d' Hondt angewandt wird, um die Zahl der Mandate zu berechnen, die bei der Verhältniswahl auf die beteiligten Parteien entfallen. Nach H.-N. wird für jede Partei die Zahl der für sie abgegebenen Stimmen durch die Gesamtzahl der abgegebenen Stimmen dividiert und mit der Gesamtzahl der zu vergebenden Mandate multipliziert. Das Ergebnis gibt in den Ziffern vor dem Komma die Mindestzahl der von einer Partei errungenen Mandate an. Die restlichen Mandate werden an die Parteien vergeben, deren Ergebnis die höchsten Ziffern nach dem Komma aufweist. – ↑ auch Wahlen.

Hauptschule ↑ Schule.

Hausbesetzung: Illegale Form der Wohnraumbeschaffung mit dem Ziel, leerstehende Gebäude und Wohnungen einer Wiedernutzung zuzuführen oder vor dem Abbruch zu bewahren. Die H. hat sich in den letzten Jahren angesichts der neuen ↑ Wohnungsnot zu einer öffentlichkeitswirksamen Protestform gegen Spekulantentum und unzureichende Versorgung mit billigem Wohnraum entwickelt.

Hausfriedensbruch ist die Verletzung fremden Hausrechts, z. B. an der Privatwohnung, auch an Geschäfts- und öffentlichen Betriebsräumen, durch widerrechtliches Eindringen.

Haushalt (Individual- oder Privathaushalt) ist eine zusammen wohnende und wirtschaftende Personengruppe (meist eine Familie). In der BR Deutschland gibt es zur Zeit rund 33,8 Mill. Privathaushalte (rund 27 Mill. in den alten, rund 6,8 Mill. in den neuen Ländern). Die Zahl der Einpersonenhaushalte nimmt ständig zu und liegt gegenwärtig (1990) bei über einem Drittel aller Haushalte.

Haushaltsplan (auch: Budget, Etat): Der H. ist die Zusammenstellung der für die Dauer einer (ein- oder mehrjährigen) Haushaltsperiode voraussichtlich zu erwartenden Einnahmen und vorgesehenen Ausgaben sowie der *Verpflichtungsermächtigungen* (d. h. Ermächtigungen zum Eingehen von Verpflichtungen, die in künftigen Haushaltsperioden zur Leistung von Ausgaben führen können). Für seine Aufstellung und seinen Vollzug sind im Grundgesetz, den Landesverfassungen, im Haushaltsgrundsätzegesetz, in den Haushaltsordnungen des Bundes und der Länder sowie in den Kommunalgesetzen eingehende Bestimmungen enthalten. So besteht insbesondere die Verpflichtung, die Erfordernisse des ↑ gesamtwirtschaftlichen Gleichgewichts und die Grundsätze der ↑ Wirtschaftlichkeit und der Sparsamkeit zu beachten. Der H. soll vor Beginn der jeweiligen Haushaltsperiode festgestellt werden und muß alle Einnahmen und Ausgaben vollständig und unsaldiert (d. h. nicht gegeneinander aufgerechnet) enthalten. Die Ansätze für Einnahmen und Ausgaben sollen möglichst genau sein, Einnahmen und Ausgaben müssen sich ausgleichen.

Der H. besteht aus Einzelplänen und dem Gesamtplan. Die Einzelpläne gelten für Einnahmen, Ausgaben und Verpflichtungsermächtigungen einzelner Verwaltungszweige (z. B. Kultusministerium) oder bestimmter Gruppen hiervon. Sie werden in Kapitel (z. B. Universität Heidelberg), Titel und Titelgruppen (für einzelne Einnahme- und Ausgabearten, z. B. Gebühren) unterteilt. Der Gesamtplan enthält eine Zusammenfassung der Einzelpläne (Haushaltsübersicht), eine Berechnung des Finanzierungssaldos (Finanzierungsübersicht) und eine Darstellung der Einnahmen aus Krediten und der Tilgungsausgaben (Kreditfinanzierungsplan). Als Anlagen werden dem H. u. a. eine Gruppierungsübersicht (Gruppierung der Einnahmen und Ausgaben nach Sachgruppen), eine Funktionenübersicht (Gliederung nach Aufgabengebieten) und ein Stellenplan (Übersicht über Anzahl und Ausstattung der Personalstellen) beigefügt.

Die Aufstellung des H. beginnt mit den Finanzbedarfsanmeldungen der einzelnen Dienststellen an ihre vorgesetzten Behörden und an das Finanzressort. Dort werden die Anmeldungen geprüft und im Hinblick auf die voraussichtlichen Einnahmen korrigiert. Der Entwurf des H. wird schließlich dem Parlament vorgelegt und von ihm nach Prüfung durch den Haushaltsausschuß in Form eines ↑ Gesetzes beschlossen (Feststellung). Für Änderungen während einer Haushaltsperiode werden ↑ Nachtragshaushalte vorgelegt. Durch die Feststellung wird die Verwaltung ermächtigt, die im H. enthaltenen Ausgaben zu leisten und Verpflichtungen einzugehen

(Vollzug). Nach Abschluß der Haushaltsperiode wird eine *Haushaltsrechnung* erstellt (Gegenüberstellung der Ansätze und der Ist-Werte), die von den ↑ Rechnungshöfen geprüft wird und gemeinsam mit deren Prüfungsbericht Grundlage für die Entlastung der Regierung durch das Parlament ist.

Haushaltspolitik: Der Staatshaushalt (↑ Haushaltsplan) dient unterschiedlichen Zwecken, nämlich 1. der Aufbringung von Mitteln (z. B. ↑ Steuern) zur Deckung der Kosten der staatlichen Verwaltung, 2. dem sozialen Ausgleich von Einkommens- und Vermögensunterschieden (Subventionierung, Sozialausgaben), 3. der Gegensteuerung von Konjunkturschwankungen in der Wirtschaft (Ausgabenerhöhung beim Abschwung, Ausgabenminderung beim Aufschwung; ↑ auch Konjunkturpolitik). Aufgabe der H. ist es, zwischen diesen verschiedenen Zielsetzungen zu vermitteln.

Haussuchung bei einem Verdächtigen kann zum Zweck seiner Ergreifung oder wegen bei ihm vermuteter Beweismittel erfolgen. H. ist im allgemeinen nur am Tag und mit richterlicher Anordnung (Durchsuchungsbefehl) statthaft.

Haustürkäufe: Geschäftsabschlüsse mit Vertretern an der Haustür; sie können ebenso wie Vertragsabschlüsse bei sog. Kaffeefahrten binnen einer Woche schriftlich widerrufen werden.

Hearing: Öffentliche Anhörung von Sachverständigen zur Meinungsbildung. Nach der ↑ Geschäftsordnung des Bundestages haben auch dessen Ausschüsse die Möglichkeit, Anhörungen zu veranstalten.

Hegemonie [griechisch »das Anführen, der Oberbefehl«] bezeichnet die Vorherrschaft eines Staates gegenüber anderen. H. kann auf wirtschaftlichem, politischem, militärischem oder kulturellem Übergewicht und auf tatsächlicher Machtüberlegenheit oder auf vertraglich vereinbarten Vorrechten beruhen.

Heimatrecht: Das eng mit dem ↑ Selbstbestimmungsrecht verbundene Recht eines jeden Menschen, in seiner jeweiligen Heimat leben zu dürfen oder in diese zurückkehren zu können, wie es z. B. von den Heimatvertriebenen des 2. Weltkrieges geltend gemacht wird. Die Festlegung des H. im ↑ Völkerrecht wird besonders von

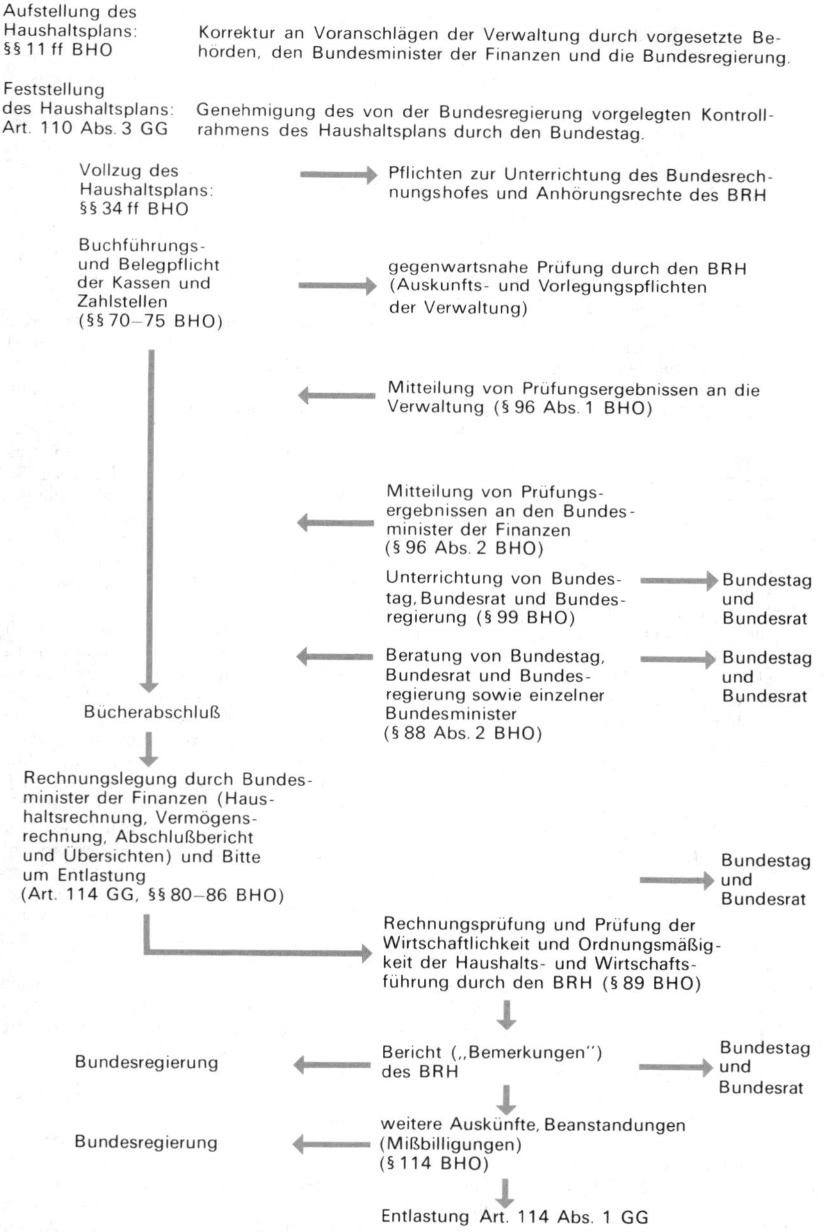

Aufstellung des
Haushaltsplans:
§§ 11 ff BHO

Korrektur an Voranschlägen der Verwaltung durch vorgesetzte Behörden, den Bundesminister der Finanzen und die Bundesregierung.

Feststellung
des Haushaltsplans:
Art. 110 Abs. 3 GG

Genehmigung des von der Bundesregierung vorgelegten Kontrollrahmens des Haushaltsplans durch den Bundestag.

Vollzug des
Haushaltsplans:
§§ 34 ff BHO

→ Pflichten zur Unterrichtung des Bundesrechnungshofes und Anhörungsrechte des BRH

Buchführungs-
und Belegpflicht
der Kassen und
Zahlstellen
(§§ 70–75 BHO)

→ gegenwartsnahe Prüfung durch den BRH (Auskunfts- und Vorlegungspflichten der Verwaltung)

← Mitteilung von Prüfungsergebnissen an die Verwaltung (§ 96 Abs. 1 BHO)

← Mitteilung von Prüfungsergebnissen an den Bundesminister der Finanzen (§ 96 Abs. 2 BHO)

Unterrichtung von Bundestag, Bundesrat und Bundesregierung (§ 99 BHO) → Bundestag und Bundesrat

← Beratung von Bundestag, Bundesrat und Bundesregierung sowie einzelner Bundesminister (§ 88 Abs. 2 BHO) → Bundestag und Bundesrat

Bücherabschluß

Rechnungslegung durch Bundesminister der Finanzen (Haushaltsrechnung, Vermögensrechnung, Abschlußbericht und Übersichten) und Bitte um Entlastung (Art. 114 GG, §§ 80–86 BHO) → Bundestag und Bundesrat

→ Rechnungsprüfung und Prüfung der Wirtschaftlichkeit und Ordnungsmäßigkeit der Haushalts- und Wirtschaftsführung durch den BRH (§ 89 BHO)

↓

Bundesregierung ← Bericht („Bemerkungen") des BRH → Bundestag und Bundesrat

↓

Bundesregierung ← weitere Auskünfte, Beanstandungen (Mißbilligungen) (§ 114 BHO)

↓

Entlastung Art. 114 Abs. 1 GG

Haushaltsplan. Schema der öffentlichen Finanzkontrolle nach der Bundeshaushaltsordnung (BHO)

den ↑ Heimatvertriebenen gefordert: bislang ist es jedoch als Völkerrechtsgrundsatz nicht anerkannt. Die Verwirklichung des H. kann mit dem neu entstandenen H. anderer kollidieren.

Heimatvertriebene: Bewohner ehemals deutscher Gebiete (nach dem Gebietsstand vom 31. Dezember 1937), die während oder nach dem 2. Weltkrieg ihren Wohnsitz verlassen mußten. Die Rechte der H. sind im wesentlichen im Bundesvertriebenengesetz geregelt. Das Gesetz sieht eine Reihe von Fürsorgemaßnahmen für H. vor, um deren Eingliederung im Gebiet der BR Deutschland zu erleichtern. Damit in Zusammenhang stehen weitere Regelungen des sog. Kriegsfolgenrechts, wobei dem ↑ Lastenausgleich besondere Bedeutung zukommt.

Heranwachsende: Jugendliche Straftäter, die zur Tatzeit 18, aber noch nicht 21 Jahre alt sind. Sie können nach dem ↑ Jugendstrafrecht, d. h. milder als Erwachsene, abgeurteilt werden.

Herrschaft stellt eine institutionalisierte Machtausübung dar und beruht im Gegensatz zur Gewalt, die einseitig ist, auf einem gegenseitigen Verhältnis. M. Weber (1864–1920) definiert H. als »die Chance, für einen Befehl bestimmten Inhalts bei angebbaren Personen Gehorsam zu finden«. H. setzt ein Herrschaftsverhältnis voraus, d. h. eine mehr oder weniger dauerhafte Unterteilung der Gesellschaft in (legitim, d. h. anerkannt) Herrschende und Beherrschte. Neben den Typen der despotischen H. (Tyrannei, totalitäre Systeme) unterscheidet man seit M. Weber prinzipiell drei Arten legitimer H. nach ihrer unterschiedlichen Rechtfertigung: 1. Die *charismatische H.*, die aus dem Glauben an die außergewöhnliche Begabung einer Person (das Charisma) erwächst (z. B. im »Führerstaat«); 2. die *traditionale H.*, die auf dem Glauben an die überlieferte Ordnung und die traditionell zur H. berufenen Personen beruht (z. B. im Patrimonialstaat und Ständestaat die H. der Monarchen); 3. die *rationale H.*, in der eine unpersönlich-sachliche Ordnung und eine legale (rechtlich bzw. gesetzlich geregelte) Berufung der Herrschenden bestimmend ist (z. B. der moderne Staat mit seiner Bürokratie).

Der Typus der rationalen H. ist für moderne Gesellschaften besonders charakteristisch. Obwohl sich diese Gesellschaften eine »rationale Herrschaftsordnung« geben, zeigt eine historische und soziologische Betrachtung, daß charismatische und traditionelle Elemente auch ihr Eingang finden (z. B. im »Führertum«, der Behauptung traditioneller Eliten, der Möglichkeit, mit den Mitteln moderner Massenkommunikation propagandistisch »Führerkult« oder Elitenherrschaft zu stabilisieren).

Während der ↑ Marxismus die These vertritt, daß die Herrschaftsverhältnisse (nur) aus wirtschaftlichen Besitz- und Machtverhältnissen resultieren und diese widerspiegeln, sehen andere Theorien die Frage der Herrschaftsbegründung differenzierter und betonen die Möglichkeit institutioneller Sicherung gegen Machtmißbrauch. So dienen das Prinzip der ↑ Gewaltenteilung, das allgemeine und freie Wahlrecht, das Prinzip des ↑ Rechtsstaats und die ↑ Grundrechte der Sicherung gegen Machtzusammenballung und Herrschaftsmißbrauch.

Hessen: Land der BR Deutschland mit 21 114 km^2 und 5,7 Mill. Einwohnern (1990), 263 E/km^2. Hauptstadt ist Wiesbaden. Nach der Verfassung vom 1. Dezember 1946 liegt die Gesetzgebung bei dem in allgemeiner, freier, geheimer und direkter Wahl berufenen Landtag, doch besitzt die Regierung ein suspensives (= aufschiebendes) Vetorecht; daneben besteht die Möglichkeit des ↑ Volksentscheids. Der vom Landtag gewählte Ministerpräsident ernennt die Minister und bildet mit ihnen unter seinem Vorsitz die Landesregierung, die zur Übernahme der Geschäfte ein besonderes Vertrauensvotum des Landtags benötigt, aber nur durch ein ↑ konstruktives Mißtrauensvotum gestürzt werden kann. Die Minister leiten ihre Ressorts selbständig und in eigener Verantwortung innerhalb der vom Ministerpräsidenten bestimmten Richtlinien. In verfassungsrechtlichen Streitigkeiten entscheidet der Staatsgerichtshof.

Anknüpfend an eine starke großhessische Bewegung, proklamierte die amerikanische Militärregierung am 19. September 1945 das Land Groß-Hessen aus den zur amerikanischen Besatzungszone gehörenden Teilen von Hessen (somit ohne Rhein-hessen) und dem größten Teil von Hessen-Nassau. Am 29. Oktober 1946 beschloß die Landesversammlung die Verfassung. Der Zusammenschluß des bis dahin territorial aufgesplitterten hessischen Raumes ermöglichte die rasche Entwicklung einer ausgewogenen Wirtschaftsstruktur und die Durchführung von Reformen, v. a. des Bildungswesens. Zu den wichtigsten Staatsaufgaben gehörte die Eingliederung von 820 000 Vertriebenen, u. a. durch den »Hessenplan« von 1951.

Die Industrialisierung H., moderne Verkehrserschließung und die Aufnahme von Heimatvertriebenen bewirkten Binnenwanderungen, die die überkommenen Bevölkerungsdifferenzierungen veränderten. Rund 30 % der Bevölkerung H. leben im Rhein-Main-Gebiet. Neben der Metropole Frankfurt am Main sind die Großstädte Wiesbaden, Darmstadt und Offenbach die Zentren des rasch wachsenden Ballungsraumes mit vielseitiger Industrie, Handels-, Bank- und Messewesen und wichtigen Verkehrsfunktionen. Nordhessen besitzt nur um Kassel und Baunatal ein inselhaft gelegenes Ballungsgebiet. 1987 waren 58,1 % der Beschäftigten im Dienstleistungssektor tätig, während die Landwirtschaft (2,1 %) und der produzierende Sektor mit 39,9 % an Bedeutung verloren. Hessen erwirtschaftet etwa 10 % des Bruttoinlandsprodukts der alten Bundesländer. Das Land wurde seit seiner Gründung (außer zwischen 1987 und 1991, als eine CDU-FDP-Koalition regierte) von der SPD regiert, seit 1991 (wie bereits 1985–87) von einer rotgrünen Koalition.

Heteronomie [griechisch »Fremdgesetzlichkeit«] bezeichnet die Abhängigkeit zentraler Werte und Normen einer Gruppe, Organisation oder eines Staates von fremdem Einfluß. – Im Gegensatz dazu: ↑ Autonomie.

Hierarchie [von griechisch hierarchia »Amt des obersten Priesters«]: Bezeichnung für ein in der Regel pyramidenförmig gedachtes und aufgebautes Gefüge von Positionen, in dem die Herrschafts- und Entscheidungsbefugnisse bei einer Spitze liegen, deren Wille und Anweisungen von oben auf tiefer liegende Positionsebenen zur Durchführung und Beachtung

weitergegeben werden. Unterhalb der Spitze liegen Ebenen, deren Befugnisse und Zuständigkeiten bis zur untersten Stufe hin abnehmen. In verschiedenen Organisationen kann die Anzahl dieser Ebenen variieren. Inhaber von Positionen zwischen Spitze und unterster Ebene sind gleichzeitig Untergebene und Vorgesetzte. Die H. findet sich als vertikal und horizontal verhältnismäßig starres Gefüge der Über- und Unterordnung, insbesondere in Organisationen mit langfristig gleichbleibenden Aufgaben und Zielen (z. B. Kirche, Militär, öffentliche Verwaltung). – ↑ auch Bürokratie.

Hirtenbriefe sind in der katholischen Kirche die Rundschreiben des Bischofs, des »Oberhirten« (Joh. 21, 15 ff.), an seine Diözese. Die H. befassen sich mit wichtigen seelsorgerischen und kirchenpolitischen Fragen und werden vor der Pfarrgemeinde verlesen. Umstritten ist, ob H. z. B. vor Wahlen bestimmte Wahlaufforderungen enthalten dürfen.

historischer Materialismus: Hauptstück des ↑ Marxismus. Der h. M. führt die Entwicklung der menschlichen Gesellschaft auf den Wandel der ökonomischen Verhältnisse (und nicht auf Ideen, daher »Materialismus« im Gegensatz zum »Idealismus«) zurück und betont die Abhängigkeit des Menschen und seiner Bewußtseinslage von diesen Verhältnissen. Entscheidend sind die ↑ Produktionsfaktoren (↑ Produktionsmittel wie Werkzeuge, Maschinen und Produktionstechniken), die die ↑ Produktionsverhältnisse (Eigentumsverhältnisse, Herrschaftsverhältnisse und dadurch gegebene Formen der Produktion) bestimmen. Diese Basis bestimmt auch den Überbau (z. B. die staatliche Organisation, Rechtsordnung, Kultur, Religion, Wissenschaft), der sich bei jedem Wandel der Produktionsverhältnisse mitverändert (↑ Basis und ↑ Überbau). Die Entwicklung geht dabei in Richtung auf eine Entfaltung der menschlichen Produktivkraft und eine Verbesserung der menschlichen Bedürfnisbefriedigung. Auf diese Weise kommt der h. M. zu einer Abfolge von ökonomisch bestimmten Gesellschaftstypen, angefangen bei der Urgesellschaft der Jäger und Sammler über die Sklavenhalter- und Feudalgesellschaft bis hin zur kapitalistischen, sozialistischen und kommunistischen Gesellschaft.

Mit Ausnahme der Urgesellschaft stellen die historischen Gesellschaftstypen bis zur sozialistischen Gesellschaft ↑ Klassengesellschaften dar, in denen die Entfaltung der ↑ Produktivkräfte die arbeitenden Menschen in die Lage setzt, mehr zu produzieren, als sie für ihren eigenen Bedarf benötigen. Dieser Produktionsüberschuß aber wird ihnen von den sie beherrschenden Produktionsmittelbesitzern weggenommen. Die Entwicklung der Produktionsmittel und die Erwirtschaftung von Überschüssen macht demnach Herrschaft von Menschen über Menschen und die ↑ Ausbeutung der arbeitenden Bevölkerung möglich (z. B. Verhältnis Sklavenhalter − Sklave, Feudalherr − Leibeigener, Kapitalist − Proletarier). Die so entstehenden Klassengesellschaften sind durch unüberbrückbare Interessengegensätze der Besitzenden und Nichtbesitzenden (↑ Antagonismus) sowie durch Gegensätze unter den unterschiedliche Produktionsweisen benutzenden herrschenden Klassen selbst (z. B. zwischen Feudalherr und Kapitalist) gekennzeichnet und finden im ↑ Klassenkampf ihren Ausdruck. Der Klassenkampf ist der Motor der geschichtlichen Entwicklung. Dabei bedienen sich die besitzenden Klassen bestimmter Rechtfertigungsideologien (z. B. der Religion) und v. a. des Staates als Zwangsapparat zur Aufrechterhaltung ihrer Herrschaft. Gegen sie entwickeln die unterdrückten Klassen als Träger der historischen Entwicklung neue, fortschrittliche Ideologien und Mittel der Herrschaftsveränderung. So erklärt der h. M. z. B. die Revolutionen im 18. und 19. Jahrhundert als Folge des Aufkommens einer neuen Klasse, des Bürgertums, mit fortschrittlichen Produktionsmethoden, die der Feudalaristokratie die politische Herrschaft entriß.

V. a. aber wird versucht, auch die kapitalistische Gesellschaft mit ihren industriellen Produktionsmethoden und dem umfassenden Einsatz von ↑ Kapital als Produktionsmittel als eine notwendigerweise am Klassengegensatz scheiternde Gesellschaft nachzuweisen (marxistische Kapitalismuskritik, ↑ Kapitalismus). Die Ausbeutung der Arbeiter durch Aneignung des Pro-

duktionsüberschusses (↑ Mehrwert) durch die Kapitalisten soll zu einer Verelendung der ↑ Arbeiterklasse führen und die Ersetzung menschlicher Arbeitskraft durch Maschinen zu einem Absinken der Profite (↑ Verelendungstheorie). Der Konkurrenzkampf der Kapitalisten untereinander hat eine Konzentration des Kapitals in den Händen weniger zur Folge und ruft zusammen mit der regellosen, auf Privatinitiativen beruhenden Produktion immer stärker werdende Wirtschaftskrisen hervor, in deren Folge der Kapitalismus zusammenbricht. Dann übernimmt das Proletariat durch ↑ Revolution die politische Herrschaft, hebt das Privateigentum an Produktionsmitteln auf und führt eine auf gemeinschaftlicher Planung beruhende Produktionsweise ein (↑ Sozialismus: Jeder nach seinen Fähigkeiten, jedem nach seinen Leistungen). Am Ende der Entwicklung, wenn im Sozialismus die Produktivkräfte so weit entfaltet sind, daß jeder seine Bedürfnisse befriedigen kann, ohne es auf Kosten anderer durch deren Beherrschung und Ausbeutung tun zu müssen, steht die kommunistische Gesellschaft (↑ Kommunismus: Jeder nach seinen Fähigkeiten, jedem nach seinen Bedürfnissen). Dann stirbt auch der Staat als Zwangsapparat zur Aufrechterhaltung von Herrschaft ab, wie überhaupt die Herrschaft von Menschen über Menschen ein Ende nimmt.

Es ist das Verdienst des h. M., auf die Bedeutung der ökonomischen Verhältnisse sowie der Klassen und Klassengegensätze hingewiesen zu haben. Problematisch an der Theorie des h. M. ist u. a.: 1. die Konstruktion eines strikten Abhängigkeitsverhältnisses von Basis und Überbau, die alle Überbauphänomene, auch wissenschaftliche Theorien, als klassenbedingt darstellt und daher eine strikte ↑ Parteilichkeit fordert, wobei letztlich das, was als fortschrittlich und damit als richtig gilt, von der kommunistischen Partei festgelegt wird; 2. die Ansicht von einer Unüberbrückbarkeit der Klassengegensätze, die die Möglichkeit eines sozialen Ausgleichs leugnet; 3. die Behauptung von der historisch ausschlaggebenden Rolle des Klassenkampfes für die geschichtliche Entwicklung. Alles dies ist historisch nicht beweisbar. Auch die Behauptung, daß kapitalistische Gesellschaften notwendigerweise aufgrund von Klassengegensätzen zugrunde gehen müssen, darf als gescheitert angesehen werden. In diesem Zusammenhang ist auch Kritik an der Vorstellung von einer bestimmten historischen Abfolge von Gesellschaftstypen zu üben, insbesondere an der Konstruktion einer Revolution des Proletariats und der Errichtung einer eigenen politischen Herrschaft durch die Arbeiterklasse. Sozialistische Revolutionen und Gesellschaften sind vielmehr durch neue politische Eliten herbeigeführt worden, weswegen die marxistische Kritik an der Klassengesellschaft auch auf sozialistische Staaten und die dort herrschende Klasse der Parteifunktionäre und Technokraten bezogen werden kann. Bisher zeichneten sich sozialistische Gesellschaften eher durch einen Ausbau und nicht Abbau des Staatsapparates, durch weniger Freiheit und eine geringere Entfaltung der Produktivkräfte aus, was alles mit den Prognosen von K. Marx nicht übereinstimmt. Auch der Idee einer klassenlosen kommunistischen Gesellschaft mit vollkommener Bedürfnisbefriedigung für jedermann scheint angesichts der schnellen Vermehrung der Weltbevölkerung, den deutlicher werdenden Grenzen des Wachstums und der zunehmenden Abhängigkeit des Menschen von ihn umgebenden Herrschaftsapparaten wenig Realitätsgehalt innezuwohnen.

Das Nichteintreffen der Prognosen vom Zusammenbruch des Kapitalismus und der Entwicklung des Sozialismus zum Kommunismus haben marxistische Theoretiker immer wieder zur Änderung ihrer Lehren und der Erfindung neuer Zwischenstufen der kapitalistischen und sozialistischen Entwicklung veranlaßt (↑ Marxismus-Leninismus), was die Verlegenheit der Theorie, der Wirklichkeit gerecht zu werden, deutlich werden läßt. – ↑ auch dialektischer Materialismus.

Hochrechnung: Voraussage eines Ergebnisses (z. B. bei Wahlen) mit Hilfe von Computern nach Auszählung von Teilergebnissen ausgewählter repräsentativer Bereiche (z. B. bestimmter Wahlbezirke).

Hochschule ist eine Ausbildungsstätte, die der Forschung und Lehre dient und

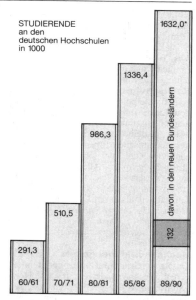

STUDIERENDE an den deutschen Hochschulen in 1000

Jahr	1000
60/61	291,3
70/71	510,5
80/81	986,3
85/86	1336,4
89/90	1632,0*

davon in den neuen Bundesländern 132

Hochschule. Der Zustrom von Studienbewerbern zu den Hochschulen hält unvermindert an. Rund 38 % der eingeschriebenen Studenten waren 1989/90 Frauen

auf der der Nachwuchs für die akademischen Berufe ausgebildet wird. Früher verstand man unter einer H. nur eine Universität; heute umfaßt der Begriff H. neben den Universitäten auch ↑ Fachhochschulen. Der Zugang zur H. setzt eine bestimmte Vorbildung, meist die Reifeprüfung, voraus.

Die Hochschulen in der BR Deutschland sind mit wenigen Ausnahmen ↑ Körperschaften des öffentlichen Rechts und zugleich staatliche Einrichtungen, unterstehen also auch staatlicher Aufsicht. Sie haben das Recht der ↑ Selbstverwaltung im Rahmen der von Bund und Ländern erlassenen Gesetze. Die Hochschulen geben sich Grundordnungen, die der Genehmigung des jeweiligen Landes bedürfen, da die Länder aufgrund ihrer ↑ Kulturhoheit das Hochschulwesen im Rahmen der Vorgaben des Bundes bestimmen (↑ Hochschulrahmengesetz). Auch bei Planung und Ausbau der H. wirkt der Bund mit. Grundlegend für die Organisation des Hochschulwesens ist das durch Art. 5 Abs. 3 GG garantierte Grundrecht der Freiheit von Kunst und Wissenschaft, Forschung und Lehre.

Hochschulgruppen sind Vereinigungen, die die politischen, sozialen und ökonomischen Interessen der Studenten an den Hochschulen wahrnehmen. In dem Maße, in dem das politische Engagement der studentischen Jugend zunahm, wuchs auch die Zahl der politisch orientierten Hochschulgruppen. Aktivste und radikalste H. war bis 1969 der *Sozialistische Deutsche Studentenbund (SDS)*. In der Folgezeit traten u. a. der der DKP nahestehende *Marxistische Studentenbund (MSB) Spartakus*, später auch der konservative *Ring christlich-demokratischer Studenten (RCDS)* hervor.

Hochschulrahmengesetz (HRG): Gesetz zur Schaffung einer bundeseinheitlichen Rechtsgrundlage für das Hochschulwesen in der BR Deutschland, dem die Landesgesetze bis zum 30. Januar 1979 angepaßt werden mußten. Dem H. waren jahrelange Auseinandersetzungen zwischen den Parteien vorausgegangen. Durch das H. wurde vor allem das Prinzip der *Gruppenuniversität* (Vertretung auch der wissenschaftlichen Mitarbeiter, Studenten und Verwaltungsangestellten in den Entscheidungsgremien) anstelle der älteren »Ordinarienuniversität« eingeführt. Umstritten blieb der den Gruppen zustehende Anteil an den verschiedenen Entscheidungsgremien.

Hochverrat begeht, wer es unternimmt, mit Gewalt oder durch Drohung mit Gewalt den Bestand eines Staates zu beeinträchtigen oder dessen verfassungsmäßige Ordnung zu ändern.

Hoheitsgebiet ↑ Staatsgebiet.

Holocaust: Begriff für die Verfolgung der Juden zwischen 1933 und 1945, dem Alten Testament entnommen (Genesis 22,2: Brandopfer). Mit diesem Wort soll das Einmalige des Geschehens festgehalten werden. – ↑ auch Judenverfolgung.

Hooligans [englisch »Halbstarke«]: Bezeichnung für gewalttätige, fast ausschließlich männliche Jugendliche, die v. a. im Umfeld von Fußballspielen durch Provokation der Ordnungskräfte und gewalttätige Ausschreitungen auffallen.

Humanismus [von lateinisch humanus »menschlich«]:
◊ Haltung, die sich um eine der Menschenwürde und freien Persönlichkeitsentfaltung entsprechende Gestaltung des Lebens und der Gesellschaft durch Bildung und Erziehung und um die dafür notwendigen Lebens- und Umweltbedingungen bemüht.
◊ Epochenbezeichnung für die kulturelle und wissenschaftliche Bewegung im 14. bis 16. Jahrhundert, die sich um die Pflege der griechischen und lateinischen Sprache, Literatur und Wissenschaft bemühte (= Renaissancehumanismus).

Humanistische Union e. V. (HU) ist eine 1961 gegründete, überparteiliche Vereinigung zur Verteidigung der freiheitlichen demokratischen Ordnung gegenüber allen Tendenzen, eine weltanschaulich (v. a. konfessionell) gebundene Ordnung zu errichten.

Human Relations [englisch »menschliche Beziehungen«] bezeichnet die Beziehungen zwischen Vorgesetzten und Mitarbeitern eines Betriebes sowie dieser untereinander. Die Pflege dieser sozialen Beziehungen über das von der Arbeitstechnik und der Organisation des Arbeitsablaufs Notwendige hinaus durch Bildung informeller Gruppen und spontane Kontakte führt nach Erkenntnissen der Betriebs- und Sozialpsychologen zu einer besseren Zusammenarbeit und fördert die Leistung durch *Humanisierung der Arbeitswelt*. – ↑ auch Arbeit.

Hungerkatastrophe: Bezeichnung für die in vielen ↑ Entwicklungsländern, v. a. in Afrika, nahezu chronische Nahrungsmittelunterversorgung. Weltweit wird die Zahl der Menschen, die unterhalb der Armutsgrenze leben, d. h., deren Einkommen nicht ausreicht, um das Minimum an Nahrungs- und anderen Grundbedürfnissen zu befriedigen, auf 950 Mill. Menschen geschätzt. Die ↑ FAO (Food and Agriculture Organization of the United Nations) schätzt die Zahl der weltweit ernsthaft unter- bzw. fehlernährten Menschen auf 520 Millionen. Obwohl auf der Welt genügend Nahrungsmittel für die ausreichende ↑ Ernährung aller Menschen erzeugt werden und ein großer Teil der ↑ Entwicklungshilfe der Industrieländer Nahrungsmittelhilfe ist, stehen überproportionales ↑ Bevölkerungswachstum, unzureichende Agrarproduktion und fehlende Devisen zur Importfinanzierung aufgrund der ↑ Schuldenkrise in den Entwicklungsländern einer Sicherung der Ernährung entgegen. Als weitere Ursachen für die H. sind Naturkatastrophen wie Dürren und Überschwemmungen zu nennen, die teilweise auf menschliche Eingriffe in die Natur (Bodenerosion als Folge des Raubbaus an Wäldern; Verwüstung oder Versteppung durch Überweidung der Savannen, Ausbreitung von Monokulturen und massivem Kunstdüngereinsatz, wodurch der Boden ausgelaugt wird) zurückzuführen sind. Nicht zuletzt sind aber strukturelle Fehlentwicklungen in den Entwicklungsländern wie die ungleiche Verteilung von Land, die Benachteilung der (meist kleinbäuerlichen) Subsistenzwirtschaft und die Nutzung der größten und besten landwirtschaftlichen Flächen für Export(mono)kulturen, sog. *cash crops*, wesentliche Faktoren der Hungerkatastrophe. Verhängnisvoll wirken sich außerdem die Unsummen aus, die in diesen Ländern für Rüstung und Luxusgüter einer kleinen, privilegierten Elite ausgegeben werden, anstatt sie in die Sicherstellung der Ernährung zu investieren.

Hygiene [griechisch »der Gesundheit zuträglich«] umfaßt alle privaten und öffentlichen Maßnahmen, die zur Erhaltung der Gesundheit oder zur Verhinderung von Krankheit beitragen.

Zählt zur persönlichen H. v. a. die Körperpflege, so gliedert sich die allgemeine H. in viele Teilbereiche auf, u. a. in Abwasserhygiene, Lebensmittelhygiene und Arbeitshygiene. Ein wichtiger Bereich ist die Bevölkerungshygiene, die zur Aufgabe hat, Epidemien und Infektionskrankheiten zu bekämpfen oder zu verhindern. Erst im 19. Jahrhundert wurde in Europa allgemein die Wichtigkeit hygienischer Maßnahmen erkannt. Dies hatte zur Folge, daß die Sterblichkeitsziffer stark zurückging. Die Durchführung öffentlicher Maßnahmen zur allgemeinen H. ist Aufgabe staatlicher und kommunaler Behörden. International versucht die World Health Organization (↑ WHO) v. a. in den Entwicklungsländern hygienische Maßnahmen und Hilfe zu fördern.

Hypothek [griechisch »Unterpfand«]: Pfandrecht an einem Grundstück als Sicherheit für eine Geldforderung. Die H. wird vertraglich begründet durch Einigung zwischen Grundstückseigentümer und ↑ Gläubiger. Sie muß beim zuständigen Amtsgericht in das Grundbuch eingetragen werden. Die H. ist eine der wichtigsten Formen der Aufnahme von Fremdkapital, insbesondere für die Finanzierung von Wohnhäusern und sonstigen Bauvorhaben. Zahlt der Schuldner nicht, kann der Gläubiger aufgrund der H. seine Forderung durch Zwangsversteigerung des Grundstücks befriedigen.

Hypothese [griechisch »Unterstellung«] ist eine Aussage über die Wirklichkeit, die durch Beobachtung oder Experiment überprüft und unter Umständen auch widerlegt werden kann.

I

Idealismus (im Gegensatz dazu: ↑ Materialismus)

◇ bezeichnet im allgemeinen Sprachgebrauch jede durch ethische oder ästhetische Ideale und ihre Verwirklichung bestimmte Weltanschauung und Lebensführung, bes. im Sinne eines uneigennützigen, aufopferungsvollen Handelns.

◇ führt als philosophische Richtung alle Dinge, auch die materiellen, auf Geistiges (= Ideen) zurück.

Idealtypus: Der Begriff des ↑ Typus und seine Verwendung in einer Typenlehre reicht historisch in vielen wissenschaftlichen Bereichen bis zu Plato und Aristoteles, der z. B. in seiner Staatslehre (Ideal-)Typen darstellte. In der Neuzeit wurde der Begriff I. entscheidend von dem Soziologen M. Weber (1864–1920) geprägt und meint eine aus einer Vielzahl von empirischen Einzelbeobachtungen gewonnene (»ideale«) geschlossene Darstellung einer komplexen Erscheinung, die Wesenszüge der entsprechenden Gattung (des Typus) in klarster Vollkommenheit aufweist (z. B. die idealtypische Darstellung »der« Stadt oder »des« Handwerks, die in der dargestellten »Reinheit« wohl nie existierten, aber alle entscheidenden Merkmale in sich tragen).

Identität ist die Gleichheit oder Übereinstimmung in bezug auf Dinge oder Personen, das Existieren von jemandem als ein Bestimmtes, Individuelles, Unverwechselbares; in der Psychologie die (bewußte) Einheit oder Eigenart einer Person oder Gruppe. Das Problem der Identitätsbildung ergibt sich aus der Schwierigkeit, eine Vielzahl unterschiedlicher Rollenerwartungen (↑ Rolle), die an ein Individuum gestellt werden, in einer einheitlichen Persönlichkeit zu integrieren. Dieser Prozeß erfolgt bei Kindern und Jugendlichen in Phasen und zwar durch die Ablösung der Identifikation mit primären Bezugspersonen (z. B. Eltern). Mit Abschluß der Reifezeit bildet sich die I. als klar umrissenes Ich innerhalb der sozialen Realität aus. Gruppenidentität bezieht sich im Gegensatz dazu auf die Beständigkeit der Symbole und Ziele einer Gruppe angesichts wechselnder Mitglieder.

Ideologie (Ideenlehre) bezeichnet eine Theorie mit weltanschaulichem Charakter, die in einem Spannungsverhältnis zur Wahrheit steht und von einem »falschen Bewußtsein« getragen wird. Dabei wird als Ursache für das Verfehlen der Wahrheit angenommen, daß das ideologische Bewußtsein abhängig ist und beeinflußt wird von selbstverständlichen und als solchen gar nicht erkannten partiellen Interessen politischer oder sozialer Gruppen, die Macht erwerben oder erhalten wollen *(Rechtfertigungsideologie)*. Die Verwendung des Begriffs I. ist daher mit der Forderung nach *Ideologiekritik* und Aufklärung solcher Zusammenhänge verbunden. Die Erfahrung mit totalitären Regimen (↑ Totalitarismus) im 20. Jahrhundert, wo I. zum Instrument der politischen Organisation und der ↑ Manipulation von Massen wurde, macht die Notwendigkeit von Ideologiekritik besonders deutlich. Totalitäre I. verbirgt sich oft hinter einer demokratischen und wissenschaftlichen Fassade, läuft auf die Identifikation von Führungs- und Volkswillen hinaus und basiert auf

dem Denkschema der Freund-Feind-Alternative.

Schon die Vertreter der französischen Aufklärung übten Ideologiekritik, indem sie gegen Offenbarungsglauben, kirchliche und ständische Autoritäten die Forderung nach Wissenschaftlichkeit sowie die politischen Parolen von Freiheit, Gleichheit und Brüderlichkeit stellten. K. Marx führte die Verbindung von erkenntniskritischen und sozialkritischen Fragestellungen weiter. Für ihn entsprachen die Formen des ↑ Überbaus (Philosophie, Recht, Religion) den Strukturen der sozioökonomischen ↑ Basis. Menschliches Denken war für ihn an Klasseninteressen gebunden und somit notwendig ideologisch, notwendig »falsches Bewußtsein«. Er vertraute jedoch nicht wie die Vertreter der Aufklärung auf die theoretische Aufhellung dieser Theorien und Machtinteressen, sondern forderte, die Kritik in die Praxis umzusetzen. Der ↑ Marxismus setzt daher seine Hoffnung auf das Proletariat, das nach seiner Auffassung die Klassengesellschaft überhaupt und damit das ideologische Denken abschaffen wird. Hier schlägt die ideologiekritische Konzeption des Marxismus selbst in I. um und wird als Herrschaftsideologie benutzbar für eine Partei oder eine Führungsgruppe, die ihre Interessen mit denen des Proletariats und der Menschheit identifiziert.

Idol [von griechisch *eídolon* »Gestalt, (Trug-)Bild«]: In der Völkerkunde und Religionswissenschaft Bezeichnung für Gegenstände, die bei sog. primitiven Völkern als Götter verehrt werden. In unserem Kulturkreis sind Idole Personen, die Gegenstand einer gefühlsmäßigen Verehrung sind (z. B. Schauspieler, Sportler, Politiker).

illegal [von lateinisch *illegalis* »ungesetzlich«] bezeichnet eine Handlung oder ein Verhalten, das im Widerspruch zu Gesetzen oder anderen Rechtsnormen steht.

Illegalität bedeutet svw. das Leben im Verborgenen, unter einem falschen Namen (urspr. wegen eines Gesetzesverstoßes, heute vielfach auch aus politischen Gründen).

ILO ↑ Internationale Arbeiterorganisation.

Image [englisch »Bild«] wird das Bild genannt, das Werbung und ↑ Public Relations mit Hilfe der ↑ Massenmedien von einer Person, einer Sache oder einer Personengruppe erzeugen.

Immissionsschutz ist der Sammelbegriff für die Bemühungen, den menschlichen Lebensraum vor schädlichen Umwelteinwirkungen zu schützen. Das Hauptanliegen des I. ist die Reinhaltung von Wasser und Luft, die Lärmbekämpfung und die ↑ Abfallentsorgung. Aus der Vielzahl der damit zu bewältigenden Probleme ergibt sich die Unübersichtlichkeit des Immissionsschutzrechts. Immissionsschutzrechtliche Bestimmungen und Vorschriften finden sich in der gesamten Rechtsordnung und stehen meist im Zusammenhang mit anderen Sachgebieten. Eine zentrale Regelung findet sich im *Bundesimmissionsschutzgesetz* i. d. F. vom 14. Mai 1990. Sein Zweck ist es, »Menschen sowie Tiere, Pflanzen und andere Sachen vor schädlichen Umwelteinwirkungen . . . und auch vor Gefahren, erheblichen Nachteilen und erheblichen Belästigungen . . . zu schützen und dem Entstehen schädlicher Umwelteinwirkungen vorzubeugen«. Dazu werden Vorschriften für die Genehmigung besonders umweltgefährdender Anlagen und für deren Betrieb erlassen. Aber auch nicht genehmigungsbedürftige Anlagen sind nach dem Gesetz so zu errichten und zu betreiben, daß »schädliche Umwelteinwirkungen verhindert werden, die nach dem Stand der Technik vermeidbar sind«. Die Betreiber solcher Anlagen haben daher eine *Emissionserklärung* abzugeben, die von den Behörden durch Einzelmessungen oder kontinuierliche Messungen überprüft werden kann. Darüber hinaus sorgen *Immissionsschutzbeauftragte* in den Betrieben für die Einhaltung der Umweltvorschriften.

Im Mittelpunkt der Immissionspolitik steht die Reduzierung des Ausstoßes von Schadstoffen aus Kraftwerken. Ausgelöst durch die Diskussion über das ↑ Waldsterben wurde in der sog. *Großfeuerungsanlagenverordnung* 1983 und der *Technischen Anleitung Luft* (TA Luft) mit Hilfe von Grenzwerten für Schwefeldioxyd und Stickoxyden bis zum 1. März 1993 eine Reduzierung der Schadstoffemission um drei Viertel verlangt.

Auch andere Gebiete des I. wurden in Form von Durchführungsverordnungen zum Immissionsschutzgesetz geregelt. So gibt es z. B. Vorschriften über Chemischreinigungsanlagen (1974), Beschränkungen und Verbote für das Inverkehrbringen bestimmter Schadstoffe (1978, 1989), über die Vorsorge und Abwehr von *Störfällen* (1988) und Festsetzungen von Grenzwerten zum *Verkehrslärmschutz* (1990). Zunehmend hat die ↑ Europäische Gemeinschaft Luftqualitätsnormen, z. B. für Schwefeldioxid-, Schwebstaub-, Stickstoffdioxid-, Blei-, Asbestemissionen oder auch für Industrie- und Großfeuerungsanlagen festgesetzt. Sie liegen aber meist erheblich über den strengeren deutschen Vorschriften. Auf dem Gebiet der ehemaligen DDR müssen 278 Großfeuerungsanlagen bis zum 1. Juli 1996 saniert werden (10 Braunkohle-Großkraftwerke, 142 Industriekraftwerke, 126 Heizkraftwerke). Ferner bedürfen 6 735 luftverunreinigende Anlagen der Sanierung entsprechend der TA Luft.

Immobilität: Allgemein Bezeichnung für Unbeweglichkeit, besonders in räumlicher Hinsicht. In der soziologischen Analyse der Berufsmobilität und der sozialen ↑ Schichtung bezeichnet I. das Fehlen beruflicher Veränderungen und des Berufswechsels sowie das Fehlen von Aufstieg und Abstieg zwischen den einzelnen Schichten. – ↑ auch Mobilität.

Immunität [von lateinisch immunis »frei«]: Schutz vor Strafverfolgung. Im ↑ Völkerrecht sind z. B. diplomatische Vertreter fremder Staaten aus der Gerichtsbarkeit des Gastlandes ausgenommen und können dort für von ihnen begangene Straftaten nicht belangt werden (↑ Gesandtschaftsrecht). Ebenso genießen parlamentarische ↑ Abgeordnete Immunität. Nach Art. 46 GG dürfen sie für Straftaten gerichtlich nur zur Verantwortung gezogen werden, wenn das Parlament es genehmigt, es sei denn, sie werden auf frischer Tat oder im Laufe des folgenden Tages festgenommen. Die I. soll Abgeordnete vor Übergriffen einer ihnen feindlich gesonnenen Regierung schützen. – ↑ auch Indemnität.

Impeachment [von englisch to impeach »anklagen«]: Allgemein der Antrag einer parlamentarischen Körperschaft auf Amtsenthebung und Bestrafung. Speziell die Bezeichnung für das in der amerikanischen Verfassung von 1789 vorgesehene Verfahren, mit dem der Präsident, der Vizepräsident und Beamte des Bundes aus dem Amt entfernt werden können. Das ↑ Repräsentantenhaus entscheidet mit einfacher Mehrheit über die Anklageerhebung, der ↑ Senat tagt als Gericht unter Vorsitz des Präsidenten des Obersten Bundesgerichts (wenn der Präsident angeklagt ist) und kann den Betroffenen mit Zweidrittelmehrheit für schuldig und amtsenthoben erklären.

imperatives Mandat: Bindung eines Mandatsträgers (z. B. eines Abgeordneten im Parlament) an die Entscheidungen und Aufträge der Partei oder Gruppe, von der er entsandt wurde. – ↑ auch Mandat.

Imperialismus ist das Streben eines Staates nach Großmacht- oder Weltmachtstellung. Ziel des I. ist es, die Bevölkerung eines fremden Landes mit politischen, wirtschaftlichen, kulturellen und ideologischen Mitteln abhängig zu machen und zu beherrschen. Die Expansionspolitik der europäischen Großmächte, der USA und Japans (d. h. die zum Teil gewaltsame territoriale Ausdehnung und Machterweiterung durch Erwerb von Kolonien, Sicherung von Einflußgebieten und Eingliederung benachbarter Gebiete zwecks Sicherung von Rohstoffquellen und Absatzmärkten für die heimische Industrie sowie von Siedlungsland für die heimische Bevölkerung) im letzten Drittel des 19. Jahrhunderts bis zum 1. Weltkrieg wird als klassische Zeit des I. bezeichnet. Die faktische Aufteilung der Erde durch die Großmächte wurde gerechtfertigt und verteidigt durch fragwürdige Thesen z. B. von der Überlegenheit der weißen Rasse (↑ Sozialdarwinismus), von der angeblichen Notwendigkeit größeren Lebensraums und gestützt durch Sendungsideologien (Greater Britain, La Grande Nation, »Am deutschen Wesen soll die Welt genesen«). Als Ursachen imperialistischer Politik werden vielfach ökonomische Gründe wie Rohstoff- und Absatzinteressen angegeben. Eine große Rolle spielten aber auch Machtkonkurrenz und Prestigestreben der am »Wettlauf um die Aufteilung der Erde« beteiligten Mächte. Imperialistische Politik betrieben in der Nachkriegszeit, der damaligen bipolaren Weltordnung entsprechend, v. a. die Weltmächte USA und UdSSR. Dabei ist zu berücksichtigen, daß beide Großmächte im Auftrag der ↑ UN globale Ordnungsaufgaben wahrgenommen haben (z. B. in der Suezkrise 1956, im Koreakrieg 1950/51, im zweiten Golfkrieg 1990/91).

Import: Im weiteren Sinne entgeltliche oder unentgeltliche Einfuhr von Waren, Dienstleistungen oder Kapital von Ausländern zu Inländern, im engeren Sinn der Warenbezug aus dem Ausland. Der I. ist Teil des ↑ Außenhandels und wird statistisch erfaßt in der ↑ Zahlungsbilanz einer Volkswirtschaft. Maßstab für die Importabhängigkeit eines Landes ist die *Importquote*, d. h. der Anteil des I. am ↑ Volkseinkommen. Eine hohe Importquote kann einerseits ein Anzeichen für mangelnde ↑ Autarkie einer ↑ Volkswirtschaft sein, d. h. das Unvermögen ausdrücken, die im Inland benötigten Leistungen selbst zu produzieren; andererseits nutzt das Inland die Vorteile der ↑ internationalen Arbeitsteilung und importiert Leistungen, die sich im Ausland relativ kostengünstiger erstellen lassen. – ↑ auch Export.

Indemnität [von lateinisch indemnitas »Schadloshaltung«]: Nach Art. 46 GG darf ein Abgeordneter zu keiner Zeit wegen seiner Abstimmung oder wegen einer Äußerung, die er im Bundestag oder in einem seiner Ausschüsse getan hat, gerichtlich oder dienstlich verfolgt von außerhalb des Bundestages zur Verantwortung gezogen werden. – ↑ auch Immunität.

Indikationslösung ↑ Schwangerschaftsabbruch.

indirekte Steuern ↑ Steuern.

Individualismus bezeichnet allgemein eine Betrachtungsweise, in der (im Gegensatz zum ↑ Kollektivismus) das Individuum, der einzelne Mensch, seine Selbständigkeit und Freiheit, betont wird. I. wird auch als Gegenbegriff zur »Vermassung« (als einem Kennzeichen moderner Industriegesellschaften) verstanden. Individualistisch in ihrer Grundtendenz sind z. B. der ↑ Liberalismus und der ↑ Anarchismus. Als methodischer I. werden Forschungsrichtungen, v. a. in den ↑ Sozialwissenschaften, bezeichnet, die vom Individuum ihren Ausgang nehmen.

Individuum: Der einzelne Mensch, verstanden als durchaus »eigenartige«, von anderen unterscheidbare Person (allgemein auch jede »unteilbare« biologische Lebenseinheit). Vom Einzelmenschen, seinen persönlichen Interessen und Rechten (↑ Menschenrechte) gehen der ↑ Individualismus und der klassische ↑ Liberalismus aus, im Gegensatz zum ↑ Kollektivismus, der die Unterordnung des I. unter die Gemeinschaft fordert. In beiden Fällen jedoch wird übersehen, daß zwischen I. und Gesamtheit vermittelnd soziale Gruppen stehen, die das I. und seine Stellung in der Gesellschaft prägen. Weder geht das I. im Kollektiv auf, noch kann es isoliert als Ausgangspunkt einer Gesellschaft betrachtet werden. Es hat aber ein Recht auf Respektierung seiner Persönlichkeit.

Indiz [von lateinisch indicium »Anzeichen«]: Tatsache, die einen Schluß auf eine andere, nicht unmittelbar bewiesene Tatsache zuläßt. Man spricht im Strafprozeß von einem Indizienbeweis, wenn sich die Schuld des Angeklagten aus einer Kette von Tatsachen nachweisen läßt, die mittelbar seine Täterschaft beweisen.

Indoktrination benutzt alle Formen der ↑ Propaganda und der psychischen Beeinflussung, um das Denken und Handeln von Gesellschaftsgruppen und Einzelpersonen zu bestimmen. Zweck der I. ist die Durchsetzung einer ↑ Ideologie und die Ausschaltung der freien Meinungsbildung.

Industrialisierung: Übergang von der handarbeitsorientierten zur maschinenorientierten Tätigkeit im gewerblichen Bereich (sekundären Sektor) eines Landes (↑ Industrie). Dieser Prozeß führt zu einer überwiegenden Ablösung der Betriebsformen des Handwerks, der Manufaktur und des Verlagswesens durch die der Fabrik. Voraussetzungen des Industrialisierungsprozesses sind: ausreichende Rohstoffversorgung, genügend großes Arbeitskräftepotential (industrielle Reservearmee), eine Überschuß produzierende Landwirtschaft, die Kenntnis und der Einsatz industrieller Technologie, die Konzentration von ↑ Kapital in privater oder öffentlicher Hand, die Bereitschaft von Unternehmer- und Arbeiterschichten zur sozialen Veränderung, die politisch-rechtliche Absicherung der marktorientierten industriellen

Produktionsweise (Ausbildung, freie Arbeitsplatzwahl, Niederlassungs- und Marktrecht usw.) und schließlich in bestimmtem Maß das Vorhandensein einer ↑ Infrastruktur (Beschaffungs- und Absatzmärkte, Verkehrswege).

Alle diese Voraussetzungen bedingten einander historisch in Europa und den USA und wurden mit fortschreitender I. verstärkt. Abweichend davon verlief zum Teil die I. in der UdSSR und heute in den ↑ Entwicklungsländern. Geschieht dieser Vorgang stürmisch, d. h. innerhalb weniger Jahre, so spricht man von *industrieller Revolution* (z. B. in England Ende des 18., in Deutschland Mitte des 19. Jahrhunderts). Durch die ökonomische Überlegenheit der industrialisierten Länder entstand eine Sog- und Abhängigkeitswirkung, die sich über den ↑ Imperialismus bis hin zum heutigen Gefälle zwischen Industrie- und Entwicklungsländern steigerte (↑ auch Nord-Süd-Konflikt).

Industrie: Wirtschaftsbereich, der die Rohstoffgewinnung sowie die gewerbliche Verarbeitung von Rohstoffen und Halbfabrikaten auf chemischem oder mechanischem Wege zu Konsum- oder Produktionsgütern umfaßt. Die I. kann nach der Verarbeitungsstufe in verschiedene Zweige eingeteilt werden (Rohstoff-, Halbfabrikat-, Fertigwarenindustrie), nach der Inanspruchnahme von ↑ Produktionsfaktoren (rohstoff-, arbeits-, kapitalintensive I.), der Art der erstellten Güter (Konsumgüter-, Investitionsgüterindustrie), dem Fertigungsverfahren, der Betriebsgröße oder der Rechtsform. Im Gegensatz zum ↑ Handwerk, aus dem sie sich historisch entwickelt hat, ist die I. durch überwiegend maschinelle Produktion gekennzeichnet, die unter Einsatz moderner Technik und Wissenschaft Waren für einen anonymen Markt herstellt. − ↑ auch Produktion.

Industriegesellschaft: Nach Auflösung der Ständegesellschaft hat sich mit der ↑ Industrialisierung eine neue Gesellschaftsform herausgebildet, die maßgeblich durch die industrielle Produktionsweise bestimmt wird. In der I. bestimmt sich die Schichtzugehörigkeit (↑ Schichtung) des einzelnen nicht mehr nach standesgemäßer Geburt, sondern nach einer Vielfalt von Faktoren, die seinen persönlichen Erfolg in einer leistungsorientierten Gesellschaft widerspiegeln: Einkommen, Beruf, Bildung, Besitz, Stellung in der betrieblichen Gehorsams- und Befehlshierarchie, außerbetriebliche soziale Rollen und anderes. Da damit prinzipiell jedem Menschen Auf- und Abstieg – je nach Leistung und Erfolg – offen stehen, hat man die I. auch als »Leistungsgesellschaft«, »Erfolgsgesellschaft«, »mobile Gesellschaft« oder »offene Gesellschaft« bezeichnet. Diese Begriffe sind indessen insofern ideologieverdächtig, als sie tatsächlich bestehende Behinderungen der sozialen ↑ Mobilität und der ↑ Chancengleichheit verdecken. Solche Behinderungen bestehen jedoch auch in der hochentwickelten I. durch schichtenabhängige Erziehungs- und Bildungsdefizite, die sich auf die Stellung des einzelnen in der Gesellschaft auswirken. Dennoch bietet die I. gegenüber anderen Gesellschaftsformen durch die industrielle Produktionsweise größeren materiellen Wohlstand, die Chance horizontaler und vertikaler Mobilität, die Möglichkeit der aktiven und passiven Teilhabe am politischen Entscheidungsprozeß oder der Ausnutzung des erst durch die Industrialisierung entstandenen Bildungs-, Erholungs- und Informationsangebots.

Schon seit den Anfängen der I. hat man aber gleichzeitig auch darauf hingewiesen, daß die zunehmende Industrialisierung familiäre Bindungen zerstört und eine soziale Entwurzelung mit sich bringen kann, wenn häuslicher und ökonomischer Bereich, Wohnung und Betrieb getrennt werden. Zweifellos hat die I. zur Auflösung vieler traditionsgebundener Verhaltensweisen geführt, die dem einzelnen nicht nur Last, sondern auch Sicherheit waren. Die industrielle Produktionsweise hat darüber hinaus zu einer beachtlichen Zerstörung der Umwelt geführt, deren Ausmaße erst in jüngster Zeit deutlich werden. – ↑ auch Ökologie, ↑ Umweltschutz.

Industriegewerkschaft (IG): Gewerkschaft, die die Interessen aller in einem Wirtschaftszweig beschäftigten Arbeitnehmer vertritt *(Industrieverbandsprinzip)*. Im Gegensatz zur Weimarer Republik wurden nach 1945 die Gewerkschaften in der BR Deutschland nach diesem Prinzip und nicht nach der Berufszugehörigkeit ihrer Mitglieder organisiert. – ↑ auch Gewerkschaften.

Industrie- und Handelskammern (IHK): Interessenvertretungen der gewerblichen Wirtschaft (mit Ausnahme des Handwerks, das in ↑ Handwerkskammern zusammengefaßt ist). Sie sind als ↑ Körperschaften des öffentlichen Rechts organisiert. Alle Einzelkaufleute, Handelsgesellschaften und juristischen Personen des öffentlichen und privaten Rechts (z. B. eine AG) sind Zwangsmitglieder, wenn sie im Bezirk der IHK geschäftlich tätig sind. Organe der IHK sind die Vollversammlung, gewählt durch die Mitglieder, ein von der Vollversammlung bestellter Präsident und ein Hauptgeschäftsführer, die beide die IHK vertreten. Aufgaben der IHK sind u. a. Interessenvertretung gegenüber dem Staat, Beratung der Mitglieder und Information, Erstellung von Gutachten, Schiedsgerichtsbarkeit, Aufsicht über Lehrlingsausbildung und Durchführung der Lehrabschlußprüfungen.

INF [Abk. für englisch Intermediate-range Nuclear Forces »nukleare Mittelstreckenraketen«] sind Atomwaffen auf Trägermitteln (z. B. Raketen, Flugzeuge) mit einer Reichweite von 500 km bis zu 5 500 km. Sie sind meist in Europa stationiert und für die nukleare Kriegführung und zur Abschreckung in Europa vorgesehen. Seit 1981 wurde über diese Waffen in gesonderten Abrüstungsverhandlungen zwischen den USA und der UdSSR verhandelt. Im Dezember 1987 wurden die Verhandlungen über die Reduzierung der INF abgeschlossen und vereinbart, daß bis 31. Mai 1991 alle entsprechenden Flugkörper der USA und der UdSSR beseitigt sind. Die Einhaltung des Vertrags wird durch strenge Verifikationsmaßnahmen über 13 Jahre gesichert.

Inflation [von lateinisch inflatio »das Sich-Aufblasen, Aufschwellen«] bezeichnet eine länger anhaltende Preissteigerung bzw. Wertminderung und damit einen Kaufkraftverlust des Geldes. Als mögliche Ursachen einer I. werden genannt: 1. eine übermäßige Ausweitung der Geldmenge durch den Staat (zur Deckung erhöhter Ausgaben, z. B. zur Finanzierung eines Krieges); 2. eine das Angebot übersteigende Nachfrage nach Gütern, die den Anbietern erlaubt, die Preise zu erhöhen; 3. eine ↑ Preis-Lohn-Spirale; 4. Preissteigerungen im Ausland, die durch Verteuerung der Importe und durch eine gleichzeitige Erleichterung der Exporte sich auch im Inland auswirken können *(importierte I.)*. Wird durch staatliche Maßnahmen (z. B. durch Festsetzung von Höchstpreisen und Vergabe von Subventionen) versucht, den Anstieg des Preisniveaus zu verhindern, spricht man von *zurückgestauter Inflation*.

Informatik: Wissenschaft von der ↑ elektronischen Datenverarbeitung und den Grundlagen ihrer Anwendung. Sie ist unterteilt in technische und theoretische Informatik.

Information (lateinisch »Auskunft«, »Nachricht«) ist die Grundlage für eine Entscheidung. Deshalb ist es wichtig, sich I. zu beschaffen, zu speichern und zu verarbeiten und nach Möglichkeit einen Informationsvorsprung gegenüber anderen zu erwerben. Die Übermittlung von I. erfordert die Formulierung der Sachverhalte in sprachlichen Zeichen. Diese sind entweder Ergebnis allgemeiner Übereinkunft oder spezieller Einzelabsprache. Die Zeichen werden in Signale umgesetzt (Schallwelle, geschriebenes Zeichen, elektrischer Impuls). Vom Aussagecharakter her läßt sich die I. als faktisch, prognostisch, wertend, vorschreibend usw. kennzeichnen. Weitere erwünschte Eigenschaften der I. sind Genauigkeit, Klarheit und Aktualität.

informationelles Selbstbestimmungsrecht ↑ Datenschutz.

Informationsfreiheit: Ein der ↑ Meinungs- und ↑ Pressefreiheit gleichwertiges Grundrecht gemäß Art. 5 GG. Die I. bedeutet das Recht, sich aus allgemein zugänglichen Quellen ungehindert zu unterrichten. Sie ist eine Voraussetzung der Meinungsfreiheit, da sie Meinungsbildung erst ermöglicht. Die I. gewährleistet jedoch kein Recht auf Information, dieses steht lediglich der Presse aufgrund der Landespressegesetze zu. Problematisch wird die Einschränkung der I. bei einer sog. Nachrichtensperre von Behörden. − ↑ auch Pressefreiheit.

Informationswissenschaft: Forschungs- und Lehrgebiet an Hochschulen, das sich mit der Verbreitung und der

Struktur von und dem Zugang zu Informationen befaßt, u. a. von solchen, die mit Hilfe der EDV gespeichert werden. Die I. ist im Vergleich zur ↑ Informatik stärker anwendungs- und nutzerorientiert.

Infrastruktur: Gesamtheit aller für die Entwicklung eines Landes notwendigen Einrichtungen. Hierzu gehören sowohl die materielle I. (z. B. Verkehrswege, Wasser- und Energieversorgung) als auch die sog. institutionelle I. (Gesamtheit der gewachsenen und gesetzten Normen und Verfahrensweisen der Gesellschaft, v. a. die geltende Rechtsordnung) und die personelle I. (Zahl und Fähigkeiten der Bevölkerung). Eine ausreichende I. bildet die Grundlage jeder höheren wirtschaftlichen Tätigkeit; das Niveau der I. einer ↑ Volkswirtschaft bestimmt damit grundlegend deren Entwicklungsstand und -chancen (↑ Wachstumspolitik). Kennzeichnend für Infrastrukturleistungen ist, daß sie überwiegend vom Staat oder von unter öffentlicher Kontrolle stehenden privaten Unternehmen erstellt werden.

Inkatha ↑ ANC.

Inkompatibilität [lateinisch »Unvereinbarkeit«], mehrere Ämter und Posten gleichzeitig zu bekleiden. Die I. steht im Zusammenhang mit dem Prinzip der ↑ Gewaltenteilung und soll die Machtzusammenballung in der Hand einer Person verhindern. Regelungen der I. enthält das Grundgesetz (z. B. Art. 55, 66 und 96 GG). Auch dürfen Mitglieder des ↑ Bundesrates nicht dem ↑ Bundestag angehören. Angehörige des ↑ öffentlichen Dienstes werden in den Ruhestand versetzt, wenn sie ein parlamentarisches Mandat annehmen. Art. 137 Abs. 1 GG läßt darüber hinaus gesetzliche Beschränkungen der Wählbarkeit von Angehörigen des öffentlichen Dienstes zur Verhinderung einer Verbindung von ausführender und gesetzgebender Tätigkeit zu. Bei Gemeindeparlamenten bestehen − problematische − Ausnahmen. Nicht zulässig ist eine Regelung, die einen Ausschluß *(Ineligibilität)* von der Wählbarkeit überhaupt enthält.

Innenministerkonferenz (IMK): Eine ständige Einrichtung der Innenminister des Bundes und der Länder als oberstes Koordinierungsinstrument für Fragen der inneren Sicherheit. Die IMK tagt seit ihrer

Gründung im Jahre 1954 alle zwei bis drei Monate, wenn keine besonderen Anlässe zu Sondersitzungen zwingen.

Innenpolitik: Gesamtheit der politischen Maßnahmen eines Staates, die im Gegensatz zur ↑ Außenpolitik auf seine inneren, gesellschaftlichen Verhältnisse gerichtet sind. Der Bereich der I. kann je nach Aufgabenstellung des Staates unterschiedlich sein. Im klassischen liberalen Staat war I. im wesentlichen auf Polizei, Justiz, Finanzen und das staatliche Erziehungswesen beschränkt. Neben dem Innenministerium gab es aber immer schon besondere Ministerien für Finanzen und Justiz. Später wurde auch das Kultusministerium verselbständigt. Die Zunahme der staatlichen Tätigkeit (↑ Sozialstaat, ↑ Interventionsstaat) führte zu einer Aufblähung des Innenministeriums und zur Absonderung weiterer spezieller ↑ Ressorts wie z. B. für Wirtschaft, Arbeit, Soziales, Gesundheit, Verkehr. Kernbereich des Innenministeriums blieben die polizeilichen Aufgaben. I. besteht heute v. a. in einer Koordinierung der verschiedenen Bereiche. I. wurde früher als abhängig von der Außenpolitik angesehen (»Primat der Außenpolitik«). Von marxistischen Theoretikern wurde dagegen der Primat der I. betont (Abhängigkeit der Außenpolitik eines Staates von seinen inneren Klassenverhältnissen). Tatsächlich stehen I. und Außenpolitik in einem wechselseitigen Bedingungsverhältnis. Viele innenpolitische Aufgaben, wie z. B. der ↑ Umweltschutz, lassen sich heute nur mit Hilfe internationaler Verträge erfüllen (z. B. Abkommen über die Reinhaltung von Flüssen).

innere Führung bezeichnet das für die ↑ Bundeswehr entworfene Führungsmodell. Grundlegend ist das Konzept des *Staatsbürgers in Uniform,* das davon ausgeht, daß die innere Freiheit des Soldaten voll respektiert werden muß und die äußere Freiheit nur soweit eingeschränkt werden darf, wie es die soldatischen Aufgaben notwendig erfordern. Die i. F. ist der Versuch, die Bundeswehr im Gegensatz zu militaristischen Tendenzen der deutschen Vergangenheit auf eine demokratische Grundlage zu stellen und gleichzeitig den Funktionsbedingungen einer hochtechnisierten Armee Rechnung zu tragen. Durch

die i. F. soll die Verantwortungsbereitschaft des Soldaten gefördert werden. Die Grundsätze der i. F. sind in verschiedenen Gesetzen, Erlässen und Dienstvorschriften festgelegt und stellen damit bindende Anordnungen dar.

innerparteiliche Demokratie: Organisationsprinzip für politische Parteien. Nach Art. 21 Abs. 1 GG muß die innere Ordnung der ↑ Parteien in der BR Deutschland demokratischen Grundsätzen entsprechen. Dazu enthält das Parteiengesetz vom 24. Juli 1967 nähere Regelungen im Hinblick auf Rechte der Mitglieder, Mitgliederversammlungen, Wahlen, Beschlußfassungen und Kontrollen. Fehlt einer Partei eine innere demokratische Ordnung, so kann dies als Anzeichen für ihre Verfassungswidrigkeit gewertet werden und zu ihrem Verbot führen (Art. 21 Abs. 2 GG).

Innovation [von lateinisch innovatio »Erneuerung«] bezeichnet eine planvoll und kontrolliert durchgeführte Neuerung, z. B. im Bereich des Unterrichts durch Aufnahme neuer Lernziele oder in der Wirtschaft durch Entwicklung neuer Produkte oder Anwendung neuer Produktionsverfahren. Maßnahmen zu einer gezielten I.-politik werden diskutiert, um die Wettbewerbsfähigkeit der deutschen Wirtschaft zu erhalten.

Innung: Freiwilliger Zusammenschluß der selbständigen Handwerker des gleichen Handwerks in einem bestimmten Bezirk. Die Innungen sind in der BR Deutschland fachlich gegliederte Verbände, die die unterste Stufe der Handwerksorganisation bilden und Ausgangspunkt sowohl für die überfachlichen Verbände (Kreishandwerkerschaft, ↑ Handwerkskammern) als auch für übergreifende fachliche Zusammenfassungen der Handwerksorganisation (Landesinnungsverbände, Bundesinnungsverbände, Bundesvereinigung der Zentralfachverbände des deutschen Handwerks) sind. Die Innungen fördern die gemeinsamen gewerblichen Interessen ihrer Mitglieder, dienen der beruflichen Fortbildung, auch der Lehrlingsausbildung und versorgen die staatlichen Behörden mit Informationen. Mit Genehmigung ihrer Satzung durch den Staat werden sie öffentlich-rechtl. Körperschaften.

Instanz: Die zur Verwaltung oder Entscheidung einer bestimmten Angelegenheit zuständige Behörde oder das zuständige Gericht. Sind die Behörden oder Gerichte so miteinander verbunden, daß man sich mit Beschwerden oder ↑ Rechtsmitteln an eine andere, höhere Instanz wenden kann, spricht man von einem »*Instanzenzug*«.

Institution [von lateinisch institutio »Einrichtung«]: Einrichtung zur Erfüllung bestimmter (v. a. öffentlicher, aber auch privater) Zwecke. Als I. wird sehr Unterschiedliches bezeichnet, z. B. die Ehe oder Organisationen wie der Bundestag oder allgemeiner »die Schule«, aber auch ein Amt wie das des Bundespräsidenten und ganz generell alle dauerhaften menschlichen Beziehungen, die bestimmten Mustern folgen und eine beständige Form besitzen. Das auf diese Weise institutionalisierte Verhalten der Menschen erleichtert die zwischenmenschlichen Beziehungen und dient der Orientierung in der sozialen Umwelt, da sich jedermann auf bestimmte, einem Ordnungsbild folgende Verhaltensweisen verlassen kann.

Institutionen dienen als Elemente der Ordnung dazu, das nicht mehr (wie beim Tier) Instinkthandlungen folgende Zusammenleben der Menschen zu ermöglichen, sich in der Umwelt zu behaupten und immer wiederkehrende Probleme zu bewältigen. Institutionen können Herrschaftscharakter annehmen und sich dem Wandel der menschlichen Interessen und Bedürfnisse aufgrund ihrer relativen Selbständigkeit und Starrheit widersetzen. Sie wandeln sich aber auch selbst in der historischen Entwicklung, vergehen und machen neuen Institutionen Platz.

Integration [von lateinisch integratio »Wiederherstellung eines Ganzen«]: Allgemein der Vorgang des Zusammenschlusses von Teilen zu einer Einheit (im Gegensatz dazu: *Desintegration* = Auflösung von Einheiten); in der Soziologie die Eingliederung von Personen bzw. Teilen eines sozialen Systems in eine umfassende Einheit oder in den ↑ Gruppe oder in den Staat (z. B. die I. der Bundeswehr in die Gesellschaft oder Rasseninteration). Die soziale I. beruht dabei auf der Anerkennung gemeinsamer Grundwerte, gemein-

samer Ziele und Merkmale (= dem »Minimalkonsens«) sowie auf der Anerkennung allgemeiner Regeln zur Bewältigung und Lösung von Konflikten innerhalb einer Gruppe durch die Gruppenmitglieder. Ist die Anerkennung dieses Minimalkonsenses und der Regeln zur Konfliktlösung durch die Gruppenmitglieder in Frage gestellt, so kann durch Ablenkung (z. B. durch Aufbau eines gemeinsamen Feindbildes) eine sog. *sekundäre I.* angestrebt werden.

Integrität [von lateinisch integer »unberührt, ganz«]: Bezeichnung für
◊ die Unbestechlichkeit und Glaubwürdigkeit eines Menschen.
◊ die Unverletzlichkeit eines Staatsgebietes.

Intellektuelle: Bezeichnung für Menschen, die aufgrund ihrer meist beruflich bedingten geistigen Beschäftigung ihre Umwelt verstandesmäßig betrachten und eine Neigung zur kritischen Distanz gegenüber gesellschaftlichen Vorurteilen und Traditionen haben.

Intelligenz ↑ Begabung.

Interaktion: Soziologischer Begriff, der die soziale Wechselbeziehung von zwei oder mehreren Individuen bezeichnet. Mit diesem Begriff hat der Soziologe T. Parsons (1902–1979) das soziale System bewußten oder unbewußten menschlichen Handelns beschrieben als wechselseitige Orientierung des einzelnen an dem anderen: Systemkonformes Handeln sucht und erfährt Bestätigung durch den anderen und orientiert sich an dessen Handlungen; nonkonformes Handeln wird bestraft, ihm wird Bestätigung und Nachahmung versagt. Von einem anderen Ansatz ausgehend hat u. a. G. Homans die I. als Reiz-Reaktion-Beziehung aufgefaßt und damit Erkenntnisse der Lerntheorie auf das soziale System angewendet.

Interdependenz [lateinisch »gegenseitige Abhängigkeit«] besteht, wenn innerhalb eines Systems die Veränderung eines bestimmten Zustandes die Veränderung eines anderen notwendig bewirkt und umgekehrt. V. a. hat man die I. ökonomischer Zusammenhänge beschrieben, z. B. daß bei Preisveränderung eines Gutes die Nachfrage nach anderen Gütern, die dieses ersetzen können, steigt oder fällt. Im politischen Bereich besteht I. z. B. in der Abhängigkeit der Politik eines Landes von der anderer Länder oder in der wechselseitigen Abhängigkeit von Außenpolitik und innenpolitischer Situation.

Interesse: Erhöhte Aufmerksamkeit, die aufgrund bestimmter ↑ Bedürfnisse auf etwas gerichtet wird. Das I. ist immer »subjektiv«. Von »objektiven« Interessen spricht man, wenn man annimmt, daß jemand aufgrund seiner sozialen Stellung, z. B. seiner Klassenlage, bestimmte Bedürfnisse haben müsse, die der Betreffende selbst möglicherweise nicht empfindet. Das modernen Demokratien zugrunde liegende Prinzip individueller Freiheit fordert, daß jeder seinen Interessen und Neigungen im Rahmen der Gesetze nachgehen darf. Die Gesetze selbst gelten dabei als Kompromisse zwischen den unterschiedlichen gesellschaftlichen Interessen. Eine besondere Rolle spielen daher die organisierten Bestrebungen, das I. bestimmter Gruppen durchzusetzen (↑ Interessenverbände).

Interessenkonflikt bezeichnet das Aufeinandertreffen unterschiedlicher Interessen zwischen Einzelpersonen oder Gruppen aufgrund nicht miteinander vereinbarer Zielsetzungen. Soziologen weisen darauf hin, daß man die gesamte gesellschaftlich-politische Ordnung als ein System von Regeln für ein geordnetes Lösen von Interessenkonflikten ansehen kann. Politische, wirtschaftliche, soziale und kulturelle Veränderungen und Entscheidungen berühren immer die Interessen der verschiedenen in der Gesamtgesellschaft vertretenen Gruppen, die sich durch wirtschaftliche Stellung, Bildung, politische Macht, Wertsetzung usw. unterscheiden. Interessenkonflikte sind daher unausweichlich. Sie sind bis zu einem gewissen Grad lösbar durch Verzicht einer Seite, durch gewaltsame Unterdrückung oder durch ↑ Kompromisse. Notwendig ist die Ausbildung einer Rechtsordnung, die eine friedliche Lösung von Interessenkonflikten in einer Gesellschaft ermöglicht.

Interessenverbände sind Vereinigungen von Personen, die sich zum Zweck der Vertretung gemeinsamer politischer, wirtschaftlicher oder sozialer Interessen eine feste Organisation geben (im Unterschied zu unorganisierten, sich mehr oder weniger spontan zusammenfindenden *Interessengruppen*). Es handelt sich bei ihnen meist um freiwillige Zusammenschlüsse, die im Laufe der industriellen Entwicklung, in Deutschland seit Ende des 19. Jahrhunderts an die Stelle der ständischen Ordnung (Zünfte u. a.) traten (↑ Gewerkschaften, ↑ Arbeitgeberverbände). Zu den I. werden im Hinblick auf ihre Wirkungsweise im politischen System jedoch nicht nur wirtschaftliche Vereinigungen gezählt, sondern z. B. auch Sportverbände, die Kirchen und die ↑ kommunalen Spitzenverbände.

Im Unterschied zu ↑ Parteien stellen I. nicht selbst Kandidaten für die Wahl auf, sondern versuchen, indirekt auf Gesetzgebung und Verwaltung Einfluß zu nehmen (↑ Lobby). Die Möglichkeiten dazu sind vielfältig: Sie reichen von einer finanziellen Unterstützung von Parteien durch Spenden über Versuche einer Beeinflussung der Öffentlichkeit und der parlamentarischen Gesetzgebung bis zur Entsendung von Verbandsfunktionären in die Parteien und das Parlament, insbesondere in dessen Ausschüsse, wo die Funktionäre im Sinne des Verbandes tätig werden.

I. sind Ausdruck der vielschichtigen Interessenstruktur moderner Gesellschaften (↑ Pluralismus). Da es in einer Demokratie um die Befriedigung der verschiedenen in einem Volk vorhandenen Interessen geht, ist der Versuch der I., diese Interessen zu artikulieren und bei politischen Entscheidungen zur Berücksichtigung zu bringen, grundsätzlich positiv zu werten. Da die I. auch einen hohen Sachverstand in Fragen ihres Bereichs besitzen, werden sie regelmäßig von den Bundesministerien bei der Vorbereitung entsprechender Gesetze befragt. Problematisch wird die Berücksichtigung von Verbandsinteressen erst dann, wenn sie einseitig auf Kosten der Interessen anderer Verbände erfolgt oder der Interessen im Volk, die sich nicht einfach verbandsmäßig organisieren lassen (z. B. Verbraucherinteressen), und wenn die von den I. ausgehende Beeinflussung unkontrolliert bleibt. Um dem vorzubeugen, werden während eines Gesetzgebungsverfahrens vom Parlament zuweilen öffentliche

Anhörungen (↑ Hearings) der Interessenten veranstaltet.

Internalisierung [von lateinisch internus »innerlich«]: Verinnerlichung gesellschaftlicher ↑ Normen und ↑ Verhaltensweisen, aus der die Bereitschaft erwächst, ihnen aus eigenem Antrieb zu folgen.

Internationale Arbeitsorganisation (engl. International Labour Organization Abk. ILO), eine 1919 mit dem Völkerbund entstandene Organisation, die seit 1946 eine Sonderorganisation der ↑ UN mit 148 Mitgliedern (1990) ist. Ausgehend von der in der Präambel der ILO getroffenen Feststellung, daß Frieden auf Dauer nur auf sozialer Gerechtigkeit aufgebaut werden kann, strebt sie Abstimmung und Verbesserung der Arbeitsbedingungen (z. B. Arbeitsschutz, Arbeitsvermittlung, Sozialversicherung) an. In den Vordergrund rücken zunehmend Fragen der angepaßten Technologien, v. a. in Entwicklungsländern.

internationale Arbeitsteilung: Begriff aus dem Bereich der ↑ Weltwirtschaft, der aussagt, daß jede ↑ Volkswirtschaft auf die Herstellung solcher Güter und Dienstleistungen spezialisiert, für deren Produktion sie durch natürliche Gegebenheiten oder ↑ Know-how begünstigt ist. Der über den inländischen Bedarf hinausgehende Teil der Produktion wird exportiert. Voraussetzung für das Funktionieren der i. A. ist die Abschaffung von Außenhandelsbeschränkungen (z. B. von Zöllen), die einem echten ↑ Freihandel entgegenstehen. – ↑ auch Arbeitsteilung.

internationale Beziehungen: Die enge Verflechtung in wirtschaftlichen, politischen und kulturellen Beziehungen zwischen den Staaten. Nach dem 2. Weltkrieg führten die i. B. zu einem dichten Netz von internationalen Verträgen und zur Gründung zahlreicher ↑ internationaler Organisationen. Die i. B. haben sich historisch nach unterschiedlichen Mustern entwickelt (z. B. Hegemonialsysteme, Blockbildungen). Einen Versuch ihrer rechtlichen Regelung stellt das ↑ Völkerrecht dar. – ↑ auch Ost-West-Konflikt, ↑ Nord-Süd-Konflikt.

internationale Organisationen sind die aufgrund völkerrechtlicher Verträge zwischen Staaten errichteten ständigen Einrichtungen mit eigenen Organen zur

Wahrnehmung bestimmter gemeinsamer Aufgaben. Die Befugnisse der i. O. bestimmen sich allein nach dem Willen der Mitgliedstaaten. Diese können i. O. auch eine eigene Rechtspersönlichkeit verleihen. Von einer *supranationalen Organisation* spricht man, wenn die Organisation die Befugnis hat, unmittelbar für die Staatsangehörigen der Mitgliedstaaten Vorschriften zu erlassen (z. B. die ↑ Europäische Gemeinschaft). Die wichtigste internationale Organisation ist die ↑ UN, der heute nahezu alle Staaten der Welt angehören und der zahlreiche Sonderorganisationen angegliedert sind.

Internationaler Gerichtshof (IGH): Der IGH mit Sitz in Den Haag ist eines der sechs Hauptorgane der ↑ UN und setzt sich aus dem Präsidenten, dem Vizepräsidenten und dreizehn weiteren Richtern aus allen Erdteilen und Rechtssystemen zusammen. Nach seinem Statut besitzt der IGH Zuständigkeiten im streitigen und im gutachterlichen Verfahren. Der IGH übt streitentscheidende Gerichtsbarkeit aus, wenn zwei oder mehr Staaten einen Fall zur Entscheidung bei ihm anhängig gemacht haben. Bei seiner Sachentscheidung richtet er sich nach geltendem ↑ Völkerrecht. Als richterliches Hauptorgan der UN ist der IGH ferner auf Ersuchen eines Organs der UN zur Erstattung von Rechtsgutachten zuständig. Diese sind jedoch nicht bindend und dürfen nicht über den Streitgegenstand eines zwischenstaatlichen Disputes entscheiden. Der IGH hat durch seine Urteile und Gutachten in beachtlichem Umfang zur Fortbildung des Völkerrechts beigetragen. Wichtige Urteile sind ergangen z. B. über die Abgrenzung des Festlandsockels in der Nordsee (1969) und über die isländischen Fischereigrenzen gegenüber Großbritannien und der BR Deutschland. – Abb. S. 196.

Internationaler Währungsfonds (Abk.: IWF; englisch: International Monetary Fund, Abk.: IMF): Weltwährungsfonds; Sonderorganisation der ↑ UN, gegründet 1944 auf der internationalen Wirtschaftskonferenz von Bretton Woods. Der IWF ist Teil eines ursprünglich umfassenden Plans zur Neuordnung der internationalen Wirtschaftsbeziehungen nach dem Kriege. Hauptziele des IWF sind nach

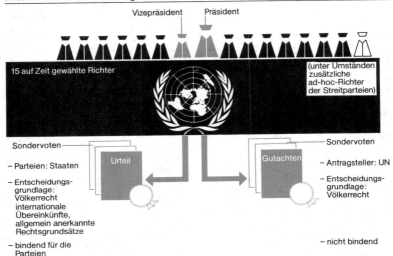

Vizepräsident   Präsident

15 auf Zeit gewählte Richter

(unter Umständen zusätzliche ad-hoc-Richter der Streitparteien)

Sondervoten

Urteil

– Parteien: Staaten

– Entscheidungs-
grundlage:
Völkerrecht
internationale
Übereinkünfte,
allgemein anerkannte
Rechtsgrundsätze

– bindend für die
Parteien

Gutachten

Sondervoten

– Antragsteller: UN

– Entscheidungs-
grundlage:
Völkerrecht

– nicht bindend

Internationaler Gerichtshof. Er entscheidet als richterliches Organ der UN in streitigen und gutachterlichen Verfahren

Art. 1 des Abkommens: 1. Errichtung eines Systems fester Wechselkurse dadurch, daß für die Währung jedes Mitgliedslandes eine Goldparität festgelegt wird; 2. Bereitstellung finanzieller Überbrückungshilfen, damit Mitgliedsländer Zahlungsbilanzstörungen ohne Eingriffe in den internationalen Zahlungsverkehr begegnen können; 3. Einrichtung eines multilateralen Zahlungsverkehrs und Beseitigung von Devisenbeschränkungen; 4. Wiederbelebung und Stärkung des Welthandels auch dadurch, daß Abwertungen zur Erringung eines künstlichen Wettbewerbsvorteils unterbleiben und die Gefahr einer Abwertungskonkurrenz vermieden wird.
Die Mittel des IWF bestehen aus Einzahlungen der Mitglieder; 25 % der finanziellen Zahlungsverpflichtungen sind in Gold, der Rest in eigener Währung einzuzahlen. Diese Quoten sind die Grundlage für die Inanspruchnahme des IWF in seiner Eigenschaft als Bank (= sog. *Ziehungsrechte*). Durch Ergänzung des IWF-Abkommens vom 27. Juli 1961 wurde eine neue internationale Geld- und Reserveeinheit geschaffen, die ↑ Sonderziehungsrechte

(= Gutschriften, d.h. Kredite des IWF zugunsten der Mitgliedsländer).
Seit die USA 1971 die ↑ Konvertierbarkeit des Dollars (= die Verpflichtung, Dollars jederzeit gegen Gold im festgesetzten Verhältnis einzutauschen) aufgekündigt haben, befindet sich die Weltwährungsordnung im Umbruch. Währungskrisen führten 1973 zum Ansteigen der Wechselkurse der europäischen Währungen gegenüber dem Dollar (↑ auch Floating). Durch die Erdölpreiskrisen und die ↑ Schuldenkrise der dritten Welt entstanden für viele Mitglieder hohe Zahlungsbilanzdefizite, so daß 1979 durch die sog. *zusätzliche Finanzierungsvorkehr* in besonders schwierigen Fällen sowie durch die Politik des erweiterten Zugangs zu den Fondsmitteln ab 1981 die Kreditaufnahme erleichtert wurde.
internationaler Zahlungsverkehr: Gesamtheit der Bewegungen von ↑ Zahlungsmitteln zwischen den Ländern. Der i. Z. wird statistisch erfaßt in den ↑ Zahlungsbilanzen der beteiligten ↑ Volkswirtschaften; den Zahlungen liegen meist Waren-, Dienstleistungs- oder Kapitalverkehr mit

dem Ausland zugrunde (↑ Außenhandel), seltener handelt es sich um unentgeltliche Leistungen (z. B. ↑ Entwicklungshilfe). Abgewickelt wird der i. Z. meist über Außenhandelsbanken, die laufend fällig werdende gegenseitige Forderungen und Verbindlichkeiten miteinander verrechnen (sog. Clearing); Bargeld wird im i. Z. kaum verwendet. Die Zahlungsbedingungen werden in der Regel durch internationale Abkommen festgelegt. – ↑ auch Internationaler Währungsfonds.

International Institute for Strategic Studies (IISS): 1958 von britischen Wissenschaftlern gegründetes, unabhängiges Forschungsinstitut zur Analyse der sicherheitspolitik unter besonderer Berücksichtigung der Nuklearwaffen, mit Sitz in London. 1964 wurde das IISS zu einem internationalen Institut ausgebaut. – ↑ auch SIPRI.

Interpellation [von lateinisch interpellare »unterbrechen, mit Fragen angehen«]: Das an die Regierung gerichtete Verlangen des Parlaments um Auskunft in einer bestimmten Angelegenheit. In der BR Deutschland ist das Recht zur I. zwar nicht ausdrücklich im ↑ Grundgesetz genannt, gehört aber zu den Kontrollrechten eines jeden Parlaments und ist als ↑ parlamentarische Anfrage in der ↑ Geschäftsordnung des Bundestages geregelt.

Interpol (Abk. für: **I**nternationale krimi**nalpol**izeiliche **O**rganisation): 1956 gegründete zwischenstaatliche Organisation, der 154 Staaten (1990) angehören und deren Aufgabe die wechselseitige Unterstützung bei der Verfolgung von Verbrechern ist. Die Zuständigkeit von I. ist dann gegeben, wenn ein einzelner Staat allein einen Täter nicht verfolgen bzw. die Tat nicht aufklären kann, weil der Täter ins Ausland geflüchtet ist oder seine strafbaren Handlungen in mehreren Staaten begangen hat. Politische, militärische oder religiöse Delikte fallen nicht in die Zuständigkeit von Interpol. Das Generalsekretariat von I. mit Sitz in Paris koordiniert die Arbeit der nationalen Zentralbüros (in der Bundesrepublik Deutschland das Bundeskriminalamt).

Intervention [von lateinisch intervenire »dazwischentreten«]: Einmischung, insbesondere des Staates, in gesellschaftliche Angelegenheiten (↑ Interventionsstaat). In der Außenpolitik meist militärische Einmischung eines Staates in die inneren Angelegenheiten eines anderen. Aus dem Prinzip der Unabhängigkeit und Gleichheit aller Staaten wurde im ↑ Völkerrecht das Verbot, sich in die inneren und äußeren Angelegenheiten eines souveränen Staates einzumischen, hergeleitet (Art. 2 Nr. 4 der Charta der ↑ UN).

Internationaler Währungsfonds (IWF). Zusammensetzung seiner Organe

Interventionsstaat: Obwohl nach der Lehre des ↑ Liberalismus staatliche Eingriffe im Bereich der Wirtschaft auf ein Mindestmaß zu beschränken sind, greift der Staat seit Beginn des 20. Jahrhunderts immer stärker und umfassender in den gesellschaftlichen und wirtschaftlichen Bereich ein. Die Skala interventionistischer Maßnahmen reicht von punktuellen Eingriffen zur Beseitigung akuter Mißstände (adhoc-Interventionismus), wie sie auch in marktwirtschaftlichen Systemen zunehmend häufiger vorgenommen werden, bis zur Aufhebung des Marktmechanismus in ↑ Zentralverwaltungswirtschaften. In den westlichen Industriegesellschaften erfolgen Eingriffe v. a. im Rahmen der Konjunktur- und Strukturpolitik. Stärkere Eingriffe (z. B. ↑ Investitionslenkung) werden gelegentlich gefordert. Hauptproblem des I. ist es, daß als Folge einmal vorgenommener staatlicher Eingriffe zusätzliche ökonomische Probleme entstehen können, die wiederum neue staatliche Interventionen erforderlich machen. Durch diesen sich laufend selbst verstärkenden Prozeß können marktwirtschaftliche Prinzipien ohne direkte Absicht außer Kraft gesetzt werden. – ↑ auch Dirigismus.

Intifada: Bezeichnung für den am 8./9. Dezember 1987 begonnenen palästinensischen Aufstand in den von Israel – entgegen der Resolution 242 des UN-Sicherheitsrates – besetzt gehaltenen Gebieten des *Gasastreifens* und der *Westbank*. Die v. a. von Jugendlichen getragene I. verschaffte der ↑ PLO und ihren Forderungen nach einem Selbstbestimmungsrecht und einem eigenen Staat für die Palästinenser erneut internationale Aufmerksamkeit.

Intimsphäre: Der private Bereich eines jeden Menschen, der für seine Umwelt nicht zugänglich sein soll. Takt oder Scham schaffen Raum für eine Intimsphäre. Rechtlich wird sie durch gesetzliche Bestimmungen (z. B. das ↑ Briefgeheimnis) geschützt. Der grundsätzliche Schutz der I. und des allgemeinen Persönlichkeitsrechts erfährt jedoch bei solchen staatlichen Maßnahmen Einschränkungen, die im überwiegenden Interesse der Allgemeinheit unter strikter Wahrung des Verhältnismäßigkeitsgebotes erfolgen, soweit sie nicht den unantastbaren Bereich priva-

ter Lebensgestaltung beeinträchtigen. So kann die Verwertung tagebuchartiger Aufzeichnung gerechtfertigt sein, wenn das Interesse des Staates an der Strafverfolgung das persönliche Interesse am Schutz des eigenen Geheimbereichs überwiegt. Andererseits fällt es z. B. in die I. einer Beamtin, ob sie angeben will, wer der Vater ihres nichtehelichen Kindes ist und inwieweit sie ihn finanziell in Anspruch nehmen will.

Intoleranz: Unduldsamkeit gegenüber anderen Meinungen, Einstellungen und Weltanschauungen. – Im Gegensatz dazu: ↑ Toleranz.

Invasion [von lateinisch invasio »das Eindringen, Angriff«] ist der Einfall mit bewaffneter Macht in ein Gebiet, um dieses einzunehmen oder zurückzuerobern.

Investitionen sind alle langfristigen Maßnahmen zur Erweiterung, Erhaltung und Verbesserung der ↑ Produktion. Man unterscheidet Anlageinvestitionen wie Fabrikhallen, Maschinen, Fahrzeuge, Verwaltungsgebäude, Brücken und Straßen, und Vorratsinvestitionen, die auf Lager liegen, wie nicht verbrauchte Vorprodukte, Halb- und Fertigfabrikate. In der ↑ Volkswirtschaft sind I. von Bedeutung für die Entwicklung des ↑ Sozialprodukts; sie wirken sich stark auf die Produktionskapazität der Wirtschaft, das ↑ Volkseinkommen und den ↑ Lebensstandard eines Volkes aus. Ein Investitionsstopp dämpft die ↑ Konjunktur. – ↑ auch Investitionslenkung, ↑ Investitionsquote.

Investitionsgüter ↑ Güter.

Investitionslenkung: Staatliche Beeinflussung privater Investitionsentscheidungen durch Gebote, Verbote und andere, auch indirekte Lenkungsmaßnahmen. Als Ziele direkter I. kommen in Betracht: verbesserte Ausrichtung der volkswirtschaftlichen Produktion an den gesamtgesellschaftlichen Bedürfnissen und damit Verbesserung der Versorgungslage, Stabilisierung des Wirtschaftsablaufs, Änderung einer ungleichen Einkommens- und Vermögensverteilung. Die I. wird in einer marktwirtschaftlichen Ordnung als problematisch angesehen, da sie den Handlungsspielraum für private Investitionsentscheidungen einschränkt und damit – sowie durch wirtschaftliche Fehlentscheidungen aufgrund mangelnder Marktübersicht der staatlichen Bürokratie – zu abnehmender Effizienz des Wirtschaftssystems und zu einer schlechteren Güterversorgung führen kann. Als direkte I. mit geringerer Wirkung sind staatliche Investitionsmeldestellen anzusehen (Offenlegung geplanter privater Investitionen). Indirekte I. wird z. B. vorgenommen durch Abschreibungserleichterungen oder Zahlung von Investitionsprämien und -zulagen.

Investitionsquote: Die I. gibt das Verhältnis des Investitionsvolumens zum gesamten ↑ Sozialprodukt in einer Volkswirtschaft an. Das Sinken der I. unter eine bestimmte Höhe gefährdet den Bestand und die Weiterentwicklung einer Volkswirtschaft. Infolgedessen können weder in einem kapitalistischen noch in einem sozialistischen System die Erlöse voll in Form von Löhnen ausbezahlt werden, sondern es muß ein bestimmter Anteil für ↑ Investitionen einbehalten werden.

In-vitro-Fertilisation: Künstliche (extrakorporale) Befruchtung einer Eizelle im Reagenzglas; eine Methode, die z. B. bei Unfruchtbarkeit von Frauen durch Eileiterkrankheiten verwendet wird. Die befruchtete Eizelle wird in die Gebärmutter eingesetzt und wie eine normale Schwangerschaft ausgetragen. – ↑ auch Leihmutter.

ISDN [Abk. für englisch: Integrated Services Digital Network] ist ein im Ausbau befindliches, digitales Fernmeldenetz, das zur Übertragung von Sprache, Text, Daten und Bildern dient (damit wird z. B. Telefax, Telex und Bildtelefon ermöglicht). Es soll die unterschiedlichen Fernmeldenetze ersetzen. In der ersten Ausbaustufe werden schmalbandige Kupferkabel verwendet; später wird ein mit Glasfaserkabel arbeitendes Breitband-ISDN ausgebaut, das auch für Fernsehübertragungen geeignet ist. – ↑ auch Telekommunikation.

Isolation bedeutet die Absonderung und Abkapselung von Menschen. I. kann sich auf eine einzelne Person beziehen (Einzelgänger) oder auf eine bestimmte Gruppe (ethnische Minderheiten, politische Parteien). Die I. kann frei gewählt sein, kann aber auch von der Umwelt (der Gesellschaft) aufgezwungen sein (z. B. bei psychisch Kranken oder Ghettobewohnern). Die erzwungene I. trifft Personen oder Gruppen, die sich durch ein oder mehrere Merkmale von den übrigen Mitgliedern einer Gesellschaft unterscheiden. Dies können sichtbare Merkmale wie die Hautfarbe oder Besonderheiten im Verhalten sein. I. kann u. a. ↑ Aggression, Resignation, Krankheit oder ↑ Rebellion auslösen.

Isolationismus [lateinisch »Absonderung«] bezeichnet die Haltung eines Staates, der sich außenpolitisch von der internationalen Politik, insbesondere durch Vermeidung von Bündnissen, fernhält. Der I. war vor und nach dem 1. Weltkrieg ein Grundsatz der amerikanischen Außenpolitik.

IWF ↑ Internationaler Währungsfonds.

J

Jahreswirtschaftsbericht: Der von der Bundesregierung jährlich aufgrund des § 2 des Stabilitätsgesetzes vorzulegende Bericht. Er besteht aus einer Stellungnahme zu den Jahresgutachten des ↑ Sachverständigenrats und einer Darlegung der geplanten Wirtschafts- und Finanzpolitik.

Jahrhundertvertrag: Abkommen aus dem Jahre 1980 zur Förderung des Absatzes der deutschen Steinkohle durch ihren Einsatz bei der Stromerzeugung. Der J. wurde zwischen den Bergwerken und den Stromerzeugern des Bundesgebietes abgeschlossen. Finanziert wird der J. über »Verstromung« der im Vergleich zu Importkohle oder Öl und Gas wesentlich teureren heimischen Steinkohle durch eine vom Stromverbraucher zu entrichtende Abgabe, den sog. *Kohlepfennig.* Nach dem bis 1995 laufenden Vertrag müssen die Elektrizitätswerke jährlich 40,9 Mill. t Kohle abnehmen. Die Kommission der ↑ Europäischen Gemeinschaft betrachtet den J. teilweise als unzulässige, wettbewerbsverzerrende Subvention für eine, international gesehen, nicht lebensfähige Industrie. Über eine Verlängerung des J. nach 1995 besteht bislang keine Einigkeit.

Job-sharing [englisch »Arbeitsplatzteilung«] bedeutet, daß sich zwei oder auch mehrere Beschäftigte einen Arbeitsplatz eigenverantwortlich teilen, wobei sie untereinander ihre Rechte und Pflichten regeln, die aus ihrem gemeinsamen Vertrag mit dem Arbeitgeber entstehen.

Joint-venture [englisch »gemeinsame Unternehmung«]: Vorübergehender oder längerfristiger Zusammenschluß von selbständigen Unternehmen zum Zweck der Durchführung gemeinsamer Projekte. Diese Unternehmensform ist weit verbreitet bei der Zusammenarbeit westlicher Privatfirmen mit den ehemaligen staatlichen Wirtschaftsorganisationen in den Ländern des aufgelösten ↑ Rats für gegenseitige Wirtschaftshilfe.

Judenverfolgung: Seit der Zeit der jüdischen *Diaspora* (= die Zerstreuung des jüdischen Volkes in alle Welt im 5. Jahrhundert vor Christus und ihr Leben als Minderheit unter anderen Völkern) bis in die Gegenwart wurden die Juden aus religiösen, sozialen und wirtschaftlichen Motiven verfolgt (↑ auch Antisemitismus, ↑ Pogrom). Nach punktuellen, jedoch heftigen Judenverfolgungen im Mittelalter erreichte die J. im europäischen Bereich zur Zeit des ↑ Nationalsozialismus ihren Höhepunkt. Die J. ergab sich aus der nationalsozialistischen Rassenideologie und verlief in verschiedenen Phasen, wobei sich die Maßnahmen von Mal zu Mal verschärften, bis zur physischen Vernichtung der Juden. Bereits im April 1933 kam es zu Ausschreitungen und zum Boykott jüdischer Geschäfte und zu Berufsbeschränkungen für jüdische Ärzte, Anwälte und Künstler. Damit sollte die jüdische Intelligenz aus dem Berufsleben verdrängt werden. Dieses Ausschlußverfahren wurde bis 1937 auf fast alle Berufsgruppen ausgedehnt (verschont wurde vorerst noch der Bereich der Wirtschaft). Eine wesentliche Verschärfung brachten, begleitet von heftigen antijüdischen Kampagnen in Presse und Rundfunk, die sog. *Nürnberger Gesetze* (1935), die der J. seit 1933 eine rechtliche Absicherung geben sollten. Sie griffen stark in die persönliche Sphäre der Juden ein und sollten diese aus dem öffentlichen Leben ausschalten. Das »Gesetz zum Schutze des deutschen Blutes und der deutschen Ehre« verbot die Ehe zwischen Ariern und Juden, das Reichsbürgergesetz beendete die in der ↑ Emanzipation der Ju-

den erreichte Gleichstellung der jüdischen Bevölkerung. Von nun an standen sich »arische Reichsbürger« und »jüdische Staatsangehörige« gegenüber. In der sog. *Reichskristallnacht* am 9. November 1938 erreichte die J. im Nationalsozialismus einen ersten Höhepunkt: Mehr als 30 000 Juden wurden vorübergehend verhaftet, Synagogen angezündet, Geschäfte geplündert und Friedhöfe zerstört. Den entstandenen Schaden hatten die Juden selbst zu bezahlen. Daran schloß sich die völlige Ausschaltung der Juden aus dem Wirtschaftsleben an. Mit dem Beginn des 2. Weltkriegs verschärfte sich die J. erneut und wurde nun auch auf die von Deutschland besetzten Gebiete ausgedehnt. Während bis 1941 die Juden zur Auswanderung gedrängt worden waren, kam es nun zum Verbot der Auswanderung. Geringere Lebensmittelrationen, Judenstern und Ausgehverbote erschwerten das Leben der noch nicht inhaftierten Juden zusätzlich. Auf der Wannseekonferenz am 20. Januar 1942 wurden erstmals Einzelheiten der seit 1941 geplanten Vernichtung des europäischen Judentums besprochen *(Endlösung* = die nationalsozialistische Bezeichnung für den Plan, die europäischen Juden zwangsweise in bestimmten Territorien zu konzentrieren bzw. in Vernichtungslagern auszurotten). Durch »natürliche Verminderung« in sog. Arbeitslagern, aber auch durch Massentötungen in Konzentrationslagern sollten die Juden physisch vernichtet werden. Aus staatlicher Unterdrückung wurde geplanter Massenmord. Die Gesamtzahl der jüdischen Opfer des Nationalsozialismus läßt sich nur schätzen und liegt zwischen fünf und sieben Millionen.

Judikative ↑ Rechtsprechung.

Jugend (auch: *Adoleszenz*): Phase des individuellen Lebensverlaufs zwischen Kindheit und Erwachsensein. Die J. beginnt mit der Geschlechtsreife (↑ Pubertät) und endet mit der »sozialen Reife«, dem Erwerb des Erwachsenenstatus, d. h. mit der Übernahme entsprechender sozialer ↑ Rollen in Arbeit, Beruf und Familie. Die unterschiedliche Bestimmung der sozialen Reife in den einzelnen Gesellschaftsbereichen (z. B. durch Wehrpflicht, Wahlrecht, Ehe- oder Strafmündigkeit) erschweren der J. oft die soziale Orientierung. Charakteristisch für die J. ist die zunehmende Ablösung aus der Bindung an Eltern und Familie bei gleichzeitiger Ausbildung eigener Gesellungsformen und einer eigenen Kultur (jugendliche ↑ Subkultur).

Jugendamt: In allen kreisfreien Städten und Landkreisen errichtete Behörde, die für alle Angelegenheiten der öffentlichen ↑ Jugendhilfe zuständig und verpflichtet ist, die Jugend zu fördern. In überörtlichen Aufgabenbereichen werden die Landesjugendämter tätig.

Jugendarbeitsschutz ↑ Jugendschutz.

Jugendarrest ↑ Jugendgerichtsbarkeit.

Jugendgerichtsbarkeit ist ein Teil der ↑ ordentlichen Gerichtsbarkeit und befaßt sich mit Straftaten von ↑ Jugendlichen und ↑ Heranwachsenden. Die J. wird durch besondere Jugendgerichte ausgeübt: 1. bei den Amtsgerichten durch a) den Jugendrichter und b) das Jugendschöffengericht (Jugendrichter und zwei Jugendschöffen), 2. bei den Landgerichten durch die Jugendkammer. In der Hauptverhandlung entscheiden die Jugendkammern mit drei Berufsrichtern (einschließlich Vorsitzender) und zwei Jugendschöffen. Für das Jugendstrafverfahren gelten gegenüber dem Erwachsenenstrafverfahren die besonderen Vorschriften des Jugendgerichtsgesetzes in der Fassung vom 11. Dezember 1974. Das *Jugendgerichtsgesetz* ist maßgebend für alle Jugendlichen und Heranwachsenden, die eine nach den allgemeinen strafrechtlichen Vorschriften mit Strafe bedrohte Handlung begehen. Zweck des Jugendgerichtsgesetzes ist es, straffällig gewordene junge Menschen zur Selbstbesinnung und Einkehr anzuhalten und ihnen den Weg zu einem rechtschaffenen Leben zu ermöglichen. Die Bestimmungen des allgemeinen Strafrechts gelten nur, wenn sie nicht durch das Jugendgerichtsgesetz außer Kraft gesetzt werden. Wenn ein Jugendlicher eine Straftat begangen hat, können *Erziehungsmaßregeln* angeordnet werden (= Weisungen, die die Lebensführung des Jugendlichen regeln und dadurch seine Erziehung fördern und sichern sollen und die z. B. Aufenthalt, Wohnung, Arbeitsstelle, Verbot des Besuchs von Gast- oder Vergnügungsstätten betreffen können). Reichen diese Erziehungsmaßregeln nicht aus, können Zuchtmittel (Verwar-

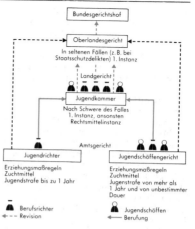

Jugendgerichtsbarkeit. Schematische Darstellung des Instanzweges

nung, Erteilung von Auflagen, z. B. den Schaden wieder gut zu machen), *Jugendarrest* (oft bestehend aus Freizeitarrest: ein- bis viermal wöchentliche Freizeiten; Kurzarrest: zwei bis sechs Tage; Dauerarrest: mindestens eine Woche, höchstens vier Wochen) oder *Jugendstrafe* verhängt werden. Während die Zuchtmittel nicht die Rechtswirkung einer Strafe haben, d. h. sie werden nicht ins ↑ Straf-, sondern ins Erziehungsregister eingetragen, ist die Jugendstrafe ein echter Freiheitsentzug in einer Jugendstrafanstalt. Die Jugendstrafe wird dann verhängt, wenn wegen der schädlichen Neigung des Jugendlichen, die in der Tat hervorgetreten ist, Erziehungsmaßregeln oder Zuchtmittel nicht ausreichen oder wenn wegen der Schwere der Schuld Strafe erforderlich ist. Als Hilfe zur Durchführung des Jugendstrafverfahrens nach dem Jugendgerichtsgesetz dient die *Jugendgerichtshilfe,* die eine Aufgabe der ↑ Jugendämter ist. Die Vertreter der Jugendgerichtshilfe haben im gesamten Verfahren die entstehenden erzieherischen, sozialen und fürsorgerischen Gesichtspunkte zur Geltung zu bringen, Gerichte und Behörden bei der Erforschung der Persönlichkeit, der Entwicklung und der Umwelt des Beschuldigten zu unterstützen und zu den zu ergreifenden Maßnahmen Stellung zu nehmen. Sie helfen dem Jugendlichen vor und während des Verfahrens, bleiben während des Vollzugs von Strafen mit ihm in Verbindung und sollen ihn bei der Wiedereingliederung in die Gesellschaft unterstützen. – ↑ auch Jugendhilfe, ↑ Jugendstrafrecht.

Jugendhilfe (früher: Jugendwohlfahrt): Sammelbegriff für alle Maßnahmen der Jugendpflege, die der Verwirklichung des Rechts junger Menschen auf Förderung seiner Entwicklung und auf Erziehung zu einer eigenverantwortlichen und gemeinschaftsfähigen Persönlichkeit außerhalb der Schule dienen. Die J. ist im Gesetz über Kinder- und Jugendhilfe vom 26. Januar 1990 neu geregelt worden und im Bereich der alten Bundesländer seit dem 1. Januar 1991 als Teil des *Sozialgesetzbuches* (SGB VIII) in Kraft getreten. Sie umfaßt ein breites Angebot an sozialen Leistungen im Bereich der Bildung, Erholung und Freizeitgestaltung. Die Förderung kann u. U. bis zur Vollendung des 27. Lebensjahres in Anspruch genommen werden. Auch Maßnahmen zur Hilfe bei der Erziehung sind – insbesondere für alleinerziehende Elternteile – vorgesehen. Sie betreffen z. B. das Angebot von Kindergärten und anderen Tageseinrichtungen. Bei einer Gefährdung von Kindern und Jugendlichen sind anstelle der früheren Fürsorgeerziehung Maßnahmen wie Erziehungsberatung und soziale Gruppenarbeit getreten, aber auch Heimerziehung ist möglich. Das neue Gesetz betont das Erziehungsrecht der Eltern. J. wird von Jugendämtern und Landesjugendämtern sowie Trägern der freien J. (z. B. Kirchen, Jugendverbänden) erbracht. Die Hilfe der freien Träger wird von staatlicher Seite gefördert.

Jugendkriminalität: Bezeichnung für die Gesamtheit der Verhaltensweisen von Jugendlichen, die gegen strafrechtliche Bestimmungen verstoßen. In der sog. Strafverfolgungsstatistik beträgt die J. zwischen 18 und 20 % der Gesamtkriminalität. Dabei überwiegen Diebstahls- und Unterschlagungsdelikte (etwa 50 % der J.) sowie Verkehrsvergehen (etwa 30 %), während der Anteil an Gewalt- und Sittlichkeitsdelikten nur etwa 5 % beträgt. Eine besonders verbreitete Form der J. stellt das Gemeinschaftsdelikt dar, das durch meist locker organisierte Jugendbanden verübt wird. Zur Entstehung der J. gibt es unterschiedliche Theorien, z. B. solche, die die J. als Folge der sozial diskriminierenden Situation insbesondere der Jugendlichen aus Unterschichten erklären oder die die J. in Wohlstandsgesellschaften auf unzureichend verarbeitete Konflikte in der frühen Kindheit zurückführen. In der letzten Zeit ist ein deutliches Ansteigen der J. zu beobachten.

Jugendliche: Angehörige einer bestimmten Altersstufe. Als J. werden Personen zwischen dem 14. und 18., manchmal auch bis zum 24. Lebensjahr, bezeichnet. In dieser Altersstufe wird der Übergang vom Kind zum Erwachsenen vollzogen. Der Übergang hat keine eindeutigen zeitlichen Abgrenzungen, sondern stellt sich als ein Prozeß dar. Jugendzeit ist also ein Durchgangsstadium der Vorbereitung auf die Erwachsenenrolle und der Einführung in die Erwachsenenkultur. Nach dem Jugendgerichtsgesetz sind J. junge Menschen zwischen dem 14. und 18. Lebensjahr. Sie werden im ↑ Strafrecht nicht nach Erwachsenenrecht behandelt (↑ Jugendstrafrecht).

Jugendschutz: Bezeichnung für alle Maßnahmen zum Schutz von Kindern und Jugendlichen gegen Einflüsse, die ihrer körperlichen und seelischen Gesundheit schaden können.

Das Gesetz zum Schutz der Jugend in der Öffentlichkeit vom 25. Februar 1985 verbietet oder beschränkt z. B. den Aufenthalt von Kindern und Jugendlichen an Orten, die sie gefährden könnten (Gaststätten, öffentliche Tanzveranstaltungen) sowie in gewissem Umfang das Rauchen in der Öffentlichkeit und die Abgabe von Alkohol. Das Gesetz hat folgende Schwerpunkte: 1. verbesserte Bekämpfung des Alkoholmißbrauchs, 2. Schaffung von Mitteln, um Kinder und Jugendliche vor neuartigen Gefährdungen durch Auswüchse in Videoprogrammen mit pornographischen und Horrorfilmen zu bewahren. Das Gesetz über die Verbreitung jugendgefährdender Schriften dient dem Schutz vor Schriften, Schallaufnahmen, Abbildungen und Darstellungen einschließlich Filmen, die geeignet sind, Kinder und Jugendliche sittlich zu gefährden. Das Jugendarbeitsschutzgesetz verbietet u. a. die Ausnutzung der jugendlichen Arbeitskraft. 1984 wurden die Bestimmungen über die Arbeitszeit Jugendlicher gelockert, um die Ausbildung praxisgerechter zu gestalten (z. B. Arbeitszeiten bei Bäckern).

Jugendsekten: Bezeichnung für die religiös-weltanschaulichen Bewegungen, die seit dem 2. Weltkrieg überall entstanden sind und deren Anhänger fast ausschließlich Jugendliche zwischen 16 und 25 Jahren umfassen (u. a. Hare-Krischna, Kinder Gottes, Scientology-Kirche, Bhagwan). Ihnen ist gemeinsam eine zentrale Führergestalt, eine strenge Hierarchie, ein Elitebewußtsein sowie strengste Lebens- und Gütergemeinschaft. Als größte Gefahr, die von den J. ausgeht, wird die psychische Abhängigkeit gesehen, in die ihre Mitglieder geraten können, sowie ein erheblicher Realitätsverlust.

Jugendstrafrecht: Besonderes, für † Jugendliche (14- bis 18jährige) und in der Regel auch für Heranwachsende (18- bis 21jährige) geltendes † Strafrecht. Das J. enthält vom allgemeinen Strafrecht abweichende, an der Persönlichkeit des Täters ausgerichtete † Sanktionen.

Jugendvertretung ist die Vertretung jugendlicher Arbeitnehmer im † Betriebsrat. Sie ist gemäß Betriebsverfassungsgesetz bei mindestens fünf Jugendlichen in einem Betrieb zu bilden. Die J. kümmert sich v. a. um Berufsbildungsprobleme.

Jungdemokraten † Deutsche Jungdemokraten.

Junge Liberale: Jugendorganisation der FDP mit rund 3 000 Mitgliedern.

Junge Union Deutschlands (JU): Gemeinsame Jugendorganisation der CDU und der CSU, die aus Kontakten von Führern der christlichen Jugendbewegung mit verschiedenen Arbeiterausschüssen 1945 entstand und sich Anfang 1947 in den Westzonen organisierte. Mitgliedschaft ist zwischen dem 16. und dem 40. Lebensjahr, auch ohne Parteimitgliedschaft, möglich; Amtsträger können der JU – als Parteimitglieder – bis zum 45. Lebensjahr angehören. Die JU zählt 225 000 Mitglieder (1990).

Jungsozialisten (Jusos): Nachwuchsorganisation der SPD für alle Mitglieder bis zum 35. Lebensjahr. Seit Bildung der † großen Koalition zwischen CDU und SPD (Dezember 1966) formulieren die Jusos zunehmend kritische Positionen innerhalb der Partei und versuchen, die sachpolitische Auseinandersetzung voranzutreiben. Sie haben innerhalb der Partei den Status einer Arbeitsgemeinschaft und hatten 1990 rd. 172 000 Mitglieder.

Junktim [von lateinisch iunctim »vereinigt«]: Verknüpfung von Gesetzesvorlagen oder Verträgen, bei denen ein Teil nur dann als angenommen gilt, wenn auch der andere in Kraft tritt.

Junta [spanisch »Versammlung, Rat«]: Gremium von mehreren Personen, die gemeinsame Entscheidungsgewalt ausüben. Bei lateinamerikanischen Staaten wird die Militärregierung häufig als J. bezeichnet.

Jurisdiktion [lateinisch »Rechtsprechung«] † Gerichtsbarkeit.

juristische Personen sind Personenvereinigungen († Vereine) oder Vermögenseinheiten († Stiftung), denen von der Rechtsordnung eine eigene † Rechtsfähigkeit verliehen worden ist. Sie können wie eine natürliche Person Rechte und Pflichten, Vermögen und Schulden haben und handeln durch bestimmte Vertreter (z. B. Geschäftsführer). Man unterscheidet j. P. des Privatrechts, d. h. ohne hoheitliche Anordnungsbefugnisse (z. B. eine GmbH, eine AG), und solche des öffentlichen Rechts, d. h. mit Befugnissen zu hoheitlichen, verbindlichen Anordnungen (z. B. Staat, Gemeinde, Gemeindeverbände).

Jusos † Jungsozialisten.

Justiz: Im weiteren Sinne Bezeichnung für die neben Legislative und Exekutive stehende rechtsprechende Gewalt († Rechtsprechung); im engeren Sinne zusammenfassende Bezeichnung für † Rechtspflege und Justizverwaltung bzw. deren Organe: die † ordentliche Gerichtsbarkeit († auch Gerichtsbarkeit), † Staatsanwaltschaft, Justizministerien von Bund und Ländern, Straf- und Vollzugsbehörden.

K

Kabelkommunikation: Mediengebundene ↑ Kommunikation, in der die Nachrichtenübertragung im Gegensatz zur üblichen drahtlosen Sendetechnik über Kabelnetze stattfindet. Diese Kabel auf der Basis von Aluminium- oder Kupferleitern werden in der Fernmeldetechnik und zur Rundfunk- und Fernsehübertragung angewendet. Die Kupferkabel sollen allmählich durch den Aufbau eines leistungsfähigeren Glasfasernetzes (↑ ISDN) ersetzt werden. Das bekannteste Beispiel der K. ist das *Kabelfernsehen* (↑ neue Medien), das über Kupferkoaxialkabel verteilt wird. Auch das System des ↑ Bildschirmtextes, das in Verbindung mit dem Telefonleitungsnetz aufgebaut wird, bietet neue Kommunikationsmöglichkeiten. Zugleich wird dadurch aber der Bereich der direkten menschlichen Kommunikation (z. B. am Bankschalter, im Büro) eingeschränkt. Anfang 1991 waren 8,1 Mill. Haushalte an das Kabelnetz angeschlossen.

Kabinett: Ursprünglich (kleines) Beratungszimmer des absoluten Fürsten, in dem er politische Entscheidungen nach Rücksprache mit seinen Räten fällte. Später Bezeichnung des daraus hervorgegangenen Ministerrates, der Regierung.

Kabinettsprinzip: Organisationsprinzip der Regierung, demzufolge die wichtigen politischen Entscheidungen von einer Ministerregierung (↑ Kabinett) kollegial gefällt werden. Nach Art. 65 Abs. 3 GG findet das K. in der BR Deutschland v. a. bei Meinungsverschiedenheiten zwischen Bundesministern Anwendung. Nach § 15 der Geschäftsordnung der Bundesregierung berät das Kabinett darüber hinaus alle wesentlichen politischen Fragen.

Kabinettsregierung heißt die Regierung durch ein Ministerkollegium (↑ Kabinett). K. wurde früher v. a. zur Kennzeichnung dafür verwandt, daß im ↑ parlamentarischen Regierungssystem Großbritanniens die führende Rolle nicht dem Parlament, sondern der Regierung zukommt.

Dominiert innerhalb der Regierung der Regierungschef, spricht man vom *Premierministersystem*.

Kader:
◊ Bezeichnung für den Stammbestand eines Heeres (besonders an Offizieren und Unteroffizieren).
◊ Im kommunistischen Sprachgebrauch Bezeichnung für die Gesamtheit der Personen, die wichtige Funktionen in Partei, Verbänden, Staat und Wirtschaft haben.

Kaderpartei ↑ Parteien.

kalter Krieg ist eine nichtkriegerische Konfrontation zwischen Staaten oder Staatenblöcken; seit 1947 geläufiger Ausdruck für die Erscheinungsformen des ↑ Ost-West-Konflikts. Wurde in den 1960er Jahren durch die ↑ Entspannungspolitik abgelöst und gilt seit 1990 als überwunden.

Kandidatenaufstellung zu Kommunal-, Landtags- und Bundestagswahlen ist weitgehend ein Monopol der ↑ Parteien. Seit 1949 ist kein parteiloser Kandidat mehr in den ↑ Bundestag gelangt, da die Stimmenzahlen unabhängiger Kandidaten zu gering sind. Die Funktion der Parteien bei der K. wird durch das Bundeswahlgesetz geregelt. Die K. für die Wahlkreise erfolgt in geheimen Abstimmungen durch Mitglieder- oder Vertreterversammlungen (Delegierte). Auswahlkriterien bei der K. sind dabei das Ansehen eines Kandidaten, lokale oder regionale Parteibewährung, Verbindungen zu den im Wahlkreis bedeutsamen Interessengruppen sowie Persönlichkeitsmerkmale des Kandidaten, wie berufliche Qualifikation, Glaubwürdigkeit, Auftreten. Die K. für die Landeslisten wird vom Vorstand des Landesverbandes der Partei vorgenommen.

Kanzlerprinzip: Organisationsprinzip der Regierung, demzufolge der Regierungschef (Kanzler) allein die politischen Entscheidungen fällt und die Amtschefs der einzelnen Ressorts (Staatssekretäre) von ihm abhängig und weisungsgebunden sind. Das K. galt besonders ausgeprägt unter dem Reichskanzler O. von Bismarck. Nach Art. 65 Abs. 1 GG besteht das K. in der BR Deutschland insofern, als der ↑ Bundeskanzler allein die Richtlinien der Politik bestimmt und dafür die Verantwortung trägt (↑ Richtlinienkompetenz).

Kapital:

◇ Im allgemeinen Sprachgebrauch wird K. dem Wort Geld oder Vermögen gleichgestellt. Volkswirtschaftlich gesehen ist K. einer der drei ↑ Produktionsfaktoren neben Arbeit und Boden und umfaßt die Gesamtheit der durch frühere Produktion erzeugten ↑ Produktionsmittel (= *Sachkapital,* z. B. Werkzeuge, Maschinen, Gebäude). Im betriebswirtschaftlichen Sinn sind damit die der Produktion dienenden, einem Unternehmen zur Verfügung stehenden Mittel an Geld und Gütern gemeint. Hierbei ist zu unterscheiden zwischen dem von Eigentümern stammenden *Eigenkapital* und dem *Fremdkapital,* das Dritte (z. B. Banken) gegen Verzinsung zur Verfügung stellen.

◇ Im ↑ Marxismus zentraler Begriff zur Kennzeichnung der ↑ bürgerlichen (kapitalistischen) Gesellschaft. Karl Marx unterschied dabei konstantes K. (Maschinen, Rohstoffe u. a.) vom variablen K. (Arbeitskraft) und schrieb diesem die Erzeugung von ↑ Mehrwert und damit des gesellschaftlichen Reichtums zu. – ↑ auch Kapitalismus.

Kapitalexport: Anlage von inländischem Kapital im Ausland (Auslandsinvestitionen) sowie Kreditgewährung an Ausländer. Unter den K. fällt auch der Erwerb ausländischer Unternehmen bzw. die Beteiligung an diesen (Direktinvestitionen).

Kapitalgesellschaft: Gesellschaft mit eigener Rechtspersönlichkeit (↑ juristische Person), bei der die Beteiligten nur mit der Kapitaleinlage, nicht aber persönlich haften (z. B. die Aktionäre bei einer ↑ Aktiengesellschaft).

Kapitalismus: Wahrscheinlich erstmals von dem französischen Sozialisten L. Blanc (1811–1882) verwendeter Begriff, der von K. Marx im ersten Band seines »Kapital« zur Kennzeichnung der im 19. Jh. vorherrschenden Wirtschaftsordnung übernommen wurde. Er wird sowohl zur Kennzeichnung einer Wirtschaftsform wie auch als Epochenbegriff verwendet.

K. bezeichnet zum einen eine Wirtschaftsform, in der nicht einfach ein vorhandener Konsumbedarf gedeckt wird, sondern in der ↑ Produktionsmittel und Produkte ständig vermehrt werden (Kapitalaufstockung) und dadurch der materielle Reichtum einer Gesellschaft zunimmt. In dieser Hinsicht waren auch sozialistische Systeme mit Zentralverwaltungswirtschaft der Tendenz nach »kapitalistisch«. Zum andern bezieht sich der Begriff aber auch auf die Organisationsweise, in der die Kapitalvermehrung im 19. Jahrhundert vor sich ging, nämlich durch Bildung von Privateigentum an den Produktionsmitteln. Hier war es insbesondere das private Eigentum am Rentenkapital, das es dem Kapitalisten erlaubte, ohne eigene Arbeitstätigkeit Gewinne, Dividenden, Zinsen (d. h. Kapitalrenten) zu beziehen und ihren Profit zu mehren (Kapitalakkumulation). Die Aufspaltung der Gesellschaft in Kapitaleigentümer mit zum Teil arbeitslosem Einkommen und besitzlose Arbeiter wurde vielfach als ungerecht angesehen und vom Marxismus als »Widerspruch« von gesellschaftlicher Produktion und privater Aneignung des Produzierten angeprangert.

Als Epochenbegriff wurde K. von Marx und in der Folgezeit auch von Nichtmarxisten zur Kennzeichnung der Industrialisierungsphase einschließlich der vorausgehenden Zeit angewendet, in der es zur Trennung von Kapital und Arbeit kam, sich aus dem Bürgertum herausbildete und die industrielle Produktion und Verteilung durch Merkantilismus, Manufaktur und Verlagswesen vorbereitet wurden. Man kann drei Phasen des K. unterscheiden: 1. der *Frühkapitalismus* (die Zeit etwa ab 1500 bis zum Beginn der industriellen Revolution), 2. der *Hochkapitalismus* (bis zum 1. Weltkrieg) und 3. der *Spät-* oder *Monopolkapitalismus* (seit dem 1. Weltkrieg). Der Hochkapitalismus setzte mit der industriellen Revolution um 1800 ein (↑ Industrialisierung), beseitigte die ständisch gebundene Produktionsweise (Zünfte, Bauernuntertänigkeit) und die Bevormundung durch den Staat. Durch die einseitige Bevorzugung des Kapitals als dem entscheidenden Wirtschaftsfaktor kam es hier zu den von Marx angeprangerten sozialen Mißständen, die im Spätkapitalismus zu einer starken Neigung zu staatlicher Lenkung und Korrektur bei gleichzeitiger hoher Konzentration der Wirtschaft in ↑ Kartellen und ↑ Trusts führten. – ↑ auch Staatskapitalismus.

Kapitalmarkt ist – im Gegensatz zum *Geldmarkt* – der Markt für langfristige

Kredite und Geldanlagen. Die Unternehmen erhalten z. B. ihre Mittel zur Finanzierung von ↑ Investitionen hauptsächlich vom Kapitalmarkt.

Kapitol [englisch: Capitol]: Parlamentsgebäude der USA in Washington (erbaut 1793). Nach ihm wurden auch die in den amerikanischen Bundesstaaten entstandenen Parlamentsgebäude K. genannt.

Kapitulation: Völkerrechtlich die förmliche Erklärung einer militärischen Einheit gegenüber dem Gegner, die Kampfhandlungen einzustellen und sich in seine Gewalt zu ergeben.

Kartell: Zusammenschluß rechtlich und wirtschaftlich selbständig bleibender Unternehmen in einem Wirtschaftszweig (z. B. Reifenhersteller) mit dem Ziel, den ↑ Wettbewerb durch gemeinsames Handeln zu beschränken oder auszuschalten. So gibt es Absprachen über Preise, Absatzmengen, Absatzgebiete und anderes. Kartelle sind zwar grundsätzlich verboten, doch sind Ausnahmen möglich (z. B. wenn die Beschränkung des Wettbewerbs aus Gründen der Gesamtwirtschaft und des Gemeinwohls notwendig ist).

Kartellbehörden sind der Bundesminister für Wirtschaft, das ↑ Bundeskartellamt und die landesrechtlich zuständigen Behörden. Unternehmen sind verpflichtet, ihnen Auskunft und Einsicht zu gewähren. Bei Verstößen gegen das ↑ Kartellrecht können die K. Verbote und Geldbußen verhängen.

Kartellrecht: Durch das K. versucht der Staat, Wettbewerbsbeschränkungen durch Bildung von ↑ Kartellen entgegenzutreten. Das K. ist geregelt im Gesetz gegen Wettbewerbsbeschränkungen (GWB) in der Fassung von 1974; es ist Teil des ↑ Wettbewerbsrechts. Das K. geht von der Erfahrung aus, daß die Wettbewerbswirtschaft die ökonomischste und demokratischste Form des Wirtschaftslebens ist und daß der Staat nur insoweit lenkend in den Marktablauf eingreifen soll, wie dies zur Aufrechterhaltung des Marktes erforderlich ist. Nach dem K. sind von Unternehmen zu einem gemeinsamen Zweck geschlossene Verträge insoweit unwirksam, als sie geeignet sind, die Erzeugung oder die Marktverhältnisse für den Verkehr mit Waren oder gewerblichen Leistungen durch Wettbewerbsbeschränkungen zu beeinflussen. Darüber hinaus dient das K. der Überwachung derjenigen Märkte, in denen die Form des vollständigen ↑ Wettbewerbs nicht erreichbar ist, und untersagt alle wettbewerbshindernden Verhaltensweisen (z. B. durch Mißbrauchsaufsicht über marktbeherrschende Unternehmen).

Kaste: Abgeschlossene Gesellschaftsschicht mit eigener Lebensform, Sitte, Kult und Ordnung innerhalb einer hierarchischen Gesellschaftsordnung (Kastenordnung); die ausgeprägteste Kastenordnung findet sich in Indien.

Kataster [von italienisch catastro »Zins-, Steuerregister«]: Amtliches Grundstücksverzeichnis, geführt von den Kataster-, Vermessungs- oder Grundbuchämtern. In der BR Deutschland ist das gesamte Staatsgebiet vermessen und verzeichnet. Das K. dient in erster Linie als Unterlage zur Bemessung der Grundsteuer (↑ Steuern).

Katastrophenschutz ↑ Zivilschutz.

Kategorie: Allgemeiner Begriff, unter dem sich Gegenstände, Sachverhalte oder Personen nach einem bestimmten gemeinsamen Merkmal einordnen lassen (z. B. die sozialen Kategorien Arbeiter – Angestellte).

katholische Kirche: Im Selbstverständnis ihrer Mitglieder die von Jesus Christus gestiftete Gemeinschaft der Gläubigen mit dem Bischof von Rom (Papst) als ihrem Oberhaupt. Die Bezeichnung römisch-katholische Kirche dient der Abgrenzung v. a. gegenüber der griechisch-orthodoxen Kirche. Der k. K. gehörten 1990 insgesamt etwa 860 Mill. Gläubige der lateinischen und der mit Rom unierten Ostkirchen an (in der BR Deutschland: etwa 28 Mill. Katholiken). Territorial (innerhalb der Staaten) ist die k. K. gegliedert nach Diözesen unter der Leitung eines Bischofs (Bistümer), die sich wiederum in Pfarreien untergliedern. Mehrere Diözesen sind zu einer Kirchenprovinz (Metropolitanbereich, Erzbistum) zusammengeschlossen. In den Missionsgebieten, die der direkten Leitung Roms unterstehen, gibt es besondere Organisationsformen wie Apostolische Vikariate, Apostolische Präfekturen und Apostolische Administraturen. Neben die Erfüllung innerkirchlicher Auf-

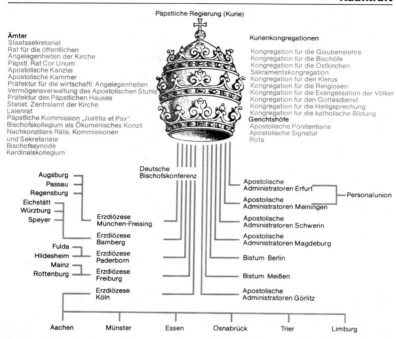

Päpstliche Regierung (Kurie)

Ämter
Staatssekretariat
Rat für die öffentlichen
Angelegenheiten der Kirche
Päpstl. Rat Cor Unum
Apostolische Kanzlei
Apostolische Kammer
Präfektur für die wirtschaftl. Angelegenheiten
Vermögensverwaltung des Apostolischen Stuhls
Präfektur des Päpstlichen Hauses
Statist. Zentralamt der Kirche
Laienrat
Päpstliche Kommission „Justitia et Pax"
Bischofskollegium als Ökumenisches Konzil
Nachkonziliare Räte, Kommissionen
und Sekretariate
Bischofssynode
Kardinalskollegium

Kurienkongregationen
Kongregation für die Glaubenslehre
Kongregation für die Bischöfe
Kongregation für die Ostkirchen
Sakramentskongregation
Kongregation für den Klerus
Kongregation für die Religiosen
Kongregation für die Evangelisation der Völker
Kongregation für den Gottesdienst
Kongregation für die Heiligsprechung
Kongregation für die katholische Bildung
Gerichtshöfe
Apostolische Pönitentiarie
Apostolische Signatur
Rota

Augsburg
Passau
Regensburg
Eichstätt
Würzburg
Speyer

Deutsche
Bischofskonferenz

Erzdiözese
München-Freising

Fulda
Hildesheim
Mainz
Rottenburg

Erzdiözese
Bamberg

Erzdiözese
Paderborn

Erzdiözese
Freiburg

Erzdiözese
Köln

Apostolische
Administratoren Erfurt
Apostolische
Administratoren Meiningen

Personalunion

Apostolische
Administratoren Schwerin

Apostolische
Administratoren Magdeburg

Bistum Berlin

Bistum Meißen

Apostolische
Administratoren Görlitz

Aachen   Münster   Essen   Osnabrück   Trier   Limburg

Katholische Kirche. Verwaltungsorganisation der katholischen Kirche in Deutschland

gaben treten außerkirchliche, die von der Römischen Kurie mit ihren Sekretariaten versehen werden, wie die Verwaltung des Kirchenstaates, die Pflege der Beziehungen zu anderen christlichen Konfessionen, zu nicht-christlichen Religionen und Staaten sowie die kirchliche Öffentlichkeitsarbeit und die Mitarbeit in internationalen Organisationen.

Das Selbstverständnis der k. K. gründete sich bis zum 2. Vatikanischen Konzil (1962–1965) auf den »Codex Iuris Canonici« von 1917, der das dogmatische Fazit aus der katholischen Kirchengeschichte zog. Demzufolge verstand sich die k. K. als Gemeinschaft der katholischen Christenheit unter Leitung der rechtmäßigen Hirten, insbesondere des Bischofs von Rom als des Stellvertreters Christi auf Erden. Die vier wichtigsten Grundthesen dieses Selbstverständnisses sind: 1. die Gleichsetzung der sichtbaren k. K. mit der unsichtbaren Kirche Jesu Christi (extra ecclesiam nulla salus = »Außerhalb der Kirche kein Heil«); 2. die grundlegende Struktur der k. K. als einer das allgemeine Priestertum ablehnenden hierarchisch geordneten Rechtskirche; 3. die völlige Unabhängigkeit der katholischen Hierarchie vom Staat und 4. den absoluten Primat des Papstes als Stellvertreter Christi auf Erden. Das 2. Vatikanische Konzil offenbarte aber, daß innerhalb der k. K. neben Vertretern dieses vorkonziliaren Selbstverständnisses eine Gruppe von kirchlichen Würdenträgern und Theologen steht, die u. a. diese vier Grundthesen verändert sehen, den Anspruch der »allein selig machenden Kirche« aufgeben und das allgemeine Priestertum sowie das Prinzip der Kollegialität vertreten wollen.

Kaufkraft:
◊ Das verfügbare Einkommen eines Wirtschaftssubjekts.

Kernenergie. Anteil der Kernenergie an der nationalen Stromerzeugung in ausgewählten Ländern der Erde

Land	Kernkraftwerke		Anteil an der nationalen Stromerzeugung 1989
	Anzahl	Installierte Leistung (1. 2. 90)	
Argentinien	2	1 015 MW	11%
Belgien	7	5 767 MW	61%
BR Deutschland	20	22 325 MW	34%
Finnland	4	2 400 MW	35%
Frankreich	54	53 644 MW	75%
Großbritannien	40	15 090 MW	22%
Japan	39	30 545 MW	28%
Kanada	18	12 922 MW	16%
Republik Korea	9	7 616 MW	50%
Niederlande	2	539 MW	5%
Schweden	12	10 069 MW	45%
Schweiz	5	3 079 MW	42%
Spanien	10	7 838 MW	38%
Taiwan	6	5 144 MW	35%
USA	111	104 360 MW	19%
Welt	430	336 416 MW	17%

◊ K. des Geldes: Im Gegensatz zu Gütern hat (Papier-)Geld selbst keinen Preis. Der Wert des Geldes kann nur an der Gütermenge gemessen werden, die man mit einem bestimmten Geldbetrag kaufen kann. Diese Gütermenge bestimmt die K. des Geldes. Kann man z. B. heute für 100 DM weniger Güter als vor einem Jahr kaufen, ist die K. des Geldes gesunken; können dafür mehr Güter gekauft werden, ist die K. gestiegen. Die Veränderung der K. ist von der Geldmenge, der Umlaufgeschwindigkeit des Geldes und der Gütermenge abhängig. Maßstab zur Feststellung der K. ist der ↑ Lebenshaltungskostenindex.

Kaufmann im Wirtschaftsleben ist jeder, der eine kaufmännische Tätigkeit ausübt, nach dem Handelsrecht aber nur der, der selbständig ein Handelsgewerbe betreibt. Nach dem Handelsgesetzbuch wird unterschieden zwischen Kaufleuten kraft Gewerbebetrieb (sog. *Ist-* oder *Muß-Kaufmann*), kraft Eintragung *(Soll-* oder *Kann-Kaufmann)* und kraft Rechtsform (sog. *Formkaufmann).* Folge der Kaufmannseigenschaft im Sinne des Handelsrechts ist, daß Betriebstätigkeit, Betriebsgeschäft und Betriebsgemeinschaft einem Sonderrecht unterliegen. Es umfaßt diejenigen privatrechtlichen Regelungen, die dem Handel eigentümlich sind und nur für ihn gelten. Der Inhaber eines Handelsgeschäfts bleibt auch Kaufmann, wenn er das Geschäft durch eine andere Person leiten oder sich selbst vertreten läßt. Bei den Kaufleuten kraft Gewerbebetriebs ist für bestimmte Rechtswirkungen die Unterscheidung zwischen *Vollkaufmann* und *Minderkaufmann* wichtig. Zum Schutze des Handelsverkehrs gilt jeder im Handelsregister eingetragene Kaufmann als Vollkaufmann, auch wenn er überhaupt kein Kaufmann oder nur Minderkaufmann ist (d. h. ein Handelsgewerbe betreibt, das nach Art und Umfang einen in kaufmännischer Weise eingerichteten Gewerbebetrieb nicht erfordert). Auch wer ohne Eintragung öffentlich als Kaufmann auftritt, haftet gutgläubigen Dritten als Kaufmann.

Kaufvertrag ist die gegenseitige Verpflichtung zum Austausch von Sachen, Gegenständen oder Rechten gegen Geld. Der K. kommt dadurch zustande, daß sich Käufer und Verkäufer darüber einigen, daß der Verkäufer verpflichtet sein soll, dem Käufer die Kaufsache zu übergeben und zu übereignen, der Käufer dagegen verpflichtet sein soll, dem Verkäufer den

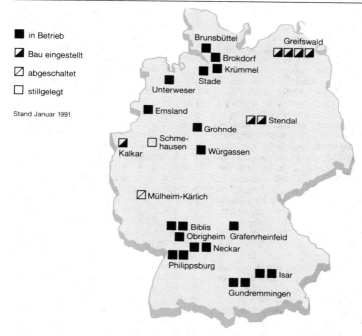

- ■ in Betrieb
- ◩ Bau eingestellt
- ◪ abgeschaltet
- □ stillgelegt

Stand Januar 1991

Brunsbüttel
Greifswald
Brokdorf
Krümmel
Stade
Unterweser
Emsland
Grohnde
Stendal
Schme-
hausen
Kalkar
Würgassen
Mülheim-Kärlich
Biblis
Obrigheim
Grafenrheinfeld
Neckar
Philippsburg
Isar
Gundremmingen

Kernenergie. Standorte der Kernkraftwerke in der BR Deutschland

Kaufpreis zu bezahlen und die gekaufte Sache abzunehmen. Durch den K. allein tritt noch keine Änderung der Rechtslage ein, sondern nur eine Verpflichtung hierzu. In der Regel fallen aber Kaufvertrag und Rechtsänderung, d. h. Übergabe von Geld und Sache in einem Akt zusammen (sog. *Handkauf*). Besonderheiten gelten für ↑ Abzahlungsgeschäfte und für den ↑ Eigentumsvorbehalt.

Kaution [von lateinisch cautio »Behutsamkeit, Vorsicht«]: Sicherheitsleistung im Rechtsverkehr, z. B. die vom Mieter zu hinterlegende Mietkaution, mit der der Eigentümer ausstehende Mietzahlungen oder vom Mieter zu vertretende Schäden an der Mietsache verrechnen kann. Die K. für Wohnungen muß vom Vermieter verzinst werden.

Kernenergie: Die bei der Spaltung oder bei der Verschmelzung von Atomkernen freigesetzte Energie. Nach der Entdek-kung der Kernspaltung (1938 durch O. Hahn und F. Straßmann) dienten die Bemühungen, K. technisch zu nutzen, zunächst militärischen Zwecken (Atom-, Wasserstoffbombe). Die friedliche Nutzung der K. zur Erzeugung von Strom durch den Einsatz von ↑ Kernreaktoren begann in der BR Deutschland mit der Inbetriebnahme des Kernkraftwerks Kahl (1960) und wurde v. a. nach der Ölkrise (Ende 1973) stark forciert. Mitte der 1970er Jahre zeichnete sich ein fundamentaler Umschwung ab: Die ursprünglich kleine Gruppe der Kernenergiekritiker wuchs zu einer großen Bewegung an. Ende 1977 plädierte auch die Bundesregierung dafür, vorrangig andere Möglichkeiten zu nutzen (Energieeinsparung, deutsche Kohle) und nur zur Deckung des Restbedarfs K. einzusetzen. Die Befürworter der K. betonen, daß sie technisch beherrschbar (weltweit über 300 Kernkraftwerke), kostengünstiger, umweltfreundlicher und zur Stromversorgung im Grundlastbereich notwendig ist. Die Gegner bestreiten diese Vorteile, sie halten die Kernenergienutzung wegen der damit verbundenen Gefahren für nicht vertretbar und weisen auf die verschiedenen Reaktorunfälle (u. a. in Harrisburg [USA, 1979], Tschernobyl [Ukraine, 1986]) hin. Die Bundesregierung beschloß, eine umfassende Überprüfung der geltenden Sicherheitsvorschriften durchzuführen, die ein positives Ergebnis brachte. Die niedersächsische Landesregierung empfahl, das in Gorleben geplante Objekt der Wiederaufarbeitung nicht weiter zu verfolgen, und stellte damit das Konzept der ↑ Entsorgung in Frage. Daraufhin beschloß die Bayerische Staatsregierung den Bau einer Wiederaufarbeitungsanlage in Wackersdorf in Bayern. Nach dem schweren Reaktorunfall in Tschernobyl am 26. April 1986, der zu einer Strahlenbelastung weiter Teile Ost- und Mitteleuropas führte, mehrten sich die Forderungen nach einem Ausstieg aus der Kernenergie, deren Zukunft ungewiß ist: Mit der endgültigen Aufgabe des Baus einer Wiederaufbereitungsanlage in Wakkersdorf im Jahre 1989 und dem Verzicht auf die Inbetriebnahme des sog. Schnellen Brüters (SNR 300) in Kalkar im März 1991 sind wichtige Bausteine in der früheren K.-Konzeption weggefallen. Auf dem Gebiet der ehemaligen DDR wurden die drei Kernkraftwerke in Greifswald, Rheinsberg und Magdeburg stillgelegt, weil sie nicht den westdeutschen Sicherheitsstandards entsprachen. Andererseits sehen die Befürworter der Kernenergie Chancen für die K. aufgrund der schweren Umweltbelastungen durch die weltweite Zunahme von Kohlendioxyd, die von klassischen Energieträgern verursacht wird. − ↑ auch Treibhauseffekt, ↑ Energiepolitik.

Kernreaktoren sind technische Anlagen, in denen eine sich selbst erhaltende, steuerbare Kettenreaktion von Kernspaltungen zur Gewinnung von Wärmeenergie genutzt wird. K. sind als sog. Leistungsreaktoren das Herzstück von Kernkraftwerken, die es seit 1954 gibt. Während die Bundesregierung zunächst − insbesondere nach der Ölkrise (Ende 1973) − davon ausging, daß Kernkraftwerke vorrangig zur Deckung des erwarteten Energiebedarfs beitragen und bis 1985 eine Kapazität von 45−50 000 Megawatt (MW = 10^6 Watt elektrische Leistung) zur Verfügung steht, hat sie Ende 1977 die Akzente anders gesetzt, so daß sich ganz erhebliche Abstriche an den Kapazitätserwartungen ergeben. Im Vordergrund stehen jetzt die Verringerung des langfristigen Energiebedarfszuwachses und die vorrangige Nutzung anderer Möglichkeiten. Die Frage, in welchem Umfang die mit K. verbundene große Gefährdung trotz umfangreicher Sicherheitsvorkehrungen (Beherrschbarkeitsstandards) in Kauf genommen werden soll, wird in der Öffentlichkeit nach wie vor heftig diskutiert. Als Leistungsreaktoren haben sich in den USA und in der BR Deutschland die mit leicht (von 0,7 % auf 3 %) angereichertem Uran 235 arbeitenden, wassergekühlten Siedewasser- (SWR) und Druckwasserreaktoren (DWR) durchgesetzt. Neuere Konzepte sind der natriumgekühlte schnelle Brutreaktor (SBR/SNR) und der heliumgekühlte Hochtemperaturreaktor (HTR), von dem Prototypen in Schmehausen und in Hamm-Uentrop gebaut wurden. Der SNR »erbrütet« aus dem sonst unbrauchbaren Uran 238 eine größere Menge des gefährlichen, aber als Brennstoff geeigneten Plutoniums. Der HTR, der ebenfalls Brennstoff »erbrüten« kann, galt als förderungswürdig, weil er unter Sicherheitsaspekten überlegen erschien und die Auskopplung von Prozeßwärme möglich ist. Wegen umstrittener Bewertung von Sicherheitsfragen wurden der SNR 1991 und der HTR 1990 jedoch endgültig stillgelegt.

Kernwaffen ↑ ABC-Waffen.

Kernwaffensperrvertrag ↑ Atomwaffensperrvertrag.

Keynesianismus: Eine der wichtigsten Richtungen der Nationalökonomie, benannt nach ihrem Begründer J. M. Keynes (1883−1946). Die Weltwirtschaftskrise (1929−1932) veranlaßte Keynes, wirtschaftliche Zusammenhänge neu darzustellen und ein wirtschaftspolitisches Instrumentarium zur Bekämpfung von Krisen zu entwickeln. Da freies Wirtschaften (↑ Laissez-faire-Prinzip) nicht automatisch zu Vollbeschäftigung führt, soll der Staat in Wirtschaftskrisen zu ihrer Behebung durch *Deficit-spending* (= durch Erhöhung der öffentlichen Ausgaben, obwohl die laufenden Deckungsmittel zur Finanzierung nicht ausreichen) öffentliche Investitionen finanzieren, für private Investitionen eine Politik des billigen Geldes betreiben, die Exporte fördern, den Konsum subventionieren und durch stärkere Umverteilung der Einkommen für eine erhöhte Gesamtnachfrage und damit für Vollbeschäftigung sorgen. Der K. wurde für lange Zeit zur wichtigsten theoretischen Grundlage staatlicher Wirtschaftspolitik. – ↑ auch Stabilitätsgesetz.

KG ↑ Kommanditgesellschaft.

Kibbuz [von hebräisch quibûz »Versammlung, Gemeinschaft«]: Ländliche Siedlung in Israel, in der kollektive Wirtschafts- und Lebensweise vorherrschen. Jedes Mitglied ist Arbeiter in einem Wirtschaftszweig des K., die Einkünfte werden zentral entsprechend den Bedürfnissen des Betriebes (Investitionen) und der Mitglieder (Lebensunterhalt, Erziehung, Kultur) ausgegeben. Der erste K. wurde 1909 im Jordantal gegründet.

Kinderarbeit wurde insbesondere zur Zeit der ↑ Industrialisierung üblich (Kinder als Fabrikarbeiter) und in den Industriegesellschaften erst allmählich abgeschafft. In der BR Deutschland ist die Beschäftigung von Kindern unter 14 Jahren nach dem Jugendarbeitsschutzgesetz von 1960 (bis auf wenige Ausnahme bei Kindern über 12 Jahren) grundsätzlich verboten.

Kindergärten: Kinder im Alter von 3 bis 6 Jahren können in Halb- oder Ganztagskindergärten betreut werden. K. sollen v. a. der sozialen Erziehung dienen. Träger der K. sind Gemeinden, Kirchen, Wohlfahrtsverbände und Privatpersonen.

Kinderkrippen: In der ehemaligen DDR eine kostenlose, der Vorschulerziehung dienende Einrichtung unter staatlicher Leitung für Kleinkinder im Alter bis zu drei Jahren. K. existierten als betriebliche oder kommunale Institutionen, die meisten waren Ganztagesstätten. 1989 gab es insgesamt 7600 solcher Einrichtungen mit etwa 350 000 Plätzen. Die Zukunft der K. nach der ↑ Wiedervereinigung ist unklar. – In den alten Bundesländern gibt es K. im Rahmen der Kindertagesstätten.

Kinderschutz ist durch das Jugendarbeitsschutzgesetz (1960), das Gesetz zum Schutze der Jugend in der Öffentlichkeit (1957) und das Gesetz über die Verbreitung jugendgefährdender Schriften (1961) gesetzlich geregelt. K. ist damit ein Teil des ↑ Jugendschutzes. Der K. umfaßt alle Maßnahmen zum Schutze der körperlichen und seelischen Gesundheit, die durch Arbeitswelt, Massenmedien und öffentliche Veranstaltungen bedroht werden können. Die Vorschriften richten sich deshalb v. a. an Betriebe, Gaststätten und Vergnügungsstätten sowie Buchhandel und Kioske.

Kindesalter: In der geistig-seelischen Entwicklung des Kindes unterscheidet man zwischen Neugeborenem (von der Geburt bis zum 10. Lebenstag), Säugling (im 1. Lebensjahr), Kleinkind (2.–6. Lebensjahr) und Schulkind (6.–14. Lebensjahr). Danach setzt das Jugendalter ein. Mit der Geburt beginnt die ↑ Rechtsfähigkeit. Das Kind ist zunächst bis zum 7. Lebensjahr nicht, danach nur beschränkt geschäfts- und schuldfähig (↑ Geschäfts- und ↑ Deliktsfähigkeit). Erst der ↑ Jugendliche ist in gewissem Maße strafrechtlich verantwortlich. Vom 12. Lebensjahr an kann das Kind über seine Religionszugehörigkeit mitentscheiden. Im K. vollzieht sich die für den späteren Erwachsenen entscheidende geistig-seelische und körperliche Entwicklung, auf die die Eltern prägenden Einfluß haben. – ↑ auch Sozialisation.

Kindesannahme ↑ Adoption.

Kindesmißhandlung wird als schwerer Fall einer Körperverletzung bestraft. Täter ist, wer Kinder und andere wehrlose Personen quält oder roh mißhandelt oder durch böswillige Vernachlässigung der Sorgepflicht gesundheitlich schädigt. Zahlreiche Fälle von K. beruhen auf persönlicher Lebensenttäuschung der Eltern, die zur Ablehnung des Kindes und zu ↑ Aggressionen führen. Opferanfällig sind überwiegend sozial schwache und unerwünschte Kinder. Ein verbreitet falsches Verständnis von Züchtigungsrecht der Eltern und die allgemeine Abneigung, sich mit »fremden« Angelegenheiten zu befassen, tragen dazu bei, daß eine hohe ↑ Dunkelziffer bei K. besteht.

Kirche: Als Gotteshaus das der christlichen Gottesverehrung geweihte Gebäude; aber auch Bezeichnung für die organisierte, in eigenen Verfassungsformen geordnete christliche Gemeinschaft mit besonderen Mitgliedschaftsmerkmalen (Taufe und andere Sakramente). Man unterscheidet zwischen *Volks-* oder *Staatskirchen* (in die die Mitglieder hineingeboren werden), *Freikirchen* (mit frei gewählter Mitgliedschaft) und *Sekten* (deren Lehren nicht als biblisch begründet anerkannt werden). Der Begriff einer einheitlichen K. als einer einigen, heiligen, katholischen (allgemeinen) und apostolischen Gemeinschaft der Gläubigen unter Leitung Christi als ihres Herrn betont neben der rechtlichen Verfassung den spirituellen und eschatologischen (= endzeitlichen) Charakter der K. Christi. Als solche ist die K. Gemeinschaft, Gesellschaft und Herrschaftsverband zugleich, die sich auf dem Wege (Pilgerschaft) zum Reich Gottes befindet.

Kirchensteuer: Steuer mit dem besonderen Merkmal, daß Steuergläubiger Religionsgemeinschaften sind, die als ↑ Körperschaften des öffentlichen Rechts anerkannt sind, und nicht – wie im übrigen Steuerrecht – die ↑ öffentliche Hand. Die K. ist in der BR Deutschland gemeinsame Angelegenheit von Staat und Kirche: Das Recht, eine Kirchensteuerforderung zu erheben, liegt bei den Kirchen, die Form der (hoheitlichen) Beitreibung ist Angelegenheit des Staates, und zwar der Länder.

Kirche und Staat: Von Anfang an fühlten sich die christlichen Gemeinden und Kirchen nicht nur als religiös-eschatologische, sondern auch als diesseitige Organisationen. Andererseits hat der Staat durch seine gesetzlichen Bestimmungen die Bedingungen der Kirchenorganisation immer grundlegend beeinflußt. Dabei können die Kirchen ihrerseits aufgrund ihres eschatologischen und theologischen Charakters weder die kritische Distanz zum diesseits orientierten Staat aufgeben noch sich selbst an die Stelle des Staates stellen. Vom Römischen Imperium bis in die Gegenwart vollzog sich eine wechselvolle Geschichte des Verhältnisses von K. u. S. zwischen Verfolgung, Duldung, Förderung, Unterwerfung der Kirche unter den Staat im *Staatskirchentum* und Forderungen nach Herrschaft der Kirche über den Staat.

In der BR Deutschland ist das Verhältnis von K. u. S. durch die Anerkennung der gegenseitigen Unabhängigkeit gekennzeichnet und durch die aus der Weimarer Verfassung (Art. 136 ff.) in das ↑ Grundgesetz (Art. 140) übernommenen »Weimarer Kirchenartikel« abgesichert. Als vollgültiges Verfassungsrecht müssen sie so ausgelegt werden, daß sie mit den »elementaren Grundsätzen des Grundgesetzes, insbesondere den Grundrechten« vereinbar sind. So ist es dem Staat aufgrund des ↑ Gleichheitssatzes sowie der ↑ Religions-, ↑ Glaubens- und Gewissensfreiheit untersagt, sich mit einem bestimmten Bekenntnis zu identifizieren oder es besonders zu begünstigen. Das Kirchenvertrags- und Konkordatsrecht *(= Staatskirchenrecht),* das die Abkommen zwischen K. u. S. regelt, hat sich in diesem Verfassungsrahmen zu halten. Ebenso sind die Kirchen gehalten, nur innerhalb der gesetzlichen Regelungen ihre Aufgaben in Seelsorge, Verkündigung, Organisation und Sozialdienst zu verrichten (Art. 4 in Verbindung mit Art. 137 und 140 GG). Aufgrund ihres Status als ↑ Körperschaften des öffentlichen Rechts haben sie jedoch über das Recht privater ↑ Vereine hinausgehende Befugnisse, z. B. die öffentlich-rechtliche Dienstherrnfähigkeit, das Besteuerungsrecht oder das Recht auf Mitsprache in bestimmten staatlichen Organen oder Verwaltungsträgern (wie z. B. dem Rundfunkrat). Da grundgesetzlich keine strikte Trennung von K. u. S. vorgeschrieben ist, sind auch staatlich organisierte religiöse Veranstaltungen wie der Religionsunterricht, die Anstalts- und Militärseelsorge oder die theologischen Fakultäten an den Universitäten mit dem geltenden Verfassungsrecht vereinbar.

Klage dient der Geltendmachung eines Anspruchs vor Gericht. Mit der K. beginnt in der Regel das ↑ gerichtliche Verfahren. Es gibt verschiedene Klagearten: Mit der *Leistungsklage* wird vom Beklagten eine bestimmte Leistung (auch Unterlassung), mit der (subsidiären) *Feststellungsklage* die Feststellung des Bestehens oder Nichtbestehens eines Rechts oder Rechtsverhältnisses begehrt. Auf diese

Weise kann z. B. auf die Feststellung der Echtheit oder Unechtheit einer Urkunde geklagt werden. Mit der *Gestaltungsklage* wird die Gestaltung eines Rechtsverhältnisses, z. B. die Auflösung einer Ehe, angestrebt. Im Verwaltungsgerichtsverfahren kommen insbesondere in Betracht die *Anfechtungsklage,* die sich gegen einen Verwaltungsakt (z. B. eine Polizeiverfügung) richtet, dessen Aufhebung gewünscht wird, und die *Verpflichtungsklage,* mit der eine Behörde zur Vornahme einer Handlung gezwungen werden soll.

Ein Strafverfahren beginnt in der Regel damit, daß die Staatsanwaltschaft öffentliche *Anklage* erhebt. Es gibt aber in manchen Fällen auch die Möglichkeit, ein Strafverfahren mit einer *Privatklage* anzustrengen. Eine Klagerücknahme während des Prozesses ist in den meisten Fällen möglich.

Klasse: In den Sozialwissenschaften bezeichnet der Begriff K. eine Bevölkerungsgruppierung, deren Angehörige durch eine gemeinsame ökonomische und soziale Lage und die damit verbundenen sozialen und politischen Interessen gekennzeichnet sind, ohne daß die Grenzen zwischen den Klassen so scharf gezogen werden wie bei der ↑ Kaste oder dem ↑ Stand. − ↑ auch Schichtung, ↑ Klassengesellschaft.

Klassengesellschaft: Gesellschaften können nach verschiedenen Kriterien gegliedert sein und unter verschiedenen Gesichtspunkten betrachtet werden. Weist eine Gesellschaft auffällige Unterschiede in der sozialen ↑ Schichtung, der wirtschaftlichen Lage, in Lebenschancen, Einstellungen und kulturellen Äußerungen ihrer Mitglieder auf, so spricht man von einer Klassengesellschaft. Der Ausdruck »Klasse« wird zuweilen mit »Schicht« oder »Stand« synonym gebraucht. Er spielt eine große Rolle seit der ↑ Industrialisierung im 19. Jahrhundert im Zusammenhang mit der damaligen Auffassung, daß sich industrialisierende (»kapitalistische«) Gesellschaften mehr und mehr in zwei ↑ Klassen, gekennzeichnet durch die Verfügungsgewalt über die modernen Produktionsmittel (↑ Bourgeoisie) bzw. Besitzlosigkeit (↑ Proletariat, ↑ Arbeiterklasse), aufspalten. Von K. Marx aufgegriffen, wurde die Theorie der K. zum Kernstück des ↑ historischen

Materialismus. Nach dieser Lehre sind alle historischen Gesellschaften außer der Urgemeinschaft und der künftigen ↑ klassenlosen Gesellschaft Klassengesellschaften. Sie sind nicht nur durch eine unterschiedliche wirtschaftliche und soziale Situation der Klassen und ein daraus abgeleitetes unterschiedliches Klassenbewußtsein gekennzeichnet, sondern auch durch einen unauflösbaren Klassengegensatz als Resultat diametral entgegengesetzter Klasseninteressen. Der ↑ Klassenkampf führt schließlich zur Revolution und zu einer neuen Klassengesellschaft bzw. nach der proletarischen Revolution zur ↑ klassenlosen Gesellschaft.

Tatsächlich hat sich die industrielle Gesellschaft nicht, wie in ihrer Anfangsphase noch glaubhaft, in zwei Klassen mit immer stärkeren Klassengegensätzen gespalten, sondern sich in verschiedene Schichten aufgegliedert, die sich zum Teil gegenseitig anglichen (auch: These der »nivellierten Mittelstandsgesellschaft« von H. Schelsky). Das Merkmal der »Klasse« verliert daher seine den entscheidenden gesellschaftlichen Unterschied bestimmende Kraft.

Klassenjustiz: Umstrittener Begriff mit unterschiedlichem Bedeutungsinhalt: *Umgangssprachlich* wird damit unterstellt, die ↑ Justiz würde bei der Rechtsanwendung bewußt die unteren Bevölkerungsschichten benachteiligen.

Die *marxistische Theorie* versteht unter K., daß die Justiz in der in ↑ Klassen gespaltenen kapitalistischen Gesellschaft bei der Rechtsanwendung zwangsläufig die Klassengegensätze stabilisiere.

Die *Rechtssoziologie* erklärt mit K. das Phänomen, daß bei richterlichen Entscheidungen die Interessen einer bestimmten sozialen Schicht größere Durchsetzungskraft besitzen.

Klassenkampf ist nach marxistischer Lehre die politische Form des ↑ Antagonismus zwischen den ↑ Klassen. Im K. werden die Widersprüche einer Gesellschaft bis zur Lösung auf einer neuen gesellschaftlichen Entwicklungsstufe ausgetragen. Die Geschichte aller bisherigen Gesellschaften ist demnach die Geschichte von Klassenkämpfen. Für den ↑ Kapitalismus erwarten Marxisten eine revolutionäre Verschärfung des K. zwischen ↑ Bourgeoisie und ↑ Arbeiterklasse. Demgegenüber betonen nichtmarxistische Autoren die zunehmende Regelung von Klassengegensätzen in Form von ↑ Betriebsverfassung und Kollektivverhandlungen im industriellen Bereich und in Form von friedlicher Parteienkonkurrenz im politischen Bereich. – ↑ auch Klassengesellschaft.

klassenlose Gesellschaft: Nach marxistischer Lehre ist die k. G. Endziel des ↑ Klassenkampfes und dadurch gekennzeichnet, daß das Privateigentum an ↑ Produktionsmitteln aufgehoben ist und die Arbeiter nicht mehr ausgebeutet werden. Voraussetzung dafür ist eine gesellschaftliche Entwicklung, die die Knappheit der Güter überwunden hat, so daß jeder »nach seinen Bedürfnissen leben« kann.

Klausel [von lateinisch clausula »Schluß, Schlußformel«]: Nebenabrede oder besondere Bedingung bei Verträgen.

Kleinbürgertum: Das K. ist Teil des frühindustriellen städtischen ↑ Bürgertums und steht – ökonomisch gesehen – zwischen der Arbeiterschaft und dem wirtschaftlich und politisch einflußreichen *Großbürgertum.* Neben der historischen Bedeutung wird der Begriff heute v. a. abwertend verwendet (im Sinne von Spießbürgertum).

Klerikalismus: Bezeichnung für eine Vorherrschaft der Priesterschaft (↑ Klerus) einerseits gegenüber den Laien in der Kirche außerhalb der eigentlichen seelsorgerischen Tätigkeit, andererseits gegenüber dem Staat im politisch-sozialen Bereich.

Klerus: Gesamtheit der römisch-katholischen Kirchenangehörigen, die im Unterschied zu den Laien durch Ordination (= Weihen) zur Leitung der Gläubigen und zur Verrichtung der Gottesdienste eingesetzt werden.

Klimakatastrophe ist der umgangssprachliche Ausdruck für durch menschliche Eingriffe herbeigeführte Veränderung der Erdatmosphäre; einerseits ist damit die prognostizierte Erwärmung durch den ↑ Treibhauseffekt gemeint, andererseits die zu erwartende Zunahme der für den Menschen gefährlichen ultravioletten Strahlung als Folge des Abbaus des schützenden Ozons (↑ Ozonloch) in hohen Luftschichten. Die Klimaänderungen infolge des Treibhauseffektes lassen sich heute noch nicht eindeutig von natürlichen Klimaschwankungen unterscheiden, wenngleich die These, daß es einen Treibhauseffekt gibt, unter Klimawissenschaftlern (Klimatologen) unumstritten ist.

Klischee [von französisch clicher »abklatschen«]: Abklatsch, abgegriffene Nachahmung ohne Aussagewert, auch: oberflächliche, weit verbreitete Vorstellung.

Knappheit: Mißverhältnis zwischen Zahl und Größe der ↑ Bedürfnisse und der zu ihrer Befriedigung vorhandenen ↑ Güter. K. und ↑ Nutzen bestimmen den Wert eines Gutes.

Know-how [englisch »wissen, wie«] nennt man das theoretische Wissen für die Ausführung praktisch-technischer Vorhaben, das auch – wie Produkte – als Tauschmittel benutzt und in andere Länder ausgeführt werden kann.

Koalition: Zweckgerichtetes, befristetes oder unbefristetes Bündnis unabhängiger Partner. Im Zeitalter der Nationalstaaten wurden v. a. ↑ Allianzen zwischen Staaten als K. bezeichnet. Seit 1918 ist K. die Bezeichnung für eine enge Zusammenarbeit verschiedener politischer Parteien in der Regierung oder in einem Wahlbündnis. Eine K. wird v. a. dann notwendig, wenn eine einzelne Partei nicht über die absolute Mehrheit der Parlamentssitze verfügt und sich daher mit anderen Parteien verbünden muß *(Regierungskoalition).* Wenn besondere politische oder soziale Umstände und Krisensituationen einen möglichst breiten Konsens für Entscheidungen des Parlaments erforderlich machen, wird ausnahmsweise eine sog. ↑ große Koalition angestrebt. – ↑ auch Koalitionsfreiheit.

Koalitionsfreiheit bezeichnet das jedem nach Art. 9 Abs. 3 GG zustehende Grundrecht, zur Wahrung und Förderung der Arbeits- und Wirtschaftsbedingungen Vereinigungen zu bilden. Zu diesen Vereinigungen, die allgemein als »Koalitionen« bezeichnet werden, gehören die ↑ Gewerkschaften als die Berufsverbände der Arbeitnehmer und auf Arbeitgeberseite die ↑ Arbeitgeberverbände. Die individuelle K. schützt das Recht des einzelnen, sich einer Vereinigung anzuschließen *(positive K.)* oder ihr fern zu bleiben *(negative K.).*

Ferner schützt Art. 9 Abs. 3 GG die Tätigkeit der Vereinigungen selbst *(kollektive K.)*. Die K. nimmt insofern eine besondere Stellung innerhalb der übrigen † Grundrechte ein, als sie eine unmittelbare Rechtswirkung auch im Privatrechtsverkehr entfaltet († Drittwirkung der Grundrechte), also z. B. nicht durch private Arbeitsverträge eingeschränkt werden darf.

Kodifikation: Zusammenfassung eines oder mehrerer Rechtsgebiete zu einem systematisch geordneten Gesetzbuch (z. B. das † Bürgerliche Gesetzbuch).

Koexistenz † friedliche Koexistenz.

Kolchose [von russisch Kolchos »Kollektivwirtschaft«]: Genossenschaftlich organisierter landwirtschaftlicher Großbetrieb in der UdSSR, der von allen Mitgliedern kollektiv bewirtschaftet wird. Die K. war Vorbild für die † landwirtschaftlichen Produktionsgenossenschaften in der DDR.

Kollaboration [von französisch collaboration »Mitarbeit«]: Der Begriff entstand im 2. Weltkrieg in Frankreich und bezeichnet die freiwillige, gegen den eigenen Staat gerichtete Zusammenarbeit mit dem Feind oder der Besatzungsmacht.

Kollektiv [von lateinisch collectivus »angesammelt«]: Schar, Gemeinschaft. In sozialistischen Staaten insbesondere die Produktionsgemeinschaften, die von einer gemeinsamen Überzeugung getragen sein und solidarisch, nicht egoistisch, handeln sollen. − † auch Kollektivismus.

Kollektivbedürfnisse: † Bedürfnisse, die allgemein vorhanden sind und gemeinschaftlich befriedigt werden (z. B. Bedürfnis nach Rechtsprechung oder äußerer Sicherheit).

kollektive Führung: Seit W. I. Lenin Grundsatz kommunistischer Parteien und kommunistisch regierter Staaten, demzufolge diese kollektiv, d. h. durch eine Gruppe leitender Politiker (z. B. das † Politbüro) zu führen seien. Es kommt dabei häufig zu Spannungen zwischen starken Einzelpersönlichkeiten und dem Kollektiv. − † auch Personenkult.

kollektive Sicherheit: Vertraglich vereinbarte internationale Ordnung, in der Gewaltanwendung untersagt und der Schutz jedes einzelnen Staates einer umfassenden oder regionalen Staatenorganisation übertragen ist (Rechtsgrundlage für

die BR Deutschland: Art. 24 Abs. 2 GG). Maßnahmen zur Schaffung eines Systems k. S. zwischen allen Staaten oder einer Staatengruppe sind z. B. Nichtangriffsverträge, Rüstungskontrolle, internationale Schiedsgerichtsbarkeit, Garantie- und Neutralitätsabkommen, Konsultationen im Falle einer Friedensbedrohung und entmilitarisierte Zonen, aber auch die Aufstellung gemeinsamer Streitkräfte, ohne die die Bemühungen um eine k. S. weitgehend erfolglos bleiben.

Kollektivgüter † öffentliche Güter.

Kollektivismus: Lehre, die von der Unterordnung des einzelnen unter die Gemeinschaft ausgeht, meist mit dem Hinweis darauf, daß der einzelne der Gemeinschaft seine Lebenschancen, Kultur und Entfaltungsmöglichkeiten verdankt (auch Forderung nach bedingungsloser Hingabe: »Du bist nichts, Dein Volk ist alles«).

Kolonialismus: Politik eines Staates, die auf Erwerb, Erhaltung und Ausbeutung (meist) überseeischer Besitzungen in Verbindung mit der Beherrschung von Völkern anderer Rasse, Kultur und Zivilisation ausgerichtet ist. Der K. der Neuzeit begann mit der Entdeckung Amerikas und erreichte seinen Höhepunkt im Zeitalter des † Imperialismus (1870−1914) mit der Aufteilung der Erde. Ihm lagen unterschiedliche Motivationen zugrunde: Gewinnung von Absatzmärkten, Rohstoffquellen, Kapitalanlage- und Auswanderungsmöglichkeiten sowie staatliche Prestigepolitik und strategische Interessen, begleitet von einem zivilisatorischen Sendungsbewußtsein, dem die tatsächliche Politik in den Kolonien selten entsprach. Nach 1945 erfolgte schrittweise die Befreiung der Kolonien. − † auch Entkolonisation.

Kombinat [von lateinisch combinare »vereinigen«]: In sozialistischen Staaten der Zusammenschluß volkseigener industrieller Betriebe unterschiedlicher Produktionsstufen mit Nebenbetrieben unter einer gemeinsamen Leitung.

Kommanditgesellschaft (KG) ist eine † Personengesellschaft, die mindestens einen unbeschränkt haftenden Gesellschafter *(Komplementär)* hat und mindestens einen Gesellschafter, dessen Haftung auf den Betrag einer bestimmten Vermögens-

kommunal

einlage beschränkt ist *(Kommanditist)*. Die Rechtsverhältnisse der KG entsprechen grundsätzlich denen der ↑ offenen Handelsgesellschaft. Wie bei dieser kann Komplementär auch eine ↑ juristische Person, insbesondere eine Gesellschaft mit beschränkter Haftung sein (↑ GmbH & Co KG). Diese Mischform ist besonders aus steuerlichen und haftungsrechtlichen Gründen beliebt.

kommunal: Eine ↑ Gemeinde oder mehrere Gemeinden betreffend; gemeindeeigen.

kommunale Eigenbetriebe dienen der öffentlichen ↑ Daseinsvorsorge und nehmen ihre Aufgaben in öffentlich-rechtlicher oder privatrechtlicher Form wahr (v. a Versorgungs-, Verkehrsbetriebe). Von den k. E. zu unterscheiden sind Betriebe, die von der Gemeinde als selbständige Unternehmen in der Form einer ↑ juristischen Person betrieben werden (z. B. Wirtschaftsförderungsgesellschaften in Form einer ↑ GmbH) oder Betriebe, an denen die Gemeinde nur beteiligt ist, oder nichtwirtschaftliche kommunale Einrichtungen (z. B. Schwimmbäder, Schulen, Krankenhäuser).
Im Unterschied zum ↑ Regiebetrieb, der auch organisatorisch ein Teil der allgemeinen Gemeindeverwaltung bleibt und dessen Einnahmen und Ausgaben im gemeindlichen Haushalt ausgewiesen werden, werden die k. E. als gemeindliches Sondervermögen verwaltet und geführt. Rechtsverhältnisse, Verwaltung und Betrieb der k. E. sind in den Gemeindeordnungen der Länder und ergänzend durch die Eigenbetriebsordnung geregelt.

kommunale Gebietsreform: Ende der 1960er Jahre in fast allen Bundesländern begonnene und bis Anfang der 1980er Jahre nahezu abgeschlossene territoriale Neugliederung kommunaler Verwaltungseinheiten, mit der eine teilweise Veränderung der Aufgabenverteilung *(Funktionalreform)* verbunden war. Mit der k. G. versuchte man vor allem, die administrative und finanzielle Leistungskraft der ↑ Gemeinden, ↑ kreisfreien Städte und ↑ Kreise zu stärken. Dazu wurden Gemeinden zusammengelegt oder in eine andere Gemeinde eingegliedert (eingemeindet). Angestrebt wurde eine Mindestgröße

216

von 7000–8000 Einwohnern. Die Maßnahmen der k. G. wurden zum Teil mit Erfolg angefochten. Häufig wird ein Verlust an Partizipationsmöglichkeiten der Bürger zugunsten einer Vereinfachung der Verwaltung festgestellt.
Die k. G. führte zu einer deutlichen Reduzierung der Zahl der Gemeinden in der Bundesrepublik, wobei aber zwischen den einzelnen Bundesländern erhebliche Unterschiede existieren. 1969 gab es noch 23 040 Gemeinden in der Bundesrepublik, 1989 waren es dagegen in den elf alten Bundesländern nur noch 8 506. Die Zahl der Kreise reduzierte sich im gleichen Zeitraum von 413 auf 237, die Zahl der kreisfreien Städte von 137 auf 91. Durch den Beitritt der Länder der ehemaligen DDR erhöhte sich die Zahl selbständiger Gemeinden auf 16 126. Ob auch hier eine k. G. notwendig ist, um leistungsfähige Gebietskörperschaften zu schaffen, bleibt abzuwarten. – ↑ auch Verwaltungsreform.

kommunale Spitzenverbände sind freiwillige Zusammenschlüsse von Gemeinden (Städten) oder Gemeindeverbänden (Landkreise), die der Interessenvertretung gegenüber den Ländern und dem Bund sowie dem Erfahrungsaustausch unter den Mitgliedern dienen. Gegenwärtig gibt es drei k. S.: den *Deutschen Städtetag,* dessen Mitglieder kreisfreie und kreisangehörige Städte und die drei Stadtstaaten sind, den *Deutschen Städte- und Gemeindebund,* der 1973 aus dem Zusammenschluß des Deutschen Gemeindetages und des Deutschen Städtebunds entstand, und den *Deutschen Landkreistag* als Vereinigung sämtlicher Landkreise der BR Deutschland. Diese drei k. S. sind in der *Bundesvereinigung der kommunalen Spitzenverbände* zusammengefaßt; federführend ist der Deutsche Städtetag.

Kommunalverfassung ↑ Gemeindeverfassung.

Kommune [von lateinisch communis »allen gemeinsam, allgemein«]:
◊ Die Gemeinde als Verwaltungseinheit und als Einwohnerschaft.
◊ Bezeichnung für den mittelalterlichen Stadtstaat in Italien und Flandern.
◊ Bezeichnung für eine Lebens-, Wohn- und Produktionsgemeinschaft, die seit den 1960er Jahren als neue, »antibürgerliche«

Form des Zusammenlebens entwickelt und praktiziert wurde.

Kommunikation [von lateinisch communicatio »Mitteilung, Unterredung«] ist der Informationsaustausch zwischen zwei oder mehreren Personen. Der Informationsaustausch erfolgt über Zeichensysteme (z. B. eine bestimmte Sprache oder Schrift). Kommunikationsprozesse werden hauptsächlich in den Sozialwissenschaften und in der Psychologie untersucht (Kommunikationsforschung). Man unterscheidet drei Formen der Kommunikation: 1. *Intrapersonale K.* bezeichnet den – internen – Vorgang, in dem sich ein einzelnes Individuum mit Informationen aus der Umwelt auseinandersetzt. Dieser Prozeß interessiert besonders die Psychologen. 2. *Interpersonale K.* bezeichnet den Informationsaustausch zwischen mindestens zwei oder mehreren Einzelpersonen. Diese Art der K. kann z. B. in einem Gespräch oder in einer Gruppendiskussion stattfinden. 3. *Mediengebundene K.* heißt der Informationsaustausch zwischen den »Medienproduzenten«, also den Journalisten oder den Funk- und Fernsehproduzenten und -moderatoren, und der meist sehr großen Gruppe der Medienkonsumenten, also der Radiohörer oder Zeitungsleser. Medienkommunikation wird auch als *Massenkommunikation* bezeichnet.

Bei der K. werden vier Faktoren unterschieden: der Kommunikator oder Sender (die Informationsquelle), die ↑ Information, also die zu übermittelnde Botschaft, das Medium der K. (Sprache, Zeitung, Fernsehen) und der Rezipient oder Empfänger der Information. Jede K. läuft in mindestens drei Phasen ab. Die Information, die mitgeteilt werden soll, muß zuerst vom Kommunikator vorbereitet werden, d. h. sie muß zunächst verbal formuliert oder z. B. in Tabellenform gebracht oder fotografiert werden. Diesen Vorgang nennt man auch *Verschlüsselung*. Sie wird dann mit Hilfe der vereinbarten Zeichensysteme übermittelt und muß schließlich vom Empfänger aufgenommen, also gehört oder gelesen werden *(Entschlüsselung)*. In allen drei Phasen können Störungen auftreten, die dazu führen, daß die Information verfälscht wird. Damit eine K.

zustandekommen kann, muß die Information so dargeboten werden, daß der Empfänger sie verstehen kann, d. h. die bei der K. benutzten Zeichensysteme müssen den Beteiligten bekannt sein.

Kommunismus: Allgemein Bezeichnung für einen Zustand der Gütergemeinschaft und gemeinschaftlichen Lebensführung. Man spricht in diesem Zusammenhang auch vom K. frühchristlicher Gemeinden und mittelalterlicher Sekten, die den Idealen christlicher Nächstenliebe nachlebten. Auch wird gelegentlich ein Urkommunismus in primitiven Gesellschaften angenommen. V. a. aber dient der Begriff der Bezeichnung von politischen Bestrebungen seit der Französischen Revolution, gesellschaftliche Unterschiede unter der Forderung nach ↑ Gleichheit aller Menschen abzubauen und eine herrschaftslose Gesellschaft durch Aufhebung des Privateigentums überhaupt oder zumindest an ↑ Produktionsmitteln herbeizuführen – und zwar nicht durch gewaltlose Predigt und Überzeugungsversuche, sondern v. a. durch ↑ Revolution. In diesem Zusammenhang bildeten sich kommunistische Geheimbünde und Verschwörungen in Europa (F. N. Babeuf: »Verschwörung der Gleichen« u. a.). Um 1840 kommt die Bezeichnung »Kommunisten« auf, ohne daß damit ein besonderer Unterschied zum gleichzeitigen ↑ Sozialismus markiert wird. 1847 wird der »Bund der Kommunisten« gegründet, dem K. Marx und F. Engels mit ihrem *»Kommunistischen Manifest«* ein Programm geben. Seit dieser Zeit ist die kommunistische Bewegung im Unterschied zum ↑ Anarchismus, der ebenfalls kommunistische Ideen aufgenommen hat, durch ihre Fixierung auf den ↑ Marxismus gekennzeichnet. Demnach ist die zukünftige kommunistische Gesellschaft ein notwendiges Resultat der Entwicklung der menschlichen Gesellschaft, der Entfaltung ihrer Produktivkräfte und des materiellen Reichtums. Sie wird sich nach dem Zusammenbruch des ↑ Kapitalismus, der Revolution des Proletariats, der Aufhebung des Privateigentums an Produktionsmitteln und einem Zwischenstadium des Sozialismus herausbilden (↑ historischer Materialismus). In ihr soll der Mensch zu einer allseitigen Entfaltung seiner Fähigkeiten in einer herrschafts- und ↑ klassenlosen Gesellschaft kommen (»Jeder nach seinen Fähigkeiten, jedem nach seinen Bedürfnissen«). Der kommunistische Mensch wird als neuer Menschentyp, auf den die Entwicklung des Menschengeschlechts hinzielt, charakterisiert.

Der K. ist in diesen Vorstellungen an wirtschaftlichen Überfluß und den revolutionären Gesellschaftsumsturz durch das Proletariat gebunden. Zur Durchführung der Revolution setzte sich insbesondere W. I. Lenin für eine Partei von Berufsrevolutionären ein (↑ Bolschewismus). Die Oktoberrevolution 1918 in Rußland führte aber nicht zur Herrschaft und Befreiung der Arbeiterklasse, sondern zur Diktatur der kommunistischen Partei über das Proletariat (Kritik R. Luxemburgs). Unter K. wird seitdem auch ein unter Führung kommunistischer Parteien stehendes Herrschaftssystem verstanden. Weitere Abspaltungen revolutionärer kommunistischer Parteien von der reformistischen Arbeiterbewegung (↑ Reformismus) der Sozialdemokratie folgten nach dem 1. Weltkrieg. Sie formierten sich 1919 in der Dritten (kommunistischen) Internationale (Komintern) unter Führung der KPdSU und unter Anerkennung des ↑ Marxismus-Leninismus als verbindlicher Doktrin. Im 2. Weltkrieg mit Rücksicht auf die westlichen Verbündeten von Stalin aufgelöst, fand die Komintern 1947–1956 eine Nachfolge im Kominform, dem kommunistischen Informationsbüro (↑ auch Stalinismus). Gegen den Herrschaftsanspruch der sowjetischen Kommunistischen Partei wandten sich andere kommunistische Parteien (z. B. in China, Jugoslawien [↑ Titoismus]; ↑ auch Eurokommunismus, ↑ Polyzentrismus).

Innerhalb der kommunistischen Staaten beanspruchte die jeweilige kommunistische Partei als »Avantgarde des Proletariats« die absolute Führung und übte sie in diktatorischer Weise aus. Nach dem Zusammenbruch dieser Systeme in Mittel- und Osteuropa 1989/90 sahen sich verbliebene kommunistische Regime (z. B. in Vietnam) zu politischen Zugeständnissen gezwungen, ohne jedoch den Anspruch der Partei auf Vorherrschaft aufzugeben.

Kommunistische Partei Deutschlands (KPD) entstand 1918/19 aus verschiedenen linksradikalen Strömungen der ↑ Arbeiterbewegung und entwickelte sich zu einer revolutionären Massenpartei. Die »Stalinisierung« der KPD nach 1925 beseitigte weitgehend die innerparteiliche Demokratie und legte die Partei auf das Vorbild der Sowjetunion fest. Die ab 1933 verbotene und verfolgte KPD wurde 1945 wiedergegründet. In der Sowjetischen Besatzungszone erzwang die KPD 1946 den Zusammenschluß mit der SPD zur ↑ Sozialistischen Einheitspartei Deutschlands (SED), während der Einfluß der KPD in der BR Deutschland kontinuierlich zurückging (Bundestagswahl 1953: 2,2 %). 1956 erklärte das Bundesverfassungsgericht die KPD für verfassungswidrig; ihre Mitglieder arbeiteten mit nur geringem Erfolg bis 1968 illegal. – ↑ auch Deutsche Kommunistische Partei.

kompensatorische Erziehung soll Lern- und Leistungsdefizite bei soziokulturell benachteiligten Kindern ausgleichen und verhindern.

Kompetenz nennt man den mit einem Amt verbundenen Zuständigkeitsbereich in örtlicher und sachlicher Hinsicht. Klar umrissene Kompetenzen sind dabei auch Verantwortungen sind die Voraussetzung für einen funktionierenden ↑ Rechtsstaat. Stellen, die über die Kompetenzverteilung entscheiden, besitzen die sog. *Kompetenzkompetenz.*

Kompromiß [von lateinisch compromittere »sich gegenseitig etwas, insbesondere die Anerkennung eines Schiedsspruchs, versprechen«]: Übereinkunft, Ausgleich. Von K. spricht man insbesondere dann, wenn Verhandlungspartner von ihren Zielen und Interessen Abstriche machen, um ein für alle Beteiligten annehmbares Ergebnis zu erreichen. Auf der Möglichkeit, Kompromisse zu schließen und damit dem Standpunkt und den Interessen anderer Rechnung zu tragen, beruht das Entscheidungsverfahren in Demokratien. Es setzt ↑ Konsens im Grundsätzlichen, partnerschaftliches Verhalten und Toleranz voraus. Lediglich »formal« ist ein K., wenn nur verbal ein Ausgleich geschaffen wurde, inhaltlich aber gegensätzliche Auffassungen weiter bestehen.

Konflikt (von lateinisch confligere, conflictum »zusammenschlagen«) meint die aus Interessengegensätzen folgenden Auseinandersetzungen zwischen Individuen, Gruppen, Organisationen und Staaten, die in offenen oder verdeckten Kämpfen ausgetragen werden. In *sozialen Konflikten* sind die beteiligten Parteien darauf bedacht, durch Einsatz von Macht und Einflußmitteln Ziele zu erreichen und gleichzeitig die Niederlage des Gegners herbeizuführen oder aber wenigstens die eigene Niederlage zu verhindern. Das bedeutet jedoch nicht, daß soziale Konflikte ungeregelt (anomisch) verlaufen. Tarifauseinandersetzungen sind z. B. gesetzlich und vertraglich geregelt. Umstritten ist, inwieweit soziale Konflikte zu Störungen eines sozialen Systems oder aber zu einer Stabilisierung durch Korrekturen führen und ein unabdingbarer Antrieb für den ↑ sozialen Wandel sind.

Konföderation [von lateinisch confoederatio »Bündnis«]: Im ↑ Völkerrecht Zusammenschluß gleichberechtigter souveräner Staaten; im Gegensatz zum ↑ Bundesstaat besteht ein Austrittsrecht. – ↑ auch Staatenbund.

Konformismus [von lateinisch conformis »gleichförmig, ähnlich«]: Angepaßtheit an die herrschenden Meinungen in einer Gesellschaft. Ursprünglich Bezeichnung für die Mitglieder der anglikanischen Kirche, von denen sich die *Nonkonformisten (Dissenters)* unterschieden.

Kongreß: Bezeichnung für die gesetzgebende Körperschaft der USA. Der K. besteht aus dem ↑ Repräsentantenhaus und dem ↑ Senat.

Konjunktur bezeichnet die zyklisch wiederkehrenden, nicht saisonalen (= jahreszeitlich bedingten) Schwankungen einer ↑ Volkswirtschaft oder eines wirtschaftlich verflochtenen Großraums. Dazu zählen nicht die Sonderbewegungen in einzelnen Wirtschaftszweigen. Innerhalb des Konjunkturzyklus unterscheidet man vier Phasen: 1. Aufschwung, 2. Hochkonjunktur (↑ Boom), 3. Abschwung (↑ Rezession), 4. Krise (↑ Depression). Die Konjunkturphasen, deren Übergänge fließend sind, werden durch folgende Indikatoren (Konjunkturanzeiger) ermittelt: ↑ Bruttosozialprodukt, Auftragseingang, Kapazitätsausla-

stung, ↑ Investitionen, Arbeitslosenzahl, Löhne und Preise. In der Aufschwungphase steigen Auftragseingang und Produktion, die Kapazitätsauslastung verbessert sich, die Beschäftigtenzahl steigt, und die Gewinne steigen stärker als die Löhne. In dem sich anschließenden Boom werden die Produktionsfaktoren knapp und damit teuer. Die Preise und Löhne steigen kräftig, die Kreditzinsen sind hoch, es bestehen lange Lieferfristen und es herrscht Vollbeschäftigung. Auf die Hochkonjunktur folgt auf gleichem Niveau eine im allgemeinen kurze Zwischenphase, die einen neuen Aufschwung, häufiger aber die Rezessionsphase einleitet. Der Abschwung ist gekennzeichnet durch sinkende Aufträge und Produktion, durch abnehmende Investitionen und durch erhöhte Ersparnisse trotz sinkender Zinsen. Die Preise steigen langsamer, der Lohnzuwachs ist bei steigender Arbeitslosenzahl noch relativ hoch. Ein noch stärkerer Rückgang der Aufträge und der Produktion, hohe Arbeitslosigkeit, zunehmende Konkurse und Investitionsunlust kennzeichnen die Krise. Als Ursachen für Konjunkturschwankungen werden häufig Überproduktion bzw. Unterkonsumption im Aufschwung (= Rückgang der Nachfrage) und die Wiederbelebung der Nachfrage nach einer Rezession angegeben. Die Untersuchung der Ursachen und des Verlaufs konjunktureller Bewegungen im allgemeinen ist Gegenstand der *Konjunkturtheorie;* die Untersuchung der Mittel und des Einsatzes dieser Mittel zur Dämpfung der konjunkturellen Schwankungen ist Gegenstand der Theorie der ↑ Konjunkturpolitik.

Konjunkturpolitik: Gesamtheit aller staatlichen Maßnahmen zur Beeinflussung der ↑ Konjunktur. Ziele der K. sind: Dämpfung von Überhitzungserscheinungen (z. B. von Preissteigerungen), Abschwächung der Folgen einer Krise (z. B. der Arbeitslosigkeit) und Stabilisierung des Wirtschaftswachstums. Staatliche Maßnahmen der K. sind z. B. Einschränkung oder Verlagerung öffentlicher Ausgaben sowie Steuererhöhungen in der Hochkonjunkturphase, zusätzliche Ausgaben aus dem Staatshaushalt und Steuersenkungen in der Abschwungphase. Auch die

↑ Deutsche Bundesbank wirkt mit ihrer ↑ Geld- und Kreditpolitik auf den Konjunkturverlauf ein.

Konjunkturrat ist ein Gremium zur Abstimmung der ↑ Finanz- und ↑ Wirtschaftspolitik von Bund, Ländern und Gemeinden, insbesondere der Haushaltswirtschaft der ↑ öffentlichen Hand. Mitglieder sind die Bundesminister für Wirtschaft und Finanzen, je ein Vertreter der Länder und vier Vertreter der Gemeinden.

Konkordat [von lateinisch concordare »übereinstimmen«]: Abkommen zwischen dem Heiligen Stuhl und einem Staat, in dem beide Seiten ihr Verhältnis zueinander umfassend regeln. Für zusammenfassende Abkommen zwischen dem Staat und den evangelischen Kirchen hat sich der Begriff *Kirchenvertrag* durchgesetzt. Gegenstand eines K. können Absprachen über den staatlichen Schutz der Kirchen, um Tätigkeit ihrer Geistlichen und des Kirchenvermögens, über Schul- und Hochschulfragen (Lehrerbildung, Religionsunterricht an öffentlichen Schulen, Errichtung staatlicher theologischer Fakultäten), Ausbildung von Geistlichen, Krankenhaus- und Anstaltsseelsorge, Staatsleistungen, Kirchensteuer, Denkmalpflege u. a. mehr sein. Zuständig für den Abschluß von Konkordaten sind nach dem Grundgesetz auf staatlicher Seite in erster Linie die Länder. Das in der BR Deutschland geltende Konkordatsrecht wird im wesentlichen durch die Fortgeltung des Reichskonkordats von 1933 und der in der Weimarer Zeit abgeschlossenen Länderkonkordate (Bayern 1924, Preußen 1931, Baden 1932) bestimmt. – ↑ auch Kirche und Staat.

Konkurrenz [von lateinisch concurrere »zusammentreffen, aufeinanderstoßen«] bedeutet allgemein Wettstreit verschiedener Gruppen (z. B. Parteien) um das gleiche Ziel. K. ist auch ein zentraler Begriff in der ↑ Marktwirtschaft. – ↑ auch Wettbewerb.

konkurrierende Gesetzgebung: Die Befugnis zur ↑ Gesetzgebung ist auf vielen Gebieten (z. B. bürgerliches Recht, Strafrecht, Wirtschaftsrecht) vom ↑ Grundgesetz nicht ausschließlich dem Bund oder den Ländern, sondern beiden in der Weise zugewiesen, daß grundsätzlich die Länder

berechtigt sind, Gesetze zu erlassen, soweit und solange der Bund von seinem Gesetzgebungsrecht keinen Gebrauch macht. Dem Bund steht das Recht der k. G. aber nur zu, wenn eine Regelung durch einzelne Länder nicht wirkungsvoll ist oder die Interessen anderer Länder bzw. der Gesamtheit beeinträchtigt oder wenn aus Vereinheitlichungsgründen geboten ist. Erläßt der Bund ein Gesetz, erlischt insoweit die Regelungsbefugnis der Länder.

Konkurs ist das gerichtliche Verfahren, in dem durch Vollstreckung in das gesamte Vermögen eines Schuldners alle persönlichen ↑ Gläubiger anteilig befriedigt werden sollen. Gesetzliche Grundlage dieses Verfahrens ist die Konkursordnung. Zweck des K. ist es, daß alle Gläubiger in gleicher Höhe (z. B. zu 50 %), wenn auch nur teilweise, Erfüllung ihrer Konkursforderungen erlangen (im Gegensatz zur [Einzel-] ↑ Zwangsvollstreckung). Das Prinzip der gleichmäßigen Befriedigung ist durch Sonderbestimmungen für einzelne Rechtsinhaber (z. B. von Pfandrechten oder von Vorbehalts- oder Sicherungseigentum) durchbrochen. Die im K. nicht befriedigten Forderungen bleiben bestehen.

Konsens [von lateinisch consensus »Übereinstimmung«]: Jede gesellschaftliche Ordnung von Dauer, insbesondere aber die Demokratie, setzt einen K. in Grundsatzfragen, bestimmten Verhaltensweisen, zumindest aber über das Verfahren, nach dem für alle verbindliche Entscheidungen getroffen werden, voraus. Insofern beruht jede Demokratie auf einem Minimum gemeinsamer Überzeugungen *(Minimal-* oder *Grundkonsens)* und auf ↑ Partnerschaft. Erst auf dieser Grundlage können (↑ Interessen-) ↑ Konflikte in einer Weise ausgetragen werden, daß sie für die Gesellschaft nicht zerstörend wirken. – ↑ auch Kompromiß.

Konservativismus: Bezeichnung für eine Haltung, die dem Bestehenden und seiner Bewahrung den Vorzug gibt. Der K. ist als geistige und politische Bewegung ursprünglich im Gegenschlag zur Aufklärung und zum ↑ Liberalismus und deren Bemühungen um eine gesellschaftliche Veränderung im späten 18. Jahrhundert entstanden. Dieser ältere K. war daher an der Bewahrung der ständischen Ordnung und der Monarchie interessiert und wurde v. a. vom Adel, aber auch vom Bauerntum und letzlich überhaupt von Gesellschaftsschichten, die die Bewegung der Emanzipation freisetzte und die ihren Halt an der alten Ordnung zu verlieren drohten, vertreten. Erst später, Ende des 19. Jahrhunderts, verband sich der K. mit dem Nationalismus.

Allgemein gesprochen charakterisiert den K. eine Haltung, die bestehende Wertordnungen und gesellschaftliche Verhältnisse bevorzugt und infolge der Hochschätzung der ↑ Tradition sich Neuerungen gegenüber kritisch stellt, da deren – möglicherweise ungewollte – Folgen nicht immer vorhersehbar sind. Der K. ist allenfalls zu vorsichtigen Veränderungen, die letztlich das Bestehende stützen und nicht revolutionär umgestalten, geneigt (so z. B. der Sozialkonservativismus im 19. Jahrhundert). Daher lassen sich auch Progressismus und Wertkonservativismus miteinander verbinden, wenn die evolutionäre Veränderung gesellschaftlicher Zustände der Bewahrung und Stärkung überkommener Werte dienen soll. »Konservativ« ist zu unterscheiden von »reaktionär« (= auf die Wiederherstellung vergangener Zustände bedacht), »progressiv« (= auf Veränderung, verstanden als »Fortschritt«, zielend) und »radikal« (= auf einen grundsätzlichen, revolutionären Umsturz der Verhältnisse ausgehend). Versteht man K. in diesem allgemeinen Sinn, dann kann jede Richtung, die Bestehendes bejaht und die Veränderungen nur zu seiner Stärkung befürwortet, als »konservativ« gelten.

Konstitution ↑ Verfassung.

Konstitutionalismus: Bewegung im 18. und 19. Jahrhundert, die die staatliche Organisation auf ein Grundgesetz, auf eine Konstitution gründen oder doch wenigstens die überkommene (monarchische) Staatsgewalt an eine Konstitution (= Verfassung) binden und damit ihre Ausübung einschränken wollte; später wurde der Begriff K. gleichbedeutend mit dem der Verfassungsstaatlichkeit. Dem K. geht es im Gegensatz zum ↑ Absolutismus um eine Begrenzung der Staatsgewalt zugunsten individueller Freiheit (↑ Menschenrechte) und um eine Aufteilung und gegenseitige

Kontrolle der einzelnen Bereiche der Staatsgewalt, um ihren Mißbrauch zu verhüten (↑ auch Gewaltenteilung). In einem eingeengten Sinn bedeutet K. innerhalb des Verfassungsstaates eine besondere Regierungsform, nämlich eine monarchische, vom Parlament unabhängige Regierung im Gegensatz zum ↑ parlamentarischen Regierungssystem.

konstruktives Mißtrauensvotum: Nach Art. 67 GG das Recht des ↑ Bundestages, dem ↑ Bundeskanzler das Mißtrauen dadurch auszusprechen, daß er mit der Mehrheit seiner Mitglieder einen Nachfolger wählt und den ↑ Bundespräsidenten ersucht, den Bundeskanzler zu entlassen. Im Gegensatz zum einfachen ↑ Mißtrauensvotum, das lediglich die Abwahl des Regierungschefs oder eines Ministers zum Ziel hat, ohne die Nachfolgefrage zu regeln, soll das k. M. nur dann zur Entlassung des Regierungschefs und damit zum Rücktritt der gesamten Regierung führen, wenn sich im Parlament eine neue Regierungsmehrheit zusammenfindet. Das k. M. hat also den Schutz der Regierungsfähigkeit zur Folge und verhindert, daß parlamentarische Mehrheiten die Regierung abwählen, ohne bereit zu sein, an ihrer Stelle die Regierungsverantwortung zu übernehmen.

Konsul: Im ↑ Gesandtschaftsrecht des Auswärtigen Dienstes offizieller Vertreter eines Staates in einem anderen Staat; der K. besitzt jedoch nicht den vollen diplomatischen Status. Seine Aufgaben sind mehr administrativer Art. So hat er z. B. für den Rechtsschutz der Angehörigen seines Staates im Ausland zu sorgen.

Konsum [von lateinisch consumere »verbrauchen«]: Allgemein die *Verbrauch*; in der Wirtschaftstheorie jede Inanspruchnahme eines Gutes oder einer Dienstleistung durch private oder öffentliche Haushalte zur unmittelbaren Bedürfnisbefriedigung. Der Begriff K. umschließt sowohl den Ver- und Gebrauch wie die Ab- und Benutzung eines Gutes. Der K. ist Teil des ↑ Sozialprodukts. – Abb. S. 222

Konsumentenschutz ↑ Verbraucherschutz.

Konsumgesellschaft umreißt als Schlagwort v. a. die durch eine Steigerung der Einkommen und damit der Massenkaufkraft gekennzeichneten fortschritte-

Konsumgüter

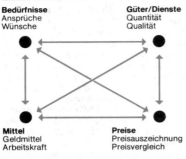

Bedürfnisse
Ansprüche
Wünsche

Güter/Dienste
Quantität
Qualität

Mittel
Geldmittel
Arbeitskraft

Preise
Preisauszeichnung
Preisvergleich

Konsum. Das »magische Viereck« der Verbraucherentscheidungen

nen westlichen Industriegesellschaften. Nach Befriedigung der Existenzbedürfnisse (Nahrung, Kleidung, Wohnung) entsteht das Problem, wie die in Massen produzierten Güter abgesetzt werden können: Einkalkulierter schneller Verschleiß ist daher charakteristisch für die Produktion in der Konsumgesellschaft. Die Kritik an der K. zielt zum einen auf die ↑ Manipulation des Konsumenten durch Erweckung von sog. falschen Bedürfnissen durch Werbung, zum andern auf den hohen Prestigewert von Wohlstand und Konsum im gesellschaftlichen Wertsystem (↑ Konsumzwang).

Konsumgüter ↑ Güter.

Konsumlenkung: (Staatliche) Maßnahmen zur Veränderung der einzel- oder gesamtwirtschaftlichen Konsumstruktur. K. kann außerwirtschaftliche Ziele (z. B. Hebung der Bildung oder Gesundheit) oder wirtschaftliche Ziele (z. B. Einschränkung oder Steigerung der Nachfrage) haben. Entsprechend den Maßnahmen unterscheidet man zwei Arten der K.: 1. die *qualitative K.* ist die Beeinflussung der Konsumentscheidungen über die Bedürfnisstruktur, z. B. durch Werbung (»Eßt mehr Obst«) oder durch Erhöhung z. B. der Tabak- und Branntweinsteuer; 2. die *quantitative K.* tritt v. a. bei Knappheitserscheinungen und bei Krisen auf Teilmärkten auf (z. B. Zuteilung von Lebensmitteln, Brennstoffen).

Konsumverzicht erfolgt freiwillig (z. B. durch Sparen) oder zwangsweise (z. B. durch Auferlegung oder Erhöhung von Steuern oder durch die Preispolitik der Unternehmen). Der freiwillige K. ist die Voraussetzung für die Kapitalbildung in einer ↑ Marktwirtschaft. Nur wenn die Kapitalbildung, d. h. die Umwandlung des gesparten Geldes durch Unternehmer in ↑ Produktionsmittel (= ↑ Investitionen) größer ist als der Kapitalverbrauch (= die Abnützung der Produktionsmittel), ist die Voraussetzung für ein Wirtschaftswachstum gegeben. Die Gründe für K. sind an Zahl, Stärke, Beständigkeit und Rationalität sehr verschieden. Sie hängen ab von Einkommenshöhe, sozialer Sicherheit, Größe des Haushalts, Alter, Berufsgruppe, Bildungsschicht, sozialer Schicht und wirtschaftspolitischen Maßnahmen (z. B. Zinspolitik, Sparförderung).

Konsumzwang:
◇ Im Extremfall ist K. die völlige Aufhebung der Konsumfreiheit oder der Möglichkeit, sein Einkommen frei zu verwenden.
◇ Im wirtschaftlichen und soziologischen Sprachgebrauch bedeutet K. zum einen die ↑ Manipulation der inneren Kaufbereitschaft des ↑ Konsumenten durch Werbung, zum anderen den typischen aufwendigen Konsum (z. B. bestimmte Automarke, Wohnungseinrichtung), der aufgrund des (neuen) sozialen ↑ Status (oder des Strebens danach) subjektiv notwendig geworden ist. – ↑ auch Konsumgesellschaft.

Kontaktsperre: Eine befristete Unterbrechung aller Verbindungen zwischen Häftlingen untereinander und mit der Außenwelt einschließlich den Verteidigern. Voraussetzung einer K. ist die Feststellung, daß »eine gegenwärtige Gefahr für Leben, Leib oder Freiheit einer Person« besteht und der Verdacht begründet ist, »daß die Gefahr von einer terroristischen Vereinigung ausgeht«. Die Bestimmung wurde im Zusammenhang mit der Entführung 1977 des Arbeitgeberverbandspräsidenten Hanns Martin Schleyer (1915–1977) geschaffen.

Konterrevolution: Versuch, die durch eine ↑ Revolution geschaffenen Verhältnisse durch eine *Gegenrevolution* rückgängig zu machen. Im ↑ Marxismus-Leninismus gilt jede Opposition gegen das herrschende kommunistische Regime als konterrevolutionär.

Kontrolle:

◇ heißt Aufsicht, Überwachung bzw. überhaupt Beherrschung von etwas (»unter K. haben«). Sie kann im nachhinein erfolgen (z. B. Rechnungskontrolle), oder das zu kontrollierende Verhalten begleiten (z. B. durch den Fahrlehrer in der Fahrschule), oder durch Ausgabe von Richtlinien und Direktiven vorweggenommen werden.

◇ Im gesellschaftlichen Bereich spricht man von sozialer K. durch die Umgebung (Nachbarn, Mitmenschen) und K. ausübende Institutionen. Die soziale K. kann auch verinnerlicht sein, so daß wir uns von selbst so verhalten, wie es die Gesellschaft wünscht.

◇ Im innerstaatlichen Bereich ist die gegenseitige K. der drei Gewalten (Legislative, Exekutive und Judikative) Grundlage der ↑ Gewaltenteilung und verhindert den Machtmißbrauch. Darüber hinaus unterliegen die von ↑ Regierung, ↑ Parlament und ↑ Verwaltung der K. durch die Verwaltungs- und Verfassungsgerichte.

◇ Im überstaatlichen Bereich, im Bereich der ↑ internationalen Beziehungen und des ↑ Völkerrechts, ist die K. der Ausbreitung der Kerntechnologie und ihrer friedlichen Nutzung von entscheidender Bedeutung; im Bereich der ↑ Abrüstung ist die gegenseitige K. eine heftig umstrittene Frage.

Konvention:

◇ Völkerrechtlicher Vertrag zwischen mehreren Staaten zur Regelung rechtlicher, politischer, wirtschaftlicher und anderer Probleme (z. B. ↑ Genfer Konventionen).

◇ In den Sozialwissenschaften Bezeichnung für die aus den gesellschaftlichen Erwartungen abgeleiteten Verhaltensmuster (Brauch, Sitte), deren Nichtbeachtung (im Gegensatz zur Rechtsverletzung) nur schwach (durch Mißbilligung oder Prestigeentzug) geahndet wird.

◇ Politische Konventionen stellen Verhaltensregeln dar, die im politischen Verkehr, z. B. im Parlament zwischen den Fraktionen, beachtet werden.

konventionelle Waffen sind herkömmliche Waffen aller Art im Gegensatz zu den ↑ ABC-Waffen.

Konvergenztheorie: Die K. besagt, daß sich kapitalistische und sozialistische Industriestaaten aufgrund gleicher wirtschaftlich-technischer Probleme trotz ideologischer Differenzen angleichen würden.

Konvertierbarkeit *(Konvertibilität)* [von lateinisch convertere »umwenden, wechseln«] ist die Möglichkeit zum freien und unbeschränkten Austausch von inländischen gesetzlichen ↑ Zahlungsmitteln gegen ausländische (↑ Devisen), im Gegensatz zur Devisenbewirtschaftung. Die K. der DM wurde 1958 hergestellt.

Konzentration: Im weiteren Sinn die Zusammenballung von wirtschaftlicher Macht, im engeren Sinn der Zusammenschluß von Unternehmen zu größeren Einheiten. Dies kann erfolgen durch Absprache selbständig bleibender Unternehmen mit dem Ziel, den ↑ Wettbewerb zu beschränken (↑ Kartell), durch Vereinigung rechtlich selbständig bleibender Unternehmen unter einheitlicher wirtschaftlicher Leitung (↑ Konzern) oder als völlige Verschmelzung der beteiligten Unternehmen zu einer neugeschaffenen wirtschaftlichen und rechtlichen Einheit (↑ Fusion). Mögliche Vorteile der K. können die Entstehung leistungsfähigerer Unternehmen und eine Erhöhung der gesamtwirtschaftlichen ↑ Produktivität sein. Nachteilig dagegen kann sich auswirken, daß weitgehende K. zur Marktbeherrschung führen kann und damit die Gefahr des Mißbrauchs wirtschaftlicher Macht gegeben ist.

Konzern: Zusammenfassung rechtlich selbständiger Unternehmen unter eine einheitliche Leitung, z. B. eine Holdinggesellschaft. Diese hält nun die Kapitalanteile der beteiligten Unternehmen in Besitz, tritt selbst aber nicht als Produzent auf dem Markt auf. Die Konzernmitglieder können einander gleichgeordnet oder voneinander abhängig (untergeordnet) sein. Von einem K. zu unterscheiden sind durch ↑ Fusion bewirkten Unternehmenszusammenschlüsse. – ↑ auch Kartell.

konzertierte Aktion: Nach § 3 des ↑ Stabilitätsgesetzes aufeinander abgestimmtes Verhalten der ↑ Gebietskörperschaften, ↑ Gewerkschaften und Unternehmensverbände zur Erreichung von Preisstabilität, einem hohen Beschäftigungsgrad, dem außenwirtschaftlichen Gleichgewicht und angemessenem Wirtschaftswachstum. Die k. A. wurde nach ausländischen Vorbildern für die BR Deutschland 1964 vom ↑ Sachverständigenrat zur Begutachtung der gesamtwirtschaftlichen Entwicklung vorgeschlagen. 1977 kam es zu starken Spannungen zwischen den Gewerkschaften und den Arbeitgeberverbänden, als diese die Verfassungsmäßigkeit des Gesetzes über die Mitbestimmung der Arbeitnehmer vom 4. Mai 1976 anzweifelten und Klage vor dem Bundesverfassungsgericht erhoben. Von diesem Zeitpunkt an weigerten sich die Gewerkschaften, weiterhin in der k. A. mitzuarbeiten.

Konzession [von lateinisch concessio »Zugeständnis«]: Behördliche Erlaubnis zur Ausübung eines bestimmten Gewerbes (z. B. Gaststättenkonzession) oder die Verleihung eines Rechts zur Ausnutzung oder Ausbeutung einer Sache (z. B. Schürfrechte im Bergbau).

Kooperation [von lateinisch cooperari »zusammenarbeiten«]: Allgemein das Zusammenwirken verschiedener Interessengruppen auf ein gemeinsames Ziel hin. Im politischen Bereich findet K. z. B. zwischen Parteien oder Verbänden statt. Auch zwischen Staaten kann es K. geben: So wird z. B. von einem Staat das ↑ Knowhow vermittelt, vom anderen werden dafür Rohstoffe oder Produkte geliefert (besonders im Ost-West-Handel).

kooperativer Föderalismus ist eine moderne Form der Beziehungen zwischen Zentralstaat und Gliedstaaten in einem ↑ Bundesstaat, die nicht mehr auf einer strengen Funktionstrennung, sondern auf dem Prinzip der gemeinschaftlichen Aufgabenerledigung durch gemeinsame Planung und Finanzierung beruht. Kooperation kann sich zwischen den Gliedstaaten (so z. B. die gemeinsame Unterhaltung des ↑ Zweiten Deutschen Fernsehens) wie auch zwischen ihnen und dem Bund (↑ Gemeinschaftsaufgaben) entwickeln.

Körperschaft: Personenverband, der sich als selbständige Einheit zum Zweck der Verfolgung bestimmter Interessen seiner Angehörigen versteht. Körperschaften sind in der Regel als ↑ juristische Personen Träger eigener Rechte und Pflichten, die von denen ihrer Mitglieder verschieden sind. Dadurch wird im Geschäftsverkehr eine Haftungsbegrenzung auf das Vermögen der K. erreicht.

Körperschaften des öffentlichen Rechts sind auf dem Gebiet des ↑ öffentlichen Rechts mit eigener Rechtsfähigkeit ausgestattete Institutionen. Die wichtigsten Körperschaften sind der Bund, die Bundesländer, Städte, Landkreise (↑ Gebietskörperschaften), Selbstverwaltungsverbände, Sozialversicherungsträger und Kirchen. Meist nehmen die Körperschaften des öffentlichen Rechts aufgrund von Gesetzen bestimmte hoheitliche Befugnisse wahr.

Körperschaftsteuer ↑ Steuern.

Korporatismus: Seit den 1970er Jahren gebräuchliche Bezeichnung für Formen der institutionalisierten Beteiligung von gesellschaftlichen Gruppen und ↑ Interessenverbänden an der Politik in liberaldemokratischen Staaten. Im Gegensatz zum ↑ Pluralismus dient er der *kooperativen Konfliktregulierung* und setzt auf eine Zusammenarbeit von Verbänden und Regierung. Der K. führt zur Bildung eines *Politikverbundes* von Regierung und Großverbänden v. a. im Bereich der Einkommenspolitik, der Sozial- und Arbeitsmarktpolitik sowie der Industriepolitik. Er ist in den skandinavischen Ländern wie in Österreich weit verbreitet. In der BR Deutschland ist die ↑ konzertierte Aktion ein besonders bekanntes Beispiel für K. gewesen.

Von Korporationen ist schon im ↑ Ständestaat die Rede (ständische Korporationen als Gegenspieler des Monarchen). Seit dieser Zeit hat sich die Idee eines ständisch gegliederten Staates erhalten, in dem Korporationen anstelle von Parteien die gesellschaftlichen Interessen vertreten. Der Gedanke einer berufsständischen ↑ Repräsentation wurde auch von der katholischen Soziallehre (Enzyklika Quadrogesimo Anno, 1931) aufgegriffen. Der Rückgriff auf korporatistische Vorstellungen im ↑ Faschismus führte zu einer Diskreditierung des K., weswegen heute in der Korporatismustheorie oft auch die Unterschiede zwischen den älteren (ständestaatlichen) Formen des K. und dem neueren K., der in den Parteienstaat eingebunden ist, betont werden.

Korruption [von lateinisch corrumpere »verderben, bestechen«]: Im weitesten Sinne jede Käuflichkeit auf illegale Weise; im engeren Sinne Käuflichkeit von Parlamentariern, Beamten und Richtern, die Entscheidungen zugunsten dessen treffen, der ihnen dafür bestimmte Vorteile verspricht. Ein Fall von K. ist es, wenn z. B. ein Unternehmer einem Beamten offen oder versteckt Vorteile zukommen läßt und nur deshalb einen öffentlichen Auftrag erhält oder strafrechtlich nicht verfolgt wird. Um K. auszuschließen, ist *Bestechung*, d. h. sowohl die Annahme (passive Bestechung) wie die Gewährung (aktive Bestechung) von Geschenken und anderen Vorteilen strafbar.

Kosten sind alle Aufwendungen und Nachteile, die der Versuch, einen bestimmten Zweck zu erreichen, mit sich bringt. Dabei handelt es sich nicht nur um Aufwendungen, die in voller Absicht um der Zweckerreichung willen gemacht worden sind, sondern auch um solche Nachteile, die erst später eintreten bzw. bemerkt werden (sog. Folgekosten), und solche, die andere als den Begünstigten treffen (sog. »externe« K., die durch Kostenabwälzung entstehen). Solche K., die z. B. in der Bilanz eines Unternehmens nicht ausgewiesen werden, nennt man auch *gesellschaftliche K.* (z. B. für Luft- und Wasserreinigung). Sie sollten von den Verursachern, nicht von der Gesellschaft, getragen werden. – ↑ Verursacherprinzip.

KPD ↑ Kommunistische Partei Deutschlands.

KPdSU (Abkürzung für **K**ommunistische **P**artei **d**er **S**owjet**u**nion): Aus der Gruppe der Bolschewiki (↑ Bolschewismus) innerhalb der Sozialdemokratischen Arbeiterpartei Rußlands hervorgegangene, 1917 bis 1991 allein regierende Partei in der UdSSR. Der ↑ Marxismus-Leninismus war die unumstrittene Grundlage ihrer Politik. Sie beanspruchte lange Zeit die Führung unter den kommunistischen Parteien im Weltkommunismus. M. Gorbatschow versuchte, die KPdSU in seine Politik der ↑ Perestroika einzubeziehen, was jedoch mißlang. Heute ist die KPdSU in Rußland und in verschiedenen anderen Nachfolgestaaten der Sowjetunion verboten. – ↑ auch Kommunismus, ↑ Polyzentrismus.

Krankenkassen sind als Träger der gesetzlichen Krankenversicherung ↑ Körperschaften des öffentlichen Rechts mit dem Recht der ↑ Selbstverwaltung unter staatlicher Rechtsaufsicht. In den Selbstverwaltungsorganen sind Versicherte und Arbeitgeber paritätisch vertreten. Die K. können sich zu Landes- und Bundesverbänden zusammenschließen.

Bei den gesetzlichen K. lassen sich unterscheiden die *Allgemeine Ortskrankenkasse (AOK)* für Versicherungspflichtige, die keiner anderen Krankenkasse angehören, *Ersatzkassen,* bei denen die Mitgliedschaft (im Gegensatz zur AOK) freiwillig ist, und eine Reihe von *Berufskrankenkassen* (z. B. Knappschaftskassen, Innungskrankenkassen). Neben den gesetzlichen K. existieren private K., deren Mitglieder nicht unter die Versicherungspflicht fallen (z. B. Beamte, Ärzte). Während in den gesetzlichen K. das Sachleistungsprinzip gilt, folgen die privaten K. dem Kostenerstattungsprinzip, d. h. die Höhe der Erstattung richtet sich nach dem abgeschlossenen Tarif; bei dem eine jährliche Höchstleistung gilt; dabei hängt die Beitragsprämie vom Alter, Geschlecht und dem Gesundheitszustand ab. – ↑ auch Krankenversicherung.

Krankenversicherung ist eine Personenversicherung und Teil der ↑ Sozialversicherung und erbringt Leistungen bei Krankheit, Mutterschaft und Tod sowie zur Früherkennung und Verhütung von Krankheiten. Die Grundlage für die heutige K. wurde mit der Sozialgesetzgebung O. von Bismarcks gelegt (Krankenversicherungsgesetz von 1883), die ursprünglich nur auf bestimmte Personengruppen bezogen war. Mit der Gründung der BR Deutschland wurde das Netz der ↑ sozialen Sicherheit immer dichter. Die gesetzliche K. in der BR Deutschland erfaßt heute rund 90 % der Bevölkerung.

Versicherungspflichtig sind alle Arbeitnehmer (bis zu einer bestimmten Einkommensgrenze, der Versicherungspflichtgrenze), ferner Auszubildende, Studenten, Wehr- oder Zivildienstleistende, mitarbeitende Familienangehörige eines landwirtschaftlichen Unternehmens, Rentner und Rentenantragssteller sowie Personen, die Arbeitslosengeld, Arbeitslosenhilfe oder Übergangsgeld beziehen. Selbständig tätige Personen und Beamte sind nicht versicherungspflichtig, können aber ebenso wie alle Arbeitnehmer, die die Versicherungspflichtgrenze überschreiten, eine private

Krankenversicherung abschließen. Auch für Pflichtversicherte ist es möglich, eine über die gesetzliche K. hinausgehende private Zusatzversicherung (z. B. Krankenhaustagegeldversicherung, Krankentagegeldversicherung) abzuschließen. Die Leistungen der gesetzlichen K. sind Sach- und Geldleistungen. Zu den Sachleistungen zählen z. B. ärztliche und zahnärztliche Hilfen und Kuren, wobei der Versicherte unter den bei den Krankenkassen zugelassenen Ärzten freie Wahl hat. Es gibt inzwischen eine Kostenbeteiligung, auch bei einer Behandlung im Krankenhaus. Mit der ↑ Gesundheitsreform 1988 wurden die Leistungen insofern eingeschränkt, als für Medikamente, für die keine Festbeträge gelten, ein Eigenbeitrag verlangt wird, der ab 1. Januar 1992 wesentlich ansteigt (auf maximal 15 DM). Beim Zahnersatz gibt es keine Vollversicherung mehr, so daß der Versicherte erhebliche Zuzahlungen leisten muß. Zu den Geldleistungen zählen auch die ↑ Lohnfortzahlung im Krankheitsfall bis zu sechs Wochen, das *Krankengeld* ab der 7. Woche und die Mutterschaftshilfen.

Die finanziellen Mittel zur Durchführung der gesetzlichen K. werden überwiegend durch Beiträge aufgebracht. Die Beiträge versicherungspflichtiger abhängig Beschäftigter tragen die Versicherten und ihre Arbeitgeber jeweils zur Hälfte. Selbständige und freiwillig Versicherte tragen ihre Beiträge grundsätzlich allein. Die Höhe der Beiträge ist einkommensabhängig. Rentner und Arbeitslose zahlen mittlerweile ebenfalls Beiträge; die Beiträge für Arbeitslose trägt die ↑ Bundesanstalt für Arbeit, zur K. der Rentner leisten die Träger der Rentenversicherung Beiträge, wenn auch nicht in Höhe der hierfür erforderlichen Aufwendungen, so daß ein Teil dieser Aufwendungen zu Lasten der übrigen Mitglieder der Krankenkassen geht. Die Durchführung der gesetzlichen K. obliegt den ↑ Krankenkassen. Probleme für die K. sind v. a. die Kostenexplosion im Gesundheitswesen, die Verbesserung von Maßnahmen zur Vorbeugung, die Frage, ob und wie weit Krankenhäuser wirtschaftlich geführt werden können sowie die Frage einer Kostenbeteiligung der Pflichtversicherten.

Kreativität [von lateinisch creare »erschaffen«] bezeichnet die schöpferische Fähigkeit eines Menschen, d. h. seine Begabung, neuartige Problemlösungen und Ausdrucksformen zu finden. Umwelt und Erziehung sind wichtige Faktoren zur Förderung der Kreativität. Wie weit K. und Intelligenz zusammenhängen, ist umstritten.

Kredit [von lateinisch credere »glauben, vertrauen«] ist die zeitweilige Überlassung von Kaufkraft (z. B. von Geld, Wechseln oder Sachkapital). Der Kreditgeber überläßt dem Kreditnehmer die wirtschaftliche Verfügung über eine bestimmte Kapitalsumme. Beide, der Kreditnehmer und der Kreditgeber, können Privatpersonen, Institute oder die ↑ öffentliche Hand sein. Der K. wird nach einer vereinbarten Zeit in einer vereinbarten Weise zurückerstattet, meist mit einer zusätzlichen Entschädigung an den Kreditgeber in Form eines Zinses. Wesentliches Merkmal des K. ist es also, daß einer gegenwärtigen Leistung nicht eine sofortige Gegenleistung, sondern das Versprechen einer solchen in der Zukunft gegenübersteht.

Der *Kreditmarkt* einer Volkswirtschaft spaltet sich in den Markt für kurzfristige Kredite, den *Geldmarkt,* und den Markt für langfristige Kredite, den ↑ Kapitalmarkt.

Kreise (Landkreise) sind öffentlich-rechtliche ↑ Gebietskörperschaften und Träger der öffentlichen Verwaltung zwischen Land und Kommunen. Sie besitzen eine Doppelfunktion: Einmal sind sie Bezirke der unteren Verwaltungsbehörde, zum anderen haben sie nach Art. 28 Abs. 2 GG ein – im Vergleich zu den Gemeinden allerdings abgeschwächtes – Selbstverwaltungsrecht. Im Selbstverwaltungsbereich übernehmen sie v. a. die Aufgaben, die die Verwaltungs- und Finanzkraft der kreisangehörigen Gemeinden übersteigen (z. B. in der Gesundheitspflege, im Schulwesen, den Bau von Kreiskrankenhäusern u. a.). Organe der K. sind der *Kreistag* als gewählte Vertretung und Beschlußorgan, der *Kreisrat (Kreisausschuß)* und der ↑ Landrat (Kreisdirektor) als Leiter der Exekutive.

kreisfreie Städte sind größere Gemeinden, die genügend Verwaltungs- und Finanzkraft besitzen, um die sonst von

↑ Kreisen zu erledigenden Aufgaben selbst zu übernehmen.

Krieg ist im ↑ Völkerrecht ein organisierter, mit Waffengewalt ausgetragener Machtkonflikt zwischen ↑ Völkerrechtssubjekten. Bewaffnete innerstaatliche Gruppenauseinandersetzungen werden als ↑ Bürgerkrieg bezeichnet. Der Begriff K. entzieht sich heute einer eindeutigen juristischen, diplomatischen oder politischen Bestimmung. Nach dem ↑ Völkerrecht beginnt der K. zu dem Zeitpunkt, an dem mit dem Eintritt des Kriegszustandes das Friedensvölkerrecht außer Kraft gesetzt und das ↑ Kriegsrecht angewandt wird. Dieser Zeitpunkt wird durch die Abgabe einer förmlichen Kriegserklärung bzw. durch die Eröffnung der Feindseligkeiten bestimmt. Der Kriegszustand wird durch Abschluß eines Friedensvertrages, durch die endgültige, offiziell bekanntgemachte Einstellung der Feindseligkeiten oder durch Unterwerfung einer der kriegführenden Parteien beendet. Schon in der älteren Staatslehre wurde die Frage des *gerechten Krieges* diskutiert, die eng mit der Frage zusammenhängt, unter welchen Umständen und in welchem Maß die Anwendung kriegerischer Mittel gerechtfertigt sein kann.

Kriegsdienstverweigerung: Das Grundrecht des Art. 4 Abs. 3 GG, den Kriegsdienst aus Gewissensgründen zu verweigern, wurde nach Einführung der Wehrpflicht (1956) näher geregelt. Ein Verhandlungsverfahren vor einer Prüfungsbehörde sollte herausfinden, ob die Ablehnung des Wehrdienstes auf einer Gewissensentscheidung beruht. Ein 1977 verabschiedetes Gesetz, das dieses Verfahren abschaffte (sog. Postkartengesetz), wurde vom Bundesverfassungsgericht für nichtig erklärt. Deshalb gilt seit Anfang 1984 eine Neuregelung, die vorsieht, daß die Bereitschaft des Wehrpflichtigen, einen gegenüber dem Wehrdienst um ein Drittel verlängerten ↑ Zivildienst zu leisten (womit auch die den Soldaten vorbehaltenen Wehrübungen als abgeleistet gelten) als tragendes Indiz für das Vorliegen einer ernsthaften Gewissensentscheidung zu werten ist. Daher ist für den Regelfall ein ausschließlich schriftliches Verfahren vor dem *Bundesamt für Zivildienst (Köln)* vorgesehen (der Antrag ist aber beim Kreiswehrersatzamt zu stellen). Wesentlich sind eine ausführliche individuelle Begründung und ein Lebenslauf. Anträge von Soldaten, Einberufenen, Vorbenachrichtigten und Zweitantragstellern werden durch Ausschüsse und Kammern (Widerspruchsverfahren) behandelt, die teils nach mündlicher Anhörung, teils ohne sie entscheiden. Ablehnungen können vor dem Verwaltungsgericht angegriffen werden.

Die Gewissensentscheidung muß sich gegen das kriegsbedingte Töten von Menschen schlechthin richten und darf sich nicht nur auf bestimmte Kriege, Gegner oder Waffen beziehen. Ihr Vorliegen setzt der Heranziehung zum Wehr- bzw. Kriegsdienst eine unüberwindliche Schranke entgegen. Die bloße Antragstellung befreit aber noch nicht von allen wehrrechtlichen Pflichten.

Kriegsrecht: Das internationale K. ist im wesentlichen in völkerrechtlichen Abkommen (z. B. den ↑ Genfer Konventionen) niedergelegt. Durch die Unterscheidung zwischen Soldaten *(Kombattanten)* und Zivilbevölkerung (Nichtkombattan-

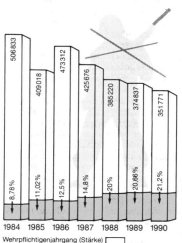

Kriegsdienstverweigerung. Stärke des Wehrpflichtigenjahrgangs und der Anteil der Kriegsdienstverweigerer

ten) und durch das Verbot des Gebrauchs bestimmter Kampfmittel (↑ ABC-Waffen) oder der Anwendung bestimmter Kampfmethoden (Tötung von Wehrlosen und Kriegsgefangenen, Geiselerschießung) versucht man, auch im Kriege ein Minimum an Menschlichkeit aufrechtzuerhalten. Probleme des humanitären K. stellen sich v. a. aufgrund der Entwicklung hochtechnisierter Waffen (Kernwaffen) und der zahlreichen Bürgerkriegssituationen nach dem 2. Weltkrieg.

Vom humanitären K. ist die Frage zu unterscheiden, unter welchen Voraussetzungen ein Staat zum Kriege, d. h. zur Gewaltanwendung gegen einen anderen Staat berechtigt ist. Nach der Charta der ↑ UN ist Krieg nur noch zur Verteidigung zulässig.

Kriegsverbrechen sind völkerrechtswidrige Kriegshandlungen, die strafrechtlich geahndet werden sollen. Zu den K. zählen Verstöße gegen allgemein verbindliche oder vertraglich vereinbarte Rechtssätze über die Kriegführung (z. B. Verbot des Angriffs auf Sanitätseinrichtungen, der Mißhandlung und Hinrichtung von Kriegsgefangenen, Grausamkeiten gegen die Zivilbevölkerung), aber auch organisatorische und administrative Handlungen im Zusammenhang mit der Kriegführung (z. B. ↑ Völkermord, wirtschaftliche Ausbeutung besetzter Gebiete, Zwangsarbeit fremder Staatsangehöriger). Schon der Versailler Vertrag forderte die strafrechtliche Ahndung von K.; die Nürnberger Prozesse 1945/46 gegen die deutschen Hauptkriegsverbrecher waren die wichtigsten Verfahren gegen Kriegsverbrechen. Sie zeigten aber auch ihre Problematik: Es gibt keine völkerrechtlich festgelegte Gerichtszuständigkeit, und es waren nur Siegermächte als Ankläger vertreten, die zwar die von deutscher Seite verübten K. aufgriffen, die K. der Siegermächte jedoch ungeahndet ließen.

Eine völkerrechtlich verbindliche Definition von K. geben die ↑ Genfer Konventionen.

Kriegswaffenkontrollgesetz: Nach Art. 26 Abs. 2 GG dürfen »zur Kriegführung bestimmte Waffen ... nur mit Genehmigung der Bundesregierung hergestellt, befördert und in Verkehr gebracht

werden«. Einzelheiten werden im Kriegswaffenkontrollgesetz vom 20. April 1961 geregelt. In einer als Anlage zum Gesetz veröffentlichten Kriegswaffenliste werden die unter die Genehmigungspflicht fallenden Waffen (↑ ABC-Waffen, konventionelle Waffen und Kriegsgeräte) aufgeführt. Die letzte Fassung stammt vom 22. Juli 1987. Die Genehmigung für den Export ist nach § 6 zu versagen, wenn »die Gefahr besteht, daß die Kriegswaffen bei einer friedensstörenden Handlung, insbesondere einem Angriffskrieg, verwendet werden«, wenn die Exporte völkerrechtlichen Verpflichtungen der BR Deutschland zuwiderlaufen oder die antragstellende Person »die erforderliche Zuverlässigkeit nicht besitzt«. Das eigentliche Problem liegt allerdings weniger im Genehmigungsverfahren als im illegalen ↑ Rüstungsexport. Nach einer breiten öffentlichen Diskussion über Waffenexporte in den Irak Anfang 1991 sollen das Kriegswaffenkontrollgesetz und das ↑ Außenwirtschaftsgesetz erheblich verschärft werden.

Kriminalität (von lateinisch crimen »Verbrechen«): Allgemein gesprochen die Neigung in einer Bevölkerung, Verbrechen zu begehen. In jeder Gesellschaft werden bestimmte Verhaltensweisen als Störung des sozialen Friedens und der geltenden Ordnung, als sozialschädliches Verhalten, angesehen und daher als Verbrechen »kriminalisiert«, d. h. unter Strafe gestellt (↑ auch Strafrecht, ↑ Straftat). Manche dieser Verbrechen, wie z. B. Mord oder Kindesraub, gelten ganz allgemein als strafwürdige Taten. Trotzdem werden sie immer wieder begangen. Nach Ausweis der Kriminalstatistik nimmt die K. in modernen Gesellschaften sogar zu.

Um die Erforschung der Ursachen der K. bemüht sich die *Kriminologie* mit den empirischen Methoden der Soziologie und der Psychologie unter Einbeziehung der Kriminalbiologie, Psychiatrie, Verhaltensforschung und anderen Wissenschaftszweigen. Dabei nahm man ursprünglich an, daß das menschliche Verhalten durch vorgegebene Faktoren bestimmt sei und daher ein fundamentaler Unterschied bestehe zwischen dem kriminellen und dem gesetzestreuen Mitglied der Gesellschaft. Aufgrund anthropologischer Studien

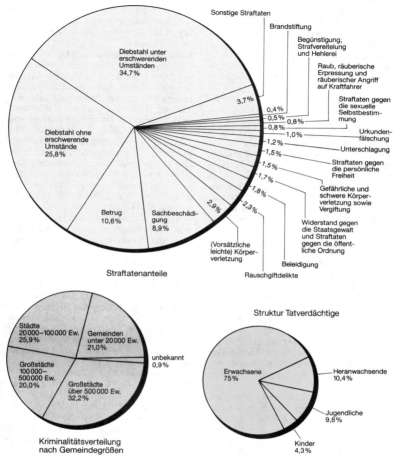

Straftatenanteile

Kriminalitätsverteilung
nach Gemeindegrößen

Struktur Tatverdächtige

Kriminalität Von den insgesamt rd. 4,45 Mill. Straftaten 1990 wurden rd. 2 Mill. polizeilich aufgelöst, das entspricht einer Gesamtaufklärungsquote von 47 %

glaubte man feststellen zu können, daß Verbrecher körperliche Anomalien zeigen und die Anlage zum Verbrechen erblich sei. Heute werden derartige Meinungen nicht mehr vertreten. Es wird sogar die Bedeutung von sozialen Faktoren wie Armut und Not als Ursache von K. in Frage gestellt, seitdem die Wohlstandskriminalität ständig zunimmt. Auch die Ursachen und Motive jüngerer Bereiche der K., wie die

↑ Wirtschafts- und Verkehrskriminalität oder der ↑ Terrorismus, sind noch weitgehend unerforscht.
Die K. in der BR Deutschland stieg zwischen 1963 und 1990 um mehr als das Zweieinhalbfache von 1 678 840 auf 4 455 333 Fälle an. Die polizeiliche Aufklärungsquote liegt generell bei rund 47 % (bei Mord und Totschlag bei rund 95 %). Unberücksichtigt läßt die Kriminalitätssta-

tistik das Dunkelfeld, d. h. die nicht entdeckten oder nicht angezeigten Straftaten. Die ↑ Dunkelziffer dürfte bei bestimmten Delikten, z. B. bei Vergewaltigung, recht hoch sein.

Die Verbrechensverfolgung und -aufklärung liegt v. a. bei besonderen Einheiten der Polizei, der *Kriminalpolizei*. Das Gebiet der praktischen Aufklärung der K. wird als *Kriminalistik* bezeichnet. Die *Kriminalpolitik* verfolgt das Ziel einer möglichst weitreichenden Verbrechensverhütung und -bekämpfung.

Krise [von griechisch krísis »Entscheidung, entscheidende Wendung«] bezeichnet allgemein eine äußerste Situation, in der es um eine entscheidende Wendung geht, z. B. bei der »K.« einer Krankheit. In der Konjunkturtheorie (↑ Konjunktur) bezeichnet der Begriff (Wirtschafts-)Krise den plötzlichen Umschwung von einer Phase der Hochkonjunktur in eine Phase wirtschaftlicher Zusammenbrüche (z. B. in der weltweiten Wirtschaftskrise 1929). Im innenpolitischen Bereich spricht man von Regierungskrisen (z. B. bei starken innenpolitischen oder gesellschaftlich-politischen Auseinandersetzungen). Außenpolitische Krisensituationen sind gekennzeichnet durch starke Spannungen zwischen zwei oder mehreren Staaten; in derartigen Krisen versucht man durch Krisenmanagement eine Eskalation zum Krieg zu verhindern und den Konflikt auf friedliche Weise zu lösen.

Kritik: Infragestellen von Ansichten, Handlungen, Normen und ihren Begründungen (z. B. Ideologiekritik). K. kann technisch sein, indem sie die Verwendbarkeit von Mitteln zur Erreichung bestimmter Ziele bezweifelt. Sie ist grundsätzlich, wenn sie die Prämissen (Ausgangspunkte) bestimmter Verhaltensweisen und Überzeugungen in Frage stellt. In der Geschichte hat sich die K. als ein mächtiges Instrument zur Veränderung gesellschaftlicher Zustände erwiesen. Auf eine derartige K. bestehender Zustände zielt v. a. die sog. *kritische Theorie* der Frankfurter Schule. Dagegen geht es dem sog. *kritischen Rationalismus* um die kritische Überprüfung dogmatischer (Gesetzes-)Behauptungen überhaupt, eingedenk der Tatsache, daß auch kritische Theorien auf Prämissen

(d. h. Maßstäben, Kriterien der K.) beruhen, die ihrerseits von einem anderen Standpunkt wiederum der K. unterworfen werden können.

Kronzeugenregelung: Mit der Änderung des § 129 a StGB vom 9. Juni 1989 wurde die K. geschaffen. Sie sieht vor, daß bei Angehörigen terroristischer Vereinigungen von der Strafverfolgung oder Bestrafung abgesehen bzw. die Strafe abgemildert werden kann (mit Ausnahme von Mord und Totschlag, die mit mindestens drei Jahren Freiheitsstrafe geahndet werden müssen), wenn diese Personen Tatsachen offenbaren, die zur Verhinderung oder Aufklärung derartiger Straftaten oder zur Ergreifung des Täters geeignet sind. Die K. gilt nur, wenn diese Tatsachen bis zum 31. Dezember 1992 offenbart werden. Der Verzicht auf Strafmaßnahmen liegt im Ermessen des Generalbundesanwalts mit Zustimmung eines Strafsenates des ↑ Bundesgerichtshofes.

Entsprechend findet die K. auch im § 31 des Betäubungsmittelgesetzes vom 27. Januar 1987 Anwendung, wenn der Täter einer Drogenstraftat durch freiwillige Aussagen zur Aufklärung von Drogenverbrechen wesentlich beiträgt oder hilft, geplante Straftaten zu verhindern. Die K. wurde nach angloamerikanischem Vorbild eingeführt und ist in der juristischen Diskussion umstritten.

KSE-Vertrag ↑ VKSE-Vertrag.

KSZE (Abk. für: Konferenz über Sicherheit und Zusammenarbeit in Europa): Erste Konferenzen fanden in Helsinki und Genf (1973) statt. Schon am 1. August 1975 wurde in Helsinki von 35 Außenministern der europäischen Staaten sowie Kanadas und der USA eine Schlußakte unterzeichnet. Die in der Schlußakte enthaltenen Prinzipien sollen die Teilnehmerstaaten bei ihren Beziehungen untereinander leiten. Die Schlußakte umfaßt vier große Themenbereiche (die sog. »Körbe«): Fragen der europäischen Sicherheit, der Zusammenarbeit in Wirtschaft, Technik und Umwelt, Fragen der Sicherheit und Zusammenarbeit im Mittelmeerraum und Fragen der Zusammenarbeit in humanitären Angelegenheiten und der Menschenrechte. KSZE-Folgekonferenzen schlossen sich an, um die aus dem Ost-West-Gegen-

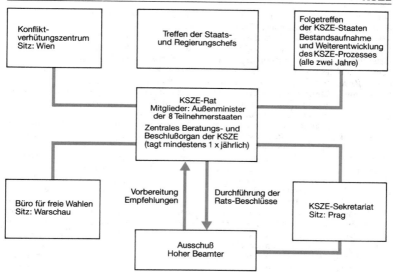

KSZE. Die Institutionalisierung des KSZE-Prozesses nach der sogenannten Charta von Paris vom 21. 11. 1990

satz entstehenden Spannungen abzubauen und ein friedliches Nebeneinander zu ermöglichen.

Die am 4. Oktober 1977 in Belgrad begonnene und mit Unterbrechung bis zum März 1978 andauernde *erste Folgekonferenz* zeigte große Unterschiede zwischen den Auffassungen der westlichen Nationen, die die Sicherung der Bürger- und Menschenrechte als Hauptvoraussetzung der Entspannung betrachten, und denen der Ostblockstaaten, die die Vorwürfe der Nichtachtung dieser Rechte zurückwiesen und in diesen Vorwürfen eine Gefährdung der Entspannung sahen. In dem Abschlußdokument werden die Menschenrechte nicht erwähnt.

Der multilaterale Prozeß der Zusammenarbeit wurde mit der *zweiten Folgekonferenz* vom 11. November 1980 bis 9. September 1983 in Madrid fortgesetzt. Sie wurde von verschärften Ost-West-Spannungen belastet und im März 1982 nach Verhängung des Kriegsrechts in Polen bis November 1982 unterbrochen. Auf dieser Konferenz wurde vereinbart, über die Fra-

gen der militärischen Sicherheit in Europa gesondert auf der ↑ KVAE-Konferenz in Stockholm ab 17. Januar 1984 zu verhandeln. Das Abschlußdokument enthält weitere Zielsetzungen für den Korb II (Menschenrechte und Grundfreiheiten) sowie die Zusage, Familienzusammenführungen und Eheschließungen über die Blockgrenzen zu gewähren.

Die *dritte Folgekonferenz* in Wien vom November 1986 bis zum Januar 1989 gab das Mandat für Verhandlungen über Konventionelle Streitkräfte in Europa (↑ VKSE) und für Verhandlungen über vertrauens- und sicherheitsbildende Maßnahmen (VSBM). Das Schlußdokument brachte Fortschritte bei Fragen der Menschenrechte und Grundfreiheiten sowie für die Anerkennung der Rechte von ethnischen, sprachlichen, religiösen und kulturellen Minderheiten. Eine *vierte Folgekonferenz* wurde für März 1992 nach Helsinki einberufen.

Noch größere Fortschritte brachte das außerordentliche Treffen der Staats- und Regierungschefs im November 1990 in Paris.

Die dort vereinbarte ↑ Charta von Paris erklärt die Aufteilung Europas in Blöcke für beendet, erneuert das Bekenntnis aller Vertragsstaaten zu Menschenrechten und Grundfreiheiten und erweitert dieses Bekenntnis auf die Anerkennung von Demokratie, Rechtsstaatlichkeit und politischem Pluralismus. Zugleich wurde der KSZE-Prozeß erstmals mit festen Institutionen ausgestattet: Die Treffen der Außenminister der – nach der deutschen Wiedervereinigung – 34 Teilnehmerstaaten sollen mindestens einmal jährlich stattfinden und Beschlüsse zu KSZE-Themen fassen. Ein Ausschuß hoher Beamter bereitet diese Beschlüsse vor, indem er Empfehlungen an diesen *Ministerrat* gibt, und führt sie gegebenenfalls durch. Er kann auch selbst Beschlüsse zu aktuellen Fragen fassen. Eingerichtet werden ferner ein Sekretariat in Prag zur administrativen Unterstützung des Ausschusses hoher Beamter, ein Konfliktverhütungszentrum in Wien und ein Büro für freie Wahlen in Warschau. Die Teilnehmerstaaten, die sich künftig alle zwei Jahre treffen wollen, sprachen sich zudem für eine stärkere Einbeziehung der KSZE in die Parlamentsarbeit und die Schaffung einer eigenen parlamentarischen Versammlung der KSZE aus. Anläßlich der Außenminister-Konferenz der KSZE am 18./19. Juni 1991 wurde Albanien als 35. Staat aufgenommen. Außerdem wurde ein Konfliktlösungsmechanismus vereinbart: 13 Mitgliedstaaten können im Konfliktfall einen Ausschuß hoher Beamter einberufen, der Lösungsvorschläge mit empfehlendem Charakter ausarbeiten soll. Im Januar 1992 traten die in der Gemeinschaft Unabhängiger Staaten (GUS) zusammengeschlossenen Nachfolgestaaten der Sowjetunion der KSZE bei. Damit sind rund 50 Staaten Mitglied der KSZE.

Ku-Klux-Klan: terroristischer Geheimbund in den Südstaaten der USA, gegründet 1865 in Pulaski, Tennessee, als Zusammenschluß weißer Farmer zur Aufrechterhaltung der kolonialen Lebensform. Der K. kämpfte in nächtlichen Geheimunternehmungen (Brandstiftung, Lynchmorde) gegen Schwarze und liberale Weiße. 1871 wurde der K. durch Bundesgesetz verboten, 1915 wiedergegründet. Mit 4–5 Mill.

Mitgliedern während der 1920er Jahre erreichte der K. seinen Höhepunkt. Seit den 1960er Jahren kämpft er gegen die Rassenintegration und gegen religiöse wie ethnische Minderheiten in den USA.

Kult: Form der Religionsausübung, der Verehrung Gottes. Im übertragenen Sinne auch die Aufwendung übertriebener Sorgfalt oder auch Verehrung für etwas (z. B. ↑ Personenkult).

Kultur: Bezeichnung für das, was der Mensch geschaffen hat im Gegensatz zu der von ihm nicht umgeschaffenen, sondern hingenommenen Umwelt (= Natur). K. entfaltet sich in den verschiedensten Bereichen: Handwerk, Technik, Wissenschaft, Kunst, Religion, Recht und Sitte, sozialen Institutionen und anderem. Im engeren Sinne bezeichnet man besonders wertvolle Schöpfungen als Kulturleistungen, z. B. Erzeugnisse der Kunst und den Bereich der Erziehung, der den Menschen befähigen soll, an der K. teilzuhaben. Die in einer Gesellschaft üblichen politischen Verkehrsformen werden als *political culture* (= politischer Stil) charakterisiert. Zuweilen unterscheidet man auch zwischen K. und ↑ Zivilisation als der mehr technisch-materiellen Seite der Lebensgestaltung.

Die Umbildung der Natur – auch seiner selbst – zur K. (Kultivierung) ist ein Kennzeichen des Menschen, das ihn deutlich vom Tier abhebt. Es werden bestimmte Kulturstufen (primitive Kulturen, Hochkulturen) unterschieden, doch ist ihre Einteilung in bestimmte historische Reihen- und Rangfolgen problematisch. Dergleichen führt meist zu einer Überschätzung der eigenen K. und der Ansicht, daß die Entwicklung auf ein bestimmtes, der eigenen K. entsprechendes Ende ziele *(Ethnozentrismus).*

K. bezieht sich ursprünglich auf die Bodenbewirtschaftung des seßhaften Bauerntums. Sie wird in den Hochkulturen allmählich von städtisch-bürgerlichen Lebensweisen überlagert und aufgesogen. Die ersten Hochkulturen finden sich an Flußläufen (z. B. am Nil, Euphrat und Tigris). Ihre Entstehung dort hängt offenbar mit der Regulierung der Bewässerung und Erzeugung landwirtschaftlicher Produkte in Gemeinschaftsarbeit zusammen. Während die ersten Hochkulturen selbständig entstanden sind, haben seitdem zahlreiche Kulturdiffusionen (Verbreitungen) und -rezeptionen (Übernahmen) stattgefunden. Gegenwärtig erleben wir die weltweite Verbreitung der westlichen Industriekultur. Problematisch ist dabei besonders die einseitige Übernahme ihrer technischen Errungenschaften, ohne daß diese durch eine gleichzeitige Entwicklung anderer Seiten der K. in die aufnehmende Gesellschaft integriert werden (sog. Cultural lag). Bis ins 18. Jahrhundert wurde unter K. vornehmlich die Ausbildung der leiblichen, seelischen und geistigen Fähigkeiten des Menschen, die Vervollkommnung seiner Natur verstanden *(Kulturoptimismus)*. Durch die Ereignisse des 19. und 20. Jahrhunderts ist der Glaube an die Entwicklungsfähigkeit des Menschen erschüttert worden *(Kulturpessimismus)*.

Kulturhoheit bezeichnet die Zuständigkeit von Staaten für Anordnungen in kulturellen Angelegenheiten, v. a. im Hinblick auf Schule und Erziehung, Wissenschaft und Kunst. Das ↑ Grundgesetz der BR Deutschland hatte ursprünglich die Zuständigkeiten von Bund und Ländern grundsätzlich klar getrennt und dabei den Ländern die ausschließliche Verantwortung für die Kultur und die Kulturpolitik überlassen, zu der als wichtigster Bestandteil das Bildungswesen gehört; das Grundgesetz sah lediglich eine Teilnahme des Bundes an der staatlichen Kulturpflege vor (Zuständigkeit zur konkurrierenden und Rahmengesetzgebung gemäß Art. 74 und Art. 75 GG: Förderung der wissenschaftlichen Forschung, Schutz deutschen Kulturgutes vor Abwanderung ins Ausland, Vorschriften für Presse, Film, Naturschutz und Landschaftspflege). Seit der Verfassungsreform des Jahres 1969 wurde die Rahmenkompetenz des Bundes aber auch auf die allgemeinen Grundsätze des Hochschulwesens erweitert. Außerdem ist der Bund für die Bildungsplanung und Forschungsförderung mitverantwortlich. Der Grundsatz der K. der Länder hat unter dem Eindruck der nachteiligen Folgen einer Zersplitterung des Bildungswesens auf vielen Gebieten (z. B. Problematik beim Schulwechsel) erhebliche Kritik er-

fahren. Gegenwärtig greift auch die ↑ Europäische Gemeinschaft u. a. mit Ausbildungsregelungen in die K. der Länder ein. ↑ auch Kulturpolitik.

Kulturpolitik: Bezeichnung für die Gesamtheit aller Bestrebungen des Staates, der Gemeinden, Kirchen, Parteien oder über- und zwischenstaatlicher Instanzen (z. B. ↑ UNESCO) zur Förderung und Erhaltung der Kultur. Bis zum Beginn der Neuzeit war K. v. a. Sache der Kirche, später auch der Städte. Mit der Ausbildung des modernen Staates seit dem 16. Jahrhundert gelangten zunächst die Hochschulen und die (in der Reformation säkularisierten) Klosterschulen (als Fürstenschulen) in den Einflußbereich des Staates, der im 19. Jahrhundert zur maßgeblichen Instanz für die K. wurde. Im Zeichen wachsender beruflicher ↑ Mobilität, aber auch eines zunehmenden raschen Umschlags technologischer Errungenschaften treten heute die Erwachsenen- und Berufsbildung in den Vordergrund der staatlichen Kulturpolitik. K. wird in der BR Deutschland sowohl vom Bund als auch von den Ländern betrieben und in zunehmendem Maße von der Europäischen Gemeinschaft. − ↑ auch Kulturhoheit.

Kultusministerkonferenz (KMK): Jedes Bundesland der BR Deutschland gestaltet aufgrund der ↑ Kulturhoheit sein Schul- und Hochschulwesen selbständig. Aus der Notwendigkeit einer Angleichung entstand die »Ständige Konferenz der Kultusminister«. Regelmäßig treffen sich die Kultusminister der Länder und die Schulsenatoren der Stadtstaaten zu Beratungen. Ihre Empfehlungen und Beschlüsse sind nicht unmittelbar geltendes Recht, sondern müssen in den einzelnen Bundesländern erst durch Erlaß oder Gesetz verkündet werden. Wichtige Beschlüsse sind u. a. die Vereinheitlichung des Schuljahrbeginns, die Einführung der ↑ Arbeitslehre, die gegenseitige Anerkennung von Reifezeugnissen in allen Bundesländern und eine Vereinheitlichung der Prüfungsanforderungen im ↑ Abitur. Koordinierungsstelle ist das Sekretariat der KMK in Bonn. Die KMK ist ein Beispiel für ↑ kooperativen Föderalismus.

kumulieren [von lateinisch cumulare »anhäufen«]: Anhäufen von Stimmen auf

einen Kandidaten. In manchen Verhältnis-
wahlsystemen (z. B. bei Gemeindewahlen)
hat jeder Wähler mehrere Stimmen, die er
auf einzelne Bewerber verteilen, in einem
gewissen Umfang aber auch auf einen
Kandidaten häufen darf. – ↑ auch panaschieren.

Kündigung ist die einseitige Auflösung
von Dauerschuldverhältnissen. Die Voraussetzungen und die Fristen der K. sind
bei den einzelnen Vertragstypen (z. B.
Dienstvertrag, Arbeitsverhältnis, Miete,
Gesellschaft) unterschiedlich geregelt und
besonders ausgestaltet. Man unterscheidet
allgemein zwischen ordentlicher und außerordentlicher Kündigung. Die *ordentliche K.* ist regelmäßig an bestimmte Fristen
oder sonstige gesetzlich oder vertraglich
vereinbarte Voraussetzungen gebunden.
Die *außerordentliche K.* gibt das Recht, ein
Vertragsverhältnis ohne Einhaltung einer
Frist aus wichtigem Grund zu lösen. Die
K. spielt v. a. beim Arbeitsverhältnis eine
große Rolle. Gegen unberechtigte K. kann
sich der Arbeitnehmer durch *Kündigungs-
schutzklage* beim Arbeitsgericht zur Wehr
setzen.

Kunstfreiheit wird als Grundrecht
durch Art. 5 Abs. 3 GG garantiert, der
Kunst und Wissenschaft, Forschung und
Lehre für frei erklärt. Die Garantie der K.
betrifft sowohl den eigentlichen Bereich
der künstlerischen Betätigung (Werkbe-
reich) als auch die Darbietung und Verbreitung des Kunstwerks (Wirkbereich),
schützt also nicht nur den Künstler, sondern auch den Vermittler. Schwierig ist
dabei die Bestimmung des Kunstbegriffs;
das ↑ Bundesverfassungsgericht hat Kunst
als »Gestaltung eines seelisch-geistigen
Gehalts durch eine eigenwertige Form
nach bestimmten Gesetzen« gedeutet. Die
in Art. 5 Abs. 3 GG fixierte K. verpflichtet
den Staat zur Neutralität und Toleranz
gegenüber allen Auffassungen, die ernsthaft den Anspruch erheben, Aufgaben der
Kunst zu erfüllen. Der Staat darf also nicht
auf Methoden, Inhalt und Tendenzen der
künstlerischen Tätigkeit einwirken oder
allgemein verbindliche Regeln über den
Schaffensprozeß vorschreiben. Grenzen
der K. ergeben sich u. a. bei Konflikten
mit dem durch Art. 1 Abs. 1 GG geschützten Persönlichkeitsbereich oder mit den

Bestimmungen des ↑ Jugendschutzes.

künstliche Intelligenz: Die Fähigkeit
spezieller Computerprogramme, die
menschliche Intelligenz in bestimmten Bereichen nachzuvollziehen und ihr vergleichbare Leistungen zu vollbringen, insbes. Informationen sinnvoll zu kombinieren und selbständig entsprechende Schlüs-
se daraus zu ziehen.

Kurzarbeit ist eine vorübergehende Herabsetzung der betriebsüblichen ↑ Arbeitszeit für den ganzen Betrieb, einzelne Be-
triebsbereiche oder bestimmte Arbeitneh-
mergruppen bei entsprechender Kürzung
des Arbeitsentgelts. Ursache der K. können wirtschaftliche Umstände (Auftrags-
mangel), betrieblicher Strukturwandel
(Umbau, Erzeugnisumstellung) oder unab-
wendbare Ereignisse (Naturkatastrophe)
sein. Die von K. betroffenen Arbeitnehmer erhalten unter bestimmten Voraussetzungen vom ↑ Arbeitsamt *Kurzarbeitergeld*
als einen Teilausgleich der mit K. verbundenen Einkommenseinbußen.

Küstengewässer: Die an das Landge-
biet anschließenden Meeresgewässer unterliegen traditionell in der Breite von drei
Seemeilen der vollen ↑ Souveränität des
Küstenstaates. Erlaubt ist die Ausdehnung
auf zwölf Seemeilen. Der Küstenstaat ist
verpflichtet, in den K. fremden Staaten
freie Durchfahrt zu gewähren. Die Schiff-
fahrt, Nutzung von Bodenschätzen und Fischerei in den K. bestimmen sich ausschließlich nach den Vorschriften des Küstenstaates. – ↑ auch Seerechtskonventionen.

KVAE (Abk. für: Konferenz über Vertrau-
ensbildung und Abrüstung in Europa):
Auf französischen Vorschlag von der Madrider KSZE-Folgekonferenz beschlossene Verhandlungen, um dem bisherigen
Rüstungskontrollprozeß ein neues Ver-
handlungsforum anzuschließen und die
räumlich begrenzten ↑ MBFR-Verhandlungen zu ergänzen. Schwerpunkt der
Konferenz in ihrer ersten Phase war die
Behandlung von vertrauensbildenden
Maßnahmen wie die Ankündigung von
militärischen Manövern oder die Offenlegung militärischer Ausgaben. In ihrer
zweiten Phase nahm sie sich des Themas
der eigentlichen Abrüstung an.
Die seit dem 17. Januar 1984 stattfinden-

den Verhandlungen wurden 1986 mit dem Stockholmer Dokument, das einen Satz Vertrauens- und Sicherheitsbildender Maßnahmen (VSBM) zur Ergänzung der europäischen Abrüstungsverhandlungen enthielt, abgeschlossen. Die 3. KSZE-Folgekonferenz in Wien beschloß im Januar 1989, die KVAE-Verhandlungen wieder aufzunehmen, um weitere Fortschritte in diesem Bereich zu erzielen. Durch die Verabschiedung des Wiener Dokuments im November 1990 wurde ein Konsultationsmechanismus für den Fall vereinbart, daß ein Teilnehmer sich militärisch bedroht fühlt. Vorgesehen sind auch Besuche auf den Militärflughäfen aller Teilnehmerstaaten und die Errichtung eines modernen Kommunikationsnetzes zwischen den Hauptstädten. − Die neuen Verhandlungen wurden zeitgleich mit denen über den ↑ VKSE-Vertrag am 6. März 1989 in Wien begonnen.

Kybernetik [von griechisch kybernetes »Steuermann«] nennt man die Wissenschaft von den Regelungs- und Steuerungsverfahren insbesondere solcher Vorrichtungen und Funktionseinheiten, die sich selbst steuern (»selbst regulieren«). Die K. behandelt sowohl mechanische Steuerungssysteme (z. B. Dampfmaschinen) als auch organische (d. h. Lebewesen) und gesellschaftliche (soziale Einheiten mit eigener Regulierung des Kollektivverhaltens). − ↑ auch Systemanalyse.

L

Laienrichter sind ehrenamtliche Richter, die im allgemeinen Nichtjuristen sind (im Gegensatz zu den Berufsrichtern). Die L. wirken in allen Zweigen der Gerichtsbarkeit mit. In der Strafgerichtsbarkeit heißen die L. *Schöffen*. Die Bezeichnung Geschworener im ↑ Schwurgericht ist entfallen. Durch die Mitwirkung ehrenamtlicher Richter sollen das Volk an der Rechtsprechung beteiligt, besondere Sachkunde genützt oder die Mitwirkung des betroffenen Berufsstandes sichergestellt werden. Die L. haben in der Verhandlung und Bera-

tung die vollen Rechte und Pflichten wie Berufsrichter. − ↑ auch Richter.

Laissez-faire-Prinzip [von französisch laisser-faire »gewähren lassen«]: Hauptkennzeichen eines Wirtschaftsliberalismus, der − von der Selbstregulierung des Wirtschaftsgeschehens überzeugt − staatliche Eingriffe für schädlich hält.

Länder (Bundesländer) ↑ Bundesrepublik Deutschland.

Länderfinanzausgleich: Horizontaler Finanzausgleich zwischen den Ländern in der BR Deutschland, der ihre unterschiedliche Finanzkraft angemessen ausgleichen soll. Leistungsschwache Länder erhalten darüber hinaus Ergänzungszuweisungen des Bundes.

Landesentwicklungsplan (auch: Raumordnungs- oder Landesentwicklungsprogramm): Plan, der die Ziele der räumlichen Ordnung und Entwicklung des Staatsgebiets festlegt und die großräumig bedeutsamen Maßnahmen von Trägern ↑ öffentlicher Aufgaben aufeinander abstimmt.

Landesliste ↑ Bundestagswahlen.

Landesplanung ↑ Raumordnung.

Landesverrat begeht, wer ein Staatsgeheimnis einer fremden Macht mitteilt oder sonst an einen Unbefugten gelangen läßt. *Staatsgeheimnisse* sind Tatsachen, Gegenstände oder Erkenntnisse, die nur einem begrenzten Personenkreis zugänglich sind und vor einer fremden Macht geheimgehalten werden müssen, um die Gefahr eines schweren Nachteils für die äußere Sicherheit eines Staates abzuwenden.

Landesversicherungsanstalten ↑ Rentenversicherung.

Landeszentralbanken ↑ Deutsche Bundesbank.

Landflucht: Folgeerscheinung der industriellen Revolution; Massenabwanderung ländlicher Arbeitskräfte in die städtischen Industrien in der Hoffnung auf bessere soziale und ökonomische Chancen.

Landfriedensbruch ist die Beteiligung an einer öffentlichen Zusammenrottung, aus der heraus Gewalttätigkeiten verübt werden. L. wird mit Freiheitsstrafe bis zu drei Jahren bestraft. Es genügt die bloße Beteiligung an der Zusammenrottung.

Landgericht ↑ ordentliche Gerichtsbarkeit.

Landkreise ↑ Kreise.
Landrat: Der Vorsitzende des Kreistages und in den meisten Bundesländern auch der Leiter der Kreisverwaltung. Der L. wird im allgemeinen vom Kreistag auf Zeit gewählt (Ausnahmen: In Bayern wird der L. von den Kreisbewohnern auf Zeit gewählt, in Rheinland-Pfalz vom Kreistag gewählt und vom Ministerpräsidenten bestätigt; die Wahl durch die Kreisbewohner ist vorgesehen). Zu seinen Pflichten gehört es, die Beschlußfassung des Kreistages und des Kreisausschusses (oder des Kreisrats) vorzubereiten und die ihm zugewiesenen staatlichen Aufgaben zu erledigen. In Niedersachsen und Nordrhein-Westfalen nimmt ein vom Kreistag gewählter *(Ober-) Kreisdirektor* die Funktion der Verwaltungsleitung wahr. Dem L. verbleibt hier der Vorsitz im Kreisrat und Kreisausschuß.
Landratsamt ist die unterste staatliche Behörde in der Innenverwaltung, die neben staatlichen Vollzugsaufgaben auch Aufgaben der Selbstverwaltung eines ↑ Gemeindeverbandes (Kreises) wahrnimmt. – ↑ auch Landrat.
Landschaftspflege dient dem Schutz, der Pflege und Gestaltung von biologisch und ästhetisch wertvollen Landschaften (↑ Naturschutz). Durch ↑ Verordnungen können größere Flächen unter Landschaftsschutz gestellt und insbesondere ihre wirtschaftliche Nutzung beschränkt werden. Durch Maßnahmen der L. sollen v. a. Landschaftsschäden, z. B. infolge von Großbaumaßnahmen, ausgeglichen und der Bodenerosion durch Wind und Wasser vorgebeugt werden. Geeignete Gebiete werden für Erholungszwecke gestaltet. Großräumige Erholungsgebiete können im ↑ Landesentwicklungsplan als Naturparks ausgewiesen werden.
Landschaftsschutz findet Anwendung auf Gebiete, die den allgemeinen Bestimmungen als Naturschutzgebiet nicht genügen, und dient der Erhaltung der ökologischen Vielfalt und des Erholungswerts einer Landschaft. – ↑ auch Naturschutz.
Landschaftsverband: Höherer bzw. regionaler Gemeindeverband in Nordrhein-Westfalen, zugleich ↑ Gebietskörperschaft. Die beiden Landschaftsverbände Rheinland und Westfalen-Lippe bestehen aus den Stadt- und Landkreisen ihres Ge-

bietes und sind insbesondere für die Sozialhilfe, Straßenbau und Landschaftspflege zuständig.
Landtag: Bezeichnung für die in den Ländern der BR Deutschland aus demokratischen Wahlen hervorgegangenen Volksvertretungen. In den ↑ Stadtstaaten Hamburg und Bremen heißen die L. ↑ Bürgerschaft, in Berlin ↑ Abgeordnetenhaus. Die Wahlperiode beträgt 4–5 Jahre, die Mitgliederzahl schwankt zwischen 50 bis über 200. Die Landtage sind Teil des ↑ parlamentarischen Regierungssystems der Länder. Dem entsprechen ihre Aufgaben (Gesetzgebung, Wahl und Kontrolle der Landesregierungen) und ihre Arbeitsweise. Einzelheiten regeln die Landesverfassungen, Landesgesetze und ↑ Geschäftsordnungen. Abweichend vom ↑ Bundestag besitzen die meisten Landtage ein Selbstauflösungsrecht, und bei der Gesetzgebung sind zum Teil auch ↑ Volksbegehren und ↑ Volksentscheid zugelassen.
Landwirtschaft: Auf Bodenbearbeitung beruhender Zweig der ↑ Volkswirtschaft; auch als primärer Sektor der Wirtschaft bezeichnet, im Unterschied zum sekundären (Warenproduktion durch Handwerk und Industrie) und tertiären Sektor (↑ Dienstleistungen). Historisch gesehen war die L. jahrhundertelang die wichtigste Erwerbsquelle für Menschen, heute nimmt sie in den hochindustrialisierten Staaten nur noch einen Anteil von 5–10 % am ↑ Volkseinkommen ein. Die landwirtschaftlichen Betriebe lassen sich unterteilen in Vollerwerbsbetriebe, die dem Inhaber ein ausreichendes Einkommen sichern, und in Zuerwerbs- und Nebenerwerbsbetriebe, deren geringe Betriebsgröße dem Inhaber zu einem Zuerwerb nötigen oder nur nebenberufliche Bewirtschaftung zulassen. – ↑ auch Wirtschaftsstruktur.
landwirtschaftliche Produktionsgenossenschaft (LPG): Die LPG war ein genossenschaftlicher Zusammenschluß von Landwirten und landwirtschaftlichen Arbeitskräften in der DDR. Jedes Mitglied hatte (teils freiwillig, teils mehr oder weniger erzwungen) seinen Landanteil in die LPG eingebracht. Der gesamte Grund und Boden wurde kollektiv (in Brigaden) bearbeitet und genutzt. Die ehemaligen Ei-

gentümer verloren ihre Eigentumsrechte an ↑ Produktionsmitteln und ↑ Boden. Die erwirtschafteten Natural- und Geldbeträge wurden in der LPG kollektiv verwaltet und verteilt. Nach dem Grad der Vergesellschaftung und der darauffolgenden Verteilung der genossenschaftlichen Einkünfte wurden verschiedene Typen unterschieden. 1988 gab es 3855 LPG mit 886 000 Mitgliedern. Nach der ↑ Wiedervereinigung zeigte sich, daß viele LPG wegen mangelnder Konkurrenzfähigkeit in der bisherigen Form nicht mehr existieren können. Die notwendige Umstrukturierung (z. B. Bildung von privaten Genossenschaften oder Familienbetrieben) ist noch nicht abgeschlossen.

Landwirtschaftskammern sind berufsständische Vereinigungen, die die Belange der Land- und Forstwirtschaft ihres Bezirks wahrnehmen. Die L. sind im Verband der L. mit Sitz in Frankfurt am Main zusammengeschlossen.

Landwirtschaftspolitik ↑ Agrarpolitik.

Lärmbekämpfung: Durch L. soll eine Belästigung oder Schädigung von Menschen durch Lärm verhindert bzw. eingeschränkt werden. Dies kann entweder durch Ausschaltung der Lärmquelle erfolgen, durch deren Abschirmung (z. B. Schallschutzwände) oder − in geschlossenen Räumen − durch entsprechende Verkleidung der Wände zur Verringerung des reflektierten Schalls. Die L. am Arbeitsplatz dient nicht nur der Gesunderhaltung der Arbeitenden, sondern hat meist auch leistungssteigernde Wirkung. Zur L. sind in der BR Deutschland besondere Vorschriften erlassen worden, so z. B. die Bundesgesetze zum Schutz gegen Baulärm (1965) und zum Schutz gegen Fluglärm (1971) sowie Schallschutzbestimmungen in den Bauordnungen der einzelnen Länder. 1990 erließ der Bund eine Rechtsverordnung zur L. an neu zu erbauenden Straßen. Bislang fehlt es aber an verbindlichen Vorschriften zur Bekämpfung des Straßenlärms. Nach Umfragen fühlen sich rund 60 % der Bundesbürger in den alten Bundesländern durch den Straßenverkehrslärm belästigt. Die L. ist ein Teilbereich des ↑ Umweltschutzes.

Lastenausgleich: Durch die nationalsozialistische Herrschaft, durch Krieg und Nachkriegsereignisse verlor ein Teil der deutschen Bevölkerung Heimat, Besitz, Vermögen oder auch die Altersversorgung. Das *Lastenausgleichsgesetz* sollte wenigstens einen teilweisen Ausgleich zwischen den Geschädigten und den Nichtbetroffenen schaffen und v. a. den durch Verlust ihrer Heimat Geschädigten die notwendige Hilfe für eine Eingliederung geben. Der L. teilt sich in Ausgleichsabgaben (z. B. Vermögensabgabe, Hypothekengewinnabgabe) und Ausgleichsleistungen (z. B. Hauptentschädigung, Kriegsschadenrente, Hausratsentschädigung). Der L., der die größte derartige Vermögensumverteilung in der europäischen Geschichte darstellt, wird von einem Ausgleichsfonds des Bundes getragen. Die letzten Ausgleichsabgaben wurden im Februar 1979 erhoben. Nicht abgeschlossen sind dagegen die Zahlungen aus dem Lastenausgleichsfonds.

Die Verfolgten des ↑ Nationalsozialismus

Durchschnittliche Betriebsgröße in ha
38,48 28,0 19,4 16,3 15,2 13,8 15,45 22,1 18,7

Betriebe mit einer Fläche von (Anteile in Prozent)

1-unter 10 ha   10-unter 30 ha   30 und mehr ha

Landwirtschaft. Betriebsgrößen landwirtschaftlicher Betriebe in den alten Bundesländern 1990

erhalten eine kollektive Unrechtsentgeltung.

Laufbahn ist im Beamtenrecht die Zusammenfassung von Ämtern derselben Fachrichtung, die eine gleiche Vor- und Ausbildung voraussetzen. Man unterscheidet zwischen Laufbahngruppen des einfachen Dienstes, des mittleren Dienstes, des gehobenen Dienstes und des höheren Dienstes. Die näheren Vorschriften über die einzelnen Laufbahnvoraussetzungen, Probezeiten, Einstellungs- und Beförderungsbedingungen, Aufstieg in höhere Laufbahnen, dienstliche Beurteilungen sowie die Einstellungsvoraussetzungen für andere Bewerber, welche die Laufbahnvoraussetzungen nicht erfüllen, regeln die Beamtengesetze und die Laufbahnvorschriften des Bundes und der einzelnen Länder.

Lebenserwartung: Anzahl der Jahre, die ein Mensch eines bestimmten Alters und Geschlechts in einer bestimmten Bevölkerung durchschnittlich erleben wird. Die L. ist je nach dem Grad der Zivilisation unterschiedlich hoch. Sie hat sich in den Industrieländern seit dem 19. Jahrhundert etwa verdoppelt. In der BR Deutschland lag die durchschnittliche L. der Frauen Ende der 1980er Jahre bei 79 Jahren, die der Männer bei 72 Jahren.

Lebenshaltungskosten sind die Aufwendungen, die zum Lebensunterhalt für eine oder mehrere Personen (Nahrungsmittel, Kleidung, Miete, Wohnungseinrichtung, Strom, Gas, Wasser) nötig sind. Sie werden im ↑ Lebenshaltungskostenindex erfaßt. Die L. hängen stark von der ↑ Kaufkraft des jeweiligen Einkommens ab und sind in einzelnen Bevölkerungsschichten und Ländern unterschiedlich.

Lebenshaltungskostenindex: Der L. ist eine Meßziffer und gibt an, um wieviel sich die ↑ Lebenshaltungskosten in einem bestimmten Zeitraum erhöht bzw. vermindert haben. Den Berechnungen des Statistischen Bundesamtes liegt ein bestimmter ↑ Warenkorb, d. h. eine dem Vierwochenbedarf an Waren und Dienstleistungen einer vierköpfigen Arbeitnehmerfamilie entsprechende Ausgabenrechnung zugrunde, die nach einigen Jahren den veränderten Konsumgewohnheiten angepaßt wird. Der L. zeigt nicht die Veränderung der Verbrauchergewohnheiten, sondern allein die Preisveränderung an. Ein internationaler Vergleich ist wegen der unterschiedlichen Verbrauchergewohnheiten kaum möglich.

Lebensqualität: Von Kritikern des rein quantitativen Wirtschaftswachstums geprägter Begriff, der auf die Zerstörung humaner Lebensbedingungen durch eine regellose Wirtschaftsentwicklung und ein rein quantitatives Wirtschaftswachstum hinweist. Erstrebt wird von den Kritikern dieser Entwicklung dagegen mehr L., d. h. insbesondere eine Humanisierung der Arbeitswelt, ↑ Umweltschutz und Naturerhaltung, bessere Versorgung mit ↑ öffentlichen Gütern, Verbesserung der ↑ Bildungs- und Aufstiegschancen sowie der Abbau sonstiger Ungleichheiten und eine gerechtere Vermögens- und Einkommensverteilung.

Lebensstandard: Gesamtheit der Lebensbedingungen der Bevölkerung, einzelner Schichten oder Gruppen. Als bestimmend für den L. wird meist das Einkommen bzw. dessen ↑ Kaufkraft angesehen;

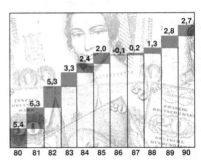

Lebenshaltungskosten. Entwicklung der Lebenshaltungskosten der privaten Haushalte in den elf alten Bundesländern seit 1980. Für die fünf neuen Bundesländer muß ein gesonderter Lebenshaltungskosten-Index berechnet werden; er geht von den Verbrauchsverhältnissen eines Arbeitnehmerhaushalts im Jahr 1989 aus. Aufgrund des Übergangs zur Marktwirtschaft sind früher billige Waren (z. B. Grundnahrungsmittel, Mieten) sehr teuer geworden, während Industriewaren in der Regel billiger wurden andere Faktoren sind die Versorgung mit ↑ öffentlichen Gütern und Diensten, das Verhältnis von ↑ Arbeits- zu ↑ Freizeit sowie immaterielle Lebensgüter, wie z. B. ↑ Freiheit oder ↑ soziale Sicherheit. Der L. ist eine relative Größe, da er sowohl Änderungen des Anspruchsniveaus als auch der vorhandenen Möglichkeiten zur Bedarfsdeckung (z. B. durch technischen Fortschritt) unterworfen ist. Die Feststellung einer Verbesserung bzw. Verschlechterung des L. im Zeitablauf ist daher stets problematisch.

Legalität [von lateinisch legalis »gesetzlich, dem Gesetz gemäß«]: Die L. zielt im Gegensatz zur ↑ Legitimität auf die äußerliche Entsprechung einer Handlung mit dem Gesetz ab, ohne Rücksicht darauf, ob es der Handelnde bejaht oder nicht und aus welchen Motiven sein Handeln erfolgt.

Legalitätsprinzip: Gesetzliche Verpflichtung staatlicher Stellen, tätig zu werden. Das L. gilt insbesondere für Strafverfolgungsbehörden, die Ermittlungen aufzunehmen haben, wenn ihnen eine Straftat bekannt wird. (Gegensatz: ↑ Opportunitätsprinzip).

Legislative [von lateinisch legislatio »Gesetzgebung«]: Gesetzgebende Gewalt. Der Begriff L. wird vielfach als Bezeichnung für das ↑ Parlament verwandt, da diesem in der Regel die ↑ Gesetzgebung zusteht. – ↑ auch Gewaltenteilung.

Legislaturperiode: Zeitraum, für den ein Parlament gewählt ist *(Wahlperiode)* oder in dem es die verfassungsmäßige Aufgabe der Gesetzgebung wahrnehmen darf *(Gesetzgebungsperiode).* Die L. des ↑ Bundestages beträgt vier Jahre.

Legitimation: Allgemein svw. Beglaubigung, rechtfertigende Feststellung. Im politischen Bereich die Rechtfertigung der Ausübung staatlicher Gewalt (z. B. durch Leistungen wie die Erhaltung eines bestimmten Wohlstandsniveaus oder in religiöser Weise im Gottesgnadentum; ↑ auch Legitimität). Die spezifische demokratische L. in demokratischen Staaten besteht in einer Rückführung der Ausübung der Staatsgewalt auf den Volkswillen. Dies geschieht z. B. durch demokratische Wahl der Parlamente als den wichtigsten Repräsentationsorganen des Volkes und durch Volksabstimmungen. Die L. der vollziehenden Gewalt ergibt sich aus ihrer Bindung an die vom Parlament verabschiedeten Gesetze und aus der parlamentarischen Verantwortlichkeit der Regierung. Die rechtsprechende Gewalt ist ebenfalls durch ihre Bindung an das Gesetz mittelbar demokratisch legitimiert.

Legitimität: Rechtmäßigkeit. Bezeichnung, die v. a. zur Rechtfertigung von Herrschaftsordnungen sowie daraus abgeleiteten Anordnungen und Handlungen verwandt wird. Im Gegensatz zur ↑ Legalität bezieht sich die L. auf Grundsätze und Wertvorstellungen, auf denen die Gesetzgebung eines Staates selbst wiederum beruht. Es gibt unterschiedliche Legitimitätsprinzipien, z. B. die Ableitung monarchischer Herrschaft von Gott (Gottesgnadentum) oder die demokratischer Herrschaft vom Volk (↑ Volkssouveränität, Legitimitätsvermittlung durch Wahlen). Das Legitimitätsprinzip wurde zuerst von Ch. M. de Talleyrand, Fürst von Benevent, 1815 auf dem Wiener Kongreß zur Sicherung der Ansprüche der »legitimen« französischen Erbmonarchie ins Feld geführt.

Lehre ↑ berufliche Bildung, ↑ Wissenschaft.

Lehrfreiheit: Art. 5 Abs. 3 GG gewährleistet die Freiheit von Wissenschaft, Forschung und Lehre. L. umfaßt insbesondere die Abhaltung von wissenschaftlichen Lehrveranstaltungen und deren inhaltliche und methodische Gestaltung sowie das Recht auf Äußerung von wissenschaftlichen Lehrmeinungen.

Lehrling ↑ Auszubildender.

Leichtlohngruppen sind aufgrund leichterer oder als einfach bewerteter Arbeiten im Lohngruppenkatalog niedrig eingestufte Lohngruppen. V. a. Frauen gehören – oft ungerechtfertigt – Leichtlohngruppen an.

Leihmutter ist eine Frau, die stellvertretend für eine andere Frau, die ein Kind nicht empfangen oder austragen kann, die Leibesfrucht für diese austrägt und das Kind nach der Geburt überläßt. Die Befruchtung erfolgt in aller Regel auf künstlichem Wege (↑ In-vitro-Fertilisation). Nach der Geburt kann der Säugling von dem genetischen Vater und dessen Ehefrau adoptiert werden. Weil es dabei zu kaum lösbaren rechtlichen und ethischen Konflikten kommt und weil sich rasch gewerbliche Vermittlungsagenturen für Leihmutterschaften bildeten, wurde die Vermittlung von Leihmüttern in der BR Deutschland durch das Änderungsgesetz zum Adoptionsvermittlungsgesetz vom 27. November 1989 verboten. Nach dem seit 1. Januar 1992 geltenden *Embryonenschutzgesetz* ist die Leihmutterschaft in der BR Deutschland verboten.

Leistungsgesellschaft: Moderne Industriegesellschaften werden häufig als Leistungsgesellschaften bezeichnet. Dem Begriff L. liegt die Vorstellung zugrunde, daß die materiellen und sozialen Chancen jedes Individuums und jeder gesellschaftlichen Gruppe, die soziale Anerkennung und die Stellung im System der Über- und Unterordnung nach »Leistung« vergeben werden oder vergeben werden sollten. Die Leistung als Verteilungs- und Bewertungsprinzip hängt eng mit der Entstehung der kapitalistischen Wirtschaftsweise zusammen. Sie entwickelte sich v. a. im Kampf gegen die sozialen Vorrechte (Privilegien) in der ständisch-feudalen Gesellschaft († Stand, † Feudalismus), die auf Geburt, sozialer Herkunft und anderweitiger sozialer Gruppenmitgliedschaft beruhten. Die Anerkennung des † Leistungsprinzips führte zur umfassenden Entfaltung der menschlichen † Produktivkräfte und des Wohlstands.

Leistungsklage † Klage.

Leistungsprinzip: Mit Beginn des industriellen Zeitalters trat anstelle der sozialen Auslese durch Geburt das Leistungsprinzip. Es fand in allen Gebieten des Lebens Eingang (z. B. Notengebung, Prüfungen), ist jedoch auf wirtschaftlichem Gebiet besonders ausgeprägt. Dort ist das L. der Grundsatz, nach dem der wirtschaftliche Wert einer Leistung den alleinigen Maßstab für ihre Bezahlung darstellt (z. B. Leistungslohn). In der Wirtschaftstheorie ist das L. durch den Preisbildungsprozeß auf einem Markt mit vollständiger Konkurrenz verwirklicht; die Praxis allerdings kommt ohne soziale Korrekturen des L. nicht aus. In dieser abgeschwächten Form ist das L. wesentlicher Bestandteil eines marktwirtschaftlichen Systems, wie es in der BR Deutschland besteht.

Die Anerkennung des L. führte zu einer umfassenden Entfaltung der menschlichen Produktivkräfte und des Wohlstandes. Gegen das L. lassen sich v. a. folgende Einwände erheben: In einer Gesellschaft mit einseitig ökonomischen Wertvorstellungen gehen leicht humane Werte verloren. Auch erhebt sich die Frage nach gerechten Maßstäben für die Leistungsbemessung. Es wird in einer hochdifferenzierten Wirtschaft aufgrund zunehmender † Arbeitsteilung immer schwieriger, eine bestimmte Leistung bestimmten Personen zuzurechnen sowie eine Leistung in ein Verhältnis zu einer anderen Leistung zu setzen. Weiter wird am L. die Tendenz zu individualistisch-konkurrenzbetonter Lebenseinstellung kritisiert, die zu Streß und sozialer Entfremdung führt. Auch wenn betont werden muß, daß Wohlstand und Kultur vom L. abhängig sind, sollte die Orientierung an Leistung nicht dazu führen, leistungsschwachen und nicht leistungsbetonten Randgruppen Hilfe zu versagen. – † auch Leistungsgesellschaft.

Leistungsverwaltung ist im Gegensatz zur Eingriffsverwaltung diejenige Tätigkeit der öffentlichen Verwaltung, die nicht durch ordnende Eingriffe (z. B. Gesetze und Verbote der Polizei) in Rechte des Bürgers gekennzeichnet ist, sondern durch die Bereitstellung von Einrichtungen (z. B. Gas-, Wasser- und Elektrizitätsversorgung, Müllabfuhr, Kindergärten, Krankenhäuser) und Leistungen (z. B. Sozialhilfe, Subventionen für Wirtschaft und Kunst), um im öffentlichen Interesse für die Allgemeinheit z. B. gesellschafts-, sozial-, wirtschafts- und kulturpolitische Aufgaben zu erfüllen.

Leitbild bezeichnet die Vorstellung darüber, wie sich eine bestimmte Person oder † Gruppe idealerweise verhalten sollte. Leitbilder können das Verhalten einer Person oder Gruppe prägen.

leitende Angestellte nehmen in wichtigen Teilbereichen des Unternehmens Unternehmerfunktionen mit eigenem Entscheidungsspielraum wahr. Die Gruppe der l. A. ist schwer abzugrenzen. – † auch Mitbestimmung.

Leitwährungssystem nennt man eine internationale Währungsordnung, bei der alle Mitgliedsländer die † Parität ihrer nationalen Währungen an die † Währung eines Mitgliedslandes binden, das in der Regel das wirtschaftlich stärkste ist. (Als Leitwährung galt früher das englische Pfund, später der US-Dollar.) – ↑ auch Internationaler Währungsfonds.

Leitzins: Bezeichnung für den ↑ Diskontsatz der Deutschen Bundesbank. Als L. wird teilweise auch der Spareckzins (Zinssatz für Spareinlagen mit gesetzlicher Kündigungsfrist) bezeichnet.

Leninismus ↑ Marxismus-Leninismus.

Lernen stellt eine Verhaltensänderung aufgrund von Erfahrungen dar. Der Lernprozeß wird durch biologische, individuelle und soziale Gegebenheiten beeinflußt und vollzieht sich in allen Altersstufen. Wichtig ist die Motivation (Lernfreudigkeit). L. und Gedächtnis stehen in engem Zusammenhang. Da Wissen und Kenntnisse heute schnell überholt sind, ist das Ziel des L. nicht ein bestimmter Besitzstand von Kenntnissen und Fähigkeiten, sondern das »Lernen des Lernens«. Über den Vorgang des L. gibt es zahlreiche Theorien, z. B. die Verknüpfung von Reiz und Reaktion, L. durch Einsicht, L. durch Nachahmung (Identifikationslernen) und L. durch Informationsverarbeitung.

Lernmittelfreiheit: Bei der L. werden Arbeitsmittel (z. B. Bücher, Zeichengerät) vom Schulträger gestellt. Form und Umfang der L. sind in den einzelnen Bundesländern verschieden geregelt.

Lesung: Beratung und Abstimmung über eine Gesetzesvorlage oder einen Antrag im Parlament. Gesetzentwürfe müssen im Bundestag in drei Lesungen (↑ auch Gesetzgebung), völkerrechtliche Verträge dagegen nur in zwei Lesungen beraten werden.

Liberalisierung: Befreiung von einschränkenden Vorschriften allgemein (z. B. L. eines politischen Systems) oder auf bestimmten Gebieten, z. B. im Strafrecht oder in der Wirtschaftspolitik (z. B. Abbau von Handelshemmnissen und Behinderungen im Kapitalverkehr).

Liberalismus: Politische Richtung, die die Würde jedes einzelnen Menschen und sein Recht auf Freiheit, die kraft unverzichtbarer und natürlicher Menschenrechte nicht beseitigt werden darf, sowie Humanität und Toleranz in den Mittelpunkt stellt. Als gesamteuropäische politische

Bewegung entstand der L. in der nachrevolutionären Zeit des frühen 19. Jahrhunderts, getragen vom aufstrebenden Bürgertum mit seinen Forderungen, die im Gegensatz zu den Restaurationsbestrebungen der monarchischen Regierungen in Europa standen. Seine geistigen Grundlagen finden sich in der Philosophie der Aufklärung, in Deutschland auch in der Philosophie I. Kants (1724–1804): Jeder solle sich seines Verstandes ohne Leitung eines anderen bedienen; Freiheit sei ein ursprüngliches, jedem Menschen zustehendes Recht, welches allerdings in den Rechten anderer seine natürlichen Grenzen finden müsse.

Politisch war der L. in erster Linie eine Verfassungsbewegung, die der absoluten Monarchie den konstitutionell verfaßten Staat entgegensetzte, in welchem nicht kraft persönlicher Willkür des Monarchen, sondern nur kraft allgemeiner Gesetze staatliche Macht ausgeübt werden darf (↑ Konstitutionalismus). Die englische Bill of Rights von 1689, die Verfassung der USA von 1787 und die Deklaration der Menschen- und Bürgerrechte in der Französischen Revolution 1789 sind die ersten Formulierungen der Verfassungsprinzipien des L.; dazu gehören neben der Forderung nach Gleichheit, d. h. der Abschaffung feudaler Privilegien, die Menschen- und Grundrechte, die die staatliche Gewalt begrenzen: Freiheit der Meinung und damit der Presse, Grundsatz der Gleichheit aller vor dem Gesetz, strikte Bindung der staatlichen Gewalt an allgemeine Gesetze, Sicherung der Grundrechte durch eine unabhängige richterliche Gewalt, Gewaltentrennung zwischen vollziehender, gesetzgebender und rechtsprechender Gewalt, um eine unkontrollierbare Konzentration der Staatsmacht nach Art des Absolutismus auszuschließen, Recht zur Teilnahme an Wahlen (allerdings meist eingeschränkt durch ein Zensuswahlrecht) und freie Vertretung des ganzen Volkes durch nicht an Weisungen gebundene parlamentarische Abgeordnete (↑ Repräsentativsystem). Wegen seines Glaubens an die Selbstregulierungskräfte einer freien Gesellschaft und wegen seines tiefen Mißtrauens gegen die in absolutistischer Herrschaft mißbrauchte staatliche Gewalt, wollte der L. staatliches Handeln nach Möglichkeit zurückdrängen. Der Staat sollte sich demnach im wesentlichen damit begnügen, Hüter der äußeren und inneren Sicherheit (in der sozialistischen Kritik: »Nachtwächterstaat«) zu sein sowie solche Einrichtungen zu unterhalten, die privater Initiative nicht überlassen werden können.

Insbesondere auf wirtschaftlichem Gebiet lehnte der L. Staatseingriffe ab. Jeder sollte das Recht auf möglichst unbeschränkte wirtschaftliche Betätigung haben. Gewerbefreiheit und Freihandel waren die wichtigsten Forderungen des frühen L., dessen Gesellschaftsmodell sich an einer bürgerlichen Gemeinschaft selbständiger Kleinproduzenten orientierte. Die Übersteigerung dieser Idee führte zur Entartung im *Manchesterliberalismus,* in dem Freiheit das Recht des Stärkeren (zur wirtschaftlichen Ausbeutung) bedeutete. Die † soziale Frage war dem L. zwar bewußt, jedoch war man der Überzeugung, daß eine Lösung nur durch Selbsthilfe der Arbeiter (z. B. durch Zusammenschluß in Produktionsgenossenschaften) und durch eine Verbesserung des Bildungswesens möglich sei.

Erst die Verschärfung der sozialen Spannungen im Zusammenhang mit der Industrialisierung in den hochkapitalistischen Gesellschaften der zweiten Hälfte des 19. Jahrhunderts führte Liberale wie F. Naumann (1860–1919) zu Reformüberlegungen im Sinne eines sozialen L., in dem eine Demokratisierung der Wirtschaft sowie die Verwandlung des Arbeiters vom »Industrieuntertan« in einen »Industriebürger« gefordert wurde. Dieser *Sozialliberalismus* konnte sich gegen andere Richtungen des L. (Nationalliberalismus, Wirtschaftsliberalismus) zwar nicht durchsetzen, erfuhr aber eine Wiederbelebung in den Freiburger Thesen der FDP von 1971. Nach dem Untergang der nationalsozialistischen Diktatur erlebte der L. einen erneuten Aufschwung, nicht nur in der BR Deutschland, sondern – in der Abwehr des Kommunismus – auch weltweit. Parteipolitisch formierte sich der L. in der BR Deutschland in der FDP. Liberale Vorstellungen begannen aber mehr und mehr auch andere, christliche und sozialistisch

bestimmte Parteien wie die CDU bzw. SPD (»freiheitlicher« oder »demokratischer Sozialismus«) zu beeinflussen. Der Liberalismus ist heute grundlegend für die modernen Demokratien. – † auch Neoliberalismus.

Liberalität: Menschliche Grundhaltung, die sich, von der freien Entfaltung der Persönlichkeit ausgehend, zur Humanität und zur bewußten Toleranz gegenüber Andersdenkenden bekennt.

Liebe: Starke Zuneigung, auch in Form selbstloser Hinwendung (im Griechischen »Agape«). Sie spielt in Religionen, insbesondere im Christentum, als Gottesliebe bzw. als Liebe zu Gott eine große Rolle. Religiöse Liebesgebote wie z. B. das der Nächstenliebe haben eine starke soziale Wirksamkeit im Hinblick auf ein partnerschaftliches und hilfsbereites Verhalten entfaltet (*Caritas* = Mildtätigkeit und Hilfe, besonders gegenüber Armen und Schwachen). Aufforderungen zu einer Hinwendung zum anderen finden sich auch in den Geboten der »Brüderlichkeit« der Französischen Revolution oder der »Solidarität« der Arbeiterbewegung wieder. Demgegenüber betont die moderne Sozialphilosophie den Egoismus als soziales Prinzip, ausgehend von der Hypothese, daß das eigennützige Verhalten der Individuen aufgrund des Konkurrenzzwanges zu einem Höchstmaß an gemeinsamem Nutzen und Wohlstand führen werde (sog. Selfishness-Prinzip).

Linke: Diese Bezeichnung entstand aus der nach 1814 üblichen Sitzordnung in der französischen Deputiertenkammer für diejenigen Parteien, die eine weitreichende Änderung der politischen und sozialen Verhältnisse anstrebten und – vom Vorsitzenden aus gesehen – links saßen. Im 19. Jahrhundert zählten zur Linken Demokraten und Sozialisten, zum Teil auch Liberale, wobei zwischen einer kompromißbereiten, gemäßigten Linken und Linksradikalen unterschieden wurde. Im Zusammenhang mit den Bemühungen um eine immer weitergehende Demokratisierung von Staat und Gesellschaft sowie mit emanzipatorischen Bestrebungen in der BR Deutschland in den 1960er Jahren gewann die Bezeichnung Linke erneut an Bedeutung (= Neue Linke). – † auch Rechte.

Liquidität:

◇ Fähigkeit, finanziellen Verpflichtungen jederzeit nachkommen zu können.

◇ Die Zahlungsmittel selbst; z. B. müssen Banken eine Liquiditätsreserve bei den Landeszentralbanken hinterlegen.

Listenwahl ↑ Wahlen.

Lizenz: Vertraglich in Umfang und Dauer geregelte Erlaubnis, das Recht eines anderen (z. B. eines Erfinders) – meist gegen eine *Lizenzgebühr* – ohne grundsätzliche Übertragung dieses Rechtes zu nutzen. Im politischen Bereich spricht man von einer L., wenn die Einrichtung und Unterhaltung bestimmter Institutionen an eine staatliche Erlaubnis gebunden ist (z. B. L.presse, L.parteien in Deutschland zur Zeit der ↑ Besatzungsherrschaft).

Lobby [englisch »Vor-, Wandelhalle«]: Wandelhalle und -gänge im Parlament, in denen die Abgeordneten mit Außenstehenden verhandeln können. Übertragen wird der Begriff L. angewandt auf die Vertreter von ↑ Interessenverbänden, die Einfluß auf Abgeordnete sowie Regierung und Verwaltung nehmen, um für ihre Interessen günstige Gesetze und Maßnahmen zu bewirken (in diesem Sinne auch gleichbedeutend mit ↑ Pressure-group). Versuche, den Lobbyismus unter Kontrolle zu bekommen, werden u. a. durch Registrierung von Verbandsvertretungen und beim Gesetzgebungsverfahren durch öffentliche ↑ Hearings unternommen.

Logistik:

◇ moderne Form der formalen Logik.

◇ Lehre von der Planung, Bereitstellung und dem Einsatz der – v. a. für militärische Zwecke – erforderlichen Mittel und Dienstleistungen zur Unterstützung der Streitkräfte sowie die Anwendung dieser Lehre.

Lohn ↑ Arbeitslohn.

Lohnfortzahlung (Entgeltfortzahlung): Seit dem Lohnfortzahlungsgesetz (1969) erhält auch der Arbeiter (wie bislang die Angestellten) bei unverschuldeter Krankheit vom ersten Tag an grundsätzlich für sechs Wochen von seinem Arbeitgeber weiter seinen Arbeitslohn. Zuvor hatte der Arbeiter nur ein *Krankengeld* von der Krankenkasse und zusätzlich vom Arbeitgeber einen *Krankengeldzuschuß* bekommen. Der erkrankte Arbeitnehmer muß

seine Arbeitsunfähigkeit unverzüglich melden und bei längerer Krankheit (ab drei Tagen) ein ärztliches Attest vorlegen. Für kurzfristig Arbeitende oder Heimarbeiter gibt es Sonderregelungen.

Lohn-Preis-Spirale ↑ Preis-Lohn-Spirale.

Lohnquote ↑ Einkommen.

Lohnsteuer ↑ Steuern.

Lombardsatz: Zinssatz, zu dem die ↑ Deutsche Bundesbank den Kreditinstituten Kredite gegen Verpfändung von Wertpapieren und Forderungen gewährt. Der L. liegt in der Regel 1 % über dem ↑ Diskontsatz.

London Institute of Strategic Studies ↑ International Institute for Strategic Studies (IISS).

Loyalität bezeichnet ein treues Verhalten gegenüber anderen (Mitmenschen, auch Partnern). Politische L. meint ein treues und gesetzmäßiges Verhalten gegenüber Verfassung und Regierung. Sie wird von den Beamten verlangt, von den Bürgern erwartet.

LPG ↑ landwirtschaftliche Produktionsgenossenschaft.

Lufthoheit: Hoheitsgewalt eines Staates im Luftraum über seinem Territorium; sie kann durch Einräumung von Durchflug- und Landerechten eingeschränkt werden.

M

Macht bedeutet das Vermögen, seinen Willen auch gegen den Widerstand anderer durchzusetzen. M. wird in allen Bereichen des menschlichen Lebens, v. a. aber im staatlichen Bereich, ausgeübt. Bei der Bestimmung des Begriffs M. sind folgende Grundgedanken zu berücksichtigen: 1. M. tritt nicht nur bei Menschen, sondern auch bei anderen Lebewesen auf (z. B. in der »Hackordnung auf dem Hühnerhof«, der »Beißordnung« bei Säugetieren oder der »Imponierhaltung«). 2. M. entsteht durch individuelle psychische und physische Qualitäten einzelner Lebewesen (wie Alter, körperliche Kraft, geistige Fähigkeiten, magische Qualitäten) und durch unterschiedliche Gruppen- und Gesellschaftsbeziehungen, wie z. B. Besitzunterschiede, Verfügung über Produktionsmittel, kriegerische Stärke. 3. Die Attribute der M., wie Über- und Unterordnung, Führung und Gehorsam, Prestige und Autorität, Vertrauen, Strafe, Angst, sind, wie die M. selbst, aus dem gruppendynamischen und Willensbildungsprozeß einer sozialen Gruppe erklärbar. M. ist nicht »ihrem Wesen nach böse« (J. Burkhardt) und unmoralisch, sondern moralisch neutral. 4. Jeder Machtträger neigt jedoch zur Behauptung der einmal errungenen Stellung und besonders bei ihrer Bedrohung auch zur Anwendung aller zweckdienlicher Mittel bis hin zur Gewalt. Um Machtmißbrauch zu verhindern, sind Machtwechsel, ↑ Gewaltenteilung und ↑ Legitimation von M., überhaupt Machtbeschränkung und Machtkontrolle für die demokratische Gesellschaft der Gegenwart charakteristisch. 5. Alle Momente, die innerhalb einer Gruppe zur Differenzierung führen, erzeugen eine jeder Gruppe eigene Machtstruktur, die einerseits die Machtverhältnisse innerhalb der Gruppe widerspiegelt, andererseits auch den Sozialverband zusammenhält. 6. Nicht immer muß M. zur ↑ Herrschaft werden, stets aber liegt M. der Herrschaft zugrunde, so daß dort Erscheinungsform und Probleme der M. berücksichtigt werden müssen.

MAD ↑ Nachrichtendienste.

Mafia: Kriminelle Vereinigung mit nicht durchschaubaren Verbindungen zu Politik, Wirtschaft und Verwaltung in Italien. Die M. ist im 18. Jahrhundert auf Sizilien entstanden und wurde im 19. Jahrhundert durch italienische Einwanderer auch in die USA exportiert.

magisches Viereck: Bezeichnung für die vier Ziele der Wirtschaftspolitik: Vollbeschäftigung, Geldwertstabilität, wirtschaftliches Wachstum und Ausgeglichenheit der ↑ Zahlungsbilanz, die möglichst gleichzeitig und in optimaler Weise erreicht werden sollen. – ↑ auch Stabilitätsgesetz.

Magistrat ↑ Gemeindeverfassung.

Magna Charta libertatum (englisch: The Great Charter): Am 15. Juni 1215 zwischen König Johann I. ohne Land einerseits und Vertretern der aufständischen englischen Barone sowie der Kirche andererseits abgeschlossener Vergleich in 63 Artikeln. Jedem Freien wird in Art. 39 zugestanden, daß er nicht willkürlich verfolgt, sondern nur durch seine Standesgenossen und nach dem Gesetz des Landes abgeurteilt werden kann. Art. 61 bestellt zur Wahrung der verbrieften Freiheiten gegenüber dem König einen Kontrollausschuß von 25 Baronen und legalisiert damit das feudale Widerstandsrecht. Ursprünglich ist die M. C. l. in erster Linie eine im Mittelalter übliche Satzung des Lehnsrechts gewesen. Im 17. Jahrhundert wurde sie umgedeutet in eine Verbriefung der Freiheit aller Engländer. In diesem Zusammenhang wurde sie zum Ausgangspunkt für moderne Freiheitsbestrebungen überhaupt.

Maifeiertag: Seit dem Gründungskongreß der Zweiten Sozialistischen Internationale 1889 gilt der 1. Mai als Demonstrations- und Feiertag der internationalen ↑ Arbeiterbewegung. Der M. wurde nach dem 1. Weltkrieg in vielen Ländern gesetzlicher Feiertag.

Makler: Gewerbetreibender, der Gelegenheiten zum Abschluß von Verträgen nachweist und Verträge vermittelt. Seit 1973 bedürfen Wohnungs- und Immobilienmakler einer gewerberechtlichen Erlaubnis.

Management: Leitung eines ↑ Unternehmens. Das M. grenzt sich vom selbständigen Unternehmer durch die Art des Beschäftigungsverhältnisses, nicht jedoch durch die Aufgabenstellung ab. Der abhängig beschäftigte Manager ist eine Art Unternehmer im Angestelltenverhältnis. Die Leitungsaufgabe des M. besteht wie die des Unternehmers in der Vorgabe von Zielen, deren Durchsetzung und Erfolgskontrolle, aber auch in umweltbezogenen Aktivitäten (Vertretung des Unternehmens, Rufpflege, Öffentlichkeitsarbeit). Das M. ist nach dem Prinzip der ↑ Arbeitsteilung gegliedert: Nach dem Rang werden höheres, mittleres und niederes M. unterschieden. Auch innerhalb der Ränge finden sich Ressortteilungen nach Funktionen, nach sachlichen und räumlichen Bereichen. – ↑ auch Unternehmer.

Manchesterliberalismus ↑ Liberalismus.

Mandat [von lateinisch mandatum »Auftrag, Weisung«]: Allgemein Auftrag, Vollmacht. Im Staatsrecht bezeichnet M. die Übertragung politischer Aufgaben und Rechte auf Abgeordnete *(Mandatsträger)* durch die Wähler. Das Abgeordnetenmandat ist im ↑ Grundgesetz als *freies M.* festgelegt (Art. 38 GG). Es gibt dem gewählten Abgeordneten das Recht, nach seinem Gewissen und Sachwissen zu entscheiden. Die Entscheidungsgewalt wird ihm hier auf Zeit übertragen. Im Unterschied dazu ist der Mandatsträger bei dem *imperativen M.* gehalten, die Entscheidungen und Aufträge seiner Partei oder Wählergruppe zu vertreten, von der er entsandt wurde.

Manifest: Eine für die Öffentlichkeit bestimmte Grundsatzerklärung von Regierungen, politischen Parteien oder sonstigen (z. B. künstlerischen) Gruppierungen in der Gesellschaft.

Manipulation [von französisch manipuler »handhaben«]: Beeinflussung von etwas, insbesondere Lenkung der Meinungsbildung und der politischen Entscheidungen durch Techniken, die es dem Manipulierten nicht bewußt werden lassen, daß er eine gelenkte Meinung vertritt oder Entscheidung fällt. M. wird z. B. dort angewendet, wo durch einfache Abstimmung das gewünschte Ziel nicht erreicht werden kann; sie ist nur dort möglich, wo Informationslücken bestehen oder man nicht über ausreichende Methoden verfügt, um die M. zu verhindern. Manipulationsmittel reichen von politischer Rhetorik, Propaganda und Agitation über die gezielte Plazierung von Informationen, taktische Verhandlungsführung, den verstärkten Einsatz von ↑ Massenmedien u. a. bis hin zu gezielten Täuschungsmanövern.

Manteltarifvertrag ↑ Tarifvertrag.

Maoismus: Chinesische Spielart des ↑ Marxismus-Leninismus, die nach ihrem Begründer Mao Tse-tung (Mao Zedong, 1893–1976) benannt wird. Hauptunterschiede zwischen dem sowjetrussischen und dem chinesischen Marxismus-Leninismus beziehen sich auf die angestrebte ↑ Weltrevolution. Für den M. sind die Bevölkerungsmassen der ↑ dritten Welt, die hauptsächlich agrarisch strukturiert ist, die Träger der Weltrevolution. Von ihnen soll die Weltrevolution ausgehen und in die Industrienationen getragen werden. Diese Auffassung ist durch die besonderen, in China herrschenden Bedingungen entstanden, wo die Revolution von bäuerlichen Massen getragen wurde. Sie steht dadurch im strikten Gegensatz zur Lehre von K. Marx, der ausschließlich in der industriellen Arbeitermasse den Träger der Revolution sah. Auch widerspricht der M. insofern dem traditionellen Marxismus, als er den nationalen Befreiungsbewegungen der dritten Welt und nicht den proletarischen Massen der westlichen Industrienationen die entscheidende Rolle bei der Weltrevolution zuschreibt. Ein weiteres Merkmal des M. besteht in seiner Ablehnung der ↑ friedlichen Koexistenz von Ländern mit verschiedener Gesellschaftsordnung. Der stark von einer Vorstellung der Entwicklung durch Widersprüche (↑ Dialektik) bestimmte M. hat in China zu zahlreichen gesellschaftlichen und wirtschaftlichen Maßnahmen geführt (z. B. in der Kulturrevolution), die sich später als Fehlschlag erwiesen). Nach dem Tode Maos hat sich China deutlich vom M. weg entwickelt.

Marketing [von englisch to market »Handel treiben«]: Mit Hilfe des M. versuchen die Unternehmen, optimal den ↑ Markt auszunutzen. Mittel dazu sind z. B. die Erforschung von Absatzmöglichkeiten, Vertriebsorganisation, Produktwicklung und Werbung. − ↑ auch Marktforschung.

Markt [von lateinisch mercatus »Handel, Markt«]: Das Zusammentreffen von Angebot und Nachfrage, von Käufern und Verkäufern an bestimmten Plätzen, zu bestimmten Zeiten und nach festen Ordnungen zum Abschluß von Kauf- und Verkaufsgeschäften.
Der antike Marktplatz war nicht nur Tauschstätte des Geld- und Warenverkehrs, er war das Zentrum des öffentlichen Lebens und Versammlungsplatz seiner Bürger. Mittelalterliche Märkte entstanden an Schnittpunkten großer Handelsstraßen, an Flußübergängen, im Schutz von Burgen und in der Nähe von Klöstern. Um diese Märkte entstanden Siedlungen, die unter besonderem Marktrecht standen und in denen den Bürgern besondere Friedens- und Freiheitsrechte eingeräumt wur-

den. Man unterschied Tages-, Wochen- und Jahresmärkte, die meist in Verbindung mit kirchlichen Festlichkeiten standen (Messen).

Heute wird der Begriff M. volkswirtschaftlich ohne Orts- und Zeitbindung auf den sich frei abspielenden Ausgleich von angebotenen und nachgefragten Gütern und die sich dabei vollziehende Preisbildung angewendet. Für die liberale Wirtschaftstheorie ist der Marktbegriff zentral: Bei gleichbleibendem Angebot führt steigende Nachfrage auf dem M. zu steigenden, sinkende Nachfrage zu sinkenden Preisen; bei gleichbleibender Nachfrage führt ein steigendes Angebot zu sinkenden Preisen, ein sinkendes Angebot zu steigenden Preisen. Da jedoch steigende Preise zu erhöhter Güterproduktion bzw. sinkende Nachfrage und sinkende Preise zu steigender Nachfrage und sinkender Güterproduktion führen, wenn man jeweils davon ausgeht, daß der einzelne Anbieter oder Nachfragende einen Gewinn herausschlagen will, so konnte die liberale Wirtschaftstheorie darauf ihre gesamten ordnungspolitischen Vorstellungen aufbauen: Der Marktmechanismus sorgte dafür, daß die aus Eigennutz verfolgte wirtschaftliche Tätigkeit sich zum Nutzen aller auswirkte. Es mußten nur vollständige Konkurrenz, Marktfreiheit und Markttransparenz garantiert sein. Der Markt galt als Umschlagplatz und Anzeigetafel, der Güterproduktion und Bedüfnisbefriedigung »automatisch« zum Ausgleich bringen sollte. Da die theoretischen Bedingungen nur im Modell gegeben sind, tatsächlich aber auch andere Faktoren das Marktgeschehen beeinflussen, kann es in der Realität zu Verzerrungen bis hin zum »Marktversagen« kommen. – ↑ auch Marktwirtschaft. Auch im politischen Bereich wird häufig von einem M. gesprochen, auf dem die Parteien als Anbieter von Leistungen, die Wähler als »Konsumenten« auftreten und die Regierungschancen der Parteien sich nach Angebot und Nachfrage richten (sog. ökonomische Theorie der Demokratie).

Marktforschung: Systematische Untersuchung der Beschaffungs- und/oder Absatzmöglichkeiten eines Wirtschaftszweiges oder Unternehmens mit dem Ziel, marktbezogene Informationen als Ent-

scheidungsgrundlage zu erhalten. Die M. dient in Form der Marktanalyse der Ermittlung der Marktsituation zu einem bestimmten Zeitpunkt, als Marktbeobachtung der fortlaufenden Feststellung von Marktveränderungen. M. wird entweder von den Wirtschaftszweigen bzw. Unternehmen selbst betrieben oder aber von Marktforschungsinstituten.

Marktwirtschaft (freie Marktwirtschaft): Wirtschaftsordnung, in deren Mittelpunkt der freie ↑ Markt steht und die in der Regel folgende Strukturen besitzt: 1. Die Eigentumsordnung ist durch den privaten Besitz an ↑ Produktionsmitteln gekennzeichnet. 2. Die am Wirtschaftsprozeß Beteiligten handeln als Käufer und Verkäufer, als Arbeitnehmer und Arbeitgeber, nach eigennützigen Motiven unter dem Prinzip der Gewinnmaximierung. 3. Jedes Wirtschaftssubjekt – ob Unternehmer oder Haushaltsvorstand – stellt seinen eigenen Haushaltsplan auf, der die Einnahmen und Ausgaben in Einklang bringt. 4. Die Koordinierung der einzelnen Haushalts- und Wirtschaftspläne geschieht auf dem Markt, indem jeder einzelne als Anbietender oder Nachfragender bestimmter Güter auftritt. Hier geschieht nicht nur die Preisbildung und durch sie ein Ausgleich, sondern hier werden auch Mengen und Qualitäten dem Spiel von Angebot und Nachfrage angepaßt. Neben dem Gütermarkt besteht ein ebenso freier Arbeits- und Kapitalmarkt, auf denen dieselben Marktgesetze wirksam werden wie auf dem Gütermarkt. 5. Durch die über den Markt wirksamen Anpassungen der einzelnen Wirtschaftssubjekte wird gesamtwirtschaftlich das eigennützige Handeln der einzelnen zum Wohlstand aller summiert. 6. Der Staat beschränkt sich auf die Rolle des Ordnungshüters, der die Freiheit des Marktes, vollständige Konkurrenz und Markttransparenz garantiert, sich sonst aber jeder wirtschaftlichen Lenkung enthält.

Die freie M. bildet als Idee einer Wirtschaftsordnung den Gegensatz zur ↑ Zentralverwaltungswirtschaft. In der Realität sind eine Reihe von Prinzipien der reinen Marktwirtschaft, wie sie in der Nachfolge von A. Smith (1723–1790) gelehrt wurden, nicht verwirklicht worden, v. a. weil ein völlig freier Arbeitsmarkt ohne Sozialpolitik zu einseitiger Bevorzugung der Arbeitgeberposition geführt und weil ein unkontrollierter ↑ Wettbewerb ↑ Kartelle und ↑ Monopole hervorgebracht hat, die den Marktmechanismus außer Kraft setzten. Daher haben mehr oder weniger alle westlichen Staaten Korrekturen am marktwirtschaftlichen System vorgenommen. − ↑ auch Kapitalismus, ↑ Liberalismus, Neoliberalismus.

Marshallplan ↑ ERP.

Marxismus: Von K. Marx (1818−1883) und F. Engels (1820−1895) begründete Lehre und Betrachtungsweise der Welt, ursprünglich eine Deutung der historischen Entwicklung, insbesondere der kapitalistischen Produktionsweise, später von Engels auf eine Interpretation der gesamten Wirklichkeit ausgedehnt. Gegliedert in 1. ↑ dialektischen Materialismus = Interpretation der Welt und ihrer Entwicklung (besonders Dialektik der Natur), 2. ↑ historischen Materialismus = Interpretation der Entwicklung der menschlichen Gesellschaft, 3. ↑ politische Ökonomie = Interpretation der sozioökonomischen Strukturen und Entwicklungen, insbesondere des ↑ Kapitalismus und 4. (wissenschaftlichen) ↑ Sozialismus = Theorie der künftigen (sozialistischen) Gesellschaft und ihrer (revolutionären) Herbeiführung.

Der M. entstand in Auseinandersetzung mit der Hegelschen Philosophie, dem französischen Frühsozialismus und der englischen Nationalökonomie. Gegenüber dem philosophischen Idealismus betont er die Umweltabhängigkeit des Menschen, insbesondere von der Ökonomie (= den Produktionsverhältnissen) und den materiellen Interessen (Bedürfnissen). Von Hegel übernimmt er die ↑ Dialektik als Prinzip der Entwicklung der Welt und der menschlichen Gesellschaft in Gegensätzen. Wie der Frühsozialismus ist er an der Herbeiführung sozialistischer und darüber hinaus kommunistischer Verhältnisse interessiert, versucht aber im Gegensatz zu diesem, sozialistische Gesellschaftszustände nicht als (utopisches) Ideal zu entwerfen, sondern unter Aufnahme und Fortführung nationalökonomischer Analysen ihre Realisierung als notwendige Folge der Entwicklung des Kapitalismus zu begreifen. Aus

diesem Grunde ist das Kernstück des M. die Kapitalismuskritik.

Der M. geht davon aus, daß menschliche Gesellschaften in der Regel ↑ Klassengesellschaften sind, die Menschengruppen mit unterschiedlichen Produktionsweisen und unterschiedlicher Stellung im Produktionsprozeß und dadurch bedingt auch unterschiedlichen Interessen und Bewußtseinslagen umfassen (z. B. Bauern, Industriearbeiter). Dabei hebt er v. a. den in der Klassengesellschaft bestehenden Gegensatz von Produktionsmittelbesitzern und von ihnen abhängigen Arbeitern hervor (z. B. feudaler Grundbesitzer − leibeigener Bauer, Kapitalist−Proletarier). Veränderung der Produktionsweisen, wie z. B. die Industrialisierung, und gegensätzliche Interessenlagen führen zum ↑ Klassenkampf, in dem der M. den Motor der gesellschaftlichen Entwicklung sieht. Für den M. sind die Produktionsverhältnisse und Klassengegensätze im Kapitalismus so angelegt, daß sie notwendigerweise zur proletarischen Revolution führen. Nach einer Übergangsphase, der ↑ Diktatur des Proletariats, folgt die ↑ klassenlose (kommunistische) Gesellschaft, in der das Herrschaftsinstrument der besitzenden Klassen, der Staat, abstirbt, weil Herrschaft von Menschen über Menschen in der solidarischen kommunistischen Gemeinschaft nicht mehr ausgeübt wird.

Da die gesellschaftlichen, politischen und kulturellen Verhältnisse sowie die damit verknüpften Bewußtseinslagen der Menschen von den ökonomischen Verhältnissen und der unterschiedlichen Klassenzugehörigkeit der Menschen abhängen (Basis und Überbau), behauptet der M. eine grundsätzliche klassenbedingte ↑ Parteilichkeit menschlicher Verhaltensweisen und Vorstellungen einschließlich der wissenschaftlichen Theorien. Auch diese sind vom Klassenstandpunkt geprägt, wobei die Theorien der ökonomisch fortschrittlichen Klassen die anderen im Laufe der Geschichte ablösen und eine bessere Weltsicht bieten. Der M. selbst versteht sich dabei als Gegensatz zur sog. »bürgerlichen Wissenschaft« und als eine ihr überlegene Theorie des Proletariats. Diese Ansichtsweise gipfelt schließlich darin, daß das, was als richtig und fortschrittlich zu gelten hat, von der sog. Avantgarde des Proletariats, der kommunistischen Partei, jeweils verbindlich festgelegt wird.

Die Entwicklung der kapitalistischen Gesellschaften, ihre Demokratisierung und der Abbau der politischen und wirtschaftlichen Vorherrschaft einer bestimmten Schicht (↑ Bourgeoisie) sowie die Verbesserung der sozialen Lage der Arbeiterschaft haben – neben der Entstehung sozialistischer Staaten mit neuen, stark ausgeprägten bürokratischen Herrschaftsformen – eine Kritik am Realitätsgehalt des M. hervorgerufen. Deshalb zeigen sich die Anhänger des M. bestrebt, ihre Lehre an die veränderten Verhältnisse anzupassen (*Neomarxismus;* ↑ auch Revisionismus, ↑ Marxismus-Leninismus, ↑ Trotzkismus). Das hat zu unterschiedlichen Ausformungen des M. geführt, denengegenüber der orthodoxe M. v. a. in den sozialistischen Staaten an den Thesen seiner Begründer mit Hilfe verbindlicher Interpretationen durch die herrschende Partei festzuhalten suchte. Damit aber wurde der M. zu einer politischen ↑ Ideologie, deren Zweck es lediglich war, die Herrschaftsausübung der kommunistischen Partei zu rechtfertigen und als Mittel im Kampf gegen Andersdenkende zu dienen.

Marxismus-Leninismus: Weiterentwicklung des ↑ Marxismus durch W. I. Lenin (1870–1924) aufgrund der von den Marxschen Prognosen abweichenden Entwicklung der kapitalistischen Gesellschaften in Europa und den USA. Charakteristika sind: Imperialismustheorie, Betonung der Rolle der sog. Arbeiteraristokratie, Theorie vom schwächsten Glied in der Kette der kapitalistischen Staaten und Theorie der Kaderpartei. Mit der Theorie vom ↑ Imperialismus, d. h. der weltweiten Ausdehnung des ↑ Kapitalismus und der Unterwerfung und Ausbeutung fremder Völker, versuchte Lenin das Ausbleiben des vom K. Marx vorausgesagten Zusammenbruchs der kapitalistischen Gesellschaft und die nicht eingetretene Verelendung des Proletariats zu erklären. Die im Imperialismus steigenden Profite der Kapitalisten seien zur Bestechung der Arbeiterschaft, insbesondere einer sich nun herausbildenden »Arbeiteraristokratie« benutzt worden. Die Folge seien reformisti-

sche Gesinnung, d. h. das Interesse der Arbeiterschaft nur an der Verbesserung ihrer Lebensbedingungen durch Gewerkschaftspolitik im kapitalistischen System selbst, Desinteresse an der Herbeiführung einer sozialistischen Revolution und Beteiligung der Arbeiterparteien am bürgerlichen Herrschaftssystem. Dementsprechend werde die proletarische Revolution auch nicht, wie Marx annahm, in den am weitesten entwickelten kapitalistischen Ländern ausbrechen, sondern in ihrem »schwächsten Glied«, dem ökonomisch rückständigen Rußland. Sie werde deshalb auch nicht von einer revolutionären Massenbewegung herbeigeführt werden, sondern dazu bedürfe es, anstelle der traditionellen Arbeiterparteien der Sozialdemokratie, einer »Partei neuen Typs«, der hierarchisch organisierten und militärisch disziplinierten Kaderpartei von kommunistischen Berufsrevolutionären (↑ Bolschewismus). Lenins Ansichten dienten zur Rechtfertigung der Weiterführung der Revolution in Rußland 1918 und des Aufbaus eines von kommunistischen Parteikadern beherrschten bürokratischen sozialistischen Systems zunächst in der Sowjetunion. Massenorganisationen, wie z. B. die Gewerkschaften, sollten dabei als »*Transmissionsriemen*« für die Vermittlung des Parteiwillens in die Bevölkerung dienen. Der M.-L. wurde 1920 bei der Gründung der kommunistischen Internationale (Komintern) für alle kommunistischen Parteien der Welt zur verbindlichen Lehre erklärt. Die ↑ Sozialistische Einheitspartei Deutschlands herrschte nach der Verfassung der DDR ausdrücklich als »marxistisch-leninistische Partei«; im Rahmen der Staatsbürgerkunde war der M.-L. verbindliches Schulfach und an den Hochschulen ein zwingendes Studienfach. – ↑ auch demokratischer Zentralismus, ↑ Stalinismus.

Masse: Der Begriff M. bezeichnet allgemein die kurzfristige und unstabile Ansammlung von Menschen, z. B. bei Massenveranstaltungen, Unruhen, Paniksituationen oder Demonstrationen. M. wird aber auch in Abgrenzung zur ↑ Elite einer Gesellschaft gesehen. Die M. vermittelt den beteiligten Menschen ein Gefühl von Zugehörigkeit und kollektiver Macht. Ihr

Verhalten in der M. zeichnet sich durch verminderte Urteilsfähigkeit und vermindertes Verantwortungsbewußtsein aus, innere Hemmungen fallen fort. In solchen Situationen besteht eine erhöhte Beeinflußbarkeit und Manipulierbarkeit des einzelnen. Beispiele für institutionalisiertes Massenverhalten sind z. B. Sportveranstaltungen oder politische Kundgebungen. – ↑ auch Massenorganisationen.

Massengesellschaft: Der Begriff charakterisiert meist abwertend die moderne Gesellschaft (v. a. in den Ballungsräumen), deren Mitglieder aufgrund der Beeinflussung durch Massenmedien und Werbung in Lebensstil und Verhalten nur geringe Unterschiede aufweisen.

Massenkommunikation ↑ Kommunikation.

Massenmedien (auch: *Massenkommunikationsmittel*) sind alle technischen Vervielfältigungs- und Verbreitungsmittel, die den Prozeß der Massenkommunikation herstellen. M. ist die Sammelbezeichnung für Einrichtungen wie Presse (Zeitungen, Zeitschriften, Bücher), Hörfunk (Radio), Schallplatten, Tonträger, Video und Fernsehen, dem wegen der Gleichzeitigkeit von optischer und akustischer Kommunikation die größte Breitenwirkung zukommt. Der Begriff der Massenkommunikation ist in diesem Zusammenhang insoweit unrichtig, als die für den Kommunikationsprozeß notwendige Rückkopplung (Feedback) zwischen Kommunikator und Rezipient (Sender und Empfänger) hier nicht gegeben ist (↑ Kommunikation). Zudem vermitteln M. nicht nur qualitativ verschiedene Inhalte, sondern sie erreichen auch qualitativ verschiedene Publikumsgruppen.

M. sind für die meisten Menschen die Hauptquelle gesellschaftlicher Information. Zeitung und Fernsehen erreichen regelmäßig den größten Teil der Bevölkerung der Industriestaaten. Aus diesem Grunde kommt ihnen eine hohe politische Bedeutung zu. In der ↑ Sozialisation und systematischen Unterweisung übertreffen die M. (v. a. das Fernsehen) die herkömmlichen Unterrichtsmethoden. Im politischen Bereich ist öffentliche Meinungsbildung auf dem Wege über M. v. a. als »Korrelat zur Herrschaft« wichtig und unerläßlich für das Funktionieren demokratischer Entscheidungsprozesse. Pluralistische Demokratien garantieren durch das Recht der Informations-, Meinungs- und Pressefreiheit die Möglichkeit, sich aus allgemein zugänglichen Quellen zu informieren. Allerdings ist fraglich, wieweit die Verfassungswirklichkeit auch die Nutzung dieser Rechte ermöglicht. Kritik an den M. zielt v. a. auf folgende Punkte: 1. Gefahr der Einschränkung der Pressefreiheit und Meinungsvielfalt durch Konzentration im Pressewesen; 2. überproportionaler parteipolitischer Einfluß auf die öffentlich-rechtlichen Anstalten (Hörfunk und Fernsehen); 3. Erweckung von falschem Bewußtsein und falschen Bedürfnissen durch die M. (↑ Manipulation); 4. Unmöglichkeit der Verarbeitung und Bewältigung eines immer komplexer werdenden Informationsangebots bei gleichzeitiger thematischer und normativer Standardisierung der Inhalte. 5. Zunehmende Kommerzialisierung der Inhalte mit der Ausbreitung privater Anbieter; befürchtet wird eine gesteigerte Abhängigkeit der Programmgestaltung von Einschaltquoten, von der Werbewirtschaft und von einzelnen Geldgebern. – ↑ auch Kabelkommunikation, ↑ neue Medien.

Massenorganisationen entstanden seit der Mitte des 19. Jahrhunderts im Zuge der allgemeinen Demokratisierung des gesellschaftlichen Lebens (z. B. Parteien, Verbände). In den kommunistischen Staaten, in denen die M. auch »gesellschaftliche Organisationen« genannt wurden, waren diese nicht nur Interessenorganisationen der Mitglieder, sondern v. a. Herrschaftsinstrument der kommunistischen Partei, die über sie als »*Transmissionsriemen*« ihres Willens die Bevölkerung zu beeinflussen und ihre politischen Ziele zu verwirklichen suchte. – ↑ auch Freie Deutsche Jugend.

Maßregeln der Sicherung und Besserung dienen, neben der Strafe verhängt, der Besserung des Straftäters und der Sicherung der Gesellschaft. Als M.d.S.u.B. kommen in Betracht: Unterbringung in einem psychiatrischen Krankenhaus, Unterbringung in einer Erziehungsanstalt, Sicherungsverwahrung, Führungsaufsicht mit Bewährungshelfern,

Entziehung der Fahrerlaubnis bei Verkehrsdelikten und ein Berufsverbot bei Verletzung beruflicher Pflichten.

Materialismus [von lateinisch materia »Stoff«]: Philosophische Richtung und Weltanschauung, die – im Gegensatz zum ↑ Idealismus – in der Stofflichkeit das einzig Wirkliche sieht. Nicht nur die materiellen Zustände und Veränderungen des Menschen und der Welt selbst, sondern auch das Leben und der Geist werden als Wirkung stofflicher Bewegungen, Teilungen und Verbindungen erklärt; die Existenz der Seele oder Gottes wird geleugnet. Neben einigen Philosophen der Antike (Leukipp, Demokrit, Epikur und Lukrez) vertraten u. a. einige französische Aufklärer im 18. Jahrhundert (J. O. de La Mettrie, C. A. Helvétius, P. H. D. d'Holbach) und deutsche Philosophen im 19. Jahrhundert (L. Feuerbach, C. Vogt, L. Büchner, E. Haeckel) den Materialismus. Er wird auch in Form einer Entwicklungstheorie der menschlichen Gesellschaft als ↑ historischer Materialismus vorgetragen.
Als M. wird auch eine Einstellung bezeichnet, für die lediglich materielle Güter eine Rolle spielen (ethischer Materialismus).

Matriarchat [lateinisch-griechisch »Mutterherrschaft«]: Gesellschaftsordnung, in der die Frau eine bevorzugte Stellung innehat; meist verbunden mit dem sog. ↑ Mutterrecht, in dem Abstammung und Erbgang der mütterlichen Linie folgen.

MBFR [Abk. für englisch Mutual Balanced Force Reductions »beiderseitige ausgewogene Truppenreduzierung«]: Bezeichnung für die am 30. Oktober 1973 in Wien eröffneten »Verhandlungen über beiderseitige Reduzierungen von Streitkräften und Rüstungen und damit zusammenhängende Maßnahmen in Mitteleuropa« zwischen 13 NATO- und sechs Warschauer-Pakt-Staaten. Während die NATO-Staaten v. a. die zahlenmäßige Überlegenheit der Bodenstreitkräfte des Warschauer Pakts abbauen wollten, forderten die Staaten des Warschauer Pakts für beide Seiten numerisch gleiche Reduzierungen für die Streitkräfte insgesamt (einschließlich der Luftstreitkräfte und Kernwaffen). Im Februar 1989 wurden die MBFR-Verhandlungen in Anbetracht der

auf dem 3. KSZE-Folgetreffen in Wien am 15. Januar 1989 vereinbarten Verhandlungen über konventionelle Streitkräfte in Europa (VKSE; ↑ VKSE-Vertrag) beendet.
MdB: Abk. für Mitglied des ↑ Bundestages.
MdL: Abk. für Mitglied des ↑ Landtages.
Mecklenburg-Vorpommern: Land der BR Deutschland, 23 838 km², 1,96 Mill. Einwohner, 82 E/km². Landeshauptstadt ist Schwerin. M. umfaßt das an der Ostsee gelegene Territorium zwischen Pommern, Brandenburg und Schleswig-Holstein. Nach einer wechselvollen Geschichte bildeten sich im 18. Jahrhundert die beiden Herzogtümer M.-Schwerin und M.-Strelitz heraus, die bis 1918 unverändert als Länder (Staaten) des Deutschen Reiches bestanden und erst 1919/20 eine geschriebene Verfassung erhielten. 1934 wurden sie zum Land Mecklenburg vereinigt. 1945 wurde aus diesem zusammen mit dem westlich der Oder gelegenen Teil Pommerns das Land Mecklenburg-Vorpommern als Teil der Sowjetischen Besatzungszone Deutschlands (seit 1949 DDR) gebildet. 1952 entstanden daraus die DDR-Bezirke Neubrandenburg, Rostock und Schwerin. 1990 wurde das Land durch Zusammenlegung der drei Bezirke wiederhergestellt. Die ersten freien Landtagswahlen vom 14. Oktober 1990 gewann die CDU unter ihrem Spitzenkandidaten und späteren Ministerpräsidenten A. Gomolka mit 38,3 % der Stimmen und bildete mit der FDP eine Koalitionsregierung. Landtag und Regierung arbeiten nach einer im Herbst 1990 beschlossenen vorläufigen Landessatzung; eine Verfassung für M.-V. ist in Vorbereitung.
Die Wirtschaftsstruktur von M.-V. ist hauptsächlich von Landwirtschaft, Lebensmittelindustrie und Fischfang geprägt. 27 % des Ackerbodens und 30 % des Grünlands von Ostdeutschland liegen in Mecklenburg-Vorpommern. 1989 arbeiteten 21,1 % aller Beschäftigten in diesen Bereichen, während der traditionelle Schiffsbau (v. a. in Rostock) sich in einer schweren Krise befindet.
Medien ↑ Massenmedien, ↑ auch neue Medien.
Meeresbergbau ↑ Seerechtskonventionen.

Mehrheit (Majorität): Prinzip zur Herbeiführung von Entscheidungen, an denen eine Mehrzahl von Personen beteiligt ist. Man unterscheidet relative und absolute M. Bei der *relativen M.* genügt es, wenn einer der zur Abstimmung stehenden Vorschläge mehr Stimmen als die anderen erzielt (z. B. Vorschlag A 40 % gegen Vorschläge B und C mit je 30 % aller Stimmen). Bei der *absoluten M.* ist es notwendig, daß ein Vorschlag über 50 % der Stimmen erhält, um angenommen zu werden; weitere Qualifikationen (Zweidrittel-, Dreiviertelmehrheit) sind gebräuchlich, wenn es um besonders wichtige Entscheidungen (z. B. † Verfassungsänderung) geht *(qualifizierte M.).*
Das Mehrheitsprinzip wird damit gerechtfertigt, daß möglichst viele eine Entscheidung tragen sollen und daß es gerechter sei, wenn eine M. der Minderheit ihren Willen aufzwinge als umgekehrt. Westliche Demokratien verfügen zusätzlich über einen besonderen Minderheitenschutz. Im Gegensatz dazu steht das † Einstimmigkeitsprinzip, das besonders im völkerrechtlichen Verkehr zwischen Staaten Anwendung findet, weil der Grundsatz der † Souveränität eine Überstimmung durch andere Staaten nicht zuläßt.

Mehrheitswahl † Wahlen.

Mehrparteiensystem † Parteien.

Mehrwert: Im † Marxismus die Differenz zwischen dem Verkaufserlös einer Ware und den Kosten, die von den Waren unmittelbar produzierenden Arbeitern zur Regeneration ihrer Arbeitskraft aufgewandt werden müssen (Arbeitslohn). Der M. wird u. a. zur Bezahlung nicht unmittelbar produzierender Mitarbeiter (z. B. Büropersonal) und zur Reinvestierung (z. B. Rohstoffkauf, Ersatz und Erweiterung des Maschinenparks) verwendet. Da nach der Arbeitswerttheorie des Marxismus nur produktive Arbeit Werte schafft, wird die Vorenthaltung des M. gegenüber den produzierenden Arbeitern als deren † Ausbeutung aufgefaßt.

Mehrwertsteuer: Im Steuerrecht der Wert, den ein Produkt durch Bearbeitung in einem Unternehmen erhält und der besonders zu versteuern ist.

Meineid ist ein vorsätzlich falscher Schwur vor einem Gericht oder vor einer anderen zur Abnahme von Eiden zuständigen Stelle. – † auch Eid.

Meinungsbildung ist ein Prozeß, der auf der Auseinandersetzung mit Informationen, Tatsachen oder Meinungen beruht. In Kindheit und Jugend wird die M. stark durch Eltern, Freunde, Schule und Medien beeinflußt. Erst die wachsende eigene Erfahrung ermöglicht eine unabhängigere Meinungsbildung. Im demokratischen Rechtsstaat sollten die Bürger aufgrund eigener M. in der Lage sein, zu entscheiden, welche Politik sie für richtig halten und wer sie vertreten soll. Die Möglichkeit freier Meinungsäußerung und die Informationsfreiheit wie sie in Art. 5 GG garantiert werden, sind unabdingbare Voraussetzungen für eine freie Meinungsbildung. – † auch Informationsfreiheit, † Meinungsfreiheit.

Meinungsforschung (Demoskopie): In der M. wird ein relativ kleiner Personenkreis zu den verschiedensten Problemen befragt. Aus den Äußerungen dieser Personen wird dann auf die Meinung der Gesamtbevölkerung zu diesen Fragen geschlossen. Voraussetzung dafür, daß das Meinungsbild der Bevölkerung tatsächlich wiedergegeben werden kann, ist eine repräsentative Stichprobe (*sample*, im allgemeinen bei 1 000–3 000 Personen). Eine solche Stichprobe muß nach Alter, Geschlecht, Beruf, Einkommen, Art des Wohnens u. a. im wesentlichen die gleiche Zusammensetzung wie die Gesamtbevölkerung haben (Quotenverfahren).
Der allgemeine Durchbruch der M. zu Vorhersagezwecken erfolgte in den 1930er Jahren mit der Entwicklung des Quotenauswahlverfahrens und der standardisierten Interviews. Die Auswahl der Personen nach dem *Quotenverfahren* vorzunehmen, ist eine häufig benutzte Methode. Jedem Interviewer werden die wesentlichen Merkmale des zu befragenden Personenkreises und der betreffenden Gemeinde genau vorgeschrieben. Innerhalb dieser Quoten kann der Interviewer die Personen, die er befragen soll, frei auswählen. Befragungsinstrument ist meist ein standardisierter, d. h. für alle Befragungspersonen vergleichbarer Fragebogen, der vor der eigentlichen Umfrage sorgfältig vorbereitet und erprobt wird. Je nach Art des

Befragungsgegenstandes werden unterschiedliche Frageformen benutzt oder auch kombiniert. Heute spielen computergesteuerte telefonische Umfragen eine wichtige Rolle. Es gibt Fragen, bei denen die Antwortmöglichkeiten bereits vorgegeben sind (geschlossene Fragen), sowie sog. offene Fragen, die zu einer eigenen Stellungnahme auffordern können. Meinungsänderungen, die z. B. während der Monate eines Wahlkampfes von Interesse sind, aber auch Änderungen von Kaufgewohnheiten, lassen sich mit der *Paneltechnik* erfassen. Bei dieser Methode werden die gleichen Personen mehrfach in zeitlichen Abständen zum selben Gegenstand befragt.

Bevorzugte Themen der M. sind z. B. die Voraussage von Wahlergebnissen, die Popularität von Politikern und Parteien und die Meinung der Bevölkerung zu bestimmten aktuellen politischen Fragen; auf dem Gebiet der Marktforschung die Beurteilung industrieller Produkte, Reaktionen auf Werbemaßnahmen, Beliebtheit von Markenartikeln, das Feststellen von Marktlücken und anderes.

Je nach Zielsetzung führen kommerzielle Markt- und Meinungsforschungsinstitute, Werbeagenturen, Universitäts- oder firmeneigene Institute solche Befragungen mit Hilfe sorgfältig geschulter Interviewer durch. Auftraggeber für diese Institute sind in der Regel Regierungen, Parteien, Unternehmen und/oder Verbände, die Kenntnisse über das Meinungsbild in der Bevölkerung benötigen, um ihre Interessen besser durchsetzen zu können.

Meinungsfreiheit: Die Meinungs- und ↑ Informationsfreiheit ist durch Art. 5 GG geschützt. Sie umfaßt sowohl die ↑ Meinungsbildung als auch die Äußerung und Verbreitung von Meinungen. Die Freiheit zur Meinungsäußerung verleiht dem einzelnen das Recht, Meinungen, d. h. insbesondere Stellungnahmen, Beurteilungen, Kritiken und Wertungen, aber auch Nachrichten, die bestimmt sind, die Meinungsbildung zu ermöglichen oder zu beeinflussen, zu äußern und zu verbreiten. Die Form der Äußerung, ob in Wort, Schrift, Bild oder auf andere Weise, ist dabei gleichgültig. Die M. findet ihre Schranken in den Vorschriften der allgemeinen Geset-

ze, in Bestimmungen zum Schutze der Jugend und in dem Recht der persönlichen Ehre. Meinungsäußerungen beleidigender oder verleumderischer Art sind strafrechtlich untersagt.

Meistbegünstigung: Verpflichtung eines Landes, alle einem anderen Staat eingeräumten handelspolitischen Vergünstigungen sämtlichen übrigen Handelspartnern, mit denen eine *Meistbegünstigungsklausel* vereinbart wurde, ebenfalls zu gewähren.

Meister: Handwerker, der die Meisterprüfung (Voraussetzung: Gesellenbrief und drei- bis fünfjährige Gesellentätigkeit) bestanden hat; er ist berechtigt, einen Betrieb selbständig zu leiten und Lehrlinge auszubilden. Der Titel M. kann aber auch von Nichtselbständigen geführt werden.

Meldewesen: Das M. dient der Erfassung der Bevölkerung. Die staatlichen und kommunalen Behörden benötigen übersichtliche Register, die über die persönlichen Verhältnisse der gemeldeten Personen zuverlässig Auskunft geben. Der Wohn- und Aufenthaltsort des einzelnen ist für zahlreiche behördliche Maßnahmen und Entscheidungen von erheblicher Bedeutung. Darüber hinaus dienen die in den Meldekarteien enthaltenen Angaben Feststellungs-, Überwachungs-, Fahndungs- und statistischen Zwecken (z. B. für Personalausweise, für die Wahlberechtigung, für Lohnsteuerkarten, für die Ermittlung der Impf-, Schul- und Wehrpflicht).

Das M. ist durch die Meldegesetze der Länder geregelt, die im wesentlichen übereinstimmen. Danach muß, wer eine Wohnung bezieht oder wer aus einer Wohnung auszieht, sich innerhalb einer Woche bei der zuständigen Meldebehörde an- bzw. abmelden. Hierbei sind die vorgeschriebenen Meldescheine zu verwenden. Verstöße gegen die Meldepflicht sind ↑ Ordnungswidrigkeiten, die mit einem Verwarnungsgeld oder mit einer Geldbuße geahndet werden können. Der ↑ Datenschutz soll eine unbefugte Weitergabe gemeldeter Daten verhindern.

Memorandum [von lateinisch memorare »in Erinnerung bringen«] ist eine Denkschrift, ein ausführliches Schriftstück v. a. des diplomatischen Verkehrs zu bestimmten Problemkreisen. Im Gegensatz zur diplomatischen Note ist das M. nicht an feste Formen gebunden.

Menschenbild: Eine von bestimmten Tatsachen und wissenschaftlichen oder weltanschaulichen Annahmen ausgehende Vorstellung vom Menschen, die selbst wiederum grundlegend für ↑ Weltanschauungen, aber auch für wissenschaftliche Konzeptionen der Geschichte und Gesellschaft werden kann. Unterschiede in der Deutung des Geschichtsverlaufs, der Einschätzung der menschlichen und gesellschaftlichen Entwicklung und Möglichkeiten lassen sich vielfach auf unterschiedliche Menschenbilder zurückführen (optimistisches, pessimistisches M., Glaube an ↑ Emanzipation und Selbstverwirklichung oder an die Gebrochenheit der menschlichen Natur u. a.). Große Bedeutung haben in diesem Zusammenhang z. B. die Theorien von Th. Hobbes (1588–1679) über den natürlichen Kriegszustand zwischen Menschen (homo homini lupus) und die Notwendigkeit seiner Unterwerfung unter eine für Ordnung sorgende Herrschaft wie auch Ch. R. Darwins (1809–1882) These vom »Kampf ums Dasein« gewonnen (↑ Sozialdarwinismus). Das christliche M. sieht den Menschen als Geschöpf Gottes und Herrn der Welt (Kulturauftrag) in Verantwortung vor ihm. Es ist von Gottesebenbildlichkeit genauso wie von der Erfahrung des Versagens vor Gott (Sündenfall = natura corrupta) geprägt und setzt seine Hoffnung auf eine transzendente Erlösung. Diesem mehr skeptischen M. traten in der Neuzeit zahlreiche optimistische Menschenbilder, teils im ↑ Humanismus und in der ↑ Aufklärung, teils im Umkreis des ↑ Marxismus entwickelt, gegenüber, die beseelt waren vom Glauben an die Emanzipation des Menschen von jeder ihm entgegenstehenden Autorität. – ↑ auch Anthropologie.

Menschenrechte sind v. a. die ↑ Freiheitsrechte oder Grundfreiheiten (wie das Recht auf Gleichheit, auf Unversehrtheit, auf Eigentum, auf Meinungs- und Glaubensfreiheit, Widerstand gegen Unterdrückung), die vom Staat nicht nach Maßgabe seiner Verfassung verliehen werden, sondern die als ihm vorgegebene überstaatliche Rechte gelten. Das ↑ Grundgesetz bekennt sich in Art. 1 Abs. 2 zu »un-

verletzlichen und unveräußerlichen Menschenrechten als Grundlage jeder menschlichen Gemeinschaft, des Friedens und der Gerechtigkeit in der Welt«.

Staats- und rechtsphilosophisch ist die Entwicklung der M. als dem Menschen von Natur aus zukommenden Grundrechte im Zusammenhang mit der Entwicklung des ↑ Naturrechts zu sehen; sie ist weitgehend identisch mit der Entwicklung der ↑ Grundrechte des Bürgers von der ↑ Magna Charta libertatum von 1215 über die ↑ Habeas-Corpus-Akte von 1679, die Bill of Rights von 1689 bis zur Menschenrechtserklärung (Déclaration des droits de l'homme et du citoyen) der Französischen Revolution von 1789 und zur Menschenrechtsdeklaration der Kommission für Menschenrechte der ↑ UN. Seit dem 19. Jahrhundert ist eine schrittweise Ausdehnung der M. in den sozialen Bereich festzustellen (z. B. die Forderung nach Recht auf Arbeit, auf Bildung, auf soziale Sicherheit).

Neben dem Grundgesetz normieren einzelne Landesverfassungen der BR Deutschland sowie die ↑ Europäische Konvention zum Schutze der Menschenrechte und Grundfreiheiten die Menschenrechte. Zur Wahrung der Europäischen Menschenrechtskonvention bestehen eine europäische Kommission und der ↑ Europäische Gerichtshof für Menschenrechte in Straßburg.

Menschenrechtsbewegung: Sammelbegriff für oppositionelle Kreise im ehemaligen Ostblock, die unter Berufung vor allem auf die Helsinki-Schlußakte der ↑ KSZE-Konferenz die Verwirklichung der elementaren ↑ Menschenrechte in ihrem jeweiligen Land forderten.

Menschenwürde: Der nach Art. 1 Abs. 1 GG als unantastbar erklärte Bereich, der dem Menschen als Person zusteht, der wegen der menschlichen Fähigkeit zu eigenverantwortlicher Selbstbestimmung zu respektieren ist und eine verächtliche Behandlung durch den Staat ausschließt. Art. 1 Abs. 1 GG erklärt: »Sie (die Menschenwürde) zu achten und zu schützen ist Verpflichtung aller staatlichen Gewalt«. Dieser Verfassungsschutz der M. ist unabänderlich und also auch einer Verfassungsänderung entzogen. Dem Staat ist nicht nur selbst verboten, die M. durch erniedrigende, menschenverachtende Maßnahmen (z. B. Folterungen) anzutasten, er muß vielmehr auch Angriffe auf die M. durch Dritte verhindern.

Mentalität [von lateinisch mentalis »geistig vorgestellt«]: Bezeichnung für eine spezifisch ausgeprägte Art der Anschauung, des Denkens und der geistigen Vorstellungen von der Wirklichkeit. In der Soziologie wird insbesondere untersucht, inwieweit die tatsächlichen Lebensverhältnisse der Menschen (Erziehung, wirtschaftliche Lebensbedingungen, Arbeit und Beruf) ihre mit Wertungen und Leitbildern verbundenen Anschauungen und Einstellungen prägen. Mentalitätsmerkmale können größere oder geringere soziale Distanz zwischen Menschen unterschiedlicher sozialer Lage zum Ausdruck bringen. Man verwendet M. daher auch als ein Kriterium zur Abgrenzung sozialer Gruppen und Schichten und spricht von sozialer M., wenn sich bei gesellschaftlichen Schichten oder Klassen oder in bestimmten Gruppen typische und gleichartige Mentalitätsmerkmale feststellen lassen.

Methadon: Synthetisch hergestellte Droge, die seit Ende der 1980er Jahre versuchsweise als Ersatzrauschmittel für Heroin an ausgesuchte Süchtige ausgegeben wird. Kritiker befürchten jedoch, damit Drogenhandel und -konsum im Ergebnis zu fördern.

Metropole [lateinisch-griechisch »Mutterstadt«]: Hauptstadt eines Staates; im weiteren Sinn Bezeichnung für eine Großstadt, die den Mittelpunkt z. B. eines wirtschaftlichen oder kulturellen Geschehens bildet.

Miete: Unter Miete versteht man die Überlassung einer unbeweglichen (Grundstück, Wohnung) oder beweglichen Sache (Auto) gegen Entgelt auf Zeit. Eine gesellschaftspolitisch herausragende Bedeutung besitzt die M. von Wohnraum, da sechs von zehn Haushalten in der BR Deutschland zur M. wohnen. Grundlage hierfür ist das *Mietrecht* des BGB. Ein Mietverhältnis wird in der Regel durch einen schriftlichen *Mietvertrag* begründet, der den Vermieter verpflichtet, die vermietete Sache in einem zum vertragsmäßigen Gebrauch geeigneten Zustand zu überlassen und sie während

der Mietzeit in diesem Zustand zu erhalten. Der Mieter hat das vereinbarte Entgelt, den Mietzins (= Miete), zu zahlen. Der Mieter ist berechtigt, bei Mängeln, die den Wohnwert einer Wohnung beeinträchtigen, einen Teil der zu entrichtenden Miete einzubehalten *(Mietminderung)*, allerdings sind ihm Kleinreparaturen zumutbar. Formularmietverträge enthalten hier, v. a. was Schönheitsreparaturen betrifft, besondere Regelungen. In der Regel verpflichtet sich der Mieter, eine Mietsicherheit (↑ Kaution) zu leisten, die aber die Höhe von drei Monatsmieten nicht überschreiten darf. Die Kaution dient nach Ablauf des Mietverhältnisses auch dazu, Ansprüche des Vermieters auf noch offenstehende Nebenkosten zu sichern. Zur Untervermietung ist ein berechtigtes Interesse oder die Zustimmung des Vermieters nötig. Dieser hat an den eingebrachten Sachen des Mieters ein Vermieterpfandrecht zur Sicherung seiner Mietzinsansprüche. Nach dem Gesetz zur Regelung der Miethöhe ist eine Erhöhung des vereinbarten Mietzinses für Wohnraum nur bis zur Grenze der ortsüblichen Vergleichsmiete zulässig, deren Höhe der Vermieter durch Benennung von mindestens drei Vergleichswohnungen, durch Sachverständigengutachten oder durch Bezugnahme auf Mietwerttabellen dartun muß. Eine Kündigung zum Zwecke der Mieterhöhung ist bei Wohnraum (im Gegensatz zu Gewerbe- und Geschäftsraum) ausgeschlossen. Für den Mieter von Wohnraum besteht allgemein ein effektiver Bestandsschutz vor grundlosen Kündigungen, die nach § 564 b BGB ein berechtigtes Interesse des Vermieters an der Beendigung des Mietverhältnisses voraussetzen (z. B. Eigenbedarf oder nicht unerhebliche Pflichtverletzung des Mieters). Wird ein Wohnhaus veräußert, so tritt der Erwerber in die bestehenden Mietverhältnisse ein.

Seit Mitte der 1980er Jahre gab es in der BR Deutschland einen deutlichen Anstieg der Wohnungsmieten, der auch noch die 1990er Jahre prägen wird. Aufgrund wohnungsbaupolitischer Fehleinschätzungen kam es zu einem Nachlassen der Bautätigkeit, gleichzeitig aber durch die wachsende Zahl selbständiger (Ein-Personen-)Haushalte und der Zuwanderung aus dem

Osten zu einer gesteigerten Nachfrage nach Wohnraum v. a. in den ↑ Ballungsräumen. Angebotsverknappung und steigende Nachfrage führten zu einer starken Erhöhung der M. für Wohnraum. Der Mietindex stieg zwischen 1980 und 1989 um 34,7 %, wovon v. a. sozial schwächere und nicht einkommenstarke Haushalte betroffen waren. Haushalte der unteren Einkommensklasse (bis zu 1200 DM netto monatlich) entrichteten 1988 bereits mehr als 35 % des Monatsbudgets für die Wohnraummiete. Die Mietsteigerungen fielen bei Sozialwohnungen und bei nicht mietpreisgebundenen Altbauwohnungen besonders hoch aus, während sie bei freifinanzierten Neubauwohnungen deutlich niedriger lagen. Verschärft wurde die Situation dadurch, daß mit Beginn der 1990er Jahre ein großer Teil der über den ↑ sozialen Wohnungsbau finanzierten Sozialwohnungen aus der Mietpreisbindung herausfiel und die Bundesregierung sich seit 1986 aus der Förderung des sozialen Mietwohnungsbaus zurückgezogen hatte. Große Probleme zeichnen sich auch hinsichtlich der nach der deutschen Wiedervereinigung nicht mehr haltbaren Niedrigmieten in den fünf ostdeutschen Bundesländern ab. Hier gelten z. Z. noch Sonderbestimmungen, die v. a. den Kündigungsschutz betreffen.

Migration [lateinisch »Wanderung«] bezeichnet die Wanderungsprozesse von Individuen oder Gruppen innerhalb einer Gesellschaft oder zwischen Gesellschaften und ihren verschiedenen geographischen, wirtschaftlichen und kulturellen Lebensbereichen. Folgende Migrationstypen werden unterschieden: 1. Binnen- oder Ein- und Auswanderung, 2. freiwillige oder erzwungene Wanderungen, 3. zeitlich begrenzte oder dauerhafte Wanderungen. Von besonderem Interesse für die Entwicklung und Veränderung der ↑ Sozialstruktur von ↑ Industriegesellschaften sind Wanderungsbewegungen von Arbeitskräften sowie Stadt-Land-Wanderungen. – ↑ auch Einwanderung, ↑ Mobilität.

Mikrozensus: Die sogenannte »kleine« ↑ Volkszählung, bei der nur 1 % der Bevölkerung befragt wird, um eine Repräsentativstatistik der Bevölkerung und des Erwerbslebens zu erhalten.

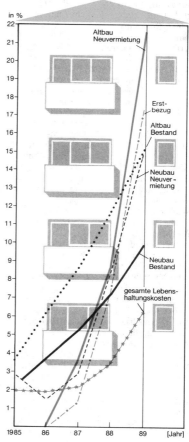

Miete. Die Entwicklung der Mieten in den alten Ländern der BR Deutschland und im Vergleich dazu der Anstieg der gesamten Lebenshaltungskosten. Die Veränderungen sind jeweils in % gegenüber dem Vorjahr angegeben

Milieu: Umwelt, Gesamtheit der sozialen Lebensumstände eines Menschen oder einer Gruppe. Nach der *Milieutheorie* ist der Mensch in erster Linie Produkt seiner Umwelt, der Erziehung und seiner Lernprozesse. Dagegen wird eingewandt, daß bestimmte Faktoren, wie z. B. Intelligenz, in hohem Maße anlagebedingt sind. – ↑ auch Begabung.

Militär [von lateinisch militaris »den Kriegsdienst betreffend«]: Bezeichnung für die bewaffnete Macht eines Staates (z. B. die ↑ Bundeswehr). In der Militärverfassung wird unterschieden zwischen Heeren mit allgemeiner oder beschränkter Wehrpflicht und den *Berufsheeren* (= bestehend aus Soldaten, die freiwillig, auf der Basis eines beruflichen Vertragsverhältnisses Wehrdienst leisten). Das *stehende Heer* ist der im Frieden unter Waffen befindliche Teil des Heeres (der im Mobilmachungsfall durch die Reservisten ergänzt wird). *Milizheere* (↑ Miliz) treten (nach kurzer Ausbildung und Übungen in Friedenszeiten) erst im Kriegsfall unter die Waffen bzw. unterhalten nur einen zahlenmäßig schwachen Kader (deshalb auch *Kaderheere*).

Entsprechend seinem Gesellschaftsbild hat jeder Staat auch ein bestimmtes militärisches Leitbild. In der westlichen Welt wird dieses Leitbild v. a. durch die Demokratisierung der Gesellschaft bestimmt. Auch die zunehmende Technisierung der Armeen und ihre Bürokratisierung haben eine Spezialisierung und Arbeitsteilung zur Folge, die nicht ohne Auswirkung auf das Verhältnis zwischen Vorgesetzten und den ihnen unterstellten Soldaten bleiben kann. Neben das für das Militärwesen unabdingbare Prinzip von Befehl und Gehorsam tritt deshalb zunehmend die Notwendigkeit der Kooperation, wodurch Probleme nicht ausbleiben, die sich v. a. aus Autoritätsanspruch einerseits und technologischem Wissen andererseits ergeben können. Entsprechend sollen in der Ausbildung des Soldaten sein Urteilsvermögen geschult und ihm die Befehle nach Möglichkeit einsehbar gemacht werden; Selbstdisziplin und Gehorsam aus Einsicht sollen an die Stelle von blindem Gehorsam treten.

Im Zusammenhang mit der technischen Entwicklung bietet das M. zunehmend die Möglichkeit, eine Reihe spezialisierter Berufe zu erlernen wie auch im M. selbst seinen Beruf zu finden, wobei die Stellung der Berufssoldaten zunehmend dem Beamtenstatus angenähert wird.

Militärbündnisse sind vertraglich festgelegte Zusammenschlüsse von Staaten, die aus politischen Gesichtspunkten eine Zusammenarbeit auf militärischem Gebiet vereinbart haben (z. B. ↑ NATO, ↑ Warschauer Pakt).

Militärdiktatur: Besondere Form der ↑ Diktatur, bei der die oberste Gewalt durch eine oder mehrere Militärpersonen ausgeübt wird. Die M. basiert auf der Verbindung des Oberbefehls über die Streitkräfte mit einer von gesetzlichen Bindungen weitgehend freigestellten Regierungsgewalt. Den Streitkräften wird die Aufgabe übertragen, die Ordnung aufrechtzuerhalten bzw. wiederherzustellen. M. treten häufig in lateinamerikanischen Staaten und anderen Teilen der ↑ dritten Welt auf.

Militärischer Abschirmdienst (MAD) ↑ Nachrichtendienste.

militärisch-industrieller Komplex: Deutsche Übersetzung des amerikanischen Begriffs »military-industrial complex«, den D. D. Eisenhower erstmals 1961 gebrauchte, als er vor dem »wachsenden und gefahrvollen Einfluß des militärisch-industriellen Potentials« warnte. Der Begriff bezeichnet das Geflecht unkontrollierter und interessengebundener Beziehungen zwischen Militär und Rüstungsindustrie mit der Tendenz, in demokratisch nicht mehr kontrollierbarer Weise Einfluß auf die Gesellschaft und den Staat zu nehmen und diesen Einfluß auszudehnen.

Militarismus: Betonung der militärischen Belange in der Politik, insbesondere Übertragung militärischer Wertvorstellungen, Denk- und Verhaltensweisen auf nichtmilitärische Lebensbereiche. M. wurde nach 1860 v. a. von liberalen Kreisen und von der Sozialdemokratie zur schlagwortartigen Kennzeichnung des Übergewichts des Militärischen im preußisch-deutschen Staat verwandt. Kennzeichnend für den M. sind eine übermäßig positive Bewertung des Krieges, der sozialdarwinistische Vorstellungen zugrunde liegen, die Vorrangigkeit der Rüstungs- und Verteidigungspolitik gegenüber anderen Bereichen staatlicher Politik, die bevorzugte Stellung der Angehörigen des Militärs in Staat und Gesellschaft, die Übertragung hierarchischer, militärischer Strukturen und der Grundsätze von Befehl und Gehorsam auf zivile Bereiche bis hin zur Erziehung der Kinder und Jugendlichen in militärischem Geist.

Miliz: Bezeichnung für nicht ständige Streitkräfte, die im Kriegsfall das stehende Heer unterstützen. Es handelt sich hierbei um eine spezifische Ausprägung des Gedankens der allgemeinen Wehrpflicht mit nur einem geringen Teil von Berufssoldaten. Der Wehrdienst ist zeitlich aufgeteilt in Grundausbildung und in mehrere, auf eine Reihe von Jahren verteilte Ausbildungsabschnitte. Die M. unterhält im Frieden nur schwache ständige Kader, tritt zu Übungen zusammen und wird erst im Kriegsfall aufgefüllt. In der Schweiz besteht eine Wehrpflichtmiliz, der wehrdienstfähige Bürger nach ihrem aktiven Dienst weiter angehören; in Großbritannien dagegen ergänzt eine freiwillige M. das Berufsheer.

Minderheiten sind Bevölkerungsgruppen, die sich von der Mehrheit durch bestimmte Merkmale wie Rasse, Religion, Zugehörigkeit zu einem anderen Volk, Moral, sozialer Funktion u. a. unterscheiden und deshalb von der Mehrheit diskriminiert werden. Diese zumeist auf sozialen Vorurteilen basierende ↑ Diskriminierung ist gekennzeichnet durch die Neigung zu stereotypisiertem, oft mit Feindseligkeit verbundenem Denken (z. B. »Gastarbeiter sind dreckig«, »Zigeuner stehlen« u. a.) und kann bis zur systematischen Ausrottung einer Minderheit führen (z. B. der Juden im nationalsozialistischen Deutschland). Diskriminierung von M. führt sowohl zu verstärkter Integration und sozialer Kontrolle innerhalb der M. als auch zu sozialer Desintegration in der Gesamtgesellschaft (↑ Randgruppen). Maßstab für die Etikettierung anderer Gruppen als M. sind die in der Eigengruppe herrschenden Normen, Regeln, Wertvorstellungen und Verhaltensweisen, die als gesamtgesellschaftlich geltend interpretiert werden. Die Problematik der M. ist unterschiedlich: So kann es einmal zu Reibungen und Konflikten kommen, weil die Eigenständigkeit von M. bedroht ist und eine Verschmelzung mit der Mehrheit nicht gewünscht wird (z. B. in Gebieten mit ethnischen, sprachlichen und religiösen M.), zum anderen wird die Gleichbe-

rechtigung von M. mit der herrschenden Mehrheit gefordert (z. B. der Farbigen in den USA). In demokratischen Staaten werden M. durch die in der Verfassung verankerten ↑ Menschenrechte besonders geschützt, doch konnte bisher keine weltweite Übereinkunft zum Schutz der Minderheiten geschaffen werden.

Minderheitsregierung ist eine Regierung, die nur von einer Minderheit von Abgeordneten unterstützt wird und daher Schwierigkeiten hat, im Parlament für ihre Gesetzesvorlagen eine Mehrheit zu finden. Da Minderheitsregierungen kaum regierungsfähig sind, ist meist die Möglichkeit ihres Sturzes (↑ Mißtrauensvotum) oder Parlamentsauflösung mit Neuwahlen vorgesehen. Minderheitsregierungen können unter Umständen auch das Recht haben, Notgesetze ohne Rücksicht auf das Parlament zu erlassen (↑ Gesetzgebungsnotstand).

Minderjährigkeit bezeichnet die Altersstufe der Kinder und Jugendlichen, die vor der ↑ Volljährigkeit (heute ab 18 Jahre) liegt und in der z. B. die ↑ Geschäftsfähigkeit und ↑ Strafmündigkeit noch eingeschränkt sind. Mit zunehmendem Lebensalter wachsen die Befugnisse, aber auch die Pflichten eines Minderjährigen.

Mindestreserven: ↑ Sichteinlagen, die von den Geschäftsbanken bei der ↑ Zentralbank aufgrund des Bundesbankgesetzes zu halten sind. Die ↑ Deutsche Bundesbank legt durch Beschluß des ↑ Zentralbankrats fest, welcher Vom-Hundert-Satz der Verbindlichkeiten aus Sicht-, Termin- und Spareinlagen sowie anderer kurz- und mittelfristiger Verbindlichkeiten gegenüber Nichtbanken von den Geschäftsbanken als M. zu halten sind. Eine Erhöhung der Mindestreservesätze bezweckt, meist in Verbindung mit weiteren Maßnahmen der ↑ Geld- und Kreditpolitik, die Geldschöpfung durch die Geschäftsbanken (↑ Geld) einzuschränken und damit die im Umlauf befindliche Geldmenge zu verringern.

Mineralölsteuer ↑ Steuern.

Minister [lateinisch »Diener (des Staates)«]: Bezeichnung für die Mitglieder einer ↑ Regierung. Neben Ministern mit einem bestimmten Geschäftsbereich (↑ Ressort, ↑ Ministerium) gibt es zuweilen auch andere (»ohne Portefeuille«), die nur an der Beratung der Regierung teilnehmen, sowie M. für Sonderaufgaben. Während M. früher aus fachlichen Gründen v. a. der Beamtenschaft entnommen wurden, kommen heute in parlamentarischen Systemen unter dem Gesichtspunkt ihrer politischen Leitungsbefugnis und Verantwortlichkeit die Minister meistens aus dem Parlament.

Ministeranklage: Möglichkeit, ↑ Minister wegen Verfassungsverletzungen gerichtlich belangen zu können. Das Recht zur M. steht meist Parlamenten zu. Das ↑ Grundgesetz der BR Deutschland kennt keine Anklage des Bundeskanzlers oder eines Bundesministers. Dagegen sehen die Verfassungen einzelner Länder die M. bei unterschiedlichen Voraussetzungen vor.

Ministerium: Dem Geschäftsbereich eines ↑ Ministers zugeordnete oberste Staatsbehörde (z. B. Justizministerium). Ministerien sind gegliedert in Abteilungen, eventuell auch Unterabteilungen, und Referate. Sie wirken an der Regierung z. B. durch Aufstellung von Plänen und den Entwurf von Gesetzen mit und leiten die ihnen untergeordnete Verwaltung (z. B. das Kultusministerium: das ↑ Oberschulamt und die ↑ Schulen). An ihrer Spitze steht unter dem politisch verantwortlichen Minister als Verwaltungschef ein ↑ Staatssekretär.

Ministerpräsident: Bezeichnung für den Regierungschef; in der BR Deutschland häufig Bezeichnung für den Leiter einer Landesregierung.

Ministerpräsidentenkonferenz (MPK) nennt man das institutionalisierte Gremium des ↑ kooperativen Föderalismus, in dem sich die Regierungschefs der deutschen Bundesländer zu einer Jahreskonferenz sowie zu Arbeitsbesprechungen treffen. Vorsitz und organisatorische Vorbereitung der MPK wechseln jährlich, wobei die Vorbereitung den Chefs der Staatskanzleien, Kommissionen und Arbeitskreisen sowie auf besonderen Auftrag den Fachministern der Länder obliegt. In der MPK werden gemeinsame Interessen und Aufgaben der Bundesländer erörtert sowie Verhandlungspositionen gegenüber dem Bund festgelegt. Sachbeschlüsse der MPK bedürfen der Einstimmigkeit und der jeweiligen landesrechtlichen Umsetzung.

Ministerrat: In verschiedenen Staaten Bezeichnung für die Regierung (z. B. in Frankreich). – ↑ auch Europäische Gemeinschaft.

Ministerverantwortlichkeit ist die (politische) Verantwortung, die ein ↑ Minister für seine Amtsführung und die der ihm unterstellten Bediensteten gegenüber Staatsoberhaupt und Regierungschef, in ↑ parlamentarischen Regierungssystemen auch gegenüber dem Parlament trägt. Minister haben hier auf Aufforderung im Parlament zu erscheinen und Rede und Antwort zu stehen. Mittel, die M. geltend zu machen, sind das ↑ Mißtrauensvotum und die Entlassung des Ministers.

Mißtrauensvotum: Ausdrückliche Erklärung der Parlamentsmehrheit, daß sie einer Regierung oder einem Regierungsmitglied das Vertrauen entzieht. Nach den Regeln des ↑ parlamentarischen Regierungssystems führt das M. zum Rücktritt der Betroffenen. – ↑ auch konstruktives Mißtrauensvotum.

Mitbestimmung: Bezeichnung für die Beteiligung der Arbeitnehmer an Entscheidungen und Planungen in Unternehmen. Sie kann über den ↑ Betriebsrat erfolgen (sog. arbeitsrechtliche M.; ↑ Betriebsverfassungsgesetz) oder durch gewählte Vertreter im ↑ Aufsichtsrat. Ziel der M. im Unternehmen ist die institutionelle Absicherung der Interessen der Arbeitnehmer – des »Faktors Arbeit« – bei der herkömmlich von den Anteilseignern – dem Faktor »Kapital« – bestimmten Unternehmenspolitik. Ihre Notwendigkeit wird im wesentlichen mit der »Gleichberechtigung von Kapital und Arbeit« und mit ihrer Bedeutung für den sozialen Frieden begründet. Die (unternehmerische) M. kann *paritätisch* (gleichgewichtig) oder *unterparitätisch* (Übergewicht der Anteilseigner) sein; maßgebend hierfür ist in erster Linie das Zahlenverhältnis im Aufsichtsrat zwischen den Vertretern der Anteilseigner und der Arbeitnehmer.

Es gibt heute drei gesetzliche (unternehmerische) Mitbestimmungsregelungen: 1. Eine unterparitätische M. sieht das *Betriebsverfassungsgesetz 1952* (geändert 1972) vor. In allen ↑ Aktiengesellschaften und ↑ Kommanditgesellschaften auf Aktien sowie in einer ↑ GmbH, die mehr als 500 Arbeitnehmer beschäftigen, mit Ausnahme der Familiengesellschaften mit weniger als 500 Arbeitnehmern, muß, soweit nicht eine weitergehende Mitbestimmungsregelung eingreift, ein *Drittel* der Aufsichtsratsmitglieder von den Arbeitnehmern entsandt sein. 2. Für bestimmte Unternehmen (u. a. AG, GmbH) des Montanbereichs (Bergbau sowie stahl- und eisenerzeugende Industrie) mit mehr als 1 000 Arbeitnehmern schreibt das *Montanmitbestimmungsgesetz 1951* eine als paritätisch zu bezeichnende Zusammensetzung des Aufsichtsrats aus der gleichen Anzahl von Vertretern der Anteilseigner und der Arbeitnehmer zuzüglich eines neutralen Mitglieds vor; darüber hinaus sind die Arbeitnehmer durch einen vorwiegend für soziale Fragen zuständigen ↑ Arbeitsdirektor im Vorstand vertreten. 3. Das *Mitbestimmungsgesetz 1976* gilt für ↑ Kapitalgesellschaften (u. a. AG, GmbH, Genossenschaften), die mehr als 2 000 Arbeitnehmer beschäftigen, soweit sie nicht der Montanmitbestimmung unterliegen. Danach besteht der Aufsichtsrat aus der gleichen Anzahl von Vertretern der Anteilseigner und der Arbeitnehmer; ein Vorstandsmitglied ist Arbeitsdirektor. Ob die Regelung paritätisch ist, erscheint zweifelhaft, weil der – mit Zweidrittelmehrheit gewählte – Aufsichtsratsvorsitzende nach zweimaliger Stimmengleichheit eine Zweitstimme hat. Von der Geltung des Mitbestimmungsgesetzes ausdrücklich ausgenommen sind die sog. ↑ Tendenzbetriebe.

Mitläufer: Begriff aus dem Bereich der Entnazifizierung, wo zwischen Hauptschuldigen, Belasteten, Minderbelasteten, Mitläufern und Entlasteten unterschieden wurde. Allgemein wird der Begriff gebraucht für jemanden, der sich einer politischen Auffassung anschließt, ohne selbst für sie aktiv zu werden.

mittelfristige Finanzplanung ist der Versuch, die staatliche Haushaltswirtschaft auf absehbare Zeit vorauszuplanen und den Einsatz staatlicher Mittel besser zu lenken. Eine fünfjährige m. F. ist in der BR Deutschland durch das ↑ Stabilitätsgesetz vorgeschrieben. Sie wird von den Finanzministerien aufgestellt und von den Regierungen beschlossen. Die Parlamente

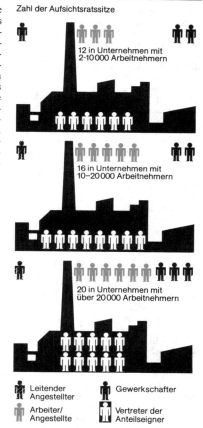

Zahl der Aufsichtsratssitze

12 in Unternehmen mit 2-10 000 Arbeitnehmern

16 in Unternehmen mit 10–20 000 Arbeitnehmern

20 in Unternehmen mit über 20 000 Arbeitnehmern

Leitender Angestellter

Arbeiter/ Angestellte

Gewerkschafter

Vertreter der Anteilseigner

Mitbestimmung. Mitbestimmter Aufsichtsrat nach dem Mitbestimmungsgesetz

werden davon unterrichtet. Die m. F. ist jedes Jahr den veränderten Umständen anzupassen. Durch sie soll die – meist jährlich erfolgende – Aufstellung des ↑ Haushaltsplans rationalisiert, v. a. die Verteilung der Investitionsmittel auf die einzelnen Bereiche (Ministerien) verbessert werden. Zur Koordination der Finanzplanung von Bund, Ländern und Gemeinden besteht seit 1968 in der BR Deutschland ein ↑ Finanzplanungsrat, dem der Bundesfinanzminister und die Finanzminister der Länder, vier Vertreter der Gemeinden und Gemeindeverbände sowie die ↑ Deutsche Bundesbank mit beratender Stimme angehören. – ↑ auch Haushaltspolitik.

Mittelschicht ↑ Schichtung.

Mittelstand: Bezeichnung für diejenigen Bevölkerungsgruppen einer Gesellschaft, die aufgrund ihrer sozialen Lage (Einkommen, Vermögen, berufliche Selbständigkeit) und ihrer subjektiven Einstellungen, Wertvorstellungen und ihres gesellschaftlichen Bewußtseins zwischen den oberen und unteren sozialen ↑ Klassen bzw. Schichten stehen. Wegen dieser Zwischenstellung ist dem M. immer wieder eine die gesellschaftlichen Spannungen mindernde, den ↑ Klassenkampf ausgleichende, staatstragende Bedeutung zugeschrieben worden. In den westlichen ↑ Industriegesellschaften unterscheidet man zwischen dem *alten M.* der Bauern, Handwerker, Kaufleute und freien Berufe und dem *neuen M.* der Beamten und Angestellten. Aufgrund der vielfältigen Differenzierungen innerhalb des M. in den modernen Industriegesellschaften sind Begriff und Bedeutung des M. fragwürdig neuerdings aber auch wieder gebräuchlicher geworden (»mittelständische Wirtschaft«). – ↑ auch Schichtung.

Mobilität [von lateinisch mobilitas »Beweglichkeit«]: Räumlich-regionale (z. B. Binnen-, Ein- und Auswanderungen) und soziale Bewegungsvorgänge von Personen, Personengruppen, Schichten oder Klassen einer Gesellschaft. Hohe M. ist ein Kennzeichen der modernen Industriegesellschaften, in denen aufgrund technologischer Entwicklungen insbesondere die beruflichen und damit verbunden ein auch die sozialen Positionen großer Bevölkerungsgruppen sich (freiwillig oder erzwungen) verändern (berufliche M.). Dabei unterscheidet man zwischen *horizontaler M.,* d. h. zwischen Positionswechseln, die keine Änderung des sozialen ↑ Status einschließen, und *vertikaler M.,* d. h. Positionswechseln, die mit sozialem Auf- oder Abstieg verbunden sind.

Die soziologischen Untersuchungen von Häufigkeit und Ausmaß sozialer M. erlauben Aussagen über den Grad der Offenheit oder Geschlossenheit von Gesellschaf-

ten. Es kann abgelesen werden, ob Chancengleichheit verwirklicht wird oder ob Mobilitätsschranken bestehen (z. B. für Kinder aus den unteren sozialen Schichten). Dabei interessieren die Veränderungen, die aufgrund sozialer M. im individuellen Lebenslauf (Berufskarriere, Berufswechsel) oder bei Gruppen der gleichen Generation beobachtet werden *(intragenerative M.),* wie auch Bewegungen von Gesellschaftsmitgliedern einer bestimmten Schicht über mehrere Generationen (Großvater, Vater, Sohn) hinweg *(intergenerative M.).* Daneben werden sowohl subjektive Gründe für soziale M. wie auch Auswirkungen auf Individuen, Personengruppen (Statusgruppen) und die Gesamtgesellschaft analysiert.

In der BR Deutschland ist zu beobachten, daß – abgesehen von der vertikalen M. – die persönliche Bereitschaft zur M. oft gering ist (z. B. sind Arbeitslose zum Teil nicht bereit, Arbeit in einer anderen Region anzunehmen, Studenten nicht oft willens, an Auslandsuniversitäten zu studieren).

Mobilmachung ist im engeren Sinne die Überführung der Streitkräfte, im weiteren Sinne auch der gesamten Staatsverwaltung und Volkswirtschaft aus dem Friedenszustand in die Kriegsbereitschaft.

Modell: Muster, Entwurf, Vorbild; auch vereinfachte Darstellung eines komplexen Gegenstandes (z. B. in den Sozialwissenschaften), um dessen wesentliche Elemente und deren Zusammenhänge besser analysieren und ↑ Hypothesen über bestimmte Abläufe in der Wirklichkeit aufstellen zu können.

Modernisierungstheorie: Sammelbezeichnung für Ansätze zur Beschreibung und Erklärung der gesellschaftlichen und politischen Entwicklung in den Staaten, die v. a. nach dem 2. Weltkrieg unabhängig wurden und größtenteils zur Kategorie der ↑ Entwicklungsländer gehören. Ausgehend von einer Unterscheidung entwickelter (moderner) westlicher und noch nicht entwickelter traditioneller Gesellschaften wurde die Modernisierung als ein universell ablaufender Prozeß gedacht, der einerseits eine schrittweise Zerstörung der Grundstrukturen traditioneller Gesellschaften, andererseits einen kontinuierlichen Aufbau effizienter staatlicher und gesellschaftlicher Strukturen mit sich bringen sollte (↑ Evolution). Die Leistungs- und Anpassungsfähigkeit der älteren politischen Systeme sollte dadurch auf das Niveau moderner Staaten angehoben werden. Modernisierung wurde an vielfältigen Faktoren wie *Mobilisierung,* (Massen-)*Kommunikation, Partizipation, Wirtschaftswachstum, Industrialisierung,* (nationaler) *Integration, Differenzierung* u. ä. gemessen.

Eine spezifische Variante der M. befaßte sich mit dem sog. *political development,* der Entwicklung hin zu modernen politischen Systemen nach westlichem Vorbild. Ein für die M. bedeutsames Kriterium war der am europäischen Vorbild ausgerichtete Aufbau eines modernen ↑ Nationalstaats *(nation-building),* der sich aber in den teilweise stark heterogenen und fragmentierten Gesellschaften der Entwicklungsländer nicht verwirklichen ließ.

Die M. wurde seit den 1970er Jahren zunehmend kritisiert, weil sie ihre Kriterien ausschließlich westlichen Staaten entnommen hatte und von einer automatischen Entwicklung rückständiger Gesellschaften ausgegangen war, die es aber aufgrund der individuellen Ausgangslage und Entwicklungsverläufe der Entwicklungsländer nicht gibt. Gegen wesentliche Annahmen der M. richteten sich die Erklärungsansätze der ↑ Dependencia.

Modus vivendi [lateinisch »Art zu leben«]: Form eines erträglichen Zusammenlebens zweier oder mehrerer Parteien; im ↑ Völkerrecht eine vorläufige Einigung zwischen ↑ Völkerrechtssubjekten in einer Frage, die später durch eine endgültige Abmachung gelöst werden soll.

Monarchie [griechisch »Einherrschaft«]: Lange Zeit übliche Form der politischen Herrschaft in Europa (↑ Staat). Die M. beruht ursprünglich auf der Vorstellung von einer besonderen Befähigung bestimmter Personen zur Leitung des Staates (Charisma, Gottesgnadentum). Diese Vorstellung knüpfte entweder an die hervorragende Stellung eines adligen Geschlechtes an (Dynastie, Erbmonarchie) oder an die Leistungen der zur Herrschaft auserkorenen Person selbst (Wahlmonarchie). Im Gegensatz zur Despotie, Tyrannis oder ↑ Dik-

tatur ist die M. keine vom Recht gelöste Willkürherrschaft. Auch der absolute Monarch (↑ Absolutismus) hatte bei der Gesetzgebung allgemeine Rechtsüberzeugungen (↑ Naturrecht) und die darauf gründenden wohlerworbenen Rechte seiner Untertanen zu beachten. In der Ständemonarchie unterlag der Monarch in vielfacher Hinsicht, besonders bei der Auferlegung neuer Steuern, der Zustimmung der Stände (Adel, Geistlichkeit, Bürgertum, zuweilen auch Bauernschaft). In der *konstitutionellen* M. wurde er von der Verfassung (Konstitution) an die Mitsprache des ↑ Parlaments – v. a. bei der Gesetzgebung und der Verfügung über die staatlichen Finanzen – gebunden. In der *parlamentarischen* M. verlor der Monarch sogar das Recht, die Mitglieder seiner Regierung selbst zu bestimmen.

Gegenwärtig erfüllen Monarchen meist nur noch symbolische Funktionen. Sie repräsentieren den Staat nach außen und wirken als neutrales ↑ Staatsoberhaupt ausgleichend nach innen – im Gegensatz zu den unterschiedlichen, die Politik bestimmenden Parteiinteressen. Daß die M. auch in dieser Form heute überholt sei, läßt sich nicht ohne weiteres behaupten. Trotz aller Versachlichung der Politik gibt es nach wie vor Neigungen zu einer persönlichkeitsbestimmten Staatsleitung.

Monetarismus: Bezeichnung für die v. a. durch den amerikanischen Wirtschaftswissenschaftler M. Friedman seit den 1950er Jahren entwickelte Auffassung, derzufolge ein stetiges Wirtschaftswachstum bei stabilem Geldwert allein dadurch erreicht werden kann, daß das Geldangebot entsprechend der wachsenden Güterproduktion konstant ausgedehnt wird. Der M. wirkt sich praktisch durch Geldmengenbeschränkung bei der Inflationsbekämpfung aus, um auf diese Weise Geldmenge und Güterangebot im Gleichgewicht zu halten. Dabei wird auf die in dem Zusammenhang entstehenden Probleme der Arbeitslosigkeit kaum Rücksicht genommen.

Im Gegensatz zum ↑ Keynesianismus, der die Probleme der Arbeitslosigkeit und Inflation nicht meisterte, verzichtet der M. auf einen Eingriff in das Wirtschaftsgeschehen zum Zweck der Konjunktursteuerung durch staatliche Haushaltspolitik. Es wird vielmehr eine Reduzierung der staatlichen Ausgaben und staatlicher Regulierung der Wirtschaft (Deregulation) angestrebt, um die Wachstumskräfte des Marktes besser zur Entfaltung bringen zu können. Das führte in den USA und Großbritannien zu einer erheblichen Kürzung der staatlichen Subventionen und Sozialausgaben. Mit Hilfe von Steuersenkungen sollen die Gewinne von Unternehmen erhöht und damit die Investitionstätigkeit verbessert werden; zugleich sollen dadurch die Kaufkraft der Bürger und die Wirtschaftsentwicklung angekurbelt werden. Teilweise konnte der M. Erfolge aufweisen; er wurde aber v. a. wegen der Kürzung der Sozialprogramme kritisiert. Die Praxis weist erhebliche Unterschiede zur Theorie auf. In den USA führte sie zu einer bedeutenden Erhöhung der Staatsverschuldung v. a. durch steigende Rüstungsausgaben. In der BR Deutschland ließ die Steuerpolitik bis 1991 monetaristische Konzeptionen erkennen, während es zu einem nennenswerten Subventionsabbau bisher nicht gekommen ist.

Monogamie [griechisch »Einehe«]: Eheliches Zusammenleben eines Mannes mit einer Frau (im Gegensatz dazu: ↑ Polygamie); in unserem Kulturkreis die häufigste Form der Lebensgemeinschaft und Grundlage der ↑ Familie. – ↑ auch Ehe.

Monopol [von griechisch monopólion »(Recht auf) Alleinverkauf«]: Die den ↑ Wettbewerb ausschließende Machtstellung eines Anbieters (Angebotsmonopol) oder Nachfragers (Nachfragemonopol). Im Gegensatz zum ↑ Oligopol kann der Monopolist uneingeschränkte Preispolitik betreiben, da er keine Konkurrenten zu berücksichtigen braucht. Die Existenz von Monopolen beeinträchtigt somit die auf dem Wettbewerbsprinzip beruhende marktwirtschaftliche Ordnung; staatliche Maßnahmen (↑ Wettbewerbsrecht) sollen deshalb das Entstehen von Monopolen verhindern. Die Ausschaltung privatwirtschaftlicher Konkurrenz kann allerdings manchmal erwünscht sein und zur bewußten Schaffung von Monopolen führen (z. B. das staatliche Zündwarenmonopol oder etwa das Branntweinmonopol). – ↑ auch Kartell.

Montanunion ↑ Europäische Gemeinschaft.

Moral: Inbegriff der dem Handeln in einer Gesellschaft oder einer bestimmten ↑ Schicht oder Gruppe zugrundeliegenden sittlichen ↑ Normen. Als moralisch wird häufig auch eine Verhaltensweise bezeichnet, die geltende Normen nicht nur äußerlich befolgt oder zu einem der Norm fremden Zweck (z. B. um Anerkennung oder Belohnung zu erhalten), sondern aus innerer Überzeugung und Achtung vor dem Normgebot selbst. – ↑ auch politische Moral.

Motivation [von lateinisch motivum »Beweggrund, Antrieb«]: Allgemeiner Begriff für alle das Verhalten eines Individuums beeinflussenden Faktoren, die Ursache für bestimmte Handlungen und Verhaltensweisen sind und auf deren Richtung und Intensität sie hemmend oder fördernd wirken. Jede M. hat einen dynamischen Aspekt, der in dieser Antriebs- und Richtungsfunktion zum Ausdruck kommt. M. umfaßt auch Vorgänge und Zustände, die als Affekt, Antrieb, Bedürfnis, Drang, Gefühle oder Interessen bezeichnet werden. Diese Vorgänge können bewußt oder unbewußt sein. Man unterscheidet zwischen M. z. B. durch Belohnung oder Strafe und M. z. B. durch Interesse an einer Sache oder Neugier.

Müll ↑ Abfallentsorgung.

multilateral [lateinisch »vielseitig«] nennt man (im Gegensatz zu ↑ bilateral) alle Beziehungen (z. B. Verhandlungen, Verträge) zwischen mehr als zwei Partnern.

multinationale Unternehmen: Unternehmen, die in mehr als zwei Staaten wirtschaftlich tätig sind, meist weltweit arbeitende ↑ Konzerne. Diese treffen Entscheidungen über die Standortwahl ihres Unternehmens sowie geschäftspolitische Entscheidungen unter Berücksichtigung der nationalen Rechts- und Wirtschaftsordnungen und der Stabilität der politischen und wirtschaftlichen Verhältnisse in einem Staate jeweils so, daß die Unternehmensziele möglichst optimal verwirklicht werden können. Die Kritik an der Geschäftspolitik der m. U. richtet sich insbesondere gegen die Ausnutzung des internationalen Lohngefälles, um das nationale Lohniveau zu drücken, gegen die Verschaffung von Wettbewerbsvorteilen, die durch die jeweilige nationale Wettbewerbspolitik verhindert werden sollen, gegen die Steuerflucht durch manipulierte interne Verrechnungspreise, die die Gewinne dort entstehen lassen, wo sie am wenigsten Steuern verursachen, gegen die Gefährdung von Währungen und Zahlungsbilanzen durch den spekulativen Einsatz großer beweglicher Massen flüssigen Kapitals und gegen die Undurchsichtigkeit der Konzerne, die keine nationale Rechtsordnung allein beseitigen kann.

Multiplikator [von lateinisch multiplicare »vervielfältigen«]: Im übertragenen Sinn eine Person (z. B. Lehrer) oder Institution (z. B. Rundfunk), die durch ihren Einfluß auf zahlreiche andere Personen Informationen und Meinungen vermittelt und verbreitet.

Musterung: Medizinische Untersuchung zur Feststellung der Wehrfähigkeit der wehrpflichtigen Bevölkerung; die M. obliegt den Kreiswehrersatzämtern.

Mutterrecht: Frühgeschichtliche Familienform, derzufolge das Erbrecht der mütterlichen Linie folgt; vererbt wird von der Mutter auf ihre Kinder. Eine besondere Autorität genießt im M. der älteste Bruder der Mutter. Mutterrechtliche Organisationsformen finden sich noch heute unter den Naturvölkern, wo primitiver Ackerbau v. a. von den Frauen betrieben wird. Meist gehen damit eine freiere Stellung der Frau, sexuelle Freizügigkeit und ↑ Polygamie bzw. eine geringe Bedeutung der ↑ Monogamie einher.

Mutterschutz: Zusammenfassende Bezeichnung für alle gesetzlich vorgesehenen Maßnahmen zum Schutze der erwerbstätigen werdenden und stillenden Mütter. Das Mutterschutzgesetz vom 16. April 1968 verpflichtet den Arbeitgeber, Arbeitsplätze und -zeiten so einzurichten, daß die Gesundheit von Mutter und Kind keinen Schaden erleidet. Arbeitende Frauen genießen eine Schutzfrist von sechs Wochen vor bis acht Wochen nach der Geburt. In dieser Zeit haben sie Anspruch auf die Weiterzahlung des Lohnes wie auf die Zahlung eines *Mutterschaftsgeldes* und ärztliche Betreuung durch die Krankenkasse. Für die Zeiten nach der Geburt gibt es ↑ Erziehungsurlaub. – ↑ auch Babyjahr.

N

Nachbarschaft: Räumliche (Wohn-) Nähe, die in besonderer Weise die sozialen Beziehungen der Menschen bestimmt. N. wirkte in früheren Zeiten gemeinschaftsbildend (Hilfeleistungen u. a.), im Gegensatz zur gegenwärtigen Situation der Vereinsamung (↑ Isolation) und ↑ Anonymität des Menschen in Großstädten und »Wohnsilos«. N. kann aber auch zu problematischen Auswüchsen der sozialen Kontrolle und des sozialen Drucks führen. Die moderne Stadtplanung ist häufig bestrebt, nachbarschaftliche Beziehungen durch entsprechende bauliche Maßnahmen wie z. B. Wohnfeldverbesserungen, neue Wohnformen, Integration von Arbeit, Wohnen, Erholung wieder künstlich zu stiften.

Nachfrage entsteht, wenn ein menschliches Bedürfnis nach Gütern oder Dienstleistungen und ↑ Kaufkraft vorhanden ist. Als Nachfrager treten private Verbraucher, Unternehmen, die ↑ öffentliche Hand und das Ausland auf. Die N. wird von vielen Faktoren beeinflußt, z. B. durch die Höhe der Einkommen, durch Fallen oder Steigen der ↑ Preise, durch Lebensgewohnheiten und Mode. So verlagert sich z. B. bei steigendem Wohlstand die N. stärker auf Kultur- und Luxusgüter. Einfluß auf die N. kann mit staatlichen Mitteln, z. B. durch Zölle oder Steuern, ausgeübt werden. Daneben wird von seiten der Wirtschaft auch durch Bedarfsweckung und -lenkung versucht, die N. zu kanalisieren.

Nachlaß wird im ↑ Erbrecht die Erbschaft genannt, d. h. das Vermögen und die Verbindlichkeiten (Schulden) des Erblassers, die nach dem Tode des Erblassers auf den Erben bzw. auf eine Erbengemeinschaft übergehen. Als Nachlaßsachen werden alle erbrechtlichen Angelegenheiten bezeichnet, deren Erledigung durch Gesetz dem Nachlaßgericht als Aufgabe der ↑ freiwilligen Gerichtsbarkeit übertragen sind. *Nachlaßgericht* ist das für den Erblasser örtlich zuständige Amtsgericht.

Nachrichtenagenturen sind Büros, die auf schnellstem Weg Nachrichten zentral sammeln, sichten und festen Beziehern, v. a. Zeitungs-, Hörfunk- und Fernsehredaktionen, weiterliefern. Die N. bieten gegen feste Gebühren oder Beteiligung (Genossenschaftsprinzip) Text-, Bild- und Hintergrundmaterial an. Die wichtigsten N. sind *Associated Press (AP)* USA; *United Press International (UPI),* USA; *Reuters Ltd.,* Großbritannien und *Agence France-Presse (AFP),* Frankreich, in der BR Deutschland die *Deutsche Presseagentur GmbH (dpa),* in der ehemaligen UdSSR *TASS (Telegrafnoje Agenstwo Sowjetskowo Sojusa)* und in China die Agentur *Xinhua.* Auch die Kirchen haben eigene Nachrichtenagenturen. In den Ländern der dritten Welt ist eine deutliche Tendenz erkennbar, die Nachrichtenagenturen als staatliche Institution zu betreiben.

Nachrichtendienste sind − im Unterschied zu ↑ Nachrichtenagenturen − staatliche Stellen, die neben offenen v. a. auch geheime Informationen militärischer, politischer, wirtschaftlicher und wissenschaftlicher Natur sammeln, auswerten und zur Unterrichtung staatlicher Stellen bereit halten. In der BR Deutschland sind die Aufgaben der N. − zur Vermeidung der mit einem zentralen Nachrichtendienst verbundenen Gefahren − auf drei Einrichtungen verteilt: die Ämter für Verfassungsschutz, den Bundesnachrichtendienst (BND) und den Militärischen Abschirmdienst (MAD).

Das 1950 errichtete *Bundesamt für Verfassungsschutz* − mit Sitz in Köln − sammelt und würdigt zusammen mit den *Verfassungsschutzämtern der Länder* Nachrichten zur Abwehr verfassungsfeindlicher Bestrebungen. Dazu gehören u. a. die Überprüfung von Personen, die Zugang zu geheimhaltungsbedürftigen Vorgängen haben oder haben können, und der Schutz solcher Vorgänge vor Ausspähung durch Unbefugte, insbesondere auch durch fremde Nachrichtendienste.

Dem 1955 durch Beschluß der Bundesregierung gegründeten, aus der sog. »Organisation Gehlen« hervorgegangenen *Bundesnachrichtendienst (BND)* − mit Sitz in Pullach bei München − obliegt die Auslandsaufklärung. Er soll durch Beschaffung und Auswertung außenpolitischer, wirtschaftlicher, militärischer und rüstungstechnischer Informationen des Auslandes der Bundesregierung Entscheidungshilfen für ihre Außenpolitik geben.

Der *Militärische Abschirmdienst (MAD)* soll − u. a. durch Betreuung sicherheitsempfindlicher Objekte und durch Überprüfung von Angehörigen der Bundeswehr − Bestrebungen fremder ↑ Geheimdienste gegen die Bundeswehr abwehren und aufklären.

Die N. sind auf den Einsatz nachrichtendienstlicher Mittel (Sammeln offener Nachrichten, Einholen von Auskünften, Einsatz geheimer Mitarbeiter u. a.) beschränkt; polizeiliche Befugnisse (Kontrolle, Vorführung oder Durchsuchung von Personen, Sicherstellung von Gegenständen u. a.) haben sie in der Regel nicht. Eine Telefon- und Postüberwachung ist ihnen nur in besonderen Fällen und kontrolliert durch eine Kommission des Bundestages gestattet (↑ G-Zehn-Gesetz). Die N. unterliegen der parlamentarischen Kontrolle durch Bundestagsausschüsse. Diese Kontrolle hat sich bisher nicht immer als effektiv erwiesen.

Nachrüstung werden jene Rüstungsanstrengungen genannt, die mit der vorangegangenen Rüstung des Gegners gerechtfertigt werden. Dabei wird von der Vorstellung eines Rüstungsgleichgewichts ausgegangen, das durch die Rüstungsmaßnahmen der anderen Seite gestört worden sei. − ↑ auch Doppelbeschluß.

Nachtragshaushalt: Entstehen während einer Haushaltsperiode wesentlich höhere Ausgaben als im ↑ Haushaltsplan ursprünglich vorgesehen, muß ein N. eingebracht und bewilligt werden.

Nahostkonflikt: Im engeren Sinn Bezeichnung für die politische und militärische Auseinandersetzung zwischen dem Staat Israel einerseits und den arabischen Staaten andererseits. Nach dem Israelisch-Arabischen Krieg von 1948/49 verließen über 800 000 Araber die vom Staat Israel eroberten Gebiete und wurden in der Nachbarschaft grenznaher Gebiete, z. B. des Libanon, in Lagern untergebracht. V. a. Jordanien, Syrien und Ägypten unterstützten eine Eingliederung der Flüchtlinge nicht, da diese unter Berufung auf ihr

»legitimes Selbstbestimmungsrecht« in ihre Heimat zurückkehren wollten. Ab Anfang der 1970er Jahre schien sich eine Entwicklung zu einer friedlichen Lösung des Konflikts abzuzeichnen, wobei die USA und die UdSSR mit wechselndem Erfolg als Vermittler auftraten. Sie gipfelte in der Unterzeichnung des ↑ Camp-David-Abkommens (1978) und des Friedensvertrages zwischen Ägypten und Israel (1979). Die übrigen arabischen Staaten bildeten daraufhin eine sog. »Ablehnungsfront«, deren Haltung sich durch den israelischen Einmarsch in den Libanon (1982) noch verhärtete. Die Mehrheit der ↑ palästinensischen Befreiungsbewegungen lehnte Verhandlungen ab (↑ auch Intifada). Im November 1991 kam es in Madrid zu einer Friedenskonferenz zwischen Israel und den arabischen Staaten, wobei bei der jordanischen Delegation auch Palästinenser teilnahmen. Die Friedensgespräche dauern z. Z. noch an. Im wesentlichen geht es dabei um die Frage der israelischen Siedlungspolitik im Westjordanland und die Anerkennung des Staates Israel durch die Araber.

Nation: Eine durch bestimmte gemeinsame Merkmale, wie z. B. Sprache, Kultur, Abstammung, verbundene Gemeinschaft, die sich ihrer historisch-kulturellen Eigentümlichkeit bewußt ist. Man unterscheidet Kulturnationen (= Volk ohne staatliche Einheit) und politische Nationen. Das Bewußtsein der politischen Einheit umschließt bei diesen zugleich die Vorstellung des einheitlichen Handelns und einer einheitlichen Willensbildung. Nationen in diesem Sinne entstanden erst in der Neuzeit unter dem Einfluß der Französischen Revolution. Das erwachende Nationalbewußtsein führte zu nationalen Zusammenschlüssen (z. B. in Deutschland und Italien) bzw. zur Aufspaltung von Nationalitätenstaaten, deren Völker die »nationale Selbstbestimmung« verlangten (z. B. in der Habsburgermonarchie). Die Neuabgrenzung der Nationalstaaten hatte zahllose Nationalitätenkonflikte zur Folge. Deutschland kam erst im Gegensatz zu Frankreich erst spät zum *Nationalstaat*. Dies beruhte darauf, daß es nicht gelungen war, eine dauerhafte, starke Zentralmacht gegen die souveränen Partiku-

larstaaten zu errichten. Zu Beginn des 19. Jahrhunderts wurde v. a. in der akademischen Jugend das Bewußtsein der nationalen Einheit in Verbindung mit dem Freiheitsgedanken lebendig. Der Versuch der Frankfurter Nationalversammlung 1848/49, durch Ausarbeitung einer gesamtdeutschen Verfassung der deutschen N. eine staatsrechtliche Grundlage zu geben, scheiterte v. a. am Gegensatz von Österreich und Preußen. Erst O. von Bismarck (1815–1898) gelang mit Hilfe der preußischen Macht die Verwirklichung der »kleindeutschen« Lösung (↑ Deutsches Reich). Heute scheint angesichts der Herausbildung supranationaler Organisationen und zunehmender internationaler Verflechtungen die Zeit der Nationalstaaten zwar zu Ende zu gehen; das Streben v. a. kleinerer Völker nach staatlicher Selbständigkeit führt aber insbesondere im ehemaligen Ostblock zu Nationalitätenstreit bis hin zum Bürgerkrieg (z. B. Jugoslawien). – ↑ auch Nationalismus.

Nationaldemokratische Partei Deutschlands (NPD): Die NPD entstand 1964 durch einen Zusammenschluß der Deutschen Reichspartei mit rechtskonservativen Gruppierungen. Teilweise getragen von ehemaligen Nationalsozialisten, kam ihr weithin die Funktion eines Sammelbeckens rechtsextremer Gruppierungen zu. Die NPD wandte sich in ihrem Parteiprogramm von 1973 gegen die »Zersetzung der sittlichen und moralischen Werte durch einen seelenlosen Materialismus und gegen den inneren Verfall und die Bestechlichkeit der Volksvertretungen«. Unter dem Eindruck der wirtschaftlichen Rezession gelang ihr in den 1960er Jahren der Einzug in zahlreiche Landtage. Seit Beginn der 1970er Jahre hat sie jedoch in keinem Landtag mehr den Sprung über die Fünfprozenthürde geschafft. Ihre politische Bedeutung ist heute gering.

Nationale Front (der DDR) hieß der Zusammenschluß sämtlicher politischen Parteien und Massenorganisationen unter Führung der SED. Die N. F. war u. a. zuständig für die Kandidatenaufstellung bei den Wahlen.

Nationale Volksarmee (NVA): Bezeichnung für die 170 000 Mann starken

Streitkräfte der DDR, die 1956 aus der kasernierten Volkspolizei hervorgegangen waren. Teile der NVA wurden nach der ↑ Wiedervereinigung in die ↑ Bundeswehr übernommen.

Nationalisierung ist die Überführung von ↑ Produktionsmitteln (meist von Betrieben) aus dem Eigentum von Einzelpersonen oder privaten Gesellschaften (Körperschaften) in gemeinwirtschaftliches Eigentum.

Nationalismus ist eine auf den modernen Nationalstaat und die Nation als zentralen Wert bezogene ↑ Ideologie. Sie ist geeignet, die verschiedenen Gruppen im Staat zu integrieren und durch nationale Identifikation von der andersstaatlichen Umwelt abzugrenzen. Ihre Merkmale sind: das Bewußtsein eines Anders- und Besondersseins v.a. aufgrund ethnischer, sprachlicher oder religiöser Einheit, Gemeinsamkeit der soziokulturellen Einstellungen und historischen Erinnerungen, Sendungsbewußtsein, Streben nach historischer Legitimation der nationalen Idee sowie Geringschätzung fremder Nationalitäten oder Animosität diesen gegenüber.

Vorformen des N. lassen sich spätestens seit der Renaissance nachweisen; als politische Ideologie gewann er jedoch erst seit der Französischen Revolution durch die Verbindung mit den demokratischen Ideen der Selbstbestimmung und der Volkssouveränität überragende Bedeutung. Seit Ende des 18. Jahrhunderts entwickelten die Völker Europas, die sich als Nationen begriffen, aber noch keinen eigenen Nationalstaat besaßen, einen N., der sich an der Sprache und Kultur, der Abstammung sowie ihrer historischen Rolle im Verhältnis zu anderen Völkern orientierte. Dieses kulturelle und politische Bewußtsein der europäischen Völker fand seinen Abschluß mit den Nationalstaatsgründungen nach dem 1. Weltkrieg. Der integrale N., der die eigene Nation über die anderen erhebt (Chauvinismus) und sich über deren Rechte und Interessen hinwegsetzt, war für die Zeit zwischen den Weltkriegen charakteristisch (↑ Nationalsozialismus). Heute ist in Europa die politische Bedeutung des N. als Folge der Weltkriegserfahrungen, der internationalen Bündnisbeziehungen sowie der supra-nationalen politischen und wirtschaftlichen Integrationsvorgänge zwar relativiert; in den neuen Nationalitätenkämpfen v.a. in Ost- und Südosteuropa treten aber Elemente des N. wieder zu Tage (↑ Nation). In verschiedenen Ländern Afrikas und Asiens spielt der N. als Mittel sozialer Integration und innerer Stabilisierung zur Überwindung der kolonialen Abhängigkeit noch eine bedeutende Rolle.

Nationalität:

◇ Zugehörigkeit zu einer ↑ Nation. Sie kann in Staaten mit verschiedenen N. zu N.konflikten führen.

◇ ↑ Staatsangehörigkeit. Das ↑ Völkerrecht überläßt jedem Staat die Entscheidung darüber, welche Personen seine N. besitzen sollen. In einigen Staaten wird die N. durch Abstammung von einem Staatsangehörigen *(Abstammungsprinzip),* in anderen Staaten durch Geburt auf dem Staatsgebiet *(Territorialprinzip)* erworben. Daraus können sich Fälle doppelter N. ergeben. Dies ist international ebenso unerwünscht wie der umgekehrte Fall der ↑ Staatenlosigkeit. In der BR Deutschland bestimmt sich die N. nach dem Abstammungsprinzip.

Nationalsozialismus: Rechtsradikale Bewegung in der Weimarer Republik, die sich v.a. in der Nationalsozialistischen Deutschen Arbeiterpartei (NSDAP) unter der Führung A. Hitlers (1889–1945) bildete. Die Machtübernahme durch die NSDAP 1933 führte zu einer Ausschaltung der anderen Parteien und oppositionellen Kräfte in der nationalsozialistischen Diktatur sowie zu einer Durchdringung aller gesellschaftlichen Bereiche mit nationalsozialistischen Vorstellungen (↑ Totalitarismus). Der N. hatte seine geistigen Quellen im imperialistischen und rassistischen ↑ Nationalismus der Zeit vor dem 1. Weltkrieg. Sein Aufkommen wurde begünstigt durch das nationale Desorientierung im Gefolge des militärischen Zusammenbruchs im 1. Weltkrieg und des Versailler Friedensvertrags von 1919. Beides rief im Zusammenhang mit dem Übergang von der Monarchie zur Republik einen übersteigerten Nationalismus und ↑ Revanchismus hervor. Obwohl die Bezeichnung N. sozialistische Bestandteile vermuten läßt, handelte es sich nicht um eine sozialistische Bewegung. Theorie und Praxis waren auf die bedingungslose Unterordnung unter den einen nationalen »Führer« (↑ Führerprinzip) fixiert und terroristisch gegen Andersdenkende, v. a. auf die Ausrottung von Juden (These der jüdischen Weltherrschaft) sowie auf eine Unterwerfung der Völker Osteuropas ausgerichtet. Anklang fand das nationalistische, auf die Revision des Versailler Vertrages und die Überwindung der Gruppen- und Klassengegensätze gerichtete Programm mit seiner Betonung einer nationalen Volksgemeinschaft besonders in der Weltwirtschaftskrise zu Beginn der 1930er Jahre.

Die Besetzung Deutschlands durch die alliierten Mächte 1945 hatte ein Verbot der NSDAP und ihre Organisationen, die Aburteilung nationalsozialistischer Kriegsverbrecher und groß angelegte Entnazifizierungsverfahren zur Folge. Nationalsozialistische Organisationen sind auch heute verboten. – ↑ auch Faschismus.

Nationalversammlung: Bezeichnung für ↑ Parlamente (z. B. »assemblée nationale« in Frankreich); speziell für Volksvertretungen mit verfassunggebenden Funktionen (= *Konstituante, z. B. Frankfurter N. 1848, Weimarer N. 1919*).

NATO [Abk. für engl. North Atlantic Treaty Organization »Nordatlantikpakt«]: Westliches Verteidigungsbündnis auf der Grundlage des am 4. April 1949 geschlossenen und am 24. August 1949 in Kraft getretenen *Nordatlantikvertrages*. Die zwölf Gründungsmitglieder sind: Frankreich, Großbritannien und die Beneluxstaaten (als Signatarmächte des *Brüsseler Vertrages, ↑ Pariser Verträge*) sowie die USA, Kanada, Dänemark, Island, Italien, Norwegen, Portugal. Später traten bei: Griechenland (1952), die Türkei (1952), die BR Deutschland (5. Mai 1955; seit 1990 unter Einschluß des Gebiets der ehemaligen DDR, wo die NATO 1994 den Oberbefehl übernehmen wird) und Spanien (1982). Frankreich kündigte 1966 die militärische Mitarbeit auf, verblieb jedoch in der zivilen NATO-Organisation.

Die NATO verstand sich von Anfang an nicht nur als Militärbündnis zur Verhinderung bzw. Abwehr eines Angriffes auf ihr Vertragsgebiet. Sie strebte auch eine ständige Zusammenarbeit im politischen, wirtschaftlichen und kulturellen Bereich an. Die Unterzeichnerstaaten verpflichteten sich gemäß der Charta der ↑ UN, den Frieden und die internationale Sicherheit zu wahren und das Wohlergehen ihrer Länder zu fördern.

Oberstes Organ der NATO ist der aus Ministern der Mitgliedstaaten gebildete *Nordatlantikrat*. Seine Beschlüsse müssen von den 16 Mitgliedern einstimmig gefaßt werden. Zuständig für die Förderung und Leitung des Konsultationsprozesses ist der Generalsekretär. Wichtige Koordinationsgremien sind die verschiedenen Ratsaus-

Bilanz der Verfolgung (bis zum 1.1.1990)	
Ermittlungen gegen	98042 Personen
Urteile gegen	6486 Personen
Ohne Bestrafung blieben	85408 Personen
Anhängige Verfahren gegen	10269 Personen

Bilanz der Verfügung anderer Gerichte[1]	
Westliche Besatzungsmächte	7300 Deutsche
DDR	12800 Deutsche
UdSSR	24000 Deutsche
Polen	5358 Deutsche
Frankreich	1000 Deutsche
Österreich	13600 Deutsche

Dauer der Verfahren	
1962	3,6 Jahre
1970	7,6 Jahre
1975	11,7 Jahre
1980	13,0 Jahre

Materialflut in Ludwigsburg (1.1.1991)		
	Neue Verfahren	davon aus Warschau
1974	243	147
1976	266	172
1978	246	230
1980	159	69
1982	107	69
1984	97	49
1989	346	11
1990	401	4

[1] Zahlreiche deutsche Staatsangehörige sind in anderen Ländern – insbesondere in Jugoslawien – verurteilt worden, über deren Anzahl liegen jedoch keine zuverlässigen Erkenntnisse vor.

Nationalsozialismus. Die Verbrechen aus der Zeit des Nationalsozialismus, die Bilanz ihrer Verfolgung, die Dauer der Ermittlungen und Verfahren

schüsse. Höchste militärische Instanz ist der *Militärausschuß,* der sich aus den Generalstabschefs der Mitgliedstaaten zusammensetzt. Er erteilt dem Rat und dem *Ausschuß für Verteidigungsplanung* (DPC) Empfehlungen in militärischen Fragen und gibt den nachgeordneten Kommandobereichen (in Europa dem Supreme Headquarter Allied Powers Europe = SHAPE) Richtlinien.

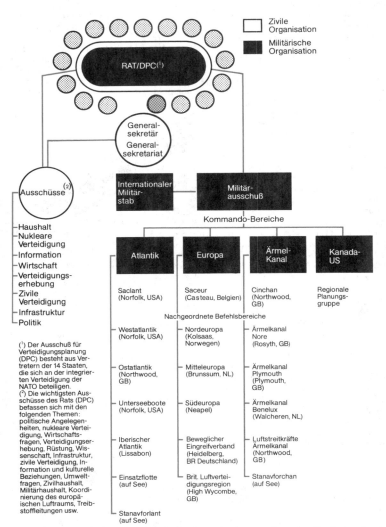

Zivile Organisation

Militärische Organisation

RAT/DPC[1]

General-sekretär
General-sekretariat

Ausschüsse[2]

Internationaler Militär-stab

Militär-ausschuß

Kommando-Bereiche

- Haushalt
- Nukleare Verteidigung
- Information
- Wirtschaft
- Verteidigungs-erhebung
- Zivile Verteidigung
- Infrastruktur
- Politik

Atlantik	Europa	Ärmel-Kanal	Kanada-US
Saclant (Norfolk, USA)	Saceur (Casteau, Belgien)	Cinchan (Northwood, GB)	Regionale Planungs-gruppe

Nachgeordnete Befehlsbereiche

Westatlantik (Norfolk, USA)	Nordeuropa (Kolsaas, Norwegen)	Ärmelkanal Nore (Rosyth, GB)
Ostatlantik (Northwood, GB)	Mitteleuropa (Brunssum, NL)	Ärmelkanal Plymouth (Plymouth, GB)
Unterseeboote (Norfolk, USA)	Südeuropa (Neapel)	Ärmelkanal Benelux (Walcheren, NL)
Iberischer Atlantik (Lissabon)	Beweglicher Eingreifverband (Heidelberg, BR Deutschland)	Luftstreitkräfte Ärmelkanal (Northwood, GB)
Einsatzflotte (auf See)	Brit. Luftvertei-digungsregion (High Wycombe, GB)	Stanavforchan (auf See)
Stanavforlant (auf See)		

[1] Der Ausschuß für Verteidigungsplanung (DPC) besteht aus Vertretern der 14 Staaten, die sich an der integrierten Verteidigung der NATO beteiligen.
[2] Die wichtigsten Ausschüsse des Rats (DPC) befassen sich mit den folgenden Themen: politische Angelegenheiten, nukleare Verteidigung, Wirtschaftsfragen, Verteidigungserhebung, Rüstung, Wissenschaft, Infrastruktur, zivile Verteidigung, Information und kulturelle Beziehungen, Umweltfragen, Zivilhaushalt, Militärhaushalt, Koordinierung des europäischen Luftraums, Treibstoffleitungen usw.

NATO. Die politische und militärische Organisationsstruktur des Nordatlantikpakts

Sicherheitspolitisches Ziel der NATO ist die Kriegsverhinderung durch ↑ Abschreckung und bei erfolgter Aggression eines Gegners die rasche Beendigung des Konfliktes auf einer so niedrig wie möglich gehaltenen Eskalationsebene (↑ Eskalation). Die hierfür 1967–91 geltende Militärstrategie war die ↑ flexible response (↑ auch Nuklearstrategie). – Die NATO hat aus den tiefgreifenden Umwälzungen in den Staaten Mittel- und Osteuropas und aus der Auflösung des Warschauer Pakts einige, in ihrer Tragweite allerdings noch nicht sehr klare Konsequenzen gezogen. 1. soll eine Schwerpunktverlagerung von der militärischen zur politischen Funktion der NATO erfolgen; 2. soll der »europäische Pfeiler« der NATO gestärkt und zu einer gleichgewichtigen Partnerschaft mit den USA ausgebaut werden; 3. sollen Stärken der in Bereitschaft befindlichen Truppen nachhaltig gesenkt und mobilere und flexiblere Streitkräfte geschaffen werden, die multinational organisiert sein sollen (z. B. die neu gebildete »schnelle Eingreiftruppe«). Als Bedrohungsszenarien, die das Weiterbestehen der NATO auch in ihrer bisherigen Grundstruktur rechtfertigen, werden v. a. regionale Konflikte durch aufkeimende Nationalismen, Ressourcenkonflikte, Probleme des religiösen Fundamentalismus und der Weiterverbreitung von Atomwaffen genannt.

NATO-Doppelbeschluß ↑ Doppelbeschluß.

natürliche Personen sind alle Menschen von ihrer Geburt an. Aus ihrer rechtlichen Qualifikation als Person (= Rechtssubjekt) ergibt sich ihre ↑ Rechtsfähigkeit. – Im Gegensatz dazu: die ↑ juristische Person.

Naturrecht: Bezeichnung für über dem positiven ↑ Recht stehende Rechtsgrundsätze, die aus der Annahme einer allgemeinen Natur des Menschen (z. B. seiner Bestimmung zur Freiheit, ↑ Menschenrechte) oder aus einer ihm generell innewohnenden Vernunft (Vernunftrecht) bzw. aus dem Willen Gottes abgeleitet werden. Da sich die Ansichten über das für Menschen »richtige« Recht wandeln, wird das N. häufig unterschiedlich ausgelegt und kann sowohl zur Rechtfertigung als auch zur Kritik bestehender Verhältnisse dienen.

Das Bestehen allgemeinverbindlicher überpositiver Rechtsgrundsätze wird vom Rechtspositivismus geleugnet (↑ Positivismus). In Deutschland stellte sich die Frage der Bindung der staatlichen Gewalt an überpositives Recht v. a. im Zusammenhang mit dem Unrecht der nationalsozialistischen Diktatur. Art. 1 GG bindet aus diesem Grunde die staatliche Gewalt ausdrücklich an unveräußerliche Rechtsprinzipien. – ↑ auch Grundgesetz, ↑ Grundrechte.

Naturschutz, im weiteren Sinne auch *Landespflege* genannt, bezweckt, Natur und Landschaft gegenüber den Nutzungsinteressen der Gesellschaft zu bewahren und entstandene Schäden auszugleichen. N. ist damit Teil des ↑ Umweltschutzes und umfaßt auch die ↑ Landschaftspflege. Im engeren Sinne stehen unter N. nach Maßgabe der besonderen ↑ Verordnung Naturschutzgebiete, Naturdenkmäler (Einzelobjekte und Kleinflächen) und einzelne Tier- und Pflanzenarten. In geschützten Flächen sind in der Regel jegliche Veränderungen verboten sowie die wirtschaftliche Nutzung, der Gemeingebrauch an Gewässern und das Betreten eingeschränkt. Neben der Beschädigung oder Entfernung geschützter Pflanzen und der Verletzung und Beunruhigung geschützter Tiere ist auch deren Besitz, Verkauf oder Erwerb grundsätzlich verboten.

Das Bundesnaturschutzgesetz vom 12. März 1987 schreibt allen Planungsträgern vor, »vermeidbare Beeinträchtigungen von Natur und Landschaft zu unterlassen sowie unvermeidbare Beeinträchtigungen ... durch Maßnahmen des Naturschutzes und der Landschaftspflege auszugleichen.« Im Planungsverfahren ist den anerkannten Naturschutzverbänden »Gelegenheit zur Äußerung« zu geben. Am 20. Februar 1990 wurde das Gesetz über die ↑ Umweltverträglichkeitsprüfung erlassen, eine frühzeitige und umfassende Abschätzung von Eingriffsrisiken unter Umweltgesichtspunkten erlaubt. Für den N. bedeutsam ist außerdem die Bundesartenschutzverordnung vom 18. September 1989, die außer bestimmten Tier- und Pflanzenarten auch deren Lebensräume und Biotope schützt. – ↑ auch Landschaftsschutz.

Naturschutzbund Deutschland: Einer der nach § 29 des Bundesnaturschutzgesetzes anerkannten Naturschutzverbände in der BR Deutschland mit dem Ziel praktischer Naturschutzarbeit sowie der Vertretung ökologischer Belange bei öffentlichen Planungen. Der 150000 Mitglieder umfassende N. D. entstand 1990 aus dem Deutschen Bund für Vogelschutz. – ↑ auch Naturschutz.

Nennwert (auch: *Nominalwert*): Der auf Münzen, Banknoten oder Wertpapieren angegebene Wert. Der N. eines Wertpapiers kann vom *Kurswert* (= dem sich aufgrund von Angebot und Nachfrage an der ↑ Börse ergebenden Wert) stark abweichen.

Neofaschismus: Bewegung, die versucht, den ↑ Faschismus bzw. ↑ Nationalsozialismus wiederzubeleben.

Neoliberalismus: Wiederbelebung liberaler Ideen nach dem Zusammenbruch des Faschismus und Nationalsozialismus in der westlichen Welt seit 1945. Der N. stellt eine Rückbesinnung auf die traditionellen Werte des ↑ Liberalismus dar, rückt dabei aber in bestimmter Weise von dem seit der Weltwirtschaftskrise 1929 diskreditierten Laissez-faire-Prinzip ab und versucht, eine mit freiheitlichen Prinzipien vereinbare wirtschaftliche und soziale Ordnungspolitik zu entwickeln. – ↑ auch Ordoliberalismus.

Neomarxismus ↑ Marxismus.

neue Armut ↑ Armut, ↑ Zweidrittelgesellschaft.

neue Medien: Begriff für Nachrichten- und Kommunikationsmedien, die in Verbindung mit bereits vertrauten Medien (Telefon, Fernsehen) neue Angebots- und Nutzungsmöglichkeiten bieten. Beispielsweise lassen sich mit Hilfe eines Zusatzgerätes Schrifttafeln in Fernsehsendungen einblenden *(Videotext),* oder man kann am *Bildschirmtextverfahren* (↑ Bildschirmtext) teilnehmen.

Zunächst wurde der Begriff n. M. zu einseitig auf das *Kabelfernsehen* bezogen. Hierbei wird im Vergleich zur üblichen drahtlosen Übertragung (Antennenempfang) ein störungsfreier Empfang und eine Ausweitung des Programmangebots ermöglicht (auf ca. 30 Programme), weil die Limitierung der Sendefrequenzen durch die Verlegung von Kabelnetzen überwunden wurde. Die dadurch mögliche Zulassung weiterer, auch privater Anbieter wirft die Frage nach der Programmkontrolle und nach dem Verhältnis des *Kabelfernsehens* zum – durch die Rechtsprechung bisher abgesicherten – öffentlich-rechtlichen Rundfunkmonopol auf. Auch über Satelliten ausgestrahlte Programme können in die »Kabelinseln« eingespeist werden. Umstritten bleibt, ob trotz neuer technischer Kommunikationsmöglichkeiten – der Empfänger kann z. B. einfache Rückantworten geben oder selbst Programme auswählen: *Pay-TV* – durch das *Kabelfernsehen* problematische Konzentrationsbildungen begünstigt werden (z. B. im Bereich der Printmedien durch das sog. *Verlegerfernsehen*) und ob ein Mehr an Programmen tatsächlich ein Mehr an Qualität bedeutet oder lediglich mehr Kommerzialisierung und Fernsehkonsum. Mit der Ausbreitung von Satellitenempfangsgeräten wird der Empfang von privaten Programmen weiter erleichtert und von der »Verkabelung« der Haushalte unabhängig.

N. M. gibt es auch im Bereich der *Unterhaltungselektronik* (Videorecorder, Bildplatte, Videospiele, Heimcomputer). Darüber hinaus bietet das Bildschirmtextsystem durch seine Dialogfähigkeit vielfältige Anwendungsmöglichkeiten (z. B. Durchführung von Bestellungen und Buchungen, Anschluß an eine zentrale Datenverarbeitungsanlage). – ↑ auch ISDN, ↑ Kabelkommunikation, ↑ Massenmedien, ↑ Telekommunikation.

neuer Mittelstand bezeichnet die wachsende Gruppe von Angestellten und Beamten, die eine mittlere Position im sozialen Gefüge einnehmen. – ↑ auch Mittelstand.

Neues Forum: Erste organisierte oppositionelle Vereinigung in der ehemaligen DDR im September 1989, entstanden durch Zusammenschluß friedenspolitischer und ökologischer Gruppen, die besonders im kirchlichen Rahmen gewirkt hatten. Das N. F. entwickelte sich im Herbst 1989 rasch zur stärksten Bürgerbewegung mit etwa 100000 Mitgliedern. Im Dezember 1989 führten Auseinandersetzungen über die Frage, ob es sich als politische Partei konstituieren sollte, zur Spaltung und zur Gründung einer eigenständigen *Deutschen Forumspartei*. Das N. F. verlangte zunächst die Verwirklichung demokratischer Reformen in der DDR zur Ausbildung einer eigenen Identität auf sozialistischer Grundlage. Der Einführung der Marktwirtschaft und der ↑ Wiedervereinigung stand das N. F. reserviert gegenüber. – ↑ auch Bündnis '90.

Neugliederung des Bundesgebietes: Nach Art. 29 GG kann das Gebiet der BR Deutschland neu gegliedert werden. Da die Bundesländer nach 1945 teilweise willkürlich entstanden sind und erhebliche Unterschiede in Größe, Bevölkerung, Finanz- und Wirtschaftskraft aufweisen, soll die Neugliederung unter Berücksichtigung historischer Zusammenhänge, wirtschaftlicher Zweckmäßigkeit und sozialer Gefüge Länder schaffen, die nach Größe und Leistungsfähigkeit die ihnen obliegenden Aufgaben wirksam erfüllen können. Sie hat durch Bundesgesetz zu erfolgen; Volksbefragung und ↑ Volksentscheid sind vorgesehen. Abgesehen von der Bildung des Landes ↑ Baden-Württemberg 1953 und von mehreren ↑ Volksbegehren zu Teilneugliederungen ist es zu einer gesamten N. d. B. bislang nicht gekommen. Die N. d. B. ist heute, nach dem Hinzukommen von fünf neuen, wirtschaftlich und finanziell schwachen Bundesländern, wieder aktuell geworden.

Neutralisierung von Staaten heißt deren einseitig erklärte oder vertraglich zugesicherte Verpflichtung, in künftigen Kriegen nicht zugunsten der einen oder anderen Partei tätig zu werden (z. B. die Schweiz). Daneben gibt es neutralisierte (entmilitarisierte) Zonen in Staaten, die der Verhinderung eines militärischen Überraschungsangriffs dienen sollen. Demselben Zweck kann auch die N. kleinerer Staaten (sog. *Pufferstaaten*) zwischen zwei Großmächten dienen.

Neutralität: Bezeichnung für eine unparteiische Haltung, die die Einmischung in die Angelegenheiten anderer ablehnt. Im Unterschied zur politischen oder ideologischen N. (↑ blockfreie Staaten) bezeichnet N. im völkerrechtlichen Sinne den Zustand der Unparteilichkeit eines Staates in bewaffneten Auseinandersetzungen zwischen anderen Staaten oder den kriegführenden Parteien eines anderen Staates. Das Neutralitätsrecht beruht auf drei Grundsätzen: 1. auf dem Prinzip der Aufrechterhaltung der territorialen Souveränität des neutralen Staates; 2. auf dem Gebot der Gleichbehandlung der Kriegführenden durch den neutralen Staat; 3. auf dem Verbot der Waffenhilfe, der Truppenentsendung oder Lieferung von Kriegsmaterial durch den neutralen Staat an die Kriegführenden.

nichteheliche Kinder: Die früher bestehende schlechtere Rechtsstellung der n. K. ist gemäß Art. 6 Abs. 5 GG 1969 beseitigt worden. Nach geltendem Recht steht die elterliche Gewalt der Mutter zu: Ihr obliegt die Pflege und Erziehung des nichtehelichen Kindes. Daneben ist das ↑ Jugendamt Pfleger für bestimmte Angelegenheiten, z. B. für die Feststellung der Vaterschaft und die Geltendmachung von Unterhalts-, Erb- und Erbersatzansprüchen. Rechte gegen den Vater können zum Teil vor, im wesentlichen aber erst nach Anerkennung oder gerichtlicher Feststellung der Vaterschaft geltend gemacht werden. Er hat Unterhalt zu leisten und kann das nichteheliche Kind besuchen.

Nichteinmischung: Grundsatz internationaler Politik, die die Einmischung fremder Mächte in die inneren Belange anderer Staaten für unzulässig erklärt.

Niederlassungsfreiheit: Das Grundrecht der ↑ Freizügigkeit (Art. 11 GG) gewährleistet allen Deutschen die N. an jedem beliebigen Ort im ganzen Bundesgebiet zur Gründung eines Wohnsitzes, zum Erwerb von Grundeigentum und zum Betreiben eines Gewerbes.

Niedersachsen: Land der BR Deutschland mit 47 344 km², 7,28 Mill. Einwohnern (1990), 154 E/km². Landeshauptstadt ist Hannover. Konfessionell gehören 65,1 % der Bevölkerung der evangelischen, 19,6 % der katholischen Kirche an. 1987 waren 1,03 Mill. Menschen in der Produktion (einschließlich Landwirtschaft), 450 000 im Handel und 714 000 im Dienstleistungssektor tätig. 50 % der Erwerbstätigen sind Angestellte oder Beamte, 39,5 % Arbeiter. Das Land erwirtschaftet ca. 10 % des deutschen Bruttoinlandsprodukts. Obwohl die Landwirtschaft noch weite Teile des Landes bestimmt (rund 60% der Fläche N. werden landwirtschaftlich genutzt), vollzieht sich eine immer stärkere Industrialisierung. Industrielle Schwerpunkte sind die Hafenstädte Wilhelmshaven und Emden sowie Hannover, Wolfsburg, Braunschweig und die Landkreise Hannover und Osnabrück. Nach der Zahl der Beschäftigten sind der Kraftfahrzeugbau, Nahrungs- und Genußmittelindustrie, Maschinenbau und Textilindustrie die wichtigsten Industriezweige. Der Fremdenverkehr spielt als Wirtschaftsfaktor eine bedeutende Rolle und ist in einigen Landesteilen Haupterwerbsquelle der Bevölkerung (Ostfriesische Inseln, Harz).

Durch Verordnung der Militärregierung wurden 1946 die unter britischer Besatzung neugebildeten Länder Braunschweig, Oldenburg und Schaumburg-Lippe sowie die Provinz Hannover zum Land N. zusammengefaßt. Die Landes- und parteipolitische Entwicklung verlief wechselvoll; dabei spielten die 1945/47 neugegründete Niedersächsische Landespartei und die konservative Deutsche Partei (DP) eine besondere Rolle. Mit Ausnahme der Jahre 1955–59, als die DP den Ministerpräsidenten stellte, wurde das Land bis 1974 jedoch von der SPD regiert. Der Rücktritt von Ministerpräsident Kubel (SPD) führte 1976 zu einer CDU/ FDP-Koalition unter E. Albrecht, die 1990 durch eine rotgrüne Koalition unter G. Schröder (SPD) abgelöst wurde.

Nach der Verfassung vom 13. April 1951 übt der 155 Mitglieder zählende Landtag die gesetzgebende Gewalt aus und wählt den Ministerpräsidenten. Dieser bestimmt die Richtlinien der Politik und ernennt die Minister. Gemeinsam bilden sie das sog. Landesministerium (= Landesregierung), das zur Amtsausübung der Bestätigung durch den Landtag bedarf und nur durch ein ↑ konstruktives Mißtrauensvotum gestürzt werden kann. Über verfassungsrechtliche Streitfragen entscheidet der Staatsgerichtshof.

Nihilismus [von lateinisch nihil »nichts«] bezeichnet eine Haltung, die die Gültigkeit von Werten verneint oder zumindest bezweifelt. Verbreitung fand der Ausdruck durch I. S. Turgenjews Roman »Väter und Söhne« (1862). In Deutschland wurde der N. v. a. durch F. Nietzsche (1844–1900) philosophisch ausgedeutet.

Nivellierung: Aufhebung von Unterschieden, auf ein gleiches Niveau bringen; häufig zur Bezeichnung einer soziale Vorzüge und Vorteile einebnenden »Gleichmacherei« gebraucht. N. im Sinne der Anhebung auf ein bestimmtes Niveau ist eine mit den Vorstellungen von sozialer Gerechtigkeit und Chancengleichheit verbundene demokratisch-sozialstaatliche Forderung und findet in verschiedensten Formen ihren Ausdruck (z. B. Anhebung von Sockelbeträgen oder Urlaubszeiten bei Tarifabschlüssen, oder Art. 72 Abs. 2 Nr. 3 GG: Gebot der Wahrung der Einheitlichkeit der Lebensverhältnisse im Bundesgebiet; ↑ auch kompensatorische Erziehung). Der N. entgegen stehen z. B. Begabtenförderung oder Lohnabstufungen nach Leistung.

Nomenklatura bedeutet im Sprachgebrauch der UdSSR 1. das Verzeichnis der leitenden Kaderposten, deren Besetzung nicht der Ressortchef vornahm, sondern eine höhere Stelle; 2. das Verzeichnis der Personen, die diese Posten innehatten oder als Reserve dafür in Frage kamen. Allgemein bezeichnet N. auch die seit den 1920er Jahren entstandene führende Partei- und Bürokratenschicht in der UdSSR, die besondere Privilegien genoß.

Nordatlantikpakt ↑ NATO.

Nordrhein-Westfalen ist mit rund 34 070 km² der viertgrößte Flächenstaat der BR Deutschland und mit 17,1 Mill. Einwohnern (1989), 502 E/km² das mit Abstand bevölkerungsreichste Bundesland. Landeshauptstadt ist Düsseldorf. N.-W. zählt 49,4% katholische und 35,2% evangelische Einwohner. Die Zahl der Erwerbstätigen betrug 1989 6,7 Mill., davon waren 53,5% im Dienstleistungsbereich, 43,6% im produzierenden Gewerbe und 2% in der Landwirtschaft tätig. N.-W. erwirtschaftete über ein Viertel des gesamten Bruttoinlandsproduktes der alten Bundesrepublik. Siedlungsstruktur und Bevölkerungsdichte weisen innerhalb des Landes große Unterschiede auf. Historische Entwicklung und die 1975 abgeschlossene Gebietsreform machten N.-W. zu dem Land mit den meisten Großstädten (1990: 24). Die Konzentration vieler zentraler Orte im Rheinisch-Westfälischen Industriegebiet ist einmalig in Europa. Trotz Kohle- und Stahlkrise gehört das Ruhrgebiet nach wie vor zu den bedeutendsten Schwerindustriegebieten der Erde. Nach der Zahl der Beschäftigten sind die wichtigsten Industriezweige Maschinenbau, Eisen- und Stahlindustrie, chemische und Elektroindustrie, Textilindustrie und Bergbau.

Die britische Militärregierung schuf 1946 aus den ehemals preußischen Provinzen Westfalen und Nordrhein das Land N.-W., zu dem im Januar 1947 das Land Lippe hinzutrat. In der Landespolitik war die CDU seit den ersten Landtagswahlen im April 1947 für fast zwei Jahrzehnte die führende Partei. Bis 1956 regierte sie in Koalition mit anderen Parteien und stellte den Ministerpräsidenten mit K. Arnold (1947–56), wurde dann von einer SPD-FDP-Regierung unter F. Steinhoff abgelöst (1956–58), gewann aber 1958 die absolute Mehrheit und stellte, seit 1962 in Koalition mit der FDP, erneut bis 1966 den Ministerpräsidenten mit F. Meyer (1958–66). Seit Dezember 1966 regierte eine Koalition aus SPD und FDP mit H. Kühn (bis September 1978) und in dessen Nachfolge J. Rau als Ministerpräsidenten. Seit 1980 stellt die SPD allein die Regierung.

Nach der Verfassung vom 28. Juni 1950 obliegt dem nach einem kombinierten Mehrheits- und Verhältniswahlrecht gewählten, 201 Mitglieder zählenden Landtag (1991: 231 Mitglieder durch ↑ Überhangmandate) die Gesetzgebung und die Wahl des Ministerpräsidenten. Dieser bestimmt die Richtlinien der Politik und ernennt die Minister. Er kann durch ↑ konstruktives Mißtrauensvotum gestürzt werden. Die Bürger können durch ↑ Volksbegehren und ↑ Volksentscheid in die Gesetzgebung eingreifen. In Verfassungsstreitigkeiten entscheidet der Verfassungsgerichtshof.

Nord-Süd-Konflikt: Die reichen und hochentwickelten Industrieländer sind überwiegend auf der nördlichen, die ↑ Entwicklungsländer hingegen auf der südlichen Hemisphäre konzentriert. Obwohl in den Entwicklungsländern rund 75 % der Weltbevölkerung leben, beträgt ihre Wirtschaftsleistung nur etwa 25 % der Leistung

der Industrieländer. Die sich aus diesem Nord-Süd-Gefälle ergebenden Gegensätze und Konflikte sollen im Rahmen des *Nord-Süd-Dialogs* gelöst werden. Auf der *Konferenz über internationale wirtschaftliche Zusammenarbeit (KIWZ)* versuchen die Entwicklungsländer seit 1975, ihre schlechte wirtschaftliche Situation durch eine Änderung der bisher auf den Handel zwischen gleich starken wirtschaftlichen Partnern aufgebauten Weltwirtschaftsordnung zu verbessern. Die Industrieländer sollen den Entwicklungsländern Zollvergünstigungen einräumen. Mit Hilfe von Rohstoffabkommen und Rohstofflagerhaltung sollen stabile Rohstoffpreise gesichert und durch Transfer von Kapital und technischem Wissen die Produktionsbedingungen der Entwicklungsländer verbessert werden. Aufgrund der immer katastrophaler werdenden Situation der südlichen Länder kann der N.-S.-K. bedrohliche Formen annehmen. – ↑ auch Entwicklungshilfe, ↑ Hungerkatastrophe, ↑ Schuldenkrise.

Norm:

◇ allgemein: Regel, Maßstab des Handelns.

◇ *soziale Normen:* Empirisch feststellbare Verhaltensweisen, die in einer Gesellschaft erwartet werden und denen man zu entsprechen hat (Brauch, Sitte), wenn keine ↑ Sanktionen folgen sollen.

◇ *Rechtsnormen:* Von dazu berufenen staatlichen Instanzen aufgestellte und für verbindlich erklärte Verhaltensregeln (↑ Gesetze, ↑ Recht).

◇ *moralische Normen:* Individuell für verbindlich erachtete Handlungsorientierungen.

◇ *technische Normen:* Allgemein gebräuchliche Standards (z. B. Größenordnungen wie Meter oder DIN = Deutsche Industrienorm).

Normenkontrollverfahren ist die gerichtliche Überprüfung von Rechtsnormen. Grundsätzlich ist jedes Gericht verpflichtet, die formelle und materielle (inhaltliche) Gültigkeit einer gesetzlichen Bestimmung, auf die es seiner Ansicht nach ankommt, selbst zu prüfen. Dabei geht es v. a. um die Frage, ob eine Rechtsnorm (z. B. ein Gesetz) mit einer höherrangigen Norm (v. a. der Verfassung) übereinstimmt. Das N. kann bei der Entscheidung von Einzelfällen als *konkretes N.* oder bei Meinungsverschiedenheiten und Zweifeln über die Vereinbarkeit von Bundes- oder Landesrecht mit dem ↑ Grundgesetz oder über die Vereinbarkeit von Landesrecht mit dem Bundesrecht (auf Antrag der Bundesregierung, einer Landesregierung oder eines Drittels der Mitglieder des Bundestags) als *abstraktes N.* erfolgen. Wegen der erforderlichen ↑ Rechtssicherheit und der Achtung der Autorität der gesetzgebenden Gewalt steht eine negative Entscheidung über die Vereinbarkeit des niederrangigen mit dem höherrangigen Recht nur dem ↑ Bundesverfassungsgericht oder den Landesverfassungsgerichten zu.

Nostalgie [griechisch »Heimweh«]: Schwärmerische, mit Wehmut verbundene Rückwendung zu früheren, bisweilen in der Erinnerung sich verklärenden Zeiten, Erlebnissen und Erscheinungen in Kunst, Mode und anderem. Die »Nostalgiewelle« in der BR Deutschland führte angesichts der rapiden Industrialisierung und damit verbundener Gefährdungen und Umweltschäden zu einer Betonung konservativer Werte (auch bei Progressiven) und ganz allgemein zu einer Orientierung an einer »heilen Welt«.

Notar: Bezeichnung für eine Amtsperson, die v. a. zur öffentlichen Beurkundung von solchen Rechtsvorgängen bestellt wird, bei denen die Rechtssicherheit die Beratung und das Zeugnis durch einen juristischen Fachmann erfordert. So unterliegen z. B. Grundstückskäufe der notariellen Beurkundung. Zum N. kann ein Rechtsanwalt auch nebenberuflich bestellt werden *(Anwaltsnotar).*

Notenbank: Als N. und Zentralbank der BR Deutschland hat die ↑ Deutsche Bundesbank in Frankfurt am Main das Recht zur (Bank-)Notenausgabe (in England: die Bank von England; in der Schweiz: die Schweizerische Nationalbank). Wesentliche Aufgaben der N. sind die Versorgung der Wirtschaft mit Zahlungsmitteln, die Regulierung des Geldvolumens entsprechend den Bedürfnissen der Wirtschaft und die Sicherung der Stabilität der Währung.

Nötigung ist die rechtswidrige Verletzung des freien Willens einer Person durch Gewalt oder Drohung mit einem »empfindlichen Übel«; eine N. ist Teil jeder ↑ Erpressung.

Notstand liegt vor, wenn ein (höherrangiges) Rechtsgut (z. B. das Leben einer Person) nur gerettet werden kann durch ein gegen Rechte anderer verstoßendes Handeln. Der N. rechtfertigt ein an sich rechtswidriges Verhalten oder sichert wenigstens den Handelnden vor einer Bestrafung. – ↑ auch Notwehr.

Notstandsgesetzgebung: Bezeichnung für die 1968 erfolgte Regelung des ↑ Staatsnotstandes in der BR Deutschland, die bis dahin den westlichen Besatzungsmächten überlassen geblieben war. Die N. führte zu einer Änderung des ↑ Grundgesetzes (Notstandsverfassung) und zur Verabschiedung mehrerer einfacher Notstandsgesetze. Neu geregelt wurden: 1. der ↑ Verteidigungsfall, d. h. der Fall eines Angriffs von außen auf die BR Deutschland mit Waffengewalt (Art. 115 a ff. GG); 2. der innere Notstand, d. h. die Gefährdung des Bestandes der BR Deutschland oder eines ihrer Länder oder der ↑ freiheitlich demokratischen Grundordnung von innen her (Art. 91 und 87 a GG); 3. der Katastrophenfall, die Gefährdung durch Naturkatastrophen oder (z. B. atomare) Unglücksfälle (Art. 35 GG). Bei der N. geht es neben dem Einsatz von ↑ Polizei, ↑ Bundesgrenzschutz und ↑ Bundeswehr v. a. um die Konzentrierung staatlicher Macht bei der ↑ Bundesregierung. In bestimmtem Umfang dürfen Notstandsmaßnahmen mit Genehmigung des Bundestages schon vor dem Eintritt des Verteidigungsfalles angeordnet werden (sog. *»Spannungsfall«,* Art. 80 a GG). Vorbeugenden Charakter tragen auch die Notstandsgesetze, die die Versorgung der Streitkräfte und Versorgung und Schutz der Zivilbevölkerung sicherstellen sollen (sog. Sicherstellungs- und Schutzgesetze, z. B. Bestimmungen über den Luftschutzbau oder die Verpflichtung zu zivilen Dienstleistungen; ↑ auch Zivilschutz). Die Regelung des Notstandes im Grundgesetz ist sehr ausführlich und bemüht, rechtsstaatlichen Erfordernissen gerecht zu werden. Der gerichtliche Schutz des Bürgers gegen Übergriffe von seiten der Staatsgewalt bleibt auch im Notstandsfall grundsätzlich gewahrt.

Notverordnung: Verordnung einer Regierung, die infolge der Dringlichkeit einer Regelung in Notsituationen anstelle eines parlamentarischen Gesetzes tritt (z. B. die Notverordnungen gemäß Art. 48 Weimarer Verfassung). Die Legislative kann die Aufhebung der N. nachträglich verlangen.

Notwehr ist diejenige Verteidigung, welche erforderlich ist, um einen gegenwärtigen rechtswidrigen Angriff von sich oder einem anderen abzuwehren. Eine durch Notwehr gebotene Handlung ist nicht strafbar.

Novelle [von lateinisch novella (lex) »neues (Gesetz)«]: Abändernder oder ergänzender Nachtrag zu einem bereits bestehenden Gesetz. Durch eine N. werden in der Regel kleinere Korrekturen vorgenommen, falls sich Gesetzeslücken gezeigt haben oder Anpassungen an veränderte Verhältnisse notwendig geworden sind. Im Gegensatz zur N. bezeichnet man die völlige Neubearbeitung eines Gesetzes als *Neufassung,* werden größere Teile umgearbeitet, spricht man von einer *Gesetzesreform.*

NPD ↑ Nationaldemokratische Partei Deutschlands.

Nuklearstrategie: Politisches Konzept für den Einsatz von Nuklearwaffen. Die N. der ↑ NATO wird von dem Ziel der Kriegsverhinderung durch ↑ Abschreckung geleitet. Grundlagen glaubwürdiger Abschreckung sind Verteidigungsfähigkeit *(Kräftegleichgewicht)* und Verteidigungsbereitschaft. Die massive Überlegenheit des ↑ Warschauer Paktes im konventionellen Bereich machte für die NATO die Nuklearwaffen zum unverzichtbaren Bestandteil ihres Verteidigungskonzeptes. Ursprünglich galt in der NATO die N. der *massiven Vergeltung* (massive retaliation). Sie drohte jedem Angreifer als Antwort den massiven Einsatz nuklearer Waffen an. Mit dem Schwinden amerikanischer Überlegenheit im nuklearen Bereich und dem Beginn des ↑ atomaren Patts verlor das Konzept seine Glaubwürdigkeit. 1967 wurde es von der N. der ↑ flexible response abgelöst. Die flexible Reaktion auf einen erfolgten Angriff (Gegenteil ↑ Präventivkrieg) stützt sich auf die sogenannte *NATO-Triade.* Diese besteht aus konventionellen Streitkräften, nuklearen Kurz- und Mittelstreckensystemen (auch ↑ INF) und interkontinentalen Nuklearwaffen (Reichweite über 5 500 km). Um den möglichen Angreifer vor ein unkalkulierbares Risiko zu stellen, behält sich die NATO die Reaktionsart vor. Dies könnte angesichts einer drohenden Niederlage auch den *Ersteinsatz* von Nuklearwaffen (nicht: *Erstschlag,* ↑ auch nukleare Vergeltung) bedeuten.

Trotz des Abbaus von Waffensystemen in Europa seit 1987 (↑ Abrüstung) und der Auflösung des Warschauer Paktes 1991 hält die NATO derzeit noch an der bisherigen N. fest. Allerdings werden nunmehr neben der Aufrechterhaltung eines Defensivpotentials weitere Rüstungsverringerungen und eine verstärkte Zusammenarbeit zwischen Ost und West als immer bedeutsamer angesehen.

nukleare Vergeltung: Grundlegender Bestandteil der ↑ Abschreckung ist die Fähigkeit der Supermächte, auch nach einem nuklearen *Erstschlag* (first strike, Überraschungsangriff) des Gegners einen *Vergeltungsschlag* (second strike, Zweitschlag) führen zu können. Diese n. V. kann sich gegen noch vorhandene Waffensysteme des Gegners (counter force), gegen seine Städte (counter city) oder gegen Werte wie Industrieanlagen, Energieträger u. ä. (counter value) richten. Die Fähigkeit zur n. V. soll dem möglichen Aggressor verdeutlichen, daß ihm ein Erstschlag keinen einseitigen Vorteil verschaffen kann.

Nulltarif: Im weiteren Sinn die unentgeltliche Abgabe einer öffentlichen Leistung, die bisher einen Preis hatte; im engeren Sinn die kostenlose Benutzung von öffentlichen Verkehrsmitteln, insbesondere im Personennahverkehr der Großstädte. Die Einführung des N. soll die Bevölkerung zu verstärktem Gebrauch öffentlicher Verkehrsmittel bewegen und somit durch Entlastung der Ballungsgebiete vom individuellen Kraftfahrzeugverkehr zu einer Senkung der Unfallzahlen sowie zur Verringerung von Schadstoffemissionen (Lärm, Abgase) beitragen. Ob der Nulltarif allerdings in erheblichem Maße zu einer freiwilligen Einschränkung des Individualverkehrs führen würde, ist ebenso fraglich wie die für den öffentlichen Haushalt zusätzlich entstehenden Kosten problematisch sind.

Nullwachstum: Bezeichnet – im Zusammenhang mit dem 1972 für den Club of Rome veröffentlichten Gutachten »Die Grenzen des Wachstums« – einen ökologischen und gesamtwirtschaftlichen Gleichgewichtszustand, bei dem das *quantitative Wirtschaftswachstum gleich null* ist. Die Verwirklichung des N. wird aufgrund der absoluten Wachstumsgrenzen der Erde als Bedingung für ein langfristiges Überleben angesehen.

Numerus clausus (NC) ist eine zahlenmäßige Beschränkung der Zulassung zu vorhandenen Ausbildungseinrichtungen, insbesondere zu Universitäten und Hochschulen, um eine ordnungsgemäße Ausbildung zu gewährleisten (objektive Kapazitätsgrenze). Art. 12 GG garantiert die freie Wahl der Ausbildungsstätte. Sie begründet einen Rechtsanspruch auf den freien Zugang zu der gewählten Ausbildungseinrichtung. Eine Beschränkung dieses Zugangsrechts ist nur zulässig, wenn die vorhandenen Ausbildungsmöglichkeiten nicht ausreichen, um eine ordnungsgemäße Ausbildung zu gewährleisten, und wenn dadurch wichtige Gemeinschaftsgüter gefährdet würden. Wo die Kapazitätsgrenzen liegen, hängt von dem jeweiligen Fachgebiet ab. Für Zulassungsstreitigkeiten ist der Verwaltungsrechtsschutz eröffnet. Zur optimalen Ausschöpfung der Kapazitätsreserven an Hochschulen wurde von den Ländern die *Zentralstelle für die Vergabe von Studienplätzen (ZVS)* in Dortmund geschaffen, die alle Bewerbungen für die NC-Fächer zentral bearbeitet und die Bewerber den Hochschulen zuteilt.

Nutzen: Der N. wird im Gegensatz zum Wert eines Gutes nicht nach objektiven, sondern nach den subjektiven Kriterien desjenigen gemessen, dem der N. zufließt. Der – subjektive – N. kann demnach nicht quantifiziert, d. h. nicht nach einem objektiven Maßstab (z. B. Geld) zahlenmäßig bestimmt, sondern nur im Verhältnis zum alternativen N. als größer, gleich oder kleiner eingeordnet werden. Die Bestimmungsgründe für die Struktur der ↑ Nachfrage der Haushalte werden in der ↑ Volkswirtschaftslehre aus der Annahme abgeleitet, daß jeder Haushalt im Rahmen seiner Möglichkeiten seinen N. zu vergrößern versucht.

Nutzung ist das Ausnützen aller Vorteile, die der Gebrauch einer Sache oder eines Rechts gewährt (z. B. das Ausbeuten einer Goldgrube oder das Bewohnen einer Wohnung).

NVA ↑ Nationale Volksarmee.

O

OAS [Abk. für englisch **O**rganization of **A**merican **S**tates »Organisation der amerikanischen Staaten«]: 1948 gegründete Organisation der unabhängigen amerikanischen Staaten (mit Ausnahme von Kuba und Kanada; diese haben einen Beobachterstatus). Ziel der OAS ist eine Zusammenarbeit auf wirtschaftlichem, sozialem und kulturellem Gebiet, die Erhaltung des Friedens auf dem Doppelkontinent und die gemeinsame Abwehr fremder Einmischung.

OAU [Abk. für englisch **O**rganization of **A**frican **U**nity »Organisation für Afrikanische Einheit«]: Die OAU wurde 1963 von allen unabhängigen afrikanischen Staaten (mit Ausnahme der Republik Südafrika) gegründet, um die weitere Entkolonisation voranzutreiben. Wichtigstes Organ ist die jährlich stattfindende Versammlung der Staats- und Regierungschefs. Die Charta der OAU beruht auf dem Grundsatz der Gleichheit und ↑ Souveränität aller Mitglieder und der Nichteinmischung in innere Angelegenheiten. Große ideologische, politische, soziale und kulturelle Differenzen machen ihr ein geschlossenes Auftreten schwer.

Obdachlose sind Personen ohne Wohnung und Unterkunft, meist sozialen ↑ Randgruppen zugehörig; einen Großteil der O. machen die *Nichtseßhaften* aus. In der BR Deutschland gibt es etwa 500 000 – 800 000 Obdachlose, deren Obdachlosigkeit v. a. materiell bedingt ist. Armut und Verarmung (z. B. unverschuldete Einkommensminderung und hohe Mietbelastung) sind die häufigsten Ursachen ihrer Einweisung in eine Obdachlosensiedlung *(Asyl)*. Daneben führt auch ein von den herrschenden Wertvorstellungen in der Gesellschaft abweichendes Verhalten (z. B. im Arbeits- und Leistungsbereich, im Konsumverhalten und in den Lebensformen) zu Obdachlosigkeit. Entgegen allgemein verbreiteter Ansicht sind Nichtseßhafte meistens Angestellte, Akademiker und Künstler, nur selten Arbeiter. Der Grund hierfür scheint in der engeren Eingebundenheit des Arbeiters in Familie und Verwandtschaft zu liegen; offen ist jedoch, ob bei steigender Arbeitslosigkeit auch hier Verschiebungen stattfinden. Abweichendes Verhalten sowie soziale Distanz der O. kommen zusammen mit ihrer *Stigmatisierung* (= der negativen Kennzeichnung z. B. durch Nichtseßhaftigkeit) und verringern weiter ihre Beziehung zur normalen Umwelt. Soziale Vorurteile und ↑ Diskriminierung verstärken zudem die Außenseiterposition der O. und führen zu neuem, abweichendem Verhalten (z. B. Kriminalisierung). Beispielhaft für die Beeinträchtigung der Lebens- und sozialen Chancen der O. ist die Situation vieler Kinder aus Obdachlosensiedlungen: Obwohl in der Mehrzahl durchaus nicht unterbegabt, führt das trostlose ↑ Milieu zu kaum korrigierbaren psychosozialen Schäden (z. B. in Sprachentwicklung, Konzentrationsschulung und gruppengemäßen Verhaltensweisen).

Betrachten die einen Obdachlosigkeit als unvereinbar mit der Menschenwürde, so sind Obdachlosenghettos für andere notwendige und begrüßenswerte Einrichtungen, um sog. Asoziale von der normalen, d. h. üblichen Umgebung fernzuhalten. Wichtig erscheint, daß neben der sozialen Kontrolle der O. und Nichtseßhaften durch Behörden und Polizei nicht nur materielle, sondern auch persönliche Hilfe geleistet wird (z. B. durch Beratung, Kontaktvermittlung, Hilfe bei der Arbeitsplatzsuche), um ihre Eingliederung in die Gesellschaft zu ermöglichen oder zu erleichtern.

Oberbürgermeister ↑ Gemeindeverfassung.

Oberhaus: Bezeichnung für das House of Lords, der ersten Kammer des aus zwei Häusern bestehenden britischen Parlaments; auch allgemein für die erste Kammer eines Parlaments gebraucht. – ↑ auch Zweikammersystem.

Oberschicht ↑ Schichtung.

Oberstadtdirektor ↑ Gemeindedirektor.

Oberster Sowjet: Nach der Verfassung der ehemaligen UdSSR das höchste Organ des Staates, durch das die gesetzgebende Gewalt ausgeübt wurde. – ↑ auch Sowjetunion.

Obligation: Schuldverschreibung, durch die sich Unternehmen (Industrieobligation) oder Gemeinden (Kommunalobligation) Fremdkapital beschaffen. Obligationen dürfen nur mit staatlicher Genehmigung in Umlauf gebracht werden.

Obrigkeitsstaat: Bezeichnung für eine autoritäre Staatsordnung mit starker Stellung der Bürokratie und Festlegung des Bürgers auf die Rolle des Untertans.

Obstruktion [von lateinisch obstruere »verbauen, versperren«]: Jede Art von Störung, insbesondere des parlamentarischen Betriebes durch Minderheiten im Parlament, um mißliebige Mehrheitsentscheidungen zu verhindern. O. kann z. B. durch Randalieren, aber auch durch mißbräuchliche Ausnutzung der Geschäftsordnung, z. B. durch Dauerreden, ausgeübt werden.

OECD [Abk. für englisch Organization for Economic Cooperation and Development »Organisation für wirtschaftliche Zusammenarbeit und Entwicklung«]: Nachfolgeorganisation der *Organisation für europäische wirtschaftliche Zusammenarbeit (OEEC = Organization for European Economic Cooperation).* Die OEEC wurde durch das Pariser Abkommen vom 16. April 1948 zum Zweck einer koordinierten Verteilung der von den USA für den wirtschaftlichen Wiederaufbau Europas zur Verfügung gestellten Marshallplanhilfe (↑ ERP) gegründet. Die BR Deutschland wurde 1949 Vollmitglied. Am 14. Dezember 1960 wurde in Paris ein neues Abkommen zur Gründung der OECD als Nachfolgeorganisation der OEEC beschlossen (am 30. September 1961 in Kraft getreten). Die OECD ist durch den Beitritt der USA, Kanadas, Japans, Australiens und Neuseelands keine rein europäische Organisation mehr, sondern ein Verband der wichtigsten Industrieländer der Welt und betätigt sich v. a. auf dem Gebiet der Planung, Koordinierung und Vertiefung der wirtschaftlichen Zusammenarbeit zwischen den Mitgliedstaaten und der Koordinierung der ↑ Entwicklungshilfe durch das der OECD angegliederte *Development Assistence Committee (DAC)*.

Offenbarungseid mußte früher in bestimmten Fällen zur Offenlegung der Vermögensverhältnisse geleistet werden. Heute ist an seine Stelle die ↑ eidesstattliche Versicherung getreten.

offene Handelsgesellschaft (OHG) ist eine Gesellschaft, deren Zweck auf den Betrieb eines Handelsgewerbes unter gemeinschaftlicher ↑ Firma gerichtet ist und deren Gesellschafter unmittelbar und unbeschränkt mit ihrem vollen Vermögen haften (im Gegensatz zur ↑ Kommanditgesellschaft). Die OHG ist eine ↑ Personengesellschaft, d. h. sie wird durch den freiwilligen Zusammenschluß von mindestens zwei natürlichen oder ↑ juristischen Personen gegründet. Das Ausscheiden eines Gesellschafters gilt als Auflösungsgrund für die OHG.

Offenmarktpolitik ↑ Geld- und Kreditpolitik.

öffentliche Aufgaben sind Aufgaben, die vom Staat und von den Gemeinden wahrgenommen werden sollen. Was dazu zählt und was dagegen in den privaten Bereich fällt, unterliegt dem Wandel der Anschauungen und Bedürfnisse und ist vielfach strittig (z. B. die staatliche Post- und Paketzustellung oder die kommunale Müllabfuhr). Von ö. A. spricht man auch, wenn private Institutionen (z. B. die Presse) für die Allgemeinheit wichtige (politische) Funktionen wahrnehmen. Den privaten Trägern ö. A. können besondere Verpflichtungen auferlegt werden.

öffentliche Ausgaben sind Ausgaben der ↑ öffentlichen Hand zur Erfüllung ↑ öffentlicher Aufgaben. Ö. A. dürfen nur nach Maßgabe eines ↑ Haushaltsplans geleistet werden, der vor dem jeweiligen Rechnungsjahr von staatlichen bzw. kommunalen Parlamenten als Gesetz oder Satzung zu verabschieden ist. Grundsätzlich müssen alle ö. A. durch ↑ öffentliche Einnahmen gedeckt sein. Die ö. A. entfallen zu etwa einem Drittel auf den Bund, zu je einem Viertel auf die Länder und auf die Sozialversicherungsträger sowie zu einem Sechstel auf die Kommunen. Insgesamt wird etwa ein Drittel für Personal und je ein Sechstel für Investitionen und laufenden Sachbedarf ausgegeben.

öffentliche Einnahmen sind Einnahmen der ↑ öffentlichen Hand. Sie setzen sich zusammen aus: 1. ↑ Steuern (drei Viertel aller Einnahmen der ↑ Gebietskörperschaften, nur ein Viertel aller Einnahmen der ↑ Gemeinden); 2. Entgelteinnahmen (Gebühren und Beiträge, Einnahmen aus privatwirtschaftlicher Tätigkeit; ein Zehntel der Einnahmen der Gebietskörperschaften, ein Fünftel der Einnahmen der Gemeinden); 3. Zuschüsse und Zuweisungen aus dem ↑ Finanzausgleich (ein Zehntel der Einnahmen der Gebietskörperschaften, bei Gemeinden ein Drittel); 4. Kreditaufnahme; 5. außerordentliche Einnahmen. Unter den ö. E. sind die Einkünfte aus Steuern bei weitem die wichtigsten. Fast die Hälfte des Steueraufkommens entfällt auf die Einkommen- und Körperschaftsteuer (wovon die Lohnsteuer allein zwei Drittel ausmacht), fast ein Viertel auf die Umsatzsteuer. Der Rest verteilt sich auf weitere Steuerarten.

öffentliche Gewalt: Unter ö. G. sind alle Erscheinungsformen der ↑ Staatsgewalt zu verstehen, d. h. jede verbindliche (hoheitliche), in der Regel auch erzwingbare Anordnung eines staatlichen Hoheitsträgers. Wird ein Bürger in seinen Rechten durch die ö. G. verletzt, kann er dagegen gerichtlich vorgehen, in der Regel vor den Verwaltungsgerichten klagen oder, bei Verletzung seiner ↑ Grundrechte, ↑ Verfassungsbeschwerde erheben.

öffentliche Güter sind solche, die nicht individuell unter Ausschluß anderer genutzt werden können, z. B. die Luft oder der militärische Verteidigungsapparat. Bei der Produktion der ö. G. erhebt sich u. a. die Frage, wer in welcher Weise an den entstehenden Kosten zu beteiligen ist. Im Gegensatz zur ö. G. kann ein privates Gut individuell genutzt werden (z. B. ein Grundstück oder ein Auto). Hier lassen sich die Kosten bestimmten Personen genau zurechnen. Analog zu den ö. G. ist auch die Rede von »öffentlichen Übeln«, die externe Kosten hervorbringen, d. h. Kosten, die auch derjenige zu tragen hat, der ein Gut nicht nutzt (z. B. alle die, welche unter der Umweltverschmutzung und Lärmentwicklung von Kraftfahrzeugen zu leiden haben, ohne selbst ein Auto zu fahren).

öffentliche Hand: Sammelbegriff für die öffentlichen Haushalte von Bund, Ländern, kommunalen ↑ Gebietskörperschaften und ↑ öffentlich-rechtlichen Anstalten. – ↑ auch öffentliche Ausgaben, ↑ öffentliche Einnahmen.

öffentliche Meinung: Bezeichnung für die in der ↑ Öffentlichkeit herrschenden Ansichten, besonders insoweit sie Probleme der Allgemeinheit betreffen. Solche Ansichten werden vielfach von staatlichen Institutionen oder von Parteien, Gewerkschaften, Verbänden, Bürgerinitiativen oder von den Massenmedien formuliert und in die Öffentlichkeit getragen (veröffentlichte Meinung). Entscheidend für eine rechtsstaatliche Demokratie ist, daß alle vorhandenen Meinungen die Chance haben, »öffentlich« zu werden und es keine Zensur gibt. Die ö. M. ist eine wesentliche Voraussetzung für die politische Willensbildung. – ↑ auch Meinungsbildung, ↑ Meinungsfreiheit, ↑ Informationsfreiheit.

öffentlicher Dienst ist der Dienst der Beamten, Angestellten und Arbeiter bei Bund, Ländern und Gemeinden sowie sonstigen Körperschaften oder Anstalten des ↑ öffentlichen Rechts. Während die ↑ Beamten und Richter zum Staat in einem öffentlich-rechtlichen Dienst- und Treueverhältnis stehen, erbringen die Angestellten und Arbeiter ihre Dienste aufgrund eines privatrechtlichen Arbeitsvertrages. Sie haben daher grundsätzlich das Streikrecht gegenüber ihrem Dienstherrn. Inwieweit eine unterschiedliche Behandlung von Beamten und Angestellten gerechtfertigt ist, erscheint zweifelhaft. Es gibt daher Bestrebungen zur Schaffung eines einheitlichen Dienstrechts für alle Gruppen im öffentlichen Dienst. – Abb. S. 280.

öffentliche Sachen sind alle die Gegenstände, die der öffentlichen Verwaltung zur Erfüllung ihrer Aufgaben oder der allgemeinen Benutzung dienen. Traditionell werden die öffentlichen Sachen unterteilt in das Verwaltungsvermögen und in die Sachen in Gemeingebrauch. Das *Verwaltungsvermögen* bilden diejenigen Sachen, die von der öffentlichen Verwaltung unmittelbar verwendet werden (Regierungs-, Verwaltungs- und Gerichtsgebäude, Verwaltungsinventar, Betriebsvermögen der verwaltungseigenen Versorgungsbetriebe) oder der Benutzung durch die Allgemeinheit aufgrund einer speziellen Zulassung zur Verfügung gestellt werden (Schulen und Universitäten, Einrichtungen der Bundesbahn und des von den Gemeinden betriebenen örtlichen Verkehrs, Markthallen und Schlachthöfe, gemeindliche Sportplätze, Bäder, Krankenhäuser und Friedhöfe). Die *Sachen im Gemeingebrauch* stehen der Öffentlichkeit ohne besondere Zulassung oder Genehmigung für eine bestimmungsgemäße Benutzung offen. Teils sind sie wegen ihrer natürlichen Beschaffenheit im freien Gebrauch (Meeresstrand, Luftraum), zum Teil werden sie von der Verwaltung künstlich geschaffen und unterhalten (öffentliche Straßen und Wege). Der Umfang des Gemeingebrauchs kann gesetzlich festgelegt werden (z. B. für öffentliche Wege durch Straßengesetze).

öffentliche Sicherheit und Ordnung: Nach den Polizeigesetzen der Länder ist es Aufgabe der Polizei, Gefahren abzuwenden, die der öffentlichen Sicherheit (Staats- und Rechtsordnung, Leben, Gesundheit, Freiheit, Eigentum und Ehre der Menschen) und Ordnung (die allgemein anerkannten Auffassungen über unerläßliche Voraussetzungen des Zusammenlebens) drohen. Die Polizei darf nur eingreifen, wenn der Schaden bereits erfolgt ist oder mit einer gewissen Wahrscheinlichkeit bevorsteht. Ein Tätigwerden der Polizei zur Durchsetzung privater Ansprüche des einzelnen, zur Abwehr von bloßen Unbequemlichkeiten oder als Wohlfahrtsbehörde zur Gewährung von Leistungen ist dagegen nicht zulässig.

öffentliches Recht ist der Inbegriff derjenigen Rechtssätze, die nicht zum ↑ Privatrecht gehören. Die Unterscheidung beider Rechtsbereiche bildete sich im deutschen Recht erst seit dem 17. Jahrhundert als Folge der Unterscheidung von Staat und Gesellschaft heraus. Gegenüber dem liberalen bürgerlichen ↑ Rechtsstaat des 19. Jahrhunderts, der weite Lebensbereiche der privaten Selbstregulierung überließ, hat das ö. R. im modernen ↑ Sozial-

staat mit dessen vielfältigen Leistungen, insbesondere auf wirtschaftlichem und sozialem Gebiet (↑ Daseinsvorsorge), stark an Bedeutung zugenommen.
Zum ö. R. gehören alle Rechtssätze, die ausschließlich den Staat oder einen anderen Träger ↑ öffentlicher Gewalt berechtigen und verpflichten. In der Regel ist ö. R. durch ein Über- und Unterordnungsverhältnis mit einseitigen hoheitlichen Anordnungen des Staates gegenüber dem Bürger gekennzeichnet (Steuerbescheid, polizeili-

che Auflagen u. a.). Es gibt aber auch öffentlich-rechtliche Verträge. Das ö. R. zeichnet sich überdies dadurch aus, daß in ihm nicht – wie im Privatrecht der Entschließungsfreiheit des Einzelnen (↑ Vertragsfreiheit) – ein weiter Spielraum eingeräumt ist. Ö. R. umfaßt insbesondere das ↑ Völkerrecht, Verfassungsrecht, ↑ Verwaltungsrecht und Kirchenrecht, im weiteren Sinne auch das ↑ Strafrecht und ↑ Prozeßrecht. Praktische Bedeutung hat die Unterscheidung von ö. R. und Privatrecht v. a.

Parkinson, Cyril Northcote [engl. ˈpɑːkɪnsn], * York 30. Juli 1909, brit. Historiker und Publizist. 1950–58 Professor in Singapur. P. wurde v. a. durch seine ironisierenden „Regeln" über die Entwicklung bürokrat. Verwaltungen in Behörden und Unternehmen, die sog. drei *P.schen Gesetze,* bekannt, die u. a. die Gefahren des Leerlaufs und des Zusammenbrechens großer und komplizierter Verwaltungsapparate beschreiben.

Parkinson läßt grüßen

Öffentlicher Dienst.

Die Entwicklung des Personalbestands im öffentlichen Dienst

a) Personal der öffentlichen Haushalte
(Bundesgebiet ohne ehem. Dt. Dem. Rep.)

Jahr (Stichtag)	Insgesamt / dar. in Teilzeit	Beamte und Richter	Angestellte	Arbeiter
2. 9. 1950	2.259.200 / 67.000	791.400	627.800	840.000
2. 10. 1960	3.002.100 / 192.800	1.181.400	820.000	999.200
2. 10. 1965	3.348.900 / 268.800	1.311.400	1.000.700	1.036.800
2. 10. 1970	3.643.600 / 376.000	1.425.300	1.185.900	1.030.300
30. 6. 1975	4.184.000 / 515.600	1.627.900	1.453.400	1.102.700
30. 6. 1980	4.419.900 / 618.400	1.757.300	1.584.700	1.077.900
30. 6. 1985	4.594.200 / 769.737	1.839.300	1.673.079	1.081.851
30. 6. 1989	4.617.389 / 843.140	1.835.534	1.742.897	1.038.958

b) Personal der öffentlichen Haushalte nach Beschäftigungsbereichen (30. 6. 1989)

Gebietskörperschaften:	3.519.877	außerdem:	
davon Bund	331.900	mittelbarer öffentl. Dienst:	257.629
Länder	1.911.492	Einrichtungen f. Wissenschaft,	
Gemeinden	1.276.485	Forschung, Entwicklung:	48.573
Kommunale Zweckverbände:	50.635	rechtlich selbständige Unternehmen:	273.720
Dt. Bundesbahn:	257.800		
Dt. Bundespost:	531.448		

für die Frage, welcher ↑ Rechtsweg gegeben ist. Für Streitigkeiten des ö. R. im engeren Sinne (d. h. mit Ausnahme der Strafsachen) sind die allgemeinen und besonderen Verwaltungsgerichte (↑ Verwaltungsgerichtsbarkeit) zuständig, soweit es sich nicht um verfassungs- oder völkerrechtliche Streitigkeiten oder um rein innerkirchliche Angelegenheiten handelt. Dagegen sind in Zivil- und Strafsachen grundsätzlich die ordentlichen Gerichte zuständig (↑ Gerichtsbarkeit).

öffentliche Unternehmen sind Unternehmen, die sich ganz oder überwiegend im Eigentum einer ↑ Gebietskörperschaft (Staat, Gemeinde) befinden. Ihrer Zielsetzung nach gehören sie zum Bereich der öffentlichen Wirtschaft. Ihre Aufgabenstellung orientiert sich am öffentlichen Zweck. Die Verhinderung der Ausnutzung wirtschaftlicher Macht in lebensnotwendigen Versorgungsbereichen (Strom, Wasser, kulturelle Einrichtungen) hat die ↑ öffentliche Hand zur Übernahme solcher Aufgaben veranlaßt. Ö. U. können so ausgerichtet sein, daß sie einen größtmöglichen Beitrag zum Haushalt ihrer Gebietskörperschaft erzielen *(Erwerbsbetriebe)* oder kostendeckend wirtschaften *(Kostendeckungsbetriebe);* es können aber auch soziale Erwägungen im Vordergrund stehen *(Zuschußbetriebe).*

Öffentlichkeit: Demokratisches Prinzip, nach dem staatliche bzw. eine Allgemeinheit von Bürgern betreffende Fragen und Probleme so behandelt werden sollen, daß den Betroffenen zumindest eine passive Teilnahme an Beratungen und Entscheidungen gewährt wird. Die Forderung nach Ö. ist wesentlich für Demokratien, um stimmberechtigten Bürgern und Wählern eine Beurteilungschance des Verhaltens ihrer Amtsträger zu geben. Ö. wurde zuerst hergestellt und gefordert durch die öffentliche Diskussion politischer Fragen in besonderen Institutionen wie Clubs, Parteien und Presse seit dem 18. Jahrhundert (↑ Massenmedien, ↑ öffentliche Meinung). Das Prinzip fand insbesondere Beachtung im Gerichtswesen (öffentliche Rechtsprechung) und bei parlamentarischen Verhandlungen. Ö. steht in einem Spannungsverhältnis zum Prinzip der Geheimhaltung (Staatsgeheimnis, Ge-

heimdiplomatie) und der Wahrung der ↑ Privatsphäre. In der Regel findet ein Ausschluß der Ö. statt bei der Behandlung höchstpersönlicher Belange und bei solchen Angelegenheiten, bei denen der Schutz der Allgemeinheit oder des einzelnen Geheimhaltung verlangt. So werden einzelne gegen unangemessenen sozialen Druck, z. B. durch das Prinzip der geheimen Abstimmung bei ↑ Wahlen, geschützt.

öffentlich-rechtliche Anstalten sind Verwaltungseinrichtungen des ↑ öffentlichen Rechts, die einem bestimmten Nutzungszweck dienen und im Gegensatz zu den öffentlich-rechtlichen ↑ Körperschaften nicht mitgliedschaftlich organisiert sind. Die Benutzer der Anstalt sind keine Mitglieder, ihre Rechtsbeziehungen zu der Anstalt werden durch eine Benutzungsordnung geregelt. Es gibt vollrechtsfähige Anstalten, die selbständige ↑ juristische Personen sind (z. B. Bundesanstalt für Arbeit, Funk- und Fernsehanstalten), teilrechtsfähige Anstalten, die in die Staatsverwaltung unmittelbar eingegliedert und nur Dritten gegenüber vermögensrechtlich verselbständigt sind (z. B. die Deutsche Bundesbahn), und nichtrechtsfähige Anstalten, die nur organisatorisch selbständige Einheiten sind (z. B. kommunale Versorgungsbetriebe, kommunales Schwimmbad).

öffentlich-rechtliche Körperschaften ↑ Körperschaften.

offiziell [von lateinisch officialis »zum Amt gehörig«]: Amtlich verbürgt; o. sind z. B. die amtlichen Äußerungen des Bundespressesprechers oder der Bundesregierung. – ↑ auch offiziös.

offiziös [von französisch officieux]: halbamtlich; als o. bezeichnet man Aussagen, deren Wahrheitsgehalt nicht von autorisierter Stelle verbürgt ist (z. B. die Meldung einer Nachrichtenagentur ohne ausdrückliche Bestätigung der Regierung). – ↑ auch offiziell.

OHG ↑ offene Handelsgesellschaft.

Okkultismus (von lateinisch occultus »verborgen, geheim«): Sammelbegriff für Lehren und Praktiken, die sich mit außersinnlichen Wahrnehmungen oder Erscheinungen befassen, die durch Naturgesetze nicht erklärbar sind. Der O. nimmt eine Übermacht der menschlichen Seelenkräfte gegenüber den Naturgesetzen und die Existenz von Geistern an. Die angenommene Beseeltheit der Natur eröffnet die Möglichkeit einer Korrespondenz der menschlichen Seele mit dieser Natur. Der O. hat in den 1980er Jahren, gefördert durch Publikationen und entsprechende Musik, eine gewisse Verbreitung unter Jugendlichen gefunden.

Okkupation [von lateinisch occupare »besetzen«]: Völkerrechtlich der Erwerb der Gebietshoheit über ein bisher herrschaftsloses Gebiet; auch die Besetzung eines fremden Staatsgebiets, dessen ↑ Souveränität zeitweilig aufgehoben wird (Gegensatz: Annexion).

Ökologie: Wissenschaft von den Wechselbeziehungen zwischen den Lebewesen und ihrer Umwelt, in der *Humanökologie* speziell zwischen dem Menschen und seiner Umwelt. Ziel der Humanökologie ist es, trotz aller Anforderungen der Wirtschaft und der damit Hand in Hand gehenden Zerstörung der Umwelt, das ökologische Gleichgewicht, d. h. letzten Endes die Lebensgrundlagen der Menschheit zu erhalten. − ↑ auch Umweltschutz.

Ökonomie: Allgemeiner Ausdruck für ↑ Wirtschaft, ↑ Wirtschaftlichkeit, Versorgung von privaten bzw. staatlichen Haushalten. Auch Bezeichnung für die Wirtschaftswissenschaften.

ökonomisches Prinzip (auch *Rationalitäts-* oder *Wirtschaftlichkeitsprinzip*)*:* Allgemein der Grundsatz, einen bestimmten Erfolg mit dem geringstmöglichen Aufwand an Mitteln zu erreichen *(Sparprinzip)* bzw. mit gegebenen Mitteln den größtmöglichen Erfolg *(Maximierungsprinzip);* im engeren Sinn angewandt auf ↑ Kosten und Erträge. Das ö. P. hat als formales Prinzip in jedem Wirtschaftssystem Gültigkeit, da es Folge der ↑ Knappheit an Gütern und der auf Befriedigung menschlicher Bedürfnisse ausgerichteten Behebung dieser Knappheit ist. Als Entscheidungshilfe für wirtschaftliches Handeln wird die Anwendung des ö. P. zunehmend durch bestimmte Techniken, wie z. B. die Kosten-Nutzen-Analyse, verfeinert. − ↑ auch Wirtschaftlichkeit.

Oligarchie [griechisch]: Herrschaft weniger, die in der Regel nicht wegen ihrer staatsmännischen Qualitäten zur Herr-

schaft gelangt sind, sondern aufgrund ihrer Herkunft, ihres Besitzes oder ihrer Zugehörigkeit zu einer bestimmten Gruppe.

Oligopol: Durch das Vorhandensein von wenigen, verhältnismäßig großen Anbietern (Angebotsoligopol) oder Nachfragern (Nachfrageoligopol) gekennzeichnete Marktform. Im Gegensatz zum ↑ Monopol muß der Oligopolist bei seinem Handeln das seiner Konkurrenten berücksichtigen, kann aber dennoch im Unterschied zur Situation beim Polypol aufgrund seines Marktanteils den Markt spürbar beeinflussen. Da sein Gewinn stark vom Verhalten der Konkurrenten abhängt, wird er in der Regel eher Qualitäts- und Werbungs- anstelle von Preiswettbewerb betreiben. Das O. wird volkswirtschaftlich weniger negativ beurteilt als das Monopol, da die Möglichkeit des Mißbrauchs wirtschaftlicher Macht geringer ist; als nachteilig angesehen werden kann allerdings die Verschwendung von Produktionsfaktoren durch übermäßigen Werbungswettbewerb.

Ombudsman [schwedisch »Sachwalter, Treuhänder«]: Aus der schwedischen Verfassungsentwicklung stammendes Amt, das − zumeist in abgewandelter Form − in zahlreiche Regierungssysteme übernommen wurde (Parliamentary Commissioner in Großbritannien; Médiateur in Frankreich). Der Inhaber des Amtes, der O., ist in der Regel unabhängig und nur dem Parlament verantwortlich, dessen Beauftragter er ist; er dient dem Interesse der Bürger, deren Rechte er schützt; er wird aufgrund von Beschwerden oder von Amts wegen tätig. Seine Untersuchungen, Vorschläge und Berichte erstrecken sich auf das gesamte Gebiet der öffentlichen Verwaltung.

In der BR Deutschland hat sich der Gedanke des O., abgesehen von den Institutionen des ↑ Wehrbeauftragten, der Ausländerbeauftragten, der ↑ Datenschutzbeauftragten des Bundes und der Länder und der Bürgerbeauftragten in Rheinland-Pfalz und Schleswig-Holstein bisher nicht durchzusetzen vermocht. Einerseits wird wegen des voll ausgebauten deutschen Systems des Verwaltungsrechtsschutzes (↑ Verwaltungsgerichtsbarkeit) hierfür kein Bedürfnis gesehen, andererseits eine

Verstärkung der Befugnisse der Petitions-ausschüsse für sinnvoller gehalten. – ↑ auch Petitionsrecht.

OPEC [Abk. für englisch Organization of the Petroleum Exporting Countries »Or-ganisation der erdölexportierenden Län-der«], gegründet 1960 von Irak, Iran, Ku-wait, Saudi-Arabien und Venezuela, Sitz: Wien. Beigetreten sind ferner Algerien, Ecuador, Gabun, Indonesien, Katar, Liby-en, Nigeria und die Vereinigten Arabi-schen Emirate. Anlaß der Gründung der OPEC waren die Preisdiktate der sechs großen multinationalen Mineralölkonzer-ne; dementsprechend besteht der Zweck der Organisation in dem Bemühen, eine gemeinsame Erdölpolitik zu betreiben und die Weltmarktpreise für Rohöl zu stabili-sieren. Nach der Erdölpreiskrise 1973 ver-suchten die OPEC-Mitglieder ihrerseits die Bedingungen – Abgabepreise für Roh-öl, Abgabemengen und Konzessionsbedin-gungen – zu diktieren. Durch Einsparun-gen im Erdölverbrauch, Rückgriff auf an-dere Quellen und Energieträger und infol-ge der inneren Zerstrittenheit der OPEC nahm ihr Einfluß ab.
V. a. die seit 1968 neben der OPEC beste-hende *OAPEC (Organisation der arabi-schen erdölexportierenden Länder)* ver-quickt in umstrittener Weise wirtschaftli-che und politische Interessen im Ölge-schäft, um den Kampf der Araber gegen Israel und gegen diejenigen Verbraucher-länder, die Israel verbunden sind, zu unter-stützen.

Operationalisierung nennt man den Vorgang, durch den ein bestimmter, be-grifflich bezeichneter Sachverhalt durch Angabe von präzisen Meßvorschriften meßbar gemacht wird (z. B. der Begriff »Intelligenz« durch das Ergebnis eines In-telligenztests).

Opportunismus bezeichnet eine Hal-tung, die aus Zweckmäßigkeitsgründen und möglicherweise im Widerspruch zur eigenen Überzeugung eingenommen wird.

Opportunitätsprinzip: Im Strafrecht der Grundsatz, nach dem die Erhebung ei-ner Anklage in das Ermessen der Anklage-behörde gestellt ist. Das O. steht im Ge-gensatz zum generell geltenden *Legalitäts-prinzip* (= der Verpflichtung der Strafver-folgungsbehörden, wegen aller mit Strafe

bedrohten und verfolgbaren Handlungen bei zureichenden Anhaltspunkten von Amts wegen, also auch ohne Strafanzeige, einzuschreiten). Es ist eine Ausnahme vom Anklagezwang, v. a. bei Bagatellsachen, Auslandstaten und gegenüber Opfern ei-ner Nötigung oder Erpressung. Im Ver-waltungsrecht gilt das O. v. a. im Bereich der Gefahrenabwehr, im Polizei- und Ord-nungsrecht und stellt hier die Entschei-dung über ein Eingreifen in das pflichtge-mäße Ermessen der Behörde. Die Ent-scheidung erfolgt im öffentlichen Interes-se, nicht im Interesse einzelner.

Opposition [von lateinisch opponere »entgegensetzen, einwenden«]: In der Po-litik die der ↑ Regierung gegenüberstehen-den Gruppen sowohl im ↑ Parlament als auch außerhalb (↑ außerparlamentarische Opposition). Die O. spielt in parlamentari-schen Regierungssystemen eine wichtige Rolle als Kontrolleur und Kritiker der Re-gierungsmehrheit. Sie ist zu diesem Zweck mit besonderen parlamentarischen Min-derheitsrechten ausgestattet, z. B. mit dem Recht der ↑ Interpellation oder der Einbe-rufung von ↑ Untersuchungsausschüssen. Ihr obliegt es, die Interessen der zur Min-derheit gehörenden Bevölkerungsteile zu vertreten und politische Alternativen zu entwickeln. Sie kann gegenüber der Regie-rung zur Zusammenarbeit bereit sein *(ko-operative O.),* gleiche Ziele verfolgen *(kom-petitive O.),* aber auch lediglich hemmend wirken *(obstruktive O.).* Eine O. ist für eine freiheitliche, auf der Idee der Parteienkon-kurrenz gründende Demokratie ebenso unerläßlich wie sie in Diktaturen als uner-wünscht gilt und verfolgt wird. – ↑ auch parlamentarisches Regierungssystem.

Option [von lateinisch optare »wählen«] bedeutet das Recht, sich für etwas zu ent-scheiden; der Begriff wird u. a. für die Ent-scheidung von Bürgern für eine bestimmte Staatsangehörigkeit oder für ein bestimm-tes Gesellschaftssystem verwendet; dieses Recht der O. ist oft in Friedensverträgen niedergelegt. O. bezeichnet auch das er-klärte Vorhaben, binnen einer Frist in ei-nen bestimmten (Kauf-)Vertrag einzutre-ten.

ordentliche Gerichtsbarkeit umfaßt als sog. Justizgerichtsbarkeit – im Gegen-satz zu den besonderen ↑ Gerichtsbarkeiten (Verwaltungs-, Arbeits-, Sozial-, Finanz-, Patent- und Disziplinargerichtsbarkeit) – alle ordentliche Gerichte. Zu diesen gehören: der *Bundesgerichtshof,* die *Oberlandesgerichte* (einschließlich des Bayerischen Obersten Landesgerichts) sowie die *Land-* und *Amtsgerichte.* Die o. G. umfaßt alle bürgerlichen Rechtsstreitigkeiten und Strafsachen. Dazu gehören: 1. die streitige Gerichtsbarkeit (Zivilprozeß, Zwangsvollstreckung, Konkurs und Vergleichsverfahren); 2. die ↑ freiwillige Gerichtsbarkeit; 3. die Strafgerichtsbarkeit. Die Gerichte der o. G. sind durch einen Instanzenzug miteinander verknüpft, d. h. einander in der Sachentscheidung über- bzw. untergeordnet. Erstinstanzlich entscheiden in den meisten Fällen *Amts-* und *Landgericht;* Berufungsinstanz sind das *Land-* und *Oberlandesgericht,* Revisionsinstanz das *Oberlandesgericht* bzw. der *Bundesgerichtshof.*

Ordnung: Man unterscheidet zwischen ursprünglicher (durch Naturgesetze gegebener) und geschichtlich gewordener O. (z. B. in Staat, Recht und Wirtschaft). Durch die Anerkennung gemeinsamer Leitbilder, Werte und Normen innerhalb eines Kreises von Menschen kann O. entstehen und sich allmählich verfestigen. Der Vorgang kann verschiedene Ursachen haben, die in der konkreten O. in vermischter Form wirksam werden. So kann O. entstehen aus der oftmals über Generationen hinweg vorhandenen Übung eines bestimmten Verhaltens, wie im Fall von Brauch und Sitte, oder aus Tradition, aus religiösen Glaubensvorstellungen oder bestimmten gesetzlichen Verfahren (z. B. im Fall der politischen Ordnung einer Gesellschaft). Die Verbindlichkeit einer solchen O. gegenüber Minderheiten oder einzelnen Abweichlern, die eine bestimmte O. ablehnen oder übertreten, wird durch Drohung oder den tatsächlichen Einsatz jeweils typischer Kontrollmittel (↑ Sanktionen) aufrechterhalten. Diese reichen von gesellschaftlicher Ächtung über wirtschaftlichen Druck bis zur Ausübung physischen und psychischen Zwanges durch eigens dafür eingerichtete Institutionen (z. B. Polizei, Sicherheitsdienst).

Ordnungswidrigkeit ist ein Verstoß gegen ein ↑ Gesetz, der unterhalb der ↑ Straf-

tat angesiedelt ist. Sie wird mit ↑ Bußgeld geahndet, nicht mit Geld- oder Freiheitsstrafe.

Ordoliberalismus: Insbesondere von dem Nationalökonomen W. Eucken (1891–1950) vertretene Spielart des ↑ Neoliberalismus, die im Gegensatz zu den wirtschaftlichen Anschauungen des älteren ↑ Liberalismus steht. Der O. sieht in der freien ↑ Marktwirtschaft keinen natürlichen Zustand, der sich nach seiner Befreiung aus den Fesseln des absolutistischen Staates und der feudalen Gesellschaft von selbst erhält, sondern versteht darunter eine vom Staat zu schaffende und durch marktkonforme (d. h. das Marktgeschehen z. B. durch konkurrenzsichernde, die Marktwirtschaft fördernde und nicht hemmende) Eingriffe zu garantierende Wirtschaftsform. Die Erhaltung der freien Marktwirtschaft wird vom O. deshalb angestrebt, weil er in ihr eine optimale Form der ökonomischen Bedürfnisbefriedigung sieht, die gleichzeitig die Existenz einer freiheitlichen Gesellschaft wahrt. – ↑ auch soziale Marktwirtschaft.

Organ: Aus der Biologie übernommene Vorstellung, derzufolge ein Teil für eine Gesamtheit (Organismus) wesentliche Funktionen ausübt. Man spricht von Organen des Staates und anderer ↑ juristischer Personen, wenn spezielle Einheiten für die Gesamtheit verbindlich handeln dürfen und die Gesamtheit für ihr Handeln haftet. So ist z. B. der ↑ Bundestag ein (Willensbildungs- und Kontroll-) O. des Bundes; Vorstand, Aufsichtsrat und Hauptversammlung sind Organe einer ↑ Aktiengesellschaft.

Organisation nennt man die Ausrichtung und Gestaltung sozialer Gebilde auf bestimmte Funktionen (Organisationsziele) hin bzw. die auf diese Weise zielgerecht gegliederten Gebilde selbst. Die O. ist eine unerläßliche Voraussetzung rationaler Tätigkeit in Staat und Gesellschaft (z. B. O. von Behörden, Betrieben, Verbänden, Parteien, Parlamenten, Ministerien).

Organisation der Amerikanischen Staaten ↑ OAS.

Organisation für Afrikanische Einheit ↑ OAU.

Organisationsgewalt: In der Regel dem Regierungschef zustehende Befugnis zur Errichtung staatlicher Behörden und zu ihrer Veränderung.

Orientierungsstufe ↑ Schule.

Österreich (amtliche Vollform: Republik Österreich): 1918 aus der österreich-ungarischen Doppelmonarchie hervorgegangener Bundesstaat, der sich in die Länder Burgenland, Kärnten, Niederösterreich, Oberösterreich, Salzburg, Steiermark, Tirol, Vorarlberg und Wien gliedert und eine *Fläche* von 83 850 km² umfaßt; *Bevölkerung:* 7,62 Mill. Einwohner (1989), 90 E/km². *Hauptstadt:* Wien (1989: 1,5 Mill. Einwohner). Die Bevölkerung Ö. ist zu 99 % deutschsprachig; eine wichtige Minderheit stellen die Slowenen (etwa 40 000) dar. Ö. ist stark durch Land- und Forstwirtschaft bestimmt, besitzt aber auch bedeutende industrielle Ballungsräume.

Die ursprüngliche Verfassung Österreichs stammt aus dem Jahre 1920. 1938 wurde Ö. von Deutschland annektiert, 1945 – zunächst unter alliierter Besetzung – wiederhergestellt. Durch den österreichischen Staatsvertrag vom 15. Mai 1955 wurde die Besatzungsherrschaft beendet. Ö. verpflichtete sich zur Neutralität und wurde im gleichen Jahr in die UN aufgenommen. Ö. ist Mitglied in der ↑ EFTA und im ↑ Europarat. Eine Assoziierung an die EG scheiterte bisher aufgrund der Neutralitätsverpflichtung, doch stellte Ö. 1991 aufgrund der gewandelten politischen Situation in Europa nunmehr einen regulären Aufnahmeantrag.

Maßgeblich ist auch heute noch das Bundesverfassungsgesetz (BVG) von 1920 in der Fassung von 1929. Danach ist Ö. ein parlamentarischer ↑ Bundesstaat mit einem ↑ Zweikammersystem: Nationalrat und Bundesrat. Der Nationalrat besteht aus 183 nach dem Verhältniswahlrecht auf vier Jahre gewählten Abgeordneten. Er ist das zentrale Gesetzgebungsorgan, aus dem auch die Bundesregierung (Bundeskanzler, Vizekanzler und Minister) hervorgeht. Neben dem Parlament steht das Staatsoberhaupt, der Bundespräsident. Er wird auf sechs Jahre direkt vom Volk gewählt (einmalige Wiederwahl ist möglich), kann den Nationalrat auflösen und ernennt und entläßt formell die Regierung, die aber vom Vertrauen der Mehrheit des Nationalrats abhängig ist. Aus diesem Grund ist die Stellung des Bundespräsidenten mehr repräsentativer Art. Für das Regierungssystem charakteristisch ist die Konzentration auf zwei Parteien, die eher bürgerlich-konservative Österreichische Volkspartei (ÖVP) und die Sozialdemokratische (bis 1991 Sozialistische) Partei Österreichs (SPÖ). Daneben ist im Nationalrat noch die Freiheitliche Partei Österreichs (FPÖ) vertreten, die seit den 1980er Jahren zunehmend bedeutsamer wird, sowie eine grünalternative Listenverbindung.

Neben dem Nationalrat spielt die zweite Kammer, der Bundesrat, nur eine unbedeutende Rolle. Seine Mitglieder werden von den Landtagen gewählt, wobei das größte Land zwölf, alle anderen Länder ihrer Bevölkerungszahl zum größten Land entsprechend weniger Abgeordnete, mindestens aber drei in den Bundesrat entsenden. Die Abgeordneten werden in den Landtagen nach dem Stärkeverhältnis der Parteien dort gewählt. Die zweitstärkste Partei darf mindestens einen Abgeordneten in den Bundesrat entsenden. Im allgemeinen kommt dem Bundesrat nur ein suspensives Veto bei der Gesetzgebung zu. Die Länderinteressen im Bund werden eher von den Landesregierungen direkt als über den Bundesrat vertreten.

Die Regierungen der Länder werden von den Landtagen bestimmt. Allerdings erfolgt ihre Zusammensetzung hier in der Regel proportional zum Stärkeverhältnis der Parteien in den Landesparlamenten (sog. ↑ Proporzdemokratie). Einen derartigen Proporz kannte auch die Bundesregierung bis 1966; 1970–83 regierte auf Bundesebene die SPÖ, nach 1983 eine SPÖ/FPÖ-Koalition, seit 1990 wieder eine große Koalition. An der Spitze der Landesregierungen steht jeweils ein Landeshauptmann, der zugleich den zuständigen Bundesministern für die Ausführung der Bundesgesetze durch die Länder verantwortlich ist. Die Rolle des Bundes ist in Ö. sehr stark; er übt sogar Einfluß auf die Landesgesetzgebung aus. Die Länder selbst besitzen kaum noch eigene Gesetzgebungsbereiche, sondern sind in hohem Maße lediglich Vollzugsinstanzen für die Ausführung von Anordnungen des Bundes. Seit Mitte der 1960er Jahre hat sich allerdings der schon von Beginn der Republik Ö. an bemerkbare Zentralisierungstrend gemildert. Die Eigenständigkeit der Länder wächst nicht zuletzt aufgrund ihrer zunehmenden wirtschaftlichen Stärke gegenüber Wien. Neben den Parteien spielen auch die Interessenverbände eine große Rolle. Es handelt sich hierbei um öffentlich-rechtliche Verbände mit Zwangsmitgliedschaft wie die Arbeiter-, Handels- und Landwirtschaftskammern oder um freiwillige Verbände wie die Gewerkschaften und die Vereinigung Österreichischer Industrieller. Sie werden regelmäßig bei der Gesetzgebung gutachterlich von der Regierung hinzugezogen; die Verknüpfung zwischen Verbandsfunktion und parlamentarischem Abgeordnetenmandat ist sehr häufig. Typisch für die weitentwickelte österreichische *Konkordanzdemokratie* (die im Gegensatz zur Konkurrenzdemokratie stärker auf den Kompromiß unterschiedlicher Interessen als auf der Mehrheitsentscheidung aufbaut) ist die paritätische Kommission für Lohn- und Preisfragen, in der die Bundesregierung mit den Kammern und Gewerkschaften gemeinsam die Lohn- und Preisentwicklung abstimmt und damit auch die Wirtschafts- und Sozialpolitik mittels Absprachen lenkt.

Ostverträge sind die von der BR Deutschland mit dem politischen Ziel einer europäischen Entspannung geschlossenen Verträge vom 12. August 1970 in Moskau *(Moskauer Vertrag)* mit der UdSSR über ↑ Gewaltverzicht und Anerkennung der gegenwärtigen Grenze zur DDR und vom 7. Dezember 1970 mit Polen in Warschau *(Warschauer Vertrag),* durch den die BR Deutschland die Oder-Neiße-Grenze als endgültig und unantastbar anerkannt hat und sich für alle Zukunft verpflichtete, keine Gebietsansprüche an Polen zu stellen. Die Unverletzlichkeit der Oder-Neiße-Linie als der Westgrenze Polens wurde im Juni 1990 durch übereinstimmende Erklärungen des Bundestags der BR Deutschland und der Volkskammer der DDR bekräftigt und im ↑ Grenzvertrag bestätigt. – ↑ auch Zwei-plus-vier-Vertrag.

Ost-West-Konflikt bezeichnet den nach dem 2. Weltkrieg die Weltpolitik beherrschenden politischen, militärischen und wirtschaftlich-gesellschaftlichen Gegensatz zwischen den östlichen Staaten mit einer kommunistischen Wirtschafts- und Gesellschaftsordnung und einer sozialistischen Verfassung und den westlichen Staaten mit einer marktwirtschaftlich-kapitalistischen Wirtschafts- und Gesellschaftsordnung und einer parlamentarisch-demokratischen Verfassung.

Man kann die Geschichte des O.-W.-K. nach 1945 in vier Phasen einteilen: 1. Entstehung und erster Höhepunkt bis zum Ende des Koreakrieges (22. Juli 1953): In dieser Zeit zeigte sich, daß die Vormachtstellung Europas auf der Erde endgültig abgelöst worden war von der Weltmachtstellung der seit 1917 in diese Rolle hineingewachsenen Vertreter der kapitalistischen und kommunistischen Systeme, den USA und der UdSSR. Die Kriegskoalition gegen das Hitler-Regime zerbrach zwischen 1945 und 1947 an der Auseinandersetzung um Griechenland, die Türkei, die Tschechoslowakei und u. a. Deutschland. Dieser Gegensatz führt zur Errichtung eines »Eisernen Vorhangs« zwischen kommunistischen und nicht-kommunistischen Staaten, der auch Nationen teilte (Deutschland, Korea) und Berlin isolierte. 2. Verfestigung des Konflikts zwischen 1953 und 1962: In dieser Zeit zerbrach angesichts des fortschreitenden Wettrüstens, der Weiterentwicklung von ↑ ABC-Waffen in Ost und West sowie des Baues von weitreichenden Trägerraketen (»Sputnik-Schock«) die Hoffnung auf eine Veränderung der politischen Weltlage. Mit der Errichtung der Berliner Mauer 1961 und der Bereinigung der Kubakrise (November 1962) wurde klar, daß keine Seite gewillt war, den ↑ Status quo zu ihren Ungunsten zu verändern. 3. Der kontrollierte O.-W.-K. und die Verfestigung des Status quo: Unter dem Schutzmantel des atomaren Patts und der damit verbundenen Abschreckung traten die Supermächte und Systeme (↑ NATO und ↑ Warschauer Pakt) in Abrüstungsverhandlungen ein und leiteten über zur ↑ Entspannungspolitik der 1970er Jahre, die das Vertrauen in die Verhandlungsbereitschaft und -würdigkeit der beiden Blöcke dokumentierte. Diese Entspannungspolitik vollzog sich vor dem

Hintergrund des drohenden Konflikts zwischen Industrie- und Entwicklungsländern (↑ Nord-Süd-Konflikt) und des möglichen Entstehens einer dritten Supermacht, China. 4. Der seit dem Amtsantritt M. Gorbatschows in der UdSSR eingetretene Wandel in den osteuropäischen Staaten führte Ende der 1980er Jahre zum Zusammenbruch der kommunistischen Systeme des Ostblocks und zur Auflösung des ↑ Rats für gegenseitige Wirtschaftshilfe und des Warschauer Paktes. Gegenwärtig findet eine grundsätzliche Neuorientierung statt, die den alten Ost-West-Gegensatz als überholt erscheinen läßt.

Out-group [englisch »Fremdgruppe«] bezeichnet in der Soziologie jene ↑ Gruppe, der eine Person nicht angehört und der gegenüber sie sich in Konkurrenz fühlt, die sie ablehnt.

Output ↑ Input-Output-Analyse.

Ozonloch ist der umgangssprachliche Ausdruck für die 1985 entdeckte drastische Abnahme der Ozonkonzentration in den Monaten September und Oktober über der Antarktis. Der schützende stratosphärische Ozongürtel (in 12–40 km Höhe) hält den größten Teil der ultravioletten Sonnenstrahlung zurück. Anfang 1992 wurde erstmals eine starke Abnahme der Ozonschicht über der nördlichen Hemisphäre festgestellt, die auch die Gebiete Mittel- und Nordeuropas einschließt. Bei ungünstiger Entwicklung kann diese zu einem O. – ab einer 50%igen Reduzierung des stratosphärischen Ozons wird dieser Begriff angewandt – führen mit den heute schon in Australien beobachtbaren Folgeschäden: v. a. vermehrtes Auftreten von Hautkrebs, Augenschäden, Immunschwäche, Wachstumsschäden von Pflanzen. Die Abnahme der Ozonschicht wird in erster Linie auf die *Fluorchlorkohlenwasserstoffe (FCKW)* zurückgeführt, die vorwiegend als Treibgase in Spraydosen, als Kühlmittel in Kühlschränken und Klimaanlagen, als Aufschäummittel in Möbeln sowie als Löschmittel in Feuerlöschern verwendet werden. Auf dem Wege der Selbstverpflichtung der Hersteller – durch Druck von seiten der Konsumenten – wurde auf FCKW-haltige Spraydosen weitgehend verzichtet; 1991 verbot die BR Deutschland die Verwendung von FCKW

nach 1995. Ersatzstoffe und Wiederverwertungs- bzw. Entsorgungsmöglichkeiten werden gesucht.
Im *Montrealer Protokoll* vom 16. September 1987, das durch den Beschluß der Londoner Konferenz vom 29. Juni 1990 wesentlich verschärft wurde, verpflichteten sich 83 Staaten, auf Produktion und Verbrauch der meisten FCKW-Produkte bis zum Jahr 2000 vollständig zu verzichten. Aufgrund der langen Verweildauer der FCKW in der Atmosphäre (bis zu 100 Jahre) ist jedoch nicht mit schnellen Erfolgen zu rechnen.

P

Pacht liegt vor bei Überlassung einer Sache oder eines Rechtes gegen Entgelt, wobei der Pächter während der Pachtzeit das Recht hat, den Pachtgegenstand zu nutzen (z. B. gepachtete Grundstücke zu bestellen und ihren Ertrag zu ernten). Der Pächter wird nur vorübergehend Besitzer, nicht Eigentümer.

Pädagogik bezeichnet zum einen die Erziehung im allgemeinen, zum anderen die Wissenschaft, die sich mit dem Erziehungsprozeß befaßt.

Pakt: Politische oder militärische Vereinbarung zwischen zwei oder mehreren Staaten, z. B. Freundschaftsvertrag oder ↑ Militärbündnis.

palästinensische Befreiungsbewegungen: Der Ursprung der p. B. hängt eng mit der Gründung des Staates Israel 1948 und damit verknüpften ↑ Nahostkonflikt zusammen. Die ersten bedeutenden Palästinenserorganisationen entstanden nach der Niederlage Ägyptens im 2. Arabisch-Israelischen Krieg (1956). Die *Al Fatah* (Bewegung zur Befreiung Palästinas) wurde unter Führung J. Arafats 1959 in Kuwait gegründet und übernahm die Führung der 1964 von der Arabischen Liga gegründeten *Palästinensischen Befreiungsorganisation* (*PLO*, englisch *Palestine Liberation Organization*), deren Ziele die Gründung eines eigenständigen palästinensischen Staates und die Bekämpfung

Israels sind. Daneben bildeten sich die *Volksfront zur Befreiung Palästinas (PFLP)* sowie die *Demokratische Volksfront zur Befreiung Palästinas (DFLP).*

Im Sechstagekrieg (1967) besetzte Israel die Golanhöhen, die Westbank, den Gasastreifen und die Sinaihalbinsel, wodurch die PLO einen Teil ihrer Operationsbasis verlor. Sie setzte ihren Kampf gegen Israel nunmehr von den benachbarten arabischen Ländern aus fort. Im Libanon und zeitweise in Jordanien bildeten die Palästinenser einen Staat im Staat. Durch die Weigerung Israels, sich aus den besetzten Gebieten zurückzuziehen, blieben rund 1,3 Mill. Palästinenser unter israelischer Besatzung, obwohl der UN-Sicherheitsrat in seiner Resolution 242 vom 22. November 1967 Israel zum Rückzug aufforderte und die Vollversammlung der ↑ UN im November 1974 das Recht der Palästinenser auf nationale Selbstbestimmung und nationale Unabhängigkeit ausdrücklich billigte. Im gleichen Jahr erkannten alle arabischen Staaten die PLO als einzige rechtmäßige Vertreterin des palästinensischen Volkes an.

Eine stärkere internationale Beachtung erhielten die p. B. wieder durch die seit Dezember 1987 durchgeführte ↑ Intifada. Auf dem Nationalkongreß der PLO im Jahre 1988 wurde der Staat Palästina auf der Grundlage der UN-Resolution 181 (Teilungsplan von 1947) proklamiert. Einen internationalen Prestigeverlust, auch in Teilen der arabischen Welt, erlitt die PLO mit ihrer Parteinahme für den irakischen Diktator Saddam Husain im Verlauf des zweiten Golfkriegs 1991. Das ganze palästinensische Volk umfaßt derzeit 5,5 Mill. Menschen. Im Herbst 1989 wurden über 2,3 Mill. palästinensische Flüchtlinge gezählt, die überwiegend staatenlos sind.

panaschieren: Möglichkeit des Wählers bei der Verhältniswahl (↑ Wahlen), Kandidaten auf der von ihm gewählten Liste in bestimmtem Umfang durch Kandidaten anderer Listen zu ersetzen (z. B. bei Gemeinderatswahlen). – ↑ auch kumulieren.

Papst ↑ katholische Kirche.

Paraphierung: Vorläufige, rechtlich unverbindliche Festlegung des Textes eines völkerrechtlichen Vertrages durch Unterzeichnung mit dem Namenszug *(Paraphe)* der zur Verhandlung bevollmächtigten Staatenvertreter. – ↑ auch Ratifikation.

Pariser Verträge: Die am 23. Oktober 1954 in Paris von den westeuropäischen Staaten und den USA unterschriebenen Verträge. Die P. V. ersetzten die Besatzungsherrschaft durch eine vertragliche Gestaltung des Verhältnisses der BR Deutschland zu den ehemaligen Besatzungsmächten und regelten die weitere Stationierung alliierter Truppen in Deutschland sowie den Beitritt der BR Deutschland zum *Brüsseler Vertrag* vom 17. März 1948 (Fünfmächtepakt zwischen Frankreich, Großbritannien und den Benelux-Ländern), wodurch die ↑ Westeuropäische Union innerhalb der NATO begründet wurde. Zwischen Frankreich und der BR Deutschland wurde ein besonderes Statut für das Saarland ausgehandelt.

Parität [von lateinisch paritas »Gleichheit«] bezeichnet
◇ die Gleichstellung politischer, religiöser oder sozialer Gruppen.
◇ den Vergleichswert einer Währung gegenüber einer anderen Währung *(Währungsparität)* oder den Vergleichswert einer Währung gegenüber dem Gold *(Goldparität),* der seit den 1970er Jahren immer mehr an Bedeutung verliert.

Park-and-Ride-System: Regelung zur Entlastung einer Innenstadt vom Autoverkehr. Für Autofahrer besteht die Möglichkeit, ihre Fahrzeuge auf dafür ausgewiesenen Parkplätzen am Stadtrand abzustellen und von dort öffentliche Verkehrsmittel zu benutzen. Die Parkplätze werden meist kostenfrei zur Verfügung gestellt, die Anlagen nach dem Gemeindeverkehrsfinanzierungsgesetz (↑ Verkehrspolitik) bezuschußt. Für den Radverkehr wird ähnliches angeboten (»Bike & Ride«).

Parlament [von französisch parlement »Unterhaltung, Erörterung«]: Ursprünglich Bezeichnung für beratende Versammlungen an Königshöfen, z. B. die ständische Versammlung um den König von England (»king in parliament«), in Frankreich bis 1789 Bezeichnung für Gerichtshöfe (Parlement von Paris, Toulouse u. a.); seit dem 19. Jahrhundert allgemeine Bezeichnung für Volksvertretungen, deren Mitglieder für eine bestimmte Zeit gewählt werden. Parlamente können neben dem

Volkshaus auch eine nach anderen Gesichtspunkten zusammengesetzte zweite Kammer haben (↑ Zweikammersystem). Die Mitglieder des P. besitzen als ↑ Abgeordnete eine besondere Rechtsstellung (↑ Immunität, ↑ Indemnität, ↑ freies Mandat). Sie repräsentieren das gesamte Volk (↑ Repräsentation). In der Regel haben Parlamente die Aufgabe der Gesetzgebung und der Kontrolle von Regierung und Verwaltung. Im ↑ parlamentarischen Regierungssystem geht darüber hinaus aus dem P. die Regierung hervor, die vom Vertrauen der Parlamentsmehrheit abhängig ist. Das P. erledigt seine Aufgaben selbständig nach eigener ↑ Geschäftsordnung (Parlamentsrecht).

Parlamente unterscheiden sich nach Zusammensetzung, innerer Organisation und Art ihrer Aufgabenstellung und -wahrnehmung (z. B. *Redeparlament* mit dem Schwerpunkt der politischen Debatten im ↑ Plenum; *Arbeitsparlament* mit dem Schwerpunkt Gesetzgebungsarbeit in ↑ Parlamentsausschüssen). In ihnen werden politische Streitfragen von Regierung und ↑ Opposition öffentlich diskutiert. Parlamente besitzen daher auch wichtige Interessenvermittlungs- und Informationsfunktionen (Darstellung von Parteistandpunkten, Veröffentlichung von Parlamentsprotokollen, Wiedergabe und Kommentierung von Parlamentsverhandlungen in Presse, Hörfunk und Fernsehen). Fehlt eine Opposition, droht das P. zum Akklamationsorgan (↑ Akklamation) für den kundgegebenen Regierungswillen zu werden.

Im weiteren Sinne werden als P. auch andere gewählte Vertretungen mit Beschlußfassungskompetenzen bezeichnet (z. B. Gemeindeparlament). – ↑ auch Parlamentarismus, ↑ Bundestag.

parlamentarische Anfragen: Wichtigstes Instrument der Landesparlamente und des ↑ Bundestages, v. a. der ↑ Opposition, zur Kontrolle der Regierung; beruht auf dem Recht der ↑ Interpellation. Die ↑ Geschäftsordnung des Bundestages unterscheidet zwischen *großen* und *kleinen Anfragen*, die jeweils von so viel Abgeordneten, wie einer Fraktionsstärke entspricht (zur Zeit: 34), schriftlich beim Bundestagspräsidenten eingereicht werden müssen.

Parlamentarischer Rat: Versammlung, die 1948/49 in Bonn das ↑ Grundgesetz erarbeitete. Der P. R. setzte sich aus 65 Abgeordneten zusammen, die mit Rücksicht auf den vorläufigen Charakter des Grundgesetzes aus den Parlamenten der Länder und Stadtstaaten der westlichen Besatzungszonen Deutschlands entsandt wurden. Ihm gehörten je 27 Vertreter der CDU/CSU und der SPD, fünf Vertreter der FDP und je zwei Vertreter der DP, KPD und des Zentrums an. Berlin entsandte fünf Vertreter mit beratender Stimme. Präsident des P. R. war K. Adenauer. – ↑ auch Grundgesetz, ↑ Nationalversammlung.

Parlamentarischer Staatssekretär: Nichtbeamteter ↑ Staatssekretär, der zugleich Mitglied des ↑ Bundestages sein muß und der einen Bundesminister bei dessen Regierungsaufgaben – v. a. gegenüber Parlament, ↑ Fraktion und ↑ Öffentlichkeit – unterstützt.

parlamentarisches Regierungssystem beruht auf einer engen Verbindung von ↑ Parlament und ↑ Regierung. Als Mindestvoraussetzung gilt die Abhängigkeit der Regierung vom Vertrauen der Parlamentsmehrheit (↑ Vertrauensfrage, ↑ Mißtrauensvotum). Darüber hinaus werden in der Regel auch die Mitglieder der Regierung dem Parlament entnommen. Zwischen Abgeordnetenmandat und Regierungsamt gibt es daher keine ↑ Inkompatibilität. Das p. R. entstand in England im 18. Jahrhundert und setzte sich in vielen anderen Staaten seit dem 19. Jahrhundert durch. Im Gegensatz zur sog. *Versammlungsregierung* regiert im p. R. das Parlament nicht selbst, auch nicht durch parlamentarische Ausschüsse (wie in der Französischen Revolution 1793/94). Die Regierung bleibt selbständig. Sie besitzt vielfach sogar das Recht zur Parlamentsauflösung als Gegengewicht zum parlamentarischen Mißtrauensvotum. Trotz ihrer formellen Abhängigkeit vom Parlament übernimmt sie bzw. der Regierungschef in gut funktionierenden p. R. die Führung der parlamentarischen Mehrheit (↑ Kabinettsregierung, ↑ Premierministersystem).

Die parlamentarische Regierung ist eine *Parteiregierung*. Einfach ist die Regierungsbildung im Zweiparteiensystem, da hier klare und meist stabile Mehrheitsverhältnisse herrschen. Schwieriger ist eine parlamentarische Regierung im Mehrparteiensystem. Um hier eine von der parlamentarischen Mehrheit getragene Regierung zu bilden, sind Koalitionsabsprachen notwendig. Bei instabilen ↑ Koalitionen kommt es häufig zum Regierungsrücktritt durch Koalitionszerfall. Besondere Probleme tauchen auf, wenn sich im Parlament nur negative Mehrheiten finden, die bereit sind, eine Regierung zu stürzen, aber nicht, eine neue zu bilden (↑ konstruktives Mißtrauensvotum).

Beispiel für ein auf dem Wechselspiel von zwei Parteien beruhenden p. R. ist Großbritannien, Beispiele eines p. R. mit mehreren Parteien finden sich in Frankreich (v. a. der 3. und 4. Republik), Italien und in der Weimarer Republik. Um die Regierungsverhältnisse zu stabilisieren, wird häufig die Einführung einer relativen Mehrheitswahl empfohlen, weil dieses Wahlrecht die Ausbildung eines Zweiparteiensystems begünstigt. Die Bedeutung des p. R. liegt in der Unterscheidung von Regierungsmehrheit und ↑ Opposition sowie in der Chance der Opposition, selbst zur Mehrheit zu werden (Möglichkeit eines friedlichen Regierungswechsels). – ↑ auch Parlamentarismus.

Parlamentarismus bezeichnet einerseits das parlamentarische Geschehen, den parlamentarischen Betrieb überhaupt, andererseits die Stellung des ↑ Parlaments als zentrales Beschlußfassungsorgan (↑ Legislative) sowie speziell das ↑ parlamentarische Regierungssystem. Allgemein gesprochen dient der P. der politischen ↑ Willensbildung (Gesetzgebung) und der Kontrolle anderer staatlicher Organe durch eine Volksvertretung. Nach der Idee des P. sollen in der Volksvertretung unterschiedliche Interessen durch die im Parlament vertretenen ↑ Parteien (↑ Fraktion) dargelegt und vermittelt werden. Diese Aufgabe wird häufig durch ↑ Parlamentsausschüsse wahrgenommen.

Die *Parlamentarismuskritik* rügt, daß die eigentliche politische Entscheidungsfindung nicht im ↑ Plenum vor aller Öffentlichkeit stattfindet. Diese Kritik geht fehl, wenn sie meint, daß ein Gremium von einigen hundert Abgeordneten in seiner Gesamtheit komplizierte Fragen in knapper Zeit diskutieren und entscheiden könnte. Insoweit ist eine Vorarbeit in den Ausschüssen sowie in der Regierung und der ihr unterstellten Ministerialbürokratie notwendig. Soweit es sich nicht um Angelegenheiten handelt, die auch in der Regierungsmehrheit unterschiedlich beurteilt werden, wird die Plenarverhandlung immer der Ort der formellen Beschlußfassung und der öffentlichen Austragung unterschiedlicher Ansichten von Parlamentsmehrheit und ↑ Opposition bleiben. Gewichtiger ist der Einwand, daß das Parlament unter der Last seiner Geschäfte immer weniger imstande ist, zu grundsätzlichen politischen Fragen Stellung zu nehmen und Regierung und Verwaltung zu kontrollieren. Hier setzen die Überlegungen zur ↑ Parlamentsreform ein.

Parlamentsausschüsse sind vom ↑ Plenum gebildete ↑ Ausschüsse der Parlamente, deren Bedeutung in der Regel groß ist, auch wenn dies nach außen nicht in Erscheinung tritt. In ihnen werden die wesentlichen Vorarbeiten für das Plenum, z. B. bei der Gesetzgebung, geleistet. Ihre Beratungen sind im allgemeinen nicht öffentlich.

Die Geschäftsordnung des Bundestags regelt Aufgaben und Verfahren der Ausschüsse. Man unterscheidet zwischen ständigen, für die jeweilige ↑ Legislaturperiode eingerichteten Ausschüssen und ad hoc gebildeten Ausschüssen, z. B. den ↑ Untersuchungsausschüssen. Anzahl und Zuständigkeit der Ausschüsse richten sich im allgemeinen nach der Organisation der ↑ Bundesregierung. Nach Art. 45a und 45c GG muß es mindestens einen Auswärtigen, einen Verteidigungs- und einen Petitionsausschuß geben. Der Bundestag legt die Mitgliederstärke der Ausschüsse fest. Sie schwankt in der 12. Legislaturperiode zwischen 17 und 39 Mitgliedern, die von den Fraktionen entsprechend ihrer Stärke entsandt werden. Über die Frage, welche Fraktion in welchem Ausschuß den Vorsitzenden stellt, führt im Ältestenrat eine Verständigung herbei. Kommt diese nicht zustande, wird das sog. Zugriffverfahren angewandt, wonach die Fraktionen entsprechend ihrer Stärke Ansprüche auf einen Ausschußvorsitz geltend machen können. Die P. können jederzeit die Anwesenheit eines Mitglieds der Bundesregierung verlangen.

Im 12. Deutschen Bundestag gibt es folgende ständige Ausschüsse (in Klammern die Zahl der Ausschußmitglieder):

1. Ausschuß für Wahlprüfung, Immunität und Geschäftsordnung (17)
2. Petitionsausschuß (31)
3. Auswärtiger Ausschuß (39)
4. Innenausschuß (39)
5. Sportausschuß (17)
6. Rechtsausschuß (27)
7. Finanzausschuß (39)
8. Haushaltsausschuß (37)
9. Ausschuß für Wirtschaft (39)
10. Ausschuß für Ernährung, Landwirtschaft und Forsten (33)
11. Ausschuß für Arbeit und Sozialordnung (35)
12. Verteidigungsausschuß (35)
13. Ausschuß für Familie und Senioren (27)
14. Ausschuß für Frauen und Jugend (27)
15. Ausschuß für Gesundheit (27)
16. Ausschuß für Verkehr (39)
17. Ausschuß für Umwelt, Naturschutz und Reaktorsicherheit (39)
18. Ausschuß für Post und Telekommunikation (17)
19. Ausschuß für Raumordnung, Bauwesen und Städtebau (29)
20. Ausschuß für Forschung und Technikfolgenabschätzung (33)
21. Ausschuß für Bildung und Wissenschaft (29)
22. Ausschuß für wirtschaftliche Zusammenarbeit (33)
23. Ausschuß für Fremdenverkehr (17)

Parlamentsreform: Die Zunahme und Komplizierung der Gesetzgebung sowie der staatlichen Tätigkeit überhaupt führte zu einer Überlastung der ↑ Parlamente, die es ihnen immer schwerer macht, Regierung und Verwaltung zu kontrollieren. Dem versucht die P. entgegenzuwirken, z. B. durch Einrichtung wissenschaftlicher Hilfsdienste, die den Abgeordneten helfen sollen, auch komplizierte Gesetzgebungsmaterien zu beurteilen, oder durch eine Straffung des Gesetzgebungsverfahrens (Übergang von drei auf zwei Lesungen, Delegation bestimmter Gesetzgebungsauf-

gaben an die Regierung) sowie durch eine Verbesserung des Instruments ↑ parlamentarischer Anfragen und der ↑ Untersuchungsausschüsse. Eine besondere Rolle spielt dabei der Umstand, daß im modernen ↑ Interventionsstaat die längerfristige Planung staatlicher Vorhaben durch die Regierung die Aufgabe der Gesetzgebung mindert. Sie dient immer weniger dazu, grundsätzliche und allgemeine Ordnungen des Staates zu normieren, als Planungen der Regierung im Zuge ihrer Verwirklichung schrittweise für verbindlich zu erklären. Damit droht sich das Verhältnis von Legislative und Exekutive umzukehren. Aufgabe der P. ist es hier, das Parlament in die Lage zu setzen, Regierungsplanungen schon im Zeitpunkt ihrer Entstehung zu verfolgen und bestimmend auf sie einzuwirken.

Parteien sind im Gegensatz zu ↑ Interessenverbänden politische Vereinigungen, die – in der Regel durch programmatische Äußerungen, mit Hilfe namhafter Kandidaten und mit Propaganda (Parteiprogramme, Wahlwerbung) – die Herrschaft im Staat zu erringen, zu behaupten und zu kontrollieren suchen. P. bildeten sich zunächst im 18. und 19. Jh. im Parlament (z. B. Whigs und Tories in Großbritannien; ↑ auch Fraktion) und aus Anlaß politischer Wahlen (Wahlvereinigungen). Mit dem Übergang zum allgemeinen Wahlrecht und der damit verbundenen Einbeziehung des gesamten Volkes in die Wählerschaft entwickelten sich die P. zu ständigen Großorganisationen mit zum Teil Hunderttausenden von Mitgliedern, einer Vielzahl von Gremien zur Artikulierung der Parteiziele (z. B. Parteitage), umfangreichen Parteibürokratien und einer kleinen Führungsgruppe aus Berufspolitikern (↑ Funktionäre). Wie in allen großen Organisationen ist auch in P. die Spannung zwischen Tendenzen zur Bildung einer ↑ Elite und zur ↑ Bürokratisierung einerseits und ↑ innerparteilicher Demokratie andererseits beträchtlich.

Im allgemeinen wird unterschieden zwischen den Parteitypen der (älteren) *Honoratiorenparteien* (getragen von den angesehenen Persönlichkeiten in einem Wahlkreis) und den modernen *Massenparteien,* oder zwischen *Mitgliederparteien* und *Ka-*

derparteien (in denen eine Mitgliedschaft nur durch eine besondere Auswahl erfolgt und zu einer aktiven Unterstützung der Parteiziele – z. B. die Revolution der bestehenden Verhältnisse – verpflichtet, so z. B. bei kommunistischen Parteien). *Interessenparteien* verfolgen begrenzte Ziele und unterscheiden sich von Interessenverbänden nur durch ihre Teilnahme an Wahlen. *Weltanschauungs-* oder *Integrationsparteien* (z. B. die früheren Klassenparteien der Arbeiterschaft) versuchen, ihren Anhängern über ihre politische Zielsetzung hinaus eine allgemeine Weltorientierung zu vermitteln; *Volksparteien* bemühen sich dagegen, durch breit gestreute Programme *(Wahlplattformen)* möglichst viele Wähler und dadurch eine regierungsfähige Mehrheit zu gewinnen (z. B. CDU, SPD). Bei ihnen wird der interne Ausgleich der vielfältigen von ihnen vertretenen Interessen zu einem ständigen Problem.

	1990 waren vom Bundeswahlausschuß folgende Parteien für die Bundestagswahl anerkannt:
CDU	Christlich Demokratische Union Deutschlands
SPD	Sozialdemokratische Partei Deutschlands
F.D.P.	Freie Demokratische Partei
CSU	Christlich-Soziale Union in Bayern
GRÜNE	Die GRÜNEN (West)
PDS	Partei des Demokratischen Sozialismus
DSU	Deutsche Soziale Union
B 90/Grüne	Listenverbindung Bündnis 90/Grüne Bürgerlnnenbewegung bestehend aus den Parteien bzw. Vereinigungen Demokratie Jetzt (DJ), Initiative Frieden und Menschenrechte (IFM), Neues Forum (NF), Unabhängiger Frauenverband, Die GRÜNEN (Ost)
BP	Bayernpartei
BDD	Bund der Deutschen Demokraten
BSA	Bund sozialistischer Arbeiter, deutsche Sektion der Vierten Internationale
Liga	CHRISTLICHE LIGA. Die Partei für das Leben
CM	CHRISTLICHE MITTE
Öko-Union	DEUTSCHE SOLIDARITÄT, Union für Umwelt- und Lebensschutz
Die Grauen	DIE GRAUEN Initiiert vom Senioren-Schutz-Bund „Graue Panther" e.V. (SSB-GP)
Mündige	Die Mündigen Bürger
REP	DIE REPUBLIKANER
EFP	Europäische Föderalistische Partei – Europa-Partei
FRAUEN	Frauenpartei
KPD	Kommunistische Partei Deutschlands
NPD	Nationaldemokratische Partei Deutschlands
ÖDP	Ökologisch-Demokratische Partei
Patrioten	Patrioten für Deutschland
SpAD	Spartakist-Arbeiterpartei Deutschlands Sektion der Internationalen Kommunistischen Liga (Vierte Internationale)
VAA	Vereinigung der Arbeitskreise für Arbeitnehmerpolitik und Demokratie

Moderne Demokratien sind Parteienstaaten. In ihnen werden die Organisation und Arbeitsweise von ↑ Parlament und ↑ Regierung durch P. bestimmt. Die P. beeinflussen auch die öffentliche Verwaltung (↑ politische Beamte) und weite Bereiche des öffentlichen Lebens (z. B. Rundfunkanstalten). Grundsätzlich verschieden können jedoch die Parteiensysteme sein, je nachdem, ob sie auf dem Prinzip der *Parteienkonkurrenz* beruhen oder nicht. In Systemen mit Parteienkonkurrenz unterscheidet man *Zweiparteiensysteme* (mit klarer Alternative Regierung–Opposition) und *Mehrparteiensysteme* mit Zwang zur Bildung von ↑ Koalitionen. Systeme ohne Parteienkonkurrenz sind entweder offene *Einparteiensysteme* (z. B. in der ehemaligen UdSSR) oder verborgene (mit mehreren P., aber dem verfassungsmäßig festgelegten Führungsanspruch einer Partei und Wahlen nach einer ↑ Einheitsliste, so in der ehemaligen DDR). Die Entwicklung der P. und Parteiensysteme ist abhängig vom jeweiligen Wahlsystem und Regierungssystem. Das Verhältniswahlrecht begünstigt das Aufkommen kleiner P. (↑ Splitterparteien), das ↑ parlamentarische Regierungssystem fördert mehrheitsbildende Volksparteien.

Politisch bedeutende Probleme in westlichen Demokratien werden aufgeworfen durch die Fragen der innerparteilichen Willensbildung (innerparteiliche Demokratie), der ↑ Parteienfinanzierung und des Verbotes verfassungswidriger Parteien. In der BR Deutschland ist die Mitwirkung der P. an der politischen Willensbildung, ihre innere Organisation und die Parteienfinanzierung durch Art. 21 GG und das Parteiengesetz vom 24. Juli 1967 geregelt. Bei einem Verstoß gegen die ↑ freiheitliche demokratische Grundordnung dürfen P. nicht wie andere verfassungswidrige Vereinigungen einfach von der Exekutive aufgelöst werden (Art. 9 Abs. 2 GG), sondern es ist ihre Verfassungswidrigkeit auf Antrag des ↑ Bundestages, des ↑ Bundesrates oder der ↑ Bundesregierung durch das ↑ Bundesverfassungsgericht festzustellen (sog. *Parteienprivileg,* Art. 21 Abs. 2 GG, §§ 43 ff. Bundesverfassungsgerichtsgesetz).

Parteienfinanzierung: Parteien benötigen für die allgemeine Parteiarbeit, die Bezahlung ihres Personals und die Durchführung von Wahlkämpfen finanzielle Mittel. Diese beziehen sie in der BR Deutschland v. a. aus drei Quellen: 1. Mitgliedsbeiträgen, 2. staatlichen Wahlkampfmitteln, 3. Spenden. Nach Art. 21 GG und dem 1989 neugefaßten Parteiengesetz müssen die Parteien über die Herkunft ihrer Mittel öffentlich Rechenschaft geben. Spender, deren Beitrag 40 000 DM im Jahr überschreitet, sind namentlich aufzuführen.

Die Einnahmen der Bundestagsparteien sind in den letzten Jahren drastisch gestiegen. 1989 betrugen die den fünf Bundestagsparteien zugeflossenen Mittel 628,7 Mill. DM. Die an den Bundestagswahlen teilnehmenden Parteien erhalten eine Erstattung ihrer Wahlkampfkosten von 5 DM pro Wahlberechtigtem im Verhältnis der erzielten Stimmen, vorausgesetzt, die Partei erreicht mindestens 0,5 % der Stimmen. Durch die großzügige »Selbstbedienung« der Parteien und das Bekanntwerden zum Teil illegaler Spendenpraktiken der Industrie (z. B. Flick-Spendenaffäre) ist die P. zunehmend auf Kritik gestoßen.

Parteiensystem ↑ Parteien.

Parteilichkeit: Im ↑ Marxismus-Leninismus die Behauptung, daß das Verhalten des Menschen grundsätzlich (auch in der Wissenschaft, Kunst u. a.) von seiner Klassenlage bestimmt ist und entsprechende (auch unbewußte) politische Auswirkungen hat. Aus diesem Grunde wurde auf allen Gebieten bewußte P. gefordert. Was das Prinzip der P. verlangt, wurde in der Praxis von der herrschenden kommunistischen Partei verbindlich festgelegt.

Parteiordnungsverfahren: Das P. muß gemäß den Vorschriften des Parteiengesetzes in der Satzung einer Partei geregelt sein. Insbesondere muß die Satzung die zulässigen Ordnungsmaßnahmen, die Gründe, aus denen sie verhängt werden können, sowie die Organe nennen, die dafür zuständig sind. Im Falle der Enthebung von Parteiämtern und des Verbots, sie zu übernehmen, muß der Beschluß ebenfalls begründet werden. Weiterhin sind nach dem Parteiengesetz Parteischiedsgerichte zu bilden, deren Ordnung dem Beteiligten rechtliches Gehör, ein gerechtes Verfahren und die Ablehnung wegen Befangenheit gewährleisten muß. Der Ausschluß eines

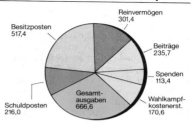

Parteienfinanzierung. Aus den Rechenschaftsberichten der im Deutschen Bundestag vertretenen politischen Parteien 1989. Die Beträge sind in Mill. DM gerundet

Parteimitglieds aus der Partei ist gesetzlich nur zulässig, wenn es vorsätzlich gegen die Satzung oder gegen die Grundsätze oder die Ordnung der Partei verstößt und ihr durch dieses Verhalten schweren Schaden zufügt.

Parteiverbot: Gemäß Art. 21 GG sind Parteien, die nach ihren Zielen oder nach dem Verhalten ihrer Anhänger darauf ausgehen, die ↑ freiheitliche demokratische Grundordnung zu beeinträchtigen oder zu beseitigen oder den Bestand der BR Deutschland zu gefährden, verfassungswidrig. Das P. wird wegen seiner politischen Brisanz selten angewandt. Die Entscheidung hierüber kann nur das ↑ Bundesverfassungsgericht auf Antrag der Bundesregierung, des Bundestags oder des Bundesrats treffen. Bisher sind nur zwei Parteien verboten und aufgelöst worden: die neofaschistische Sozialistische Reichspartei (SRP) 1952 und die ↑ Kommunistische Partei Deutschlands (KPD) 1956.

Partikularismus: Das Streben von Bevölkerungsteilen nach Wahrung von Sonderinteressen und weitgehender ↑ Autonomie in einem Staat (besonders von Gliedstaaten in einem ↑ Bundesstaat). − ↑ auch Separatismus, ↑ Föderalismus.

Partisanen: Personen, die sich außerhalb eines offiziellen militärischen Verbandes, meist hinter den feindlichen Linien, an den Kämpfen beteiligen.

Partizipation bezeichnet die direkte oder indirekte Teilnahme der Bürger am politischen Willensbildungs- und Entscheidungsprozeß. In ↑ parlamentarischen Regierungssystemen findet sie v. a. bei Wahlen statt. Weiter bedeutsam ist die Mitgliedschaft in politischen Parteien und Verbänden, die Wahrnehmung des Versammlungs- und Demonstrationsrechts sowie die direkte politische Entscheidung durch Plebiszite. In jüngerer Zeit haben v. a. auf lokaler Ebene ↑ Bürgerinitiativen, Bürgerforen und Planungsbeiräte Bedeutung gewonnen. – ↑ auch Planfeststellungsverfahren.

Während nach dem traditionellen Demokratieverständnis P. im wesentlichen in Form von Wahlen zur Legitimation der politischen Repräsentanten erfolgt (repräsentative Demokratie), wird im Rahmen des partizipatorischen Demokratieverständnisses betont, daß es einer möglichst breiten, über Wahlen hinausgehenden P. bedarf, wenn bestimmte Interessen nicht grundsätzlich aus dem politischen Entscheidungsprozeß ausgeschlossen sein sollen. V. a. eröffne sich durch eine verantwortliche P. auch eine »Form der Entfaltung und Betätigung menschlicher Möglichkeiten überhaupt«. Einer drastischen Ausweitung der P. stehen jedoch v. a. die Zahl und Komplexität der anstehenden Entscheidungen, die in der Regel beschränkte Zeit der Bürger, sich mit ihnen zu befassen, und die Konkurrenz des politischen Interesses mit anderen, privaten und gesellschaftlichen Interessen gegenüber. Empirische Untersuchungen belegen, daß – sieht man von Wahlen ab – nur eine kleine Minderheit von Bürgern politisch aktiv ist. Dabei steigt die Partizipationsrate mit dem sozioökonomischen ↑ Status. Männer beteiligen sich mehr als Frauen, und Bürger, die im politischen Bereich aktiv sind, beteiligen sich mehr als politisch Passive auch an sozialen Aktivitäten (kumulative Beteiligung).

Die Organisation der P. stellt ein zentrales Problem des modernen (interventionistischen) Sozialstaates dar, da er um so mehr von der Mitwirkung seiner Bürger abhängig wird, je mehr er bestrebt ist, gesellschaftliche Wirkungen zu erzielen.

Partnerschaft bezeichnet ein soziales Prinzip, das – trotz sozialer Ungleichheiten (Herkunft, Einkommen, Macht) und Verschiedenheiten – die Individuen (z. B. in einer Ehe), Gruppen oder Organisationen, auch Staaten zu vertrauensvoller Zusammenarbeit anhält. Trotz unterschiedlicher Interessen unterwerfen sich die Partner gemeinsamen »Spielregeln« zur Regelung eventueller ↑ Konflikte. Die *Sozialpartnerschaft* umfaßt z. B. ↑ Arbeitgeber und ↑ Arbeitnehmer (Tarifvertragsparteien) und betont dabei den Vorrang der Gemeinsamkeiten gegenüber den existierenden Konflikten.

passiver Widerstand verzichtet – im Gegensatz zum aktiven – auf Gewaltanwendung und äußert sich in verminderter Dienst- oder Sachleistung (z. B. Dienst nach Vorschrift); u. a. 1923 im Ruhrgebiet gegen dessen französische Besetzung angewandt. – ↑ auch gewaltloser Widerstand.

passives Wahlrecht *(Wählbarkeit)* ist die Befähigung (z. B. als Abgeordneter in ein Parlament) gewählt zu werden. Das p. W. zum ↑ Bundestag setzt Volljährigkeit voraus (Art. 38 Abs. 1 GG).

Patent: Das Recht des Erfinders an seiner Erfindung ist ein technisches ↑ Urheberrecht, das durch die Erteilung des P. geschützt wird. Die Rechtsordnung hat das Recht zur wirtschaftlichen Auswertung einer neuen Idee, die Technik und Wissenschaft fördert, demjenigen zuerkannt, der sie hervorgebracht hat. Er hat Anspruch auf eine gerechte Vergütung für die Verwertung seiner Leistung durch Dritte. Die Erteilung des P. setzt die schriftliche Anmeldung beim Patentamt voraus. Die Wirkung des P. besteht in der Befugnis des Inhabers zur ausschließlichen gewerbsmäßigen Nutzung des Erfindungsgegenstands, z. B. durch den Abschluß von Lizenzverträgen. Die Schutzdauer des P. beträgt 20 Jahre. Wer unberechtigt die Erfindung eines anderen benutzt, haftet auf Schadensersatz und Unterlassung.

patriarchalisch nennt man Regierungsweisen, in denen z. B. der Monarch als »Landesvater« fürsorglich tätig und seine Herrschaft in Anlehnung zur Vaterschaft legitimiert wird (auch: Art der Betriebsführung).

Patriarchat [von griechisch patriárchēs »Familienherrscher, Sippenoberhaupt«]: Bezeichnung für eine Gesellschaftsordnung, in der dem Mann (Vater, Sippenältesten) die alleinige Entscheidungsgewalt zukommt und sich Abstammung und Erbfol-

ge nach ihm regeln. – Im Gegensatz dazu:
↑ Matriarchat.

Patriotismus [von lateinisch patria »Vaterland«] bedeutet Liebe zum Vaterland, zur Heimat. P. äußert sich z. B. in der Achtung vor nationalen Symbolen oder in der Bereitschaft, für das Vaterland einzutreten. Der P. fördert das Zusammengehörigkeitsgefühl und ist vom ↑ Nationalismus und vom ↑ Chauvinismus als seinen Extremformen zu unterscheiden.

Patronage: Stellenbesetzung (v. a. im politischen Bereich) aufgrund von Protektion und Begünstigung (z. B. durch Parteien: *Parteibuchkarriere*).

Patt: Situation, die durch Kräftegleichheit politischer Gegner und dadurch bedingte Einschränkung ihrer Handlungsfreiheit gekennzeichnet ist (z. B. ↑ atomares Patt).

Pazifismus: Grundhaltung, die bedingungslos Friedensbereitschaft fordert, jede Gewaltanwendung kompromißlos ablehnt und damit in letzter Konsequenz zur Kriegsdienstverweigerung führt; gleichzeitig zusammenfassende Bezeichnung für die seit dem 19. Jahrhundert entstandenen Friedensbewegungen, die programmatisch die Ziele des P. verfechten. Pazifistische Gedanken führten zur Gründung des Völkerbundes und der ↑ UN. Beide Institutionen sind jedoch insofern nicht radikal pazifistisch, als sie das Recht zur Selbstverteidigung ausdrücklich anerkennen und militärische Sanktionen als letztes Mittel zur Erhaltung oder Wiederherstellung des Friedens billigen.

PDS (Abk. für **P**artei des **D**emokratischen **S**ozialismus): Nachfolgeorganisation der ↑ SED. Nach dem Ende ihrer Alleinherrschaft im Herbst 1989 fand im Dezember 1989 in der ehemaligen DDR ein Sonderparteitag der SED statt, auf dem sie radikale Reformen versprach, dem ↑ Stalinismus abschwor sich dem ↑ demokratischen Sozialismus verschrieb. Äußerlich versuchte man, durch den Ausschluß ehemals führender Politiker wie E. Honecker u. a. einen Schlußstrich unter die Vergangenheit zu ziehen. Am 17. Dezember 1989 wurde dem Parteinamen SED das Kürzel PDS angehängt, seit dem 4. Februar 1990 heißt die Partei nur noch PDS. Vorsitzender der Partei wurde G. Gysi. Bei den

Volkskammerwahlen vom 18. März 1990 erreichte die PDS 16,4% der Stimmen, bei der Bundestagswahl vom 2. Dezember 1990 2,4% (11,1% im östlichen Wahlgebiet) und zog mit 17 Abgeordneten in den Bundestag ein. Die PDS, die 1990 etwa 250 000 Mitglieder zählte, hat ihre Hochburgen in den Ländern Mecklenburg-Vorpommern und Brandenburg. Sie vertritt den Anspruch, Interessenwahrer der ehemaligen DDR-Bürger zu sein.

Peer-group [von englisch peer »gleicher«]: Soziologische Bezeichnung für eine Gruppe etwa gleichaltriger Jugendlicher, die dem einzelnen beim Übergang von der familienbezogenen Kindheit zum Erwachsensein soziale Orientierung vermittelt. Die Bedeutung der P.-g. liegt v. a. darin, daß sie den in der Familie eingeleiteten Sozialisationsprozeß fortsetzt (↑ Sozialisation).

Pendler sind Berufstätige, die werktags zwischen Wohn- und Arbeitsstätte hin- und zurückfahren. Das Pendlerwesen hängt mit einer Konzentrierung der Produktion und Verwaltungtätigkeit in großen Betrieben sowie dem Auszug vieler Berufstätiger aus den Städten infolge der dort abnehmenden ↑ Lebensqualität zusammen. Es führt zu Problemen des Nahverkehrs und der Stadtentwicklung (»Verödung der Innenstädte«).

Pension ist ein dem ↑ Beamten gesetzlich und dem Arbeitnehmer vertraglich zugesichertes Altersruhegeld; die Höhe ist abhängig von der Zahl der Dienstjahre und den zuletzt erreichten Dienstbezügen.

Pentagon: Bezeichnung für das auf fünfeckigem Grundriß 1941/42 errichtete Gebäude des Verteidigungsministeriums der USA; auch für das Verteidigungsministerium als Institution.

Perestroika [russisch »Umbau«]: Schlagwort für die zusammen mit der Öffnung der Massenmedien (↑ Glasnost) seit 1985 von M. Gorbatschow in der ehemaligen UdSSR verfolgte Strategie gesellschaftlicher Reformen bei den politischen Institutionen und im wirtschaftlichen Bereich. Unklar blieb, ob und wie weit mit der P. eine Einführung von pluralistischer, rechtsstaatlicher Demokratie und Marktwirtschaft angestrebt wurde. Nachdem fünf Jahre P. zu keiner durchgreifenden

Veränderung geführt hatten, gewannen Radikalreformer, die für einen schnelleren politischen und wirtschaftlichen Umbau eintreten, seit 1990 zunehmend an Boden. Mit dem gescheiterten Putsch konservativer Kräfte im August 1991 konnten die Reformkräfte sich endgültig durchsetzen.

permanente Revolution: Die Theorie der p. R., von L. Trotzki 1904–06 entwickelt, gilt als eine der ideologischen Grundlagen des ↑ Trotzkismus. Nach Trotzki muß die bürgerliche Revolution unmittelbar in die proletarische übergehen, wobei der Sieg der Revolution nur in Form der ↑ Diktatur des Proletariats denkbar ist. Um das revolutionären Errungenschaften zu sichern, ist es jedoch nötig, daß die Revolution den nationalen Rahmen sprengt und zur ↑ Weltrevolution wird. Von Mao Tse-tung wurde der Begriff der p. R. aufgegriffen (↑ Maoismus); er verstand die p. R. als langfristigen Prozeß, der sich gegen die Bürokratisierung richtet und das revolutionäre Bewußtsein fördert.

permissive society [englisch »vieles zulassende Gesellschaft«]: Charakterisierung der modernen Gesellschaft, die auf die vermehrten Möglichkeiten unmittelbarer Bedürfnisbefriedigung durch die Lockerung sozialer Kontrollen (z. B. in der Kindererziehung oder im sexuellen Verhalten) hinweist.

Personalitätsprinzip heißt der Grundsatz, daß sich die ↑ Rechtsordnung eines Staates auf alle Staatsangehörigen erstreckt, auch wenn sie sich im Ausland befinden (z. B. Strafverfolgung auch für im Ausland begangene Straftaten). – Im Gegensatz dazu: ↑ Territorialprinzip.

Personalrat ↑ Personalvertretung.

Personalvertretung: Bezeichnung für diejenigen Organe, die die Interessen der im ↑ öffentlichen Dienst Beschäftigten vertreten. Rechtsgrundlage sind das Bundespersonalvertretungsgesetz von 1974, das das Personalvertretungsgesetz von 1955 ablöste, und entsprechende Landesgesetze.

In allen Dienststellen mit mehr als fünf Beschäftigten sind *Personalräte* und eine *Jugendvertretung* bei ebensoviel Beschäftigten unter 18 Jahren vorgeschrieben. Für nicht ständig Beschäftigte gelten besondere Regelungen. Außerdem gibt es bei größeren Dienststellen Gesamtpersonal-, Bezirks- und Landespersonalräte. Die P. ist nach dem Gruppenprinzip organisiert, d. h. sie setzt sich aus Arbeitern, Angestellten und Beamten, je in der entsprechenden Zahl, zusammen. Die Aufgaben des Personalrats entsprechen denen des ↑ Betriebsrats nach dem ↑ Betriebsverfassungsgesetz, soweit sie mit den besonderen Bedingungen des öffentlichen Dienstes zu vereinbaren sind.

Persona non grata [lateinisch »unerwünschte Person«]: Bezeichnung für den Vertreter eines Staates, dessen Aufenthalt und diplomatische Tätigkeit im Aufenthaltsstaat als unerwünscht erklärt wird.

Personengesellschaft ist ein Zusammenschluß mehrerer Personen (= *Gesellschafter*), die mit ihrem privaten Vermögen für die Verbindlichkeiten der Gesellschaft haften. Nicht die Kapitalbeteiligung (wie bei ↑ Kapitalgesellschaften), sondern die persönlichen Leistungen und Fähigkeiten des einzelnen Gesellschafters stehen im Vordergrund (z. B. ↑ offene Handelsgesellschaft, ↑ Kommanditgesellschaft).

Personenkult: Verehrung politischer Führer, denen eine besondere politische Befähigung zugeschrieben und die Ausübung unkontrollierter Macht gestattet wird; besonders in diktatorischen und kommunistischen Regierungssystemen.

Persönlichkeit: Das, was eine Person charakterisiert, ihre Individualität; v. a. in der Psychologie verwendeter Begriff zur Beschreibung und Erklärung des Verhaltens von Individuen. P. wird dabei in verschiedenen Forschungsrichtungen unterschiedlich definiert. Ältere Ansätze verstehen P. als »Charakter« eines Menschen. Neuere Forschungsansätze definieren P. als ein für verschiedene Menschen unterschiedliches Bündel von individuellen Verhaltensweisen, das die Anpassung an die Umwelt bestimmt. Durch spezielle Techniken versucht die Persönlichkeitsforschung verschiedene Faktoren zu ermitteln, die der P. zugrundeliegen (z. B. Aktivität, Geselligkeit). Persönlichkeitseigenschaften sind anlagebedingt, können aber durch die Umwelt (teilweise sogar stark) verändert werden.

Persönlichkeitsschutz: Art. 2 Abs. 1 GG verbürgt für jedermann das Recht auf freie Entfaltung seiner Persönlichkeit und schützt damit die menschliche Handlungsfreiheit in einem umfassenden Sinne. Aus dem Recht auf freie Entfaltung der Persönlichkeit und der Garantie der ↑ Menschenwürde (Art. 1 Abs. 2 GG) läßt sich ein Recht des einzelnen auf Achtung seiner individuellen Persönlichkeit durch den Staat und den privaten Rechtsverkehr durch Dritte (↑ Drittwirkung der Grundrechte) ableiten. Der P. umfaßt auch seine ↑ Intimsphäre. Da der Mensch jedoch in Gemeinschaft mit anderen lebt, sind seiner Freiheit und dem P. Schranken gesetzt: Das Grundgesetz nennt als solche die Rechte Dritter, die verfassungsmäßige Ordnung und das Sittengesetz. Die Nichtbeachtung des P. und die rechtswidrige Beeinträchtigung des Persönlichkeitsrechts gibt dem Verletzten Ansprüche auf Unterlassung und Beseitigung (Widerruf, Berichtigung, Gegendarstellung).

Persönlichkeitswahl ↑ Wahlen.

Petitionsrecht: Nach Art. 17 GG hat jedermann »das Recht, sich einzeln oder in Gemeinschaft mit anderen schriftlich mit Bitten oder Beschwerden an die zuständigen Stellen und an die Volksvertretung zu wenden«. Das P. war ursprünglich das Recht bestimmter Stände, ihre Bitten und Beschwerden beim Monarchen vorzubringen. Wichtigster Inhalt des P. ist heute die Pflicht der Stelle, bei der die Petition eingeht, sich mit der Bitte, dem Antrag oder der Beschwerde sachlich auseinanderzusetzen. Der Bürger, der die Beschwerdeschrift einreicht (= der *Petent*), hat Anspruch darauf, daß seine Petition entgegengenommen wird. Ein Instanzenzug muß nicht eingehalten werden, z. B. kann eine Beschwerde direkt an den Ministerpräsidenten unter Außerachtlassung aller vorgeschalteten Instanzen gerichtet werden. Das P. des Art. 17 GG fordert Schriftform und eine eigenhändige Unterschrift oder beglaubigtes Handzeichen. Die Petition darf nicht anonym oder mit einer falschen Unterschrift versehen sein, sie darf nicht beleidigend sein und die Bitte oder Beschwerde darf sich nicht auf etwas Verfassungs- oder Gesetzwidriges richten (z. B. Wiedereinführung der Monarchie oder Aufhebung rechtskräftiger Urteile). Für Beamte gelten aufgrund ihres besonderen Dienst- und Treueverhältnisses Beschränkungen; durch Art. 17 a GG ist das P. von Soldaten ebenfalls eingeengt.

Eine zentrale Rolle im Petitionswesen spielen die *Petitionsausschüsse* der Parlamente. In der 10. Wahlperiode (1983 bis

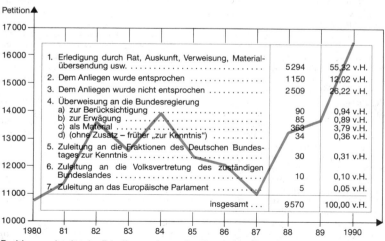

1.	Erledigung durch Rat, Auskunft, Verweisung, Materialübersendung usw.	5294	55,32 v.H.
2.	Dem Anliegen wurde entsprochen	1150	12,02 v.H.
3.	Dem Anliegen wurde nicht entsprochen	2509	26,22 v.H.
4.	Überweisung an die Bundesregierung		
	a) zur Berücksichtigung	90	0,94 v.H.
	b) zur Erwägung	85	0,89 v.H.
	c) als Material	363	3,79 v.H.
	d) (ohne Zusatz – früher „zur Kenntnis")	34	0,36 v.H.
5.	Zuleitung an die Fraktionen des Deutschen Bundestages zur Kenntnis	30	0,31 v.H.
6.	Zuleitung an die Volksvertretung des zuständigen Bundeslandes	10	0,10 v.H.
7.	Zuleitung an das Europäische Parlament	5	0,05 v.H.
	insgesamt . . .	9570	100,00 v.H.

Petitionsrecht. Art der Erledigung der an den Deutschen Bundestag 1990 gerichteten Petitionen. Seit 1980 hat sich die Zahl der Eingaben nahezu verdoppelt

1987) sind beim Petitionsausschuß des Bundestags über 49 000 Petitionen eingegangen. Hinzu kamen über 200 000 Masseneingaben, u. a. zur Stationierung von Mittelstreckenraketen. In rund 5000 Fällen (= 10%) wurde dem Anliegen der Einsender entsprochen, 2323 Eingaben wurden der Bundesregierung zur Berücksichtigung, zur Erwägung sowie als Material zu Kenntnisnahme überwiesen.

Pfand: Eine Sache, die zur Sicherung einer (Geld-)Forderung dient. Kommt der Schuldner seinen Verpflichtungen nicht nach, kann sich der Gläubiger durch Veräußerung des P. befriedigen. Ein Pfandrecht kann außer an fremden Sachen auch an fremden verwertbaren Rechten bestehen.

Pfändung ist die staatliche Beschlagnahme eines Gegenstandes zur Befriedigung der Geldforderung eines Gläubigers. P. erfolgt durch den Gerichtsvollzieher im Wege der ↑ Zwangsvollstreckung in das bewegliche Vermögen (Gegensatz: unbewegliches Vermögen = Grundstücke) des Schuldners (z. B. durch Anbringen einer Pfandmarke, der sog. »Kuckuck«). Notwendige Gegenstände des Lebens (z. B. Radio, Fernseher) sind unpfändbar. Gepfändetes Geld liefert der Gerichtsvollzieher an den Gläubiger ab. Andere Gegenstände werden öffentlich durch den Gerichtsvollzieher versteigert.

Pflegenotstand weist auf den Personalmangel bei der Patientenbetreuung im Bereich der Krankenpflege hin. Obwohl die Relation von Pflegepersonal und Patienten seit Mitte der 1970er Jahre gleich geblieben ist, entstand der P. 1. durch die Verkürzung der effektiven Jahresarbeitszeit des Pflegepersonals (z. B. durch höhere Urlaubsansprüche), 2. durch häufigere Fehlzeiten, 3. aufgrund von Personalstellen, die aus Bewerbermangel nicht besetzt werden können, und 4. aufgrund des erhöhten medizinischen Versorgungsaufwands. Schichtdienst eingerechnet, betreut eine Pflegeperson heute faktisch 14 Patienten. Abhilfe kann v. a. durch eine Erhöhung der Attraktivität der Pflegeberufe erreicht werden (z. B. durch bessere Bezahlung, durch vermehrte Weiterbildungs- und Aufstiegsmöglichkeiten, veränderte Arbeitszeiten).

Pflegeversicherung: Die zunehmende Zahl pflegebedürftiger Menschen und das Problem, einen finanziell tragbaren Platz in einem Alten- bzw. Pflegeheim zu bekommen, führten zu der Überlegung, eine P. einzuführen. Strittig ist, ob diese P. als ↑ Pflichtversicherung – mit oder ohne Beteiligung der Arbeitgeber – oder als freiwillige Vorsorgeleistung der einzelnen Bürger ausgestaltet werden soll.

Pflicht: Verhaltensgebot, das sich an bestimmte Menschen, z. B. Amtsträger (Amtspflicht), oder Menschen allgemein richtet (z. B. Hilfeleistungspflicht). Die P. kann rechtlich (Rechtspflicht) oder sittlich begründet sein (moralische P.). Die Einhaltung von Pflichten wird auf unterschiedliche Weise, z. B. durch Vorgesetzte, Staatsorgane oder öffentliche Kritik in den Medien, kontrolliert und sanktioniert (z. B. ↑ Disziplinarverfahren). Der P. gegenüber steht die Berechtigung (subjektives ↑ Recht). Von besonderer Bedeutung ist das Verhältnis von P. und Neigung, da in beiden wesentliche Voraussetzungen für die Entwicklung der einzelnen Persönlichkeit sowie der Gesellschaft liegen.

Pflichtteil ↑ Erbrecht.

Pflichtversicherung: Eine Versicherung, die abzuschließen jemand gesetzlich verpflichtet ist, um sich und andere gegen Schadensfolgen zu schützen. Zur P. gehören z. B. die Haftpflichtversicherung für Kraftfahrzeughalter sowie innerhalb der ↑ Sozialversicherung die ↑ Krankenversicherung, ↑ Unfallversicherung, ↑ Arbeitslosenversicherung und ↑ Rentenversicherung.

Pflichtverteidiger: Vom Gericht bestellter ↑ Verteidiger in Strafsachen, wenn sich der Beschuldigte in schwierigen Fällen, in denen das Gesetz eine Verteidigung vorschreibt, nicht selbst einen Beistand wählt.

Plädoyer ist der Sachvortrag eines Rechtsanwalts oder eines Staatsanwalts mit dem Ziel, das Gericht zu überzeugen.

Plan: Mittel- bis langfristige Zusammenfassung und Abstimmung von Aktivitäten zur Erreichung bestimmter Ziele, meist bezogen auf eine ↑ Volkswirtschaft oder ein Unternehmen. Auf volkswirtschaftlicher Ebene kann ein P. als Festlegung und Koordinierung wirtschaftspolitischer Maßnahmen betrachtet werden, der in der Regel alle Wirtschaftszweige umfaßt. Ein Unternehmensplan umfaßt entsprechend die einzelnen Bereiche der Betriebsorganisation (z. B. Beschaffung, Produktion, Absatz, Finanzen). Das Hauptproblem bei der Aufstellung eines P. besteht meist darin, mehrere voneinander unabhängig aufgestellte Einzelpläne miteinander zu vereinbaren. Die Aufstellung eines zentralen P. durch eine staatliche Planungsbehörde verlagert und vergrößert diese Koordinations- und Informationsschwierigkeiten (↑ Zentralverwaltungswirtschaft).

Außer im wirtschaftlichen Bereich gibt es Pläne auch auf anderen Gebieten (z. B. Strukturplan des Bildungsrats, Ausbauplanung des Verkehrsnetzes, ↑ Haushaltsplan). – ↑ auch Planung.

Planung ist die geistige Vorwegnahme künftigen Handelns. Ihre Ergebnisse sind Sollgrößen für nachgelagerte Plan- oder Ausführungsentscheidungen. P. setzt Vorhersagen über die Folgen alternativen Handelns voraus, die nicht mit Sicherheit abzusehen sind. Die Unsicherheit steigt mit Ausweitung des Planungshorizonts. Umrißhafte *Langzeitpläne* werden daher durch abgeleitete, detailliertere *Kurzzeitpläne* ergänzt und der eingetretenen Entwicklung angepaßt. Neben *Vorgabeplänen* für die wahrscheinlichste Entwicklung kann auch ein *Alternativplan* für weniger wahrscheinliche Ereignisse erstellt werden. Staatliche P. wird auch in marktwirtschaftlichen Systemen betrieben. Es handelt sich hier um mittelfristige (etwa fünfjährige) und langfristige Perspektiven, die für die staatliche Tätigkeit in verschiedenen Bereichen entwickelt werden (*Fachplanungen,* z. B. für den Ausbau von Fernverkehrsstraßen, Umrüstung der Bundeswehr, Umstrukturierung des Bildungsangebots). Wichtig ist die Koordinierung der unterschiedlichen Fachplanungen, um ihre gegenseitige Abstimmung zu erreichen (*Querschnittsplanung,* z. B. Verbindung von Verkehrs- und regionaler Wirtschaftsplanung) und um ihre Finanzierung zu ermöglichen. Im Gegensatz zur ↑ Zentralverwaltungswirtschaft bleibt in marktwirtschaftlichen Systemen der Bereich der Wirtschaft jedoch grundsätzlich der flexi-

blen P. der einzelnen privat wirtschaftenden Einheiten überlassen. Hier greift der Staat in erster Linie nur mit allgemeinen Steuerungsmitteln zur Erhaltung des marktwirtschaftlichen Systems ein (↑ Globalsteuerung). Auch außerhalb des wirtschaftlichen Bereichs (z. B. im Verhältnis von Bund und Ländern, Ländern und Gemeinden) wird oft zwischen allgemeinen Vorgaben *(Rahmenplanung)* und *Detailplanung* unterschieden, um P. durch Anpassung an regionale und lokale Besonderheiten flexibler zu machen (als Beispiel: ↑ Raumordnung).

Grundsätzlich stößt umfangreiche, staatliche P. auf schwierige Probleme bei der Beschaffung der notwendigen Informationen, bei der Berechnung von Folgekosten (= Kosten, die durch unerwünschte Nebenfolgen bei der Realisierung von P. entstehen) und bei der Berücksichtigung politisch grundsätzlicher Anschauungen sowie individueller und sonstiger besonderer Wünsche. Staatliche Planungen durch die Exekutive engen auch die Möglichkeiten der Parlamente zu politischen Grundsatzentscheidungen ein. Die Kurzfristigkeit von Wahlperioden (meist etwa vier Jahre) mit der Möglichkeit eines anschließenden politischen Kurswechsels hemmt andererseits die Entwicklung längerfristiger Vorhaben oder aber beschneidet die Möglichkeit künftiger Regierungsmehrheiten, eine andere Politik zu betreiben.

Planfeststellungsverfahren ist ein Verwaltungsverfahren zur verbindlichen Festlegung eines Vorhabens nach § 38 des ↑ Baugesetzbuchs (z. B. Fernstraßenplanung, Bahnanlagenplanung, U-Bahn, Straßenbahnbau). Dem P. wird ein Raumordnungsverfahren vorgeschaltet (↑ Raumordnung), in dem seine Vereinbarkeit mit den überörtlichen Zielen der Landes- und Regionalplanung geprüft wird. Das P. wird mit der Vorlage eines Planungsentwurfs durch den Träger des Vorhabens eröffnet. Dem folgt ein Anhörungsverfahren, in dem die durch das Vorhaben berührten Behörden Stellung nehmen können. Anschließend wird der Plan einen Monat lang zur Einsicht in den betroffenen Gemeinden ausgelegt. Einwände betroffener Bürger werden bei einem Erörterungstermin behandelt. Das P. wird nach Abwägung aller Belange durch einen *Planfeststellungsbeschluß* abgeschlossen. Danach darf der Träger des Vorhabens bauen. Der Planfeststellungsbeschluß bildet auch die Grundlage für eventuell notwendige Enteignungsverfahren. Er kann jedoch vor Verwaltungsgerichten angefochten und dort auf Rechtsfehler überprüft werden. Ist der Beschluß gerichtlich unanfechtbar geworden, sind Ansprüche auf Unterlassung, Beseitigung oder Änderung ausgeschlossen. Wird jedoch mit der Durchführung des Planes nicht innerhalb von fünf Jahren begonnen, tritt er außer Kraft.

Planungswertausgleich: Abschöpfung des Wertzuwachses von Grundstücken. Nach dieser Vorstellung steht der Wertzuwachs, den ein Grundstück durch die Festsetzung als Bauland in einem Bebauungsplan erfährt, in Höhe eines bestimmten Prozentsatzes der Gemeinde zu. Auf diese Weise soll ein Druck auf die Baulandpreise ausgeübt und den Gemeinden die Finanzierung öffentlicher Einrichtungen erleichtert werden. Bei Stadt- und Dorfsanierungen wird ein »Umlegungsausgleich« verrechnet.

Planwirtschaft ↑ Zentralverwaltungswirtschaft.

Plebiszit ↑ Volksabstimmung.

plebiszitäre Demokratie ↑ Demokratie.

Plenum: Vollversammlung der Mitglieder einer politischen Institution (z. B. einer Volksvertretung). Beim P. liegt in der Regel die letzte Entscheidung, auch wenn Beschlüsse in Ausschüssen vorbereitet werden.

Pluralismus: Begriff, der ursprünglich neben der Bindung des Bürgers an den Staat die enge Bindung auch an andere Gruppen betont; der Staat selbst wird nur als ein Verband unter anderen verstanden. Westliche Demokratien sind pluralistische Gesellschaften, d. h. sie verfügen über eine Vielzahl freigebildeter politischer, wirtschaftlicher, religiöser, ethnischer und anderer Interessengruppen, die untereinander in Konkurrenz stehen und um politischen und gesellschaftlichen Einfluß ringen. Der P.-Theorie liegt die Annahme zugrunde, daß dieser Prozeß zu einem auf Kompromissen aufbauenden, zufriedenstellenden Ergebnis für alle führt (»Ge-

meinwohl a posteriori«). Dabei wird davon ausgegangen, daß diesem Prozeß ein generell akzeptierter Wertkodex und allgemein akzeptierte Verfahrensregeln zugrunde liegen, die eine Minderheit veranlassen können, sich dem Mehrheitsvotum zu beugen.

Drei Bereiche des pluralistischen Systems der BR Deutschland sind hervorzuheben: 1. Der *Verbändepluralismus:* Hier ist v. a. auf die Tarifpartner hinzuweisen; an ihnen läßt sich das Streben nach einem Kompromiß als wesentlichem Bestandteil für das Funktionieren einer liberalen Gesellschaft beispielhaft beobachten. 2. Der *Parteienpluralismus:* Er gilt als wesentliches Merkmal einer freiheitlichen Demokratie und ist durch das ↑ Grundgesetz garantiert. 3. Der *konfessionelle P.* zeigt sich in dem Nebeneinander verschiedener religiöser Bekenntnisse und in der konfessionellen und weltanschaulichen Neutralität des Staates. Kritisch ist gegenüber der P.-Theorie eingewandt worden, daß die sozialen Gruppen in einer Gesellschaft nicht gleich stark sind, sondern unterschiedliche Chancen haben, ihre Interessen durchzusetzen (z. B. Industrieverbände und Gewerkschaften mehr als Konsumentenvereinigungen). Auch gibt es Interessen, die unberücksichtigt zu bleiben drohen, weil sie keine entsprechende Vertretung finden (z. B. Kinder und alte Menschen). Hier entsteht in der Tat eine Verpflichtung des Staates, ausgleichend einzugreifen, die häufig schon von den Parteien aufgrund ihres Interesses, möglichst viele Wählerstimmen auf sich zu versammeln, wahrgenommen wird. In einer freiheitlichen Demokratie ist der P. der Meinungen und Interessen eine selbstverständliche Erscheinung. Es kann nicht darum gehen, ihn zu überwinden, d. h. mißliebige Meinungen und fremde Interessen zu unterdrücken, sondern nur darum, einen möglichst gerechten Interessenausgleich zu finden.

Plutokratie [griechisch »Geldherrschaft«] ist eine Herrschaftsform, in der die Macht von Gruppen ausgeht, deren Einfluß hauptsächlich auf ihrem wirtschaftlichen Reichtum beruht. P. kann z. B. durch Zensuswahlrecht institutionalisiert werden. Der Begriff spielte vor allem im kommunistischen Sprachgebrauch eine Rolle.

Pogrom: Judenverfolgung (benannt nach der von Plünderungen und Gewalttaten begleiteten Hetze gegen Juden im zaristischen Rußland); allgemein Bezeichnung für Ausschreitungen gegen Mitglieder von Minderheiten.

Polarisierung: Herausbildung und Distanzierung zweier sich gegenüberstehender Kräfte (Pole), z. B. die Aufspaltung einer zunächst breit gefächerten Meinungs-, Gruppen- bzw. Interessenvielfalt in zwei gegensätzliche Lager.

Politbüro (Kurzwort für »**Polit**isches **Bü**ro«): Das oberste politische Führungsorgan kommunistischer Parteien. Seine Mitglieder werden vom ↑ Zentralkomitee gewählt und entscheiden alle Grundsatzfragen der Politik. Die Leitung des P. liegt beim *Generalsekretär* oder *Ersten Sekretär.*
Das P. der SED in der ehemaligen DDR wurde Ende 1989 aufgelöst und in die neue Parteisatzung nicht übernommen.

Politik [von griechisch politikḗ téchnē »Kunst der Staatsverwaltung«]: Ursprünglich das den Staat und seine inneren Zustände Betreffende. Unter P. versteht man heute das staatliche Handeln und seine wichtigsten Grundsätze in verschiedenen Bereichen (z. B. Außen-, Innen-, Kultur-, Sozialpolitik) sowie das auf den Staat und die politische Willensbildung bezogene Verhalten seiner Bürger, besonders von Parteien und Interessenverbänden. Allgemein spricht man von P. auch im Hinblick auf die Interessendurchsetzung von einzelnen und Gruppen überhaupt, auch ohne Beziehung zum Staat (z. B. Familien-, Vereinspolitik).
Untersuchungen der P. gibt es seit der Antike (Platon, Aristoteles). Sie dienten zunächst der Einteilung der Staaten und der Feststellung, welche politischen Zustände das ↑ Gemeinwohl (im Sinne des »bene vivere« der Bürger) förderten (P. als Wissenschaft von der rechten Ordnung). Auch im Mittelalter herrschten Darstellungen der »gerechten« Regierung des Fürsten (Fürstenspiegel) vor. In der Neuzeit verlagerte sich seit N. Machiavellis (1469–1527) Buch über den »Fürsten« das Interesse an der P. auf die Analyse der (zum Teil ethisch problematischen) Mittel der Behauptung und Durchsetzung von Staaten

nach innen und außen (↑ Staatsräson) sowie die Mittel der Machterringung und -behauptung in Staaten selbst (P. als Machtverhältnis). Daneben gab es auch weiterhin Beschreibungen idealer politischer Zustände (»Utopien«) und Untersuchungen zur Ausübung »guter Polizey« (d. h. Politik) für den Fürsten und seine Beamten.

Politikwissenschaft (Politologie) untersucht v. a. ↑ Regierungssysteme (Vergleichende Regierungslehre), deren Beziehungen zueinander (Internationale Beziehungen), die Abhängigkeit der P. von Wirtschaft und Gesellschaft (↑ politische Ökonomie, politische Soziologie) und ältere politische Ordnungsvorstellungen (politische Ideengeschichte). Sie bedient sich dabei moderner wissenschaftlicher Theoriebildungen und Methoden (politische Theorie).

politische Beamte: Führende ↑ Beamte auf Lebenszeit, die bei Ausübung ihres Amtes in ständiger Übereinstimmung mit den grundsätzlichen politischen Ansichten und Zielen der Regierung stehen müssen und deshalb jederzeit nach Ermessen und ohne Angabe von Gründen in den einstweiligen Ruhestand versetzt werden können (u. a. Staatssekretäre und Ministerialdirektoren, Regierungspräsidenten).

politische Bildung ist Voraussetzung für verantwortungsbewußtes Handeln in einer Gesellschaft. Sie wird in der Schule (↑ Gemeinschaftskunde) und in der Erwachsenenbildung angestrebt. P. B. soll dem besseren Verständnis der gesellschaftlichen Wirklichkeit dienen und die Menschen befähigen, sich am politischen Leben zu beteiligen. Bei der p. B. geht es um Information, v. a. aber auch um die Ausbildung der Fähigkeit, politische Fragen beurteilen zu können. P. B. wird u. a. geleistet von Schulen, Parteien, Verbänden, der ↑ Bundeszentrale für politische Bildung und den Landeszentralen, von Akademien und Massenmedien.

politische Gefangene sind aus politischen, rassischen oder religiösen Gründen Verfolgte, denen friedliche oder gewaltsame oppositionelle Tätigkeit vorgeworfen wird. Zu den p. G. zählen auch Inhaftierte, die aufgrund ihrer Zugehörigkeit zu nationalen ↑ Minderheiten verfolgt werden. Die

Gefangenenhilfsorganisation ↑ Amnesty International gibt die Zahl der p. G. mit rund 500 000 in rund 60 Ländern der Erde an. In zahlreichen Staaten werden p. G. gefoltert oder zwangsweise in Nervenheilanstalten eingewiesen.

politische Kultur ist allgemein die Gesamtheit der auf die Politik bezogenen Verhaltensweisen in einer Gesellschaft (↑ auch politische Moral). Im besonderen nennt man p. K. die Gesamtheit der (erkenntnis- und gefühlsmäßigen) Einstellungen der Bürger zu politischen Institutionen, Personen und Handlungen in ihrem Land. Durch demoskopische Ermittlung dieser Einstellungen will man Aussagen über die Stabilität und Entwicklung demokratischer Systeme treffen.

politische Moral nennt man die Sitten im Bereich der Politik, die das Verhalten der Politiker untereinander und gegenüber den Bürgern bestimmen, ohne daß Verstöße dagegen rechtlich geregelte Folgen haben. Fragen der p. M. sind z. B. durch die Gepflogenheiten bei der ↑ Parteienfinanzierung aufgeworfen worden. Zur p. M. gehört auch der »politische Stil«, der z. B. angibt, wann ein Minister zurückzutreten hat, auch wenn er zum Rücktritt nicht gezwungen wird.

politische Ökonomie: Im weiteren Sinn die Lehre von der Wirtschaft in ihren politischen Zusammenhängen; im marxistischen Sprachgebrauch die von K. Marx und F. Engels entwickelte Gesellschafts-, Wirtschafts- und Staatstheorie. Diese untersucht, ausgehend von einer Kritik der sog. bürgerlichen Ökonomie, die wirtschaftlichen Verhältnisse in verschiedenen historisch aufeinanderfolgenden Gesellschaftsordnungen und die Abhängigkeit des politischen Bereichs von ihnen (↑ Marxismus). Von der westlichen politischen Wirtschaftslehre wird ebenfalls das Verhältnis von Wirtschaft und Staat untersucht, ohne daß man dabei jedoch von der Prämisse ausgeht, daß die Staatsorganisation von den jeweiligen wirtschaftlichen Verhältnisse in einer Gesellschaft »ableitbar« sei.

politische Polizei (auch *Geheimpolizei*): Bezeichnung für besondere Polizeiorgane, die mit der Verhinderung und Verfolgung politischer Straftaten befaßt sind.

Besondere Bedeutung gewinnt die p. P. in Diktaturen und totalitären Systemen, wo sie mit weitreichenden Vollmachten ausgestattet ist und, ohne rechtsstaatliche Rücksichten nehmen zu müssen, oft willkürliche Maßnahmen ergreift (z. B. der ehemalige Staatssicherheitsdienst in der DDR [↑ Stasi] oder das Staatssicherheitskomitee [KGB] in der ehemaligen UdSSR).

politisches Strafrecht: Vorschriften, die Handlungen gegen die innere oder äußere Sicherheit des Staates unter Strafe stellen (z. B. ↑ Hochverrat, Fortführung verfassungswidriger Parteien, ↑ Landesverrat).

politisches System: Grundbegriff der Politikwissenschaft; bezeichnet die Gesamtheit aller an der politischen Willensbildung und -durchsetzung beteiligten Institutionen, Personen und Vorgänge und ihre Beziehung zueinander. Zum p. S. zählen nicht nur ↑ Parlament und ↑ Regierung, sondern auch ↑ Parteien und ↑ Interessenverbände, nicht nur die Gesetzgebungsvorgänge, sondern politische Einflußnahmen überhaupt. – ↑ auch Regierungssystem.

Politologie svw. Politikwissenschaft. – ↑ auch Politik.

Polizei [von griechisch politeía »Staatsverwaltung«] nennt man die Behörden, denen die Abwehr von Gefahren für die ↑ öffentliche Sicherheit und Ordnung, notfalls unter Anwendung von Zwang, obliegt. Zur P. gehören nicht die uniformierten Vollzugseinheiten, d. h. der sog. »Polizist«, sondern auch andere staatliche Stellen, die mit der Wahrung von Sicherheit und Ordnung betraut sind und die in manchen Bundesländern als »Ordnungsbehörden« bezeichnet werden. Neben der uniformierten Schutzpolizei und Bereitschaftspolizei gibt es z. B. eine besondere Kriminalpolizei, Baupolizei, Gewerbepolizei.

Ursprünglich verstand man unter »Policey« den geordneten Zustand eines Staates mitsamt der Wohlfahrt seiner Bürger. Die »Polizeiverordnungen« des frühneuzeitlichen Staates im 16. und 17. Jahrhundert enthielten daher auch viele Bestimmungen, die das Leben der Untertanen reglementierten und ihren Wohlstand fördern wollten (Polizeistaat im älteren Sinne).

Erst im Verfassungsstaat des 19. Jahrhunderts wurde unter der Herrschaft liberaler Vorstellungen die polizeiliche Tätigkeit allmählich auf die Wahrung der öffentlichen Sicherheit und die Aufrechterhaltung der äußeren Ordnung beschränkt, wurde die Förderung der Wohlfahrt zur privaten Angelegenheit erklärt und später im ↑ Sozialstaat zur Aufgabe einer besonderen Sozialverwaltung. Zur gleichen Zeit wurden uniformierte Polizeieinheiten zur Wahrung der öffentlichen Ordnung gegen Aufruhr und Tumult aufgestellt – eine Aufgabe, die vorher ausschließlich das Militär wahrgenommen hatte. Nach 1945 bemühte man sich, den Aspekt polizeilicher Hilfe für den Bürger (»Die Polizei, Dein Freund und Helfer«) bei der Aufrechterhaltung der öffentlichen Sicherheit im Gegensatz zur autoritären Ordnungswahrung früherer Zeiten und totalitärer Staaten verstärkt herauszustellen. Träger der P. in der BR Deutschland sind v. a. die Länder; sie haben Teile der polizeilichen Aufgaben auf die ↑ Gemeinden übertragen. Polizeibehörden des Bundes sind z. B. der Bundesgrenzschutz und das Bundeskriminalamt. Polizeibehörden können Einzelmaßnahmen oder generelle Regelungen (polizeiliche ↑ Verordnungen) treffen und aufgrund gesetzlicher Ermächtigung zur Erfüllung ihrer Aufgaben in ↑ Grundrechte der Bürger eingreifen.

polizeiliches Führungszeugnis ist das Zeugnis der zuständigen polizeilichen Meldebehörde, das über die in einem Bundeszentralregister erfaßten strafgerichtlichen Verurteilungen Auskunft gibt. Nach dem Bundeszentralregistergesetz wird ein Führungszeugnis nur auf Antrag des Betroffenen oder seines gesetzlichen Vertreters erteilt.

Polizeistaat: Ursprünglich der das gesamte gesellschaftliche Leben reglementierende Staat des ↑ Absolutismus. Heute eine auf der ↑ Polizei (besonders auf der ↑ politischen Polizei) beruhende staatliche Herrschaft ohne rechtliche Sicherungen für den Bürger. – Im Gegensatz dazu: ↑ Rechtsstaat.

Polygamie: Form der Ehe, bei der ein Partner gleichzeitig und dauernd mit mehreren Partnern des anderen Geschlechts verbunden ist. P. ist in den meisten Staaten verboten. – Im Gegensatz dazu: ↑ Monogamie.

Polypol wird das Vorhandensein vieler Anbieter und Nachfrager auf dem Markt genannt, das im Gegensatz zum ↑ Monopol und zum ↑ Oligopol eine marktwirtschaftlich erwünschte Konkurrenz hervorbringt.

polytechnischer Unterricht hatte ursprünglich das Ziel, die inhumanen Auswirkungen der industriellen Produktionsweise zu mildern, den Schüler theoretisch und praktisch in die Zusammenhänge von Technik und Produktion einzuführen und damit praktische und theoretische Anlagen zu fördern. Vorläufer des p. U. sind die Fabrikschulen in England (R. Owen) und die École Polytechnique in Frankreich, die auf die Ideen der Frühsozialisten zurückgeht. In der DDR wurde der p. U. nicht nur zur Ausbildung bestimmter Fähigkeiten, sondern auch zur Indoktrination der Schüler mit sozialistischer Ideologie genützt.

Polyzentrismus: 1956 von P. Togliatti, dem Führer der KP Italiens, eingeführter Begriff, um das Organisationsverhältnis in der kommunistischen Weltbewegung zu charakterisieren. Die These vom P. stellte den Führungsanspruch der ↑ KPdSU in Frage und ging von einer zwangsläufigen Dezentralisierung im Weltkommunismus und einer Differenzierung des Weges zum Sozialismus in den einzelnen Ländern aus. – ↑ auch Eurokommunismus.

Pop-art [englische Abk. für **P**opular **art**, abgeleitet von Pop »Knall, Stoß«]: Richtung der modernen Kunst, die in den 1950er Jahren unabhängig voneinander in Großbritannien und den USA entstanden ist. P. verarbeitet Gegenstände des modernen, von Waren und Werbung geprägten Alltags und stellt diese in knalligen, poppigen Farben dar. Bekannte Vertreter der P. sind A. Warhol und R. Lichtenstein.

Position: In den Sozialwissenschaften gelegentlich gleichbedeutend mit dem Begriff ↑ Status gebraucht, bezeichnet P. eine durch bestimmte Funktionen und Aufgaben beschriebene Stellung (z. B. Spitzenposition, leitender Angestellter) in Organisationen, Behörden oder verschiedenen Berufsfeldern. Positionen stellen Gefüge dar, zwischen denen es verhältnismäßig eindeutige, festgelegte Handlungsbeziehungen gibt, die zu ihrer Beschreibung herangezogen werden. Man unterscheidet zwischen zugeschriebenen (z. B. Mann, Frau) und erworbenen Positionen (z. B. höherer Beamter, Facharbeiter). Die Offenheit einer Gesellschaft zeigt sich daran, wie groß die Möglichkeit ist, in höhere soziale Positionen aufzusteigen (↑ Mobilität). Aufgrund unterschiedlicher Bewertung und Wertschätzung sozialer Positionen, der an ihre Inhaber gestellten Aufgaben und Erwartungen und der gesellschaftlichen Vergütungen, die sie für deren Erfüllung erhalten, genießen Inhaber verschiedener Positionen unterschiedliches ↑ Prestige.

positives Recht ↑ Recht.

Positivismus bedeutet in den Sozial- und Verhaltenswissenschaften eine Forschungsrichtung, die sich bei ihrer Arbeit jeglicher Wertung und Orientierung an Normen zu enthalten versucht. Kennzeichnend ist das Bestreben, von Tatsachen auszugehen, und die Ablehnung jeder Metaphysik. Der P. in der ↑ empirischen Sozialforschung will nach naturwissenschaftlichem Vorbild Aussagen gewinnen, die es erlauben, bei eindeutig beschreibbaren Ausgangsbedingungen das Eintreten gewisser Ereignisse, Zustände und Verhaltensweisen zu erklären und voraussagbar zu machen. In der Rechtswissenschaft wird damit eine Richtung bezeichnet, die vom gesetzten bzw. allgemein anerkannten (positiven) ↑ Recht in einem Staatswesen ausgeht und einen Rückgriff auf überpositive Rechtsvorstellungen und Gerechtigkeitsideale (↑ Naturrecht) ablehnt.

postmaterialistisch nennt man die ↑ Werte, deren Realisierung heute v. a. von der Jugend angestrebt werden im Gegensatz zu den materiellen Gütern wie Geld, Kleidung und Statussymbolen, z. B. Autos, die früher bevorzugt wurden. In dem Zusammenhang spricht man auch von einem *Wertewandel* in der Gesellschaft.

Postmoderne: Ursprünglich ein Begriff der Architekturtheorie, der Bestrebungen bezeichnet, dem Funktionalismus und Rationalismus durch einen eher spielerischen Umgang mit Bauformen sowie der Mischung von Stilen zu entgehen. P. ist heute eine (modisch) diffuse Umschreibung für Phänomene und Entwicklungen einer nach-modernen Gesellschaft, die in einer Diskontinuität zu Politik, Lebensformen, Werten, Meinungen und Einstellungen der modernen Gesellschaft steht.

Post- und Fernmeldegeheimnis schützt alle der Post anvertrauten Sendungen vor unbefugter Bekanntgabe. Dem P.-u. F. unterliegen auch die Postscheck- und Postsparkassengeschäfte. Das ↑ Fernmeldegeheimnis ist ein Spezialfall des Postgeheimnisses. – ↑ auch Briefgeheimnis.

Post- und Fernmeldewesen: Das P.-u. F. ist Bundesangelegenheit. Es bildet den Zuständigkeitsbereich der *Deutschen Bundespost*. Das Postwesen im engeren Sinne umfaßt traditionell den Brief-, Paket-, Geldübermittlungs- und Postreisedienst sowie den Postsparkassen-, Postscheck- und Postzeitungsdienst. Zum Fernmeldewesen gehört außer dem Telefondienst und den Funkverbindungen auch der sendetechnische Bereich des Hörfunks und des Fernsehens. Mit dem Poststrukturgesetz vom 14. Juni 1989 wurde die Deutsche Bundespost in drei öffentliche Unternehmen unterteilt: Deutsche Bundespost *Postdienst* (Postwesen i.e.S.), Deutsche Bundespost *Postbank*, Deutsche Bundespost *Telekom* (Fernmeldewesen). Die Unterteilung in drei als Sondervermögen geführte Bereiche soll eine stärker marktwirtschaftliche Orientierung der Post ermöglichen. Zugleich müssen von ihr aber auch weiterhin öffentliche Dienstleistungen ohne Rücksicht auf ihre marktwirtschaftliche Rentabilität erbracht werden.

Potsdamer Abkommen: Bezeichnung für die am 2. August 1945 auf der Potsdamer Konferenz von den USA, der UdSSR und Großbritannien gefaßten Beschlüsse zur Regelung der Nachkriegsprobleme, denen auch Frankreich mit Vorbehalten am 7. August 1945 zustimmte. Die Bestimmungen des P. A. über Deutschland sollten zum einen den Aufbau einer demokratischen und friedlichen Ordnung unter alliierter Kontrolle und die Behandlung Deutschlands als Wirtschaftseinheit ermöglichen. Zum anderen wurden Beschlüsse über ↑ Reparationen, die vorläufige Abtrennung der Gebiete jenseits der

Oder-Neiße-Linie und die Ausweisung Deutscher aus der Tschechoslowakei, aus Polen und Ungarn gefaßt. Das P. A. ist die zentrale Regelung für die Nachkriegsordnung in Deutschland gewesen.

Präambel: Feierlicher Vorspruch zu internationalen Verträgen, Verfassungen und wichtigen Gesetzen, in dem Bedeutung, Zielsetzung und Motive der jeweiligen Regelung erläutert werden.

Pragmatismus: Bezeichnung für eine philosophische Richtung, die die Erkenntnis am Nutzen mißt, den sie für das Handeln des Menschen und für die Praxis des Lebens besitzt. Transzendentes hat für den P. keine Realität; die Idee wird von der Erfahrung geschaffen. Den größten Einfluß gewann der P. durch J. Dewey (1859–1952), der den P. auf die Erziehung zu demokratischem Verhalten bezog und damit wesentlichen Einfluß auf die amerikanische Erziehungslehre hatte.

Prägung: In der Psychologie Bezeichnung für die Tatsache, daß bestimmte Einflüsse auf den Menschen nachhaltig gestaltend – oder umgestaltend – wirksam werden (z. B. P. durch eine bestimmte ↑ Erziehung).

Präjudiz: Gerichtliche Entscheidung, die für spätere gleichgelagerte Fälle von richtungweisender Bedeutung ist. Eine förmliche Bindung an ein P. gibt es im englischen Rechtssystem.

Prämisse ist die Voraussetzung, aus der ein logischer Schluß gezogen werden kann. Bei unterschiedlichen Schlußfolgerungen ist darauf zu achten, auf welchen Prämissen die Meinungsverschiedenheiten beruhen.

Präsident: ↑ Staatsoberhaupt, ↑ Bundespräsident. Auch Titel von Repräsentanten von Parlamenten, Verwaltungsämtern, Hochschulen, Verbänden.

Präsidialsystem: Das P. ist gekennzeichnet durch eine strikte Trennung von Exekutive (Regierung) und Legislative (Parlament). Der Präsident als Spitze der Exekutive wird in der Regel vom Volk direkt gewählt. Er ist vom Vertrauen des Parlaments unabhängig und kann deshalb von diesem auch nicht abgewählt werden. Dem Präsidenten steht keine Gesetzesinitiative zu, er kann lediglich ein suspensives ↑ Veto gegen Gesetzesbeschlüsse einlegen. Die Regierungsmitglieder sind allein ihm verantwortlich. Im P. drückt sich in besonderem Maße der Gedanke der ↑ Gewaltenteilung aus. Beispielhaft ausgeprägt ist das P. in den USA. Von vielen Staaten Südamerikas wurde es übernommen, artete jedoch häufig zur *Präsidialdiktatur* aus. Elemente des Präsidialsystems finden sich auch in europäischen Verfassungen, z. B. in der Verfassung der Weimarer Republik oder in der heutigen Fünften Republik in Frankreich.

Prävention: Vorbeugende Maßnahme, um ein künftiges unerwünschtes Handeln oder Verhalten zu verhindern. Ziel der P. kann eine allgemeine Abschreckung *(Generalprävention)* oder die Verhinderung künftiger Straftaten eines bestimmten Täters *(Spezialprävention)* sein.

Präventivkrieg: Krieg, der eröffnet wird, um einem drohenden feindlichen Angriff zuvorzukommen. Der P. unterscheidet sich darin vom Angriffskrieg und kann als Verteidigungskrieg (der völkerrechtlich einzig erlaubten Form des Krieges) eingestuft werden. Oft geht dem P. eine ↑ Provokation durch ein anderes Land voraus.

Präzedenzfall: Im Recht Bezeichnung für einen Fall, dessen Beurteilung für zukünftige, ähnlich gelagerte Fälle richtungweisend ist. – ↑ auch Präjudiz.

Preis: In Geld ausgedrückter ↑ Tauschwert eines Gutes auf dem ↑ Markt; im weiteren Sinne auch die Tauschwerte für die ↑ Produktionsfaktoren Arbeit, Boden und Kapital, nämlich Lohn, Grundrente und Zins, ebenso der Kurs einer Währung (↑ Wechselkurs). Die *Preisbildung* erfolgt je nach den Verhältnissen am ↑ Markt unterschiedlich. Sie ist anders, wenn ein ↑ Monopol auf der Anbieter- oder Nachfrageseite den P. diktieren kann oder wenn viele Anbieter und Nachfragende vorhanden sind. Die Preisbildung ist ein wichtiges Steuerungsmittel der ↑ Marktwirtschaft, da sie zwischen der Produktion und der Befriedigung bestehender Bedürfnisse vermittelt. Die ↑ Wirtschaftspolitik, insbesondere die Wettbewerbspolitik (↑ Wettbewerbsrecht), versucht, eine Preisbildung unter Konkurrenzbedingungen über die Bekämpfung von Monopolen und privaten Preisabsprachen (↑ Kartell, ↑ Konzentration) zu sichern. Staatliche Eingriffe in den Preisbildungsmechanismus sind zunehmend auch in marktwirtschaftlichen Systemen üblich; sie können in Form von staatlich verordneten Höchstpreisen (z. B. für Grundnahrungsmittel) bestimmte soziale Gruppen begünstigen oder aber als Mindestpreise für die Produkte eines Wirtschaftszweiges dessen Erhaltung dienen (z. B. in der Landwirtschaft).

Preisbindung: Gesetzliche oder vertragliche Verpflichtung zur Einhaltung bestimmter Preise beim Verkauf eines Produktes. Bei der vertraglichen P. unterscheidet man *horizontale P.* zwischen Angehörigen derselben Absatzstufe und *vertikale P.* zwischen Angehörigen verschiedener Absatzstufen. Die vertikale P. wird auch als *P. der zweiten Hand* bezeichnet und unterbindet den Preiswettbewerb zwischen den Händlern. Verträge, die die vertikale P. vereinbaren, sind nichtig, ausgenommen bei Verlagserzeugnissen. Die P. wird durch das Mißbrauchsaufsicht der ↑ Kartellbehörden überwacht.

Preisempfehlung: Im Gegensatz zur ↑ Preisbindung unverbindliche Empfehlung des Herstellers oder Händlers an die Abnehmer einer Ware, bei der Weiterveräußerung an Dritte bestimmte Preise zu fordern oder anzubieten. Die P. ist zwar grundsätzlich unzulässig und stellt eine ↑ Ordnungswidrigkeit dar; sie wird aber aufgrund von Ausnahmeregelungen genutzt. Die Mißbrauchsaufsicht erfolgt durch die ↑ Kartellbehörden.

Preisindex: Aus der amtlichen Statistik gewonnene Indexzahl, die zum Ausdruck bringt, in welchem Ausmaß sich die Preisbewegung bei den Waren und Dienstleistungen, die von den privaten Haushaltungen für ihre Lebenshaltung in Anspruch genommen werden, auf die Haushaltungsausgaben ausgewählter Verbrauchergruppen auswirkt. Benutzt wird dabei ein bestimmtes Verbrauchsschema, der sog. ↑ Warenkorb, der einzelne Waren nach Art, Qualität und Menge festlegt sowie persönliche Dienstleistungen (z. B. Friseur, Schuhmacher u. a.) und Nutzungen (z. B. Miete, Eisenbahn u. a.) umfaßt. Als sog. Indexfamilien werden nach der sozialen Stellung, Personenzahl und Höhe der Lebenshaltungsausgaben in der Bevölke-

rung häufig vorkommende Gruppen gewählt. – ↑ auch Lebenshaltungskostenindex.

Preis-Lohn-Spirale: Ein Schlagwort, das eine Wechselbeziehung zwischen Preissteigerungen und Lohnerhöhungen verdeutlichen soll (dagegen Lohn-Preis-Spirale, wenn der Anstoß von den Lohnerhöhungen ausgeht). Bei der P.-L.-S. führen Preissteigerungen durch die damit einhergehende Geldentwertung zu einer Senkung der Reallöhne. Dies hat Forderungen der Gewerkschaften nach zusätzlichen Lohnerhöhungen als Ausgleich für die gesunkenen Reallöhne zur Folge, was wiederum die Unternehmer veranlaßt, die nun erhöhten Lohnkosten auf die Preise abzuwälzen. In der Praxis ist es kaum möglich, zwischen Ursache und Folge dieses Prozesses zu unterscheiden.

Premierminister ist in vielen Staaten die Bezeichnung für den (parlamentarisch gewählten) Regierungschef (in Großbritannien Prime Minister).

Premierministersystem nennt man parlamentarische Regierungssysteme, in denen die Führung der Regierung und der parlamentarischen Regierungsmehrheit beim Regierungschef liegt.

Presse: Im weiteren Sinn Bezeichnung für alle Druckereierzeugnisse (auch Flugblätter, Bücher, Plakate), im engeren Sinn nur Bezeichnung für Zeitungen und Zeitschriften und den Kreis der Beteiligten (Verlage, Redaktionen), der sie hervorbringt. Das Pressewesen mit periodisch erscheinenden Zeitungen entstand im 17. und 18. Jahrhundert (zunächst v. a. gelehrte und populärwissenschaftliche Zeitschriften) und wurde bald ein politisches Instrument sowohl zur Einflußnahme von seiten der Obrigkeit als auch für das kritisch-oppositionelle Räsonnement. Wegen ihrer politischen Bedeutung wurden Presseerzeugnisse früher unter ↑ Zensur gestellt. Das Prinzip der ↑ Pressefreiheit setzte sich erst allmählich im 19. Jahrhundert durch. Gleichzeitig fächerte sich das Angebot an Presseerzeugnissen auf, nicht zuletzt als Folge der zunehmenden Lesefähigkeit der großen Masse. Neben die dem Wissenschaft und Kunst gewidmeten (Fach-)Zeitschriften und die Zeitungen mit politischem und vermischtem Inhalt

traten Familienblätter, Frauen- und Kundenzeitschriften, v. a. auch Presseerzeugnisse mit rein unterhaltendem Charakter und bunter Aufmachung (sog. *Regenbogenpresse*). Auch die unterschiedlichen politischen und weltanschaulichen Richtungen gaben eigene Zeitschriften heraus (Parteizeitungen, Gewerkschaftszeitungen, katholische Presse u. a.). Neben die großen überregionalen Zeitungen mit weltweitem Korrespondentennetz traten typische Lokalzeitungen.
Bis ins 20. Jahrhundert beherrschte die P. den Meinungsmarkt allein. Sie wurde daher vielfach mit der ↑ öffentlichen Meinung gleichgesetzt. Inzwischen traten andere ↑ Massenmedien (Hörfunk, Fernsehen) mit ihr in Konkurrenz. Außerdem setzte ein Trend zur *Pressekonzentration* ein, hervorgerufen nicht zuletzt durch die Marktmacht großer Verlagskonzerne – ein Trend, der heute noch anhält und in bestimmten Regionen die Meinungsvielfalt empfindlich einschränkt, weil dort die lokale Berichterstattung nur noch durch die Erzeugnisse eines Verlages erfolgt. Vielfach wird von kleineren Zeitungen der »Mantel« (d. h. politische und allgemeine Nachrichten) überregionaler Blätter übernommen und nur noch der Lokalteil selbst erstellt. Überlegungen zur Verhinderung übergroßer Pressekonzentration werden seit den 1960er Jahren angestellt (Kreditgewährungen, Hilfe für gefährdete Zeitungen, Fusionskontrolle und -verhinderung).
Der P. wird eine öffentliche Aufgabe zugebilligt, wenn sie in Angelegenheiten von öffentlichem Interesse Nachrichten verbreitet oder Stellung nimmt. Daraus ergibt sich ein besonderer Informationsanspruch gegenüber den Behörden. Andererseits unterliegt sie jedoch einer besonderen Sorgfaltspflicht. Alle Nachrichten sind vor ihrer Verbreitung mit der gebotenen Sorgfalt auf Wahrheit, Inhalt und Herkunft zu prüfen. V. a. bei weitverbreiteten, billigen Massenblättern jedoch geht die erregende Sensationsmeldung der sorgfältig auf ihren Wahrheitsgehalt überprüften Nachricht vor. Nach geltendem Recht bestimmt der Verleger sein Presseerzeugnis in ökonomischer, personeller und inhaltlicher Hinsicht (↑ Tendenzbetriebe). Das Maß

der Gestaltungsfreiheit des einzelnen Redakteurs bestimmt sich nach seinem Arbeitsvertrag und den *Redaktionsstatuten.* Danach wird der Redakteur in der Regel vorbehaltlich einer Richtlinienkompetenz des Verlegers bzw. des Chefredakteurs bei der redaktionellen Gestaltung weitgehend frei sein. Ferner werden den Redakteuren durch die Statuten meist sachliche und personelle Mitwirkungsrechte im redaktionellen Bereich und Informationsrechte über die wirtschaftliche Lage des Unternehmens eingeräumt.
Als ein Organ der Selbstkontrolle hat die P. einen *»Presserat«* gegründet, an den sich jedermann mit einer Beschwerde wenden und er eine Verletzung der Grundsätze der publizistischen Berufsethik geltend machen kann. – ↑ auch Pressefreiheit, ↑ neue Medien.

Pressefreiheit: Durch Art. 5 GG verfassungsrechtlich geschütztes ↑ Grundrecht, das nicht nur die freie Meinungsverbreitung durch Presse, Rundfunk und Film, sondern auch die ↑ Presse als Institution – das gesamte Pressewesen – und besonders die Informationsbeschaffung schützt. Außer im ↑ Grundgesetz wird die P. auch in den Pressegesetzen der Länder ausdrücklich verbürgt. Die P. ist weiterhin in Art. 10 der ↑ Europäischen Konvention zum Schutz der Menschenrechte und Grundfreiheiten und in Art. 19 der Allgemeinen Erklärung der Menschenrechte der ↑ UN verankert. Sie findet ihre Schranken nur in den allgemeinen Gesetzen. Dem Schutz der P. dienen insbesondere die in der Strafprozeßordnung stark eingeschränkten Möglichkeiten der Beschlagnahme von Presseerzeugnissen und ein, allerdings beschränktes, Zeugnisverweigerungsrecht von Presseangehörigen vor Gericht. Um den Inhalt der Zeitungen von Einwirkungen des ↑ Betriebsrats oder der ↑ Gewerkschaften freizuhalten, wurde deren ↑ Mitbestimmung bei Presseverlagen im ↑ Betriebsverfassungsgesetz eingeschränkt (sog. *Tendenzschutz*). Strittig ist, ob Art. 5 GG auch die sog. innere P. schützt, d. h. das Weisungsrecht von Besitzern oder Herausgebern gegenüber Redakteuren einschränkt. In *Redaktionsstatuten* wird häufig eine vertragliche Abgrenzung der Rechte von Verlag und Redaktion bzw. zwischen Intendant und Redaktion (in den öffentlich-rechtlichen Rundfunkanstalten) vorgenommen.

Presse- und Informationsamt der Bundesregierung (Bundespresseamt): Oberste Bundesbehörde, die unter der Leitung eines Sprechers der ↑ Bundesregierung unmittelbar dem Bundeskanzler untersteht. Wichtigste Aufgabe des Amtes: Information des Bundespräsidenten und der Bundesregierung über alle wichtigen Ereignisse in der Welt; Unterrichtung der Massenmedien und der Öffentlichkeit über die Politik der Bundesregierung; Information des Auslandes aus deutscher Sicht in Zusammenarbeit mit dem ↑ Auswärtigen Amt. Die für die Politik der jeweiligen Bundesregierung werbende Tätigkeit des P.- u. I. darf bestimmte verfassungs- und haushaltsrechtliche Grenzen nicht überschreiten.

Pressure-group: Organisierte Interessengruppe, die auf staatliche oder öffentliche Institutionen zur Durchsetzung ihrer Interessen auf vielfältige Weise Druck ausübt. – ↑ auch Interessenverbände.

Prestige: Bezeichnung für das im Gegensatz zur ↑ Autorität weitgehend nicht rational begründbare Ansehen (Wertschätzung), das bestimmte Personen, Gruppen oder Institutionen genießen. P. kann auf Leistung, einem Amt, einem Titel oder einer Gruppenzugehörigkeit beruhen *(Sozialprestige)*. Wird die Erwartung, die allgemein an ein Amt geknüpft ist, nicht erfüllt, kann ein *Prestigeverlust* eintreten. In den Sozialwissenschaften steht das Streben nach sozialer Geltung und Anerkennung *(Prestigebedürfnis)* und der Einfluß, den das P. auf Meinung und Verhalten hat, Gegenstand von Untersuchungen.

primärer Sektor ↑ Wirtschaftsstruktur.

Primaries [von englisch primary »ursprünglich, frühest«]: Durch Gesetze der Einzelstaaten unterschiedlich geregelte Vorwahlen der amerikanischen Parteien, die dem Wähler die Möglichkeit geben, an der Kandidatenaufstellung (z. B. zur Präsidentschaftswahl) mitzuwirken. Die Parteien präsentieren mehrere Kandidaten, der Wähler bestimmt, wen er als offiziellen Kandidaten der Partei seiner Wahl sehen möchte. Bei der *gebundenen Vorwahl* ist für die Teilnahme nicht unbedingt die Mitgliedschaft in der Partei erforderlich; es genügt, seine Sympathie und Zugehörigkeit durch eine Erklärung auszudrücken. An der *offenen Vorwahl* kann jeder Bürger teilnehmen.

Primarstufe: In der BR Deutschland Bezeichnung für die frühere Grundschule. Sie umfaßt vier Jahrgänge, die in eine Eingangs- und eine Grundstufe gegliedert sind. Die P. beginnt mit dem 6. Lebensjahr. – ↑ auch Schule.

Privatfernsehen ↑ Rundfunk und Fernsehen.

Privatfunk ↑ Rundfunk und Fernsehen.

Privatisierung ist die Überführung von öffentlichem Vermögen (meist von staatseigenen Unternehmen) in Privateigentum (↑ Eigentum).

Privatrecht *(Zivilrecht)* ist das Rechtsgebiet, das die Beziehungen der Bürger als Privatpersonen untereinander regelt. Dazu gehören z. B. das ↑ Bürgerliche Gesetzbuch, das für Kaufleute geltende ↑ Handelsrecht und das ↑ Urheberrecht. Das P. geht von einer Gleichordnung der Rechtspersonen aus, im Gegensatz zum ↑ öffentlichen Recht, in dem staatliche Organe mit ihrer Amtsgewalt dem Bürger gegenübertreten. Die Unterscheidung von P. und öffentlichem Recht ist wichtig, weil sie eine unterschiedliche Gerichtszuständigkeit in Streitfragen begründet. Für Streitigkeiten zwischen Privatpersonen sind die Zivilgerichte zuständig (↑ ordentliche Gerichtsbarkeit, z. B. Amtsgerichte, Landgerichte), für die Anfechtung der Handlungen von Staatsorganen dagegen die ↑ Verwaltungsgerichtsbarkeit.

Privatschule ↑ Schule.

Privatsphäre: Der durch den ↑ Persönlichkeitsschutz geschützte private Bereich des Menschen. – ↑ auch Intimsphäre.

Privileg [von lateinisch privilegium »Vorrecht«]: Rechtliche Sonderstellung; seit dem Kampf des Bürgertums gegen die Privilegien des Adels in der Französischen Revolution meist gleichbedeutend mit unverdienter (rechtlicher) Bevorzugung gebraucht. Nicht jede Sonderstellung ist jedoch ein P. in diesem Sinne, zumal wenn sie mit besonderen Pflichten und besonderer Verantwortung verbunden ist. Was als verdient oder unverdient gilt, kann unterschiedlichen Beurteilungen unterliegen.

Produkt: Im weiteren Sinn Ergebnis des Zusammenwirkens von ↑ Produktionsfaktoren (Arbeit, Boden, Kapital); im engeren Sinn ein Erzeugnis, das entweder durch einen Produktionsprozeß bewußt erstellt wird *(Hauptprodukt)* oder aber dabei unvermeidlich anfällt (*Neben-* oder *Abfallprodukt*). In der ↑ Betriebswirtschaftslehre wird das P. als Leistungsangebot an den Menschen verstanden, wobei unterstellt wird, daß dessen Bedürfnisse die Gestaltung des P. beeinflussen, d. h. daß das P. dem Konsumenten angepaßt wird und nicht umgekehrt (z. B. durch intensive Werbung). – ↑ auch Produktivität.

Produkthaftung: Nach dem *Produkthaftungsgesetz* vom 15. Dezember 1989 haftet der Hersteller eines Produkts im Sinne einer verschuldensunabhängigen ↑ Gefährdungshaftung für alle durch sein Produkt verursachten Körper- und Gesundheitsschäden. Eingeschränkt wird die P., wenn ein Fehler nach dem »Stand der Wissenschaft und Technik« nicht erkannt werden konnte, wenn drei Jahre vergangen sind (Verjährungsfrist) oder zehn Jahre nachdem das Produkt auf den Markt gebracht wurde. Ausgenommen von der P. wurden landwirtschaftliche Naturprodukte und Arzneimittel.

Produktion: Gesamtprozeß der Herstellung neuer ↑ Güter und ↑ Dienstleistungen durch den Einsatz von ↑ Produktionsfaktoren (Arbeit, Boden, Kapital; sog. Input). Der Begriff P. kann sowohl auf die volkswirtschaftliche Ebene beziehen (volkswirtschaftlicher Produktionsprozess als Gesamtheit aller Produktionsprozesse eines Landes; ↑ Volkseinkommen) als auch auf die betriebswirtschaftliche (Betriebsabteilung zur technischen Herstellung der Erzeugnisse). Die P. kann unterteilt werden in *Urproduktion* (Land-, Forstwirtschaft, Bergbau) und Weiterverarbeitung. Nach der Art der P. ist zu unterscheiden zwischen *einfacher P.* (Herstellung eines Gutes ohne Verbindung mit anderen Produktionen) und *verbundener P.* (Erzeugung von mehreren Gütern in einem Betrieb).

Produktionsfaktoren sind Stoffe und Kräfte, die notwendig sind, um wirtschaftliche Leistungen zu erbringen. Sie so gut wie möglich zu kombinieren, ist die fundamentale Aufgabe wirtschaftlichen Handelns. Im volkswirtschaftlichen Sinn unterscheidet man zwischen den *ursprünglichen P.* Arbeit und Boden sowie dem *abgeleiteten Produktionsfaktor* Kapital (Geld, Maschinen, Fabrikgebäude und anderes). Heute gilt auch ↑ Know-how als vierter Produktionsfaktor.

Produktionsgüter ↑ Güter.

Produktionsverhältnisse: Marxistische Bezeichnung für die Beziehungen, die Menschen im Prozeß von Produktion, Austausch und Verteilung der materiellen Güter miteinander eingehen. Die P. werden als grundlegende gesellschaftliche Verhältnisse betrachtet, wobei ihr Wesen dadurch bestimmt wird, in wessen Eigentum sich die Produktionsmittel befinden und auf welche Weise Produzenten und Produktionsmittel miteinander in Beziehung treten. Historisch lassen sich nach Ansicht des ↑ Marxismus fünf Grundtypen von P. feststellen: die durch Zusammenarbeit und gegenseitige Hilfe gekennzeichnete Urgemeinschaft, anschließend ↑ Sklaverei, ↑ Feudalismus und ↑ Kapitalismus (Ausbeutung und Unterdrückung der Werktätigen durch eine herrschende Minderheit), schließlich ↑ Sozialismus und ↑ Kommunismus, in dem auf qualitativ höherer Stufe wiederum Zusammenarbeit und gegenseitige Hilfe bestimmend werden. – ↑ auch Produktivkräfte.

Produktivität: Beziehung zwischen dem Produktionsergebnis (Output) und den eingesetzten ↑ Produktionsfaktoren (Input), in der Regel als Verhältniszahl ausgedrückt. Die volkswirtschaftliche P. dient als Meßzahl für die Effizienz der Produktionsstruktur einer ↑ Volkswirtschaft. Im betriebswirtschaftlichen Sinne kennzeichnet P. die mengenmäßige Ergiebigkeit der betrieblichen Faktorkombination. Nach der Art des Input unterscheidet man zwischen *Arbeitsproduktivität* (Output pro eingesetzte Arbeitsstunde) und *Kapitalproduktivität* (Output pro eingesetzte Kapitaleinheit). Bei beiden kann die P. bzw. deren Veränderung entweder als *Durchschnittsproduktivität* (Output pro bereits eingesetzte Inputmenge) oder als *Grenzproduktivität* (Output, der bei Einsatz einer zusätzlichen Inputeinheit anfällt) ausgedrückt werden.

Produktivkräfte: Bezeichnung aus dem marxistischen Sprachgebrauch für die Gesamtheit der Faktoren des Produktionsprozesses sowie deren Zusammenwirken bei der Gütererzeugung. Zu den P. zählen der Mensch mit seinen geistigen und physischen Fähigkeiten, Kenntnissen und Eigenschaften, die Arbeitsmittel und -gegenstände (Produktionsmittel), die Produktivkraft Wissenschaft und die vom Menschen genutzten Naturkräfte. Das ständige Wachstum der P. ist materielle Grundlage für die Weiterentwicklung der menschlichen Gesellschaft. In Abhängigkeit von den P. verändern sich auch die ↑ Produktionsverhältnisse; auftretende Widersprüche zwischen beiden Faktoren gelten als Ursache ökonomischer und sozialer Umwälzungen (Revolutionen).

Produzent ist der Hersteller oder Erzeuger einer Ware, der auf dem Markt dem ↑ Konsumenten gegenübersteht.

Professionalisierung nennt man die Zusammenfassung von (neuen) Tätigkeiten zu bestimmten Berufsbildern sowie die Spezialisierung, Präzisierung und Verwissenschaftlichung von Berufen und der Ausbildung. P. kann zu berufsspezifischen und somit einseitigen Denk- und Lebensweisen führen (sog. Fachidioten).

Prognose [griechisch »das Vorherwissen«]: Vorhersage von Ereignissen. Dabei wird das vorherzusagende Ereignis aus wissenschaftlichen Theorien und in der Realität bestehenden Gegebenheiten abgeleitet. So ist es z. B. möglich, aus theoretischen Annahmen über die Entstehung von Wetterlagen und zusätzlichen Angaben über das gerade herrschende Wetter mit Hilfe logischer Schlußregeln eine zukünftige Wetterlage vorherzusagen. Häufig sind Prognosen v. a. auf wirtschaftlichem Gebiet. Die Genauigkeit von Prognosen ist abhängig von der Güte der ihr zugrundeliegenden Theorien und der Genauigkeit der Beschreibung der realen Tatbestände. Da in vielen Fällen keine gesicherten Theorien vorliegen, sind Prognosen über längere Zeiträume verhältnismäßig ungenau.

Progression: Anstieg der (prozentualen) Steuerbelastung bei Zunahme des Einkommens oder Vermögens. – ↑ auch Steuern.

progressiv: Im allgemeinen Sprachgebrauch Bezeichnung für eine »fortschrittliche« Einstellung zu gesellschaftlichen Fragen.

Projektion: Abbildung, Übertragung eines Bildes. In der Psychologie Bezeichnung für die Übertragung eigener Wünsche, Triebvorstellungen und Einstellungen, die man an sich selbst nicht wahrhaben will, auf andere Personen. Möglicherweise kann die P. auch zur Erklärung der Tatsache herangezogen werden, daß manche Bevölkerungsgruppen andere »verteufeln«, d. h. ihnen unangenehme Eigenschaften zuschreiben.

Projektunterricht stellt eine größere fächerübergreifende Unterrichtseinheit unter gleicher Problemstellung dar. Nach gemeinsamer Planung durch Lehrer und Schüler werden besondere Arbeitsformen geübt (z. B. Befragung, Sozialstudie).

Proklamation: Amtliche oder öffentliche Erklärung von Staatsorganen, Parteien oder Gruppen. Eine P. kann auch eine Verlautbarung mehrerer Staaten über gemeinsame Absichten sein.

Proletariat [von lateinisch proletarii »diejenigen, die nichts außer ihrem Nachkommen (dem »proles«) besitzen«]: Bezeichnung für die ↑ Klasse der Lohnarbeiter in der Industrie, die im Gegensatz zu den früheren Sklaven und Leibeigenen zwar frei waren, aber über keine eigenen Produktionsmittel verfügten und ihre Arbeitskraft auf dem Arbeitsmarkt verkaufen mußten, um sich ihren Lebensunterhalt zu verdienen. Zur Bildung eines P. kam es im 19. Jahrhundert im Zuge der Landflucht, der Einrichtung industrieller Fabriken und durch das Absinken des Handwerkerstandes aus der Eigenständigkeit. Der ↑ Marxismus sah im P. eine Klasse, die mit fortschreitender Industrialisierung allmählich den weitaus größten Teil der Bevölkerung ausmachen und infolge der gegenseitigen Konkurrenz auf dem Arbeitsmarkt immer mehr verelenden werde. Er hoffte, daß das P. in seiner Ausweglosigkeit zur Revolution schreiten, die Staatsgewalt an sich reißen, die Wirtschaft sozialisieren und eine kommunistische Neuordnung der Gesellschaft herbeiführen werde. Tatsächlich hat sich die Lage der Arbeiterschaft mit fortschreitender Industrialisierung jedoch gebessert. Anstelle einer allgemeinen Verelendung kam es zu sozialen Differenzierungen mit unterschiedlichem Leistungs- und Verdienstniveau (z. B. Facharbeiter, Angestellte). In der fortgeschrittenen Industriegesellschaft nimmt die Zahl der Industriearbeiter im Gegensatz zu den im Dienstleistungssektor Beschäftigten ständig ab. Gleichzeitig geht aber auch die Zahl der selbständigen Existenzen zurück. – ↑ auch Arbeiterklasse.

proletarischer Internationalismus: Schlüsselbegriff in der kommunistischen Ideologie. Der p. I. stützte sich auf die Solidarität der arbeitenden Klassen (»Proletarier aller Länder, vereinigt Euch«) mit dem Ziel, den Kapitalismus weltweit zu stürzen. Mit der Gründung der UdSSR und mit J. W. Stalins These vom »Sozialismus in einem Land« wurde der p. I. zum Machtinstrument sowjetischer Politik. Nach Stalin war nur derjenige Internationalist, der »vorbehaltlos, ohne zu schwanken, ohne Bedingungen zu stellen bereit (war), die UdSSR zu schützen«. Später diente der p. I. zur Rechtfertigung für die Souveränitätsbeschneidung kommunistischer Staaten (↑ Breschnew-Doktrin). Heute sind Vorstellungen dieser Art v. a. in Europa gegenstandslos geworden.

Propaganda: [von lateinisch propagare »ausbreiten«]: Verbreitung einer Meinung, politischen Auffassung oder ↑ Ideologie durch Einsatz bestimmter Mittel (z. B. der ↑ Massenkommunikation) und Methoden (z. B. durch ↑ Indoktrination). Besonders totalitäre Systeme versuchen durch die mit P. verbundene Fremdsteuerung des Menschen politisches Einverständnis der Massen herbeizuführen (so das Propagandaministerium im Dritten Reich oder der Bereich »Agitation und Propaganda« der SED in der ehemaligen DDR). Die beabsichtigte totale Wirkung von P. wird jedoch dadurch beeinträchtigt, daß jedes Individuum durch seine Eigeninteressen, Lebenszusammenhänge und Lebenserfahrungen in seiner Aufnahmehaltung und Aufnahmebereitschaft schon vorgeprägt ist.

Proporz: Verteilung von Sitzen und Ämtern nach dem Stärkeverhältnis z. B. von Parteien, Konfessionen, Volksgruppen, Regionen oder Interessenverbänden.

Proporzdemokratie beruht auf der Teilhabe aller gesellschaftlich wichtigen Gruppen (wie Parteien, Interessenverbänden, Religionsgemeinschaften, Volksgruppen und nationalen Minderheiten) an der staatlichen Machtausübung entsprechend ihrer zahlenmäßigen Stärke. Wichtige politische Ämter, v. a. Regierungsämter, werden an Repräsentanten der einzelnen Gruppen gemäß ihrem Stärkeverhältnis (Proporz) vergeben. Die P. steht damit im Gegensatz zur *Konkurrenzdemokratie,* in der die jeweilige Mehrheit die Minderheit – zumindest zeitweilig – von der Regierung und anderen wichtigen politischen Ämtern ausschließt. Beispielhaft ausgeprägt findet sich die P. in den Regierungen der Schweiz und der österreichischen Bundesländer.

Prosperität [von lateinisch prosperare »gedeihen«] bedeutet allgemein eine Zeit wirtschaftlichen Wohlstandes. Im engeren Sinn kennzeichnet P. eine durch Beschäftigungsanstieg und zunehmendes Wirtschaftswachstum charakterisierte Aufschwungphase im Konjunkturverlauf.

Protektionismus: Bezeichnung für eine Wirtschaftspolitik, insbesondere Außenwirtschaftspolitik, die dem Schutz der Binnenwirtschaft oder von Teilen der Binnenwirtschaft vor ausländischen Konkurrenten dient. Ziele des P. sind Vollbeschäftigung, Schutz der inländischen Industrie und die Erreichung einer weitgehenden ↑ Autarkie aus politischen Gründen. Wegen der besonderen Struktur der Landwirtschaft wird der Agrarprotektionismus heute noch in fast allen Ländern betrieben.

Protokoll:
◇ Im allgemeinen Bezeichnung für die schriftliche Wiedergabe (= Wertprotokoll) oder Zusammenfassung der wesentlichen Punkte einer Besprechung, Verhandlung oder Tagung.
◇ Im politischen Bereich Bezeichnung für die Niederschrift über Verlauf und Resultat zwischenstaatlicher Verhandlungen. Von *Verhandlungsprotokollen* zu unterscheiden sind die als *Zusatz-* und *Schlußprotokolle* bezeichneten besonderen Urkunden, die Erläuterungen, Klarstellungen oder Nebenabreden zu völkerrechtlichen Verträgen enthalten.
◇ Bezeichnung für die im diplomatischen

Verkehr und Umgang gebräuchlichen und eingehaltenen Formen (Etikette). Das ↑ Auswärtige Amt verfügt über eine eigene Protokollabteilung, die besonders für Staatsbesuche und die Betreuung ausländischer Konsulate in der BR Deutschland zuständig ist.

Provokation: Allgemein Herausforderung, Aufreizung; im politischen Bereich die bewußte Herausforderung eines politischen Gegners. In den zwischenstaatlichen Beziehungen kann eine P. (z. B. durch Grenzverletzungen) zu Spannungen bis hin zu kriegerischen Auseinandersetzungen führen.

Prozeßkostenhilfe (früher: Armenrecht) kann eine Partei in einem Rechtsstreit vor Gericht beanspruchen, wenn sie außerstande ist, ohne Beeinträchtigung des für sie und ihre Familie notwendigen Unterhalts die Kosten des Prozesses zu bestreiten, und wenn hinreichende Aussicht auf Erfolg besteht und der Rechtsstreit nicht mutwillig begonnen wurde. Dem Gesuch sind die erforderlichen Unterlagen (früher: Armutszeugnis) beizufügen. Bewilligung der P. bedeutet vorläufige Befreiung von den Gerichtskosten und, falls erforderlich, die Beiordnung eines Rechtsanwalts nach eigener Wahl. Die P. entbindet im Falle eines ungünstigen Prozeßausgangs nicht von der Übernahme der Prozeßkosten des obsiegenden Gegners. Bessern sich die wirtschaftlichen Verhältnisse der P. beanspruchenden Partei, so ist sie zur Nachzahlung verpflichtet.

Prozeßrecht enthält die (Verfahrens-)Regeln, die für die Feststellung und Durchsetzung von Recht gelten. Je nach Verfahren unterscheidet man zwischen *Zivilprozeßrecht* (Bürger gegen Bürger), *Strafprozeßrecht* (Staat gegen Bürger) und *Verwaltungsprozeßrecht* (Bürger gegen Staat). Für die Verfahren vor den Arbeits-, Finanz- und Sozialgerichten gelten entsprechende Verfahrensordnungen, ebenso für das ↑ Bundesverfassungsgericht und die Verfassungsgerichte der Länder. Aufgabe des P. ist es, die staatlichen Organe, die mit der Durchführung der Prozesse betraut sind, zu bestimmen und den Gang des Verfahrens zur Rechtsfeststellung (Klage, Beweis, Urteil) und das Verfahren zur Rechtsdurchsetzung (↑ Zwangsvoll-

streckung, ↑ Strafvollzug) zu regeln. − ↑ auch gerichtliches Verfahren.

psychologische Kriegsführung ist ein Teilgebiet der Gesamtkriegsführung und hat das Ziel, den Kampfwillen der Truppen und die Moral der Zivilbevölkerung des Gegners zu schwächen. Hierfür werden unter Benutzung der Massenmedien − im 2. Weltkrieg besonders durch Rundfunk und Flugblattpropaganda − Drohungen, Versprechungen, Gerüchte und Lügen verbreitet, um auf die Meinungsbildung beim Gegner einzuwirken. Die p. K. fand erstmals im 1. Weltkrieg in organisierter Weise Anwendung. Im 2. Weltkrieg wurde von den Alliierten eine spezielle Abteilung für p. K. eingerichtet; im Reichspropaganda-Ministerium leitete J. Goebbels die entsprechenden deutschen Aktivitäten.

Psychoterror ist eine Konfliktsstrategie, die darauf zielt, den Gegner psychisch zu verunsichern und so zu zermürben, daß er seinen eigenen Willen aufgibt. Zum P. wird insbesondere das Mittel der ↑ Gehirnwäsche gerechnet.

Pubertät bezeichnet jenen Abschnitt des Lebens, in dem aus dem Kind ein Erwachsener wird. Biologisch beginnt die P. mit der Ausschüttung von Geschlechtshormonen (etwa 10.−12. Lebensjahr); äußerlich zeigt sich die P. in einem starken Schub im Längenwachstum, in der Ausbildung der sekundären Geschlechtsmerkmale und der verstärkten Entwicklung der Geschlechtsorgane. Die erste Menstruation bzw. Pollution beendet die erste Phase der Pubertät. Die zweite Phase ist geprägt durch zunehmende Selbständigkeit, engere Partnerbeziehungen und den Abschluß der körperlichen Entwicklung. Seelisch ist die P. gekennzeichnet durch Unsicherheit, besonders im sozialen Verhalten gegenüber Erwachsenen (Überreaktionen) und Gleichaltrigen beiderlei Geschlechts. Die seelische Reifezeit endet im Durchschnitt erst nach dem 20. Lebensjahr.

Public Relations [englisch »öffentliche Beziehungen«]: Öffentlichkeitsarbeit. PR bezeichnet Veröffentlichungen und Veranstaltungen, die das Ziel haben, positive Einschätzungen in der Öffentlichkeit gegenüber einem Unternehmen, einer Personen- oder Berufsgruppe, einer führenden

Persönlichkeit des öffentlichen Lebens oder einer Idee hervorzurufen. Im Gegensatz zur Werbung sind die PR nicht unmittelbar am Verkauf von Gütern oder Dienstleistungen interessiert, sondern daran, ein Klima des Einverständnisses und Vertrauens zu schaffen.

Publizistik: Bezeichnung für alle am öffentlichen Informations- und Meinungsbildungsprozeß beteiligten Massenkommunikationsmittel (v. a. Presse, Bücher, Film, Rundfunk, Fernsehen) sowie für die in diesem Prozeß verbreiteten Aussagen. P. ist Gegenstand der *Publizistikwissenschaft,* die die Vorgänge und Zusammenhänge in der P. untersucht.

Putsch: Umsturz oder Umsturzversuch zur Übernahme der Staatsgewalt, durchgeführt von (meist militärischen) Gruppen, die (im Gegensatz zum ↑ Staatsstreich) vorher nicht Teilhaber an der Staatsgewalt waren.

Q

Quai d'Orsay: Sitz des französischen Außenministeriums am linken Ufer der Seine in Paris; oft auch synonym für das französische Außenministerium als Institution gebraucht.

qualifizierte Mehrheit ↑ Mehrheit.

Quorum nennt man bei einer Abstimmung die Mindestzahl derer, die sich beteiligen müssen, damit eine gültige Entscheidung zustande kommt. So kann z. B. angeordnet sein, daß die Entscheidung bei einer Abstimmung durch die einfache Mehrheit der Anwesenden getroffen wird, daß aber an der Entscheidung mindestens die Hälfte aller Stimmberechtigten teilnehmen muß. Die Festlegung eines Q. dient dazu, Zufallsmehrheiten, die tatsächlich nur eine krasse Minderheit der Stimmberechtigten darstellen, zu verhindern.

Quote: Anteil, der bei Aufteilung eines Ganzen auf den einzelnen oder eine Einheit entfällt. Q. bezeichnet in der Statistik eine Beziehungszahl, z. B. die Erwerbsquote den Anteil der Erwerbstätigen an der gesamten Bevölkerung.

Quotenregelung: Der Versuch, die Gleichberechtigung der Frau überall zu gewährleisten, hat in jüngster Zeit zu dem Versuch geführt, das Problem auf quantitative Weise durch eine Q. zu lösen (↑ Frauenquote). Vorreiter war hierbei die SPD, die ihr Parteistatut dahingehend abgeändert hat, daß ab 1990 bei der Wahl von Personen für Funktionen und Mandate der Partei Frauen mindestens zu 40 % vertreten sein müssen. Für die Wahl von Vorständen wurde eine Frist für die Erfüllung dieser Vorschrift bis spätestens 1994 eingeräumt. Für Mandate in Kommunal- und Landesparlamenten sowie im Bundestag gilt die Q. ab 1998. Ab 1990 soll schon

Quotenregelung. Anzahl und prozentualer Anteil der Frauen im Deutschen Bundestag zu Beginn der Wahlperioden

	Mitglieder	davon Frauen	%
Parlamentarischer Rat 1948/49	70	4	5,7
1. Deutscher Bundestag 1949	410	28	6,8
2. Deutscher Bundestag 1953	509	45	8,8
3. Deutscher Bundestag 1957	519	48	9,2
4. Deutscher Bundestag 1961	521	43	8,3
5. Deutscher Bundestag 1965	518	36	6,9
6. Deutscher Bundestag 1969	518	34	6,6
7. Deutscher Bundestag 1972	518	30	5,8
8. Deutscher Bundestag 1976	518	38	7,3
9. Deutscher Bundestag 1980	519	44	8,5
10. Deutscher Bundestag 1983	520	51	9,8
11. Deutscher Bundestag 1987	519	80	15,4
12. Deutscher Bundestag 1990	662	135	20,4

mindestens ein Viertel, ab 1994 mindestens ein Drittel »der Mandate für Männer und Frauen« (de facto also für Frauen) abgesichert sein.

Ob eine Q. in allgemeiner Form angewandt werden kann, etwa dergestalt, daß bei der Besetzung von Ämtern zur Erfüllung der Quote eine minderqualifizierte Bewerberin einem männlichen Bewerber vorgezogen wird, ist eine verfassungsrechtlich bislang nicht geklärte Frage. Insbesondere kommt hier ein Verstoß gegen den Gleichbehandlungsgrundsatz in Art. 3 GG (»niemand darf wegen seines Geschlechtes ... benachteiligt oder bevorzugt werden«) in Betracht.

R

Radikalenerlaß ↑ Extremistenbeschluß.
Radikalismus [von lateinisch radix »Wurzel«]: Politische Theorien oder Bewegungen, die die bestehenden politischen, sozialen und wirtschaftlichen Verhältnisse grundlegend, von der Wurzel her, verändern wollen. R. in der Theorie muß nicht unbedingt R. in der Praxis zur Folge haben, doch wird häufig von radikalen Gruppen Gewalt zur Durchsetzung ihrer Ziele angewandt. R. gibt es bei der politischen Rechten (↑ Faschismus, ↑ Nationalsozialismus) wie bei der Linken (↑ Kommunismus, ↑ Anarchismus). Ursprünglich wurden Demokraten, die im Kampf gegen den monarchischen ↑ Absolutismus für die ↑ Volkssouveränität eintraten, als Radikale bezeichnet.
RAF (Rote-Armee-Fraktion): Terroristische Gruppierung in der BR Deutschland, die Ende der 1960er Jahre entstanden ist und durch Anschläge auf Institutionen und Personen des öffentlichen Lebens sozialrevolutionäre Zielvorstellungen durchsetzen wollte. In den 1970er Jahren wurden Anschläge und Geiselnahmen auch benutzt, um die Freilassung inhaftierter Terroristen zu erpressen. Als Keimzelle der RAF gilt die nach ihren Gründern A. Baader und U. Meinhof benannte *Baader-Meinhof-Bande*; mittlerweile existieren diverse Nachfolge- und Unterorganisationen (»Kommando-Gruppen«). Der Terrorismus der RAF provozierte in der Bundesrepublik eine Reihe von Gesetzesänderungen u. a. im Strafrecht. Außerdem erfolgte ein Ausbau des Bundeskriminalamtes sowie eine Verstärkung des Bundesgrenzschutzes und der Polizeikräfte der Länder. Die RAF hat Kontakte zu anderen Terrororganisationen in Europa und den arabischen Ländern. Für ihre Terroraktionen erhielt sie die Unterstützung des Staatssicherheitsdienstes der ehemaligen DDR, wo auch eine Reihe von Terroristen mit staatlicher Zustimmung Unterschlupf und zeitweise auch Ausbildung fand. Die Verfolgung der Terroristen erweist sich als schwierig, da sie trotz ihres sinnlosen und mörderischen Aktionismus in einem Sympathisantenfeld unterzutauchen vermögen oder in isolierter Kleinstgruppe agieren.
Rahmengesetzgebung: Erlaß von Gesetzen allgemeinen Charakters (z. B. Hochschulrahmengesetz nach Art. 75 GG), die von einer weiteren Instanz wie den Ländern durch spezielle Regelungen (Detailgesetze) unter Berücksichtigung z. B. regionaler Unterschiede aufzufüllen sind (Art. 75 GG).
Randgruppen sind Gruppen, die aufgrund bestimmter, den allgemein anerkannten, herrschenden Wertvorstellungen widersprechender Merkmale von der Gesellschaft diskriminiert werden. Im allgemeinen werden sozial desintegrierte Gruppen (Alkoholiker, Drogensüchtige, Strafgefangene, Angehörige fremder Kulturen) und wirtschaftlich Benachteiligte (Arme und Verarmte) als R. bezeichnet. Auch ↑ Obdachlose und ausländische Arbeitnehmer zählen zu den typischen R. der modernen Gesellschaft. Die Diskriminierung von R. zeigt sich in sozialer Ächtung und Isolierung.
Rang: Stellung einer Person in einer Gesellschaft, die mit besonderen Berechtigungen, aber auch Pflichten verbunden sein kann. Rangordnungen in sozialen ↑ Hierarchien gibt es auch bei Tieren. Die Rangzugehörigkeit kann durch Geburt, besondere Leistungen u. a. bestimmt sein. Wichtige Merkmale sind heute Bildung, berufliche Qualifikation und Stellung, Einkommen und Vermögen, auch das ↑ Prestige.

Rasse: Naturwissenschaftlicher Ordnungsbegriff, der als Unterbegriff der Arten verwendet wird. Bei der menschlichen Art gab es viele Versuche, Rassen zu bestimmen: So unterschied man im 18. Jh. die europäischen Weißen von den asiatischen Gelben, amerikanischen Roten und afrikanischen Schwarzen, im 19. Jahrhundert die Kaukasier von den Mongolen, Äthiopiern, Amerikanern und Malayen. Die Bezeichnungen machen deutlich, daß man bis ins 20. Jahrhundert Hautfarbe und geographischen Standort für ausschlaggebend hielt. Die modernen Lehren kennen nur noch Europide, Mongolide, Indianide und Negride, von denen es viele Untergruppen gibt. Reine Rassen kommen kaum vor.

Rassenfrage: Die R. wird aufgeworfen durch das Zusammenleben von Menschengruppen innerhalb eines Staates, die nach Merkmalen von ↑ Rassen unterschieden werden (z. B. Schwarze und Weiße in den USA und in Südafrika; Juden als Semiten in Europa bis ins 20. Jahrhundert; Weiße und Gelbe in den asiatischen Staaten).

Die R. läßt sich in ihrer Entstehung und in ihrer Grundproblematik soziologisch bzw. gruppendynamisch erklären. Meist geschah die Eingliederung anderer Rassen in der Geschichte durch einen Unterwerfungsvorgang, der der unterlegenen Gruppe weniger Rechte einräumte als dem Sieger: So kamen die Schwarzen als Sklaven nach Amerika, unterwarfen die Europäer die Indianer Amerikas, bauten die Europäer im Zeitalter des ↑ Kolonialismus und ↑ Imperialismus ihre Herrschaft in Afrika und Asien unter Unterwerfung der negriden und mongoliden Bevölkerungen auf. Heute kennen nur wenige Staaten der Erde noch rechtliche Ungleichheiten für die verschiedenen Rassen in ihrem Gebiet wie z. B. bis in die Gegenwart hinein Südafrika mit seiner Apartheidpolitik (↑ Apartheid). Als dauerhafter und schwieriger zu lösen haben sich dagegen die in den sozialen und ökonomischen Verhältnissen erhaltenen Diskriminierungszustände erwiesen. Das Bildungsdefizit der Schwarzen in den USA, ihre viel größere Arbeitslosenzahl und ihre mangelhafte Repräsentierung in wirtschaftlichen und politischen Spitzenstellungen sind Zeichen einer durchaus auch dort noch vorhandenen R., wo die rechtliche Gleichstellung offenbar garantiert ist.

Rassismus: Weltanschauung, die in den verschiedenen menschlichen ↑ Rassen nicht nur nach biologisch-physischen Merkmalen unterschiedene Gruppen sieht, sondern auch die Ursache kultureller oder psychischer Unterschiede zwischen den Menschen. In Anlehnung an Ch. R. Darwin (1809–1882) erklärte man die kulturelle Überlegenheit bestimmter Rassen aus den Gesetzen der ↑ Evolution. Obwohl erwiesenermaßen derartige Übertragungen biologischer Entwicklungen auf die politisch-historische Menschheitsentwicklung falsch sind, fand der R. v. a. dort reichen Nährboden, wo bestimmte Bevölkerungsgruppen diskriminiert wurden, um eigene Machtpositionen zu behaupten bzw. zu erlangen. Eine besondere Rolle spielte der R. im ↑ Nationalsozialismus mit seinem Glauben an eine arische Herrenrasse.

Rat der Europäischen Gemeinschaft: Im Rat sind die Regierungen der Mitgliedstaaten durch je ein Mitglied – je nach anstehenden Fragen durch die Außen- oder zuständigen Fachminister – vertreten. Der Vorsitz wird von den Mitgliedstaaten in alphabetischer Reihenfolge halbjährlich wechselnd wahrgenommen. Der Rat tagt in Brüssel und ist das Gesetzgebungsorgan der ↑ Europäischen Gemeinschaft. Er entscheidet auf der Grundlage der Vorschläge der ↑ Europäischen Kommission über die EG-Politik. Die Entscheidungen des Rates ergehen v. a. in der Form von Verordnungen, die in allen Mitgliedstaaten unmittelbare Geltung besitzen, und in der Form von Richtlinien, die lediglich an die Staaten gerichtet sind und von diesen erst in innerstaatliches Recht umgesetzt werden müssen. Der Rat der EG ist nicht mit dem ↑ Europarat und dem ↑ Europäischen Rat zu verwechseln.

Rätedemokratie: Unter R. verstand man zunächst die Organisation demokratischer Staaten durch sog. »Räte«, die sich in neuerer Zeit verschiedentlich beim Zusammenbruch staatlicher Institutionen, z. B. am Ende des 1. Weltkriegs in Rußland (Rat, russisch = Sowjet) und

Deutschland spontan und vorübergehend zur Ausübung der öffentlichen Gewalt gebildet haben (Arbeiter- und Soldatenräte). Die Vorstellungen der R. gehen auf P. J. Proudhon (1809–1865) und K. Marx (1818–1883) zurück, der in der sog. »Pariser Kommune« 1871 Ansätze einer zukünftigen Herrschaft des Proletariats zu erblicken meinte. Das Konzept der R. wurde u. a. von I. W. Lenin (1870–1924) weiter entwickelt.

Die R. geht von der Idee der unmittelbaren ↑ Demokratie im politischen und wirtschaftlichen Bereich (Wirtschaftsräte) aus. Die untersten Einheiten wählen demnach die lokalen Räte, diese wiederum regionale Räte bis hin zum gesamtstaatlichen Zentralrat. Auf jeder Ebene besitzen die Räte der Theorie nach die volle Gewalt, setzen Beamte und Richter ein und unterwerfen sie ihrer Kontrolle. Eine ↑ Gewaltenteilung findet nicht statt. Statt dessen sind die Räte wie auch die Vollzugsbeamten an Weisungen und Aufträge ihrer Wähler gebunden *(imperatives Mandat)* und können jederzeit abberufen werden (↑ Recall). Ein dauernder Wechsel in den politischen Positionen und bürokratischen Ämtern und eine nur ehrenamtliche Wahrnehmung staatlicher Funktionen ist erwünscht. Die R. unterscheidet sich damit grundsätzlich von der repräsentativen Demokratie mit ↑ Parteien, ↑ Gewaltenteilung und ↑ Bürokratie (↑ auch Repräsentation, ↑ Repräsentativsystem).

Problematisch an der Konzeption sind v. a. die sachgerechte Bildung von Basiseinheiten (Betriebsgruppen, Wohneinheiten), der gestufte Organisationsaufbau, der die politisch bedeutsame Zentrale von einer direkten Verbindung zur Wählerschaft abschneidet, und die damit verbundenen Schwierigkeiten der Kontrolle. Eine hohe politische Interessiertheit, Beteiligungsbereitschaft und Informiertheit der Basis wird vorausgesetzt, ebenso der Verzicht auf politische und bürokratische ↑ Experten in einer komplexen Arbeitswelt. Die R. beruht letztlich auf der Vorstellung einer interessenmäßig gleichgearteten Gesellschaft, die sich nicht nach Parteianschauungen unterscheidet und in der jedermann zur Ausübung politischer und Verwaltungstätigkeit in beträchtlichem Umfang

bereit ist. Nur so könnte die Bildung von Führungseliten mit besonderen politischen Interessen, Fähigkeiten und mit einem unaufhebbaren, zur Verfestigung von Herrschaft führenden Informationsvorsprung verhindert werden. Das Konzept der R. wurde seit den 1960er Jahren im Zusammenhang mit der Forderung nach mehr direkter Demokratie von der neuen ↑ Linken in den USA und Westeuropa erneut aufgegriffen. Keines der Modelle der R. vermochte seine Realisierbarkeit in der politischen Praxis nachzuweisen. In der UdSSR wurden »die Sowjets« als »einheitliches System der staatlichen Machtorgane« totalem Zentralismus der herrschenden kommunistischen Partei unterworfen, desgleichen die Hierarchie der »Räte« (vom Staatsrat über den Ministerrat zum Rat des Bezirks, Rat des Kreises, Rat der Stadt, Rat der Gemeinde) in der ehemaligen DDR.

Ratenkauf ↑ Abzahlungsgeschäft.

Rat für gegenseitige Wirtschaftshilfe (RGW; auch: COMECON, Abk. für englisch Council of Mutual Economic Assistance): Am 25. Januar 1949 als Reaktion auf das ↑ ERP gegründete Wirtschaftsgemeinschaft der Ostblockstaaten mit Sitz in Moskau. Ziele des RGW waren v. a. die Förderung der technischen und wirtschaftlichen Zusammenarbeit der Mitgliedstaaten, die Abstimmung der einzelnen nationalen Wirtschaftspläne aufeinander, Rationalisierung und Kredithilfe. Der Warenaustausch erfolgte vorrangig bilateral, nicht multilateral. Nach dem Zusammenbruch der kommunistischen Systeme in Osteuropa hat sich der RGW 1991 aufgelöst.

Ratifikation [von lateinisch ratificatio »Bestätigung, Genehmigung«]: Bestätigung eines von Regierungen abgeschlossenen völkerrechtlichen Vertrags durch Unterschrift des Staatsoberhaupts, meist nach vorheriger Zustimmung des Parlaments. Die Bestätigung ist notwendig, um dem Vertrag Wirksamkeit zu verleihen.

Rationalisierung ist ein Veränderungsprozeß, der durch zweckmäßige Anwendung von technischen und organisatorischen Mitteln die ↑ Produktivität steigert. Die R. zeigt sich insbesondere in dem Streben nach Mechanisierung und Automation. Andererseits muß nicht jede technische Verbesserung eine rationalisierende Wirkung haben. Als Maßstab gilt vielmehr die erzielte wirtschaftliche Auswirkung im Sinne der Einsparung menschlicher Arbeitskraft durch den Einsatz von Maschinen wie auch im Sinne der Verringerung des Einsatzes der übrigen ↑ Produktionsfaktoren.

Rationalismus: Im Gegensatz zum Empirismus (↑ Empirie) nicht auf (sinnlich wahrnehmbare) Erfahrung, sondern auf das Denken und die Vernunft gestützte Erkenntnisweise. Dem klassischen erkenntnistheoretischen R. entgegengesetzt ist der sog. *kritische R.* (K. Popper, H. Albert u. a.). Nach ihm können nomologische (= Gesetzes-)Aussagen der Wissenschaft weder bewiesen noch verifiziert werden. Sie werden vielmehr als Hypothesen aufgestellt und bis zur eventuellen Widerlegung festgehalten.

Unter R. versteht man auch die kritische Stellungnahme zur historischen Überlieferung und dem Hergebrachten sowie Versuche, die gesellschaftlichen Verhältnisse ohne Rücksicht auf ihre historische Bedingtheit allein mit Hilfe auf Vernunft gestützter Überlegungen zu beurteilen und zu verändern.

Rationalitätsprinzip ↑ ökonomisches Prinzip.

Raub begeht derjenige, der einer anderen Person mit den gewaltsamen Mitteln der ↑ Nötigung rechtswidrig eine Sache wegnimmt. Bei schwerem Raub (Bandenraub, Schußwaffengebrauch) droht Freiheitsstrafe nicht unter fünf Jahren.

Raumordnung ist geschichtlich aus dem Städtebau hervorgegangen, inzwischen aber eine umfassende, selbständige Materie geworden. Sie resultiert aus dem in den 1960er Jahren in der BR Deutschland entstandenen Bestreben, umfassende integrierte Planungen für die strukturelle Entwicklung größerer Gebiete vorzunehmen. Ziel war eine Verzahnung der Planungsebenen von Bund, Ländern und Gemeinden im Sinne einer fachübergreifenden und überörtlichen Einwirkung auf Raum- und Siedlungsstruktur, z. B. auf die räumliche Verteilung von Wohnungen, Arbeitsstätten, Infrastruktureinrichtungen und Freiräumen. Die R. legt deshalb materielle

Ziele fest, die als übergeordnetes Leitbild für die gemeindliche ↑ Bauleitplanung, die Fachplanungen sowie andere raumwirksame öffentliche Maßnahmen verbindlich sind. Das *Bundesraumordnungsprogramm* (1975) enthält entsprechende Aussagen über 38 funktionale abgegrenzte Gebietseinheiten.

Das Grundgesetz hat dem Bund in Art. 75 Nr. 4 für die Materie der R. eine Rahmenkompetenz zuerkannt, von der er mit der Verabschiedung des *Raumordnungsgesetzes* (ROG) vom 8. April 1965 Gebrauch gemacht hat. Gemäß § 11 ROG hat die Bundesregierung alle vier Jahre einen *Raumordnungsbericht* vorzulegen. R. auf der Ebene eines Bundeslandes wird als *Landesplanung* bezeichnet und durch Raumordnungsprogramme oder Landesentwicklungspläne festgelegt. Die funktionelle Verzahnung von R. (Landesplanung) und städtebaulichen Maßnahmen ist im Baugesetzbuch berücksichtigt. Die Ziele der R. und der Landesplanung begründen eine Anpassungspflicht der kommunalen Bauleitplanung.

Zur R. gehört auch die ↑ Regionalplanung, die historisch ein Vorläufer der R. ist. Sie ist in den einzelnen Bundesländern unterschiedlich geregelt, so etwa als staatliche Regionalplanung durch das Innenministerium (Schleswig-Holstein), als Regionalplanung durch kommunale Regionalverbände (Baden-Württemberg), als gemeinschaftliche Regionalplanung durch Bezirksregierung und kommunale Gebietskörperschaften (Nordrhein-Westfalen, Bayern, Hessen, Rheinland-Pfalz) oder als Regionalplanung durch Landkreise (Niedersachsen).

Die Behörden von Bund, Ländern und Gemeinden haben die Ziele der R. und Landesplanung grundsätzlich zu beachten, daneben können aber Zielkonflikte zwischen Fachplanungen und R. auftauchen, die in einem *Raumordnungsverfahren* bearbeitet werden. Das in den 1980er Jahren konstatierte »Süd-Nord-Gefälle« sowie das durch die deutsche ↑ Wiedervereinigung entstandene Ungleichgewicht zwischen westdeutschen und ostdeutschen Ländern haben in jüngster Zeit dazu geführt, den aus Art. 72 Abs. 3 GG abgeleiteten Auftrag zur Schaffung einheitlicher

Lebensverhältnisse im Sinne einer Stärkung der R. und Landesplanung zu interpretieren.

Reaktion:
◊ Allgemein die Veränderung einer Verhaltensweise aufgrund eines Reizes.
◊ In der Politik der Versuch, gesellschaftliche Verhältnisse gegen Änderungen zu verteidigen bzw. vergangene Zustände wiederherzustellen. Vom Konservativen (↑ Konservativismus) unterscheidet sich der *Reaktionär* dadurch, daß er starr am Früheren festzuhalten sucht.

Realismus: Eine Einstellung, die der *Realität* (= der gegenständlichen Welt im Gegensatz zu Gedanken und Phantasien, auch: dem Wirklichen im Gegensatz zum Möglichen und Utopischen) besondere Beachtung schenkt, sie bei den eigenen Handlungen berücksichtigt oder gar das Gegebene, so wie es ist, hinnimmt (im Gegensatz zum ethischen ↑ Idealismus). Entsprechende Richtungen in Wissenschaft und Kunst werden ebenfalls als R. charakterisiert (z. B. realistischer Stil). In der Philosophie wird unter R. v. a. eine Auffassung verstanden, die von der Bewußtseinsunabhängigkeit der Welt ausgeht (im Gegensatz zum erkenntnistheoretischen Idealismus). – ↑ auch Positivismus.

Realschule ↑ Schule.

Rebellion: Unbewaffnete oder (häufiger) bewaffnete Empörung gegen die Staatsgewalt als Ausdruck der Unzufriedenheit mit einzelnen Mißständen oder Entscheidungen.

Recall [englisch »Rückruf«]: Abberufung von Abgeordneten durch ihre Wählerschaft. – Im Gegensatz dazu: ↑ freies Mandat.

Rechnungshöfe sind die Finanzkontrollbehörden für die Haushalte der öffentlichen Verwaltungen im Bund und in den Ländern. Sie überprüfen – auch als Hilfe für das Parlament – die Haushaltsrechnung (↑ Haushaltsplan) und überwachen die Wirtschaftlichkeit und Ordnungsmäßigkeit der Haushalts- und Wirtschaftsführung der ↑ öffentlichen Hand.

Rechnungsprüfung: Überwachung der Haushalts- und Wirtschaftsführung einer Mittel verwaltenden Stelle (Behörde) durch ein Kontrollorgan, insbesondere auch der Regierungen durch die gesetzgebenden Körperschaften mit Hilfe der ↑ Rechnungshöfe. Der ↑ Bundesrechnungshof prüft die Ordnungsmäßigkeit und Wirtschaftlichkeit der gesamten Haushalts- und Wirtschaftsführung.

Recht: Im weiteren Sinne jede Handlungsnorm, die zwischen »richtigem« (gebotenem, erlaubtem) und »unrechtem« (verbotenem) Verhalten unterscheidet; im engeren Sinn ein System von ↑ Normen, deren Nichtbeachtung zu bestimmten staatlichen (gerichtlichen, polizeilichen) ↑ Sanktionen führt (↑ auch Strafe, ↑ Ordnungswidrigkeit, ↑ Schadensersatz). Davon zu unterscheiden sind Normen der ↑ Sitte (z. B. Standessitten), deren Nichtbeachtung gesellschaftlicher Ächtung hervorrufen kann, und (nur innerlich verbindliche) Vorstellungen der ↑ Moral.

Die Orientierung an Normen und damit die Unterscheidung zwischen richtigem und unrechtem Verhalten ist in menschlichen Gesellschaften allgemein anzutreffen. Die Rechtsnorm kann dabei aus dem Herkommen, der Überlieferung, stammen (↑ Gewohnheitsrecht) und lediglich ihre Beachtung staatlich (durch Gerichte) garantiert sein, sie kann aber auch staatlich gesetzt werden (*Gesetzesrecht,* ↑ Gesetzgebung). Hierbei ist dann das Verfahren der Rechtsetzung dafür ausschlaggebend, was Rechtsgeltung erlangt; denn das kann aufgrund unterschiedlicher Rechtsüberzeugungen und Interessen unter den Bürgern strittig sein.

Die Gesamtheit aller in einem Staat geltenden Rechtsnormen nennt man *positives Recht.* Die Frage nach den Maßstäben seiner »Richtigkeit« führt zum Problem der ↑ Gerechtigkeit, des ↑ Naturrechts und der Annahme allgemeiner, überpositiver Rechtsgrundsätze (z. B. ↑ Menschenrechte). Deren Existenz wird vom *Rechtspositivismus* geleugnet, der nur das positive R. als solches anerkennt. Innerhalb des positiven Rechts wird unterschieden zwischen inhaltlichen Regelungen (*materielles R.*) und Normen zu deren (gerichtlicher) Durchsetzung (*formelles* oder *Verfahrensrecht;* ↑ Prozeßrecht), zwischen den allgemeinen Regelungen von Sachverhalten (*objektives R.*) und daraus abgeleiteten subjektiven Ansprüchen und Verpflichtungen (*subjektives R.*) sowie zwischen dem

↑ öffentlichen Recht des hoheitlichen Handelns des Staates (z. B. Verfassungsrecht, Staatsrecht, Verwaltungsrecht, Prozeßrecht, Strafrecht) und dem ↑ Privatrecht (z. B. bürgerliches R., Handelsrecht, Arbeitsrecht).

Innerhalb des positiven R. gibt es eine Rangordnung der Rechtsnormen (↑ Rechtsordnung), ausgehend von den unabänderlichen Verfassungsgrundsätzen (Art. 79 Abs. 3 GG), über das nur in einem erschwerten Verfahren abänderbare Verfassungsrecht (Art. 79 Abs. 2 GG) zu den einfachen Gesetzen, die mit der Verfassung übereinstimmen müssen, und weiter zu den ↑ Verordnungen, ↑ Satzungen und Verwaltungsakten der Exekutive sowie den Gerichtsurteilen, die sich an das Gesetz halten müssen (Art. 20 Abs. 3 GG). Im ↑ Bundesstaat gehen die Rechtsnormen des Bundes (z. B. Verfassung, Gesetze) denen der Länder (auch der Landesverfassung) im allgemeinen vor (»Bundesrecht bricht Landesrecht«).

Das R. steht nicht nur in der Spannung unterschiedlicher Rechtsüberzeugungen und einem dadurch hervorgerufenen ständigen Wandel, sondern auch in der von Billigkeit und ↑ Rechtssicherheit. *Rechtssicherheit* verlangt allgemeine, klare und vorausberechenbare Regeln, die es erlauben, den Rechtscharakter beabsichtigter Handlungen genau zu bestimmen. Die *Billigkeit* verlangt dagegen die Berücksichtigung aller Umstände des Einzelfalls und damit unter Umständen ein Abweichen von der allgemeinen Regelung. Zwischen beiden Prinzipien hat die Rechtsetzung in einem ↑ Rechtsstaat zu vermitteln.

Recht auf Arbeit ist der Anspruch eines Arbeitswilligen und -fähigen, der keinen Arbeitsplatz finden kann, darauf, vom Staat eine das Existenzminimum sichernde Beschäftigung zugewiesen zu bekommen. Das ↑ Grundgesetz enthält kein Recht auf Arbeit; in einigen Landesverfassungen ist zwar ein Recht auf Arbeit enthalten, aber hierbei handelt es sich meist nicht um die Verbürgung eines Anspruchs auf Verschaffung eines Arbeitsplatzes, sondern nur um eine programmatische Aufforderung an die staatlichen Organe, durch politische Maßnahmen die Vollbeschäftigung anzustreben.

Recht auf Bildung: Ein ausdrückliches R. a. B. ist im ↑ Grundgesetz im Gegensatz zu einigen Landesverfassungen nicht enthalten. Die Freiheit der Berufsausbildung ist durch Art. 12 Abs. 1 GG garantiert.

Rechte: Diese Bezeichnung entstand aus der nach 1814 üblichen Sitzordnung in der französischen Deputiertenkammer für die (vom Vorsitzenden aus gesehen) rechts sitzenden, antirevolutionären Parteien. In dem heute gebräuchlichen rechts-links Schema bezeichnet R. alle diejenigen Parteien, die für die Erhaltung des gesellschaftlichen, ökonomischen und politischen ↑ Status quo eintreten. Als Sammelbezeichnung umfaßt der Begriff R. auch rechte außerparlamentarische Gruppen und Organisationen. – Im Gegensatz dazu: ↑ Linke.

rechtliches Gehör: Gemäß Art. 103 GG und den entsprechenden Bestimmungen der Landesverfassungen hat jeder, der von einem Verfahren eines Gerichts unmittelbar betroffen wird, den Anspruch, mit seinen tatsächlichen und rechtlichen Ausführungen und Beweisanträgen gehört zu werden, ehe eine Entscheidung ergeht. Das jeweilige Gericht muß das Vorbringen des Betroffenen auf jeden Fall zur Kenntnis genommen und erwogen haben (Verbot der sog. Überraschungsentscheidung).

Rechtsanwalt *(Advokat, Anwalt):* Der R. übt als unabhängiges Organ der Rechtspflege eine freiberufliche Tätigkeit aus. Voraussetzung für die Aufnahme der Tätigkeit ist die Zulassung zur Rechtsanwaltschaft und zu einem bestimmten Gericht sowie die Eintragung in die Rechtsanwaltsliste bei dem Gericht, für das die Zulassung erfolgt ist. Die Eintragung in die Rechtsanwaltsliste erfolgt, wenn der R. auf die verfassungsmäßige Ordnung und die standeseigenen Pflichten vereidigt worden ist, der Wohnsitz innerhalb des Bezirkes des zuständigen Oberlandesgerichts begründet und die Anwaltskanzlei im Bezirk der Gerichtszulassung eingerichtet ist (Residenz- und Kanzleipflicht). Nach erfolgter Eintragung ist der R. berechtigt, jedermann in allen Rechtsangelegenheiten zu beraten sowie gerichtlich und außergerichtlich zu vertreten.

Rechtsaufsicht: Kontrolle übergeordneter Behörden über untergeordnete Behörden; die Kontrolle ist auf die Einhaltung von Rechtsvorschriften beschränkt, im Gegensatz zur umfassenden *Fachaufsicht*, die auch die Zweckmäßigkeit von Handlungen überprüft.

Rechtsbehelfe sind im Gerichtsverfahren alle Mittel zur Verwirklichung eines Rechts, z. B. Klage, ↑ Einspruch, ↑ Rechtsmittel.

Rechtsfähigkeit: Die jeder ↑ natürlichen oder ↑ juristischen Person von der ↑ Rechtsordnung zuerkannte Fähigkeit, Träger von Rechten und Pflichten zu sein. Die R. des Menschen beginnt mit der Vollendung der Geburt und endet mit dem Tod bzw. dem durch die Todeserklärung festgelegten Zeitpunkt. Juristische Personen des Privatrechts erlangen die R. durch staatliche Verleihung bzw. Genehmigung *(Konzessionssystem)* oder durch Eintragung in ein Register *(Eintragungssystem),* so z. B. bei Vereinen (»e. V.« = eingetragener Verein).

Rechtshilfe: Die Vornahme einer einzelnen Amtshandlung in einem laufenden Verfahren durch ein bis dahin unbeteiligtes Gericht zur Unterstützung und auf Ersuchen eines anderen Gerichts oder einer Verwaltungsbehörde. Leistet eine Verwaltungsbehörde diesen Beistand, spricht man von *Amtshilfe*. Die Pflicht zur R. im Inland folgt aus Art. 35 Abs. 1 GG. Das *Rechtshilfeersuchen* eines übergeordneten Gerichts darf niemals abgelehnt werden. Im Verkehr mit dem Ausland sind die zahlreichen von der BR Deutschland geschlossenen zwei- oder mehrseitigen internationalen *Rechtshilfeabkommen* maßgebend; besteht kein Abkommen, muß auf diplomatischem Wege über die Außenministerien der beteiligten Staaten um R. nachgesucht werden (z. B. bei einer ↑ Auslieferung).

Rechtskraft: *Formelle R.* erlangt eine gerichtliche Entscheidung, wenn sie nicht mehr mit ↑ Rechtsmitteln angefochten werden kann. *Materielle R.* bedeutet, daß der Inhalt eines Urteils in jedem weiteren Prozeß, in dem es um die rechtskräftig festgestellte Rechtsfolge geht, maßgeblich und bindend ist.

Rechtsmittel ist ein den Parteien vor Gericht gewährtes Recht, eine gerichtliche Entscheidung vor Eintritt der ↑ Rechtskraft anzufechten und sie der Nachprüfung durch ein höheres Gericht zu unterbreiten. R. gegen Urteile sind ↑ Berufung und ↑ Revision. Diese form- und fristgebundenen R. hemmen den Eintritt der formellen Rechtskraft der angefochtenen Entscheidung *(Suspensiveffekt)* und bringen den Prozeß in die nächsthöhere Instanz *(Devolutiveffekt).* Die Bedeutung der R. liegt in der erhöhten Garantie für die Richtigkeit der Entscheidung sowie in der Ausbildung einer einheitlichen Rechtsprechung durch höhere Gerichte.

Rechtsordnung: Die Gesamtheit der Rechtsvorschriften, die das Zusammenleben der Bürger und die Organisation des Staates regeln. − ↑ auch Recht.

Rechtspflege: Alle der rechtsprechenden Gewalt zugewiesenen Tätigkeiten, die unmittelbar der Verwirklichung der Rechte und des Rechts dienen; insbesondere die streitentscheidende Tätigkeit der Gerichte (↑ Rechtsprechung).

Rechtsprechung (rechtsprechende Gewalt, Judikative): Nach Art. 92 GG ist die rechtsprechende Gewalt den Richtern anvertraut; R. umfaßt danach alle Angelegenheiten, die nach der ↑ Rechtsordnung persönlich und sachlich unabhängigen ↑ Richtern (die frei von Weisungen und beruflichen Rücksichten sind und allein aufgrund der Rechtslage entscheiden können) zur Erledigung zugewiesen sind. Wesentliches Merkmal der R. ist, daß sie zur Wahrung der Rechtsordnung und zur Gewährung von ↑ Rechtsschutz, insbesondere zur Entscheidung von Rechtsstreitigkeiten, erfolgt. Hauptaufgabe der R. ist, im Einzelfall verbindlich zu entscheiden, was rechtens ist. Zu diesem Zweck hat der Richter den ihm zur Beurteilung vorgelegten Sachverhalt allein anhand von Rechtsnormen zu würdigen und die für den jeweiligen Einzelfall anwendbare Rechtsfolge zu erkennen und auszusprechen. Dieser Ausspruch ist für die am Verfahren Beteiligten (in Ausnahmefällen auch für Nichtbeteiligte, manchmal auch für jedermann) verbindlich, wenn er nicht mehr angefochten werden kann (formelle ↑ Rechtskraft) und eine abweichende richterliche Entscheidung auch später nicht mehr möglich ist (materielle Rechtskraft).

Die R. wird in der BR Deutschland durch

das ↑ Bundesverfassungsgericht, durch die nach Maßgabe des ↑ Grundgesetzes errichteten Bundesgerichte (Bundesgerichtshof in Karlsruhe, Bundessozialgericht und Bundesarbeitsgericht in Kassel, Bundesverwaltungsgericht in Berlin und Bundesfinanzhof in München) und durch die Gerichte der Bundesländer ausgeübt (↑ Gerichtsbarkeit). Nicht zur R. gehören andere Erscheinungen der Rechtspflege (z. B. Strafvollstreckung, Registerführung), die oft in einem sachlichen Zusammenhang mit der R. stehen und zum Teil ebenfalls den Richtern zur Wahrnehmung übertragen sind.

Rechtsschutz: Alle rechtlichen Regelungen, die der Durchsetzung des einer Person zustehenden subjektiven Rechts dienen. Grundsätzlich gewährt der Staat durch seine Organe staatlichen Rechtsschutz (Art. 19 Abs. 4 GG). R. durch Selbstschutz (↑ Selbsthilfe) ist nur in besonderen Situationen zulässig, nämlich dann, wenn staatliche Hilfe nicht sofort erreichbar ist, wie z. B. in Fällen der ↑ Notwehr und des ↑ Notstandes.

Rechtssicherheit ist ein wesentlicher Bestandteil des ↑ Rechtsstaats und gebietet die Vorhersehbarkeit (Berechenbarkeit, Verläßlichkeit) des Rechts und die Beständigkeit von Rechtsentscheidungen, d. h. v. a. die Beachtung der ↑ Rechtskraft richterlicher Urteile. R. bedeutet für den Bürger weiter gegenüber dem Gesetzgeber Schutz seines Vertrauens darauf, daß Gesetze nicht rückwirkend in schon abgewickelte Tatbestände eingreifen (= sog. *Rückwirkungsverbot, z. B.* keine rückwirkende Steuererhöhung und keine Bestrafung ohne vor der Tat erfolgte Ermächtigung dazu durch Gesetz: »nulla poena sine lege«). Der Grundsatz der R. kann auch dazu führen, daß rechtswidrige Verwaltungsakte, die jemanden begünstigen (z. B. eine fehlerhafte Baugenehmigung), aus Gründen des Vertrauensschutzes nicht zurückgenommen werden dürfen.

Rechtsstaat: Staatliche Organisationsform nach den Ideen der Freiheit und Rechtssicherheit, in der Recht und Gesetz und nicht die Willkür bestimmter Personen herrschen und die Rechtmäßigkeit staatlichen Handelns durch unabhängige Gerichte kontrolliert wird.

Nachdem bereits Platon und Aristoteles gefordert hatten, daß nicht Menschen, sondern Gesetze den Staat beherrschen sollen, und auch das Mittelalter den Gedanken vertreten hatte, daß der Staat die Aufgabe hat, das Recht zu wahren, wurde der Begriff des R. zu Beginn des 19. Jahrhunderts ein zunächst nur dem deutschen Rechtsdenken eigentümlicher Gegenbegriff dem alles reglementierenden absolutistischen ↑ Wohlfahrtsstaat und dem Polizeistaat entgegengesetzt. Der Begriff des R. oder *Verfassungsstaats* enthält die Forderung an den Staat, dem Recht den Vorrang einzuräumen und seine Staatsgewalt zugunsten der Freiheit seiner Bürger einzuschränken. Die gesellschaftliche Freiheit der Bürger wird gesichert v. a. durch die Anerkennung von ↑ Grundrechten, in die nur aufgrund eines formellen − vom Parlament beschlossenen − Gesetzes eingegriffen werden darf. Alle staatlichen Handlungen stehen ferner unter dem Gebot der ↑ Rechtssicherheit: Sie sollen klar und widerspruchslos sein, berechenbar und meßbar für den Bürger, ihnen unterworfen ist. Freiheitsbeschränkende Gesetze dürfen demzufolge in der Regel nicht rückwirkend erlassen werden. Eine Bestrafung ohne vorherige gesetzliche Strafandrohung ist unzulässig. Geschützt werden diese Gebote durch die ↑ Gewaltenteilung und v. a. durch die Garantie der Unabhängigkeit der ↑ Richter.

In der BR Deutschland gewährt das ↑ Grundgesetz einen umfassenden gerichtlichen ↑ Rechtsschutz gegen Maßnahmen der ↑ öffentlichen Gewalt. Die ↑ Rechtsprechung ist zwar selbst gesetzesgebunden, Gesetze können aber auf ihre Übereinstimmung mit der Verfassung von Verfassungsgerichten überprüft werden (↑ auch Normenkontrollverfahren). Die in erster Linie formalen Garantien des R. finden heutzutage ihre Ergänzung in den Prinzipien des ↑ Sozialstaats. Der *soziale Rechtsstaat* (vgl. Art. 28 GG) zielt auf Existenzsicherung, Wohlstandsförderung und soziale Gerechtigkeit.

Rechtsverordnung nennt man allgemeine, von Regierungen erlassene Rechtsvorschriften, die wie die vom Parlament beschlossenen Gesetze für die Staatsbürger verbindlich sind. Im ↑ Rechtsstaat darf eine R. von einer Regierung nur dann erlassen werden, wenn sie vom Parlament dazu ermächtigt worden ist (↑ Delegation). In der BR Deutschland ist die Befugnis des Parlaments (↑ Bundestag), seine gesetzgeberische Befugnis auf die Bundesregierung zu übertragen, durch das ↑ Grundgesetz stark eingeschränkt worden, damit sich das Parlament nicht seiner Verpflichtung zur Gesetzgebung entzieht (Art. 80 GG). – ↑ auch Verordnung.

Rechtsweg: Die Möglichkeit, Streitigkeiten der Entscheidung eines ↑ Gerichts zu unterbreiten. Entsprechend der Gliederung der ↑ Gerichtsbarkeit gibt es unterschiedliche Rechtswege, z. B. den ordentlichen R. (zu den Zivil- und Strafgerichten) und den R. zu den Verwaltungsgerichten. Ob der R. zu dem angerufenen Gericht gegeben ist, muß dieses vor Eintritt in eine Sachentscheidung von Amts wegen prüfen. Durch Art. 19 Abs. 4 GG ist garantiert, daß dem Bürger gegen jede Rechtsverletzung durch die ↑ öffentliche Gewalt ein R. gegeben ist; damit ist ein lückenloser ↑ Rechtsschutz gewährleistet.

Rechtswissenschaft: Zusammenfassende Bezeichnung für die Wissenschaft, die sich mit dem ↑ Recht befaßt. Im ↑ Rechts- und ↑ Sozialstaat der Industriegesellschaft mit seiner großen Zahl an Gesetzen (»Gesetzesflut«) liegt das Schwergewicht der rechtswissenschaftlichen Arbeit bei der *Rechtsdogmatik,* die die Normen des geltenden Rechts auszulegen, in ihren Grundsätzen und systematischen Zusammenhängen darzustellen und auf ihre juristischen Konsequenzen für die Wirklichkeit zu untersuchen hat. Außer der Rechtsdogmatik werden von der R. die Rechtsphilosophie, die Rechtssoziologie, die Rechtstatsachenforschung, die Rechtsgeschichte und die Rechtsvergleichung gepflegt.

Recycling [englisch »Wiederverwertung«]: Rückgewinnung von wertvollen Rohstoffen aus Abfall (z. B. Altpapier, Glas, Altmetall, Bioabfall, Altkunststoff). Durch deren Wiederverwertung sollen die knappen Rohstoffvorkommen geschont und die Umweltbelastung verringert werden. Von zentraler Bedeutung für eine möglichst umfassende Wiederverwertung der Rohstoffe ist dabei, daß der Abfall getrennt und möglichst sortenrein eingesammelt wird. Deshalb bauen die Kommunen

Recycling. Ein großer Teil der Abfallmengen kann nach Wiederaufarbeitung wieder dem Wirtschaftskreislauf zugeführt werden. Voraussetzung ist die getrennte Einsammlung im Rahmen der öffentlichen Abfallbeseitigung

Abfallart	eingesammelte Menge	wiederverarbeitete Menge		beseitigte Menge		gelagerte Menge	
	(t)	(t)	%	(t)	%	(t)	%
Altpapier	627 745	620 375	98,8	32 244	0,5	4 126	0,6
Altglas	672 709	669 905	99,6	1 687	0,2	1 117	0,1
Altmetalle	116 723	116 379	99,7	240	0,2	104	0,1
Kunststoffe	7 743	5 751	74,3	993	12,8	999	12,8
kompostierbare organ. Abfälle	211 178	121 632	57,6	76 103	36,0	13 443	6,4
Altstoffgemische	267 857	244 660	91,3	23 197	8,7	–	
Altöl	22 683	20 904	92,2	1 713	7,6	66	0,2
Pflanzenschutzmittel	890	170	19,1	695	78,1	25	2,8
Lacke, Farben	10 619	1 945	18,3	8 540	80,4	134	13,4
Lösungsmittel	4 912	3 172	64,6	1 703	34,7	27	0,6
Medikamente	1 912	350	18,3	1 540	80,5	22	1,2
Autobatterien	3 204	2 806	87,6	365	11,4	33	1,0
Kleinbatterien	3 028	685	22,6	2 297	75,9	45	1,5
sonstige schadstoffhaltige Abfälle	19 751	635	3,2	18 956	96,0	160	0,8

und Kreise entsprechende Hol- oder Bring-Systeme aus, um größere Teile des Hausmülls wiederverwerten zu können. Dadurch können einerseits wirtschaftliche Impulse gesetzt, andererseits die anfallenden Abfallmengen und die Kosten der Entsorgung reduziert werden. Durch entsprechende Gestaltung der Abfallgebühren lassen sich wichtige Anreize zur Abfallvermeidung und -verwertung geben. Für den Bereich der Produktionsabfälle gibt es bisher noch keine staatlichen Vorschriften oder Anreize, um die Verwertungsquote weiter zu heben. Das R. von Verpackungsmüll soll durch die seit Mitte 1991 geltende ↑ Verpackungsverordnung erhöht werden. – ↑ auch Abfallentsorgung, ↑ SeRo-System.

Redaktionsstatut ↑ Presse, ↑ Pressefreiheit.

Redefreiheit: Die Freiheit, seine Meinung in Wort, Schrift und Bild frei zu äußern und zu verbreiten, ist eines der wichtigsten demokratischen Grundrechte und jedem durch Art. 5 Abs. 1 GG garantiert. – ↑ auch Meinungsfreiheit.

Referendum ↑ Volksentscheid.

Reform [von lateinisch reformare »umgestalten, umbilden, neugestalten«]: Veränderung von Zuständen durch eine allmähliche Verbesserung und Anpassung (↑ Evolution). Die R. stellt einen Mittelweg zwischen der Konservierung bestehender Verhältnisse und der revolutionären Umwälzung dar. Die *Reformpolitik* reagiert auf den Wandel wirtschaftlicher, sozialer, politischer und kultureller Verhältnisse und sucht dabei die Nachteile unterdrückter Anpassung ebenso zu vermeiden wie die einer vorschnellen und radikalen Umwälzung. Reformpolitik ist daher typische Kompromißpolitik und die der parlamentarischen Demokratie entsprechende Handlungsweise. In allen westlichen Demokratien vertreten die größeren Parteien ein reformpolitisches Konzept.

regenerative Energien ↑ Energiepolitik.

Regiebetriebe sind gewerbliche Unternehmen der ↑ öffentlichen Hand und organisatorisch der öffentlichen Verwaltung angegliedert. Ihre Einnahmen und Ausgaben erscheinen im ↑ Haushaltsplan.

Regierung [von lateinisch regere »lenken, herrschen«]:

◇ Bezeichnung für die (z. B. durch Gesetzgebung) steuernde Tätigkeit des Staates (englisch government; von lateinisch gubernator »Steuermann«) in einer Gesellschaft.

◇ Bezeichnung für das Leitungsorgan der Exekutive (Kanzler und Minister). – ↑ auch Bundesregierung.

Regierungsbezirk: In den meisten alten Ländern der BR Deutschland ein mittlerer Bezirk der staatlichen Verwaltung zwischen den Landeszentralbehörden und den Kreisen. Der Leiter eines R. ist der ↑ Regierungspräsident. Die Einführung der R. in die Verwaltung der neuen Bundesländer ist in der Diskussion bzw. schon vollzogen (z. B. in Sachsen).

Regierungspräsident ist der allgemeine Vertreter der Landesregierung in einem Regierungsbezirk, v. a. mit Aufsichtsbefugnissen gegenüber den untergeordneten lokalen Behörden wie z. B. dem ↑ Landratsamt. Der R. ist der Leiter des *Regierungspräsidiums,* in dem Behördenstränge eines Landes auf mittlerer Stufe vereinigt sind.

Regierungssystem: Grundbegriff der Politikwissenschaft; bezeichnet die staatlichen Institutionen (z. B. Parlamente, Regierung und Verwaltung, Gerichte), durch die ein ↑ Staat gesteuert wird, und deren Beziehung zueinander. Innerhalb der ↑ Demokratie unterscheidet man u. a. zwischen dem ↑ Präsidialsystem (z. B. in den USA) und dem ↑ parlamentarischen R. (z. B. in Großbritannien).

Regime: Form der Herrschaftsausübung, v. a. totalitärer Herrschaft.

Regionalismus: Bezeichnung für das Bestreben der Einwohner einer Region, ihre Eigenart innerhalb des übergreifenden politischen Verbandes zu bewahren oder stärker zur Geltung zu bringen. Regionalistische Bewegungen treten an der Peripherie etablierter Nationalstaaten auf (z. B. Frankreich: Bretagne, Elsaß, Korsika und Neukaledonien; Großbritannien: Schottland und Wales; Spanien: Baskenland, Katalonien, Galizien). Landesteile oder Provinzen verlangen die stärkere Berücksichtigung ihrer kulturellen, wirtschaftlichen, sozialen oder politischen Anliegen im Rückgriff auf historische Tradition und geographische Lage; in vielen Fällen spielt die sprachliche Identität eine besondere Rolle. Diese Politisierung der subnationalen Ebene kann separatistische (Baskenland, Schottland, Korsika, z. T. Neukaledonien) oder autonomistische Züge aufweisen (neben den bereits genannten Bewegungen außerdem in Italien: Südtirol, Sardinien; Schweiz: Jura; Belgien: Wallonien, Flandern). Der Aufstand gegen die von der Zentrale ausgehende kulturelle Nivellierung zeigt sich auch in der Kunst und Literatur des R. mit romantischen und anti-industrialistischen Tendenzen. Föderalistische Systeme scheinen besser als zentralistische in der Lage zu sein, regionale Konflikte zu lösen, indem sie kulturelle Vielfalt und politische Autonomie gewähren (vgl. die Gründung des Kantons Jura in der Schweiz im Gegensatz zu den institutionellen Ansätzen der Regionalisierung in Frankreich und dem Scheitern der Politik der »devolution« in Großbritannien). Ob und inwieweit im Rahmen der ↑ Europäischen Gemeinschaft ein »Europa der Regionen« entstehen wird, läßt sich z. Z. noch nicht absehen. Vorgesehen ist, daß die europäischen Regionen in einem »Ausschuß der Regionen« der EG ihre Interessen vertreten.

Regionalplanung ist ein Teil der ↑ Raumordnung auf der Ebene zwischen *Landesplanung* und *kommunaler Entwicklungs-* und *Bauleitplanung*. Sie wird entweder von einem Zusammenschluß von Gemeinden und Gemeindeverbänden oder von Dienststellen des Landes in Form von *Regionalen Planungsgemeinschaften* oder *Regionalverbänden* getragen.

Rehabilitation: Bezeichnung für öffentliche und private Maßnahmen, die dazu dienen, Menschen, die aufgrund körperlicher oder psychischer Behinderung oder sozialer Isolierung (Krankheit, Gefängnisaufenthalt, Drogenabhängigkeit, Unfallschädigung) vom gesellschaftlichen Lebenszusammenhang abgesondert sind oder waren, die Teilnahme am sozialen Leben wieder zu ermöglichen. Die Rehabilitationsmaßnahmen sind besonders darauf gerichtet, die Betroffenen zur Wiederaufnahme von Arbeit und Beruf (durch Umschulungs-, berufliche Fortbildungseinrichtungen) sowie zur Teilnahme an den allgemeinen Formen des sozialen Lebens

zu befähigen. Sie erstrecken sich daher zum Teil auch informierend und unterstützend auf die Umwelt dieser Menschen und auf die Öffentlichkeit.

Reichtum bedeutet allgemein den weit über den notwendigen Bedarf hinausreichenden Besitz an Sachwerten, Geld oder sonstigem Vermögen, aber auch an Immateriellem (»reich an Geistesgaben«). Die objektive Bemessung von R. widerspricht oft der subjektiven Einschätzung und ist ebenso schwer wie bei dem Begriff ↑ Armut. Es gibt keine allgemein anerkannten Kriterien, v. a. sind sie von Gesellschaft zu Gesellschaft und je nach Kulturstufe recht unterschiedlich. Als Quelle des R. wurden zu verschiedenen Zeiten und in verschiedenen Kulturen z. B. Kinderreichtum, Besitz an Gold, Geld, Grundbesitz oder Eigentum an Produktionsmitteln angesehen. Allgemein gilt jedoch, daß R. mit Einfluß und Macht verbunden ist. Heute hat sich die Diskussion über R. stärker vom innerstaatlichen Bereich auf staatsübergreifende Vergleiche verlagert (↑ Nord-Süd-Konflikt). Doch sagt die Einteilung in »reiche« und »arme« Länder keineswegs etwas über die Verteilung des R. im einzelnen Land aus.

relative Mehrheit ↑ Mehrheit.

Religion: Meist kultisch (↑ Kult) geregelte Beziehungen zwischen Menschen (Religionsgemeinschaft) und Gott oder mehreren gedachten Gottheiten, die in der Regel durch besondere Zwischenträger (Priester) vermittelt werden. Die *Offenbarungsreligionen* rühren jeweils von einem Religionsstifter und der ihm zuteil gewordenen Offenbarungserkenntnis her, die häufig in bestimmten Texten (Heiligen Schriften) festgelegt und überliefert wird. Sie bieten in der Regel ein bestimmtes Gottesbild und einen Jenseitsglauben, darüber hinaus auch Orientierung in der Welt, indem sie dem Gläubigen einen Heilsweg zur Erlösung öffnen und ihm ethische und kultische Pflichten auferlegen. Sie beeinflussen das Leben des Gläubigen und seine Umwelt auch durch Bildung sozialer Beziehungen (Gemeinde) sowie die Heiligung bestimmter Stätten, (Feier-)Tage und Vorgänge (z. B. Hochzeit). Als typische Tugenden des religiösen Menschen gelten seine Hingabe an die Gottheit, Gottvertrauen und Gottesfurcht, Frömmigkeit und Barmherzigkeit. Die R. hat in kaum zu überschätzender Weise das menschliche Leben und die gesellschaftliche Entwicklung auch auf Gebieten geprägt, die heute vom religiösen Bereich getrennt und verweltlicht sind (Säkularisierung der Kultur). In ihrem Namen wurden aber auch Kriege geführt und Menschen unterdrückt (auch: religiöser ↑ Fanatismus). An die Stelle der religiösen Orientierung sind heute vielfach ↑ Weltanschauungen und ↑ Ideologien getreten, die dem Menschen als Richtschnur für sein Handeln dienen. Totalitäre Ideologien wurden zuweilen kritisch auch als »politische R.« bezeichnet.

Religionsfreiheit: Nach den Religionskriegen und durch die ↑ Aufklärung durchgesetzte Freiheit des Glaubens, des Gewissens, des religiösen und weltanschaulichen Bekenntnisses. Art. 4 GG erklärt diese Freiheit für unverletzlich und gewährleistet die ungestörte Religionsausübung. − ↑ auch Glaubens- und Gewissensfreiheit.

Religionsgemeinschaften: Vereinigungen von Angehörigen desselben Glaubensbekenntnisses zur Ausübung ihrer religiösen Kult- und Versammlungsformen. Im Unterschied zu den ↑ Kirchen (↑ evangelische Kirchen, ↑ katholische Kirche, ↑ Kirche und Staat), die eine öffentlichrechtliche Stellung einnehmen und Steuern erheben dürfen sowie besonderen staatlichen Schutz genießen, ist anderen R. nur eine privatrechtliche Position eingeräumt. Sie unterstehen damit dem Vereinsrecht und genießen den besonderen Schutz des Art. 140 GG, der den Weimarer Kirchenrechtsartikeln (Art. 136−141 Weimarer Verfassung) auch in der BR Deutschland wieder Geltung verschaffte. Den R. sind die Vereinigungen zur »gemeinschaftlichen Pflege einer Weltanschauung« (Art. 137 Weimarer Verfassung) gleichgestellt.

Renegat [von lateinisch renegare »verleugnen«]: Ursprünglich Bezeichnung für einen Glaubensabtrünnigen; heute bezeichnet man als R. auch jemanden, der sich z. B. von einer politischen Partei oder politischen Gemeinschaft gelöst hat.

Rentabilität ist das Verhältnis des ↑ Gewinns einer Unternehmung zu dem eingesetzten ↑ Kapital in einem Rechnungszeit-

raum. R. dient als Kennzahl nicht nur der Kontrolle der ↑ Wirtschaftlichkeit eines abgelaufenen Zeitraums, sondern auch der Planung und als Zielgröße für künftiges Handeln. Das Streben nach R. ist charakteristisch für die ↑ Marktwirtschaft.

Rente:
◇ Regelmäßige (arbeitslose) Geldeinnahme, die ein »Rentier« aus seinem Vermögen bezieht (z. B. Zinsen, Dividenden).
◇ Heute v. a. Geldleistungen, welche die ↑ Rentenversicherung den aus dem Arbeitsleben ausgeschiedenen »Rentnern« erbringt.

Rentenversicherung: Zweig der ↑ Sozialversicherung zum Schutz gegen ↑ Berufsunfähigkeit, ↑ Erwerbsunfähigkeit und zur Sicherung des altersbedingten Ruhestandes und der Hinterbliebenen beim Tod eines Arbeitnehmers *(Witwen-* und *Waisenrente). Altersruhegeld* wird generell ab dem 65. Lebensjahr, heute bei etwa 50 % schon früher *(flexible Altersgrenze)* ausgezahlt. Die R. war v. a. in der Reichsversicherungsordnung geregelt. Es besteht Versicherungszwang (↑ Pflichtversicherung) für alle Arbeiter *(Arbeiterversicherung)* und Angestellten *(Angestelltenversicherung),* aber auch für Handwerker *(Handwerkerversicherung)* und Landwirte *(Altershilfe).* Für Bergleute gibt es eine besondere *Knappschaftsversicherung.* Von der Versicherungspflicht sind die Beamten befreit, für die es besondere Pensionsregelungen gibt. Befreit sind auch bestimmte Gruppen von Selbständigen sowie Hausfrauen. Für sie besteht allerdings die Möglichkeit der freiwilligen Versicherung bei der Rentenversicherung.

Eine Rente wird auf Antrag ausgezahlt, wenn bestimmte Voraussetzungen wie Beitragszahlungen und Wartezeiten erfüllt sind. Die Höhe der Rente richtet sich nach einem komplizierten Berechnungsmodus (sog. *Rentenformel*), in dem die anrechnungsfähigen Versicherungsjahre, die geleisteten Beitragszahlungen, der allgemeine Durchschnittsverdienst und Steigerungsbeträge infolge der allgemeinen Lohnentwicklung (und Inflation) berücksichtigt werden (sog. *dynamische Rente* seit 1957). Die hierdurch notwendige *Rentenanpassung* wird jährlich durch Bundesgesetz vorgenommen. Die Mittel der R.

werden durch Zahlungen der Versicherten selbst und ihrer Arbeitgeber (im allgemeinen im Verhältnis von 50 : 50 %) sowie durch Bundeszuschüsse aufgebracht. Die Mittelaufbringung in der R. geht somit wie auch sonst in der Sozialversicherung vom Grundsatz der *Solidarhaftung* aus († auch Generationenvertrag). Träger der R. sind die Landesversicherungsanstalten, die Bundesversicherungsanstalt für Angestellte (Sitz Berlin) und andere Einrichtungen des Bundes. Für Streitigkeiten z. B. über die Höhe von Renten sind die Sozialgerichte zuständig († Sozialgerichtsbarkeit).

Die steigende Belastung der Arbeitnehmer mit Versicherungsleistungen aufgrund der Zunahme von Rentenempfängern – eine Folge der allgemeinen Verlängerung des Lebensalters – führte zu einer intensiv diskutierten *Rentenreform*. Durch das *Rentenreformgesetz* vom 18. Dezember 1989, das zu Beginn des Jahres 1992 in Kraft tritt, wird die R. in Buch VI des Sozialgesetzbuches neu geregelt. Dabei wurde vorgesehen, daß ab dem Jahr 2001 die Altersgrenzen von 60 und 63 Jahren wieder schrittweise auf die Regelarbeitsgrenze von 65 angehoben werden. Bei einer vorzeitigen Inanspruchnahme vermindert sich der Rentenanspruch.

Reparationen: Seit dem 1. Weltkrieg geläufige Bezeichnung für Geld-, Sach- und Arbeitsleistungen besiegter Staaten an die Sieger zur Wiedergutmachung von Kriegsschäden und -kosten.

Repräsentantenhaus: Das R. der USA setzt sich aus (Wahlkreis-)Abgeordneten der verschiedenen Wahlkreise zusammen, denen als parlamentarische Versammlung neben dem † Senat die Gesetzgebung obliegt und die die Regierungs- und Verwaltungstätigkeit kontrollieren. – † auch Kongreß.

Repräsentation [von lateinisch repraesentare »vergegenwärtigen, darstellen«]: Ein auf dem Prinzip der Vertretung beruhender Vorgang. Der *Repräsentant* stellt das von ihm Vertretene dar, sorgt für seine Präsenz (= Gegenwärtigkeit) und ist befugt, in seinem Namen (verbindliche) Erklärungen abzugeben (z. B. der diplomatische Vertreter eines Staates). In repräsentativen Demokratien gelten die parlamentarischen Abgeordneten in der Regel als Repräsentanten des ganzen Volkes (Art. 38 Abs. 1 GG). Ihre Entscheidungen sind damit die Entscheidungen des Volkes. Sie haben sich aus diesem Grunde auch nicht einfach als Interessenvertretung einer bestimmten Wählergruppe oder Partei zu verstehen, sondern sind für das Wohl der Gesamtheit, auch für die Nichtwähler und nicht zum Zuge gekommenen Bevölkerungsgruppen verantwortlich. Mit der Vorstellung der R. wird diese allgemeine Verantwortlichkeit des »Volksvertreters« im Gegensatz zu einem Interessenvertreter hervorgehoben und für den einzelnen Abgeordneten verbindlich erklärt.

Repräsentativsystem: Regierungssystem, in dem die politische Herrschaft (Anordnungen und Kontrollen, z. B. Gesetzgebung, Regierung und Verwaltung) durch gewählte Volksvertreter *(Repräsentanten)* und von ihnen abhängige Organe wahrgenommen wird.

Repressalie: Handlung eines Staates, die ein Unrecht im völkerrechtlichen Sinn darstellt, aber insoweit erlaubt ist, als sie der Vergeltung erlittenen Unrechts dient.

Repression [von lateinisch repressio »das Zurückdrängen«]: Unterdrückung, auch Verdrängung von Wünschen und Bedürfnissen. Auch staatliche Gewaltmaßnahmen können ebenso wie öffentliche Bewußtseinsmanipulationen (z. B. durch Propaganda) *repressiv* wirken.

Republik [von lateinisch res publica »Gemeinwesen, Staat«] bezeichnet eine nichtmonarchische Staatsform.

Republikaner:
◇ Anhänger der republikanischen Verfassungsform (Gegensatz = Monarchist).
◇ Mitglied der Republikanischen Partei in den USA.
◇ [Abk. auch »Reps«] rechtsextremistische Partei in der BR Deutschland, 1983 von ehemaligen Mitgliedern der CSU gegründet. Die R. verstehen sich als eine patriotisch-konservative Partei rechts der Mitte, die Anwalt der kleinen Leute sein will. Ihre Programmatik orientiert sich an einem Nationalismus mit ausländerfeindlichen Tönen. Die Mitgliederstruktur ähnelt der der † NPD. Sowohl bei den Mitglieder- wie bei der Wählerschaft sind jüngere, zumeist männliche Angehörige des öffentlichen Dienstes überrepräsentiert.

1989 erzielten die R. mit dem Einzug in das Berliner Abgeordnetenhaus (elf Mandate) und dem Überspringen der Fünfprozenthürde bei den Europawahlen einen überraschenden Erfolg, den sie bei den Bundestagswahlen vom 2. Dezember 1990 (mit 2,1 % der Stimmen) und bei den gleichzeitigen Berliner Abgeordnetenhauswahlen (3,1 %) jedoch nicht wiederholen konnten. Die R. haben nach eigenen Angaben ca. 14 000 Mitglieder. Der Schwerpunkt ihrer Tätigkeit liegt in Bayern.

Resolution ist ein Beschluß, der von Versammlungen (auch von spontan gebildeten Gruppen) gefaßt wird. Durch die Veröffentlichung der R. soll Einfluß auf die ↑ öffentliche Meinung ausgeübt werden.

Resozialisierung ist die (Wieder-)Eingliederung eines straffällig Gewordenen in die soziale Gemeinschaft. Da viele Strafgefangene vor ihrer Inhaftierung nie sozial integriert gewesen waren, entspricht die R. der Sache nach der ↑ Sozialisation. Durch sozialisierende Einwirkungen soll der Straftäter die Fähigkeit erlernen, straffrei und verantwortungsbewußt am Sozialleben teilnehmen zu können. Die R. soll entweder während des Freiheitsentzuges *(stationäre R.)* oder durch die Aussetzung der Strafe zur ↑ Bewährung *(ambulante R.)* erreicht werden. – ↑ auch Bewährungshelfer.

Ressort: Geschäftsbereich, Aufgabengebiet, insbesondere von ↑ Ministerien (z. B. Innenressort).

Ressortprinzip: Grundsatz, daß jeder ↑ Minister sein ↑ Ressort eigenständig leitet (Art. 65 Satz 2 GG).

Ressourcen [französisch »Hilfsmittel«]: Im weiteren Sinn Bezeichnung für die Gesamtheit der ↑ Produktionsfaktoren der Wirtschaft (Boden, Arbeit, Kapital), im engeren Sinn für die Rohstoffe; auch: finanzielle Ressourcen.

Restauration: Wiederherstellung eines früheren politischen oder wirtschaftlich-sozialen Zustandes. Als R. wurden insbesondere die Bemühungen um die Wiederherstellung der vorrevolutionären Verhältnisse nach der Französischen Revolution in der ersten Hälfte des 19. Jahrhunderts bezeichnet. Auch die Entwicklung in der BR Deutschland in den 1950er Jahren wurde von der linken Kritik als »restaurativ« empfunden.

Revanchismus [von französisch revanche »Vergeltung«] bezeichnet eine Politik der rächenden Vergeltung für angeblich oder wirklich erlittenes Unrecht. R. kann auf die Rückgewinnung verlorengegangener Gebiete (z. B. Elsaß-Lothringens durch die Franzosen nach dem Deutsch-Französischen Krieg 1870/71) oder auf die Aufhebung von Verträgen (z. B. des Versailler Vertrags von 1919) zielen.

Revision:

◊ Allgemein: Nachprüfung; Änderung (einer Ansicht).

◊ In der Gerichtsbarkeit ein ↑ Rechtsmittel, das – im Gegensatz zur ↑ Berufung – sich darauf beschränkt, das angefochtene Urteil nur auf Fehler in der Rechtsanwendung zu überprüfen; an die in der vorigen Instanz festgestellten Tatsachen ist das Revisionsgericht gebunden, das Vorbringen neuer Tatsachen ist ausgeschlossen.

Revolution: Allgemeine Bezeichnung für eine tiefgreifende Änderung in einem bestimmten Bereich (z. B. industrielle R., R. in der Wissenschaft, Kunst, Mode u. a.). Im politisch-sozialen Sinne bezeichnet R. den Versuch, durch einen in der Regel gewaltsamen Sturz der Herrschenden die Machtpositionen einer Gesellschaft zu erobern, um eine neue Gesellschaftsordnung herbeizuführen. Die Gewaltanwendung ist für den Revolutionsbegriff kein unverzichtbares Kriterium, aber meist eine unvermeidliche Begleiterscheinung der R., da sie verbunden ist mit einem Bruch überkommener Traditionen, z. B. durch Aufhebung der geltenden Verfassung und Zerschlagung der bestehenden Rechtsordnung. Als »friedliche R.« verlief der Zusammenbruch des SED-Regimes in der DDR 1989/90, desgleichen in Polen, Ungarn, der ČSFR, Bulgarien und Albanien. Über Ursachen und Verlaufsformen einer R. läßt sich schwer etwas allgemeines aussagen. R. resultieren in der Regel aus sozialen Spannungszuständen; ihrem Ausbruch kann durch eine »R. von oben« zuvorgekommen werden.

Der Begriff R. umfaßt nicht nur soziale oder Klassenrevolutionen (bürgerliche, proletarische oder bäuerliche R.), sondern auch die nationalen Revolutionen, die mit der Abschüttelung einer Fremdherrschaft zur Konstituierung einer Nation führen

(z. B. die Amerikanische R. 1775–83). Ferner dient der Begriff auch zur Kennzeichnung konkreter historischer Ereignisse, z. B. die Puritanische R. 1642–49 und die Glorious revolution 1688/89 in England, die Französische R. 1789–99, die Julirevolution 1830, die russische Oktoberrevolution 1917 oder die deutsche Novemberrevolution 1918.

Der Revolutionsbegriff muß abgegrenzt werden gegen alle Formen des Umsturzes, die keine tiefgreifende Änderung der gesellschaftlichen und politischen Verhältnisse beabsichtigen. Sie sind keine Revolutionen im eigentlichen Sinne: So geht es z. B. bei einem ↑ Staatsstreich oder ↑ Putsch nur um einen personellen Austausch innerhalb von Führungsgruppen. Es werden zwar in der Regel legale Verfassungsorgane verdrängt, aber die sozialen und politischen Strukturen nicht verändert. Diese Formen politischen Umsturzes werden oft von kleinen Minderheiten getragen (häufig von militärischen Ursupatoren). Die Versuche, eine begonnene oder bereits erfolgreich verlaufene R. rückgängig zu machen, werden ↑ Konterrevolution genannt.

Rezeption [von lateinisch recipere »(auf-)nehmen«]: Übernahme fremden Kulturgutes, z. B. fremder Vorstellungen, Techniken oder Verhaltensmuster. Im interkulturellen Austausch finden stets *Diffusion* (Verbreitung einer ↑ Kultur) und R. statt. Meist besteht R. nicht in einer einfachen Übernahme des Fremden, sondern in seiner Angleichung an die eigene ↑ Tradition. R. ist dann der Ausdruck der Lösung eigener Probleme durch Zuhilfenahme fremder Lösungstechniken und ihre Anpassung an die eigene Problemlage.

Rezession [von lateinisch recessio »das Zurückgehen«]: Abschwächungsphase des Konjunkturzyklus, gekennzeichnet allgemein durch einen Rückgang der wirtschaftlichen Aktivität, im engeren Sinn durch abnehmende Kapazitätsauslastung des Produktionspotentials und zunehmende Arbeitslosigkeit.

RGW ↑ Rat für gegenseitige Wirtschaftshilfe.

Rheinland-Pfalz: Land der BR Deutschland mit einer Fläche von 19 837 km² und 1989 3,61 Mill. Einwohnern, 184 E/km². Landeshauptstadt ist Mainz. 54,5 % der Bevölkerung gehören dem katholischen, 37,7 % dem evangelischen Bekenntnis an. R.-P. gehört aufgrund seiner strukturschwachen Regionen (Eifel, Hunsrück) zu den ärmeren Bundesländern. Obwohl rückläufig, spielt der Weinbau mit etwa 70 % der deutschen Weinernte noch immer eine bedeutende Rolle. 1987 waren 5,4 % aller Beschäftigten in der Land- und Forstwirtschaft, 42 % im produzierenden Gewerbe und 52,6 % im Dienstleistungsgewerbe tätig.

R.-P. wurde gebildet aufgrund der Verordnung der französischen Militärregierung vom 30. August 1946 als Teil der französischen Besatzungszone aus der früher bayerischen Pfalz, den ehemals preußischen Regierungsbezirken Koblenz und Trier, vier Kreisen der ehemaligen preußischen Provinz Hessen-Nassau (als Regierungsbezirk Montabaur) und dem linksrheinischen Teil Hessens (Rheinhessen). Die willkürliche Grenzziehung trennte wirtschaftlich und historisch zusammengehörende Gebiete (so verloren Worms und v. a. Mainz ihre rechtsrheinischen Vororte), und die Chance zur Neuordnung des Rhein-Neckar-Raumes mit Mannheim und Ludwigshafen/Rhein wurde nicht genutzt. In dem bis heute in der Diskussion um die Neugliederung des Bundesgebietes betroffenen Land waren von fünf Volksbegehren gegen die Zugehörigkeit einzelner Gebiete zu R.-P. drei (frühere Regierungsbezirke Trier und Koblenz: Angliederung an Nordrhein-Westfalen, früherer Regierungsbezirk Montabaur: Angliederung an Hessen) erfolgreich. Im Januar 1975 fanden daraufhin Volksentscheide statt, deren Ergebnisse jedoch den territorialen Bestand des Landes unverändert ließen. Das Überwiegen der katholischen Bevölkerung, Gegensätze zwischen den agrarbestimmten Wirtschaftsräumen einerseits und den wenigen industriestarken Großstädten andererseits spiegelten sich auch in der Landespolitik wider. Die CDU, seit 1947 stärkste Partei im Landtag, regierte seit 1971 allein. 1987 verlor sie die absolute Mehrheit und mußte mit der FDP koalieren. 1991 wurde die SPD erstmals stärkste Partei und regiert in Koalition mit der FDP.

Nach der Verfassung vom 18. Mai 1947

obliegt die Gesetzgebung dem auf fünf Jahre gewählten Landtag, doch besteht die Möglichkeit des Volksentscheids. Die vollziehende Gewalt wird durch die Landesregierung ausgeübt, die aus dem vom Landtag gewählten Ministerpräsidenten und den von diesem ernannten Ministern besteht und zur Übernahme der Geschäfte der ausdrücklichen Bestätigung durch den Landtag bedarf. Der Ministerpräsident bestimmt die Richtlinien der Politik. Der Landtag kann die Landesregierung oder einzelnen Ministern das Vertrauen entziehen, was zu deren Rücktritt führt. Falls der Landtag nicht innerhalb von vier Wochen nach dem Beschluß, der Landesregierung das Vertrauen zu entziehen, einer neuen Regierung das Vertrauen ausspricht, ist er aufgelöst. Verfassungsrechtliche Streitigkeiten werden vom Verfassungsgerichtshof entschieden.

Richter sind als Träger der dritten Gewalt (↑ Gewaltenteilung) mit der rechtlichen Kontrolle der Handlungen der einzelnen Staatsbürger und des Staates (= der Exekutive und zum Teil auch der Legislative) betraut. R. sind nur an das Gesetz und die ↑ Grundrechte gebunden. Aus diesem Grund sind sie von Weisungen übergeordneter Instanzen unabhängig, nicht absetzbar und ohne ihre Zustimmung nicht versetzbar. Die Befähigung zum Richteramt erlangt der Berufsrichter (im Gegensatz dazu: ↑ Laienrichter) durch ein Studium der Rechtswissenschaft von mindestens dreieinhalb Jahren und zwei Staatsprüfungen, zwischen denen ein Vorbereitungsdienst (Referendarzeit) von zwei Jahren liegen muß.
In den neuen Bundesländern mußte die Übernahme von R. aus der ehemaligen DDR-Justiz in das neu aufzubauende Gerichtswesen von Überprüfungen auf Unrechtshandlungen abhängig gemacht werden.

Richtlinienkompetenz: Kompetenz des Regierungschefs, für die Regierung die Richtlinien der Politik zu bestimmen (vgl. Art. 65 GG).

Risiko [von italienisch risico »Gefahr, Wagnis«] stellt eine Gefahr dar, die in der Ungewißheit über künftige Entwicklungen begründet liegt. So gehört zum Beispiel das R. eines ökonomischen Mißerfolgs

ebenso zum freien Unternehmertum wie die Chance, hohen Gewinn zu erzielen.

Risikogesellschaft: Bezeichnung für die moderne ↑ Industriegesellschaft, in der die Umweltzerstörung und der Einsatz bestimmter Techniken und Produktionsverfahren (z. B. der Kernenergie, der chemischen Industrie oder von biologischen oder gentechnischen Verfahren) für den Bürger hohe Sicherheitsrisiken heraufbeschwören. Zwar ist die Wahrscheinlichkeit des Eintritts schwerer Schadensereignisse gering, doch nehmen die eintretenden Schadensfälle leicht katastrophale Ausmaße an. Bisher gibt es noch keine allgemein anerkannten Verfahren der Risikoabschätzung oder Risikobewertung, die es gestatten würden, die Gefahren neuer Techniken abzuschätzen mit dem Ziel, risikoarmen, sozial- und umweltverträglichen Techniken oder Entwicklungsstrategien den Vorzug zu geben. – ↑ auch Umweltverträglichkeitsprüfung.

Ritual: Vorgehen nach festgelegter Ordnung (z. B. bei der Religionsausübung). In der Soziologie bezeichnet der Begriff R. besondere standardisierte und ständig wiederholte Verhaltensweisen. Rituale sind traditionsbestimmt und in der modernen Gesellschaft häufig sinnentleert. Sie können durch bestimmte Ereignisse spontan hervorgerufen werden und dienen in Angstsituationen oft der inneren Stabilisierung.

Rohstoffabkommen: Internationale Verträge über Rohstofflieferungen mit dem Ziel, die Interessengegensätze zwischen Industrie- und Entwicklungsländern auszugleichen. Die Rohstoffe nehmen im Gefüge der Weltwirtschaft eine bedeutsame Stellung ein: Als Ausgangsmaterialien der Industrieproduktion beeinflussen vorhandene Menge und Preise in entscheidender Weise die Konjunktur v. a. in den führenden Industriestaaten; als oft einzige oder überwiegende Einkommensquelle sind sie die Existenzgrundlage mancher Entwicklungsländer.

Rolle: In der modernen Soziologie ist die soziale R. ein zentraler Begriff zur Beschreibung und Analyse der ↑ Sozialstruktur wie auch des individuellen Verhaltens und der ↑ Interaktion auf allen gesellschaftlichen Ebenen (Partnerbeziehungen,

Gruppen, Organisationen, Gesamtgesellschaft) und in allen institutionellen Bereichen (privat, öffentlich, Beruf, Familie). Die Verwendung des Begriffs R. ist allerdings weder einheitlich (oft synonym mit ↑ Status und ↑ Position) noch unumstritten. Allgemein versteht man unter sozialer R. all diejenigen typischen, mehr oder weniger verbindlichen (normierten) Verhaltenserwartungen, die einem einzelnen aufgrund seines Status von seiten der Gruppe entgegengebracht werden und denen er gerecht werden muß. Diese Erwartungen (Anforderungen) bestehen zunächst unabhängig vom Inhaber des Status und können mehrere Rollen *(Rollensatz)* umfassen. So werden z. B. dem Lehrer von seiten der Schüler, Eltern oder Kollegen unterschiedliche Rollenerwartungen entgegengebracht. Nach den Annahmen der Rollentheorie ermöglicht die relative oder absolute Verbindlichkeit der Rollenerwartungen Regelmäßigkeit und Voraussehbarkeit (Verläßlichkeit) im sozialen Verhalten der Gesellschaftsmitglieder. Der Inhalt der Erwartungen und der Grad ihrer Verbindlichkeit werden im Verlauf der primären und sekundären ↑ Sozialisation vermittelt und vom Individuum übernommen (erlernt, internalisiert), so daß sowohl äußere ↑ Sanktionen wie auch eigene Ansprüche und Vorstellungen zu einem rollenkonformen Verhalten führen.

Die Soziologie untersucht neben der Vielfalt der Rollen, die in den verschiedenen Gesellschaften (Agrar-, Industriegesellschaft) unterschiedlich sind, insbesondere *Rollenkonflikte,* die sich für Individuen (Statusinhaber) und für die Gesellschaft ergeben können. Dabei werden *Interrollenkonflikte* und *Intrarollenkonflikte* unterschieden: Interrollenkonflikte können entstehen, wenn Individuen aufgrund mehrerer Positionen, die sie innehaben, teilweise gegensätzlichen Rollenerwartungen gerecht werden müssen (z. B. Ehefrau mit Beruf); Intrarollenkonflikte entstehen innerhalb einer bestimmten Position (z. B. ist der Arzt gegenüber den Patienten einerseits, der Krankenkasse andererseits gegensätzlichen Rollenerwartungen ausgesetzt). Kritiker dieses Rollenkonzepts befürchten, daß den Individuen unabhängig von ihrer Individualität Anpassung abver-

langt wird. Diese Kritik geht insofern fehl, als die Rollentheorie nur Analysen von Rollen, keine Vorschriften für rollenkonformes Verhalten liefert. Dem individuellen Wunsch, autonom und abweichend auf die Rollenerwartungen reagieren zu können, trägt man mit dem Begriff der *Rollendistanz* Rechnung.

Römische Verträge: Am 25. März 1957 wurden in Rom die Verträge über die Gründung der Europäischen Atomgemeinschaft (EURATOM) und der Europäischen Wirtschaftsgemeinschaft (EWG) von Belgien, der BR Deutschland, Frankreich, Italien, Luxemburg und den Niederlanden unterzeichnet und damit die Rechtsgrundlage für die europäische Wirtschaftsunion gelegt. − ↑ auch Europäische Gemeinschaft.

Rotationsprinzip: In der BR Deutschland bis 1991 v. a. von den ↑ Grünen propagiertes Verfahren, nach dem im regelmäßigen Wechsel alle Parteiämter, aber auch die Landtags- und Bundestagssitze neu besetzt werden (z. B. Rücktritt der Abgeordneten nach der Hälfte der Legislaturperiode, Nachrücken der Nächstplazierten, mit eventuellen Ausnahmen). Das R. ist verfassungsrechtlich und auch politisch umstritten. Es soll gewährleisten, daß sich die Funktions- und Mandatsträger nicht von ihrer Basis entfernen, daß möglichst viele im Wechsel an den Entscheidungsprozessen beteiligt werden und dadurch Einblick in politische Abläufe erhalten. Das R. richtet sich auch gegen die Entwicklung zum hauptberuflichen Parlamentarier bzw. Berufspolitiker. Die entscheidenden Probleme der R. liegen u. a. darin, daß die Kontinuität der politisch-parlamentarischen Arbeit unterbrochen und die Freiheit der Abgeordneten zu eigenverantwortlichen Entscheidungen behindert werden.

Rote-Armee-Fraktion ↑ RAF.
Rotes Kreuz: 1863 von H. Dunant gegründetes internationales Komitee (mit Sitz in Genf) zur medizinischen Versorgung von Kriegsopfern und zur neutralen Vermittlung in Fragen, die Verwundete und Gefangene betreffen. Das Internationale Rote Kreuz ist gegliedert in zahlreiche staatliche Verbände, z. B. das *Deutsche Rote Kreuz (DRK),* einen Verband der frei-

en Wohlfahrtspflege, der auch bei Unfällen und Katastrophen tätig wird. Entsprechende Verbände in anderen Ländern sind z. B. der *Rote Halbmond* oder der *Rote Davidstern.*

Rückwirkungsverbot ↑ Rechtssicherheit.

Runder Tisch: Nach der Wende in der ehemaligen DDR im Herbst 1989 fanden erstmals am 7. Dezember 1989 Verhandlungen über die weitere Entwicklung zwischen der noch herrschenden SED-Regierung sowie Vertretern der neu gegründeten Volksbewegungen und sonstigen Gruppierungen am »R. T.« statt. Neben dem »zentralen R. T.« in Ost-Berlin gab es eine Vielzahl R. T. in der DDR, die den Übergang von der SED-Herrschaft zur Demokratie einleiteten. Dem zentralen R. T. gelang es, die ↑ Stasi zu entmachten. Außerdem arbeitete er einen neuen Verfassungsentwurf für die DDR aus, der jedoch keine Bedeutung gewann, weil sich die am 18. März 1990 neu gewählte Volkskammer für einen Beitritt zur BR Deutschland entschied. Vorbild war der R. T. in Polen, der im Frühjahr 1989 dort den Übergang zur Demokratie einleitete.

Rundfunk und Fernsehen werden in der BR Deutschland vorwiegend durch öffentlich-rechtliche Rundfunkanstalten der Länder getragen. Die Sendegebiete der einzelnen Rundfunkanstalten sind teils auf das Gebiet eines Landes bezogen, teils erstrecken sich auf der Grundlage eines Staatsvertrages auf bestimmte Landschaften (z. B. Nord-, Süd-, Westdeutscher Rundfunk). Da der Aufbau eines Fernsehprogramms die Möglichkeiten einer einzelnen Rundfunkanstalt überstieg, schlossen sich die Rundfunkanstalten 1953 in der »Arbeitsgemeinschaft der öffentlich-rechtlichen Rundfunkanstalten der BR Deutschland« (↑ ARD) zusammen und verpflichteten sich zur Gestaltung eines gemeinsamen Fernsehprogramms, das sich aus den verschiedenen Programmen der einzelnen Anstalten zusammensetzt. Die Organisation von R. u. F. durch öffentlich-rechtliche Anstalten mit dem Recht auf ↑ Selbstverwaltung beruht auf der verfassungsrechtlichen Entscheidung für die Freiheit der Berichterstattung durch den Rundfunk. Um R. u. F. nicht finanzkräftigen Privatpersonen zu überlassen, die damit einen starken Einfluß auf die ↑ Willensbildung gewinnen könnten, ist der Staat befugt, R. u. F. z. B. durch Gesetze und Staatsverträge zu regeln. Das bedeutet aber kein Recht zur staatlichen Einflußnahme auf den Rundfunk. Vielmehr muß die Veranstaltung von Sendungen so organisiert werden, daß alle gesellschaftlichen Gruppen auf die Programmgestaltung Einfluß nehmen und zu Wort kommen können (»Ausgewogenheit«). Die Rundfunkgesetze der Länder sehen vor, daß an der Spitze der einzelnen Rundfunkanstalten jeweils drei Leitungsorgane stehen. Der *Rundfunkrat*, der sich aus Vertretern gesellschaftlich relevanter Kräfte (u. a. Gewerkschaften, Kirchen, Parlamentarier) zusammensetzt, verabschiedet die Grundlagen für die Programmgestaltung und überwacht die Haushalts- und Wirtschaftsführung. Der *Intendant* ist für die laufenden Verwaltungsgeschäfte zuständig und trägt die Verantwortung für den Inhalt und die technische Durchführung des Programms. Er wird in seiner Geschäftsführung vom *Verwaltungsrat*, bestehend aus gewählten Mitgliedern des Rundfunkrats, kontrolliert. Für die ARD tritt an die Stelle des Rundfunkrats eine »Hauptversammlung« aus Vertretern der Mitgliedsanstalten und deren Intendanten. Wie für den Hörfunk bestehen auch für das Fernsehen detaillierte Richtlinien der Programmgestaltung. Dazu gehört u. a. das Bekenntnis zum Prinzip der Überparteilichkeit, der Programmvielfalt und der Pflicht zur Wahrheit, Sachlichkeit und gegenseitiger Achtung. Teilweise sind in den Rundfunkgesetzen die journalistischen Sorgfaltspflichten und das Recht zur Gegendarstellung ausführlich geregelt. Wegen der öffentlichen Funktion des Rundfunks ist eine staatliche Aufsicht über die Programmgestaltung und Programmdurchführung geboten. Überwiegend wird eine rechtliche Kontrolle (↑ Rechtsaufsicht) für zulässig gehalten. Umstritten ist, ob eine Überprüfung der Sendungen auch daraufhin erlaubt ist, ob Programmrichtlinien eingehalten sind. Einigkeit besteht darüber, daß der Staat durch Aufsichtsmaßnahmen nicht die Rundfunktätigkeit selbst gestalten darf.

Seit Mitte der 1980er Jahre ließen verschiedene Länder privaten Rundfunk und privates Fernsehen zunächst im Modellversuch zu. Ermöglicht wurde dies durch das Aufkommen der ↑ Kabelkommunikation, auch durch Freigabe zusätzlicher Sendefrequenzen für die (»terrestrische«) Übertragung per Antenne. Bis 1992 sollen in der BR Deutschland rund zwei Drittel aller Haushalte verkabelt sein und damit einen Zugang zum erweiterten Programmangebot haben. Zunehmend werden Satellitenempfangsgeräte eingesetzt, die einen Direktempfang auch der privat über Satellit ausgestrahlten Programme ermöglichen.

Das Bundesverfassungsgericht bestätigte im 4. Fernsehurteil von 1986 die Verfassungsmäßigkeit der Einführung von privaten Hörfunk- und Fernsehsendern: Innerhalb des »dualen Rundfunksystems« der Bundesrepublik sollen demnach die *öffentlich-rechtlichen* Medien die »Grundversorgung« sicherstellen, während die *privaten*

Programme als Zusatzangebote nicht den gleichen hohen Anforderungen einer inhaltlich ausgewogenen, umfassenden und pluralistischen Berichterstattung unterliegen. In dem von allen damaligen Bundesländern unterzeichneten Staatsvertrag vom 3. April 1987 wurden die rechtlichen und finanziellen Grundlagen der dualen Rundfunkordnung gelegt. Mit dem Kabelanschluß weitet sich das Programmangebot von 4 bis 5 Programmen auf über 20 aus.

Von den privat angebotenen Programmen sind *RTL plus* (Einschaltquote 17%) und *SAT 1* (14%) die wichtigsten, die Ende 1990 in den angeschlossenen Haushalten ähnliche Einschaltquoten erreichten wie ARD (22%) und ZDF (18%). Durch hohe Werbeeinnahmen der Privatsender sind auch Gewinne möglich geworden. Erste Begleitforschungen zeigen, daß die durchschnittliche Fernsehzeit durch die neuen Programmangebote zwar etwas, aber nicht exzessiv gestiegen ist und daß sich eine

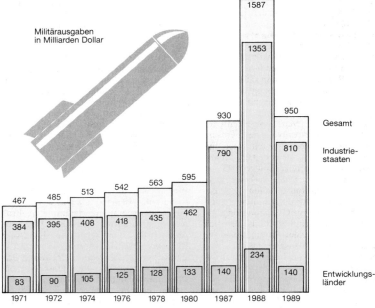

Militärausgaben
in Milliarden Dollar

Rüstung. Die Entwicklung der Militärausgaben weltweit 1971 bis 1989 stärkere, aber keine einseitige Unterhaltungsorientierung der Zuschauer feststellen läßt.

Rüstung: Aufgabe der R. ist es, den Materialbedarf der Streitkräfte zu decken. Als sog. *verteidigungsinvestive Ausgaben* machen die Rüstungsausgaben in der BR Deutschland ca. 35% des Verteidigungshaushaltes aus. Der restliche Anteil entfällt auf die Betriebsausgaben, zu denen z.B. Personal- und Materialerhaltungskosten zählen. Der Bundestag kontrolliert die R. über den Haushalt und den Verteidigungsausschuß. Im Gegensatz zu anderen Staaten (z.B. in der ehemaligen UdSSR und den USA) spielt die *Rüstungsindustrie* in der BR Deutschland keine so herausragende Rolle, daß von einem ↑ militärisch-industriellen Komplex die Rede sein könnte.

Rüstungsexporte: Nach dem ↑ Außenwirtschaftsgesetz und dem ↑ Kriegswaffenkontrollgesetz sind R. in der BR Deutschland in Spannungsgebiete und der Handel mit bestimmten Waffenkategorien entweder verboten oder genehmigungspflichtig. Die Durchbrechung bzw. Umgehung dieser Vorschriften insbesondere gegenüber dem Irak, die zum Einsatz von mit deutscher Hilfe weiterentwickelten sowjetischen Raketen gegen Israel im Golfkrieg 1991 führte, hat im Februar 1992 eine Änderung der gesetzlichen Bestimmungen zur Folge gehabt: Die Strafen für illegale R. wurden erhöht, die Kontrollen durch das Bundesamt für Wirtschaft verschärft und das für die Ermittlung zuständige Zollkriminalinstitut in Köln mit erweiterten, auch präventiven Eingriffsmöglichkeiten ausgestattet. Beide Behörden wurden zudem personell gestärkt. Schwierig bleibt es jedoch, bei den für den zivilen wie auch militärischen Gebrauch geeigneten Gütern (»dual-use-Güter«) einen zum militärischen Gebrauch führenden Export auszuschließen.

Rüstungskontrolle (arms control) ist ein politisches Konzept mit dem Ziel, durch Rüstungsbegrenzung und ↑ Abrüstung ein stabiles Gleichgewicht zu erzielen und somit die Kriegsgefahr zu vermindern. Da zur erfolgreichen R. die Bereitschaft der Verhandlungspartner vorhanden sein muß, bezeichnet man sie auch als *kooperative Rüstungssteuerung.*

Als Versuche der R. im Nuklearzeitalter sind zu nennen: Die ↑ SALT-Verhandlungen (USA-UdSSR), die ↑ INF-Verhandlungen (USA-UdSSR) sowie die Mitteleuropa betreffenden ↑ MBFR-Verhandlungen. Im März 1985 begann in Genf eine neue Verhandlungsrunde zwischen den USA und der UdSSR über Nuklear- und Weltraumwaffen. Verhandlungen über die Reduzierung der konventionellen Streitkräfte in Europa wurden 1989 begonnen und führten bereits 1990 zum Abschluß des ↑ VKSE-Vertrages. Als ein Kernproblem der R. hat sich in der Vergangenheit die Überwachung (↑ Verifikation) der Rüstungskontrollvereinbarungen erwiesen. Anläßlich des Beitritts zur ↑ Westeuropäischen Union und zur ↑ NATO hat die BR Deutschland freiwillig auf die Herstellung von atomaren, biologischen und chemischen Waffen verzichtet. Die Einhaltung dieser Verpflichtung wird von einem Amt für Rüstungskontrolle der WEU überwacht.

S

Saarland: Nach Art. 60 der Landesverfassung vom 15. Dezember 1947 und nach dem Bundesgesetz über die Eingliederung des S. von 1956 ist das S. ein Land der BR Deutschland mit einer Fläche von 2568 km², 1,05 Mill. Einwohnern (1989); 409 E/km². Landeshauptstadt ist Saarbrücken. Die Bevölkerung des Saarlandes gehört zu 72,7% der katholischen und zu 21,7% der evangelischen Konfession an. 1987 waren 55,7% aller Beschäftigten im Dienstleistungsgewerbe, 43,3% im produzierenden Bereich und 1% in der Landwirtschaft tätig. Das S. hat infolge großer Arbeitsplatzverluste in den vorherrschenden Industriezweigen des Bergbaus und der Eisen- und Stahlerzeugung mit einer hohen Arbeitslosigkeit zu kämpfen. Es weist die höchste Pro-Kopf-Verschuldung unter den alten Bundesländern auf.

Die französische Nachkriegspolitik zielte auf eine Abtrennung der linksrheinischen Gebiete von Deutschland, die Annexion des Eisen- und Kohlenreviers an der Saar und die internationale Verwaltung des Ruhrgebiets; wegen der abweichenden Zielsetzung der übrigen Siegermächte konnte aber nur die Einbeziehung des Saargebiets in die französische Wirtschaft erreicht werden. 1946 kamen die ehemaligen reichseigenen Saargruben unter französische Verwaltung. In dem sich langsam als politische Einheit bildenden S. begünstigte die französische Regierung diejenigen Gruppen, die für einen politischen Anschluß an Frankreich eintraten. Am 15. Dezember 1947 trat die Verfassung in Kraft; am 1. April 1948 wurde eine Zollunion mit Frankreich geschaffen. Das Gesetz über die Staatsangehörigkeit von 1948 schuf eine international nicht anerkannte saarländische Staatsangehörigkeit. Drei Ursachen führten zu Verhandlungen zwischen Bonn und Paris über das S.: 1. die 1950 einsetzende Aktivität der BR Deutschland zugunsten des saarländischen Selbstbestimmungsrechts, 2. der beginnende Aufbau der Europäischen Gemeinschaft für Kohle und Stahl und 3. die Organisierung einer gegen die französische Saarlandpolitik gerichteten Opposition. Das zwischen K. Adenauer und P. Mendes-France ausgehandelte Saarstatut von 1954, das eine Europäisierung des S. im Rahmen der ↑ Westeuropäischen Union vorsah, wurde in der Volksabstimmung von 1955 mit 78 % der Stimmen abgelehnt. Bei der Landtagswahl 1955 setzten sich, erstmals zugelassen, die eine Angliederung an die BR Deutschland befürwortenden Parteien durch. Der deutsch-französische Saarvertrag von 1956 brachte am 1. Januar 1957 die Eingliederung des S. in die BR Deutschland.

Nach der Verfassung übt der aus allgemeinen, freien, gleichen, geheimen und direkten Wahlen hervorgegangene Landtag die Gesetzgebung aus, doch besteht auch die Möglichkeit des Volksentscheids. Die vollziehende Gewalt liegt bei der Landesregierung, die aus dem vom Landtag gewählten Ministerpräsidenten und den von diesem mit Zustimmung des Landtags ernannten Ministern besteht. Der Ministerpräsident führt den Vorsitz in der Landesregierung und bestimmt die Richtlinien der Politik. Verfassungsrechtliche Streitfragen werden

vom Verfassungsgerichtshof entschieden. Ab 1955 war die CDU stets die stärkste Partei im Landtag. Sie stellte seit 1956 den Ministerpräsidenten. 1985 und 1990 gelang es der SPD, die absolute Mehrheit zu gewinnen und die Regierung zu bilden.

Sachsen: Freistaat der BR Deutschland mit einer Fläche von 18 337 km² und 4,90 Mill. Einwohnern (1989), 267 E/km². Landeshauptstadt ist Dresden.

Mit der Übertragung des Kurfürstentums an die Wettiner im Jahre 1547 entwickelte sich S. zu einem der bedeutendsten deutschen Staaten. Kurfürst August II., der Starke, regierte es im 18. Jahrhundert in Personalunion mit Polen. Im 19. Jahrhundert verlor das mittlerweile zum Königreich erhobene S. mehr als die Hälfte seines Territoriums an Preußen. Im Kaiserreich und in der Weimarer Republik war es bevölkerungsmäßig das drittgrößte Land. S. ist ein frühes Zentrum der deutschen Arbeiterbewegung gewesen. Durch seine lange Tradition mittelständischer Industrie war S. eines der reichsten Länder Deutschlands.

Nach 1945 erhielt das Land S. zusätzlich die westlich der Görlitzer Neiße gelegenen Gebietsteile der ehemaligen preußischen Provinz Niederschlesien. 1952 entstanden auf seinem Gebiet unter Beseitigung des Landes S. die Bezirke Dresden, Leipzig und Karl-Marx-Stadt (Chemnitz). Von den großen Demonstrationen in den sächsischen Metropolen Leipzig und Dresden gingen 1989 die wesentlichen Impulse zum Sturz des SED-Regimes aus. 1990 wurde S. aus den drei Bezirken (ohne Altenburg und Schmölln, die an ↑ Thüringen fielen, aber mit den Kreisen Hoyerswerda und Weißwasser) als Land wiederbegründet. 1991 wurden als Mittelbehörden zwischen Landesregierung und kommunaler Ebene die Regierungsbezirke Dresden, Leipzig und Chemnitz gebildet. Bei den Landtagswahlen vom 14. Oktober 1990 erhielt die CDU unter dem späteren Ministerpräsidenten K. Biedenkopf mit 53,8 % der Stimmen die absolute Mehrheit. Mit über 2,5 Mill. Beschäftigten, von denen mehr als 75 % in der Industrie und im produzierenden Handwerk tätig waren, ist S. das am stärksten industrialisierte Land unter den fünf neuen Bundesländern.

Sachsen-Anhalt: Land der BR Deutschland mit einer Fläche von 20 445 km² und rund 2,96 Mill. Einwohnern (1989), 145 E/km². Landeshauptstadt ist Magdeburg.

Das Land S.-A. entstand auf dem Boden verschiedener historischer Landschaften, die seit 1814 mit Ausnahme des Herzogtums Anhalt (Dessau) zum größten Teil zu Preußen (Provinz Sachsen) gehörten. 1944 wurde die preußische Provinz Sachsen in die beiden Provinzen Magdeburg und Halle-Merseburg aufgeteilt, der Regierungsbezirk Erfurt fiel an Thüringen. Nach dem 2. Weltkrieg wurde das Land S.-A. aus den preußischen Provinzen, dem früheren Anhalt und einer braunschweigischen Enklave gebildet, 1952 in die Bezirke Halle und Magdeburg aufgelöst, 1990 entstand es wieder neu.

In S.-A. sind 18,3 % aller Beschäftigten der neuen Bundesländern tätig, damit verfügt es nach Sachsen über den zweithöchsten Anteil an Erwerbspersonen. S.-A. besitzt besonders in dem industriell hoch entwikkelten Gebiet um Magdeburg, Halle und Bitterfeld zahlreiche Braunkohlewerke und Chemiefabriken, hat dadurch aber mit erheblichen Umweltproblemen zu kämpfen.

Die ersten freien Landtagswahlen vom 14. Oktober 1990 gewann die CDU unter ihrem Spitzenkandidaten und späteren Ministerpräsidenten G. Gies mit 39 % der Stimmen und 48 Sitzen im 106 Abgeordnete umfassenden neuen Landtag. Nach dem Rücktritt von G. Gies im Juli 1991 wurde W. Münch (CDU) Ministerpräsident.

Sachverständigenrat zur Begutachtung der gesamtwirtschaftlichen Entwicklung: Von der Bundesregierung bestelltes Gremium aus fünf Wirtschaftswissenschaftlern, das jährlich bis zum 15. November ein Gutachten über die gesamtwirtschaftliche Entwicklung zu erstellen hat. Dabei soll v. a. untersucht werden, wie die im ↑ Stabilitätsgesetz genannten wirtschaftspolitischen Ziele erreicht werden können.

Sachzwang bedeutet, in einer bestimmten Situation zu bestimmten Entscheidungen gezwungen zu sein, um einmal gesteckte Ziele nicht zu gefährden. Sach-

zwänge schränken die Möglichkeit von Alternativen ein, sie können aber auch nur vorgetäuscht werden, um z. B. eine Veränderung bestehender Verhältnisse zu verhindern.

SALT [Abk. für englisch Strategic Arms Limitation Talks »Gespräche über die Begrenzung strategischer Rüstungen«]: Bezeichnung für eine Serie bilateraler Gespräche zwischen den USA und der UdSSR über die Begrenzung strategischer Waffen (↑ auch Rüstungskontrolle und ↑ Abrüstung).

Mit der Ratifizierung von SALT-I (1972) erkannten die USA die UdSSR als gleichwertige Nuklearmacht an. Kern des SALT-I-Abkommens ist der *ABM-Vertrag* (ABM = Anti Ballistic Missile = Abwehrrakete gegen ballistische Raketen). Er begrenzt die Zahl der Abwehrraketen jeder Seite auf eine Stellung mit 100 Abschußgestellen. Weiterhin legt er die Zahl der Abschußrampen für offensive strategische Systeme (= Reichweite größer als 5 500 km) fest.

Im SALT-II-Vertrag einigten sich die Verhandlungspartner auf eine Obergrenze von 2 250 nuklearstrategischen Trägermitteln je Seite. Hiervon dürfen maximal 1 320 mit Mehrfachsprengköpfen ausgerüstet sein. Die Frage der Überprüfbarkeit der Einhaltung des Vertrages führte zu einem harten Ringen im amerikanischen Senat. Nach dem sowjetischen Einmarsch in Afghanistan (Dezember 1979) wurde die Ratifizierung endgültig aufgeschoben. Beide Seiten hielten sich trotzdem an die Vereinbarungen. – ↑ auch START.

Sanierung:
◇ Wiederherstellung der Leistungsfähigkeit eines in finanzielle Schwierigkeiten geratenen Unternehmens.
◇ Verbesserung der Wohn- und Lebensbedingungen in einzelnen Stadtteilen (Stadtsanierung, Altbausanierung).

Sanktion:
◇ Im Recht bezeichnet der Begriff S. zum einen die Inkraftsetzung oder Bestätigung einer rechtlichen Norm, zum andern den Teil eines Gesetzes, in dem die Folgen eines Verstoßes gegen seine Bestimmungen festgelegt werden. – Im ↑ Völkerrecht wird der Begriff S. für wirtschaftliche oder politische Zwangsmaßnahmen gegen ein

↑ Völkerrechtssubjekt verwendet, die dieses zu einem bestimmten Verhalten bewegen sollen.

◇ (soziale S.:) Gesellschaftliche Maßnahme von einzelnen, Gruppen oder Organisationen, mit der auf das Verhalten anderer Mitglieder der Gesellschaft reagiert wird, um sie zur Einhaltung gesellschaftlich anerkannter ↑ Normen zu zwingen. Sanktionen sind im allgemeinen besonders intensiv, wenn eine Verletzung strikt verbindlicher oder die Erfüllung besonders hoch gesteckter Erwartungen offenkundig ist. *Positive Sanktionen* (Belohnung, Vorteile) erfolgen auf normgerechtes (konformes) Verhalten, *negative Sanktionen* (Tadel, Bestrafung, Nachteile) erfolgen auf normabweichendes (nichtkonformes) Verhalten. Während der ↑ Sozialisation werden gesellschaftliche Normen häufig so stark verinnerlicht, daß viele Verhaltensweisen nicht mehr von außen her sanktioniert werden müssen und Mißachtungen vom Betreffenden selbst mit Schuldgefühlen sanktioniert werden *(innere Sanktionen).*

Satellitenstaaten: Staaten, die trotz völkerrechtlicher Unabhängigkeit unter dem bestimmenden Einfluß einer Großmacht stehen. So waren beispielsweise die Ostblockstaaten bis in die jüngste Vergangenheit von der ehemaligen UdSSR politisch, militärisch und wirtschaftlich abhängig.

Satzung *(Statut)* ist eine durch schriftliche Niederlegung fixierte Rechtsvorschrift. Im geltenden ↑ Privatrecht wird unter S. die Regelung eines Zusammenschlusses von Personen (z. B. zu einem Verein) verstanden, die dessen Zweck und die Befugnisse seiner Organe regelt (Vereinssatzung). Im ↑ öffentlichen Recht werden als S. solche Rechtsvorschriften bezeichnet, die ein dem Staat eingeordneter selbständiger Verband (z. B. ↑ Gemeinde) zur Regelung eigener Angelegenheiten erläßt. Die S. steht im Rang unter dem formellen ↑ Gesetz (↑ Gesetzesvorrang), sie ist aber ein Gesetz im materiellen Sinn. Als S. gilt auch die selbstgesetzte Ordnung des Kollegialorgans einer ↑ Stiftung oder ↑ Anstalt des öffentlichen Rechts sowie die ↑ Geschäftsordnung des Parlaments und der Regierung.

Schadensersatz: Ausgleich eines Schadens, der jemandem entstanden ist, durch einen hierzu Verpflichteten. Zur Leistung von Sch. ist derjenige verpflichtet, dem die Schädigung rechtlich zuzurechnen ist. Die Zurechnung beruht v. a. auf einem Verschulden des Schädigers (z. B. Vorfahrtsverletzung im Straßenverkehr), d. h. auf der schuldhaften Verletzung einer aus einem Vertrag oder aus allgemeinen Regeln sich ergebenden Verhaltenspflicht (z. B. Sorgfaltspflicht, Aussagepflicht, auch: Aufsichtspflicht gegenüber Kindern, die den Schaden verursachen). Sie kann auch darauf beruhen, daß jemand ein Unternehmen betreibt, das eine allgemeine Gefährdung der Umwelt mit sich bringt (z. B. Eisenbahn, Atomkraftwerk) und tatsächlich ein anderer dadurch geschädigt wurde, ohne daß den Betreiber des Unternehmens ein Verschulden am Unfall trifft (sog. ↑ Gefährdungshaftung). Wer zum Sch. verpflichtet ist, hat für die Wiederherstellung des ursprünglichen Zustands zu sorgen. Erst in zweiter Linie kommt ein Ersatz in Geld in Betracht.

Schattenkabinett: Führungsgruppe der parlamentarischen ↑ Opposition, die die amtierende ↑ Regierung, das ↑ Kabinett, bei einem Regierungswechsel ablösen soll.

Schattenwirtschaft: Bezeichnung für wirtschaftliche Aktivitäten, die nicht in die Berechnung des Sozialprodukts eingehen, weil sie nicht ermittelt werden (z. B. Hausarbeit, Nachbarschaftshilfe, Eigenarbeit) oder aber nicht erfaßt werden, da sie mit Steuerhinterziehung verbunden sind. Eine Sch. entwickelt sich insbesondere dann, wenn ein erhebliches Interesse daran besteht, behördliche Preisvorschriften zu umgehen (↑ Schwarzmarkt) oder eine Versteuerung der Waren und des Warenverkehrs zu vermeiden (↑ Schwarzarbeit).

Schatzanweisungen sind Schuldverschreibungen des Staates zur Deckung des Finanzbedarfs von Bund, Ländern, Bundesbahn und Bundespost. Man unterscheidet Sch. mit einer kurz- oder mittelfristigen Laufzeit (bis zu zwei Jahren), die meist unverzinslich sind, und Sch. mit langfristiger Laufzeit, die festverzinst werden.

Scheidung ↑ Ehe, ↑ Ehe- und Familienrecht.

Schengener Abkommen: Vertrag über die Abschaffung der Kontrollen im grenzüberschreitenden Verkehr ab Juli 1992. Das S. A. wurde im Juni 1985 von den Benelux-Staaten, Frankreich und der BR Deutschland im luxemburgischen Schengen abgeschlossen, Italien trat dem Abkommen im November 1990, Spanien und Portugal traten im Juli 1991 bei. Die Problematik der Asylbewerber und die Zusammenarbeit der Polizeibehörden bei der Verfolgung von Straftätern wurden in einer Zusatzvereinbarung geregelt und die Errichtung eines Computerfahndungssystems *(Schengener Informationssystem)* vorgesehen. Das S. A. gilt als Vorstufe des europäischen Binnenmarktes.

Schicht: Begriff zur Gliederung der Gesellschaft in einzelne Bevölkerungsgruppen mit gemeinsamen Kennzeichen und gleicher Rangstellung. − ↑ auch Schichtung.

Schichtung ist allgemein die vertikale Gliederung einer ↑ Gesellschaft in Einheiten mit gleichem sozialen ↑ Status (Sch. als Oberbegriff für die Sozialgliederung z. B. in ↑ Stände oder in ↑ Klassen), im besonderen die vertikale Gliederung der ↑ Industriegesellschaft in ↑ Schichten. Die allgemeine Problematik der Schichtenanalyse liegt im Auffinden der für eine bestimmte Gesellschaft ausschlaggebenden Klassifizierungsfaktoren, mit deren Hilfe der einzelne einer bestimmten sozialen Schicht zugewiesen werden kann. Für die Ständegesellschaft ist diese Entscheidung noch verhältnismäßig einfach: Hier gilt als Auslesefaktor in erster Linie die Geburt, mit der der einzelne nicht nur in eine bestimmte ökonomische und soziale Stellung hineingestellt wird, sondern diese auch vom Staat rechtlich abgesichert weiß. Bereits hier zeigen sich jedoch bei genauerer Betrachtung gewisse Schwierigkeiten: Neben sog. »unterständischen Schichten«, Schichten also, die außerhalb der vier Stände (Adel, Geistlichkeit, Bürger, Bauer) stehen, gibt es z. B. verarmte Adlige, derer sozialer Status durchaus unter dem eines reichgewordenen Bürgers liegen kann, oder auch Neuadlige, die ↑ Mobilität innerhalb des Bürger- und Adelsstandes anzeigen.

Noch schwieriger wird die Frage nach den Klassifizierungsfaktoren in der Industriegesellschaft. Der marxistische Begriff der Klasse kennt als Unterscheidungsmerkmal nur den Besitz an Produktionsmitteln und ist damit als Raster viel zu grob, um die differenzierte Sch. einer modernen Industriegesellschaft wiederzugeben. Darum versucht man, entweder eine Schichtbestimmung unter einem Gesichtspunkt vorzunehmen (z. B. Einkommens-, Berufs-, Bildungsschicht) und dabei die Möglichkeit offen zu lassen, daß ein und dieselbe Person durchaus unter einem anderen Gesichtspunkt einer höher oder niedriger stehenden Schicht zugehören kann. Oder man versucht, durch eine Kombination vieler Beobachtungsmerkmale (= *multipler Statusindex, z. B.* Beruf, Einkommen und Schulbildung), die gewichtet werden, eine Schichtbestimmung vorzunehmen. Problematisch ist hierbei, daß man so zwar eine große Differenzierung vornehmen kann, jedoch damit keine Gruppen (Schichten) mehr erhält, mit denen man die vertikale Gliederung abgrenzen kann. So reichen die Bezeichnungen in den Schichtungsskalen heute von »unterster Unterschicht« bis zur »obersten Oberschicht«, wobei die jeweilige Grenzziehung willkürlich erscheint.

Schiedsgerichtsbarkeit:
◇ Im Gegensatz zur staatlichen ↑ Gerichtsbarkeit beruht die Sch. auf einer freiwilligen vertraglichen Abmachung der betroffenen Parteien. Schiedsgerichte sind deshalb nur zur Entscheidung von Rechtsstreitigkeiten befugt, wenn sich die Parteien ihrer Gerichtsbarkeit unterworfen haben. Im innerstaatlichen Bereich darf durch eine Vereinbarung über die Sch. die Zuständigkeit staatlicher Gerichte beschränkt werden, soweit die Parteien über die Streitpunkte frei verfügen können. Große praktische Bedeutung hat die Sch. bei der Entscheidung von internen Vereins- und Verbandsstreitigkeiten (z. B. entscheiden Parteischiedsgerichte über disziplinarische Maßnahmen gegen ein Parteimitglied).
◇ (internationale Schiedsgerichtsbarkeit:) Internationale Schiedsgerichte entscheiden häufig Streitigkeiten des internationalen Wirtschaftsverkehrs zwischen Privaten und verdrängen auf diesem Gebiet weithin

die staatlichen Gerichte. Auf völkerrechtlicher Ebene werden internationale Schiedsgerichte zur Entscheidung bestimmter Rechtsstreitigkeiten zwischen Staaten oder anderen ↑ Völkerrechtssubjekten tätig. Voraussetzung ist, daß sich die Parteien für den besonderen Streitfall oder allgemein ihrer Gerichtsbarkeit unterworfen haben.

Schleswig-Holstein: Land der BR Deutschland mit einer Fläche von 15 729 km², 2,61 Mill. Einwohnern (1989), 165 E/ km². Landeshauptstadt ist Kiel.

Nach 1945 wirkte sich der Zustrom von Flüchtlingen nachhaltig auf die Bevölkerungsstruktur aus (1943: 1,47 Mill., 1946: 2,57 Mill. Einwohner). Gleichzeitig erhöhte sich auch der Anteil der katholischen Bevölkerung des ehemals fast rein evangelischen Landes. Er liegt heute bei 6,3 %. Von den Erwerbstätigen sind 4,9 % in der Land-, Forst- und Fischereiwirtschaft, 30,3 % im produzierenden Gewerbe, 20,9 % in Handel und Verkehr sowie 42,9 % im Dienstleistungsbereich tätig. Unter den überwiegend ländlichen Gemeinden und Städten ragen die Zentren Kiel, Lübeck und Flensburg hervor. In dem nach Flächennutzung und Siedlungsstruktur als Agrarland erscheinenden Sch.-H. (etwa 70 % der Gesamtfläche werden landwirtschaftlich genutzt, davon 55 % als Ackerland) hat sich das Gewicht der Wirtschaftszweige von der Landwirtschaft zur Industrie und zum Dienstleistungssektor verschoben. Dennoch ist Sch.-H. ein industriearmes Land. Der volkswirtschaftlich wichtigste Industriezweig ist der Schiffsbau, der sich aber seit Jahren in einer schweren Krise befindet. Bedeutsam sind auch die agrarische Rohstoffe verarbeitenden Industrien und Großbetriebe der Nahrungs- und Genußmittelindustrie. Daneben gibt es zahlreiche kleinere metallverarbeitende und feinmechanische Betriebe. Der Fremdenverkehr, besonders in den Nord- und Ostseebädern, ist ein wichtiger Wirtschaftsfaktor geworden.

Von der britischen Militärregierung wurde 1946 aus einer preußischen Provinz das Land Sch.-H. gebildet. Spezifische landespolitische Probleme stellten die nationalen Minderheiten beiderseits der deutsch-dänischen Grenze und die Flüchtlinge dar. Sie bildeten den Hintergrund für die Besonderheit des ↑ Südschleswigschen Wählerverbandes (SSW), der die Anliegen der dänischen Minderheit vertritt, und für den Block der Heimatvertriebenen und Entrechteten (BHE), der sich von Sch.-H. aus bundesweit als Gesamtdeutscher Block/ BHE ausdehnte. Führende Partei war bis 1988 die CDU. Sie stellte mit Ausnahme der Jahre 1947–50 die Regierungsmehrheit und bildete Koalitionen mit der FDP, der DP und dem GB/BHE. Im Gefolge der Affäre um Ministerpräsident M. Barschel (CDU), die 1987 in dessen Rücktritt und schließlich Selbstmord gipfelte, erreichte die SPD bei den Neuwahlen 1988 die absolute Mehrheit und stellt seither mit B. Engholm den Ministerpräsidenten. 1990 löste eine neue Verfassung die alte Landessatzung aus dem Jahre 1950 ab. Durch sie wurde die bis dahin sehr starke Stellung des Ministerpräsidenten beschnitten und die Rechte des Landtages verstärkt (z. B. durch erweiterte Informationsansprüche den Abgeordneten gegenüber der Regierung). Zur Vermeidung von Pattsituationen wurde die Zahl der Abgeordneten um einen auf 75 Mandate erhöht. Abweichend von anderen Ländern hat Sch.-H. kein Verfassungsgericht, aber seit 1991 ein eigenes Oberverwaltungsgericht. Bis dahin unterhielt es gemeinsam mit Niedersachsen in Lüneburg ein Oberverwaltungsgericht.

Schlichtung ist ein Verfahren, das zur Erhaltung des ↑ Arbeitsfriedens oder zur Beseitigung von ↑ Arbeitskämpfen durch den Abschluß eines neuen ↑ Tarifvertrags oder durch den Abschluß einer ↑ Betriebsvereinbarung beitragen soll. Bei Auseinandersetzungen zwischen Tarifvertragsparteien kann ein Schlichtungsverfahren eingeleitet werden, wenn zumindest eine Partei die Verhandlungen für gescheitert erklärt. Dadurch wird ein drohender Arbeitskampf hinausgezögert oder überflüssig. Die Schlichtungsverhandlungen finden unter Vorsitz eines neutralen Schlichters statt. Sind beide Parteien mit dem Schiedsspruch einverstanden, ist der Weg frei für einen neuen Tarifvertrag. Stimmt eine Seite nicht zu, können Maßnahmen des Arbeitskampfes ergriffen werden. Eine (erneute) Schlichtung kann von den Tarifvertragsparteien auch bei einem schon laufenden Streik eingeleitet werden. Als Schlichter dienen hierbei von beiden Parteien akzeptierte Persönlichkeiten, die mit einem ausgewogenen Schlichtungsvorschlag den Streik zu beenden suchen. Bei innerbetrieblichen Auseinandersetzungen zwischen dem Arbeitgeber und dem ↑ Betriebsrat übernimmt eine *Einigungsstelle* die Schlichtung.

Schlüsselgewalt ist die Befugnis eines jeden Ehegatten, Geschäfte zur angemessenen Deckung des Lebensbedarfs der Familie mit rechtlicher Verbindlichkeit auch für den anderen Ehegatten ohne dessen Zustimmung zu besorgen (z. B. Einkauf von Hausrat, Wäsche, Lebensmitteln).

Schlüsselindustrie nannte man bis nach dem 1. Weltkrieg (v. a. in England: key industry) die für die heimische Versorgung und die Landesverteidigung notwendigen Industriezweige. Heute bezeichnet der Begriff Sch. diejenigen Industriezweige, deren Produkte die Grundlage für die weitere Produktion bieten. – ↑ auch Grundstoffindustrie.

Schöffen ↑ Laienrichter.

Schuldenkrise: Die Sch. der dritten Welt steht seit 1982, als mehrere Entwicklungsländer (Mexiko, Brasilien, Argentinien) ihre Zahlungsunfähigkeit erklärten, im Mittelpunkt der Beziehungen zwischen Industrie- und Entwicklungsländern. Die Gesamtverschuldung der ↑ Entwicklungsländer beträgt derzeit rund 1 279 Mrd. Dollar und hat mittlerweile für das internationale Finanzsystem bedrohliches Ausmaß erreicht. Als Ursachen für die Sch. werden ein Bündel interner und exter-

ner Faktoren angegeben: 1. Die Erdölpreissprünge von 1973 und 1979/80 brachten die Zahlungsbilanzen der erdölimportabhängigen Entwicklungsländer aus dem Gleichgewicht. Ein immer größerer Teil der Exporterlöse mußte für den Erdölimport ausgegeben werden. 2. Gleichzeitig kam es in den 1980er Jahren aber auch zu einem drastischen Verfall der Rohstoffpreise und zu einem rezessionsbedingten Nachfragerückgang in den Industrieländern. Die Verringerung der Exporterlöse konnte somit nicht durch Exportsteigerungen ausgeglichen werden. 3. Schließlich trat eine Verschärfung der Sch. durch den weltweiten Zinsanstieg infolge des Haushaltsdefizits der USA ein. Hohe Zinsbelastungen ergaben sich auch durch die Verlagerung von relativ günstigen öffentlichen Krediten auf hochverzinste Privatkredite mit kurzen Laufzeiten. 1982 drosselten überdies einige Großbanken ihr Kreditengagement in den Entwicklungsländern; gleichzeitig zogen private Investoren Kapital aus gefährdeten Regionen ab, wodurch der wirtschaftliche Handlungsspielraum dort noch weiter eingeengt wurde. 4. Ist darauf hinzuweisen, daß die aufgenommenen Kredite selten produktiv eingesetzt werden; die mit ihnen finanzierten Investitionen sind in der Regel konsumtiv, d. h. für den Verbrauch bestimmt, und tragen deshalb nicht dazu bei, die Wirtschaftskraft der Entwicklungsländer zu stützen und einen Abbau der Schulden zu ermöglichen. 5. Verschwendungssucht und Korruption vieler Führungscliquen tragen ebenfalls erheblich zur Erhöhung des Schuldenbergs bei. Gleichzeitig werden

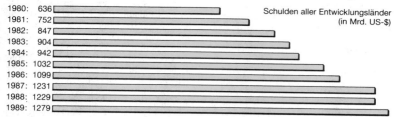

1980:	636
1981:	752
1982:	847
1983:	904
1984:	942
1985:	1032
1986:	1099
1987:	1231
1988:	1229
1989:	1279

Schulden aller Entwicklungsländer (in Mrd. US-$)

Schuldenkrise. Zwischen 1982 und 1988 nahm die Auslandsverschuldung der Entwicklungsländer um ein Drittel zu; für die Überwindung der Krise sind langfristige und auf die unterschiedliche Lage der einzelnen Schuldnerländer abgestimmte Konzepte erforderlich

Reichtümer auf ausländische Devisenkonten transferiert, wodurch es zu empfindlichen Kapitallücken in den Entwicklungsländern kommt, durch die ihre ohnehin schon geringen Entwicklungsmöglichkeiten gehemmt werden. 6. Die Vernachlässigung der landwirtschaftlichen Produktion führt vielfach zur teuren Einfuhr von Nahrungsmitteln; die versäumte ↑ Diversifizierung der Exportstruktur steigert die Empfindlichkeit der Volkswirtschaften für Preiseinbrüche bei einzelnen Exportprodukten. 7. Die übersteigerten Ausgaben für Rüstungsgüter, die über Kredite finanziert werden, tragen dazu bei, daß ein Teil der Auslandsverschuldung durch fremdfinanzierte Rüstung verursacht wird (in Einzelfällen bis zu einem Fünftel).

Die Schuldendienstquote der hochverschuldeten Entwicklungsländer beträgt derzeit rund 36%. Die hieraus resultierenden Zahlungsverpflichtungen verursachen einen negativen Ressourcentransfer, d. h. es fließen jährlich mehr Mittel von den Entwicklungsländern in die Gläubigerländer als umgekehrt. Allein zwischen 1985 und 1987 betrug dieser Ressourcentransfer 74 Mrd. Dollar. Trotz vieler Umschuldungen sind die Schuldendienstleistungen von 98,7 Mrd. Dollar im Jahr 1982 auf 131,1 Mrd. Dollar im Jahr 1988 gestiegen. Das wiederum hat einen erheblichen Rückgang der Investitionsquoten in den hochverschuldeten Ländern zur Folge und führt zu einer weiteren nachhaltigen Schwächung ihrer Volkswirtschaften. Besonders kritisch ist die Situation in einigen Ländern südlich der Sahara, z. B. in der Sahelzone. Dort haben die Länder riesige Zahlungsrückstände, was wiederum ihren Zugang zu neuen Mitteln blockiert und die Konsolidierung der Auslandsverbindlichkeiten verhindert.

Eine zentrale Rolle beim Schuldenmanagement spielt der IWF (↑ Internationaler Währungsfonds). Die von ihm seit Anfang der 1980er Jahre praktizierte Schuldenstrategie zur Verhinderung eines Zusammenbruchs des internationalen Finanzsystems verpflichtet die Schuldnerländer dazu zu harter wirtschafts- und währungspolitischer Disziplin und fordert von den Gläubigerländern, durch die Umschuldung fälliger Kredite und Gewährung zusätzlicher

Finanzhilfen zu einer Überbrückung der Krisensituation beizutragen. Dies bringt jedoch nur kurzfristig Entlastung. Es sind deshalb Verhandlungen zwischen den im *Pariser Club* vereinigten öffentlichen Gläubigern, den Geschäftsbanken und anderen Gläubigergruppen begonnen worden, die nach neuen Wegen aus der Sch. suchen.

Schuldverhältnis ist die rechtliche Beziehung zwischen zwei oder mehreren Personen, wobei der eine Berechtigter (↑ Gläubiger), der andere Verpflichteter (Schuldner) ist (z. B. Darlehensgläubiger und -schuldner). Schuldverhältnisse werden durch das Schuldrecht geregelt. − ↑ auch Bürgerliches Gesetzbuch.

Schule, neben dem Elternhaus die wichtigste Instanz im Prozeß der ↑ Sozialisation, ist eine historisch gewachsene Institution und folglich immer wieder Veränderungen (Reformen) ausgesetzt. In der BR Deutschland gibt es Schulen in staatlicher, kommunaler und privater Trägerschaft, meist Gemeinschafts-, aber auch Bekenntnisschulen. Sie alle unterliegen nach Art. 7 GG der staatlichen Schulaufsicht (in der Regel ausgeübt durch Oberschulämter). Da die Länder die Kulturhoheit und damit auch die Schulhoheit besitzen, sind die Schulsysteme recht unterschiedlich.

Die *Schulpflicht* beginnt in der Regel nach dem vollendeten 6. Lebensjahr und endet mit dem 9. Schuljahr, in einigen Bundesländern ist auch ein 10. Schuljahr eingeführt. Auf die neunjährige Vollzeitschulpflicht folgt eine dreijährige Teilzeitschulpflicht (Berufsschule), die entfällt, wenn eine weiterführende Sch. besucht wird. Aufgrund des ↑ Elternrechts entscheiden die Erziehungspflichtigen nach den vier Grundschuljahren, welche Schulform ihr Kind weiter besuchen soll, wobei kein Anspruch auf Einführung oder Beibehaltung einer bestimmten Schulform besteht.

Schulsystem: Ungeachtet einzelner Besonderheiten gibt es zwei Hauptformen der allgemeinbildenden Schulen. Neben dem sog. dreigliedrigen Schulsystem, das sich in *Haupt-, Realschule* und *Gymnasium* teilt (Halbtagsschulen), steht als Ganztagsschule die *Gesamtschule*.

Der allgemeinbildenden Schule geht die *Elementarstufe*, bestehend aus Kindergarten und Vorschule, zeitlich voran. In diesem Bereich wird eine familienergänzende Bildung v. a. kompensatorischer Art angestrebt. Darauf folgt die *Primarstufe* (früher Volks- oder Grundschule), die vier Jahre umfaßt. Da der junge Mensch in diesem Alter besonders bildsam ist, soll er hier stark gefördert und sollen eventuell vorhandene Benachteiligungen ausgeglichen werden (↑ kompensatorische Erziehung). Die Primarstufe besteht aus der *Eingangsstufe*, in der alle Kinder gemeinsam unterrichtet werden, und der *Grundstufe*, in der Stützkurse für Kinder mit Leistungsschwächen und Neigungskurse stattfinden. Der Klassenverband bleibt jedoch erhalten. Auf die Primarstufe folgt die *Sekundarstufe I*, deren 5. und 6. Klasse auch *Orientierungsstufe* genannt wird. Man hat diese beiden Jahre zusammengefaßt, um Eltern und Lehrern eine bessere Entscheidungsgrundlage für den weiteren Bildungsweg der Schüler zu geben. Die Orientierungsstufe wird zur Zeit in zwei Formen durchgeführt: schulformunabhängig oder nach Haupt- und Realschule und Gymnasium getrennt. Über Form und Inhalte gibt es immer wieder heftige Kontroversen. Die *Hauptschule* (5.–9. Klasse) hat eine Doppelfunktion. Sie soll Allgemeinbildung vermitteln und auf die Berufswelt hinführen. Qualifizierte Schüler haben später weitere Aufstiegsmöglichkeiten (z. B. Aufbaugymnasium, Berufsaufbau-, Fachober- oder Fachhochschule). Die Hauptschule, die oft als »Restschule« oder Auffangbecken für die in der Realschule oder im Gymnasium gescheiterten Schüler galt, soll durch ein breiteres Fächerangebot und verstärkte Lehrerfortbildung eine Alternative innerhalb der Sekundarstufe I werden. Kinder, die infolge körperlicher, geistiger oder seelischer Besonderheiten in den Regelschulen nicht angemessen gefördert werden können, werden in *Sonderschulen* nach besonderen pädagogischen Grundsätzen unterrichtet und gefördert. Die *Realschule* (5.–10. Klasse) vermittelt eine gehobene Allgemeinbildung und gleichzeitig praktische Fertigkeiten. Mit dem Abschlußzeugnis, das durch eine Prüfung erworben werden muß, erhält man die Fachschulreife. Diese ist die Voraussetzung für eine Reihe qualifizierter beruflicher Bildungsgänge und kann auch über

die Aufbaustufen zur fachgebundenen Hochschulreife führen. Das *Gymnasium* (die 7.–10. Klasse gehören zur Sekundarstufe I) steht seit Mitte der 1960er Jahre im Zentrum der Bildungspolitik. Internationale Vergleiche zeigten angeblich einen Rückstand hinsichtlich des Ausbildungsstandes und der Übergangsquoten zur Hochschule (»Bildungskatastrophe«). Durch gezielte Bildungswerbung wuchs dann die Zahl der Gymnasiasten gegenüber der Gesamtzahl der Schüler stark an. Neben den bisherigen alt- oder neusprachlichen und naturwissenschaftlichen Gymnasien wurden im Laufe der Zeit musische, Wirtschafts- und Sportgymnasien entwickelt. Diese verschiedenen Formen sollen den verschiedensten Begabungsrichtungen entgegenkommen. Die Klassen 11, 12 und 13 der Gymnasien gehören zur *Sekundarstufe II*. Dort vollzog sich seit 1977 in allen Ländern durch die *Oberstufenreform* eine tiefgreifende Änderung in Inhalt und Organisation. Das Ziel war sowohl den individuellen Fähigkeiten des Lernenden als auch den Ansprüchen der Gesellschaft gerecht zu werden. Die Fächer setzen sich aus Pflicht- und Wahlbereich zusammen, aus denen der Schüler seine Leistungs- und Grundkurse wählt. Dabei müssen, um eine gewisse Grundausbildung zu wahren, alle drei Aufgabenfelder (gesellschaftswissenschaftliches, mathematisch-naturwissenschaftliches und literarisch-künstlerisches Aufgabenfeld) abgedeckt sein. Die Zahl der Pflichtfächer ist gegenüber früher eingeschränkt, da eine Vertiefung der Kenntnisse in den fünf- bis sechsstündigen Leistungskursen angestrebt wird. Neue Arbeitsformen sollen besonders in den Leistungskursen zu Selbsttätigkeit anleiten. Alle Leistungen der Klassen 12 und 13 werden zu einer Gesamtqualifikation zusammengefaßt, in die das Abitur nur als Teil mit eingeht. Damit wird diesem das punktuelle Schwergewicht genommen. Der Klassenverband wird durch ein Kurssystem ersetzt. Mit dem Schuljahr 1977/78 traten auch die letzten Länder in die Reform ein. Aufgrund von Einsprüchen seitens der Eltern, Universitäten und Vertretern der Wirtschaft setzte jedoch in allen Bundesländern ab 1982 eine »Rückentwicklung« der eingeschlagenen Reform ein. Kritisiert wurde die Überfrachtung, Verwissenschaftlichung und verfrühte Behandlung bestimmter Themen in den Lehrplänen. Man beklagte durch die vielseitigen Abwahl- und Kombinationsmöglichkeiten einen Rückgang der Allgemeinbildung. Außerdem gäben die streng lernzielorientierten Lehrpläne zu wenig Gestaltungsfreiheit. Die genannten Fehlentwicklungen sollen nun v. a. durch geringere Abwahlmöglichkeiten, Verstärkung des Gewichts der Grundkurse gegenüber den sehr spezialisierten Leistungskursen und eine Verdünnung der Lehrpläne behoben werden. Man hofft, daß so auch die Bildungs- und Erziehungsziele gegenüber der reinen Wissensvermittlung wieder in den Vordergrund treten.

Die Oberstufenreform gilt gleichermaßen für die *Gesamtschule,* die sich aber in der Primar- und Sekundarstufe I wesentlich von den bisher beschriebenen Schulen unterscheidet. In einigen Bundesländern ist sie als Regelschule eingeführt, in anderen hat sie noch den Status einer Versuchsschule. Hauptziele der Gesamtschulen sind individuelle Entfaltung, soziale Integration sowie Verbindung von praktischer und theoretischer Bildung. Die Verfechter dieser Schulen meinen, »Bürgerrecht auf Bildung« lasse sich nur in einem horizontal gegliederten Schulsystem (im Gegensatz zum vertikalen, dreigliedrigen) verwirklichen. Verfrühte Schullaufbahnentscheidungen sollen vermieden und durch ein breites Fächerangebot der Vielfalt der Begabungen Rechnung getragen werden. Es gibt drei Haupttypen von Gesamtschulen: In der *additiven Gesamtschule* werden die drei bisherigen Schultypen zu einem Schulzentrum zusammengefaßt, in der *kooperativen* Form auch die Lehrpläne aufeinander abgestimmt, damit eine bessere Durchlässigkeit gewährleistet wird. Dagegen ist in der *integrierten Gesamtschule* die vertikale Gliederung völlig verschwunden. Ab der 7. Klasse gibt es aber eine Differenzierung. Im Kernunterricht (z. B. Deutsch, Politik) sind leistungsmäßig unterschiedliche Schüler zusammengefaßt, während in den Intensiv- und Neigungskursen homogene Gruppen mit unterschiedlichem

Schwierigkeitsgrad in A-, B- und C-Kursen unterrichtet werden. Versagt ein Schüler, muß er den entsprechenden Kurs wiederholen oder wird z. B. vom A- in den B-Kurs zurückgestuft. Ein Vergleich hinsichtlich der Effektivität des herkömmlichen, dreigliedrigen Schulsystems und der Gesamtschule ist v. a. wegen der unterschiedlichen Ausstattung der Schulen mit Lehrern und Medien kaum möglich.

Eine weitere Differenzierung des ohnehin recht unterschiedlichen Schulsystems in der BR Deutschland ist durch den Beitritt der fünf neuen Länder entstanden. In diesen Ländern galt das alte Schulsystem der ehemaligen DDR, das neben Einrichtungen der Vorschulerziehung eine zehnklassige allgemeinbildende Oberschule als Einheitsschule vorsah, an die sich die Berufsausbildung nach der 8. oder 10. Klasse anschloß. Es konnte aber danach auch eine zweiklassige erweiterte Oberschule besucht und das Abitur abgelegt werden. Diese Schulsystemvariante macht die Bemühungen um eine stärkere Vereinheitlichung des Schulsystems noch schwieriger und wirft wieder die alte Frage auf, ob die Gymnasialausbildung tatsächlich erst nach dem 13. oder schon nach dem 12. Schuljahr abgeschlossen sein sollte. Wie sich das Schulsystem in der BR Deutschland künftig entwickeln wird, ist nach all den Reformansätzen schwierig zu beurteilen.

Schülermitverwaltung (SMV): Nach 1945 erhielten die Schüler in der BR Deutschland nach angelsächsischem Vorbild mehr Mitwirkungsmöglichkeiten in der Schule. Das Recht auf SMV ist in den Schulgesetzen und in manchen Ländern (z. B. Baden-Württemberg) auch in der Landesverfassung verankert. Wie stark der Einfluß der Schüler ist, hängt jedoch weniger von den gesetzlichen Regelungen als von dem Engagement der Schüler ab. Ziel der SMV ist die Erziehung zu Selbständigkeit, zu Verantwortungsbewußtsein und zu demokratischem Verhalten. Die gewählten Vertreter und Organe der SMV haben je nach Schulart und Alter unterschiedliche Rechte, die sich in Anhörungs-, Vorschlags-, Vertretungs- und Beschwerderechte aufteilen. Neben der SMV an der einzelnen Schule gibt es überschulische und überregionale Arbeitskreise.

Schülerzeitung: Von Schülern einer oder mehrerer Schulen in eigener Verantwortung herausgegebene Zeitschrift; Schülerzeitungen sind ein Teil der Jugendpresse und zu unterscheiden von den in der Verantwortung der Schulleitungen herausgegebenen *Schulzeitungen*. Seit den 1960er Jahren sind die Schülerzeitungen ein Mittel der politischen und gesellschaftlichen Selbstdarstellung und Selbstbestimmung der Schülerschaft. Ein Beratungslehrer ist den Schülern v. a. bei der Einhaltung der gesetzlichen Bestimmungen behilflich. Bei äußerst unregelmäßiger Erscheinungsweise werden Auflagen zwischen 100 und 3 000 Exemplaren erreicht, die überwiegend durch Anzeigen, zum kleineren Teil durch Verkauf finanziert werden.

Die rechtliche Stellung der Sch. bei Konflikten mit Presse-, Schul- und Elternrecht ist umstritten; eines der Hauptprobleme der Schülerzeitungen ist die – gelegentliche – Zensur durch die Schulleitung.

Schwangerschaftsabbruch (Abtreibung): Der Sch. ist als Tötung werdenden Lebens seit jeher unter Strafe gestellt. Ausnahmen davon gab es nur unter bestimmten Voraussetzungen wie v. a. der medizinischen Indikation, die schon seit Ende des vorigen Jahrhunderts eine intensive Diskussion über die Bestrafung des Sch., insbesondere angesichts von Tausenden von illegalen Abtreibungen, eingesetzt. Sie führte schließlich 1974 mit der Annahme eines Gesetzentwurfes der SPD/FDP im Bundestag zur sog. *Fristenlösung*, die u. a. Straffreiheit für den Sch. in den ersten drei Monaten vorsieht. Eine starke Minderheit stimmte dagegen für den Indikationenentwurf der CDU/CSU, der einen Sch. nur unter eng gefaßten Bedingungen zulassen wollte. 1975 entschied das Bundesverfassungsgericht, daß die völlige Freigabe der Sch. in den ersten zwölf Wochen entsprechend dem Fristenmodell verfassungswidrig ist, da ein derartiges Recht zum Sch. mit dem Grundrecht der † Menschenwürde und dem verfassungsrechtlichen Schutz des Lebens und der körperlichen Unversehrtheit unvereinbar sei.

Im 15. Strafrechtsänderungsgesetz wurde die für verfassungswidrig erklärte Fristenlösung aufgehoben und statt dessen eine *Indikationenlösung* eingeführt. Die Neufassung des § 218 StGB stellt den Sch. weiterhin grundsätzlich unter Strafe, legalisiert jedoch den mit Einwilligung der Schwangeren durch einen Arzt vorgenommene Sch., wenn er medizinisch, eugenisch, ethisch oder sozial indiziert ist: Eine *medizinische Indikation* liegt vor, wenn der Sch. unter Berücksichtigung der Lebensverhältnisse der Schwangeren nach ärztlicher Erkenntnis angezeigt ist, um eine Gefahr für das Leben oder den körperlichen oder seelischen Zustand der Schwangeren abzuwenden. Eine *eugenische Indikation* liegt vor, wenn dringende Gründe für die Annahme sprechen, daß das Kind an einer nicht behebbaren Schädigung seines Gesundheitszustandes leiden würde, die so schwer wiegt, daß von der Schwangeren die Fortsetzung der bestehenden Schwangerschaft nicht verlangt werden kann. Eine *ethische Indikation* liegt vor, wenn an der Schwangeren eine rechtswidrige Tat nach den §§ 176 und 179 StGB (Vergewaltigung) begangen worden ist und dringende Gründe dafür sprechen, daß die Schwangerschaft auf der Tat beruht. Eine *soziale Indikation* liegt vor, wenn der Sch. angezeigt ist, um von der Schwangeren die Gefahr einer Notlage abzuwenden, die so schwer wiegt, daß von der Schwangeren die Fortsetzung der Schwangerschaft nicht verlangt werden kann. Ein Sch. ist nicht erlaubt bei der sog. *kindlichen Indikation*, d. h. wenn bei einem Kind, das nicht erbkrank ist, eine Mißbildung zu erwarten ist und dessen Austragung und Geburt keine Gefährdung der Mutter mit sich bringt. Der medizinisch indizierte Abbruch kann jederzeit, der eugenisch indizierte bis zu 22 Wochen, der ethisch oder sozial indizierte bis zu zwölf Wochen nach der Empfängnis vorgenommen werden. Vor der Ausführung des Sch. muß die Schwangere sich in einer anerkannten Beratungsstelle und durch einen Arzt, der nicht selbst den Eingriff vornimmt, über die zur Verfügung stehenden Hilfen beraten lassen.

Das Problem einer Reform des § 218 StGB ist durch die Wiedervereinigung erneut akut geworden. In den neuen Bundesländern gilt nämlich eine Fristenregelung, die den Sch. generell innerhalb von drei

Monaten erlaubt. Aufgrund des ↑ Einigungsvertrages beschloß der Bundestag im Juni 1992 ein neues Abtreibungsrecht und führte die Fristenregelung mit Beratungspflicht durch einen Arzt ein.

Schwarzarbeit ist die Erbringung von Arbeitsleistungen, um erhebliche wirtschaftliche Vorteile zu erlangen, ohne sie zu versteuern und entsprechende Beiträge zur Sozialversicherung zu entrichten. Die mit einer Geldbuße bis zu 50 000 DM zu ahndenden Fälle sind im Gesetz zur Bekämpfung der Sch. vom 29. Januar 1982 geregelt. Mit der Buße werden sowohl der Schwarzarbeiter als auch sein Auftraggeber belegt. Ausgenommen sind Gefälligkeitsarbeiten und Nachbarschaftshilfe.

Schwarzmarkt: Illegaler Markt, der in der Regel bei behördlich festgesetzten Höchstpreisvorschriften entsteht für Waren, die stärker nachgefragt als angeboten werden. Die Käufer versuchen, heimlich einen höheren Preis zu bieten und zu zahlen, um die Ware zu bekommen.

Schweiz (amtliche Vollform: Schweizerische Eidgenossenschaft): ↑ Bundesstaat mit einer *Fläche* von 41 293 km²; *Bevölkerung:* 6,53 Mill. Einwohner, 158 E/km² (1989). *Hauptstadt:* Bern (135 000 Einwohner). *Amtssprachen:* Deutsch (von 65 % der Bevölkerung gesprochen), Französisch (18 %) und Italienisch (12 %); das in zahlreiche Dialekte zersplitterte Rätoromanisch (nur 1 %) ist lediglich »Nationalsprache«. *Religion:* 47,6 % der Bevölkerung sind katholisch, 44,3 % protestantisch.

Der Bund besteht aus 26 *Kantonen* (20 Voll- und sechs Halbkantonen) recht unterschiedlicher Größe und Wirtschaftskraft, von denen jeder eine volksgewählte Regierung (meist *Regierungsrat* genannt) und ein Parlament (meist *Großer Rat* genannt) besitzt. Kleinere Kantone kennen noch anstelle von Parlamenten direktdemokratische, beschließende Versammlungen *(Landsgemeinden).* Die Kantone haben sich seit altersher zu einem Bund zusammengeschlossen, dessen Zuständigkeit sich nur auf die Gebiete erstreckt, die ihm von ihnen überlassen worden sind. Veränderungen der Bundesverfassung in den letzten Jahrzehnten zeigen aber an, daß auch in der Sch. ein ausgesprochener

Trend zur Zentralisierung vorherrscht, erkennbar an der Übertragung von Regelungskompetenzen für die verschiedensten staatlichen Bereiche auf den Bund.

Das Bundesparlament *(Bundesversammlung)* besteht aus zwei Kammern, dem *Nationalrat* und dem *Ständerat.* Der Nationalrat zählt 200 Mitglieder, die dem Kantonen nach Maßgabe ihrer Einwohnerzahl im Wege der Verhältniswahl auf vier Jahre gewählt werden. Der Ständerat setzt sich aus 46 Vertretern der Kantone zusammen, die ebenfalls gewählt werden und zwar je zwei pro Voll- und je einer pro Halbkanton. Nationalrat und Ständerat sind für die Gesetzgebung und die Kontrolle der Regierung zuständig. Sie wählen u. a. den Bundesrat, den Bundespräsidenten und die Mitglieder des Bundesgerichts. Der siebenköpfige, auf vier Jahre bestellte *Bundesrat* (Regierung) steht der Bundesverwaltung vor (sieben Departements mit einem *Bundeskanzler* in verwaltungstechnisch koordinierender Funktion). Der Vorsitzende des Bundesrates, der *Bundespräsident,* wechselt jährlich. Gewählt werden die Mitglieder des Bundesrates unter Berücksichtigung ihrer kantonalen und parteilichen Herkunft. Die Schweiz kennt kein parlamentarisches Regierungssystem mit der Konfrontation und dem Wechsel von Majorität und Opposition, sondern bevorzugt ein System des Aushandelns und des Kompromisses zwischen unterschiedlichen Interessen. Deshalb wird der Bundesrat auch regelmäßig aus Vertretern aller großen Parteien gebildet (sog. *Konkordanz-* oder ↑ Proporzdemokratie mit Bildung von ↑ großen Koalitionen). Darüber hinaus werden beim Gesetzgebungsverfahren alle bedeutsamen politischen Kräfte im Lande, Parteien, Verbände, Kantone gehört und berücksichtigt (sog. Vernehmlassungsverfahren). Ein solches Konkordanzsystem schleift Gegensätze ab; die möglichst allseitige Rücksichtnahme führt aber auch zu einer gewissen Unbeweglichkeit. Dies wird noch durch plebiszitäre Verfahrensweisen verstärkt. Verfassungsänderungen unterliegen zwingend einer ↑ Volksabstimmung, können auch durch eine Initiative von 50 000 Bürgern (oder acht Kantonen) herbeigeführt werden. Darüber hinaus sind Bundesgesetze einer Volksabstimmung zu unterziehen, wenn es 30 000 Bürger verlangen. Diese Regelung gibt bedeutenderen politischen Kräften die Möglichkeit, mit einer Volksabstimmung zu drohen, wenn ihre Interessen bei der Gesetzgebung nicht berücksichtigt werden. Das führt in der Regel von vornherein zur Berücksichtigung auch von Minderheitsinteressen, wodurch das gesamte politische System in beträchtlichem Maß an Stabilität gewinnt.

Schwellenländer sind ↑ Entwicklungsländer mit einem verhältnismäßig fortgeschrittenen Entwicklungsstand. Kriterien für die Beurteilung eines Entwicklungslandes als Sch. sind: Industrieanteil am Bruttoinlandsprodukt, Energieverbrauch, Alphabetisierung, Lebenserwartung und Pro-Kopf-Einkommen. Von den etwa 130 Entwicklungsländern gelten ca. 20 als Schwellenländer.

Schwurgericht: Besonderer Spruchkörper des Landgerichts, der in Strafverfahren für schwere Delikte wie Mord, Totschlag, Kindestötung und für bestimmte Delikte mit Todesfolge zuständig ist. Das Sch. tagt mit drei Berufs- und zwei Laienrichtern (Schöffen), die gemeinsam für die Beurteilung der Schuldfrage und des Straf-

maßes zuständig sind (im Gegensatz zur angelsächsischen Jury, den Geschworenen, die allein über die Schuld des Angeklagten entscheiden).

SDI ↑ strategische Verteidigungsinitiative.

SED ↑ Sozialistische Einheitspartei Deutschlands.

Seerechtskonvention: Nach neunjährigen Verhandlungen wurde 1982 die auf der UN-Seerechtskonferenz ausgearbeitete S. über ein zunehmend wichtiges Teilgebiet des ↑ Völkerrechts durch die Vertreter von 130 Staaten unterzeichnet. Um die S. rechtskräftig werden zu lassen, mußten bis Dezember 1984 mindestens 60 Signatarstaaten beitreten und ihre Unterschrift leisten (was weit über 100 taten). Die USA und die BR Deutschland haben nicht unterzeichnet, v. a. wegen der Regelungen über den Meeresbergbau: Auf der freien See jenseits der Wirtschaftszonen wird der Abbau v. a. von Manganknollen durch eine Meeresbehörde der UN geregelt, die Preis und geförderte Menge festlegen kann. Ferner besteht ein obligatorischer Technologietransfer – was insbesondere die Fördertechnologie betrifft – von den Industrieländern an die Entwicklungsländer. Die Befürworter der S. betonen, daß

UN-Seerechtskonvention:
Die drei Bereiche

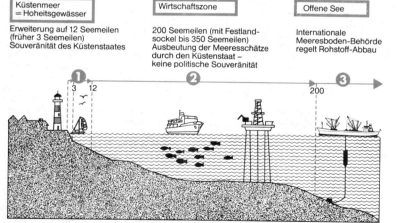

Küstenmeer = Hoheitsgewässer	Wirtschaftszone	Offene See
Erweiterung auf 12 Seemeilen (früher 3 Seemeilen) Souveränität des Küstenstaates	200 Seemeilen (mit Festlandsockel bis 350 Seemeilen) Ausbeutung der Meeresschätze durch den Küstenstaat – keine politische Souveränität	Internationale Meeresboden-Behörde regelt Rohstoff-Abbau

Seerechtskonvention. Die drei Bereiche

mit der S. die Seeschiffahrt verläßliche Regelungen für die Fahrt durch Meerengen erhalte, der Schutz des Meeres vor Verschmutzung und Verseuchung auf eine einheitliche internationale Basis gestellt und die Meeresforschung in nationalen und internationalen Gewässern geregelt werde.

Das Hoheitsgebiet der Küstenstaaten kann künftig von drei auf zwölf Seemeilen ausgedehnt werden, in einer Anschlußzone von 24 Seemeilen sind die Küstenstaaten befugt, ihre Zoll-, Steuer-, Einwanderungs- und Gesundheitsvorschriften durchzusetzen. In einer Wirtschaftszone von 200 Seemeilen können die Küstenstaaten alle Ressourcen (v. a. Bodenschätze) für sich in Anspruch nehmen. Reicht der Festlandsockel eines Staates weiter, hat dieser auch bis zu 350 Seemeilen das Recht auf Nutzung der Bodenschätze. In diesen Wirtschaftszonen liegen alle wichtigen Fischereigebiete und rund 85 % aller nachgewiesenen oder vermuteten Erdöl- bzw. Erdgasvorkommen. Für die Entwicklungsländer ist die S. – v. a. das Tiefseebergbausystem – ein Erfolg ihrer Forderung nach einer »Neuen Weltwirtschaftsordnung« u. a. unter Berufung auf das gemeinsame Menschheitserbe.

Segregation [von lateinisch segregatio »Absonderung, Trennung«]: Bezeichnung für die räumliche und soziale Trennung von Personen oder Gesellschaftsgruppen. S. kann z. B. durch diskriminierende Maßnahmen der Rassentrennung und ↑ Apartheid wie die Einschränkung des Wahlrechts und sozialer Gleichheit, oder durch die Einrichtung von ↑ Ghettos erzwungen werden. Im engeren Sinne ist mit S. die Mitte der 1950er Jahre vom ↑ Supreme Court verbotene Rassentrennung in den USA gemeint.

Sekte: Bezeichnung von religiösen und weltanschaulich-politischen Gruppen, die sich von größeren Organisationen (Kirchen, Parteien) abgespalten haben. Die Mitglieder einer S. entwickeln vielfach einen besonderen Eifer, um sich und ihre Vorstellungen gegenüber der Mehrheit der Andersgläubigen durchzusetzen. Die Bildung von Sekten ist ein Vorgang, der sich in fast allen großen weltanschaulichen Gruppen vollzieht. – ↑ auch Jugendsekten.

sekundärer Sektor ↑ Wirtschaftsstruktur.

Selbständige sind nicht- (lohn-)abhängige Erwerbstätige, wie z. B. Landwirte, Handwerker mit eigenem Betrieb, Unternehmer, Ärzte mit eigener Praxis, freie Schriftsteller – im Gegensatz zu Lohnarbeitern, Angestellten, Beamten, Managern. Der Anteil der Selbständigen am Erwerbsleben nimmt in modernen Industriegesellschaften ständig ab und ist in der BR Deutschland unter zehn Prozent gefallen.

Selbstbestimmung bedeutet, sich selbst die Regeln (Gesetze) seines Handelns zu setzen. Man spricht vom Selbstbestimmungsrecht der Menschen wie auch vom ↑ Selbstbestimmungsrecht der Völker (Nationen, Staaten). Die damit verknüpfte Forderung steht in einem engen Zusammenhang mit der Idee der ↑ Demokratie, verstanden als Unabhängigkeit eines Volkes von anderen Staaten (↑ Souveränität nach außen) wie auch als Unabhängigkeit im innerstaatlichen Bereich eines Volkes (↑ Volkssouveränität). Die Forderung nach S. hat in den letzten zwei Jahrhunderten eine große Rolle in den gesellschaftlichen Emanzipationsbestrebungen zur Befreiung von innerstaatlicher Herrschaft und von äußerer Fremdherrschaft gespielt.

In der Erziehungswissenschaft spielt individuelle S. im Gegensatz zur ↑ Fremdbestimmung (z. B. durch staatliche Einflüsse, gesellschaftliche Mächte, familiäre Abhängigkeiten, Konformitätsdruck oder durch Einflüsse von Werbung und Mode) als pädagogisches Ziel eine bedeutende Rolle. S. kann in diesem Zusammenhang auch Unabhängigkeit von dem bedeuten, was einem als Bestimmtwerden durch sich selbst, durch eigene Triebe, Begierden u. a. entgegentritt und dem man sein »besseres Ich« entgegensetzt. In dieser Form, verstanden als Unabhängigkeit eines ethisch motivierten Ichs gegenüber den eigenen Begierden und über sie vermittelten Einflüssen der Umwelt, hat individuelle S. eine lange philosophische Tradition.

Seit der Wendung des bürgerlichen Philosophie und Politik gegen feudale Abhängigkeit und staatliche Bevormundung ist S. eine Zielvorstellung der auf ↑ Emanzipation und Demokratisierung gerichteten politischen Bewegungen geworden. Sie dient hier häufig zur Deutung der Geschichte als eines Prozesses, dessen Ziel die Selbstverwirklichung des Menschen ist, d. h. die Konstituierung des Menschen durch sich selbst und nicht durch anderes, von dem er abhängig ist. Diese Idee vom Menschen, der am Ende der bisherigen Geschichte durch einen Prozeß der Selbstbefreiung zur Ursache seiner selbst wird, d. h. sich frei selbst bestimmt, weist auf die Spekulationen des deutschen ↑ Idealismus und die dadurch beeinflußte Vorstellung des ↑ Marxismus von einem künftigen kommunistischen Idealmenschen zurück. Sie wird heute insbesondere von der sog. *kritischen Theorie* vertreten und dient hier als Maßstab zur Beurteilung gesellschaftlicher Zustände und der Politik. Dieser Geschichtsdeutung stehen andere gegenüber, welche die wachsende Komplexität der gesellschaftlichen Verhältnisse und dadurch hervorgerufene neue Abhängigkeiten des Menschen von seiner Umwelt betonen – Deutungen, die nicht zuletzt durch die Erfahrungen mit modernen Diktaturen und moderner Wissenschaft und Technik hervorgerufen wurden. Auch von verschiedenen Wissenschaften (z. B. Verhaltensforschung, Soziologie, Psychoanalyse) sind die natürlichen und kulturellen Abhängigkeiten des Menschen (zum Teil auch die ideologische Funktion der Berufung auf S. angesichts dieser Sachlage) herausgestellt worden. S., absolut begriffen, sieht sich insbesondere der Schwierigkeit ausgesetzt, daß man sie entweder gattungsmäßig oder individuell definieren kann. Gattungsmäßig, als Ziel der Entwicklung der Menschheit gesehen, entspricht sie einem Ideal von menschlicher Vernunft, das für alle Menschen (d. h. für die gesamte Gattung) verbindlich sein soll und gegen das im Namen individueller Autonomie Stellung zu nehmen als Abweichung von »wahrer« S. erscheint (Diktatur der Vernunft bzw. Diktatur im Namen der Vernunft). Individuell verstanden läßt sich S. dagegen nur als absolute Unabhängigkeit und damit Nicht-Bestimmtheit kennzeichnen, d. h. letztlich als rein willkürliche Entscheidung, wenn man nicht versteckt doch eine überindividuelle Richtschnur an sie herantragen will. So problematisch daher der absolute Begriff der S. ist, so sinnvoll ist der relative, der S. mit bestimmten kulturellen Vorstellungen positiv in Zusammenhang bringt und von dem aus sich daher bestimmte gesellschaftliche Abhängigkeiten als gegen die individuelle Freiheit gerichtet charakterisieren lassen. Eine derartige, kulturell gebundene, realistische Vorstellung von S. liegt dem Menschenbild des ↑ Grundgesetzes zugrunde, in dessen Artikel 2 Abs. 2 es heißt: »Jeder hat das Recht auf die freie Entfaltung seiner Persönlichkeit, soweit er nicht die Rechte anderer verletzt und nicht gegen die verfassungsmäßige Ordnung oder das Sittengesetz verstößt.«

Selbstbestimmungsrecht der Völker: Das S. d. V. gehört im ↑ Völkerrecht zu den Grundrechten der Staaten und soll v. a. die schwächeren Staatengebilde gegen Übergriffe stärkerer Staaten schützen. Es ist in Art. 1 und Art. 55 der Satzung der ↑ UN aufgenommen worden. Die von der Menschenrechtskonvention formulierte und 1952 mit Mehrheit der UN-Mitglieder angenommene Resolution lautet: »Alle Völker und alle Nationen sollen das Recht der Selbstbestimmung haben, nämlich das Recht, frei ihren politischen, wirtschaftlichen, sozialen und kulturellen Status zu bestimmen«.

Ende des 19. Jahrhunderts hatte der Begriff der Selbstbestimmung v. a. in Europa Bedeutung für die Lösung der zahlreichen Nationalitätenfragen in den beiden Vielvölkerstaaten der Habsburger Donaumonarchie und des Zarenreiches. Neben dem S. d. V. wird ein *Recht auf Heimat* von den Heimatvertriebenen des 2. Weltkrieges und den arabischen Nationen geltend gemacht. Von der BR Deutschland wurde das Selbstbestimmungsrecht des ganzen deutschen Volkes gegenüber den Bestrebungen der damaligen DDR, die Einheit der deutschen Nation aufzulösen, immer wieder ausdrücklich betont. Das S. d. V. wird neuerdings z. B. in Randgebieten des ehemaligen Ostblocks, auch in Teilen Jugoslawiens für die Forderung nach völliger staatlicher Selbständigkeit von solchen Völkerschaften in Anspruch genommen, die im 20. Jahrhundert zwangsweise in einen Vielvölkerstaat eingegliedert worden sind.

Selbsthilfe nennt man das eigenmächtige Vorgehen gegen andere. Sie ist von der Rechtsordnung nur in seltenen Fällen gestattet, wie z. B. bei ↑ Notwehr oder zum Schutz des eigenen Besitzes (↑ auch Notstand), wenn staatlicher Rechtsschutz nicht rechtzeitig erlangt werden kann.

Selbstverwaltung: Erledigung öffentlicher Aufgaben nicht durch staatliche Behörden, sondern durch die Betroffenen selbst. In der BR Deutschland ist die S. auf lokaler Ebene den ↑ Gemeinden und ↑ Gemeindeverbänden verfassungsrechtlich garantiert (Art. 28 Abs. 2 GG: kommunale S.). Daneben gibt es S. bei ↑ Hochschulen, in der ↑ Sozialversicherung und bei berufsständischen Vertretungen, z. B. bei Rechtsanwalts- und Ärztekammern, auch bei ↑ Industrie- und Handelskammern, ↑ Handwerkskammern und ↑ Landwirtschaftskammern.

Im weiteren Sinn spricht man von S. überall dort, wo eigenverantwortliche Regelungen durch die Betroffenen selbst stattfinden (z. B. ↑ Arbeiterselbstverwaltung). Die S. kann ehrenamtlich oder durch hauptberuflich angestellte Träger der S. erfolgen. Selbstverwaltungseinheiten verfügen über eine eigene Vertreterversammlung zur Willensbildung (z. B. Gemeinderat) und über eine eigene Exekutive (z. B. Bürgermeister, Gemeindeverwaltung). Sie stellen sich ihre Aufgaben selbst (Selbstverwaltungsangelegenheiten) und organisieren deren Erledigung in eigener Machtvollkommenheit mitsamt der Anstellung des dazu benötigten Personals. Sie können auch über eigene Finanzierungsquellen verfügen (z. B. Gemeindesteuern). Die S. ist in den Rahmen der allgemeinen ↑ Rechtsordnung des Staates eingebunden; sie ist nicht gesetzesfrei. Um eine gesetzliche und einheitliche Verhaltensweise der Selbstverwaltungseinheiten zu erreichen, steht dem Staat ihnen gegenüber die ↑ Rechtsaufsicht zu (Überprüfung der Gesetzmäßigkeit des Verhaltens), darüber hinaus unter Umständen auch eine unterschiedlich umfangreiche Fachaufsicht (Überprüfung der Zweckmäßigkeit des Verhaltens). Den Selbstverwaltungseinheiten kann die Wahrnehmung bestimmter Aufgaben in eigener Verwaltung zur Pflicht gemacht sowie die Erledigung staatlicher Aufgaben (sog. Auftragsangelegenheiten) überwiesen werden.

Die Vorteile der S. sind: mehr Demokratie durch Bürgerbeteiligung und mehr Betroffenengerechtigkeit durch eine größere Bürger- und Sachnähe der Verwaltung. – ↑ auch Gemeindeverfassung.

Selektion: Auslese aufgrund bestimmter Merkmale; Theorie, nach der sich ↑ sozialer Wandel und Entwicklung allgemein dadurch gestaltet, daß die Anpassungsfähigeren (Tüchtigeren) die besseren Überlebens- und Fortpflanzungschancen haben (natürliche und ↑ soziale Auslese). – ↑ auch Sozialdarwinismus.

Senat:
◇ Allgemein Bezeichnung für politische Versammlungen insbesondere älterer, erfahrener Mitbürger, (ehemaliger) hoher Funktionäre in Staat und Gesellschaft (z. B. der S. im alten Rom; auch der S. in ↑ Bayern).
◇ In den USA Bezeichnung für die zweite Kammer des ↑ Kongresses, die aus je zwei vom Volk gewählten Vertretern der Einzelstaaten besteht; die Amtszeit der Senatoren beträgt sechs Jahre, für je ein Drittel findet alle zwei Jahre eine Neuwahl statt.
◇ Landesregierung der Stadtstaaten Bremen, Hamburg und Berlin.

Separatismus [von lateinisch separatus »getrennt«]: Bestreben der Abspaltung eines bestimmten Teils des Staatsgebietes zum Zweck der Gründung eines neuen Staates oder zum Anschluß an einen anderen Staat, besonders in Grenzgebieten mit starken politisch-kulturellen Minderheiten. Eine begrifflich eindeutige Abgrenzung des S. vom (neuerdings weiter und konkreter geforderten) ↑ Selbstbestimmungsrecht der Völker ist zuweilen schwierig.

SeRo-System: In der ehemaligen DDR eingerichtetes System der Einsammlung und Verwertung von **Sekundärrohstoffen**, das auf der Grundlage eines ausgedehnten Netzes von Aufkauf- und Sammelstellen beruhte. Im S.-S. wurden u. a. Schrott, Kupfer, Aluminium, Altpapier, Glas, Alttextilien, Altöl, Kunststoffe, Küchenabfälle erfaßt. Im Bereich der gesamten Industrie- und Gewerbeabfälle wurden nach offiziellen Angaben 40 % als Sekundärrohstoffe verwertet. – ↑ auch Recycling.

Sexualerziehung: Unterweisung, die sich auf die geschlechtliche Entwicklung des Menschen bezieht. Die ↑ Kultusministerkonferenz hat 1968 Empfehlungen zur S. in den Schulen beschlossen, die weitgehend in allen alten Bundesländern Gültigkeit gewonnen haben. Danach ist S. als Erziehung zu verantwortlichem geschlechtlichen Verhalten Teil der Gesamterziehung. Sie ist notwendig, um die individual- und sozialethischen Aufgaben der Erziehung zu erfüllen. In der Schule sollen Schülerinnen und Schüler zu den Fragen der menschlichen Sexualität ein sachlich begründetes Wissen erwerben. Dieses Wissen soll es ihnen ermöglichen, auf diesem Gebiet Zusammenhänge zu verstehen, sich angemessen sprachlich auszudrücken und sich ein Urteil zu bilden. Die S. soll dazu beitragen, daß die jungen Menschen ihre Aufgaben als Mann oder Frau erkennen, ihr Wertempfinden und Gewissen entwickeln und die Notwendigkeit sittlicher Entscheidungen einsehen. In dieser Zielsetzung begegnen sich die Bemühungen der Schule mit entsprechenden Bemühungen der Kirchen, der Religions- und Weltanschauungsgemeinschaften und anderer Erziehungsgemeinschaften und Institutionen.

1977 hat das Bundesverfassungsgericht die Zulässigkeit der S. in den Schulen bestätigt und in einer Grundsatzentscheidung festgestellt, daß die individuelle S. in erster Linie zu dem natürlichen Erziehungsrecht der Eltern gehört; der Staat ist jedoch aufgrund seines Erziehungs- und Bildungsauftrags berechtigt, S. in der Schule durchzuführen. Dabei muß die S. in der Schule für die verschiedenen Wertvorstellungen auf diesem Gebiet offen sein und allgemein Rücksicht nehmen auf das natürliche Erziehungsrecht der Eltern und auf deren religiöse oder weltanschauliche Überzeugung, soweit diese für das Gebiet der Sexualität von Bedeutung sind. Die Schule muß jeden Versuch einer Indoktrinierung der Jugendlichen unterlassen. Bei Wahrung dieser Grundsätze ist die S. als fächerübergreifender Unterricht, der nicht nur die biologischen, sondern auch die psychologischen, soziologischen, theologischen und kulturanthropologischen Aspekte der Sexualität berücksichtigt, nicht von der Zustimmung der Eltern abhängig; die Eltern haben jedoch Anspruch auf rechtzeitige Information über den Inhalt und den methodisch-didaktischen Weg der S. in der Schule.

Sicherheit nennt man den Zustand des Unbedrohtseins, sei es infolge einer Abwesenheit von Gefahren, sei es durch Vorkehrungen, die vor vorhandenen Gefahren schützen. Das Streben nach S. geht von der Erfahrung der Bedrohung aus, sei es der Existenz oder der menschlichen Entfaltungsmöglichkeiten, eines gewissen Wohlstandes, der Unabhängigkeit oder einer glaubensmäßigen Verankerung. Die Bedrohung kann einzelne, Gruppen (z. B. Glaubensgemeinschaften), aber auch ganze Gesellschaften und Staaten, angesichts der modernen Massenvernichtungsmittel auch die gesamte Menschheit betreffen. Umgekehrt spenden Gruppen, Kleinverbände (z. B. die »Geborgenheit in der Familie«), Glaubensgemeinschaften und im gesellschaftlich-politischen Bereich v. a. der Staat Sicherheit.

Bei der staatlich garantierten S. handelt es sich zunächst um die polizeiliche S. vor äußeren, dem Individuum durch andere Menschen und durch Sachen drohende Gefahren (↑ Polizei). Diese S. ist im modernen ↑ Sozialstaat ergänzt worden durch die ↑ soziale Sicherheit. Sie umfaßt den Schutz gegen äußerste existentielle Notlagen (↑ Sozialhilfe), gegen Notfälle im Arbeitsleben (↑ Sozialversicherung, z. B. für Kranke, Arbeitslose oder Rentner) und in anderen besonderen Situationen (Sozialversorgung, z. B. Kriegsopferversorgung). In einem weiteren Sinn lassen sich auch andere Gefahren abwendende Maßnahmen zur sozialen S. rechnen, wie Vorkehrungen des ↑ Arbeitsschutzes, S. des Arbeitsplatzes, ↑ Mutterschutz oder Zahlungen von Kindergeld. Auch wirtschafts- und kulturpolitische Maßnahmen können der sozialen S. dienen.

Die Ausgaben für die soziale S. machen heute im Haushalt des Bundes den größten Anteil aus. Neben der polizeilichen und sozialen Sicherung ist es Aufgabe des Staates, auch für die militärische S. zu sorgen. Ihr dienen sowohl Bestrebungen, die Abwehrkraft gegen Angriffe zu erhalten und zu stärken, als auch Versuche, durch internationale Abkommen Rüstungsbeschränkungen zu erreichen und ein allgemeines Klima des friedlichen Verkehrs zwischen Staaten zu schaffen.

Sicherheitspolitik ↑ Verteidigungspolitik.

Sicherungsverwahrung ist die Anordnung der (dauernden) Unterbringung eines Straftäters neben der Verurteilung zu einer Freiheitstrafe, wenn mit weiteren erheblichen Verstößen gegen Strafgesetze zu rechnen ist. − ↑ auch Maßregeln der Sicherung und Besserung.

Signatarstaat ist ein Staat, der eine völkerrechtliche Vereinbarung unterzeichnet hat.

Sippenhaft (Sippenhaftung) bedeutet, daß auch die Angehörigen eines Straftäters für dessen Taten − oder eines politisch Verfolgten wegen dessen Verhalten − haftbar gemacht oder zu Rechenschaft gezogen und benachteiligt werden; S. ist mit rechtsstaatlichen Grundsätzen nicht vereinbar.

SIPRI [Abkürzung für englisch »Stockholm International Peace Research Institute«]: Das SIPRI wurde 1966 vom schwedischen Parlament als Stiftung gegründet und veröffentlicht jährlich ein Jahrbuch, das die internationale Rüstungsentwicklung dokumentiert. − ↑ Friedensforschung, ↑ International Institute for Strategic Studies.

Sitte: Bündel sozialer Verhaltensweisen, die sich an ↑ Normen und Werten einer Gesellschaft orientieren und für deren Mitglieder verpflichtend sind. Die S. ist kulturspezifisch und -abhängig. Das Befolgen der S. setzt deshalb in der Regel einen langen Prozeß der Verinnerlichung der herrschenden Normen während der ↑ Sozialisation voraus. Die S. unterscheidet sich von der Gewohnheit dadurch, daß sie mehr einer Verpflichtung entspringt als einer Anpassung des Handelns an gleichbleibende Umstände. Die Verletzung der S. wird durch soziale ↑ Sanktionen, z. B. durch den Ausschluß aus der Gesellschaft, bestraft und nicht wie ein Rechtsbruch durch einen öffentlichen Apparat verfolgt und geahndet. Dennoch übt sie wegen ihrer Verankerung im sittlichen Bewußtsein oft einen stärkeren Zwang auf das Handeln aus als das staatlich garantierte Recht. − ↑ auch Sittengesetz.

Sittengesetz: Inbegriff der grundlegenden ↑ Normen, die zu einem guten (sittlichen) Handeln anleiten. In der katholischen Morallehre eine vorgegebene, verbindliche Ordnung, nach der sich die Menschen zu richten haben. Von I. Kant (1724−1804) wurde das S. als *kategorischer Imperativ* formuliert: Nur dasjenige Wollen ist sittlich gut, dessen Maxime zum Prinzip einer allgemeinen Gesetzgebung werden kann. Auch das Grundgesetz fordert in Art. 2 ein Verhalten, das dem S. entspricht.

Sklaverei: Zustand der völligen rechtlichen und persönlichen Abhängigkeit eines Menschen; völkerrechtlich wird S. nach Art. 7 der erweiterten Antisklavereiakte von 1956 bestimmt als »die Rechtsstellung oder Lage einer Person, an der einzelne oder alle der mit dem Eigentumsrecht verbundenen Befugnisse ausgeübt werden«. Die internationale Zusammenarbeit zur Bekämpfung der S. wurde 1926 vom Völkerbund durch die Antisklavereiakte verstärkt; in der Menschenrechtskonvention der UN von 1948 wurde als gemeinsames Ziel festgestellt, daß »niemand in S. oder Knechtschaft gehalten werden soll; S. und Sklavenhandel sollen in allen ihren Formen verboten sein«. Nach 1955 sprachen jedoch UN-Dokumente von illegaler oder geduldeter S. in Teilen Afrikas, Südamerikas und Asiens. Als moderne Form der S. kann Zwangsarbeit gelten.

Slums: Großstädtische Elendsquartiere, die gekennzeichnet sind durch primitive Unterkünfte, mangelhafte öffentliche Versorgung und Hygiene (keine Kanalisation, keine Müllbeseitigung) und schlechte soziale Verhältnisse wie Überbevölkerung, hohe Krankheitsanfälligkeit und Kriminalität. Die Bewohner von S. sind häufig rassische Minderheiten und allgemein sozial Verachtete, die aufgrund von ungünstigen sozialen Chancen nicht in der Lage sind, die Mieten in anderen Wohngebieten zu zahlen. In Entwicklungsländern handelt es sich oft um Arme aus ländlichen Gebieten, die in der Hoffnung auf bessere Verdienstmöglichkeiten mit ihren Familien in die Stadt ziehen und dort bleiben, auch wenn sie keinen Arbeitsplatz finden. In südamerikanischen Großstädten nennt man diese S. *Favelas*.

Smogalarm (Smog aus englisch smoke »Rauch« und fog »Nebel«) wird zur Abwendung kritischer Schadstoffbelastungen bei austauscharmen Wetterlagen gegeben. Gestützt auf das *Bundesimmissionsschutzgesetz* (↑ Immissionsschutz) haben die Länder entsprechende Smogverordnungen erlassen. Diese erlauben bei Gefahr in den belasteten Gebieten Einschränkungen z. B. des motorisierten Individualverkehrs oder auch der industriellen Produktion in verschiedenen Stufen.

SNF-Verhandlungen [Abkürzung für englisch Short-Range Nuclear Forces »atomare Kurzstreckenraketen«]: Verhandlungen zwischen den USA und der UdSSR über den Abbau atomarer Kurzstreckenraketen in Europa, die seit 1990 in Genf geführt werden, nachdem Fortschritte bei den Verhandlungen über die konventionellen Streitkräfte in Europa (↑ VKSE-Vertrag) absehbar geworden waren. Sie ergänzen die Abrüstungsverhandlungen über strategische Waffen (↑ START, ↑ Abrüstung). Angestrebt wird eine vollständige Beseitigung der Kurzstreckenraketen.

SMV ↑ Schülermitverwaltung.

Soldatengesetz (SG): Kurzbezeichnung für das »Gesetz über die Rechtsstellung der Soldaten«. Das Soldatengesetz trat am 1. April 1956 in Kraft und bildet gemeinsam mit dem Wehrpflichtgesetz die Grundlage des Wehrdienstverhältnisses. Das Soldatengesetz bestimmt die Rechte und Pflichten der Soldaten. V. a. finden die nach Art. 17 a GG möglichen Einschränkungen von ↑ Grundrechten im Soldatengesetz ihren Niederschlag. Jedoch brauchen z. B. Befehle nicht befolgt zu werden, die die ↑ Menschenwürde verletzen oder nicht zu dienstlichen Zwecken erteilt wurden.

Solidarität: Verbundenheit von Mitgliedern einer Gruppe durch gemeinsames Bewußtsein oder Handeln, die zu gegenseitiger Hilfe oder aus Sympathie und Hilfsbereitschaft auch gegenüber Fremden zu Unterstützung führt. S. wird von der katholischen Gesellschaftslehre und der Arbeiterbewegung als Prinzip propagiert, das einen Mittelweg zwischen Individualismus und Kollektivismus in der modernen Industriegesellschaft weist. – ↑ auch Liebe.

Solidarność [polnisch »Solidarität«]: Unabhängige Gewerkschaft in Polen, gegründet am 17. September 1980 als Folge einer durch wirtschaftliche Schwierigkeiten hervorgerufenen Streikbewegung mit Betriebsbesetzungen im Sommer 1980, die durch das *Danziger Abkommen* vom 31. August 1980 zwischen der Regierung und dem überbetrieblichen Streikkomitee beendet wurde. Ihr Vorsitzender war der spätere Friedensnobelpreisträger L. Wałęsa. Mit Verhängung des Kriegsrechts am 13. Dezember 1981 wurde die S. verboten und durch ein Gewerkschaftsgesetz vom Oktober 1982 formell aufgelöst. Danach ging die S. in den Untergrund. Als es im August 1988 aufgrund der andauernden schlechten Wirtschaftslage Polens wieder zu einer großen Streikbewegung kam, erklärte sich die Regierung zur Einrichtung eines sog. ↑ Runden Tisches bereit, bei dem Regierungs- und Gewerkschaftsvertreter das Land gemeinsam aus der Krise führen sollten. Einer der Verhandlungspunkte der Gespräche des Runden Tisches, die von Februar bis April 1989 andauerten, war die Wiederzulassung der S., die sich im Dezember 1988 neu gegründet hatte. Bei den Wahlen zum Senat und zum polnischen Parlament, dem Sejm, erreichte die S. im Juni 1989 die überwältigende Mehrheit. Unter dem ersten nicht kommunistischen Ministerpräsidenten Polens seit über 40 Jahren, T. Mazowiecki, traten die Vertreter der S. in eine Koalitionsregierung ein. 1991 wurde L. Wałęsa zum Staatspräsidenten gewählt und gab den Gewerkschaftsvorsitz auf. Während S. in ihrer Blütezeit 1980 etwa 9,5 Mill. Mitglieder hatte, ist deren Zahl 1990 auf rund 2,5 Mill. zurückgegangen. 1990/91 brach die S. auseinander. Aus ihr gingen verschiedene politische Parteien hervor, von denen die stärkste z. Z. die »Demokratische Union ist. Sie wurde auch stärkste Partei bei den Wahlen zum Sejm im Oktober 1991.

Sonderschule ↑ Schule.

Sonderziehungsrechte: Internationales Zahlungsmittel (Buchgeld), 1969 durch ein Abkommen im Rahmen des ↑ Internationalen Währungsfonds (IWF) geschaffen. S. sollen im Bedarfsfall (z. B. Finanzierung eines Zahlungsbilanzdefizits) die bestehenden Währungsreserven eines Landes erhöhen; zu diesem Zweck werden jedem Mitgliedsland S. in bestimmter Höhe beim IWF gutgeschrieben. Die ↑ Zentralbank dieses Landes hat damit das Recht erworben, gegen Abgabe von S. über den IWF die jeweils benötigte fremde ↑ Währung zu erhalten. Der Wert eines Sonderziehungsrechts wurde zunächst in Gold festgelegt (ein Sonderziehungsrecht = 0,888 Gramm Feingold), seit 1974 entspricht er einem sog. Standardkorb der 16 für den internationalen Handel wichtigsten Währungen. Bei Inanspruchnahme sind S. zu einem Prozentsatz zu verzinsen, der sich am Durchschnitt der internationalen Marktzinssätze orientiert.

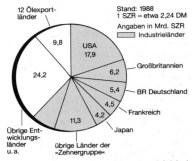

12 Ölexportländer

Stand: 1988
1 SZR = etwa 2,24 DM
Angaben in Mrd. SZR

Industrieländer

9,8

USA 17,9

Großbritannien 6,2

BR Deutschland 5,4

Frankreich 4,5

Japan 4,2

24,2

11,3

Übrige Entwicklungsländer u.a.

übrige Länder der »Zehnergruppe«

Sonderziehungsrechte. Von den 90 Mrd. Sonderziehungsrechten (SZR) halten 131 Entwicklungsländer 33,9 Mrd. SZR, 20 westliche Industrieländer 56,1 Mrd. SZR

Sorben: Nationale Minderheit in den Bundesländern ↑ Sachsen und ↑ Brandenburg. Die etwa 100 000 S. sind die Nachfahren eines im Mittelalter zwischen Saale und Lausitzer Neiße siedelnden westslawischen Volksstammes. Im 10. Jahrhundert christianisiert, haben sie ihre sprachliche Eigenart bis heute bewahren können.

Souveränität: Höchste Gewalt (suprema potestas) in einem Staat nach innen und außen. Die *innere* S. befaßt sich mit der Frage nach dem Träger der höchsten Gewalt innerhalb eines Staates. Historisch hat sich die S. des Volkes gegenüber der S. des Fürsten schrittweise durchgesetzt. Nach dem ↑ Grundgesetz der BR Deutsch-

land geht alle Staatsgewalt vom Volke aus. Dem das Volk repräsentierenden ↑ Parlament werden jedoch Schranken insbesondere durch die ↑ Grundrechte gesetzt. – ↑ auch Volkssouveränität.

Die *äußere* S. bedeutet die Handlungsfähigkeit und Unabhängigkeit eines Staates in internationalen Beziehungen. Im ↑ Völkerrecht gilt der Grundsatz der souveränen Gleichheit aller Staaten (Charta der ↑ UN). Die starke internationale Verflechtung und gegenseitige Abhängigkeit führt zu Einschränkungen der Souveränität z. B. durch Übertragung von Hoheitsrechten an supranationale Organisationen wie die ↑ Europäische Gemeinschaft.

Sowjet [russisch »Rat«]: Ursprünglich Arbeiterrat; heute Bezeichnung für staatliche und gesellschaftliche Organe aller Ebenen und Sachgebiete in der ehemaligen UdSSR. – ↑ auch Oberster Sowjet.

Sowjetunion (amtliche Vollform: Union der Sozialistischen Sowjetrepubliken, UdSSR): Von der Gesamtfläche der S. von 22 402 200 km² (rund ein Sechstel der bewohnten Festlandfläche der Erde) liegen 5 571 000 km² in Europa und 16 831 200 km² in Asien. *Bevölkerung:* 286,7 Mill. Einwohner (1989), 13 E/km². *Hauptstadt* war Moskau. Die S. entstand als Nachfolgestaat des zaristischen Rußland. Ende 1991 wurde sie in eine Gemeinschaft unabhängiger Staaten (↑ GUS) umgewandelt.

Nach ihrer letzten Verfassung vom Dezember 1988 war die S. ein föderativ organisierter sozialistischer Staat, der aus 15 Unionsrepubliken mit zahlreichen autonomen Völkerschaften bestand. »Das Volk übt die staatliche Macht durch die Sowjets (= Räte) der Volksdeputierten...« aus (Art. 2). Dadurch, daß auf allen Ebenen der staatlichen Ordnung die ↑ Sowjets in direkter Wahl bestimmt wurden, schien ein wesentliches Merkmal des Rätesystems durch ein Merkmal der parlamentarischen Demokratie ersetzt zu sein. Bis in jüngster Zeit waren die Sowjets keine eigenständigen Willensbildungsorgane, sondern vollstreckten nur die Entscheidungen der Kommunistischen Partei der Sowjetunion (KPdSU), die in der Verfassung als »führende und lenkende Kraft der Sowjetgesellschaft, der Kern ihres politischen Systems, aller staatlichen und gesellschaftli-

chen Organisationen« bezeichnet wurde. Heute befindet sich die S. im Übergang zu einem Mehrparteiensystem.
Höchstes Organ der Staatsgewalt und höchstes Legislativorgan war nach der Verfassungsänderung vom 14. März 1990 der Kongreß der Volksdeputierten, dessen 2 250 Mitglieder für fünf Jahre gewählt wurden. Er trat im allgemeinen einmal jährlich zusammen. Als ständig handelndes Gesetzgebungs- und Kontrollorgan fungierte der vom Kongreß gewählte Oberste Sowjet, der aus zwei Kammern, dem Unions- und Nationalitätensowjet, bestand. Staatsoberhaupt war ein Präsident, der von einer Zweidrittelmehrheit des Volksdeputiertenkongresses abgesetzt werden konnte und auf fünf Jahre vom Volk gewählt werden sollte. Eine einmalige Wiederwahl war zulässig. Der Präsident schlug die Kandidaten für die Wahl zum Vorsitzenden des Ministerrates vor. Er hatte den Oberbefehl über die Streitkräfte und konnte für das gesamte Staatsgebiet geltende Verordnungen erlassen sowie Verordnungen des Ministerrates, der Regierung, vorübergehend außer Kraft setzen. Auch gegenüber den Gesetzen der Legislative besaß er ein Vetorecht. Ihm zur Seite stand ein Staatsrat, dem u. a. die Präsidenten aller Unionsrepubliken angehörten.
Ein wesentlicher Faktor des politischen Lebens war die inzwischen verbotene Kommunistische Partei der Sowjetunion (KPdSU). Ihr oberstes Organ war der Parteikongreß, der ein ↑ Zentralkomitee (ZK) wählte, welches wiederum die 24 Mitglieder des Präsidiums (↑ Politbüro) bestimmte, das mit dem Generalsekretär der Partei zusammen das entscheidende Führungsgremium war. Präsident der S. und Generalsekretär der KPdSU war bis Ende Dezember 1991 M. Gorbatschow.
Bis in die jüngste Zeit hinein war die S. die politisch führende Macht im sog. Ostblock der kommunistisch regierten Staaten. Sie hielt diesen notfalls unter Einsatz militärischer Mittel zusammen, wie zuletzt ihr Einschreiten gegen den »Prager Frühling« in der ČSSR 1968 zeigte. Der Machtkampf mit den USA und insbesondere eine sich aufgrund der kommunistischen Planwirtschaft rapide verschlechternde wirtschaftliche Lage führten jedoch seit

Ende der 1980er Jahre zum Zusammenbruch des kommunistischen Herrschaftssystems. ↑ Rat für gegenseitige Wirtschaftshilfe und ↑ Warschauer Pakt, die wirtschaftliche und militärische Klammer des Ostblocks, lösten sich 1991 auf. Nach dem gescheiterten Putsch im August 1991 erklärten alle Republiken ihre Unabhängigkeit. Estland, Lettland, Litauen und Georgien wurden souveräne Staaten, die nicht der GUS beitraten.

sozial:
◇ Gesellschaftlich; die Gesellschaft (und ihre Probleme) betreffend.
◇ Hilfreich und verantwortlich handelnd gegenüber anderen, besonders Schwächeren.

Sozialamt: Staatliche Behörde, die für Aufgaben der ↑ Sozialhilfe zuständig ist.

Sozialarbeiter betreuen z. B. bei Sozial- und Jugendämtern sowie Wohlfahrtsverbänden, in Heil- und Strafanstalten Hilfsbedürftige, Gefährdete und Benachteiligte. Die Ausbildung zum S. erfolgt auf Fachhochschulen.

Sozialbindung (Sozialpflichtigkeit) des Eigentums verbietet dem Eigentümer, über sein Privateigentum in jeder Hinsicht nach Belieben zu verfügen. Daß Privateigentum nicht gemeinschädlich genutzt werden darf, ist von altersher Auffassung insbesondere der christlichen ↑ Soziallehre, wurde allerdings zeitweise vom selfishness-Prinzip (↑ auch Liebe) überlagert. Heute ist die S. des Eigentums v. a. im Hinblick auf die Nutzung von Grund und Boden und den ↑ Natur- und ↑ Umweltschutz durch Art. 14 Abs. 2 GG garantiert. – ↑ auch Eigentum.

Sozialdarwinismus: Gesellschaftstheorie, die unter Übertragung der Evolutionstheorie (↑ Evolution) von Ch. Darwin auf die gesellschaftlichen Verhältnisse unterstellt, daß auch im Kampf konkurrierender menschlicher Gruppen eine Auslese stattfindet: Die Tüchtigen, Anpassungsfähigeren überleben im »Kampf ums Dasein«, und ihr Überleben selbst ist Zeichen ihrer Tüchtigkeit. Der S. begründet das Recht des Stärkeren, indem er die rücksichtslose Durchsetzung von Herrschaftsansprüchen als natürliche Selbstbehauptung interpretiert und zu einem solchen Verhalten aufruft. – ↑ auch Nationalsozialismus.

Sozialdemokratie: Politische Bewegung seit der Mitte des 19. Jahrhunderts, die im Gegensatz zur liberalen Demokratie nicht nur liberale Freiheitsrechte mit allgemeinem und gleichem Wahlrecht und allgemeiner Gleichheit vor dem Gesetz verbinden will, sondern darüber hinaus soziale Reformen, insbesondere eine Lösung der ↑ sozialen Frage, anstrebt. Die S. wurde vornehmlich von der Arbeiterschaft getragen und breitete sich bald über ganz Europa aus. – ↑ auch Sozialdemokratische Partei Deutschlands.

Sozialdemokratische Partei Deutschlands (SPD): Die SPD ist mit etwa 960 000 Mitgliedern (1990) die stärkste Partei der BR Deutschland. Sie bekennt sich zum ↑ demokratischen Sozialismus, d. h. sie strebt nach einer besseren Ordnung der Gesellschaft, in der jeder Mensch seine Persönlichkeit in Freiheit entfalten und als dienendes Glied der Gemeinschaft verantwortlich am politischen, wirtschaftlichen und kulturellen Leben der Menschheit mitwirken kann (↑ Godesberger Grundsatzprogramm). Als älteste deutsche Partei kann sie auf eine mehr als hundertjährige Tradition zurückblicken, die bis in das Zeitalter der industriellen Revolution reicht. Die Erkenntnis der Arbeiter, daß zur Durchsetzung ihrer Forderungen nach einem menschenwürdigen Dasein eine eigene politische Organisation notwendig sei, führte 1863 zur Gründung des Allgemeinen Deutschen Arbeitervereins (durch F. Lassalle), der sich 1875 mit der Sozialdemokratischen Arbeiterpartei (A. Bebel, K. Liebknecht) zur Sozialistischen Arbeiterpartei zusammenschloß. 1890 gab sich die Partei den Namen SPD; bei den Reichstagswahlen desselben Jahrzehnts wurde sie die stärkste Partei des Kaiserreiches, obwohl sie durch das sog. Sozialistengesetz lange Zeit unterdrückt worden war. Nach dem 1. Weltkrieg wurde die SPD zur Mitgestalterin der Weimarer Verfassung, konnte allerdings auf die Entwicklung der Weimarer Republik keinen ausschlaggebenden Einfluß ausüben. Sie stimmte als einzige Reichstagsfraktion 1933 gegen das ↑ Ermächtigungsgesetz, mit dessen Hilfe A. Hitler die nationalsozialistische Diktatur errichtete. Wegen ihrer Gegnerschaft zum ↑ Nationalsozialismus wurde die SPD verboten. Sozialdemokraten wurden verfolgt und in Konzentra-

tionslager verschleppt. Der Parteivorstand ging ins Exil. 1945 in den Besatzungszonen wieder aufgebaut, wurde die SPD in der sowjetisch besetzten Zone schon 1946 unter Mitwirkung der Besatzungsmacht mit der KPD zur ↑ Sozialistischen Einheitspartei Deutschlands (SED) vereinigt. In Westdeutschland formierte sie sich unter der Führung von K. Schumacher (1895–1952) neu. Ab der ersten Bundestagswahl 1949 stellte sie siebzehn Jahre lang im Bundestag die Opposition.

Trotz starker Traditionsverbundenheit hat die SPD im Laufe der Jahrzehnte grundlegende Wandlungen in ihrer Konzeption vollzogen. Ihrem Ursprung nach eindeutig Arbeiterpartei, deren theoretische Grundlage der ↑ Marxismus mit seiner Idee von ↑ Klassenkampf und vom revolutionären Umsturz war, vollzog sie seit Ende des vorigen Jahrhunderts eine Umorientierung zu einer Politik der Reformen innerhalb des parlamentarisch-demokratischen Systems (Revisionismus). Dieser Wandel fand seinen endgültigen Niederschlag 1959 im Godesberger Grundsatzprogramm mit der prinzipiellen Anerkennung der Marktwirtschaft. Zur gleichen Zeit akzeptierte die SPD die vorrangige Westorientierung der BR Deutschland. Dieser Weg erwies sich als erfolgreich: 1966 bildete sie zusammen mit CDU/CSU eine ↑ große Koalition, 1969 übernahm sie mit einem Wahlergebnis von 42,7 % die Regierungsverantwortung zusammen mit der FDP. Bundeskanzler wurde W. Brandt, 1974 H. Schmidt.

In der Innenpolitik erreichte die SPD in der sozialliberalen Koalition eine Erweiterung der ↑ Mitbestimmung der Arbeitnehmer. In der Außenpolitik setzte sie neue Akzente mit dem Abschluß der sog. ↑ Ostverträge. Die Politik der folgenden Jahre wurde von der Erdölpreiskrise und weiteren wirtschaftlichen Schwierigkeiten in einer Periode der Rezession und beginnender hoher Arbeitslosigkeit überschattet. Sie führten 1982 zur Auflösung der sozialliberalen Koalition und zum Regierungssturz. Der sich seit den 1970er Jahren abzeichnenden neueren Entwicklung versuchte die SPD im Orientierungsrahmen 1975–1985 und im Berliner Programm von 1989 gerecht zu werden. Im gleichen

Jahr gründete sich in der DDR die SPD neu; 1990 vereinigten sich SPD-West und Ost.

soziale Auslese: Bezeichnung für einen gesellschaftlichen Sortierungsvorgang. Die Auswahlkriterien der s. A. sind kulturell bedingt und bestimmen damit die Art und Weise der Siebung. Aufgrund gemeinsamer Eigenschaften, Fähigkeiten oder Merkmale bilden sich Gruppen, die die s. A. bewußt oder unbewußt beeinflussen. S. A. kann sich nach irrationalen Kriterien (z. B. ↑ Vorurteile) vollziehen; rationale, zum Teil wissenschaftlich begründbare Auswahlverfahren werden z. B. bei Zulassungen zu besonderen Ausbildungsgängen angewendet (fachliche Auslese, Prüfungen, ↑ Numerus clausus). Auch sozialer Auf- oder Abstieg kann als s. A. verstanden werden.

soziale Frage: Schlagwort des 19. Jahrhunderts, das auf die Probleme v. a. der neuen Klasse der Industriearbeiter und ihre drohende Proletarisierung (↑ Proletariat) verweist. Lösungsmöglichkeiten der s. F. sah man u. a. in der Bildung von (Produktions- und Konsum-) Genossenschaften, in einer Klassenpolitik der Arbeiterschaft durch Bildung von Arbeiterparteien und ↑ Gewerkschaften sowie in der staatlichen ↑ Sozialpolitik (v. a. durch ↑ Sozialversicherung). Heute spricht man in allgemeinerer Weise von dem Problem der ↑ sozialen Sicherheit. − ↑ auch Mitbestimmung, ↑ Sozialstaat, ↑ Sozialgesetzgebung.

soziale Gerechtigkeit ↑ Gerechtigkeit.

soziale Herkunft: Herkunft bezeichnet den Ort und die regionale Umgebung der Geburt, also die Geburtsstadt, das Geburtsland oder auch die Nation. Mit s. H. werden dagegen die sozioökonomischen Umstände und Besonderheiten der Abstammung, z. B. familiäre Verhältnisse, insbesondere Erziehungseinflüsse, Familiengröße, finanzielle Situation bezeichnet. Die s. H. beeinflußt die persönlichen Einstellungen und Meinungen und das Verhalten von Menschen während ihres späteren Lebens.

soziale Marktwirtschaft: Von A. Müller-Armack (1901−1978) geprägter Begriff für die in der BR Deutschland verwirklichte Wirtschaftsordnung, die gegenüber der freien ↑ Marktwirtschaft staatliche Eingriffsmöglichkeiten aus sozialpolitischen Erwägungen zuläßt. Die s. M. ist grundsätzlich am Modell der freien Marktwirtschaft orientiert, wie es von den Theoretikern des ↑ Liberalismus vertreten wurde: Sie garantiert also z. B. Produktions-, Niederlassungs- und Berufsfreiheit, freien Kapitalverkehr und Arbeitsplatzwechsel sowie freie Preisbildung nach dem Mechanismus von Angebot und Nachfrage auf dem Markt, auch das Privateigentum und das Erbrecht. Die Marktwirtschaft gilt nach wie vor als die beste Möglichkeit, Bedürfnisse der Bürger (Konsumenten) zu befriedigen. Politiker wie L. Erhard (1897−1977) und sein Staatssekretär im Bundeswirtschaftsministerium A. Müller-Armack zogen jedoch, in Anlehnung an die Erkenntnisse des sog. ↑ Neoliberalismus, aus den negativen Begleiterscheinungen einer unkontrollierten marktwirtschaftlichen Entwicklung ordnungspolitische Folgerungen (↑ auch Ordoliberalismus). Demzufolge ist der Staat einerseits berechtigt, zur Aufrechterhaltung der freien Marktwirtschaft mit (marktkonformen) Mitteln in das Wirtschaftsgeschehen einzugreifen. Insbesondere hat er kleine und mittlere Unternehmer gegen Großunternehmen und vor ↑ Kartellen zu schützen und den Zustand wirtschaftlicher Konkurrenz gegenüber Monopolisierungstendenzen zu erhalten. Durch besondere Vorschriften wird der wirtschaftliche ↑ Wettbewerb geregelt. Zum anderen tritt der Staat in der s. M. aber auch als Träger einer die Wirtschaftspolitik ergänzenden ↑ Sozialpolitik auf, indem er selbst zahlreiche lebenswichtige Güter bereitstellt (z. B. in den öffentlichen Verkehrs- und Versorgungsbetrieben) oder für eine soziale Absicherung der Arbeitnehmer sorgt.

In den 1960er Jahren trat neben die auf Erhaltung der Konkurrenz zielende Wirtschaftspolitik und die Sozialpolitik v. a. eine staatliche ↑ Konjunkturpolitik, deren Zweck es war, konjunkturelle Schwankungen durch staatliche Eingriffe zu steuern und wirtschaftliches Wachstum, Preisstabilität, eine ausgeglichene Handelsbilanz sowie Vollbeschäftigung zu sichern. Neben der Wettbewerbspolitik und der Konjunkturpolitik ergaben sich auch Probleme im Bereich der ↑ Strukturpolitik: Inwie-

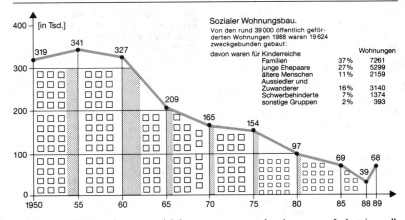

Soziale Wohnungsbau.
Von den rund 39 000 öffentlich geförderten Wohnungen 1988 waren 19 624
zweckgebunden gebaut:

davon waren für Kinderreiche		Wohnungen
Familien	37%	7261
junge Ehepaare	27%	5299
ältere Menschen	11%	2159
Aussiedler und Zuwanderer	16%	3140
Schwerbehinderte	7%	1374
sonstige Gruppen	2%	393

weit war es z. B. wünschenswert, nichtkon-
kurrenzfähige Wirtschaftszweige (z. B.
Landwirtschaft, Bergbau) aus übergeordneten gesellschaftspolitischen Erwägungen
durch staatliche Subventionen zu stützen?
In diesem Zusammenhang tauchte die Frage auf, ob es zweckmäßig und mit den
Prinzipien einer Marktwirtschaft vereinbar ist, das Wirtschaftsgeschehen durch
staatliche Investitionen zu steuern (↑ Investitionslenkung). Die Diskussionen z. B.
um die ↑ Mitbestimmung, die Vermögensbildung in Arbeitnehmerhand und um das
↑ Recht auf Arbeit zeigen, daß die s. M. eine flexible, den neu entstehenden Problemen gegenüber offenere Form der Wirtschaftspolitik ist.
sozialer Kontakt heißt das Miteinander-
in-Beziehung-treten von zwei oder mehreren Personen zum Zweck der ↑ Kommunikation. S. K. findet nicht nur bei Menschen, sondern auch bei allen gesellig lebenden Tieren statt. Bei ihnen können sich
Exemplare, die ohne oder mit stark beschränktem s. K. aufwachsen, nicht normal entwickeln. Kinder, die mit minima-
lem s. K. aufwachsen, z. B. in Heimen, zeigen Entwicklungsschäden, die man unter
dem Begriff »Hospitalismus« zusammen-
faßt. Andererseits können auch bestimmte
Entwicklungsstörungen zur Unfähigkeit
führen, soziale Kontakte zu knüpfen.
sozialer Wandel ist die Bezeichnung für
eine grundlegende (strukturelle) Veränderung von Gesellschaften, z. B. im Über-

gang von der Agrar- zur Industriegesellschaft, von der älteren Industriegesellschaft zur sog. Dienstleistungsgesellschaft,
aber auch von der altsteinzeitlichen Jäger-
und Sammlerkultur zur neolithischen Bau-
ernkultur. Die Soziologie untersucht Art
und Ausmaß des s. W. und seine (technischen, ökonomischen, geistigen) Gründe.
Dabei werden innere (z. B. im Konflikt-
charakter einer Gesellschaft liegende) und
äußere Ursachen (z. B. Veränderungen
der Umwelt, Eroberung, Erfindungen) unterschieden. Auch Richtung und Schnelligkeit des s. W. versucht man zu bestimmen.
In dieser Hinsicht lassen sich ältere Ent-
wicklungstheorien, die die Geschichte der
menschlichen Gesellschaft im Sinne eines
allgemeinen und einlinigen ↑ Fortschritts
deuten (sei es zum emanzipierten, freien
Individuum der westlichen Demokratie,
sei es zum sozialistischen Menschen der
kommunistischen Zukunftsgesellschaft),
von neueren ↑ Modernisierungstheorien
unterscheiden, die den unterschiedlichen
Arten des s. W. in verschiedenen Kulturen
gerecht zu werden versuchen.
sozialer Wohnungsbau ist die Förderung des Wohnungsbaus mit zinsfreien
bzw. billigen Baudarlehen und sog. verlorenen Zuschüssen aus öffentlicher Hand
(Bund, Länder, Gemeinden), um einkom-
mensschwachen Mitgliedern der Gesellschaft billige Wohnungen verfügbar zu
machen. Staatliche Mietpreis- und Bele-
gungskontrollen sowie die Festlegung von

Einkommenshöchstgrenzen sollen einen Mißbrauch des s. W. verhindern.

Die seit dem ersten Wohnungsbaugesetz von 1950 verfolgten Ziele wurden im Laufe der Zeit jedoch immer weniger realisiert. Die Bundesregierung sah bis in die zweite Hälfte der 1980er Jahre ihre Aufgabe zunehmend darin, den freifinanzierten Wohnungsbau und die Eigentumsbildung zu fördern. In diesem Zusammenhang wurde die Meinung vertreten, daß der s. W. immer entbehrlicher würde; an seiner Stelle sollte das ↑ Wohngeld die soziale Ausgleichsfunktion übernehmen. Die Folge war ein drastischer Rückgang der Förderungsleistungen für den s. W. und dementsprechend nachlassende Bautätigkeit.

Außerdem fällt mit Beginn der 1990er Jahre eine große Zahl der Sozialwohnungen aus der Mietpreisbindung heraus, was zu erheblichen Steigerungen der Mieten führen wird, die Einkommensschwache dann nicht mehr zahlen können.

Aufgrund der nicht vorhergesehenen disproportionalen Entwicklung von steigender Wohnungsnachfrage und abnehmendem Wohnungsangebot (besonders in ↑ Ballungsräumen) hat die Bundesregierung die Mittel für den s. W. seit 1988/89 zusammen mit den Ländern wieder drastisch erhöht. Bis 1993 soll ein Fördervolumen von fast 40 Mrd. DM erreicht werden. Mit diesen Mitteln ist der Bau von 500 000 Sozialwohnungen, v. a. auch für kinderreiche Familien und sozial schwächer gestellte Personen, geplant. Die gesteigerten Aufwendungen werden durch eine Reihe weiterer Maßnahmen ergänzt. In den neuen Bundesländern ist wegen jahrzehntelanger Vernachlässigung vieler Altbauten durch das DDR-Regime eine besonders umfassende Wohnungsbauförderung nötig.

soziales Gleichgewicht ist ein Zustand des sozialen Friedens, der auf einer ausgewogenen und allgemein anerkannten Verteilung der sozialen Güter und Chancen beruht.

soziale Sicherheit (Sicherung): Sammelbezeichnung für Einrichtungen und

Anteil der Sozialen Sicherung am Sozialbudget (in Prozent)

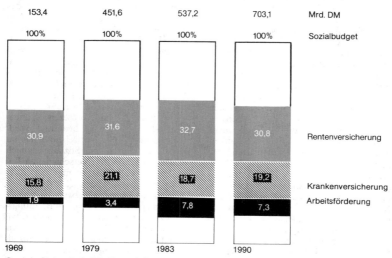

Soziale Sicherheit. Die finanziellen Maßnahmen und Einrichtungen des Staates, durch die er seine Bürger gegen Risiken, die ihre Lebenslage bedrohen könnten und gegen die der einzelne nicht ausreichend Vorsorge treffen kann, zu schützen sucht, nahmen in den letzten Jahren erheblich zu

Maßnahmen, die dem sozialen Schutz gegen Risiken dienen, welche die Lebenslage der Bürger bedrohen und gegen die der einzelne nicht ausreichend Vorsorge treffen kann. Die s. S. steht in der Tradition der klassischen ↑ Sozialpolitik. Da sich Sozial- und ↑ Wirtschaftspolitik bedingen, ist v. a. die wirtschaftliche Leistungsfähigkeit einer Gesellschaft Grundlage für das Ausmaß und die Steigerung der sozialen Sicherung.

Rechtliche Grundlage der s. S. in der BR Deutschland sind das ↑ Grundgesetz (Art. 1, 2, 3, 20, 74, 87, 96 und 120) und eine Fülle von Einzelgesetzen, die zusammen das System der s. S. bilden. Es beruht auf den Prinzipien der Versicherung (↑ Sozialversicherung), der Versorgung und der Fürsorge (↑ Sozialhilfe). Die s. S. erbringt 1. Leistungen, um Einkommenslosigkeit und -belastungen auszugleichen, die u. a. als Folge der Minderung der Erwerbsfähigkeit, durch Alter, Tod des Ernährers, Krankheit, Unfall, Mutterschaft oder Arbeitslosigkeit eintreten können; 2. Hilfen in besonderen, individuellen Notlagen im Sinne des ↑ Sozial-(Fürsorge)rechts, z. B. für Ernährung, Kleidung, Heizung; 3. Entschädigungen zum Ausgleich solcher Nachteile, die von der Allgemeinheit verantwortet werden (z. B. Kriegsfolgen, ↑ Strukturkrisen). Diese Leistungen, auf die entweder Rechtsansprüche bestehen oder die durch die (↑ Leistungs-)Verwaltung nach Ermessen gewährt werden, dienen der individuellen Sicherung. Ohne individuelle Begünstigung werden 4. soziale, öffentliche und öffentlich subventionierte Einrichtungen geschaffen, die jedermann in Anspruch nehmen kann (z. B. Krankenhäuser, Altenheime, Kindergärten, Bildungseinrichtungen u. a.).

Die Einrichtungen der s. S. sind überwiegend entweder Bestandteil der staatlichen und kommunalen Verwaltung oder von Körperschaften mit ↑ Selbstverwaltung wie z. B. die Träger der Sozialversicherung. Daneben betätigen sich private Verbände der freien Wohlfahrt (↑ Wohlfahrtsverbände). Die Kosten der s. S. werden durch die öffentlichen Haushalte (v. a. aus Steuermitteln) und durch Eigenbeteiligung aufgebracht. Die s. S. ist bisher ständig ausgeweitet worden und gewährleistet den

meisten Bürgern einen weitgehenden Schutz gegen materielle Not (sog. »soziales Netz«).

soziales Jahr ↑ freiwilliges soziales Jahr.

soziale Verteidigung ist eine Theorie des zivilen, gewaltlosen Widerstandes gegen eine fremde Besatzungsmacht, die besonders von Pazifisten und in den Reihen der ↑ Friedensbewegung diskutiert wird. Durch die s. V. soll einer Besatzungsmacht vor Augen geführt werden, daß der zu erwartende Gewinn durch die Besetzung des Landes geringer ist als die dadurch für sie entstehenden Kosten. Die Theorie der s. V. schreibt vor, daß die Angegriffenen dem Angreifer konsequent den Gehorsam verweigern und jegliche Zusammenarbeit mit ihm unterlassen. Außerdem soll durch spektakuläre Widerstandsaktionen − z. B. Demonstrationen und Diskussionen mit Besatzungssoldaten − die Moral der Besatzungsarmee untergraben werden. Realisierbar dürfte diese Vorstellung nur dann sein, wenn sich im Ernstfall die ganze Bevölkerung um ihre Verwirklichung bemüht und tatsächlich allem Druck und Terror der Besatzungsmacht trotzt.

Sozialgerichtsbarkeit: Zweig der (Verwaltungs-)Gerichtsbarkeit für Streitigkeiten aus dem Bereich der Sozialverwaltung. Ihre Zuständigkeit erstreckt sich allerdings nicht auf alle Gebiete der Sozialverwaltung, sondern nur auf die ↑ Sozialversicherung, auf die Kriegsopferversorgung und die Gewährung von Kindergeld. Geklagt werden kann im Rahmen der S. v. a. gegen Leistungs- und Beitragsbescheide der Sozialverwaltung, deren Abänderung oder Aufhebung beantragt wird. Rechtsgrundlage für Entscheidungen im Bereich der S. ist das Sozialgesetzbuch (SGB), das seit 1975 in verschiedenen Teilen bereits Gültigkeit erlangt hat, aber noch nicht abgeschlossen ist.

Die S. ist dreistufig aufgebaut: Es gibt als erste Instanz *Sozialgerichte*, als Berufungsinstanz *Landessozialgerichte* und als Revisionsinstanz das *Bundessozialgericht*. Als Spruchkörper entscheiden bei den Sozialgerichten Fachkammern, bei den Landessozialgerichten und beim Bundessozialgericht Fachsenate. Sie sind mit Berufs- und Laienrichtern besetzt. Die Kammern setzen sich aus einem Berufs- und zwei ehrenamtlichen Richtern, die Senate aus drei Berufs- und zwei ehrenamtlichen Richtern zusammen. Die ehrenamtlichen Richter werden wie in der ↑ Arbeitsgerichtsbarkeit paritätisch von den Sozialpartnern gestellt. Das Sozialgerichtsverfahren ist für die individuellen Parteien (Versicherte, Kassenärzte usw.) kostenfrei. Dies führt zu einer Unzahl unbegründeter Klagen und Rechtsmittel. Die daraus resultierende Überlastung der Gerichte und lange Prozeßdauer stellt eine Funktionsschwäche der S. dar. Deshalb wird eine Reform zur Vereinfachung der S. angestrebt. – ↑ auch Sozialgesetzgebung.

Sozialgesetzgebung: Durch die S. kommt der Staat im Rahmen der ↑ Sozialpolitik seiner Hilfs- und Schutzverpflichtung für seine Bürger nach. Die S. der BR Deutschland ordnet nicht nur ↑ Sozialversicherung und ↑ Sozialhilfe, sondern sie regelt auch ein System sozialer Subventionen (z. B. Kindergeld, Ausbildungshilfen) und Steuervorteile (z. B. Freibeträge). Gegenstand der S. sind außerdem die Versorgungsmaßnahmen des Staates zugunsten seiner eigenen Bediensteten und die Versorgungsansprüche an den Staat wegen besonderer Schädigung (z. B. Kriegsheimkehrer, Vertriebene). Neben die finanziellen Maßnahmen treten beschäftigungspolitische Bestimmungen sowie berufs- und arbeitsplatzbezogene Vorschriften (zum Beispiel die Vorschriften zum Arbeitsschutz).

Sozialhilfe: Staatliche Fürsorge, die durch Bund und Länder finanziert wird. Gesetzliche Grundlage sind das Bundessozialhilfegesetz von 1969 und das *Sozialgesetzbuch* von 1975. S. wird von örtlichen und überörtlichen Trägern durchgeführt (z. B. Städten oder Gemeindeverbänden mit ihren Sozialämtern).

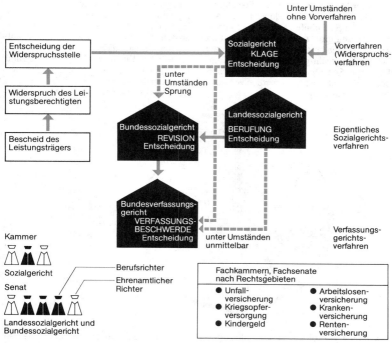

Sozialgerichtsbarkeit. Die einzelnen Schritte des Sozialgerichtsverfahrens

Die S. soll gegen Not helfen, wenn Eigenhilfe, Hilfe der Angehörigen oder die übrigen Sicherungssysteme, insbesondere die freie Wohlfahrtspflege mit ihren ↑ Wohlfahrtsverbänden, versagen bzw. nicht zuständig sind. Es besteht z. B. Anspruch auf Lebensunterhalt (Kostenerstattung für Ernährung, Kleidung, Wohnung) und Hilfe in besonderen Lebenslagen, wie Hilfe für werdende Mütter, Altenhilfe, Eingliederungshilfe für Behinderte, Leistungen zur Familienplanung (Hilfe bei legaler ↑ Schwangerschaftsunterbrechung).

Die Zahl der Menschen, die in der BR Deutschland auf S. angewiesen sind, steigt. 1978 nahmen 2,1 Mill., 1988 3,35 Mill. die S. in Anspruch. Derzeit dürften es bereits über 5 % der Haushalte sein, die S. benötigen. Gründe für diese Entwicklung sind die andauernde hohe ↑ Arbeitslosigkeit, die Kostenexplosion im ↑ Gesundheitswesen und die zunehmende Pflegebedürftigkeit alter Menschen. Nicht alle Sozialhilfeberechtigten machen jedoch ihren Anspruch auf Sozialhilfe geltend, weil sie die Offenlegung ihrer familiären Notsituation scheuen. Auch besteht die Gefahr, daß die Sozialhilfeberechtigten durch den Empfang von Sozialhilfe in der Gesellschaft eher isoliert als integriert werden. – ↑ auch Pflegeversicherung.

Sozialisation ist der Prozeß der langsamen und stetigen Anpassung eines Individuums an seine soziale Umwelt und deren Normen und Gebräuche. Dabei werden die in einer Gesellschaft erwünschten Eigenschaften und Verhaltensweisen erworben. Der Begriff S. wird meistens im Sinne frühkindlicher S. (*primäre S.*) benutzt. Er bezeichnet den Prozeß des Hineinwachsens des Kindes in das Regel- und Normensystem der Gesellschaft. Dieser Prozeß wird geleitet und gesteuert durch die Erziehung der Eltern oder Pflegepersonen. Je älter ein Kind ist, um so mehr gewinnen Personen außerhalb der Familie als Träger der S. Bedeutung wie Freunde, Nachbarn, Lehrer oder die ↑ Peer-group. Psychologen betrachten die S. darüber hinaus als einen lebenslangen Vorgang des Lernens und der Anpassung (*sekundäre Sozialisation*).

Sozialisierung (Vergesellschaftung): Überführung des Privateigentums an ↑ Produktionsmitteln in gesellschaftliches Eigentum, d. h. in das Eigentum von ↑ Genossenschaften, von Arbeiterselbstverwaltungen, in staatliches oder gemeinwirtschaftliches Eigentum. Die S. von Grund und Boden, Naturschätzen und Produktionsmitteln ist nach Art. 15 GG auch in der BR Deutschland statthaft. Eine be-

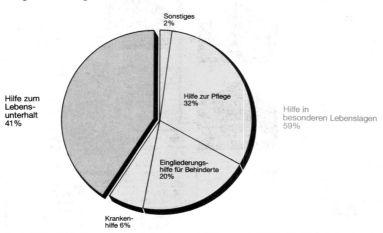

Sozialhilfe. Aufteilung des Sozialbudgets 1988 von rd. 27 Mrd. DM auf die einzelnen Hilfearten

trächtige Anzahl von Gütern und Dienstleistungen werden hier z. B. in der Form der ↑ Gemeinwirtschaft produziert und angeboten (Bundesbahn, Bundespost, kommunale Elektrizitätswerke). Unter welchen Bedingungen und in welchem Umfang es sich hierbei um eine sinnvolle, zu besseren wirtschaftlichen und sozialen Verhältnissen als in der Privateigentumsordnung führende Maßnahme handelt, ist strittig. – ↑ auch Sozialismus.

Sozialismus: Bewegung, die auf Aufhebung des Privateigentums an ↑ Produktionsmitteln zielt, genossenschaftliche oder staatliche Produktionsweisen bevorzugt und sich um von ↑ Solidarität geprägte menschliche Beziehungen bemüht. Der S. ist im Zeitalter der ↑ Industrialisierung als Gegenbewegung zum ↑ Liberalismus und zur Herrschaft der ↑ Bourgeoisie entstanden und richtete sich u. a. gegen das damals propagierte Prinzip des ↑ Egoismus als Mittel zur Förderung der Wohlfahrt aller. Daher rühren seine Betonung der Solidarität des ↑ Kollektivs, von Genossenschaften, sozialer Sicherung

(»Recht auf Arbeit«) und allgemein demokratischer Verhältnisse. Die Bewegung war zunächst in Handwerkskreisen (Gesellen) verbreitet und ließ sich ursprünglich vom ↑ Kommunismus kaum unterscheiden (Propagierung der Gütergemeinschaft, Aufhebung des Erbrechts u. a.). Intellektuelle (Saint-Simon, Ch. Fourier, E. Cabet) formulierten die sozialistischen Ideale ohne Rücksicht auf ihre Durchführbarkeit (sog. *Früh-* oder *utopischer S.*). Praktische Versuche (R. Owen) scheiterten. Der S. blieb eine ethische, zum Teil auch religiös begründete Forderung.

Demgegenüber versuchten K. Marx und F. Engels, den S. wissenschaftlich zu begründen, d. h. die Realisierung sozialistischer Verhältnisse ungeachtet ihrer Wünschbarkeit als notwendige Folge der wirtschaftlichen Entwicklung zu erweisen (↑ Marxismus). In dieser Sichtweise handelt es sich beim S. um eine aus dem Zusammenbruch des ↑ Kapitalismus und der Revolution des Proletariats sich ergebende künftige Gesellschaftsform, die als Übergangserscheinung zum Kommunismus ge-

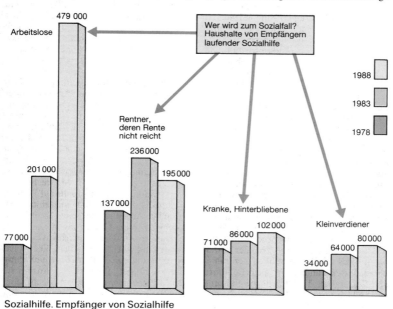

Sozialhilfe. Empfänger von Sozialhilfe

deutet wurde (»Jeder nach seinen Fähigkeiten, jedem nach seinen Leistungen«; ↑ historischer Materialismus). Gegen die revolutionäre Utopie des marxistischen S. wandte sich der Reformsozialismus, der für eine Überwindung oder Durchdringung kapitalistischer Verhältnisse im Rahmen eines freiheitlichen und demokratischen Rechtsstaats durch sozialreformerische Maßnahmen eintrat (freiheitlicher oder ↑ demokratischer Sozialismus). Im Gegensatz dazu blieb der sog. real existierende S. in den sozialistischen Staaten theoretisch vom ↑ Marxismus-Leninismus geprägt. Es handelte sich bei ihm um ein System umfassender Herrschaft der kommunistischen Partei in Verbindung mit einer staatlich-ökonomischen ↑ Bürokratie und ↑ Technokratie, in der die entprivatisierte Wirtschaft mit Hilfe von Mehrjahresplänen staatlich gelenkt wurde. Die immer deutlicher werdende Erfolglosigkeit des Systems war weder durch eine Betonung der genossenschaftlichen Seite des S. (↑ Arbeiterselbstverwaltung, in Jugoslawien 1990 abgeschafft), noch durch den Versuch, einen »S. mit menschlichem Antlitz« zu schaffen (Prager Frühling 1968) zu verhindern. Am Ende stand der Zusammenbruch der kommunistischen Herrschaft in Mittel- und Osteuropa und eine allgemeine Abwendung vom S., ohne daß damit eine Lösung der Probleme marktwirtschaftlich organisierter Gesellschaften verbunden war.

Sozialistische Einheitspartei Deutschlands (SED): Die in der DDR herrschende Staatspartei wurde am 21. April 1946 durch die Vereinigung von KPD und SPD in der sowjetisch besetzten Zone gegründet, wobei die Besatzungsmacht auf die SPD starken Druck ausübte. Zunächst eine sozialistische Massenpartei, entwickelte sich die SED seit 1948 rasch nach dem Prinzip des ↑ demokratischen Zentralismus zu einer marxistisch-leninistischen Kaderpartei, die in Staat und Wirtschaft ihren Führungsanspruch durchsetzte. Höchste Parteiorgane waren der Parteitag und das von ihm gewählte ↑ Zentralkomitee, dessen ständige Organe, ↑ Politbüro und Sekretariat, die tatsächliche Führung der SED innehatten. Nach dem Zusammenbruch des kommunistischen Systems

in der DDR benannte sich die SED in »Partei des Demokratischen Sozialismus« (↑ PDS) um.

Sozialistische Internationale (SI), als Nachfolgeorganisation der Sozialist. Arbeiter-Internationale 1951 in Frankfurt am Main gegr. Zusammenschluß der sozialdemokrat. bzw. sozialist. Parteien der Welt. Präsident der SI ist seit 1992 Pierre Mauroy.

Sozialpädagogik: Die S. hat ihren Ursprung im 19. Jahrhundert und versucht seitdem, der Gefährdung des Menschen im Industriezeitalter (Verlorenheitsgefühl in Anbetracht der Undurchschaubarkeit und Widersprüchlichkeit der Gesellschaft und daraus sich ergebende Resignation, Suchtgefährdung, Orientierungslosigkeit und anderes) zu begegnen, teilweise auch mit dem Ziel, die Gesellschaftsstruktur zu verändern. Zur S. zählen alle staatlichen und gesellschaftlichen Erziehungshilfen, die sich außerhalb der Familie und der Schule vollziehen. Die S. wird vom Staat, den Gemeinden und von Verbänden getragen und von Sozialarbeitern und Sozialpädagogen geleistet; zu ihrem Aufgabenbereich gehören Jugendhilfe, Betreuung in Heimen und der Jugendstrafvollzug. Die Methoden der S. sind z. B. Einzelfallhilfe durch »Hilfe zur Selbsthilfe« und soziale Gruppenarbeit durch Gruppendynamik.

Sozialpartnerschaft ↑ Partnerschaft.

Sozialplan: Kollektive Vereinbarung zwischen Unternehmensleitung und Mitbestimmungsträgern über Ausgleich oder Milderung wirtschaftlicher Nachteile, die sich für die Arbeitnehmer aus geplanten Betriebsänderungen (v. a. Stillegungen, Schrumpfungen) ergeben. Inhalt des S. sind neben der Zahlung von Abfindungen zum Ausgleich des Arbeitsplatzverlustes die Sicherung von Sozialleistungen (z. B. Alterszusatzversorgung, Mietrecht in Werkswohnungen, Ansprüche auf Urlaub, Weihnachtsgeld, Jubiläumszahlungen). Für junge Arbeitnehmer sehen Sozialpläne durchweg auch Umsetzungen und Umschulungen vor. Der ↑ Betriebsrat kann die Aufstellung eines S. verlangen. Der S. hat die Wirkung einer ↑ Betriebsvereinbarung und begründet unmittelbare Ansprüche der Arbeitnehmer an den Arbeitgeber. Bei der Entflechtung und Umstrukturierung der totalen Planwirtschaft der ehemaligen

DDR ergab sich 1990 in fast allen Wirtschaftszweigen die Notwendigkeit (auch mit Hilfe von Sonderregelungen) für die Mitarbeiter von unrentablen, stillzulegenden Betrieben in den neuen Bundesländern, einen S. aufzustellen.

Sozialpolitik ist eine staatliche Reaktion auf die Probleme, die Industrialisierung und entwickelter Kapitalismus aufwerfen (↑ auch soziale Frage). Die staatliche S. verfolgt das Ziel, Spannungen in der Gesellschaft abzubauen, für soziale Unterstützung und Sicherheit sowie für einen sozialen Ausgleich zu sorgen. V. a. nach dem 2. Weltkrieg wurden immer mehr Sachbereiche und Bevölkerungsteile in die Maßnahmen der S. einbezogen. Für die BR Deutschland formulieren die Sozialstaatsklauseln der Art. 20 und 28 GG mit dem Begriff des *sozialen Rechtsstaates* einen Verfassungsauftrag.

S. bedient sich zur sozialen Sicherung 1. der Fürsorgehilfe als Einzelmaßnahme zur Herbeiführung von Eigenhilfe und Wiedereingliederung (↑ Sozialhilfe); 2. der Versicherungsrente in Form staatlichen Zwangs zur Eigenhilfe (↑ Sozialversicherung); 3. der Versorgungsleistung als Entschädigung ohne finanzielle Vorleistung (Versorgung). Soweit der Bürger als Arbeitnehmer im Mittelpunkt der S. steht, lassen sich die Instrumente finanzieller Absicherung und nichtfinanzieller Sach- und Dienstleistungen gliedern in Hilfe vor dem Berufseintritt (z. B. ↑ Berufsberatung, ↑ Ausbildungsbeihilfe), Hilfe in der Zeit der Berufsausübung (z. B. Arbeitsvermittlung, Kündigungsschutz, Rehabilitation) und Hilfe für Menschen, die nicht mehr (voll) arbeitsfähig sind (z. B. Rente, Pension). Diese arbeits- und berufsbezogene S. wird seit den 1950er Jahren ergänzt durch Maßnahmen auf dem Gebiet des Wohnungsbaus (↑ sozialer Wohnungsbau), der Vermögensbildung und Einkommensverteilung, der Gewichtung von Steuern und ↑ Subventionen, der Beschäftigungs- und ↑ Konjunkturpolitik. Die beständige Ausweitung der S. bringt jedoch auch eine Reihe Probleme mit sich (↑ soziale Sicherheit, ↑ Sozialstaat, ↑ Wohlfahrtsstaat).

Sozialprodukt ist der in einer Summe zusammengefaßte Wert aller im Laufe eines Jahres – oder eines sonstigen Zeitraums – von Inländern eines bestimmten Staates im In- und Ausland geleisteten Produktionsakte, d. h. der hergestellten Sachgüter und erbrachten Dienstleistungen. Die Höhe des S. wird im internationalen Vergleich häufig als Gradmesser für die Leistungsfähigkeit oder den Lebensstandard einer Volkswirtschaft verwendet. – ↑ auch Bruttosozialprodukt.

Sozialrecht: Bezeichnung für dasjenige Rechtsgebiet, das zur Sicherung und zu einer annähernd gleichen Entfaltung der Existenz des einzelnen durch Leistungen der öffentlichen Verwaltung beitragen soll (z. B. ↑ Sozialversicherung, Kriegsopferversorgung, ↑ Sozialhilfe und ↑ Lastenausgleich). Das S. wird in der BR Deutschland in einem *Sozialgesetzbuch (SGB)* zusammengefaßt werden, das teilweise bereits in Kraft gesetzt ist.

Sozialstaat: Nach Art. 20 Abs. 1 GG ist die BR Deutschland ein »demokratischer und sozialer Bundesstaat«. Auch die verfassungsmäßige Ordnung der Länder muß den Grundsätzen des *»sozialen Rechtsstaats«* entsprechen (Art. 28 Abs. 1 GG). In diesen und anderen Bestimmungen kommt das Bekenntnis des ↑ Grundgesetzes zum S. zum Ausdruck. Darunter ist eine Aufgabenstellung zu verstehen, die sich für moderne Staaten durch die ↑ soziale Frage des 19. Jahrhunderts ergab. Das Massenelend, die Proletarisierung weiter Bevölkerungsschichten und unwürdige Arbeitsbedingungen in den Fabriken führten zu staatlichen Eingriffen, die den liberalen ↑ Rechtsstaat mit seinem Ideal der Aufrechterhaltung nur einer äußeren polizeilichen Ordnung (Nachtwächterstaat) und dem Glauben an die Selbstregulierungsmechanismen der Gesellschaft um eine soziale Komponente ergänzten. Zunächst wurde in Deutschland durch die ↑ Sozialversicherung für die infolge von Unfall, Krankheit, Invalidität oder Alter zeitweilig oder dauerhaft aus dem Arbeitsprozeß Ausgeschiedenen gesorgt. Außerdem wurden die Arbeitsbedingungen durch Fabrikinspektionen und Arbeitsschutzvorschriften über Arbeitszeit, Mutterschutz u. a. verbessert. In neuerer Zeit traten vorbeugende Schutzmaßnahmen (z. B. Vorsorgeuntersuchungen im Gesundheitswesen) hinzu. Zum sozialen Aufgabenfeld des Staates kann man heute zählen: den Ausbau des Gesundheitswesens und die Wahrung einer menschenwürdigen Umwelt (↑ Umweltschutz), die Existenzsicherung für jedermann (↑ Sozialhilfe), die Sorge für Vollbeschäftigung, Humanisierung der Arbeitswelt, die Versorgung der aus dem Arbeitsprozeß Ausgeschiedenen (↑ Rentenversicherung) und die Entwicklung von Freizeitbetätigungsmöglichkeiten. Dazu kommt das Bemühen um den Ausgleich sozialer Gegensätze nach dem Grundsatz der sozialen Gerechtigkeit. Hierbei handelt es sich im wesentlichen um Umverteilungen zur Entzerrung der Einkommens- und Vermögensunterschiede über die staatliche Besteuerungs- und Subventionspolitik (Einkommens- und Vermögensverteilung) sowie um die Öffnung und den Ausbau des Bildungswesens zur Förderung der ↑ Chancengleichheit.

Eine derartige ↑ Sozialpolitik setzt beim Staat die Fähigkeit zu einer Fülle von (Vorsorge-, Hilfe-) Leistungen an einzelne Bürger und ganze Bevölkerungsgruppen voraus und ist daher in hohem Maße vom wirtschaftlichen Wachstum abhängig. Im modernen S. sind Sozial- und Wirtschafts-, Gesundheits- und Bildungspolitik miteinander verknüpft. Ferner wird die Bereitschaft jedes einzelnen Bürgers erwartet, in umfangreicher Weise zur sozialen Tätigkeit des Staates beizutragen, z. B. durch ↑ Steuern oder durch *Sozialabgaben* (= Beiträge der Arbeitgeber und Arbeitnehmer zur ↑ Sozialversicherung), die zusammen heute schon jährlich etwa 40 % des Bruttosozialprodukts ausmachen.

Sozialstationen: Bezeichnung für örtliche Einrichtungen v. a. der ambulanten Alten-, Kranken- und Familienpflege (auch Mahlzeitendienste). Träger der S. sind zumeist Kirchen und Verbände der freien Wohlfahrtspflege, die dafür finanzielle Zuschüsse von den Kommunalverwaltungen und Ländern erhalten.

Sozialstruktur ist die relativ dauerhafte Gliederung einer Gesellschaft und das dadurch vermittelte Muster ↑ sozialer Beziehungen. Die S. wird bestimmt durch Faktoren wie Altersaufbau, Erwerbsstruktur, soziale ↑ Schichtung und ↑ Mobilität, Verteilung sozialer Chancen, Kommunikationsformen und Herrschaftsbeziehungen.

Sie ist abhängig von Natur, Umwelt, wirtschaftlichen Gegebenheiten, äußeren, internationalen Einflüssen und kulturellen Überzeugungen und Verhaltensweisen.

Sozialversicherung: Die S. als Zwangsversicherung umfaßt die ↑ Kranken-, ↑ Renten- (Alten- und Invaliditäts-), ↑ Unfall- und ↑ Arbeitslosenversicherung). Heute sind fast alle Arbeitnehmer pflichtversichert (Ausnahme: Beamte; auch für Angestellte gibt es eine Versicherungspflichtgrenze in der Krankenversicherung) sowie einzelne Gruppen von Selbständigen (für Landwirte und Handwerker z. B. besteht eine Alterspflichtversicherung). Die Versicherungsträger sind öffentlich-rechtliche Körperschaften unter staatlicher Aufsicht und haben ↑ Selbstverwaltung. Die Finanzierung der S. erfolgt durch je gleiche Beiträge der Versicherten und ihrer Arbeitgeber (Ausnahme: die Unfallversicherung = Haftpflichtversicherung der Arbeitgeber) und Zuschüsse des Bundes (bei der Rentenversicherung).

Sozialwahlen: Alle sechs Jahre stattfindende Wahlen, bei denen die Versicherten über die Besetzung der Vertreterversammlungen in der Selbstverwaltung der Renten-, Kranken- und Unfallversicherung entscheiden.

Sozialwissenschaften: Oberbegriff für diejenigen wissenschaftlichen Disziplinen, die sich mit dem Zusammenleben von Menschen und den ihm zugrundeliegenden Gesetzmäßigkeiten beschäftigen (↑ Soziologie, Politische Wissenschaft, ↑ Volkswirtschaftslehre, Sozialpsychologie u. a.). Ihr Ziel ist es, Theorien über menschliches Verhalten in der Gemeinschaft zu entwickeln und damit soziales Verhalten zu erklären und vorhersagbar zu machen.

Soziologie ist die nach Problemstellung, Gegenstandsabgrenzung und Methode oft verschieden definierte Wissenschaft von der ↑ Gesellschaft oder dem ↑ sozialen Handeln. Die unterschiedlichen Auffassungen von S. bewegen sich dabei zwischen zwei Polen: 1. S. als eine historisch orientierte Theorie der Gesellschaft, die die Ergebnisse der anderen ↑ Sozialwissenschaften in einer ganzheitlichen Deutung zusammenführen will; 2. S. als streng empirisch ausgerichtete Einzelwissenschaft, die gesellschaftliche Teilbereiche mit einer an Erfahrung (↑ Empirie) kontrollierten Theoriebildung zu erklären sucht.

Die S. als systematisch angelegter Interpretationsversuch von Struktur und Entwicklung der Gesellschaft entstand, als im Zuge des ↑ sozialen Wandels von der durch Traditionen bestimmten Feudalgesellschaft zur modernen Industriegesellschaft eine von religiös-theologischen Leitbildern und älteren Staatsvorstellungen unabhängige gesellschaftliche Eigendynamik entdeckt und analysiert wurde (↑ auch bürgerliche Gesellschaft). Das Erkenntnisinteresse der S. ist seit ihren Anfängen eng mit der historischen Entwicklung und der Veränderung der menschlichen Bedürfnisse und Lebensprobleme verbunden und versucht, sie aus dem gesellschaftlichen Zusammenhang. in dem sie stehen, zu erklären.

Sparen: Verzicht auf die Verwendung von Einkommen für gegenwärtigen Konsum zugunsten zukünftigen Konsums *(freiwilliges S.);* dies kann erfolgen z. B. in Form von Konten-, Bau- oder Wertpapiersparen. Beim freiwilligen S. richtet sich die gewählte Sparform in der Regel nach der Sicherheit des angelegten Geldes, nach Ertrag und Liquidität (d. h. der Umwandlungsmöglichkeit in frei verfügbares Geld). Im Gegensatz dazu liegt *Zwangssparen* vor bei staatlicher Verordnung (z. B. durch Beitragsverpflichtungen zu Sozialversicherungen). Die volkswirtschaftliche Bedeutung des S. liegt v. a. darin begründet, daß die gesparten Einkommensbeträge anderen ↑ Wirtschaftssubjekten zu Investitionszwecken zur Verfügung stehen; S. ermöglicht somit die Erweiterung der volkswirtschaftlichen Produktion und fördert das Wirtschaftswachstum.

Spätkapitalismus ↑ Kapitalismus.

SPD ↑ Sozialdemokratische Partei Deutschlands.

Speaker [englisch »Sprecher«]: In angelsächsischen Ländern Bezeichnung für den Parlamentsvorsitzenden: In Großbritannien für den Vorsitzenden des ↑ Oberhauses (Lord Chancellor) und den Vorsitzenden des ↑ Unterhauses; in den USA für den Vorsitzenden des ↑ Repräsentantenhauses.

Spekulation: Erwerb und Veräußerung von Sachen oder Rechten zum ausschließ-lichen Zweck der Gewinnerzielung durch Ausnutzung von Preisschwankungen.

Splitterparteien sind ↑ Parteien, die nur eine geringe Anzahl der Wählerstimmen auf sich vereinigen. Da sie die Mehrheitsbildung im Parlament, insbesondere die Bildung einer stabilen Regierung erschweren können, gibt es Vorkehrungen, sie bei ↑ Wahlen nicht zu berücksichtigen (z. B. durch Einführung der ↑ Fünfprozentklausel).

Splitting [englisch »das Aufspalten«] wird bei der Einkommensbesteuerung von Eheleuten vorgenommen, um aus der ↑ Progression der Steuer entstehende Nachteile zu mildern. Die Einkommen beider Partner werden addiert und anschließend halbiert. Jeder Partner wird dann mit einer Hälfte zur Steuer herangezogen.

Spontaneität: Rasche Entschlußfähigkeit, die unter Umständen auch zu Handlungen ohne Überlegung und Kontrolle führt. Auch: Selbsttätigkeit, Fähigkeit zum Handeln aus eigenem Antrieb (im Gegensatz zum *rezeptiven Verhalten*).

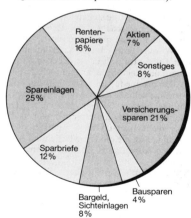

Sparen. Das Geldvermögen der Privathaushalte in den alten Ländern der BR Deutschland betrug rund 2,8 Mrd. DM (1989). Das Sparvermögen der Haushalte in der ehemaligen DDR betrug im Mai 1990 rd. 180 Mrd. Mark der DDR; diese Guthaben wurden im Juli 1990 in rund 122 Mrd. DM umgetauscht

Sprachbarrieren werden aufgebaut durch mangelnde Ausdrucksfähigkeit. Untersuchungen kindlichen Sprachverhaltens haben gezeigt, daß sich sowohl das Sprachwie das Erziehungsverhalten der Eltern auf die Sprachentwicklung und die Sprechfähigkeit des Kindes auswirken. Da das Sprachvermögen in Schule und Beruf für das Fortkommen sehr bedeutsam ist, kann mangelhaftes Sprachverhalten wie eine »Barriere« wirken. Es wird daher in der Schule versucht, vorgeprägte S. v. a. durch eine Verbesserung der Kommunikation abzubauen.

Sprache: Ausdrucks- und Kommunikationsmittel. Eine S. besteht aus einer Anzahl von Zeichen (z. B. Lautsprache oder Gebärdensprache), die überliefert oder vereinbart sein können (künstliche S.). Die Zeichen einer S. bzw. ihre Zusammensetzungen beziehen sich auf etwas außerhalb von ihnen Liegendes, über das sie informieren; sie besitzen daher die Funktion von ↑ Symbolen. In der S. ist die Fähigkeit des Menschen begründet, seine Umwelt durch Symbole zu erfassen. Art und Möglichkeiten der Welterfassung hängen dabei vom zur Verfügung stehenden und überlieferten Sprachschatz ab. Verschiedene Sprachen können mit den in ihnen benutzten Wörtern unterschiedliche Erfahrungen und Erkenntnisweisen ausdrücken. Auch innerhalb einer Sprachgemeinschaft gibt es Unterschiede im Hinblick auf die Sprachgestaltung (S. von Unterschichten, der Gebildeten, Fachsprachen u. a.). Da Bildung und Möglichkeiten der Welterfahrung nicht zuletzt vom Sprachvermögen abhängen, ist die moderne Erziehung auch auf den Abbau von ↑ Sprachbarrieren gerichtet.

SSW ↑ Südschleswigscher Wählerverband.

Staat: Organisierter Verband, der eine eigenständige hoheitliche Gewalt über ein Gebiet und die darin befindlichen Menschen ausübt. Zum S. gehören ↑ Staatsgebiet, Staatsvolk (↑ Staatsangehörigkeit) und ↑ Staatsgewalt. Durch die Staatsgewalt, d. h. Anordnungs- und Befehls-, Durchsetzungs- und Zwangsgewalt des Staates, werden Gebiet und Bevölkerung zu einer organisierten Einheit zusammengefaßt. Eng verknüpft damit ist die Vorstellung der ↑ Souveränität, der Unabhängigkeit und Unumschränktheit der Staatsgewalt. Doch gibt es auch nichtsouveräne Staaten (z. B. Gliedstaaten in einem ↑ Bundesstaat). Auch kann die Staatsgewalt durch übergeordnete Rechtsvorstellungen (z. B. ↑ Menschenrechte) beschränkt werden (Art. 1 GG). Nicht notwendig ist ferner, daß die Staatsgewalt nur bei einem Entscheidungsträger liegt. Sie kann auch nach Aufgaben und Zuständigkeiten auf verschiedene Träger verteilt sein (z. B. bei der ↑ Gewaltenteilung oder im Bundesstaat). Der Staatszweck kann ebenfalls unterschiedlich sein, so z. B. im frühen ↑ Liberalismus, der nur die äußere polizeiliche Ordnung aufrecht erhalten wollte (Nachtwächterstaat) oder im alles regelnden totalitären ↑ Wohlfahrtsstaat. Gerechtfertigt wird die Errichtung einer staatlichen Herrschaftsordnung im allgemeinen mit der Aufrechterhaltung des äußeren Friedens und einer das Zusammenleben ermöglichenden Ordnung sowie mit nur auf diesem Wege erzielbaren, allen zugute kommenden Kulturleistungen (↑ Gemeinwohl).

Staaten entstehen durch Begründung einer (neuen) Herrschaftsordnung, z. B. durch Eroberung oder Zusammenschluß oder Sezession (Abspaltung) und Auflösung schon vorhandener Staaten. Der moderne S. hat sich historisch zu Beginn der Neuzeit durch eine Konzentrierung der öffentlichen Gewalt im bürokratischen Apparat mit monarchischer Spitze herausgebildet, in dessen Hand Rechtsetzung (Gesetzgebung) und Gewaltausübung (staatliche Heere und Polizei, Fehdeverbot) vereinigt war. Gegen die dadurch eingetretene Ballung der Gewalt (↑ Absolutismus) wandte sich seit dem 18. Jahrhundert der ↑ Liberalismus und erreichte eine in ↑ Verfassungen zugesicherte Beschränkung der Machtausübung sowie Teilhabe an ihr (↑ Rechtsstaat, Menschenrechte, Gewaltenteilung, ↑ parlamentarisches Regierungssystem). Die weitere Entwicklung ist durch eine fortschreitende Demokratisierung (allgemeines Wahlrecht) und Wendung zum ↑ Sozialstaat gekennzeichnet. Während in westlichen ↑ Demokratien an den Grundsätzen der Beschränkung der Staatsgewalt und der Gewaltenteilung festgehalten wird und das politische Konkurrenzverhältnis der ↑ Parteien und ↑ Interessenverbände die erneute Konzentration der Staatsgewalt in einer Hand verhindert (↑ Pluralismus), bekannten sich die sozialistischen Staaten offen zur Konzentration der Staatsgewalt und zur politischen Führung einer (= der kommunistischen) Partei sowie zu einer umfassenden staatlichen Durchdringung des wirtschaftlichen und kulturellen Bereichs (↑ Sozialismus, ↑ Totalitarismus).

Man kann die historische Vielfalt der Staaten nach unterschiedlichen Gesichtspunkten erfassen *(Staatsformen)*. Herkömmlich werden nach der Zahl der Herrschenden ↑ Monarchie, ↑ Aristokratie oder ↑ Oligarchie und Demokratie unterschieden. Eine andere Einteilung hebt auf den Unterschied von Monarchie und ↑ Republik ab. Derartige Unterscheidungen sind recht formal. Wichtiger ist, ob die Staatsgewalt über dem Volk thront oder von ihm ausgeht (↑ Obrigkeitsstaat, ↑ Volkssouveränität) bzw. ob sie sich an Recht und Gesetz sowie das Gemeinwohl hält oder den persönlichen Interessen der jeweils Herrschenden dient. (Darauf beruht z. B. die klassische Unterscheidung von Monarchie und Tyrannis bzw. ↑ Despotie.) Heute ist die Unterscheidung von rechtsstaatlicher Demokratie und ↑ Diktatur geläufig, wobei vielfach weiter aufgefächert wird in demokratische, autoritäre und totalitäre Staaten. Nach der Organisierung des an der politischen Willensbildung beteiligten Volkes unterscheidet man zwischen Stände- und Parteienstaat, nach der kulturellen Geschlossenheit zwischen National- und Nationalitätenstaat, nach der Größe zwischen Stadtstaaten, Kleinstaaten, Groß- und Weltmächten. Derartige Einteilungen können eine hohe politische Bedeutung widerspiegeln, wie das Beispiel des Nationalstaates zeigt, dessen Idee, daß jedes Volk einen eigenen S. bilden sollte, im 19. und 20. Jahrhundert eine große staatsbildende und -zerstörende Kraft entwickelte (↑ Nation). Auch die Einteilung nach der Größe (gebiets- oder bevölkerungsmäßig sowie nach der Wirtschaftskraft) kann politisch bedeutsam sein, da Großmächte oder Weltmächte vielfach eine bestimmende Stellung über andere Staaten erringen

(↑ Hegemonie). Diese können im Extremfall zu ↑ Satellitenstaaten oder förmlich untergeordneten Schutzgebieten *(Protektoraten)* werden.

Die äußere Gestalt von Staaten, ihre Entstehung, Formen, Rechtfertigung u. a. untersucht die *Allgemeine Staatslehre*. Die damit zusammenhängenden politischen Probleme sind Gegenstand der *Politikwissenschaft* (vergleichende Regierungslehre, ↑ internationale Beziehungen). Für das Verhältnis der Staaten zueinander sind auch die unterschiedlichen freiwilligen, vertraglichen Beziehungen wichtig, die von vorübergehenden ↑ Allianzen bis zur dauerhaften ↑ Staatsverbindung (↑ Europäische Gemeinschaft) und zu Weltorganisationen zur Bewahrung des internationalen Friedens reichen (↑ UN). Zusammenfassend läßt sich sagen, daß die Entwicklung des modernen S. mit einer spezialisierten ↑ Bürokratie zur Erledigung der dem S. zugeordneten Aufgaben, einer dementsprechend wirksamen Anordnungs- und Erzwingungsgewalt und einer vielschichtigen demokratischen Struktur der politischen ↑ Willensbildung sowie die staatsübergreifenden Verbindungen und Zusammenschlüsse ein Charakteristikum unserer Zeit ist. Sie spiegeln die zunehmende Abhängigkeit der Menschen und Völker voneinander wider wie auch die zunehmende Notwendigkeit, allgemeinverbindliche Ordnungen zu schaffen und wirtschaftliche und soziale Leistungen für alle zu erbringen.

Staatenbund: Eine ↑ Staatenverbindung, in der die einzelnen Staaten ihre eigenständige ↑ Staatsgewalt behalten und nach außen selbständig handeln (z. B. in auswärtigen Beziehungen). Es gibt aber gemeinsame Gremien, die in bestimmtem Umfang eine gemeinschaftliche Politik für die Mitgliedstaaten verbindlich festlegen. Ihre Beschlüsse müssen in der Regel von den Mitgliedstaaten in innerstaatliches Recht umgesetzt werden, damit sie gegenüber den Bürgern verbindlich werden. Beispiel eines S. ist der Deutsche Bund von 1815. – Im Gegensatz dazu: ↑ Bundesstaat.

Staatenlosigkeit: Zustand, in dem eine Person keine ↑ Staatsangehörigkeit besitzt. Sie unterliegt in dem Staat, in dem sie sich aufhält, dem ↑ Ausländerrecht. In der BR Deutschland bestehen besondere Rechte für Staatenlose in Bezug auf Aufenthalt und ↑ Sozialhilfe.

Staatenverbindung: Nicht nur vorübergehendes Bündnis oder ↑ Allianz zu einem bestimmten Zweck (z. B. zu gemeinsamer Kriegführung) zwischen Staaten, sondern dauerhafter, rechtlich organisierter Zusammenschluß, in dem die Staaten sich einer gemeinsamen Willensbildung unterwerfen (z. B. ↑ UN, ↑ Europäische Gemeinschaft). − ↑ auch Staatenbund, ↑ Bundesstaat.

Staatsangehörigkeit: Zugehörigkeit zu einem Staat, durch die bestimmte Rechte und Pflichten begründet werden. Der Staatsangehörige genießt z. B. den konsularischen Schutz seines Landes im Ausland. Grundrechte stehen häufig nur ihm zu (↑ Bürgerrechte). Andererseits treffen ihn besondere Pflichten (z. B. ↑ Wehrpflicht). Von den Staatsangehörigen zu unterscheiden sind Ausländer und Staatenlose. Den Erwerb und Verlust der S. regelt jeder Staat nach seinem Recht selbst. Auf diese Weise kann es zu Fällen mehrfacher S. kommen.

Die deutsche S. wird erworben durch Geburt, Legitimation eines nichtehelichen Kindes, Adoption oder Einbürgerung. Der Verlust der S. tritt ein auf Antrag durch Entlassung, die jedoch in bestimmten Fällen (z. B. bei Beamten oder Wehrpflichtigen) verweigert werden kann, unter Umständen auch durch Verzicht und, bei Legitimation eines nichtehelichen Kindes durch einen ausländischen Vater oder durch Adoption durch einen Ausländer und in der Regel auch beim Erwerb einer ausländischen Staatsangehörigkeit. Die deutsche S. darf grundsätzlich nicht entzogen werden. Ihr Verlust gegen den Willen des Betroffenen darf nicht zu dessen ↑ Staatenlosigkeit führen. Eine besondere Regelung trifft Art. 116 Abs. 1 GG: Danach ist ↑ Deutscher im weiteren Sinne, wer als Flüchtling oder Vertriebener deutscher Volkszugehörigkeit im Gebiet des Deutschen Reichs nach dem Stande von 1937 Aufnahme gefunden hat, ohne die deutsche S. zu besitzen. Für ihn und andere deutsche Volkszugehörige besteht nach Maßgabe des Staatsangehörigkeitsregelungsgesetzes von 1955 ein besonderer Einbürgerungsanspruch. Auch frühere deutsche Staatsangehörige, denen zwischen 1933 und 1945 aus politischen, rassischen oder religiösen Gründen die S. entzogen wurde, sind auf Antrag wieder einzubürgern.

Staatsanleihen sind ↑ Anleihen des Bundes, der Länder und der Sondervermögen des Bundes (Deutsche Bundesbahn und Deutsche Bundespost). Sie sind bei jeder Börse zum Handel zugelassen.

Staatsanwaltschaft ist die staatliche Strafverfolgungsbehörde. Sie führt das ↑ Ermittlungsverfahren und erhebt und vertritt die ↑ Anklage (Anklagemonopol) im ↑ Strafprozeß. Das Amt der S. wird beim Bundesgerichtshof durch den *Generalbundesanwalt* und Bundesanwälte ausgeübt.

Staatsaufsicht nennt man die Kontrolle staatlicher Organe durch vorgesetzte Behörden. Sie erstreckt sich zum Teil nur auf die Rechtmäßigkeit des Handelns untergeordneter Stellen (↑ Rechtsaufsicht), zum Teil auch auf die Zweckmäßigkeit ihres Vorgehens *(Fachaufsicht).* Davon zu unterscheiden ist die *Dienstaufsicht* des Vorgesetzten über seine Untergebenen.

Staatsbanken: Selbständige Anstalten des ↑ öffentlichen Rechts zur Finanzierung insbesondere von ↑ öffentlichen Aufgaben (z. B. die Landesbanken).

Staatsbürgerkunde: Seit 1871 Teilbereich des Geschichtsunterrichts, während der Weimarer Republik eigenständiges Unterrichtsfach, in dem die Schüler zu staatspolit. Verständnis und Handeln erzogen werden sollten: heute integriert in die Unterrichtsfächer, die Teil der polit. Bildung an allen Schulen sind (↑ Gemeinschaftskunde). In der ehemaligen DDR Unterrichtsfach u. a. zur Vermittlung des ↑ Marxismus-Leninismus in der von der SED jeweils festgelegten Fassung.

Staatsbürgerschaft svw. ↑ Staatsangehörigkeit.

Staatsgebiet: Der Raum, über den ein Staat die territoriale Hoheitsgewalt ausübt. Er besteht aus der durch die Staatsgrenze markierten Erdoberfläche, dem darüber liegenden Luftraum und dem darunter befindlichen unterirdischen Raum. − ↑ auch Küstengewässer.

Staatsgerichtshöfe: Bezeichnung für † Verfassungsgerichte.

Staatsgewalt: Anordnungs- und Zwangsgewalt des Staates zur Aufrechterhaltung seiner Ordnung. Im modernen Staat haben die Staatsbürger auf private Gewaltausübung zugunsten des Staates verzichtet, der nun allein ihr Leben und Eigentum zu schützen hat. Der Staat erhält somit das Monopol zur Ausübung von † Gewalt. Jede nichtstaatliche Gewaltausübung gilt demgegenüber in der Regel als illegitim. Der Staat ist jedoch nicht berechtigt, seine Gewalt willkürlich und unbegrenzt zu gebrauchen. Die S. muß rechtlich geordnet sein (Grenzen der S.) und soll zur Erfüllung der Staatszwecke nach dem Grundsatz der Verhältnismäßigkeit angewandt werden. In der BR Deutschland geht alle S. vom Volke aus († Volkssouveränität, † Demokratie). Sie wird vom Volk in Wahlen und Abstimmungen und durch besondere Organe der Gesetzgebung, der vollziehenden Gewalt und der Rechtsprechung ausgeübt (Art. 20 GG).

Staatshandelsländer sind Länder mit staatlichem † Außenhandelsmonopol. Zu ihnen gehörten v. a. die Mitglieder des † Rats für gegenseitige Wirtschaftshilfe (RGW) im ehemaligen Ostblock.

Staatshaushalt † Haushaltsplan.

Staatsinterventionismus † Interventionsstaat.

Staatskapitalismus: Erscheinungsform des † Kapitalismus, d. h. einer auf Kapitalbildung und Kapitalvermehrung angelegten Wirtschaftsweise. Im S. betreibt der Staat selbst − neben Privatunternehmern − Wirtschaftsunternehmen oder beteiligt sich an solchen. Denkbar ist auch, daß die gesamte Wirtschaft und damit der gesamte Kapitalbildungsprozeß auf den Staat übergeht. Als Vorstufe des S. wird oft der staatsmonopolistische Kapitalismus († Stamokap) angesehen, in dem einige Großkonzerne und Monopole in enger Zusammenarbeit mit dem Staat operieren (im Gegensatz zum *Konkurrenzkapitalismus* mit vielen Anbietern auf dem Markt). Da auch der † Sozialismus in den sozialistischen Staaten sich einer kapitalistischen Wirtschaftsweise im angegebenen Sinne unter Aufhebung des Privateigentums an Produktionsmitteln und unter zentraler

staatlicher Lenkung bediente, konnte auch er als S. bezeichnet werden. Staatssozialismus und Kapitalismus lassen sich deshalb nicht einfach als einander ausschließende Gegensätze begreifen.

Staatsmonopol: Form des † Monopols, bei der eine Tätigkeit, die an sich auch Privatunternehmen ausüben könnten, ausschließlich staatlichen Verwaltung vorbehalten ist. Das Grundgesetz läßt Staatsmonopole nur zum Schutz wichtiger Gemeinschaftsgüter zu. In der BR Deutschland bestehen Staatsmonopole für einen Teil der Tätigkeiten der Post *(Postmonopol)*, für die Ausgabe von Banknoten *(Banknotenmonopol)*, und für die † Arbeitsvermittlung durch die † Bundesanstalt für Arbeit. Vom S. zu unterscheiden sind die *Finanzmonopole,* d. h. das Recht des Staates auf alleinige Herstellung und Vertrieb bestimmter Güter unter Ausschluß des Wettbewerbs (in der BR Deutschland: das *Branntweinmonopol*).

staatsmonopolistischer Kapitalismus † Stamokap.

Staatsnotstand: Notsituation, durch die ein gegen die † Rechtsordnung verstoßendes Handeln von Staatsorganen aufgrund der Pflicht, höherrangige Rechtsgüter zu schützen, gerechtfertigt wird. − † auch Ausnahmezustand, † Notstand, † Notstandsgesetzgebung.

Staatsoberhaupt ist ursprünglich der souveräne Inhaber der † Staatsgewalt, der Monarch. Nach Ablösung der monarchischen † Souveränität durch die † Volkssouveränität bezeichnet man als S. die personale Spitze eines Staates (Monarch, Präsident oder ein Kollektiv), die vielfach nur noch repräsentative Aufgaben besitzt. Das S. »verkörpert« den Staat bzw. das Staatsvolk als eine Einheit.

Staatsräson bezeichnet den höheren Anspruch eines besonderen Staatsinteresses gegenüber den individuellen Interessen. Die Idee läßt sich auf N. Machiavelli (1469−1527) zurückführen. Von ihr ließen sich die Staaten seit der Zeit des Absolutismus v. a. auch in ihrer Außenpolitik leiten. Auf die S. beruft man sich dort, wo bei der Wahrnehmung der staatlichen Interessen nicht nach denselben moralischen und ethischen Normen verfahren wird bzw. werden kann, wie es vom einzelnen Individuum gefordert wird. Gerechtfertigt wird eine besondere »Staatsvernunft« damit, daß sie mit dem Staatswohl eine den individuellen Interessen übergeordnete Zielsetzung verfolge, die dem individuellen Wohl erst die Existenzmöglichkeit schaffe.

Staatsrecht ↑ öffentliches Recht.

Staatsschutzdelikte: Alle Delikte, die sich gegen den Bestand und die verfassungsmäßigen Einrichtungen des Staates wenden. Als solche gelten z. B. Friedensverrat, ↑ Hoch- und ↑ Landesverrat, Gefährdung des demokratischen Rechtsstaats, Gefährdung der Landesverteidigung, Verschleppung und politische Denunziation sowie ↑ Völkermord. Bei der Verfolgung von S. gilt das ↑ Opportunitätsprinzip; danach kann der Generalbundesanwalt von der Verfolgung absehen, wenn die Durchführung des Verfahrens die Gefahr eines schweren Nachteils für die BR Deutschland herbeiführen würde oder wenn der Verfolgung sonstige überwiegende öffentliche Interessen entgegenstehen. Für die Aburteilung von S. ist bei den Landgerichten, in deren Bezirk ein Oberlandesgericht seinen Sitz hat, eine Sonderstrafkammer, die *Staatsschutzkammer,* eingerichtet.

Staatssekretär: Amtsbezeichnung für den beamteten Verwaltungschef eines Ministeriums. Der S. ist dem Minister direkt unterstellt und kann bei einem Regierungswechsel in den einstweiligen Ruhestand versetzt werden. – ↑ auch politische Beamte, ↑ parlamentarischer Staatssekretär.

Staatsstreich: Gewaltsamer Umsturz der ↑ Verfassung durch die Inhaber der Regierungsgewalt oder deren Vertreibung durch andere hohe Staatsfunktionäre (z. B. Militär). – Im Gegensatz dazu: ↑ Putsch, ↑ Revolution.

Staatsvertrag: Abmachung zwischen Staaten, insbesondere auch den Gliedstaaten innerhalb eines ↑ Bundesstaats. So haben z. B. die Länder der BR Deutschland durch vertragliche Vereinbarungen gemeinschaftliche Einrichtungen zur Wahrnehmung gliedstaatlicher Aufgaben (z. B. im Bereich des Kulturwesens) geschaffen. Durch S. sind u. a. die Vergabe von Studienplätzen und die Gebühren für den öffentlich-rechtlichen Rundfunk (Hörfunk und Fernsehen) geregelt. Daneben wird durch S. eine einheitliche Handhabung zahlreicher Länderaufgaben vereinbart. In den einzelnen Ländern muß der S. durch die Länderparlamente gebilligt werden.

Stabilitätsgesetz: Kurzbezeichnung für das *Gesetz zur Förderung der Stabilität und des Wachstums der Wirtschaft* vom 8. Juni 1967. Das S. verpflichtet Bund und Länder zu wirtschaftspolitischen Interventionen, v. a. zur Stützung der ↑ Konjunktur mit Haushaltsmitteln. Bund und Länder sind gehalten, bei ihren finanziellen und wirtschaftspolitischen Maßnahmen im Rahmen der marktwirtschaftlichen Ordnung die Erfordernisse des gesamtwirtschaftlichen Gleichgewichts zu beachten. Die zu treffenden Maßnahmen sollen gleichzeitig einen hohen Beschäftigungsstand, Stabilität des Preisniveaus, stetiges und angemessenes Wirtschaftswachstum und außenwirtschaftliches Gleichgewicht garantieren (sog. ↑ magisches Viereck). Die Maßnahmen sollen in Einvernehmen mit der ↑ Deutschen Bundesbank getroffen werden. Außerdem verpflichtet das S. die Bundesregierung, jedes Jahr in Bundestag und Bundesrat einen ↑ Jahreswirtschaftsbericht vorzulegen, der auch eine Stellungnahme zum Gutachten des ↑ Sachverständigenrats enthält. Gegebenenfalls ist eine Konjunkturausgleichsrücklage von der ↑ öffentlichen Hand zu bilden. Auch die ↑ konzertierte Aktion, der auch die Bundesregierung Orientierungsdaten zur Verfügung zu stellen hat, ist im S. verankert. Das Gesetz war mit großen Erwartungen verabschiedet worden; inzwischen sind jedoch berechtigte Zweifel an der Effektivität dieses Instruments einer ↑ Globalsteuerung aufgekommen. – ↑ auch Stagflation.

Stadt: Im Unterschied zum stärker landwirtschaftlich geprägten ↑ Dorf ist die S. eine größere Siedlungs- und Lebensgemeinschaft, die im wesentlichen auf Industrie, Handel und Gewerbe aufbaut. Kennzeichen der S. sind eine geschlossene, dichte Bebauung, große Einwohnerzahl, weitgehende Arbeitsteilung unter den Einwohnern, ausgebautes Straßennetz sowie eine Zusammenballung von Produktions-, Verwaltungs- und Kultureinrichtungen bei starker sozialer ↑ Schichtung. Städte bestehen seit Jahrtausenden. Wesentliche Gesichtspunkte bei der Entstehung von Städten in der Vergangenheit waren die Verteidigung sowie die Lage an Wasser- und Verkehrswegen. Die Anfänge der Stadtkultur liegen in Asien. Die europäische S. knüpft zum Teil an römische Siedlungen an, zum Teil wurde sie aber auch planmäßig zur Kolonisation angelegt. Die deutschen Städte entstanden oft neben Königspfalzen oder Burgen, durch Ansiedlung von Kaufleuten und Handwerkern, als befestigte Zoll- und Umschlagplätze. Ab dem 12. Jahrhundert erhielt eine Reihe Städte das Markt-, Münz- und Zollrecht. Der Grad der Selbständigkeit war jedoch recht unterschiedlich. Bremen und Hamburg haben bis heute ihren Charakter als Stadtstaaten bewahren können.

Man unterscheidet nach Größe und Funktion *Kleinstädte* mit einigen hundert oder tausend Einwohnern von mittleren, *Groß-* und *Weltstädten*. Die Probleme der modernen S. sind zahlreich. So droht die Verkehrsentwicklung die Innenstädte zu zerstören. Die Auslagerung von Behördenzentren und Einkaufsmärkten vermindert zwar die Verkehrsprobleme, führt aber zu einer Verödung der Innenstädte, die verstärkt wurde durch die Flucht der Menschen in *Trabantenstädte* und Vororte. Das bringt unabsehbare Probleme für bestimmte Gruppen (v. a. Hausfrauen, alte Menschen), die von sozialer Isolation bedroht sind, weil sie kaum mehr Kontakt mit dem städtischen Leben haben und ihr Lebensbereich auf das rein private Wohnen beschränkt ist. Eines der großen Probleme der Stadtplanung ist es daher, die Abwanderungen zu stoppen. Man versucht dies durch Stadtsanierung, Fußgängerzonen und ein erhöhtes Freizeitangebot zu erreichen. – ↑ auch Stadtentwicklungspolitik.

Stadtdirektor ↑ Gemeindedirektor.

Stadtentwicklungspolitik war in der Nachkriegszeit zunächst auf die Beseitigung von Kriegsschäden sowie die Schaffung von Wohnraum für die Bevölkerung ausgerichtet. Sehr bald wurde daraus jedoch eine Auffang- und Anpassungsplanung, die dem schnellen Wirtschaftswachstum Platz verschaffte. Mit dem Erlaß des *Bundesbaugesetzes* 1960 wurde den Gemeinden die ↑ Bauleitplanung als Selbstverwaltungsaufgabe übertragen. Sie

ist bis heute für die Gemeinden das wichtigste Instrument der S. geblieben.

Das seinerzeit dominierende städtebauliche Leitbild der »gegliederten und aufgelockerten Stadt« führte mit seiner Trennung von Wohnen, Arbeiten, Erholung und Verkehr zu einem hohen Freiraumverbrauch, einer Zersiedlung der Landschaft sowie einem gesteigerten Verkehrsaufkommen. Der enorme Anstieg städtischer Bodenpreise unterstützte eine Verlagerung der Bautätigkeit in die städtischen Randzonen, wodurch die Stadtkerne vielfach zu veröden drohten. In den 1960er Jahren machte sich überdies wachsende Ungleichheit zwischen hochverdichteten ↑ Ballungsräumen und strukturschwachen ländlichen Räumen bemerkbar, die S. nur noch im Rahmen einer umfassenden integrierten Planung und Verbindung mit der gesamtstaatlichen ↑ Raumordnung von Bund und Ländern sinnvoll erscheinen ließ. Die notwendig gewordenen Sanierungs- und Entwicklungsmaßnahmen drohten viele Gemeinden jedoch finanziell zu überfordern. Mit dem *Städtebauförderungsgesetz* von 1971 wurde daher die Möglichkeit einer finanziellen Beteiligung des Bundes an städtebaulichen Maßnahmen der Gemeinden geschaffen. Neben den Bundesprogrammen zur Stadtentwicklung und Stadterneuerung haben auch die Bundesländer eigene Konzepte vorgelegt. Seit den 1980er Jahren hat die Bundesförderung an Bedeutung verloren und im neuen ↑ Baugesetzbuch keine Berücksichtigung mehr gefunden. S. ist heute zu einer umfassenden Querschnittsaufgabe für die Gemeinden geworden. Dazu gehören Wohnumfeldverbesserung, Stadterneuerung, Schaffung und Erhaltung von preiswerten Wohnungen, kommunale Verkehrspolitik, Standortverbesserung und Ansiedlung neuer Betriebe, Freiraumschutz, Flächenrecycling, Stadtökologie und Denkmalpflege. Alle diese Aufgaben stellen sich vordringlich für die S. in den neuen Bundesländern.

Stadtstaat: Eine ↑ Stadt, die ein selbständiges Staatswesen mit einem auf die nähere Umgebung beschränkten Herrschaftsbereich bildet. In der BR Deutschland sind Berlin, Hamburg und Bremen Stadtstaaten.

13 ·

Stadtverordnete ↑ Gemeindeverfassung.

Stagflation nennt man die *Stagnation* des Wirtschaftswachstums bei gleichzeitig fortdauernder In*flation* (Preisauftrieb). Die Ursachen der in der BR Deutschland in den 1970er Jahren aufgetretenen S. werden u. a. in der Lohnerhöhungspolitik der Gewerkschaften gesehen, die zu Preissteigerungen trotz wirtschaftlicher Flaute führte. Die S. machte ein konjunkturförderndes Verhalten des Staates, wie es der ↑ Keynesianismus verlangt (↑ Stabilitätsgesetz), problematisch, weil dies eine Verstärkung der inflationären Entwicklung zur Folge gehabt hätte.

Stalinismus nennt man eine bestimmte Ausformung des kommunistischen Herrschaftssystems, v. a. in der UdSSR unter J. W. Stalin 1924–1953. Die totalitäre Diktatur Stalins (↑ Totalitarismus) beruhte auf einer Ausschaltung der politischen Freiheit in Gesellschaft, Staat und Partei. Sie führte zu einer Konzentration der Macht in der Spitze der ↑ KPdSU, zur Anwendung von Terror gegen Abweichler und Feinde, großen »Säuberungsaktionen« durch die Geheimpolizei (»Liquidationen«), zur Unterdrückung nichtrussischer Nationalitäten und einer straffen Führung des Weltkommunismus durch die UdSSR in der kommunistischen Internationale (Komintern). Gerechtfertigt wurde diese Politik mit der Theorie einer Verschärfung des Klassenkampfes beim Übergang zum Sozialismus, der drohenden Einkreisung der UdSSR als dem »Vaterland aller Werktätigen« durch die kapitalistischen Mächte und mit der Notwendigkeit einer umfassenden planwirtschaftlichen Industrialisierung der Sowjetunion. Mit der Kritik N. S. Chrustschows auf dem XX. Parteitag der KPdSU 1956 begann die Phase der *Entstalinisierung* (= der teilweisen Abkehr von Richtlinien und Methoden des Stalinismus). – ↑ auch Kommunismus.

Stamokap (Abk. für: **sta**ats**mo**nopolistischer **Kap**italismus): Nach 1945 v. a. in der UdSSR und in der DDR entwickelte Theorie, wonach in den hochentwickelten westlichen Industriestaaten die Macht der ↑ Monopole mit der Macht des Staates zu einem einheitlichen Machtmechanismus

verschmilzt, um so langfristig die Interessen der Monopole gegenüber den Interessen der Bevölkerungsmehrheit durchzusetzen. Die Anhänger dieser Theorie verneinen die Möglichkeit antikapitalistischer Reformen durch den bestehenden parlamentarisch verfaßten Staat. – ↑ auch Kapitalismus, ↑ Staatskapitalismus.

Stand: Begriff zur Klassifizierung bestimmter ↑ Schichten (im Unterschied dazu: ↑ Kaste, ↑ Klasse) in einer geschlossenen Gesellschaft, deren fast ausschließlicher Auslesefaktor die Geburt ist. Der Auf- und Abstieg (vertikale ↑ Mobilität) ist durch strenge Schranken erschwert. Die Mitglieder des gleichen Standes gleichen sich nicht nur in ihrer ökonomischen Tätigkeit, sondern weisen auch ähnliche Lebensformen auf und sind durch gleiche Rechte und politische Stellung ausgezeichnet. Eine *Ständegesellschaft* gab es in Europa seit dem Mittelalter bis zur Französischen Revolution.

Ständestaat: Vom 13. bis 18. Jahrhundert war die S. die vorherrschende Staatsform in Europa. Bestimmte ↑ Stände (Adel, Geistlichkeit, Bürgertum, manchmal auch Bauern) wirkten bei Gesetzgebung und Verwaltung (v. a. bei der Steuerbewilligung) mit. Vom monarchischen ↑ Absolutismus wurde die Macht der Stände abgebaut. Die ständische Gesellschaft, auf der der S. aufbaute, ging in den gesellschaftlichen Veränderungen der ↑ Industrialisierung unter. Versuche, den S. zu erneuern, wurden von unterschiedlichen ideologischen Richtungen bis in die Gegenwart hinein unternommen (z. B. vom ↑ Faschismus). Grundgedanke war dabei, das Parlament zum Spiegelbild der »natürlichen Gliederung« des Volkes zu machen und die Parteien in einem autoritär geführten Staat auszuschalten.

START [Abkürzung für englisch **St**rategic **A**rms **R**eduction **T**alks »Gespräche über die Reduzierung strategischer Waffen«]: Abrüstungsverhandlungen über strategische, offensive Nuklearwaffen zwischen den USA und der UdSSR, die ab 1982 in Genf geführt wurden. Im November 1983 wurden die Verhandlungen von der UdSSR unterbrochen, weil zu diesem Zeitpunkt in Umsetzung des NATO-Doppelbeschlusses amerikanische Mittelstreckenraketen in Europa aufgestellt wurden. Im März 1985 wurden die Verhandlungen wieder aufgenommen. Die UdSSR konnte sich mit ihrer Forderung auf einen Verzicht der USA auf das *SDI-Programm* (↑ strategische Verteidigungsinitiative) vor Verhandlungsbeginn nicht durchsetzen. Das am 31. Juli 1991 zwischen den USA und der ehemaligen Sowjetunion geschlossene Abkommen sieht eine Reduzierung der strategischen Atomwaffen − ab 5500 km Reichweite − von 40–50 % vor. Erfaßt werden die nuklearwaffenfähigen Angriffsträgersysteme einschließlich der ballistischen Flugkörper und Marschflugkörper. Seegestützte strategische Marschflugkörper werden allerdings nicht, luftgestützte nur zum Teil berücksichtigt. Strategische Abwehrsysteme wurden entgegen dem sowjetischen Wunsch aus den Verhandlungen ausgeklammert. Nach Durchführung des Abkommens, das bei der Sowjetunion wesentlich größere Reduzierungen vorsieht, werden nach einer Berechnung des ↑ International Institute for Strategic Studies in London die USA noch ca. 13 400 und die Sowjetunion bzw. deren Nachfolgestaaten noch 11 600 nuklearstrategische Gefechtsköpfe besitzen. Im Ergebnis wurde die Redundanz der nuklearen Arsenale beseitigt bei einer Aufrechterhaltung der Vergeltungsfähigkeit beider Seiten. Schon vor Abschluß des START-Vertrages waren die Verhandlungspartner übereingekommen, einen START II-Vertrag folgen zu lassen. Ferner sieht eine Abrüstungsinitiative des amerikanischen Präsidenten vom September 1991 eine einseitige Beseitigung der amerikanischen taktischen Atomwaffen mit Ausnahme der luftgestützten Systeme, den Verzicht auf den Bau mobiler Interkontinental- und Kurzstreckenraketen und die Möglichkeit einer beiderseitigen Vernichtung aller nuklearen Interkontinentalraketen mit Mehrfach-Gefechtsköpfen vor. − ↑ auch Abrüstung.

Stasi [Abkürzung für Staatssicherheit]: Der *Staatssicherheitsdienst* war die Politische Geheimpolizei der DDR, die sich als »Schwert und Schild« der SED verstand, 1950 als *Ministerium für Staatssicherheit (MfS)* gegründet. Die Stasi war sowohl im In- wie im Ausland tätig. Die Hauptverwaltung Aufklärung befaßte sich mit der v. a. ge-

gen die BR Deutschland gerichteten Auslandsspionage. Daneben wurden auch Terroristen der ↑ PLO und der RAF (↑ Rote-Armee-Fraktion) von der Stasi in der DDR versteckt und teilweise auch ausgebildet. Ihre Hauptaufgabe war jedoch die nahezu lückenlose Überwachung und Bespitzelung der eigenen Bevölkerung, insbesondere der Oppositionellen, der Kirchen- und Friedenskreise, zur Bekämpfung »jeder staatsfeindlichen Tätigkeit«. Nach neuesten Erkenntnissen hatte die Stasi 109 000 hauptamtliche Mitarbeiter und bis zu 500 000 mehr oder weniger freiwillig angeworbene IM (Inoffizielle Mitarbeiter) bzw. GMS (Gesellschaftliche Mitarbeiter Sicherheit). Die Auflösung der Stasi gehörte zu den Hauptforderungen der Demonstrationen in der DDR im Herbst 1989. Heute ist ein Sonderbeauftragter der Bundesregierung mit der Sicherung der fast 10 Mill. personenbezogenen Akten der Stasi beschäftigt. Die Hinterlassenschaft der Stasi bildet ein schweres Problem bei der Gestaltung des inneren Friedens in den neuen Bundesländern.

State Department: Bezeichnung für das Auswärtige Amt der USA, 1789 aus dem »department of foreign affairs« hervorgegangen. Es ist in »regional bureaus« gegliedert, die sich jeweils mit einem Erdteil beschäftigen.

statische Gesellschaft: Vorstellung von einem sich nicht oder nur sehr allmählich und langfristig ändernden Gesellschaftszustand. Im Gegensatz zur »mobilen« ↑ Industriegesellschaft (↑ Mobilität) tragen primitive Gesellschaften und frühe Hochkulturen eher statische Züge.

Statistik ist ein Verfahren, mit dessen Hilfe Massenerscheinungen zahlenmäßig erfaßt und Aussagen über deren Merkmale und Zusammenhänge gemacht werden; sie gilt nicht für den Einzelfall. Neben Größenordnungen werden Mittelwerte, Trends und Abhängigkeiten von Erscheinungen (Korrelationen) untersucht. Die Auswertung geschieht mit mathematischen Methoden.

Als S. bezeichnet man auch das Ergebnis und die Zusammenstellung von Zahlenübersichten, das aufbereitete Datenmaterial. Für den Aussagewert einer S. ist wichtig, daß alle Erscheinungen fehlerfrei erfaßt und berechnet wurden. Trotzdem hat jede statistische Aussage einen gewissen Unsicherheitsfaktor. Wichtige gesellschaftliche Daten werden in der BR Deutschland vom *Statistischen Bundesamt* und den statistischen Landesämtern erhoben und in *Statistischen Jahrbüchern* veröffentlicht.

Status [von lateinisch status »Stand, Zustand«]: Begriff, der in der soziologischen Schichtungstheorie teilweise gleichbedeutend mit ↑ Position benutzt wird und die Stellung eines Menschen innerhalb einer Gruppe oder der Gesellschaft kennzeichnet. Der S. ergibt sich z. B. aus Geschlecht, Alter, Familienstand, Beruf, Parteimitgliedschaft und anderem. Alle Individuen verfügen über *Statusbündel*, d. h. sie nehmen aufgrund eines jeden Status, den sie innehaben, mehrere ↑ Rollen wahr. Im allgemeinen wird zwischen zugeschriebenem S., der in der Regel nicht von individuellen Fähigkeiten abhängig ist (z. B. Alter, Geschlecht, körperliches Aussehen), und erworbenem S., der nach individuellen Leistungen variiert (Ausbildung, Berufsstellung), unterschieden. In Untersuchungen über die soziale ↑ Schichtung werden der soziale S. unter Gesichtspunkten seiner Bewertung und seines Ansehens und insbesondere die Bedingungen des Statuserwerbs (soziale ↑ Mobilität) betrachtet. Dabei werden nach Maßgabe verschiedener Schichtungskriterien (Bildung, Einkommen) Rangplätze in Schichtungshierarchien aufgestellt, deren Kombination es erlauben soll, den Individuen einen Gesamtstatus zuzuschreiben und sie im Statusaufbau der Bevölkerung bestimmten sozialen Schichten zuzuordnen.

Status quo [lateinisch »der gegenwärtige Zustand«]: Im ↑ Völkerrecht die jetzigen tatsächlichen und rechtlichen Verhältnisse, v. a. hinsichtlich von Grenzziehungen und Einflußsphären. Unter einer Politik der Erhaltung des S. q. wird deshalb eine auf Festschreibung historisch entstandener territorialer Aufteilungen wie auch anderer Machtpositionen gerichtete Politik verstanden.

Status quo ante [lateinisch »der Stand vor dem bezeichneten Tatbestand oder Ereignis«]: Völkerrechtlich der vor Beginn eines Krieges bestehende Zustand, im Gegensatz zum ↑ Status quo.

Statussymbol ist der sichtbare Hinweis und das äußere Anzeichen, das den ↑ Status, die ↑ Position von Personen (im Verhältnis zu anderen Personen) erkennen läßt.

Statut [von lateinisch statutum »Bestimmung«]: Satzung, Grundgesetz.

Sterbehilfe ↑ Euthanasie.

Stereotyp bezeichnet das Bild, das ein Mensch oder eine Gruppe von sich selbst *(Autostereotyp)* bzw. von anderen hat *(Heterostereotyp)*. Stereotype beschreiben physische, psychische oder geistige Erwartungen, die man gegenüber sich selbst oder anderen hat. Sie bestimmen die Strukturen der ↑ Vorurteile im Denken und Handeln in den zwischenmenschlichen Beziehungen, die Rollenerwartungen (↑ Rolle), die Identifikation mit der Gruppe, der man angehört, und die Abgrenzung gegenüber einer Fremdgruppe. Stereotype verlangen nach einer Bestätigung und sind somit ein wichtiges Element der menschlichen ↑ Interaktion.

Steuererklärung: Erklärung des Steuerpflichtigen über seine Vermögens- und Einkommensverhältnisse, meist auf besonderen Vordrucken; die S. dient als Unterlage zur Festsetzung der Steuer.

Steuerflucht: Form der Steuerverweigerung durch den Steuerpflichtigen, der seinen Wohnsitz unter Mitnahme seines Vermögens in Gebiete mit niedrigerer Besteuerung verlagert oder sein Vermögen in Auslandswerten anlegt *(Kapitalflucht)*. Gegen die S. richtet sich das Außensteuergesetz vom 8. September 1972, wonach jeder Inländer sein gesamtes – auch das im Ausland erzielte – Einkommen offenlegen muß.

Steuergeheimnis: Verschwiegenheitspflicht von Amtsträgern hinsichtlich der Verhältnisse eines anderen, die ihnen in einem Verfahren in Steuersachen oder durch Mitteilung der Finanzbehörde bekannt geworden sind. Die Verletzung des S. wird auf Antrag mit Freiheits- oder Geldstrafe bedroht.

Steuerhinterziehung bezeichnet die vorsätzliche Vereitelung der rechtzeitigen Festsetzung der Steuern in voller Höhe durch unvollständige oder unrichtige Angaben, pflichtwidriges Verschweigen steuerlich erheblicher Tatsachen oder pflicht-

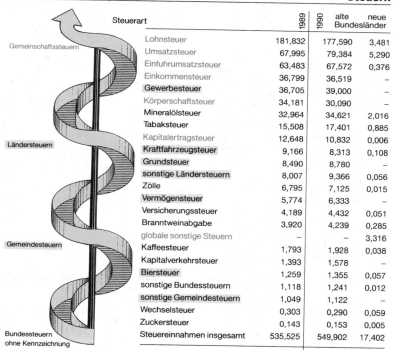

Steuerart	1989	1990 alte Bundesländer	neue Bundesländer
Lohnsteuer	181,832	177,590	3,481
Umsatzsteuer	67,995	79,384	5,290
Einfuhrumsatzsteuer	63,483	67,572	0,376
Einkommensteuer	36,799	36,519	–
Gewerbesteuer	36,705	39,000	–
Körperschaftsteuer	34,181	30,090	–
Mineralölsteuer	32,964	34,621	2,016
Tabaksteuer	15,508	17,401	0,885
Kapitalertragsteuer	12,648	10,832	0,006
Kraftfahrzeugsteuer	9,166	8,313	0,108
Grundsteuer	8,490	8,780	–
sonstige Ländersteuern	8,007	9,366	0,056
Zölle	6,795	7,125	0,015
Vermögensteuer	5,774	6,333	–
Versicherungssteuer	4,189	4,432	0,051
Branntweinabgabe	3,920	4,239	0,285
globale sonstige Steuern	–	–	3,316
Kaffeesteuer	1,793	1,928	0,038
Kapitalverkehrsteuer	1,393	1,578	–
Biersteuer	1,259	1,355	0,057
sonstige Bundessteuern	1,118	1,241	0,012
sonstige Gemeindesteuern	1,049	1,122	–
Wechselsteuer	0,303	0,290	0,059
Zuckersteuer	0,143	0,153	0,005
Steuereinnahmen insgesamt	535,525	549,902	17,402

Gemeinschaftssteuern
Ländersteuern
Gemeindesteuern
Bundessteuern ohne Kennzeichnung

Steuern. Steuern sind eine der Haupteinnahmequellen des Staates. Die wichtigsten Steuern 1989 und 1990. Für das Haushaltsjahr 1990 mußten aufgrund des Beitritts der ehemaligen DDR zur BR Deutschland die Anteile der alten und der neuen Bundesländer gesondert dargestellt werden

widriges Unterlassen der Verwendung von *Steuerzeichen* (z. B. Hundesteuermarke). S. wird mit Freiheitsstrafe bis zu fünf Jahren oder mit Geldstrafe bedroht; bestraft werden kann auch schon der Versuch einer Steuerhinterziehung.

Steuern sind öffentliche ↑ Abgaben, die im Gegensatz zu den ↑ Gebühren keine Gegenleistung für eine bestimmte staatliche Leistung darstellen. Zweck der Erhebung von S. ist die Erzielung von ↑ öffentlichen Einnahmen v. a. zur Deckung der Kosten staatlicher Verwaltungstätigkeit, aber auch zur Umverteilung von Einkommen in sozialer Absicht (progressive Besteuerung einerseits, Zahlung von ↑ Subventionen andererseits).

Traditionell werden direkte von indirekten S. unterschieden. Bei den *direkten S.* sind *Steuerschuldner* und *Steuerträger* identisch, d. h. die S. werden von demjenigen wirtschaftlich getragen, bei dem sie erhoben werden. Das gilt für die *Besitzsteuern;* sie richten sich auf bestimmte Subjekte *(Subjekt-* oder *Personensteuern)* oder Objekte *(Objekt-* oder *Realsteuern).*
Zu den *Personensteuern* gehören 1. die *Einkommensteuer,* die z. B. die Einkünfte von Selbständigen betrifft, v. a. aber auch als *Lohnsteuer* die Arbeitnehmer belastet; 2. die *Körperschaftsteuer,* die im Gegensatz zur Einkommensteuer nicht auf die Einkünfte natürlicher, sondern ↑ juristischer Personen zielt; 3. die *Vermögensteu-*

er als Besteuerung größerer Vermögensansammlungen bei natürlichen und juristischen Personen.

Die *Realsteuern* werden auf den Ertrag bestimmter Objekte erhoben (daher auch: *Ertragsteuern*). Dazu gehören die *Gewerbesteuer* (Steuer auf den Gewerbeertrag, aber auch auf das Gewerbekapital) und die *Grundsteuer,* die jeder Grundeigentümer zu entrichten hat. Zu den *Besitzsteuern* zählt auch die *Erbschaftsteuer,* die in der Form der *Schenkungsteuer* (= Besteuerung der vorweggenommenen Erbschaft) eher Züge einer *Verkehrsteuer* trägt.

Bei den *indirekten S.* wird davon ausgegangen, daß der Steuerschuldner, der die S. entrichtet, sie auf den eigentlichen Steuerträger abwälzt. Hierzu gehören die auf den Verkehr mit Gütern und Leistungen erhobenen *Verkehrsteuern, z. B.* die den Warenumsatz betreffende *Umsatzsteuer* (auch in der Form der nur den auf einer Produktionsstufe durch Produktveredelung erzielten ↑ Mehrwert betreffenden *Mehrwertsteuer),* die *Kraftfahrzeugsteuer* und die *Grunderwerbsteuer.* Eine andere Form indirekter S. sind die auf den Verbrauch bestimmter Güter bei ihrer Beschaffung geschlagenen *Verbrauchsteuern,* z. B. die *Mineralölsteuer* (zu der jeder Kraftfahrzeugbenutzer an der Tankstelle beiträgt) und die zahlreichen *Genußmittelsteuern,* unter ihnen als größte die *Tabaksteuer.* Auch die ↑ Zölle, die auf den Warenverkehr über die Staatsgrenzen erhoben werden, gehören hierher.

In der BR Deutschland werden über 50 verschiedene S. erhoben. Hierbei handelt es sich vielfach um *Bagatellsteuern* mit geringem Aufkommen (z. B. *Vergnügung-, Hunde-, Jagd-, Schankerlaubnissteuer*). Allein die Einkommen- und die Körperschaftsteuer erbringen schon etwa die Hälfte des gesamten Steueraufkommens, die Umsatzsteuer noch einmal etwa ein Viertel, so daß über zwei Drittel der Steuereinkünfte des Staates aus diesen drei Steuerarten fließt. Vom verbleibenden Rest sind die Mineralölsteuer, die Gewerbesteuer und die Tabaksteuer noch recht bedeutsam.

80–90 % der Einkünfte von Bund und Ländern werden aus S. gedeckt. Bei den Gemeinden sind es etwa 30 %. Die Steuerge-

setzgebung, die ihre Höhe bestimmt, liegt in den überwiegenden Fällen beim Bund. Zum Teil haben hier die Gemeinden das Recht, bei Steuern, deren Erträge ihnen zugute kommen, Aufschläge zu machen *(Hebesatz).* Die Erträge aus den Verbrauchsteuern stehen in der Regel dem Bund zu, die Erträge aus den Besitzsteuern den Ländern und, soweit es sich um Realsteuern handelt, den Gemeinden. Die Verkehrsteuern sind zwischen Bund, Ländern und Gemeinden aufgeteilt. Diese Einteilung des Grundgesetzes wird allerdings in drei wichtigen Fällen durchbrochen: Die Erträge der Einkommen-, Körperschaft- und Umsatzsteuer stehen Bund und Ländern gemeinsam zu (sog. Gemeinschaftsteuern) und werden nach einem bestimmten Schlüssel unter ihnen verteilt. Auch die Gemeinden haben daran Anteil (↑ auch Finanzverfassung).

Die Besteuerung wird heute mit der sittlichen Verpflichtung des Bürgers gerechtfertigt, durch persönliche Opfer zur Erfüllung staatlicher Aufgaben beizutragen. Hieraus werden zwei Besteuerungsgrundsätze abgeleitet: 1. Der Grundsatz der Gleichmäßigkeit der Besteuerung: er erfordert, daß alle steuerlich leistungsfähigen Personen in grundsätzlich gleicher Weise zur Steuerleistung herangezogen werden. Dieses Prinzip ist durch den allgemeinen ↑ Gleichheitssatz (Art. 3 GG) verfassungsrechtlich abgesichert. 2. Der Grundsatz der Besteuerung nach der Leistungsfähigkeit: er bedeutet, daß die Steuerschuld für jeden ein subjektiv gleichwertiges Opfer darstellen soll. Die Höhe der Steuerschuld ist hier verschieden und errechnet sich aus der *Steuerbemessungsgrundlage* und dem *Steuertarif.* Die Steuerbemessungsgrundlage wird deshalb bei den Personensteuern aus den Kriterien ermittelt, die als Maßstab für die individuelle Leistungsfähigkeit gelten können (Einkünfte, Vermögen, persönliche Verhältnisse wie Familiengröße, Unterhaltsverpflichtungen, Behinderungen u. a.). Der Steuertarif muß außerdem so gestaltet sein, daß mit der Zunahme der Steuerbemessungsgrundlage die Steuerbelastung relativ ansteigt. Dieses kann nur durch einen progressiven Steuersatz (↑ Progression) erreicht werden oder umgekehrt durch Einräumung von Freibeträgen für besondere Fälle der Steuerminderung.

Steuerpolitik ist ein Teilbereich der ↑ Finanzpolitik. Die S. bezweckt hauptsächlich die Erzielung von ↑ öffentlichen Einnahmen unter Beachtung der Besteuerungsgrundsätze (↑ Steuern). In den letzten Jahren wurde das Steuerrecht immer häufiger geändert, um in Verbindung mit anderen Maßnahmen Ziele der ↑ Wachstums- und der ↑ Konjunkturpolitik (↑ Stabilitätsgesetz) zu verwirklichen. Im Bereich der ↑ Strukturpolitik werden wirtschaftliche Problemgebiete durch Sonderabschreibungen für Unternehmen und durch andere Steuererleichterungen gefördert. Durch ↑ Progression von Steuertarifen und steuerliche Förderung der Vermögensbildung (↑ Vermögenspolitik) kann eine ↑ Umverteilung von Vermögen in großem Maße bewirkt werden.

Stichwahl: Bei ↑ Wahlen der letzte Wahlgang, der für den Fall vorgeschrieben ist, daß in den vorangegangenen Wahlgängen kein Kandidat die erforderliche Mehrheit gewann. Zur S. sind meist nur die beiden Kandidaten mit der höchsten Stimmenzahl zugelassen.

Stiftung ist das von einem Stifter zu einem besonderen Zweck (z. B. Förderung der wissenschaftlichen Forschung) bereitgestellte Vermögen, das selbständig verwaltet wird und nur zur Erfüllung des Stiftungszwecks genutzt werden darf.

stille Reserven ↑ Reserven.

Stimmrecht: Befugnis, an ↑ Abstimmungen durch Abgabe seiner »Stimme« für einen Entscheidungsvorschlag teilzunehmen (z. B. das S. des Aktionärs in der Hauptversammlung, des Bürgers beim ↑ Volksentscheid).

Strafbefehl wird bei einfachen Straffällen durch den Richter im schriftlichen Verfahren anstelle eines Strafurteils erlassen. Durch S. kann nur eine Geldstrafe, keine Freiheitsstrafe festgesetzt werden. Wird ein ↑ Einspruch gegen den S. eingelegt, findet eine mündliche Verhandlung statt.

Strafe ist die Rechtsfolge der ↑ Straftat. Sie ist die wichtigste Reaktion des ↑ Strafrechts. Neben dieser sogenannten Hauptrechtsfolge enthält das Strafrecht auch Maßregeln, die dazu dienen, anstelle oder neben der S. Besserungs- und Sicherungs-

funktionen zu übernehmen. Im Unterschied zur S. können diese Maßregeln an ein Verhalten anknüpfen, das lediglich tatbestandsmäßig und rechtswidrig (nicht auch schuldhaft) ist (↑ auch Maßregeln der Sicherung und Besserung).

Über Sinn und Zweck der S. besteht bis heute noch keine Einigkeit, vielmehr gibt es unterschiedliche Straftheorien. Nach den *absoluten Straftheorien* dient S. allein der Gerechtigkeit als Vergeltung begangenen Unrechts. Die *relativen Theorien* unterscheiden sich nach dem angestrebten Zweck der S.: Hat die S. die Besserung und Sicherung des Täters zum Zweck, soll die S. spezialpräventiv wirken; dient sie der Abschreckung der Allgemeinheit, hat die S. generalpräventiven Charakter (↑ Prävention). Die Ansätze dieser Theorien werden von der heute in der Rechtsprechung und strafrechtlichen Lehre herrschenden sog. *Vereinigungstheorie* gekoppelt. Generalpräventive Erwägungen stehen bei der gesetzlichen Strafdrohung, spezialpräventive bei der Vollziehung der S. (↑ Strafvollzug) im Vordergrund. Bei der Verhängung der S. haben alle Aspekte Berücksichtigung zu finden.

Nach Abschaffung der *Todesstrafe* durch Art. 102 GG kennt das Strafrecht zwei Hauptstrafen: die *Freiheitsstrafe* (auch: *Haftstrafe*), die zeitlich begrenzt (Mindestmaß: 1 Monat; Höchstmaß: 15 Jahre) oder lebenslänglich sein kann, und die *Geldstrafe*. Letztere wird in über 90 % der Verurteilungen verhängt. Sie bemißt sich nach dem sog. *Tagessatzsystem*, das sich aus der Zahl der zu verhängenden Tagessätze (5 bis 360) und der Höhe des einzelnen Tagessatzes (2 bis 10 000 DM) zusammensetzt. Die Höhe des Tagessatzes wird entsprechend den Einkommens- und Vermögensverhältnissen des Täters berechnet. Wird sie nicht bezahlt, tritt an ihre Stelle ersatzweise die Freiheitsstrafe.

Strafgerichtsbarkeit: Teil der ↑ ordentlichen Gerichtsbarkeit, der sich mit der Aburteilung von ↑ Straftaten im ↑ Strafprozeß befaßt.

Strafmündigkeit: Verantwortlichkeit für eine ↑ Straftat. Strafunmündig sind Kinder bis zum 14. Lebensjahr; bedingt strafmündig sind Jugendliche zwischen dem 14. und 18. Lebensjahr. Die volle S.

tritt mit dem 18. Lebensjahr ein. – ↑ auch Deliktsfähigkeit.

Strafprozeß: Der S. ist ein gesetzlich geregeltes Verfahren, in dem über das Vorliegen einer ↑ Straftat und deren Rechtsfolgen (↑ Strafe) entschieden wird. Der S. ist in drei Abschnitte gegliedert: *Vorverfahren* (Ermittlungen strafbarer Handlungen durch Polizei und Staatsanwaltschaft), das mit Einstellung des Verfahrens bzw. mit Anklageerhebung endet; *Zwischenverfahren,* in dem das Gericht die Eröffnung bzw. Nichteröffnung des Hauptverfahrens beschließt; *Hauptverfahren,* in dessen Mittelpunkt die mündliche und in der Regel öffentliche *Hauptverhandlung* steht. In dieser werden unter regelmäßiger Teilnahme von Gericht, Verteidigung und Staatsanwaltschaft Beweise (Zeugen, Urkunden u. a.) erhoben. Die Hauptverhandlung endet mit Verurteilung, Freispruch, Anordnung einer Besserungs- bzw. Sicherungsmaßregel oder Einstellung des Verfahrens.

Strafrecht umfaßt die Rechtsnormen, die das mit Strafe bedrohte Verhalten (↑ Straftat) kennzeichnen und als Rechtsfolge ↑ Strafe oder ↑ Maßregeln der Sicherung und Besserung anordnen. Den Kernbereich dieses sog. materiellen S. regelt das Strafgesetzbuch. Strafrechtsvorschriften enthalten u. a. auch das Jugendgerichtsgesetz, das Wehrstraf- und das Wirtschaftsstrafgesetz. Zum S. im formellen Sinn gehören außerdem die Normen, die den Ablauf des Strafverfahrens (↑ Strafprozeß) regeln.

Aufgabe des S. ist es, Rechte und Interessen des einzelnen und der Allgemeinheit (sog. *Rechtsgüter*) zu schützen. Dies geschieht durch die Androhung von Strafe, ihre Verhängung und schließlich ihre Vollstreckung. Da das S. durch den Einsatz des härtesten staatlichen Reaktionsmittels, der Strafe, Rechtsgüter des Betroffenen (wie persönliche Freiheit) beeinträchtigt, kommt es nur dort in Betracht, wo mit Mitteln des bürgerlichen und öffentlichen Rechts allein ein geordnetes Zusammenleben nicht mehr gewährleistet werden kann.

Strafregister ist ein amtliches Verzeichnis aller gerichtlichen Verurteilungen, die wegen strafbarer Handlungen ausgesprochen wurden. In der BR Deutschland wird das S. als Teil des Bundeszentralregisters in Berlin geführt. Die Mitteilungen zum S. obliegen in der Regel dem Gericht oder der Staatsanwaltschaft als Strafvollstreckungsbehörde. Maßnahmen des ↑ Jugendstrafrechts, mit Ausnahme der Jugendstrafe, werden nur im *Erziehungsregister* vermerkt. – ↑ auch polizeiliches Führungszeugnis.

Straftat ist ein Verhalten, das den Tatbestand eines Strafgesetzes (z. B. ↑ Diebstahl) erfüllt sowie rechtswidrig und schuldhaft ist. Das Verhalten kann in einem Tun oder Unterlassen bestehen. Tatbestandsmäßig ist es, wenn es mit allen im Strafgesetz festgelegten (Tatbestands-) Merkmalen übereinstimmt. In der Regel ist ein tatbestandsmäßiges Verhalten rechtswidrig und schuldhaft. Ausnahmsweise kann die Rechtswidrigkeit bzw. Schuld durch Rechtfertigungsgründe (z. B. ↑ Notwehr) oder Schuldausschließungsgründe (z. B. Schuldunfähigkeit durch fehlende ↑ Zurechnungsfähigkeit) ausgeschlossen sein. Straftaten werden je nach Strafdrohung in *Verbrechen* (Mindestmaß: ein Jahr Freiheitsstrafe) und *Vergehen* (geringere Freiheitsstrafe oder Geldstrafe) unterschieden.

Strafvollzug ist die Durchführung einer freiheitsentziehenden Sanktion (↑ Strafe). S. umfaßt sowohl den Vollzug der Freiheitsstrafe (auch der Jugendstrafe) als auch den Vollzug freiheitsentziehender ↑ Maßregeln der Sicherung und Besserung. Der S. wird im einzelnen durch das Strafvollzugsgesetz vom 1. Januar 1977 geregelt. Dieses nennt als vorrangiges Vollzugsziel die rückfallverhütende Behandlung des Gefangenen (↑ Resozialisierung). Der S. soll aber auch dem Schutze der Allgemeinheit vor weiteren ↑ Straftaten dienen. Die frühere Unterscheidung zwischen Zuchthaus- und Gefängnisstrafen wurde 1970 durch eine einheitliche Freiheitsstrafe ersetzt, die in sog. *Strafvollzugsanstalten* vollzogen wird.

Strategie: Im engeren und ursprünglichen Sinn die Kunst der Kriegsführung; heute allgemein Bezeichnung für den Einsatz und die Verknüpfung vorhandener Mittel zur Erreichung langfristiger Ziele. Der Strategie ist die ↑ Taktik untergeordnet.

strategische Verteidigungsinitiative (englisch Strategic Defense Initiative, Abk. SDI): Forschungsprogramm zur Entwicklung von Technologien für die Abwehr anfliegender ballistischer Raketen. Ausgangspunkt der SDI war eine Rede des amerikanischen Präsidenten R. Reagan im März 1983. In ihr sprach er sich für Forschungen auf dem Gebiet der Raketenabwehr aus, deren langfristiges Ziel die Ablösung der auf ↑ nuklearer Vergeltung basierenden ↑ Abschreckung sein soll. Zudem waren die USA beunruhigt über die Erfolge des militärischen Weltraumprogrammes der UdSSR – v. a. auf dem Gebiet der Antisatellitensysteme (↑ auch Weltraumrüstung).

Erste Testergebnisse der neuen SDI-Technologie zeigten, daß noch eine Reihe technischer Probleme zu lösen sind, bevor man die Stationierung eines solchen Systems in Betracht ziehen kann. In den USA waren für die SDI-Forschung bis Ende der 1980er Jahre ca. 25 Mrd. Dollar veranschlagt. Im Frühjahr 1985 sprachen die USA eine Einladung an die Verbündeten aus, sich am SDI-Programm zu beteiligen. V. a. Bedenken um die Stabilität des strategischen Gleichgewichts führten zu heftigen innenpolitischen Diskussionen. So wäre bei einem Übergang von der SDI-Forschung zur Erprobung eine Neuverhandlung des *ABM-Vertrages* (↑ SALT) nötig. Anfang 1991 war noch immer keine Einigung darüber erzielt worden, ob und wie SDI in die Abrüstungsverhandlungen einbezogen wird.

Sollten strategische Verteidigungssysteme Stationierungsreife erlangen, so wäre grundsätzlich zwischen Varianten zu un-

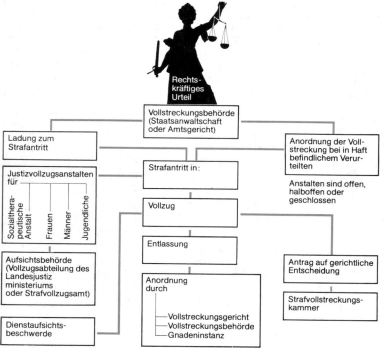

Strafvollzug. Organisatorischer Aufbau und Gliederung des Strafvollzugs

terscheiden: der *Punktverteidigung* wichtiger militärischer Einrichtungen (Raketensilos, Kommandozentralen etc.) oder der *Gesamtverteidigung* eines Landes. Die zweite Option wäre technisch wesentlich komplizierter und damit auch teurer. Eine Punktverteidigung hingegen könnte in naher Zukunft mit bereits vorhandener Technologie erreicht werden, wie der Einsatz von Patriot-Raketen im zweiten Golfkrieg zeigte. In jedem Falle würde dies einen tiefgreifenden Wandel der ↑ Nuklearstrategie bedeuten.

Streik ist die kollektive Arbeitsverweigerung von Arbeitnehmern. Der S. kann wirtschaftlichen Zielen (z. B. Lohnerhöhung), sozialen (z. B. Verbesserung der Arbeitsbedingungen, mehr Urlaub) und politischen Zielen (z. B. bessere Sozialgesetzgebung, keine Wiederbewaffnung der BR Deutschland) dienen. Die Formen des S. sind vielfältig: Bei *Voll-* oder *Flächenstreiks* werden alle Betriebe eines Tarifgebiets erfaßt; Arbeitsniederlegungen in bestimmten Betrieben oder Betriebsabteilungen bezeichnet man als *Schwerpunktstreiks*. Arbeitnehmer anderer Branchen oder Unternehmungen können aus Sympathie mitstreiken *(Sympathiestreiks)*. *Spontane Streiks* werden nicht von einer Gewerkschaft, sondern von einzelnen Gruppen geführt und sind in der BR Deutschland im Gegensatz zu legalen, gewerkschaftlich organisierten Streiks *wilde Streiks,* die jedoch von einer Gewerkschaft übernommen und so legal werden können. *Warnstreiks* während laufender Tarifverhandlungen gelten, wenn die Frist zur Einhaltung der Friedenspflicht beendet ist, als zulässig. Beim *Dienst nach Vorschrift* oder *Bummelstreik* wird die Arbeit absichtlich schleppend ausgeführt. Beim *Generalstreik* treten alle Arbeitnehmer in den Ausstand.

Die soziale Bedeutung des S. kann von Land zu Land verschieden sein und sich in bestimmten Entwicklungsphasen einer Volkswirtschaft ändern. Große Bedeutung erlangte der S. gegen Ende des vorigen Jahrhunderts mit dem Aufkommen der

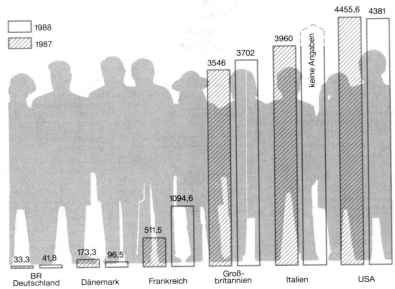

1988
1987

4455,6 4381

keine Angaben

3960

3702

3546

1094,6

511,5

33,3 41,8 173,3 96,5

BR Deutschland · Dänemark · Frankreich · Großbritannien · Italien · USA

Streik. Die durch Streiks und Aussperrungen verlorenen Arbeitstage (in 1000) im internationalen Vergleich

↑ Gewerkschaften, durch die die Arbeitnehmer kollektiv handlungsfähig wurden. In der Bewegung des ↑ Syndikalismus wurde der Generalstreik als Mittel politischer Umwälzung propagiert. In der BR Deutschland gilt der S. als legitimes Mittel des ↑ Arbeitskampfes zur Wahrung und Förderung der Arbeits- und Wirtschaftsbedingungen (Art. 9 Abs. 3 GG). Nach von der Rechtsprechung entwickelten Grundsätzen ist er daher auf tarifvertraglich mögliche Ziele beschränkt (↑ Tarifvertrag) und kann legal nur von den tariffähigen Vereinigungen (Gewerkschaften) durchgeführt werden (↑ Tarifautonomie, ↑ Tarifpartner). Während der Laufzeit eines Tarifvertrages herrscht ↑ Friedenspflicht. S. ist erst erlaubt, wenn andere Versuche, zur Vereinbarung eines neuen Tarifvertrags zu kommen, fehlschlagen (und auch dann häufig nur, wenn eine ↑ Urabstimmung vorangegangen ist). Der S. darf die Gegenseite nicht unangemessen schädigen. Beamte besitzen kein Streikrecht. Politische Streiks, d. h. Streiks, die versuchen, einen bestimmten Druck auf die politischen Instanzen auszuüben, sind illegal. Ein politisch motivierter S. wäre nur im Falle des Art. 20 Abs. 4 GG zulässig (↑ Widerstandsrecht).

Das Gegenmittel gegen den Streik in der Hand der Arbeitgeber ist die ↑ Aussperrung. Im übertragenen Sinne spricht man von S. auch dort, wo ein bestimmtes, erwartetes Verhalten verweigert wird (z. B. Hungerstreik von Gefängnisinsassen, Vorlesungsstreik durch Studenten). Werden dabei lediglich die angebotene Leistungen nicht abgenommen, so liegt in diesen Fällen jedoch eher ein ↑ Boykott vor.

Struktur: Grundbegriff vieler Wissenschaften, bezeichnet den inneren Aufbau eines mehrgliedrigen (komplexen) Ganzen, z. B. ↑ Sozialstruktur, ↑ Wirtschaftsstruktur. Die S. kennzeichnet die Stellung von Elementen in einer Einheit, ihre Aufgabe für das Ganze und die dauerhaften Beziehungen der Elemente untereinander. Gezielte Veränderungen grundlegender Beziehungen in der Gesellschaft, insbesondere ihres Wirtschaftsbereichs, sind Gegenstand der ↑ Strukturpolitik.

Strukturhilfegesetz: Mit dem S. vom 20. Dezember 1988 stellte die Regierung der BR Deutschland strukturschwachen Bundesländern Finanzhilfen nach Art. 104a Abs. 4 GG zum Ausgleich unterschiedlicher Wirtschaftskraft zur Verfügung. Für den Zeitraum von 1989 bis 1998 zahlt der Bund 2,45 Mrd. DM jährlich. Die Mittel sollen die Länder und Gemeinden für Investitionen zur Verbesserung der wirtschaftlichen Infrastruktur, der beruflichen Aus- und Weiterbildung, der Forschungs- und Technologieförderung sowie für den Städtebau einsetzen. Notwendig war die Strukturhilfe geworden, weil insbesondere die Gemeinden in strukturschwachen Gebieten in den 1980er Jahren durch hohe Arbeitslosigkeit mit Ausgaben für die ↑ Sozialhilfe stark belastet wurden. Außer Baden-Württemberg und Hessen erhalten alle alten Bundesländer Strukturhilfezahlungen. Besonders wichtig sind die Leistungen nach dem Strukturhilfegesetz für die neuen Bundesländer.

Strukturkrise: Eine S. verursacht in einer ↑ Volkswirtschaft ähnliche Störungen wie ↑ Stagnation und ↑ Rezession, nämlich steigende Arbeitslosenzahlen und Konkurse. Die Ursachen der S. liegen aber nicht in dem Auf und Ab der ↑ Konjunktur, sondern in längerfristigen Bewegungen: Standortwechsel von Betrieben aus Rentabilitätsgründen (z. B. die Verlagerung der Stahlindustrie an die Küste aufgrund von Transportvorteilen oder der Textilindustrie in Niedriglohnländer) oder Ersatz eines Gutes (z. B. Kohle) durch ein anderes (Erdöl), was zur Stillegung von Produktionsbetrieben (Zechen) führt. − ↑ auch Strukturwandel.

Strukturpolitik bezeichnet alle Maßnahmen eines Staates, die der Verbesserung oder Veränderung der ↑ Wirtschaftsstruktur dienen. *Regionale S.* hat zum Ziel, das wirtschaftliche Wachstum unterentwickelter Gebiete zu fördern, z. B. durch Verbesserung der ↑ Infrastruktur oder durch Ansiedlung von Industrie. *Sektorale S.* dagegen verfolgt die Förderung einzelner Wirtschaftszweige. Ziel ist es, die Unternehmen bei der Entwicklung moderner Technologien, bei dem Abbau von Überkapazitäten und bei der Milderung sozialer Härten zu unterstützen. − ↑ auch Strukturwandel.

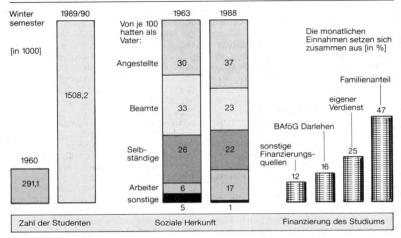

Studium. Studenten in den alten Ländern der BR Deutschland, soziale Herkunft und Finanzierung des Studiums

Strukturwandel: Allgemein svw. ↑ sozialer Wandel. Wirtschaftlich gesehen handelt es sich beim S. im Gegensatz zu saisonalen oder konjunkturellen Schwankungen in einem relativ kurzen Zeitraum um einschneidende, längerfristige Veränderungen der ↑ Wirtschaftsstruktur. Die Gründe für einen solchen S. sind unterschiedlich, und oft treten mehrere gleichzeitig auf. So kann sich durch technischen Fortschritt, neue Produktionsmethoden oder Rohstoffe der Beschäftigungsanteil in einem Wirtschaftssektor oder durch Bevölkerungsbewegungen (Landflucht) die Besiedlungsstruktur (Ballungszentren) grundlegend ändern. Auch außerwirtschaftliche Faktoren, wie z. B. die Kollektivierung der Landwirtschaft in sozialistischen Staaten, tragen entscheidend zu einem S. bei.

Studentenbewegung nennt man die zwischen 1960 und 1970 zunächst von den Universitäten ausgehende, gegen die Regierung gerichtete Bewegung mit politischen Zielen, z. B. die S. gegen den Vietnamkrieg in den USA. In der BR Deutschland wirkte v. a. die Bildung einer ↑ großen Koalition von CDU/CSU und SPD als auslösendes Moment. Ausgehend von kleinen, zunächst um den *Sozialistischen Deut-*schen Studentenbund (SDS) gescharten Gruppen entzündete sich die Unruhe unter den Studenten an der Forderung nach einer Hochschulreform und leitete über zu konkreten politischen Problemen (Stellungnahme gegen die ↑ Notstandsgesetzgebung 1968 und den Vietnamkrieg). Sie mündete schließlich in eine allgemeine Gesellschafts- und Kapitalismuskritik. Die schroffe Abwehrhaltung des ↑ Establishments gegen Kritik und Forderungen der sich als ↑ außerparlamentarische Opposition (APO) verstehenden S. führte zu Eskalation und blutigen Auseinandersetzungen. Unterschiedliche Lageeinschätzungen und Einstellungen führten schließlich zur Aufspaltung der Studentenbewegung. Viele Anhänger versuchten, ihre Vorstellungen in staatlichen und gesellschaftlichen Positionen geltend zu machen (»Marsch durch die Institutionen«). Einige gingen in den Untergrund (↑ Terrorismus). – ↑ auch Extremistenbeschluß.

Studentenverbände: Organisierte studentische Interessenvertretungen mit der Aufgabe, Interessen insbesondere im hochschulpolitischen Bereich wahrzunehmen. In der BR Deutschland spielte v. a. der *Sozialistische Deutsche Studentenbund (SDS)* in den 1960er Jahren in der ↑ außerparlamentarischen Opposition eine bedeutende Rolle, später der *Ring Christlich-Demokratischer Studenten (RCDS)*. Daneben gibt es eine Reihe studentischer Traditionsverbände.

Studium bezeichnet sowohl das wissenschaftliche Erforschen eines Sachverhalts wie auch die Ausbildung an einer ↑ Hochschule. Das ↑ Hochschulrahmengesetz definiert das S. als Vorbereitung auf ein berufliches Tätigkeitsfeld mit dem Ziel, den Studenten Kenntnisse, Fähigkeiten und Methoden so zu vermitteln. daß sie zu wissenschaftlicher Arbeit, wissenschaftlich kritischem Denken und zu verantwortlichem Handeln befähigt werden. Voraussetzung für das S. ist die Hochschulreife.

Mit wachsender Abiturientenzahl nahm in der BR Deutschland auch die Anzahl der Jugendlichen, die sich zu einem S. entschlossen, stark zu. Wegen der ansteigenden Studentenzahl mußte für das S. in vielen Fächern der ↑ Numerus clausus eingeführt werden. Beim S. sind die Frauen, verglichen mit ihrem Anteil an der Bevölkerung, noch immer unterrepräsentiert. Ebenso ist der Anteil der Studierenden aus Arbeiterfamilien gering. Der Anteil der Studierenden, die mit öffentlichen Mitteln (↑ Ausbildungsförderungsgesetz, Stipendium) gefördert werden, und der Anteil derer, die ihre Studien durch Nebenerwerbstätigkeiten finanzieren, ist in den letzten Jahren stark angestiegen.

Stützungskäufe sind im weiteren Sinn alle Käufe, die der Aufrechterhaltung einer bestimmten Preishöhe dienen; S. im engeren Sinn werden von Banken bzw. von der ↑ Zentralbank unternommen, um das weitere Fallen eines ↑ Wechselkurses zu verhindern.

Subkultur bezeichnet die kulturelle Erscheinungsform einer ↑ Gruppe, die sich deutlich von der vorherrschenden Kultur in einer Gesellschaft durch eigene Normen und Gewohnheiten abhebt. Bei diesen Gruppen handelt es sich vorwiegend um ethnische oder religiöse Minderheiten. Von krimineller S. spricht man, wenn Kriminelle eine eigenständige Gruppe in der Gesellschaft bilden, mit eigenen Regeln und Gewohnheiten. Auch die Jugendkultur wird manchmal als Subkultur bezeichnet, weil sie eigene, für Jugendliche typische Gewohnheiten und Verhaltensweisen zeigt.

Sublimierung [von lateinisch sublimare »erhöhen«]: Veredelung; von S. spricht man heute insbesondere, um die Umlenkung unbewußter (sexueller) Antriebe (Antriebsüberschüsse) auf geistige, künstlerische oder allgemein kulturelle Tätigkeiten zu kennzeichnen.

Subsidiaritätsprinzip [von lateinisch subsidiarius »zur Hilfe dienend«]: Prinzip, wonach jede gesellschaftliche und staatliche Tätigkeit ihrem Wesen nach für das Individuum oder die Familie »subsidiär« (= unterstützend und ersatzweise eintretend) ist, die höhere staatliche oder gesellschaftliche Einheit also nur dann helfend tätig werden und Funktionen der niederen Einheiten an sich ziehen darf, wenn deren Kräfte nicht ausreichen, diese Funktionen selbst wahrzunehmen. Das S. wird v. a. von der katholischen (↑ christlichen) Soziallehre als Ordnungsprinzip für das Verhältnis Individuum (Familie) – Gesellschaft – Staat und für dessen inneren Aufbau empfohlen.

Substitution [von lateinisch substituere »austauschen, ersetzen«] nennt man das Ersetzen von ↑ Gütern oder ↑ Produktionsfaktoren durch andere, die denselben Zweck erfüllen.

Subvention [lateinisch »Hilfeleistung«] ist eine Unterstützung, die staatliche Institutionen ohne Gegenleistung privatwirtschaftlichen Unternehmen gewähren. S. kann direkt als Geldzahlung (»verlorener Zuschuß«) oder indirekt, z. B. als Steuerermäßigung oder als Kredithilfe, gegeben werden. Ziel der S. kann sein, konjunkturell oder strukturell gefährdeten Wirtschaftszweigen über eine schwierige Phase hinwegzuhelfen. Auch die Förderung besserer und teurer technischer Verfahrensweisen kann beabsichtigt sein. Im Fall der europäischen Landwirtschaft sollen Subventionen die landwirtschaftliche Produktion erhalten.

Gegen eine Subventionspolitik wird eingewandt, daß sie den wirtschaftlichen Konkurrenzprozeß verzerre, den Steuerzahler Geld koste, ohne in jedem Fall eine grundsätzliche Änderung der Lage des Subventionsempfängers herbeizuführen, daß sie bei diesem eher eine die Eigeninitiative hemmende Subventionsmentalität erzeuge, S. oft auch nach dem Gießkannenprinzip über Bedürftige und weniger Bedürftige gestreut würden und eine Tendenz besäßen, sich zu verstetigen, was notwendige Innovationen eher verhindere. Aus diesen Gründen wird vielfach ein Abbau der S. gefordert, meist jedoch – nicht zuletzt aus Rücksicht auf die Wählerstimmen der Subventionsempfänger – ohne Erfolg.

Sucht: Zustand der Vergiftung durch Drogen, z. B. Rauschgifte, auch Alkohol, Tabletten, der zu einer Abhängigkeit vom eingenommenen Gift führt (Zwang zum Giftkonsum, Steigerung der Dosis, Giftversklavung). Der dauerhafte und zunehmende Giftkonsum hat einen weitgehenden Persönlichkeitsabbau (z. B. Verödung des Gefühlslebens, soziale Verantwortungslosigkeit) und damit Störungen in den Beziehungen zwischen dem Süchtigen und seiner Umwelt zur Folge. Häufig erscheint Selbstmord als letzter Ausweg. S. wird vorbeugend bekämpft durch Hinweis auf Suchtgefahren, Verbot des Handels mit Drogen, Untersuchung der Persönlichkeitsstruktur von Suchtgefährdeten und der gesellschaftlichen Ursachen des Auftretens von Sucht. In gewissem Umfang ist S. durch Entziehungskuren heilbar.

Südschleswigscher Wählerverband (SSW): Partei in Schleswig-Holstein, die die Rechte der dänischsprachigen Minderheit vertritt. Der SSW ist mit einem Abgeordneten im Kieler Landtag vertreten.

Suggestion [von lateinisch suggestio »Einflüsterung«]: Das Hervorrufen von bestimmten Empfindungen oder Vorstellungen bei sich selbst *(Autosuggestion)* oder anderen *(Fremdsuggestion)* durch seelische Beeinflussung. S. wird v. a. durch Bilder und Schlagworte, Wiederholungen und Emotionalisierungen, besonders bei Gemeinschaftserlebnissen *(Massensuggestion),* und unter Ausschaltung der Verstandeskontrolle und Kritikfähigkeit hervorgerufen. S. kann therapeutisch verwandt werden. Auf S. beruht z. B. die heilende Wirkung eines Scheinarzneimittels (Placebo). S. wird vielfach auch im politischen Kampf zur Erzielung von Massengefolgschaft eingesetzt (↑ Propaganda, ↑ Agitation).

supranational: Stehen einer zwischenstaatlichen Organisation Hoheitsrechte (Rechtsetzungs- oder Verwaltungsbefugnisse) zu, die unmittelbar gegenüber den Angehörigen der einzelnen Mitgliedstaaten wirksam werden, spricht man von supranationalen Befugnissen. Beispiel für eine zwischenstaatliche Organisation mit supranationalen Befugnissen ist die ↑ Europäische Gemeinschaft.

Supreme Court: Der 1789 gegründete oberste Gerichtshof der USA. Wichtigste Aufgabe des obersten Gerichtshofes ist es, die Einhaltung der Verfassungsbestimmungen zu überwachen.

Suspendierung: Zeitweilige Aufhebung von Rechten (z. B. im ↑ Ausnahmezustand); auch: die vorläufige Entfernung eines Beamten aus seinem Amt, z. B. während eines ↑ Disziplinarverfahrens.

Symbol: Zeichen für etwas, z. B. bildliche Symbole (wie die Schlange für die Bosheit) oder sprachliche Symbole (Wörter, die etwas bedeuten); auch symbolische Handlungen (z. B. der Ringwechsel bei der Trauung). Die Weltorientierung des Menschen erfolgt weitgehend über Symbole und symbolhafte Deutungen von Sachverhalten. Symbole spielen besonders in der Religion, aber auch in der Tiefenpsychologie (Traumsymbole) eine bedeutende Rolle.

Syndikalismus ist die Bezeichnung für eine Richtung in der revolutionären ↑ Arbeiterbewegung, die Staat und Herrschaft überhaupt ablehnt. (↑ Anarchosyndikalismus). Charakteristisch für die syndikalistische Theorie ist: 1. daß die Arbeiterklasse die Vergesellschaftung der Produktionsmittel nicht von oben durch den Staat, sondern von unten durch direkte Besitznahme erstrebt; 2. daß die Gewerkschaftsorganisationen nicht nur dem Nahziel der Verbesserung der Lage der Arbeiter dienen, sondern auch Modelle für die Organisation der Produktion in der nachrevolutionären Gesellschaft darstellen; 3. daß als Mittel zur Durchsetzung dieser Ziele Boykott, Sabotage und Generalstreik propagiert (↑ direkte Aktion), parlamentarische Aktivitäten hingegen abgelehnt werden.

Syndikat ist als straffste Form des ↑ Kartells ein Unternehmenszusammenschluß, bei dem die unmittelbare Beziehung zwischen dem einzelnen Unternehmen und dem Verbraucher durch eine gemeinsame Verkaufsorganisation aller zusammengeschlossenen Unternehmen ersetzt ist. Diese Verkaufsorganisation verfügt über eine eigene Rechtspersönlichkeit und ist als Verkaufs- und Abrechnungsstelle des S. tätig. Die mit einem S. verbundene monopolistische Machtkonzentration widerspricht dem marktwirtschaftlichen Prinzip des konkurrierenden Handelns. Sie schädigt Verbraucherinteressen durch Abgabe von Waren zu überhöhten Preisen in einer vom S. bestimmten Menge. In der BR Deutschland sind Syndikate daher gesetzlich verboten.

Synthese: Zusammensetzung, Verbindung von Teilen zu einem Ganzen (im Gegensatz zur *Analyse*); erkenntnistheoretisch die Aufhebung von Gegensätzen (These und Antithese) auf einer höheren Ebene. − ↑ auch Dialektik.

System: Allgemein eine Ordnung nach bestimmten Prinzipien (*Systematik*, z. B. S. der Pflanzen oder des Tierreichs); im engeren Sinn ein aus unterschiedlichen Teilen *(Elementen)* zusammengesetztes Ganzes, das entweder von seiner Umwelt streng isoliert ist *(geschlossenes S.)* oder mit ihr in einer Austauschbeziehung steht *(offenes S.)*. Ein S. besitzt ein gewisses Maß an Geschlossenheit, Dauerhaftigkeit und Regelmäßigkeit im Verhältnis seiner Elemente zueinander. Deren Zusammenhang ist im allgemeinen größer und bestimmt sie stärker als ihre Beziehung zur Umwelt. Systeme und ihre Umweltbeziehungen werden von der *Systemtheorie* untersucht. In den Sozialwissenschaften bezeichnet man als S. ein verhältnismäßig einheitlich geordnetes Ganzes mit wechselseitig aufeinander bezogenem Handeln von Individuen, Gruppen und Organisationen. Man unterscheidet hier ökonomische, soziale, kulturelle und politische Systeme je nach dem sie stiftenden Sinnzusammenhang und untergliedert sie wiederum in einzelne Untereinheiten *(Subsysteme)*.

Systemanalyse ist die Untersuchung der Funktion, Struktur, des zeitlichen Verhaltens und der Beeinflussung kybernetischer (insbesondere technischer und ökonomischer) Systeme und ihrer wechselsei-

tigen Beziehungen, die durch die S. einer mathematischen Beschreibung zugänglich gemacht werden können. In der ↑ elektronischen Datenverarbeitung (EDV) bedeutet S. die Untersuchung eines vorgelegten Problems vor der Programmierung zum Zweck seiner Lösung. − ↑ auch Kybernetik.

T

Tabaksteuer ↑ Steuern.

Tabu: Bezeichnung für ein Verbot, das sich durch die Art der Begründung, durch die Art der ↑ Sanktion bei Übertretungen und durch seinen Gegenstand von anderen gesellschaftlichen Regelungen unterscheidet, die die Vermeidung bestimmter sozialer Handlungen sicherstellen sollen. Es gibt Tabus − wenn auch in unterschiedlicher Ausprägung − in primitiven wie in modernen Gesellschaften. Bei Naturvölkern sind Tabus meist magisch-religiös begründet und tragen in der Annahme übernatürlicher Mächte die gesamte Sozialordnung; ihre Übertretung führt notwendig zu übernatürlichen Strafen. Tabus richten Schranken auf gegen den Gebrauch bestimmter Wörter oder Benennungen (Sprachtabu), gegen die Berührung bestimmter Personen, Personengruppen und Gegenstände (Berührungstabu gegenüber Priestern, Götterbildern; Speisetabu), gegen den Vollzug bestimmter Handlungen im Sexualbereich (z. B. Inzesttabu). Moderne Gesellschaften sind durch vielfältige Enttabuisierungen gekennzeichnet, da in ihnen die Begründungen von Tabus und die diesen zugrundeliegenden Werte an Verbindlichkeit verloren haben. − ↑ auch permissive society.

Taktik: Der planvolle Einsatz politischer, wirtschaftlicher oder militärischer Kräfte, um im Rahmen einer ↑ Strategie kurzfristige Ziele zu erreichen. Im militärischen Bereich: Führungsgrundsätze einer Truppe im Gefecht.

Tarifautonomie: Unter T. versteht man die den tariffähigen Parteien, ↑ Gewerkschaften und Arbeitgebern bzw. ↑ Arbeitgeberverbänden, in der BR Deutschland gesetzlich eingeräumte Möglichkeit, ohne staatliche Einmischung Rechtsnormen zur Regelung von Arbeitsverhältnissen und in Fragen der † Betriebsverfassung selbst zu setzen. Die T. ist damit eine der zentralen Einrichtungen zur kollektiven Regelung des Konflikts zwischen Arbeitnehmern und Arbeitgebern in einer pluralistischen Gesellschaft. Sie setzt handlungs- und kompromißfähige Tarifparteien voraus, d. h. Organisationen, die sich gegenseitig anerkennen, gemeinsame Regeln für ihre Verhandlungen ausbilden und im eigenen Bereich ihre Mitglieder auf die Tarifabschlüsse verpflichten können. – † auch Tarifpartner, † Tarifvertrag.

Tariflohn † Arbeitslohn.

Tarifpartner (auch: *Sozialpartner*) sind die zum Abschluß eines † Tarifvertrages fähigen Zusammenschlüsse von Arbeitge-

bern († Arbeitgeberverbände) und Arbeitnehmern († Gewerkschaften).

Tarifvertrag: Tarifverträge sind nach dem Tarifvertragsgesetz (TVG) von 1949 schriftliche Vereinbarungen, in denen im schuldrechtlichen Teil die † Tarifpartner ihre Rechte und Pflichten regeln und zugleich im normativen Teil Rechtsnormen setzen, die den Abschluß, den Inhalt und die Beendigung von Arbeitsverhältnissen sowie betriebliche und betriebsverfassungsrechtliche Fragen ordnen und gemeinsame Einrichtungen der Tarifvertragsparteien und vermögenswirksame Leistungen betreffen. Die Tarifverträge lassen sich nach ihren Parteien und nach ihrem Gegenstand einteilen: Ist ein T. von einem oder mehreren Verbänden auf jeder Seite geschlossen worden, spricht man von einem *Verbandstarifvertrag*. Ist auf der Arbeitgeberseite nur ein einzelner Arbeitge-

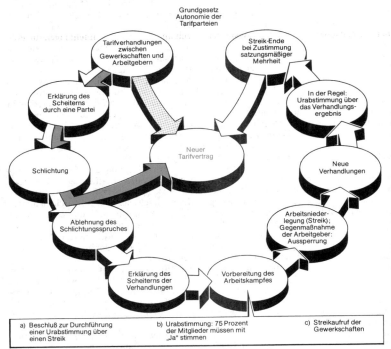

Tarifvertrag. Die drei Wege, auf denen ein neuer Tarifvertrag zustande kommen kann

ber Partei, kommt ein *Firmen-, Werks-* oder *Haustarifvertrag* zustande. Dem Gegenstand nach sind die *Lohn-* und *Gehaltstarifverträge (Entgelttarifverträge)* mit meist kurzer (einjähriger) Laufzeit den Tarifverträgen gegenüberzustellen, die langfristig die Rahmenbedingungen von Arbeitsverhältnissen regeln und daher als *Manteltarifverträge* bezeichnet werden.

Die rechtliche und wirtschaftliche Bedeutung der heute geltenden, die meisten Arbeitsverhältnisse unmittelbar oder kraft Vereinbarung erfassenden Tarifverträge ist überaus hoch. Die im normativen Teil enthaltenen Abschlußnormen (z. B. über Einstellung von Arbeitnehmern bestimmter Berufe), die Inhaltsnormen (z. B. über Beendigungsnormen (z. B. über Kündigungsfristen) und die Normen über gemeinsame Einrichtungen und vermögenswirksame Leistungen gelten unmittelbar und zwingend nur für die Mitglieder der tarifschließenden Partei oder den einzelnen Arbeitgeber als Tarifvertragspartei. Die betrieblichen und betriebsverfassungsrechtlichen Normen erfassen in Betrieben tarifgebundener Arbeitgeber alle Arbeitnehmer, auch die nicht tarifgebundenen (Außenseiter). Von den Tarifverträgen abweichende einzelvertragliche Regelungen zwischen tarifgebundenen Parteien sind nur wirksam, wenn sie für den Arbeitnehmer günstiger sind *(Günstigkeitsprinzip).* Übertarifliche Lohnzulagen können durch eine neue tarifvertragliche Regelung aufgezehrt werden. Sog. *Effektivklauseln,* die das verhindern sollen, sind nach der Rechtsprechung des Bundesarbeitsgerichts unzulässig. Von den Rechten und Pflichten des schuldrechtlichen Teils der Tarifverträge sind die für den Arbeitskampf bedeutsame ↑ Friedenspflicht und die Pflicht zur Durchführung der Tarifverträge besonders hervorzuheben. Für Außenseiter (= nicht tarifgebundene Arbeitgeber und Arbeitnehmer) gilt der T. grundsätzlich nicht, er kann jedoch durch eine *Allgemeinverbindlichkeitserklärung* des Bundesministers für Arbeit und Sozialordnung für alle Arbeitnehmer und Arbeitgeber rechtswirksam werden.

Tauschwirtschaft ist eine alte Form menschlichen Wirtschaftens und die Voraussetzung für Arbeitsteilung, berufliche Spezialisierung und damit auch technische Entwicklung. In der ursprünglichen Form, dem Naturaltausch, wurden von Jägern und Bauern Gebrauchsgüter (z. B. Felle und Getreide) getauscht. In der weiteren Entwicklung traten leicht transportierbare Güter mit hohem, allgemein anerkanntem Wert (z. B. Edelmetalle) als zentrale Tauschmittel auf. Der Brauch, Edelmetalle zu Münzen mit festen, von der Prägestätte garantierten Werten und Gewichten zu schlagen, bezeichnet den Übergang zur *Geldwirtschaft.*

Teamwork ist die Zusammenarbeit mehrerer Personen (innerhalb einer Gruppe) an einer gemeinsamen Aufgabe, wobei die Arbeitsverteilung und die Gruppenzusammensetzung aufgabenbezogen wechseln können.

Technikfolgenabschätzung: Versuch, technologische Entwicklungen vorausschauend zu analysieren, deren Folgen für Umwelt und Gesellschaft abzuschätzen und Handlungsempfehlungen für Politik und Wirtschaft zu geben. Im Vordergrund stehen dabei nicht wirtschaftlich orientierte Überlegungen, sondern eine Untersuchung unbeabsichtigter, zunächst nicht ohne weiteres erkennbarer Folgewirkungen ökologischer, sozialer und politischer, aber auch ökonomischer Art. Das Konzept der T. geht auf eine Initiative des amerikanischen Kongresses in den 1960er Jahren zurück. In der BR Deutschland wurde T. Anfang der 1980er Jahre v. a. durch die Einsetzung von Enquetekommissionen des Bundestages (z. B. zur T. selbst, zur Kernenergie, Gentechnologie oder zur Klimaproblematik) betrieben. Seit 1991 wird der Bundesminister für Forschung und Technologie durch ein Institut für *Technikfolgenabschätzung* beraten.

Technokratie [»Herrschaft der Technokraten«] findet sich in allen hochindustrialisierten Gesellschaften, die bestimmte Ziele, z. B. wirtschaftliches Wachstum, mit Hilfe von Fachleuten (↑ Experten) zu erreichen suchen. T. ist unumgänglich, soweit es sich darum handelt, auf wissenschaftlichem Wege die Mittel zur Erreichung bestimmter Ziele zu bestimmen. In vielen Fällen ist es heute einem Laien unmöglich, die technischen Fragen des »wie« bei der Verfolgung bestimmter Ziele, der Kombinierbarkeit unterschiedlicher Zielvorstellungen und der optimalen Mittelkombination zu ihrer Realisierung zu beantworten.

Das führt zu einem Vertrauen auf das Urteil der Experten *(Expertokratie)*, die rein »sachbezogen« und unter Hinweis auf ↑ Sachzwänge scheinbar ideologiefrei argumentieren. Die T. kann jedoch Züge einer ideologischen Herrschaft annehmen, wenn sie die von ihr verfolgten Zwecke hinter einer Argumentation mit Sachzwängen gegen Kritik zu immunisieren sucht. Dazu kommt, daß das mit der Bewertung von Mitteln für vorausgesetzte Zwecke befaßte technische Denken leicht die problematischen Nebenfolgen seines auf eine bestimmte Zielerfüllung ausgerichteten Handelns übersieht. T. wird auf diese Weise kurzsichtig und rücksichtslos. Es ist daher Aufgabe der politisch Verantwortlichen, den Technikern Zielsetzungen vorzugeben und Zielkonflikte, die sich aufgrund unerwünschter Nebenfolgen eines Mitteleinsatzes ergeben können, zu entscheiden. – ↑ auch Verantwortungsethik.

Technologie bildet die Brücke zwischen wissenschaftlicher Forschung und deren industrieller Verwertung. Einerseits setzt die T. wissenschaftliche Ergebnisse in die Produktion um, andererseits stellt sie der Wissenschaft weiter entwickelte Apparate zur Verfügung (z. B. verbesserte Mikroskope), die der Forschung neue Impulse geben können. Für die Industrie ist eine möglichst hoch entwickelte T. Voraussetzung für eine verbesserte Produktion und für die Wahrung von Gewinnchancen im Konkurrenzkampf. In diesem Bereich soll die T. einen effizienten Einsatz von Kapital (Maschinen) und menschlicher Arbeitskraft bewirken.

Technologietransfer nennt man den Informationsaustausch zwischen Universitäten, Fachhochschulen sowie speziellen Forschungsinstituten einerseits und der Wirtschaft andererseits zur Übertragung technologischer Erkenntnisse in die Praxis und zur Anregung praxisrelevanter Forschungen. T. gibt es in einzelnen Regionen v. a. im Bereich innovativer Entwicklungen (z. B. Mikroelektronik, Gen- oder Umwelttechnologie). Er wird im Rahmen der

Wirtschaftsförderungs- und Regionalpolitik von staatlich finanzierten Stellen und von der Europäischen Gemeinschaft gefördert.

Wird der Begriff T. in der Entwicklungspolitik benutzt, bedeutet er dort, daß Industrieländer in Entwicklungsländern Fertigungskapazität aufbauen und ihre Patente und Lizenzen einbringen. Problematisch ist, daß die rentabler arbeitenden Maschinen die reichlich vorhandenen Arbeitskräfte verdrängen, und die neuen Technologien oft nicht auf die speziellen Bedürfnisse der Entwicklungsländer ausgerichtet sind.

Teilzeitarbeit ist ein Arbeitsverhältnis, bei dem regelmäßig die sonst übliche durchschnittliche wöchentliche Arbeitszeit unterschritten wird. Häufigste Form der T. ist die Beschäftigung für die Hälfte der täglichen Arbeitszeit. T. kann dazu dienen, ↑ Arbeitslosigkeit abzubauen, aber auch den individuellen Bedürfnissen von Arbeitnehmern entgegenzukommen. – ↑ auch job-sharing.

Telekom: Mit dem Poststrukturgesetz vom 8. Juni 1988 wurde die »Deutsche Bundespost T.« als öffentliches Unternehmen gegründet, das die Fernmeldedienste der Deutschen Bundespost übernommen hat. Unterstellt ist T. der Deutschen Bundespost und damit dem Bundesminister für Post und Telekommunikation. Aufgabe der T. ist der flächendeckende Ausbau der Telekommunikation. – auch ↑ Post- und Fernmeldewesen.

Telekommunikation ist jede über größere Entfernungen mit technischen Hilfsmitteln stattfindende Nachrichtenübertragung. Die T. bietet neben dem klassischen Telefondienst auch die Übertragung von Abbildungen und Vorlagen mittels des Fernkopierdienstes *Telefax*. Über ein Zusatzgerät kann über das Telefonnetz mit Hilfe des *Bildschirmtextsystems (Btx)* Daten kommunikation im Dialogverfahren auf einem Bildschirm betrieben werden. Der Aufbau digitaler Übertragungsnetze (↑ Kabelkommunikation) ermöglicht viele weitere Dienstleistungen wie die Übertragung von Sprache, Text, Bild und Daten in einem künftigen, integrierten und nach Umfang und Schnelligkeit leistungsfähigeren »Telefonnetz« (↑ ISDN). Außer den genannten Diensten sind die Übermittlung des *Teletexdienstes* (des internationalen Bürokommunikationsdienstes), Datenübertragung und -kommunikation, Bild- und Graphiktelefon sowie die Abhaltung von Videokonferenzen im neuen Telefonnetz möglich.

Tendenz: Entwicklung oder Neigung in eine bestimmte Richtung. Als *tendenziös* bezeichnet man Berichte und Darstellungen, wenn sie bewußt die Tatsachen von einem einseitigen Standpunkt aus wiedergeben.

Tendenzbetriebe sind Unternehmen, die unmittelbar und überwiegend geistig-ideelle (politische, konfessionelle, wissenschaftliche oder künstlerische) Ziele verfolgen oder Zwecken der Berichterstattung oder Meinungsäußerung dienen (Presse, Rundfunk, Film). Auf diese Betriebe finden die Regelungen über die unternehmerische und arbeitsrechtliche Mitbestimmung († Betriebsverfassungsgesetz) nur beschränkt Anwendung *(Tendenzschutz)*. Der † Betriebsrat in Tendenzbetrieben hat Beteiligungsrechte nur hinsichtlich der Folgen einer Betriebsänderung für die Arbeitnehmer. Wieweit dem Betriebsrat ein Mitspracherecht bei personellen Angelegenheiten zusteht, die solche Arbeitnehmer betreffen, die den Tendenzcharakter des Betriebs durch ihre Arbeit verwirklichen *(Tendenzträger)*, ist umstritten. Zweck des Tendenzschutzes ist es, die † Grundrechte (z. B. die Meinungsfreiheit) der Tendenzträger nicht durch Mitbestimmungsrechte der Arbeitnehmer zu beeinträchtigen.

Territorialprinzip: Grundsatz der Unterwerfung aller im Gebiet eines Staates befindlichen Personen, auch der Ausländer, unter dessen Rechtsordnung. – † auch Personalitätsprinzip, † Exterritorialität.

Terrorismus unterscheidet sich von der gewöhnlichen Kriminalität dadurch, daß gewaltsame Aktionen wie Bombenanschläge, Mord, Flugzeugentführungen und Geiselnahmen zur Förderung politischer Fernziele (z. B. zur Herstellung einer neuen gesellschaftlichen oder politischen Ordnung) unternommen werden. Unmittelbarer Zweck der Aktion kann etwa die Freilassung politischer Gesinnungsfreunde oder die Schaffung eines Klimas der Unsicherheit in der Bevölkerung sein, das nach Auffassung der Terroristen für den Sturz der alten Ordnung günstig ist. Auf der internationalen Ebene wird die T. als Mittel von † Befreiungsbewegungen eingesetzt, die ihre Guerillaaktionen als kriegerische Handlungen verstehen.

In der BR Deutschland entstand im Anschluß an die † Studentenbewegung Ende der 1960er Jahre eine † außerparlamentarische Opposition, aus der der Kern späterer terroristischer Organisationen hervorging. Diese wollten das verhaßte »kapitalistische Ausbeutersystem« durch den bewaffneten Kampf des Volkes ablösen und verstanden sich dabei als Teil der »Roten Armee«. – † auch RAF.

Die internationale Verbreitung des T. wirft praktische und rechtliche Schwierigkeiten einer effektiven Bekämpfung auf. Terroristen verfügen nicht selten über Hilfe durch politische Sympathisanten. Ein Netz von Verbindungen mit Terroristen anderer Länder sichert ein hohes Maß an Beweglichkeit und ermöglicht gegenseitige Unterstützung. Von staatlicher Seite wird auf internationaler Ebene versucht, durch besondere Abkommen über Flugzeugentführungen oder Sabotageakte gegen Flugzeuge eine Pflicht zur Auslieferung oder Bestrafung von Terroristen durchzusetzen. Die *Europäische Konvention gegen den T.* von 1976 sieht für die Staaten des † Europarats eine Zusammenarbeit in der Bekämpfung des T. vor. Ausdrücklich ist festgelegt, daß Terroristen nicht als politische Straftäter Schutz vor Auslieferung genießen.

tertiärer Sektor † Wirtschaftsstruktur.

Test ist ein Verfahren, das sich meist auf eine größere Anzahl von Einheiten oder Personen erstreckt und Eigenschaften oder Verhaltensweisen beobachtet und mißt (z. B. Verhaltenstest, Eignungstest, Warentest).

Testament: Letztwillige Verfügung des Erblassers, mit der er über das rechtliche Schicksal seines † Nachlasses bestimmt (im Gegensatz zum Erbvertrag). Der Erblasser muß das T. stets persönlich errichten und darf sich keines Vertreters bedienen. Normalerweise sind zwei Formen des T. vorgesehen: Das *öffentliche T.* durch mündliche Erklärung oder Übergabe einer

Schrift zur Niederschrift bei einem Notar sowie das *eigenhändige T.* durch Abgabe einer vom Erblasser selbst geschriebenen und unterschriebenen Erklärung. Wenn bei naher Todesgefahr oder aus räumlichen Gründen (Schiff, Flugzeug) die Zuziehung eines Notars nicht mehr möglich ist, kann vor drei Zeugen ein *Nottestament* errichtet werden, d. h. eine fremdhändige, vom Erblasser unterzeichnete Bekundung des letzten Willens. Wenn kein T. oder Erbvertrag vorliegt, findet die gesetzlich vorgeschriebene Erbfolge statt. – ↑ auch Erbrecht.

Theorie [griechisch »Betrachtung, Anschauung«]:
◊ Allgemein die (begründete) Ansicht, die man über etwas hat.
◊ In der Wissenschaft wird T. als System von Aussagen über eine zunächst nur angenommene gesetzmäßige Ordnung begriffen (z. B. über Zustände, Ereignisse und Verhaltensweisen), das einer empirischen Überprüfung (↑ Empirie) zugänglich sein muß. Theorien sind notwendig, um bereits Geschehenes zu erklären oder um zukünftige Ereignisse voraussagen zu können (↑ Prognose). Sie haben daher Praxisbezug. Eine T., die nicht anwendungsbezogen und auf keine Zwecke außerhalb ihrer selbst gerichtet ist, wird als »reine T.« bezeichnet.

Theorien unterscheiden sich bezüglich der Größe ihres Anwendungsbereichs und der Genauigkeit ihrer Aussagen, wobei diese mit zunehmender Komplexität des Anwendungsbereichs abnimmt. So ist die T. in den ↑ Sozialwissenschaften weniger genau als in den Naturwissenschaften, da der Untersuchungsgegenstand der Sozialwissenschaften das überaus komplexe Zusammenleben der Menschen ist. Daher vermag die Sozialwissenschaft auch nur in wenigen Bereichen brauchbare Prognosen zu geben (z. B. Wahlprognosen).
◊ Im praktischen Leben wird T. häufig als Gegensatz zur Praxis verstanden, weil Theorien die Wirklichkeit oft nur unvollkommen wiedergeben und deren Komplexität manchmal bewußt vereinfachen, um grundsätzliche Zusammenhänge darzulegen (↑ Modelle). Insbesondere von ethischen T. werden in der Praxis gern Abstriche gemacht.

Thüringen: Land der BR Deutschland mit einer Fläche von 16 251 km^2 und 2,68 Mill Einwohnern (165 E/km^2). Landeshauptstadt ist Erfurt.
Durch zahlreiche dynastische Erbteilungen bedingt, war T. lange Zeit eine der zersplittertsten deutschen Landschaften. Erst 1920 schlossen sich acht thüringische Staaten – außer Coburg, das für Bayern votierte – zum Staat T. mit 2,3 Mill. Einwohnern zusammen. T. war hochindustrialisiert, produzierte technologische Spitzenprodukte und besaß nebenbei noch eine ertragreiche Landwirtschaft. 1944 wurde T. um den damals preußischen Regierungsbezirk Erfurt und den Kreis Schmalkalden vergrößert. Nach dem 2. Weltkrieg und nach dem Abzug der Amerikaner, die das Gebiet 1945 zunächst besetzt hatten, gehörte T. zur sowjetischen Besatzungszone. Die Hauptstadt wurde 1948 von Weimar nach Erfurt verlegt. 1952 traten an die Stelle des Landes die drei DDR-Bezirke Gera, Suhl und Erfurt. 1990 entstand T. als Land wieder, die Kreise Altenburg, Artern und Schmölln kamen hinzu. Die ersten freien Landtagswahlen vom 14. Oktober 1990 gewann die CDU mit 45,4 % der Stimmen. Sie bildete eine Koalition mit der FDP. Erster Ministerpräsident des Bundeslandes T. wurde J. Duchac (CDU). Dieser trat im Januar 1992 zurück; sein Nachfolger wurde der ehemalige rheinland-pfälzische Ministerpräsident B. Vogel.

Tilgung bedeutet die ratenweise regelmäßige Ab- oder Rückzahlung einer längerfristigen Schuld an den Kreditgeber.

Todesstrafe ↑ Strafe.

Toleranz besteht in der Duldung anderer Meinungen und Verhaltensweisen. Sie verlangt die Achtung anderer Menschen und ihrer ↑ Selbstbestimmung und ist daher eine Grundvoraussetzung der ↑ Demokratie. T. ermöglicht die friedliche Austragung von ↑ Konflikten und damit ein humanes Zusammenleben. Die Grenzen der T. liegen dort, wo Mitmenschen ihrerseits nicht bereit sind, T. zu üben. – ↑ auch freiheitliche demokratische Grundordnung.

Totalitarismus: Bezeichnung für eine Herrschaftsweise, die alle gesellschaftlichen und persönlichen Lebensbereiche reglementiert und daher eine Autonomie der

Einzelbereiche (z. B. der Wirtschaft, Erziehung oder Religion) und einen staatsfreien Bereich des einzelnen nicht anerkennt. Der Begriff »totalitär« ist eine Wortschöpfung der Neuzeit; B. Mussolini benutzte den Begriff erstmals 1925 propagandistisch für das faschistische Italien. Später wurde er auch für die Beschreibung der UdSSR unter Stalin und des nationalsozialistischen Deutschlands verwendet, obwohl sie sich u. a. in ihrem Zugriff auf die Wirtschaft sowie in ihrer Ideologie voneinander unterscheiden. Betrachtet man aber die Herrschaftspraxis im ↑ Nationalsozialismus und in den kommunistischen Staaten, so lassen sich einige allgemeine Merkmale der *totalitären Diktatur* zusammenstellen: das Einparteiensystem, die Ausschaltung jeglicher Opposition, die Indoktrination des Volkes mit einer bestimmten Ideologie, die Anwendung von Terror gegen Andersdenkende, vorzugsweise durch eine Geheimpolizei, der mangelnde Grundrechtsschutz, die Reglementierung des kulturellen und wirtschaftlichen Lebens und der Personenkult um einen praktisch unumschränkt herrschenden »Führer«.

Tradition [von lateinisch tradere »überliefern, weitergeben«]: Überlieferung von Fähigkeiten, Erfahrungen, Kenntnissen und Fertigkeiten, aber auch von Rechtsvorstellungen und Bräuchen von Generation zu Generation. Auf dieser Überlieferung beruhen die menschliche Kultur und die Möglichkeit ihrer Entwicklung. T. hilft, auf den Erfahrungen der Vorfahren aufzubauen und die Wiederholung von Fehlern zu vermeiden. Sie vermittelt Orientierung in der Welt und entlastet vom Zwang, alles stets von neuem entdecken zu müssen. ↑ Innovation und T. sind zusammen Voraussetzungen für eine stetige Entwicklung der Gesellschaft ohne Umstürze, Traditionsabbrüche und Rückfälle.

Unter *Traditionalismus* versteht man die einseitige Bevorzugung des Herkömmlichen; er steht im Gegensatz zum *Progressismus,* der einseitigen Bevorzugung von Neuerungen ohne Berücksichtigung der T. und ihrer Lehren, und zum ↑ Rationalismus, der Bevorzugung der eigenen Vernunft- und Verstandeserkenntnisse in kritischer Wendung gegen die Überlieferung.

Rationalistisch ist die Haltung der Wissenschaft mit ihrer Forderung, Behauptungen – auch traditionelle Ansichten – vernünftig zu begründen. Es ist aber nicht zu übersehen, daß das, was in vielen Wissenschaften als »vernünftig« gilt, selbst wiederum durch bestimmte Traditionen geformt wurde.

Transfereinkommen sind Einkommen, die ein Empfänger erhält, ohne dafür eine produktive Gegenleistung zu erbringen. Auf staatlichem Transfer beruhen Stipendien und Subventionen; privater Transfer sind Spenden.

Transit [von lateinisch transitus »Durchgang«]: Personen- und Warenverkehr, der das Gebiet eines anderen Staates passieren muß, um sein Bestimmungsziel zu erreichen. Wichtigste Erscheinungsformen des T. sind neben dem internationalen Verkehr nichtbenachbarter Staaten der Zugang von Binnenstaaten zum freien Meer und der T. bei ↑ Enklaven. – ↑ auch Alpentransit.

Transparenz: Durchsichtigkeit von Vorgängen. In Demokratien verbindet sich die Forderung nach T. staatlicher Entscheidungen mit der nach ihrer ↑ Öffentlichkeit. Staatliche Entscheidungen sollen nach Möglichkeit öffentlich, d. h. für jeden Bürger zugänglich und nicht geheim erfolgen sowie transparent, d. h. für jeden Bürger verständlich und durchschaubar sein. Dazu gehört auch eine Darlegung der Hintergründe, die zur Entscheidung führten.

Transrapid: Neue Form des spurgebundenen Verkehrs auf der Grundlage einer Magnetschwebe- und Magnetantriebstechnik, die seit Anfang der 1970er Jahre in der BR Deutschland mit staatlicher Unterstützung entwickelt wird. Im Vergleich zu anderen Verkehrssystemen, z. B. zum Hochgeschwindigkeitszug Intercity-Express (ICE), verbraucht die Magnetschnellbahn rund ein Drittel weniger Energie und verursacht bei gleicher Geschwindigkeit etwas weniger Lärm. Nachteilig für die Einführung des Systems ist jedoch, daß neue Trassen gebaut werden müssen und die Einfügung des T. in ein Gesamtnetz mit Städteanschlüssen schwierig ist. Über die möglichen Einsatzstrecken wurde bisher noch keine Planungsentscheidung gefällt.

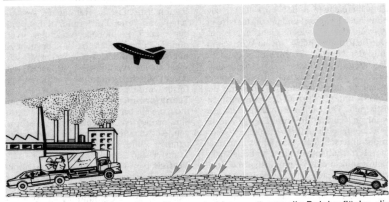

Treibhauseffekt. Die kurzwelligen Sonnenstrahlen erwärmen die Erdoberfläche, die langwelligen Strahlen der Erde werden teilweise in der Atmosphäre absorbiert, teilweise reflektiert und sorgen zusätzlich für Erwärmung. Künstlich freigesetzte Treibhausgase (CO_2, FCKW) führen zu weiterer Erwärmung

Treibhauseffekt (auch: Glashauseffekt): Bezeichnung für den Einfluß der Erdatmosphäre auf den Strahlungs- und Wärmehaushalt der Erde, der der Wirkung eines Gewächshausglasdaches ähnelt: Das sichtbare und kurzwellige, auf die Erde einstrahlende Sonnenlicht durchdringt die Atmosphäre fast ungehindert und wird erst auf der Erdoberfläche absorbiert. Dabei geht die Lichtenergie überwiegend in Wärmeenergie über. Die von der Erde zurückgeworfene längerwellige Wärmestrahlung wird in der Atmosphäre v. a. durch das Kohlendioxid (CO_2) aufgenommen, das dadurch aktuell den weitaus größten Teil zum T. beiträgt (50 %). Es folgen die anderen Treibhausgase Fluorchlorkohlenwasserstoffe (FCKW) mit 22 %, Methan (13 %), Ozon (7 %), Distickstoffoxid (5 %) und stratosphärischer Wasserdampf (3 %). Die massenhafte Emission dieser Gase in den Industrieländern hat seit 1860 bereits eine Erhöhung der globalen Durchschnittstemperatur verursacht, die um über 1 °C über dem natürlichen T. liegt. Ohne den − natürlichen wie anthropogenen − T. läge die mittlere Temperatur der Erdoberfläche nach Schätzungen heute bei − 18 °C; so sind es + 15 °C. Bei unveränderter Entwicklung wird − je nach Klimamodell − ein Temperaturanstieg von

1,5 °C bis 4,5 °C in den nächsten 100 Jahren errechnet. Die Folgen wären ein deutlicher Anstieg des mittleren Meeresspiegels, eine Verschiebung der Klimazonen (z. B. Ausdehnung der Wüstengebiete), ein großräumiges klimabedingtes Waldsterben und eine Verschlechterung der Ernährungssituation großer Teile der Menschheit durch Klimaanomalien.
Zur Eindämmung des T. wurde von der Enquetekommission des Deutschen Bundestages »Vorsorge zum Schutz der Erdatmosphäre« in ihrem Schlußbericht 1990 eine 30 %ige Reduzierung der CO_2-Emmission in den wirtschaftsstarken westlichen Industrieländern bis zum Jahre 2005 gefordert. Die Bundesregierung hat im November 1990 für die BR Deutschland eine 25 %ige Reduzierung beschlossen. Im wesentlichen soll dies durch eine Umstellung der Energieversorgung († Energiepolitik) und die Auferlegung einer Kohlendioxidabgabe geschehen. 1998 tritt ein Verbot der FCKW in Kraft.
Trend ist die Richtung einer langfristigen Entwicklung, von der kurzfristige Abweichungen vorkommen können. Die Ermittlung von Trends spielt insbesondere in den Sozialwissenschaften eine bedeutende Rolle (z. B. Konjunkturtrends, Bevölkerungstrends). Sie dienen der † Prognose und

weiterführenden Überlegungen über Möglichkeiten einer Vermeidung unerwünschter Entwicklungen. Man spricht auch von Trends im Wählerverhalten bei allgemeinen Wahlen.

Treuhand ist die Verwaltung fremder Rechte, insbesondere fremden Vermögens, durch eine Person *(Treuhänder)* im eigenen Namen. Nach außen tritt der Treuhänder als Selbstberechtigter auf (z. B. ein Rechtsanwalt, der für einen Klienten ein Konto führt). Im Verhältnis zum *Treugeber* bestehen bestimmte Treueverpflichtungen, z. B. die Pflicht, dessen Interessen wahrzunehmen. Ein bekannter Fall der T. ist die *Sicherungsübereignung,* d. h. die Übereignung einer Sache anstelle ihrer Verpfändung zur Sicherung einer Forderung, die der Treuhänder gegenüber dem Treugeber hat. Der Treuhänder darf mit der ihm übereigneten Sache nicht beliebig wie ein normaler Eigentümer verfahren und muß sie, wenn vom Treugeber die Schuld bezahlt wurde, diesem wieder zurückübereignen. Im ↑ Völkerrecht gibt es die Möglichkeit, daß Staaten bestimmte fremde Gebiete treuhänderisch verwalten *(Treuhand-* oder *Mandatsgebiete).*

Treuhandanstalt: Anstalt des öffentlichen Rechts unter Aufsicht des Bundesmi-

Präsident		
Geschäftsverantwortung: Energie Prüfung von Unternehmenskonzepten	Funktionalverantwortung: Grundsatzfragen Kommunikation/Medien Recht Organisation/EDV Bund-/EG-Kontakte Revision	

Unternehmens- bereich 1	Unternehmens- bereich 2	Unternehmens- bereich 3	Unternehmens- bereich 4
Geschäfts- verantwortung: Schwermaschinen-/ Anlagenbau Werkzeugmaschinenbau Spezialmaschinen Dienstleistungen Flughäfen/Luftfahrt	Geschäfts- verantwortung: Optik/Keramik/Feinme- chanik Fahrzeugbau Küstenindustrie Verkehr	Geschäfts- verantwortung: Land- und Forstwirtschaft Bergbau/Steine/Erden Nahrungs- und Genuß- mittel Sondervermögen	Geschäfts- verantwortung: Chemie Elektrotechnik/Elektronik Holz/Papier Textil/Bekleidung/Leder
Funktionalverantwortung: Privatisierung Investors Relations	Funktionalverantwortung: Sanierung Abwicklung	Funktionalverantwortung: Verwaltung	Funktionalverantwortung: Beteiligungsverwaltung und -controlling

Unternehmens- bereich 5	Niederlassungen und Länderfragen	Personal	Finanzen
Geschäfts- verantwortung: Eisen-/Stahlerzeugung, NE-Metall-Industrie Bauindustrie Hotels und Ferienhäuser Finanzvermögen THA Liegenschaften GmbH	Geschäfts- verantwortung: 15 Niederlassungen GPH Gesellschaft zur Privatisierung des Handels Kommunalvermögen/ Wasserwirtschaft Außenhandelsbetriebe		
Funktionalverantwortung: Immobilienverwaltung und -verwertung Refinanzierung	Funktionalverantwortung: Koordination allg. Länderfragen	Funktionalverantwortung: Personal Arbeitsmarkt und Soziales	Funktionalverantwortung: Grundsatzfragen Unternehmens- Finanzierung Rechnungswesen/ Haushalt

Treuhandanstalt. Die Organisationsstruktur weist jedem Bereich neben der Geschäftsverantwortung für die zugeordneten Branchen auch eine Linienfunktion innerhalb des Vorstands zu. So liegt z. B. die Sanierung der chemischen Industrie beim Unternehmensbereich 4, doch wurden die Regeln, nach denen dies zu geschehen hat, vom Unternehmensbereich 2 erarbeitet

nisters der Finanzen mit Sitz in Berlin. Sie wird von einem Vorstand mit einem Präsidenten an der Spitze geleitet. Laut Gesetz vom 17. Juni 1990 hat sie die Aufgabe, die rund 8 000 ↑ volkseigene Betriebe und ↑ Kombinate der ehemaligen DDR zu privatisieren und nach Möglichkeit in wettbewerbsfähige Unternehmen umzuwandeln. Die T. unterhält zahlreiche Außenstellen mit insgesamt über 3 000 Mitarbeitern, die in ihrem Bereich für marktwirtschaftliche Strukturen sorgen und die notwendigen Sanierungsschritte einleiten sollen. Der aktualisierte Wirtschaftsplan der T. für 1991 wies 16,9 Mrd. DM Einnahmen (v. a. aus dem Verkauf ehemaliger Staatsunternehmen) und 37,7 Mrd. DM Ausgaben (u. a. für die Umstrukturierung von Unternehmen und Abfindungen von Arbeitnehmern) aus.

Trotzkismus: Bezeichnung für die von dem russischen Revolutionär L. Trotzki (1879–1940) entwickelte Theorie über die Durchführung der Revolution in Rußland sowie über die Rolle der russischen Revolution innerhalb der sozialistischen ↑ Weltrevolution. Der T. geht davon aus, daß die proletarische Revolution weltweit ausgedehnt werden müsse (Theorie der ↑ permanenten Revolution) und lehnte die Auffassung des ↑ Stalinismus vom »Aufbau des Sozialismus in einem Lande« ab. Er stellt heute eine in kleine Gruppen aufgespaltene Bewegung von Intellektuellen dar, deren gemeinsames Ziel weiterhin die »Weltrevolution« ist.

Trust ist ein auf wirtschaftliche Machtausweitung zielender Zusammenschluß von Unternehmen, die ihre wirtschaftliche, oft auch rechtliche Selbständigkeit zugunsten einer einheitlichen Leitung aufgeben. Zur Vermeidung negativer Auswirkungen der Konzentration, insbesondere durch den Wegfall der Konkurrenz, bestehen in vielen Staaten *Antitrustgesetze.*

Tugend ist die Fähigkeit des Menschen zu einem im sittlichen Sinne guten Verhalten (↑ Ethik). Neben den auf Gott bezogenen Tugenden Glaube, Hoffnung und Liebe spielen in der christlich-philosophischen Tradition die vier Kardinaltugenden Klugheit (Weisheit), Besonnenheit (Mäßigung), Tapferkeit und Gerechtigkeit eine besondere Rolle. Diese und andere Tugenden besaßen auch Bedeutung für die politische Erziehung eingedenk dessen, daß das gesellschaftliche Zusammenleben der Menschen nicht nur auf der Einhaltung von Rechtsnormen, sondern auch auf ihrem sittlichen Verhalten zueinander beruht (politische Tugenden). Mit dem Aufkommen der Lehre von der ↑ Staatsräson veränderte sich jedoch das Verhältnis der politischen Ethik zur Tugendlehre. An die Stelle der traditionellen Tugenden traten mehr und mehr Nützlichkeits- und reine Machtüberlegungen. Die Französische Revolution führte ihrerseits zu einer Betonung der Trias Freiheit, Gleichheit und Brüderlichkeit bzw. Sicherheit. Brüderlichkeit und ↑ Solidarität sind zentrale Tugenden in sozialistischer Sicht. Seit dem 19. Jahrhundert trat an die Stelle der traditionellen Tugenden vielfach das *selfishness-Prinzip* (= Prinzip der Selbstsucht) aufgrund der Annahme, daß der Egoismus der einzelnen zum gesellschaftlichen Fortschritt und Wohlstand sowie, im Gleichgewicht der sich gegenseitig die Waage haltenden individuellen Bestrebungen, zur allgemeinen Harmonie der gesellschaftlichen Beziehungen führen würde. Die Betrachtung der politischen Tugenden trat demgegenüber zurück. In der politischen Erziehung werden sie heute kaum noch erwähnt. – ↑ auch Moral, ↑ politische Moral.

Typus: Urbild oder ideale Gestalt, Grund- oder Allgemeinbegriff. Typologische Begriffe heben das Charakteristische heraus (z. B. das typische westfälische Bauernhaus oder eine typische Handlungsweise). Der typologische Begriff kennt keine genauen definitorischen Abgrenzungen, sondern ordnet die Gegenstände ohne scharfe Grenzziehung nach ihrer mehr oder weniger großen Entsprechung einem T. zu. Damit wird eine Orientierung auch bei vielschichtigen Sachverhalten und Entwicklungen möglich, die infolge allmählicher Übergänge eine scharf abgrenzende Begrifflichkeit und damit auch Trennung von Zusammengehörigem nicht zulassen. – ↑ auch Idealtypus.

U

Überbau: Im ↑ historischen Materialismus Bezeichnung für politisch-kulturelle Erscheinungen in der Gesellschaft, die von der ↑ Basis (den ökonomischen, d. h. den Produktionsverhältnissen) und ihren Veränderungen grundsätzlich abhängig gedacht werden. Im wesentlichen handelt es sich dabei um den Bereich der Vorstellungen (Ideale, Ideologien, aber auch Wissenschaft und Kunst), insbesondere um solche, mit denen in einer ↑ Klassengesellschaft Klassenherrschaft gerechtfertigt und begründet werden kann (z. B. Herrschaftsideologien, Recht, Religion). Auch die Institutionen der Herrschaftsausübung, die Zwangsmittel zur Aufrechterhaltung von Klassenherrschaft wie der Staatsapparat, die Polizei, ↑ Klassenjustiz u. a. werden zum Ü. gerechnet. Der Nachweis einer grundsätzlichen oder gar eindeutigen Abhängigkeit (und Klassenbezogenheit) des Ü., der Kunst, aber auch der Formen der Staatsorganisation von der Basis läßt sich jedoch nur schwer und allenfalls partiell erbringen.

Überflußgesellschaft bezeichnet den durch wachsende Warenproduktion und gestiegene Masseneinkommen erreichten wirtschaftlichen Wohlstand der westlichen ↑ Industriegesellschaften im Gegensatz zur *Mangelwirtschaft* der Länder der ↑ dritten und ↑ vierten Welt oder der ehemaligen UdSSR.

Überhangmandat ↑ Bundestagswahlen.

UdSSR ↑ Sowjetunion.

Ultimatum [von lateinisch ultimus »der Letzte«] bezeichnet im ↑ Völkerrecht die Aufforderung eines ↑ Völkerrechtssubjekts an ein anderes zu bestimmten Handlungen oder Unterlassungen, die mit einer bestimmten Frist verbunden ist. Die Nichterfüllung eines U. kann unter Umständen den Abbruch der diplomatischen Beziehungen und einen Krieg nach sich ziehen.

Umsatz ist im weiteren Sinn die Beschaffung bzw. der Absatz eines Gutes. Im engeren Sinn bezeichnet man damit den Wert der von einem Unternehmen in einem bestimmten Zeitraum abgesetzten Erzeugnisse. Der U. ist nicht mit dem ↑ Gewinn zu verwechseln, den man erst erhält, wenn man vom Erlös der abgesetzten Waren die Kosten ihrer Produktion abzieht.

Umsatzsteuer ↑ Steuern.

Umschulung:
◇ Der Wechsel eines Schülers von einer Schule in eine andere z. B. aus Leistungsgründen oder aufgrund eines Wohnortwechsels.
◇ Das Umlernen oder Neuerlernen eines Berufs. Gründe dafür können Invalidität, Krankheit oder Unzufriedenheit mit dem bisherigen Beruf sein. Auch strukturelle Änderungen in der Wirtschaft können eine U. notwendig machen. Bedingt durch den schnellen wirtschaftlichen Wandel werden Umschulungen immer häufiger. Umschulungskurse werden von den Arbeitsämtern eingerichtet und getragen und nach Maßgabe des ↑ Arbeitsförderungsgesetzes gefördert. Besonders große Bedeutung gewann die berufliche U. und Qualifizierung durch die Umstrukturierung der Wirtschaft in den neuen Bundesländern.

Umverteilung *(Redistribution):* Nachträgliche Änderung der Primärverteilung von Einkommen und Vermögen, meist aufgrund staatlicher Maßnahmen. Die U. durch den Staat strebt einen sozialen Ausgleich zwischen den im Produktionsprozeß unterschiedlich begünstigten ↑ Wirtschaftssubjekten an. Die Problematik der Umverteilungspolitik liegt einerseits darin, daß durch die Primärverteilung Begünstigte den Umverteilungsmaßnahmen Widerstand entgegensetzen, andererseits in der mangelnden Durchschaubarkeit der Auswirkungen einer globalen Umverteilungspolitik auf die einzelnen Wirtschaftssubjekte.

Umweltbundesamt: Das U. wurde 1974 als Bundesoberbehörde in Berlin errichtet. Zu seinen Aufgaben gehört die wissenschaftliche Unterstützung des Bundesministers für Umwelt, Naturschutz und Reaktorsicherheit auf den Gebieten der Luftreinhaltung, Lärmbekämpfung, Abfallwirtschaft, Wasserwirtschaft, des Bodenschutzes und der Umweltchemikalien. Das U. hilft insbesondere bei der Erarbeitung von Rechts- und Verwaltungsvorschriften sowie der Sammlung und Aufbereitung von Umweltdaten.

Umweltkriminalität: Straftaten gegen den Umweltschutz. Die durch das Gesetz zur Bekämpfung der U. vom 28. März 1980 in das StGB eingefügten §§ 324ff. stellen u. a. unter Strafe: die unbefugte Verunreinigung von Gewässern oder der Luft, den vorschriftswidrigen Umgang mit Kernbrennstoffen, das unerlaubte Betreiben einer genehmigungspflichtigen Anlage und die umweltgefährdende Abfallbeseitigung.

Umweltschutz: Unter U. versteht man die Gesamtheit der Maßnahmen und Bestrebungen, die dazu dienen, die natürlichen Lebensgrundlagen von Pflanzen, Tier und Mensch zu erhalten bzw. ein ökologisches Gleichgewicht zu bewahren oder gegebenenfalls wiederherzustellen. U. ist die Reaktion von Staat und Gesellschaft auf die Inanspruchnahme der Umwelt durch die vielfältigen Einwirkungen der Industriegesellschaft. Neben ↑ Immissionsschutz, ↑ Naturschutz und ↑ Landschaftspflege sind wichtige Aufgaben der U. die Wiederherstellung und Erhaltung der Reinheit und Leistungsfähigkeit der Gewässer, um die Trinkwasserversorgung und den Fischbestand zu sichern, sowie die geordnete ↑ Abfallentsorgung einschließlich des ↑ Recycling. Mittel der Umweltschutzpolitik sind: 1. Investitionen der ↑ öffentlichen Hand zur Beseitigung und Verhinderung von Umweltschäden; 2. das Verbot bestimmter schädlicher Einwirkungen auf die Umwelt; 3. die Berücksichtigung der Belange des U. bei behördlichen Entscheidungen, durch die umweltbeanspruchende Anlagen privater und öffentlicher Unternehmen genehmigt werden, z. B. bei der Planfeststellung für eine Straße die Auflage, einen Lärmschutzwall anzulegen. In diesem Zusammenhang wird eine stärkere Beteiligung der interessierten ↑ Öffentlichkeit an den Verwaltungsverfahren (↑ Partizipation) sowie das Recht von Umwelt- und Naturschutzvereinigungen diskutiert, behördliche Genehmigungen vor den Verwaltungsgerichten anzufechten; 4. finanzielle Impulse zur Vermeidung schädlicher Umwelteinwirkungen: a) Dem Verursacher von schädlichen Umwelteinwirkungen werden die Kosten der Vermei-

dung bzw. der Beseitigung der Umweltschäden durch Abgaben aufgebürdet, b) für die »Umweltnutzung« verlangt der Staat eine Abgabe, die einen ausreichenden Anreiz zur Vermeidung der Umweltbelastung bietet (z. B. Abwasserabgabengesetz), c) Subventionen und Steuererleichterungen (↑ Steuerpolitik) für Umweltinvestitionen, 5. die Verhinderung von Raumnutzungskonflikten mit Hilfe einer abgestimmten Gesamtplanung (↑ Landesentwicklungsplan), z. B. die Trennung umweltbelastender Gewerbebetriebe und Verkehrsanlagen von Wohnbereichen.

Umweltverträglichkeitsprüfung (UVP): In Ausführung einer EG-Richtlinie vom 27. Juni 1985 wurde mit dem Gesetz über die Umweltverträglichkeitsprüfung vom 12. Februar 1990 festgelegt, daß zum Zweck der Umweltvorsorge bei bestimmten öffentlichen und privaten Projekten nach einheitlichen Grundsätzen eine U. durchzuführen ist. Sie soll sicherstellen, daß bei bestimmten Vorhaben »die Auswirkungen auf die Umwelt frühzeitig und umfassend ermittelt, beschrieben und bewertet werden« und »das Ergebnis der U. so früh wie möglich bei allen behördlichen Entscheidungen über die Zulässigkeit berücksichtigt wird.« Eine U. ist vorgeschrieben bei Anlagen, die mit Eingriffen in den Naturhaushalt und Auswirkungen auf Boden, Wasser und Luft verbunden sind. Ausgenommen sind Verteidigungsplanungen und Eingriffe durch die üblichen Bebauungspläne. Die Öffentlichkeit ist an der U. zu beteiligen. – auch ↑ Umweltschutz.

UN [United Nations, auch: UNO, United Nations Organization: »Organisation der Vereinten Nationen«]: Die Vereinten Nationen waren ursprünglich ein gegen die sog. Achsenmächte (= Deutschland, Italien, Japan und die mit Deutschland verbündeten Staaten gerichtetes Kriegsbündnis von anfänglich (1942) 26, bis Ende des 2. Weltkrieges 47 Staaten. Nach Konferenzen in Moskau (1943), Teheran (1943), Dumbarton Oaks (1944) und Jalta (1945) wurde am 26. Juni 1945 in San Francisco die *Charta der UN* von 51 Staaten unterzeichnet. Sie trat am 24. Oktober 1945 in Kraft. Heute sind fast alle Staaten der Welt Mitglied.

Die Kosten einer Beseitigung oder Milderung von Umweltschäden können entweder vom Staat (Gemeinlastprinzip, GMLP) und/oder vom Verursacher (Verursacherprinzip, VUP) getragen werden.

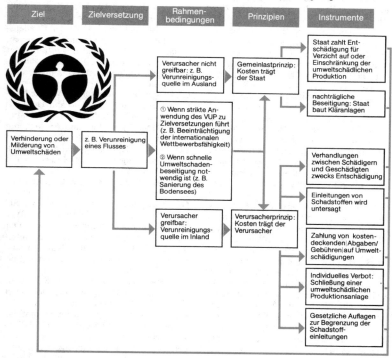

Ziel	Zielversetzung	Rahmen-bedingungen	Prinzipien	Instrumente

Umweltschutz. Prinzipien des Umweltschutzes

Die *Charta der UN* ist ein völkerrechtlicher Vertrag und die Verfassung der Organisation. Hauptziele der UN sind die Friedensbewahrung durch ↑ kollektive Sicherheit und friedliche Streitbeilegung, die Förderung der internationalen Zusammenarbeit, insbesondere bei der Hebung des Lebensstandards, die Förderung der Kultur und der ↑ Menschenrechte. Diese Ziele werden auf der Grundlage bestimmter Grundsätze des Völkerrechts angestrebt. Die wichtigsten dieser Grundsätze sind die souveräne Gleichheit und Nichtdiskriminierung der Mitglieder, das ↑ Selbstbestimmungsrecht, das Gewaltverbot in den internationalen Beziehungen und die Pflicht, Streitigkeiten, die den internationalen Frieden oder die internationale Sicherheit gefährden, auf friedlichem Weg beizulegen, nach Treu und Glauben zusammenzuarbeiten sowie das Recht der individuellen und kollektiven Selbstverteidigung gegen bewaffnete Angriffe. Die UN selbst ist gehalten, sich nicht in Angelegenheiten einzumischen, die wesentlich der inneren Zuständigkeit eines Mitgliedsstaates unterliegen.

Die Organe der UN sind die Generalversammlung, der Sicherheitsrat, der Wirtschafts- und Sozialrat, der Treuhandrat, der ↑ Internationale Gerichtshof und das Sekretariat. Daneben gibt es eine Vielzahl von Sonderorganisationen wie z.B. die ↑ UNCTAD, die ↑ UNESCO oder die

↑ UNICEF. Die *Generalversammlung,* die jährlich mindestens einmal tagt, besteht aus allen Mitgliedsstaaten mit je einer Stimme.

Der *Sicherheitsrat* besteht aus fünfzehn Mitgliedern, davon fünf ständigen (China, Frankreich, Großbritannien, USA, Rußland) und zehn nichtständigen, die auf zwei Jahre von der Generalversammlung gewählt werden. Er ist vorrangig zuständig für die Aufrechterhaltung des internationalen Friedens und der Sicherheit. So stellt er das Bestehen einer Friedensbedrohung, eines Friedensbruchs oder eines Aggressionsaktes fest und kann Empfehlungen oder bindende Entscheidungen zur Aufrechterhaltung oder Wiederherstellung von Frieden und Sicherheit treffen; dies kann bis zum Einsatz bewaffneter Streitkräfte gehen (UN-Blauhelme). Jedes Mitglied des Sicherheitsrats hat eine Stimme. Beschlüsse in Verfahrensfragen werden mit mindestens neun Stimmen gefaßt, in allen übrigen Fragen gleichfalls, doch ist hier zusätzlich erforderlich, daß kein ständiges Mitglied dagegen stimmt (Vetorecht). Infolge der Gegensätze zwischen den Atomgroßmächten funktionierte das kollektive Sicherheitssystem der UN nur sehr beschränkt. Erst die Annäherung zwischen den USA und der UdSSR seit Ende der 1980er Jahre ermöglichte gemeinsame Beschlüsse und daraus folgend eine konsequente Haltung der UN (z. B. im zweiten Golfkrieg) Von wachsender Bedeutung ist auch das Verhalten der stimmenmäßig erheblich ins Gewicht fallenden Länder der ↑ dritten Welt.

Der *Wirtschafts- und Sozialrat* nimmt für die UN die Aufgabe wahr, den wirtschaftlichen und sozialen Fortschritt sowie die umfassende friedliche Zusammenarbeit der Staaten auf allen Gebieten zu fördern und den allgemeinen Menschenrechten überall zur Geltung zu verhelfen.

Der *Treuhandrat* ist das verantwortliche Organ für das Treuhandsystem und die Gebiete ohne Selbstregierung. − ↑ auch Treuhand.

Das *Sekretariat* ist das Verwaltungsorgan der UN. Es steht unter der Leitung des *Generalsekretärs,* der auf Empfehlung des Sicherheitsrats von der Generalversammlung für fünf Jahre gewählt wird (Wieder-

wahl ist möglich). Die Charta bestimmt, daß der Generalsekretär wie auch der Mitarbeiterstab des Sekretariats dem Einfluß ihrer Heimatländer entzogen sind. Der Generalsekretär kann Fälle der Friedensbedrohung vor den Sicherheitsrat bringen, er faßt im Rahmen seiner Zuständigkeit Beschlüsse im eigenen Ermessen und besitzt eigene diplomatische Handlungsmöglichkeiten.

UNCTAD [Abk. für englisch »United Nations Conference on Trade and Development«]: Konferenz der Vereinten Nationen (↑ UN) für Handel und Entwicklung mit Sitz in Genf. Die UNCTAD bemüht sich um die Neuordnung der wirtschaftlichen Beziehungen zwischen Industrie- und Entwicklungsländern.

UNESCO [Abk. für englisch United Nations Educational, Scientific, and Cultural Organization]: Organisation der Vereinten Nationen (↑ UN) für Erziehung, Wissenschaft und Kultur mit Sitz in Paris. Der UNESCO obliegt die Förderung der allgemeinen Bildung und des Kulturaustausches. Sie fördert auch internationale Forschungsvorhaben.

Unfallversicherung: In der Reichsversicherungsordnung gesetzlich geregelter Zweig der ↑ Sozialversicherung. Die U. soll den Arbeitnehmer vor dem Unfallrisiko bei der Ausübung seines Berufs schützen. Tritt ein Schaden ein, so ist der Arbeitgeber zur Schadensanzeige verpflichtet und der Geschädigte hat, falls der Unfall von ihm nicht vorsätzlich oder grob fahrlässig verursacht wurde, einen Rechtsanspruch auf Entschädigung. Die U. schließt Unfälle auf dem Arbeitsweg und Berufskrankheiten mit ein. Träger der U. sind in der Wirtschaft gewerbliche Berufsgenossenschaften, im öffentlichen Dienst gemeindliche Unfallversicherungsträger sowie staatliche und kommunale Ausführungsbehörden, die für ihre Mitglieder gegenüber dem Arbeitnehmer haften. Die Ausgaben werden durch ein Umlageverfahren finanziert. Im Gegensatz zur ↑ Renten- und ↑ Krankenversicherung tragen bei der U. allein die Arbeitgeber die Kosten.

UNICEF [Abk. für englisch »United Nations International Children's Emergency Fund«]: Weltkinderhilfswerk der ↑ UN mit Sitz in New York; die UNICEF nimmt sich insbesondere der Fürsorge für die Kinder der Entwicklungsländer an.

UNIDO [Abk. für englisch »United Nations Industrial Development Organization«]: Organisation der Vereinten Nationen (↑ UN) für industrielle Entwicklung mit Sitz in Wien.

Unitarismus [von lateinisch unitas »Einheit«]: Das Streben nach mehr Vereinheitlichung, meist zugleich auch Stärkung der Zentralgewalt in einem ↑ Staatenbund oder ↑ Bundesstaat. Im Extremfall führt der U. zur Aufgabe eines föderativen Systems und zum ↑ Einheitsstaat. – Im Gegensatz dazu: ↑ Föderalismus, ↑ Partikularismus.

United Nations ↑ UN.

Universität ↑ Hochschule.

unlauterer Wettbewerb ↑ Wettbewerb.

UNO ↑ UN.

Unrecht ↑ Recht.

Unterdrückung:
◊ In der Psychologie die bewußte oder unbewußte Verdrängung von Triebwünschen; sie ist Voraussetzung des menschlichen Zusammenlebens und menschlicher ↑ Kultur (↑ auch Sublimierung), kann aber auch zu individuellen Fehlentwicklungen führen.
◊ Soziale U. von Gruppen oder eines Volkes ist durch vielfältige Mittel möglich (z. B. durch ↑ Manipulation, Nachrichtenunterdrückung in der Presse, Zensur, Wahlmanipulation, Polizei- und Militäreinsatz) und richtet sich gegen besondere Wünsche und Ansprüche oder gegen die Freiheit überhaupt.

Unterhaltspflicht besteht nach dem ↑ Ehe- und Familienrecht zwischen Ehegatten sowie im Verhältnis Eltern-Kinder (↑ auch nichteheliche Kinder) und anderen in gerader Linie Verwandten (Großeltern-Eltern-Kind), nicht jedoch z. B. unter Geschwistern oder Verschwägerten. Ein Ehegatte kann auch bei Getrenntleben oder nach der Scheidung z. B. dann Unterhalt verlangen, wenn er wegen der Betreuung eines gemeinsamen Kindes oder wegen seines Gesundheitszustandes keine ↑ Erwerbstätigkeit aufnehmen kann, die seinen Fähigkeiten oder den früheren ehelichen Lebensverhältnissen entspricht. Das gleiche gilt bei Aufnahme einer wegen der Ehe nicht begonnenen oder abgebrochenen Schul- oder Berufsausbildung. Im Verhältnis zu Kindern umfaßt die U. der Eltern auch die Kosten für eine den Fähigkeiten des Kindes entsprechende Ausbildung, in Ausnahmefällen auch die für eine Zweitausbildung.

Unterhaus (House of Commons): Bezeichnung für die zweite Kammer des britischen Parlaments, heute auch gleichbedeutend gebraucht als Kennzeichnung des britischen Parlaments selbst, da das U. seit den Reformgesetzen von 1911 und 1949 allein das Zentrum politischer Auseinandersetzungen in England ist. Die Mitglieder des U. werden nach dem System der relativen Mehrheitswahl für fünf Jahre direkt und allgemein gewählt. Die Peers, die durch Erbrecht Mitglieder des ↑ Oberhauses (der ersten Kammer) sind, haben kein Wahlrecht. Das U. hat 650 Mitglieder, der Sitzungssaal allerdings hat nur für einen Bruchteil von ihnen Platz. Mindestens 71 Sitze müssen auf schottische, mindestens 35 auf walisische und 12 auf nordirische Abgeordnete entfallen. Der ↑ Speaker ist dem Bundestagspräsidenten vergleichbare Vorsitzende des Unterhauses. – ↑ auch Zweikammersystem.

Unternehmen sind Wirtschaftsbetriebe, die der Produktion von Sachgütern und ↑ Dienstleistungen und letztlich dem Ziel dienen, menschliche Bedürfnisse zu befriedigen. Dies geschieht durch planvoll kombinierten Einsatz der ↑ Produktionsfaktoren (Arbeit, Betriebsmittel, Werkstoffe u. a.) unter Anwendung des Prinzips der ↑ Wirtschaftlichkeit. In einer zentral geleiteten (↑ Zentralverwaltungs-)Wirtschaft werden die unternehmerischen Entscheidungen nicht autonom und marktorientiert gefällt, das U. ist hier nur ausführendes Organ zentraler Wirtschaftsbehörden. Dagegen sind in einem dezentralisierten marktwirtschaftlichen System die Produktionsentscheidungen der einzelnen U. unabhängig und am Markt orientiert (↑ Marktwirtschaft). Ein U. kann mehrere Betriebe gleicher oder unterschiedlicher Form umfassen. U. können in unterschiedlichen Rechtsformen organisiert sein, die man an ihrer Firmierung erkennt (Einzelunternehmen, ↑ Personen-, ↑ Kapitalgesellschaft).

Unternehmer ist derjenige, der eigenverantwortlich ein † Unternehmen leitet und hierüber zu umfassenden Entscheidungen befugt ist. Der *selbständige U.* ist Inhaber des von ihm geleiteten Unternehmens, hat die Verfügungsgewalt über den erwirtschafteten † Gewinn, trägt aber auch das finanzielle Risiko. Demgegenüber hat der *angestellte U. (Manager)* in der Regel keinen rechtlichen Anteil am Unternehmenskapital, jedoch besitzt er darüber weitgehende Verfügungsgewalt und Entscheidungsbefugnis. Beim selbständigen U. fallen also Kapital- und Unternehmerfunktion grundsätzlich zusammen, beim angestellten U. († auch Management) dagegen sind sie meistens getrennt.

Unternehmerverbände: Neben den Berufsverbänden und den † Arbeitgeberverbänden sind die U. die dritte Hauptart der *Wirtschaftsverbände.* Während die Berufs- und Arbeitgeberverbände die Vertretung der beruflichen Interessen sowie die Weiterbildung ihrer Mitglieder wahrnehmen bzw. sozialpolitische Ziele verfolgen, bestehen die Aufgaben der U. in der Förderung der Zusammenarbeit zwischen den einzelnen Unternehmen eines Wirtschaftszweiges und in der Wahrnehmung ihrer fachlichen und wirtschaftspolitischen Interessen. Bei den U. unterscheidet man zwischen den *Fachverbänden* (z. B. Verband Deutscher Drogisten), *Branchenverbänden* (z. B. Gesamtverband der Deutschen Versicherungswirtschaft) und den reinen *Regionalverbänden* wie den † Industrie- und Handelskammern.

Unterschicht † Schichtung.

Unterschlagung begeht derjenige, der sich eine fremde Sache, die sich bereits in seinem Gewahrsam befindet, rechtswidrig aneignet, z. B. geliehene oder Fundsachen (im Gegensatz zur Wegnahme beim † Diebstahl).

Untersuchungsausschuß: Parlamentsausschuß zur Aufklärung bestimmter Sachverhalte. Nach Art. 44 GG hat z. B. der Bundestag das Recht und auf Antrag eines Viertels seiner Mitglieder die Pflicht, einen U. einzusetzen, der in öffentlicher Verhandlung die erforderlichen Beweise erhebt. Der U. wird als parlamentarisches Hilfsorgan des Bundestags zu Kontroll- und Informationszwecken benutzt

(*Enquêterecht* des Parlaments). Die Aufgaben eines U. sind nach dem Untersuchungsthema zu unterscheiden. Bei Legislativenquêten dient der U. als Informationsmittel zur Vorbereitung schwieriger Gesetzesvorlagen. Die Exekutivkontrolle (Verwaltungsenquête) dient der Überwachung der Verwaltung durch das Parlament. Schließlich kann ein U. die Aufgabe der Ansehenswahrung des Parlaments bei Bestechungsfällen oder bei unkorrektem Verhalten von Abgeordneten wahrnehmen. Die politische Wirksamkeit des parlamentarischen U. bei der Durchführung von Untersuchungen öffentlicher Mißstände und Skandale ist bis heute zweifelhaft geblieben. Zahlreiche Reformvorschläge wurden bislang nicht verwirklicht; Verfahrensgesetze für Untersuchungsausschüsse wurden bislang nur in einigen Ländern für die Untersuchungsausschüsse der Landtage erlassen.

Untersuchungshaft wird durch † Haftbefehl bei Gefahr (Flucht-, Verdunkelungs-, Wiederholungsgefahr) angeordnet. U. ist keine Strafe (obwohl sie auf die später verhängte Strafe angerechnet werden kann), sie hat die Sicherung des Verfahrens zum Zweck; Erleichterungen oder Einschränkungen bestimmt der Haftrichter.

Unverletzlichkeit der Wohnung wird durch Artikel 13 GG als † Grundrecht garantiert. Die Staatsgewalt darf sich darüber gegen oder ohne den Willen des Wohnungsinhabers nur dann hinwegsetzen, soweit dies im Grundgesetz vorgesehen oder zugelassen ist. Wohnungsdurchsuchungen dienen überwiegend der Sicherung von Beweismaterial im Strafprozeß; sie bedürfen grundsätzlich der richterlichen Anordnung (Durchsuchungsbefehl). Im übrigen sind Eingriffe und Beschränkungen nur zur Abwehr einer allgemeinen Gefahr oder einer Lebensgefahr für einzelne Personen, aufgrund eines förmlichen Gesetzes auch zur Verhütung dringender Gefahren für die öffentliche Sicherheit und Ordnung zulässig. Der Begriff Wohnung umfaßt nicht nur die Privatwohnung, sondern auch Betriebs- und Geschäftsräume. – † auch Hausfriedensbruch.

Urabstimmung: Direkte Entscheidung der Mitglieder einer † Gewerkschaft nach dem Scheitern der Tarifverhandlungen über die Einleitung und Durchführung eines ↑ Streiks bzw. über die Beendigung eines ↑ Arbeitskampfes. Meist sind für die Ausrufung eines Streiks ebenso wie für dessen Fortsetzung (nach Ablehnung des Einigungsvorschlags) 75% der Stimmen erforderlich (je nach Satzung der Gewerkschaft unterschiedlich).

Urheberrecht schützt den Schöpfer von Werken der Literatur, Wissenschaft und Kunst in seinen geistigen und persönlichen Beziehungen zu seinem Werk und in der wirtschaftlichen Nutzung seines geistigen Eigentums. Demgemäß unterscheidet das Urheberrechtsgesetz zwischen dem Urheberpersönlichkeitsrecht (Veröffentlichungsrecht sowie das Recht, Entstellungen des Werks zu verbieten) und den Verwertungsrechten (z. B. das Vervielfältigungs-, Ausstellungs- und Senderecht). Der Urheber kann einem anderen das Recht einräumen, das Werk zu nutzen. Das Urheberrecht erlischt 70 Jahre nach dem Tod des Urhebers. Wer das Urheberrecht verletzt, kann vom Verletzten z. B. auf Unterlassung oder Schadensersatz verklagt werden.

Urlaub bezeichnet die vorübergehende Befreiung eines Arbeitnehmers, eines Beamten oder Soldaten vom Dienst aus besonderen Gründen (z. B. Krankheit, familiäre Angelegenheiten) und im engeren Sinn den alljährlichen Erholungsurlaub. Alle Auszubildenden und Arbeitnehmer haben nach dem Bundesurlaubsgesetz nach einer Wartezeit von sechs Monaten unabdingbaren Anspruch auf bezahlten *Erholungsurlaub* (1965: 19,5, 1970: 20,3, 1975: 24,1, 1980: 27,5, 1983: 30,0, 1990: 30,6 Arbeitstage durchschnittlich), der zu diesem Zwecke zu nutzen ist. Bezahlte Arbeit während des U. oder Abgeltung des U. durch Bezahlung ist nicht erlaubt. Die gesetzlichen Mindestbestimmungen werden häufig durch Tarifverträge oder Einzelvereinbarungen erhöht. Jugendliche haben aufgrund des Kinder- und Jugendhilfegesetzes je nach Alter längeren Urlaub, ebenso besondere Personengruppen (z. B. Schwerbeschädigte, Schiffsbesatzungen). Bewerber um ein Abgeordnetenmandat erhalten zur Wahlvorbereitung bezahlten Urlaub.

Urteil: Gerichtliche Entscheidung über einen vor einem Gericht anhängigen Rechtsstreit (↑ gerichtliches Verfahren). Es muß schriftlich abgefaßt werden und besteht aus dem *Rubrum* (Urteilskopf), dem *Tenor* oder der Urteilsformel, dem Tatbestand und den Entscheidungsgründen. Bei Urteilen der Verwaltungs-, Finanz- und Sozialgerichte wird auch noch eine Rechtsmittelbelehrung hinzugefügt. In welcher Form die Urteile abzufassen sind, ist in den jeweiligen Prozeßordnungen der verschiedenen Gerichtszweige geregelt.

USA [amtliche Vollform: United States of America]: Bundesstaat aus fünfzig Einzelstaaten und einem Bundesdistrikt (= Washington D.C. [District of Columbia] als *Hauptstadt*). Zwei Einzelstaaten, Alaska und Hawaii, liegen außerhalb des geschlossenen Staatsgebiets, das eine *Fläche* von 9 372 614 km^2 (davon 202 711 km^2 Wasserflächen) umfaßt; *Bevölkerung:* 246,3 Mill. Einwohner (1989), 26 E/km^2. 83,1% der Bevölkerung sind Weiße (davon 6,4% Lateinamerikaner), 11,7% Schwarze.

Von 1763–89 lösten sich die dreizehn britischen Kolonien an der Ostküste Amerikas v. a. aufgrund wirtschaftlicher Differenzen vom Mutterland. Der sich nach der Unabhängigkeitserklärung von 1776 entwickelnde Unabhängigkeitskrieg dauerte sieben Jahre und endete mit der Freigabe der Kolonien im Frieden von Paris 1783. Ein Verfassungskonvent in Philadelphia führte zur sozialen und wirtschaftlichen Konsolidierung des neuen Staates und zur Verfassung von 1787, die seit dem 22. Juni 1788 bis heute – mit 26 Zusätzen (↑ Amendments) – gültig ist.

Nach dieser Verfassung ist die USA eine präsidentielle Demokratie mit bundesstaatlicher Ordnung. Tragende Verfassungsprinzipien sind die Gewaltenteilung (»separation of power«) und die Gewaltenbalance (»check and balances«), die eine starke politische Machtzusammenballung verhindern sollen. Die exekutive Gewalt liegt beim Präsidenten, der zugleich Staatsoberhaupt, Regierungschef und Oberbefehlshaber der Streitkräfte ist. Er wird auf vier Jahre in zwei großen Wahlgängen gewählt: den Wahlen zur Nominierung des Parteikandidaten und den eigentlichen Präsidentschaftswahlen. Beide Wahlen sind indirekte Wahlen über Wahlmänner. Die machthemmende Intention der Verfassung kommt auf Bundesebene u. a. darin zum Ausdruck, daß der Präsident einerseits kein formales Recht zur Gesetzesinitiative besitzt (allerdings nutzt er heute extensiv die Möglichkeit, »Maßnahmen zur Beratung zu empfehlen, die er für notwendig und nützlich erachtet«), andererseits gegenüber allen Beschlüssen des Kongresses ein suspensives Veto hat, das dieser nur mit Zweidrittelmehrheit überstimmen kann. Der Kongreß als gesetzgebende Gewalt besteht aus Senat und Repräsentantenhaus, die im Gesetzgebungsprozeß grundsätzlich gleichberechtigt sind. Dabei ist der Senat (100 Mitglieder) mit je zwei auf sechs Jahre gewählten Senatoren je Einzelstaat die eigentliche Vertretung der Einzelstaaten (»states«) auf Bundesebene. Die Vertreter des Repräsentantenhauses (435 Mitglieder) werden für zwei Jahre in allgemeinen und direkten Wahlen in Einmannwahlkreisen gewählt (Mehrheitswahlrecht). Die Anzahl der Abgeordneten der Einzelstaaten richtet sich nach der Einwohnerzahl.

Die vertikale Gewaltenteilung kommt in der Gestaltung der bundesstaatlichen Ordnung zum Ausdruck. Dabei geht die Zuständigkeit und Selbständigkeit der Einzelstaaten weiter als z. B. die der Länder in der BR Deutschland. Allerdings wuchs die Macht des Bundes in den vergangenen 40 Jahren durch extensive Verfassungsauslegung v. a. im Bereich der Wirtschafts- und Sozialpolitik.

Gestärkt wird die vertikale Gewaltenteilung durch die dezentrale Struktur des amerikanischen Parteiensystems. Das Schwergewicht der Organisationsstruktur der beiden beherrschenden Parteien (Zweiparteiensystem), der Demokratischen und der Republikanischen Partei, liegt in den Einzelstaaten und den großen Städten, während die Bundesorganisation sich im wesentlichen auf die Präsidentschaftswahlen konzentriert. Prinzipiell sind die Parteien in den USA keine »Weltanschauungsparteien« wie traditionell in Europa, sondern relativ lose Vereinigungen zur Erringung und Erhaltung politischer Macht, auch wenn sich insgesamt

unterschiedliche Grundtendenzen in Richtung auf eine sozialstaatliche (Demokraten) oder konservative Politik (Republikaner) feststellen lassen. Das Gerichtswesen ist dualistisch, d. h. der Bund wie auch die Einzelstaaten besitzen voll ausgebildete Gerichtssysteme, wobei sich die Zuständigkeit der einzelstaatlichen Gerichte auf das einzelstaatliche Recht, die Zuständigkeit der Bundesgerichte auf das Bundesrecht und Streitfälle zwischen Einzelstaaten bzw. Einwohnern verschiedener Einzelstaaten bzw. anderer Länder bezieht. – ↑ auch Supreme Court.

Utilitarismus: Philosophische Lehre, nach der nur als sittlich gut gilt, was in seiner Auswirkung nützlich ist. Für den U. verbürgt das Glücksstreben der einzelnen den bestmöglichen Zustand für alle. Sein Ziel ist das höchste Maß an Glück für die größtmögliche Zahl von Menschen.

Utopie [griechisch »Nirgendland«]: In allgemeiner Bedeutung Bezeichnung für ein nicht durchführbares Projekt, im engeren Sinn eine in Gedanken entwickelte Gesellschaftsform, die oft als Idealform der menschlichen Gesellschaft entworfen wird und zeigen soll, in welche Richtung sich die reale Gesellschaft entwickeln sollte. Utopien wurden von verschiedenen Denkern mit unterschiedlicher gesellschaftspolitischer Auffassung entworfen (z. B. religiöse und kommunistische Utopien). Sie können auch Schreckbilder von Gewalt und Unterdrückung (*negative Utopien,* z. B. A. Huxley) beinhalten. Neuerdings spricht man auch von »konkreten Utopien«, womit zumindest gegenwärtig nicht realisierbare, aber von ihren Anhängern als grundsätzlich verwirklichbar vorgestellte Projekte gemeint sind. Der Begriff U. wurde von Th. Morus (1478–1535) geprägt, der 1516 einen Roman über eine erfundene Gesellschaft auf der Insel »Utopia« veröffentlichte.

V

Vaterrecht ↑ Patriarchat.

VEB ↑ volkseigener Betrieb.

Veranlagung:

◊ (Steuerveranlagung) Verwaltungsverfahren, in dem das Finanzamt die Höhe der Steuerschuld für einen bestimmten Zeitraum ermittelt und durch einen Steuerbescheid festsetzt.

◊ In der Sozialpsychologie Bezeichnung für angeborene Eigenschaften, Fähigkeiten oder Verhaltensmerkmale. Während die Verhaltensbiologen früher annahmen, daß die meisten menschlichen Fähigkeiten und Eigenschaften durch V. bestimmt werden, behaupteten die Psychologen (v. a. die Behavioristen), daß alle Fähigkeiten und Verhaltensmerkmale durch die Umwelt geprägt, also gelernt werden. Heute ist man sich einig, daß durch V. die Bandbreite der möglichen Eigenschaften und Fähigkeiten festlegt. Durch Lernen und Umwelteinflüsse werden die vorhandenen Anlagen geschult und ausgeprägt. Bei der Intelligenz z. B. werden durch V. die Grenzen festgelegt, in denen sich die Intelligenz entwickeln kann. Innerhalb dieser Grenzen ist es dann möglich, sie durch Förderung oder Vernachlässigung zu verändern. − ↑ auch Begabung.

Verantwortlichkeit: Das Einstehenmüssen für eigene Handlungen (z. B. strafrechtliche V.) oder für die Handlungen anderer Personen, für die Verantwortung übernommen wurde (z. B. Eltern für ihre Kinder). Amtsinhaber sind nicht nur für ihr eigenes Verhalten, sondern auch für Handlungen und Zustände in ihrem Amtsbereich verantwortlich. V. bedeutet konkret, jemandem Rede stehen, Rechenschaft ablegen und Konsequenzen ziehen. Dies kann bei Amtsinhabern im freiwilligen Rücktritt bestehen, aber auch zur Disziplinarstrafe, zur Entfernung aus dem Amt, gegebenenfalls zu Schadensersatzverpflichtungen und zur Strafverfolgung führen. − ↑ auch Ministerverantwortlichkeit.

Verantwortungsethik ist eine ↑ Ethik, die auch die Folgen einer an sich sittlichen Handlungsweise und die Verantwortung, die der Handelnde damit übernimmt, bedenkt. Von der reinen *Gesinnungsethik* wird dagegen die Befolgung ethischer Wertvorstellungen, »koste es, was es wolle«, gefordert; sie kann daher utopische, radikale, ja sogar terroristische Züge annehmen. Die V. führt zu einer Abwägung unterschiedlicher, ethisch wertvoller Gesichtspunkte und damit (z. B. in der Politik) oft zum ↑ Kompromiß. Hinter der V. steht keine opportunistische Moral, wohl aber die Ablehnung eines moralischen Rigorismus, der zu unmenschlichen Konsequenzen führen kann.

Verbalnote: Im diplomatischen Verkehr eine offizielle und verbindliche schriftliche Zusammenfassung einer mündlichen Mitteilung, ohne Anrede und Unterschrift, jedoch mit einer abschließenden Höflichkeitsfloskel versehen. − ↑ auch Aide-mémoire, ↑ Memorandum.

Verbände ↑ Interessenverbände.

Verbandsgemeinden sind Zusammenschlüsse von ↑ Gemeinden zu selbständigen übergreifenden Organisationen zum Zweck der Rationalisierung der kommunalen Verwaltung. Die Organe der V. werden von den Mitgliedsgemeinden bestimmt.

Verbraucherschutz: Gesamtheit der rechtlichen Vorschriften, die den Verbraucher vor Benachteiligungen im Wirtschaftsleben schützen. Die Vorschriften sollen zum einen eine möglichst umfassende Information des Verbrauchers als Grundlage seiner Kaufentscheidung sichern (z. B. Lebensmittel-Kennzeichnungsverordnung, Preisauszeichnungspflicht) und zum anderen den Verbraucher in bestimmten Rechtsgeschäften schützen (z. B. bei ↑ Abzahlungs- oder ↑ Haustürgeschäften). Im weiteren Sinne dient dem V. auch die Verbraucheraufklärung, die z. B. über die »Stiftung Warentest« erfolgt. − ↑ auch Verbraucherverbände.

Verbraucherverbände: Organisationen mit der satzungsmäßigen Aufgabe der Vertretung der Verbraucherinteressen. Im Mittelpunkt der Tätigkeit der V. bzw. der *Verbraucherzentralen,* die in den einzelnen Bundesländern eingerichtet wurden, steht die Information und Beratung der Verbraucher *(Verbraucheraufklärung)*, wobei die V. auch zur Rechtsberatung befugt sind. Außerdem sind die V. berechtigt, mit Unterlassungsklagen Verstöße gegen das Gesetz gegen den unlauteren Wettbewerb zu unterbinden.

Verein: Dauerhafter Zusammenschluß mehrerer Personen (beim »eingetragenen Verein« mindestens sieben) zur Verfolgung bestimmter Zwecke (z. B. Sportvereine, wissenschaftliche Vereinigungen, ↑ Gewerkschaften, politische Vereinigungen wie ↑ Parteien). Vereine sind in bestimmter Weise organisiert (Mitgliederversammlungen, gewählter Vorstand) und vom Wechsel ihrer Mitglieder unabhängig. Sie können eine eigene ↑ Rechtsfähigkeit besitzen (z. B. ein Vereinsvermögen haben oder als V. vor Gericht auftreten) und werden in diesem Fall in ein Vereinsregister beim zuständigen Amtsgericht als »e. V.« (= »eingetragener Verein«) eingetragen. Die Vereinsbildung ist frei (↑ Vereinigungsfreiheit); ihre Grundsätze sind im ↑ Bürgerlichen Gesetzbuch geregelt.

Vereinigungsfreiheit: Art. 9 Abs. 1 GG garantiert allen Deutschen das Recht, Vereine und Gesellschaften zu bilden (allgemeine Vereinigungsfreiheit). Unter Vereinen und Gesellschaften ist ohne Rücksicht auf die Rechtsform jede Vereinigung zu verstehen, zu der sich eine Mehrheit von (natürlichen oder ↑ juristischen) Personen für längere Zeit freiwillig zusammengeschlossen hat, wobei der Zweck beliebig sein kann (z. B. Politik, Wissenschaft, Kunst, Erwerbstätigkeit, Wohltätigkeit, Geselligkeit, Sport). Nicht unter den Begriff der V. fallen politische Parteien sowie Religions- und Weltanschauungsgemeinschaften. Die V. umfaßt das Recht, Vereinigungen frei zu gründen sowie frei über den Beitritt und das Verbleiben in der Vereinigung zu entscheiden *(positive V.)*. Darüber hinaus schützt Art. 9 Abs. 1 GG den Bestand und die Betätigungsmöglichkeit des Vereins selbst. Die *negative V.* verbietet jeglichen Zwangszusammenschluß zu privatrechtlichen Vereinigungen. Dagegen schützt Art. 9 GG den einzelnen nicht vor einer gesetzlich angeordneten Eingliederung in eine öffentlich-rechtliche Körperschaft, sofern diese legitime öffentliche

Aufgaben wahrnimmt (wie z. B. Ärzte-, Rechtsanwalts-, Landwirtschaftskammern, Industrie- und Handelskammern).

Verboten sind Vereinigungen, deren Zweck oder Tätigkeit den allgemeinen Strafgesetzen zuwiderlaufen. Verboten sind auch Vereinigungen, die sich kämpferisch aggressiv gegen die ↑ freiheitliche demokratische Grundordnung des Grundgesetzes oder gegen den Gedanken der Völkerverständigung richten. Sie dürfen aber erst dann als verboten behandelt werden, wenn das Verbot durch eine Auflösungsverfügung der zuständigen Behörde ausgesprochen wurde. Nähere Regelungen finden sich im Gesetz zur Regelung des öffentlichen Vereinsrechts vom 5. August 1964 (Vereinsgesetz). Als Spezialfall der allgemeinen Vereinigungsfreiheit ist die ↑ Koalitionsfreiheit anzusehen.

Vereinte Nationen ↑ UN.

Verelendungstheorie: Bestandteil des ↑ Marxismus; die V. geht davon aus, daß infolge der Verbesserung der maschinellen Produktionsmittel der Bedarf an Arbeitskräften zurückgeht. Immer mehr Waren werden von immer weniger und schlechter qualifizierten Arbeitern produziert. Der Lohn sinkt, es kommt zu Arbeitslosigkeit, die Arbeiter verelenden und werden sich am Ende durch eine Revolution aus ihrer Lage befreien. Gegenüber dieser absoluten V. wird vielfach auch eine relative V. vertreten; sie behauptet, daß trotz der Zunahme des Arbeitslohns die Einkünfte der Arbeiter (relativ) gegenüber denen der Kapitalisten zurückbleiben.

Verfassung: Allgemein: Zustand, Verhältnis von Teilen eines Ganzen zueinander; im staatlichen Bereich: Machtverteilung, Art der Organisation der staatlichen Gewalt.

Seit dem 18. Jahrhundert bürgerte es sich ein, daß ↑ Staaten ihre V. schriftlich festlegten (z. B. die USA 1787, Frankreich 1791). Diese Verfassungen enthielten eine Neuregelung der staatlichen Organisation, insbesondere der politischen Willensbildung, und eine Grenzziehung der ↑ Staatsgewalt gegenüber ihren Bürgern. Im Sinne der liberalen Vorstellungen von einem freiheitlichen ↑ Rechtsstaat wurde von einer V. gefordert, daß sie eine Teilung der staatlichen Gewalt (↑ Gewaltenteilung) und ein

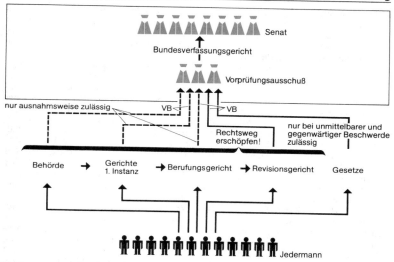

Verfassungsbeschwerde. Der Weg zur Verfassungsbeschwerde (VB)

Mitbestimmungsrecht des Volkes zumindest bei der Gesetzgebung (↑ Parlament) sowie die Garantie von ↑ Menschenrechten vorsah (*Verfassungsstaat* im engeren Sinne). Dementsprechend gliedern sich Verfassungen bis heute in der Regel in einen Grundrechtsteil und einen Teil, der die Staatsorganisation in Grundzügen festlegt. Es gibt aber Staaten, die diesen Prinzipien folgen, ohne sie schriftlich in einer Urkunde festzuhalten (z. B. Großbritannien), und andere, deren V. eine Gewaltenteilung nicht vorsieht (z. B. China).

Schriftliche Verfassungen gelten in der Regel als das höchste staatliche Gesetz (Grundgesetz) in einem Staat, nach dem sich auch der Gesetzgeber zu richten hat. Sie werden vom Träger der verfassunggebenden Gewalt, meist einer besonderen verfassunggebenden ↑ Nationalversammlung, erlassen (so in Frankreich 1791, in Deutschland in Frankfurt 1848/49 und in Weimar 1919). Früher wurden sie auch vom Monarchen als ↑ Staatsoberhaupt gegeben (Oktroi). Ihre Einhaltung wird häufig von besonderen ↑ Verfassungsgerichten überwacht. Ihre Änderung unterliegt ebenfalls einem besonderen Verfahren (↑ Verfassungsänderung). Da derartige Verfassungen nicht einfach die politischen Verhältnisse in einem Staat wiedergeben, sondern sie verbindlich zu regeln bemüht sind, kann es zu Spannungen zwischen ihnen und der ↑ Verfassungswirklichkeit kommen. Die Einhaltung der V. und der Regelungen zu ihrer Änderung ist die Grundvoraussetzung für ein friedliches Zusammenleben in einem Rechtsstaat. Aus diesem Grunde stehen Verfassungen meist unter einem besonderen *Verfassungsschutz.* – ↑ auch Grundgesetz.

Verfassungsänderung: Eine grundsätzlich auf Dauer beschlossene Verfassung kann nur unter erschwerten verfahrensmäßigen Voraussetzungen geändert werden. Für die Änderung des ↑ Grundgesetzes ist z. B. ein mit zwei Dritteln der Mitglieder des Deutschen ↑ Bundestages und zwei Dritteln der Stimmen des ↑ Bundesrates beschlossenes ↑ Gesetz erforderlich, das den Wortlaut des Grundgesetzes ausdrücklich ändert oder ergänzt (Verbot der sog. »stillschweigenden« V. durch ein verfassungdurchbrechendes Gesetz); einige Prinzipien der verfassungsmäßigen Ordnung des Bundes (z. B. Achtung der

↑ Menschenwürde, Rechtsstaatsprinzip, ↑ Volkssouveränität, ↑ Gewaltenteilung, bundesstaatlicher Aufbau) dürfen nicht berührt werden (Art. 79 GG).

Verfassungsbeschwerde kann vor dem ↑ Bundesverfassungsgericht (und entsprechend vor den Landesverfassungsgerichten) von jedermann mit der Behauptung erhoben werden, durch die ↑ öffentliche Gewalt in seinen ↑ Grundrechten verletzt zu sein. Die Grundrechtsverletzung kann durch ein Gesetz, durch die Anordnung einer Verwaltungsbehörde oder durch eine Gerichtsentscheidung zustande kommen. Die V. kann ohne Inanspruchnahme eines Rechtsanwalts schriftlich vorgetragen werden. Das Verfahren ist kostenfrei. Die V. ist »subsidiär«. Kann das mit ihr angestrebte Ziel auf andere Weise erreicht werden, so darf sie erst dann erhoben werden, wenn der ↑ Rechtsweg bei den zunächst zuständigen Gerichten ausgeschöpft worden ist. Um eine Überlastung des Bundesverfassungsgerichts mit V. zu verhindern, hat jeder Senat mehrere, jeweils aus drei Richtern bestehende Ausschüsse, die einstimmig die Annahme einer unzulässigen V. oder einer V. ohne Erfolgsaussicht ablehnen können. – Abb. S. 405.

Verfassungsgerichte sind besondere Gerichte zur Entscheidung verfassungsrechtlicher Fragen. In der BR Deutschland gibt es außer dem ↑ Bundesverfassungsgericht in Karlsruhe auch Landesverfassungsgerichte, die teils Verfassungsgerichtshof, teils Staatsgerichtshof heißen (nur Schleswig-Holstein und Berlin hatten bis 1991 kein eigenes Verfassungsgericht). Sie haben über die Einhaltung der jeweiligen Landesverfassung zu wachen und sind keine ständig tagenden Gerichte mit hauptamtlichen Richtern. Ihre Zuständigkeiten sind jedoch denen des Bundesverfassungsgerichts ähnlich. – ↑ auch Verfassungsgerichtsbarkeit.

Verfassungsgerichtsbarkeit: Das in der Regel einem Staats- oder Verfassungsgerichtshof übertragene Verfahren zur Entscheidung verfassungsrechtlicher Streitigkeiten. Die Einrichtung der V. hat ihre historische Grundlage in der rechtsstaatlichen Überlegung, Verfassungskonflikte nicht durch eine politische Machtentscheidung, sondern durch das Urteil eines unabhängigen, speziell hierfür vorgesehenen Gerichts zu klären. Hauptargument der Kritik gegen die V. ist die Ansicht, daß die ↑ Verfassungsgerichte im Grunde keine Rechtsentscheidungen, sondern politische Entscheidungen treffen und damit ihre Zuständigkeit überschreiten und in die des Parlaments eindringen. V. wird seit jeher vom ↑ Supreme Court in den USA ausgeübt. In Deutschland hat es schon früher Ansätze zu einer V. (im Deutschen Bund, in der Reichsverfassung von 1849 (*Paulskirchenverfassung*), im Staatsgerichtshof der Weimarer Republik) gegeben. In der BR Deutschland ist sie stark ausgebildet.

Verfassungsschutz ↑ Nachrichtendienste.

Verfassungstreue: Die Beachtung der ↑ Verfassung ist die Pflicht eines jeden Staatsbürgers. Auch die Freiheit der (wissenschaftlichen) Lehre entbindet nicht von der Treue zur Verfassung (so Art. 5 Abs. 3 GG). In besonderem Maß wird V. von ↑ Beamten und den Angestellten und Arbeitern im ↑ öffentlichen Dienst verlangt. Das Bundesbeamtengesetz (§ 7) setzt voraus, daß der Bewerber für die Berufung in ein Beamtenverhältnis »die Gewähr dafür bietet, daß er jederzeit für die freiheitliche demokratische Grundordnung eintritt«. Bewerber, die diese Voraussetzung nicht erfüllen, sind nicht in den öffentlichen Dienst aufzunehmen. – ↑ auch Diensteid.

Verfassungswirklichkeit: Geschriebene Verfassungen und V. können auseinanderklaffen. Die V. kann das Verfassungsrecht in verschiedener Hinsicht ergänzen, wie es z. B. die Verfassungspraxis in der BR Deutschland bei der Bildung der ↑ Bundesregierung gegenüber den betreffenden Bestimmungen des ↑ Grundgesetzes tut. Sie kann aber auch dem Verfassungsrecht widersprechen, wie der Abstand zwischen Teilen des Verfassungstextes der DDR von 1968 und der V. in der DDR während den 1970er und 1980er Jahren zeigte. So war und ist es häufig in Diktaturen, die ihr Handeln mit rechtsstaatlichen Verfassungsgrundsätzen umkleiden. Die ↑ Verfassungsgerichte haben u. a. darüber zu wachen, daß Verfassung und Verfassungswirklichkeit prinzipiell übereinstimmen.

Vergleich ist ein schuldrechtlicher Vertrag, durch den der Streit oder die Ungewißheit zwischen zwei Parteien über ein Rechtsverhältnis durch gegenseitiges Nachgeben beseitigt wird. Jeder Teil muß nachgeben, mag das Opfer (z. B. die Stundung einer geschuldeten Summe oder eine Einräumung von Teilzahlungen) auch geringfügig sein. Der *Prozeßvergleich* ist ein V., der in einem Gerichtsverfahren geschlossen wird. In spezieller Weise kann ein V. auch zur Abwendung des † Konkurses im sog. Vergleichsverfahren abgeschlossen werden.

Verhältnismäßigkeitsprinzip gilt insbesondere für Eingriffe des Staates in Rechte der Bürger. Nach dem V. müssen die vom Staat getroffenen Maßnahmen zur Erreichung des damit erstrebten Erfolgs überhaupt tauglich sein (Grundsatz der Geeignetheit der Mittel), sie dürfen den Bürger nicht mehr als unbedingt notwendig beeinträchtigen (Grundsatz der Erforderlichkeit), und die durch sie erfolgte Beeinträchtigung darf andere geschützte Positionen des Bürgers nicht übermäßig tangieren. Staatliche Maßnahmen, die gegen diesen Grundsatz verstoßen, sind rechtswidrig.

Verifikation: Allgemein die Überprüfung einer Aussage auf ihre Wahrheit hin. Die V. spielt im Zusammenhang mit der † Abrüstung eine besondere Rolle und bedeutet hier die Kontrolle der Einhaltung der von den beteiligten Staaten eingegangenen Abrüstungsverpflichtungen (z. B. Abbau von Raketenabschußbasen, Verschrottung von Waffensystemen) durch die Gegenseite an Ort und Stelle.

Verjährung: Innerhalb eines gesetzlich bestimmten Zeitraums *(Verjährungsfrist)* muß ein Anspruch gerichtlich geltend gemacht werden, sonst verliert er seine Durchsetzbarkeit. Nach Ablauf einer Verjährungsfrist kann der Schuldner seine Leistung verweigern und die Einrede der V. geltend machen. Die normale V. beträgt 30 Jahre (bei Zinsen, Renten, Gehalt, Unterhalt vier Jahre; Miete in zwei Jahren). Im † Strafrecht bedeutet V. das Erlöschen des staatlichen Strafanspruchs durch Zeitablauf. Bei Verbrechen richtet sich die V. nach der Schwere der Tat; das Verbrechen des † Völkermords verjährt nicht.

Verkehrspolitik: Zur V. zählen alle technischen und organisatorischen Maßnahmen zur Beförderung von Personen, Gütern und Nachrichten über Verkehrswege (z. B. Straßen, Schienen, Gewässer, Luft) mit Hilfe von Verkehrsmitteln (z. B. Pkw, Bahn, Flugzeug, Schiff, Rohrleitung). Bau und Unterhaltung der Verkehrswege sind wegen ihrer Bedeutung für die Allgemeinheit Aufgabe der † öffentlichen Hand. Einige Verkehrsträger (z. B. Bahn und Post) sind verstaatlicht und werden unter öffentlicher Aufsicht betrieben, der überwiegende Teil ist jedoch in privater Hand.

Aufgabe der V. ist es, die unterschiedlichen Verkehrsträger zum Nutzen der Allgemeinheit zu koordinieren und negative Auswirkungen auf Mensch und Umwelt (z. B. Verkehrsunfälle, Lärm, Gesundheitsgefahren, Umweltschäden) möglichst abzuwehren. Hauptproblem der V. ist die Beeinflussung des Anteils der konkurrierenden Verkehrsträger Schiene und Straße im Güter- wie auch im Personenverkehr. Den größten Anteil am Verkehrsaufkommen hat mit rund 80% der Straßenverkehr (in der ehemaligen DDR lediglich ca. 20%). Der Anteil der Bahn ging seit den 1950er Jahren stetig zurück. Dieses Übergewicht erlangte der motorisierte Individualverkehr nicht zuletzt durch den flächendeckenden Ausbau einer Infrastruktur, die heute eine Netzlänge von rund 500 000 km klassifizierter Straßen auf dem Gebiet der alten Bundesländer umfaßt. Davon sind 9 000 km Autobahnen, auf denen rund 30% des gesamten Verkehrs abgewickelt werden. Im Schienenbereich beträgt die Netzlänge im alten Bundesgebiet 27 000 km, in den neuen Bundesländern 14 000 km; allerdings ist das Reichsbahnnetz dort in einem sehr schlechten Zustand und muß mit hohem Kostenaufwand renoviert werden. Zudem müssen auch neue Ost-West-Verbindungen gebaut werden. Die Bundesbahn bietet seit 1971 den *Intercity* und seit Juni 1991 den Hochgeschwindigkeitszug *Intercity-Express (ICE)* an, um konkurrenzfähig zu bleiben. Die Aus- und Neubaustrecken werden in ein europäisches Hochgeschwindigkeitsnetz integriert, dessen Realisierung im Dezember 1990 von der EG beschlossen wurde. Auf sog. Nebenstrecken im ländlichen Raum ist der Bahnverkehr allerdings wegen hoher Kosten und geringer Nutzung gefährdet. Im Güterverkehr sollen ebenfalls Angebotsverbesserungen vorgenommen und eine bessere Arbeitsteilung durch den Ausbau des kombinierten Ladungsverkehrs (Container, Huckepackverkehr, »rollende Landstraßen« u. ä. m.) erreicht werden.

Mit dem *Gemeindeverkehrsfinanzierungsgesetz* aus dem Jahre 1971 wurden neben Maßnahmen des kommunalen Straßenbaus v. a. Angebotsverbesserungen des öffentlichen Verkehrs im städtischen Bereich finanziert (U-Bahnen, Stadtbahnen, beschleunigte Straßenbahnen, verbesserte Busangebote) sowie Umsteigehilfen für Autofahrer (↑ Park-and-Ride-System) angeboten.

Seit Mitte der 1980er Jahre wurde mit Maßnahmen der Verkehrsberuhigung begonnen, deren Ziel die Erhöhung der Verkehrssicherheit und der Lebensqualität in den Städten ist. Im *Verkehrslärmschutzge-*

setz von 1989 sind Grenzwerte für den Bau neuer (Lärmvorsorge) und bestehender Straßen (Lärmsanierung) festgelegt. Die Emissionen der Pkw werden durch die im Jahre 1989 verschärften Vorschriften und Förderungsmaßnahmen für die Abgasreinigung (Dreiwegekatalysator) in den nächsten Jahren zurückgehen.

Die stetige Zunahme der Motorisierung und des aufgrund verkehrspolitischer Entscheidungen der EG weiter expandierenden Straßengüterverkehrs sowie der steigende Anteil des Freizeitverkehrs (über 40 % der Verkehrsbewegungen) könnten in bestimmten Bereichen zu einem »Verkehrsinfarkt« führen, der nur durch gezielte Maßnahmen der Verkehrsvermeidung und der Verlagerung auf umweltfreundliche Verkehrsträger, v. a. die Bahn, verhindert werden kann.

Vermittlungsausschuß ist der gemäß Art. 77 GG gebildete Ausschuß zur Beilegung von Meinungsverschiedenheiten zwischen ↑ Bundestag und ↑ Bundesrat über

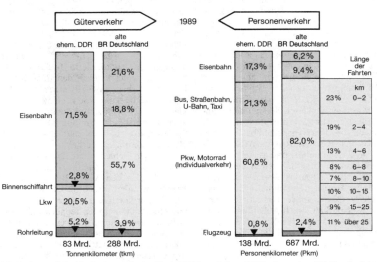

Verkehrspolitik. Zwischen ehemaliger DDR und den Altländern der BR Deutschland bestanden u. a. im Güterverkehr große Unterschiede, im Personenverkehr hatte sich ebenfalls der Pkw zum Massenverkehrsmittel entwickelt. Betrachtet man die mit dem Pkw zurückgelegten Anteile an der gesamten Beförderungsleistung näher, stellt man fest, daß 70 % aller Pkw-Fahrten in einem Entfernungsbereich bis zu 10 km zurückgelegt werden

Gesetzesvorlagen. Der V. ist paritätisch aus Mitgliedern beider Organe zusammengesetzt. Wenn der Bundestag ein Gesetz beschlossen hat, gegen das der Bundesrat Einspruch einlegen will, so muß dieser vorher den V. anrufen. Bei Gesetzen, die der Zustimmung des Bundesrates bedürfen, können auch Bundestag und ↑ Bundesregierung den V. anrufen. Schlägt der V. eine Änderung der Gesetzesvorlage vor, so muß der Bundestag erneut beschließen.

Vermögen. Das Geldvermögen der privaten Haushalte in der BR Deutschland 1990

Vermögen: Summe der in Geldeinheiten meßbaren wirtschaftlichen Werte, die einer natürlichen oder ↑ juristischen Person zu einem bestimmten Zeitpunkt gehören *(Bruttovermögen)*. Zieht man von dieser Größe die Verbindlichkeiten (Schulden) ab, dann erhält man das *Netto-* oder *Reinvermögen*. Im weiteren Sinn läßt sich der Begriff V. auch auf immaterielle, nicht in Geld erfaßbare Werte ausdehnen; darunter fällt z. B. die durch Ausbildung und Erfahrung gewonnene ↑ Arbeitskraft einer Person, das sog. *Arbeitsvermögen* oder *Humankapital*. V. hat verschiedene Funktionen: Auf gesamtwirtschaftlicher Ebene ist es als privates ↑ Voraussetzung für das Funktionieren eines marktwirtschaftlichen Systems, auf individueller Ebene bedeutet es für seinen Inhaber Macht, Sicherheit, eine Ertragschance sowie gesellschaftliche

Anerkennung. – ↑ auch Vermögenskonzentration, ↑ Vermögenspolitik.

Vermögensbildung ↑ Vermögenspolitik.

Vermögensgesetz: Kurzbezeichnung für das *Bundesgesetz zur Regelung offener Vermögensfragen* (in der Fassung der Bekanntmachung vom 18. April 1991); regelt vermögensrechtliche Ansprüche, die auf Enteignungen in der DDR zurückgehen (einschließlich Überleitung in Volkseigentum), v.a. bei bebauten und unbebauten Grundstücken, bei Unternehmen, Beteiligungen, Nutzungsrechten usw. Die Rückübertragung kann in den neuen Bundesländern bei den Ämtern zur Regelung offener Vermögensfragen oder bei der Zentralen Stelle zur Regelung offener Vermögensfragen bei der Oberfinanzdirektion Berlin beantragt werden. Das Gesetz sieht Ausschlußgründe für eine Rückgabe, auch Ersatzlösungen vor und ist auf einen langdauernden, komplizierten Vollzug eingerichtet.

Für Gebietskörperschaften (v.a. Städte, Kreise und Gemeinden) und ihre Ansprüche an früheres Eigentum gilt das *Kommunalvermögensgesetz* vom 6. Juli 1990.

Vermögenskonzentration: Zusammenballung von Vermögen (meist Produktivvermögen) in den Händen weniger (meist privater) ↑ Wirtschaftssubjekte. Die V. wird nach verschiedenen Kriterien gegliedert: nach der Vermögensart (z. B. Geld- oder Produktivvermögen), nach ihrem Ausmaß in den einzelnen Teilbereichen der ↑ Volkswirtschaft (Konzentrationsgrad) oder nach ihrem Vorliegen bei bestimmten Gruppen der Gesellschaft. Die Diskussion um V. in der BR Deutschland wurde v. a. angeregt durch die – nicht unbestritten gebliebene – Untersuchung von W. Krelle aus dem Jahre 1968, bei sich ergab, daß im Jahre 1960 1,7 % der privaten Haushalte 70 % des Produktivvermögens besaßen. – ↑ auch Umverteilung, ↑ Vermögenspolitik.

Vermögenspolitik: Gesamtheit der staatlichen Maßnahmen zur Beeinflussung der Vermögensbildung und zur Veränderung der Vermögensverteilung (meist durch ↑ Umverteilung des Vermögenszuwachses). Die Notwendigkeit einer aktiven V. ergibt sich aus der Ungleichheit der

Primärverteilung von Einkommen und Vermögen, die mit dem Produktionsprozeß in marktwirtschaftlichen Systemen zusammenhängt. V. wird in der BR Deutschland hauptsächlich durch staatliche Sparförderung zum Zweck der Vermögensbildung betrieben; eine verstärkte Vermögensbildung, insbesondere in Arbeitnehmerhand durch Beteiligung am Unternehmensertrag, wird seit längerem immer wieder diskutiert und zum Teil durch Aktienausgabe an die Beschäftigten einer ↑ AG gefördert (sog. Belegschaftsaktien).

Vermögensteuer ↑ Steuern.

Verordnung ist eine allgemeine staatliche Anordnung, die im Gegensatz zum ↑ Gesetz von der ↑ Exekutive (Regierung oder Verwaltungsbehörden) erlassen wird. Sie enthält entweder für den Bürger verbindliche Regelungen (↑ Rechtsverordnung, z. B. Durchführungsbestimmungen zu einem Gesetz). In diesem Fall muß eine Ermächtigung zu ihrem Erlaß durch den eigentlich zuständigen Gesetzgeber erfolgen, der Inhalt, Zweck und Ausmaß der Ermächtigung anzugeben hat (Art. 80 Abs. 1 GG). Es kann sich aber auch um eine innerdienstliche Anweisung handeln, die nur die Behörden intern verpflichtet *(Verwaltungsverordnung).*

Versammlungsfreiheit: Art. 8 Abs. 1 GG gibt allen Deutschen das Recht, ohne Anmeldung oder Erlaubnis friedlich und ohne Waffen zu versammeln. Das ↑ Grundgesetz stellt damit die öffentliche und private Zusammenkunft von mindestens zwei Staatsbürgern zum Zwecke der Information, Diskussion und Propaganda, d. h. der Meinungs- und Willensbildung (= Versammlung) unter den besonderen Schutz vor Verboten, Behinderungen oder Auflösung durch den Erlaß der ↑ öffentlichen Gewalt (d. h. in der Regel durch die Polizei). Geschützt sind die Veranstalter, der Leiter und die Teilnehmer der Versammlungen, die unter freiem Himmel, in geschlossenen Räumen oder in Form eines Aufzugs (Demonstration) stattfinden können. Zusammen mit dem Grundrecht der ↑ Meinungsfreiheit bedeutet die Gewährleistung der V. ein wesentliches Element der demokratischen Ordnung des Grundgesetzes.
Der Schutz der V. ist jedoch beschränkt

auf Versammlungen, die friedlich und ohne Waffen abgehalten werden. Eine Zusammenkunft, für die ein gewalttätiger oder aufrührerischer Ablauf angestrebt wird oder die einen solchen Verlauf nimmt, bei der bewaffnete Teilnehmer Zutritt haben oder solche Teilnehmer vom Versammlungsleiter nicht ausgeschlossen werden, kann verboten und aufgelöst werden. Für Versammlungen unter freiem Himmel kann das Grundrecht des Art. 8 Abs. 1 GG durch Gesetz oder aufgrund eines Gesetzes eingeschränkt werden. Beschränkungen durch Gesetz finden sich z. B. in den Bannmeilengesetzen des Bundes und der Länder (↑ Bannmeile). Das BVG hat 1991 festgestellt, daß für *Störer* von Versammlungen die Versammlungsfreiheit dort endet, wo es nicht um die Teilnahme an der Veranstaltung, sondern um den Versuch ihrer Verhinderung geht. Hier verstößt polizeiliches Eingreifen nicht gegen das Grundgesetz.

Versicherungen stellen einen Zusammenschluß von Personen oder Unternehmen dar, die von der gleichen Gefahr bedroht sind und deshalb eine Risikogemeinschaft bilden, um sich vor den möglichen Folgen dieser Gefahr zu schützen. Der *Versicherungsvertrag* ist ein Vertrag auf Gegenseitigkeit; er verpflichtet den Versicherungsnehmer zur Beitragszahlung und den Versicherer zur Zahlung der vereinbarten Leistung. Der Leistungsanspruch steht in einem engen Zusammenhang mit der Höhe der Beitragszahlung. Die Versicherung kann auch auf einem Umlageverfahren beruhen, bei dem am Ende eines Geschäftsjahres, je nach eingetretenen Schäden und Kosten, Umlagen erhoben werden (z. B. bei einzelnen Hausratsversicherungen).
Es gibt öffentlich-rechtliche V. (z. B. die ↑ Sozialversicherung) und private (Individual-)Versicherungen, außerdem freiwillige und ↑ Pflichtversicherungen. Bei letzteren steht es nach im Belieben des einzelnen, sich gegen Schadensfälle zu versichern oder diese aus eigenen Mitteln zu beheben (z. B. die Kraftfahrzeughaftpflichtversicherung). Alle Versicherungsbedingungen müssen von den Versicherungsaufsichtsbehörden (von Versicherungsämtern und dem *Bundesaufsichtsamt*

für das Versicherungswesen in Berlin) genehmigt sein und unterliegen der Überwachung durch diese.

Mit zunehmender Technisierung spielen die V. sowohl für Privatpersonen (Verursachung schwerer Verkehrsunfälle) wie auch für Unternehmen (Unfälle an Bohrinseln, mit Großraumflugzeugen) eine immer wichtigere Rolle. Das mögliche Ausmaß der Schäden kann von den einzelnen nicht mehr allein getragen werden; damit kommt der Versicherungswirtschaft, die solche Großrisiken übernimmt, in der Gesamtwirtschaft immer größere Bedeutung zu.

Verstaatlichung: Übernahme von Produktionsmitteln durch Kauf oder Enteignung in staatliches Eigentum einschließlich deren Verwaltung durch den Staat. Verstaatlichungen wurden v. a. von den sozialistischen Ländern vorgenommen, um das auf gewinnorientierten privaten Einzelentscheidungen beruhende marktwirtschaftliche System durch eine umfassende Planung des Staates zu ersetzen (↑ Zentralverwaltungswirtschaft). Aber auch marktwirtschaftlich orientierte ↑ Volkswirtschaften greifen zu diesem Mittel, um die Entwicklung gesamtwirtschaftlich wichtiger Bereiche, z. B. der Verkehrs- und Versorgungsbetriebe oder der ↑ Grundstoffindustrie, zu stabilisieren. In der BR Deutschland ist die V. gemäß Art. 15 GG nur zum Wohl der Allgemeinheit und gegen Entschädigung möglich (↑ Enteignung). – ↑ auch Nationalisierung, ↑ Sozialisierung.

Verstädterung: Zunächst Bezeichnung für die Zunahme des Anteils der Bevölkerung, der in Städten lebt; daneben wird unter dem Begriff V. auch die Bevölkerungsbewegung vom Land zur Stadt wie umgekehrt die Ausdehnung der Stadtbereiche auf das Umland verstanden, d. h. sowohl die Zunahme der Anzahl und Größe der Städte wie auch das Ansteigen der Einwohnerzahl. Die Stadtsoziologie berücksichtigt neben den demographischen und verwaltungsrechtlichen Unterscheidungen von Land-, Klein-, Mittel- und Großstädten auch die Entstehung und Entwicklung neuer Siedlungsstrukturen (Stadtregionen) und Wohnweisen (Satellitenstadt, Großwohnanlage, Schlafstadt) sowie die sozioökonomischen Strukturen der Städte

(Wohn-, Verwaltungs-, Industrie-, Hafenstadt). Sie befaßt sich mit den aus der V. entstehenden Organisationsformen und Funktionsweisen des städtischen Lebens und deren Konsequenzen für das persönliche Leben der Bewohner und untersucht die zunehmende Übernahme städtischer Gewohnheiten und Ansichten durch Landbewohner (*Urbanisierung,* Überwindung des Stadt-Land-Gegensatzes). – ↑ auch Stadt.

Verteidiger: Im ↑ Strafprozeß nimmt der V. die Interessen des Beschuldigten wahr. Der V. ist zwar wie der Staatsanwalt und das Gericht der Wahrheit und Gerechtigkeit verpflichtet, hat aber nur die zugunsten des Beschuldigten sprechenden Umstände und die diesem zustehenden prozessualen Rechte geltend zu machen. Der Beschuldigte kann seinen V. (in der Regel ein Rechtsanwalt) frei wählen (sog. *Wahlverteidiger*). Macht er davon keinen Gebrauch, kann das Gericht unter besonderen Voraussetzungen ihm einen ↑ Pflichtverteidiger bestellen.

Verteidigungsfall: Nach Art. 115 a ist der V. gegeben, wenn das Gebiet der BR Deutschland mit Waffengewalt angegriffen wird oder ein solcher Angriff unmittelbar bevorsteht. Die Feststellung eines V. trifft der Bundestag mit Zustimmung des Bundesrats. Im V. gelten besondere Regelungen für das Verhältnis von Regierung und Parlament, von Bund und Ländern sowie von Staat und Bürgern (Art. 115 b ff. GG). – ↑ auch Gemeinsamer Ausschuß, ↑ Notstandsgesetzgebung.

Verteidigungspolitik hat das Ziel, den ↑ Frieden zu wahren, die Unversehrtheit des Gebietes der BR Deutschland zu sichern, die Freiheit der Bürger zu schützen und den politischen Handlungsspielraum zu erhalten. Die V. der BR Deutschland orientiert sich am Verteidigungsauftrag des ↑ Grundgesetzes (Art. 26, 87 a und 115 a GG) und den sicherheitspolitischen Zielsetzungen. Die nationalen Grundsätze der V. decken sich mit der Charta der ↑ UN. Verfassungsrechtlich strittig ist, ob der Verteidigungsauftrag der ↑ Bundeswehr ihren Einsatz im Rahmen der ↑ NATO und für die UN zuläßt.

Vertrag: Wichtigstes Rechtsgeschäft, bei dem durch zwei oder mehrere übereinstimmende Willenserklärungen ein rechtlicher Erfolg erzielt werden soll (z. B. Miete, Pacht, Kauf). Für Inhalt und Umfang gilt die ↑ Vertragsfreiheit, die nur durch die Gesetze und das Sittengesetz eingeschränkt ist. Der V. kann formfrei sein (so z. B. meist der ↑ Kaufvertrag); bei einigen Verträgen schreibt das Gesetz jedoch eine bestimmte Form oder die notarielle Beurkundung vor (z. B. bei Immobilienverträgen). Man unterscheidet: 1. *öffentlichrechtliche Verträge* mit oder zwischen Trägern öffentlicher Verwaltung; 2. *privatrechtliche Verträge* (z. B. Kauf-, Miet-, Ehe-, Erbverträge); 3. *Verträge zugunsten Dritter* (z. B. bei einer Lebensversicherung). Bei Vertragsbruch ist ↑ Schadensersatz zu leisten. – Die Beziehungen der Staaten untereinander regeln völkerrechtliche Verträge (↑ Völkerrecht). – ↑ auch Staatsvertrag.

Vertragsfreiheit ist als Teil des Grundrechts auf freie Entfaltung der Persönlichkeit verfassungsrechtlich gewährleistet und stellt ein grundlegendes Prinzip unserer Rechtsordnung dar. Jeder hat das Recht, seine Lebensverhältnisse durch Verträge eigenverantwortlich zu gestalten *(Privatautonomie).* Das bedeutet zunächst die freie Entscheidung darüber, ob er überhaupt einen Vertrag abschließen will (Abschlußfreiheit); Abschlußzwang besteht aber z. B. für Inhaber von Monopolstellungen in der Versorgung der Allgemeinheit mit lebenswichtigen Gütern (zum Teil gesetzlich festgelegt für die Gas- und Elektrizitätswerke). Darüber hinaus besteht Freiheit in der inhaltlichen Gestaltung der Verträge; aber auch hier legt die Rechtsordnung in einer Reihe von Fällen inhaltliche Bedingungen fest, die v. a. dem Schutz des wirtschaftlich schwächeren Vertragspartners dienen (z. B. bei der Miete oder bei Haustürkäufen). – ↑ auch Vertrag.

Vertrauensfrage wird in ↑ parlamentarischen Regierungssystemen von der ↑ Regierung (dem Regierungschef) – meist im Zusammenhang mit einer Gesetzesvorlage – an das ↑ Parlament gerichtet. Stimmt das Parlament gegen die Regierung, so hat sie nach den Regeln des ↑ Mißtrauensvotums zurückzutreten. Zugleich wird ihr in diesem Fall aber auch das Recht eingeräumt, das Parlament aufzulösen und Neu-

wahlen anzuordnen. Die V. ist also eine Waffe in der Hand einer ↑ Minderheitsregierung gegenüber der Volksvertretung. Für die BR Deutschland ist die V. in Art. 68 und 81 GG geregelt. Gescheiterte Gesetzesvorlagen können auf dem Wege des ↑ Gesetzgebungsnotstandes durchgesetzt werden.

Vertretung ist das Handeln im Namen eines anderen, des Vertretenen. V. führt dazu, daß die Rechtsgeschäfte des Vertreters unmittelbar für und gegen den Vertretenen gelten, sofern und soweit eine Befugnis zur V. besteht. Die V. kann vertraglich vereinbart oder gesetzlich (z. B. die V. der Kinder durch ihre Eltern) angeordnet sein.

Verursacherprinzip: Nach dem V. werden den Verursachern von schädlichen Umwelteinwirkungen die Kosten für die Beseitigung dieser Schäden durch Abgaben oder Steuern auferlegt. Langfristig gesehen strebt das V. die Vermeidung von schädlichen Umwelteinwirkungen durch Produktionsumstellungen bzw. die Einführung neuer technischer Verfahren an und zielt damit auf eine Umweltvorsorge *(Vorsorgeprinzip).* Der Gegensatz zum V. ist das *Gemeinlastprinzip,* bei dem der Staat die Kosten für die Beseitigung von Umweltschäden trägt, wie z. B. bei den Altlasten, bei denen die Verursacher nicht zu ermitteln sind. Diese Problematik spielt in den neuen Bundesländern eine große Rolle. – auch ↑ Umweltschutz.

Verwaltung *(Administration)* ist im weiteren Sinn die vollziehende Gewalt (↑ Exekutive), die an Recht und Gesetz gebunden ist. Man versteht darunter jede Tätigkeit des Staates oder der Träger der ↑ öffentlichen Gewalt, die weder der gesetzgebenden noch der rechtsprechenden Gewalt zuzurechnen ist. Im engeren Sinn bezeichnet man als V. den Vollzug von Anordnungen, insbesondere den Gesetzesvollzug im Gegensatz zur Regierung (Regierungsgewalt). Innerhalb der V. unterscheidet man nach den Auswirkungen zwischen ↑ Eingriffs- und ↑ Leistungsverwaltung, nach der Verwaltungsebene zwischen ↑ Landesverwaltung – unmittelbarer und mittelbarer Staatsverwaltung – sowie Kommunalverwaltung und nach Fachgebieten zwischen innerer V., Kultus-, Finanz-, Justizverwaltung u. a.

Verwaltungsaufbau nennt man die Organisation der öffentlichen ↑ Verwaltung. Sie ist in Behörden gegliedert, in denen in der Regel Entscheidungen von einer Person und nicht, wie bei den Gerichten, von einem Spruchkörper gefällt werden (monokratisches Prinzip im Gegensatz zum Kollegialprinzip). Die Behörden sind meist hierarchisch geordnet: Es gibt in ihnen und zwischen ihnen Weisungsbefugnisse von oben nach unten; gegen Entscheidungen der unteren Behörden kann bei der vorgesetzten Instanz Beschwerde eingelegt werden. Der gesamte V. ist durch zwei Prinzipien gekennzeichnet: zum einen durch das Prinzip der ↑ Zentralisation bzw. ↑ Dezentralisation, d. h. der Verteilung von Verwaltungsangelegenheiten auf verschiedene Träger wie den Bund, die Länder, die Gemeinden und die selbständigen öffentlich-rechtlichen Körperschaften, Anstalten oder Stiftungen (unmittelbare und mittelbare Staatsverwaltung); zum anderen durch das Prinzip der Konzentration bzw. Dekonzentration, d. h. der Verteilung der Verwaltungsaufgaben innerhalb der Verwaltungsträger. Von *Konzentration der Verwaltung* spricht man, wenn möglichst viele Zuständigkeiten bei einer Verwaltungsbehörde zusammengefaßt sind. Mit *Dekonzentration* wird die Verteilung von Kompetenzen auf mehrere Verwaltungsbehörden bezeichnet. Kennzeichen der *unmittelbaren Staatsverwaltung* in Bund und Ländern ist die dreistufige Gliederung in eine Oberstufe (Zentralstufe), Mittelstufe und Unterstufe. Die Zentralstufe wird von Fachministerien gebildet. Ihnen können weitere zentrale Behörden zugeordnet sein (z. B. das Bundeskriminalamt dem Bundesministerium des Inneren oder die Landeskriminalämter den entsprechenden Landesministerien; das Bundeskartellamt dem Bundesministerium für Wirtschaft). Die Mittelstufe besteht aus Behörden, die für größere Bezirke zuständig und meist einem bestimmten Ministerium unterstellt sind (z. B. die Oberpostdirektionen dem Bundesministerium für Post und Telekommunikation, die Oberfinanzdirektionen den Bundes- und Landesfinanzministerien, die Oberschulämter den Landeskultusministerien). Eine allgemeine Verwaltungsinstanz auf

der mittleren Ebene stellen die ↑ Regierungspräsidien dar. Sie sind zuständig für alle Bereiche, für die keine besonderen Mittelinstanzen bestehen (Prinzip der *sachlichen* oder *horizontalen Konzentration*). Zur Unterstufe zählen lokale Behörden und Institutionen wie Finanzämter, Schulen und – unterhalb der Regierungspräsidien – die Landratsämter.

Die Aufgabe der Zentralinstanzen besteht im wesentlichen in der Vorbereitung von Gesetzen, im Erlaß allgemeiner Regelungen (↑ Verordnungen aufgrund von Gesetzen) und im Aufstellen von Planungen. Die Mittelinstanzen dienen der Aufsicht der unteren Behörden und der Information der Zentrale. Der eigentliche Verwaltungsvollzug gegenüber den Bürgern findet auf der unteren Stufe statt. Die Dreistufigkeit ist für die moderne Staatsverwaltung typisch, wenn auch nicht überall ausgeprägt.

Von der unmittelbaren Staatsverwaltung unterscheidet sich die *mittelbare Staatsverwaltung* dadurch, daß sie in der Regel nach dem Prinzip der ↑ Selbstverwaltung organisiert ist. Hier werden selbständige, meist aus den Vertretern der Betroffenen zusammengesetzte bzw. von ihnen kontrollierte Institutionen gebildet, die nur einer beschränkten ↑ Staatsaufsicht unterliegen (z. B. die Universitäten im Kultusbereich, die Landesversicherungsanstalten bei der Rentenversicherung, die Berufsgenossenschaften bei der Unfallversicherung). Zum Teil haben sie einen selbständigen Behördenstrang ausgebildet wie die ↑ Bundesanstalt für Arbeit mit Landesarbeitsämtern als mittleren und Arbeitsämtern als unteren Instanzen. Neben der Sozialversicherung ist der bedeutendste Bereich der mittelbaren Staatsverwaltung die kommunale Selbstverwaltung mit den Gemeindebehörden auf der lokalen und der Kreisverwaltung auf der Kreisebene. Die Behörden der kommunalen Selbstverwaltung dienen zum Teil auch der unmittelbaren Staatsverwaltung zum Vollzug ihrer Aufgaben (bei sog. Auftragsangelegenheiten oder Pflichtaufgaben zur Erfüllung nach Weisung). Die begriffliche Einordnung der kommunalen Selbstverwaltung als »mittelbare Staatsverwaltung« widerspricht nicht der Verwaltungs- und Verfassungswirklichkeit, die in der stark gegliederten Demokratie der BR Deutschland gerade der Ebene der Städte, Gemeinden und Kreise eine grundlegende politische Position auch wegen der Bürgernähe einräumt.

Verwaltungsgerichtsbarkeit ist die Rechtsprechung in Angelegenheiten der öffentlichen ↑ Verwaltung. Die V. wird durch unabhängige, von den Verwaltungsbehörden getrennte Gerichte ausgeübt. Das sind in den Ländern die *Verwaltungsgerichte (VG)* und *Oberverwaltungsgerichte (OVG)* ; Revisionsinstanz ist das *Bundesverwaltungsgericht* in Berlin. Der ↑ Rechtsweg zu den Verwaltungsgerichten ist für den Bürger in allen öffentlich-rechtlichen Streitigkeiten nichtverfassungsrechtlicher

Art gegeben, soweit nicht eine gesetzliche Sonderregelung besteht. Neben den allgemeinen gibt es besondere Verwaltungsgerichte, wie die Sozialgerichte und die Finanzgerichte. – ↑ auch Gerichtsbarkeit.

Verwaltungsrecht ist im weiteren Sinne die Gesamtheit der Rechtssätze, die die Tätigkeit der öffentlichen ↑ Verwaltung zum Gegenstand haben. Unter V. im engeren Sinne versteht man die rechtlichen Regelungen des hoheitlichen Verwaltungshandelns im Gegensatz zur privatrechtlichen (fiskalischen) Tätigkeit des Staates. Das V. gliedert sich in das *allgemeine V.* und das *besondere V.* Das allgemeine V. enthält die für alle Gebiete der öffentlichen Verwaltung geltenden Grundsätze. Es ist

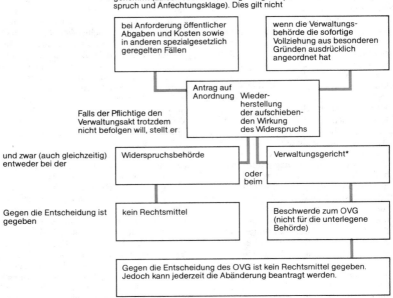

Verwaltungsgerichtsbarkeit. Der Weg einer Klage gegen einen Verwaltungsakt

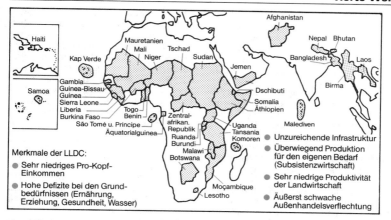

Afghanistan

Haiti

Mauretanien
Mali   Tschad
Niger   Sudan   Jemen

Nepal Bhutan
Bangladesch   Laos

Kap Verde

Samoa

Gambia
Guinea-Bissau
Guinea
Sierra Leone
Liberia
Burkina Faso
São Tomé u. Principe
Äquatorialguinea

Togo
Benin

Zentral-
afrikan.
Republik
Ruanda
Burundi
Malawi
Botswana

Dschibuti
Somalia
Äthiopien

Birma

Uganda
Tansania
Komoren

Malediven

● Unzureichende Infrastruktur

● Überwiegend Produktion
für den eigenen Bedarf
(Subsistenzwirtschaft)

Merkmale der LLDC:

● Sehr niedriges Pro-Kopf-
Einkommen

● Hohe Defizite bei den Grundbedürfnissen (Ernährung,
Erziehung, Gesundheit, Wasser)

Moçambique
Lesotho

● Sehr niedrige Produktivität
der Landwirtschaft

● Äußerst schwache
Außenhandelsverflechtung

vierte Welt. Die erste von der UN-Generalversammlung verabschiedete Liste der Least Developed Countries (LDC), der am wenigsten entwickelten Länder, umfaßte 1971 nur 25 Länder. 1990 zählen 42 Länder (29 in Afrika, 12 in Asien/Ozeanien, 1 in Lateinamerika) zu dieser Gruppe mit zusammen rund 440 Mio. Einwohner

in den Verwaltungsverfahrensgesetzen des Bundes und der Länder kodifiziert. Das besondere V. gliedert sich in die zahlreichen Sachgebiete der öffentlichen Verwaltung (z. B. das Polizei-, Gewerbe-, Bau-, Gemeinde-, Beamten- oder Straßenrecht).

Verwaltungsreform, die Bemühen, die Verteilung der Verwaltungsaufgaben auf die verschiedenen Hoheitsträger wie Bund, Länder, Gemeinden, Gemeindeverbände und sonstige Körperschaften, Anstalten und Stiftungen des öffentlichen Rechts neu zu ordnen und damit die Verwaltung sparsamer, effektiver und auch bürgernäher zu machen. Dazu dienen die Neueinteilung der Verwaltungseinheiten nach geographischen Gesichtspunkten, v. a. die ↑ kommunale Gebietsreform, und die Neuverteilung der Aufgaben unter den Behörden *(Funktionalreform).* Ein besonderer Bereich der V. ist die Neuorganisation der Verwaltung in betrieblicher Hinsicht (z. B. durch Einführung der ↑ elektronischen Datenverarbeitung in der Verwaltung) und die Reform des ↑ öffentlichen Dienstes (Personalreform).

Verwarnung kann bei geringfügigen ↑ Ordnungswidrigkeiten (v. a. im Straßenverkehrsrecht) mit oder ohne Erhebung eines Verwarnungsgeldes ausgesprochen werden. V. ist ferner im ↑ Jugendstrafrecht ein Zuchtmittel bei leichten Verfehlungen.

Verwirkung

◇ von Rechten tritt dann ein, wenn sie verspätet oder in illoyaler, gegen Treu und Glauben verstoßender Weise, geltend gemacht werden.

◇ von ↑ Grundrechten kann bei deren Mißbrauch zum Kampf gegen die ↑ freiheitliche demokratische Grundordnung vom ↑ Bundesverfassungsgericht ausgesprochen werden (Art. 18 GG).

Veto [von lateinisch »ich verbiete«] bedeutet Einspruch. Gilt das Vetorecht in Abstimmungen, so kann ein Beschluß allein am Einspruch eines Teilnehmers scheitern. Man unterscheidet das uneingeschränkte *(absolute)* V. (= endgültige Ablehnung) von einem aufschiebendem *(suspensiven)* V. mit erneuter Abstimmung.

vierte Welt bezeichnet in der Gruppe der ↑ Entwicklungsländer die am wenigsten entwickelten Länder (LLDC = Least Developed Countries), die ein Bruttoinlandsprodukt von weniger als 355 Dollar, einen Beitrag der industriellen Produktion zum Bruttoinlandsprodukt von weniger als 10% und eine Alphabetisierungsquote von weniger als 20% (↑ Analphabetismus) aufweisen. Zur v. W. werden derzeit 42 Länder gezählt, davon 29 in Afrika, zwölf in Asien/Ozeanien und eins in Lateinamerika. Kennzeichnend für die Länder der v. W. sind ein sehr niedriges Durchschnittseinkommen und eine völlig unzureichende Befriedigung der materiellen Grundbedürfnisse. Besonders für die LLDC südlich der Sahara ist die ↑ Hungerkatastrophe zu einer ständigen Bedrohung geworden. Fehlerhafte entwicklungspolitische Vorgaben, die Vernachlässigung der Landwirtschaft zur Eigenversorgung zugunsten preisempfindlicher exportorientierter Produktionszweige, Mißwirtschaft, hohe Militärausgaben und Korruption haben zu einer Verschärfung der Situation der v. W. geführt, die durch die gerade diese Länder belastende ↑ Schuldenkrise noch prekärer wird.

Visum: Amtlicher Sichtvermerk im Paß, daß Einreise, Durchreise bzw. Aufenthalt in einem fremden Staat erlaubt werden.

VKSE-Vertrag: Ergebnis der Verhandlungen über konventionelle Streitkräfte in Europa, die am 10. Januar 1989 auf dem Wiener Folgetreffen der ↑ KSZE zwischen 22 Mitgliedstaaten der ↑ NATO und des ↑ Warschauer Paktes vereinbart wurden. Schon vor diesen Verhandlungen hatte die UdSSR einseitige Abrüstungsmaßnahmen im konventionellen Bereich vorgenommen. Nach dem Verhandlungsbeginn am 9. März 1989 in Wien konnte bereits am 19. November 1990 im Rahmen eines Treffens der Staats- und Regierungschefs in Paris der *Vertrag über die Reduzierung der konventionellen Streitkräfte in Europa* unterzeichnet werden, der eine massive und – wegen der Übermacht der UdSSR auf diesem Gebiet – asymmetrische Reduzierung der konventionellen Streitkräfte vom Atlantischen Ozean bis zum Ural vorsieht. Innerhalb von 40 Monaten werden die Vertragspartner ihre Waffensysteme und ihr Kriegsgerät auf 20 000 Kampfpanzer, 30 000 gepanzerte Fahrzeuge, 20 000 Artilleriewaffen, 6 800 Kampfflugzeuge und 2 000 Angriffshubschrauber begrenzen. Darüber hinaus wurden detaillierte Verfahren über die ↑ Verifikation der Maßnahmen und die Inspektion der Truppengebiete vereinbart. Schwierigkeiten bereitete die Zuordnung von Waffenkategorien zu der im wesentlichen nicht erfaßten Kriegsmarine sowie die Möglichkeit der UdSSR, Kriegsgerät hinter den Ural zu transportieren. Die BR Deutschland verpflichtete sich in einer Erklärung zum VKSE-Vertrag, die Personalstärke der Bundeswehr im vereinten Deutschland bis 1994 auf 370 000 Mann zu beschränken.

Volk nennt man eine durch Herkunft und Kultur, v. a. auch durch Sprache vermittelte Gemeinsamkeit von Menschen, die ein besonderes Zusammengehörigkeitsgefühl entwickelt haben. Zuweilen bildet sich ein V. auch erst durch einen staatlichen Zusammenschluß (Staatsvolk). Im 19. Jahrhundert wurde die Forderung erhoben, daß jedes V. seinen eigenen Staat besitzen soll. – ↑ auch Nation.

Völkermord *(Genozid)* wird durch die internationale Konvention über die Verhütung und Bestrafung des Völkermordes von 1948, der die BR Deutschland 1954 beigetreten ist, auch im deutschen Strafrecht mit Strafe bedroht. Danach wird mit lebenslangem Freiheitsentzug bestraft, wer in der Absicht, eine nationale, rassische, religiöse oder durch ihr Volkstum bestimmte Gruppe als solche ganz oder teilweise zu zerstören, vorsätzlich Mitglieder dieser Gruppe tötet, ihnen schwere körperliche oder seelische Schäden zufügt, diese Gruppe unter Lebensbedingungen stellt, die geeignet sind, deren körperliche Zerstörung ganz oder teilweise herbeizuführen, oder Maßregeln verhängt, die die Geburten innerhalb der Gruppe verhindern (z. B. durch Sterilisation).

Völkerrecht: Das V. hat sich in Europa aus grundsätzlichen Problemen zu einer Ordnung der Beziehungen zwischen den Staaten entwickelt und erlangte im 19. und 20. Jahrhundert weltweite Geltung. Gemäß seiner Idee, die ↑ internationalen Beziehungen auf der Grundlage des Friedens, der Selbstbestimmung und der Gerechtigkeit zu gestalten, regelt es in erster Linie die hoheitlichen Rechtsbeziehungen zwischen den voneinander rechtlich unabhängigen, obersten politischen Herrschaftsorganisationen. Dies sind in der Regel die Staaten und, von ihnen abgeleitet, die Staatenverbindungen. Sie sind dementsprechend die hauptsächlichen völkerrechtlichen Subjekte, d. h. die Träger völkerrechtlicher Rechte und Pflichten, und die Adressaten völkerrechtlicher Normen. V. entsteht durch kollektives Verhalten der ↑ Völkerrechtssubjekte hauptsächlich in Form von 1. Gewohnheitsrecht und allgemeinen Rechtsgrundsätzen *(allgemeines V.)*; 2. Vertragsrecht und, darauf gestützt, Beschlußrecht internationaler Staatenorganisationen, das die Parteien bindet *(besonderes V.)*. Da das allgemeine V. der universalen Anerkennung bedarf, ist seine Bildung und Weiterentwicklung nicht zuletzt wegen der ideologischen Gegensätze der Staatenwelt oftmals ein schwerfälliger, mit Unsicherheiten belasteter Vorgang. Über vertragliche Kodifikationen z. B. des allgemeinen Vertragsrechts, Seerechts, Kriegsrechts, des diplomatischen und konsularischen Verkehrs wird versucht, diesem Mangel abzuhelfen. Die ↑ internationalen Organisationen haben die Entwicklung des V. beschleunigt.

Völkerrechtssubjekt: Diejenigen natürlichen oder ↑ juristischen Personen, die Träger von Rechten und Pflichten auf der Ebene des ↑ Völkerrechts sein können. Nach traditioneller Auffassung waren das nur Staaten und ↑ internationale Organisationen sowie der Heilige Stuhl (d. h. der Papst als Vertreter der katholischen Kirche), heute sind es im Bereich der Menschenrechte auch Einzelpersonen.

Volksabstimmung *(Plebiszit):* Entscheidung aller Staatsbürger über politische Sachfragen im Gegensatz zur bloßen Volksbefragung und zu Wahlen. Volksabstimmungen kommen bei besonderen Anlässen vor, z. B. bei der Annahme oder Änderung einer Verfassung, bei der Vereinigung mehrerer Staaten oder bei der Änderung der Staatszugehörigkeit in Grenzgebieten. Stimmrecht haben in der Regel diejenigen, die auch das Wahlrecht besitzen. – ↑ auch Volksbegehren, ↑ Volksentscheid.

Volksbegehren: Begehren einer bestimmten Gesetzgebung oder einer anderen staatlichen Entscheidung, die vom Parlament vorgenommen oder zum ↑ Volksentscheid gestellt werden soll. V. sind in verschiedenen Verfassungen vorgesehen. Damit es zur gewünschten Entscheidung kommt, muß sich ein bestimmter Prozentsatz der stimmberechtigten Bevölkerung (↑ Quorum) durch Unterschriftsleistung in einer bestimmten Frist zustimmend zum Antrag auf das V. geäußert haben. Die Erfolgschancen eines V. hängen u. a. davon ab, wie hoch dieses Quorum angesetzt wird.

volkseigener Betrieb (VEB): Der VEB entstand im Zuge der Einführung neuer Eigentumsverhältnisse (des »Volkseigentum« genannten staatlichen Eigentums) nach 1945 und wurde die bedeutendste Wirtschaftseinheit in der ehemaligen DDR. Der VEB arbeitete auf der Grundlage staatlicher Pläne. Die Form der Leitung und der Entscheidungsspielraum des VEB wurden im Rahmen der wirtschaftspolitischen Entwicklungen mehrfach verändert. – ↑ auch Treuhandanstalt.

Volkseinkommen *(Nationaleinkommen):* Geldwert aller in einem bestimmten Zeitraum (meist einem Jahr) von den Inländern einer ↑ Volkswirtschaft erbrachten Leistungen abzüglich der Abschreibungen. Im Gegensatz zum ↑ Bruttosozialprodukt berücksichtigt das V. als Nettogröße die Wertminderung der im Produktionsprozeß abgenutzten Anlagen.

Volksentscheid: Entscheidung in Gesetzgebungsfragen durch das Volk, d. h. durch alle Stimmberechtigten (= Wahlberechtigte) selbst (↑ auch Volksabstimmung). Häufig ist ein V. in Verfassungen für bestimmte Fragen, z. B. Verfassungsänderungen, vorgeschrieben *(obligatorischer V.).* Es kann aber auch vorgesehen sein, daß eine zum Parlament überstimmte Regierung oder eine überstimmte Minderheit der Volksvertretung einen V. in die Wege leiten darf *(fakultativer V.).* Ferner ist häufig die Herbeiführung eines V. durch ↑ Volksbegehren zugelassen. Aufgrund der negativen Erfahrungen mit dem Plebiszit in der Weimarer Republik hat das ↑ Grundgesetz im Gegensatz zu den Länderverfassungen einen V. nur bei der ↑ Neugliederung des Bundesgebiets vorgesehen (Art. 29 GG).

Volkshochschule ↑ Weiterbildung.

Volkskammer hieß das Parlament in der ehemaligen ↑ Deutschen Demokratischen Republik.

Volkskommune ist eine kollektive Lebens- und Produktionsgemeinschaft in

China (seit 1958). Die landwirtschaftlichen Produktionsgemeinschaften sind militärisch organisiert. Etwa 90 % der chinesischen Anbaufläche werden heute durch Volkskommunen bewirtschaftet.

Volksrepublik ist bzw. war die offizielle Bezeichnung der meisten sozialistisch orientierten Staaten.

Volksschule: Früher gebräuchlicher Begriff für Grundschule und Hauptschule. − ↑ auch Schule.

Volkssouveränität: Gegenbegriff zur Fürstensouveränität: Im Gegensatz zur ↑ Souveränität des Monarchen, der als ↑ Staatsoberhaupt ursprünglich Inhaber der gesamten ↑ Staatsgewalt war und von dem sich alle staatliche Machtausübung abzuleiten hatte, geht nach dem Prinzip der V. alle Gewalt vom Volke aus. Jede staatliche Machtausübung muß demnach durch das Staatsvolk legitimiert sein. Das Prinzip der V. verlangt nicht, daß politische Entscheidungen vom Volk unmittelbar, z. B. durch ↑ Volksentscheid, getroffen werden. Es verlangt nur, daß alle staatlichen Entscheidungsträger ihre Machtstellung letztlich dem Volk verdanken, entweder unmittelbar durch Wahlen vom Volk (z. B. die Abgeordneten im Parlament) oder mittelbar durch vom Volk gewählte Repräsentanten eingesetzt sind (z. B. eine parlamentarische Regierung oder die von ihr bestellte Beamtenschaft). Das Prinzip der V. verlangt ferner, daß die staatlichen Amtsinhaber dem Volk bzw. den von ihm legitimierten Instanzen verantwortlich sind.

Die V. steht in einem gewissen Spannungsverhältnis zum Prinzip der ↑ Repräsentation, nach dem der Volkswille nicht vom Volk selbst, sondern von seiner Vertretung, dem Parlament, ausgedrückt wird. Dementsprechend wird das Parlament selbst gelegentlich als der eigentliche »Souverän« bezeichnet. Doch kommt das Prinzip der V. auch hier insofern zum Tragen, als die Volksvertreter selbst wiederum vom Volk gewählt werden und sich in regelmäßigen Abständen einer Wiederwahl zu stellen haben. Dem Prinzip der V. widerspricht es nicht, bestimmte Rechte, wie z. B. die ↑ Menschenrechte, und bestimmte Institutionen des ↑ Rechtsstaats für unantastbar gelten. Die V. legt nur eine

höchste, alle anderen Träger staatlicher Gewalt legitimierende Instanz fest. Diese Instanz stellt aber ebenfalls eine rechtlich begrenzte Gewalt dar. Ein Recht des Volkes, sich seiner souveränen Stellung z. B. durch Unterordnung unter einen Diktator mit unbeschränkten Vollmachten zu entledigen, folgt aus dem Prinzip nicht.

Volksvermögen ist das Gesamtvermögen aller privaten und öffentlichen Haushalte sowie Unternehmen in einer ↑ Volkswirtschaft. Es setzt sich zusammen aus Sachvermögen (z. B. Grundstücke, Fabriken, Wohnungen), Geldvermögen (dazu gehören auch Forderungen an das Ausland) und Arbeitsvermögen, das durch ↑ Investitionen für Erziehung und Ausbildung vermehrt werden kann. Der Wert des V. kann nur in ungefähren Größen angegeben werden, da die Ermittlung und Bewertung problematisch ist. (Wie bewertet man z. B. Erfindungen, wie Ansprüche aus Sozial- und aus Lebensversicherungen, wie ↑ Wertpapiere, deren Kurse schwanken?). Auch zieht man heute − im Gegensatz zu früher − weniger gern Rückschlüsse vom V. auf den Wohlstand eines Volkes, da dieser wesentlich mit der Vermögensverteilung, mit der Verteilung auf die einzelnen Wirtschaftssektoren und mit dem Anteil der Bevölkerung am Produktivvermögen zusammenhängt. Der Zuwachs des V. ergibt sich aus der Ersparnis aus laufenden Einkommen und aus den Werterhöhungen des ruhenden Vermögens. − ↑ auch Volkseinkommen.

Volkswirtschaft: Gesamtheit der ökonomisch miteinander verbundenen und voneinander abhängigen Einzelwirtschaften innerhalb eines umgrenzten geographischen Gebietes mit einheitlicher ↑ Wirtschaftsordnung und ↑ Währung. Die V. umfaßt alle Einrichtungen und Maßnahmen zur Deckung des menschlichen Bedarfs sowohl an privaten als auch an ↑ öffentlichen Gütern und Leistungen. Durch die Wahl einer bestimmten ↑ Wirtschaftsordnung wird das Koordinationsprinzip einer V. festgelegt (Markt oder Plan, ↑ Marktwirtschaft oder ↑ Zentralverwaltungswirtschaft). Durch die Eigentumsverfassung (Privat-, Staats- oder ↑ Gemeineigentum) wird das Verfügungs- und Nutzungsrecht insbesondere an den Produktionsmitteln geregelt. Historisch betrachtet entwickelte sich die V. in engem Zusammenhang mit dem Nationalstaat. Im gegenwärtigen Zeitalter ↑ internationaler Arbeitsteilung verlagert sich die Bedeutung der V. zunehmend von der nationalstaatlichen auf die Ebene weltweiter wirtschaftlicher Zusammenarbeit und gegenseitiger Abhängigkeit innerhalb weniger mächtiger Wirtschaftsblöcke (wie z. B. der ↑ Europäischen Gemeinschaft).

Bei der Untersuchung der V. ist grundsätzlich zwischen Systemen zu unterscheiden, die sich in fortwährendem Wandel befinden *(evolutorische V.)* und solchen, deren grundlegende Elemente und Verhaltensmuster im Zeitablauf unverändert bleiben *(stationäre V.).* In der ökonomischen Theorie wird außerdem getrennt zwischen der Modellvorstellung einer geschlossenen V. ohne wirtschaftliche Beziehungen zum Ausland und der einer offenen V. mit solchen Beziehungen. Die Praxis ist allerdings gekennzeichnet durch das Vorherrschen einer offenen Volkswirtschaft. Auch nach ihrem Entwicklungsstand werden Volkswirtschaften charakterisiert und dabei u. a. traditionelle Gesellschaften mit überwiegender Agrarwirtschaft von ↑ Industriegesellschaften unterschieden. – ↑ Wirtschaft, ↑ Industrialisierung.

volkswirtschaftliche Gesamtrechnung ist die kontenmäßige Erfassung der Güter- und Einkommensströme in einer ↑ Volkswirtschaft. Die v. G. hat die Aufgabe, nach Abschluß einer Wirtschaftsperiode ein möglichst umfassendes, übersichtliches und hinreichend gegliedertes quantitatives Gesamtbild des wirtschaftlichen Geschehens zu geben. Sie stellt ein umfassendes Instrument der Wirtschaftsbeobachtung dar und dient als wesentliche Grundlage für gesamtwirtschaftliche Analysen und Prognosen. Ausgangspunkt für die v. G. ist das Konzept des ↑ Wirtschaftskreislaufs, bei dem u. a. die Vielzahl der Unternehmen und Haushalte in sog. Sektoren zusammengefaßt wird, die ihrerseits wiederum durch Güter-, Geld- und Leistungsströme miteinander verbunden sind. Da eine Darstellung dieser Ströme in einem volkswirtschaftlichen Kreislaufschema bei einer Aufspaltung in eine größere Anzahl von Sektoren nicht mehr anschau-

lich ist, wird eine Überprüfung des Kreislaufs und der Zusammenhänge zwischen Produktion, Einkommensentstehung, -verteilung und -verwendung sowie der Finanzierungsvorgänge nur noch möglich im Rahmen einer»nationalen Buchhaltung«; sie ermöglicht als v. G. eine nach Sektoren getrennte Erfassung dieser Vorgänge.

In der v. G. der BR Deutschland werden drei Sektoren unterschieden: der Unternehmenssektor, der staatliche Sektor und die privaten Haushalte. Alle drei Sektoren sind wiederum in Teilsektoren aufgespalten. Für jeden Teilsektor werden sieben Konten geführt, in denen die ökonomischen Aktivitäten Produktion, Einkommensentstehung, Einkommensverteilung, Einkommensunterteilung, Einkommensverwendung, Vermögensbildung sowie die Aufnahme und Klärung von Krediten getrennt erfaßt werden. Damit ergeben sich (bei einer Aufspaltung der Sektoren in sieben Teilsektoren) insgesamt 49 Konten. Diesen wird noch ein zusammengefaßtes Güterkonto vorgeschaltet und ein zusammengefaßtes Konto der übrigen Welt nachgeschaltet. Erfaßt und verbucht werden in der v. G. alle monetären Ströme zwischen den einzelnen Sektoren.

Obgleich eine ständig benutzte wirtschaftliche Orientierungshilfe, sind die Ergebnisse der v. G. in ihrer Aussagekraft wegen der Schwierigkeiten bei der Erhebung notwendiger Informationen bei Haushalten und Unternehmen und bei der Bewertung einzelner Vorgänge begrenzt.

Volkswirtschaftslehre *(Nationalökonomie):* Wissenschaft, die gesamtwirtschaftliche (im Gegensatz zur ↑ Betriebswirtschaftslehre, die einzelwirtschaftliche) Erscheinungen und Zusammenhänge untersucht und darstellt. Die V. kann gegliedert werden in Volkswirtschaftstheorie (Untersuchungsgegenstand sind v. a. die Gesetzmäßigkeiten von Produktion und Konsum, die Funktion des Preismechanismus sowie die Einkommensverteilung), Volkswirtschaftspolitik (Analyse der Wirkungen wirtschaftspolitischer Maßnahmen, Beratung der politischen Entscheidungsträger beim Mitteleinsatz) und Finanzwissenschaft (Untersuchung der Einnahmen des Staates und seiner wirtschaftlich bedeutsamen Handlungen). Die V. übt einen nicht unbedeutenden Einfluß auf die Wirtschaftspolitik der Staaten aus, besonders in ihren modernen Richtungen des ↑ Keynesianismus und des ↑ Monetarismus. − ↑ auch Sachverständigenrat zur Begutachtung der wirtschaftlichen Entwicklung.

Volkszählungen werden im Abstand von mehreren Jahren vorgenommen, um die in den Stichproben des ↑ Mikrozensus erhobenen Daten zu ergänzen und zu korrigieren. Wie der Mikrozensus dienen auch die V. statistischen Zwecken und darüber hinaus als Unterlage für wirtschafts- und sozialpolitische Entscheidungen der Bundesregierung. In der letzten V. vom 25. Mai 1987 wurden u. a. Daten zum Beruf, zur Wohnungs- und Arbeitssituation gesammelt. In dem der V. vorausgegangenen Streit um die Zulässigkeit der Erhebung solcher personenbezogenen Daten hat das Bundesverfassungsgericht aus dem in Art. 2 GG grundsätzlich verbürgten Schutz der Persönlichkeit ein Recht des einzelnen auf *informationelle Selbstbestimmung* gefolgt, aufgrund dessen jedem Bürger die Preisgabe und Verwendung persönlicher Daten prinzipiell selbst zu überlassen ist. Einschränkungen dieses Rechts sind nur auf gesetzlicher Grundlage bei Überwiegen des Allgemeininteresses zulässig; die in diesem Zusammenhang gemachten persönlichen Angaben sollen aber anonym bleiben. Die beabsichtigte Verwendung der Volkszählungsangaben zum Vergleich mit den Melderegistern, um diese zu berichtigen (sog. *Melderegisterabgleich*) war aus diesem Grunde nicht statthaft. − ↑ auch Datenschutz.

Vollbeschäftigung liegt vor, wenn alle Arbeitsplatzsuchenden einer ↑ Volkswirtschaft in Beschäftigung stehen. In der Praxis wird allerdings auch dann vom Vorliegen von V. gesprochen, wenn die Arbeitslosenquote höchstens 1−3 % beträgt. − ↑ auch Wirtschaftspolitik.

Volljährigkeit tritt in der BR Deutschland seit dem 1. Januar 1975 mit der Vollendung des 18. (früher des 21.) Lebensjahres ein. V. bewirkt z. B. die unbeschränkte ↑ Geschäftsfähigkeit und Ehemündigkeit.

Vollkaufmann ↑ Kaufmann.

Vollmacht ist die vom Vollmachtgeber erteilte Befugnis, für einen anderen (im fremden Namen, als Vertreter) handeln zu dürfen. − ↑ auch Vertretung.

vollziehende Gewalt ↑ Exekutive.

Voluntarismus [von lateinisch voluntas »Wille«] bezeichnet die Betonung der Rolle der Willenskräfte beim Zustandekommen von Entscheidungen und im Verhältnis des Menschen zu seiner Umwelt. Der V. geht, z. B. in der Philosophie, im Gegensatz zum ↑ Rationalismus von einer Überordnung des Willens über Gefühle und Verstand aus.

Vormundschaft ist die allgemeine Fürsorgetätigkeit eines Vormunds für die persönlichen Angelegenheiten und das Vermögen eines Minderjährigen, der z. B. nach dem Tode seiner Eltern nicht mehr der ↑ elterlichen Gewalt unterworfen ist (↑ Minderjährigkeit). Der Vormund steht bei seiner Tätigkeit unter der staatlichen Aufsicht eines Vormundschaftsgerichts. Für besondere Geschäfte (z. B. Grundstücksgeschäfte) muß er eine Genehmigung einholen. Er hat das Vermögen seines Mündels »mündelsicher« anzulegen, d. h. vor Verlusten zu schützen. Kann ein Volljähriger aufgrund einer psychischen Krankheit oder einer körperlichen, geistigen oder seelischen Behinderung seine Angelegenheiten ganz oder teilweise nicht besorgen, so erhält er nicht mehr wie früher ebenfalls einen Vormund, sondern auf seinen Antrag hin oder von Amts wegen vom Vormundschaftsgericht einen *Betreuer.* Dieser darf aber nur für die Aufgabenkreise bestellt werden, in denen die Betreuung erforderlich ist. Das Nähere regelt das Gesetz zur Reform des Rechts der Vormundschaft und Pflegschaft für Volljährige *(Betreuungsgesetz)* vom 12. September 1990, in dem für diesen Fall die Vormundschaftsbestimmungen des ↑ Bürgerlichen Gesetzbuchs abgeändert wurden.

Vorruhestand: Vorzeitiges Ausscheiden eines Arbeitnehmers aus dem Arbeitsprozeß zur Entlastung des Arbeitsmarktes. Im bis 31. Dezember 1988 befristeten *Vorruhestandsgesetz* vom 13. April 1984 war vorgesehen, daß Arbeitnehmer nach Vollendung des 58. Lebensjahres gegen ein *Vorruhestandsgeld* in Höhe von mindestens 65 % ihres bisherigen Bruttolohns vorzeitig ausscheiden konnten. Ein höhe-

res Vorruhestandsgeld kann tarifvertraglich vereinbart werden. Die Vorruhestandsregelung wurde von der *Altersteilzeitarbeit* abgelöst, bei der für Arbeitnehmer, die das 58. Lebensjahr vollendet haben, die wöchentliche Arbeitszeit auf die Hälfte (mindestens jedoch 18 Stunden) reduziert wird. Um das Arbeitsentgelt auf 70% des Vollzeitentgelts und die Rentenversicherungsbeiträge auf einen Betrag zu erhöhen, der 90% des bisherigen Entgelts entspricht, zahlt das Arbeitsamt dem Arbeitgeber entsprechende Zuschüsse. Bedingung ist jedoch, daß der freiwerdende Teilzeitarbeitsplatz mit einem bisher Arbeitslosen besetzt wird. Diese Regelung ist bis zum 31. Dezember 1992 gültig.
Im Mai 1991 wurde beschlossen, daß in den fünf neuen Ländern der V. bereits ab dem 55. Lebensjahr möglich sein soll. Diese Regelung gilt rückwirkend auch für Arbeitnehmer, die zwischen dem 3. Oktober 1990 und dem 1. Juli 1991 nach Vollendung des 55. Lebensjahres arbeitslos wurden.

Vorschulerziehung ist eine familienergänzende Erziehung im vorschulischen Alter, in dem der Mensch entscheidend geprägt wird. Das Kind soll den Gebrauch der Sprache und Verhaltens- und Handlungsweisen erlernen, die zum Leben in der Gesellschaft notwendig sind (↑ auch Sozialisation). Auch die aufgrund unterschiedlicher Herkunft ungleichen Ausgangsbedingungen (Bildungschancen) versucht man durch verstärkte V. auszugleichen. Sie dient nicht in erster Linie dem Wissenserwerb, sondern der Gesamtentwicklung der Persönlichkeit.

Vorsorge wird zur Vermeidung künftiger Nachteile und Gefahren getroffen. Während in früheren Zeiten der einzelne durch Hausgemeinschaft und Familie geschützt war und heute noch in einfacheren Gesellschaften eine große Zahl von Kindern als beste V. für das Alter gilt, wird für den modernen Menschen die V. in der ↑ Industriegesellschaft, in der er auf sich gestellt und zugleich von seiner Umwelt extrem abhängig ist, immer mehr zum Problem. V. kann durch privates ↑ Sparen, durch freiwilliges oder Zwangssparen, durch den Abschluß von ↑ Versicherungen (↑ auch Sozialversicherung), aber auch durch staatliche und

kommunale Leistungen (↑ Daseinsvorsorge) getroffen werden. Der Anteil des Staates an der V. und seine Fürsorge für den Einzelnen hat sich bis heute ständig vergrößert. – ↑ auch Sozialpolitik.

Vorurteil ist ein emotional gefärbtes Urteil, das auf verfestigten und vorgefaßten Meinungen über Personen, Gruppen und Sachverhalten beruht. Vorurteile stützen sich weniger auf Erfahrungen und Informationen als auf Pauschalurteile. Sie sind meist lückenhaft oder sogar falsch und lassen sich durch neue Informationen nur schwer verändern. Vorurteile gegenüber Fremdgruppen (z. B. rassische Minderheiten, andere Nationen) gehen in der Regel auf solche fehlerhaften Verallgemeinerungen zurück, v. a. im Zusammenhang mit der Vorstellung, daß die Normen und Werte der eigenen Gruppe einen allgemeingültigen Verhaltensmaßstab darstellen. Dies führt gleichzeitig zu einer positiveren Bewertung und zur Sicherung des Selbstwertgefühls und Zusammenhalts der eigenen Gruppe. – ↑ auch Stereotyp.

Votum: Stimmabgabe; bei einer Abstimmung wird für oder gegen etwas votiert, d. h. eine Stimme für oder gegen etwas abgegeben. – ↑ auch Mißtrauensvotum.

VSBM, Abkürzung für Verhandlungen über vertrauens- und sicherheitsbildende Maßnahmen in Europa zum Zweck der Rüstungskontrolle. Sie wurden aufgrund eines Beschlusses der KSZE-Folgekonferenz in Wien im Januar 1989 begonnen.

W

Wachstum (Wirtschaftswachstum): Zunahme des realen (d. h. um Änderungen des Preisniveaus bereinigten) ↑ Sozialprodukts. W. wird meist als prozentuale Veränderung des Sozialprodukts pro Kopf der Bevölkerung im Vergleich zum Vorjahr ausgedrückt. Diese *Wachstumsrate* hängt v. a. ab von den ↑ Investitionen einer ↑ Volkswirtschaft, dem technischen Fortschritt und der ↑ Produktivität der Arbeit. Die häufig erfolgende Gleichsetzung von W. mit einer Wohlstandserhöhung wird zunehmend kritisiert, da die durch hohe Wachstumsraten beschleunigte Umweltzerstörung und Erschöpfung der Rohstoffvorräte hierbei ebensowenig berücksichtigt werden wie die Verteilung des zusätzlich entstehenden Einkommens auf die ↑ Wirtschaftssubjekte. – ↑ auch Grenzen des Wachstums, ↑ Wachstumspolitik.

Wachstumspolitik: Gesamtheit der staatlichen Maßnahmen zur Erhöhung des realen ↑ Sozialprodukts (↑ Volkseinkommen, ↑ Bruttosozialprodukt). W. kann zu diesem Zweck entweder den Einsatz von ↑ Produktionsfaktoren vermehren, z. B. der Wirtschaft zusätzliches Kapital zur Verfügung stellen, oder aber die Qualität der Produktionsfaktoren verbessern, etwa durch staatliche Förderung von Forschung und Entwicklung zur Beschleunigung des technischen Fortschritts. Auch der Ausbau der ↑ Infrastruktur und des ↑ Bildungs- und Gesundheitswesens, die Sicherung des Marktzuganges durch staatliche ↑ Wettbewerbspolitik sowie die Beeinflussung der privaten Investitionsneigung durch Steuervergünstigungen oder Prämien kann im weiteren Sinn zur W. gerechnet werden.

Wahlen: Eine Wahl ist die Entscheidung zwischen mehreren Möglichkeiten. Liegt keine Alternative vor, ist eine Abstimmung keine Wahl, sondern lediglich eine ↑ Akklamation. Im engeren Sinne spricht man von W. bei der Berufung von Personen in bestimmte Stellungen – im Gegensatz zur Sachentscheidung – und dies auch nur dann, wenn die betreffenden Personen nicht von einem Vorgesetzten, sondern einem Gremium (Wahlkörper, Wählerschaft) bestellt werden. In ↑ Demokratien werden die wichtigsten Staatsämter in der Regel durch W. besetzt. So werden in ↑ parlamentarischen Regierungssystemen die ↑ Abgeordneten zum ↑ Parlament gewählt, in ↑ Präsidialsystemen (z. B. in den USA) außerdem der Regierungschef. Der Kreis der wahlberechtigten und wählbaren Personen sowie das zu beachtende Verfahren werden durch Wahlgesetze bestimmt. Zuweilen besteht für die Wähler auch Wahlpflicht. Eine Wahlberechtigung für Ausländer wurde 1990 vom BVG verneint, weil nach dem Grundgesetz nur dem Staatsvolk, also den Deutschen (Art.

116 Abs. 1 GG), das Wahlrecht bei allgemeinen Wahlen zukommt. Im einzelnen unterscheidet man folgende Wahlprinzipien: 1. *Allgemeines* oder *beschränktes Wahlrecht:* Entweder ist jeder zur Wahl zugelassen und kann gewählt werden – Begrenzungen bestehen nur im Hinblick auf Alter, Mündigkeit oder den Besitz bürgerlicher Ehrenrechte – oder das Wahlrecht steht nur bestimmten Personen, z. B. aufgrund ihrer Steuerleistung, zu *(Zensuswahlrecht).* 2. *Gleiches* oder *gestuftes Wahlrecht:* Bei gleichem Wahlrecht hat jeder dieselbe Anzahl von Stimmen (z. B. »one man – one vote«); dagegen haben beim gestuften Wahlrecht bestimmte Wähler (z. B. aufgrund ihrer Steuerleistung) mehr Stimmen als andere (Pluralwahlrecht). 3. *Unmittelbares* oder *mittelbares Wahlrecht:* Entweder entscheiden die Wähler über die Stellenbesetzung unmittelbar, oder sie wählen ↑ Wahlmänner, die aufgrund ihrer besseren Kandidatenkenntnis in einem weiteren Wahlgang die endgültige Auswahl treffen. 4. *Offene* oder *geheime Abstimmung:* Diese Unterscheidung berührt das Prinzip der freien Wahl. Früher erfolgten W. in der Regel durch offene Stimmabgabe. Das setzte Wähler immer wieder dem Druck von Personen aus, von denen sie abhängig waren und die sie nötigten, in einem bestimmten Sinne abzustimmen. Dem schiebt das Prinzip der geheimen Wahl einen Riegel vor. Als demokratisch gilt heute die allgemeine, gleiche, geheime und periodisch wiederkehrende Wahl (Art. 38 Abs. 1 GG). W. dienen der ↑ Legitimation und Kontrolle von Amtsinhabern. Es muß daher der ordnungsgemäße Verlauf einer Wahl durch Möglichkeiten der *Wahlanfechtung* und *Wahlprüfung* nachgeprüft werden können, und es müssen W. periodisch abgehalten werden, so daß sich die Gewählten einer Wiederwahl zu stellen haben. Um den Wechsel der Personen zu erhöhen, ist ↑ *Wiederwahl* gelegentlich ausgeschlossen. Es kann auch die vorzeitige Abberufung von Gewählten durch Abwahl vorgesehen sein (↑ Recall). Um die Kontinuität von Gremien zu wahren, bedient man sich zuweilen eines rollierenden Verfahrens, d. h. nach einem bestimmten Zeitraum wird jeweils nur ein Teil der Gewählten (z. B. ein Drittel)

Beispiel zur
a) Mehrheitswahl
drei Parteien, fünf Wahlkreise zu je 10.000 Wahlberechtigten

Wahlkreis	Parteien			
	A	B	C	
I	8.000	1.000	1.000	Stimmen
II	6.000	1.500	2.500	Stimmen
III	3.000	5.000	2.000	Stimmen
IV	3.000	4.000	3.000	Stimmen
V	2.000	4.500	3.500	Stimmen
insgesamt:	22.000	16.000	12.000	Stimmen

Gewählt sind die Kandidaten, die in einem Wahlkreis die höchste Stimmzahl erzielten. Danach entsenden die Partei A zwei, die Partei B drei Abgeordnete ins Parlament und die Partei C keinen, obwohl sie über ein Fünftel der Stimmen insgesamt auf sich vereinigen konnte, nicht viel weniger als die Partei B. Dagegen verfügt die Partei B über die absolute Mehrheit im Parlament, obwohl sie insgesamt weniger Stimmen erhielt als die Partei A.

b) Verhältniswahl
fünf Parteien, 100.000 Stimmberechtigte, zehn Mandate

b1) nach dem Auszählverfahren von d'Hondt

Divisoren	Parteien					
	A	B	C	D	E	
1	48.000	24.000	15.500	7.500	5.000	= 100.000
2	24.000	12.000	7.750			
3	16.000	8.000				
4	12.000	6.000				
5	9.600					
6	8.000					
7	6.857					

Gewählt sind die sechs ersten Kandidaten auf der Liste der Partei A, drei der Partei B und einer der Partei C. Die Partei A hat mit weniger als der Hälfte der Stimmen die absolute Mehrheit erreicht. Partei B hat mit drei (statt zwei) Mandaten verhältnismäßig besser abgeschnitten als Partei C mit einem (statt zwei) Mandaten. Partei E erhielt kein Mandat, aber auch Partei D nicht.

b2) nach dem Verfahren von Hare-Niemeyer
Für jede Partei wird berechnet:

$$\frac{\text{Gesamtzahl der Sitze x Stimmenzahl der Partei}}{\text{Gesamtzahl der Stimmen aller Parteien}}$$

Das ergibt für die Parteien

A	B	C	D	E
4,8	2,4	1,55	0,75	0,5

Bei der Mandatsverteilung werden zunächst die Ziffern vor dem Komma berücksichtigt. Demnach erhalten A 4, B 2 und C 1 Mandate. Die (3) restlichen Sitze werden nach der Höhe der Zahlenbruchteile hinter dem Komma vergeben. Es erhalten also A, D und C noch je ein Mandat. Die endgültige Verteilung sieht also so aus:

A	B	C	D	E
5	2	2	1	0

(Gegenüber einer Verteilung von 6, 3, 1, 0, 0 bei d'Hondt)

durch Neuwahlen ersetzt. − ↑ auch Rotationsprinzip.

Von besonderer Bedeutung ist v. a. bei Parlamentswahlen die Unterscheidung zweier Wahlsysteme, der *Mehrheitswahl* und der *Verhältniswahl.* Parlamentswahlen werden nach dem Prinzip der Mehrheitswahl auf folgende Weise durchgeführt: Das gesamte Wahlgebiet wird in Wahlkreise eingeteilt, aus denen in der Regel ein Abgeordneter zu entsenden ist. Als gewählt gilt entweder, wer mehr Stimmen als seine Konkurrenten erhielt (*relative Mehrheitswahl*, z. B. in Großbritannien) oder wer über 50 % der Stimmen auf sich vereint *(absolute Mehrheitswahl).* Erreicht kein Bewerber auf Anhieb die absolute Mehrheit, findet ein zweiter Wahlgang statt. Hierbei kann eine Stichwahl zwischen den beiden stimmenstärksten Kandidaten des ersten Wahlgangs angeordnet sein, oder aber es entscheidet nunmehr die *einfache Mehrheit* zwischen den alten und möglicherweise neu hinzugekommenen Bewerbern. Die Mehrheitswahl kann dazu führen, daß Minderheiten, die im gesamten Wahlgebiet eine beträchtliche Stimmenzahl erreichen, trotzdem nicht zum Zuge kommen, weil sie in keinem Wahlkreis die Mehrheit erringen, während lokal beschränkte Minderheiten in einigen Wahlkreisen erfolgreich sind. Außerdem lassen sich Wahlkreise in ihrem Größenzuschnitt manipulieren (sog. »Wahlkreisgeometrie«).

Die Mehrheitswahl ist das ältere Wahlsystem, da es ursprünglich darum ging, Städte oder Bezirke im Parlament zu vertreten. Ihr gegenüber hat man schon im 19. Jahrhundert mit dem Aufkommen der politischen ↑ Parteien die *Verhältniswahl* propagiert, derzufolge sich die Kandidaten grundsätzlich im ganzen Wahlgebiet zur Wahl stellen und zwar in der Regel auf Parteilisten vereint (z. B. Landeslisten, Wahlbezirkslisten, Listen für Wahlkreisverbände u. ä.). Es erhält dann jede Partei Parlamentssitze im Verhältnis zu den für sie abgegebenen Stimmen zugeteilt. Die Verhältniswahl ist also im Gegensatz zur Mehrheitswahl eine Parteien- *(= Listen-)* und keine *Persönlichkeitswahl.* Wieviel Sitze auf eine Partei (Liste) genau entfallen, kann durch verschiedene Auszählverfahren ermittelt werden. Das gebräuchlichste war das ↑ d'Hondtsche Höchstzahlverfahren. Neuerdings wird das Verfahren von ↑ Hare-Niemeyer bevorzugt, das die kleineren Parteien begünstigt. Auf den einzelnen Listen werden die Bewerber nach ihrer Reihenfolge berücksichtigt. Hat eine Partei z. B. 20 Kandidaten aufgestellt und entfallen auf sie zehn Sitze, so gelten die ersten zehn Nominierten als gewählt; die anderen rücken beim vorzeitigen Ausfall eines Gewählten nach (im Gegensatz zur Nachwahl bei der Mehrheitswahl).

Bei der Verhältniswahl haben auch kleine Parteien eine Chance, Abgeordnete ins Parlament zu senden. Sie gibt ein Spiegelbild der in der Bevölkerung bestehenden politischen Richtungen wieder. Sind diese aber sehr vielfältig, kann das die Mehrheitsbildung im Parlament erschweren. In parlamentarischen Regierungssystemen ist es nicht einfach, in diesem Fall stabile Regierungen zu bilden (wie das Beispiel der Weimarer Republik zeigt). Man hat daher vielfach Klauseln eingeführt, die es gestatten, ↑ Splitterparteien bei der Sitzverteilung nicht zu berücksichtigen (z. B. die ↑ Fünfprozentklausel). Damit die Wähler nicht zu starr an die ihnen angebotenen Listen gebunden sind, haben sie zuweilen das Recht, die Reihenfolge der Kandidaten auf einer Liste zu verändern oder Kandidaten von einer anderen Liste hinzuzusetzen (↑ panaschieren). Haben sie mehrere Stimmen zu vergeben, kann auch vorgesehen sein, daß diese auf einen Kandidaten der Liste häufen (↑ kumulieren). Durch diese und andere Maßnahmen läßt sich das Wahlrecht sehr komplex ausgestalten. − ↑ auch Bundestagswahl.

Wählerinitiative: Zusammenschluß parteiloser Bürger zur Unterstützung einer Partei oder eines Kandidaten in Wahlkämpfen.

Wählervereinigung: Loses Zweckbündnis von Bürgern, die sich außerhalb der etablierten ↑ Parteien organisieren, um v. a. im kommunalen Bereich Kandidaten zur Vertretung ihrer Interessen zu nominieren und im ↑ Wahlkampf zu fördern.

Wahlkampf: Der W. zwischen den verschiedenen ↑ Parteien um die meisten Sitze im ↑ Parlament stellt als Mittel der ↑ Willensbildung einen wichtigen Bestandteil jedes parlamentarischen Systems dar. Im W. gilt der Grundsatz der Chancengleichheit der politischen Parteien und der einzelnen Bewerber. Um die Abhängigkeit der Parteien von privaten Geldgebern auszugleichen, war zunächst die öffentliche Finanzierung der Parteiaufgaben vorgesehen. Das ↑ Bundesverfassungsgericht erklärte dies 1966 für unzulässig, billigte aber zugleich ein System der öffentlichen Erstattung der Wahlkampfkosten. Derzeit werden für jede gewonnene Stimme 5 DM erstattet, sofern mindestens 0,5 % der Stimmen erreicht werden.

Wahlmänner sind Mittelsmänner, die von der Bevölkerung eines Landes gewählt werden, um stellvertretend für diese einen oder mehrere Amtsträger zu wählen; so wird z. B. der Präsident der USA durch W. gewählt (indirekte Wahl).

Währung: Im weiteren Sinne die gesetzliche Regelung des Geldwesens einer ↑ Volkswirtschaft, im engeren Sinn die in einem Land gesetzlich anerkannten Zahlungsmittel. Grundsätzlich unterscheidet man zwischen Metallwährung und Papierwährung. Die Funktion der *Metallwährung* als Zahlungsmittel beruht entweder auf dem Gehalt an Edelmetallen, meist Gold oder Silber, oder aber auf der Bindung der umlaufenden gesetzlichen Zahlungsmittel (Banknoten) an Gold durch die sog. Einlösungspflicht (d. h. die Banknoten sind jederzeit bei der ↑ Zentralbank in Gold umtauschbar). Die bis zum 19. Jahrhundert in fast allen Staaten vorherrschende Metallwährung ist inzwischen durch die *Papierwährung* ersetzt worden. Bei dieser ist die W. an kein Metall gebunden, sondern wird vom Staat zu einem Zwangskurs als gesetzliches Zahlungsmittel ausgegeben (d. h. der Nennwert des Geldscheins bleibt durch Gesetz erhalten). Die Stabilerhaltung der W. wird durch diesen Wechsel in der Währungsordnung in zunehmendem Maße zu einem Hauptproblem der staatlichen ↑ Wirtschaftspolitik: Während bei der Goldwährung der Vorrat einer Volkswirtschaft an Zahlungsmitteln von fortschreitender Goldzufuhr abhing und somit nicht beliebig vermehrbar war, ist dies bei der Papierwährung jederzeit möglich, etwa um einen kurzfristig ansteigenden Bedarf des Staates an Zahlungs-

mitteln (z. B. für Kriegsfinanzierung) zu befriedigen. Die Epoche seit Ende der Goldwährung ist deshalb durch zunehmende ↑ Inflation gekennzeichnet. Andererseits hat der Übergang zur Papierwährung eine früher nicht mögliche wirtschaftliche ↑ Expansion sowohl auf nationaler Ebene als auch im Welthandel ermöglicht. Dieser rasche Anstieg wäre in einem auf Goldwährung beruhenden System nicht erreichbar gewesen. – ↑ auch Währungspolitik.

Währungspolitik ist die Gesamtheit aller Maßnahmen des Staates und der ↑ Zentralbank zur Stabilisierung der ↑ Währung und zur Sicherung der Versorgung der ↑ Volkswirtschaft mit Zahlungsmitteln. Zur W. gehören auch die Maßnahmen, die wirtschaftspolitische Zwecke mit Hilfe der Währung zu erreichen suchen. So hängt z. B. der Anteil eines Landes am Welthandel u. a. vom Außenwert seiner Währung ab, der durch den ↑ Wechselkurs ausgedrückt wird. Die Heraufsetzung dieses Außenwerts (durch Sinken des Wechselkurses z. B. von 2,50 DM je Dollar auf 2,00 DM je Dollar) wird als ↑ Aufwertung der Währung bezeichnet. Sie hat zur Folge, daß die ↑ Importe des aufwertenden Landes billiger werden, die ↑ Exporte dagegen teurer. Umgekehrt bewirkt die ↑ Abwertung einer Währung (Steigen des Wechselkurses) eine Verteuerung der Importe und Verbilligung der Exporte des abwertenden Landes. Solche Änderungen des Außenwertes der Währung, die etwa der Abwehr von Inflationseinflüssen aus dem Ausland dienen (durch Aufwertung) oder zum Abbau eines Handelsbilanzdefizits beitragen können (durch Abwertung), sind allerdings bei Mitgliedschaft des betreffenden Staates in einer internationalen Währungsorganisation (↑ Internationaler Währungsfonds) oder dem Vorliegen internationaler Währungsabkommen nicht unbeschränkt und nicht ohne Abstimmung mit anderen Staaten möglich.

Währungsunion: Verbindung mehrerer Staaten durch eine einheitliche Währung zur Erleichterung des Geldverkehrs und Verstärkung der wirtschaftlichen Beziehungen. Am 1. Juli 1990 wurde mit der Einführung der DM als Zahlungsmittel in der DDR und gemäß dem »Vertrag über

die Schaffung einer Währungs-, Wirtschafts- und Sozialunion« (Staatsvertrag) vom 18. Mai 1990 im Vorgriff auf die politische Vereinigung eine W. hergestellt. ↑ Notenbank für das neue Währungsgebiet wurde die ↑ Deutsche Bundesbank. Die gleichzeitig abgeschlossene Wirtschaftsunion übertrug das System der ↑ sozialen Marktwirtschaft mit Privateigentum auch auf die DDR. Durch die Sozialunion wurde überdies die Arbeitsrechtsordnung und das System der ↑ sozialen Sicherung der BR Deutschland in der DDR eingeführt. – ↑ auch Wiedervereinigung.
Auch die EG will bis Mitte der 1990er Jahre eine W. errichten, in der eine einheitliche Geld- und Stabilitätspolitik betrieben werden soll. Schwierigkeiten ergeben sich dabei aus der Tatsache, daß bislang über die Grundlagen dieser Politik und die Stellung einer europäischen ↑ Zentralbank noch keine Einigung erzielt werden konnte. Außerdem ist noch unklar, ob die Europäische W. vor oder erst mit der Bildung einer Europäischen Politischen Union geschaffen werden soll. – ↑ auch Europäische Gemeinschaft.

Waldsterben (Baumsterben): Die großflächige Erkrankung und Schädigung des Baumbestandes, v. a. von Wäldern. Als Hauptursache gilt der saure Regen, mögliche andere Ursachen sind die durch Kraftfahrzeuge, Haushalte und Industrie erzeugten Schadstoffe wie Stickoxide, Schwermetalle usw. Im übrigen herrschen über die Ursachen des W. unter den Wissenschaftlern unterschiedliche Auffassungen; Einigkeit besteht darüber, daß die Belastbarkeit der Waldökosysteme und ihre Anpassungsfähigkeit an langfristig wirkende Veränderungen offenbar überschätzt wurden. In der BR Deutschland ist die Luftreinhaltepolitik darauf gerichtet, Ursachen für bereits eingetretene Schädigungen der Wälder zu beseitigen, v. a. den Ausstoß an Luftschadstoffen (insbesondere von Schwefeldioxid und Stickoxiden z. B. bei Autos durch den Einbau von Katalysatoren, bei Großfeuerungsanlagen und Raffinerien durch Entstickungs- und Entschwefelungstechniken) drastisch zu verringern. Der Waldschadensbericht 1991 des Bundesministers für Ernährung, Landwirtschaft und Forsten kommt zu

dem Ergebnis, daß rund 64 % der gesamten Waldflächen in der alten Bundesrepublik geschädigt sind (1982 : 7,7 %).

Waren sind greifbare, in geldlichen Größenordnungen ausdrückbare, auf dem Markt gehandelte Sachgüter, im Unterschied zu immateriellen ↑ Gütern und ↑ Dienstleistungen. Aber auch mit immateriellen Werten versehene Güter, wie Kunstgegenstände, oder menschliche Fähigkeiten, wie die menschliche ↑ Arbeitskraft, werden häufig wie W. gehandelt, d. h. können *Warencharakter* annehmen.

Warenkorb: Wirtschaftsstatistischer Begriff, der die Gesamtheit aller ↑ Güter und ↑ Dienstleistungen bezeichnet, die von einem angenommenen Durchschnittshaushalt (einem Vier-Personen-Arbeitnehmerhaushalt mit mittlerem Einkommen) in einer bestimmten Zeit (meist in einem Monat oder einem Jahr) nachgefragt wird. Der W. enthält eine Zusammenstellung von nach Menge und Qualität ausgewählten Waren (z. B. Nahrungsmittel, Kleidung) und Dienstleistungen (z. B. Mietausgaben), die als repräsentativ für eine bestimmte Gruppe von Haushalten gilt und deshalb zur Berechnung des ↑ Preisindex der Lebenshaltung herangezogen wird. Eine Anpassung des W. an veränderte Verbrauchergewohnheiten erfolgt aufgrund von Daten, die über laufende Verbrauchsstichproben ermittelt werden.

Warentest: Prüfung und Vergleich der von verschiedenen Firmen hergestellten Produkte der gleichen Warenart. Der Käufer soll dadurch geschützt und seine Kaufentscheidung erleichtert werden. Aus diesem Grunde fördert auch die Bundesregierung die »*Stiftung Warentest*«.

Warenzeichen (auch: *Marke* oder *Schutzmarke*) ist das Zeichen eines Gewerbetreibenden zur Identifizierung der von ihm in Verkehr gebrachten Waren. Das W. dient heute v. a. der Werbung. Auf den Schutz des W. wird häufig durch die Symbole ® oder Ⓦ hingewiesen.

Warschauer Pakt: Am 14. Mai 1955 in Warschau geschlossenes Militärbündnis der Ostblockstaaten unter Führung der UdSSR, 1991 aufgelöst. Mitglieder waren: die UdSSR, Bulgarien, die DDR, Polen, Rumänien, die ČSSR und Ungarn. Das Gründungsmitglied Albanien erklärte nach dem Einmarsch von W.-P.-Truppen in die ČSSR 1968 seinen Austritt. Grundlage des W. P. und bedeutender Unterschied zur ↑ NATO war die Bindung der Mitgliedstaaten an die UdSSR durch bilaterale Beistandsabkommen, die auch nach Auflösung des W. P. weiterbestehen. Die Dominanz der UdSSR innerhalb des W. P. und ihr damit verbundenes Monopol auf schwere Rüstungsgüter (Panzer, Kampfflugzeuge etc.) ermöglichten einen hohen Standardisierungsgrad der W.-P.-Streitkräfte. Als besonders bedrohlich wurde von der NATO die konventionelle Überlegenheit des Warschauer Paktes betrachtet.

Wechselkurs: Umrechnungskurs von zwei verschiedenen ↑ Währungen untereinander, ausgedrückt als ↑ Preis für eine Einheit der ausländischen Währung in inländischer (z. B. 2 DM = 1 US-Dollar). Außer dieser allgemein üblichen sog. *Preisnotierung* des W. wird seltener die sog. *Mengennotierung* verwendet (z. B. in Großbritannien); der W. drückt dann die Menge an ausländischer Währung aus, die man für eine inländische Währungseinheit erhält (z. B. 2,5 US-Dollar für 1 britisches Pfund). Die Höhe des W. ist ein bedeutender Faktor für das Ausmaß des internationalen Handelsverkehrs. − ↑ auch Währungspolitik.

Wehrbeauftragter: Nach Art. 45 b GG, der 1956 im Rahmen der Wehrverfassungsnovelle eingefügt wurde, wird zum Schutze der ↑ Grundrechte und als Hilfsorgan des ↑ Bundestages bei der Ausübung der parlamentarischen Kontrolle ein W. des Bundestages berufen. Die Institution des W. ist dem Vorbild des ↑ Ombudsmans in skandinavischen Demokratien nachgeformt; er soll die parlamentarische Kontrolle über die ↑ Bundeswehr verstärken. Amt und Funktion des W. haben kein Vorbild in der deutschen Verfassung. Der W. kann auf Weisung des Bundestages oder des Verteidigungsausschusses in einer Reihe von Fragen militärischer Bedeutung tätig werden sowie aus eigener Zuständigkeit, wenn ihm Umstände bekannt werden, die auf eine Verletzung der Grundrechte der Soldaten oder der Grundsätze der ↑ inneren Führung schließen lassen. Zur Erfüllung seiner Aufgaben hat der W. umfassende Informations- und Anregungsrechte. Zu den Informationsrechten gehört das Recht, vom Bundesminister für Verteidigung und allen diesem unterstellten Dienststellen und Personen

Von den 7,4 Millionen Hektar Wald waren in den alten Bundesländern geschädigt:

in %

7,7
1982

34
1984

59
1991

20
deutlich
geschädigt

39
schwach
geschädigt

Von den 3,0 Millionen Hektar Wald waren in den neuen Bundesländern geschädigt:

73
1989

38
deutlich
geschädigt

35
schwach
geschädigt

Waldsterben. Seit Mitte der 1970er Jahre werden großflächige Waldschäden beobachtet. Hauptursachen sind Luftschadstoffe (Schwefeldioxid, Stickoxide), die mit anderen Schadstoffen oder Ursachen (Klima, Standort, Schädlingsbefall usw.) auf die Bäume einwirken

Auskunft und Akteneinsicht zu verlangen. Weiterhin hat der W. ein allgemeines Visitationsrecht, d. h. er kann alle Truppen, Stäbe, Verwaltungsstellen der Bundeswehr und ihre Einrichtungen jederzeit und ohne vorherige Anmeldung besuchen. Der W. übergibt jährlich dem Bundestag seinen Bericht.

Wehrpflicht bedeutet die öffentlich-rechtliche Pflicht aller wehrfähigen Bürger, Wehrdienst in der ↑ Bundeswehr oder aber ↑ Zivildienst zu leisten. In der BR Deutschland wurde die *allgemeine W.* 1956 durch das Wehrpflichtgesetz (WPflG) eingeführt. Die W. ruht bei einem auf Dauer beabsichtigten Aufenthalt im Ausland. Nach dem WPflG in der Fassung von 1972 sind wehrpflichtig alle Männer über 18 Jahre, die ↑ Deutsche im Sinne des Grundgesetzes (↑ Staatsangehörigkeit) sind und ihren ständigen Aufenthalt im Geltungsbereich des WPflG haben. Die W. endet in Friedenszeiten für Mannschaftsdienstgrade mit Vollendung des 45., für Offiziere und Unteroffiziere mit dem 60. Lebensjahr. Im ↑ Verteidigungsfall endet die Pflicht zum Wehrdienst für alle Wehrpflichtigen mit Vollendung des 60. Lebensjahres. Die W. wird erfüllt durch den Wehrdienst und im Falle der Anerkennung als Kriegsdienstverweigerer durch den Zivildienst. Seit 1990 beträgt die Dauer des Grundwehrdienstes zwölf Monate. Zusätzlich kann der Wehrpflichtige nach Ableistung dieser Zeit zu Wehrübungen einberufen werden. Im Falle der Anerkennung als Kriegsdienstverweigerer sind 15 Monate Zivildienst zu leisten.

Weißes Haus: Der Amts- und Wohnsitz des Präsidenten der USA in Washington; das Gebäude wurde im Jahre 1800 bezogen, später weiß verputzt und trägt deshalb seit 1902 offiziell diesen Namen. Die Bezeichnung W. H. wird auch vielfach für die Exekutive der USA gebraucht.

Weiterbildung: Um den wachsenden Aufgaben in einer sich ständig wandelnden Gesellschaft gerecht werden zu können, wird für immer größere Bevölkerungskreise eine W. notwendig. Sie soll künftig als Teil der Berufsausübung angesehen und in das bestehende Bildungssystem einbezogen werden. W. setzt meist nach einer abgeschlossenen Bildungsphase ein und kann berufliche W. (↑ Umschulung, Ausbildung, Fortbildung) oder nichtberufliche W. (Erwachsenenbildung) sein. Die berufliche W. ist im Berufs- und ↑ Arbeitsförderungsgesetz geregelt. Es gibt öffentliche und private Träger der W. (z. B. Volkshochschulen, Akademien, Hochschulen, Hörfunk- und Fernsehanstalten, die Landeszentralen für politische Bildung). Der sog. *zweite Bildungsweg* öffnet z. B. über Vorsemester, Berufsaufbauschulen oder Abendgymnasien den Zugang zur Fachschul- oder Hochschulausbildung.

Weltanschauung: Gesamtauffassung von der Welt, der menschlichen Gesellschaft und des Geschichtsverlaufs, die der Bemühung um eine Sinngebung des Lebens und um Orientierung in der Umwelt entspringt. Weltanschauungen sind eher diesseitsorientiert und treten oft als Ersatz für die ↑ Religion auf, deren Festlegung auf die Transzendenz (Gott, das Jenseits) sie häufig nicht anerkennen. Bei der Weltorientierung bedienen sie sich wissenschaftlicher Theorien, meist in vergröberter Form und unter Bevorzugung bestimmter, der eigenen Erfahrung entgegenkommender wissenschaftlicher Standpunkte. Im Gegensatz zur ↑ Ideologie treten Weltanschauungen jedoch in der Regel nicht mit dem Anspruch auf absolute (wissenschaftliche) Richtigkeit ihrer Ansichten auf.

Weltbank: Im Jahre 1944 als *Internationale Bank für Wiederaufbau und Entwicklung (IBRD)* auf der Konferenz von Bretton Woods zur Hilfe für die im Krieg zerstörten Industrien gegründet. Heute umfaßt die Weltbankgruppe neben der IBRD die *Internationale Entwicklungsorganisation (IDA)* als Tochter- und die *Internationale Finanzkooperation (IFC)* als Schwesterorganisation. Ziel der Weltbankgruppe ist es, den Lebensstandard in den ↑ Entwicklungsländern durch Gewährung finanzieller und technischer Hilfe zu heben und das bei der Finanzierung von Entwicklungsprojekten auftretende Risiko auf alle Mitgliedstaaten zu verteilen. Für die Kreditgewährung greift die W. in erster Linie auf den internationalen Kapitalmarkt zurück, indem sie Schuldverschreibungen verkauft. Die Mitgliedschaft in der

W. ist grundsätzlich unabhängig von der Staatsauffassung und Wirtschaftsordnung eines Landes. – ↑ auch ↑ Internationaler Währungsfonds.

Weltgesundheitsorganisation ↑ WHO.

Weltkinderhilfswerk ↑ UNICEF.

Weltmacht nennt man einen Staat, der eine wirtschaftliche, militärische oder politische Vormachtstellung in einem Teil der Welt ausübt und Weltpolitik betreibt. Am Ende des 19. Jahrhunderts waren Rußland, Frankreich und insbesondere England mit seinem kolonialen Weltreich die beherrschenden Weltmächte. Nach dem 1. Weltkrieg verlagerte sich das Schwergewicht der internationalen Politik nach den USA. Im 1. und 2. Weltkrieg versuchte Deutschland – im 2. Weltkrieg auch Japan – eine Weltmachtstellung zu erringen. Nach dem Ende des 2. Weltkriegs sind die UdSSR und die USA die wirtschaftlich, militärisch und politisch vorherrschenden Weltmächte geworden, die auch innerhalb der von ihnen geschaffenen Bündnissysteme (↑ NATO und ↑ Warschauer Pakt) eine unbestrittene Führungsstellung besaßen. Die Entwicklung entfernt sich heute mit der wachsenden Bedeutung Chinas, Japans und Europas immer mehr von dieser die Welt nach 1945 prägenden Bipolarität.

Weltraumrüstung: Nach der Ankündigung der ↑ strategischen Verteidigungsinitiative (SDI) durch den amerikanischen Präsidenten R. Reagan im März 1983 begann eine breite Diskussion über die Militarisierung des Alls. Tatsächlich fand jedoch die militärische Nutzung des Weltraums parallel zur Entwicklung der zivilen Raumfahrt schon seit längerem statt. Heute dienen ca. 75 % aller Satelliten militärischen Zwecken. Ihre Aufgaben reichen von der Aufklärung über die Nachrichtenübermittlung, die Navigation, die Frühwarnung vor Raketenangriffen bis hin zur Bekämpfung gegnerischer Satelliten (sog. Killersatelliten; *Anti-Satelliten-Systeme*). Satelliten sind zu unverzichtbaren Elementen sowohl der Militärstrategie der Supermächte als auch der ↑ Rüstungskontrolle geworden. Im *Weltraumvertrag* von 1967 wurde u. a. die Stationierung von Massenvernichtungswaffen in der Erdumlaufbahn oder des Mondes verboten.

Die wachsende Bedrohung von Satelliten durch Antisatellitensysteme und die Überlegungen zu weltraumgestützten Raketenabwehrwaffen führten zur Einbeziehung der Weltraumrüstung in die seit März 1985 laufenden Rüstungskontrollverhandlungen (*Genfer Verhandlungen über Nuklear- und Weltraumwaffen;* ↑ auch SALT, ↑ START).

Weltrevolution: Vorstellung des ↑ Marxismus, wonach die proletarische ↑ Revolution die Gesamtheit der industrialisierten Länder erfassen und der ↑ Kommunismus sich über die ganze Welt verbreiten werde. – ↑ auch Maoismus, ↑ Stalinismus, ↑ Trotzkismus.

Weltwährungsfonds ↑ Internationaler Währungsfonds.

Weltwirtschaft: Gesamtheit der internationalen Wirtschaftsbeziehungen, durch die die einzelnen ↑ Volkswirtschaften auf den Gebieten des internationalen Waren-, Dienstleistungs- und Kapitalverkehrs miteinander verbunden sind. Voraussetzung für die Entwicklung der W. war zum einen die Entstehung des Welthandels im 19. Jahrhundert, begünstigt durch die liberale Außenwirtschaftspolitik jener Zeit, zum anderen die Bildung eines internationalen Geldstandards mit Hilfe des Wechselkurssystems (Goldwährung). Diese zweite Voraussetzung erst ermöglichte den freien ↑ internationalen Zahlungsverkehr bei stabilen Wechselkursen. Die Weltwirtschaftsordnung zerbrach durch die Ausbreitung der Devisenbewirtschaftung nach Ausbruch der Weltwirtschaftskrise 1929, wobei der bilaterale Tausch Ware gegen Ware immer mehr das alte System vielseitiger Wirtschaftsbeziehungen ersetzte. Außerdem gingen viele Staaten vom ↑ Freihandel zur staatlichen Lenkung und zum ↑ Protektionismus über.

Die Gründung des ↑ Internationalen Währungsfonds und der ↑ Weltbank 1944 in Bretton Woods (zur Hilfe für die im Krieg zerstörten Industrien) schufen die institutionellen wirtschaftspolitischen Voraussetzungen für die Wiederbelebung der Weltwirtschaft. Zusätzlich sollte das ↑ GATT, 1947 abgeschlossen, die Wiederherstellung des freien Welthandels durch Abbau internationaler Handelsbeschränkungen und durch Förderung des Güteraustausches ermöglichen. Das GATT wurde 1965 geändert und dient heute v. a. der Förderung der Wirtschaft unterentwickelter Länder. In den letzten Jahren wurde die W. v. a. durch Währungskrisen in einzelnen Volkswirtschaften gestört. Weitere Gefahren sind Reglementierungstendenzen, wie sie im gemeinsamen Markt der ↑ Europäischen Gemeinschaft sichtbar werden. Schließlich stellte auch die Erdölkrise 1973 die W. vor Probleme. Durch sie verschob sich das Handelsungleichgewicht noch mehr zuungunsten der ↑ Entwicklungsländer, die schon seit langem eine Neuordnung der W. fordern. – ↑ auch G-Sieben.

Werkvertrag: Der W. verpflichtet einen Unternehmer gegenüber dem Besteller zur Herstellung eines bestimmten Werkes gegen Vergütung und den Besteller zur Zahlung der vereinbarten Vergütung.

Werte: Wert ist die Beschaffenheit von etwas (z. B. einer Sache, einer Handlung, eines Zustandes), die diesem eine besondere Hochschätzung (Wertschätzung) einträgt. Es gibt verschiedene Arten der Werteinschätzung. So lassen sich z. B. menschliche Handlungen nach ihrem ethischen Wert in gute und böse einteilen, Kunsterzeugnisse nach ihrem ästhetischen Wert in schöne und häßliche, Güter nach ihrem ökonomischen Wert in nützliche und unnütze. Werteinschätzungen sind subjektiv. Sie finden aber stets ihren Grund in der Beschaffenheit einer Sache (die unterschiedlich bewertet werden kann). Ob es absolute W. gibt, ist umstritten, ebenso die Frage einer Rangordnung der W., die angibt, welcher Wert im Konfliktfall vorzuziehen ist. Für den Wertrelativismus sind derartige Fragen nicht allgemeinverbindlich entscheidbar. Er verweist auf die kulturelle, historisch-gesellschaftliche und individuelle Unterschiedlichkeit und Wandelbarkeit von Werteinschätzungen. In der Politik und im gesellschaftlichen Bereich spielen W. insofern eine wichtige Rolle, als sie Maßstäbe für das Handeln setzen und hier die Frage bedeutsam wird, welchen Werteinschätzungen (Präferenzskala) gefolgt werden soll, bzw. bei gleicher Werteinschätzung, wie die Tauglichkeit der Mittel zu ihrer Verwirklichung zu beurteilen ist. Schließlich erhebt sich auch die Frage, nach welchem Verfahren über die Präferenz- und Prioritätensetzung und Mittelbewertung entschieden werden soll. Eine erhebliche Rolle in der BR Deutschland spielt die Diskussion um sog. *Grundwerte*, d. h. die Frage, welche W. dem ↑ Grundgesetz und der auf ihm aufbauenden politischen Gestaltung zugrunde liegen.

Wertfreiheit: Wissenschaftliches Prinzip, das eine Ideologisierung der wissenschaftlichen Forschung verhüten soll. W. bedeutet also, daß ein Forscher die Ergebnisse seiner Untersuchung nicht bewerten oder daß er sich bei der Auswahl seiner Untersuchungsgegenstände und Fragestellungen nicht von seinen Präferenzen leiten lassen dürfe. W. verlangt nur, daß er auch seinen Hypothesen widersprechende Tatsachen berücksichtigt und kein einseitiges Bild von seiner Untersuchung vermittelt sowie die ↑ Prämissen seiner Bewertung der Ergebnisse deutlich macht. W. besagt ferner, daß aus keiner Sachverhaltsfeststellung allein bindende Handlungsanweisungen zu folgern sind, sei es in Richtung auf eine Veränderung oder Beibehaltung eines analysierten Sachverhaltes. Handlungsanweisungen ergeben sich nur aus ↑ Werten, nach denen die Wünschbarkeit oder Nichtwünschbarkeit eines Zustands beurteilt wird. Werteinschätzungen sind aber von der Wissenschaft nicht allgemeinverbindlich vorschreibbar.

Wertpapiere sind Urkunden über Vermögensrechte, die ohne die Urkunde nicht geltend gemacht und in manchen Fällen noch nicht einmal übertragen werden können. Zwischen Schuldner und Gläubiger müssen keine persönlichen Beziehungen bestehen; W. stellen »versachlichte« ↑ Schuldverhältnisse dar. Sie können sowohl der Finanzierung von Investitionen wie der Geldanlage gegen Verzinsung (so z. B. die Bundesschatzbriefe) dienen. Zur langfristigen Kapitalanlage bestimmte W. bezeichnet man als ↑ Effekten (z. B. ↑ Aktien, ↑ Obligationen, Pfandbriefe). Effekten werden an der ↑ Börse gehandelt. Unterschieden werden im Hinblick auf die Art des darin verbrieften Rechts: 1. *sachenrechtliche W.*, die ein Recht auf Sachen verbriefen (z. B. Hypothekenbriefe); 2. *schuldrechtliche W.*, die dem Erwerber Forderungsrechte verleihen (z. B. Schuldverschreibungen, Pfandbriefe). Diese W. stellen eine Vereinbarung über laufende Zinszahlungen (festverzinslich) für ein Darlehen dar und verpflichten den Schuldner zur Rückzahlung des Darlehens; 3. *Mitgliedschaftspapiere* (z. B. Aktien), die den Erwerber nicht zum Gläubiger, sondern zum Miteigentümer machen. Neben diesen drei genannten Arten gibt es noch zahlreiche Mischformen.

Eine andere Unterscheidung der W. ist die nach der Person des Berechtigten: 1. *Inhaberpapiere* verbriefen Rechte, die von dem jeweiligen Inhaber der Urkunde geltend gemacht werden können (z. B. Inhaberschecks, Schuldverschreibungen auf den Inhaber, Inhaberaktien); 2. *Rektapapiere,* die Rechte einem in den Papieren namentlich genannten Inhaber übertragen (z. B. Kuxe); 3. *Orderpapiere,* die ebenfalls auf eine bestimmte Person oder Order ausgestellt sind.

Westeuropäische Union (WEU): Im Oktober 1954 (↑ Pariser Verträge) abgeschlossener, im Mai 1955 in Kraft getretener kollektiver Beistandspakt im Rahmen der ↑ NATO, dem Großbritannien, Frankreich, die Beneluxstaaten sowie die BR Deutschland und Italien angehören. Ausgangspunkt der WEU war der zwischen Großbritannien, Frankreich und den Beneluxstaaten geschlossene *Brüsseler Pakt (Westunion)* von 1948, der die wirtschaftlichen, sozialen und kulturellen Zusammenarbeit sowie der kollektiven Selbstverteidigung dienen sollte. Heute wird über den Ausbau der WEU zu einem Instrument der EG diskutiert, um die Verteidigungspolitik ihrer Mitgliedstaaten im weiteren Rahmen der NATO zu koordinieren. Organe der WEU sind der Ministerrat, die Agentur für Rüstungskontrolle, der Ständige Rüstungsausschuß und die Parlamentarische Versammlung. Die WEU verfügt über keine eigenständigen politischen und militärischen Entscheidungsbefugnisse und gab im Laufe ihrer Entwicklung Funktionen an andere Institutionen, v. a. die ↑ NATO, ab. Auf dem Gipfeltreffen der Regierungschefs der ↑ Europäischen Gemeinschaft in Maastricht am 9./ 10.12.1991 wurde eine Stärkung der WEU und die Entwicklung einer »echten europäischen Sicherheits- und Verteidi-

gungspolitik« vereinbart. Das Generalsekretariat der WEU wird zu diesem Zweck von London nach Brüssel verlegt. Die WEU soll an der Vorbereitung und Durchführung der gemeinsamen Sicherheits- und Verteidigungspolitik der EG beteiligt werden. Zu klären sind bei der künftigen europäischen Sicherheits- und Verteidigungspolitik v. a. das Verhältnis der WEU zur NATO und der Beitritt der EG-Länder, die noch nicht WEU-Mitglied sind. – Abb. S. 432.

Wettbewerb (Konkurrenzprinzip) ist das zentrale wirtschaftliche Organisationsprinzip der ↑ Marktwirtschaft. Wirtschaftlicher W. bedeutet eine Konkurrenzsituation sowohl auf der Seite der Anbieter als auch auf der Seite der Nachfragenden nach Gütern. Von Anbieterwettbewerb spricht man, wenn verschiedene, voneinander unabhängig und nach Gewinn strebende Anbieter um den Abschluß von Verträgen mit Nachfragern konkurrieren. Dieser W. bedeutet für den Nachfrager, daß er unter mehreren Angeboten und Bedingungen wählen kann. Dies wiederum zwingt jeden Anbieter, unter möglichst günstigen Bedingungen (Preis, Qualität, Garantie, Kundendienst) anzubieten und kostengünstig das zu produzieren, was die Konsumenten kaufen wollen. Nur so kann er hoffen, einen Vorsprung vor seinen Konkurrenten zu erzielen und seine Gewinnsituation zu verbessern. Auf diese Weise führt das Streben vieler Anbieter nach größtmöglichem persönlichem Gewinn der Idee nach zu einer optimalen Versorgung der Bevölkerung.

Der W. sorgt für die bestmögliche Ausnutzung der Produktionsmöglichkeiten in einer ↑ Volkswirtschaft und hat damit eine Lenkungsfunktion. Der Produzent muß mit den vorhandenen knappen Produktionsmitteln möglichst sparsam umgehen und das vorhandene technische Wissen optimal ausnutzen. Zugleich muß er sich möglichst rasch an veränderte Kundenwünsche, -gewohnheiten oder Produktionsbedingungen anpassen. Handelt der Produzent im Einklang mit dem Verbraucherinteresse, wird er durch Gewinne belohnt. Handelt er ihm entgegen, wird durch Verluste und in letzter Konsequenz durch Konkurs bestraft.

Unter Wettbewerbsbedingungen besteht ein starker Anreiz, sowohl neue Produkte als auch neue Produktionsverfahren einzuführen. Insofern kommt dem W. auch eine Fortschrittsfunktion zu. Das wettbewerbsbedingte Nachziehen der anderen Unternehmen sorgt für rasche Verbreitung von Neuerungen und schöpft so die erweiter-

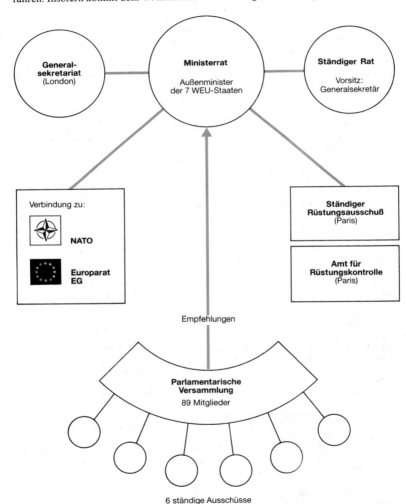

Westeuropäische Union. Eigenständige politische oder militärische Entscheidungsbefugnisse hat die WEU nicht. In kritischen Phasen erwies sie sich als Klammer zwischen den westeuropäischen Staaten, vor allem, wenn andere Verbindungen nicht bestanden

ten Produktionsmöglichkeiten einer Volkswirtschaft aus.

Für den Konsumenten verhindert der W., daß seine unumgängliche Abhängigkeit von der Produktion zu einer totalen Abhängigkeit wird. Allerdings kann W. auch zur Ausschaltung von Konkurrenten z. B. durch unlauteren, d. h. gegen die guten Sitten verstoßenden W. oder durch Preisdumping führen. Die Folgen einer ruinösen Konkurrenz sind entweder die ↑ Konzentration von Unternehmen in einer Hand oder die Ausschaltung von Konkurrenz durch Kartellabsprachen. Beides ist unerwünscht und hat daher zum Eingreifen des Staates und zur rechtlichen Regelung des W. durch das ↑ Wettbewerbsrecht geführt.

Wettbewerbsrecht: Die Entstehung eines W. hängt mit der Erfahrung zusammen, daß es nicht genügt, den ↑ Wettbewerb freizugeben, da dies zu ruinöser Konkurrenz mit unlauteren Methoden oder zur Verhinderung von Konkurrenz durch (↑ Kartell-) Absprachen führen kann. Daher muß der Staat den wirtschaftlichen Wettbewerb auch schützen. Zu diesem Zweck gibt es in der BR Deutschland das Gesetz gegen unlauteren Wettbewerb und das Gesetz gegen Wettbewerbsbeschränkungen (GWB). Für die Durchsetzung der Wettbewerbsordnung gegen Wettbewerbsbeschränkungen wurde das ↑ Bundeskartellamt in Berlin als Bundesoberbehörde geschaffen (↑ auch Kartellbehörden, ↑ Kartellrecht). Außerdem sind v. a. die wettbewerbsrechtlichen Vorschriften des Wirtschaftsrechts der ↑ Europäischen Gemeinschaft wesentlicher Bestandteil der Wettbewerbsordnung der BR Deutschland geworden. Die Vorschriften des GWB richten sich gegen: 1. Kartellverträge und Kartellbeschlüsse; 2. sonstige Verträge (v. a. ↑ Preisbindung der zweiten Hand, Ausschließlichkeitsbindung, Lizenzverträge); 3. marktbeherrschende Unternehmen und 4. wettbewerbsbeschränkendes und diskriminierendes Verhalten.

WEU ↑ Westeuropäische Union.

WHO [Abk. für englisch »World Health Organization«]: Die Weltgesundheitsorganisation mit Sitz in Genf ist eine Sonderorganisation der ↑ UN und befaßt sich mit Fragen der Gesundheitsfürsorge in der ganzen Welt; u. a. der Unterstützung der Medizinalausbildung besonders in Entwicklungsländern.

Widerstandsrecht: Schon in der klassischen Staatsphilosophie wurden Überlegungen angestellt, unter welchen Umständen Widerstand gegen staatliche Herrschaft (z. B. eines Tyrannen) gerechtfertigt sei und in welcher Weise dies geschehen dürfe (z. B. aktiver oder ↑ passiver Widerstand). Für das ↑ Grundgesetz der BR Deutschland gilt: Die Grundsätze des Art. 20 Abs. 1−3 GG, die Prinzipien der Demokratie, eines bundesstaatlichen Staates, einer bundesstaatlichen Gliederung, der Gewaltenteilung und des Rechtsstaates sind einem besonderen Schutz unterstellt. Gegen jeden, der es unternimmt, diese Ordnung zu beseitigen, haben alle Deutschen Recht zum Widerstand, wenn andere Abhilfe nicht möglich ist (Art. 20 Abs. 4 GG). Damit wird nicht nur die Verteidigung der ↑ freiheitlichen demokratischen Grundordnung gegen Unternehmungen gerechtfertigt, die eine Beseitigung der genannten Verfassungsprinzipien durch Träger hoheitlicher Gewalt zum Ziel haben (↑ Staatsstreich), sondern auch ein Vorgehen gegen revolutionäre Bewegungen. Die Regelung ist jedoch problematisch, weil sie z. B. ungeklärt läßt, was gilt, wenn der Staat zur Abwehr von Verfassungsfeinden zwar in der Lage ist, aber keine Gegenmaßnahmen trifft, da er die Gefahr nicht richtig einschätzt oder zur Abhilfe nicht bereit ist. Der die Situation anders beurteilende Widerstand übende Bürger läuft dann leicht Gefahr, rechtswidrige Selbstjustiz oder verbotenen *Widerstand gegen die Staatsgewalt* zu üben und bestraft zu werden.

Im Zusammenhang mit der zunehmenden Umweltzerstörung und der Stationierung neuer Raketen in der BR Deutschland (↑ Doppelbeschluß) wurde die Frage nach einem W. erneut aufgeworfen. Gegner der Raketenstationierung hielten ein W. für gegeben, da es in diesem Fall um die »Überlebensfrage der Menschheit« gehe. Ganz allgemein wird von den Befürwortern eines W. auch behauptet, daß es zulässig sei, gegen als unerträglich empfundene Zustände Gewalt anzuwenden. Dagegen wird eingewandt, daß keinerlei subjektive Begründungen zum Rechtsbruch ausreichen könnten, da dies die Aufhebung jeder verbindlichen Ordnung bedeuten würde. Abgesehen von dem Fall des Art. 20 Abs. 4 GG steht dem Bürger daher ein W. gegen Maßnahmen der ↑ öffentlichen Gewalt nicht zu. Rechtswidrige Angriffe privater Dritter braucht der Bürger dagegen in keinem Fall hinzunehmen. – ↑ auch Selbsthilfe.

Wiedervereinigung: Nach dem 2. Weltkrieg wurden als Folge des ↑ kalten Krieges mehrere Staaten (Korea, Vietnam und das ↑ Deutsche Reich) geteilt, da sie in die sich herausbildenden Herrschaftssphären der USA und der UdSSR zugleich geraten waren. In Deutschland führte dies 1949 zur Gründung der ↑ Bundesrepublik Deutschland einerseits und der ↑ Deutschen Demokratischen Republik andererseits. Dieser Zustand war jedoch zunächst nur als ein Provisorium gedacht; eine W. sollte so bald wie möglich stattfinden. Dementsprechend hieß es in der Präambel zum ↑ Grundgesetz: »Das gesamte Deutsche Volk bleibt aufgefordert, in freier Selbstbestimmung die Einheit und Freiheit Deutschlands zu vollenden.«
Die für die Einheit Deutschlands verantwortlichen Alliierten (↑ Deutschlandvertrag) unterbreiteten in den 1950er Jahren eine Reihe von Vorschlägen zur W. und behandelten die deutsche Frage mehrfach auf Konferenzen; alle Ansätze zur W. scheiterten indessen am unversöhnlichen Gegensatz der ehemaligen Kriegspartner (↑ auch Ost-West-Konflikt). Mit dem Mauerbau 1961 quer durch Berlin, der die »Abstimmung mit den Füßen« (jährlich weit über 100 000 Übersiedler aus der DDR) beendete, sowie der These von der Existenz zweier deutscher Staaten und einer neuen Verfassung 1968, in der das Bekenntnis zur Einheit der deutschen Nation gestrichen wurde, vergrößerte die DDR in der folgenden Zeit bewußt die Kluft zum westlichen Teil Deutschlands. Die BR Deutschland dagegen war bemüht, den Kontakt zur DDR nicht abreißen zu lassen (Ostpolitik der sozialliberalen Koalition seit 1969, ↑ Ostverträge). Vom Bundesverfassungsgericht wurde ausdrücklich darauf hingewiesen, daß das Wiedervereinigungsgebot des Grundgesetzes auch weiterhin Gültigkeit und Richtschnur bundesdeutscher Politik sein müsse.

Reale Möglichkeiten für eine W. boten sich indessen erst, als der von M. Gorbatschow seit Mitte der 1980er Jahre initiierte neue Kurs in der UdSSR zu einer Beendigung des kalten Krieges und zu einem Zusammenbruch der kommunistischen Systeme in Mittel- und Osteuropa führte. Diese Entwicklung hatte auch in der DDR einen wachsenden Widerstand v. a. kirchlicher und der evangelischen Kirche nahestehender Kreise und Bürgerbewegungen gegen die Herrschaft der SED zur Folge und löste einen Massenexodus aus der DDR über die westdeutschen Botschaften in Ungarn, Polen und der ČSSR aus. Demonstrationen gegen das kommunistische Regime, insbesondere die Leipziger Montagsdemonstrationen, führten schließlich zur Öffnung der Grenzen zur BR Deutschland und zu West-Berlin am 9. November 1989. Unter dem Druck der Demonstranten und der am ↑ Runden Tisch versammelten oppositionellen Kräfte mußte die Regierung der DDR erstmals freie Wahlen zulassen, die mit dem Sieg der »Allianz für Deutschland« am 18. März 1990 ein eindeutiges Votum für die W. ergaben. Eine Beschleunigung erfuhr der Wiedervereinigungsprozeß durch den rapiden Verfall der Wirtschaft der DDR, Folge nicht zuletzt des einsetzenden Zusammenbruchs der Wirtschaftsordnung im ↑ RGW. Bereits am 1. Juli 1990 wurde eine Währungs-, Wirtschafts- und Sozialunion (↑ Währungsunion) zwischen den beiden deutschen Staaten errichtet. Anschließend wurde im sog. ↑ Einigungsvertrag vom 31. August 1990 der Beitritt des Gebietes der DDR zur Bundesrepublik verabredet. Nach der Billigung des Vertrags durch die Parlamente beider Länder und nach Zustimmung der ehemaligen Besatzungsmächte im ↑ Zwei-plus-vier-Vertrag wurde der Beitritt am 3. Oktober 1990 wirksam. Der 3. Oktober wurde daraufhin zum Nationalfeiertag erklärt und trat als »Tag der deutschen Einheit« an die Stelle des 17. Juni (des Gedenktages zum Arbeiteraufstand 1953 in der DDR, bis 1990 nur in den alten Bundesländern begangen). Mit dem Beitritt ist die W. indessen noch nicht abgeschlossen. Vielmehr bedarf es neben der Rechtsangleichung noch einer Fülle von Maßnahmen auf wirtschaftlichem und sozialem Gebiet. Die ökonomische Angleichung wird durch den desolaten wirtschaftlichen Zustand der neuen Bundesländer, durch ↑ Altlasten, eine mangelhafte Infrastruktur, unklare Eigentumsverhältnisse und einen noch nicht effektiv arbeitenden, erst im Aufbau begriffenen Verwaltungsapparat gehemmt.

Inwieweit im Zusammenhang mit der W. auch das Grundgesetz zu ändern ist, wird unterschiedlich beurteilt. Einige Änderungen, z. B. bei der Zusammensetzung des Bundestags und des Bundesrats, wurden bereits mit dem Einigungsvertrag vorgenommen. Die Verfasser des Grundgesetzes gingen 1949 offensichtlich von der Vorstellung aus, daß die W. auf der Basis einer neuen Verfassung vonstatten gehen würde (Art. 146 GG: »Dieses Grundgesetz verliert seine Gültigkeit an dem Tage, an dem eine Verfassung in Kraft tritt, die von dem deutschen Volke in freier Entscheidung beschlossen worden ist.«). Der einfache Beitritt der neuen Länder zur Bundesrepublik, der die sich damit das Grundgesetz erstreckt (Art. 23 GG: »in anderen Teilen Deutschlands ist es (d. h. das Grundgesetz) nach deren Beitritt in Kraft zu setzen«), läßt eine solche Lösung als nicht unbedingt notwendig erscheinen, schließt sie aber auch nicht aus. Zur Zeit haben Bundestag und Bundesrat Verfassungskommissionen gebildet, die über die Frage einer Neugestaltung der Verfassung beraten sollen.

Nachdem Berlin im Einigungsvertrag wieder zur Hauptstadt des deutschen Staates bestimmt wurde, war die Frage des Regierungssitzes umstritten, wurde aber am 20. Juni 1991 vom Bundestag für Parlament und Bundesregierung zugunsten Berlins entschieden (mit Umzugsfristen von einer Reihe von Jahren). Bonn soll gleichwohl ein Verwaltungszentrum bleiben. Der Bundesrat beschloß, seinen Sitz in Bonn zu behalten, nach ca. acht Jahren aber eine Prüfung seiner Entscheidung vorzunehmen.

Willkürverbot nennt man das im Zusammenhang mit dem ↑ Gleichheitssatz bestehende Verbot für den Staat, z. B. als Gesetzgeber Differenzierungen anders als nach sachlichen Gesichtspunkten vorzunehmen.

Wirtschaft dient der Befriedigung des menschlichen Bedarfs an ↑ Gütern und ↑ Dienstleistungen. Beim Wirtschaften sind grundsätzlich drei Fragen zu lösen: Was soll hergestellt werden? Wie soll es hergestellt werden (↑ ökonomisches Prinzip)? Wie soll es verteilt werden? Die besondere Ausprägung einer W. ist bestimmt durch den Entwicklungsstand von Technik und ↑ Arbeitsteilung sowie die Art der Koordination ökonomischer Tätigkeiten (Markt oder Plan), die Eigentumsverfassung, das Verteilungssystem und sonstige, z. B. geographische und klimatische Bedingungen. Nach der historischen Entwicklung unterteilt man die W. in verschiedene *Wirtschaftsstufen:* Haus-, Stadt-, ↑ Volks- und ↑ Weltwirtschaft. – ↑ auch Wirtschaftsordnung.

Wirtschaftlichkeit *(Effizienz)* wird erreicht durch das Streben, mit einer gegebenen Menge an ↑ Produktionsfaktoren den größtmöglichen Güterertrag zu erwirtschaften *(Optimierungsprinzip)* oder für einen gegebenen Güterertrag eine möglichst geringe Menge an Produktionsfaktoren einzusetzen *(Sparprinzip)*. Beides bezeichnet man auch als das ↑ ökonomische Prinzip. W. kann mengenmäßig (↑ Produktivität) oder wertmäßig (↑ Rentabilität) erfaßt werden, sich auf einzelne Handlungen, auf unterschiedliche Zeiträume oder auf räumliche oder sachliche Gegebenheiten beziehen.

Wirtschaftsdemokratie kennzeichnet die Übertragung demokratischer Prinzipien auf den wirtschaftlichen Bereich und wird im Zusammenhang mit der Forderung nach ↑ Demokratisierung aller Lebensbereiche propagiert. Die Vorstellungen von einer W. gehen dabei zum Teil über die bisherigen Formen der ↑ Mitbestimmung hinaus.

Wirtschaftskreislauf bezeichnet die Gesamtheit der Geld- und Güterströme in einer ↑ Volkswirtschaft in einem bestimmten Zeitraum sowie die zwischen ihnen bestehenden Beziehungen. Die Grundkonzeption des W. geht von den zwischen dem Unternehmenssektor und dem Sektor der privaten Haushalte bestehenden Austauschprozessen (↑ volkswirtschaftliche Gesamtrechnung) aus. Hierbei fließt von den Unternehmen ein realer Strom von

Wirtschaftskriminalität

Straftaten(gruppen)	erfaßte Fälle 1990	erfaßte Fälle 1989	Steigerungsrate in v.H.
Vermögens- und Fälschungsdelikte	472 106	514 878	− 8,3
Betrug (§§ 263, 263a, 264, 264a, 265, 265a, 265b StGB)	363 888	401 352	− 9,3
davon: Waren- und Warenkreditbetrug	51 521	54 350	− 5,2
davon: betrügerisches Erlangen von Kfz	2 397	2 315	+ 3,5
Warenbetrug	14 307	15 939	− 10,2
Grundstücks- und Baubetrug	479	896	− 46,5
Kautions- und Beteiligungsbetrug	2 768	2 089	+ 32,5
Geldkreditbetrug	8 033	34 699	− 76,8
davon: Kreditbetrug (§ 265b StGB)	1 144	1 716	− 33,3
Subventionsbetrug (§ 264 StGB)	584	461	+ 26,7
Erschleichen von Leistungen (§ 265a StGB)	71 007	79 009	− 10,1
Betrug mittels rechtswidrig erlangter unbarer Zahlungsmittel	32 281	36 809	− 12,3
sonstiger Betrug	197 799	193 500	+ 2,2
darunter: Betrug z.N.v. Versicherungen (§§ 263, 265 StGB)	8 326	8 339	− 0,2
Computerbetrug (§ 263a StGB)	787	1 242	− 36,6
Veruntreuungen (§§ 266, 266a, 266b StGB)	10 686	10 338	+ 3,4
davon: Untreue (§ 266 StGB)	5 297	4 551	+ 16,4
Mißbrauch von Scheck- und Kreditkarten (§ 266b StGB)	778	663	+ 17,3
Unterschlagung (§§ 246, 247, 248a StGB)	51 400	51 121	+ 0,5
darunter: Unterschlagung von Kfz	6 906	5 432	+ 27,1
Urkundenfälschung (§§ 267–275, 277–279, 281 StGB)	44 005	49 809	− 11,7
darunter: Fälschung zur Erlangung von Betäubungsmitteln	2 690	3 034	− 11,3
Geld- und Wertzeichenfälschung, Fälschung von Vordrucken für Euroschecks und Euroscheckkarten (§§ 146–149, 151, 152, 152a StGB)	556	384	+ 44,8
darunter: Geld- und Wertzeichenfälschung einschl. Vorbereitungshandlungen (§§ 146, 148, 149 StGB)	294	185	+ 58,9
Inverkehrbringen von Falschgeld (§ 147 StGB)	213	161	+ 32,3
Konkursstraftaten (§§ 283, 283a–d StGB)	1 571	1 874	− 16,2
davon: Bankrott (§ 283 StGB)	1 096	1 298	− 15,6
besonders schwerer Fall des Bankrotts (§ 283a StGB)	21	28	− 25,0
Verletzung der Buchführungspflicht (§ 283b StGB)	336	392	− 14,3

Wirtschaftskriminalität. Statistik wichtiger Wirtschaftsdelikte in den alten Ländern der BR Deutschland 1989 und 1990

Konsumgütern an die Haushalte, als Gegenleistung geht von diesen ein monetärer Strom von Konsumausgaben an die Unternehmen; umgekehrt stellen die Haushalte ihre Arbeitsleistung zur Verfügung (realer Strom) und erhalten dafür Löhne bzw. Gehälter (monetärer Strom). In der volkswirtschaftlichen Gesamtrechnung wird dieses einfache Grundmodell durch Einbeziehung des Staates sowie der Banken und des Auslandes unter Berücksichtigung der tatsächlich vielfältigen Aktivitäten erweitert.

Wirtschaftskriminalität bezeichnet unter Strafe gestellte Verhaltensweisen in der Wirtschaft. W. verursacht hohe Schäden (in der BR Deutschland jährlich mehrere Milliarden DM) und wirkt aufgrund der das Wirtschaftsleben korrumpierenden Methoden sozialschädlich. Zur Bekämpfung der W. bestehen Schwerpunktabteilungen bei der ↑ Polizei und der ↑ Staatsanwaltschaft sowie besondere Wirtschaftsstrafkammern bei verschiedenen Landgerichten. Die in der Gesellschaft oft angesehenen Bürger darstellenden Straftäter (sog. »white-collar-criminals« [Weiße-Kragen-Täter]) sind jedoch schwer zu fassen; die Aufklärung von Wirtschaftsstraftaten und ihre Beurteilung gestaltet sich aufgrund der komplizierten Materie schwierig.

Wirtschaftskrise: Im weiteren Sinn jede tiefgreifende Störung des Wirtschaftsablaufs, im engeren Sinn Bezeichnung für einen im Gegensatz zur ↑ Rezession weitreichenden und meist länger (in der Regel einige Jahre) andauernden konjunkturellen Abschwung. Die W. ist gekennzeichnet durch ein länger dauerndes Ungleichgewicht entweder auf allen Märkten der ↑ Volkswirtschaft oder aber auf dem ↑ Arbeitsmarkt bei annähernder Stabilisierung auf dem Güter- und Geldmarkt. Handelt es sich um einen umfassenden Zusammenbruch in einigen oder allen Teilen der ↑ Weltwirtschaft, so spricht man von einer *Weltwirtschaftskrise,* wie sie z. B. nach dem Zusammenbruch der New Yorker Börse 1929 einsetzte und zu weltweiter Massenarbeitslosigkeit bis 1932 führte.

Wirtschaftslenkung ↑ Wirtschaftspolitik.

Wirtschaftsordnung: Gesamtheit aller für den Aufbau einer ↑ Volkswirtschaft sowie den Ablauf des wirtschaftlichen Geschehens geltenden Normen, Regeln und Institutionen (beschränkt man sich auf die Rechtsregeln, so spricht man von der *Wirtschaftsverfassung*). Zweck der W. ist es, Funktionsfähigkeit und ökonomische Leistungsfähigkeit der Volkswirtschaft zu sichern. Nach der Lenkung des Wirtschaftsprozesses unterscheidet man grundsätzlich zwischen ↑ Marktwirtschaft (Koordination über Märkte durch den Preismechanismus) und ↑ Zentralverwaltungswirtschaft (Koordination über zentrale Planungsbehörden). Die bestehenden Wirtschaftsordnungen sind allerdings Mischformen, die Elemente beider Idealtypen enthalten. Leitbild der W. in der BR Deutschland ist die ↑ soziale Marktwirtschaft. − ↑ auch Wirtschaftsrecht.

Wirtschaftspolitik: Gesamtheit aller Maßnahmen des Staates und seiner Organe zur Beeinflussung des wirtschaftlichen Geschehens; insbesondere zur Regelung des Wirtschaftsablaufs, zur Ordnung der ↑ Wirtschaftsstruktur und Gestaltung der wirtschaftlichen Rahmenbedingungen (↑ Globalsteuerung). Auch internationale bzw. supranationale Organisationen betreiben im Rahmen ihrer Zuständigkeiten W. (z. B. die Behörden der ↑ Europäischen Gemeinschaft). Durch wirtschaftspoliti-

sche Entscheidungen wird sowohl die Eigentumsverfassung bestimmt (Privat- oder Staats- bzw. Kollektiveigentum an den Produktionsmitteln) als auch das Problem geklärt, ob die Koordination des Wirtschaftsablaufs der Preisbildung (↑ Preis) auf Märkten überlassen werden oder aber zentral geplant werden soll (↑ Zentralverwaltungswirtschaft). Zugleich muß die W. Klarheit über die kurz-, mittel- und langfristigen Ziele schaffen, die Ziele nach ihrer Priorität ordnen und damit bewerten. Als wesentliche Ziele der W. gelten in der BR Deutschland: stetiges und angemessenes Wirtschaftswachstum, Stabilität des Preisniveaus, Vollbeschäftigung, eine ausgeglichene ↑ Zahlungsbilanz (↑ auch Stabilitätsgesetz). Als ein weiteres Ziel der W. wird auch eine gleichmäßigere Verteilung von Einkommen und Vermögen angesehen. Die Entscheidung für ein bestimmtes Zielsystem erfordert die Auswahl hierfür geeigneter Mittel. In Betracht kommen Maßnahmen der ↑ Konjunkturpolitik, der ↑ Finanz-, ↑ Sozial-, ↑ Wettbewerbs-, ↑ Währungs-, Außenhandels-, ↑ Struktur- und Regionalpolitik. Dabei stellt sich das Problem, welche Mittel zu welchem Zeitpunkt und in welchem Maße einzusetzen sind. W. bedeutet somit das Treffen von Entscheidungen unter Ungewißheit, wobei stets zu berücksichtigen ist, daß zwischen Mitteleinsatz und Wirken der Maßnahme eine zeitliche Frist besteht (ein sog. *Time lag*), innerhalb derer sich die ursprünglich vorhandenen Rahmenbedingungen ändern können, so daß eine Maßnahme der W. andere Ergebnisse haben kann, als beabsichtigt war.

Wirtschaftsrecht: Alle Regelungen, die die selbständige Erwerbstätigkeit im Bereich der Industrie, des Handels, des Handwerks, der Landwirtschaft, des Verkehrs und in den freien Berufen lenken und begrenzen. Dazu gehören v. a. die Bestimmungen über die Zulassung zu Berufen und Gewerben, die staatliche Wirtschaftslenkung und Wirtschaftsförderung, Vorschriften über die Produktion und die Verteilung von Produkten, Wettbewerbsregelungen sowie das Recht der wirtschaftlichen Organisation und das Außenwirtschaftsrecht. Das nationale W. wird zunehmend ergänzt oder ersetzt durch Bestimmungen des ↑ Europäischen Gemeinschaftsrechts.

Wirtschaftsspionage ist das Auskundschaften von Betriebsgeheimnissen durch Betriebsfremde. Die W. kann Fabrikationsunterlagen, -verfahren, Patente und sonstige Betriebsgeheimnisse betreffen. Sie spielt häufig eine Rolle im Konkurrenzkampf der Wirtschaftsunternehmen untereinander und kann als Anstiftung zum Verrat von Geschäfts- oder Betriebsgeheimnissen, als Hausfriedensbruch, Vorlagenmißbrauch, Patentverletzung u. a. strafrechtlich verfolgt werden.

Wirtschaftsstruktur: Die W. ist entscheidend für die Leistungsfähigkeit einer ↑ Volkswirtschaft. Die W. beruht zum einen auf der von der Natur gegebenen *regionalen Struktur,* zum anderen auf der vom Menschen geschaffenen *sektoralen Struktur,* wobei zwischen beiden ein enger Zusammenhang besteht. Die unterschiedliche regionale Entwicklung ist abhängig von der jeweiligen Ausstattung des Raumes (z. B. Bodenbeschaffenheit, Klima, günstige Verkehrslage), die die Grundlage für agrarische, montanwirtschaftliche oder industrielle Produktion bildet. Entsprechend führen diese Faktoren auch zu unterschiedlicher Bevölkerungsdichte. Diese regional bedingte Struktur erfordert den Austausch von Waren und Dienstleistungen sowohl innerhalb eines Landes wie auch weltweit (↑ auch internationale Arbeitsteilung). Die sektorale Struktur (gegliedert in *primären Sektor* = Land- und Forstwirtschaft, *sekundären Sektor* = Warenproduktion und *tertiären Sektor* = Dienstleistungen) hängt mit der regionalen Struktur eng zusammen, ist aber auch von dem Grad der Technisierung abhängig. Die Behauptung, daß in modernen, sog. postindustriellen Gesellschaften sich der tertiäre Sektor gegenüber dem primären und sekundären Sektor immer mehr ausweitet, wird heute angezweifelt aufgrund der unterschiedlichen Entwicklung sowohl innerhalb der Industrieländer wie auch innerhalb der Entwicklungsländer. Ein enger Zusammenhang besteht zwischen

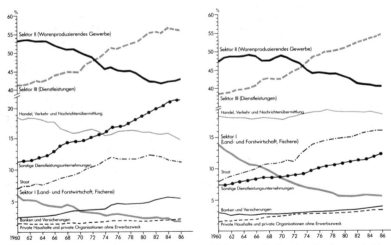

Wirtschaftsstruktur. Kennzeichen moderner Volkswirtschaften ist die dauernde Veränderung der Beschäftigungs- und Produktionsstrukturen. Die Kurven zeigen die Anteile der Sektoren Land- und Forstwirtschaft (Sektor I), warenproduzierendes Gewerbe (Sektor II) und Dienstleistungen (Sektor III) an der Bruttowertschöpfung (links) und an der Erwerbstätigkeit (rechts). Für den Sektor III sind zusätzlich die Teilbereiche gezeigt

Wirtschaftswachstum und ↑ Strukturwandel. Vollzieht sich der Wandel der W. zu schnell, kann es zu Krisen in einzelnen Bereichen kommen (↑ auch Strukturkrise, ↑ Strukturpolitik).

Wirtschafts- und Sozialrat ↑ UN.

Wirtschafts- und Währungsunion ↑ Europäische Wirtschafts- und Währungsunion.

Wirtschaftswachstum ↑ Wachstum.

Wirtschaftswissenschaften sind die ↑ Betriebswirtschaftslehre und die ↑ Volkswirtschaftslehre.

Wissenschaft: Unter W. versteht man die Summe der in einzelnen Fachdisziplinen nach wissenschaftlichen Methoden erarbeiteten Erkenntnisse. Herkömmlich unterscheidet man zwischen den Geisteswissenschaften (Philosophie, Geschichte, Religion, Recht und Sprache u. a.) und den Naturwissenschaften (Medizin, Physik, Chemie u. a.). Dieser, v. a. durch eine Verschiedenheit der Erkenntnismethoden begründeten Einteilung entsprechen jedoch die ↑ Sozialwissenschaften (Soziologie, Politik, auch Wirtschaftswissenschaften) nicht. Die *Wissenschaftstheorie* analysiert die wissenschaftlichen Methoden und Grundsätze in allgemeiner Weise. Das ↑ Grundgesetz gewährleistet die ↑ Wissenschaftsfreiheit, wobei als W. gilt, was nach Inhalt und Form als ernsthafter, planmäßiger Versuch zur Ermittlung der Wahrheit anzusehen ist.

Wissenschaftsfreiheit: Art. 5 Abs. 3 GG gewährleistet jedem, der sich wissenschaftlich betätigt, einen gegenüber Eingriffen der ↑ öffentlichen Gewalt grundsätzlich vorbehaltlos geschützten Freiheitsraum. Diese Regelung umfaßt auch die Erläuterung und Darstellung von Prognosen und Erkenntnissen und verbietet, daß die Methoden und Arbeitsziele wissenschaftlicher Tätigkeit vom Staat vorgeschrieben werden. Geschützt werden nicht nur »reine« Wissenschaft und Grundlagenforschung, sondern auch angewandte Wissenschaft und Zweckforschung. Die W. bedeutet jedoch nicht nur die Garantie eines Freiheitsraums für den einzelnen Wissenschaftler und stellt nicht nur eine Absage an staatliche Eingriffe in den Eigenbereich der Wissenschaft dar, sondern sie fordert vom Staat auch eine aktive Mit-

Wissenschaft. Von den Ausgaben des Bundes (1990) für Wissenschaft und Forschung in Höhe von 17 283,2 Mill. DM entfallen auf

wirkung bei der Verwirklichung eines freien Wissenschaftsbetriebes. Daraus wird eine Pflicht des Staates gefolgert, die freie Wissenschaft durch Bereitstellung von personellen, finanziellen und organisatorischen Mitteln zu fördern. Problematisch ist heute der Grundsatz der W. angesichts der unübersehbaren Folgen spezieller wissenschaftlicher Experimente (z. B. durch die ↑ Gentechnologie) geworden. Die mit der W. zusammenhängende ↑ Lehrfreiheit entbindet nicht von der Treue zur Verfassung.

Wohlfahrtsstaat: Allgemein jeder Staat, der sich zum Ziel gesetzt hat, die materielle Wohlfahrt seiner Bürger zu fördern; im engeren Sinne der Staat im Zeitalter des monarchischen ↑ Absolutismus, der, um das Glück seiner Untertanen besorgt, deren Leben mit einer Fülle von Verordnungen reglementierte. Gegen diesen ↑ Polizeistaat im älteren Sinne wandte sich der ↑ Liberalismus mit dem Staatsideal einer Gesellschaft freier Bürger, in der der Staat nur noch als Garant dieser Freiheit einer bloß äußeren Sicherheit und Ordnung auftreten sollte (sog. Nachtwächterstaat). Das Aufkommen der ↑ sozialen Frage machte eine Beschränkung staatlicher Tätigkeit auf diese Art von Ordnungswahrung jedoch unmöglich. Vielmehr entwickelte sich in Auseinandersetzung mit den im Zeitalter der ↑ Industrialisierung aufkommenden neuen sozialen Problemen und der Notwendigkeit, allgemeine ↑ Daseinsvorsorge für die Bürger zu treffen sowie für die ↑ soziale Sicherheit zu sorgen, der moderne Staat zum ↑ Sozialstaat, der Freiheit und Fürsorge optimal miteinander zu verbinden sucht. Wenn die Vorsorgemaßnahmen und die Fürsorge des Staates für seine Bürger dabei eine bestimmte Grenze überschreiten, spricht man vom modernen W. (z. B. in Schweden). Dabei besteht die Gefahr, daß den Bürgern die Sorge um ihre Existenzsicherung durch ein umfassendes System von Sozialleistungen in einem Maße abgenommen wird, das jede Eigeninitiative lähmt und die Bereitschaft zu eigenen Anstrengungen und zur Übernahme persönlicher und gesellschaftlicher Verantwortung schwächt. Daraus kann leicht eine Anspruchshaltung gegenüber dem Staat entstehen, die diesen dazu zwingt, immer mehr Leistungen durch Auferlegung immer höherer Steuern und Sozialabgaben zu erbringen – ein Teufelskreis, da am Ende Leistungsbereitschaft der Bürger und ihr Interesse an eigenverantwortlicher Tätigkeit vollends zu ersticken droht.

Wohlfahrtsverbände: Die Wohlfahrtspflege der ↑ öffentlichen Hand (Länder, Kreise, Gemeinden) und ihrer Einrichtungen wird ergänzt durch die Arbeit zahlreicher kleinerer Organisationen, Vereine, Stiftungen und Anstalten, v. a. aber durch die Einrichtungen der sechs großen W., die in der *Bundesarbeitsgemeinschaft der Freien Wohlfahrtspflege* zusammengeschlossen sind: das *Diakonische Werk – Innere Mission und Hilfswerk der Evangelischen Kirche in Deutschland,* der *Deutsche Caritasverband,* die *Zentralwohlfahrtsstelle der Juden in Deutschland,* die *Arbeiterwohlfahrt,* das *Deutsche Rote Kreuz* und der *Deutsche Paritätische Wohlfahrtsverband.* Da die Tätigkeit dieser privaten und kirchlichen W. nicht mehr allein von ihren Trägern bzw. Mitgliedern finanziert werden kann, werden sie durch öffentliche Mittel (Darlehen, Zuschüsse) unterstützt; sie werden außerdem gefördert durch die Steuerfreiheit von Spenden an diese Organisationen (z. B. bei öffentlichen Sammlungen) und die Zuweisung von Bußgeldern (durch Gerichtsurteil). Dem empfindlichen Personalmangel bei ihnen suchte das »Gesetz zur Förderung des sozialen Jahres« (1964) abzuhelfen; eine zusätzliche Entlastung bringt die Zuweisung von Zivildienstleistenden an die Einrichtungen der Wohlfahrtsverbände.

Wohlstand wird häufig nach der Formel »Volkseinkommen pro Kopf der Bevölkerung« gemessen, doch weist diese Größe wesentliche Mängel auf: Inflation, wirtschaftliche Zuwachsraten und Änderungen der Wechselkurse erfordern eine ständige Korrektur der Wohlstandsmessung; auch der Anteil der direkten und indirekten Steuern verändert das ↑ Volkseinkommen. Unberücksichtigt bleiben außerdem sowohl das ↑ Volksvermögen als auch die zur Erwirtschaftung des ↑ Sozialprodukts aufgewandte Arbeitszeit, die Arbeitsintensität und die Arbeitslosigkeit. Auch der private Konsum müßte in die Wohlstandsmessung miteinbezogen werden. W. und Wohlstandsentwicklung sind darüber hinaus nicht zuletzt abhängig von der Verteilung des Vermögens innerhalb einer Volkswirtschaft.

Wohngemeinschaft: Häusliches Zusammenleben mehrerer, in der Regel nicht verwandter junger Menschen, häufig aus finanziellen Gründen (z. B. gemeinsame Haushaltsführung von Studenten oder Lehrlingen).

Wucher ist die Ausnutzung einer Notlage, eines Leichtsinns oder der Unerfahrenheit eines anderen, um sich für eine Leistung Vermögensvorteile versprechen oder gewähren zu lassen, die in einem auffälligen Mißverhältnis zur Leistung stehen. Ein wucherisches Rechtsgeschäft ist sittenwidrig und nichtig. Betrifft der W. die Vermietung von Wohnräumen, die Kreditgewährung oder eine sonstige Leistung, so wird der Wucherer nach § 302 a StGB bestraft. Preisüberhöhungen, z. B. überhöhte Mieten, können nach dem Wirtschaftsstrafgesetz mit Geldbußen bis zu 50 000 DM geahndet werden.

World Wide Fund for Nature (Abkürzung WWF): 1961 gegründete, unabhängige internationale Naturschutzorganisation mit Sitz in Morges (Schweiz), die ihre

Stiftungs-, Mitglieder- und Spendenein-
nahmen für Naturschutzprojekte einsetzt.
Es gibt 26 nationale WWF-Organisationen
mit insgesamt über 2 Mill. Mitgliedern.
Die deutsche Zentrale hat ihren Sitz in
Frankfurt am Main. In der BR Deutschland hat der WWF 80 000 Mitglieder.

X

Xenophobie: Fremdenfeindlichkeit; Bezeichnung für ein feindseliges oder zumindest abgrenzendes Verhalten von Individu-
en und Bevölkerungsgruppen gegen andere, als fremd und deshalb bedrohlich empfundene Menschen bzw. Menschengruppen. Elemente der Xenophobie sind in der
Ausländerfeindlichkeit sowie im ↑ Antisemitismus zu finden.

Y

Yuppie [Abkürzung für englisch »Young
Urban Professional« bzw. »Young Up-
wardly Mobile Professional«]: Der Begriff
entstand im Frühjahr 1984 in den USA als
Sammelbezeichnung bestimmter Wähler-
gruppen des demokratischen Präsident-
schaftskandidaten G. Hart. Er bezeichnet
eine Gruppe von 25- bis 45jährigen in
Großstädten lebenden Aufsteigern, für die
höhere Bildung und Einkommen sowie
Orientierung an Karriere, Sozialprestige
und Leistung charakteristisch ist. Aufgrund ihres hohen Einkommens und be-
tonten Konsumverhaltens sind Yuppies
bevorzugte Zielgruppe der Werbung.

Z

Zahlungsbilanz: Gegenüberstellung aller in Geld bezifferbaren wirtschaftlichen
Transaktionen zwischen In- und Ausländern innerhalb eines bestimmten Zeitraums (in der Regel ein Jahr). Die Z. ist
nach dem Prinzip der doppelten Buchfüh-
rung als Kontensystem aufgebaut und deshalb formal stets ausgeglichen (da jeder
Buchung eine Gegenbuchung entspricht).
Ungleichgewichte können allerdings in
den folgenden Teilbilanzen der Z. auftreten: in der den Warenverkehr erfassenden
↑ Handelsbilanz, der Dienstleistungsbi-
lanz, der die unentgeltlichen Leistungen
erfassenden Übertragungsbilanz oder der
Kapitalbilanz. Der Ausgleich für dort aus-
gewiesene Ungleichgewichte erfolgt in der
Devisenbilanz; in dieser werden die zum
Ausgleich notwendigen Veränderungen
der amtlichen Währungsreserven verbucht.

Zahlungsmittel sind heute neben dem
Bargeld (Münzen, Banknoten) alle geld-
gleichen Mittel, mit denen man seine
finanziellen Verpflichtungen erfüllen kann
(z. B. Buchgeld, Wechsel, Scheck). Als gesetzliches Z. gelten in der BR Deutschland
nur die Banknoten. Die Verwendung von
sog. Kreditkarten (»Plastikgeld«) ist inzwischen weit verbreitet. − ↑ auch Geld.

Zahlungsverkehr bezeichnet die Gesamtheit aller Zahlungsvorgänge, bei denen durch ↑ Zahlungsmittel Forderungen
für empfangene Güter oder Dienstleistungen eingelöst werden. In hochentwickelten
Volkswirtschaften wird der größte Teil des
Z. bargeldlos vollzogen *(Giroverkehr).* Der
bargeldlose Z. begann im 17. Jahrhundert
mit der Gründung der Amsterdamer Giro-
bank und der Hamburger Bank. In der BR
Deutschland ist der bargeldlose Z. zwischen In- und Ausland (↑ internationaler
Zahlungsverkehr) eine der Aufgaben der
↑ Deutschen Bundesbank. Innerstaatlich
wickeln die zahlreichen Geschäftsbanken
und Sparkassen den bargeldlosen Zahlungsverkehr ab.

ZDF (Zweites Deutsches Fernsehen): Das ZDF entstand nach der Gründung der ↑ ARD mit dem Ziel, ein Kontrastprogramm zu schaffen. 1961 wurde es durch die Länder als eigene Anstalt des öffentlichen Rechts mit Sitz in Mainz gegründet, die ähnlich den Landesrundfunkanstalten organisiert ist (↑ Rundfunk und Fernsehen). Der Staatsvertrag von 1961 legt die Pflicht des ZDF fest, in Zusammenarbeit mit den für das Programm der ARD Verantwortlichen für ein Fernseh-Kontrastprogramm zu sorgen. Das ZDF gestaltet zusammen mit dem Österreichischen Rundfunk und dem Schweizerischen Fernsehen das Satellitenfernsehprogramm »3sat«.

Zeitung: Regelmäßig in kurzen Abständen erscheinende gedruckte Publikationen mit aktuellen Informationen; neben Hörfunk und Fernsehen das wichtigste Informationsmittel in modernen Gesellschaften. Große Zeitungen in der BR Deutschland haben eine Auflage von zwei- bis über dreihunderttausend Exemplaren täglich. Ihre Berichterstattung wird durch die Meinungs- und Informationsfreiheit geschützt (auch ↑ Presse, ↑ Pressefreiheit). In der BR Deutschland ist seit den 1960er Jahren durch verstärkten Kostendruck eine Entwicklung eingetreten, die als »Zeitungssterben« bezeichnet wurde. Die kleineren Lokalzeitungen gingen ein oder wurden von anderen Zeitungen übernommen, während die größeren ihre Verkaufsauflage erhöhten und nunmehr für viele kleineren Zeitungen den allgemeinen politischen Teil im sog. *Mantel*) redigieren (= druckfertig machen). Während es 1954 noch 225 Zeitungen mit selbständigen Vollredaktionen (= publizistischen Einheiten) gab, waren es 1988 nur noch 121. Für Zeitungsverlage als ↑ Tendenzbetriebe gibt es besondere unternehmerische und arbeitsrechtliche Vorschriften. Das heikle Verhältnis von Verlag und Redaktion wird häufig durch Redaktionsstatute geregelt. Auch das Zeitungsgewerbe unterliegt kartellrechtlichen Vorschriften. Demnach dürfen keine wirtschaftlich marktbeherrschenden Zeitungskonzerne durch Aufkauf von Zeitungen und Fusionen von Verlagen entstehen. Dies wurde 1991 beim Verkauf der aus der ehemaligen DDR überkommenen ostdeutschen Zeitungen an westliche Presseunternehmen durch die ↑ Treuhandanstalt berücksichtigt. Finanziert wird die Zeitungspresse in der BR Deutschland, die mit über 20 Mill. Exemplaren täglich auf dem Markt erscheint, zu mehr als zwei Dritteln durch Werbeinserate und zu etwa einem Drittel aus Verkaufserlösen.

Zensur: Von einer Z. der Presse spricht man, wenn Veröffentlichungen (z. B. in Zeitungen, im Rundfunk und Fernsehen) staatlich überwacht und unterdrückt werden mit dem Ziel, unerwünschte Äußerungen zu verhindern und die Meinungen der Bürger in einseitiger Weise zu beeinflussen. In totalitären Staaten ist die Z. ein zentrales Mittel der Meinungsmanipulation. Die Z. kann auch kurzfristig zur Geheimhaltung bestimmter Vorgänge, z. B. im militärischen Bereich, eingesetzt werden. Das ↑ Grundgesetz der BR Deutschland garantiert die ↑ Pressefreiheit und verbietet die Z. ohne Einschränkung. In Art. 5 Abs. 1 GG heißt es: »Eine Zensur findet nicht statt«.

Zentralbank (auch: *Zentralnotenbank*) ist die Bezeichnung für die ↑ Notenbank und Trägerin der Währungs- sowie Geld- und Kreditpolitik eines Staates. In der BR Deutschland ist die Z. die ↑ Deutsche Bundesbank mit den ihr angeschlossenen Landeszentralbanken.

Zentralbankrat ist das oberste Organ der ↑ Deutschen Bundesbank. Er setzt sich aus dem Präsidenten, dem Vizepräsidenten, den übrigen Mitgliedern des Direktoriums und den Präsidenten der Landeszentralbanken zusammen.

Zentralisation (*Zentralismus*): Konzentration der Regierungsgewalt in einer Zentrale, von der aus Weisungen an die über das Land verstreuten untergeordneten Instanzen gegeben werden, ohne daß diese selbst einen nennenswerten Entscheidungsspielraum oder einen Bereich für eigenständige Entscheidungen besitzen. – Im Gegensatz dazu: ↑ Dezentralisation.

Zentralkomitee (ZK): Nominelles Führungsorgan kommunistischer Parteien und zwischen den Parteitagen höchstes Parteiorgan. Das ZK wählt das ↑ Politbüro und das Sekretariat, bei denen die eigentliche politische Führung liegt.

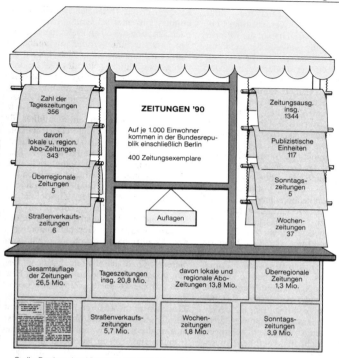

ZEITUNGEN '90

Auf je 1.000 Einwohner kommen in der Bundesrepublik einschließlich Berlin

400 Zeitungsexemplare

Auflagen

Zahl der Tageszeitungen 356		Zeitungsausg. insg. 1344
davon lokale u. region. Abo-Zeitungen 343		Publizistische Einheiten 117
Überregionale Zeitungen 5		Sonntagszeitungen 5
Straßenverkaufszeitungen 6		Wochenzeitungen 37

Gesamtauflage der Zeitungen 26,5 Mio.	Tageszeitungen insg. 20,8 Mio.	davon lokale und regionale Abo-Zeitungen 13,8 Mio.	Überregionale Zeitungen 1,3 Mio.
	Straßenverkaufszeitungen 5,7 Mio.	Wochenzeitungen 1,8 Mio.	Sonntagszeitungen 3,9 Mio.

Quelle: Bundesverband Deutscher Zeitungsverleger e.V.

Zeitungen. Die Auflage der Tageszeitungen hat sich von 1950–1990 um rund 10 Mill. Exemplare auf 20,8 Mill. Exemplare mehr als verdoppelt. Die Zahl der Zeitungen jedoch verringerte sich. Die Graphik zeigt die Zahl der Zeitungen im 1. Quartal 1990, also noch ohne die neuen Bundesländer

Zentralverwaltungswirtschaft (Planwirtschaft): ↑ Wirtschaftsordnung, in der die Abstimmung der einzelnen Bereiche und die Lenkung der ↑ Volkswirtschaft durch eine zentrale Planungsbehörde erfolgen. Die Z. beruht meist, aber nicht notwendigerweise auf Staatseigentum an den Produktionsmitteln. Zur Verwirklichung des mehrjährigen Gesamtplans müssen die Einzelpläne der Betriebe, Produktions- und Wirtschaftszweige reibungslos aufeinander abgestimmt werden. Die staatlich verwalteten Betriebe haben sich nach den von der zentralen Behörde erteilten Weisungen zu richten und ein festgelegtes

Plansoll zu erfüllen. In einer reinen Z. teilt die zentrale Planungsbehörde alle Güter und Dienstleistungen direkt den Verbrauchern zu *(Rationierung);* in der Realität gibt es teilweise oder volle Konsumfreiheit. Eingeschränkt wird diese freie Konsumwahl jedoch durch die Festlegung der angebotenen Warenmenge im zentralen Plan, dessen laufende Anpassung an eine veränderte Nachfrage zu fortwährender Umdisponierung der ↑ Produktionsfaktoren führt und deshalb nur in Grenzen möglich ist. Die Problematik der Z. ist zum einen darin zu sehen, daß der zur Aufstellung des zentralen Plans benötigte Informationsbedarf sehr hoch und die Fähigkeit zur Informationsverarbeitung begrenzt ist; zum anderen haben die ↑ Preise in einer Z. nicht die Aufgabe der Lenkung von Produktionsfaktoren auf die Herstellung knapper Güter, sondern dienen der zentralen Planungsbehörde als Verrechnungseinheiten. Deshalb kommt es in der Z. immer wieder zu Fehlplanungen und unökonomischem Verhalten, was diesen Typus einer bürokratisch-starren und wenig innovatorischen Wirtschaftsordnung der ↑ Marktwirtschaft unterlegen macht und zum Zusammenbruch dieser Ordnung in den Ländern des Ostblocks geführt hat.

Zeuge ist jemand, der über vergangene Ereignisse (z. B. einen Verkehrsunfall) und Zustände aufgrund eigener Wahrnehmungen etwas vor Gericht aussagen kann. Die (erzwingbare) Zeugnispflicht umfaßt die Pflicht zum Erscheinen, zur Aussage und zur Eidesleistung. – ↑ auch Zeugnisverweigerungsrecht.

Zeugnisverweigerungsrecht kann ein ↑ Zeuge aus persönlichen oder aus sachlichen Gründen haben. Persönliche Gründe haben nahe Angehörige des Betroffenen (Verlobte, Ehegatten, nahe Verwandte und Verschwägerte) sowie Personen in besonderen Vertrauensstellungen mit Schweigepflicht für das ihnen Anvertraute (Geistliche, Ärzte). Aus sachlichen Gründen kann ein Z. hinsichtlich einzelner Fragen bestehen, deren Beantwortung dem Zeugen einen Vermögensschaden zufügen oder ihn in die Gefahr einer strafrechtlichen Verfolgung bringen würde.

Zielgruppen sind Personengruppen mit bestimmten Merkmalen (z. B. Alter und Interessen), die sie für die Werbung als Abnehmer von Waren besonders interessant machen. Wichtig ist daher für die Werbung z. B. die Ermittlung des Leserkreises von Zeitschriften, der für eine Ansprache in Frage kommen könnte.

Zielkonflikte entstehen, wenn mehrere Zielsetzungen sich nicht miteinander vereinbaren lassen, oder wenn bei an sich zu vereinbarenden Zielsetzungen die Mittel zu ihrer Verwirklichung nicht in ausreichendem Maße zur Verfügung stehen. Z. gibt es in der Politik häufig aufgrund unterschiedlicher, ihre Berücksichtigung fordernder Interessen und aufgrund der

Knappheit der (finanziellen) Mittel. Sie können entweder zu einer völligen Vernachlässigung des einen Ziels zugunsten eines anderen führen, oder zur zeitlichen Zurückstellung des einen Ziels, bis ein anderes, als wichtiger geltendes Ziel erreicht wurde (Prioritätensetzung), oder zu einer gleichzeitigen Verfolgung mehrerer Absichten unter allseits verminderter Zielerwartung.

Zins ist der Preis, den ein Schuldner für die Überlassung von Geld (Darlehenszinsen) oder Sachkapital (Mietzins, Pachtzins) bezahlen muß. Die Höhe des Z. (der *Zinsfuß* oder *Zinssatz*) richtet sich u. a. nach der Länge der Leihfrist und nach der Sicherheit der Kapitalanlage, nach der Marktlage sowie nach der ↑ Zinspolitik.

Zinspolitik: Festlegung des ↑ Diskontsatzes und des ↑ Lombardsatzes, d. h. des Preises, zu dem sich Geschäftsbanken bei der ↑ Zentralbank durch Verkauf von Wechseln oder Beleihung von ↑ Wertpapieren ↑ Geld beschaffen können. Dadurch werden die Umlaufmenge des Geldes und die Höhe des Zinssatzes beeinflußt.

Zionismus im weiteren Sinne gab es erst seit der Zerstörung des jüdischen Staates; ihm lag die Sehnsucht der in aller Welt zerstreuten Juden nach Rückkehr in die ursprüngliche Heimat Palästina mit Zion, d. h. Jerusalem als religiös-politischem Mittelpunkt, zugrunde. Unter dem Einfluß der nationalen Ideen Europas, v. a. aber unter dem Eindruck des Antisemitismus (↑ Pogrome in Polen und Rußland) entstand der moderne politische Zionismus. Th. Herzl (1860 bis 1904) gab der Bewegung auf dem 1. Zionistischen Weltkongreß 1897 in Basel eine feste Form. Ihr Ziel war die Errichtung eines jüdischen Staates in Palästina und die Wiederbelebung der hebräischen Sprache und Kultur. Die Hoffnungen der zionistischen Bewegung erfüllten sich 1948 mit der Gründung des Staates Israel.

Zivildienst: Bezeichnung für den von anerkannten Kriegsdienstverweigerern (↑ Kriegsdienstverweigerung) zu leistenden Ersatzdienst. Im Z. sind vorrangig dem Allgemeinwohl dienende Aufgaben, v. a. im sozialen Bereich, zu erfüllen. Die Organisation des Z. obliegt dem Bundesamt für Z., das dem Bundesministerium für Frauen und Jugend untersteht. Die Dauer des Z. ist in der BR Deutschland um ein Drittel länger als die Dauer des Grundwehrdienstes (↑ Wehrpflicht) und beträgt dementsprechend derzeit 15 Monate. Diese vom Bundesverfassungsgericht als zulässig erachtete Regelung soll den größeren zeitlichen Aufwand des Grundwehrdienstes ausgleichen, der sich bei Grundwehrdienstleistenden durch anschließende Wehrübungen ergeben kann.

Zivilgerichtsbarkeit ↑ Gerichtsbarkeit.

Zivilisation ist gekennzeichnet durch gehobene Lebenshaltung, Lebensformen und solche Einrichtungen einer Gesellschaft, die v. a. durch den technischen Fortschritt bestimmt werden. Grundlage für ein zivilisiertes Zusammenleben sind z. B. der Schutz des einzelnen, vertragliche und nicht kriegerische Verkehrsformen, Entwicklung eines höheren Lebensstandards, verfeinerte Bedürfnisse und Umgangsformen. Die Entwicklung der Z. wird meist als ein Fortschritt in der Humanisierung des Menschen bewertet. Gelegentlich wird Z. im Gegensatz zur ↑ Kultur als die mehr materieller Bedürfnisbefriedigung und technischer Lebensbewältigung zugewandte Seite der Gesellschaft verstanden. In diesem Zusammenhang wird Z. zuweilen als Ursache für oberflächliche Verfeinerung, Entseelung und Verweichlichung und als eine kulturelle Verfallserscheinung angesehen. Im nichtdeutschen Sprachgebrauch wird Z. jedoch mit Kultur gleichgesetzt.

Zivilprozeß ist das Verfahren der ordentlichen Gerichte in bürgerlich-rechtlichen Streitigkeiten. Im weiteren Sinne gehören dazu auch die Streitigkeiten vor dem Arbeitsgericht. Der Z. beginnt mit der Erhebung der Klage. Danach prüft das Gericht von Amts wegen die Prozeßvoraussetzungen. Sind diese gegeben, so tritt das Gericht in die Sachprüfung ein. Der Z. ist durch die *Dispositionsmaxime* und durch den Verhandlungsgrundsatz bestimmt; d. h. es wird richterlich nur das geprüft, was die Parteien vortragen. Diese müssen Beweise für ihre Behauptungen erbringen, das Gericht selbst ermittelt nicht von Amts wegen (keine *Untersuchungsmaxime*). Der Z. endet durch Urteil, Prozeßvergleich,

Klagerücknahme oder durch übereinstimmende Erledigungserklärung der Parteien. Die Kosten des Z. hat die unterliegende Partei zu tragen; bei teilweisem Obsiegen werden die Kosten nach Quoten zwischen den Parteien verteilt. – ↑ auch gerichtliches Verfahren.

Zivilrecht ↑ Privatrecht.

Zivilschutz: Nach dem Gesetz über den Z. ist es Aufgabe des Z., durch nichtmilitärische Maßnahmen die Zivilbevölkerung, ihre Wohnungen und Arbeitsstätten, lebenswichtige zivile Betriebe, Dienststellen und Anlagen sowie das Kulturgut vor Kriegseinwirkungen zu schützen und deren Folgen zu beseitigen oder zu mildern. Zum Z. (früher »Luftschutz«) gehören der Selbstschutz, der Warndienst (vor den der Bevölkerung im Verteidigungsfall drohenden Gefahren), der Schutzbau (öffentliche Schutzbauwerke, Großschutzräume), die Aufenthaltsregelung, der Katastrophenschutz, ferner Maßnahmen zum Schutz von Gesundheit und des Kulturgutes. Freiwillige Helfer können sich zum ehrenamtlichen Dienst im Z. verpflichten. Der Bund unterhält ein Bundesamt für Zivilschutz. Besondere gesetzliche Regelungen für Teilbereiche des Zivilschutzes sind z. B. das Schutzbaugesetz und das Gesetz über die Erweiterung des Katastrophenschutzes.

Zölle sind Abgaben, die auf grenzüberschreitende Waren bei Ein-, Aus- und Durchfuhr erhoben werden. Bedeutsam sind heute nur noch die Einfuhrzölle. Nach der Bemessungsgrundlage unterscheidet man *Wertzölle* (nach dem Preis) und *spezifische Z.* (nach Mengeneinheit oder Gewicht), nach ihrem Zweck: 1. *Finanzzölle* zur Erzielung von Einkünften; 2. *Schutzzölle* zum Schutze inländischer Produkte vor ausländischer Konkurrenz; 3. *Kampfzölle* zur Abwehr fremder Z. und 4. *Prohibitivzölle* zur Abwehr von Einfuhren. Grundsätzlich behindern die Z. die internationale Arbeitsteilung und schmälern den wirtschaftlichen Wohlstand der Welt als Ganzes, da sie immer zu einer Erhöhung der Warenpreise führen.

Zollunion ist eine Vereinigung mehrerer ↑ Volkswirtschaften zu einem einheitlichen Zollgebiet durch Abbau aller Handelshemmnisse zwischen den Mitgliedsländern und einem einheitlichen Außenzoll gegenüber Drittländern.

Zugewinngemeinschaft ist seit dem 1. Juli 1958 der gesetzliche Güterstand, der eintritt, wenn die Ehegatten keine andersartige ehevertragliche Vereinbarung treffen. Im Güterstand der Z. behält jeder Ehegatte sein Vermögen in seinem Eigentum, unterliegt jedoch gewissen Verfügungsbeschränkungen (Veräußerung des Vermögens im Ganzen oder von Haushaltungsgegenständen ist z. B. nur mit Einwilligung des anderen Ehegatten möglich). Bei Auflösung der Ehe wird der *Zugewinn* (= der Betrag, um den das Endvermögen eines Ehegatten sein Anfangsvermögen übersteigt) als ein gemeinschaftlicher Gewinn betrachtet und steht beiden Ehegatten zu gleichen Teilen zu. Endet der Güterstand durch den Tod des Ehegatten, so wird der Ausgleich des Zugewinns durch die Erhöhung des gesetzlichen Erbteils des überlebenden Ehegatten um ein Viertel der Erbschaft vorgenommen.

Zurechnungsfähigkeit ist die Fähigkeit, das Unrecht einer Tat einzusehen und nach dieser Einsicht zu handeln. Z. wird heute als Schuldfähigkeit bezeichnet und ist Voraussetzung für eine Bestrafung. − ↑ auch Deliktsfähigkeit.

Zuständigkeit (Kompetenz) beschreibt den Geschäftsbereich eines Beamten, einer Behörde, eines Ressorts (Ministeriums) oder eines Gerichts. Für ein rationales, arbeitsteiliges Verfahren ist die Abgrenzung von Zuständigkeiten wichtig, um negative Zuständigkeitskonflikte (niemand bearbeitet eine Sache) und positive Zuständigkeitskonflikte (mehrere bearbeiten eine Sache in Konkurrenz = Doppelarbeit) zu vermeiden. Man unterscheidet die örtliche Z. von Behörden und Gerichten (»Sprengel«) von der sachlichen (z. B. für Bausachen, das Gesundheitswesen oder für bestimmte Strafsachen). Innerbehördlich finden oft weitere Unterteilungen auf einzelne Beamte, z. B. nach dem Anfangsbuchstaben der Namen der Kunden (A−H, I−Na, Ne−Z) statt. Man spricht auch von funktioneller Z., um Eingangsbehörden oder -gerichte von denen zu unterscheiden, die für die Kontrolle der dort gefällten Entscheidungen nach Einlegung eines ↑ Rechtsmittels (Beschwerde, Beru-

fung, Revision) zuständig sind. Die Z. ist in der Regel zwingend.

Zustimmungsgesetze nennt man Gesetze des ↑ Bundestags, die ohne Zustimmung des ↑ Bundesrats (im Gegensatz zu den ↑ Einspruchsgesetzen) keine Verbindlichkeit erlangen können (Art. 77 Abs. 2 GG). − ↑ Gesetzgebung.

Zwang: Physische oder psychische Nötigung zu einer bestimmten Verhaltensweise. *Zwangshandlungen* sind psychopathologisch begründet. Erzwungene Handlungen im sozialen Bereich beruhen auf sozialem Druck. Z. kann hier z. B. Herrschafts- oder auch Erziehungsmittel sein und der Durchsetzung rechtlich gebotenen Verhaltens dienen (↑ Gewalt). Das Herausfordern eines Verhaltens durch Z. oder Belohnung ist ein häufig beobachtbares Mittel, gesellschaftlich erwünschtes Verhalten zu garantieren.

Zwangsvollstreckung: Von Z. spricht man, wenn mit staatlichen Zwangsmitteln Rechtsansprüche eines Gläubigers gegenüber einem Schuldner durchgesetzt werden. Die Z. ist in der Zivilprozeßordnung und, soweit es die Vollstreckung in Liegenschaften (Grund und Boden, Häuser) betrifft, im Zwangsversteigerungsgesetz geregelt. Sie wird durch Vollstreckungsorgane (z. B. Gerichtsvollzieher oder Vollstreckungsgericht) durchgeführt. Die Z. darf nur aufgrund eines *Vollstreckungstitels* (z. B. Gerichtsurteil, vollstreckbare Urkunde) erfolgen. Gegenstand der Z. ist das vollstreckungsfähige Vermögen des Schuldners. Die Z. findet ihre Grenzen an der Unpfändbarkeit von Lebens- und berufsnotwendigen Gegenständen sowie beim Arbeitslohn. − ↑ auch Pfändung.

Zweckverband ist ein Zusammenschluß von ↑ Gemeinden oder ↑ Gemeindeverbänden zur gemeinsamen Erfüllung bestimmter Aufgaben. Rechtsgrundlage sind das Reichszweckverbandsgesetz von 1939 bzw. die landesrechtlichen Zweckverbandsgesetze. Gegenstand eines Z. können alle Aufgaben sein, zu deren Durchführung die Gemeinden und Gemeindeverbände berechtigt oder verpflichtet sind. Zweckverbände sind besonders häufig anzutreffen für Volksschulen, öffentliche Jugendhilfe, Sozialhilfe, Wasserversorgung, Abwasserbeseitigung, Straßenbau und Feuerwehr. Sie beruhen überwiegend auf freiwilliger Vereinbarung (Freiverbände), können aber auch kraft staatlicher Anordnung gegründet werden (Pflichtverband). Zu unterscheiden hiervon sind Zusammenschlüsse (Verbände von Gemeinden) nach der *Amtsverfassung* mit gemeinsamen Einrichtungen zur Stärkung der allgemeinen Verwaltungskraft.

Zweidrittelgesellschaft: Ein Schlagwort, das auf ein partielles Versagen des ↑ Sozialstaates hinweist. Es bedeutet, daß der größere Teil der Gesellschaft (»zwei Drittel« der Bevölkerung) in relativem Wohlstand lebt und ein kleinerer (»ein Drittel«) verarmt. Damit soll auf die infolge der Dauerarbeitslosigkeit ansteigende Anzahl von Sozialhilfeempfängern aufmerksam gemacht werden *(neue soziale Frage)*. So gab es im Jahre 1984 2,6 Mill. Sozialhilfeempfänger; bis 1988 stieg ihre Zahl auf 3,35 Mill. Der Regelsatz der Sozialhilfe in der BR Deutschland von (1990) 447 DM (zu dem spezielle Zuweisungen z. B. für Heizung kommen) gilt als offizielle Armutsgrenze in der BR Deutschland.

Zweikammersystem: Organisation des ↑ Parlaments in zwei Kammern (z. B. Oberhaus und Unterhaus in Großbritannien). Die zweite Kammer wird allgemein und direkt gewählt (Volksvertretung), während die erste Kammer aus Mitgliedern besteht, die ihr kraft Erbrecht (↑ Oberhaus) oder kraft Ernennung angehören. Auch in ↑ Bundesstaaten bezeichnet man die unterschiedlich zusammengesetzte Vertretung der Gliedstaaten im Bund (z. B. ↑ Senat oder ↑ Bundesrat) als eine zweite Kammer neben dem Parlament.

Zwei-plus-vier-Vertrag: Kurzbezeichnung für den »Vertrag über die abschließende Regelung in bezug auf Deutschland« vom 12. September 1990. In diesem Vertrag verzichteten die *vier* alliierten Mächte des 2. Weltkriegs (USA, Großbritannien, Frankreich, UdSSR) nach Verhandlungen mit den *zwei* deutschen Staaten auf ihre Rechte und Verantwortlichkeiten in bezug auf Deutschland als Ganzes und auf Berlin speziell, die sie sich aus der Zeit der ↑ Besatzungsherrschaft nach der Gründung der BR Deutschland und der DDR noch vorbehalten hatten. Sie ermöglichten dadurch die ↑ Wiedervereini-

gung und räumten dem wiedervereinigten Deutschland die volle Souveränität ein. Der Vertrag enthält Erklärungen über den Gebietsstand Deutschlands (Oder-Neiße-Grenze), sein Bündnisrecht, die Stärke seiner Streitkräfte und ihre Stationierung in Ostdeutschland, die Stationierung alliierter Truppen im Bundesgebiet und den Abzug der sowjetischen Streitkräfte aus dem Gebiet der ehemaligen DDR sowie den deutschen Verzicht auf einen Angriffskrieg und auf ↑ ABC-Waffen.

Zweitstimme haben die Wähler in manchen Wahlsystemen, die neben der Wahl eines Wahlkreiskandidaten auch die Wahl einer Partei (Listenwahl) zulassen, z. B. bei der ↑ Bundestagswahl. – ↑ auch Wahlen.

Zwischenlagerung: Vorübergehende Lagerung verbrauchter Kernbrennstoffe aus Atomkraftwerken entweder vor der Wiederaufbereitung oder der Endlagerung. – ↑ auch Entsorgung.

Bibliographie

Allgemeines

Staatslehre, Politik, allgemeine Nachschlagewerke

Bermbach, Udo (Hrsg.): Hamburger Bibliographie zum Parlamentarischen System der Bundesrepublik Deutschland 1945–1970, Opladen 1973; laufende Ergänzungslieferungen.

Beyme, Klaus von u. a.: Politikwissenschaft. Eine Grundlegung, 3 Bde., Stuttgart u. a. 1987.

Boldt, Hans u. a.: Der moderne Staat, Mannheim ³1988.

Böhret, Carl u. a.: Innenpolitik und politische Theorie. Ein Studienbuch, Opladen ³1988.

Evangelisches Staatslexikon, hrsg. von Hermann Kunst u. a., Stuttgart ³1987.

Hartwich, Hans Hermann u. a.: Politik im 20. Jahrhundert, Braunschweig, Neuausgabe 1984.

Kriele, Martin: Einführung in die Staatslehre. Die geschichtliche Legitimitätsgrundlagen des demokratischen Verfassungsstaates, Reinbek b. Hamburg 1975.

Mickel, Wolfgang W.: Handlexikon zur Politikwissenschaft, München 1983.

Model, Otto/Creifelds, Carl/Lichtenberger, Gustav: Staatsbürgertaschenbuch, München ²⁵1991.

Nohlen, Dieter/Schultze, Rainer-Olaf (Hrsg.): Politikwissenschaft. Theorien – Methoden – Begriffe, 2 Bde., München – Zürich 1985.

Staatslexikon. Recht, Wirtschaft, Gesellschaft, hrsg. von der Görres-Gesellschaft, 7 Bde., Freiburg im Breisgau 1985–1989.

Ideengeschichte, Demokratietheorie

Braun, Eberhard u. a.: Politische Philosophie. Ein Lesebuch. Texte, Analysen, Kommentare, Reinbek b. Hamburg 1984.

Fenske, Hans, u. a.: Geschichte der politischen Ideen, Königstein im Taunus 1981.

Fetscher, Iring: Von Marx zur Sowjetideologie, Frankfurt am Main ²¹1981.

Grube, Frank/Richter, Gerhard (Hrsg.): Demokratietheorien, Hamburg 1984.

Knütter, Helmuth: Demokratie, hrsg. von der Bundeszentrale für politische Bildung (Informationen zur politischen Bildung, Heft 165), München 1986.

Maier, Hans (Hrsg.): Klassiker des politischen Denkens, München Bd. 1 ⁶1986, Bd. 2 ⁵1987.

Neumann, Franz (Hrsg.): Handbuch politischer Theorien und Ideologien, Hamburg 1977.

Scharpf, Fritz: Demokratietheorie zwischen Utopie und Anpassung, Konstanz 1970.

Soziologie

Kiss, Gabor: Einführung in die soziologischen Theorien, Bd. 1 und 2, Frankfurt am Main 1978.

Reimann, Horst u. a.: Basale Soziologie. Theoretische Modelle, Opladen ³1985.

Soziologie, hrsg. von René König (Fischer-Lexikon 10), Frankfurt am Main 1976.

Volkswirtschaftslehre

Gahlen, Bernhard, u. a.: Volkswirtschaftslehre, Tübingen ¹⁴1983.

Grosser, Dieter u. a.: Soziale Marktwirtschaft. Geschichte – Konzept – Leistung, Stuttgart ²1990.

Schülerduden »Die Wirtschaft«, Mannheim ²1992.

Streit, Manfred E. u. a. (Hrsg.): Die Wirtschaft heute, Mannheim ³1984.

Wirtschaft, hrsg. von Heinrich Rittershausen (Fischer-Lexikon 8), Frankfurt am Main 1966.

Rechtswissenschaft

Funkkolleg Recht 1–3, hrsg. von Manfred Löwisch u. a., Frankfurt am Main 1985.
Recht, hrsg. von Peter Badura u. a. (Fischer Lexikon Bd. 12), Frankfurt am Main 1987.
Rehbinder, Manfred: Einführung in die Rechtswissenschaft, Berlin [6]1988.
Schramm, Theodor: Einführung in die Rechtsphilosophie, Köln u. a. [2]1982.

Geschichte

Boldt, Hans: Deutsche Verfassungsgeschichte, Bd. 1 und 2, München 1984, 1990.
Borowsky, Peter u. a.: Einführung in die Geschichtswissenschaft. Grundprobleme, Arbeitsorganisation, Hilfsmittel, Opladen [5]1989.
Deutsche Geschichte der neuesten Zeit vom 19. Jahrhundert bis zur Gegenwart, hrsg. von Martin Broszat u. a., München 1984 ff.
Gebhardt: Handbuch der deutschen Geschichte. Nachdruck der 9. neu bearbeiteten Aufl., hrsg. von Herbert Grundmann, 22 Bde. München 1973 ff.
Grundriß der Geschichte, hrsg. von Jochen Bleicken u. a., München 1979 ff. (Darstellung der verschiedenen Epochen deutscher und europäischer Geschichte).
Handbuch der europäischen Geschichte, hrsg. von Theodor Schieder, 7 Bde., Stuttgart 1968 ff.
Henning, Friedrich W.: Wirtschafts- und Sozialgeschichte Deutschlands, 3 Bde., Paderborn 1976 ff.
Leuschner, Joachim (Hrsg.): Deutsche Geschichte, 10 (Einzel-)Bde., Göttingen 1973 ff.
Müller, Helmut M.: Deutsche Geschichte in Schlaglichtern, Mannheim [2]1990.
Schülerduden »Die Geschichte«, Mannheim u. a. [3]1991.

Geschichte der Bundesrepublik Deutschland

Becker, Josef u. a. (Hrsg.): Vorgeschichte der Bundesrepublik Deutschland, München 1979.
Benz, Wolfgang (Hrsg.): Die Bundesrepublik Deutschland. Politik, Gesellschaft, Kultur. 3 Bde., Frankfurt am Main 1983.
Borowsky, Peter: Deutschland 1963–1969, Hannover 1983.
Borowsky, Peter: Deutschland 1969–1982, Hannover 1987.
Bracher, Karl D. u. a.: Geschichte der Bundesrepublik Deutschland, 5 Bde., Stuttgart – Wiesbaden 1983–1987.
Hillgruber, Andreas: Deutsche Politik 1945–1986, Frankfurt am Main [7]1989.
Hübner, Emil/Rohlfs, Horst-Hennek: Jahrbuch der Bundesrepublik Deutschland 1991/92. München 1991.
Lilge, Herbert: Deutschland 1945–1963, Hannover [10]1978.
Vogelsang, Thilo: Das geteilte Deutschland, München [10]1980.

Bundesrepublik Deutschland – Regierungssystem

Beyme, Klaus von: Das politische System der Bundesrepublik Deutschland, München [5]1987.
Böttcher, Winfried: Zum politischen System der Bundesrepublik Deutschland, Baden-Baden 1977.
Claessens, Dieter u. a.: Sozialkunde der Bundesrepublik Deutschland, Düsseldorf 1989.

Ellwein, Thomas/Hesse, Joachim J.: Das Regierungssystem der Bundesrepublik Deutschland, Opladen ⁶1987.
Grundgesetz für die Bundesrepublik Deutschland (Beck-Texte im dtv), München ²⁶1990.
Hesse, Konrad: Grundzüge des Verfassungsrechts der Bundesrepublik Deutschland, Karlsruhe ¹⁶1988.
Rudzio, Wolfgang: Das politische System der Bundesrepublik Deutschland, Opladen ²1987.
Seifert, Jürgen (Hrsg.): Das Grundgesetz und seine Veränderung. Verfassungstext von 1949 sowie sämtliche Änderungsgesetze im Wortlaut, Neuwied und Darmstadt 1983.
Seifert, Karl-Heinz/Hömig, Dieter (Hrsg.): Das Deutsche Bundesrecht. Taschenkommentar. Grundgesetz für die Bundesrepublik Deutschland, Baden-Baden ³1989.
Sontheimer, Kurt/Röhring, Hans H.: Handbuch des politischen Systems der Bundesrepublik Deutschland, München 1978.

Geschichte der DDR

Geschichte der DDR, hrsg. von der Bundeszentrale für politische Bildung (Informationen zur politischen Bildung, Heft 231), München 1991.
Roggemann, Herwig (Hrsg.): Die DDR-Verfassungen, Berlin ³1980.
Weber, Hermann: DDR – Grundriß der Geschichte, Hannover 1991.
Weber, Hermann: Geschichte der DDR, München ²1986.
Woyke, Wichard: Stichwort Wahlen, Opladen ⁶1990.
Zimmermann, Hartmut: DDR-Handbuch, hrsg. vom Bundesministerium für innerdeutsche Beziehungen, 2 Bde., Köln ³1985.

Einzelaspekte

Wahlen

Alemann, Ulrich von: Parteiensysteme und Parlamentarismus, Düsseldorf 1973.
Hübner, Emil: Wahlsysteme, hrsg. von der Bayerischen Landeszentrale für politische Bildungsarbeit, München ⁴1976.
Nohlen, Dieter: Wahlrecht und Parteiensystem. Über die politischen Auswirkungen von Wahlsystemen, Opladen 1989.

Parteien

Beyme, Klaus von: Die politischen Parteien in westlichen Demokratien, München ²1984.
Naßmacher, Hiltrud u. a.: Parteien in der Bundesrepublik Deutschland, Stuttgart u. a. 1990.
Jesse, Eckard/Backes, Uwe: Parteiendemokratie, hrsg. von der Bundeszentrale für politische Bildung (Informationen zur politischen Bildung, Heft 207), München 1985.
Staritz, Dietrich (Hrsg.): Das Parteiensystem der Bundesrepublik, Opladen ²1980.
Stöss, Richard (Hrsg.): Das Parteien-Handbuch. Die Parteien der Bundesrepublik Deutschland 1945–1980, 2 Bde., Opladen 1983/84.

Interessenverbände

Alemann, Ulrich von/Heinze, Rolf G. (Hrsg.): Verbände und Staat. Vom Pluralismus zum Korporatismus, Opladen ²1981.
Schneider, Herbert: Die Interessenverbände, München ⁵1979.
Ullmann, Hans-Peter: Interessenverbände in Deutschland, Frankfurt am Main 1988.

Gewerkschaften

Liesegang, Helmuth (Hrsg.): Gewerkschaften in der Bundesrepublik Deutschland, Berlin 1975.
Schönhoven, Klaus: Deutsche Gewerkschaften 1860–1986, Frankfurt am Main 1986.
Schuster, Dieter: Die deutschen Gewerkschaften seit 1945, Stuttgart ²1974.

Bürgerinitiativen, neue soziale Bewegungen

Brandt, Karl-Werner u. a.: Aufbruch in eine andere Gesellschaft, Frankfurt am Main 1983.
Guggenberger, Bernd/Kempf, Udo (Hrsg.): Bürgerinitiativen und repräsentatives System, Opladen ²1984.
Raschke, Joachim: Soziale Bewegungen. Ein historisch-systematischer Grundriß, Frankfurt am Main – New York 1985.

Medien

Hesse, Albrecht: Rundfunkrecht, München 1990.
Massenmedien, hrsg. von der Bundeszentrale für politische Bildung (Informationen zur politischen Bildung 208 und 209), München 1985.
Meyn, Hermann: Massenmedien in der Bundesrepublik Deutschland, Neuauflage Berlin 1990.
Ratzke, Dietrich: Handbuch der neuen Medien, Stuttgart ²1984.

Bundespräsident

Rausch, H.: Der Bundespräsident, hrsg. von der Bayerischen Landeszentrale für politische Bildungsarbeit, München 1979.
Spath, Franz: Das Bundespräsidialamt, Düsseldorf ⁴1990.

Bundestag, Parlamentarismus

Beyme, Klaus von: Die parlamentarischen Regierungssysteme in Europa, München ²1975.
Busch, Eckart: Parlamentarische Kontrolle. Ausgestaltung und Wirkung, Heidelberg – Hamburg 1983.
Hamm-Brücher, Hildegard: Der freie Volksvertreter – eine Legende? Erfahrungen mit der parlamentarischen Macht und Ohnmacht, München 1990.
Jesse, Eckhard: Das parlamentarische System der Bundesrepublik Deutschland, hrsg. von der Bundeszentrale für politische Bildung (Informationen zur politischen Bildung, Heft 119/124), München 1984.
Kluxen, Kurt (Hrsg.): Parlamentarismus, Königstein im Taunus ⁵1980.
Niclauß, Karlheinz: Kanzlerdemokratie. Bonner Regierungspraxis von Konrad Adenauer bis Helmut Kohl, Stuttgart u. a. 1988.
Schindler, Peter: Datenhandbuch zur Geschichte des Deutschen Bundestages 1980–1987, Baden-Baden 1989.
Thaysen, Uwe: Parlamentarisches Regierungssystem in der Bundesrepublik Deutschland, Opladen ²1976.

Bundesrat

Der Bundesrat (Hrsg.): Vierzig Jahre Bundesrat, Baden-Baden 1989.
Ziller, Gebhard: Der Bundesrat, Düsseldorf ⁷1984.

Bund und Länder

Deuerlein, Ernst: Föderalismus. Die philosophischen und historischen Grundlagen des föderativen Prinzips, München 1972.

Laufer, Heinz: Der Föderalismus in der Bundesrepublik Deutschland, hrsg. von der Bundeszentrale für politische Bildung (Informationen zur politischen Bildung, Heft 204), München 1984.

Mecklenburg-Vorpommern, Brandenburg, Sachsen-Anhalt, Thüringen, Sachsen, hrsg. von der Bundeszentrale für politische Bildung (Informationen zur politischen Bildung, Heft 230), München 1991.

Reuter, Konrad: Föderalismus. Grundlagen und Wirkungen in der Bundesrepublik Deutschland, Heidelberg ³1990.

Schneider, Herbert: Länderparlamentarismus in der Bundesrepublik, Opladen 1979.

Verfassungen der deutschen Bundesländer mit Gesetzen über die Landesverfassungsgerichte, hrsg. von Christian Pestalozza, München ⁴1991.

Gemeinden

Haus, Wolfgang u.a.: Städte, Kreise und Gemeinden, Mannheim 1986.

Kühr, Herbert: Politik in der Gemeinde, hrsg. von der Bundeszentrale für politische Bildung (Informationen zur politischen Bildung, Heft 197), München 1983.

Lazarus, Rosemarie/Kur, Friedrich: Was tun? Wirksam in die Kommunalpolitik eingreifen! Handbuch für Bürger und Bürgerinnen, Frankfurt am Main 1989.

Naßmacher, Hiltrud/Naßmacher, Karl-Heinz: Kommunalpolitik in der Bundesrepublik, Opladen 1979.

Scheytt, Oliver/Otto, Hans-Christian: Der Einigungsvertrag in der kommunalen Praxis, Berlin 1991.

Wehling, Hans-Georg (Hrsg.): Kommunalpolitik, Hamburg 1975.

Verwaltung, Bürokratie

Beyme, Klaus von/Schmidt, Manfred G. (Hrsg.): Politik in der Bundesrepublik Deutschland, Opladen – Wiesbaden 1988.

Buse, Michael J.: Einführung in die politische Verwaltung, Stuttgart 1975.

Ellwein, Thomas: Regieren und Verwalten. Eine kritische Einführung, Opladen 1976.

Mayntz, Renate: Soziologie der öffentlichen Verwaltung, Heidelberg – Karlsruhe ³1985.

Rechtsstaat, Bundesverfassungsgericht

Horn, Wolfgang: Der Rechtsstaat, hrsg. von der Bundeszentrale für politische Bildung (Informationen zur politischen Bildung, Heft 200), München 1983.

Säcker, Horst: Das Bundesverfassungsgericht, München ²1977.

Schlaich, Klaus: Das Bundesverfassungsgericht, München 1985.

Stammen, Theo: Der Rechtsstaat. Idee und Wirklichkeit, München 1965.

Rechtsordnung der Bundesrepublik Deutschland

Baur, Fritz/Walter, Gerhard: Einführung in das Recht der Bundesrepublik Deutschland, München ⁶1991.

Model, Otto/Creifelds, Carl/Lichtenberger, Gustav: Staatsbürgertaschenbuch, München ²⁵1991.

Sozialstruktur

Claessens, Dieter u. a.: Sozialkunde der Bundesrepublik Deutschland, Düsseldorf 1989.
Schäfers, Bernhard: Sozialstruktur und Wandel der Bundesrepublik Deutschland, Stuttgart (Neuauflage) 1991.

Bildungswesen

Anweiler, Oskar u. a.: Bildungssysteme in Europa, Weinheim [3]1980.
Fend, Helmut: Gesamtschule im Vergleich, Weinheim 1982.

Wirtschafts- und Sozialpolitik

Adam, Hermann: Wirtschaftspolitik und Regierungssystem der Bundesrepublik Deutschland. Eine Einführung, Leverkusen 1991.
Hentschel, Volker: Geschichte der Sozialpolitik 1880–1980, Frankfurt am Main 1983.
Lampert, Heinz: Die Wirtschafts- und Sozialordnung der Bundesrepublik Deutschland, München – Wien [10]1990.
Molitor, Bruno: Wirtschaftspolitik, München – Wien [2]1990.

Umweltpolitik

Weizsäcker, Ernst U.: Erdpolitik. Ökologische Realpolitik an der Schwelle zum Jahrhundert der Umwelt, Darmstadt 1989.
Wey, Klaus-Georg: Umweltpolitik in Deutschland. Kurze Geschichte des Umweltschutzes seit 1900, Opladen 1982.

Außenpolitik, Verteidigung

Fritz, Roland u. a.: Kriegsdienstverweigerung, Neuwied [2]1985.
Haftendorn, Helga: Sicherheit und Entspannung. Zur Außenpolitik der Bundesrepublik Deutschland 1955–1982, Baden-Baden [2]1986.
Noack, Paul: Die Außenpolitik der Bundesrepublik Deutschland, Stuttgart [2]1981.
Schwarz, Hans P. (Hrsg.): Handbuch der deutschen Außenpolitik, München [2]1976.

Internationales, ausländische Regierungssysteme

Internationale Beziehungen

Andersen, Uwe/Woyke, Wichard: Handwörterbuch Internationale Organisationen, Opladen 1985 (Nachdruck 1988).
Behrens, Henning/Noack, Paul: Theorien der internationalen Politik, München 1984.
Link, Werner: Der Ost-West-Konflikt. Die Organisation der internationalen Beziehungen im 20. Jahrhundert, Stuttgart u. a. [2]1987/88.
Pipers Wörterbuch zur Politik Bd. 5, hrsg. von Andreas Boeckh, München/Zürich 1984.
Woyke, Wichard (Hrsg.): Handwörterbuch Internationale Politik, Opladen [4]1990.

Europa

Europäische Gemeinschaft. Problemfelder – Institutionen – Politik, hrsg. von Wichard Woyke (Pipers Wörterbuch zur Politik Bd. 3), München 1984.

Europa-Recht (Textausgabe). Mit einer Einleitung von Ernst Steindorff. München
⁹1989.
Krätschell, Hermann/Renner, Günter: Die Europäische Gemeinschaft, hrsg. von der
Landeszentrale für politische Bildung Nordrhein-Westfalen, Köln 1989.
Tolksdorf, Michael: Europäischer Binnenmarkt 1993, hrsg. von der Landeszentrale
für politische Bildungsarbeit Berlin, Berlin 1991.
Uterwedde, Henrik: Die Europäische Gemeinschaft. Entwicklung, Zwischenbilanz
und Perspektiven zum Binnenmarkt 1992, Leverkusen 1989.
Die Verfassungen der EG-Mitgliedstaaten (Textausgabe). Mit einer Einleitung v.
Adolf Kimmel, München 1990.

Vergleichende Regierungslehre

Böger, Klaus-Dieter/Kremendahl, Hans: Bundesrepublik Deutschland – DDR. Ver-
gleich der politischen Systeme, hrsg. Bundeszentrale für politische Bildung (Informa-
tionen zur politischen Bildung, Heft 193), München 1985.
Brunner, Georg: Vergleichende Regierungslehre, Bd. 1, Paderborn u.a. 1979.
Fraenkel, Ernst: Deutschland und die westlichen Demokratien, Stuttgart ⁷1979.
Hartmann, Jürgen: Politik und Gesellschaft in Japan, USA und Westeuropa, Frank-
furt am Main 1983.
Lehner, Franz: Vergleichende Regierungslehre (»Grundwissen Politik«, Band 4),
Opladen 1989.
Sowjetsystem und demokratische Gesellschaft. Eine vergleichende Enzyklopädie,
hrsg. von Claus D. Kernig, 6 Bde., Freiburg 1967–73.
Steffani, Winfried: Parlamentarische und präsidentielle Demokratie, Opladen 1979.

Frankreich

Kempf, Udo: Das politische System Frankreichs. Eine Einführung, Opladen ²1980.

Großbritannien

Doeker, Günther/Wirth, Malcolm: Das politische System Großbritanniens, Berlin
1982.
Fetscher, Iring: Großbritannien. Gesellschaft – Staat – Ideologie. Eine Einführung,
Königstein im Taunus ³1978.

Österreich

Gerlach, Siegfried u.a.: Österreich, Stuttgart u.a. 1989.
Nick, Rainer/Pelinka, Anton: Österreich. Eine politische Landeskunde, Berlin 1989.

Schweiz

Elsasser, Hans u.a.: Die Schweiz, Stuttgart u.a. 1988.

Sowjetunion

Lemberg, Hans u.a.: Die Sowjetunion, hrsg. von der Bundeszentrale für politische
Bildung (Informationen zur politischen Bildung, Heft 182), München 1986.
Meissner, Boris: Die Sowjetunion im Umbruch. Historische Hintergründe, Ziele und
Grenzen der Reformpolitik Gorbatschows, Stuttgart 1988.
Roggemann, Herwig (Hrsg.): Die Staatsordnung der Sowjetunion, Berlin ³1980.

USA

Fraenkel, Ernst: Das amerikanische Regierungssystem, Opladen ³1981.
Meeves, Horst: Einführung in das politische System der USA, Heidelberg 1986.

Entwicklungsländer, Entwicklungspolitik

Der Brandt-Report: Bericht der Nord-Süd-Kommission: Das Überleben sichern, Berlin 1981.
Handbuch der Dritten Welt, hrsg. von Nohlen, Dieter/Nuscheler, Franz, 8 Bde., Reinbek bei Hamburg 1982/83.
Lexikon Dritte Welt, hrsg. von Dieter Nohlen, Reinbek bei Hamburg (Neuausgabe) 1991.
Neudeck, Rupert/Gerhardt, Kurt: Sorgenkind Entwicklungshilfe. Bericht, Analysen, Perspektiven, Bergisch-Gladbach 1987.
Nuscheler, Franz: Lern- und Arbeitsbuch Entwicklungspolitik, Bonn 1985.

Nahost

Der Nahost-Konflikt. Genese – Positionen – Lösungsperspektiven, Stuttgart 1988.

Wo findet man Literatur zu Politik und Gesellschaft?

1. Wird man in der Schule nicht fündig, empfiehlt es sich, zunächst die *öffentlichen Bibliotheken (Stadtbüchereien)* der jeweiligen Stadt zu benutzen. Sie bilden ein System von Haupt- und Nebenstellen, wobei für den Bereich Politik und Gesellschaft v. a. die Hauptstellen in Betracht kommen. Für Spezialliteratur müssen die *Staats- und Landesbibliotheken bzw. Universitätsbibliotheken* der größeren Städte aufgesucht werden.

2. Die *Bundeszentrale für politische Bildung*, eine Einrichtung des Bundes, bringt politische Schriften heraus, die speziell für Schüler gemacht werden oder für Jugendliche interessant sein können. Auf Anfrage (Postkarte!) erhält man ein Schriftenverzeichnis, die Abgabe der Schriften erfolgt meist kostenlos.

Anschrift:
    Bundeszentrale für politische Bildung
    Berliner Freiheit 7
    5300 Bonn 1

3. Die Bundesländer unterhalten ebenfalls Einrichtungen zur Förderung der politischen Bildungsarbeit, die *Landeszentralen für politische Bildung*. Diese stellen politisches Bildungsmaterial für Intressenten des jeweiligen Bundeslandes meist kostenlos zur Verfügung. Schriftenverzeichnisse werden auf Anfrage (Postkarte!) verschickt.

Anschriften:
    Landeszentrale für politische Bildung
    Baden-Württemberg
    Stafflenbergstr. 38
    W-7000 Stuttgart 1

    Bayerische Landeszentrale für politische Bildungsarbeit
    Brienner Str. 41
    W-8000 München 2

    Landeszentrale für politische Bildungsarbeit Berlin
    Hauptstr. 98/99
    W-1000 Berlin 62

    Brandenburgische Landeszentrale für politische Bildung
    Heinrich-Mann-Allee 107
    O-1561 Potsdam

    Landeszentrale für politische Bildung
    Bremen
    Osterdeich 6
    W-2800 Bremen 1

    Landeszentrale für politische Bildung Hamburg
    Große Bleichen 23
    W-2000 Hamburg 36

    Hessische Landeszentrale für politische Bildung
    Rheinbahnstr. 2
    W-6200 Wiesbaden 1

Landeszentrale für politische Bildung des Landes Mecklenburg-Vorpommern
Schloßstr. 2–4
O-2750 Schwerin

Niedersächsische Landeszentrale für politische Bildung
Hohenzollernstr. 46
W-3000 Hannover 1

Landeszentrale für politische Bildung
Nordrhein-Westfalen
Neanderstr. 6
W-4000 Düsseldorf 1

Landeszentrale für politische Bildung Rheinland-Pfalz
Am Kronberger Hof 6
W-6500 Mainz

Landeszentrale für politische Bildung Saarland
Beethovenstr. 26
W-6602 Dudweiler

Sächsische Landeszentrale für politische Bildung
Schützenhofstr. 36–38
O-8023 Dresden-Wilder Mann

Landeszentrale für politische Bildung des Landes Sachsen-Anhalt
Klewitzstr. 4
O-3014 Magdeburg

Landeszentrale für politische Bildung Schleswig-Holstein
Düvelsbeker Weg 12
W-2300 Kiel

Landeszentrale für politische Bildung Thüringen
Am Steinplatz
O-5025 Erfurt

Mitarbeiterverzeichnis

Oberstudienrat Dietmar Abt, Mannheim
Oberstudienrätin Inke v. Bargen, Freiburg
Oberstudienrätin Walburga Becker, Heidelberg
Attaché Dr. Klaus Burkhardt, Warschau
Prof. Dr. Hans-Jörg Ehreiser, Mannheim
Studiendirektor Siegfried Exler, Heidelberg
Oberstudienrat Dr. Harald Felgner, Karlsruhe
Dozent Dr. Gert Flachowsky, Mannheim
Privatdozent Dr. Klaus Grupp, Speyer
Ministerialrat Dr. Lutz Gussek, Bonn
Dipl.-Volkswirt Werner Hagstotz, Mannheim
Prof. Dr. Kay Hailbronner, Konstanz
Dozent Klaus Helf, Schömberg
Richter am Verwaltungsgerichtshof Georg Herbert, Mannheim/Freiburg
Studienrätin Renate Hofmann-Dietrich, Heidelberg
Referendar Eris I. Keim, Wattenheim
Oberstudienrat Gunnar Klaucke, Mannheim
Dipl.-Soz. Walter Klingler, Mannheim
Dr. Manfred Koch, Mannheim
Richter am Verwaltungsgerichtshof Dr. Jürgen Kohl, Mannheim
Roland Kohn, MdB, Heddesheim
Dipl.-Soz. Sabine Lang, Mannheim
Studiendirektor Helmut Mehrer, Mannheim/Hockenheim
Oberstudienräte Dr. Frank und Ingrid Moraw, Heidelberg
Dr. Werner Müller, Mannheim
Prof. Dr. Franz Nick, Mannheim
Dipl.-Soz. Heinz-Herbert Noll, Mannheim
Dr. Manfred Onnen, Mainz
Oberstudienrat Thomas Paeffgen, Madrid
Oberstudienrätin Renate Renner, Mannheim
Oberstudienrat Gerd Rosen, Nürnberg
Dr. Angelika Ruge, Mannheim
Richter am Bundesverwaltungsgericht Dr. Horst Säcker, Berlin
Dr. Peter Schmidt, Ebenhausen
Dipl.-Kaufmann und Rechtsanwalt Norbert Schmitt, Erlangen/Fürth
Dipl.-Soz. Dr. Christian S. Siara, Mannheim
Dr. Heinz Thunecke, Mannheim
Dipl.-Soz. Maria Volkert, Mannheim
Oberstudienrat Klaus Weigel, Mannheim

An der 2. Auflage haben mitgearbeitet:

Frank Kostelnik, Mannheim
Legationsrat F. L. Löhr, Bonn/New York
Torsten Mick, Düsseldorf
Wiss. Mitarbeiter Werner Reh, Düsseldorf
Peter Trummer, Mannheim

An der 3. Auflage haben mitgearbeeitet:

Heinz Hagenlücke M. A., Düsseldorf
Intendant i. R. Dr. Wolfgang Haus, Berlin
Roland Lhotta M. A., Düsseldorf
Universitätsassistent Dr. Werner Reh, Düsseldorf

Abkürzungsverzeichnis

Abk.	Abkürzung
Abs.	Absatz
Art.	Artikel
BGB	Bürgerliches Gesetzbuch
BR Deutschland	Bundesrepublik Deutschland
bzw.	beziehungsweise
CDU	Christlich-Demokratische Union
ČSFR	Tschechoslowakei
CSU	Christlich-Soziale Union
DDR	Deutsche Demokratische Republik
DGB	Deutscher Gewerkschaftsbund
d. h.	das heißt
EG	Europäische Gemeinschaften
E/km²	Einwohner pro Quadratkilometer
EWG	Europäische Wirtschaftsgemeinschaft
FDP	Freie Demokratische Partei
GG	Grundgesetz
i. d. F.	in der Fassung
KPdSU	Kommunistische Partei der Sowjetunion
Mill.	Million
Mrd.	Milliarde
SED	Sozialistische Einheitspartei Deutschlands
sog.	sogenannt
SPD	Sozialdemokratische Partei Deutschlands
StGB	Strafgesetzbuch
svw	soviel wie
u. a.	und andere(s); unter anderem
u. ä.	und ähnliches
UdSSR	Sowjetunion (Union der Sozialistischen Sowjetrepubliken)
usw.	und so weiter
v. a.	vor allem
z. B.	zum Beispiel
ZK	Zentralkomitee
z. Z.	zur Zeit

SCHÜLERDUDEN

gut, daß es so viele gibt!

Keiner ist
wie der
andere ...

Jeder stellt andere Ansprüche, setzt andere Schwerpunkte, hat andere Interessen, aber auch andere Fragen, Probleme und Lücken. Weil aber nur weiterkommt, wer Antwort auf seine Fragen findet: SCHÜLERDUDEN bringen die breite Palette des Schulwissens sprichwörtlich in die richtige Reihe.

Rechtschreibung und Wortkunde · Grammatik · Wortgeschichte · Bedeutungswörterbuch · Fremdwörterbuch · Die richtige Wortwahl · Lateinisch-Deutsch · Die Kunst · Die Musik · Die Literatur · Die Chemie · Die Ökologie · Die Pflanzen · Die Biologie · Die Tiere · Die Physik · Die Geographie · Die Geschichte · Politik und Gesellschaft · Die Wirtschaft · Die Religionen · Die Philosophie · Die Psychologie · Die Pädagogik · Die Informatik · Die Mathematik I · Die Mathematik II · Die Astronomie · Das Wissen von A bis Z.

DUDENVERLAG
Mannheim·Leipzig·Wien·Zürich

FEDERFÜHREND,
WENN'S UM GUTES DEUTSCH GEHT.

Spezialisten, das sind immer diejenigen, die sich in den Besonderheiten auskennen. Sachverhalte bis in die Details aufzeigen und erklären können, weil sie sich auf ihrem Gebiet spezialisiert haben. Wie der DUDEN in 12 Bänden, herausgegeben und bearbeitet vom Wissenschaftlichen Rat der DUDEN-Redaktion. Von der Rechtschreibung bis zur Grammatik, von der Aussprache bis zur Herkunft der Wörter gibt das Standardwerk der deutschen Sprache Band für Band zuverlässig und leicht verständlich Auskunft überall dort, wo es um gutes und korrektes Deutsch geht.

Der DUDEN in 12 Bänden: Rechtschreibung · Stilwörterbuch · Bildwörterbuch · Grammatik · Fremdwörterbuch · Aussprachewörterbuch · Herkunftswörterbuch . Die sinn- und sachverwandten Wörter · Richtiges und gutes Deutsch · Bedeutungswörterbuch · Redewendungen und sprichwörtliche Redensarten · Zitate und Aussprüche (in Vorbereitung). Jeder Band rund 800 Seiten – und jeder ein DUDEN.

DUDENVERLAG
Mannheim · Leipzig · Wien · Zürich

KENNT ALLES, WEISS ALLES UND SIEHT RICHTIG GUT AUS.

Von A–Z völlig neu überarbeitet. Meyers Großes Taschenlexikon in 24 Bänden bietet mit 150 000 Stichwörtern und mehr als 5 000 Literaturangaben auf 7 680 Seiten ein Höchstmaß an Information – und an Aktualität. Über 5 000 meist farbige Abbildungen und Zeichnungen, Tabellen und Übersichten garantieren Ihnen, daß das größte deutsche Taschenbuchlexikon in jeder Hinsicht schön anschaulich ist. Meyers Großes Taschenlexikon in 24 Bänden – das ist vielseitiges Wissen im kleinen Format. Für alle, die gern auf dem neuesten Stand der Dinge sind und deshalb nicht auf ein aktuelles und preiswertes Markenlexikon verzichten wollen. In Klarsichtkassette.

B.I.-Taschenbuchverlag
Mannheim · Leipzig · Wien · Zürich